# INGLÉS ESPAÑOL

# ESPAÑOL INGLÉS

LAROUSSE

Para esta edición/For this edition

JOAQUÍN BLASCO JOSÉ A. GÁLVEZ

SHARON J. HUNTER JANICE MCNEILLIE

Para las ediciones anteriores/For previous editions

JOAQUÍN BLASCO JOSÉ A. GÁLVEZ DILERI BORUNDA JOHNSTON

CALLUM BRINES ISABEL BROSA SÁBADA ANA CARBALLO VARELA

MALIHE FORGHANI-NOWBARI LESLEY KINGSLEY WENDY LEE

ANA CRISTINA LLOMPART LUCAS SINDA LÓPEZ

ZÖE PETERSEN ELENA PARSONS CARMEN ZAMANILLO



ISBN 978-84-8016-892-2
Depósito legal: NA. 1-2010
LAROUSSE EDITORIAL, S.L., Mallorca, 45, 08029 Barcelona

Imprime: RODESA

# LAROUSSE

## MINI DICTIONARY

**ENGLISH**
**SPANISH**

---

**SPANISH**
**ENGLISH**

LAROUSSE

## ÍNDICE

Informaciones generales
**Diccionario Inglés-Español**
Verbos ingleses
Verbos españoles
Guía de conversación
Guía práctica
**Diccionario Español-Inglés**

## CONTENTS

General information
**English-Spanish Dictionary**
English Verbs
Spanish verbs
Conversation guide
Numbers, weights and measures, currency, time
**Spanish-English Dictionary**

La colección Mini se ha desarrollado para hacer frente tanto a las necesidades del viajero como a las del principiante.

Con sus más de 30.000 palabras y más de 40.000 traducciones, este diccionario incluye no sólo vocabulario general sino también lenguaje utilizado en situaciones de todos los días.

El diccionario utiliza indicadores de sentido claros para guiar al lector hacia la traducción correcta. Se ha puesto especial hincapié en muchas palabras básicas, ofreciendo ejemplos de uso útiles, presentados de una forma especialmente accesible.

A lo largo de todo el diccionario se facilitan notas culturales e información práctica que ofrecen una interesante visión de la vida en otro país.

EL EDITOR

The Mini series was developed to meet the needs of both the traveller and the beginner.

With over 30,000 words and phrases and 40,000 translations, this dictionary provides not only general vocabulary but also the language used in everyday life.

Clear sense markers are provided to guide the reader to the correct translation, while special emphasis has been placed on many basic words, with helpful examples of usage and a particularly user-friendly layout.

Cultural notes and practical information can be found throughout which allow an interesting insight into life in another country.

THE PUBLISHER

## Abreviaturas/Abbreviations

| | | |
|---|---|---|
| abreviatura | abrev/abbr | abbreviation |
| adjetivo | adj | adjective |
| adverbio | adv | adverb |
| español de América | Amér | Latin American Spanish |
| anatomía | ANAT | anatomy |
| español de los Andes | Andes | Andean Spanish |
| español de Argentina | Arg | Argentinian Spanish |
| artículo | art | article |
| automóviles | AUT(OM) | automobile, cars |
| auxiliar | aux | ausiliary |
| español de Bolivia | Bol | Bolivian Spanish |
| español de Centroamérica | CAm | Central American Spanish |
| español del Caribe | Carib | Caribbean Spanish |
| español de Chile | Chile | Chilean Spanish |
| español de Colombia | Col | Colombian Spanish |
| comercio | COM(M) | commerce, business |
| comparativo | compar | comparative |
| informática | COMPUT | computing, IT |
| conjunción | conj | conjunction |
| continuo | cont | continuous |
| español de Costa Rica | CRica | Costa Rican Spanish |
| español del Cono Sur | CSur | Cono Sur Spanish |
| español de Cuba | Cuba | Cuban Spanish |
| cocina | CULIN | culinary, cooking |
| deportes | DEP | sport |
| derecho | DER | juridical, legal |
| despectivo | despec | pejorative |
| economía | ECON | economics |
| educación | EDUC | school, education |

## Abreviaturas/Abbreviations

| | | |
|---|---|---|
| exclamación | excl | exclamation |
| sustantivo femenino | f | feminine noun |
| familiar | fam | informal |
| figurado | fig | figurative |
| finanzas | FIN | finance |
| formal, culto | fml | formal |
| generalmente | gen | generally |
| gramática | GRAM(M) | grammar |
| español de Guatemala | Guat | Guatemalan Spanish |
| familiar | inf | informal |
| informática | INFORM | computing, IT |
| inseparable | insep | inseparable |
| interjección | interj | exclamation |
| invariable | inv | invariable |
| derecho, jurídico | JUR | juridical, legal |
| sustantivo masculino | m | masculine noun |
| matemáticas | MAT(H) | mathematics |
| medicina | MED | medicine |
| español de México | Méx | Mexican Spanish |
| militar | MIL | military |
| música | MÚS/MUS | music |
| náutica, marítimo | NÁUT/NAUT | nautical |
| español de Nicaragua | Nic | Nicaraguan Spanish |
| número | núm/num | numeral |
| | o.s. | oneself |
| español de Panamá | Pan | Panaman Spanish |
| español de Perú | Perú | Peruvian Spanish |
| plural | pl | plural |
| política | POL(IT) | politics |
| participio pasado | pp | past participle |

## Abreviaturas/Abbreviations

| | | |
|---|---|---|
| preposición | prep | preposition |
| español de Puerto Rico | PRico | Porto Rican Spanish |
| pronombre | pron | pronoun |
| pasado, pretérito | pt | past tense |
| marca registrada | ® | registered trademark |
| religión | RELIG | religion |
| español del Río de la Plata | RP | Rio de la Plata Spanish |
| sustantivo | s | noun |
| | sb | somebody |
| educación | SCH | school, education |
| separable | sep | separable |
| singular | sg | singular |
| | sthg | something |
| sujeto | suj/subj | subject |
| superlativo | superl | superlative |
| tecnología | TECN/TECH | technology |
| televisión | TV | television |
| transportes | TRANS(P) | transport |
| inglés británico | UK | British English |
| español de Uruguay | Urug | Uruguayan Spanish |
| inglés americano | US | American English |
| verbo | v/vb | verb |
| español de Venezuela | Ven | Venezuelan Spanish |
| verbo intransitivo | vi | intransitive verb |
| verbo impersonal | v impers | impersonal verb |
| verbo pronominal | vpr | pronominal verb |
| verbo transitivo | vt | transitive verb |
| vulgar | vulg | vulgar |
| equivalente cultural | ≃ | cultural equivalent |

| | inglés | español | explicación |
|---|---|---|---|
| æ | pat/bag/mad | | *a* con posición bucal para *e* |
| ɑː | barn/car/laugh | | *a* muy alargada |
| ai | buy/light/aisle | aire | |
| aʊ | now/shout/town | aula | |
| b | bottle/bib | vaca/bomba | |
| d | dog/did | dar | |
| ʤ | jig/fridge | | sonido entre la *y* inicial y la *ch* |
| e | pet | | como la *e* de *elefante* pero más corta |
| ə | mother/suppose | | *e* con posición bucal para *o* |
| ɜː | burn/learn/bird | | *e* larga con posición bucal entre *o* y *e* |
| ei | bay/late/great | reina | |
| eə | pair/bear/share | | *ea* pronunciado muy brevemente |
| f | fib/physical | fui/fama | |
| g | gag/great | gato | |
| h | how/perhaps | | *h* aspirada |
| ɪ | pit/big/rid | | *i* breve, a medio camino entre *e* e *i* |
| iː | bean/weed | | *i* muy alargada |
| ɪə | peer/fierce/idea | hielo | |

| | inglés | español | explicación |
|---|---|---|---|
| j | you/spaniel | yo/lluvia | |
| k | come/kitchen | casa/que | |
| l | little/help | ala/luz | |
| m | metal/comb | madre/cama | |
| n | night/dinner | no/pena | |
| ŋ | song/finger | banca | |
| ɒ | dog/sorry | | *o* abierto |
| ɔː | lawn | | *o* cerrada y alargada |
| ɔi | boy/foil | soy | |
| əʊ | no/road/blow | | *ou* como en *COU* |
| p | pop/people | campo/papá | |
| r | right/carry | | sonido entre *r* y *rr* |
| s | seal/peace | solo/paso | |
| ʃ | sheep/ machine | show | |
| ʒ | usual/measure | | como *y* o *ll* en el Río de la Plata |
| t | train/tip | toro/pato | |
| tʃ | chain/ wretched | chico/ocho | |
| θ | think/fifth | zapato | |
| ð | this/with | cada/pardo | |
| ʊ | put/full | | *u* breve |
| uː | loop/moon | | *u* muy alargada |
| ʌ | cut/sun | | *a* breve y cerrada |
| ʊə | poor/sure/tour | | |

| | inglés | español | explicación |
|---|---|---|---|
| v | vine/livid | | como *v* de *vida* en el pasado |
| w | wet/why/twin | agua/hueso | |
| z | zip/his | andinismo | |

| | Spanish | English | comment |
|---|---|---|---|
| a | pata | | similar to the *a* sound in *father*, but more central |
| ai | aire/caiga | buy/light | |
| au | causa/aula | now/shout | |
| b | boca | bib | |
| β | cabo | | *b* pronounced without quite closing the lips |
| θ | cera/paz | think/fifth | |
| tʃ | ocho/chispa | chain/ wretched | |
| d | donde/caldo | dog/did | |
| ð | cada | this/with | |
| e | leche | | similar to the *e* sound in *met* |
| ei | ley/peine | bay/late | |
| eu | Europa/deuda | | the sound *e* in *met* followed by *oo* in *fool* |
| f | fácil | fib/physical | |
| g | grande/guerra | gag/great | |
| ɣ | águila | | like a *w* pronounced trying to say *g* |
| i | silla | | like the *ea* sound in *meat*, but much shorter |
| j | hierba/miedo | you/spaniel | |
| k | que/cosa | come/kitchen | |
| l | ala/luz | little/help | |
| m | madre/cama | metal/comb | |
| n | no/pena | night/dinner | |

| | Spanish | English | comment |
|---|---|---|---|
| ñ | caña | onion | |
| ŋ | banco | sung | |
| oi | soy | boy | |
| o | solo | off/on | |
| p | papá/campo | pop/people | |
| ɾ | caro | | a rolled *r* sound |
| r | carro | | a much longer rolled *r* sound |
| s | solo/paso | seal/peace | |
| t | toro/pato | train/tip | |
| u | luto | | like the *oo* sound in *soon*, but much shorter |
| w | agua/hueso | wet/twin | |
| x | gemir/jamón | | like an *h*, pronounced at the back of the throat |
| ʎ | llave/collar | yellow | |
| z | resguardar | zip/his | |

**La ordenación alfabética en español**

En este diccionario se ha seguido la ordenación alfabética internacional. Esto significa que las entradas con *ch* aparecerán después de *cg* y no al final de *c*; del mismo modo las entradas con *ll* vendrán después de *lk* y no al final de *l*. Adviértase, sin embargo, que la letra *ñ* sí se considera letra aparte y sigue a la *n*.

**Spanish alphabetical order**

The dictionary follows international alphabetical order. Thus entries with *ch* appear after *cg* and not at the end of *c*. Similarly, entries with *ll* appear after *lk* and not at the end of *l*. Note however that *ñ* is treated as a separate letter and follows *n*.

**Los compuestos en inglés**

En inglés se llama compuesto a una locución sustantiva de significado único pero formada por más de una palabra; p. ej. *point of view, kiss of life, virtual reality*. Uno de los rangos distintivos de este diccionario es la inclusión de estos compuestos con entrada propria y en riguroso orden alfabético. De esta forma *blood test* vendrá después de *blood shot*, el cual sigue a *blood pressure*.

**English compounds**

A compound is a word or expression which has a single meaning but is made up of more than one word, e.g. *point of view, kiss of life, virtual reality*. It is a feature of this dictionary that English compounds appear in the A–Z list in strict alphabetical order. The compound *blood test* will therefore come after *blood shot* which itself follows *blood pressure*.

**Nombres de marcas**

Los nombres de marca aparecen señalados en este diccionario con el símbolo ®. Sin embargo, ni este símbolo ni su ausencia son representativos de la situación legal de la marca.

**Registered trademarks**

Words considered to be trademarks have been designated in this dictionary by the symbol ®. However, neither the presence nor the absence of such designation should be regarded as affecting the legal status of any trademark.

# ENGLISH-SPANISH

# INGLÉS-ESPAÑOL

# aA

**a** [*stressed* eɪ, *unstressed* ə] *art* **1.** *(referring to indefinite thing, person)* un(una) • **a friend** un amigo • **a table** una mesa • **an apple** una manzana • **to be a doctor** ser médico **2.** *(instead of the number one)* un(una) • **a hundred and twenty pounds** ciento veinte libras • **a month ago** hace un mes • **a thousand** mil • **four and a half** cuatro y medio **3.** *(in prices, ratios)* por • **they're £2 a kilo** están a dos libras el kilo • **three times a year** tres veces al año

**AA** [eɪeɪ] *n* **1.** *(UK)* (*abbr of* **Automobile Association**) *asociación británica del automóvil*, ≃ RACE *m* **2.** (*abbr of* **Alcoholics Anonymous**) AA *mpl*

**AAA** [eɪeɪeɪ] *n (US)* (*abbr of* **American Automobile Association**) ≃ RACE *m*

**aback** [ə'bæk] *adv* • **to be taken aback** quedarse atónito(ta)

**abandon** [ə'bændən] *vt* abandonar

**abattoir** ['æbətwɑːʳ] *n (UK)* matadero *m*

**abbey** ['æbɪ] *n* abadía *f*

**abbreviation** [əˌbriːvɪ'eɪʃn] *n* abreviatura *f*

**abdomen** ['æbdəmən] *n* abdomen *m*

**abide** [ə'baɪd] *vt* • **I can't abide him** no le aguanto ◆ **abide by** *vt insep (rule, law)* acatar

**ability** [ə'bɪlətɪ] *n* **1.** *(capability)* capacidad *f*, facultad *f* **2.** *(skill)* dotes *fpl*

**able** ['eɪbl] *adj* capaz, competente • **to be able to do sthg** poder hacer algo

**abnormal** [æb'nɔːml] *adj* anormal

**aboard** [ə'bɔːd] ◇ *adv* a bordo ◇ *prep* **1.** *(ship, plane)* a bordo de **2.** *(train, bus)* en

**abolish** [ə'bɒlɪʃ] *vt* abolir

**aborigine** [ˌæbə'rɪdʒənɪ] *n* aborigen *mf* de Australia

**abort** [ə'bɔːt] *vt* abortar

**abortion** [ə'bɔːʃn] *n* aborto *m* • **to have an abortion** abortar

**about** [ə'baʊt]
◇ *adv* **1.** *(approximately)* más o menos • **about 50** unos cincuenta • **at about six o'clock** a eso de las seis **2.** *(referring to place)* por ahí • **to walk about** pasearse **3.** *(on the point of)* • **to be about to do sthg** estar a punto de hacer algo • **it's about to rain** va a empezar a llover
◇ *prep* **1.** *(concerning)* acerca de • **a book about Scotland** un libro sobre Escocia • **what's it about?** ¿de qué (se) trata? • **what about a drink?** ¿qué tal si tomamos algo? **2.** *(referring to place)* por • **there are lots of hotels about the town** hay muchos hoteles por toda la ciudad

**above** [ə'bʌv] ◇ *prep* por encima de ◇ *adv (higher)* arriba • **children aged ten and above** niños mayores de diez años • **the room above** la habitación de arriba • **above all** sobre todo

**abroad** [ə'brɔːd] *adv* **1.** *(be, live, work)* en el extranjero **2.** *(go, move)* al extranjero

**abrupt** [ə'brʌpt] *adj* repentino(na)

**ABS** [eɪbiː'es] *n* (*abbr of* **anti-lock braking system**) ABS m *(anti-lock braking system)*

**abscess** ['æbses] *n* absceso *m*
**absence** ['æbsəns] *n* ausencia *f*
**absent** ['æbsənt] *adj* ausente
**absent-minded** [-'maɪndɪd] *adj* despistado(da)
**absolute** ['æbsəlu:t] *adj* absoluto(ta)
**absolutely** ◇ *adv* ['æbsəlu:tlɪ] *(completely)* absolutamente ◇ *excl* [ˌæbsə'lu:tlɪ] ¡por supuesto!
**absorb** [əb'sɔ:b] *vt (liquid)* absorber
**absorbed** [əb'sɔ:bd] *adj* • **to be absorbed in a book** estar absorto(ta) en un libro
**absorbent** [əb'sɔ:bənt] *adj* absorbente
**abstain** [əb'steɪn] *vi* • **to abstain (from)** abstenerse (de)
**absurd** [əb'sɜ:d] *adj* absurdo(da)
**ABTA** ['æbtə] *n* (*abbr of* **Association of British Travel Agents**) *asociación británica de agencias de viajes*
**abuse** ◇ *n* [ə'bju:s] **1.** *(insults)* insultos *mpl* **2.** *(wrong use, maltreatment)* abuso *m* ◇ *vt* [ə'bju:z] **1.** *(insult)* insultar **2.** *(use wrongly)* abusar de **3.** *(maltreat)* maltratar
**abusive** [ə'bju:sɪv] *adj* insultante
**AC** [eɪ'si:] (*abbr of* **alternating current**) CA
**academic** [ˌækə'demɪk] ◇ *adj (educational)* académico(ca) ◇ *n* profesor *m* universitario, profesora universitaria *f*
**academy** [ə'kædəmɪ] *n* academia *f*
**accelerate** [ək'seləreɪt] *vi* acelerar
**accelerator** [ək'seləreɪtə^r] *n* acelerador *m*
**accent** ['æksent] *n* acento *m*
**accept** [ək'sept] *vt* **1.** aceptar **2.** *(blame, responsibility)* admitir
**acceptable** [ək'septəbl] *adj* aceptable
**access** ['ækses] *n* acceso *m*
**accessible** [ək'sesəbl] *adj* accesible
**accessories** [ək'sesərɪz] *npl* **1.** *(extras)* accesorios *mpl* **2.** *(fashion items)* complementos *mpl*
**accident** ['æksɪdənt] *n* **1.** accidente *m* **2.** *(by chance)* por casualidad • **by accident** sin querer
**accidental** [ˌæksɪ'dentl] *adj* accidental
**accident insurance** *n* seguro *m* contra accidentes
**accident-prone** *adj* propenso(sa) a los accidentes
**acclimatize** [ə'klaɪmətaɪz] *vi* aclimatarse
**accommodate** [ə'kɒmədeɪt] *vt* alojar
**accommodation** [əˌkɒmə'deɪʃn] *n* alojamiento *m*
**accommodations** [əˌkɒmə'deɪʃnz] *npl* (*US*) = **accommodation**
**accompany** [ə'kʌmpənɪ] *vt* acompañar
**accomplish** [ə'kʌmplɪʃ] *vt* conseguir, lograr
**accord** [ə'kɔ:d] *n* • **of one's own accord** por propia voluntad
**accordance** [ə'kɔ:dəns] *n* • **in accordance with** conforme a
**according to** [ə'kɔ:dɪŋ-] *prep* según
**account** [ə'kaʊnt] *n* **1.** *(at bank, shop)* cuenta *f* **2.** *(spoken report)* relato *m* • **to take into account** tener en cuenta • **on no account** bajo ningún pretexto • **on account of** debido a • **account for** *vt insep* **1.** *(explain)* justificar **2.** *(constitute)* representar
**accountant** [ə'kaʊntənt] *n* contable *mf* (*Esp*), contador *mf* (*Amér*)

**ccount number** *n* número *m* de uenta
**ccumulate** [ə'kju:mjʊleɪt] *vt* acumular
**ccurate** ['ækjʊrət] *adj* **1.** *(description, ɛport)* veraz **2.** *(work, measurement, figre)* exacto(ta)
**ccuse** [ə'kju:z] *vt* • **to accuse sb of nurder** acusar a alguien de asesinato
**ccused** [ə'kju:zd] *n* • **the accused** el cusado *m*, la acusada *f*
**ce** [eɪs] *n* as *m*
**che** [eɪk] ◇ *n* dolor *m* ◇ *vi* • **my leg ches** me duele la pierna
**chieve** [ə'tʃi:v] *vt* conseguir
**cid** ['æsɪd] ◇ *adj* ácido(da) ◇ *n* ácido *m*
**cid rain** *n* lluvia *f* ácida
**cknowledge** [ək'nɒlɪdʒ] *vt* **1.** *(accept)* econocer **2.** *(letter)* acusar recibo de
**cne** ['æknɪ] *n* acné *m*
**corn** ['eɪkɔ:n] *n* bellota *f*
**coustic** [ə'ku:stɪk] *adj* acústico(ca)
**cquaintance** [ə'kweɪntəns] *n* *(person)* onocido *m*, -da *f*
**cquire** [ə'kwaɪə'] *vt* adquirir
**cre** ['eɪkə'] *n* acre *m*
**crobat** ['ækrəbæt] *n* acróbata *mf*
**across** [ə'krɒs] ◇ *prep* **1.** *(to, on other side f)* al otro lado de **2.** *(from one side to the ther of)* de un lado a otro de ◇ *adv (to ther side)* al otro lado • **it's ten miles across** tiene diez millas de ancho • **we walked across the road** cruzamos la alle • **across from** en frente de
**acrylic** [ə'krɪlɪk] *n* acrílico *m*
**act** [ækt] ◇ *vi* **1.** actuar **2.** *(behave)* comportarse ◇ *n* **1.** *(action)* acto *m*, acción *f* **2.** *POL* ley *f* **3.** *(of play)* acto **4.** *(performance)* número *m* • **to act as** *(serve as)* hacer de
**action** ['ækʃn] *n* acción *f* • **to take action** tomar medidas • **to put a plan into action** poner un plan en marcha • **out of action** *(machine)* averiado; *(person)* fuera de combate
**action movie** *n* película *f* de acción
**active** ['æktɪv] *adj* activo(va)
**activity** [æk'tɪvətɪ] *n* actividad *f* • **activities** *npl (leisure events)* atracciones *fpl*
**activity holiday** *n* *(UK)* *vacaciones organizadas con de actividades deportivas, etc*
**actor** ['æktə'] *n* actor *m*, actriz *f*
**actress** ['æktrɪs] *n* actriz *f*
**actual** ['æktʃʊəl] *adj* **1.** *(exact, real)* verdadero(ra) **2.** *(for emphasis)* mismísimo(ma) **3.** *(final)* final
**actually** ['æktʃʊəlɪ] *adv* **1.** *(really)* realmente **2.** *(in fact)* la verdad es que
**acupuncture** ['ækjʊpʌŋktʃə'] *n* acupuntura *f*
**acute** [ə'kju:t] *adj* **1.** *(feeling, pain)* intenso(sa) **2.** *(angle, accent)* agudo(da)
**ad** [æd] *n (inf)* anuncio *m*
**AD** [eɪ'di:] (*abbr of* **Anno Domini**) d.C., d. de J.C. *(después de Jesucristo)*
**adapt** [ə'dæpt] ◇ *vt* adaptar ◇ *vi* adaptarse
**adapter** [ə'dæptə'] *n* **1.** *(for foreign plug)* adaptador *m* **2.** *(for several plugs)* ladrón *m*
**add** [æd] *vt* **1.** *(say in addition)* añadir **2.** *(numbers, prices)* sumar • **add up** *vt sep* sumar • **add up to** *vt insep (total)* venir a ser
**adder** ['ædə'] *n* víbora *f*

**addict** ['ædɪkt] *n* adicto *m*, -ta *f*

**addicted** [ə'dɪktɪd] *adj* • **to be addicted to sthg** ser adicto(ta) a algo

**addiction** [ə'dɪkʃn] *n* adicción *f*

**addition** [ə'dɪʃn] *n* **1.** *(added thing)* adición *f* **2.** *(in maths)* suma *f* • **in addition** además • **in addition to** además de

**additional** [ə'dɪʃənl] *adj* adicional

**additive** ['ædɪtɪv] *n* aditivo *m*

**address** [ə'dres] ◇ *n (on letter)* dirección *f* ◇ *vt* **1.** *(speak to)* dirigirse a **2.** *(letter)* dirigir

## giving an address

When giving addresses verbally or in writing, don't forget that the house number comes after the street name, and the postcode goes before the name of the town. When giving a phone number, the numbers are grouped together in twos or threes. For example, *986 730025* would be *novecientos ochenta y seis - setenta y tres - cero cero - veinticinco.* When giving an e-mail address verbally, note that @ is pronounced *arroba*, dot is *punto*, and all one word is *todo junto*, e.g.: *lauragarrido@terra.es (laura garrido todo junto arroba terra punto es).*

**address book** *n* agenda *f* de direcciones

**addressee** [,ædre'si:] *n* destinatario *m*, -ria *f*

**adequate** ['ædɪkwət] *adj* **1.** *(sufficient)* suficiente **2.** *(satisfactory)* aceptable

**adhere** [əd'hɪə^r] *vi* • **to adhere to** *(stick to)* adherirse a; *(obey)* observar

**adhesive** [əd'hi:sɪv] ◇ *adj* adhesivo(va) ◇ *n* adhesivo *m*

**adjacent** [ə'dʒeɪsənt] *adj* adyacente

**adjective** ['ædʒɪktɪv] *n* adjetivo *m*

**adjoining** [ə'dʒɔɪnɪŋ] *adj* contiguo(gua)

**adjust** [ə'dʒʌst] ◇ *vt* ajustar ◇ *vi* • **to adjust to** adaptarse a

**adjustable** [ə'dʒʌstəbl] *adj* ajustable

**adjustment** [ə'dʒʌstmənt] *n* ajuste *m*

**administration** [əd,mɪnɪ'streɪʃn] *n* administración *f*

**administrator** [əd'mɪnɪstreɪtə^r] *n* administrador *m*, -ra *f*

**admire** [əd'maɪə^r] *vt* admirar

**admission** [əd'mɪʃn] *n* **1.** *(permission to enter)* admisión *f* **2.** *(entrance cost)* entrada *f* **3.** *(confession)* confesión *f*

**admission charge** *n* entrada *f*

**admit** [əd'mɪt] ◇ *vt* admitir ◇ *vi* • **to admit to a crime** admitir un crimen • **admits one** *(on ticket)* válido para una persona

**adolescent** [,ædə'lesnt] *n* adolescente *mf*

**adopt** [ə'dɒpt] *vt* adoptar

**adopted** [ə'dɒptɪd] *adj* adoptivo(va)

**adorable** [ə'dɔ:rəbl] *adj* adorable

**adore** [ə'dɔ:^r] *vt* adorar

**adult** ['ædʌlt] ◇ *n* adulto *m*, -ta *f* ◇ *adj* **1.** *(entertainment, films)* para adultos **2.** *(animal)* adulto(ta)

**adult education** *n* educación *f* para adultos

**adultery** [ə'dʌltərɪ] *n* adulterio *m*

**advance** [əd'vɑ:ns] ◇ *n* **1.** *(money)* anti

cipo *m* **2.** *(movement)* avance *m* ◇ *adj* **1.** *(warning)* previo(via) **2.** *(payment)* anticipado(da) ◇ *vt* adelantar ◇ *vi* avanzar
**advance booking** *n* reserva *f* OR reservación *f* (*Amér*) anticipada
**advanced** [əd'vɑ:nst] *adj (student, level)* avanzado(da)
**advantage** [əd'vɑ:ntɪdʒ] *n (benefit)* ventaja *f* ■ **to take advantage of** *(opportunity, offer)* aprovechar; *(person)* aprovecharse de
**adventure** [əd'ventʃəʳ] *n* aventura *f*
**adventurous** [əd'ventʃərəs] *adj (person)* aventurero(ra)
**adverb** ['ædvɜ:b] *n* adverbio *m*
**adverse** ['ædvɜ:s] *adj* adverso(sa)
**advert** ['ædvɜ:t] = **advertisement**
**advertise** ['ædvətaɪz] *vt (product, event)* anunciar
**advertisement** [əd'vɜ:tɪsmənt] *n* anuncio *m*
**advice** [əd'vaɪs] *n* consejos *mpl* ■ **a piece of advice** un consejo
**advisable** [əd'vaɪzəbl] *adj* aconsejable
**advise** [əd'vaɪz] *vt* aconsejar ■ **to advise sb to do sthg** aconsejar a alguien que haga algo ■ **to advise sb against doing sthg** aconsejar a alguien que no haga algo
**advocate** ◇ *n* ['ædvəkət] *LAW* abogado *m*, -da *f* ◇ *vt* ['ædvəkeɪt] abogar por
**aerial** ['eərɪəl] *n* (*UK*) antena *f*
**aerobics** [eə'rəʊbɪks] *n* aerobic *m*
**aeroplane** ['eərəpleɪn] *n* avión *m*
**aerosol** ['eərəsɒl] *n* aerosol *m*
**affair** [ə'feəʳ] *n* **1.** *(matter)* asunto *m* **2.** *(love affair)* aventura *f* (amorosa) **3.** *(event)* acontecimiento *m*
**affect** [ə'fekt] *vt (influence)* afectar
**affection** [ə'fekʃn] *n* afecto *m*
**affectionate** [ə'fekʃnət] *adj* cariñoso(sa)
**affluent** ['æflʊənt] *adj* opulento(ta)
**afford** [ə'fɔ:d] *vt* ■ **to be able to afford sthg** *(holiday, new coat)* poder permitirse algo ■ **I can't afford it** no me lo puedo permitir ■ **I can't afford the time** no tengo tiempo
**affordable** [ə'fɔ:dəbl] *adj* asequible
**afloat** [ə'fləʊt] *adj* a flote
**afraid** [ə'freɪd] *adj* ■ **to be afraid of** *(person)* tener miedo a; *(thing)* tener miedo de ■ **I'm afraid so/not** me temo que sí/no
**Africa** ['æfrɪkə] *n* África
**African** ['æfrɪkən] ◇ *adj* africano(na) ◇ *n* africano *m*, -na *f*
**African American** *adj* afroamericano (na)

**African American**

El término *African American* se usa para referirse a los ciudadanos estadounidenses de origen africano. La mayoría de los afroamericanos son descendientes de los esclavos africanos llevados a la fuerza a América entre el siglo XVI y el XIX. Los afroamericanos están ahora completamente integrados en la sociedad estadounidense.

**after** ['ɑ:ftəʳ] ◇ *prep* después de ◇ *conj* después de que ◇ *adv* después ■ **a quarter after ten** (*US*) las diez y cuarto

• **to be after sthg/sb** *(in search of)* buscar algo/a alguien • **after all** *(in spite of everything)* después de todo; *(it should be remembered)* al fin y al cabo
**aftereffects** ['ɑ:ftərɪ,fekts] *npl* efectos *mpl* secundarios
**afternoon** [,ɑ:ftə'nu:n] *n* tarde *f* • **good afternoon!** ¡buenas tardes!
**afternoon tea** *n* ≃ merienda *f*
**aftershave** ['ɑ:ftəʃeɪv] *n* colonia *f* para después del afeitado
**aftersun** ['ɑ:ftəsʌn] *n* aftersún *m*
**afterwards** ['ɑ:ftəwədz] *adv* después
**again** [ə'gen] *adv* de nuevo, otra vez • **again and again** una y otra vez • **never again** nunca jamás
**against** [ə'genst] *prep* **1.** contra **2.** *(in disagreement with)* en contra de • **to lean against sthg** apoyarse en algo • **against the law** ilegal
**age** [eɪdʒ] *n* **1.** edad *f* **2.** *(old age)* vejez *f* • **under age** menor de edad • **I haven't seen her for ages** *(inf)* hace siglos que no la veo
**aged** [eɪdʒd] *adj* • **aged eight** de ocho años de edad
**age group** *n* grupo *m* de edad
**age limit** *n* edad *f* máxima/mínima
**agency** ['eɪdʒənsɪ] *n* agencia *f*
**agenda** [ə'dʒendə] *n* orden *m* del día
**agent** ['eɪdʒənt] *n* agente *mf*
**aggression** [ə'greʃn] *n* agresividad *f*
**aggressive** [ə'gresɪv] *adj* agresivo(va)
**agile** [(*UK*) 'ædʒaɪl, (*US*) 'ædʒəl] *adj* ágil
**agitated** ['ædʒɪteɪtɪd] *adj* agitado(da)
**ago** [ə'gəʊ] *adv* • **a month ago** hace un mes • **how long ago?** ¿cuánto tiempo hace?
**agonizing** ['ægənaɪzɪŋ] *adj* **1.** *(delay)* angustioso(sa) **2.** *(pain)* atroz
**agony** ['ægənɪ] *n* dolor *m* intenso
**agree** [ə'gri:] *vi* **1.** *(be in agreement)* estar de acuerdo **2.** *(consent)* acceder **3.** *(correspond)* concordar • **it doesn't agree with me** *(food)* no me sienta bien • **to agree to sthg** acceder a algo • **to agree to do sthg** acceder a hacer algo •
**agree on** *vt insep (time, price)* acordar
**agreed** [ə'gri:d] *adj* acordado(da) • **to be agreed** *(person)* estar de acuerdo
**agreement** [ə'gri:mənt] *n* acuerdo *m* • **in agreement with** de acuerdo con
**agriculture** ['ægrɪkʌltʃəʳ] *n* agricultura *f*
**ahead** [ə'hed] *adv* **1.** *(in front)* delante **2.** *(forwards)* adelante • **the months ahead** los meses que vienen • **to be ahead** *(winning)* ir ganando • **ahead of** *(in front of)* delante de; *(in better position than)* por delante de • **ahead of schedule** por delante de lo previsto • **go straight ahead** sigue todo recto • **they're two points ahead** llevan dos puntos de ventaja
**aid** [eɪd] ◇ *n* ayuda *f* ◇ *vt* ayudar • **in aid of** a beneficio de • **with the aid of** con la ayuda de
**AIDS** [eɪdz] *n* SIDA *m*
**ailment** ['eɪlmənt] *n (fml)* achaque *m*
**aim** [eɪm] ◇ *n (purpose)* propósito *m* ◇ *vt* apuntar ◇ *vi* • **to aim (at)** apuntar (a) • **to aim to do sthg** aspirar a hacer algo
**air** [eəʳ] ◇ *n* aire *m* ◇ *vt (room)* ventilar ◇ *adj* aéreo(a) • **by air** *(travel)* en avión; *(send)* por avión
**airbed** ['eəbed] *n* colchón *m* de aire

**irborne** ['eəbɔːn] *adj* en el aire
**ir-conditioned** [-kən'dɪʃnd] *adj* climatizado(da)
**ir-conditioning** [-kən'dɪʃnɪŋ] *n* aire *m* condicionado
**ircraft** ['eəkrɑːft] (*pl inv*) *n* avión *m*
**irforce** ['eəfɔːs] *n* fuerzas *fpl* aéreas
**ir freshener** [-ˌfreʃnəʳ] *n* ambientador *1*
**irhostess** ['eəˌhəʊstɪs] *n* azafata *f*, eromoza *f* (*Amér*)
**irletter** ['eəˌletəʳ] *n* aerograma *m*
**irline** ['eəlaɪn] *n* línea *f* aérea
**irliner** ['eəˌlaɪnəʳ] *n* avión *m* (grande) le pasajeros
**irmail** ['eəmeɪl] *n* correo *m* aéreo • **by irmail** por avión
**irplane** ['eərpleɪn] *n* (*US*) avión *m*
**irport** ['eəpɔːt] *n* aeropuerto *m*
**irsick** ['eəsɪk] *adj* mareado(da) (*en vión*)
**ir steward** *n* auxiliar *m* de vuelo, obrecargo *mf* (*Amér*)
**ir stewardess** *n* azafata *f*, aeromoza *f* *Amér*)
**ir traffic control** *n* (*people*) personal *n* de la torre de control
**isle** [aɪl] *n* **1.** (*in church*) nave *f* lateral **2.** *in plane, cinema, supermarket*) pasillo *m*
**isle seat** *n* (*on plane*) asiento *m* junto l pasillo
**jar** [ə'dʒɑːʳ] *adj* entreabierto(ta)
**larm** [ə'lɑːm] ◇ *n* alarma *f* ◇ *vt* alarmar
**larm clock** *n* despertador *m*
**larmed** [ə'lɑːmd] *adj* **1.** (*anxious*) alarmado(da) **2.** (*door, car*) con alarma
**larming** [ə'lɑːmɪŋ] *adj* alarmante
**lbum** ['ælbəm] *n* álbum *m*
**alcohol** ['ælkəhɒl] *n* alcohol *m*
**alcohol-free** *adj* sin alcohol
**alcoholic** [ˌælkə'hɒlɪk] ◇ *adj* alcohólico (ca) ◇ *n* alcohólico *m*, -ca *f*
**alcoholism** ['ælkəhɒlɪzm] *n* alcoholismo *m*
**alcove** ['ælkəʊv] *n* hueco *m*
**ale** [eɪl] *n cerveza oscura de sabor amargo y alto contenido en alcohol*
**alert** [ə'lɜːt] ◇ *adj* atento(ta) ◇ *vt* alertar
**A-level** *n examen necesario para acceder a la universidad*
**algebra** ['ældʒɪbrə] *n* álgebra *f*
**Algeria** [æl'dʒɪərɪə] *n* Argelia
**alias** ['eɪlɪəs] *adv* alias
**alibi** ['ælɪbaɪ] *n* coartada *f*
**alien** ['eɪlɪən] *n* **1.** (*foreigner*) extranjero *m*, -ra *f* **2.** (*from outer space*) extraterrestre *mf*
**alight** [ə'laɪt] ◇ *adj* ardiendo ◇ *vi* (*fml*) (*from train, bus*) • **to alight (from)** apearse (de)
**align** [ə'laɪn] *vt* alinear
**alike** [ə'laɪk] ◇ *adj* parecido(da) ◇ *adv* igual • **to look alike** parecerse
**alive** [ə'laɪv] *adj* vivo(va)
**all** [ɔːl]
◇ *adj* **1.** (*with singular noun*) todo(da) • **all the money** todo el dinero • **all the time** todo el rato • **all day** todo el día **2.** (*with plural noun*) todos(das) • **all the houses** todas las casas • **all trains stop at Tonbridge** todos los trenes hacen parada en Tonbridge • **all three died** los tres murieron
◇ *adv* **1.** (*completely*) completamente • **all alone** completamente solo **2.** (*in scores*) • **it's two all** van empatados a

dos **3.** *(in phrases)* • **all but empty** casi vacío • **all over** *(finished)* terminado, por todo
◇ *pron* **1.** *(everything)* todo *m*, -da *f* • **all of the work** todo el trabajo • **is that all?** *(in shop)* ¿algo más? • **the best of all** lo mejor de todo **2.** *(everybody)* todos *mpl*, -das *f* • **all of us went** fuimos todos **3.** *(in phrases)* • **in all** *(in total)* en total • **can I help you at all?** ¿le puedo ayudar en algo?
**Allah** ['ælə] *n* Alá *m*
**allege** [ə'ledʒ] *vt* alegar
**allergic** [ə'lɜ:dʒɪk] *adj* • **to be allergic to** ser alérgico(ca) a
**allergy** ['ælədʒɪ] *n* alergia *f*
**alleviate** [ə'li:vɪeɪt] *vt* aliviar
**alley** ['ælɪ] *n* *(narrow street)* callejón *m*
**alligator** ['ælɪgeɪtə<sup>r</sup>] *n* caimán *m*
**all-in** *adj* *(UK)* *(inclusive)* con todo incluido
**all-night** *adj* *(bar, petrol station)* abierto (ta) toda la noche
**allocate** ['æləkeɪt] *vt* asignar
**allow** [ə'laʊ] *vt* **1.** *(permit)* permitir **2.** *(time, money)* contar con • **to allow sb to do sthg** dejar a alguien hacer algo • **to be allowed to do sthg** poder hacer algo ◆ **allow for** *vt insep* contar con
**allowance** [ə'laʊəns] *n* **1.** *(state benefit)* subsidio *m* **2.** *(for expenses)* dietas *fpl* **3.** *(US)* *(pocket money)* dinero *m* de bolsillo
**all right** ◇ *adj* bien ◇ *adv* **1.** *(satisfactorily)* bien **2.** *(yes, okay)* vale
**ally** ['ælaɪ] *n* aliado *m*, -da *f*
**almond** ['ɑ:mənd] *n* almendra *f*
**almost** ['ɔ:lməʊst] *adv* casi
**alone** [ə'ləʊn] *adj & adv* solo(la) • **to leave sb alone** dejar a alguien en paz • **to leave sthg alone** dejar algo
**along** [ə'lɒŋ] ◇ *prep* **1.** *(towards one end o*[f]*)* por **2.** *(alongside)* a lo largo de ◇ *adv* **she was walking along** iba caminand[o] • **to bring sthg along** traerse algo • **all along** siempre, desde el principio • **along with** junto con
**alongside** [əˌlɒŋ'saɪd] ◇ *prep* junto a ◇ *adv* • **to come alongside** ponerse a[l] lado
**aloud** [ə'laʊd] *adv* en voz alta
**alphabet** ['ælfəbet] *n* alfabeto *m*
**Alps** [ælps] *npl* • **the Alps** los Alpes
**already** [ɔ:l'redɪ] *adv* ya
**also** ['ɔ:lsəʊ] *adv* también
**altar** ['ɔ:ltə<sup>r</sup>] *n* altar *m*
**alter** ['ɔ:ltə<sup>r</sup>] *vt* alterar
**alteration** [ˌɔ:ltə'reɪʃn] *n* alteración *f*
**alternate** [*(UK)* ɔ:l'tɜ:nət, *(US)* 'ɔ:ltərnə[t]] *adj* alterno(na)
**alternative** [ɔ:l'tɜ:nətɪv] ◇ *adj* alternativo(va) ◇ *n* alternativa *f*
**alternatively** [ɔ:l'tɜ:nətɪvlɪ] *adv* o bien
**although** [ɔ:l'ðəʊ] *conj* aunque
**altitude** ['æltɪtju:d] *n* altitud *f*
**altogether** [ˌɔ:ltə'geðə<sup>r</sup>] *adv* **1.** *(completely)* completamente **2.** *(in total)* en total
**aluminium** [ˌæljʊ'mɪnɪəm] *n* *(UK)* aluminio *m*
**aluminum** [ə'lu:mɪnəm] *(US)* = **aluminium**
**always** ['ɔ:lweɪz] *adv* siempre
**Alzheimer's disease** ['æltsˌhaɪməz-] *n* (enfermedad *f* de) Alzheimer *m*
**am** [æm] ≫ **be**
**a.m.** [eɪ'em] (*abbr of* **ante meridiem**)

at 2 a.m. a las dos de la mañana
**amateur** ['æmətəʳ] *n* aficionado *m*, -da *f*
**amazed** [ə'meɪzd] *adj* asombrado(da)
**amazing** [ə'meɪzɪŋ] *adj* asombroso(sa)
**ambassador** [æm'bæsədəʳ] *n* embajador *m*, -ra *f*
**amber** ['æmbəʳ] *adj* **1.** *(traffic lights)* (de color) ámbar **2.** *(jewellery)* de ámbar
**ambiguous** [æm'bɪgjʊəs] *adj* ambiguo(gua)
**ambition** [æm'bɪʃn] *n* ambición *f*
**ambitious** [æm'bɪʃəs] *adj* ambicioso(sa)
**ambulance** ['æmbjʊləns] *n* ambulancia *f*
**ambush** ['æmbʊʃ] *n* emboscada *f*
**amenities** [ə'mi:nətɪz] *npl* instalaciones *fpl*
**America** [ə'merɪkə] *n* América
**American** [ə'merɪkən] ◇ *adj* americano (na) ◇ *n (person)* americano *m*, -na *f*
**amiable** ['eɪmɪəbl] *adj* amable
**ammunition** [,æmjʊ'nɪʃn] *n* municiones *fpl*
**amnesia** [æm'ni:zɪə] *n* amnesia *f*
**among(st)** [ə'mʌŋ(st)] *prep* entre
**amount** [ə'maʊnt] *n* cantidad *f*
**amount to** *vt insep (total)* ascender a
**amp** [æmp] *n* amperio *m* ◈ **a 13-amp plug** un enchufe con un fusible de 13 amperios
**ample** ['æmpl] *adj* más que suficiente
**amplifier** ['æmplɪfaɪəʳ] *n* amplificador *m*
**amputate** ['æmpjʊteɪt] *vt* amputar
**Amtrak** ['æmtræk] *n organismo que regula los ferrocarriles en EEUU*
**amuse** [ə'mju:z] *vt* **1.** *(make laugh)* divertir **2.** *(entertain)* entretener
**amusement arcade** [ə'mju:zmənt-] *n (UK)* salón *m* de juegos
**amusement park** [ə'mju:zmənt-] *n* parque *m* de atracciones
**amusements** [ə'mju:zmənts] *npl* atracciones *fpl*
**amusing** [ə'mju:zɪŋ] *adj* divertido(da)
**an** [*stressed* æn, *unstressed* ən] ➢ **a**
**anaemic** [ə'ni:mɪk] *adj (UK) (person)* anémico(ca)
**anaesthetic** [,ænɪs'θetɪk] *n (UK)* anestesia *f*
**analgesic** [,ænæl'dʒi:zɪk] *n* analgésico *m*
**analyse** ['ænəlaɪz] *vt* analizar
**analyst** ['ænəlɪst] *n (psychoanalyst)* psicoanalista *mf*
**analyze** ['ænəlaɪz] *(US)* = **analyse**
**anarchy** ['ænəkɪ] *n* anarquía *f*
**anatomy** [ə'nætəmɪ] *n* anatomía *f*
**ancestor** ['ænsestəʳ] *n* antepasado *m*, -da *f*
**anchor** ['æŋkəʳ] *n* ancla *f*
**anchovy** ['æntʃəvɪ] *n* **1.** *(salted)* anchoa *f* **2.** *(fresh)* boquerón *m*
**ancient** ['eɪnʃənt] *adj* antiguo(gua)
**and** [*strong form* ænd, *weak form* ənd, ən] *conj* **1.** y **2.** *(before* i *or* hi*)* e ◈ **and you?** ¿y tú? ◈ **a hundred and one** ciento uno ◈ **more and more** cada vez más ◈ **to try and do sthg** intentar hacer algo ◈ **to go and see** ir a ver
**Andalusia** [,ændə'lu:zɪə] *n* Andalucía
**Andes** ['ændi:z] *npl* ◈ **the Andes** los Andes
**anecdote** ['ænɪkdəʊt] *n* anécdota *f*
**anemic** [ə'ni:mɪk] *(US)* = **anaemic**
**anesthetic** [,ænɪs'θetɪk] *(US)* = **anaesthetic**
**angel** ['eɪndʒl] *n* ángel *m*

**anger** [ˈæŋgəʳ] *n* ira *f*, furia *f*
**angina** [ænˈdʒaɪnə] *n* angina *f* de pecho
**angle** [ˈæŋgl] *n* ángulo *m* • **at an angle** torcido
**angler** [ˈæŋgləʳ] *n* pescador *m*, -ra *f* *(con caña)*
**angling** [ˈæŋglɪŋ] *n* pesca *f* *(con caña)*
**angry** [ˈæŋgrɪ] *adj* **1.** *(person)* enfadado (da) **2.** *(words, look, letter)* airado(da) • **to get angry (with sb)** enfadarse (con alguien)
**animal** [ˈænɪml] *n* animal *m*
**aniseed** [ˈænɪsiːd] *n* anís *m*
**ankle** [ˈæŋkl] *n* tobillo *m*
**annex** [ˈæneks] *n* *(building)* edificio *m* anejo
**anniversary** [ˌænɪˈvɜːsərɪ] *n* aniversario *m*
**announce** [əˈnaʊns] *vt* anunciar
**announcement** [əˈnaʊnsmənt] *n* anuncio *m*
**announcer** [əˈnaʊnsəʳ] *n* **1.** *(on TV)* presentador *m*, -ra *f* **2.** *(on radio)* locutor *m*, -ra *f*
**annoy** [əˈnɔɪ] *vt* molestar, fastidiar
**annoyed** [əˈnɔɪd] *adj* molesto(ta) • **to get annoyed (with)** enfadarse (con)
**annoying** [əˈnɔɪɪŋ] *adj* molesto(ta), fastidioso(sa)
**annual** [ˈænjʊəl] *adj* anual
**anonymous** [əˈnɒnɪməs] *adj* anónimo (ma)
**anorak** [ˈænəræk] *n* anorak *m*
**another** [əˈnʌðəʳ] ◇ *adj* otro *m*, otra *f* ◇ *pron* otro *m*, otra *f* • **another one** otro (otra) • **one another** el uno al otro(la una a la otra) • **they love one another** se quieren • **with one another** el uno con el otro(la una con la otra) • **one after another** uno tras otro(una tras otra)
**answer** [ˈɑːnsər] ◇ *n* respuesta *f* ◇ *vt* **1** *(person, question)* contestar a **2.** *(letter, advert)* responder a ◇ *vi* contestar • **to answer the door** abrir la puerta • **to answer the phone** coger el teléfono
**answer back** *vi* replicar
**answering machine** [ˈɑːnsərɪŋ-] = **answerphone**
**answerphone** [ˈɑːnsəfəʊn] *n* contestador *m* automático
**ant** [ænt] *n* hormiga *f*
**Antarctic** [ænˈtɑːktɪk] *n* • **the Antarctic** el Antártico
**antenna** [ænˈtenə] *n* *(US)* *(aerial)* antena *f*
**anthem** [ˈænθəm] *n* himno *m*
**antibiotics** [ˌæntɪbaɪˈɒtɪks] *npl* antibióticos *mpl*
**anticipate** [ænˈtɪsɪpeɪt] *vt* prever
**anticlimax** [æntɪˈklaɪmæks] *n* anticlímax *m inv*
**anticlockwise** [ˌæntɪˈklɒkwaɪz] *adv* *(UK)* en sentido contrario al de las agujas del reloj
**antidote** [ˈæntɪdəʊt] *n* antídoto *m*
**antifreeze** [ˈæntɪfriːz] *n* anticongelante *m*
**antihistamine** [ˌæntɪˈhɪstəmɪn] *n* antihistamínico *m*
**antiperspirant** [ˌæntɪˈpɜːspərənt] *n* desodorante *m*
**antique** [ænˈtiːk] *n* antigüedad *f*
**antique shop** *n* tienda *f* de antigüedades
**antiseptic** [ˌæntɪˈseptɪk] *n* antiséptico *m*

**ntisocial** [ˌæntɪˈsəʊʃl] *adj* **1.** *(person)* nsociable **2.** *(behaviour)* antisocial
**ntlers** [ˈæntləz] *npl* cornamenta *f*
**nxiety** [æŋˈzaɪətɪ] *n* inquietud *f*, ansiedad *f*
**nxious** [ˈæŋkʃəs] *adj* **1.** *(worried)* preocupado(da) **2.** *(eager)* ansioso(sa)
**ny** [ˈenɪ]
> *adj* **1.** *(in questions)* algún(una) • **ave you got any money?** ¿tienes (algo de) dinero? • **have you got any postcards?** ¿tienes alguna postal? • **have you got any rooms?** ¿tienes habitaciones libres? **2.** *(in negatives)* ningún(una) • **I haven't got any money** no tengo (nada de) dinero • **we don't have any rooms** no tenemos ninguna habitación **3.** *(no matter which)* cualquier • **take any one you like** coge el que quieras
> *pron* **1.** *(in questions)* alguno *m*, -na *f* • **'m looking for a hotel - are there any nearby?** estoy buscando un hotel ¿hay alguno por aquí cerca? **2.** *(in negatives)* ninguno *m*, -na *f* • **I don't want any (of them)** no quiero ninguno • **I don't want any (of it)** no quiero (nada) **3.** *(no matter which one)* cualquiera • **you can sit at any of the tables** puede sentarse en cualquier mesa
> *adv* **1.** *(in questions)* • **is that any better?** ¿es así mejor? • **is there any more cheese?** ¿hay más queso? • **any other questions?** ¿alguna otra pregunta? **2.** *(in negatives)* • **he's not any better** no se siente nada mejor • **we can't wait any longer** ya no podemos esperar más

**anybody** [ˈenɪˌbɒdɪ] = anyone
**anyhow** [ˈenɪhaʊ] *adv* **1.** *(carelessly)* de cualquier manera **2.** *(in any case)* en cualquier caso **3.** *(in spite of that)* de todos modos
**anyone** [ˈenɪwʌn] *pron* **1.** *(in questions)* alguien **2.** *(any person)* cualquiera • **I don't like anyone** no me gusta nadie
**anything** [ˈenɪθɪŋ] *pron* **1.** *(in questions)* algo **2.** *(no matter what)* cualquier cosa • **he didn't say anything** no dijo nada
**anyway** [ˈenɪweɪ] *adv* de todos modos
**anywhere** [ˈenɪweəʳ] *adv* **1.** *(in questions)* en/a algún sitio **2.** *(any place)* en/a cualquier sitio • **I can't find it anywhere** no lo encuentro en ningún sitio • **anywhere you like** donde quieras
**apart** [əˈpɑːt] *adv* aparte • **they're miles apart** están muy separados • **to come apart** romperse • **apart from** *(except for)* salvo; *(as well as)* además de
**apartheid** [əˈpɑːtheɪt] *n* apartheid *m*
**apartment** [əˈpɑːtmənt] *n* piso *m* *(Esp)*, apartamento *m*
**apathetic** [ˌæpəˈθetɪk] *adj* apático(ca)
**ape** [eɪp] *n* simio *m*
**aperitif** [əˌperəˈtiːf] *n* aperitivo *m*
**aperture** [ˈæpətʃəʳ] *n* *(of camera)* abertura *f*
**APEX** [ˈeɪpeks] *n* **2.** *(UK)* *(train ticket)* *billete de precio reducido no transferible que se compra con dos días de antelación*
**apiece** [əˈpiːs] *adv* cada uno(una)
**apologetic** [əˌpɒləˈdʒetɪk] *adj* lleno(na) de disculpas
**apologize** [əˈpɒlədʒaɪz] *vi* • **to apologize to sb for your behaviour** pedir

perdón a alguien por tu comportamiento
**apology** [ə'pɒlədʒɪ] *n* disculpa *f*
**apostrophe** [ə'pɒstrəfɪ] *n* apóstrofo *m*
**appal** [ə'pɔːl] *vt* horrorizar
**appall** [ə'pɔːl] (*US*) = **appal**
**appalling** [ə'pɔːlɪŋ] *adj* horrible
**apparatus** [ˌæpə'reɪtəs] *n* aparato *m*
**apparently** [ə'pærəntlɪ] *adv* **1.** *(it seems)* por lo visto **2.** *(evidently)* aparentemente
**appeal** [ə'piːl] ◇ *n* **1.** *LAW* apelación *f* **2.** *(fundraising campaign)* campaña *f* para recaudar fondos ◇ *vi LAW* apelar • **to appeal to sb (for sthg)** hacer un llamamiento a alguien (para algo) • **it doesn't appeal to me** no me atrae
**appear** [ə'pɪəʳ] *vi* **1.** *(come into view)* aparecer **2.** *(seem)* parecer **3.** *(in play, on TV)* salir **4.** *(before court)* comparecer • **it appears that** parece que
**appearance** [ə'pɪərəns] *n* **1.** *(arrival)* aparición *f* **2.** *(look)* aspecto *m*
**appendicitis** [əˌpendɪ'saɪtɪs] *n* apendicitis *f inv*
**appendix** [ə'pendɪks] (*pl* **-dices**) *n* apéndice *m*
**appetite** ['æpɪtaɪt] *n* apetito *m*
**appetizer** ['æpɪtaɪzəʳ] *n* aperitivo *m*
**appetizing** ['æpɪtaɪzɪŋ] *adj* apetitoso(sa)
**applaud** [ə'plɔːd] *vt* & *vi* aplaudir
**applause** [ə'plɔːz] *n* aplausos *mpl*
**apple** ['æpl] *n* manzana *f*
**apple crumble** *n budín de manzana cubierto con una masa de harina, azúcar y mantequilla que se sirve caliente*
**apple juice** *n* zumo *m* de manzana (*Esp*), jugo *m* de manzana (*Amér*)
**apple pie** *n pastel de hojaldre relleno c compota de manzana*
**apple tart** *n* tarta *f* de manzana
**appliance** [ə'plaɪəns] *n* aparato *m* • **electrical/domestic appliance** electrc doméstico *m*
**applicable** [ə'plɪkəbl] *adj* • **to b applicable (to)** ser aplicable (a) • **applicable** si corresponde
**applicant** ['æplɪkənt] *n* solicitante *mf*
**application** [ˌæplɪ'keɪʃn] *n* solicitud *f*
**application form** *n* impreso *m* d solicitud
**apply** [ə'plaɪ] ◇ *vt* **1.** *(lotion)* aplicar **2.** *(brakes)* pisar ◇ *vi* • **to apply to th bank for a loan** *(make request)* solicita un préstamo al banco • **to apply (to sb** *(be applicable)* ser aplicable (a alguien)
**appointment** [ə'pɔɪntmənt] *n* **1.** *(wit businessman)* cita *f* **2.** *(with docto hairdresser)* hora *f* • **to have a appointment (with)** *(businessman)* tene una cita (con); *(doctor, hairdresser)* tene hora (con) • **to make an appointmen (with)** *(businessman)* pedir una cit (con); *(doctor, hairdresser)* pedir hor (a) • **by appointment** mediante cita
**appreciable** [ə'priːʃəbl] *adj* apreciable
**appreciate** [ə'priːʃɪeɪt] *vt* **1.** *(be gratefu for)* agradecer **2.** *(understand)* ser cons ciente de **3.** *(like, admire)* apreciar
**apprehensive** [ˌæprɪ'hensɪv] *adj* inquieto(ta)
**apprentice** [ə'prentɪs] *n* aprendiz *m*, -z *f*
**apprenticeship** [ə'prentɪsʃɪp] *n* aprendizaje *m*

**approach** [əˈprəʊtʃ] ◇ *n* **1.** *(road)* acceso *m* **2.** *(to problem, situation)* enfoque *m*, planteamiento *m* ◇ *vt* **1.** *(come nearer to)* acercarse a **2.** *(problem, situation)* enfocar ◇ *vi* acercarse

**appropriate** [əˈprəʊprɪət] *adj* apropiado (da)

**approval** [əˈpruːvl] *n* **1.** *(favourable opinion)* aprobación *f* **2.** *(permission)* permiso *m*

**approve** [əˈpruːv] *vi* • **to approve of sb's behaviour** ver con buenos ojos el comportamiento de alguien

**approximate** [əˈprɒksɪmət] *adj* aproximado(da)

**approximately** [əˈprɒksɪmətlɪ] *adv* aproximadamente

**Apr.** (*abbr of* **April**) abr. *(abril)*

**apricot** [ˈeɪprɪkɒt] *n* albaricoque *m*

**April** [ˈeɪprəl] *n* abril *m* • **at the beginning of April** a principios de abril • **at the end of April** a finales de abril • **during April** en abril • **every April** todos los años en abril • **in April** en abril • **last April** en abril del año pasado • **next April** en abril del próximo año • **this April** en abril de este año • **2 April 2001** *(in letters etc)* 2 de abril de 2001

**April Fools' Day** *n* ≃ Día *m* de los Santos Inocentes

**apron** [ˈeɪprən] *n* delantal *m*

**apt** [æpt] *adj* *(appropriate)* acertado(da) • **to be apt to do sthg** ser propenso (sa) a hacer algo

**aquarium** [əˈkweərɪəm] (*pl* **-ria**) *n* acuario *m*

**Aquarius** [əˈkweərɪəs] *n* Acuario *m*

**aqueduct** [ˈækwɪdʌkt] *n* acueducto *m*

**Arab** [ˈærəb] ◇ *adj* árabe ◇ *n* *(person)* árabe *mf*

**Arabic** [ˈærəbɪk] ◇ *adj* árabe ◇ *n* *(language)* árabe *m*

**arbitrary** [ˈɑːbɪtrərɪ] *adj* arbitrario(ria)

**arc** [ɑːk] *n* arco *m*

**arcade** [ɑːˈkeɪd] *n* **1.** *(for shopping)* centro *m* comercial **2.** *(of video games)* salón *m* de juegos

**arch** [ɑːtʃ] *n* arco *m*

**archaeology** [ˌɑːkɪˈɒlədʒɪ] *n* arqueología *f*

**archbishop** [ˌɑːtʃˈbɪʃəp] *n* arzobispo *m*

**archery** [ˈɑːtʃərɪ] *n* tiro *m* con arco

**archipelago** [ˌɑːkɪˈpeləgəʊ] *n* archipiélago *m*

**architect** [ˈɑːkɪtekt] *n* arquitecto *m*, -ta *f*

**architecture** [ˈɑːkɪtektʃə$^r$] *n* arquitectura *f*

**archive** [ˈɑːkaɪv] *n* archivo *m*

**Arctic** [ˈɑːktɪk] *n* • **the Arctic** el Ártico

**are** [*weak form* ə$^r$, *strong form* ɑː$^r$] ➢ **be**

**area** [ˈeərɪə] *n* **1.** *(region, space, zone)* zona *f*, área *f* **2.** *(surface size)* área *f*

**area code** *n* prefijo *m* (telefónico)

**arena** [əˈriːnə] *n* **1.** *(at circus)* pista *f* **2.** *(at sportsground)* campo *m*

**aren't** [ɑːnt] = **are not**

**Argentina** [ˌɑːdʒənˈtiːnə] *n* Argentina

**Argentinian** [ˌɑːdʒənˈtɪnɪən] ◇ *adj* argentino(na) ◇ *n* argentino *m*, -na *f*

**argue** [ˈɑːgjuː] *vi* • **to argue with your partner about money** discutir de dinero con tu compañero • **to argue (that)** sostener que

**argument** ['ɑːgjʊmənt] *n* **1.** *(quarrel)* discusión *f* **2.** *(reason)* argumento *m*
**arid** ['ærɪd] *adj* árido(da)
**Aries** ['eəriːz] *n* Aries *m*
**arise** [ə'raɪz] *(pt* **arose**, *pp* **arisen**) *vi* • **to arise (from)** surgir (de)
**aristocracy** [ˌærɪ'stɒkrəsɪ] *n* aristocracia *f*
**arithmetic** [ə'rɪθmətɪk] *n* aritmética *f*
**arm** [ɑːm] *n* **1.** *(of person, chair)* brazo *m* **2.** *(of garment)* manga *f*
**arm bands** *npl (for swimming)* brazaletes *mpl (de brazos)*, alitas *fpl (Amér)*
**armchair** ['ɑːmtʃeə^r] *n* sillón *m*
**armed** [ɑːmd] *adj* armado(da)
**armed forces** *npl* • **the armed forces** las fuerzas armadas
**armor** ['ɑːmər] *(US)* = **armour**
**armour** ['ɑːmə^r] *n (UK)* armadura *f*
**armpit** ['ɑːmpɪt] *n* axila *f*
**arms** [ɑːmz] *npl (weapons)* armas *fpl*
**army** ['ɑːmɪ] *n* ejército *m*
**A-road** *n (UK)* ≃ carretera *f* nacional
**aroma** [ə'rəʊmə] *n* aroma *m*
**aromatic** [ˌærə'mætɪk] *adj* aromático (ca)
**arose** [ə'rəʊz] *pt* ➤ **arise**
**around** [ə'raʊnd] ◇ *adv* **1.** *(about, round)* por ahí **2.** *(present)* por ahí/aquí ◇ *prep* **1.** *(surrounding, approximately)* alrededor de **2.** *(to the other side of)* al otro lado de **3.** *(near, all over)* por • **around here** *(in the area)* por aquí • **to go around the corner** doblar la esquina • **to turn around** volverse • **to look around** *(turn head)* volver la mirada; *(visit)* visitar • **is Paul around?** ¿está Paul por aquí?
**arouse** [ə'raʊz] *vt (suspicion, interest)* suscitar
**arrange** [ə'reɪndʒ] *vt* **1.** *(flowers, books)* colocar **2.** *(meeting, event)* organizar **3.** • **we've arrangeed to meet at seven** hemos quedado para las siete • **to arrange to go to the cinema with a friend** acordar ir al cine con un amigo
**arrangement** [ə'reɪndʒmənt] *n* **1.** *(agreement)* acuerdo *m* **2.** *(layout)* disposición *f* • **by arrangement** sólo con cita previa • **to make arrangements to do sthg** hacer los preparativos para hacer algo
**arrest** [ə'rest] ◇ *n* detención *f* ◇ *vt* detener • **to be under arrest** estar detenido
**arrival** [ə'raɪvl] *n* llegada *f* • **on arrival** al llegar • **new arrival** *(person)* recién llegado *m*, -da *f*
**arrive** [ə'raɪv] *vi* llegar • **to arrive at** llegar a
**arrogant** ['ærəgənt] *adj* arrogante
**arrow** ['ærəʊ] *n* flecha *f*
**arson** ['ɑːsn] *n* incendio *m* provocado
**art** [ɑːt] *n* arte *m* ◆ **arts** *npl (humanities)* letras *fpl* • **the arts** *(fine arts)* las bellas artes
**artefact** ['ɑːtɪfækt] *n* artefacto *m*
**artery** ['ɑːtərɪ] *n* arteria *f*
**art gallery** *n* **1.** *(commercial)* galería *f* (de arte) **2.** *(public)* museo *m* (de arte)
**arthritis** [ɑː'θraɪtɪs] *n* artritis *f inv*
**artichoke** ['ɑːtɪtʃəʊk] *n* alcachofa *f*
**article** ['ɑːtɪkl] *n* artículo *m*
**articulate** [ɑː'tɪkjʊlət] *adj* elocuente
**artificial** [ˌɑːtɪ'fɪʃl] *adj* artificial
**artist** ['ɑːtɪst] *n* artista *mf*
**artistic** [ɑː'tɪstɪk] *adj* **1.** *(person)* con sensibilidad artística **2.** *(design)* artístico(ca)

**rts centre** *n* ≃ casa *f* de cultura
**rty** ['ɑ:tɪ] *adj* (*pej*) con pretensiones rtísticas
**as** [*unstressed* əz, *stressed* æz] ◇ *adv* (*in omparisons*) • **as ... as** tan ... como • **ne's as tall as I am** es tan alto como yo • **twice as big as** el doble de grande que • **as many as** tantos como • **as much as** tanto como ◇ *conj* **1.** (*referring to ime*) mientras **2.** (*referring to manner*) como **3.** (*introducing a statement*) como **4.** (*because*) como, ya que **5.** (*in phrases*) • **as for** en cuanto a • **as from** a partir de • **as if** como si ◇ *prep* **1.** (*referring to unction*) como **2.** (*referring to job*) de • **as the plane was coming in to land** cuando el avión iba a aterrizar • **do as you like** haz lo que quieras • **as expected** (tal) como era de esperar • **as you know** como sabes • **I work as a teacher** soy profesor
**asap** [eɪesɪ'pi:] (*abbr of* **as soon as possible**) *a la mayor brevedad posible*
**ascent** [ə'sent] *n* ascenso *m*
**ascribe** [ə'skraɪb] *vt* • **to ascribe her success to luck** atribuir su éxito a la suerte
**ash** [æʃ] *n* **1.** (*from cigarette, fire*) ceniza *f* **2.** (*tree*) fresno *m*
**ashore** [ə'ʃɔ:ʳ] *adv* (*be*) en tierra • **to go ashore** desembarcar
**ashtray** ['æʃtreɪ] *n* cenicero *m*
**Asia** [(*UK*) 'eɪʃə, (*US*) 'eɪʒə] *n* Asia
**Asian** [(*UK*) 'eɪʃn, (*US*) 'eɪʒn] ◇ *adj* asiático(ca) ◇ *n* asiático *m*, -ca *f*
**aside** [ə'saɪd] *adv* a un lado • **to move aside** apartarse
**ask** [ɑ:sk] ◇ *vt* **1.** (*person*) preguntar **2.** (*request*) pedir **3.** (*invite*) invitar **4.** • **to ask a question** hacer una pregunta ◇ *vi* • **to ask about sthg** preguntar acerca de algo • **to ask the man his name** preguntarle el nombre al señor • **to ask her about her new job** preguntarle por su nuevo trabajo • **to ask them to help** pedirles que ayuden • **to ask your boss for a rise** pedir un aumento de sueldo al jefe ◆ **ask for** *vt insep* **1.** (*ask to talk to*) preguntar por **2.** (*request*) pedir
**asleep** [ə'sli:p] *adj* dormido(da) • **to fall asleep** quedarse dormido
**AS level** *n* (*UK*) *examen de asignaturas complementarias al examen de A level*
**asparagus** [ə'spærəgəs] *n* espárragos *mpl*
**aspect** ['æspekt] *n* aspecto *m*
**aspirin** ['æsprɪn] *n* aspirina *f*
**ass** [æs] *n* (*animal*) asno *m*, -na *f*
**assassinate** [ə'sæsɪneɪt] *vt* asesinar
**assault** [ə'sɔ:lt] ◇ *n* agresión *f* ◇ *vt* agredir
**assemble** [ə'sembl] ◇ *vt* (*bookcase, model*) montar ◇ *vi* reunirse
**assembly** [ə'semblɪ] *n* (*at school*) *reunión cotidiana de todos los alumnos y profesores en el salón de actos*
**assembly hall** *n* (*at school*) salón *m* de actos
**assembly point** *n* punto *m* de reunión
**assert** [ə'sɜ:t] *vt* **1.** (*fact, innocence*) afirmar **2.** (*authority*) imponer • **to assert o.s.** imponerse
**assess** [ə'ses] *vt* evaluar
**assessment** [ə'sesmənt] *n* evaluación *f*

**asset** ['æset] *n* *(valuable person, thing)* elemento *m* valioso
**assign** [ə'saɪn] *vt* • **to assign a task to an employee** asignar una tarea a un empleado • **to assign police officers to watch a building** asignar policías a la vigilancia de un edificio
**assignment** [ə'saɪnmənt] *n* **1.** *(task)* misión *f* **2.** *SCH* trabajo *m*
**assist** [ə'sɪst] *vt* ayudar
**assistance** [ə'sɪstəns] *n* ayuda *f* • **to be of assistance (to sb)** ayudar (a alguien)
**assistant** [ə'sɪstənt] *n* ayudante *mf*
**associate** ◇ *n* [ə'səʊʃɪət] socio *m*, -cia *f* ◇ *vt* [ə'səʊʃɪeɪt] • **to associate sthg/sb with** asociar algo/a alguien con • **to be associated with** estar asociado con
**association** [əˌsəʊsɪ'eɪʃn] *n* asociación *f*
**assorted** [ə'sɔːtɪd] *adj* surtido(da), variado(da)
**assortment** [ə'sɔːtmənt] *n* surtido *m*
**assume** [ə'sjuːm] *vt* **1.** *(suppose)* suponer **2.** *(control, responsibility)* asumir
**assurance** [ə'ʃʊərəns] *n* **1.** *(promise)* garantía *f* **2.** *(insurance)* seguro *m*
**assure** [ə'ʃʊə^r] *vt* asegurar • **to assure sb (that) ...** asegurar a alguien que ...
**asterisk** ['æstərɪsk] *n* asterisco *m*
**asthma** ['æsmə] *n* asma *f*
**asthmatic** [æs'mætɪk] *adj* asmático(ca)
**astonished** [ə'stɒnɪʃt] *adj* estupefacto(ta), pasmado(da)
**astonishing** [ə'stɒnɪʃɪŋ] *adj* asombroso(sa)
**astound** [ə'staʊnd] *vt* asombrar, pasmar
**astray** [ə'streɪ] *adv* • **to go astray** extraviarse
**astrology** [ə'strɒlədʒɪ] *n* astrología *f*
**astronomy** [ə'strɒnəmɪ] *n* astronomía
**at** [*unstressed* ət, *stressed* æt] *prep* **1** *(indicating place, position)* en • **at th bottom of the hill** al pie de la colina **at school** en la escuela • **at the hot** en el hotel • **at home** en casa • **a my mother's** en casa de mi madre **2** *(indicating direction)* a • **to throw stone at a dog** tirar piedras a un perro • **t look at a picture** mirar un cuadro • **t smile at a neighbour** sonreír a u vecino **3.** *(indicating time)* a • **a Christmas** en Navidades • **at nin o'clock** a las nueve • **at night** por l noche **4.** *(indicating rate, level, speed)* a **it works out at £5 each** sale a 5 libra cada uno • **at 60 km/h** a 60 km/h **5** *(indicating activity)* • **to be at lunch** esta comiendo • **I'm good/bad at maths** s me dan bien/mal las matemáticas **6** *(indicating cause)* • **shocked at sth** horrorizado ante algo • **angry at s** enfadado con alguien • **delighted a sthg** encantado con algo
**ate** [(*UK*) et, (*US*) eɪt] *pt* ➢ **eat**
**atheist** ['eɪθɪɪst] *n* ateo *m*, -a *f*
**athlete** ['æθliːt] *n* atleta *mf*
**athletics** [æθ'letɪks] *n* atletismo *m*
**Atlantic** [ət'læntɪk] *n* • **the Atlanti (Ocean)** el (océano) Atlántico
**atlas** ['ætləs] *n* atlas *m inv*
**ATM** [eɪtiː'em] *n* (*abbr of* **automatic o automated teller machine**) *cajero auto mático*
**atmosphere** ['ætməsfɪə^r] *n* atmósfera *f*
**atrocious** [ə'trəʊʃəs] *adj* atroz
**attach** [ə'tætʃ] *vt* sujetar • **to attach**

padlock to a bicycle ponerle un candado a una bicicleta
**attachment** [ə'tætʃmənt] *n* 1. *(device)* accesorio *m* 2. *COMPUT* anexo *m*
**attack** [ə'tæk] ◇ *n* ataque *m* ◇ *vt* atacar
**attacker** [ə'tækəʳ] *n* atacante *mf*
**attain** [ə'teɪn] *vt (fml)* alcanzar, conseguir
**attempt** [ə'tempt] ◇ *n* intento *m* ◇ *vt* intentar • **to attempt to do sthg** intentar hacer algo
**attend** [ə'tend] *vt* asistir a ◆ **attend to** *vt insep* ocuparse de
**attendance** [ə'tendəns] *n* asistencia *f*
**attendant** [ə'tendənt] *n* 1. *(in museum)* conserje *mf* 2. *(in car park)* encargado *m*, -da *f*
**attention** [ə'tenʃn] *n* atención *f* • **to pay attention (to)** prestar atención (a)
**attic** ['ætɪk] *n* desván *m*
**attitude** ['ætɪtjuːd] *n* actitud *f*
**attorney** [ə'tɜːnɪ] *n (US)* abogado *m*, -da *f*
**attract** [ə'trækt] *vt* atraer
**attraction** [ə'trækʃn] *n* 1. atracción *f* 2. *(attractive feature)* atractivo *m*
**attractive** [ə'træktɪv] *adj* atractivo(va)
**attribute** [ə'trɪbjuːt] *vt* • **to attribute his success to hard work** atribuir su éxito al trabajo duro
**aubergine** ['əʊbəʒiːn] *n (UK)* berenjena *f*
**auburn** ['ɔːbən] *adj* castaño rojizo
**auction** ['ɔːkʃn] *n* subasta *f*
**audience** ['ɔːdɪəns] *n* 1. *(of play, concert, film)* público *m* 2. *(of TV, radio)* audiencia *f*
**audio** ['ɔːdɪəʊ] *adj (store, department)* de sonido
**audio-visual** [-'vɪʒʊəl] *adj* audiovisual
**Aug.** (*abbr of* **August**) ago. *(agosto)*
**August** ['ɔːgəst] *n* agosto *m* • **at the beginning of August** a principios de agosto • **at the end of August** a finales de agosto • **during August** en agosto • **every August** todos los años en agosto • **in August** en agosto • **last August** en agosto del año pasado • **next August** en agosto del próximo año • **this August** en agosto de este año • **2 August 2001** *(in letters etc)* 2 de agosto de 2001
**aunt** [ɑːnt] *n* tía *f*
**au pair** [ˌəʊ'peəʳ] *n* au pair *f*
**aural** ['ɔːrəl] *adj* auditivo(va)
**Australia** [ɒ'streɪlɪə] *n* Australia
**Australian** [ɒ'streɪlɪən] ◇ *adj* australiano(na) ◇ *n (person)* australiano *m*, -na *f*
**Austria** ['ɒstrɪə] *n* Austria
**Austrian** ['ɒstrɪən] ◇ *adj* austríaco(ca) ◇ *n (person)* austríaco *m*, -ca *f*
**authentic** [ɔː'θentɪk] *adj* auténtico(ca)
**author** ['ɔːθəʳ] *n* 1. *(of book, article)* autor *m*, -ra *f* 2. *(by profession)* escritor *m*, -ra *f*
**authority** [ɔː'θɒrətɪ] *n* autoridad *f* • **the authorities** las autoridades
**authorization** [ˌɔːθəraɪ'zeɪʃn] *n* autorización *f*
**authorize** ['ɔːθəraɪz] *vt* autorizar • **to authorize your son to act on your behalf** autorizar a tu hijo a que actúe en nombre tuyo
**autobiography** [ˌɔːtəbaɪ'ɒgrəfɪ] *n* autobiografía *f*
**autograph** ['ɔːtəgrɑːf] *n* autógrafo *m*
**automatic** [ˌɔːtə'mætɪk] ◇ *n (car)* coche *m* automático ◇ *adj* automático(ca) •

**you will receive an automatic fine** Vd. será multado en el acto
**automatically** [ˌɔːtəˈmætɪklɪ] *adv* automáticamente
**automobile** [ˈɔːtəməbiːl] *n* (*US*) coche *m*, automóvil *m*
**autumn** [ˈɔːtəm] *n* otoño *m* • **in (the) autumn** en otoño
**auxiliary (verb)** [ɔːgˈzɪljərɪ-] *n* verbo *m* auxiliar
**available** [əˈveɪləbl] *adj* disponible
**avalanche** [ˈævəlɑːnʃ] *n* avalancha *f*
**Ave.** (*abbr of* **avenue**) Avda (*avenida*)
**avenue** [ˈævənjuː] *n* avenida *f*
**average** [ˈævərɪdʒ] ◇ *adj* **1.** medio(dia) **2.** (*not very good*) regular ◇ *n* media *f*, promedio *m* • **on average** por término medio
**aversion** [əˈvɜːʃn] *n* aversión *f*
**aviation** [ˌeɪvɪˈeɪʃn] *n* aviación *f*
**avid** [ˈævɪd] *adj* ávido(da)
**avocado** [ˌævəˈkɑːdəʊ] *n* (*fruit*) aguacate *m*
**avoid** [əˈvɔɪd] *vt* evitar • **to avoid doing sthg** evitar hacer algo
**await** [əˈweɪt] *vt* esperar, aguardar
**awake** [əˈweɪk] (*pt* **awoke**, *pp* **awoken**) ◇ *adj* despierto(ta) ◇ *vi* despertarse
**award** [əˈwɔːd] ◇ *n* premio *m*, galardón *m* ◇ *vt* • **to award a student a prize** otorgar un premio a un estudiante • **to award an accident victim compensation** otorgar una compensación a la víctima de un accidente
**aware** [əˈweəʳ] *adj* consciente • **to be aware of** ser consciente de
**away** [əˈweɪ] *adv* **1.** (*move, look, turn*) hacia otra parte **2.** (*not at home, in office*) fuera • **put your toys away!** ¡recoge tus juguetes! • **to take a knife away from an attacker** quitarle el cuchillo a un atacante • **far away** lejos • **it's 10 miles away (from here)** está a 10 millas (de aquí) • **it's two weeks away** faltan dos semanas • **to look away** apartar la vista • **to walk/drive away** alejarse • **we're going away on holiday** nos vamos de vacaciones
**awesome** [ˈɔːsəm] *adj* impresionante
**awful** [ˈɔːfəl] *adj* **1.** (*very bad*) fatal **2.** (*very great*) tremendo(da) • **how awful!** ¡qué horror!
**awfully** [ˈɔːflɪ] *adv* (*very*) tremendamente
**awkward** [ˈɔːkwəd] *adj* **1.** (*movement*) torpe **2.** (*position, situation*) incómodo(da) **3.** (*shape, size*) poco manejable **4.** (*time*) inoportuno(na) **5.** (*question, task*) difícil
**awning** [ˈɔːnɪŋ] *n* toldo *m*
**awoke** [əˈwəʊk] *pt* ➢ **awake**
**awoken** [əˈwəʊkən] *pp* ➢ **awake**
**axe** [æks] *n* hacha *f*
**axle** [ˈæksl] *n* eje *m*

# bB

**BA** [biːˈeɪ] (*abbr of* **Bachelor of Arts**) (*titular de una*) *licenciatura de letras*
**babble** [ˈbæbl] *vi* (*person*) farfullar
**baby** [ˈbeɪbɪ] *n* **1.** (*newborn baby*) bebé *m*

(*infant*) niño *m*, -ña *f* ◆ **to have a baby** tener un niño
**aby carriage** *n* (*US*) cochecito *m* de iños
**aby food** *n* papilla *f*
**aby-sit** *vi* cuidar a niños
**aby wipe** *n* toallita *f* húmeda para ebés
**ack** [bæk] ◇ *n* **1.** (*of person*) espalda *f* **2.** *of chair*) respaldo *m* **3.** (*of room*) fondo *i* **4.** (*of car, book*) parte *f* trasera **5.** (*of* and, *banknote*) dorso *m* ◇ *adj* trasero ra) ◇ *vi* (*car, driver*) dar marcha atrás ◇ (*support*) respaldar ◇ *adv* **1.** (*towards* ie *back*) hacia atrás **2.** (*to previous* osition, *state*) de vuelta ◆ **to get back** egar ◆ **to give back** devolver ◆ **to** ut sthg back devolver algo a su sitio ◆ **stand back** apartarse ◆ **to write** ack contestar ◆ **at the back of** detrás e ◆ **in back of** (*US*) detrás de ◆ **back** front al revés ◆ **back up** ◇ *vt sep* *support*) apoyar ◇ *vi* (*car, driver*) dar narcha atrás, meter reversa (*Col & Méx*)
**ackache** ['bækeɪk] *n* dolor *m* de espal-la
**ackbone** ['bækbəʊn] *n* columna *f* ertebral
**ack door** *n* puerta *f* trasera
**ackfire** [ˌbæk'faɪəʳ] *vi* (*car*) petardear
**ackground** ['bækgraʊnd] *n* **1.** (*in picture,* *n stage*) fondo *m* **2.** (*to situation*) rasfondo *m* **3.** (*upbringing*) origen *m*
**acklog** ['bæklɒg] *n* acumulación *f*
**ackpack** ['bækpæk] *n* mochila *f*
**ackpacker** ['bækpækəʳ] *n* mochilero *i*, -ra *f*
**back seat** *n* asiento *m* trasero OR de atrás
**backside** [ˌbæk'saɪd] *n* (*inf*) trasero *m*
**back street** *n callejuela en una zona periférica y deprimida*
**backstroke** ['bækstrəʊk] *n* espalda *f* (*en natación*)
**backwards** ['bækwədz] *adv* **1.** (*move, look*) hacia atrás **2.** (*the wrong way round*) al revés
**bacon** ['beɪkən] *n* tocino *m*, panceta *f* (*RP*), bacon *m* (*Esp*) ◆ **bacon and eggs** huevos fritos con bacon
**bacteria** [bæk'tɪərɪə] *npl* bacterias *fpl*
**bad** [bæd] (*compar* **worse**, *superl* **worse**) *adj* **1.** malo(la) **2.** (*accident, wound*) grave **3.** (*cold*) fuerte **4.** (*poor, weak*) débil ◆ **not bad** (bastante) bien ◆ **to go bad** echarse a perder
**badge** [bædʒ] *n* chapa *f*, botón *m* (*Amér*)
**badger** ['bædʒəʳ] *n* tejón *m*
**badly** ['bædlɪ] (*compar* **worse**, *superl* **worst**) *adv* **1.** (*poorly*) mal **2.** (*seriously*) gravemente **3.** (*very much*) mucho
**badly paid** [-peɪd] *adj* mal pagado(da)
**badminton** ['bædmɪntən] *n* bádminton *m*
**bad-tempered** [-'tempəd] *adj* de mal genio
**bag** [bæg] *n* **1.** (*of paper, plastic*) bolsa *f* **2.** (*handbag*) bolso *m* (*Esp*), cartera *f* (*Amér*) **3.** (*suitcase*) maleta *f* ◆ **a bag of crisps** una bolsa de patatas fritas
**bagel** ['beɪgəl] *n bollo de pan en forma de rosca*
**baggage** ['bægɪdʒ] *n* equipaje *m*
**baggage allowance** *n* equipaje *m* permitido

**baggage reclaim** *n* (*UK*) recogida *f* de equipajes
**baggy** ['bægɪ] *adj* holgado(da)
**bagpipes** ['bægpaɪps] *npl* gaita *f*
**bail** [beɪl] *n* fianza *f*
**bait** [beɪt] *n* cebo *m*
**bake** [beɪk] ◇ *vt* cocer al horno ◇ *n* CULIN gratén *m*
**baked** [beɪkt] *adj* asado(da) al horno
**baked beans** *npl* alubias *fpl* (*Esp*) OR frijoles *mpl* (*Amér*) cocidas en salsa de tomate
**baked potato** *n* patata *f* (*Esp*) OR papa *f* (*Amér*) asada OR al horno *(con piel)*
**baker** ['beɪkəʳ] *n* panadero *m*, -ra *f* ● **baker's** *(shop)* panadería *f*
**balance** ['bæləns] ◇ *n* **1.** *(of person)* equilibrio *m* **2.** *(of bank account)* saldo *m* **3.** *(remainder)* resto *m* ◇ *vt* mantener en equilibrio
**balcony** ['bælkənɪ] *n* **1.** *(small)* balcón *m* **2.** *(big)* terraza *f*
**bald** [bɔːld] *adj* calvo(va)
**bale** [beɪl] *n* *(of cloth, hay)* fardo *m*
**Balearic Islands** [ˌbælɪ'ærɪk-] *npl* ● **Balearic Islands** (las) Baleares
**ball** [bɔːl] *n* **1.** *(in tennis, golf, table tennis)* pelota *f* **2.** *(in football)* balón *m* **3.** *(in snooker, pool, of paper)* bola *f* **4.** *(of wool, string)* ovillo *m* **5.** *(dance)* baile *m* ● **on the ball** (*fig*) al tanto de todo
**ballerina** [ˌbælə'riːnə] *n* bailarina *f*
**ballet** ['bæleɪ] *n* ballet *m*
**ballet dancer** *n* bailarín *m*, -ina *f*
**balloon** [bə'luːn] *n* globo *m*
**ballot** ['bælət] *n* votación *f*
**ballpoint pen** ['bɔːlpɔɪnt-] *n* bolígrafo *m*
**ballroom** ['bɔːlrʊm] *n* salón *m* de baile
**ballroom dancing** *n* baile *m* de salón
**bamboo** [bæm'buː] *n* bambú *m*
**ban** [bæn] ◇ *n* prohibición *f* ◇ prohibir ● **to ban sb from doing sth** prohibir a alguien hacer algo
**banana** [bə'nɑːnə] *n* plátano *m*
**band** [bænd] *n* **1.** *(pop group)* grupo *m* **2.** *(military orchestra)* banda *f* **3.** *(strip of paper, rubber)* cinta *f*
**bandage** ['bændɪdʒ] ◇ *n* venda *f* ◇ vendar
**B and B** [biːəndbiː] *abbr* = **bed and breakfast**
**bandstand** ['bændstænd] *n* quiosco de música
**bang** [bæŋ] ◇ *n* estruendo *m* ◇ *vt* **1.** *(hit loudly)* golpear **2.** *(shut loudly)* cerrar de golpe ● **to bang one's head** golpearse la cabeza
**banger** ['bæŋəʳ] *n* (*UK*) (*inf*) *(sausage)* salchicha *f* ● **bangers and mash** salchichas con puré de patatas
**bangle** ['bæŋgl] *n* brazalete *m*
**bangs** [bæŋz] *npl* (*US*) flequillo *m*, cerquillo *m* (*Amér*)
**banister** ['bænɪstəʳ] *n* barandilla *f*
**banjo** ['bændʒəʊ] *n* banjo *m*
**bank** [bæŋk] *n* **1.** *(for money)* banco *m* **2.** *(of river, lake)* orilla *f*, ribera *f* **3.** *(slope)* loma *f*
**bank account** *n* cuenta *f* bancaria
**bank book** *n* libreta *f* (del banco)
**bank charges** *npl* comisiones *fpl* bancarias
**bank clerk** *n* empleado *m* de banco
**bank draft** *n* giro *m* bancario
**banker** ['bæŋkəʳ] *n* banquero *m*, -ra *f*

**banker's card** *n* tarjeta *f* de identificación bancaria
**bank holiday** *n* *(UK)* día *m* festivo

## bank holiday

En el Reino Unido, un *bank holiday* es un día festivo. Recibe ese nombre porque los bancos no abren ese día (muchas tiendas y supermercados sí lo hacen). El número de festivos (unos 8 por año) de los que disfrutan los británicos es mucho menor que el de otros europeos.

**bank manager** *n* director *m*, -ra *f* de banco
**bank note** *n* billete *m* de banco
**bankrupt** ['bæŋkrʌpt] *adj* quebrado(da)
**bank statement** *n* extracto *m* de cuenta
**banner** ['bænəʳ] *n* **1.** *(flag)* pancarta *f* **2.** *COMPUT* banner m
**bannister** ['bænɪstəʳ] = **banister**
**banquet** ['bæŋkwɪt] *n* **1.** *(formal dinner)* banquete *m*
**bap** [bæp] *n* *(UK)* panecillo *m*, bollo *m*
**baptize** [*(UK)* bæp'taɪz, *(US)* 'bæptaɪz] *vt* bautizar
**bar** [bɑːʳ] ◇ *n* **1.** *(pub, in restaurant, hotel)* bar *m* **2.** *(counter in pub, metal rod)* barra *f* **3.** *(of wood)* tabla *f* **4.** *(of soap)* pastilla *f* **5.** *(of chocolate)* tableta *f* ◇ *vt* *(obstruct)* bloquear
**barbecue** ['bɑːbɪkjuː] ◇ *n* barbacoa *f* ◇ *vt* asar a la parrilla
**barbed wire** [bɑːbd-] *n* alambre *m* de espino
**barber** ['bɑːbəʳ] *n* barbero *m* • **barber's** *(shop)* barbería *f*, peluquería *f*
**bar code** *n* código *m* de barras
**bare** [beəʳ] *adj* **1.** *(feet)* descalzo(za) **2.** *(head)* descubierto(ta) **3.** *(arms)* desnudo(da) **4.** *(room, cupboard)* vacío(a) **5.** *(facts, minimum)* esencial
**barefoot** [ˌbeə'fʊt] *adv* • **to go barefoot** ir descalzo
**barely** ['beəlɪ] *adv* apenas
**bargain** ['bɑːgɪn] ◇ *n* **1.** *(agreement)* trato *m*, acuerdo *m* **2.** *(cheap buy)* ganga *f* ◇ *vi* negociar ◆ **bargain for** *vt insep* contar con
**bargain basement** *n* sección *f* de oportunidades
**barge** [bɑːdʒ] *n* barcaza *f* ◆ **barge in** *vi* • **to barge in (on sb)** interrumpir (a alguien)
**bark** [bɑːk] ◇ *n* *(of tree)* corteza *f* ◇ *vi* ladrar
**barley** ['bɑːlɪ] *n* cebada *f*
**barmaid** ['bɑːmeɪd] *n* camarera *f* *(Esp)*, mesera *f* *(Amér)*
**barman** ['bɑːmən] *(pl* **-men***)* *n* camarero *m* *(Esp)*, barman *m* *(Esp)*
**barn** [bɑːn] *n* granero *m*
**barometer** [bə'rɒmɪtəʳ] *n* barómetro *m*
**baron** ['bærən] *n* barón *m*
**baroque** [bə'rɒk] *adj* barroco(ca)
**barracks** ['bærəks] *npl* cuartel *m*
**barrage** ['bærɑːʒ] *n* *(of questions, criticism)* lluvia *f*, alud *m*
**barrel** ['bærəl] *n* **1.** *(of beer, wine, oil)* barril *m* **2.** *(of gun)* cañón *m*
**barren** ['bærən] *adj* *(land, soil)* estéril
**barricade** [ˌbærɪ'keɪd] *n* barricada *f*
**barrier** ['bærɪəʳ] *n* barrera *f*

**barrister** ['bærɪstə^r] *n* abogado *m*, -da *f* *(de tribunales superiores)*
**bartender** ['bɑːtendə^r] *n* *(US)* camarero *m*, -ra *f* *(Esp)*, barman *m*
**barter** ['bɑːtə^r] *vi* hacer trueques
**base** [beɪs] ◇ *n* base *f* ◇ *vt* • **to base sthg on** basar algo en • **to be based** *(company)* tener la sede; *(person)* trabajar
**baseball** ['beɪsbɔːl] *n* béisbol *m*
**baseball cap** *n* gorra *f* de béisbol
**basement** ['beɪsmənt] *n* sótano *m*
**bases** ['beɪsiːz] *pl* ➣ **basis**
**bash** [bæʃ] *vt* *(door)* dar un porrazo a • **to bash one's head** darse un porrazo en la cabeza
**basic** ['beɪsɪk] *adj* **1.** *(fundamental)* básico (ca) **2.** *(accommodation, meal)* simple ◆ **basics** *npl* • **the basics** los fundamentos
**basically** ['beɪsɪklɪ] *adv* en realidad
**basil** ['bæzl] *n* albahaca *f*
**basin** ['beɪsn] *n* **1.** *(washbasin)* lavabo *m* **2.** *(bowl)* barreño *m*
**basis** ['beɪsɪs] (*pl* **-ses**) *n* base *f* • **on a weekly basis** semanalmente • **on the basis of** partiendo de
**basket** ['bɑːskɪt] *n* cesto *m*, cesta *f*
**basketball** ['bɑːskɪtbɔːl] *n* baloncesto *m*
**basmati rice** [bæz'mɑːtɪ] *n* *arroz de origen pakistaní utilizado en muchos platos de cocina oriental*
**Basque** [bɑːsk] ◇ *adj* vasco(ca) ◇ *n* **1.** *(person)* vasco *m*, -ca *f* **2.** *(language)* euskera *m*
**Basque Country** *n* • **the Basque Country** el País Vasco, Euskadi
**bass**[1] [beɪs] *n* *(singer)* bajo *m*
**bass**[2] [bæs] *n* *(fish)* lubina *f*, róbalo *m*
**bass guitar** [beɪs-] *n* bajo *m*
**bassoon** [bə'suːn] *n* fagot *m*
**bastard** ['bɑːstəd] *n* *(vulg)* cabrón *m*, -ona *f*
**bat** [bæt] *n* **1.** *(in cricket, baseball)* bate *m* **2.** *(in table tennis)* paleta *f* **3.** *(animal)* murciélago *m*
**batch** [bætʃ] *n* lote *m*
**bath** [bɑːθ] ◇ *n* *(tub)* bañera *f*, tina *f* *(Amér)* ◇ *vt* bañar • **to have a bath** *(UK)* bañarse ◆ **baths** *npl* *(UK)* *(public swimming pool)* piscina *f* municipal
**bathe** [beɪð] *vi* bañarse
**bathrobe** ['bɑːθrəʊb] *n* **1.** *(for bathroom, swimming pool)* albornoz *m* *(Esp)*, bata *f* *(Amér)* **2.** *(dressing gown)* bata *f*
**bathroom** ['bɑːθrʊm] *n* **1.** *(room with bath)* cuarto *m* de baño **2.** *(US)* *(toilet)* servicio *m*, baño *m* *(Amér)*
**bathroom cabinet** *n* armario *m* de aseo
**bathtub** ['bɑːθtʌb] *n* bañera *f*, tina *f* *(Amér)*
**baton** ['bætən] *n* **1.** *(of conductor)* batuta *f* **2.** *(truncheon)* porra *f*
**batter** ['bætə^r] ◇ *n* CULIN masa *f* para rebozar ◇ *vt* *(wife, child)* maltratar
**battered** ['bætəd] *adj* CULIN rebozado (da)
**battery** ['bætərɪ] *n* **1.** *(for radio, torch etc)* pila *f* **2.** *(for car)* batería *f*
**battery charger** [-,tʃɑːdʒə^r] *n* cargador *m* de pilas
**battle** ['bætl] *n* **1.** *(in war)* batalla *f* **2.** *(struggle)* lucha *f*
**bay** [beɪ] *n* **1.** *(on coast)* bahía *f* **2.** *(for parking)* plaza *f*

**bay leaf** *n* hoja *f* de laurel
**bay window** *n* ventana *f* salediza
**B & B** [biːəndbiː] *abbr* = **bed and breakfast**
**BC** [biːˈsiː] (*abbr of* **before Christ**) a.C., a. de J.C. *(antes de Cristo)*
**Bcc** [ˌbiːsiːˈsiː] *n* (*abbr of* **blind carbon copy**) Cco
**be** [biː] (*pt* **was** OR **were**, *pp* **been**) ◇ *vi* **1.** *(exist)* ser • **there is/are** hay • **are there any shops near here?** ¿hay alguna tienda por aquí? **2.** *(referring to location)* estar • **the hotel is near the airport** el hotel está cerca del aeropuerto **3.** *(go, come)* estar • **have you ever been to Ireland?** ¿has estado alguna vez en Irlanda? • **I'll be there in five minutes** estaré ahí dentro de cinco minutos **4.** *(occur)* ser • **the final is in May** la final es en mayo **5.** *(describing quality, permanent condition)* ser • **he's a doctor** es médico • **I'm British** soy británico **6.** *(describing state, temporary condition)* estar • **I'm angry** estoy enfadado • **I'm hot/cold** tengo calor/frío **7.** *(referring to health)* estar • **how are you?** ¿cómo estás? • **I'm fine** estoy bien • **she's ill** está enferma **8.** *(referring to age)* • **how old are you?** ¿cuántos años tienes? • **I'm 14 (years old)** tengo 14 años (de edad) **9.** *(referring to cost)* valer, costar • **how much is it?** ¿cuánto es? • **it's ten pounds** son diez libras **10.** *(referring to time, dates)* ser • **what time is it?** ¿qué hora es? • **it's ten o'clock** son las diez • **it's the 9th of April** estamos a 9 de abril **11.** *(referring to measurement)* • **it's 2 metres wide/long** mide 2 metros de ancho/largo • **he's 2 metres tall** mide 2 metros • **I'm 60 kilos** peso 60 kilos **12.** *(referring to weather)* hacer • **it's hot/cold** hace calor/frío • **it's sunny/windy** hace sol/viento • **it's going to be nice today** hoy va a hacer buen tiempo
◇ *aux vb* **1.** *(forming continuous tense)* estar • **I'm learning French** estoy aprendiendo francés • **we've been visiting the museum** hemos estado visitando el museo • **I was eating when ...** estaba comiendo cuando ... **2.** *(forming passive)* ser • **to be loved** ser amado • **the flight was delayed** el avión se retrasó **3.** *(with infinitive to express order)* • **all rooms are to be vacated by ten a.m.** las habitaciones han de ser desocupadas antes de las diez de la mañana **4.** *(with infinitive to express future tense)* • **the race is to start at noon** la carrera empezará a mediodía **5.** *(in tag questions)* • **it's cold, isn't it?** hace frío ¿no?
**beach** [biːtʃ] *n* playa *f*
**bead** [biːd] *n* **1.** cuenta *f* **2.** *(glass)* abalorio *m*
**beak** [biːk] *n* pico *m*
**beaker** [ˈbiːkər] *n* taza *f (sin asa)*
**beam** [biːm] ◇ *n* **1.** *(of light)* rayo *m* **2.** *(of wood, concrete)* viga *f* ◇ *vi (smile)* sonreír resplandeciente
**bean** [biːn] *n* **1.** *(haricot)* judía *f* (*Esp*), frijol *m* (*Amér*) **2.** *(pod)* judía *f* verde **3.** *(of coffee)* grano *m*
**beansprouts** [ˈbiːnsprauts] *npl* brotes *mpl* de soja (*Esp*) OR soya (*Amér*)
**bear** [beəʳ] (*pt* **bore**, *pp* **borne**) ◇ *n (animal)* oso *m*, osa *f* ◇ *vt* aguantar,

soportar • **to bear left/right** torcer a la izquierda/derecha
**bearable** ['beərəbl] *adj* soportable
**beard** [bɪəd] *n* barba *f*
**bearer** ['beərə^r] *n* **1.** *(of cheque)* portador *m*, -ra *f* **2.** *(of passport)* titular *mf*
**bearing** ['beərɪŋ] *n* *(relevance)* relación *f* • **to get one's bearings** orientarse
**beast** [bi:st] *n* bestia *f*
**beat** [bi:t] *(pt* **beat**, *pp* **beaten**) ◊ *n* **1.** *(of heart, pulse)* latido *m* **2.** *MUS* ritmo *m* ◊ *vt* **1.** *(defeat)* ganar, derrotar **2.** *(hit)* golpear **3.** *(eggs, cream)* batir ♦ **beat down** ◊ *vt sep* convencer que rebaje el precio ◊ *vi* **1.** *(rain)* descargar **2.** *(sun)* pegar fuerte ♦ **beat up** *vt sep* dar una paliza a
**beautiful** ['bju:tɪfʊl] *adj* **1.** *(in appearance, very good)* precioso(sa) **2.** *(person)* guapo (pa)
**beauty** ['bju:tɪ] *n* belleza *f*
**beauty parlour** *n* salón *m* de belleza
**beauty spot** *n* *(place)* bello paraje *m*
**beaver** ['bi:və^r] *n* castor *m*
**became** [bɪ'keɪm] *pt* ➣ **become**
**because** [bɪ'kɒz] *conj* porque • **because of** a causa de
**beckon** ['bekən] *vi* • **to beckon (to)** hacer señas para atraer la atención (a)
**become** [bɪ'kʌm] *(pt* **became**, *pp inv)* *vi* **1.** hacerse **2.** *(ill, angry, cloudy)* ponerse **3.** *(champion, prime minister)* llegar a ser • **what became of him?** ¿qué fue de él?
**bed** [bed] *n* **1.** *(for sleeping in)* cama *f* **2.** *(of river, CULIN)* lecho *m* **3.** *(of sea)* fondo *m* • **in bed** en la cama • **to get out of bed** levantarse (de la cama) • **to go to bed** irse a la cama • **to go to bed with sb** acostarse con alguien • **to make the bed** hacer la cama
**bed and breakfast** *n* *(UK)* *casa privada donde se ofrece cama y desayuno a precios asequibles*

### bed and breakfast

Un *bed and breakfast* es un hostal familiar en el que el desayuno está incluido en el precio del alojamiento. Su localización está bien señalizada y hay de todos los tipos. Se encuentran no sólo en el Reino Unido sino también en los Estados Unidos, Canadá, Australia y Nueva Zelanda.

**bedclothes** ['bedkləʊðz] *npl* ropa *f* de cama
**bedding** ['bedɪŋ] *n* ropa *f* de cama
**bed linen** *n* *sábanas y fundas de almohada*
**bedroom** ['bedrʊm] *n* **1.** *(en casa)* dormitorio *m* **2.** *(en hotel)* habitación *f*
**bedside table** ['bedsaɪd-] *n* mesita *f* de noche
**bedsit** ['bed,sɪt] *n* *(UK)* *habitación alquilada con cama e instalaciones para cocinar y lavarse*
**bedspread** ['bedspred] *n* colcha *f*
**bedtime** ['bedtaɪm] *n* hora *f* de dormir
**bee** [bi:] *n* abeja *f*
**beech** [bi:tʃ] *n* haya *f*
**beef** [bi:f] *n* carne *f* de vaca OR res *(Amér)*
**beefburger** ['bi:f,bɜ:gə^r] *n* *(UK)* hamburguesa *f*

**beehive** ['bi:haɪv] *n* colmena *f*
**been** [bi:n] *pp* ≫ **be**
**beer** [bɪəʳ] *n* cerveza *f* • **to have a couple of beers** tomarse un par de cervezas
**beer garden** *n* patio *m* de bar
**beer mat** *n* posavasos *m inv* (de bar)
**beetle** ['bi:tl] *n* escarabajo *m*
**beetroot** ['bi:tru:t] *n* (*UK*) remolacha *f*
**before** [bɪ'fɔ:ʳ] ◇ *adv* antes ◇ *prep* **1.** (*earlier than*) antes de **2.** (*in order*) antes que **3.** (*fml*) (*in front of*) frente a ◇ *conj* antes de • **before you leave** antes de irte • **the day before** el día anterior • **the week before last** la semana pasada no, la anterior
**beforehand** [bɪ'fɔ:hænd] *adv* con antelación
**befriend** [bɪ'frend] *vt* hacer amistad con
**beg** [beg] ◇ *vi* mendigar ◇ *vt* • **to beg sb to do sthg** rogar a alguien que haga algo
**began** [bɪ'gæn] *pt* ≫ **begin**
**beggar** ['begəʳ] *n* mendigo *m*, -ga *f*
**begin** [bɪ'gɪn] (*pt* **began**, *pp* **begun**) *vt* & *vi* empezar, comenzar • **to begin doing** OR **to do sthg** empezar a hacer algo • **to begin by doing sthg** empezar haciendo algo • **to begin with** (*firstly*) de entrada; (*in restaurant*) de primero
**beginner** [bɪ'gɪnəʳ] *n* principiante *mf*
**beginning** [bɪ'gɪnɪŋ] *n* comienzo *m* • **at the beginning of** a principios de
**begun** [bɪ'gʌn] *pp* ≫ **begin**
**behalf** [bɪ'hɑ:f] *n* • **on behalf of** en nombre de
**behave** [bɪ'heɪv] *vi* comportarse • **to behave (o.s.)** (*be good*) portarse bien
**behavior** [bɪ'heɪvjəʳ] (*US*) = **behaviour**
**behaviour** [bɪ'heɪvjəʳ] *n* comportamiento *m*
**behind** [bɪ'haɪnd] ◇ *adv* detrás ◇ *n* (*inf*) trasero *m* ◇ *prep* (*at the back of*) detrás de • **to be behind sb** (*supporting*) apoyar a alguien • **to be behind (schedule)** ir retrasado • **to leave sthg behind** dejarse algo (olvidado) • **to stay behind** quedarse
**beige** [beɪʒ] *adj* beige (*inv*)
**being** ['bi:ɪŋ] *n* ser *m* • **to come into being** nacer
**belated** [bɪ'leɪtɪd] *adj* tardío(a)
**belch** [beltʃ] *vi* eructar
**Belgian** ['beldʒən] ◇ *adj* belga ◇ *n* belga *mf*
**Belgian waffle** *n* (*US*) gofre *m* (*Esp*), wafle *m* (*Amér*)
**Belgium** ['beldʒəm] *n* Bélgica
**belief** [bɪ'li:f] *n* **1.** (*faith*) creencia *f* **2.** (*opinion*) opinión *f*
**believe** [bɪ'li:v] ◇ *vt* creer ◇ *vi* • **to believe in** creer en • **to believe in doing sthg** ser partidario de hacer algo
**believer** [bɪ'li:vəʳ] *n* creyente *mf*
**bell** [bel] *n* **1.** (*of church*) campana *f* **2.** (*of phone, door*) timbre *m*
**bellboy** ['belbɔɪ] *n* botones *m inv*
**bellow** ['beləʊ] *vi* rugir
**bell pepper** *n* (*US*) pimiento *m*
**belly** ['belɪ] *n* (*inf*) barriga *f*
**belly button** *n* (*inf*) ombligo *m*
**belong** [bɪ'lɒŋ] *vi* (*be in right place*) ir • **to belong to** (*property*) pertenecer a; (*to club, party*) ser miembro de
**belongings** [bɪ'lɒŋɪŋz] *npl* **1.** pertenen-

cias *fpl* **2.** • **personal belongings** efectos *mpl* personales

**below** [bɪ'ləʊ] ◇ *prep* por debajo de ◇ *adv* **1.** *(lower down)* abajo **2.** *(in text)* más abajo • **the flat below** el piso de abajo • **below zero** bajo cero • **children below the age of ten** niños menores de diez años

**belt** [belt] *n* **1.** *(for clothes)* cinturón *m* **2.** *TECH* correa *f*

**beltway** ['beltweɪ] *n* *(US)* carretera *f* de circunvalación

**bench** [bentʃ] *n* banco *m*

**bend** [bend] *(pt & pp* **bent**) ◇ *n* curva *f* ◇ *vt* doblar ◇ *vi* torcerse ♦ **bend down** *vi* agacharse ♦ **bend over** *vi* inclinarse

**beneath** [bɪ'ni:θ] ◇ *adv* debajo ◇ *prep* bajo

**beneficial** [,benɪ'fɪʃl] *adj* beneficioso (sa)

**benefit** ['benɪfɪt] ◇ *n* **1.** *(advantage)* ventaja *f* **2.** *(money)* subsidio *m* ◇ *vt* beneficiar ◇ *vi* • **to benefit (from)** beneficiarse (de) • **for the benefit of** en atención a

**benign** [bɪ'naɪn] *adj MED* benigno(na)

**bent** [bent] *pt & pp* ➢ **bend**

**bereaved** [bɪ'ri:vd] *adj* desconsolado (da)

**beret** ['bereɪ] *n* boina *f*

**Bermuda shorts** [bə'mju:də-] *npl* bermudas *fpl*

**berry** ['berɪ] *n* baya *f*

**berserk** [bə'zɜ:k] *adj* • **to go berserk** ponerse hecho(cha) una fiera

**berth** [bɜ:θ] *n* **1.** *(for ship)* amarradero *m* **2.** *(in ship, train)* litera *f*

**beside** [bɪ'saɪd] *prep* junto a • **it's beside the point** no viene al caso

**besides** [bɪ'saɪdz] ◇ *adv* además ◇ *prep* además de

**best** [best] ◇ *adj & adv* mejor ◇ *n* • **the best** el mejor(la mejor) • **I like it best** me gusta más • **the best thing to do is** ... lo mejor es ... • **to make the best of it** apañárselas • **to do one's best** hacer lo mejor que uno puede ▼ **best before** ... consumir preferentemente antes de ... • **at best** en el mejor de los casos • **all the best!** *(in letter)* saludos

**best man** *n* padrino *m* de boda

**best man**

La figura del *best man*, o padrino, es típica de las bodas británicas. El *best man* suele ser un pariente o un amigo del novio, que actúa de testigo y se encarga de pronunciar un discurso durante el banquete, además de organizar la despedida de soltero del novio.

**best-seller** [-'seləʳ] *n* *(book)* éxito *m* editorial

**bet** [bet] *(pt & pp inv)* ◇ *n* apuesta *f* ◇ *vt* *(gamble)* apostar ◇ *vi* • **to bet (on)** apostar (por) • **I bet (that) you can't do it** a que no puedes hacerlo

**betray** [bɪ'treɪ] *vt* traicionar

**better** ['betəʳ] *adj & adv* mejor • **you had better go** más vale que te vayas • **to get better** mejorar

**betting** ['betɪŋ] *n* apuestas *fpl*

**betting shop** *n* *(UK)* casa *f* de apuestas

**between** [bɪ'twi:n] ◇ *prep* entre ◇ *adv* *(in*

e) entremedias • **in between** entre; *space)* en medio; *(in time)* entre-
:dias ▾ **closed between 1 and 2**
rrado de 1 a 2

**verage** ['bevərɪdʒ] *n (fml)* bebida *f*

**ware** [bɪ'weəʳ] *vi* • **to beware of**
ner cuidado con ▾ **beware of the dog**
idado con el perro

**wildered** [bɪ'wɪldəd] *adj* desconcer-
:lo(da)

**yond** [bɪ'jɒnd] ◇ *prep* más allá de ◇
*v* más allá • **to be beyond doubt**
tar fuera de toda duda

**ased** ['baɪəst] *adj* parcial

**b** [bɪb] *n (for baby)* babero *m*

**ble** ['baɪbl] *n* biblia *f* • **the Bible** la
blia

**ceps** ['baɪseps] *n* bíceps *m inv*

**cycle** ['baɪsɪkl] *n* bicicleta *f*

**cycle path** *n* camino *m* para bici-
:tas

**cycle pump** *n* bomba *f* (de bicicleta)

**d** [bɪd] *(pt & pp inv)* ◇ *n* **1.** *(at auction)*
ıja *f* **2.** *(attempt)* intento *m* ◇ *vt* pujar
*vi* • **to bid (for)** pujar (por)

**det** ['bi:deɪ] *n* bidé *m*

**g** [bɪg] *adj* grande • **a big problem** un
an problema • **my big brother** mi
:rmano mayor • **how big is it?**
:ómo es de grande?

### ig Ben

:l *Big Ben* es el reloj que se
:ncuentra en la torre del parlamen-
o británico. Sus campanadas mar-
:an el comienzo del Año Nuevo.
:uando el parlamento se encuentra
reunido, una luz brilla en cada una
de las cuatro caras del reloj.

**bike** [baɪk] *n* **1.** *(inf) (bicycle)* bici *f* **2.** *(motorcycle)* moto *f*

**biking** ['baɪkɪŋ] *n* • **to go biking** ir en bici

**bikini** [bɪ'ki:nɪ] *n* biquini *m*

**bikini bottom** *n* bragas *fpl* de biquini

**bikini top** *n* sujetador *m* de biquini

**bilingual** [baɪ'lɪŋgwəl] *adj* bilingüe

**bill** [bɪl] *n* **1.** *(for meal)* cuenta *f* **2.** *(for electricity, hotel room)* factura *f* **3.** *(US) (bank note)* billete *m* **4.** *(at cinema, theatre)* programa *m* **5.** *POL* proyecto *m* de ley • **can I have the bill please?** la cuenta, por favor

**billboard** ['bɪlbɔ:d] *n* cartelera *f*

**billfold** ['bɪlfəʊld] *n (US)* billetera *f*, cartera *f*

**billiards** ['bɪljədz] *n* billar *m*

**billion** ['bɪljən] *n* **1.** *(thousand million)* millar *m* de millones

**bin** [bɪn] *n* **1.** *(rubbish bin)* cubo *m* de la basura **2.** *(wastepaper bin)* papelera *f* **3.** *(for bread)* panera *f* **4.** *(for flour)* bote *m*

**bind** [baɪnd] *(pt & pp* **bound***) vt* atar

**binding** ['baɪndɪŋ] *n* **1.** *(of book)* encuadernación *f* **2.** *(for ski)* fijación *f*

**bingo** ['bɪŋgəʊ] *n* bingo *m*

**binoculars** [bɪ'nɒkjʊləz] *npl* prismáticos *mpl*

**biodegradable** [,baɪəʊdɪ'greɪdəbl] *adj* biodegradable

**biography** [baɪ'ɒgrəfɪ] *n* biografía *f*

**biological** [,baɪə'lɒdʒɪkl] *adj* biológico (ca)

**biological weapon** *n* arma f biológica

**biology** [baɪˈɒlədʒɪ] *n* biología *f*
**biotechnology** [ˌbaɪəʊtekˈnɒlədʒɪ] *n* biotecnología *f*
**bioterrorism** [ˌbaɪəʊˈterərɪzm] *n* bioterrorismo m
**birch** [bɜːtʃ] *n* abedul *m*
**bird** [bɜːd] *n* **1.** *(smaller)* pájaro *m* **2.** *(large)* ave *f* **3.** *(UK) (inf) (woman)* tía *f* *(Esp)*, chica *f*
**bird-watching** [-ˌwɒtʃɪŋ] *n* observación *f* de aves
**Biro** ® [ˈbaɪərəʊ] *n* bolígrafo *m*
**birth** [bɜːθ] *n* nacimiento *m* • **by birth** de nacimiento • **to give birth to** dar a luz
**birth certificate** *n* partida *f* de nacimiento
**birth control** *n* control *m* de natalidad
**birthday** [ˈbɜːθdeɪ] *n* cumpleaños *m inv* • **happy birthday!** ¡feliz cumpleaños!
**birthday card** *n* tarjeta *f* de cumpleaños
**birthday party** *n* fiesta *f* de cumpleaños
**birthplace** [ˈbɜːθpleɪs] *n* lugar *m* de nacimiento
**biscuit** [ˈbɪskɪt] *n* **1.** *(UK)* galleta *f* **2.** *(US) (scone) masa cocida al horno que se suele comer con salsa de carne*
**bishop** [ˈbɪʃəp] *n* **1.** RELIG obispo *m* **2.** *(in chess)* alfil *m*
**bistro** [ˈbiːstrəʊ] *n* ≃ bar-restaurante *m*
**bit** [bɪt] ◇ *pt* ➤ **bite** ◇ *n* **1.** *(piece)* trozo *m* **2.** *(of drill)* broca *f* **3.** *(of bridle)* bocado *m*, freno *m* • **a bit of** un poco de • **a bit** un poco • **not a bit interested** nada interesado • **bit by bit** poco a poco
**bitch** [bɪtʃ] *n* **1.** *(vulg) (woman)* bruja *,* *(dog)* perra *f*
**bite** [baɪt] *(pt* **bit**, *pp* **bitten***)* ◇ *n* *(when eating)* mordisco *m* **2.** *(from inse* *snake)* picadura *f* ◇ *vt* **1.** *(subj: pers* *dog)* morder **2.** *(subj: insect, snake)* pic • **to have a bite to eat** comer algo
**bitter** [ˈbɪtəʳ] ◇ *adj* **1.** *(taste, foo* amargo(ga) **2.** *(lemon, grapefruit)* agr (agria) **3.** *(cold, wind)* penetrante *(person)* resentido(da) **5.** *(argument, co* *flict)* enconado(da) ◇ *n (UK) (beer)* *ti* *de cerveza amarga*
**bitter lemon** *n* bíter *m* de limón
**bizarre** [bɪˈzɑːʳ] *adj* extravagante
**black** [blæk] ◇ *adj* **1.** negro(gra) *(coffee, tea)* solo ◇ *n* **1.** *(colour)* neg *m* **2.** *(person)* negro *m*, -gra *f* ◆ **bla out** *vi* desmayarse
**black and white** *adj* en blanco negro
**blackberry** [ˈblækbrɪ] *n* mora *f*
**blackbird** [ˈblækbɜːd] *n* mirlo *m*
**blackboard** [ˈblækbɔːd] *n* pizarra pizarrón *m* *(Amér)*
**blackcurrant** [ˌblækˈkʌrənt] *n* grosell negra
**black eye** *n* ojo *m* morado
**black ice** *n* *hielo transparente en suelo*
**blackmail** [ˈblækmeɪl] ◇ *n* chantaje *m* *vt* chantajear
**blackout** [ˈblækaʊt] *n* *(power cut)* ap gón *m*
**black pepper** *n* pimienta *f* negra
**black pudding** *n (UK)* ≃ morcilla
**blacksmith** [ˈblæksmɪθ] *n* herrero *m*
**bladder** [ˈblædəʳ] *n* vejiga *f*

**blade** [bleɪd] *n* **1.** *(of knife, saw)* hoja *f* **2.** *(of propeller, oar)* aleta *f* **3.** *(of grass)* brizna *f*

**blame** [bleɪm] ◇ *n* culpa *f* ◇ *vt* echar la culpa a • **to blame sb for the failure of a plan** culpar a alguien por el fracaso de un plan • **to blame the bombings on extremists** echar la culpa de las bombas a extremistas

**bland** [blænd] *adj* soso(sa)

**blank** [blæŋk] ◇ *adj* **1.** *(space, page)* en blanco **2.** *(cassette)* virgen **3.** *(expression)* vacío(a) ◇ *n (empty space)* espacio *m* en blanco

**blank cheque** *n* cheque *m* en blanco

**blanket** ['blæŋkɪt] *n* manta *f*

**blast** [blɑ:st] ◇ *n* **1.** *(explosion)* explosión *f* **2.** *(of air, wind)* ráfaga *f* ◇ *excl (inf)* ¡maldita sea! • **at full blast** a todo trapo

**blaze** [bleɪz] ◇ *n (fire)* incendio *m* ◇ *vi* **1.** *(fire)* arder **2.** *(sun, light)* resplandecer

**blazer** ['bleɪzə<sup>r</sup>] *n chaqueta de sport generalmente con la insignia de un equipo, colegio, etc*

**bleach** [bli:tʃ] ◇ *n* lejía *f*, cloro *m* *(Amér)* ◇ *vt* **1.** *(hair)* decolorar **2.** *(clothes)* blanquear

**bleak** [bli:k] *adj* **1.** *(weather)* desapacible **2.** *(day, city)* sombrío(a)

**bleed** [bli:d] *(pt & pp* **bled**) *vi* sangrar

**blend** [blend] ◇ *n (of coffee, whisky)* mezcla *f* ◇ *vt* mezclar

**blender** ['blendə<sup>r</sup>] *n* licuadora *f*

**bless** [bles] *vt* bendecir • **bless you!** ¡jesús!

**blessing** ['blesɪŋ] *n* bendición *f*

**blew** [blu:] *pt* ➢ **blow**

**blind** [blaɪnd] ◇ *adj* ciego(ga) ◇ *n (for window)* persiana *f* ◇ *npl* • **the blind** los ciegos

**blind corner** *n* curva *f* sin visibilidad

**blindfold** ['blaɪndfəʊld] ◇ *n* venda *f* (en los ojos) ◇ *vt* vendar los ojos a

**blind spot** *n AUT* ángulo *m* muerto

**blink** [blɪŋk] *vi* parpadear

**blinkers** ['blɪŋkəz] *npl (UK)* anteojeras *fpl*

**bliss** [blɪs] *n* gloria *f*

**blister** ['blɪstə<sup>r</sup>] *n* ampolla *f*

**blizzard** ['blɪzəd] *n* ventisca *f* (de nieve)

**bloated** ['bləʊtɪd] *adj (after eating)* hinchado(da)

**blob** [blɒb] *n* gota *f*

**block** [blɒk] ◇ *n* **1.** bloque *m* **2.** *(US) (in town, city)* manzana *f* ◇ *vt* bloquear • **to have a blocked (up) nose** tener la nariz bloqueada ◆ **block up** *vt sep* obstruir

**blockage** ['blɒkɪdʒ] *n* obstrucción *f*

**block capitals** *npl* mayúsculas *fpl*

**block of flats** *n (UK)* bloque *m* de pisos *(Esp)*, edificio *m* de departamentos *(Amér)*

**bloke** [bləʊk] *n (UK) (inf)* tipo *m*

**blond** [blɒnd] ◇ *adj* rubio ◇ *n* rubio *m*

**blonde** [blɒnd] ◇ *adj* rubia ◇ *n* rubia *f*

**blood** [blʌd] *n* sangre *f*

**blood donor** *n* donante *mf* de sangre

**blood group** *n* grupo *m* sanguíneo

**blood poisoning** *n* septicemia *f*

**blood pressure** *n* tensión *f* • **to have high blood pressure** tener la tensión alta • **to have low blood pressure** tener la tensión baja

**bloodshot** ['blʌdʃɒt] *adj* **1.** *(eye)* rojo **2.**

inyectado(da) de sangre
**blood test** *n* análisis *m inv* de sangre
**blood transfusion** *n* transfusión *f* de sangre
**bloody** ['blʌdɪ] ◇ *adj* **1.** *(hands, handkerchief)* ensangrentado(da) **2.** *(UK) (vulg) (damn)* maldito(ta) ◇ *adv (UK) (vulg)* acojonantemente
**Bloody Mary** [-'meərɪ] *n (drink)* Bloody Mary *m, vodka con zumo de tomate*
**bloom** [blu:m] ◇ *n* flor *f* ◇ *vi* florecer • **in bloom** en flor
**blossom** ['blɒsəm] *n* flor *f*
**blot** [blɒt] *n* borrón *m*
**blotch** [blɒtʃ] *n* mancha *f*
**blotting paper** ['blɒtɪŋ-] *n* papel *m* secante
**blouse** [blaʊz] *n* blusa *f*
**blow** [bləʊ] (*pt* **blew**, *pp* **blown**) ◇ *vt* **1.** *(subj: wind)* hacer volar **2.** *(whistle, trumpet)* tocar **3.** *(bubbles)* hacer ◇ *vi* **1.** *(wind, person)* soplar **2.** *(fuse)* fundirse ◇ *n (hit)* golpe *m* • **to blow one's nose** sonarse la nariz • **blow up** ◇ *vt sep* **1.** *(cause to explode)* volar **2.** *(inflate)* inflar ◇ *vi* estallar
**blow-dry** ◇ *n* secado *m* (con secador) ◇ *vt* secar (con secador)
**blown** [bləʊn] *pp* ➤ **blow**
**BLT** [bi:el'ti:] *n (sandwich)* (*abbr of* **bacon, lettuce and tomato**) *sándwich de bacon, lechuga y tomate*
**blue** [blu:] ◇ *adj* **1.** *(colour)* azul **2.** *(film)* porno ◇ *n* azul *m* ◆ **blues** *n MUS* blues *m inv*
**bluebell** ['blu:bel] *n* campanilla *f*
**blueberry** ['blu:bərɪ] *n* arándano *m*
**bluebottle** ['blu:ˌbɒtl] *n* moscardón *m*
**blue cheese** *n* queso *m* azul
**bluff** [blʌf] ◇ *n (cliff)* peñasco *m* ◇ *vi* farolear
**blunder** ['blʌndə^r] *n* metedura *f* de pata
**blunt** [blʌnt] *adj* **1.** *(knife, pencil)* desafilado(da) **2.** *(fig) (person)* franco(ca)
**blurred** [blɜ:d] *adj* borroso(sa)
**blush** [blʌʃ] *vi* ruborizarse
**blusher** ['blʌʃə^r] *n* colorete *m*
**blustery** ['blʌstərɪ] *adj* borrascoso(sa)
**board** [bɔ:d] ◇ *n* **1.** *(plank)* tabla *f* **2.** *(notice board)* tablón *m* **3.** *(for games)* tablero *m* **4.** *(blackboard)* pizarra *f*, pizarrón *m (Amér)* **5.** *(of company)* junta *f* directiva **6.** *(hardboard)* conglomerado *m* ◇ *vt* **1.** *(plane, ship)* embarcar en **2.** *(bus)* subir a • **board and lodging** comida y habitación • **full board** pensión completa • **half board** media pensión • **on board** a bordo; *(plane, ship)* a bordo de; *(bus)* dentro de
**board game** *n* juego *m* de tablero
**boarding** ['bɔ:dɪŋ] *n* embarque *m*
**boarding card** *n* tarjeta *f* de embarque
**boarding school** *n* internado *m*
**board of directors** *n* junta *f* directiva
**boast** [bəʊst] *vi* • **to boast (about sthg)** alardear (de algo)
**boat** [bəʊt] *n* **1.** *(large)* barco *m* **2.** *(small)* barca *f* • **by boat** en barco
**bob** [bɒb] *n (hairstyle)* media melena *f* (en una capa)
**bobby pin** ['bɒbɪ-] *n (US)* horquilla *f*
**bodice** ['bɒdɪs] *n* cuerpo *m*
**body** ['bɒdɪ] *n* **1.** *(of person, wine)* cuerpo *m* **2.** *(corpse)* cadáver *m* **3.** *(of car)* carrocería *f* **4.** *(organization)* organismo *m*

**odyguard** ['bɒdɪgɑ:d] *n* guardaespal-
as *m inv*
**ody piercing** [-'pɪərsɪŋ] *n* piercing *m*
**odywork** ['bɒdɪwɜ:k] *n* carrocería *f*
**og** [bɒg] *n* cenagal *m*
**ogus** ['bəʊgəs] *adj* falso(sa)
**oil** [bɔɪl] ◇ *vt* **1.** *(water)* hervir **2.** *(kettle)*
oner a hervir **3.** *(food)* cocer ◇ *vi*
ervir ◇ *n* pústula *f*
**oiled egg** [bɔɪld-] *n* huevo *m* pasado
or agua
**oiled potatoes** [bɔɪld-] *npl* patatas *fpl*
*Esp)* OR papas *fpl (Amér)* cocidas
**oiler** ['bɔɪlə^r] *n* caldera *f*
**oiling (hot)** ['bɔɪlɪŋ-] *adj* **1.** *(inf) (per-*
*on)* asado(da) de calor **2.** *(weather)*
brasador(ra) **3.** *(water)* ardiendo
**old** [bəʊld] *adj (brave)* audaz
**olivia** [bə'lɪvɪə] *n* Bolivia
**olivian** [bə'lɪvɪən] ◇ *adj* boliviano(na)
◇ *n* boliviano *m*, -na *f*
**ollard** ['bɒlɑ:d] *n (UK) (on road)* poste
*m*
**olt** [bəʊlt] ◇ *n* **1.** *(on door, window)*
errojo *m* **2.** *(screw)* tornillo *m* ◇ *vt*
*door, window)* echar el cerrojo a
**omb** [bɒm] ◇ *n* bomba *f* ◇ *vt* bombar-
ear
**ombard** [bɒm'bɑ:d] *vt* bombardear
**omb scare** *n* amenaza *f* de bomba
**ond** [bɒnd] *n (tie, connection)* lazo *m*,
ínculo *m*
**one** [bəʊn] *n* **1.** *(of person, animal)* hueso
*n* **2.** *(of fish)* espina *f*
**oned** [bəʊnd] *adj* **1.** *(chicken)* deshue-
ado(da) **2.** *(fish)* limpio(pia)
**oneless** ['bəʊnləs] *adj (chicken, pork)*
eshuesado(da)

**bonfire** ['bɒn,faɪə^r] *n* hoguera *f*
**bonnet** ['bɒnɪt] *n (UK) (of car)* capó *m*,
cofre *m (Méx)*
**bonus** ['bəʊnəs] *(pl* **-es***) n* **1.** *(extra money)* paga *f* extra **2.** *(additional advantage)* beneficio *m* adicional
**bony** ['bəʊnɪ] *adj* **1.** *(hand, face)* huesudo
(da) **2.** *(fish)* lleno(na) de espinas
**boo** [bu:] *vi* abuchear
**book** [bʊk] ◇ *n* **1.** *(for reading)* libro *m* **2.** *(for writing in)* libreta *f*, cuaderno *m* **3.** *(of stamps)* librillo *m* **4.** *(of matches)* cajetilla *f* **5.** *(of tickets)* talonario *m* ◇ *vt (reserve)* reservar ◆ **book in** *vi* registrarse
**bookable** ['bʊkəbl] *adj (seats, flight)* reservable
**bookcase** ['bʊkkeɪs] *n* estantería *f*
**booking** ['bʊkɪŋ] *n (reservation)* reserva *f*, reservación *f (Amér)*
**booking office** *n (UK)* taquilla *f*
**bookkeeping** ['bʊk,ki:pɪŋ] *n* contabilidad *f*
**booklet** ['bʊklɪt] *n* folleto *m*
**bookmaker's** ['bʊk,meɪkəz] *n* casa *f* de apuestas
**bookmark** ['bʊkmɑ:k] *n* separador *m*
**bookshelf** ['bʊkʃelf] *(pl* **-shelves***) n* **1.** *(shelf)* estante *m* **2.** *(bookcase)* estantería *f*
**bookshop** ['bʊkʃɒp] *n* librería *f*
**bookstall** ['bʊkstɔ:l] *n* puesto *m* de libros
**bookstore** ['bʊkstɔ:^r] = **bookshop**
**book token** *n (UK)* vale *m* para comprar libros
**boom** [bu:m] ◇ *n (sudden growth)* auge *m* ◇ *vi (voice, guns)* retumbar

**boost** [bu:st] *vt* **1.** *(profits, production)* incrementar **2.** *(confidence, spirits)* estimular
**booster** ['bu:stəʳ] *n (injection)* inyección *f* de revacunación
**boot** [bu:t] *n* **1.** *(shoe)* bota *f* **2.** *(UK) (of car)* maletero *m*
**booth** [bu:ð] *n* **1.** *(for telephone)* cabina *f* **2.** *(at fairground)* puesto *m*
**booze** [bu:z] ◇ *n (inf)* bebida *f*, alcohol *m* ◇ *vi (inf)* empinar el codo
**bop** [bɒp] *n (inf) (dance)* • **to have a bop** mover el esqueleto
**border** ['bɔ:dəʳ] *n* **1.** *(of country)* frontera *f* **2.** *(edge)* borde *m* • **the Borders** *región de Escocia que linda con Inglaterra, especialmente las zonas central y oriental*
**bore** [bɔ:ʳ] ◇ *pt* ➤ **bear** ◇ *n* **1.** *(person)* pelmazo *m*, -za *f* **2.** *(thing)* rollo *m* ◇ *vt* **1.** *(person)* aburrir **2.** *(hole)* horadar
**bored** [bɔ:d] *adj* aburrido(da)
**boredom** ['bɔ:dəm] *n* aburrimiento *m*
**boring** ['bɔ:rɪŋ] *adj* aburrido(da)
**born** [bɔ:n] *adj* • **to be born** nacer
**borne** [bɔ:n] *pp* ➤ **bear**
**borough** ['bʌrə] *n* municipio *m*
**borrow** ['bɒrəʊ] *vt* • **to borrow money from a friend** tomar dinero prestado de un amigo
**bosom** ['bʊzəm] *n* pecho *m*
**boss** [bɒs] *n* jefe *m*, -fa *f* ♦ **boss around** *vt sep* mangonear
**bossy** ['bɒsɪ] *adj* mandón(ona)
**botanical garden** [bə'tænɪkl-] *n* jardín *m* botánico
**both** [bəʊθ] ◇ *adj* ambos(bas) ◇ *pron* los dos *mpl*, las dos *f* ◇ *adv* • **she speaks both French and German** habla franc y alemán • **both of them/us** los dos(l dos) • **both of us** los dos(las dos)
**bother** ['bɒðəʳ] ◇ *vt* **1.** *(worry)* preocup **2.** *(annoy, pester)* molestar ◇ *vi* mole tarse ◇ *n* molestia *f* • **I can't b bothered** no tengo ganas • **it's r bother!** ¡no es molestia!
**Botox**® ['bəʊtɒks] *n* Botox® m
**bottle** ['bɒtl] *n* **1.** *(container, content* botella *f* **2.** *(of shampoo)* bote *m* **3.** *( medicine)* frasco *m* **4.** *(for baby)* biberón
**bottle bank** *n (UK)* contenedor *m* d vidrio *(para reciclaje)*
**bottled** ['bɒtld] *adj* embotellado(da)
**bottled beer** cerveza *f* de botella
**bottled water** agua *f* mineral (embote llada)
**bottle opener** [-ˌəʊpnəʳ] *n* abrebotella *m inv*
**bottom** ['bɒtəm] ◇ *adj* **1.** *(shelf, lin object in pile)* inferior **2.** *(floor)* bajo(ja **3.** *(last, worst)* peor ◇ *n* **1.** *(of sea, bag* fondo *m* **2.** *(of hill, stairs, ladder)* pie *m* **(of page)* final *m* **4.** *(of glass, bin)* culo **5.** *(farthest part)* final *m*, fondo *m* *(buttocks)* trasero *m*
**bought** [bɔ:t] *pt & pp* ➤ **buy**
**boulder** ['bəʊldəʳ] *n* canto *m* rodado
**bounce** [baʊns] *vi* **1.** *(rebound)* rebotar *(jump)* saltar **3.** *(cheque)* ser rechazad por el banco
**bouncer** ['baʊnsəʳ] *n (inf)* matón *m (e discoteca, bar, etc)*
**bouncy** ['baʊnsɪ] *adj (person)* dinámic (ca)
**bound** [baʊnd] ◇ *pt & pp* ➤ **bind** ◇ *vi* dando saltos ◇ *adj* • **it's bound to rai**

eguro que llueve • **to be bound for** ir umbo a • **to be out of bound** estar en ona prohibida

**oundary** ['baʊndrɪ] *n* frontera *f*

**ouquet** [bʊ'keɪ] *n* **1.** *(of flowers)* ramo *m* **2.** *(of wine)* buqué *m*

**out** [baʊt] *n* **1.** *(of illness)* ataque *m* **2.** *(of activity)* racha *f*

**outique** [buː'tiːk] *n* boutique *f*

**ow¹** [baʊ] ◇ *n* **1.** *(of head)* reverencia *f* **2.** *(of ship)* proa *f* ◇ *vi* inclinarse

**ow²** [bəʊ] *n* **1.** *(knot)* lazo *m* **2.** *(weapon, MUS)* arco *m*

**owels** ['baʊəlz] *npl* intestinos *mpl*

**owl** [bəʊl] *n* **1.** *(for salad, fruit, sugar)* bol *m*, cuenco *m* **2.** *(for soup, of soup)* tazón *m* **3.** *(for washing-up)* barreño *m* **4.** *(of toilet)* taza *f* ◆ **bowls** *npl* bochas *fpl*

**owling alley** ['bəʊlɪŋ-] *n* bolera *f*

**ow tie** [ˌbəʊ-] *n* pajarita *f* *(Esp)*, corbata *f* de mono *(Amér)*

**ox** [bɒks] ◇ *n* **1.** *(container, contents)* caja *f* **2.** *(of jewels)* estuche *m* **3.** *(on form)* casilla *f* **4.** *(in theatre)* palco *m* ◇ *vi* boxear • **a box of chocolates** una caja de bombones

**boxer** ['bɒksəʳ] *n* boxeador *m*

**boxer shorts** *npl* calzoncillos *mpl* boxer

**boxing** ['bɒksɪŋ] *n* boxeo *m*

**Boxing Day** *n el 26 de diciembre, fiesta nacional en Gran Bretaña*

## Boxing Day

El 26 de diciembre es un día festivo en el Reino Unido y recibe el nombre de *Boxing Day*, porque antaño en esa fecha las familias, como obsequio navideño, daban cajas con comida y bebida a sus empleados y a los comerciantes del lugar.

**boxing gloves** *npl* guantes *mpl* de boxeo

**boxing ring** *n* cuadrilátero *m*

**box office** *n* taquilla *f*, boletería *f* *(Amér)*

**boy** [bɔɪ] ◇ *n* **1.** *(male)* chico *m*, niño *m* **2.** *(son)* hijo *m* ◇ *excl* *(US)* *(inf)* • **(oh) boy!** ¡jolín!

**boycott** ['bɔɪkɒt] *vt* boicotear

**boyfriend** ['bɔɪfrend] *n* novio *m*

**boy scout** *n* (boy) scout *m*

**bra** [brɑː] *n* sujetador *m* *(Esp)*, sosten *m*

**brace** [breɪs] *n* *(for teeth)* aparato *m* corrector ◆ **braces** *npl* *(UK)* tirantes *mpl*

**bracelet** ['breɪslɪt] *n* pulsera *m*

**bracken** ['brækn] *n* helecho *m*

**bracket** ['brækɪt] *n* **1.** *(written symbol)* paréntesis *m inv* **2.** *(support)* soporte *m*

**brag** [bræg] *vi* fanfarronear

**brain** [breɪn] *n* cerebro *m*

**brainy** ['breɪnɪ] *adj* *(inf)* listo(ta)

**braised** [breɪzd] *adj* cocido(da) a fuego lento

**brake** [breɪk] ◇ *n* freno *m* ◇ *vi* frenar

**brake light** *n* luz *f* de freno

**brake pad** *n* pastilla *f* de frenos

**brake pedal** *n* pedal *m* de freno

**bran** [bræn] *n* salvado *m*

**branch** [brɑːntʃ] *n* **1.** *(of tree, subject)* rama *f* **2.** *(of bank, company)* sucursal *f* ◆ **branch off** *vi* desviarse

**branch line** *n* ramal *m*
**brand** [brænd] ◇ *n* marca *f* ◇ *vt* • **to brand sb (as)** tildar a alguien (de)
**brand-new** *adj* completamente nuevo (va)
**brandy** ['brændɪ] *n* coñac *m*
**brash** [bræʃ] *adj* (*pej*) insolente
**brass** [brɑːs] *n* latón *m*
**brass band** *n* banda *f* de metal
**brasserie** ['bræsərɪ] *n* restaurante *m*
**brassiere** [(*UK*) 'bræsɪəʳ, (*US*) brə'zɪr] *n* sujetador *m* (*Esp*), sostén *m*
**brat** [bræt] *n* (*inf*) mocoso *m*, -sa *f*
**brave** [breɪv] *adj* valiente
**bravery** ['breɪvərɪ] *n* valentía *f*
**bravo** [ˌbrɑː'vəʊ] *excl* ¡bravo!
**brawl** [brɔːl] *n* gresca *f*
**Brazil** [brə'zɪl] *n* Brasil
**brazil nut** *n* nuez *f* de Pará
**breach** [briːtʃ] *vt* **1.** (*contract*) incumplir **2.** (*confidence*) abusar de
**bread** [bred] *n* pan *m* • **bread and butter** pan con mantequilla
**bread bin** *n* (*UK*) panera *f*
**breadboard** ['bredbɔːd] *n* tabla *f* (*de cortar pan*)
**bread box** (*US*) = **bread bin**
**breadcrumbs** ['bredkrʌmz] *npl* pan *m* rallado
**breaded** ['bredɪd] *adj* empanado(da)
**bread knife** *n* cuchillo *m* de pan
**bread roll** *n* panecillo *m*
**breadth** [bretθ] *n* anchura *f*
**break** [breɪk] (*pt* **broke**, *pp* **broken**) ◇ *n* **1.** (*interruption*) interrupción *f* **2.** (*in transmission*) corte *m* **3.** (*in line*) espacio *m* **4.** (*rest, pause*) descanso *m* **5.** SCH (*playtime*) recreo *m* ◇ *vt* **1.** (*cup, window, record*) romper **2.** (*machine*) estropear **3** (*disobey*) violar, infringir **4.** (*fail to fulfi*... incumplir **5.** (*journey*) interrumpir **6** (*news*) dar ◇ *vi* **1.** (*cup, window, chai*... romperse **2.** (*machine*) estropearse **3** (*dawn*) romper **4.** (*voice*) cambiar • **without a break** sin parar • **a lucky break** un golpe de suerte • **to brea**... **one's leg** romperse la pierna ◆ **break down** ◇ *vi* (*car, machine*) estropearse ◇ *v*... *sep* (*door, barrier*) derribar ◆ **break in** *v*... entrar a la fuerza ◆ **break off** ◇ *vt* **1** (*detach*) partir **2.** (*holiday*) interrumpir ◇ *vi* (*stop suddenly*) pararse, detenerse ◆ **break out** *vi* **1.** (*fire, war*) desencadenarse **2.** (*panic*) cundir • **he broke out in a rash** le salió un sarpullido ◆ **break up** *vi* **1.** (*with spouse, partner*) romper **2** (*meeting*) disolverse **3.** (*marriage*) deshacerse **4.** (*school, pupils*) terminar e... curso
**breakage** ['breɪkɪdʒ] *n* rotura *f*
**breakdown** ['breɪkdaʊn] *n* **1.** (*of car*, ...) avería *f* **2.** (*in communications, negotiations*) ruptura *f* **3.** (*acute depression*, ...) crisis *f* nerviosa
**breakdown truck** *n* (*UK*) camión *m* grúa
**breakfast** ['brekfəst] *n* desayuno *m* • **to have breakfast** desayunar • **to have sthg for breakfast** desayunar algo
**breakfast cereal** *n* cereales *mpl* (para desayuno)
**break-in** *n* robo *m* (con allanamiento de morada)
**breakwater** ['breɪkˌwɔːtəʳ] *n* rompeolas *m inv*
**breast** [brest] *n* **1.** (*of woman*) pecho *m*, ...

…o *m* **2.** *(of chicken, duck)* pechuga *f*
**…eastbone** ['brestbəʊn] *n* esternón *m*
**…east-feed** *vt* dar el pecho a
**…eaststroke** ['breststrəʊk] *n* braza *f*
**…eath** [breθ] *n* aliento *m* ◈ **out of …eath** sin aliento ◈ **to go for a breath … fresh air** salir a tomar un poco de …e ◈ **to take a deep breath** respirar …ndo
**…eathalyser**® ['breθəlaɪzəʳ] *n* *(UK)* …oholímetro *m*
**…eathalyzer**® ['breθəlaɪzər] *(US)* = …eathalyser
**…eathe** [bri:ð] *vi* respirar ◈ **breathe in** …aspirar ◈ **breathe out** *vi* espirar
**…eathtaking** ['breθˌteɪkɪŋ] *adj* sobreco…dor(ra)
**…eed** [bri:d] *(pt & pp* **bred***)* ◇ *n* **1.** *(of …mal)* raza *f* **2.** *(of plant)* especie *f* ◇ *vt* …ar ◇ *vi* reproducirse
**…eeze** [bri:z] *n* brisa *f*
**…eezy** ['bri:zɪ] *adj* ◈ **it's breezy** hace …e
**…ew** [bru:] ◇ *vt* **1.** *(beer)* elaborar **2.** *(tea, …fee)* preparar ◇ *vi (tea, coffee)* reposar
**…ewery** ['brʊərɪ] *n* fábrica *f* de cerveza
**…ibe** [braɪb] ◇ *n* soborno *m* ◇ *vt* …bornar
**…ic-a-brac** ['brɪkəbræk] *n* baratijas *fpl*
**…ick** [brɪk] *n* ladrillo *m*
**…icklayer** ['brɪkˌleɪəʳ] *n* albañil *m*
**…ickwork** ['brɪkwɜ:k] *n* enladrillado *m*
**…ide** [braɪd] *n* novia *f*
**…idegroom** ['braɪdgrʊm] *n* novio *m*
**…idesmaid** ['braɪdzmeɪd] *n* dama *f* de …nor
**…idge** [brɪdʒ] *n* **1.** *(across road, river)* …ente *m* **2.** *(of ship)* puente *m* de mando **3.** *(card game)* bridge *m*
**brief** [bri:f] ◇ *adj* breve ◇ *vt* informar ◈ **in brief** en resumen ◈ **briefs** *npl* **1.** *(underpants)* calzoncillos *mpl* **2.** *(UK)* *(knickers)* bragas *fpl* *(Esp)*, calzones *mpl* *(Amér)*
**briefcase** ['bri:fkeɪs] *n* cartera *f*
**briefly** ['bri:flɪ] *adv* **1.** *(for a short time)* brevemente **2.** *(in few words)* en pocas palabras
**brigade** [brɪ'geɪd] *n* brigada *f*
**bright** [braɪt] *adj* **1.** *(light)* brillante **2.** *(sun, smile)* radiante **3.** *(weather)* despejado(da) **4.** *(room)* luminoso(sa) **5.** *(colour)* vivo(va) **6.** *(clever)* listo(ta), inteligente **7.** *(idea)* genial
**brilliant** ['brɪljənt] *adj* **1.** *(colour)* vivo(va) **2.** *(light, sunshine)* resplandeciente **3.** *(idea, person)* genial **4.** *(inf)* *(wonderful)* fenomenal
**brim** [brɪm] *n* *(of hat)* ala *f* ◈ **it's full to the brim** está lleno hasta el borde
**brine** [braɪn] *n* salmuera *f*
**bring** [brɪŋ] *(pt & pp* **brought***)* *vt* **1.** traer **2.** *(cause)* producir ◈ **bring along** *vt sep* traer ◈ **bring back** *vt sep* devolver ◈ **bring in** *vt sep* **1.** *(introduce)* introducir **2.** *(earn)* ganar ◈ **bring out** *vt sep* *(new product)* sacar ◈ **bring up** *vt sep* **1.** *(child)* criar **2.** *(subject)* sacar a relucir **3.** *(food)* devolver
**brink** [brɪŋk] *n* ◈ **on the brink of** al borde de
**brisk** [brɪsk] *adj* **1.** *(quick)* rápido(da) **2.** *(efficient)* enérgico(ca)
**bristle** ['brɪsl] *n* **1.** *(of brush)* cerda *f* **2.** *(on chin)* pelillo *m*
**Britain** ['brɪtn] *n* Gran Bretaña

**British** ['brɪtɪʃ] ◇ *adj* británico(ca) ◇ *npl* • **the British** los británicos
**British Telecom** [-'telɪkɒm] *n principal empresa británica de telecomunicaciones*
**Briton** ['brɪtn] *n* británico *m*, -ca *f*
**brittle** ['brɪtl] *adj* quebradizo(za)
**broad** [brɔːd] *adj* **1.** *(wide)* ancho(cha) **2.** *(wide-ranging)* amplio(plia) **3.** *(description, outline)* general **4.** *(accent)* cerrado(da)
**B road** *n* *(UK)* ≃ carretera *f* comarcal
**broadband** ['brɔːdbænd] *n* *COMPUT* banda *f* ancha
**broad bean** *n* haba *f* de mayo
**broadcast** ['brɔːdkɑːst] *(pt & pp inv)* ◇ *n* emisión *f* ◇ *vt* emitir
**broadly** ['brɔːdlɪ] *adv* en general • **broadly speaking** en líneas generales
**broadsheet** *n* *(UK)* *periódico serio en formato grande*

## broadsheet

Los *broadsheets*, llamados *broadsides* en los Estados Unidos, son los periódicos de gran tamaño, la imagen tradicional del periodismo de calidad. Muchos *broadsheets* han cambiado de formato en los últimos años, por razones prácticas, y son publicados ahora en el formato tabloide asociado tradicionalmente al periodismo sensacionalista.

**broccoli** ['brɒkəlɪ] *n* brócoli *m*, brécol *m*
**brochure** ['brəʊʃəʳ] *n* folleto *m*
**broiled** [brɔɪld] *adj* *(US)* a la parrilla
**broke** [brəʊk] ◇ *pt* ➢ **break** ◇ *adj* *(inf)* sin blanca *(Esp)*, sin dinero
**broken** ['brəʊkn] ◇ *pp* ➢ **break** ◇ *ad[j]* *(window, glass, leg)* roto(ta) **2.** *(machi[ne])* estropeado(da) **3.** *(English, Spanish)* [...] carrónico(ca)
**bronchitis** [brɒŋ'kaɪtɪs] *n* bronquiti[s] *inv*
**bronze** [brɒnz] *n* bronce *m*
**brooch** [brəʊtʃ] *n* broche *m*
**brook** [brʊk] *n* arroyo *m*
**broom** [bruːm] *n* escoba *f*
**broomstick** ['bruːmstɪk] *n* palo *m* escoba
**broth** [brɒθ] *n* caldo *m*
**brother** ['brʌðəʳ] *n* hermano *m*
**brother-in-law** *n* cuñado *m*
**brought** [brɔːt] *pt & pp* ➢ **bring**
**brow** [braʊ] *n* **1.** *(forehead)* frente *f* *(eyebrow)* ceja *f*
**brown** [braʊn] ◇ *adj* **1.** *(earth, pa[...]* *wood)* marrón, café *(Amér)* **2.** *(h[air,]* *eyes)* castaño(ña) **3.** *(skin)* moreno(r[a]) **4.** *(tanned)* bronceado(da) ◇ *n* marr[ón] *m*, café *m* *(Amér)*
**brown bread** *n* pan *m* moreno
**brownie** ['braʊnɪ] *n* *CULIN* *peque[ño]* *bizcocho de chocolate y nueces de for[ma]* *cuadrada*
**Brownie** ['braʊnɪ] *n* guía *f* *(de 7-[...]* *años)*
**brown rice** *n* arroz *m* integral
**brown sugar** *n* azúcar *m* moreno
**browse** [braʊz] *vi* *(in shop)* mir[ar] curiosear • **to browse through st[h]** hojear algo
**browser** ['braʊzəʳ] *n* **1.** *COMPUT* nav[e]gador *m* **2.** ▼ **browsers welcome** invitamos a curiosear

**ruise** [bruːz] *n* cardenal *m*
**runch** [brʌntʃ] *n* *desayuno-almuerzo ue se toma por la mañana tarde*
**runette** [bruːˈnet] *n* morena *f*
**rush** [brʌʃ] ◇ *n* **1.** *(for hair, teeth)* cepillo *ı* **2.** *(of artist)* pincel *m* **3.** *(for decorating)* rocha *f* ◇ *vt* **1.** *(floor)* barrer **2.** *(clothes)* epillar **3.** *(move with hand)* quitar ◆ **to rush one's hair** cepillarse el pelo ◆ **to rush one's teeth** cepillarse los dientes
**russels sprouts** [ˈbrʌslz-] *npl* coles *fpl* le Bruselas
**rutal** [ˈbruːtl] *adj* brutal
**Sc** [biːesˈsiː] *n* (*abbr of* **Bachelor of cience)** *(titular de una) licenciatura de iencias*
**T** [biːˈtiː] *abbr* = **British Telecom**
**ubble** [ˈbʌbl] *n* burbuja *f*
**ubble bath** *n* espuma *f* de baño
**ubble gum** *n* chicle *m* *(para hacer lobos)*
**ubbly** [ˈbʌblı] *n* *(inf)* champán *m*
**uck** [bʌk] *n* **1.** *(US)* *(inf)* *(dollar)* dólar *n* **2.** *(male animal)* macho *m*
**ucket** [ˈbʌkıt] *n* cubo *m*
**uckingham Palace** [ˈbʌkıŋəm-] *n* el alacio de Buckingham

## Buckingham Palace

El Palacio de Buckingham es la residencia oficial de la monarquía inglesa. El Cambio de la Guardia, que tiene lugar en la parte delantera del palacio, es una de las principales atracciones turísticas de Londres. Los turistas pueden visitar una parte del palacio por dentro.

**buckle** [ˈbʌkl] ◇ *n* hebilla *f* ◇ *vt* *(fasten)* abrochar (con hebilla) ◇ *vi* *(warp)* combarse
**bud** [bʌd] ◇ *n* **1.** *(shoot)* brote *m* **2.** *(flower)* capullo *m* ◇ *vi* brotar
**Buddhist** [ˈbʊdıst] *n* budista *mf*
**buddy** [ˈbʌdı] *n* *(inf)* amiguete *m*, -ta *f*
**budge** [bʌdʒ] *vi* moverse
**budgerigar** [ˈbʌdʒərıgɑːʳ] *n* periquito *m*
**budget** [ˈbʌdʒıt] ◇ *adj* *(holiday, travel)* económico(ca) ◇ *n* presupuesto *m* ◆ **the Budget** *(UK)* los presupuestos del Estado ◆ **budget for** *vt insep* contar con
**budgie** [ˈbʌdʒı] *n* *(inf)* periquito *m*
**buff** [bʌf] *n* *(inf)* aficionado *m*, -da *f*
**buffalo** [ˈbʌfələʊ] *n* búfalo *m*
**buffer** [ˈbʌfəʳ] *n* *(on train)* tope *m*
**buffet** [*(UK)* ˈbʊfeı, *(US)* bəˈfeı] *n* **1.** *(meal)* bufé *m* **2.** *(cafeteria)* cafetería *f*
**buffet car** [ˈbʊfeı-] *n* coche *m* restaurante *(sólo mostrador)*
**bug** [bʌg] ◇ *n* **1.** *(insect)* bicho *m* **2.** *(inf)* *(mild illness)* virus *m inv* ◇ *vt* *(inf)* *(annoy)* fastidiar
**buggy** [ˈbʌgı] *n* **1.** *(UK)* *(pushchair)* silla *f* de niño **2.** *(US)* *(pram)* cochecito *m* de niño
**build** [bıld] *(pt & pp* **built**) ◇ *n* complexión *f* ◇ *vt* construir ◆ **build up** ◇ *vt sep* *(strength, speed)* ir aumentando ◇ *vi* acumularse
**builder** [ˈbıldəʳ] *n* constructor *m*, -ra *f*
**building** [ˈbıldıŋ] *n* edificio *m*
**building site** *n* solar *m*
**building society** *n* *(UK)* ≃ caja *f* de ahorros
**built** [bılt] *pt & pp* ≫ **build**
**built-in** *adj* empotrado(da)

**built-up area** *n* zona *f* urbanizada
**bulb** [bʌlb] *n* **1.** *(for lamp)* bombilla *f* **2.** *(of plant)* bulbo *m*
**Bulgaria** [bʌl'geərɪə] *n* Bulgaria
**bulge** [bʌldʒ] *vi* hacer bulto
**bulk** [bʌlk] *n* ◆ **the bulk of** la mayor parte de ◆ **in bulk** a granel
**bulky** ['bʌlkɪ] *adj* voluminoso(sa)
**bull** [bʊl] *n* toro *m*
**bulldog** ['bʊldɒg] *n* buldog *m*
**bulldozer** ['bʊldəʊzəʳ] *n* bulldozer *m*
**bullet** ['bʊlɪt] *n* bala *f*
**bulletin** ['bʊlətɪn] *n* boletín *m*
**bullfight** ['bʊlfaɪt] *n* corrida *f* (de toros)
**bull's-eye** *n* diana *f*
**bully** ['bʊlɪ] ◇ *n* abusón *m*, -ona *f* ◇ *vt* intimidar
**bum** [bʌm] *n* **1.** *(UK) (inf) (bottom)* culo *m* **2.** *(US) (inf) (tramp)* vagabundo *m*, -da *f*
**bum bag** *n* *(UK)* riñonera *f*
**bumblebee** ['bʌmblbi:] *n* abejorro *m*
**bump** [bʌmp] ◇ *n* **1.** *(on surface)* bulto *m* **2.** *(on road)* bache *m* **3.** *(on head, leg)* chichón *m* **4.** *(sound, minor accident)* golpe *m* ◇ *vt* ◆ **to bump one's head** golpearse la cabeza ◆ **bump into** *vt insep* **1.** *(hit)* darse con **2.** *(meet)* toparse con
**bumper** ['bʌmpəʳ] *n* **1.** *(on car)* parachoques *m inv* **2.** *(US) (on train)* tope *m*
**bumpy** ['bʌmpɪ] *adj* **1.** *(road)* lleno(na) de baches **2.** *(flight, journey)* con muchas sacudidas
**bun** [bʌn] *n* **1.** *(cake)* bollo *m* **2.** *(bread roll)* panecillo *m* **3.** *(hairstyle)* moño *m*
**bunch** [bʌntʃ] *n* **1.** *(of people)* grupo *m* **2.** *(of flowers)* ramo *m* **3.** *(of grapes, bananas)* racimo *m* **4.** *(of keys)* manojo *m*
**bundle** ['bʌndl] *n* **1.** *(of clothes)* bulto *m* **2.** *(of notes, papers)* fajo *m*
**bungalow** ['bʌŋgələʊ] *n* bungalow *m*
**bunion** ['bʌnjən] *n* juanete *m*
**bunk** [bʌŋk] *n* litera *f*
**bunk bed** *n* litera *f*
**bunker** ['bʌŋkəʳ] *n* **1.** *(shelter)* búnquer *m* **2.** *(for coal)* carbonera *f* **3.** *(in golf)* búnker *m*
**bunny** ['bʌnɪ] *n* conejito *m*
**buoy** [*(UK)* bɔɪ, *(US)* 'bu:ɪ] *n* boya *f*
**buoyant** ['bɔɪənt] *adj* *(that floats)* boyante
**BUPA** ['bu:pə] *n* *seguro médico privado en Gran Bretaña*
**burden** ['bɜ:dn] *n* carga *f*
**bureaucracy** [bjʊə'rɒkrəsɪ] *n* burocracia *f*
**bureau de change** [ˌbjʊərəʊdə'ʃɒndʒ] *n* casa *f* de cambio
**burger** ['bɜ:gəʳ] *n* **1.** *(hamburger)* hamburguesa *f* **2.** *(made with nuts, vegetables etc)* *hamburguesa vegetariana*
**burglar** ['bɜ:gləʳ] *n* ladrón *m*, -ona *f*
**burglar alarm** *n* alarma *f* antirrobo
**burglarize** ['bɜ:gləraɪz] *(US)* = **burgle**
**burglary** ['bɜ:glərɪ] *n* robo *m* *(de una casa)*
**burgle** ['bɜ:gl] *vt* robar *(una casa)*
**burial** ['berɪəl] *n* entierro *m*
**burn** [bɜ:n] *(pt & pp* **burnt** OR **burned**) ◇ *n* quemadura *f* ◇ *vt* quemar ◇ *vi* *(be on fire)* arder ◆ **to burn one's hand** quemarse la mano ◆ **burn down** ◇ *vt sep* incendiar ◇ *vi* incendiarse
**burning (hot)** ['bɜ:nɪŋ-] *adj* muy caliente

**ırns' Night** [bɜ:nz-] *n fiesta escocesa l 25 de enero*
**ırnt** [bɜ:nt] *pt & pp* ➤ **burn**
**ırp** [bɜ:p] *vi (inf)* eructar
**ırrow** ['bʌrəʊ] *n* madriguera *f*
**ırst** [bɜ:st] *(pt & pp inv)* ◇ *n (of gunfire, plause)* estallido *m* ◇ *vt & vi* reventar **he burst into the room** irrumpió en habitación ● **to burst into tears** ımper a llorar ● **to burst open** *(door)* ɒrirse de golpe
**ıry** ['berı] *vt* enterrar
**ıs** [bʌs] *n* autobús *m*, bús *m (Amér)* ● **bus** en autobús
**ısboy** [bʌsbɔı] *n (US)* ayudante *m (de marero)*
**ıs conductor** [-kən'dʌktə^r] *n* cobrador , -ra *f* de autobús
**ıs driver** *n* conductor *m*, -ra *f* de ıtobús
**ısh** [bʊʃ] *n* arbusto *m*
**ısiness** ['bıznıs] *n* **1.** *(commerce)* negoos *mpl* **2.** *(shop, firm, trade)* negocio *m* *(things to do)* asuntos *mpl*, tareas *fpl* *(affair)* asunto *m* ● **mind your own ısiness!** ¡no te metas donde no te ıman! ● **business as usual** abierto ɔmo de costumbre
**usiness card** *n* tarjeta *f* de visita
**usiness class** *n* clase *f* preferente
**usiness hours** *npl* horario *m* de ɔertura
**usinessman** ['bıznısmæn] *(pl* **-men***) n* ombre *m* de negocios
**usiness studies** *npl* empresariales *fpl*
**usinesswoman** ['bıznıs,wʊmən] *(pl* **women***) n* mujer *f* de negocios
**usker** ['bʌskə^r] *n (UK)* músico *m* callejero, música callejera *f*
**bus lane** *n* carril *m* de autobús
**bus pass** *n* abono *m* (de autobús)
**bus shelter** *n* marquesina *f (de parada de autobús)*
**bus station** *n* estación *f* de autobuses
**bus stop** *n* parada *f* de autobús
**bust** [bʌst] ◇ *n (of woman)* busto *m* ◇ *adj* ● **to go bust** *(inf)* quebrar
**bustle** ['bʌsl] *n* bullicio *m*
**bus tour** *n* excursión *f* (en autobús)
**busy** ['bızı] *adj* **1.** *(person, telephone, line)* ocupado(da) **2.** *(day)* ajetreado(da) **3.** *(schedule)* lleno(na) **4.** *(street, office)* concurrido(da) ● **to be busy doing sthg** estar ocupado haciendo algo
**busy signal** *n (US)* señal *f* de comunicando *(Esp)* OR ocupado *(Amér)*
**but** [bʌt] ◇ *conj* pero ◇ *prep* menos ● **not just one but two** no uno sino dos ● **you've done nothing but moan** no has hecho más que quejarte ● **the last but one** el penúltimo ● **but for** de no ser por
**butcher** ['bʊtʃə^r] *n* carnicero *m*, -ra *f* ● **butcher's** *(shop)* carnicería *f*
**butt** [bʌt] *n* **1.** *(of rifle)* culata *f* **2.** *(of cigarette, cigar)* colilla *f*
**butter** ['bʌtə^r] ◇ *n* mantequilla *f* ◇ *vt* untar con mantequilla
**butter bean** *n* judía *f* blanca *(Esp)*, frijol *m* blanco *(Amér)*
**buttercup** ['bʌtəkʌp] *n* ranúnculo *m*
**butterfly** ['bʌtəflaı] *n* mariposa *f*
**butterscotch** ['bʌtəskɒtʃ] *n dulce hecho hirviendo azúcar y mantequilla*
**buttocks** ['bʌtəks] *npl* nalgas *fpl*
**button** ['bʌtn] *n* **1.** *(on clothing, machine)*

botón *m* **2.** (*US*) (*badge*) chapa *f*, botón *m* (*Amér*)

**buttonhole** ['bʌtnhəʊl] *n* (*hole*) ojal *m*

**button mushroom** *n* champiñón *m* pequeño

**buy** [baɪ] (*pt & pp* **bought**) ◇ *vt* comprar ◇ *n* • **a good buy** una buena compra • **to buy a bike for your son, to buy your son a bike** comprarle una bici a tu hijo • **to buy a car from your neighbour** comprarle un coche al vecino

**buzz** [bʌz] ◇ *vi* zumbar ◇ *n* (*inf*) (*phone call*) • **to give sb a buzz** dar un telefonazo a alguien

**buzzer** ['bʌzəʳ] *n* timbre *m*

**by** [baɪ]

◇ *prep* **1.** (*expressing cause, agent*) por • **funded by the government** subvencionado por el gobierno • **a book by Joyce** un libro de Joyce **2.** (*expressing method, means*) • **by car/train/plane** en coche/tren/avión • **by post/phone** por correo/teléfono • **to pay by credit card** pagar con tarjeta de crédito • **to win by cheating** ganar haciendo trampa **3.** (*near to, beside*) junto a • **by the sea** junto al mar **4.** (*past*) por delante de • **a car went by the house** pasó un coche por delante de la casa **5.** (*via*) por • **exit by the door on the left** salgan por la puerta a la izquierda **6.** (*with time*) para • **be there by nine** estate allí para las nueve • **by day/night** de día/noche • **by now** ya **7.** (*expressing quantity*) por • **prices fell by 20%** los precios bajaron en un 20% • **we charge by the hour** cobramos por horas **8.** (*expressing meaning*) por • **what** **you mean by that?** ¿qué quieres de con eso? **9.** (*in division, multiplication*) p • **two metres by five** dos metros p cinco **10.** (*according to*) según • **by la** según la ley • **it's fine by me** por n no hay problema **11.** (*expressing gradu process*) • **one by one** uno a uno **day by day** día a día **12.** (*in phrases*) **by mistake** por equivocación • **b oneself** (*alone*) solo • **he did it b himself** lo hizo él solo • **by professio** de profesión

◇ *adv* (*past*) • **to go/drive by** pasar

**bye(-bye)** [baɪ'(baɪ)] *excl* (*inf*) ¡has luego!

**bypass** ['baɪpɑːs] *n* carretera *f* c circunvalación

# C c

**C** [siː] (*abbr of* **Celsius, centigrade**) (*centígrado*)

**cab** [kæb] *n* **1.** (*taxi*) taxi *m* **2.** (*of lorr* cabina *f*

**cabaret** ['kæbəreɪ] *n* cabaret *m*

**cabbage** ['kæbɪdʒ] *n* col *f*

**cabin** ['kæbɪn] *n* **1.** (*on ship*) camarote **2.** (*of plane*) cabina *f* **3.** (*wooden hous* cabaña *f*

**cabin crew** *n* personal *m* de cabina

**cabinet** ['kæbɪnɪt] *n* **1.** (*cupboard*) arma rio *m* **2.** POL consejo *m* de ministros

**cable** ['keɪbl] *n* cable *m*

**ble car** *n* teleférico *m*
**ble television** *n* televisión *f* por
ble
**ctus** ['kæktəs] (*pl* **-tuses** OR **-ti**) *n*
ctus *m inv*
**esar salad** [ˌsiːzə-] *n* *ensalada verde*
*a anchoas, aceitunas, queso parmesa-*
*y croutons*
**fe** ['kæfeɪ] *n* cafetería *f*
**feteria** [ˌkæfɪ'tɪərɪə] *n* cantina *f*
**fetière** [kæf'tjeə[r]] *n* cafetera *f* de
ıbolo
**ffeine** ['kæfiːn] *n* cafeína *f*
**ge** [keɪdʒ] *n* jaula *f*
**goule** [kə'guːl] *n* (*UK*) chubasquero

**jun** ['keɪdʒən] *adj* cajún

## ajun

os *cajuns* son los habitantes de uisiana descendientes de inmi-rantes franceses. Los *cajuns* se abían establecido inicialmente en anadá, de donde fueron deporta-los más tarde a Luisiana. Hablan na forma arcaica de francés, tie-en una cultura tradicional muy ica y son conocidos por su deliciosa ocina picante.

**ke** [keɪk] *n* **1.** (*sweet*) pastel *m* **2.** *(savoury)* medallón *m* empanado **3.** (*of ap*) pastilla *f*
**lculate** ['kælkjʊleɪt] *vt* calcular
**lculator** ['kælkjʊleɪtə[r]] *n* calculadora *f*
**lendar** ['kælɪndə[r]] *n* calendario *m*
**lf** [kɑːf] (*pl* **calves**) *n* **1.** (*of cow*) ternero *m*, -ra *f* **2.** (*part of leg*) pantorrilla *f*
**call** [kɔːl] ◇ *n* **1.** (*visit*) visita *f* **2.** (*phone call, at airport*) llamada *f* **3.** (*of bird*) reclamo *m* ◇ *vt* **1.** llamar **2.** (*meeting, elections, strike*) convocar **3.** (*flight*) anunciar ◇ *vi* (*phone*) llamar ● **to call at** (*visit*) pasarse (por) ● **to be called** llamarse ● **what is he called?** ¿cómo se llama? ● **could I have a call for eight o'clock?** por favor, llámeme a las ocho ● **on call** (*nurse, doctor*) de guardia ● **she called my name** me llamó ● **to pay sb a call** hacer una visita a alguien ● **this train calls at ...** este tren para en ... ● **who's calling?** ¿de parte de quién? ◆ **call back** ◇ *vt sep* llamar (más tarde) ◇ *vi* **1.** (*phone again*) llamar (más tarde) **2.** (*visit again*) volver a pasarse ◆ **call for** *vt insep* **1.** (*come to fetch*) ir a buscar **2.** (*demand*) pedir **3.** (*require*) requerir ◆ **call on** *vt insep* (*visit*) visitar ● **to call on the government to take action** pedirle al gobierno que actúe ◆ **call out** ◇ *vt sep* **1.** (*name, winner*) anunciar **2.** (*doctor, fire brigade*) llamar ◇ *vi* gritar ◆ **call up** *vt sep* **1.** *MIL* llamar a filas a **2.** (*telephone*) llamar (por teléfono)
**call box** *n* cabina *f* telefónica
**caller** ['kɔːlə[r]] *n* **1.** (*visitor*) visita *f* **2.** (*on phone*) persona *f* que llama
**calm** [kɑːm] ◇ *adj* **1.** (*person*) tranquilo (la) **2.** (*sea*) en calma **3.** (*weather, day*) apacible ◇ *vt* calmar ◆ **calm down** ◇ *vt sep* calmar ◇ *vi* calmarse
**calorie** ['kælərɪ] *n* caloría *f*
**calves** [kɑːvz] *pl* ≫ **calf**
**camcorder** ['kæmˌkɔːdə[r]] *n* cámara *f* de vídeo

**came** [keɪm] *pt* ➤ **come**
**camel** ['kæml] *n* camello *m*
**camera** ['kæmərə] *n* cámara *f*
**cameraman** ['kæmərəmæn] (*pl* **-men**) *n* cámara *m*
**camera shop** *n* tienda *f* de fotografía
**camisole** ['kæmɪsəʊl] *n* picardías *m inv* (*Esp*), camisola *f*
**camp** [kæmp] ◇ *n* **1.** *(for holidaymakers)* *colonia de vacaciones para toda la familia, con parque de atracciones, etc* **2.** *(for soldiers)* campamento *m* **3.** *(for prisoners)* campo *m* ◇ *vi* acampar
**campaign** [kæm'peɪn] ◇ *n* campaña *f* ◇ *vi* • **to campaign (for/against)** hacer campaña (a favor de/contra)
**camp bed** *n* (*UK*) cama *f* de campaña
**camper** ['kæmpəʳ] *n* **1.** *(person)* campista *mf* **2.** *(van)* caravana *f*
**camping** ['kæmpɪŋ] *n* • **to go camping** ir de camping
**camping stove** *n* cocina *f* de camping
**campsite** ['kæmpsaɪt] *n* camping *m*
**campus** ['kæmpəs] (*pl* **-es**) *n* campus *m inv*
**can**[1] [kæn] *n (container)* lata *f*
**can**[2] [*weak form* kən, *strong form* kæn, *conditional and preterite form* **could**) *aux vb* **1.** poder **2.** *(know how to)* saber **5.** *(expressing occasional occurrence)* • **it can get cold at night** a veces hace frío por la noche • **can you help me?** ¿puedes ayudarme? • **I can see the sea** veo el mar • **can you drive?** ¿sabes conducir? • **I can speak Spanish** hablo español • **can I speak to the manager?** ¿puedo hablar con el director? • **can you tell me the time?** ¿me puedes decir la hora? • **I could do it** podría hacer • **they could be lost** puede que hayan perdido
**Canada** ['kænədə] *n* Canadá
**Canadian** [kə'neɪdɪən] ◇ *adj* canadien ◇ *n* canadiense *mf*
**canal** [kə'næl] *n* canal *m*
**canapé** ['kænəpeɪ] *n* canapé *m*
**Canaries** [kə'neərɪz] *npl* • **the Canari** (las islas) Canarias
**Canary Islands** [kə'neərɪ-] *npl* • **t** **Canary Islands** (las islas) Canarias
**cancel** ['kænsl] *vt* cancelar
**cancellation** [,kænsə'leɪʃn] *n* cancel ción *f*
**cancer** ['kænsəʳ] *n* cáncer *m*
**Cancer** ['kænsəʳ] *n* Cáncer *m*
**candidate** ['kændɪdət] *n* **1.** *(for parli ment, job)* candidato *m*, -ta *f* **2.** *(in exar* examinando *m*, -da *f*
**candle** ['kændl] *n* vela *f*
**candlelit dinner** ['kændllɪt-] *n* cena *f* la luz de las velas
**candy** ['kændɪ] *n* (*US*) **1.** *(confectioner* golosinas *fpl*, dulces *mpl* (*Amér*) *(sweet)* caramelo *m*, dulce *m* (*Amér*)
**cane** [keɪn] *n* **1.** *(for walking)* bastón *m* *(stick)* vara *f* **3.** *(for furniture, basket* caña *f*
**canister** ['kænɪstəʳ] *n* **1.** *(for tea)* bote **2.** *(for gas)* bombona *f*
**cannabis** ['kænəbɪs] *n* canabis *m*
**canned** [kænd] *adj (food, drink)* en lata
**cannot** ['kænɒt] = **can not**
**canoe** [kə'nuː] *n* SPORT piragua *f*
**canoeing** [kə'nuːɪŋ] *n* piragüismo *m*
**canopy** ['kænəpɪ] *n (over bed etc)* dosel
**can't** [kɑːnt] = **cannot**

**teen** [kæn'ti:n] *n* cantina *f*
**vas** ['kænvəs] *n (for tent, bag)* lona *f*
[kæp] *n* **1.** *(hat)* gorra *f* **2.** *(without*
*)* gorro *m* **3.** *(of pen)* capuchón *m* **4.**
*bottle)* tapón *m* **5.** *(contraceptive)*
ragma *m*
**able** ['keɪpəbl] *adj (competent)* com-
nte, hábil ● **to be capable of doing**
ser capaz de hacer algo
**acity** [kə'pæsɪtɪ] *n* **1.** *(ability)* habili-
*f*, facultad *f* **2.** *(of stadium, theatre)*
acidad *f*
**e** [keɪp] *n* **1.** *(of land)* cabo *m* **2.**
*k)* capa *f*
**ers** ['keɪpəz] *npl* alcaparras *fpl*
**ital** ['kæpɪtl] *n* **1.** *(of country)* capital *f*
*(money)* capital *m* **3.** *(letter)*
yúscula *f*
**ital punishment** *n* pena *f* capital
**puccino** [,kæpʊ'tʃi:nəʊ] *n* capuchino
**ricorn** ['kæprɪkɔ:n] *n* Capricornio *m*
**sicum** ['kæpsɪkəm] *n* pimiento *m*
**size** [kæp'saɪz] *vi* volcar
**sule** ['kæpsju:l] *n* cápsula *f*
**tain** ['kæptɪn] *n* capitán *m*, -ana *f*
**tion** ['kæpʃn] *n* pie *m*, leyenda *f*
**ture** ['kæptʃəʳ] *vt* **1.** *(person, animal)*
turar **2.** *(town, castle)* tomar
[kɑ:ʳ] *n* **1.** *(motorcar)* coche *m*, carro
*Amér)* **2.** *(railway wagon)* vagón *m*
**afe** [kə'ræf] *n vasija sin mango para*
*ir vino y agua*
**alarm** *n* alarma f antirrobo *(en un*
*he)*
**amel** ['kærəmel] *n* **1.** *(sweet) caramelo*
*ho con leche y azúcar* **2.** *(burnt sugar)*
car *m* quemado

**carat** ['kærət] *n* quilate *m* ● **24-carat gold** oro de 24 quilates
**caravan** ['kærəvæn] *n* (*UK*) caravana *f*
**caravanning** ['kærəvænɪŋ] *n* (*UK*) ● **to go caravanning** ir de vacaciones en caravana
**caravan site** *n* (*UK*) camping *m* para caravanas
**carbohydrate** [,kɑ:bəʊ'haɪdreɪt] *n* hidrato *m* de carbono
**carbon** ['kɑ:bən] *n* carbono *m*
**carbon dioxide** [-daɪ'ɒksaɪd] *n* dióxido *m* de carbono
**car boot sale** *n* (*UK*) *mercadillo de objetos usados exhibidos en el maletero del coche*
**carburetor** [,kɑ:bə'retəʳ] (*US*) = **carburettor**
**carburettor** [,kɑ:bə'retəʳ] *n* (*UK*) carburador *m*
**car crash** *n* accidente *m* de tráfico
**card** [kɑ:d] *n* **1.** tarjeta *f* **2.** *(postcard)* postal *f* **3.** *(playing card)* carta *f*, naipe *m* **4.** *(cardboard)* cartulina *f* ● **cards** *(game)* las cartas
**cardboard** ['kɑ:dbɔ:d] *n* cartón *m*
**cardiac arrest** [,kɑ:dɪæk-] *n* paro *m* cardíaco
**cardigan** ['kɑ:dɪgən] *n* cárdigan *m*
**cardphone** ['kɑ:dfəʊn] *n* (*UK*) teléfono *m* de tarjeta
**care** [keəʳ] ◇ *n (attention)* cuidado *m* ◇ *vi (mind)* ● **I don't care** no me importa ● **to take care of** *(look after)* cuidar de; *(deal with)* encargarse de ● **would you care to ...?** *(fml)* ¿le importaría ...? ● **to take care to do sthg** tener cuidado de hacer algo ● **take care!** *(goodbye)*

¡cuídate! ◆ **with care** con cuidado ▼ **handle with care** frágil ◆ **to care about** *(think important)* preocuparse por; *(person)* tener aprecio a
**career** [kəˈrɪəʳ] *n* carrera *f*
**carefree** [ˈkeəfriː] *adj* despreocupado (da)
**careful** [ˈkeəfʊl] *adj* **1.** *(cautious)* cuidadoso(sa) **2.** *(driver)* prudente **3.** *(thorough)* esmerado(da) ◆ **be careful!** ¡ten cuidado!
**carefully** [ˈkeəflɪ] *adv* **1.** *(cautiously)* cuidadosamente **2.** *(drive)* con prudencia **3.** *(thoroughly)* detenidamente, con atención
**careless** [ˈkeələs] *adj* **1.** *(inattentive)* descuidado(da) **2.** *(unconcerned)* despreocupado(da)
**caretaker** [ˈkeəˌteɪkəʳ] *n* *(UK)* *(of school, flats)* conserje *mf*
**car ferry** *n* transbordador *m* de coches
**cargo** [ˈkɑːgəʊ] *(pl* **-es** OR **-s***)* *n* cargamento *m*
**car hire** *n* *(UK)* alquiler *m* de coches
**Caribbean** [*(UK)* ˌkærɪˈbiːən *(US)* kəˈrɪbɪən] *n* ◆ **the Caribbean** el Caribe
**caring** [ˈkeərɪŋ] *adj* solícito(ta)
**carnation** [kɑːˈneɪʃn] *n* clavel *m*
**carnival** [ˈkɑːnɪvl] *n* carnaval *m*
**carousel** [ˌkærəˈsel] *n* **1.** *(for luggage)* cinta *f* transportadora **2.** *(US)* *(merry-go-round)* tiovivo *m* *(Esp)*, carrusel *m*
**car park** *n* *(UK)* aparcamiento *m* *(Esp)*, estacionamiento *m* *(Amér)*
**carpenter** [ˈkɑːpəntəʳ] *n* carpintero *m*, -ra *f*
**carpentry** [ˈkɑːpəntrɪ] *n* carpintería *f*
**carpet** [ˈkɑːpɪt] *n* **1.** *(not fitted)* alfombra *f* **2.** *(fitted)* moqueta *f*
**carport** [ˈkɑːrpɔːrt] *n* *(US)* cochera
**car rental** *n* *(US)* alquiler *m* de co
**carriage** [ˈkærɪdʒ] *n* **1.** *(UK)* *(of t* vagón *m* **2.** *(horse-drawn)* carruaje
**carriageway** [ˈkærɪdʒweɪ] *n* *(UK)* c *m*
**carrier (bag)** [ˈkærɪəʳ-] *n* *(UK)* bol *(de papel o plástico)*
**carrot** [ˈkærət] *n* zanahoria *f*
**carrot cake** *n pastel de bizcocho h con zanahoria rallada y cubierto azúcar glaseado*
**carry** [ˈkærɪ] ◇ *vt* **1.** llevar **2.** *(dise* transmitir ◇ *vi* *(voice, sound)* oírse lejos ◆ **carry on** ◇ *vi* continuar *insep* **1.** *(continue)* continuar **2.** *(cond* mantener ◆ **to carry on doing** seguir haciendo algo ◆ **carry out** *v* **1.** *(perform)* llevar a cabo **2.** *(f* cumplir
**carrycot** [ˈkærɪkɒt] *n* *(UK)* moisés *m*
**carryout** [ˈkærɪaʊt] *n* comida *f* p llevar
**carsick** [ˈkɑːˌsɪk] *adj* mareado(da) coche)
**cart** [kɑːt] *n* **1.** *(for transport)* carro *(US)* *(in supermarket)* carrito *m*
**carton** [ˈkɑːtn] *n* cartón *m*, envase
**cartoon** [kɑːˈtuːn] *n* **1.** *(film)* dibujos animados **2.** *(drawing)* chiste *m* viñeta)
**cartridge** [ˈkɑːtrɪdʒ] *n* **1.** *(for gun)* car cho *m* **2.** *(for pen)* recambio *m*
**carve** [kɑːv] *vt* **1.** *(wood, stone)* talla *(meat)* cortar, trinchar
**carvery** [ˈkɑːvərɪ] *n* *(UK)* *restaura donde se sirve un bufé de carne qu*

ncha delante del cliente
**r wash** *n* lavado *m* de coches
**se** [keɪs] *n* **1.** (*UK*) (*suitcase*) maleta *f* **2.**
ntainer) estuche *m* **3.** (*instance, pa-*
nt) caso *m* **4.** *LAW* (*trial*) pleito *m* ◈ **in**
**y case** de todas formas ◈ **in case of**
caso de ◈ **(just) in case** por si acaso
**in that case** en ese caso
**sh** [kæʃ] ◇ *n* **1.** (*coins, notes*) efectivo *m*
(*money in general*) dinero *m* ◇ *vt* ◈ **to**
**sh a cheque** cobrar un cheque ◈ **to**
**y cash** pagar en efectivo
**shback** ['kæʃbæk] *n* (*UK*) *opción de*
*ar dinero de la cuenta en el momento*
*pagar alguna compra con una tarjeta*
*débito*
**sh desk** *n* caja *f*
**sh dispenser** [-ˌdɪ'spensəʳ] *n* (*UK*)
ero *m* automático
**shew (nut)** ['kæʃuː-] *n* anacardo *m*
**shier** [kæ'ʃɪəʳ] *n* cajero *m*, -ra *f*
**shless** ['kæʃlɪs] *adj* ◈ **cashless society**
ı dinero
**shmere** [kæʃ'mɪəʳ] *n* cachemir *m*
**shpoint** ['kæʃpɔɪnt] *n* (*UK*) cajero *m*
tomático
**sh register** *n* caja *f* (registradora)
**sino** [kə'siːnəʊ] (*pl* **-s**) *n* casino *m*
**sserole** ['kæsərəʊl] *n* (*stew*) guiso *m* ◈
**sserole (dish)** cacerola *f*
**ssette** [kæ'set] *n* casete *m*, cinta *f*
**ssette recorder** *n* casete *m*
**st** [kɑːst] (*pt & pp inv*) ◇ *n* **1.** (*actors*)
parto *m* **2.** (*for broken bone*) escayola *f*
sp), yeso *m* ◇ *vt* **1.** (*shadow, light*)
oyectar **2.** (*look*) echar **3.** (*vote*) emitir
**to cast doubt on** poner en duda ◆
**st off** *vi* (*boat, ship*) soltar amarras

**caster sugar** *n* (*UK*) azúcar *m* extrafino
**Castile** [kæs'tiːl] *n* Castilla
**castle** ['kɑːsl] *n* **1.** (*building*) castillo *m* **2.** (*in chess*) torre *f*
**casual** ['kæʒʊəl] *adj* **1.** (*relaxed*) despreocupado(da) **2.** (*offhand*) superficial **3.** (*clothes*) informal ◈ **casual work** trabajo eventual
**casualty** ['kæʒjʊəltɪ] *n* víctima *f* ◈ **casualty (department)** (*UK*) urgencias *fpl*
**cat** [kæt] *n* gato *m*
**Catalan** ['kætəˌlæn] ◇ *adj* catalán(ana) ◇ *n* **1.** (*person*) catalán *m*, -ana *f* **2.** (*language*) catalán *m*
**catalog** ['kætəlɒg] (*US*) = **catalogue**
**catalogue** ['kætəlɒg] *n* catálogo *m*
**Catalonia** [ˌkætə'ləʊnɪə] *n* Cataluña
**Catalonian** [ˌkætə'ləʊnɪən] *adj* catalán (ana)
**catapult** ['kætəpʌlt] *n* tirachinas *m inv*
**cataract** ['kætərækt] *n* (*in eye*) catarata *f*
**catarrh** [kə'tɑːʳ] *n* catarro *m*
**catastrophe** [kə'tæstrəfɪ] *n* catástrofe *f*
**catch** [kætʃ] (*pt & pp* **caught**) ◇ *vt* **1.** coger, agarrar (*Amér*) **2.** (*fish*) pescar **3.** (*bus, train, plane, taxi*) coger, tomar (*Amér*) **4.** (*hear*) coger, escuchar (*Amér*) **5.** (*attract*) despertar ◇ *vi* (*become hooked*) engancharse ◇ *n* **1.** (*of window, door*) pestillo *m* **2.** (*snag*) pega *f*
◆ **catch up** ◇ *vt sep* alcanzar ◇ *vi* ◈ **to catch up (with)** ponerse a la misma altura (que)
**catching** ['kætʃɪŋ] *adj* (*inf*) contagioso (sa)
**category** ['kætəgərɪ] *n* categoría *f*

**cater** ['keɪtəʳ] ◆ **cater for** *vt insep* **1.** (*UK*) (*needs, tastes*) atender a, satisfacer **2.** (*anticipate*) contar con
**caterpillar** ['kætəpɪləʳ] *n* oruga *f*
**cathedral** [kə'θiːdrəl] *n* catedral *f*
**Catholic** ['kæθlɪk] ◇ *adj* católico(ca) ◇ *n* católico *m*, -ca *f*
**Catseyes** ® ['kætsaɪz] *npl* (*UK*) catafaros *mpl*
**cattle** ['kætl] *npl* ganado *m* (vacuno)
**caught** [kɔːt] *pt* & *pp* ➤ **catch**
**cauliflower** ['kɒlɪˌflaʊəʳ] *n* coliflor *f*
**cauliflower cheese** *n coliflor en salsa bechamel con queso*
**cause** [kɔːz] ◇ *n* **1.** causa *f* **2.** (*justification*) motivo *m* ◇ *vt* causar ● **to cause sb to do sthg** hacer que alguien haga algo
**causeway** ['kɔːzweɪ] *n* carretera *f* elevada
**caution** ['kɔːʃn] *n* **1.** (*care*) cautela *f* **2.** (*warning*) amonestación *f*
**cautious** ['kɔːʃəs] *adj* cauteloso(sa)
**cave** [keɪv] *n* cueva *f* ◆ **cave in** *vi* hundirse, derrumbarse
**caviar(e)** ['kævɪɑːʳ] *n* caviar *m*
**cavity** ['kævətɪ] *n* (*in tooth*) caries *f inv*
**CD** [siː'diː] *n* (*abbr of* **compact disc**) CD *m* (*compact disc*)
**CD player** *n* reproductor *m* de CD
**CD-ROM** [siːdiː'rɒm] *n* (*abbr of* **compact disc read-only memory**) CD-ROM m (*compact disc read-only memory*)
**cease** [siːs] ◇ *vt* (*fml*) suspender ◇ *vi* (*fml*) cesar
**ceasefire** ['siːsˌfaɪəʳ] *n* alto *m* el fuego, cese *m* del fuego (*Amér*)
**ceilidh** ['keɪlɪ] *n baile popular en Escocia e Irlanda*
**ceiling** ['siːlɪŋ] *n* techo *m*
**celebrate** ['selɪbreɪt] ◇ *vt* celebrar ◇ *vi* ● **let's celebrate** ¡hay que celebrarlo!
**celebration** [ˌselɪ'breɪʃn] *n* (*event*) fiesta *m* ◆ **celebrations** *npl* (*festivities*) conmemoraciones *fpl*
**celebrity** [sɪ'lebrətɪ] *n* (*person*) celebridad *f*
**celeriac** [sɪ'lerɪæk] *n* apio *m* nabo
**celery** ['selərɪ] *n* apio *m*
**cell** [sel] *n* **1.** (*of plant, body*) célula *f* (*in prison*) celda *f*
**cellar** ['seləʳ] *n* sótano *m*
**cello** ['tʃeləʊ] *n* violoncelo *m*
**Cellophane** ® ['seləfeɪn] *n* celofán ®
**cell phone** *n* (*US*) teléfono *m* móvil (*Esp*), celular *m* (*Amér*)
**Celsius** ['selsɪəs] *adj* centígrado(da)
**cement** [sɪ'ment] *n* cemento *m*
**cemetery** ['semɪtrɪ] *n* cementerio *m*
**cent** [sent] *n* centavo *m*
**center** ['sentər] (*US*) = **centre**
**centigrade** ['sentɪgreɪd] *adj* centígrado(da) ● **five degrees centigrade** cinco grados (centígrados)
**centimeter** ['sentɪˌmiːtər] (*US*) = **centimetre**
**centimetre** ['sentɪˌmiːtəʳ] *n* (*UK*) centímetro *m*
**centipede** ['sentɪpiːd] *n* ciempiés *m inv*
**central** ['sentrəl] *adj* **1.** (*in the middle*) central **2.** (*near town centre*) céntrico(ca)
**central heating** *n* calefacción *f* central
**central locking** [-'lɒkɪŋ] *n* cierre centralizado
**central reservation** *n* (*UK*) mediana *f*, camellón *m* (*Amér*)

**tre** ['sentə^r^] ◇ *n* (*UK*) centro *m* ◇ *adj*
) central ● **the centre of attention**
entro de atención
**tury** ['sentʃorɪ] *n* siglo *m*
**amic** [sɪ'ræmɪk] *adj* de cerámica ◆
**amics** *npl* cerámicas *fpl*
**eal** ['sɪərɪəl] *n* (*breakfast food*) cereales

**emony** ['serɪmənɪ] *n* ceremonia *f*
**tain** ['sɜːtn] *adj* **1.** (*sure*) seguro(ra) **2.**
*ticular)* cierto(ta) ● **she's certain to**
**late** seguro que llega tarde ● **to be**
**tain of sthg** estar seguro de algo ●
**make certain (that)** asegurarse de
e
**tainly** ['sɜːtnlɪ] *adv* desde luego
**tificate** [sə'tɪfɪkət] *n* **1.** (*of studies,*
*dical)* certificado *m* **2.** (*of birth*)
tida *f* de nacimiento
**tify** ['sɜːtɪfaɪ] *vt* (*declare true*) certifi-

**ain** [tʃeɪn] ◇ *n* cadena *f* ◇ *vt* ● **to chain**
**bike to a lamppost** encadenar una
i a una farola
**ain store** *n* tienda *f* de una cadena
**air** [tʃeə^r^] *n* silla *f*
**air lift** *n* telesilla *m*
**airman** ['tʃeəmən] (*pl* **-men**) *n* presi-
nte *m*, -ta *f*
**airperson** ['tʃeəˌpɜːsn] *n* presidente *m*,
*f*
**airwoman** ['tʃeəˌwʊmən] (*pl* **-wo-**
**en**) *n* presidenta *f*
**alet** ['ʃæleɪ] *n* chalé *m*
**alk** [tʃɔːk] *n* **1.** (*for writing*) tiza *f*, gis *m*
*éx)* **2.** (*substance*) creta *f* ● **a piece of**
**alk** una tiza
**alkboard** ['tʃɔːkbɔːd] *n* (*US*) pizarra *f*,
pizarrón *m* (*Amér*)
**challenge** ['tʃælɪndʒ] ◇ *n* desafío *m* ◇ *vt* (*question*) poner en tela de juicio ● **to challenge sb to a fight** desafiar a alguien a una pelea
**chamber** ['tʃeɪmbə^r^] *n* (*room*) cámara *f*
**chambermaid** ['tʃeɪmbəmeɪd] *n* camarera *f*
**champagne** [ˌʃæm'peɪn] *n* champán *m*
**champion** ['tʃæmpjən] *n* (*of competition*) campeón *m*, -ona *f*
**championship** ['tʃæmpjənʃɪp] *n* campeonato *m*
**chance** [tʃɑːns] ◇ *n* **1.** (*luck*) azar *m* **2.** (*possibility*) posibilidad *f* **3.** (*opportunity*) oportunidad *f* ◇ *vt* ● **to chance it** (*inf*) arriesgarse ● **to take a chance** correr un riesgo ● **by chance** por casualidad ● **on the off chance** por si acaso
**Chancellor of the Exchequer** [ˌtʃɑːnsələrəvðəɪks'tʃekə^r^] *n* *ministro de economía y hacienda en Gran Bretaña*
**chandelier** [ˌʃændə'lɪə^r^] *n* lámpara *f* de araña
**change** [tʃeɪndʒ] ◇ *n* **1.** cambio *m* **2.** (*coins*) suelto *m* (*Esp*), cambio *m* ◇ *vt* **1.** cambiar **2.** (*job*) cambiar de ◇ *vi* **1.** (*become different*) cambiar **2.** (*on bus, train*) hacer transbordo **3.** (*change clothes*) cambiarse ● **a change of clothes** una muda ● **do you have change for a pound?** ¿tienes cambio de una libra? ● **for a change** para variar ● **to get changed** cambiarse ● **to change money** cambiar dinero ● **to change a nappy** cambiar un pañal ● **to change a wheel** cambiar una rueda ● **to change trains/planes** cambiar de tren/avión ● **all**

**change!** *(on train)* ¡cambio de tren!
**changeable** ['tʃeɪndʒəbl] *adj* *(weather)* variable
**change machine** *n* máquina *f* de cambio
**changing room** ['tʃeɪndʒɪŋ-] *n* **1.** *(for sport)* vestuario *m*, vestidor *m* *(Amér)* **2.** *(UK)* *(in shop)* probador *m*
**channel** ['tʃænl] *n* canal *m* • **the (English) Channel** el Canal de la Mancha
**Channel Islands** *npl* • **the Channel Islands** las islas del Canal de la Mancha
**Channel Tunnel** *n* • **the Channel Tunnel** el túnel del Canal de la Mancha
**chant** [tʃɑ:nt] *vt* **1.** *RELIG* cantar **2.** *(words, slogan)* corear
**chaos** ['keɪɒs] *n* caos *m inv*
**chaotic** [keɪ'ɒtɪk] *adj* caótico(ca)
**chap** [tʃæp] *n* *(UK)* *(inf)* chico *m*, tío *m* *(Esp)*
**chapatti** [tʃə'pætɪ] *n* *tipo de pan ázimo de origen indio*
**chapel** ['tʃæpl] *n* capilla *f*
**chapped** [tʃæpt] *adj* agrietado(da)
**chapter** ['tʃæptə<sup>r</sup>] *n* capítulo *m*
**character** ['kærəktə<sup>r</sup>] *n* **1.** carácter *m* **2.** *(in film, book, play)* personaje *m* **3.** *(inf)* *(person, individual)* tipo *m*
**characteristic** [,kærəktə'rɪstɪk] ◇ *adj* característico(ca) ◇ *n* característica *f*
**charcoal** ['tʃɑ:kəʊl] *n* *(for barbecue)* carbón *m* (vegetal)
**charge** [tʃɑ:dʒ] ◇ *n* **1.** *(price)* tarifa *f* **2.** *LAW* cargo *m* ◇ *vt* **1.** *(money, customer)* cobrar **2.** *LAW* acusar **3.** *(battery)* cargar ◇ *vi* *(ask money)* cobrar • **she charge**[...] entró en tromba • **to be in charge** [...] ser el encargado (de) • **to take cha**[...] **(of)** hacerse cargo (de) • **extra cha**[...] suplemento *m* • **free of charge** gr[...] • **there is no charge for service** servicio está incluido
**chargrilled** ['tʃɑ:grɪld] *adj* asado(da) a parrilla
**charity** ['tʃærətɪ] *n* *(organization)* orga[...]zación *f* benéfica • **to give to char**[...] hacer donaciones a organizacio[...] benéficas
**charity shop** *n* *(UK)* *tienda de obje[...] usados cuyas ventas se destinan organizaciones benéficas*
**charm** [tʃɑ:m] ◇ *n* *(attractiveness)* enca[...]to *m* ◇ *vt* encantar, hechizar
**charming** ['tʃɑ:mɪŋ] *adj* encantador([...]
**chart** [tʃɑ:t] *n* *(diagram)* gráfico *m* • [...] **charts** la lista de éxitos
**chartered accountant** [,tʃɑ:təd-] contable *m* colegiado, contable co[...]giada *f*
**charter flight** ['tʃɑ:tə-] *n* vuelo chárter
**chase** [tʃeɪs] ◇ *n* persecución *f* ◇ perseguir
**chat** [tʃæt] ◇ *n* charla *f* ◇ *vi* charlar • **have a chat (with)** charlar (con) • **ch**[...] **up** *vt sep* *(UK)* *(inf)* ligarse
**chat room** *n* *COMPUT* chat *m*, sala *f* charla
**chat show** *n* *(UK)* programa *m* entrevistas
**chatty** ['tʃætɪ] *adj* **1.** *(letter)* informal *(person)* hablador(ra), dicharache[...] (ra)

**uffeur** ['ʃəʊfəʳ] *n* chófer *mf*
**ap** [tʃi:p] *adj* **1.** *(inexpensive)* barato **2.** *(pej)* *(low-quality)* de mala calidad
**ap day return** *n* *(UK)* *billete de ida ·elta más barato que se ha de utilizar ·l día y después de las 9.15*
**aply** ['tʃi:plɪ] *adv* barato
**at** [tʃi:t] ◇ *n* tramposo *m*, -sa *f* ◇ *vi* ·er trampa ◇ *vt* ● **to cheat sb out of r inheritance** estafarle la herencia a ·uien
**·chnya** ['tʃetʃnɪə] *n* Chechenia *f*
**·ck** [tʃek] ◇ *n* **1.** *(inspection)* inspección *(US)* *(bill)* cuenta *f* **3.** *(US)* *(tick)* ·al *f* *(de visto bueno)* **4.** *(US)* = **·que** ◇ *vt* **1.** *(inspect)* revisar **2.** *(verify)* ·nprobar ◇ *vi* ● **to check for sthg** ·nprobar algo ● **to check on sthg** ·nprobar algo ● **to check with sb** ·sultar con alguien ◆ **check in** ◇ *vt* *(luggage)* facturar, documentar ·x) ◇ *vi* **1.** *(at hotel)* registrarse **2.** *(at ·ort)* facturar, documentar *(Méx)* ◆ **·ck off** *vt sep* ir comprobando *(en ·lista)* ◆ **check out** *vi* dejar el hotel **·heck up** *vi* ● **to check up (on)** ·rmarse (acerca de)
**·cked** [tʃekt] *adj* a cuadros
**·ckers** ['tʃekəz] *n* *(US)* damas *fpl*
**·ck-in desk** *n* mostrador *m* OR ·umentación *f* *(Méx)* de facturación
**·cking account** ['tʃekɪŋ-] *n* *(US)* ·nta *f* corriente
**·ckout** ['tʃekaʊt] *n* caja *f*
**·ckpoint** ['tʃekpɔɪnt] *n* control *m*
**·ckroom** ['tʃekrʊm] *n* *(US)* guarda-pa *m*
**·ckup** ['tʃekʌp] *n* chequeo *m*

**cheddar** ['tʃedəʳ] *n* cheddar *m*
**cheek** [tʃi:k] *n* mejilla *f* ● **what a cheek!** *(UK)* ¡qué cara!
**cheeky** ['tʃi:kɪ] *adj* *(UK)* descarado(da)
**cheer** [tʃɪəʳ] ◇ *n* aclamación *f* ◇ *vi* gritar con entusiasmo
**cheerful** ['tʃɪəfʊl] *adj* alegre
**cheerio** [ˌtʃɪərɪ'əʊ] *excl* *(UK)* *(inf)* ¡hasta luego!
**cheers** [tʃɪəz] *excl* **1.** *(when drinking)* ¡salud! **2.** *(UK)* *(inf)* *(thank you)* ¡gracias!
**cheese** [tʃi:z] *n* queso *m*
**cheeseboard** ['tʃi:zbɔ:d] *n* *(cheese and biscuits)* tabla *f* de quesos
**cheeseburger** ['tʃi:zˌbɜ:gəʳ] *n* hamburguesa *f* con queso
**cheesecake** ['tʃi:zkeɪk] *n* tarta *f* de queso *(fresco, sin hornear)*
**chef** [ʃef] *n* jefe *m* de cocina
**chef's special** *n* especialidad *f* de la casa
**chemical** ['kemɪkl] ◇ *adj* químico(ca) ◇ *n* sustancia *f* química
**chemist** ['kemɪst] *n* **1.** *(UK)* *(pharmacist)* farmacéutico *m*, -ca *f* **2.** *(scientist)* químico *m*, -ca *f* ● **chemist's** *(UK)* *(shop)* farmacia *f*
**chemistry** ['kemɪstrɪ] *n* química *f*
**cheque** [tʃek] *n* *(UK)* cheque *m* ● **to pay by cheque** pagar con cheque
**chequebook** ['tʃekbʊk] *n* talonario *m* de cheques
**cheque card** *n* tarjeta *f* de identificación bancaria
**cherry** ['tʃerɪ] *n* cereza *f*
**chess** [tʃes] *n* ajedrez *m*
**chest** [tʃest] *n* **1.** *(of body)* pecho *m* **2.** *(box)* arca *f*

**chestnut** ['tʃesnʌt] ◇ *n* castaña *f* ◇ *adj* *(colour)* castaño(ña)
**chest of drawers** *n* cómoda *f*
**chew** [tʃu:] ◇ *vt* masticar ◇ *n* *(UK)* *(sweet)* gominola *f*
**chewing gum** ['tʃu:ɪŋ-] *n* chicle *m*
**chic** [ʃi:k] *adj* elegante
**chicken** ['tʃɪkɪn] *n* **1.** *(bird)* gallina *f* **2.** *(meat)* pollo *m*
**chickenpox** ['tʃɪkɪnpɒks] *n* varicela *f*
**chickpea** ['tʃɪkpi:] *n* garbanzo *m*
**chicory** ['tʃɪkərɪ] *n* achicoria *f*
**chief** [tʃi:f] ◇ *adj* **1.** *(highest-ranking)* jefe(fa) **2.** *(main)* principal ◇ *n* jefe *m*, -fa *f*
**chiefly** ['tʃi:flɪ] *adv* **1.** *(mainly)* principalmente **2.** *(especially)* por encima de todo
**child** [tʃaɪld] (*pl* **children**) *n* **1.** *(young boy, girl)* niño *m*, -ña *f* **2.** *(son, daughter)* hijo *m*, -ja *f*
**child abuse** *n* maltrato *m* de niños
**child benefit** *n* *subsidio pagado a todas las familias británicas por cada hijo*
**childhood** ['tʃaɪldhʊd] *n* infancia *f*
**childish** ['tʃaɪldɪʃ] *adj* *(pej)* *(immature)* infantil
**childminder** ['tʃaɪld,maɪndə'] *n* *(UK)* niñera *f* *(durante el día)*
**children** ['tʃɪldrən] *pl* ➤ **child**
**child seat** *n* asiento *m* de seguridad para niños
**Chile** ['tʃɪlɪ] *n* Chile
**Chilean** ['tʃɪlɪən] ◇ *adj* chileno(na) ◇ *n* chileno *m*, -na *f*
**chill** [tʃɪl] ◇ *n* *(illness)* resfriado *m* ◇ *vt* enfriar ● **there's a chill in the air** hace un poco de fresco
**chilled** [tʃɪld] *adj* frío(a) ▼ **serve ch**
sírvase muy frío
**chilli** ['tʃɪlɪ] (*pl* **-ies**) *n* *(UK)* **1.** *(veget*
guindilla *f* *(Esp)*, chile *m*, ají *m* *(Ar*
**2.** *(dish)* = **chilli con carne**
**chilli con carne** [-kɒn'kɑ:nɪ] *n*
*picadillo de carne en una salsa pic*
*de guindilla con cebolla, tomate y ju*
*pintas*
**chilly** ['tʃɪlɪ] *adj* frío(a)
**chimney** ['tʃɪmnɪ] *n* chimenea *f*
**chimneypot** ['tʃɪmnɪpɒt] *n* cañón *n*
chimenea
**chimpanzee** [,tʃɪmpən'zi:] *n* chimpa
*mf*
**chin** [tʃɪn] *n* barbilla *f*
**china** ['tʃaɪnə] *n* *(material)* porcelana
**China** ['tʃaɪnə] *n* la China
**Chinese** [,tʃaɪ'ni:z] ◇ *adj* chino(na)
*(language)* chino *m* ◇ *npl* ● **the Chi**
los chinos ● **a Chinese restaurant**
restaurante chino
**chip** [tʃɪp] ◇ *n* **1.** *(small piece)* pedacit
**2.** *(mark)* mella *f* **3.** *(counter)* ficha
COMPUT chip *m* ◇ *vt* desportill
**chips** *npl* **1.** *(UK)* *(French fries)* pat
*fpl* fritas *(de sartén)* **2.** *(US)* *(cr*
patatas *fpl* fritas *(de bolsa)*
**chiropodist** [kɪ'rɒpədɪst] *n* podólog
-ga *f*
**chives** [tʃaɪvz] *npl* cebollino *m*, ceboll
**chlorine** ['klɔ:ri:n] *n* cloro *m*
**choc-ice** ['tʃɒkaɪs] *n* *(UK)* *tipo de b*
*bón helado en forma de bloque y*
*palo*
**chocolate** ['tʃɒkələt] ◇ *n* **1.** *(food, d*
chocolate *m* **2.** *(sweet)* bombón *m* ◇
de chocolate

**hocolate biscuit** *n* (*UK*) galleta *f* de hocolate
**hoice** [tʃɔɪs] ◇ *n* **1.** (*option*) elección *f* **2.** *erson or thing chosen*) opción *f* **3.** *ariety*) variedad *f* ◇ *adj* de primera alidad ▼ **pizzas with the topping of our choice** elija los ingredientes de su izza
**hoir** ['kwaɪəʳ] *n* coro *m*
**hoke** [tʃəʊk] ◇ *n AUT* estárter *m* ◇ *vt* sfixiar ◇ *vi* **1.** (*on fishbone etc*) atragan-rse **2.** (*to death*) asfixiarse
**holera** ['kɒlərə] *n* cólera *m*
**hoose** [tʃu:z] (*pt* **chose**, *pp* **chosen**) *vt* ; *vi* elegir ● **to choose to do sthg** ecidir hacer algo
**hop** [tʃɒp] ◇ *n* (*of meat*) chuleta *f* ◇ *vt* ortar ◆ **chop down** *vt sep* talar, cortar ◆ **hop up** *vt sep* picar
**hopper** ['tʃɒpəʳ] *n* (*inf*) (*helicopter*) elicóptero *m*
**hopping board** ['tʃɒpɪŋ-] *n* (*UK*) tabla *f* e cocina
**hoppy** ['tʃɒpɪ] *adj* picado(da)
**hopsticks** ['tʃɒpstɪks] *npl* palillos *mpl* chinos)
**hord** [kɔ:d] *n* acorde *m*
**hore** [tʃɔ:ʳ] *n* tarea *f*
**horus** ['kɔ:rəs] *n* **1.** (*part of song*) stribillo *m* **2.** (*group of singers, dancers*) oro *m*
**hose** [tʃəʊz] *pt* ➤ **choose**
**hosen** ['tʃəʊzn] *pp* ➤ **choose**
**Christ** [kraɪst] *n* Cristo *m*
**hristen** ['krɪsn] *vt* (*baby*) bautizar
**Christian** ['krɪstʃən] ◇ *adj* cristiano(na) ◇ *n* cristiano *m*, -na *f*
**Christian name** *n* nombre *m* de pila
**Christmas** ['krɪsməs] *n* **1.** (*day*) Navidad *f* **2.** (*period*) Navidades *fpl* ● **Happy Christmas!** ¡Felices Navidades!
**Christmas card** *n* tarjeta *f* de Navidad
**Christmas carol** [-'kærəl] *n* villancico *m*
**Christmas Day** *n* día *m* de Navidad
**Christmas Eve** *n* Nochebuena *f*
**Christmas pudding** *n pudín de frutas que se come caliente el día de Navidad*
**Christmas tree** *n* árbol *m* de Navidad
**chrome** [krəʊm] *n* cromo *m*
**chuck** [tʃʌk] *vt* (*inf*) **1.** (*throw*) tirar **2.** (*UK*) (*boyfriend, girlfriend*) mandar a paseo, dejar ◆ **chuck away** *vt sep* tirar
**chunk** [tʃʌŋk] *n* trozo *m*
**church** [tʃɜ:tʃ] *n* iglesia *f* ● **to go to church** ir a misa
**churchyard** ['tʃɜ:tʃjɑ:d] *n* cementerio *m*
**chute** [ʃu:t] *n* vertedor *m*
**cider** ['saɪdəʳ] *n* sidra *f*
**cigar** [sɪ'gɑ:ʳ] *n* puro *m*
**cigarette** [ˌsɪgə'ret] *n* cigarrillo *m*
**cigarette lighter** *n* mechero *m* (*Esp*), encendedor *m*
**cinema** ['sɪnəmə] *n* cine *m*
**cinnamon** ['sɪnəmən] *n* canela *f*
**circle** ['sɜ:kl] ◇ *n* **1.** círculo *m* **2.** (*in theatre*) anfiteatro *m* ◇ *vt* **1.** (*draw circle around*) rodear con un círculo **2.** (*move round*) dar vueltas alrededor de ◇ *vi* dar vueltas
**circuit** ['sɜ:kɪt] *n* **1.** (*track*) circuito *m* **2.** (*lap*) vuelta *f*
**circular** ['sɜ:kjʊləʳ] ◇ *adj* circular ◇ *n* circular *f*
**circulation** [ˌsɜ:kjʊ'leɪʃn] *n* **1.** (*of blood*) circulación *f* **2.** (*of newspaper, magazine*) tirada *f*

**circumstances** ['sɜ:kəmstənsɪz] *npl* circunstancias *fpl* ◆ **in** OR **under the circumstances** dadas las circunstancias
**circus** ['sɜ:kəs] *n* circo *m*
**cistern** ['sɪstən] *n (of toilet)* cisterna *f*
**citizen** ['sɪtɪzn] *n* **1.** *(of country)* ciudadano *m*, -na *f* **2.** *(of town)* habitante *mf*
**city** ['sɪtɪ] *n* ciudad *f* ◆ **the City** (*UK*) la City
**city centre** *n* (*UK*) centro *m* de la ciudad
**city council** *n* (*US*) consejo *m* municipal
**city hall** *n* (*US*) ayuntamiento *m*
**civilian** [sɪ'vɪljən] *n* civil *mf*
**civilized** ['sɪvɪlaɪzd] *adj* **1.** *(society)* civilizado(da) **2.** *(person, evening)* agradable
**civil rights** [,sɪvl-] *npl* derechos *mpl* civiles
**civil servant** [,sɪvl-] *n* funcionario *m*, -ria *f*
**civil service** [,sɪvl-] *n* administración *f* pública
**civil war** [,sɪvl-] *n* guerra *f* civil
**cl** [si:'el] (*abbr of* **centilitre**) cl *(centilitro)*
**claim** [kleɪm] ◇ *n* **1.** *(assertion)* afirmación *f*, declaración *f* **2.** *(demand)* demanda *f*, reivindicación *f* **3.** *(for insurance)* reclamación *f* ◇ *vt* **1.** *(allege)* afirmar **2.** *(demand)* reclamar **3.** *(credit, responsibility)* reivindicar ◇ *vi (on insurance)* reclamar
**claimant** ['kleɪmənt] *n (of benefit)* solicitante *mf*
**claim form** *n* impreso *m* de solicitud
**clam** [klæm] *n* almeja *f*
**clamp** [klæmp] ◇ *n* (*UK*) *(for car)* cepo *m* ◇ *vt (car)* poner un cepo a
**clap** [klæp] *vi* aplaudir
**claret** ['klærət] *n* burdeos *m inv*
**clarinet** [,klærə'net] *n* clarinete *m*
**clash** [klæʃ] ◇ *n* **1.** *(noise)* estruendo *m* *(confrontation)* enfrentamiento *m* ◇ *vi* *(colours)* desentonar **2.** *(event, dat*
coincidir
**clasp** [klɑ:sp] ◇ *n* cierre *m* ◇ *vt* agarra
**class** [klɑ:s] ◇ *n* clase *f* ◇ *vt* ◆ **to cla** **cocaine as a hard drug** clasificar cocaína como droga dura
**classic** ['klæsɪk] ◇ *adj (typical)* clási (ca) ◇ *n* clásico *m*
**classical** ['klæsɪkl] *adj* clásico(ca)
**classical music** *n* música *f* clásica
**classification** [,klæsɪfɪ'keɪʃn] *n* clasific ción *f*
**classified ads** [,klæsɪfaɪd-] *npl* anunci *mpl* por palabras
**classroom** ['klɑ:srʊm] *n* aula *f*
**claustrophobic** [,klɔ:strə'fəʊbɪk] *a* claustrofóbico(ca)
**claw** [klɔ:] *n* **1.** *(of bird, cat, dog)* garra *f* *(of crab, lobster)* pinza *f*
**clay** [kleɪ] *n* arcilla *f*
**clean** [kli:n] ◇ *adj* **1.** limpio(pia) *(page)* en blanco **3.** *(driving licence)* s sanciones ◇ *vt* limpiar ◆ **to clean one** **teeth** lavarse los dientes
**cleaner** ['kli:nə$^r$] *n* **1.** *(person)* hombre de la limpieza, mujer de la limpieza **2.** *(substance)* producto *m* de limpieza
**cleanse** [klenz] *vt* limpiar
**cleanser** ['klenzə$^r$] *n* tónico *m*
**clear** [klɪə$^r$] ◇ *adj* **1.** claro(ra) **2.** *(roa view, sky)* despejado(da) ◇ *vt* **1.** *(remo obstructions from)* limpiar, despejar

*mp over)* saltar **3.** *(declare not guilty)* clarar inocente **4.** *(authorize)* aprobar *(cheque)* compensar ◇ *vi (weather, fog)* spejarse ● **to be clear (about sthg)** tender (algo) ● **to be clear of sthg** *ot touching)* no estar en contacto con go ● **to clear one's throat** carraspear **to clear the table** quitar la mesa ◆ **ear up** ◇ *vt sep* **1.** *(room, toys)* ordenar *(problem, confusion)* aclarar ◇ *vi* **1.** *eather)* despejarse **2.** *(tidy up)* recoger
**earance** ['klıərəns] *n* **1.** *(authorization)* rmiso *m* **2.** *(free distance)* distancia *f* seguridad **3.** *(for take-off)* autoriza- ón *f* (para despegar)
**earing** ['klıərıŋ] *n* claro *m*
**early** ['klıəlı] *adv* **1.** claramente **2.** *bviously)* obviamente
**ementine** ['kleməntaın] *n* clementina
**erk** [(*UK*) klɑːk, (*US*) klɜːrk] *n* **1.** *(in ice)* oficinista *mf* **2.** (*US*) *(in shop)* pendiente *m*, -ta *f*
**ever** ['klevəʳ] *adj* **1.** *(person)* listo(ta) **2.** *lea, device)* ingenioso(sa)
**ick** [klık] ◇ *n* chasquido *m* ◇ *vi (make und)* hacer clic
**ient** ['klaıənt] *n* cliente *m*, -ta *f*
**iff** [klıf] *n* acantilado *m*
**imate** ['klaımıt] *n* clima *m*
**imax** ['klaımæks] *n* clímax *m inv*
**imb** [klaım] ◇ *vt* **1.** *(tree)* trepar a **2.** *adder)* subir **3.** *(mountain)* escalar ◇ *vi* **1.** *erson)* ascender **2.** *(plane)* subir ◆ **imb down** ◇ *vt insep* **1.** *(tree, mountain)* escender de **2.** *(ladder)* bajar ◇ *vi* bajar **climb up** *vt insep* **1.** *(tree)* trepar a **2.** *adder)* subir **3.** *(mountain)* escalar

**climber** ['klaıməʳ] *n (person)* escalador *m*, -ra *f*
**climbing** ['klaımıŋ] *n* montañismo *m* ● **to go climbing** ir de montañismo
**climbing frame** *n* (*UK*) *barras de metal para trepar los niños*
**clingfilm** ['klıŋfılm] *n* (*UK*) film *m* de plástico adherente
**clinic** ['klınık] *n* clínica *f*
**clip** [klıp] ◇ *n* **1.** *(fastener)* clip *m* **2.** *(of film, programme)* fragmento *m* ◇ *vt* **1.** *(fasten)* sujetar **2.** *(cut)* recortar **3.** *(ticket)* picar
**cloak** [kləʊk] *n* capa *f*
**cloakroom** ['kləʊkrʊm] *n* **1.** *(for coats)* guardarropa *m* **2.** (*UK*) *(toilet)* servicios *mpl*, baños *mpl*
**clock** [klɒk] *n* **1.** *(for telling time)* reloj *m* **2.** *(mileometer)* cuentakilómetros *m inv* ● **round the clock** día y noche
**clockwise** ['klɒkwaız] *adv* en el sentido de las agujas del reloj
**clog** [klɒg] ◇ *n* zueco *m* ◇ *vt* obstruir
**close¹** [kləʊs] ◇ *adj* **1.** *(near)* cercano(na) **2.** *(friend)* íntimo(ma) **3.** *(relation, family)* cercano(na) **4.** *(contact, cooperation, link)* estrecho(cha) **5.** *(resemblance)* grande **6.** *(examination)* detallado(da) **7.** *(race, contest)* reñido(da) ◇ *adv* cerca ● **close by** cerca ● **close to** *(near)* cerca de ● **close to tears** a punto de llorar
**close²** [kləʊz] ◇ *vt* cerrar ◇ *vi* **1.** *(door, jar, eyes)* cerrarse **2.** *(shop, office)* cerrar **3.** *(deadline, offer, meeting)* terminar ◆ **close down** *vt sep* & *vi* cerrar (definitivamente)
**closed** [kləʊzd] *adj* cerrado(da)
**closely** ['kləʊslı] *adv* **1.** *(related, involved)*

estrechamente **2.** *(follow, examine)* atentamente
**closet** ['klɒzɪt] *n* *(US)* *(cupboard)* armario *m*, closet *m* *(Amér)*
**close-up** ['kləʊs-] *n* primer plano *m*
**closing time** ['kləʊzɪŋ-] *n* hora *f* de cierre
**clot** [klɒt] *n* *(of blood)* coágulo *m*
**cloth** [klɒθ] *n* **1.** *(fabric)* tela *f* **2.** *(piece of cloth)* trapo *m*
**clothes** [kləʊðz] *npl* ropa *f*
**clothesline** ['kləʊðzlaɪn] *n* cuerda *f* para tender la ropa
**clothes peg** *n* *(UK)* pinza *f* (para la ropa)
**clothespin** ['kləʊðzpɪn] *(US)* = clothes peg
**clothes shop** *n* *(UK)* tienda *f* de ropa
**clothing** ['kləʊðɪŋ] *n* ropa *f*
**clotted cream** [ˌklɒtɪd-] *n* *nata muy espesa típica de Cornualles*
**cloud** [klaʊd] *n* nube *f*
**cloudy** ['klaʊdɪ] *adj* **1.** *(sky, day)* nublado(da) **2.** *(liquid)* turbio(bia)
**clove** [kləʊv] *n* *(of garlic)* diente *m* ◆
**cloves** *npl* *(spice)* clavos *mpl*
**clown** [klaʊn] *n* payaso *m*
**club** [klʌb] *n* **1.** *(organization)* club *m* **2.** *(nightclub)* ≃ sala *f* de fiestas *(abierta sólo por la noche)* **3.** *(stick)* garrote *m* ◆
**clubs** *npl* *(in cards)* tréboles *mpl*
**clubbing** ['klʌbɪŋ] *n* ● **to go clubbing** *(inf)* ir de disco
**club class** *n* clase *f* club
**club sandwich** *n* sandwich *m* de tres pisos
**club soda** *n* *(US)* soda *f*
**clue** [klu:] *n* **1.** *(information)* pista *f* **2.** *(in crossword)* clave *f* ● **I haven't got a c**[lue]
no tengo ni idea
**clumsy** ['klʌmzɪ] *adj* *(person)* torpe
**clutch** [klʌtʃ] ◇ *n* **1.** *(on car, motorb*[ike])
embrague *m*, clutch *m* *(Amér)* **2.** *(clu*[tch]
*pedal)* pedal *m* de embrague OR clu[tch]
*m* *(Amér)* ◇ *vt* agarrar
**cm** [si:'em] (*abbr of* **centimetre**)
*(centímetro)*
**c/o** [si:'əʊ] (*abbr of* **care of**) c/d *(en c*[asa]
*de)*
**Co.** [kəʊ] (*abbr of* **company**) Cía *(co*[m]
*pañía)*
**coach** [kəʊtʃ] *n* **1.** *(UK)* *(bus)* autocar
*(Esp)*, autobus *m* **2.** *(UK)* *(of tr*[ain])
vagón *m* **3.** *SPORT* entrenador *m*, -r[a]
**coach station** *n* *(UK)* estación *f*
autocares *(Esp)* OR autobuses
**coach trip** *n* *(UK)* excursión *f*
autocar *(Esp)* OR autobus
**coal** [kəʊl] *n* carbón *m*
**coal mine** *n* mina *f* de carbón
**coarse** [kɔ:s] *adj* **1.** *(rough)* áspero(ra)
*(vulgar)* ordinario(ria)
**coast** [kəʊst] *n* costa *f*
**coaster** ['kəʊstə'] *n* posavasos *m inv*
**coastguard** ['kəʊstgɑ:d] *n* **1.** *(pers*[on])
guardacostas *mf inv* **2.** *(organizati*[on])
guardacostas *mpl*
**coastline** ['kəʊstlaɪn] *n* litoral *m*
**coat** [kəʊt] ◇ *n* **1.** *(garment)* abrigo *m*
*(of animal)* pelaje *m* ◇ *vt* ● **to coat s**[thg]
**(with)** rebozar algo (en)
**coat hanger** *n* percha *f*
**coating** ['kəʊtɪŋ] *n* **1.** *(of chocolate)* ba[ño]
*m* **2.** *(on surface)* capa *f* ● **with a coati**[ng]
**of breadcrumbs** rebozado en pan [ra]llado

**obbles** ['kɒblz] *npl* adoquines *mpl*
**obweb** ['kɒbweb] *n* telaraña *f*
**ca-Cola**® [ˌkəʊkə'kəʊlə] *n* Coca-Co-® *f*
**caine** [kəʊ'keɪn] *n* cocaína *f*
**ck** [kɒk] *n (male chicken)* gallo *m*
**ckles** ['kɒklz] *npl* berberechos *mpl*
**ckpit** ['kɒkpɪt] *n* cabina *f*
**ckroach** ['kɒkrəʊtʃ] *n* cucaracha *f*
**cktail** ['kɒkteɪl] *n* cóctel *m*
**cktail party** *n* cóctel *m*
**ck-up** *n (UK) (inf)* • **to make a** **k-up of sthg** jorobar algo
**coa** ['kəʊkəʊ] *n (drink)* chocolate *m*
**conut** ['kəʊkənʌt] *n* coco *m*
**d** [kɒd] *(pl inv) n* bacalao *m*
**de** [kəʊd] *n* **1.** *(system)* código *m* **2.** *alling code)* prefijo *m*
**educational** [ˌkəʊedju:'keɪʃənl] *adj* xto(ta)
**ffee** ['kɒfɪ] *n* café *m* • **black/white** **fee** café solo/con leche • **ground/** **tant coffee** café molido/instantáneo
**ffee bar** *n* cafetería *f (en aeropuerto,* *)*
**ffee break** *n descanso en el trabajo,* *la mañana y por la tarde*
**ffeepot** ['kɒfɪpɒt] *n* cafetera *f*
**ffee shop** *n (cafe)* cafetería *f*
**ffee table** *n* mesita *f* baja
**ffin** ['kɒfɪn] *n* ataúd *m*
**g(wheel)** ['kɒg(wi:l)] *n* rueda *f* den-la
**il** [kɔɪl] ◇ *n* **1.** *(of rope)* rollo *m* **2.** *(UK)* *ntraceptive)* DIU *m* ◇ *vt* enrollar
**in** [kɔɪn] *n* moneda *f*
**incide** [ˌkəʊɪn'saɪd] *vi* • **to coincide** **ith)** coincidir (con)

**coincidence** [kəʊ'ɪnsɪdəns] *n* coincidencia *f*
**Coke**® [kəʊk] *n* Coca-Cola® *f*
**colander** ['kʌləndəʳ] *n* colador *m*
**cold** [kəʊld] ◇ *adj* frío(a) ◇ *n* **1.** *(illness)* resfriado *m* **2.** *(low temperature)* frío *m* • **I'm cold** tengo frío • **it's cold** hace frío • **to get cold** enfriarse • **to catch (a) cold** resfriarse
**cold calling** *n* llamadas fpl en frío
**cold cuts** *(US)* = **cold meats**
**cold meats** *npl* fiambres *mpl*
**coleslaw** ['kəʊlslɔ:] *n ensalada de col, zanahoria, cebolla y mayonesa*
**colic** ['kɒlɪk] *n* cólico *m*
**collaborate** [kə'læbəreɪt] *vi* colaborar
**collapse** [kə'læps] *vi* **1.** *(building, tent)* desplomarse **2.** *(person)* sufrir un colapso
**collar** ['kɒləʳ] *n* **1.** *(of shirt, coat)* cuello *m* **2.** *(of dog, cat)* collar *m*
**collarbone** ['kɒləbəʊn] *n* clavícula *f*
**colleague** ['kɒli:g] *n* colega *mf*
**collect** [kə'lekt] ◇ *vt* **1.** *(gather)* reunir **2.** *(as a hobby)* coleccionar **3.** *(go and get)* recoger **4.** *(money)* recaudar ◇ *vi* acumularse ◇ *adv (US)* • **to call (sb) collect** llamar (a alguien) a cobro revertido
**collection** [kə'lekʃn] *n* **1.** colección *f* **2.** *(of money)* recaudación *f* **3.** *(of mail)* recogida *f*
**collector** [kə'lektəʳ] *n (as a hobby)* coleccionista *mf*
**college** ['kɒlɪdʒ] *n* **1.** *(school)* instituto *m*, escuela *f* **2.** *(UK) (of university) colegio universitario que forma parte de ciertas*

*universidades* **3.** (*US*) (*university*) universidad *f*
**collide** [kə'laɪd] *vi* • **to collide (with)** colisionar (con)
**collision** [kə'lɪʒn] *n* colisión *f*
**cologne** [kə'ləʊn] *n* colonia *f*
**Colombia** [kə'lɒmbɪə] *n* Colombia
**Colombian** [kə'lɒmbɪən] ◇ *adj* colombiano(na) ◇ *n* colombiano *m*, -na *f*
**colon** ['kəʊlən] *n* *GRAM* dos puntos *mpl*
**colony** ['kɒlənɪ] *n* (*country*) colonia *f*
**color** ['kʌlər] (*US*) = **colour**
**colour** ['kʌlə^r] ◇ *n* (*UK*) color *m* ◇ *adj* (*photograph, film*) en color ◇ *vt* **1.** (*hair*) teñir **2.** (*food*) colorear ♦ **colour in** *vt sep* colorear
**colour-blind** *adj* daltónico(ca)
**colourful** ['kʌləfʊl] *adj* **1.** (*picture, garden, scenery*) de vivos colores **2.** (*fig*) (*person, place*) pintoresco(ca)
**colouring** ['kʌlərɪŋ] *n* **1.** (*of food*) colorante *m* **2.** (*complexion*) tez *f*
**colouring book** *n* libro *m* de colorear
**colour supplement** *n* suplemento *m* en color
**colour television** *n* televisión *f* en color
**column** ['kɒləm] *n* columna *f*
**coma** ['kəʊmə] *n* coma *m*
**comb** [kəʊm] ◇ *n* peine *m* ◇ *vt* • **to comb one's hair** peinarse (el pelo)
**combination** [ˌkɒmbɪ'neɪʃn] *n* combinación *f*
**combine** [kəm'baɪn] *vt* • **to combine sthg (with)** combinar algo (con)
**come** [kʌm] (*pt* **came**, *pp* *inv*) *vi* **1.** (*move*) venir • **we came by taxi** vinimos en taxi • **come here!** ¡ven aquí! **2.** (*arrive*) llegar • **they haven't come** todavía no han lleg ▼ **coming soon** próximamente **3.** *order*) • **to come first/last** (*in r* llegar el primero/el último; (*in ex* quedar el primero/el último **4.** (*rea* • **the water comes up to my ankle** agua me llega hasta los tobillos (*become*) • **to come loose** aflojarse **to come undone** deshacerse **6.** (*be s* venir • **they come in packs of** vienen en paquetes de seis
♦ **come across** *vt insep* encontrarse
♦ **come along** *vi* (*progress*) ir; (*arr* venir • **come along!** ¡venga!
♦ **come apart** *vi* (*book, clothes*) hacerse
♦ **come back** *vi* (*return*) volver
♦ **come down** *vi* (*price*) bajar
♦ **come down with** *vt insep* (*illness*) co agarrar (*Amér*)
♦ **come from** *vt insep* (*person*) ser (*noise, product*) venir de
♦ **come in** *vi* (*enter*) entrar; (*arrive*) lle (*tide*) crecer • **come in!** ¡adelante!
♦ **come off** *vi* (*become detached*) prenderse; (*succeed*) salir bien
♦ **come on** *vi* (*progress*) ir; (*impr* mejorar • **come on!** ¡venga!
♦ **come out** *vi* salir; (*film*) estrena (*stain*) quitarse
♦ **come over** *vi* (*visit*) venir
♦ **come round** *vi* (*visit*) venir; (*re* *consciousness*) volver en sí
♦ **come to** *vt insep* (*subj: bill*) ascende
♦ **come up** *vi* (*go upstairs*) subir; *mentioned, arise*) surgir; (*sun, moon*) s
♦ **come up with** *vt insep* • **she came**

**n a brilliant idea** se le ocurrió una a estupenda

**nedian** [kə'mi:djən] *n* humorista *mf*

**nedy** ['kɒmədɪ] *n* **1.** *(TV programme, , play)* comedia *f* **2.** *(humour)* humor

**nfort** ['kʌmfət] ◇ *n* **1.** comodidad *f* *consolation)* consuelo *m* ◇ *vt* consolar

**nfortable** ['kʌmftəbl] *adj* **1.** cómodo ) **2.** *(after illness, operation)* en estado isfactorio **3.** *(financially)* acomodado )

**nforter** ['kʌmfərtər] *n* *(US)* edredón

**nic** ['kɒmɪk] ◇ *adj* cómico(ca) ◇ *n* **1.** *rson)* humorista *mf* **2.** *(adult maga- )* cómic *m* **3.** *(children's magazine)* eo *m* *(Esp)*, revista *f* de historietas

**mical** ['kɒmɪkl] *adj* cómico(ca)

**mic strip** *n* tira *f* cómica

**mma** ['kɒmə] *n* coma *f*

**mmand** [kə'mɑ:nd] ◇ *n* **1.** *(order)* len *f* **2.** *(mastery)* dominio *m* ◇ *vt* **1.** *der)* ordenar **2.** *(be in charge of)* estar mando de

**mmander** [kə'mɑ:ndə^r] *n* comandan- *m*

**mmemorate** [kə'meməreɪt] *vt* con- morar

**mmence** [kə'mens] *vi* *(fml)* comen-

**mment** ['kɒment] ◇ *n* comentario *m* *i* hacer comentarios

**mmentary** ['kɒməntrɪ] *n* *(on TV, radio)* mentario *m*

**mmentator** ['kɒmənteɪtə^r] *n* *(on TV, io)* comentarista *mf*

**mmerce** ['kɒmɜ:s] *n* comercio *m*

**commercial** [kə'mɜ:ʃl] ◇ *adj* comercial ◇ *n* anuncio *m* *(televisivo o radiofónico)*, comercial *m* *(Amér)*

**commercial break** *n* pausa *f* para la publicidad

**commission** [kə'mɪʃn] *n* comisión *f*

**commit** [kə'mɪt] *vt* *(crime, sin)* cometer • **to commit o.s. (to sthg)** comprometerse (a algo) • **to commit suicide** suicidarse

**committee** [kə'mɪtɪ] *n* comité *m*

**commodity** [kə'mɒdətɪ] *n* producto *m*

**common** ['kɒmən] ◇ *adj* **1.** común **2.** *(pej)* *(vulgar)* ordinario(ria) ◇ *n* *(UK)* *(land)* *zona de hierba abierta accesible a todo el mundo* • **in common** en común

**commonly** ['kɒmənlɪ] *adv* *(generally)* generalmente

**common sense** *n* sentido *m* común

**Commonwealth** ['kɒmənwelθ] *n* Commonwealth *f*

**communal** ['kɒmjʊnl] *adj* comunal

**communicate** [kə'mju:nɪkeɪt] *vi* • **to communicate (with)** comunicarse (con)

**communication** [kə,mju:nɪ'keɪʃn] *n* comunicación *f*

**communication cord** *n* *(UK)* alarma *f* *(de un tren o metro)*

**communist** ['kɒmjʊnɪst] *n* comunista *mf*

**community** [kə'mju:nətɪ] *n* comunidad *f*

**community centre** *n* centro *m* social

**commute** [kə'mju:t] *vi* *viajar diariamente al lugar de trabajo, especialmente en tren*

**commuter** [kə'mju:tə^r] *n* *persona que*

*viaja diariamente al lugar de trabajo, especialmente en tren*

**compact** ◇ *adj* [kəm'pækt] compacto (ta) ◇ *n* ['kɒmpækt] **1.** *(for make-up)* polvera *f* **2.** *(US) (car)* utilitario *m* *(Esp)*, coche *m* de compact

**compact disc** [,kɒmpækt-] *n* disco *m* compacto

**compact disc player** [,kɒmpækt-] *n* compact *m* (disc)

**company** ['kʌmpənɪ] *n* compañía *f* • **to keep sb company** hacer compañía a alguien

**company car** *n* coche *m* de la empresa

**comparatively** [kəm'pærətɪvlɪ] *adv* relativamente

**compare** [kəm'peəʳ] *vt* • **to compare sthg (with)** comparar algo (con) • **compared with** en comparación con

**comparison** [kəm'pærɪsn] *n* comparación *f* • **in comparison with** en comparación con

**compartment** [kəm'pɑːtmənt] *n* compartimento *m*

**compass** ['kʌmpəs] *n* brújula *f* • **(a pair of) compasses** (un) compás

**compatible** [kəm'pætəbl] *adj* compatible

**compensate** ['kɒmpenseɪt] ◇ *vt* compensar ◇ *vi* • **to compensate for sthg** compensar algo • **to compensate sb for the damage** compensar a alguien por los daños

**compensation** [,kɒmpen'seɪʃn] *n (money)* indemnización *f*

**compete** [kəm'piːt] *vi* competir • **to compete with ten other teams for the cup** competir por la copa contra otros diez equipos

**competent** ['kɒmpɪtənt] *adj* competente

**competition** [,kɒmpɪ'tɪʃn] *n* **1.** *SP(…)* competición *f (Esp)*, competenci(a) *(Amér)* **2.** *(of writing, music etc)* concu(rso) *m* **3.** *(rivalry)* competencia *f* • **the competition** la competencia

**competitive** [kəm'petətɪv] *adj* comp(eti)tivo(va)

**competitor** [kəm'petɪtəʳ] *n* **1.** *(in r(ace), contest)* participante *mf* **2.** *(in g(ame) show)* concursante *mf* **3.** *COMM* competidor *m*, -ra *f*

**complain** [kəm'pleɪn] *vi* • **to compl(ain) (about)** quejarse (de)

**complaint** [kəm'pleɪnt] *n* **1.** *(statem(ent))* queja *f* **2.** *(illness)* dolencia *f*

**complement** ['kɒmplɪ,ment] *vt* comp(le)mentar

**complete** [kəm'pliːt] ◇ *adj* **1.** *(wh(ole))* completo(ta) **2.** *(finished)* termina(da) **3.** *(change, disaster)* total **4.** *(id(iot))* consumado(da) ◇ *vt* **1.** *(finish)* termi(nar) **2.** *(a form)* rellenar **3.** *(make wh(ole))* completar • **complete with** con

**completely** [kəm'pliːtlɪ] *adv* completamente

**complex** ['kɒmpleks] ◇ *adj* complejo(ja) ◇ *n* complejo *m*

**complexion** [kəm'plekʃn] *n (of s(kin))* cutis *m inv*

**complicated** ['kɒmplɪkeɪtɪd] *adj* comp(li)cado(da)

**compliment** ◇ *n* ['kɒmplɪmənt] cump(li)do *m* ◇ *vt* ['kɒmplɪment] felicitar

**complimentary** [,kɒmplɪ'mentərɪ] *ad(j)* *(seat, ticket)* gratuito(ta) **2.** *(words, p(er)son)* halagador(ra)

**ompose** [kəm'pəʊz] *vt* componer ◆ **to e composed of** estar compuesto de
**omposed** [kəm'pəʊzd] *adj* tranquilo a)
**omposer** [kəm'pəʊzəʳ] *n* compositor , -ra *f*
**omposition** [ˌkɒmpə'zɪʃn] *n* (*essay*) edacción *f*
**ompound** ['kɒmpaʊnd] *n* **1.** (*substance*) ompuesto *m* **2.** (*word*) palabra *f* ompuesta
**omprehensive** [ˌkɒmprɪ'hensɪv] *adj* mplio(plia)
**omprehensive (school)** *n* (*UK*) *instituto de enseñanza media no selectiva n Gran Bretaña*
**omprise** [kəm'praɪz] *vt* comprender
**ompromise** ['kɒmprəmaɪz] *n* arreglo , acuerdo *m*
**ompulsory** [kəm'pʌlsərɪ] *adj* obligatoio(ria)
**omputer** [kəm'pjuːtəʳ] *n* ordenador *m Esp*), computadora *f* (*Amér*)
**omputer game** *n* videojuego *m*
**omputer-generated** [-'dʒenəreɪtɪd] *dj* generado(da) por ordenador (*Esp*) R computadora (*Amér*)
**omputerized** [kəm'pjuːtəraɪzd] *adj* informatizado(da)
**omputer-literate** *adj* competente en l uso de ordenadores (*Esp*) OR computadoras (*Amér*)
**omputer operator** *n* operador *m*, -ra de ordenador (*Esp*) OR computadora *Amér*)
**omputer programmer** [-'prəʊgræməʳ] programador *m*, -ra *f* (de ordenadoes)
**computing** [kəm'pjuːtɪŋ] *n* informática *f*
**con** [kɒn] *n* (*inf*) (*trick*) timo *m*, estafa *f* ◆ **all mod cons** (*UK*) con todas las comodidades
**conceal** [kən'siːl] *vt* ocultar
**conceited** [kən'siːtɪd] *adj* (*pej*) engreído (da)
**concentrate** ['kɒnsəntreɪt] ◇ *vi* concentrarse ◇ *vt* ◆ **to be concentrated** (*in one place*) concentrarse ◆ **to concentrate on sthg** concentrarse en algo
**concentrated** ['kɒnsəntreɪtɪd] *adj* concentrado(da)
**concentration** [ˌkɒnsən'treɪʃn] *n* concentración *f*
**concern** [kən'sɜːn] ◇ *n* **1.** (*worry*) preocupación *f* **2.** (*matter of interest*) asunto *m* **3.** COMM empresa *f* ◇ *vt* **1.** (*be about*) tratar de **2.** (*worry*) preocupar **3.** (*involve*) concernir ◆ **to be concerned about** estar preocupado por ◆ **to be concerned with** tratar de ◆ **to concern o.s. with sthg** preocuparse por algo ◆ **as far as I'm concerned** por lo que a mí respecta
**concerned** [kən'sɜːnd] *adj* preocupado (da)
**concerning** [kən'sɜːnɪŋ] *prep* acerca de
**concert** ['kɒnsət] *n* concierto *m*
**concession** [kən'seʃn] *n* (*reduced price*) descuento *m*
**concise** [kən'saɪs] *adj* conciso(sa)
**conclude** [kən'kluːd] ◇ *vt* (*fml*) concluir ◇ *vi* (*fml*) (*end*) concluir
**conclusion** [kən'kluːʒn] *n* **1.** (*decision*) conclusión *f* **2.** (*end*) final *m*
**concrete** ['kɒŋkriːt] ◇ *adj* **1.** (*building, path*) de hormigón, concreto *m* (*Amér*)

2. *(idea, plan)* concreto(ta) ◇ *n* hormigón *m*
**concussion** [kən'kʌʃn] *n* conmoción *f* cerebral
**condensation** [ˌkɒnden'seɪʃn] *n (on window)* vaho *m*
**condition** [kən'dɪʃn] *n* **1.** *(state)* estado *m* **2.** *(proviso)* condición *f* **3.** *(illness)* afección *f* ◆ **to be out of condition** no estar en forma ◆ **on condition that** a condición de que ◆ **conditions** *npl (circumstances)* condiciones *fpl*
**conditioner** [kən'dɪʃnəʳ] *n* suavizante *m (Esp)*, enjuage *m (Amér)*
**condo** ['kɒndəʊ] (*US*) (*Inf*) = **condominium**
**condom** ['kɒndəm] *n* condón *m*
**condominium** [ˌkɒndə'mɪnɪəm] *n* (*US*) apartamento *m*, condominio *m* (*Amér*)
**conduct** ◇ *vt* [kən'dʌkt] **1.** *(investigation, business)* llevar a cabo **2.** *MUS* dirigir ◇ *n* ['kɒndʌkt] (*fml*) conducta *f* ◆ **to conduct o.s.** (*fml*) comportarse
**conductor** [kən'dʌktəʳ] *n* **1.** *MUS* director *m*, -ra *f* **2.** *(on bus)* cobrador *m*, -ra *f* **3.** (*US*) *(on train)* revisor *m*, -ra *f*
**cone** [kəʊn] *n* **1.** *(shape, on roads)* cono *m* **2.** (*UK*) *(for ice cream)* cucurucho *m*, barquillo *m*
**confectioner's sugar** [kən'fekʃnərz-] *n* (*US*) azúcar *m* glas
**confectionery** [kən'fekʃnərɪ] *n* dulces *mpl*
**conference** ['kɒnfərəns] *n* conferencia *f*, congreso *m*
**confess** [kən'fes] *vi* ◆ **to confess (to sthg)** confesar (algo)
**confession** [kən'feʃn] *n* confesión *f*
**confidence** ['kɒnfɪdəns] *n* **1.** *(self-assurance)* seguridad *f* (en sí mismo) **2.** *(trust)* confianza *f* ◆ **to have confidence in** tener confianza en
**confident** ['kɒnfɪdənt] *adj* **1.** *(self-assured)* seguro de sí mismo(segura de sí misma) **2.** *(certain)* seguro(ra)
**confined** [kən'faɪnd] *adj* limitado(da)
**confirm** [kən'fɜːm] *vt* confirmar
**confirmation** [ˌkɒnfə'meɪʃn] *n* confirmación *f*
**conflict** ◇ *n* ['kɒnflɪkt] conflicto *m* ◇ [kən'flɪkt] ◆ **to conflict (with)** estar en desacuerdo (con)
**conform** [kən'fɔːm] *vi* ◆ **to conform (to)** ajustarse (a)
**confuse** [kən'fjuːz] *vt* confundir ◆ **to confuse kindness with weakness** confundir amabilidad con debilidad
**confused** [kən'fjuːzd] *adj* confuso(sa)
**confusing** [kən'fjuːzɪŋ] *adj* confuso(sa)
**confusion** [kən'fjuːʒn] *n* confusión *f*
**congested** [kən'dʒestɪd] *adj (street)* congestionado(da)
**congestion** [kən'dʒestʃn] *n (traffic)* congestión *f*
**congratulate** [kən'grætʃʊleɪt] *vt* ◆ **to congratulate the team on its success** felicitar al equipo por su éxito
**congratulations** [kənˌgrætʃʊ'leɪʃənz] *excl* ¡enhorabuena!
**congregate** ['kɒŋgrɪgeɪt] *vi* congregarse
**Congress** ['kɒŋgres] *n* (*US*) el Congreso

## Congress

El Congreso estadounidense está formado por dos cámaras: el Senado (o Cámara Alta) y la Cámara de

epresentantes. Su sede es el Capi-
olio, en Washington. Cada estado
ige dos senadores. La Cámara de
epresentantes tiene 435 diputa-
os. Para que una ley sea aprobada,
ene que pasar por las dos cámaras.

**nifer** ['kɒnɪfəʳ] *n* conífera *f*

**njunction** [kən'dʒʌŋkʃn] *n* GRAM njunción *f*

**njurer** ['kʌndʒərəʳ] *n* prestidigitador -ra *f*

**nnect** [kə'nekt] ◇ *vt* **1.** conectar **2.** *ller on phone)* comunicar, poner ◇ *vi* **to connect with** *(train, plane)* enlazar n ◆ **to connect one event with other** *(associate)* relacionar un acon-cimiento con otro

**nnecting flight** [kə'nektɪŋ-] *n* vuelo de enlace

**nnection** [kə'nekʃn] *n* **1.** *(link)* cone-ón *f* **2.** *(train, plane)* enlace *m* ◆ **a bad nnection** *(on phone)* mala línea ◆ **a ose connection** *(in machine)* un hilo elto ◆ **in connection with** con lación a

**nquer** ['kɒŋkəʳ] *vt* conquistar

**nscience** ['kɒnʃəns] *n* conciencia *f*

**nscientious** [ˌkɒnʃɪ'enʃəs] *adj* con-enzudo(da)

**nscious** ['kɒnʃəs] *adj* **1.** *(awake)* cons-ente **2.** *(deliberate)* deliberado(da) ◆ **be conscious of** ser consciente de

**nsent** [kən'sent] *n* consentimiento *m*

**nsequence** ['kɒnsɪkwəns] *n* *(result)* nsecuencia *f*

**nsequently** ['kɒnsɪkwəntlɪ] *adv* por nsiguiente

**conservation** [ˌkɒnsə'veɪʃn] *n* conservación *f*

**conservative** [kən'sɜːvətɪv] *adj* conservador(ra) ◆ **Conservative** ◇ *adj* conservador(ra) ◇ *n* conservador *m*, -ra *f*

**conservatory** [kən'sɜːvətrɪ] *n* *pequeña habitación acristalada aneja a la casa*

**consider** [kən'sɪdəʳ] *vt* considerar ◆ **to consider doing sthg** pensarse si hacer algo

**considerable** [kən'sɪdrəbl] *adj* considerable

**consideration** [kənˌsɪdə'reɪʃn] *n* consideración *f* ◆ **to take sthg into consideration** tener algo en cuenta

**considering** [kən'sɪdərɪŋ] *prep* teniendo en cuenta

**consist** [kən'sɪst] ◆ **consist in** *vt insep* consistir en ◆ **consist of** *vt insep* consistir en

**consistent** [kən'sɪstənt] *adj* **1.** *(coherent)* coherente **2.** *(worker, performance)* constante

**consolation** [ˌkɒnsə'leɪʃn] *n* consuelo *m*

**console** ['kɒnsəʊl] *n* consola *f*

**consonant** ['kɒnsənənt] *n* consonante *f*

**conspicuous** [kən'spɪkjʊəs] *adj* visible

**constable** ['kʌnstəbl] *n* *(UK)* policía *mf*

**constant** ['kɒnstənt] *adj* constante

**constantly** ['kɒnstəntlɪ] *adv* *(all the time)* constantemente

**constipated** ['kɒnstɪpeɪtɪd] *adj* estreñido(da)

**constitution** [ˌkɒnstɪ'tjuːʃn] *n* *(health)* constitución *f*

**construct** [kən'strʌkt] *vt* construir

**construction** [kən'strʌkʃn] *n* construc-

ción *f* ▾ **under construction** en construcción
**consul** ['kɒnsəl] *n* cónsul *mf*
**consulate** ['kɒnsjʊlət] *n* consulado *m*
**consult** [kən'sʌlt] *vt* consultar
**consultant** [kən'sʌltənt] *n* (*UK*) (*doctor*) especialista *mf*
**consume** [kən'sju:m] *vt* consumir
**consumer** [kən'sju:mə<sup>r</sup>] *n* consumidor *m*, -ra *f*
**contact** ['kɒntækt] ◇ *n* contacto *m* ◇ *vt* ponerse en contacto con ● **in contact with** en contacto con
**contact lens** *n* lentilla *f* (*Esp*), lente *m* de contacto (*Amér*)
**contagious** [kən'teɪdʒəs] *adj* contagioso (sa)
**contain** [kən'teɪn] *vt* contener
**container** [kən'teɪnə<sup>r</sup>] *n* (*box etc*) envase *m*
**contaminate** [kən'tæmɪneɪt] *vt* contaminar
**contemporary** [kən'tempərərɪ] ◇ *adj* contemporáneo(a) ◇ *n* contemporáneo *m*, -a *f*
**contend** [kən'tend] ♦ **contend with** *vt insep* afrontar
**content** ◇ *adj* [kən'tent] contento(ta) ◇ *n* ['kɒntent] (*of vitamins, fibre etc*) contenido *m* ♦ **contents** *npl* **1.** (*things inside*) contenido *m* **2.** (*at beginning of book*) índice *m* (de materias)
**contest** ◇ *n* ['kɒntest] **1.** (*competition*) competición *f*, concurso *m* **2.** (*struggle*) contienda *f* ◇ *vt* [kən'test] **1.** (*election, seat*) presentarse como candidato a **2.** (*decision, will*) impugnar
**context** ['kɒntekst] *n* contexto *m*
**continent** ['kɒntɪnənt] *n* continente ● **the Continent** (*UK*) la Europa continental
**continental** [,kɒntɪ'nentl] *adj* (*UK*) (*Europe*an) de la Europa continental
**continental breakfast** *n* desayuno continental
**continental quilt** *n* (*UK*) edredón *m*
**continual** [kən'tɪnjʊəl] *adj* continuo (nua)
**continually** [kən'tɪnjʊəlɪ] *adv* continuamente
**continue** [kən'tɪnju:] *vt* & *vi* continuar ● **to continue doing sthg** continuar haciendo algo ● **to continue with sthg** continuar con algo
**continuous** [kən'tɪnjʊəs] *adj* continuo (nua)
**continuously** [kən'tɪnjʊəslɪ] *adv* continuamente
**contraception** [,kɒntrə'sepʃn] *n* anticoncepción *f*
**contraceptive** [,kɒntrə'septɪv] *n* anticonceptivo *m*
**contract** ◇ *n* ['kɒntrækt] contrato *m* ◇ [kən'trækt] (*fml*) (*illness*) contraer
**contradict** [,kɒntrə'dɪkt] *vt* contradecir
**contrary** ['kɒntrərɪ] *n* ● **on the contrary** al contrario
**contrast** ◇ *n* ['kɒntrɑ:st] contraste *m* ◇ *vt* [kən'trɑ:st] contrastar ● **in contrast to** a diferencia de
**contribute** [kən'trɪbju:t] ◇ *vt* (*help, money*) contribuir ◇ *vi* ● **to contribute to** contribuir a
**contribution** [,kɒntrɪ'bju:ʃn] *n* contribución *f*
**control** [kən'trəʊl] ◇ *n* control *m* ◇ *vt*

ıtrolar **2.** *(restrict)* restringir ◆ **to be control** estar al mando ◆ **out of ıtrol** fuera de control ◆ **under ıtrol** bajo control ◆ **controls** *npl* **2.** *plane)* mandos *mpl*
**ıtrol tower** *n* torre *f* de control
**ıtroversial** [ˌkɒntrə'vɜːʃl] *adj* contro-'tido(da)
**ıvenience** [kən'viːnjəns] *n* **1.** *(conve-ıt nature)* conveniencia *f* **2.** *(conve-ıt thing)* comodidad *f* ◆ **at your ıvenience** cuando le venga bien
**nvenient** [kən'viːnjənt] *adj* **1.** *(suitable)* ıveniente **2.** *(well-situated)* bien si-ıdo(da) ◆ **would tomorrow be con-ıient?** ¿le viene bien mañana?
**nvent** ['kɒnvənt] *n* convento *m*
**nventional** [kən'venʃənl] *adj* conven-nal
**nversation** [ˌkɒnvə'seɪʃn] *n* conver-ión *f*
**nversion** [kən'vɜːʃn] *n* **1.** *(change)* ıversión *f* **2.** *(to building)* reforma *f*
**nvert** [kən'vɜːt] *vt* convertir ◆ **to ıvert sthg into** convertir algo en
**nverted** [kən'vɜːtɪd] *adj (barn, loft)* ɔndicionado(da)
**nvertible** [kən'vɜːtəbl] *n* descapo-ɔle *m*, convertible *m (Amér)*
**nvey** [kən'veɪ] *vt* **1.** *(fml) (transport)* nsportar **2.** *(idea, impression)* trans-tir
**nvict** ◇ *n* ['kɒnvɪkt] presidiario *m*, a *f* ◇ *vt* [kən'vɪkt] ◆ **to convict sb (of)** clarar a alguien culpable (de)
**nvince** [kən'vɪns] *vt* ◆ **to convince sb the truth** convencer a alguien de la rdad ◆ **to convince sb to do sthg** convencer a alguien para que haga algo
**convoy** ['kɒnvɔɪ] *n* convoy *m*
**cook** [kʊk] ◇ *n* cocinero *m*, -ra *f* ◇ *vt* **1.** *(meal)* preparar **2.** *(food)* cocinar, guisar ◇ *vi* **1.** *(person)* cocinar, guisar **2.** *(food)* cocerse, hacerse
**cookbook** ['kʊkˌbʊk] = **cookery book**
**cooker** ['kʊkə^r] *n (UK)* cocina *f (aparato)*, estufa *f (Col & Méx)*
**cookery** ['kʊkərɪ] *n* cocina *f (arte)*
**cookery book** *n (UK)* libro *m* de cocina
**cookie** ['kʊkɪ] *n* **1.** *(US)* galleta *f* **2.** *COMPUT* cookie *m*
**cooking** ['kʊkɪŋ] *n* cocina *f*
**cooking apple** *n* manzana *f* para asar
**cooking oil** *n* aceite *m* para cocinar
**cool** [kuːl] ◇ *adj* **1.** *(temperature)* fresco(ca) **2.** *(calm)* tranquilo(la) **3.** *(unfriendly)* frío(a) **4.** *(inf) (great)* chachi *(Esp)*, sensacional ◇ *vt* refrescar ◆ **cool down** *vi* **1.** *(become colder)* enfriarse **2.** *(become calmer)* calmarse
**cooperate** [kəʊ'ɒpəreɪt] *vi* cooperar
**cooperation** [kəʊˌɒpə'reɪʃn] *n* cooperación *f*
**cooperative** [kəʊ'ɒpərətɪv] *adj* dispuesto(ta)a cooperar
**coordinates** [kəʊ'ɔːdɪnəts] *npl (clothes)* conjuntos *mpl*
**cope** [kəʊp] *vi* ◆ **to cope with** *(problem, situation)* hacer frente a; *(work)* poder con
**copilot** ['kəʊˌpaɪlət] *n* copiloto *mf*
**copper** ['kɒpə^r] *n* **1.** *(metal)* cobre *m*
**copy** ['kɒpɪ] ◇ *n* **1.** copia *f* **2.** *(of newspaper, book)* ejemplar *m* ◇ *vt* **1.**

*(duplicate)* hacer una copia de **2.** *(imitate)* copiar
**cord(uroy)** ['kɔ:d(ərɔɪ)] *n* pana *f*
**core** [kɔ:ʳ] *n (of fruit)* corazón *m*
**coriander** [ˌkɒrɪ'ændəʳ] *n* cilantro *m*
**cork** [kɔ:k] *n (in bottle)* corcho *m*
**corkscrew** ['kɔ:kskru:] *n* sacacorchos *m inv*
**corn** [kɔ:n] *n* **1.** (*UK*) *(crop)* cereal *m* **2.** (*US*) *(maize)* maíz *m* **3.** *(on foot)* callo *m*
**corned beef** [ˌkɔ:nd-] *n carne de vaca cocinada y enlatada*
**corner** ['kɔ:nəʳ] *n* **1.** *(outside angle, bend in road)* esquina *f* **2.** *(inside angle)* rincón *m* **3.** *(in football)* córner *m* • **it's just around the corner** está a la vuelta de la esquina
**corner shop** *n* (*UK*) *pequeña tienda de ultramarinos de barrio*
**cornflakes** ['kɔ:nfleɪks] *npl* copos *mpl* de maíz
**corn-on-the-cob** [-'kɒb] *n* mazorca *f*
**corporal** ['kɔ:pərəl] *n* cabo *mf*
**corpse** [kɔ:ps] *n* cadáver *m*
**correct** [kə'rekt] ◇ *adj* correcto(ta) ◇ *vt* corregir
**correction** [kə'rekʃn] *n* corrección *f*
**correspond** [ˌkɒrɪ'spɒnd] *vi* • **to correspond (to)** *(match)* concordar (con) • **to correspond (with)** *(exchange letters)* cartearse (con)
**corresponding** [ˌkɒrɪ'spɒndɪŋ] *adj* correspondiente
**corridor** ['kɒrɪdɔ:ʳ] *n* pasillo *m*
**corrugated iron** ['kɒrəgeɪtɪd-] *n* chapa *f* ondulada
**corrupt** [kə'rʌpt] *adj* corrupto(ta)
**cosmetics** [kɒz'metɪks] *npl* cosméti *mpl*
**cost** [kɒst] (*pt & pp inv*) ◇ *n* coste *vt* costar • **how much does it cc** ¿cuánto cuesta?
**Costa Rica** [ˌkɒstəri:kə] *n* Costa Rica
**Costa Rican** [ˌkɒstəri:kən] ◇ *adj* cos rricense ◇ *n* costarricense *mf*
**costly** ['kɒstlɪ] *adv (expensive)* cost (sa)
**costume** ['kɒstju:m] *n* traje *m*
**cosy** ['kəʊzɪ] *adj* (*UK*) *(room, hou* acogedor(ra)
**cot** [kɒt] *n* **1.** (*UK*) *(for baby)* cuna (*US*) *(camp bed)* cama *f* plegable
**cottage** ['kɒtɪdʒ] *n* casita *f* de camp
**cottage cheese** *n* requesón *m*
**cottage pie** *n* (*UK*) *pastel de carne vaca picada y cebollas con una capa puré de patatas cocinado al horno*
**cotton** ['kɒtn] ◇ *adj (dress, shirt)* algodón ◇ *n* **1.** *(cloth)* algodón *m (thread)* hilo *m* (de algodón)
**cotton wool** *n* (*UK*) algodón *m* ( drófilo)
**couch** [kaʊtʃ] *n* **1.** *(sofa)* sofá *m* **2.** *doctor's)* camilla *f*
**couchette** [ku:'ʃet] *n* **1.** *(bed on tra* litera *f* **2.** *(seat on ship)* butaca *f*
**cough** [kɒf] ◇ *n* tos *f* ◇ *vi* toser • **have a cough** tener tos
**cough mixture** *n* (*UK*) jarabe *m* p la tos
**could** [kʊd] *pt* ≫ **can**
**couldn't** ['kʊdnt] = **could not**
**could've** ['kʊdəv] = **could have**
**council** ['kaʊnsl] *n* **1.** *(of town)* ayun miento *m* **2.** *(of county)* ≃ diputaci

*(organization)* consejo *m*

**ıncil house** *n (UK)* ≃ casa *f* de ɔtección oficial

**ıncillor** ['kaʊnsələr] *n (UK)* concejal

**ıncil tax** *n (UK)* ≃ contribución *f* ɔana

**ınt** [kaʊnt] ◇ *vt & vi* contar ◇ *n* *bleman)* conde *m* ◈ **count on** *vt insep* ıtar con

**ınter** ['kaʊntər] *n* **1.** *(in shop)* mosdor *m* **2.** *(in bank)* ventanilla *f* **3.** *(in ɪrd game)* ficha *f*

**ınterclockwise** [ˌkaʊntə'klɒkwaɪz] *(US)* en sentido opuesto a las ıjas del reloj

**ınterfoil** ['kaʊntəfɔɪl] *n* matriz *f* *p)*, talón *m* *(Amér)*

**ıntess** ['kaʊntɪs] *n* condesa *f*

**ıntry** ['kʌntrɪ] ◇ *n* **1.** *(state)* país *m* **2.** *untryside)* campo *m* **3.** *(population)* eblo *m* ◇ *adj* campestre

**ıntry and western** *n* música *f* ıntry

**ıntry house** *n* casa *f* de campo

**ıntry road** *n* camino *m* vecinal

**ıntryside** ['kʌntrɪsaɪd] *n* campo *m*

**ınty** ['kaʊntɪ] *n* **1.** *(in Britain)* condado **2.** *(in US) división administrativa de estado en EEUU*

**uple** ['kʌpl] *n* pareja *f* ◈ **a couple (of)** par (de)

**upon** ['kuːpɒn] *n* cupón *m*

**urage** ['kʌrɪdʒ] *n* valor *m*

**urgette** [kɔː'ʒet] *n (UK)* calabacín *m*

**urier** ['kʊrɪər] *n* **1.** *(for holidaymakers)* ía *mf* **2.** *(for delivering letters)* mensa'o *m*, -ra *f*

**course** [kɔːs] *n* **1.** curso *m* **2.** *(of meal)* plato *m* **3.** *(of treatment, injections)* tratamiento *m* **4.** *(for golf)* campo *m* (de golf) ◈ **of course** por supuesto, claro ◈ **of course not** claro que no ◈ **in the course of** en el curso de

**court** [kɔːt] *n* **1.** *LAW (building, room)* juzgado *m* **2.** *SPORT* cancha *f* **3.** *(of king, queen)* corte *f*

**court shoes** *npl (UK) zapatos de señora de tacón alto y sin adornos*

**courtyard** ['kɔːtjɑːd] *n* patio *m*

**cousin** ['kʌzn] *n* primo *m*, -ma *f*

**cover** ['kʌvər] ◇ *n* **1.** *(soft covering)* funda *f* **2.** *(lid)* tapa *f* **3.** *(of book, magazine)* cubierta *f* **4.** *(blanket)* manta *f* **5.** *(insurance)* cobertura *f* ◇ *vt* **1.** cubrir **2.** *(travel)* recorrer **3.** *(apply to)* afectar **4.** *(discuss)* abarcar ◈ **to be covered in** estar cubierto de ◈ **to cover the body with a blanket** cubrir el cuerpo con una manta ◈ **to take cover** refugiarse ◈ **cover up** *vt sep* **1.** *(put cover on)* cubrir **2.** *(facts, truth)* encubrir

**cover charge** *n* precio *m* del cubierto

**cover note** *n (UK)* póliza *f* provisional

**cow** [kaʊ] *n* vaca *f*

**coward** ['kaʊəd] *n* cobarde *mf*

**cowboy** ['kaʊbɔɪ] *n* vaquero *m*

**crab** [kræb] *n* cangrejo *m*

**crack** [kræk] ◇ *n* **1.** *(in cup, glass, wood)* grieta *f* **2.** *(gap)* rendija *f* ◇ *vt* **1.** *(cup, glass, wood)* agrietar, rajar **2.** *(nut, egg)* cascar **3.** *(inf) (joke)* contar **4.** *(whip)* chasquear ◇ *vi* agrietarse, rajarse

**cracker** ['krækər] *n* **1.** *(biscuit)* galleta *f* salada **2.** *(UK) (for Christmas) tubo con sorpresa típico de Navidades que produ-*

*ce un pequeño restallido al ser abierto*

**cradle** ['kreɪdl] *n* cuna *f*

**craft** [krɑːft] *n* **1.** *(skill, trade)* oficio *m* **2.** *(boat: pl inv)* embarcación *f*

**craftsman** ['krɑːftsmən] *(pl* **-men***)* *n* artesano *m*

**cram** [kræm] *vt* ● **to cram sthg into** embutir algo en ● **to be crammed with** estar atestado de

**cramp** [kræmp] *n* calambres *mpl* ● **stomach cramps** retortijones *mpl*

**cranberry** ['krænbərɪ] *n* arándano *m* (agrio)

**cranberry sauce** *n salsa de arándanos agrios que se suele comer con pavo*

**crane** [kreɪn] *n (machine)* grúa *f*

**crap** [kræp] ◇ *adj (vulg)* de mierda ◇ *n (vulg) (excrement)* mierda *f*

**crash** [kræʃ] ◇ *n* **1.** *(accident)* colisión *f* **2.** *(noise)* estruendo *m* ◇ *vt (car)* estrellar ◇ *vi* **1.** *(two vehicles)* chocar **2.** *(into wall, ground)* estrellarse ◆ **crash into** *vt insep* estrellarse contra

**crash helmet** *n* casco *m* protector

**crash landing** *n* aterrizaje *m* forzoso

**crate** [kreɪt] *n* caja *f (para embalaje o transporte)*

**crawl** [krɔːl] ◇ *vi* **1.** *(baby)* gatear **2.** *(person, insect)* arrastrarse **3.** *(traffic)* ir a paso de tortuga ◇ *n (swimming stroke)* crol *m*

**crayfish** ['kreɪfɪʃ] *(pl inv) n* **1.** *(freshwater)* cangrejo *m* de río **2.** *(sea)* cigala *f*

**crayon** ['kreɪɒn] *n* **1.** lápiz *m* de color **2.** *(wax)* lápiz *m* de cera

**craze** [kreɪz] *n* moda *f*

**crazy** ['kreɪzɪ] *adj* loco(ca) ● **to be crazy about** estar loco por

**crazy golf** *n (UK)* minigolf *m*, golfit *(Amér)*

**cream** [kriːm] ◇ *n* **1.** *(food)* nata *f (Es* crema *f (Amér)* **2.** *(for face, burns)* cre *f* ◇ *adj (in colour)* crema *(inv)*

**cream cheese** *n* queso *m* crem *(Esp)*, queso *m* crema *(Amér)*

**cream tea** *n (UK) merienda de té bollos, nata cuajada y mermelada*

**creamy** ['kriːmɪ] *adj* cremoso(sa)

**crease** [kriːs] *n* arruga *f*

**creased** [kriːst] *adj* arrugado(da)

**create** [kriː'eɪt] *vt* **1.** *(make)* crear *(impression, interest)* producir

**creative** [kriː'eɪtɪv] *adj* creativo(va)

**creature** ['kriːtʃə^r] *n* criatura *f*

**crèche** [kreʃ] *n (UK)* guardería *f*

**credit** ['kredɪt] *n* **1.** *(praise)* mérito *m* *(money, for studies)* crédito *m* ● **to be credit** estar con saldo acreedor **credits** *npl (of film)* rótulos *mpl* crédito, créditos *mpl*

**credit card** *n* tarjeta *f* de crédito ● **pay by credit card** pagar con tarjeta crédito ▼ **all major credit cards acce ted** se aceptan las principales tarje de crédito

**creek** [kriːk] *n* **1.** *(inlet)* cala *f* **2.** *(U (river)* riachuelo *m*

**creep** [kriːp] *(pt & pp* **crept***)* ◇ arrastrarse ◇ *n (inf) (groveller)* pelo llero *m*, -ra *f (Esp)*, adulador *m*, -ra

**cremate** [krɪ'meɪt] *vt* incinerar

**crematorium** [ˌkremə'tɔːrɪəm] *n* crem torio *m*

**crepe** [kreɪp] *n (thin pancake)* crepe *f*

**crept** [krept] *pt & pp* ➤ **creep**

**cress** [kres] *n* berro *m*

**rest** [krest] *n* 1. (*of hill*) cima *f* 2. (*of ave*) cresta *f* 3. (*emblem*) blasón *m*
**rew** [kru:] *n* (*of ship, plane*) tripulación

**rew neck** *n* cuello *m* redondo
**rib** [krɪb] *n* (*US*) (*cot*) cuna *f*
**ricket** ['krɪkɪt] *n* 1. (*game*) críquet *m* 2. *nsect*) grillo *m*
**rime** [kraɪm] *n* 1. (*serious offence*) rimen *m* 2. (*less serious offence*) delito *ı* 3. (*illegal activity*) delincuencia *f*
**riminal** ['krɪmɪnl] ◇ *adj* criminal ◇ *n* 1. *erious*) criminal *mf* 2. (*less serious*) elincuente *mf* ◆ **criminal offence** elito *m*
**ripple** ['krɪpl] ◇ *vt* dejar inválido
**risis** ['kraɪsɪs] (*pl* **crises**) *n* crisis *f*
**risp** [krɪsp] *adj* crujiente ◆ **crisps** *npl* *UK*) patatas *fpl* (*Esp*) OR papas *fpl* *Amér*) fritas *(de bolsa)*
**rispy** ['krɪspɪ] *adj* crujiente
**ritic** ['krɪtɪk] *n* (*reviewer*) crítico *m*, -ca *f*
**ritical** ['krɪtɪkl] *adj* 1. crítico(ca) 2. *very serious, dangerous*) grave
**riticize** ['krɪtɪsaɪz] *vt* criticar
**rockery** ['krɒkərɪ] *n* vajilla *f*
**rocodile** ['krɒkədaɪl] *n* cocodrilo *m*
**rocus** ['krəʊkəs] (*pl* **-es**) *n* azafrán *m* *flor*)
**rooked** ['krʊkɪd] *adj* torcido(da)
**rop** [krɒp] *n* 1. (*kind of plant*) cultivo *m* . (*harvest*) cosecha *f* ◆ **crop up** *vi* surgir
**ross** [krɒs] ◇ *adj* enfadado(da) ◇ *n* 1. ruz *f* 2. (*mixture*) mezcla *f* ◇ *vt* cruzar ◇ *i* cruzarse ◆ **cross out** *vt sep* tachar ◆ **ross over** *vt insep* cruzar
**rossbar** ['krɒsbɑ:ʳ] *n* 1. (*of goal*) laruero *m* 2. (*of bicycle*) barra *f*
**cross-Channel ferry** *n ferry que hace la travesía del Canal de la Mancha*
**cross-country (running)** *n* cross *m*
**crossing** ['krɒsɪŋ] *n* 1. (*on road*) cruce *m* 2. (*sea journey*) travesía *f*
**crossroads** ['krɒsrəʊdz] (*pl inv*) *n* cruce *m*
**crosswalk** ['krɒswɔ:k] *n* (*US*) paso *m* (*Esp*) OR cruce *m* (*Amér*) de peatones
**crossword (puzzle)** ['krɒswɜ:d-] *n* crucigrama *m*
**crotch** [krɒtʃ] *n* entrepierna *f*
**crouton** ['kru:tɒn] *n* cuscurro *m*, crutón *m*
**crow** [krəʊ] *n* cuervo *m*
**crowbar** ['krəʊbɑ:ʳ] *n* palanca *f*
**crowd** [kraʊd] *n* 1. (*large group of people*) multitud *f* 2. (*at match*) público *m*
**crowded** ['kraʊdɪd] *adj* atestado(da)
**crown** [kraʊn] *n* 1. corona *f* 2. (*of head*) coronilla *f*
**Crown Jewels** *npl joyas de la corona británica*
**crucial** ['kru:ʃl] *adj* crucial
**crude** [kru:d] *adj* 1. (*rough*) tosco(ca) 2. (*rude*) ordinario(ria)
**cruel** [krʊəl] *adj* cruel
**cruelty** ['krʊəltɪ] *n* crueldad *f*
**cruet (set)** ['kru:ɪt-] *n* vinagreras *fpl*
**cruise** [kru:z] ◇ *n* crucero *m* ◇ *vi* (*car, plane, ship*) ir a velocidad de crucero
**cruiser** ['kru:zəʳ] *n* crucero *m*
**crumb** [krʌm] *n* miga *f*
**crumble** ['krʌmbl] ◇ *n* (*UK*) *compota de fruta cubierta con una masa de harina, azúcar y mantequilla que se sirve caliente* ◇ *vi* 1. (*building, cliff*) desmoronarse 2. (*cheese*) desmenuzarse

**crumpet** ['krʌmpɪt] *n* (*UK*) *bollo que se come tostado y con mantequilla*
**crunchy** ['krʌntʃɪ] *adj* crujiente
**crush** [krʌʃ] *vt* **1.** (*flatten*) aplastar **2.** (*garlic, ice*) triturar
**crust** [krʌst] *n* corteza *f*
**crusty** ['krʌstɪ] *adj* crujiente
**crutch** [krʌtʃ] *n* **1.** (*stick*) muleta *f* **2.** (*UK*) (*between legs*) = **crotch**
**cry** [kraɪ] ◇ *n* grito *m* ◇ *vi* **1.** (*weep*) llorar **2.** (*shout*) gritar ◆ **cry out** *vi* gritar
**crystal** ['krɪstl] *n* cristal *m*
**cub** [kʌb] *n* (*animal*) cachorro *m*
**Cuba** ['kju:bə] *n* Cuba
**Cuban** ['kju:bən] ◇ *adj* cubano(na) ◇ *n* cubano *m*, -na *f*
**cube** [kju:b] *n* **1.** (*shape*) cubo *m* **2.** (*of sugar*) terrón *m* **3.** (*of ice*) cubito *m*
**cubicle** ['kju:bɪkl] *n* **1.** (*at swimming pool*) caseta *f* **2.** (*in shop*) probador *m*
**Cub (Scout)** *explorador de entre 8 y 11 años*
**cuckoo** ['kʊku:] *n* cuclillo *m*
**cucumber** ['kju:kʌmbə^r] *n* pepino *m*
**cuddle** ['kʌdl] *n* abrazo *m*
**cuddly toy** ['kʌdlɪ-] *n* (*UK*) muñeco *m* de peluche
**cue** [kju:] *n* (*in snooker, pool*) taco *m*
**cuff** [kʌf] *n* **1.** (*of sleeve*) puño *m* **2.** (*US*) (*of trousers*) vuelta *f*
**cuff links** *npl* gemelos *mpl*
**cuisine** [kwɪ'zi:n] *n* cocina *f*
**cul-de-sac** ['kʌldəsæk] *n* callejón *m* sin salida
**cult** [kʌlt] ◇ *n* culto *m* ◇ *adj* de culto
**cultivate** ['kʌltɪveɪt] *vt* cultivar
**cultivated** ['kʌltɪveɪtɪd] *adj* (*person*) culto(ta)
**cultural** ['kʌltʃərəl] *adj* cultural
**culture** ['kʌltʃə^r] *n* cultura *f*
**cumbersome** ['kʌmbəsəm] *adj* aparatoso(sa)
**cumin** ['kju:mɪn] *n* comino *m*
**cunning** ['kʌnɪŋ] *adj* astuto(ta)
**cup** [kʌp] *n* **1.** (*for drinking, cupful*) taza **2.** (*trophy, competition, of bra*) copa *f*
**cupboard** ['kʌbəd] *n* armario *m*
**curator** [ˌkjʊə'reɪtə^r] *n* director *m*, -ra (*de museo, biblioteca, etc*)
**curb** [kɜ:b] (*US*) = **kerb**
**curd cheese** [ˌkɜ:d-] *n* requesón *m*
**cure** [kjʊə^r] ◇ *n* cura *f* ◇ *vt* curar
**curious** ['kjʊərɪəs] *adj* curioso(sa)
**curl** [kɜ:l] ◇ *n* (*of hair*) rizo *m* ◇ *vt* (*hair*) rizar
**curler** ['kɜ:lə^r] *n* rulo *m*
**curly** ['kɜ:lɪ] *adj* rizado(da)
**currant** ['kʌrənt] *n* pasa *f* de Corinto
**currency** ['kʌrənsɪ] *n* (*money*) moneda
**current** ['kʌrənt] ◇ *adj* actual ◇ corriente *f*
**current account** *n* (*UK*) cuenta corriente
**current affairs** *npl* temas *mpl* de actualidad
**currently** ['kʌrəntlɪ] *adv* actualmente
**curriculum** [kə'rɪkjələm] *n* temario *m*, plan *m* de estudios
**curriculum vitae** [-'vi:taɪ] *n* (*UK*) currículum *m* (vitae)
**curried** ['kʌrɪd] *adj* al curry
**curry** ['kʌrɪ] *n* curry *m*
**curse** [kɜ:s] *vi* maldecir
**cursor** ['kɜ:sə^r] *n* cursor *m*
**curtain** ['kɜ:tn] *n* **1.** (*in house*) cortina *f* **2.** (*in theatre*) telón *m*

**rve** [kɜːv] ◇ *n* curva *f* ◇ *vi* torcer
**rved** [kɜːvd] *adj* curvo(va)
**shion** ['kʊʃn] *n* cojín *m*
**stard** ['kʌstəd] *n* natillas *fpl*
**stom** ['kʌstəm] *n* *(tradition)* costum-e *f* ▼ **thank you for your custom** acias por su visita
**stomary** ['kʌstəmrɪ] *adj* habitual
**stomer** ['kʌstəmə^r] *n* *(of shop)* cliente -ta *f*
**stomer services** *n* *(department)* ser-cio *m* de atención al cliente
**stoms** ['kʌstəmz] *n* aduana *f* • **to go rough customs** pasar por la aduana
**stoms duty** *n* derechos *mpl* de luana
**stoms officer** *n* empleado *m*, -da *f* aduana
**t** [kʌt] *(pt & pp inv)* ◇ *n* **1.** corte *m* **2.** *duction)* reducción *f*, recorte *m* ◇ *vt* **1.** rtar **2.** *(reduce)* reducir ◇ *vi* *(knife, ssors)* cortar • **cut and blow-dry** rte y peinado • **to cut one's finger** rtarse el dedo • **to cut one's nails** rtarse las uñas • **to cut o.s.** cortarse **to have one's hair cut** cortarse el lo • **to cut the grass** cortar el sped • **to cut sthg open** abrir algo *ortándolo)* ◆ **cut back** *vi* • **to cut ck on sthg** reducir algo ◆ **cut down** *vt* *(tree)* talar ◆ **cut down on** *vt insep* • **cut down on sweets** comer menos lolosinas ◆ **cut off** *vt sep* *(remove, sconnect)* cortar • **I've been cut off** *n phone)* me han desconectado • **to cut off** *(isolated)* estar aislado ◆ **cut it** ◇ *vt sep* *(newspaper article, photo)* cortar ◇ *vi* *(engine)* calarse *(Esp)*, pararse • **to cut out smoking** dejar de fumar • **cut it out!** *(inf)* ¡basta ya!
◆ **cut up** *vt sep* desmenuzar
**cute** [kjuːt] *adj* mono(na)
**cut-glass** *adj* de cristal labrado
**cutlery** ['kʌtlərɪ] *n* cubertería *f*
**cutlet** ['kʌtlɪt] *n* **1.** *(of meat)* chuleta *f* **2.** *(of nuts, vegetables)* ≃ croqueta *f*
**cut-price** *adj* de oferta
**cutting** ['kʌtɪŋ] *n* *(UK)* *(from newspaper)* recorte *m*
**CV** [siː'viː] *n* *(UK)* *(abbr of* **curriculum vitae)** CV *m (currículum vitae)*
**cwt** *abbr* = **hundredweight**
**cycle** ['saɪkl] ◇ *n* **1.** *(bicycle)* bicicleta *f* **2.** *(series)* ciclo *m* ◇ *vi* ir en bicicleta
**cycle hire** *n* alquiler *m* de bicicletas
**cycle lane** *n* carril-bici *m*
**cycle path** *n* camino *m* para bicicletas
**cycling** ['saɪklɪŋ] *n* ciclismo *m* • **to go cycling** ir en bicicleta
**cycling shorts** *npl* pantalones *mpl* de ciclista
**cyclist** ['saɪklɪst] *n* ciclista *mf*
**cylinder** ['sɪlɪndə^r] *n* **1.** *(container)* bom-bona *f* *(Esp)*, tanque *m* **2.** *(in engine)* cilindro *m*
**cynical** ['sɪnɪkl] *adj* cínico(ca)
**Czech** [tʃek] ◇ *adj* checo(ca) ◇ *n* **1.** *(person)* checo *m*, -ca *f* **2.** *(language)* checo *m*
**Czech Republic** *n* • **the Czech Repub-blic** la República Checa

# D

**dab** [dæb] *vt (ointment, cream)* aplicar una pequeña cantidad de
**dad** [dæd] *n (inf)* papá *m*
**daddy** ['dædɪ] *n (inf)* papá *m*
**daddy longlegs** [-'lɒŋlegz] *(pl inv) n* típula *f*
**daffodil** ['dæfədɪl] *n* narciso *m*
**daft** [dɑːft] *adj (UK) (inf)* tonto(ta)
**daily** ['deɪlɪ] ◇ *adj* diario(ria) ◇ *adv* diariamente ◇ *n* • **a daily (newspaper)** un diario
**dairy** ['deərɪ] *n* **1.** *(on farm)* vaquería *f* **2.** *(shop)* lechería *f*
**dairy product** *n* producto *m* lácteo
**daisy** ['deɪzɪ] *n* margarita *f*
**dam** [dæm] *n* presa *f*
**damage** ['dæmɪdʒ] ◇ *n* **1.** *(physical harm)* daño *m* **2.** *(fig) (to reputation, chances)* perjuicio *m* ◇ *vt* **1.** *(house, car)* dañar **2.** *(back, leg)* hacerse daño en, lastimarse *(Amér)* **3.** *(fig) (reputation, chances)* perjudicar
**damn** [dæm] ◇ *excl (inf)* ¡maldita sea! ◇ *adj (inf)* maldito(ta) ◇ *n* • **I don't give a damn** me importa un rábano
**damp** [dæmp] ◇ *adj* húmedo(da) ◇ *n* humedad *f*
**dance** [dɑːns] ◇ *n* baile *m* ◇ *vi* bailar • **to have a dance** bailar
**dance floor** *n* pista *f* de baile
**dancer** ['dɑːnsə$^{r}$] *n* bailarín *m*, -ina *f*
**dancing** ['dɑːnsɪŋ] *n* baile *m* • **to dancing** ir a bailar
**dandelion** ['dændɪlaɪən] *n* diente *m* león
**dandruff** ['dændrʌf] *n* caspa *f*
**Dane** [deɪn] *n* danés *m*, -esa *f*
**danger** ['deɪndʒə$^{r}$] *n* peligro *m* • **danger** en peligro
**dangerous** ['deɪndʒərəs] *adj* peligro(sa)
**Danish** ['deɪnɪʃ] ◇ *adj* danés(esa) ◇ *(language)* danés *m*
**dare** [deə$^{r}$] *vt* • **to dare to do st** atreverse a hacer algo • **he dared m to dive in** me desafió a que me tira de cabeza • **how dare you!** ¿cómo atreves?
**daring** ['deərɪŋ] *adj* atrevido(da)
**dark** [dɑːk] ◇ *adj* **1.** oscuro(ra) **2.** *(da weather)* sombrío(a) ◇ *n* • **after da** después del anochecer • **the dark** oscuridad
**dark chocolate** *n* chocolate *m* amar
**darkness** ['dɑːknɪs] *n* oscuridad *f*
**darling** ['dɑːlɪŋ] *n (term of affectio* querido *m*, -da *f*
**dart** [dɑːt] *n* dardo *m* • **darts** *n (gam* dardos *mpl*
**dartboard** ['dɑːtbɔːd] *n* diana *f*
**dash** [dæʃ] ◇ *n* **1.** *(of liquid)* gotas *fpl* *(in writing)* guión *m* ◇ *vi* ir de prisa
**dashboard** ['dæʃbɔːd] *n* salpicadero *(Esp)*, tablero *m* de mandos
**data** ['deɪtə] *n* datos *mpl*
**database** ['deɪtəbeɪs] *n* base *f* de dato
**data protection** *n* COMPUT prote ción *m* de datos

**te** [deɪt] ◇ *n* **1.** *(day)* fecha *f* **2.** *eting)* cita *f* **3.** *(US) (person)* pareja *on la que se sale)* **4.** *(fruit)* dátil *m* ◇ *vt cheque, letter)* fechar **2.** *(person)* salir ı ◇ *vi (become unfashionable)* pasar de da ● **what's the date?** ¿qué fecha ● **to have a date with sb** tener una ı con alguien
**te of birth** *n* fecha *f* de nacimiento
**ıghter** ['dɔːtəʳ] *n* hija *f*
**ıghter-in-law** *n* nuera *f*
**wn** [dɔːn] *n* amanecer *m*
**y** [deɪ] *n* día *m* ● **what day is it ay?** ¿qué día es hoy? ● **what a ely day!** ¡qué día más bonito! ● **to e a day off** tomarse un día libre ● **have a day out** ir de excursión ● **by** de día ● **the day after tomorrow** ado mañana ● **the day before** el anterior ● **the day before yester-** anteayer ● **the following day** el siguiente ● **have a nice day!** ¡adiós racias!
**ylight** ['deɪlaɪt] *n* luz *f* del día
**y return** *n (UK) billete de ida y ılta para un día*
**yshift** ['deɪʃɪft] *n* turno *m* de día
**ytime** ['deɪtaɪm] *n* día *m*
**y-to-day** *adj* cotidiano(na)
**y trip** *n* excursión *f* (de un día)
**zzle** ['dæzl] *vt* deslumbrar
**:** [diː'siː] (*abbr of* **direct current**) CC *rriente continua)*
**ad** [ded] ◇ *adj* **1.** *(not alive)* muerto(ta) *(not lively)* sin vida **3.** *(telephone, line)* tado(da) **4.** *(battery)* descargado(da) *dv* **1.** *(precisely)* justo **2.** *(inf) (very)* la ır de ● **it's dead ahead** está justo enfrente ▾ **dead slow** al paso
**dead end** *n (street)* callejón *m* sin salida
**deadline** ['dedlaɪn] *n* fecha *f* límite
**deaf** [def] ◇ *adj* sordo(da) ◇ *npl* ● **the deaf** los sordos
**deal** [diːl] (*pt & pp* **dealt**) ◇ *n (agreement)* trato *m* ◇ *vt (cards)* repartir ● **to be a good/bad deal** estar bien/mal de precio ● **a great deal of** mucho ● **it's a deal!** ¡trato hecho! ◆ **deal in** *vt insep* comerciar en ◆ **deal with** *vt insep* **1.** *(handle)* hacer frente a **2.** *(be about)* tratar de
**dealer** ['diːləʳ] *n* **1.** *COMM* comerciante *mf* **2.** *(in drugs)* traficante *mf (que vende)*
**dealt** [delt] *pt & pp* ➢ **deal**
**dear** [dɪəʳ] ◇ *adj* **1.** *(loved)* querido(da) **2.** *(expensive)* caro(ra) ◇ *n* ● **my dear** querido *m*, -da *f* ● **Dear Sir** Muy señor mío ● **Dear Madam** Estimada señora ● **Dear John** Querido John ● **oh dear!** ¡vaya por Dios!
**death** [deθ] *n* muerte *f*
**debate** [dɪ'beɪt] ◇ *n* debate *m* ◇ *vt (wonder)* pensar, considerar
**debit** ['debɪt] ◇ *n* debe *m* ◇ *vt* ● **to debit sb's account with an amount** deducir una cantidad de la cuenta de alguien
**debit card** *n* tarjeta *f* de débito
**debt** [det] *n* deuda *f* ● **to be in debt** tener deudas
**Dec.** (*abbr of* **December**) dic. *(diciembre)*
**decaff** ['diːkæf] *n (inf)* descafeinado *m*
**decaffeinated** [dɪ'kæfɪneɪtɪd] *adj* descafeinado(da)
**decanter** [dɪ'kæntəʳ] *n* licorera *f*

**decay** [dɪ'keɪ] ◇ *n* **1.** *(of building, wood)* deterioro *m* **2.** *(of tooth)* caries *f inv* ◇ *vi* descomponerse
**deceive** [dɪ'siːv] *vt* engañar
**decelerate** [ˌdiː'seləreɪt] *vi* desacelerar
**December** [dɪ'sembəʳ] *n* diciembre *m* • **at the beginning of December** a principios de diciembre • **at the end of December** a finales de diciembre • **during December** en diciembre • **every December** todos los años en diciembre • **in December** en diciembre • **last December** en diciembre del año pasado • **next December** en diciembre del próximo año • **this December** en diciembre de este año • **2 December 2001** *(in letters etc)* 2 de diciembre de 2001
**decent** ['diːsnt] *adj* **1.** decente **2.** *(kind)* amable
**decide** [dɪ'saɪd] *vt & vi* decidir • **to decide to do sthg** decidir hacer algo ◆ **decide on** *vt insep* decidirse por
**decimal** ['desɪml] *adj* decimal, punto *m* decimal
**decimal point** *n* coma *f* decimal
**decision** [dɪ'sɪʒn] *n* decisión *f* • **to make a decision** tomar una decisión
**decisive** [dɪ'saɪsɪv] *adj* **1.** *(person)* decidido(da) **2.** *(event, factor)* decisivo(va)
**deck** [dek] *n* **1.** *(of ship)* cubierta *f* **2.** *(of bus)* piso *m* **3.** *(of cards)* baraja *f*
**deckchair** ['dektʃeəʳ] *n* tumbona *f* (*Esp*), silla *f* de playa
**declare** [dɪ'kleəʳ] *vt* declarar • **to declare that** declarar que ▼ **goods to declare** *cartel que indica la ruta para personas con objetos que declarar en la aduana* ▼ **nothing to declare** *cartel que indica la ruta para personas sin objetos que declarar en la aduana*
**decline** [dɪ'klaɪn] ◇ *n* declive *m* ◇ *vi* **1.** *(get worse)* disminuir **2.** *(refuse)* rehusar
**decorate** ['dekəreɪt] *vt* **1.** *(with wallpaper)* empapelar **2.** *(with paint)* pintar **3.** *(make attractive)* decorar
**decoration** [ˌdekə'reɪʃn] *n* **1.** *(wallpaper, paint, furniture)* decoración *f* **2.** *(decorative object)* adorno *m*
**decorator** ['dekəreɪtəʳ] *n* **1.** *(painter)* pintor *m*, -ra *f* **2.** *(paperhanger)* empapelador *m*, -ra *f*
**decrease** ◇ *n* ['diːkriːs] disminución *f* ◇ *vi* [dɪ'kriːs] disminuir
**dedicated** ['dedɪkeɪtɪd] *adj* dedicado(da)
**deduce** [dɪ'djuːs] *vt* deducir
**deduct** [dɪ'dʌkt] *vt* deducir
**deduction** [dɪ'dʌkʃn] *n* deducción *f*
**deep** [diːp] ◇ *adj* **1.** profundo(da) **2.** *(colour)* intenso(sa) **3.** *(breath, sigh)* hondo(da) **4.** *(voice)* grave ◇ *adv* hondo • **it's two metres deep** tiene dos metros de profundidad
**deep end** *n* *(of swimming pool)* parte *f* honda
**deep freeze** *n* congelador *m*
**deep-fried** [-'fraɪd] *adj* frito(ta) en aceite abundante
**deep-pan** *adj* de masa doble
**deer** [dɪəʳ] (*pl inv*) *n* ciervo *m*
**defeat** [dɪ'fiːt] ◇ *n* derrota *f* ◇ *vt* derrotar
**defect** ['diːfekt] *n* defecto *m*
**defective** [dɪ'fektɪv] *adj* defectuoso(sa)
**defence** [dɪ'fens] *n* (*UK*) defensa *f*

**fend** [dɪ'fend] *vt* defender
**fense** [dɪ'fens] (*US*) = defence
**ficiency** [dɪ'fɪʃnsɪ] *n* (*lack*) deficiencia

**ficit** ['defɪsɪt] *n* déficit *m inv*
**fine** [dɪ'faɪn] *vt* definir
**finite** ['defɪnɪt] *adj* **1.** (*answer, plans*) inítivo(va) **2.** (*improvement*) claro ) **3.** (*person*) concluyente • **it's not inite** no es seguro
**finite article** *n* artículo *m* definido
**finitely** ['defɪnɪtlɪ] *adv* (*certainly*) sin da alguna
**finition** [defɪ'nɪʃn] *n* (*of word*) definin *f*
**flate** [dɪ'fleɪt] *vt* (*tyre*) desinflar
**flect** [dɪ'flekt] *vt* desviar
**fogger** [ˌdiː'fɒgər] *n* (*US*) luneta *f* mica
**formed** [dɪ'fɔːmd] *adj* deforme
**frost** [ˌdiː'frɒst] *vt* **1.** (*food, fridge*) scongelar **2.** (*US*) (*demist*) desempa-r
**gree** [dɪ'griː] *n* **1.** grado *m* **2.** *alification*) ≃ licenciatura *f* • **to** *ve* **a degree in sthg** ser licenciado(da) algo
**hydrated** [ˌdiːhaɪ'dreɪtɪd] *adj* deshiıtado(da)
**-ice** [diː'aɪs] *vt* descongelar
**-icer** [diː'aɪsə^r] *n* descongelante *m*
**jected** [dɪ'dʒektɪd] *adj* abatido(da)
**lay** [dɪ'leɪ] ◇ *n* retraso *m* ◇ *vt* retrasar *vi* retrasarse • **without delay** sin mora
**layed** [dɪ'leɪd] *adj* • **to be delayed** ir n retraso • **our train was delayed by o hours** nuestro tren llegó con dos horas de retraso
**delegate** ◇ *n* ['delɪgət] delegado *m*, -da *f* ◇ *vt* ['delɪgeɪt] (*person*) delegar
**delete** [dɪ'liːt] *vt* borrar
**deli** ['delɪ] *n* (*inf*) (*abbr of* **delicatessen**) ≃ charcutería *f*
**deliberate** [dɪ'lɪbərət] *adj* (*intentional*) deliberado(da)
**deliberately** [dɪ'lɪbərətlɪ] *adv* (*intentionally*) deliberadamente
**delicacy** ['delɪkəsɪ] *n* (*food*) manjar *m*
**delicate** ['delɪkət] *adj* **1.** delicado(da) **2.** (*object, china*) frágil **3.** (*taste, smell*) suave
**delicatessen** [ˌdelɪkə'tesn] *n* ≃ charcutería *f*
**delicious** [dɪ'lɪʃəs] *adj* delicioso(sa)
**delight** [dɪ'laɪt] ◇ *n* (*feeling*) gozo *m* ◇ *vt* encantar • **to take (a) delight in doing sthg** deleitarse haciendo algo
**delighted** [dɪ'laɪtɪd] *adj* encantado(da)
**delightful** [dɪ'laɪtfʊl] *adj* encantador (ra)
**deliver** [dɪ'lɪvə^r] *vt* **1.** (*goods, letters, newspaper*) entregar **2.** (*speech, lecture*) pronunciar **3.** (*baby*) traer al mundo
**delivery** [dɪ'lɪvərɪ] *n* **1.** (*of goods, letters*) entrega *f* **2.** (*birth*) parto *m*
**delude** [dɪ'luːd] *vt* engañar
**de-luxe** [də'lʌks] *adj* de lujo
**demand** [dɪ'mɑːnd] ◇ *n* **1.** demanda *f* **2.** (*requirement*) requisito *m* ◇ *vt* **1.** (*request forcefully*) exigir **2.** (*require*) requerir • **to demand to do sthg** exigir hacer algo • **in demand** solicitado
**demanding** [dɪ'mɑːndɪŋ] *adj* absorbente
**demerara sugar** [demə'reərə-] *n* (*UK*) azúcar *m* moreno
**demist** [ˌdiː'mɪst] *vt* (*UK*) desempañar

**demister** [ˌdiːˈmɪstəʳ] *n* *(UK)* luneta *f* térmica
**democracy** [dɪˈmɒkrəsɪ] *n* democracia *f*
**Democrat** [ˈdeməkræt] *n* *(US)* demócrata *mf*
**democratic** [deməˈkrætɪk] *adj* democrático(ca)
**demolish** [dɪˈmɒlɪʃ] *vt* *(building)* demoler
**demonstrate** [ˈdemənstreɪt] ◇ *vt* **1.** *(prove)* demostrar **2.** *(machine, appliance)* hacer una demostración de ◇ *vi* manifestarse
**demonstration** [demənˈstreɪʃn] *n* **1.** *(protest)* manifestación *f* **2.** *(of machine, proof)* demostración *f*
**denial** [dɪˈnaɪəl] *n* negación *f*
**denim** [ˈdenɪm] *n* tela *f* vaquera, mezclilla *f* *(Chile & Méx)* ◆ **denims** *npl* vaqueros *mpl*
**denim jacket** *n* cazadora *f* vaquera *(Esp)*, chaqueta *f* vaquera
**Denmark** [ˈdenmɑːk] *n* Dinamarca
**dense** [dens] *adj* *(crowd, smoke, forest)* denso(sa)
**dent** [dent] *n* abolladura *f*
**dental** [ˈdentl] *adj* dental
**dental floss** [-flɒs] *n* hilo *m* dental
**dental surgeon** *n* odontólogo *m*, -ga *f*
**dental surgery** *n* *(UK)* *(place)* clínica *f* dental
**dentist** [ˈdentɪst] *n* dentista *mf* ● **to go to the dentist's** ir al dentista
**dentures** [ˈdentʃəz] *npl* dentadura *f* postiza
**deny** [dɪˈnaɪ] *vt* **1.** *(declare untrue)* negar **2.** *(refuse)* denegar

**deodorant** [diːˈəʊdərənt] *n* desodorar *m*
**depart** [dɪˈpɑːt] *vi* salir ● **this train v depart from platform 3** este tr efectuará su salida de la vía 3
**department** [dɪˈpɑːtmənt] *n* **1.** depar mento *m* **2.** *(of government)* ministe *m*
**department store** *n* grandes almac nes *mpl*
**departure** [dɪˈpɑːtʃəʳ] *n* salida *f* **departures** salidas
**departure lounge** *n* **1.** *(at airport)* sal de embarque **2.** *(at coach station)* ves bulo *m* de salidas
**depend** [dɪˈpend] *vi* ● **it depen** depende ◆ **depend on** *vt insep* **1.** *( decided by)* depender de **2.** *(rely c* confiar en ● **depending on** depe diendo de
**dependable** [dɪˈpendəbl] *adj* fiable
**deplorable** [dɪˈplɔːrəbl] *adj* deplorabl
**deport** [dɪˈpɔːt] *vt* deportar
**deposit** [dɪˈpɒzɪt] ◇ *n* **1.** *(in bank)* ingre *m* *(Esp)*, deposito *m* **2.** *(part-payme* entrada *f* *(Esp)*, deposito *m* **3.** *(agai damage)* depósito *m* **4.** *(substanc* sedimento *m* ◇ *vt* **1.** *(put down)* dep sitar **2.** *(money in bank)* ingresar
**deposit account** *n* *(UK)* cuenta *f* ahorro a plazo fijo
**depot** [ˈdiːpəʊ] *n* *(US)* *(for buses, trai* terminal *f*
**depressed** [dɪˈprest] *adj* deprimido(d
**depressing** [dɪˈpresɪŋ] *adj* depriment
**depression** [dɪˈpreʃn] *n* depresión *f*
**deprive** [dɪˈpraɪv] *vt* ● **to deprive sb a right** privar a alguien de un derec

**lepth** [depθ] *n* profundidad *f* ◆ **I'm out f my depth** *(when swimming)* he perdido ·ie; *(fig)* *(unable to cope)* no puedo ◆ **epth of field** profundidad de campo
**leputy** ['depjʊtɪ] *adj* suplente ◆ **deputy ead** subdirector *m*, -ra *f*
**lerailment** [dɪ'reɪlmənt] *n* descarrila-niento *m*
**lerelict** ['derəlɪkt] *adj* abandonado(da)
**lescend** [dɪ'send] ◇ *vt* descender por ◇ *i* descender
**lescendant** [dɪ'sendənt] *n* descendien-e *mf*
**lescent** [dɪ'sent] *n* **1.** *(going down)* lescenso *m* **2.** *(downward slope)* pen-liente *f*
**lescribe** [dɪ'skraɪb] *vt* describir
**lescription** [dɪ'skrɪpʃn] *n* descripción *f*
**lesert** ◇ *n* ['dezət] desierto *m* ◇ *vt* lɪ'zɜːt] abandonar
**leserted** [dɪ'zɜːtɪd] *adj* desierto(ta)
**leserve** [dɪ'zɜːv] *vt* merecer
**lesign** [dɪ'zaɪn] ◇ *n* diseño *m* ◇ *vt* liseñar ◆ **to be designed for** estar liseñado para
**lesigner** [dɪ'zaɪnə^r] ◇ *n* diseñador *m*, ra *f* ◇ *adj* *(clothes, sunglasses)* de marca
**lesirable** [dɪ'zaɪərəbl] *adj* deseable
**lesire** [dɪ'zaɪə^r] ◇ *n* deseo *m* ◇ *vt* desear ◆ **it leaves a lot to be desired** deja nucho que desear
**lesk** [desk] *n* **1.** *(in home, office)* escrito-io *m* **2.** *(in school)* pupitre *m* **3.** *(at irport, station, hotel)* mostrador *m*
**lesktop** ['desktɒp] *n* *COMPUT* escritorio n
**lesktop publishing** *n* autoedición *f* le textos
**despair** [dɪ'speə^r] *n* desesperación *f*
**despatch** [dɪ'spætʃ] = **dispatch**
**desperate** ['desprət] *adj* desesperado (da) ◆ **to be desperate for sthg** necesitar algo desesperadamente
**despicable** [dɪ'spɪkəbl] *adj* despreciable
**despise** [dɪ'spaɪz] *vt* despreciar
**despite** [dɪ'spaɪt] *prep* a pesar de
**dessert** [dɪ'zɜːt] *n* postre *m*
**dessertspoon** [dɪ'zɜːtspuːn] *n* **1.** *(spoon)* cuchara *f* de postre **2.** *(spoonful)* cu-charada *f* (de postre)
**destination** [,destɪ'neɪʃn] *n* destino *m*
**destroy** [dɪ'strɔɪ] *vt* destruir
**destruction** [dɪ'strʌkʃn] *n* destrucción *f*
**detach** [dɪ'tætʃ] *vt* separar
**detached house** [dɪ'tætʃt-] *n* casa *f* individual
**detail** ['diːteɪl] *n* **1.** *(minor point)* detalle *m* **2.** *(facts, information)* detalles *mpl* ◆ **in detail** detalladamente ◆ **details** *npl* *(facts)* información *f*
**detailed** ['diːteɪld] *adj* detallado(da)
**detect** [dɪ'tekt] *vt* detectar
**detective** [dɪ'tektɪv] *n* detective *mf* ◆ **a detective story** una novela policíaca
**detention** [dɪ'tenʃn] *n* *SCH* *castigo de permanecer en la escuela después de clase*
**detergent** [dɪ'tɜːdʒənt] *n* detergente *m*
**deteriorate** [dɪ'tɪərɪəreɪt] *vi* deteriorar-se
**determination** [dɪ,tɜːmɪ'neɪʃn] *n* deter-minación *f*
**determine** [dɪ'tɜːmɪn] *vt* determinar
**determined** [dɪ'tɜːmɪnd] *adj* decidido (da) ◆ **to be determined to do sthg** estar decidido a hacer algo

**deterrent** [dɪ'terənt] *n* fuerza *f* disuasoria
**detest** [dɪ'test] *vt* detestar
**detour** ['diːˌtʊəʳ] *n* desvío *m*
**deuce** [djuːs] *excl* *(in tennis)* cuarenta iguales
**devastate** ['devəsteɪt] *vt* devastar
**develop** [dɪ'veləp] ◇ *vt* **1.** *(idea, company)* desarrollar **2.** *(land)* urbanizar **3.** *(film)* revelar **4.** *(machine, method)* elaborar **5.** *(illness)* contraer **6.** *(habit, interest)* adquirir ◇ *vi* *(evolve)* desarrollarse
**developing country** [dɪ'veləpɪŋ-] *n* país *m* en vías de desarrollo
**development** [dɪ'veləpmənt] *n* **1.** *(growth)* desarrollo *m* **2.** *(new event)* (nuevo) acontecimiento *m* • **a housing development** *(US)* una urbanización
**device** [dɪ'vaɪs] *n* dispositivo *m*
**devil** ['devl] *n* diablo *m* • **what the devil ...?** *(inf)* ¿qué demonios ...?
**devise** [dɪ'vaɪz] *vt* diseñar
**devolution** [devə'luːʃn] *n* *(UK)* *traspaso de competencias del gobierno central a asambleas legislativas autónomas*
**devoted** [dɪ'vəʊtɪd] *adj* dedicado(da), leal
**dew** [djuː] *n* rocío *m*
**diabetes** [ˌdaɪə'biːtiːz] *n* diabetes *f inv*
**diabetic** [ˌdaɪə'betɪk] ◇ *adj* **1.** *(person)* diabético(ca) **2.** *(chocolate)* para diabéticos ◇ *n* diabético *m*, -ca *f*
**diagnosis** [ˌdaɪəg'nəʊsɪs] *(pl* **-oses***)* *n* diagnóstico *m*
**diagonal** [daɪ'ægənl] *adj* diagonal
**diagram** ['daɪəgræm] *n* diagrama *m*
**dial** ['daɪəl] ◇ *n* **1.** *(of telephone, radio)* dial *m* **2.** *(of clock)* esfera *f* ◇ *vt* marcar, discar *(Amér)*
**dialling code** ['daɪəlɪŋ-] *n* *(UK)* prefijo *m* (telefónico)
**dialling tone** ['daɪəlɪŋ-] *n* *(UK)* señal de llamada
**dial tone** *(US)* = **dialling tone**
**diameter** [daɪ'æmɪtəʳ] *n* diámetro *m*
**diamond** ['daɪəmənd] *n* diamante *m*
**diamonds** *npl* *(in cards)* diamantes *mpl*
**diaper** ['daɪpəʳ] *n* *(US)* pañal *m*
**diarrhea** *(US)* = **diarrhoea**
**diarrhoea** [ˌdaɪə'rɪə] *n* *(UK)* diarrea *f*
**diary** ['daɪərɪ] *n* **1.** *(for appointments)* agenda *f* **2.** *(journal)* diario *m*
**dice** [daɪs] *(pl inv)* *n* dado *m*
**diced** [daɪst] *adj* cortado(da) en cuadraditos
**dictate** [dɪk'teɪt] *vt* dictar
**dictation** [dɪk'teɪʃn] *n* dictado *m*
**dictator** [dɪk'teɪtəʳ] *n* dictador *m*, -ra *f*
**dictionary** ['dɪkʃənrɪ] *n* diccionario *m*
**did** [dɪd] *pt* ➤ **do**
**die** [daɪ] *(cont* **dying***)* *vi* morir • **to be dying for sthg** *(inf)* morirse por algo • **to be dying to do sthg** *(inf)* morirse por hacer algo ◆ **die away** *vi* desvanecerse ◆ **die out** *vi* extinguirse
**diesel** ['diːzl] *n* **1.** *(fuel)* gasóleo *m* **2.** *(car)* vehículo *m* diesel
**diet** ['daɪət] ◇ *n* **1.** *(for slimming, health)* dieta *f*, régimen *m* **2.** *(food eaten)* dieta ◇ *vi* estar a régimen ◇ *adj* bajo(ja) en calorías
**diet Coke** ® *n* Coca-Cola ® *f* light
**differ** ['dɪfəʳ] *vi* • **to differ (from)** *(be dissimilar)* ser distinto (de); *(disagree)* discrepar (de)

**fference** ['dɪfrəns] *n* diferencia *f* ◆ **it akes no difference** da lo mismo ◆ **a fference of opinion** un desacuerdo
**fferent** ['dɪfrənt] *adj* distinto(ta) ◆ **be different (from)** ser distinto (de)
**fferently** ['dɪfrəntlɪ] *adv* de otra for- a
**fficult** ['dɪfɪkəlt] *adj* difícil
**fficulty** ['dɪfɪkəltɪ] *n* dificultad *f*
**g** [dɪg] (*pt & pp* **dug**) ◇ *vt* **1.** *(hole, nnel)* excavar **2.** *(garden, land)* cavar ◇ cavar ◆ **dig out** *vt sep* sacar ◆ **dig up** *vt* desenterrar
**gest** [dɪ'dʒest] *vt* digerir
**gestion** [dɪ'dʒestʃn] *n* digestión *f*
**gestive (biscuit)** [dɪ'dʒestɪv-] *n* (*UK*) *lleta hecha con harina integral*
**git** ['dɪdʒɪt] *n* **1.** *(figure)* dígito *m* **2.** *nger, toe)* dedo *m*
**gital** ['dɪdʒɪtl] *adj* digital
**gital radio** *n* radio f digital
**ll** [dɪl] *n* eneldo *m*
**lute** [daɪ'lu:t] *vt* diluir
**m** [dɪm] ◇ *adj* **1.** *(light)* tenue **2.** *(room)* mbrío(a) **3.** *(inf) (stupid)* torpe ◇ *vt* enuar
**me** [daɪm] *n* (*US*) *moneda de diez ntavos*
**mensions** [dɪ'menʃnz] *npl* **1.** *(measure- ents)* dimensiones *fpl* **2.** *(extent)* mensión *f*
**n** [dɪn] *n* estrépito *m*
**ne** [daɪn] *vi* cenar ◆ **dine out** *vi* cenar era
**ner** ['daɪnəʳ] *n* **1.** (*US*) *(restaurant)* staurante *m* económico **2.** *(person)* iente *mf (en un restaurante)*
**nghy** ['dɪŋgɪ] *n* bote *m*
**dingy** ['dɪndʒɪ] *adj* lóbrego(ga)
**dining car** ['daɪnɪŋ-] *n* vagón *m* restaurante
**dining hall** ['daɪnɪŋ-] *n SCH* comedor *m*
**dining room** ['daɪnɪŋ-] *n* comedor *m*
**dinner** ['dɪnəʳ] *n* **1.** *(at lunchtime)* almuerzo *m* **2.** *(in evening)* cena *f* ◆ **to have dinner** *(at lunchtime)* almorzar; *(in evening)* cenar
**dinner jacket** *n* esmoquin *m*
**dinner party** *n* cena *f (de amigos en casa)*
**dinner set** *n* vajilla *f*
**dinner suit** *n* traje *m* de esmoquin
**dinnertime** ['dɪnətaɪm] *n* **1.** *(at lunchtime)* hora *f* del almuerzo **2.** *(in evening)* hora de la cena
**dinosaur** ['daɪnəsɔ:ʳ] *n* dinosaurio *m*
**dip** [dɪp] ◇ *n* **1.** *(in road, land)* pendiente *f* **2.** *(food)* salsa *f* ◇ *vt (into liquid)* mojar ◇ *vi* descender ligeramente ◆ **to have a dip** darse un chapuzón ◆ **to dip one's headlights** (*UK*) poner las luces de cruce
**diploma** [dɪ'pləʊmə] *n* diploma *m*
**dipstick** ['dɪpstɪk] *n* varilla *f* (para medir el nivel) del aceite
**direct** [dɪ'rekt] ◇ *adj* directo(ta) ◇ *vt* **1.** dirigir **2.** *(give directions to)* indicar el camino a ◇ *adv* directamente
**direction** [dɪ'rekʃn] *n* dirección *f* ◆ **to ask for directions** pedir señas ◆ **directions** *npl (instructions)* instrucciones *fpl* (de uso)
**directly** [dɪ'rektlɪ] *adv* **1.** *(exactly)* directamente **2.** *(soon)* pronto
**director** [dɪ'rektəʳ] *n* director *m*, -ra *f*

**directory** [dɪ'rektərɪ] *n* guía *f* (telefónica)
**directory assistance** *n* (*US*) servicio *m* de información telefónica
**directory enquiries** *n* (*UK*) servicio *m* de información telefónica
**dirt** [dɜːt] *n* **1.** suciedad *f* **2.** *(earth)* tierra *f*
**dirty** ['dɜːtɪ] *adj* **1.** sucio(cia) **2.** *(joke)* verde
**disability** [ˌdɪsə'bɪlətɪ] *n* minusvalía *f*
**disabled** [dɪs'eɪbld] ◇ *adj* minusválido (da) ◇ *npl* • **the disabled** los minusválidos ▼ **disabled toilet** aseo para minusválidos
**disadvantage** [ˌdɪsəd'vɑːntɪdʒ] *n* desventaja *f*
**disagree** [ˌdɪsə'griː] *vi (people)* discrepar • **to disagree with sb (about)** no estar de acuerdo con alguien (sobre) • **those mussels disagreed with me** los mejillones me sentaron mal
**disagreement** [ˌdɪsə'griːmənt] *n* **1.** *(argument)* discusión *f* **2.** *(dissimilarity)* discrepancia *f*
**disappear** [ˌdɪsə'pɪə<sup>r</sup>] *vi* desaparecer
**disappearance** [ˌdɪsə'pɪərəns] *n* desaparición *f*
**disappoint** [ˌdɪsə'pɔɪnt] *vt* decepcionar
**disappointed** [ˌdɪsə'pɔɪntɪd] *adj* decepcionado(da)
**disappointing** [ˌdɪsə'pɔɪntɪŋ] *adj* decepcionante
**disappointment** [ˌdɪsə'pɔɪntmənt] *n* decepción *f*
**disapprove** [ˌdɪsə'pruːv] *vi* • **to disapprove of** censurar
**disarmament** [dɪs'ɑːməmənt] *n* desarme *m*
**disaster** [dɪ'zɑːstə<sup>r</sup>] *n* desastre *m*
**disastrous** [dɪ'zɑːstrəs] *adj* desastroso(sa)
**disc** [dɪsk] *n* **1.** (*UK*) *(circular object, record)* disco *m* **2.** *(CD)* disco compacto • **to slip a disc** sufrir una hernia discal
**discard** [dɪ'skɑːd] *vt* desechar
**discharge** [dɪs'tʃɑːdʒ] *vt* **1.** *(prisoner)* poner en libertad **2.** *(patient)* dar de alta **3.** *(soldier)* licenciar **4.** *(liquid, smoke, gas)* emitir
**discipline** ['dɪsɪplɪn] *n* disciplina *f*
**disc jockey** *n* pinchadiscos *mf* inv (*Esp*), disc jockey *mf*
**disco** ['dɪskəʊ] *n* **1.** *(place)* discoteca *f* **2.** *(event)* baile *m*
**discoloured** [dɪs'kʌləd] *adj* descolorido (da)
**discomfort** [dɪs'kʌmfət] *n* *(pain)* malestar *m*
**disconnect** [ˌdɪskə'nekt] *vt* **1.** *(unplug)* desenchufar **2.** *(telephone, gas supply, pipe)* desconectar
**discontinued** [ˌdɪskən'tɪnjuːd] *adj* *(product)* que ya no se fabrica
**discount** ['dɪskaʊnt] *n* descuento *m*
**discover** [dɪ'skʌvə<sup>r</sup>] *vt* descubrir
**discovery** [dɪ'skʌvərɪ] *n* descubrimiento *m*
**discreet** [dɪ'skriːt] *adj* discreto(ta)
**discrepancy** [dɪ'skrepənsɪ] *n* discrepancia *f*
**discriminate** [dɪ'skrɪmɪneɪt] *vi* • **to discriminate against sb** discriminar a alguien
**discrimination** [dɪˌskrɪmɪ'neɪʃn] *n* dis-

minación *f*
**scuss** [dɪ'skʌs] *vt* discutir
**scussion** [dɪ'skʌʃn] *n* discusión *f*
**sease** [dɪ'zi:z] *n* enfermedad *f*
**sembark** [ˌdɪsɪm'bɑ:k] *vi* desembarcar
**sgrace** [dɪs'greɪs] *n* vergüenza *f* • **it's disgrace!** ¡es una vergüenza!
**sgraceful** [dɪs'greɪsfʊl] *adj* vergonzo-(sa)
**sguise** [dɪs'gaɪz] ◇ *n* disfraz *m* ◇ *vt* sfrazar • **in disguise** disfrazado
**sgust** [dɪs'gʌst] ◇ *n* asco *m* ◇ *vt* quear
**sgusting** [dɪs'gʌstɪŋ] *adj* asqueroso )
**sh** [dɪʃ] *n* **1.** *(container)* fuente *f* **2.** *od)* plato *m* **3.** *(US)* *(plate)* plato • **do the dishes** fregar los platos ▼ **dish the day** plato del día • **dish up** *vt sep* vir
**shcloth** ['dɪʃklɒθ] *n* trapo *m* de fregar platos
**sheveled** [dɪ'ʃevəld] *(US)* = **dishe-lled**
**shevelled** [dɪ'ʃevəld] *adj (UK) (person)* saliñado(da)
**shonest** [dɪs'ɒnɪst] *adj* deshonesto )
**sh towel** *n (US)* paño *m* de cocina
**shwasher** ['dɪʃˌwɒʃəʳ] *n (machine)* la-vajillas *m inv*
**shwashing liquid** ['dɪʃˌwɒʃɪŋ-] *n (US)* vavajillas *m inv*
**sinfectant** [ˌdɪsɪn'fektənt] *n* desinfec-nte *m*
**sintegrate** [dɪs'ɪntɪgreɪt] *vi* desinte-arse
**sk** [dɪsk] *n* **1.** *(US)* = **disc 2.** *COMPUT* disquete *m*, disco *m*
**disk drive** *n* disquetera *f*
**dislike** [dɪs'laɪk] ◇ *n (poor opinion)* aversión *f* ◇ *vt* tener aversión a • **to take a dislike to** cogerle manía a
**dislocate** ['dɪsləkeɪt] *vt* dislocar
**dismal** ['dɪzml] *adj* **1.** *(weather, place)* sombrío(a) **2.** *(terrible)* lamentable
**dismantle** [dɪs'mæntl] *vt* desmontar
**dismay** [dɪs'meɪ] *n* consternación *f*
**dismiss** [dɪs'mɪs] *vt* **1.** *(not consider)* desechar **2.** *(from job)* despedir **3.** *(from classroom)* echar
**disobedient** [ˌdɪsə'bi:djənt] *adj* desobe-diente
**disobey** [ˌdɪsə'beɪ] *vt* desobedecer
**disorder** [dɪs'ɔ:dəʳ] *n* **1.** *(confusion)* de-sorden *m* **2.** *(violence)* disturbios *mpl* **3.** *(illness)* afección *f*
**disorganized** [dɪs'ɔ:gənaɪzd] *adj* desor-ganizado(da)
**dispatch** [dɪ'spætʃ] *vt* enviar
**dispense** [dɪ'spens] • **dispense with** *vt insep* prescindir de
**dispenser** [dɪ'spensəʳ] *n* máquina *f* expendedora
**dispensing chemist** [dɪ'spensɪŋ-] *n (UK)* **1.** *(person)* farmacéutico *m*, -ca *f* **2.** *(shop)* farmacia *f*
**disperse** [dɪ'spɜ:s] ◇ *vt* dispersar ◇ *vi* dispersarse
**display** [dɪ'spleɪ] ◇ *n* **1.** *(of goods in window)* escaparate *m* **2.** *(public event)* demostración *f* **3.** *(readout)* pantalla *f* ◇ *vt* **1.** *(goods, information)* exponer **2.** *(feeling, quality)* mostrar • **on display** expuesto
**displeased** [dɪs'pli:zd] *adj* disgustado (da)

**disposable** [dɪ'spəʊzəbl] *adj* desechable

**diposable camera** *n* cámara m desechable

**dispute** [dɪ'spju:t] ◇ *n* **1.** *(argument)* disputa *f* **2.** *(industrial)* conflicto *m* ◇ *vt* cuestionar

**disqualify** [ˌdɪs'kwɒlɪfaɪ] *vt* descalificar ● **he has been disqualified from driving** (*UK*) se le ha retirado el permiso de conducir

**disregard** [ˌdɪsrɪ'gɑ:d] *vt* hacer caso omiso de

**disrupt** [dɪs'rʌpt] *vt* trastornar

**disruption** [dɪs'rʌpʃn] *n* trastorno *m*

**dissatisfied** [ˌdɪs'sætɪsfaɪd] *adj* descontento(ta)

**dissolve** [dɪ'zɒlv] ◇ *vt* disolver ◇ *vi* disolverse

**dissuade** [dɪ'sweɪd] *vt* ● **to dissuade sb from doing sthg** disuadir a alguien de hacer algo

**distance** ['dɪstəns] *n* distancia *f* ● **from a distance** desde lejos ● **in the distance** a lo lejos

**distant** ['dɪstənt] *adj* **1.** lejano(na) **2.** *(reserved)* distante

**distilled water** [dɪ'stɪld-] *n* agua *f* destilada

**distillery** [dɪ'stɪlərɪ] *n* destilería *f*

**distinct** [dɪ'stɪŋkt] *adj* **1.** *(separate)* distinto(ta) **2.** *(noticeable)* notable

**distinction** [dɪ'stɪŋkʃn] *n* **1.** *(difference)* distinción *f* **2.** *(mark for work)* sobresaliente *m*

**distinctive** [dɪ'stɪŋktɪv] *adj* característico(ca)

**distinguish** [dɪ'stɪŋgwɪʃ] *vt* distinguir ● **to distinguish one thing from another** distinguir una cosa de otra

**distorted** [dɪ'stɔ:tɪd] *adj* **1.** *(figure, shap*e*)* deformado(da) **2.** *(sound)* distorsionado(da)

**distract** [dɪ'strækt] *vt* distraer

**distraction** [dɪ'strækʃn] *n* distracción

**distress** [dɪ'stres] *n* **1.** *(pain)* dolor *m* *(anxiety)* angustia *f*

**distressing** [dɪ'stresɪŋ] *adj* angustioso(sa)

**distribute** [dɪ'strɪbju:t] *vt* distribuir

**distributor** [dɪ'strɪbjʊtə^r] *n* **1.** COM distribuidor *m*, -ra *f* **2.** AUT delco *m*

**district** ['dɪstrɪkt] *n* **1.** *(region)* región *f* *(of town)* distrito *m*

**district attorney** *n* (*US*) fiscal *mf* (de distrito)

**disturb** [dɪ'stɜ:b] *vt* **1.** *(interrupt)* molestar **2.** *(worry)* inquietar **3.** *(mov*e*)* mover ● **do not disturb** no molestar

**disturbance** [dɪ'stɜ:bəns] *n* **1.** *(ri*ot*)* disturbio *m* **2.** *(small altercation)* altercado *m*

**ditch** [dɪtʃ] *n* zanja *f*

**ditto** ['dɪtəʊ] *adv* ídem

**divan** [dɪ'væn] *n* diván *m*

**dive** [daɪv] (*pt* (*US*) **-d** OR **dove**, (*U*K) **-d**) ◇ *n* *(of swimmer)* zambullida *f*, clavado *m* (*Amér*) ◇ *vi* **1.** *(from divin*g *board, rock)* zambullirse, echarse u*n* clavado (*Amér*) **2.** *(under water)* bucear **3.** *(bird, plane)* bajar en picada **4.** *(rus*h*)* lanzarse

**diver** ['daɪvə^r] *n* **1.** *(from divingboard, roc*k*)* saltador *m*, -ra *f*, clavadista *mf* (*Amé*r) **2.** *(under water)* buceador *m*, -ra *f*

**diversion** [daɪ'vɜ:ʃn] *n* **1.** *(of traff*ic*)* desvío *m* **2.** *(amusement)* diversión *f*

**divert** [daɪ'vɜːt] *vt* **1.** *(traffic, river)* desviar **2.** *(attention)* distraer

**divide** [dɪ'vaɪd] *vt* **1.** dividir **2.** *(share out)* repartir ◆ **divide up** *vt sep* **1.** *(into two parts)* dividir **2.** *(share out)* repartir

**diving** ['daɪvɪŋ] *n* **1.** *(from divingboard, rock)* salto *m* **2.** *(under water)* buceo *m* ● **to go diving** bucear

**divingboard** ['daɪvɪŋbɔːd] *n* trampolín *m*

**division** [dɪ'vɪʒn] *n* división *f*

**divorce** [dɪ'vɔːs] ◇ *n* divorcio *m* ◇ *vt* divorciarse de

**divorced** [dɪ'vɔːst] *adj* divorciado(da)

**DIY** [diːaɪ'waɪ] *n* (*UK*) (*abbr of* **do-it-yourself**) bricolaje *m*

**dizzy** ['dɪzɪ] *adj* mareado(da)

**DJ** [diː'dʒeɪ] *n* (*abbr of* **disc jockey**) pinchadiscos *mf inv* (*Esp*), discjockey *mf*

**DNA** [diːen'eɪ] *n* (*abbr of* **deoxyribonucleic acid**) ADN *m (ácido desoxirribonucleico)*

**do** [duː] (*pt* **did**, *pp* **done** *pl* **dos**) ◇ *aux vb* **1.** *(in negatives)* ● **don't do that!** ¡no hagas eso! ● **she didn't listen** no hizo caso **2.** *(in questions)* ● **do you like it?** ¿te gusta? ● **how do you do it?** ¿cómo se hace? **3.** *(referring to previous verb)* ● **I eat more than you do** yo como más que tú ● **do you smoke? - yes, I do/no, I don't** ¿fumas? - sí/no ● **so do I** yo también **4.** *(in question tags)* ● **so, you like Scotland, do you?** así que te gusta Escocia ¿no?
◇ *vt* **1.** *(gen)* hacer ● **to do one's homework** hacer los deberes ● **what can I do for you?** ¿en qué puedo servirle? ● **to do one's hair** peinarse ● **to do one's teeth** lavarse los dientes ● **to do damage** hacer daño ● **the rest will do you good** el descanso te sentará bien **2.** *(have as job)* ● **what do you do?** ¿a qué te dedicas? **3.** *(provide, offer)* hacer ● **we do pizzas for under £4** vendemos pizzas a menos de 4 libras **4.** *(study)* hacer **5.** *(subj: vehicle)* ir a **6.** *(inf)* *(visit)* recorrer
◇ *vi* **1.** *(behave, act)* hacer ● **do as I say** haz lo que te digo **2.** *(progress, get on)* ir ● **I did well/badly** me fue bien/mal **3.** *(be sufficient)* valer ● **will £5 do?** ¿llegará con cinco libras? **4.** *(in phrases)* ● **how do you do?** *(greeting)* ¿cómo está usted?; *(answer)* mucho gusto ● **what has that got to do with it?** ¿y eso qué tiene que ver?
◇ *n* *(party)* fiesta *f* ● **dos and don'ts** normas *fpl* de conducta
◆ **do out of** *vt sep* *(inf)* timar
◆ **do up** *vt sep* *(shirt, buttons)* abrochar; *(shoes, laces)* atar; *(zip)* subir; *(decorate)* renovar; *(wrap up)* envolver
◆ **do with** *vt insep* ● **I could do with a drink** no me vendría mal una copa
◆ **do without** *vt insep* pasar sin

**dock** [dɒk] ◇ *n* **1.** *(for ships)* muelle *m* **2.** *LAW* banquillo *m* (de los acusados) ◇ *vi* atracar

**doctor** ['dɒktə^r] *n* **1.** *(of medicine)* médico *m*, -ca *f* **2.** *(academic)* doctor *m*, -ra *f* ● **to go to the doctor's** ir al médico

**document** ['dɒkjʊmənt] *n* documento *m*

**documentary** [ˌdɒkjʊ'mentərɪ] *n* documental *m*

**Dodgems**® ['dɒdʒəmz] *npl* (*UK*) coches *mpl* de choque
**dodgy** ['dɒdʒɪ] *adj* (*UK*) (*inf*) **1.** (*plan, car*) poco fiable **2.** (*health*) delicado(da)
**does** [*weak form* dəz, *strong form* [dʌz] ➢ **do**
**doesn't** ['dʌznt] = **does not**
**dog** [dɒg] *n* perro *m*
**dog food** *n* comida *f* para perros
**doggy bag** ['dɒgɪ-] *n bolsa que da el restaurante para llevarse las sobras*
**do-it-yourself** *n* bricolaje *m*
**dole** [dəʊl] *n* • **to be on the dole** (*UK*) estar parado (*Esp*), estar cobrando subsidio de desempleo
**doll** [dɒl] *n* muñeca *f*
**dollar** ['dɒlər] *n* dólar *m*
**dolphin** ['dɒlfɪn] *n* delfín *m*
**dome** [dəʊm] *n* cúpula *f*
**domestic** [də'mestɪk] *adj* **1.** (*of house, family*) doméstico(ca) **2.** (*of country*) nacional
**domestic appliance** *n* electrodoméstico *m*
**domestic flight** *n* vuelo *m* nacional
**dominate** ['dɒmɪneɪt] *vt* dominar
**dominoes** ['dɒmɪnəʊz] *n* dominó *m*
**donate** [də'neɪt] *vt* donar
**donation** [də'neɪʃn] *n* donación *f*
**done** [dʌn] ◇ *pp* ➢ **do** ◇ *adj* **1.** (*finished*) listo(ta) **2.** (*cooked*) hecho(cha) (*Esp*), cocido(da)
**donkey** ['dɒŋkɪ] *n* burro *m*
**don't** [dəʊnt] = **do not**
**door** [dɔːr] *n* puerta *f*
**doorbell** ['dɔːbel] *n* timbre *m*
**doorknob** ['dɔːnɒb] *n* pomo *m*, perilla *f* (*Amér*)
**doorman** ['dɔːmən] (*pl* **-men**) *n* portero *m*
**doormat** ['dɔːmæt] *n* felpudo *m*
**doormen** ['dɔːmən] *pl* ➢ **doorman**
**doorstep** ['dɔːstep] *n* **1.** (*in front of door*) peldaño *m* de la puerta **2.** (*UK*) (*piece of bread*) *rebanada de pan muy gruesa*
**doorway** ['dɔːweɪ] *n* portal *m*
**dope** [dəʊp] *n* **1.** (*inf*) (*any illegal drug*) droga *f* **2.** (*marijuana*) maría *f* (*Esp*), hierba *f*
**dormitory** ['dɔːmətrɪ] *n* dormitorio *m*
**Dormobile**® ['dɔːmə,biːl] *n* (*UK*) autocaravana *f*, cámper *m*
**dosage** ['dəʊsɪdʒ] *n* dosis *f inv*
**dose** [dəʊs] *n* **1.** (*amount*) dosis *f inv* **2.** (*of illness*) ataque *m*
**dot** [dɒt] *n* punto *m* • **on the dot** (*fig*) en punto
**dotted line** ['dɒtɪd-] *n* línea *f* de puntos
**double** ['dʌbl] ◇ *adj* doble ◇ *n* **1.** (*twice the amount*) el doble **2.** (*alcohol*) doble *m* ◇ *vt* doblar ◇ *vi* doblarse ◇ *adv* • **it's double the size** es el doble de grande • **to bend sthg double** doblar algo • **a double whisky** un whisky doble • **double three, four, two** (*reading out a number*) treinta y tres, cuarenta y dos • **It's spelt with a double** s se escribe con dos eses ♦ **doubles** *n* dobles *mpl*
**double bed** *n* cama *f* de matrimonio
**double-breasted** [-'brestɪd] *adj* cruzado(da)
**double-click** ◇ *vt COMPUT* hacer doble clic en ◇ *vi COMPUT* hacer doble clic ◇ *n COMPUT* doble clic m
**double cream** *n* (*UK*) nata *f* enriquecida (*Esp*), crema *f* doble (*Amér*)

**double-decker (bus)** [-'dekəʳ] *n* autobús *m* de dos pisos
**double doors** *npl* puerta *f* de dos hojas
**double-glazing** [-'gleɪzɪŋ] *n* (*UK*) doble acristalamiento *m*
**double room** *n* habitación *f* doble
**doubt** [daʊt] ◇ *n* duda *f* ◇ *vt* (*distrust*) dudar de • **I doubt it** lo dudo • **I doubt she'll be there** dudo que esté ahí • **to be in doubt** (*person*) estar dudando; (*matter, outcome*) ser incierto • **no doubt** sin duda
**doubtful** ['daʊtfʊl] *adj* (*uncertain*) dudoso(sa) • **it's doubtful that ...** es improbable que ...
**dough** [dəʊ] *n* masa *f*
**doughnut** ['dəʊnʌt] *n* **1.** (*without hole*) buñuelo *m* **2.** (*with hole*) dónut® *m* (*Esp*), rosquilla *f*
**dove**[1] [dʌv] *n* (*bird*) paloma *f*
**dove**[2] [dəʊv] *pt* (*US*) ≫ **dive**
**down** [daʊn]
◇ *adv* **1.** (*towards the bottom*) (hacia) abajo • **down here/there** aquí/allí abajo • **to fall down** caer **2.** (*along*) • **I'm going down to the shops** voy a acercarme a las tiendas **3.** (*downstairs*) abajo • **I'll come down later** bajaré más tarde **4.** (*southwards*) hacia el sur • **we're going down to London** vamos a bajar a Londres **5.** (*in writing*) • **to write sthg down** apuntar algo **6.** (*in phrases*) • **to go down with** (*illness*) pillar
◇ *prep* **1.** (*towards the bottom of*) • **they ran down the hill** corrieron cuesta abajo **2.** (*along*) por • **I was walking down the street** iba andando por la calle
◇ *adj* (*inf*) (*depressed*) deprimido(da)
◇ *n* (*feathers*) plumón *m*
◆ **downs** *npl* (*UK*) *montes en el sur de Inglaterra*
**downhill** [ˌdaʊn'hɪl] *adv* cuesta abajo
**Downing Street** ['daʊnɪŋ-] *n* Downing Street *m*

## Downing Street

El número 10 de Downing Street, en el centro de Londres, es la residencia oficial del Primer Ministro británico. En el número 11 se encuentra la residencia del Ministro de Hacienda. Con frecuencia, *Downing Street* se usa como sinónimo del "gobierno británico".

**downpour** ['daʊnpɔːʳ] *n* chaparrón *m*
**downstairs** [ˌdaʊn'steəz] ◇ *adj* de abajo ◇ *adv* abajo • **to go downstairs** bajar (la escalera)
**downtown** ◇ *adj* [ˌdaʊntaʊn] (*US*) céntrico(ca) ◇ *adv* [ˌdaʊn'taʊn] (*US*) **1.** (*live*) en el centro **2.** (*go*) al centro • **downtown New York** el centro de Nueva York
**down under** *adv* (*UK*) (*inf*) en/a Australia
**downwards** ['daʊnwədz] *adv* hacia abajo
**doz.** *abbr* = **dozen**
**doze** [dəʊz] *vi* dormitar
**dozen** ['dʌzn] *n* docena *f* • **a dozen eggs** una docena de huevos

**Dr** (*abbr of* **Doctor**) Dr. *(Doctor)*
**drab** [dræb] *adj (clothes, wallpaper)* deslustrado(da)
**draft** [drɑ:ft] *n* **1.** *(early version)* borrador *m* **2.** *(money order)* giro *m* **3.** *(US)* = **draught**
**drafty** [dræftɪ] *(US)* = **draughty**
**drag** [dræg] ◇ *vt* arrastrar ◇ *vi (along ground)* arrastrarse ● **what a drag!** *(inf)* ¡qué rollo! ◆ **drag on** *vi* ser interminable
**dragonfly** ['drægnflaɪ] *n* libélula *f*
**drain** [dreɪn] ◇ *n* **1.** *(sewer)* desagüe *m* **2.** *(grating in street)* sumidero *m*, resumidero *m (Amér)* ◇ *vt (tank, radiator)* vaciar ◇ *vi (vegetables, washing-up)* escurrirse
**draining board** ['dreɪnɪŋ-] *n (UK)* escurridero *m*
**drainpipe** ['dreɪnpaɪp] *n* tubo *m* de desagüe
**drama** ['drɑ:mə] *n* **1.** *(play, excitement)* drama *m* **2.** *(art)* teatro *m*
**dramatic** [drə'mætɪk] *adj (impressive)* dramático(ca)
**drank** [dræŋk] *pt* ➤ **drink**
**drapes** [dreɪps] *npl (US)* cortinas *fpl*
**drastic** ['dræstɪk] *adj* **1.** *(extreme)* drástico(ca) **2.** *(change, improvement)* radical
**drastically** ['dræstɪklɪ] *adv* drásticamente
**draught** [drɑ:ft] *n (UK) (of air)* corriente *f* de aire
**draught beer** *n (UK)* cerveza *f* de barril
**draughts** [drɑ:fts] *n (UK)* damas *fpl*
**draughty** ['drɑ:ftɪ] *adj (UK)* ● **it's draughty** hay corriente
**draw** [drɔ:] (*pt* **drew**, *pp* **drawn**) ◇ *vt* **1.** *(picture, map)* dibujar **2.** *(line)* trazar **3.** *(pull)* tirar de **4.** *(attract)* atraer **5.** *(comparison)* señalar **6.** *(conclusion)* llegar a ◇ *vi* **1.** *(with pen, pencil)* dibujar **2.** *(UK) SPORT* empatar ◇ *n* **1.** *(UK) SPORT (result)* empate *m* **2.** *(lottery)* sorteo *m* ● **to draw the curtains** *(open)* descorrer las cortinas; *(close)* correr las cortinas ◆ **draw out** *vt sep (money)* sacar ◆ **draw up** ◇ *vt sep (list, plan)* preparar ◇ *vi (car, bus)* pararse
**drawback** ['drɔ:bæk] *n* desventaja *f*
**drawer** [drɔ:ʳ] *n* cajón *m*
**drawing** ['drɔ:ɪŋ] *n* dibujo *m*
**drawing pin** *n (UK)* chincheta *f*
**drawing room** *n* cuarto *m* de estar
**drawn** [drɔ:n] *pp* ➤ **draw**
**dreadful** ['dredfʊl] *adj* terrible
**dream** [dri:m] ◇ *n* sueño *m* ◇ *vt* **1.** *(when asleep)* soñar **2.** *(imagine)* imaginar ◇ *vi* ● **to dream (of)** soñar (con) ● **a dream house** una casa de ensueño
**dress** [dres] ◇ *n* **1.** *(for woman, girl)* vestido *m* **2.** *(clothes)* traje *m* ◇ *vt* **1.** *(person, baby)* vestir **2.** *(wound)* vendar **3.** *(salad)* aliñar ◇ *vi* **1.** *(get dressed)* vestirse **2.** *(in particular way)* vestir ● **to be dressed in** ir vestido de ● **to get dressed** vestirse ◆ **dress up** *vi* **1.** *(in costume)* disfrazarse **2.** *(in best clothes)* engalanarse
**dress circle** *n* piso *m* principal
**dresser** ['dresəʳ] *n* **1.** *(UK) (for crockery)* aparador *m* **2.** *(US) (chest of drawers)* cómoda *f*
**dressing** ['dresɪŋ] *n* **1.** *(for salad)* aliño *m*, aderezo *m* **2.** *(for wound)* vendaje *m*
**dressing gown** *n* bata *f*

**ressing room** *n* vestuario *m*, vesti-or *m*
**ressing table** *n* tocador *m*
**ressmaker** ['dres,meɪkəʳ] *n* modisto *m*, ɪa *f*
**ress rehearsal** *n* ensayo *m* general
**rew** [druː] *pt* ➣ **draw**
**ribble** ['drɪbl] *vi* **1.** *(liquid)* gotear **2.** *ɔaby)* babear
**rier** ['draɪəʳ] = **dryer**
**rift** [drɪft] ◇ *n (of snow)* ventisquero *m* ◇ *vi* **1.** *(in wind)* dejarse llevar por el iento **2.** *(in water)* dejarse llevar por el gua
**rill** [drɪl] ◇ *n* **1.** *(tool)* taladro *m* **2.** *(of entist)* fresa *f* ◇ *vt (hole)* taladrar
**rink** [drɪŋk] *(pt* **drank**, *pp* **drunk**) ◇ *n* **.** *(of water, tea etc)* bebida *f* **2.** *(alcoholic)* opa *f* ◇ *vt & vi* beber ● **to have a drink** *alcoholic)* tomar una copa ● **would ou like a drink?** ¿quieres beber algo?
**rinkable** ['drɪŋkəbl] *adj* **1.** *(safe to drink)* otable **2.** *(wine)* agradable
**rinking water** ['drɪŋkɪŋ-] *n* agua *f* otable
**rip** [drɪp] ◇ *n* **1.** *(drop)* gota *f* **2.** MED otero *m* ◇ *vi* gotear
**rip-dry** *adj* de lava y pon
**ripping (wet)** ['drɪpɪŋ-] *adj* empapado da)
**rive** [draɪv] *(pt* **drove**, *pp* **driven**) ◇ *n* **.** *(journey)* viaje *m* (en coche) **2.** *(in front f house)* camino *m* (de entrada) ◇ *vt* **1.** *car, bus, train)* conducir **2.** *(take in car)* ɛevar (en coche) **3.** *(operate, power)* mpulsar ◇ *vi* **1.** *(drive car)* conducir **2.** *travel in car)* ir en coche ● **to drive sb o do sthg** llevar a alguien a hacer algo ● **to go for a drive** dar una vuelta en coche ● **to drive sb mad** volver loco a alguien
**drivel** ['drɪvl] *n* tonterías *fpl*
**driven** ['drɪvn] *pp* ➣ **drive**
**driver** ['draɪvəʳ] *n* **1.** *(of car, bus)* conductor *m*, -ra *f* **2.** *(of train)* maquinista *mf*
**driver's license** (*US*) = **driving licence**
**driveway** ['draɪvweɪ] *n* camino *m* de entrada
**driving lesson** ['draɪvɪŋ-] *n* clase *f* de conducir
**driving licence** ['draɪvɪŋ-] *n* (*UK*) permiso *m* (*Esp*) OR licencia *f* de conducir
**driving test** ['draɪvɪŋ-] *n* examen *m* de conducir
**drizzle** ['drɪzl] *n* llovizna *f*
**drop** [drɒp] ◇ *n* **1.** *(drip, small amount)* gota *f* **2.** *(distance down)* caída *f* **3.** *(decrease)* descenso *m* **4.** *(in wages)* disminución *f* ◇ *vt* **1.** *(let fall)* dejar caer **2.** *(reduce)* reducir **3.** *(from vehicle)* dejar **4.** *(omit)* omitir ◇ *vi* **1.** *(fall)* caer **2.** *(decrease)* disminuir **3.** *(price, temperature)* bajar ● **to drop a hint** lanzar una indirecta ● **to drop sb a line** escribir unas líneas a alguien ◆ **drop in** *vi (inf)* ● **to drop in on sb** pasarse por casa de alguien ◆ **drop off** ◇ *vt sep (from vehicle)* dejar ◇ *vi* **1.** *(fall asleep)* quedarse dormido **2.** *(fall off)* desprenderse ◆ **drop out** *vi* **1.** *(of college)* abandonar los estudios **2.** *(of race)* retirarse
**drought** [draʊt] *n* sequía *f*
**drove** [drəʊv] *pt* ➣ **drive**
**drown** [draʊn] *vi* ahogarse

**drug** [drʌg] ◇ *n* **1.** *MED* medicamento *m* **2.** *(stimulant)* droga *f* ◇ *vt* drogar
**drug addict** *n* drogadicto *m*, -ta *f*
**druggist** ['drʌgɪst] *n* (*US*) farmacéutico *m*, -ca *f*
**drum** [drʌm] *n* **1.** *MUS* tambor *m* **2.** *(container)* bidón *m* ◆ **drums** *npl (in pop music)* batería *f*
**drummer** ['drʌmə<sup>r</sup>] *n (in pop music)* batería *mf*
**drumstick** ['drʌmstɪk] *n (of chicken)* pata *f*
**drunk** [drʌŋk] ◇ *pp* ➢ **drink** ◇ *adj* borracho(cha) ◇ *n* borracho *m*, -cha *f* • **to get drunk** emborracharse
**dry** [draɪ] ◇ *adj* **1.** seco(ca) **2.** *(day)* sin lluvia ◇ *vt* secar ◇ *vi* secarse • **to dry o. s.** secarse • **to dry one's hair** secarse el pelo • **to dry one's hands** secarse las manos ◆ **dry up** *vi* **1.** *(become dry)* secarse **2.** *(dry the dishes)* secar
**dry-clean** *vt* limpiar en seco
**dry cleaner's** *n* tintorería *f*
**dryer** ['draɪə<sup>r</sup>] *n* **1.** *(for clothes)* secadora *f* **2.** *(for hair)* secador *m*
**DTP** [di:ti:'pi:] *n* (*abbr of* **desktop publishing**) autoed. *f (autoedición)*
**dual carriageway** ['dju:əl-] *n* (*UK*) autovía *f*
**dubbed** [dʌbd] *adj (film)* doblado(da)
**dubious** ['dju:bjəs] *adj (suspect)* sospechoso(sa)
**duchess** ['dʌtʃɪs] *n* duquesa *f*
**duck** [dʌk] ◇ *n* **1.** *(bird)* pato *m*, -ta *f* **2.** *(food)* pato *m* ◇ *vi* agacharse
**due** [dju:] *adj (bill, rent)* pagadero(ra) • **when is the train due?** ¿cuándo debería llegar el tren? • **the money due to me** el dinero que se me debe • **in du[e] course** a su debido tiempo • **due t[o]** debido a
**duet** [dju:'et] *n* dúo *m*
**duffel bag** ['dʌfl-] *n* morral *m*
**duffel coat** ['dʌfl-] *n* trenca *f*
**dug** [dʌg] *pt & pp* ➢ **dig**
**duke** [dju:k] *n* duque *m*
**dull** [dʌl] *adj* **1.** *(boring)* aburrido(da) **2** *(not bright)* torpe **3.** *(weather)* gris **4** *(pain)* sordo(da)
**dumb** [dʌm] *adj* **1.** (*inf*) *(stupid)* estúpid(o) (da) **2.** *(unable to speak)* mudo(da)
**dummy** ['dʌmɪ] *n* **1.** (*UK*) *(for baby)* chupete *m*, chupón *m* (*Amér*) **2.** *(fo[r] clothes)* maniquí *m*
**dump** [dʌmp] ◇ *n* **1.** *(for rubbish)* vertedero *m*, basural *m* (*Amér*) **2.** *(place)* tugurio *m* ◇ *vt* **1.** *(drop carelessly)* dejar **2** *(get rid of)* deshacerse de
**dumpling** ['dʌmplɪŋ] *n bola de masa qu[e] se guisa al vapor con carne y verduras*
**dune** [dju:n] *n* duna *f*
**dungarees** [,dʌŋgə'ri:z] *npl* **1.** (*UK*) *(fo[r] work)* mono *m* (*Esp*), overol *m* **2.** (*UK*) *(fashion item)* pantalones *mpl* de peto **3** (*US*) *(jeans) vaqueros de tela grues[a] utilizados para trabajar*
**dungeon** ['dʌndʒən] *n* mazmorra *f*
**duo** ['dju:əʊ] *n* • **with a duo of sauces** con dos salsas distintas
**duplicate** ['dju:plɪkət] *n* copia *f*
**during** ['djʊərɪŋ] *prep* durante
**dusk** [dʌsk] *n* crepúsculo *m*
**dust** [dʌst] ◇ *n* polvo *m* ◇ *vt* quitar el polvo a, sacudir (*Amér*)
**dustbin** ['dʌstbɪn] *n* (*UK*) cubo *m* de la basura

**dustcart** ['dʌstkɑːt] *n* (*UK*) camión *m* de la basura
**duster** ['dʌstəʳ] *n* trapo *m* (de quitar el polvo)
**dustman** ['dʌstmən] (*pl* **-men**) *n* (*UK*) basurero *m*
**dustpan** ['dʌstpæn] *n* recogedor *m*
**dusty** ['dʌstɪ] *adj* lleno(na) de polvo
**Dutch** [dʌtʃ] ◇ *adj* holandés(esa) ◇ *n* (*language*) holandés *m* ◇ *npl* ● **the Dutch** los holandeses
**Dutchman** ['dʌtʃmən] (*pl* **-men**) *n* holandés *m*
**Dutchwoman** ['dʌtʃˌwʊmən] (*pl* **-women**) *n* holandesa *f*
**duty** ['djuːtɪ] *n* **1.** (*moral obligation*) deber *m* **2.** (*tax*) impuesto *m* ● **to be on duty** estar de servicio ● **to be off duty** no estar de servicio ◆ **duties** *npl* (*job*) tareas *fpl*
**duty chemist's** *n* farmacia *f* de guardia
**duty-free** ◇ *adj* libre de impuestos ◇ *n* (*article*) artículo *m* libre de impuestos
**duvet** ['duːveɪ] *n* (*UK*) edredón *m*
**DVD** [diːviː'diː] *noun* (*abbr of* **Digital Video or Versatile Disc**) DVD m (*Disco Versátil Digital*)
**DVD player** *n* reproductor m de DVD
**DVD-ROM** [diːviːdiː'rɒm] *noun* (*abbr of* **Digital Video or Versatile Disc read only memory**) DVD-ROM m (*Disco Versátil Digital Read-Only Memory*)
**dwarf** [dwɔːf] (*pl* **dwarves**) *n* enano *m*, -na *f*
**dwelling** ['dwelɪŋ] *n* (*fml*) morada *f*
**dye** [daɪ] ◇ *n* tinte *m* ◇ *vt* teñir
**dying** ['daɪɪŋ] *cont* ➤ **die**
**dynamite** ['daɪnəmaɪt] *n* dinamita *f*
**dynamo** ['daɪnəməʊ] (*pl* **-s**) *n* dínamo *f*
**dyslexic** [dɪs'leksɪk] *adj* disléxico(ca)

# eE

**E** (*abbr of* **east**) E (*este*)
**E111** [iːwʌnɪ'levn] *n* (*UK*) E111 *m* *impreso para obtener asistencia médica en otros países de la Unión Europea*
**each** [iːtʃ] ◇ *adj* cada ◇ *pron* cada uno *m*, cada una *f* ● **each one** cada uno(cada una) ● **each of them** cada uno(cada una) ● **each other** el uno al otro ● **they hate each other** se odian ● **we know each other** nos conocemos ● **one each** uno cada uno(uno cada una) ● **one of each** uno de cada
**eager** ['iːgəʳ] *adj* **1.** (*pupil*) entusiasta **2.** (*expression*) de entusiasmo ● **to be eager to do sthg** estar deseoso(sa) de hacer algo
**eagle** ['iːgl] *n* águila *f*
**ear** [ɪəʳ] *n* **1.** (*of person, animal*) oreja *f* **2.** (*of corn*) espiga *f*
**earache** ['ɪəreɪk] *n* ● **to have earache** tener dolor de oídos
**earl** [ɜːl] *n* conde *m*
**early** ['ɜːlɪ] ◇ *adj* temprano(na) ◇ *adv* temprano ● **early last year** a principios del año pasado ● **early morning** la madrugada ● **it arrived an hour early** llegó con una hora de adelanto ● **at the earliest** como muy pronto ●

**early on** al principio • **to have an early night** irse a la cama temprano
**earn** [ɜːn] *vt* **1.** *(money)* ganar **2.** *(praise, success)* ganarse • **to earn a living** ganarse la vida
**earnings** ['ɜːnɪŋz] *npl* ingresos *mpl*
**earphones** ['ɪəfəʊnz] *npl* auriculares *mpl*, audífonos *mpl*
**earplugs** ['ɪəplʌgz] *npl* tapones *mpl* para los oídos
**earrings** ['ɪərɪŋz] *npl* pendientes *mpl* *(Esp)*, aretes *mpl* *(Amér)*
**earth** [ɜːθ] ◇ *n* **1.** tierra *f* **2.** *(UK)* *(electrical connection)* toma *f* de tierra ◇ *vt* *(UK)* conectar a tierra • **how on earth ...?** ¿cómo demonios ...?
**earthenware** ['ɜːθnweəʳ] *adj* de loza
**earthquake** ['ɜːθkweɪk] *n* terremoto *m*
**ease** [iːz] ◇ *n* facilidad *f* ◇ *vt* **1.** *(pain)* aliviar **2.** *(problem)* atenuar • **at ease** cómodo • **with ease** con facilidad ◆ **ease off** *vi* **1.** *(pain)* calmarse **2.** *(rain)* amainar
**easily** ['iːzɪlɪ] *adv* **1.** *(without difficulty)* fácilmente **2.** *(by far)* sin lugar a dudas
**east** [iːst] ◇ *n* este *m* ◇ *adv* **1.** *(fly, walk)* hacia el este **2.** *(be situated)* al este • **in the east of England** al este de Inglaterra • **the East** *(Asia)* el Oriente
**eastbound** ['iːstbaʊnd] *adj* con dirección este
**Easter** ['iːstəʳ] *n* **1.** *(day)* Domingo *m* de Pascua **2.** *(period)* Semana *f* Santa
**eastern** ['iːstən] *adj* del este ◆ **Eastern** *adj* *(Asian)* oriental
**Eastern Europe** *n* Europa del Este
**eastwards** ['iːstwədz] *adv* hacia el este
**easy** ['iːzɪ] *adj* **1.** *(not difficult)* fácil **2.** *(without problems)* cómodo(da) • **to take it easy** *(relax)* relajarse
**easygoing** [ˌiːzɪ'gəʊɪŋ] *adj* tranquilo(la)
**eat** [iːt] (*pt* **ate**, *pp* **eaten**) *vt* & *vi* comer ◆ **eat out** *vi* comer fuera
**ebony** ['ebənɪ] *n* ébano *m*
**e-business** ['iːbɪznɪs] *n* negocio *m* electrónico
**EC** [iː'siː] *n* (*abbr of* **European Community**) CE *f* *(Comunidad Europea)*
**e-cash** ['iːkæʃ] *n* dinero *m* electrónico
**eccentric** [ɪk'sentrɪk] *adj* excéntrico(ca)
**echo** ['ekəʊ] (*pl* **-es**) ◇ *n* eco *m* ◇ *vi* resonar
**eco-friendly** [ɪkəʊ-] *adj* que no daña el ambiente
**ecological** [ɪkə'lɒdʒɪkl] *adj* ecológico (ca)
**ecology** [ɪ'kɒlədʒɪ] *n* ecología *f*
**e-commerce** ['iːkɒmɜːs] *n* *(U)* comercio *m* electrónico
**economic** [ˌiːkə'nɒmɪk] *adj* **1.** *(relating to the economy)* económico(ca) **2.** *(profitable)* rentable ◆ **economics** *n* economía *f*
**economical** [ˌiːkə'nɒmɪkl] *adj* económico(ca)
**economize** [ɪ'kɒnəmaɪz] *vi* economizar
**economy** [ɪ'kɒnəmɪ] *n* economía *f*
**economy class** *n* clase *f* turista
**economy size** *adj* de tamaño económico
**ecstasy** ['ekstəsɪ] *n* éxtasis *m inv*
**Ecuador** ['ekwədɔːʳ] *n* Ecuador
**Ecuadorian** [ˌekwə'dɔːrən] ◇ *adj* ecuatoriano(na) ◇ *n* ecuatoriano *m*, -na *f*
**eczema** ['eksɪmə] *n* eccema *m*
**edge** [edʒ] *n* **1.** *(border)* borde *m* **2.** *(of*

*table, coin, ruler)* canto *m* **3.** *(of knife)* filo *m*

**edible** ['edɪbl] *adj* comestible

**Edinburgh** ['edɪnbrə] *n* Edimburgo

**Edinburgh Festival** *n* • **the Edinburgh Festival** el festival de Edimburgo

**edition** [ɪ'dɪʃn] *n* edición *f*

**editor** ['edɪtə^r] *n* **1.** *(of newspaper, magazine)* director *m*, -ra *f* **2.** *(of book)* autor *m*, -ra *f* de la edición, redactor *m*, -ra *f* **3.** *(of film, TV programme)* montador *m*, -ra *f* *(Esp)*, editor *m*, -ra *f*

**editorial** [ˌedɪ'tɔ:rɪəl] *n* editorial *m*

**educate** ['edʒʊkeɪt] *vt* educar

**education** [ˌedʒʊ'keɪʃn] *n* **1.** *(field)* enseñanza *f* **2.** *(process or result of teaching)* educación *f*

**eel** [i:l] *n* anguila *f*

**effect** [ɪ'fekt] *n* efecto *m* • **to put sthg into effect** hacer entrar algo en vigor • **to take effect** *(medicine)* hacer efecto; *(law)* entrar en vigor

**effective** [ɪ'fektɪv] *adj* **1.** *(successful)* eficaz **2.** *(law, system)* operativo(va)

**effectively** [ɪ'fektɪvlɪ] *adv* **1.** *(successfully)* eficazmente **2.** *(in fact)* de hecho

**efficient** [ɪ'fɪʃənt] *adj* eficiente

**effort** ['efət] *n* esfuerzo *m* • **to make an effort to do sthg** hacer un esfuerzo por hacer algo • **it's not worth the effort** no merece la pena

**e.g.** *adv* p. ej.

**egg** [eg] *n* huevo *m*

**egg cup** *n* huevera *f*

**egg mayonnaise** *n relleno de bocadillo consistente en huevo duro triturado con mayonesa*

**eggplant** ['egplɑ:nt] *n* *(US)* berenjena *f*

**egg white** *n* clara *f* (de huevo)

**egg yolk** *n* yema *f* (de huevo)

**Egypt** ['i:dʒɪpt] *n* Egipto

**eiderdown** ['aɪdədaʊn] *n* *(UK)* edredón *m*

**eight** [eɪt] *num* ocho • **to be eight (years old)** tener ocho años (de edad) • **it's eight (o'clock)** son las ocho • **a hundred and eight** ciento ocho • **eight Hill St** Hill St, número ocho • **it's minus eight (degrees)** hay ocho grados bajo cero • **eight out of ten** ocho sobre diez

**eighteen** [ˌeɪ'ti:n] *num* dieciocho

**eighteenth** [ˌeɪ'ti:nθ] *num* decimoctavo (va)

**eighth** [eɪtθ] ◇ *num adj* octavo(va) ◇ *pron* octavo *m*, -va *f* ◇ *num n (fraction)* octavo *m* ◇ *num adv* octavo • **an eighth (of)** la octava parte (de) • **the eighth (of September)** el ocho (de septiembre)

**eightieth** ['eɪtɪɪθ] *num* octogésimo(ma)

**eighty** ['eɪtɪ] *num* ochenta

**Eire** ['eərə] *n* Eire

**either**[1] ['aɪðə^r, 'i:ðə^r] *adj* • **either book will do** cualquiera de los dos libros vale

**either**[2] ['aɪðə^r, 'i:ðə^r] *pron* • **I'll take either (of them)** me llevaré cualquiera (de los dos) • **I don't like either (of them)** no me gusta ninguno (de los dos)

**either**[3] ['aɪðə^r, 'i:ðə^r] *adv* • **I can't either** yo tampoco (puedo) • **either ... or** o ... o • **I don't speak either French or Spanish** no hablo ni francés ni español • **on either side** a ambos lados

**eject** [ɪ'dʒekt] *vt (cassette)* expulsar
**elaborate** [ɪ'læbrət] *adj* elaborado(da)
**elastic** [ɪ'læstɪk] *n* elástico *m*
**elastic band** *n (UK)* goma *f* (elástica)
**elbow** ['elbəʊ] *n* codo *m*
**elder** ['eldəʳ] *adj* mayor
**elderly** ['eldəlɪ] ◇ *adj* anciano(na) ◇ *npl* • **the elderly** los ancianos
**eldest** ['eldɪst] *adj* mayor
**elect** [ɪ'lekt] *vt (by voting)* elegir
**election** [ɪ'lekʃn] *n* elección *f*
**electric** [ɪ'lektrɪk] *adj* eléctrico(ca)
**electrical goods** [ɪ'lektrɪkl-] *npl* electrodomésticos *mpl*
**electric blanket** *n* manta *f* eléctrica
**electric drill** *n* taladro *m* eléctrico
**electric fence** *n* cercado *m* electrificado
**electrician** [ˌɪlek'trɪʃn] *n* electricista *mf*
**electricity** [ˌɪlek'trɪsətɪ] *n* electricidad *f*
**electric shock** *n* descarga *f* eléctrica
**electrocute** [ɪ'lektrəkju:t] *vt* electrocutar
**electronic** [ˌɪlek'trɒnɪk] *adj* electrónico (ca)
**elegant** ['elɪgənt] *adj* elegante
**element** ['elɪmənt] *n* **1.** *(part, chemical)* elemento *m* **2.** *(degree)* toque *m*, matiz *m* **3.** *(of fire, kettle)* resistencia *f* • **the elements** los elementos
**elementary** [ˌelɪ'mentərɪ] *adj* elemental
**elephant** ['elɪfənt] *n* elefante *m*
**elevator** ['elɪveɪtəʳ] *n (US)* ascensor *m*
**eleven** [ɪ'levn] ◇ *num adj* once ◇ *num n* once *m inv* • **to be eleven (years old)** tener once años (de edad) • **it's eleven (o'clock)** son las once • **a hundred and eleven** ciento once • **eleven Hill St** Hill St, número once • **it's minus eleven (degrees)** hay once grados bajo cero
**eleventh** [ɪ'levnθ] ◇ *num adj* undécimo (ma) ◇ *pron* undécimo *m*, -ma *f* ◇ *num n (fraction)* undécimo *m* ◇ *num adv* undécimo • **an eleventh (of)** la undécima parte (de) • **the eleventh (of September)** el undécimo (de septiembre)
**eligible** ['elɪdʒəbl] *adj* elegible
**eliminate** [ɪ'lɪmɪneɪt] *vt* eliminar
**Elizabethan** [ɪˌlɪzə'bi:θn] *adj* isabelino (na)
**elm** [elm] *n* olmo *m*
**El Salvador** [ˌel'sælvədɔ:ʳ] *n* El Salvador
**else** [els] *adv* • **I don't want anything else** no quiero nada más • **anything else?** ¿algo más? • **everyone else** todos los demás(todas las demás) • **nobody else** nadie más • **nothing else** nada más • **somebody else** otra persona • **something else** otra cosa • **somewhere else** a/en otra parte • **what else?** ¿qué más? • **who else?** ¿quién más? • **or else** si no
**elsewhere** [els'weəʳ] *adv* a/en otra parte
**e-mail** ['i:meɪl] ◇ *n* **1.** *(system)* correo *m* electrónico, email *m* **2.** *(message)* mensaje *m* (de correo) electrónico, mail *m*, email *m* ◇ *vt* • **to e-mail sb** mandarle a alguien un mensaje (de correo) electrónico • **I'll e-mail the details to you** te enviaré los detalles por correo electrónico

## e-mails

You can start an e-mail (colloquially known as *un emilio* in Spanish) with formal phrases such as *Sra. Caravaca:* or *Estimado Sr. Hernández:*. However, in the majority of contexts less formal phrases are preferred, for example: *Querido Gustavo:, Hola, Carmen:* or *¿Qué tal, Pedro?* Remember that unlike in English, these phrases are followed by a colon and not a comma. You can end a formal e-mail with *Cordialmente*, but it is more usual to sign off with informal phrases like *Saludos, Abrazos, Nos vemos* or *Hasta pronto*. For close friends and family, you can also use *Besos* or *Besitos*.

**e-mail address** *n* dirección *f* de correo electrónico (*Esp*), dirección *f* electrónica (*Amér*)
**embankment** [ɪm'bæŋkmənt] *n* **1.** *(next to river)* dique *m* **2.** *(next to road, railway)* terraplén *m*
**embark** [ɪm'bɑːk] *vi (board ship)* embarcar
**embarrass** [ɪm'bærəs] *vt* avergonzar
**embarrassed** [ɪm'bærəst] *adj* • **I was embarrassed** me daba vergüenza OR pena (*Amér*)
**embarrassing** [ɪm'bærəsɪŋ] *adj* embarazoso(sa), penoso(sa)
**embarrassment** [ɪm'bærəsmənt] *n* vergüenza *f*, pena *f* (*Amér*)
**embassy** ['embəsɪ] *n* embajada *f*
**emblem** ['embləm] *n* emblema *m*
**embrace** [ɪm'breɪs] *vt* abrazar
**embroidered** [ɪm'brɔɪdəd] *adj* bordado (da)
**embroidery** [ɪm'brɔɪdərɪ] *n* bordado *m*
**emerald** ['emərəld] *n* esmeralda *f*
**emerge** [ɪ'mɜːdʒ] *vi* **1.** *(from place)* salir **2.** *(fact, truth)* salir a la luz
**emergency** [ɪ'mɜːdʒənsɪ] ◇ *n* emergencia *f* ◇ *adj* de emergencia • **in an emergency** en caso de emergencia
**emergency exit** *n* salida *f* de emergencia
**emergency landing** *n* aterrizaje *m* forzoso
**emergency services** *npl* servicios *mpl* de emergencia
**emigrate** ['emɪgreɪt] *vi* emigrar
**emit** [ɪ'mɪt] *vt* emitir
**emotion** [ɪ'məʊʃn] *n* emoción *f*
**emotional** [ɪ'məʊʃənl] *adj* emotivo(va)
**emphasis** ['emfəsɪs] (*pl* **-ases**) *n* énfasis *m inv*
**emphasize** ['emfəsaɪz] *vt* enfatizar, subrayar
**empire** ['empaɪə^r] *n* imperio *m*
**employ** [ɪm'plɔɪ] *vt* emplear
**employed** [ɪm'plɔɪd] *adj* empleado(da)
**employee** [ɪm'plɔɪiː] *n* empleado *m*, -da *f*
**employer** [ɪm'plɔɪə^r] *n* patrono *m*, -na *f*
**employment** [ɪm'plɔɪmənt] *n* empleo *m*
**employment agency** *n* agencia *f* de trabajo
**empty** ['emptɪ] ◇ *adj* **1.** vacío(a) **2.** *(threat, promise)* vano(na) ◇ *vt* vaciar
**EMU** [iːem'juː] *n* (*abbr of* **European Monetary Union**) UME *f* (*Unión mone-*

*taria europea)*
**emulsion (paint)** [ɪ'mʌlʃn-] *n* pintura *f* mate
**enable** [ɪ'neɪbl] *vt* • **to enable sb to do sthg** permitir a alguien hacer algo
**enamel** [ɪ'næml] *n* esmalte *m*
**enclose** [ɪn'kləʊz] *vt* **1.** *(surround)* rodear **2.** *(with letter)* adjuntar
**enclosed** [ɪn'kləʊzd] *adj (space)* cerrado (da)
**encounter** [ɪn'kaʊntəʳ] *vt* encontrarse con
**encourage** [ɪn'kʌrɪdʒ] *vt (person)* animar • **to encourage sb to do sthg** animar a alguien a hacer algo
**encouragement** [ɪn'kʌrɪdʒmənt] *n* aliento *m*, ánimo *m*
**encrypt** [en'krɪpt] *vt COMPUT* codificar
**encyclopedia** [ɪn,saɪklə'pi:djə] *n* enciclopedia *f*
**end** [end] ◇ *n* **1.** fin *m* **2.** *(furthest point)* extremo *m* **3.** *(of finger, toe)* punta *f* ◇ *vt* terminar ◇ *vi* acabarse • **to come to an end** acabarse • **to put an end to sthg** poner fin a algo • **for days on end** día tras día • **in the end** al final • **to make ends meet** llegar al final de mes • **at the end of** *(street, garden)* al final de • **at the end of April** a finales de abril ◆ **end up** *vi* acabar, terminar • **to end up doing sthg** acabar por hacer algo
**endangered species** [ɪn'deɪndʒəd-] *n* especie *f* en peligro
**ending** ['endɪŋ] *n* **1.** *(of story, film)* final *m* **2.** *GRAM* terminación *f*
**endive** ['endaɪv] *n* **1.** *(curly)* endibia *f* **2.** *(chicory)* achicoria *f*
**endless** ['endlɪs] *adj* interminable
**endorsement** [ɪn'dɔ:smənt] *n (UK) (of driving licence)* nota de sanción en el carné de conducir
**endurance** [ɪn'djʊərəns] *n* resistencia *f*
**endure** [ɪn'djʊəʳ] *vt* soportar
**enemy** ['enɪmɪ] *n* enemigo *m*, -ga *f*
**energy** ['enədʒɪ] *n* energía *f*
**enforce** [ɪn'fɔ:s] *vt* hacer cumplir
**engaged** [ɪn'geɪdʒd] *adj* **1.** *(to be married)* prometido(da) **2.** *(UK) (phone)* ocupado(da), comunicando *(Esp)* **3.** *(toilet)* ocupado(da) • **to get engaged** prometerse
**engaged tone** *n (UK)* señal *f* de comunicando OR ocupado
**engagement** [ɪn'geɪdʒmənt] *n* **1.** *(to marry)* compromiso *m* **2.** *(appointment)* cita *f*
**engagement ring** *n* anillo *m* de compromiso
**engine** ['endʒɪn] *n* **1.** *(of vehicle)* motor *m* **2.** *(of train)* máquina *f*
**engineer** [,endʒɪ'nɪəʳ] *n* ingeniero *m*, -ra *f*
**engineering** [,endʒɪ'nɪərɪŋ] *n* ingeniería *f*
**engineering works** *npl (on railway line)* trabajos *mpl* de mejora en la línea
**England** ['ɪŋglənd] *n* Inglaterra
**English** ['ɪŋglɪʃ] ◇ *adj* inglés(esa) ◇ *n (language)* inglés *m* ◇ *npl* • **the English** los ingleses
**English breakfast** *n* desayuno *m* inglés
**English Channel** *n* • **the English Channel** el Canal de la Mancha

**nglishman** ['ɪŋglɪʃmən] (*pl* **-men**) *n* ıglés *m*
**nglishwoman** ['ɪŋglɪʃˌwʊmən] (*pl* **women**) *n* inglesa *f*
**ngrave** [ɪn'greɪv] *vt* grabar
**ngraving** [ɪn'greɪvɪŋ] *n* grabado *m*
**njoy** [ɪn'dʒɔɪ] *vt* • **I enjoyed the film** ıe gustó la película • **I enjoy wimming** me gusta nadar • **to enjoy .s.** divertirse • **enjoy your meal!** ¡que proveche!
**njoyable** [ɪn'dʒɔɪəbl] *adj* agradable
**njoyment** [ɪn'dʒɔɪmənt] *n* placer *m*
**nlargement** [ɪn'lɑːdʒmənt] *n* (*of photo*) mpliación *f*
**normous** [ɪ'nɔːməs] *adj* enorme
**nough** [ɪ'nʌf] *adj, pron & adv* bastante • **enough time** bastante tiempo • **is hat enough?** ¿es bastante? • **it's not ig enough** no es lo bastante grande • **o have had enough (of)** estar harto de)
**nquire** [ɪn'kwaɪə^r] *vi* informarse
**nquiry** [ɪn'kwaɪərɪ] *n* **1.** (*question*) preunta *f* **2.** (*investigation*) investigación *f* • **Enquiries** Información
**nquiry desk** *n* información *f*
**nrol** [ɪn'rəʊl] *vi* (*UK*) matricularse, ıscribirse
**nroll** [ɪn'rəʊl] (*US*) = **enrol**
**n suite bathroom** [ɒn'swiːt-] *n* baño ı adjunto
**nsure** [ɪn'ʃʊə^r] *vt* asegurar
**NT** [iːen'tiː] *n* (*abbr of* **Ear, Nose and hroat**) otorrinolaringilogía *f*
**ntail** [ɪn'teɪl] *vt* conllevar
**nter** ['entə^r] ◇ *vt* **1.** (*room, building*) ntrar en **2.** (*plane, bus*) subir a **3.** (*college*) matricularse a, inscribirse en **4.** (*army*) alistarse en **5.** (*competition*) presentarse a **6.** (*on form*) escribir ◇ *vi* **1.** (*come in*) entrar **2.** (*in competition*) presentarse, participar
**enterprise** ['entəpraɪz] *n* empresa *f*
**entertain** [ˌentə'teɪn] *vt* (*amuse*) entretener
**entertainer** [ˌentə'teɪnə^r] *n* artista *mf*
**entertaining** [ˌentə'teɪnɪŋ] *adj* entretenido(da)
**entertainment** [ˌentə'teɪnmənt] *n* **1.** (*amusement*) diversión *f* **2.** (*show*) espectáculo *m*
**enthusiasm** [ɪn'θjuːzɪæzm] *n* entusiasmo *m*
**enthusiast** [ɪn'θjuːzɪæst] *n* entusiasta *mf*
**enthusiastic** [ɪnˌθjuːzɪ'æstɪk] *adj* entusiasta
**entire** [ɪn'taɪə^r] *adj* entero(ra)
**entirely** [ɪn'taɪəlɪ] *adv* enteramente
**entitle** [ɪn'taɪtl] *vt* • **to entitle sb to sthg** dar a alguien derecho a algo • **to entitle sb to do sthg** autorizar a alguien a hacer algo
**entrance** ['entrəns] *n* entrada *f*
**entrance fee** *n* precio *m* de entrada
**entry** ['entrɪ] *n* **1.** entrada *f* **2.** (*in competition*) respuesta *f* ▼ **no entry** prohibido el paso
**envelope** ['envələʊp] *n* sobre *m*

**envelopes**

When addressing envelopes in Spanish, the house number comes after the street name and the postcode goes before the name of the town. For flats, you write the number of the floor followed by the flat number, e.g. 5º 2ª (fifth floor, flat no. 2). A typical address might be: *c/ Trapiche nº 177 5º 2ª, 29600 Marbella, MÁLAGA*. In this example, *c/* is the abbreviation for *calle*, *nº 177* is the main door number for the block of flats, *29600* is the postcode and *MÁLAGA* is the province (written in capitals).

**envious** ['envɪəs] *adj* envidioso(sa)
**environment** [ɪn'vaɪərənmənt] *n* *(surroundings)* entorno *m* • **the environment** el medio ambiente
**environmental** [ɪn,vaɪərən'mentl] *adj* medioambiental
**environmentally friendly** [ɪn,vaɪərən-'mentəlɪ-] *adj* ecológico(ca)
**envy** ['envɪ] *vt* envidiar
**epic** ['epɪk] *n* epopeya *f*
**epidemic** [,epɪ'demɪk] *n* epidemia *f*
**epileptic** [,epɪ'leptɪk] *adj* epiléptico(ca)
**episode** ['epɪsəʊd] *n* episodio *m*
**equal** ['i:kwəl] ◇ *adj* igual ◇ *vt* *(number)* ser igual a • **to be equal to** ser igual a
**equality** [ɪ'kwɒlətɪ] *n* igualdad *f*
**equalize** ['i:kwəlaɪz] *vi* marcar el empate
**equally** ['i:kwəlɪ] *adv* **1.** igualmente **2.** *(pay, treat)* equitativamente **3.** *(share)* por igual
**equation** [ɪ'kweɪʒn] *n* ecuación *f*
**equator** [ɪ'kweɪtə^r] *n* • **the equator** el ecuador
**equip** [ɪ'kwɪp] *vt* • **to equip sb with** proveer a alguien (de) • **to equip sthg with** equipar algo (con)
**equipment** [ɪ'kwɪpmənt] *n* equipo *m*
**equipped** [ɪ'kwɪpt] *adj* • **to be equipped with** estar provisto(ta) de
**equivalent** [ɪ'kwɪvələnt] ◇ *adj* equivalente ◇ *n* equivalente *m*
**ER** [i:'ɑ:^r] *n* *(US)* *(abbr of* **emergency room***)* urgencias *fpl*
**erase** [ɪ'reɪz] *vt* borrar
**eraser** [ɪ'reɪzə^r] *n* goma *f* de borrar
**erect** [ɪ'rekt] ◇ *adj* *(person, posture)* erguido(da) ◇ *vt* **1.** *(tent)* montar **2.** *(monument)* erigir
**erotic** [ɪ'rɒtɪk] *adj* erótico(ca)
**errand** ['erənd] *n* recado *m*
**erratic** [ɪ'rætɪk] *adj* irregular
**error** ['erə^r] *n* error *m*
**escalator** ['eskəleɪtə^r] *n* escalera *f* mecánica
**escalope** ['eskəlɒp] *n* escalope *m*
**escape** [ɪ'skeɪp] ◇ *n* **1.** *(flight)* fuga *f* **2.** *(of gas, water)* escape *m* ◇ *vi* • **to escape (from)** *(prison, danger)* escaparse (de) *(leak)* fugarse (de)
**escort** ◇ *n* ['eskɔ:t] *(guard)* escolta *f* ◇ *vt* [ɪ'skɔ:t] escoltar
**especially** [ɪ'speʃəlɪ] *adv* especialmente
**esplanade** [,esplə'neɪd] *n* paseo *m* marítimo
**essay** ['eseɪ] *n* **1.** *(at school)* redacción **2.** *(at university)* trabajo *m*
**essential** [ɪ'senʃl] *adj* esencial ♦ **essentials** *npl* • **the (bare) essentials** lo (mínimo) indispensable
**essentially** [ɪ'senʃəlɪ] *adv* esencialmente
**establish** [ɪ'stæblɪʃ] *vt* **1.** *(set up, create)* establecer **2.** *(fact, truth)* verificar

**establishment** [ɪ'stæblɪʃmənt] *n* *(business)* establecimiento *m*
**estate** [ɪ'steɪt] *n* **1.** *(land in country)* finca *f* **2.** *(UK)* *(for housing)* urbanización *f* **3.** *(UK)* *(car)* = **estate car**
**estate agent** *n* *(UK)* agente *m* inmobiliario, agente *f* inmobiliaria
**estate car** *n* *(UK)* coche *m* familiar, coche *m* ranchera, camioneta *f* *(Amér)*
**estimate** ◇ *n* ['estɪmət] **1.** *(guess)* estimación *f* **2.** *(for job)* presupuesto *m* ◇ *vt* ['estɪmeɪt] calcular
**estuary** ['estjʊərɪ] *n* estuario *m*
**etc.** (*abbr of* **etcetera**) etc. *(etcétera)*
**ethnic minority** ['eθnɪk-] *n* minoría *f* étnica
**EU** [iː'juː] *n* (*abbr of* **European Union**) UE *f* *(Unión Europea)* • **EU policy** directriz *f* de la UE
**euro** ['jʊərə] *n* euro *m*
**Eurocheque** ['jʊərəʊˌtʃek] *n* eurocheque *m*
**Europe** ['jʊərəp] *n* Europa
**European** [ˌjʊərə'pɪən] ◇ *adj* europeo(a) ◇ *n* europeo *m*, -a *f*
**European Central Bank** *n* Banco *m* Central Europeo
**European Commission** *n* Comisión *f* Europea
**Eurostar**® ['jʊərəʊstɑː$^r$] *n* Eurostar® *m*
**euro zone** *n* zona *f* del euro
**evacuate** [ɪ'vækjʊeɪt] *vt* evacuar
**evade** [ɪ'veɪd] *vt* eludir
**eve** [iːv] *n* • **on the eve of** en la víspera de
**even** ['iːvn] ◇ *adj* **1.** *(uniform)* constante, uniforme **2.** *(level, flat)* llano(na), liso(sa) **3.** *(equal)* igualado(da) **4.** *(number)* par ◇ *adv* **1.** *(emphasizing surprise)* hasta **2.** *(in comparisons)* aun • **to break even** acabar sin ganar ni perder • **even so** aun así • **even though** aunque • **not even** ni siquiera
**evening** ['iːvnɪŋ] *n* **1.** *(from 5 p.m. to 8 p.m.)* tarde *f* **2.** *(from 9 p.m. onwards)* noche *f* **3.** *(event)* velada *f* • **good evening!** ¡buenas tardes!, ¡buenas noches! • **in the evening** por la tarde, por la noche
**evening classes** *npl* clases *fpl* nocturnas
**evening dress** *n* **1.** *(formal clothes)* traje *m* de etiqueta **2.** *(woman's garment)* traje de noche
**evening meal** *n* cena *f*
**event** [ɪ'vent] *n* **1.** *(occurrence)* suceso *m* **2.** *SPORT* prueba *f* • **in the event of** *(fml)* en caso de
**eventual** [ɪ'ventʃʊəl] *adj* final, definitivo(va)
**eventually** [ɪ'ventʃʊəlɪ] *adv* finalmente
**ever** ['evə$^r$] *adv* **1.** *(at any time)* alguna vez **2.** *(in negatives)* nunca • **I don't ever do that** no hago eso nunca • **the best I've ever seen** lo mejor que nunca he visto • **he was ever so angry** *(UK)* estaba muy enfadado • **for ever** *(eternally)* para siempre • **we've been waiting for ever** hace siglos que esperamos • **hardly ever** casi nunca • **ever since** desde entonces, desde, desde que
**every** ['evrɪ] *adj* cada • **every day** cada día • **every other day** un día sí y otro no • **one in every ten** uno de cada

diez ◆ **we make every effort ...** hacemos todo lo posible ... ◆ **every so often** de vez en cuando
**everybody** ['evrɪˌbɒdɪ] = **everyone**
**everyday** ['evrɪdeɪ] *adj* diario(ria)
**everyone** ['evrɪwʌn] *pron* todo el mundo, todos *mpl*, -das *f*
**everyplace** ['evrɪˌpleɪs] (*US*) = **everywhere**
**everything** ['evrɪθɪŋ] *pron* todo
**everywhere** ['evrɪweəʳ] *adv* **1.** *(be, search)* por todas partes **2.** *(with verbs of motion)* a todas partes ◆ **everywhere you go** por todas partes
**evidence** ['evɪdəns] *n* **1.** *(proof)* prueba *f* **2.** *LAW* declaración *f*
**evident** ['evɪdənt] *adj* evidente
**evidently** ['evɪdəntlɪ] *adv* **1.** *(apparently)* aparentemente **2.** *(obviously)* evidentemente
**evil** ['i:vl] ◇ *adj* malvado(da) ◇ *n* mal *m*
**ex** [eks] *n* *(inf)* ex *mf*
**exact** [ɪg'zækt] *adj* exacto(ta) ▼ **exact fare ready please** tenga listo el precio exacto del billete
**exactly** [ɪg'zæktlɪ] ◇ *adv* exactamente ◇ *excl* ¡exacto!
**exaggerate** [ɪg'zædʒəreɪt] *vt* & *vi* exagerar
**exaggeration** [ɪgˌzædʒə'reɪʃn] *n* exageración *f*
**exam** [ɪg'zæm] *n* examen *m* ◆ **to take an exam** examinarse, presentarse a un examen
**examination** [ɪgˌzæmɪ'neɪʃn] *n* **1.** *(exam)* examen *m* **2.** *MED* reconocimiento *m*
**examine** [ɪg'zæmɪn] *vt* **1.** *(inspect)* examinar **2.** *(consider carefully)* considerar **3.** *MED* reconocer
**example** [ɪg'zɑ:mpl] *n* ejemplo *m* ◆ **for example** por ejemplo
**exceed** [ɪk'si:d] *vt* **1.** *(be greater than)* exceder **2.** *(go beyond)* rebasar
**excellent** ['eksələnt] *adj* excelente
**except** [ɪk'sept] *prep* & *conj* salvo ◆ **except for** aparte de ▼ **except for access** *cartel que indica que el tránsito no está permitido* ▼ **except for loading** salvo carga y descarga
**exception** [ɪk'sepʃn] *n* excepción *f*
**exceptional** [ɪk'sepʃnəl] *adj* excepcional
**excerpt** ['eksɜ:pt] *n* extracto *m*, pasaje *m*
**excess** [ɪk'ses] *(before noun* ['ekses]) ◇ *adj* excedente ◇ *n* exceso *m*
**excess baggage** *n* exceso *m* de equipaje
**excess fare** *n* (*UK*) suplemento *m*
**excessive** [ɪk'sesɪv] *adj* excesivo(va)
**exchange** [ɪks'tʃeɪndʒ] ◇ *n* **1.** *(of telephones)* central *f* telefónica **2.** *(of students)* intercambio *m* ◇ *vt* intercambiar ◆ **to be on an exchange** estar de intercambio
**exchange rate** *n* tipo *m* de cambio
**excited** [ɪk'saɪtɪd] *adj* emocionado(da)
**excitement** [ɪk'saɪtmənt] *n* emoción *f* ◆ **excitements** *(exciting things)* emociones *fpl*
**exciting** [ɪk'saɪtɪŋ] *adj* emocionante
**exclamation mark** [ˌeksklə'meɪʃn-] *n* signo *m* de admiración
**exclamation point** [ˌeksklə'meɪʃn-] (*US*) = **exclamation mark**
**exclude** [ɪk'sklu:d] *vt* excluir

**excluding** [ɪk'skluːdɪŋ] *prep* excepto, con excepción de

**exclusive** [ɪk'skluːsɪv] ◇ *adj* **1.** *(high-class)* selecto(ta) **2.** *(sole)* exclusivo(va) ◇ *n* exclusiva *f* ◆ **exclusive of** excluyendo

**excursion** [ɪk'skɜːʃn] *n* excursión *f*

**excuse** ◇ *n* [ɪk'skjuːs] excusa *f* ◇ *vt* [ɪk'skjuːz] **1.** *(forgive)* perdonar **2.** *(let off)* dispensar ◆ **excuse me!** *(attracting attention)* ¡perdone!; *(trying to get past)* ¿me deja pasar, por favor?; *(as apology)* perdone

**ex-directory** *adj (UK) que no figura en la guía telefónica*

**execute** ['eksɪkjuːt] *vt* ejecutar

**executive** [ɪg'zekjʊtɪv] ◇ *adj (desk, suite)* para ejecutivos ◇ *n (person)* ejecutivo *m*, -va *f*

**exempt** [ɪg'zempt] *adj* ◆ **exempt (from)** exento(ta) (de)

**exemption** [ɪg'zempʃn] *n* exención *f*

**exercise** ['eksəsaɪz] ◇ *n* ejercicio *m* ◇ *vi* hacer ejercicio ◆ **to do exercises** hacer ejercicio

**exercise book** *n* cuaderno *m* de ejercicios

**exert** [ɪg'zɜːt] *vt* ejercer

**exhaust** [ɪg'zɔːst] ◇ *vt* agotar ◇ *n* ◆ **exhaust (pipe)** tubo *m* de escape

**exhausted** [ɪg'zɔːstɪd] *adj* agotado(da)

**exhibit** [ɪg'zɪbɪt] ◇ *n (in museum, gallery)* objeto *m* expuesto ◇ *vt (in exhibition)* exponer

**exhibition** [ˌeksɪ'bɪʃn] *n (of art)* exposición *f*

**exist** [ɪg'zɪst] *vi* existir

**existence** [ɪg'zɪstəns] *n* existencia *f* ◆ **to be in existence** existir

**existing** [ɪg'zɪstɪŋ] *adj* existente

**exit** ['eksɪt] ◇ *n* salida *f* ◇ *vi* salir

**exotic** [ɪg'zɒtɪk] *adj* exótico(ca)

**expand** [ɪk'spænd] *vi* **1.** *(in size)* extenderse, expandirse **2.** *(in number)* aumentarse, ampliarse

**expect** [ɪk'spekt] *vt* esperar ◆ **to expect to do sthg** esperar hacer algo ◆ **I expect you to get to work on time** *(require)* espero que llegues al trabajo puntual ◆ **to be expecting** *(be pregnant)* estar embarazada

**expedition** [ˌekspɪ'dɪʃn] *n* **1.** *(to explore etc)* expedición *f* **2.** *(short outing)* salida *f*

**expel** [ɪk'spel] *vt (from school)* expulsar

**expense** [ɪk'spens] *n* gasto *m* ◆ **at the expense of** a costa de ◆ **expenses** *npl (of business person)* gastos *mpl*

**expensive** [ɪk'spensɪv] *adj* caro(ra)

**experience** [ɪk'spɪərɪəns] ◇ *n* experiencia *f* ◇ *vt* experimentar

**experienced** [ɪk'spɪərɪənst] *adj* experimentado(da)

**experiment** [ɪk'sperɪmənt] ◇ *n* experimento *m* ◇ *vi* experimentar

**expert** ['ekspɜːt] ◇ *adj* experto(ta) ◇ *n* experto *m*, -ta *f*

**expire** [ɪk'spaɪəʳ] *vi* caducar

**expiry date** [ɪk'spaɪərɪ-] *n* fecha *f* de caducidad

**explain** [ɪk'spleɪn] *vt* explicar

**explanation** [ˌeksplə'neɪʃn] *n* explicación *f*

**explode** [ɪk'spləʊd] *vi* estallar

**exploit** [ɪk'splɔɪt] *vt* explotar

**explore** [ɪk'splɔːʳ] *vt* explorar

**explosion** [ɪk'spləʊʒn] *n* explosión *f*

**explosive** [ɪk'spləʊsɪv] *n* explosivo *m*
**export** ◇ *n* ['ekspɔːt] exportación *f* ◇ *vt* [ɪk'spɔːt] exportar
**exposed** [ɪk'spəʊzd] *adj (place)* al descubierto
**exposure** [ɪk'spəʊʒə^r] *n* **1.** exposición *f* **2.** *MED* hipotermia *f*
**express** [ɪk'spres] ◇ *adj* **1.** *(letter, delivery)* urgente **2.** *(train)* rápido(da) ◇ *n (train)* expreso *m* ◇ *vt* expresar ◇ *adv* urgente
**expression** [ɪk'spreʃn] *n* expresión *f*
**expresso** [ɪk'spresəʊ] *n* café *m* exprés
**expressway** [ɪk'spresweɪ] *n (US)* autopista *f*
**extend** [ɪk'stend] ◇ *vt* **1.** *(visa, permit)* prorrogar **2.** *(road, railway)* prolongar **3.** *(hand)* tender ◇ *vi (stretch)* extenderse
**extension** [ɪk'stenʃn] *n* **1.** *(of building)* ampliación *f* **2.** *(for phone, permit, essay)* extensión *f*
**extension cord** *(US)* = **extension lead**
**extension lead** [-liːd] *n (UK)* alargador *m*, extensión *f*
**extensive** [ɪk'stensɪv] *adj* **1.** *(damage, area)* extenso(sa) **2.** *(selection)* amplio (plia)
**extent** [ɪk'stent] *n (of damage, knowledge)* extensión *f* ◆ **to a certain extent** hasta cierto punto ◆ **to what extent ...?** ¿hasta qué punto ... ?
**exterior** [ɪk'stɪərɪə^r] ◇ *adj* exterior ◇ *n (of car, building)* exterior *m*
**external** [ɪk'stɜːnl] *adj* externo(na)
**extinct** [ɪk'stɪŋkt] *adj* extinto(ta)
**extinction** [ɪk'stɪŋkʃn] *n* extinción *f*
**extinguish** [ɪk'stɪŋgwɪʃ] *vt* **1.** *(fire)* extinguir **2.** *(cigarette)* apagar
**extinguisher** [ɪk'stɪŋgwɪʃə^r] *n* extintor *m*
**extortionate** [ɪk'stɔːʃnət] *adj* exorbitante
**extra** ['ekstrə] ◇ *adj* **1.** *(additional)* extra *inv* **2.** *(spare)* de más ◇ *n* **1.** *(bonus)* paga *f* extraordinaria **2.** *(optional thing)* extra *m* ◇ *adv (more)* más ◆ **an extra special offer** una oferta muy especial ◆ **be extra careful** ten mucho cuidado ◆ **I need some extra help** necesito más ayuda ◆ **extra charge** suplemento *m* ◆ **extra large** extra-grande ◆ **extras** *npl (in price)* suplementos *mpl*
**extract** ◇ *n* ['ekstrækt] **1.** *(of yeast, malt)* extracto *m* **2.** *(from book, opera)* fragmento *m* ◇ *vt* [ɪk'strækt] *(tooth)* extraer
**extraordinary** [ɪk'strɔːdnrɪ] *adj* extraordinario(ria)
**extravagant** [ɪk'strævəgənt] *adj* **1.** *(wasteful)* derrochador(ra) **2.** *(expensive)* exorbitante
**extreme** [ɪk'striːm] ◇ *adj* extremo(ma) ◇ *n* extremo
**extremely** [ɪk'striːmlɪ] *adv* extremadamente
**extrovert** ['ekstrəvɜːt] *n* extrovertido *m*, -da *f*
**eye** [aɪ] ◇ *n* ojo *m* ◇ *vt* mirar detenidamente ◆ **to keep an eye on** vigilar
**eyebrow** ['aɪbraʊ] *n* ceja *f*
**eyeglasses** ['aɪglɑːsɪz] *npl (US) (fml)* gafas *fpl (Esp)*, anteojos *mpl (Amér)*
**eyelash** ['aɪlæʃ] *n* pestaña *f*
**eyelid** ['aɪlɪd] *n* párpado *m*
**eyeliner** ['aɪˌlaɪnə^r] *n* lápiz *m* de ojos, delineador *m*

**eye shadow** *n* sombra *f* de ojos
**eyesight** ['aɪsaɪt] *n* vista *f*
**eye test** *n* prueba *f* de visión
**eyewitness** [ˌaɪ'wɪtnɪs] *n* testigo *mf* presencial

# F

**F** [ef] (*abbr of* **Fahrenheit**) F (*fahrenheit*)
**fab** [fæb] *adj* (*inf*) genial
**fabric** ['fæbrɪk] *n* (*cloth*) tejido *m*
**fabulous** ['fæbjʊləs] *adj* fabuloso(sa)
**facade** [fə'sɑːd] *n* fachada *f*
**face** [feɪs] ◇ *n* **1.** cara *f* **2.** (*of clock, watch*) esfera *f* ◇ *vt* **1.** (*look towards*) mirar a **2.** (*confront, accept*) hacer frente a **3.** (*cope with*) soportar ■ **to be faced with** enfrentarse con ◆ **face up to** *vt insep* hacer frente a
**facecloth** ['feɪsklɒθ] *n* toalla *f* de cara
**facial** ['feɪʃl] *n* limpieza *f* de cutis
**facilitate** [fə'sɪlɪteɪt] *vt* (*fml*) facilitar
**facilities** [fə'sɪlɪtiːz] *npl* instalaciones *fpl*
**facsimile** [fæk'sɪmɪlɪ] *n* facsímil *m*
**fact** [fækt] *n* **1.** (*established truth*) hecho *m* **2.** (*piece of information*) dato *m* ■ **in fact** (*in reality*) en realidad; (*moreover*) de hecho
**factor** ['fæktə^r] *n* **1.** (*condition*) factor *m* **2.** (*of suntan lotion*) factor *m* (de protección solar) ■ **factor ten suntan lotion** bronceador *m* con factor de protección diez
**factory** ['fæktərɪ] *n* fábrica *f*
**faculty** ['fæklti] *n* (*at university*) facultad *f*
**fade** [feɪd] *vi* **1.** (*light, sound*) irse apagando **2.** (*flower*) marchitarse **3.** (*jeans, wallpaper*) descolorarse
**faded** ['feɪdɪd] *adj* (*jeans*) desteñido(da)
**fag** [fæg] *n* (*UK*) (*inf*) (*cigarette*) pitillo *m*, tabaco *m*
**Fahrenheit** ['færənhaɪt] *adj* Fahrenheit (*inv*)
**fail** [feɪl] ◇ *vt* (*exam*) suspender (*Esp*), reprobar (*Amér*) ◇ *vi* **1.** (*not succeed*) fracasar **2.** (*in exam*) suspender, reprobar (*Amér*) **3.** (*engine*) fallar ■ **to fail to do sthg** (*not do*) no hacer algo
**failing** ['feɪlɪŋ] ◇ *n* defecto *m* ◇ *prep* ■ **failing that** en su defecto
**failure** ['feɪljə^r] *n* **1.** fracaso *m* **2.** (*unsuccessful person*) fracasado *m*, -da *f* ■ **failure to comply with the regulations** el incumplimiento de las normas
**faint** [feɪnt] ◇ *adj* **1.** (*sound, colour*) débil **2.** (*outline*) impreciso(sa) **3.** (*dizzy*) mareado(da) ◇ *vi* desmayarse ■ **I haven't the faintest idea** no tengo la más mínima idea
**fair** [feə^r] ◇ *adj* **1.** (*just*) justo(ta) **2.** (*quite large*) considerable **3.** (*quite good*) bastante bueno(na) **4.** *SCH* satisfactorio(ria) **5.** (*hair, person*) rubio(bia) **6.** (*skin*) blanco(ca) **7.** (*weather*) bueno(na) ◇ *n* feria *f* ■ **fair enough!** ¡vale!
**fairground** ['feəgraʊnd] *n* recinto *m* de la feria
**fair-haired** [-'heəd] *adj* rubio(bia)
**fairly** ['feəlɪ] *adv* (*quite*) bastante
**fairy** ['feərɪ] *n* hada *f*

**fairy tale** *n* cuento *m* de hadas
**faith** [feɪθ] *n* fe *f*
**faithfully** ['feɪθfʊlɪ] *adv* ● **Yours faithfully** le saluda atentamente
**fake** [feɪk] ◇ *n (false thing)* falsificación *f* ◇ *vt (signature, painting)* falsificar
**fall** [fɔːl] (*pt* **fell**, *pp* **fallen**) ◇ *vi* **1.** caer **2.** *(lose balance)* caerse **3.** *(decrease)* bajar ◇ *n* **1.** *(accident)* caída *f* **2.** *(decrease)* descenso *m* **3.** *(of snow)* nevada *f* **4.** *(US) (autumn)* otoño *m* ● **to fall asleep** dormirse ● **to fall ill** ponerse enfermo ● **to fall in love** enamorarse ◆ **falls** *npl (waterfall)* cataratas *fpl* ◆ **fall behind** *vi (with work, rent)* retrasarse ◆ **fall down** *vi (lose balance)* caerse ◆ **fall off** *vi* **1.** *(person)* caerse **2.** *(handle, branch)* desprenderse ◆ **fall out** *vi (argue)* pelearse ● **my tooth fell out** se me cayó un diente ◆ **fall over** *vi* caerse ◆ **fall through** *vi* fracasar
**false** [fɔːls] *adj* **1.** falso(sa) **2.** *(artificial)* postizo(za)
**false alarm** *n* falsa alarma *f*
**false teeth** *npl* dentadura *f* postiza
**fame** [feɪm] *n* fama *f*
**familiar** [fə'mɪljə^r] *adj* **1.** *(known)* familiar **2.** *(informal)* demasiado amistoso (sa) ● **to be familiar with** *(know)* estar familiarizado(da) con
**family** ['fæmlɪ] ◇ *n* familia *f* ◇ *adj* **1.** *(large)* familiar **2.** *(film, holiday)* para toda la familia
**family planning clinic** [-'plænɪŋ-] *n* clínica *f* de planificación familiar
**family room** *n* **1.** *(at hotel)* habitación *f* familiar
**famine** ['fæmɪn] *n* hambruna *f*
**famished** ['fæmɪʃt] *adj (inf)* muerto(ta) de hambre
**famous** ['feɪməs] *adj* famoso(sa)
**fan** [fæn] *n* **1.** *(held in hand)* abanico *m* **2.** *(electric)* ventilador *m* **3.** *(enthusiast)* admirador *m*, -ra *f* **4.** *(supporter)* aficionado *m*, -da *f*
**fan belt** *n* correa *f* OR banda *f* (*Méx*) del ventilador
**fancy** ['fænsɪ] ◇ *adj* **1.** *(elaborate)* recargado(da) **2.** *(food)* elaborado(da) ◇ *v*[t] *(UK) (inf)* ● **I fancy an ice cream** me apetece tomar un helado ● **he fancies Jane** le gusta Jane ● **fancy (that)!** ¡fíjate!
**fancy dress** *n* disfraz *m*
**fantastic** [fæn'tæstɪk] *adj* fantástico(ca)
**fantasy** ['fæntəsɪ] *n* fantasía *f*
**FAQ** [fak] *n COMPUT* (*abbr of* **frequently asked questions**) fichero *m* de preguntas frecuentes
**far** [fɑː^r] (*compar* **further** OR **farther** *superl* **furthest** OR **farthest**) ◇ *adv* **1.** *(in distance, time)* lejos **2.** *(in degree)* mucho ◇ *adj* **1.** *(end)* extremo(ma) **2.** *(side)* opuesto(ta) ● **have you come far?** ¿vienes de lejos? ● **how far is it?** ¿está lejos? ● **how far is it to London?** ¿cuánto hay de aquí a Londres? ● **as far as** *(place)* hasta ● **as far as I'm concerned** por lo que a mí se refiere ● **as far as I know** que yo sepa ● **far better** mucho mejor ● **by far** con mucho ● **it's far too difficult** es demasiado difícil ● **so far** hasta ahora ● **to go too far** pasarse
**farce** [fɑːs] *n* farsa *f*
**fare** [feə^r] ◇ *n* **1.** *(on bus, train etc)* precio

del billete **2.** *(fml) (food)* comida *f* ◇ • **she fared well** le fue bien
**ar East** *n* • **the Far East** el Lejano riente
**rm** [fɑːm] *n* granja *f*
**rmer** ['fɑːməʳ] *n* agricultor *m*, -ra *f*
**rmhouse** ['fɑːmhaʊs] *(pl* [-haʊzɪz]) *n* serío *m*
**rming** ['fɑːmɪŋ] *n* agricultura *f*
**rmland** ['fɑːmlænd] *n* tierras *fpl* de branza
**rmyard** ['fɑːmjɑːd] *n* corral *m*
**rther** ['fɑːðəʳ] *compar* ➤ **far**
**rthest** ['fɑːðəst] *superl* ➤ **far**
**scinating** ['fæsɪneɪtɪŋ] *adj* fascinante
**scination** [ˌfæsɪ'neɪʃn] *n* fascinación *f*
**shion** ['fæʃn] *n* **1.** *(trend, style)* moda *f* *(manner)* manera *f* • **to be in fashion** star de moda • **to be out of fashion** star pasado de moda
**shionable** ['fæʃnəbl] *adj* de moda
**shion show** *n* desfile *m* de moda
**st** [fɑːst] ◇ *adj* **1.** *(quick)* rápido(da) **2.** *lock, watch)* adelantado(da) ◇ *adv* **1.** *uickly)* rápidamente **2.** *(securely)* fir-emente • **fast asleep** profunda-ente dormido • **a fast train** un en rápido
**sten** ['fɑːsn] *vt* **1.** *(belt, coat)* abrochar *(two things)* sujetar
**stener** ['fɑːsnəʳ] *n* **1.** *(of window, box)* erre *m* **2.** *(of dress)* corchete *m*
**st food** *n* comida *f* rápida
**t** [fæt] ◇ *adj* **1.** *(person)* gordo(da) **2.** *neat)* con mucha grasa ◇ *n* **1.** grasa *f* *(for cooking)* manteca *f*
**tal** ['feɪtl] *adj (accident, disease)* mortal
**t-free** *adj* sin grasa

**father** ['fɑːðəʳ] *n* padre *m*
**Father Christmas** *n* *(UK)* Papá *m* Noel
**father-in-law** *n* suegro *m*
**fattening** ['fætnɪŋ] *adj* que engorda
**fatty** ['fætɪ] *adj* graso(sa)
**faucet** ['fɔːsɪt] *n* *(US)* grifo *m* *(Esp)*, llave *f*
**fault** ['fɔːlt] *n* **1.** *(responsibility)* culpa *f* **2.** *(flaw)* defecto *m* **3.** *(in machine)* fallo *m* • **it's your fault** tú tienes la culpa
**faulty** ['fɔːltɪ] *adj* defectuoso(sa)
**favor** ['feɪvər] *(US)* = **favour**
**favour** ['feɪvəʳ] ◇ *n* *(UK)* *(kind act)* favor *m* ◇ *vt (prefer)* preferir • **to be in favour of** estar a favor de • **to do sb a favour** hacerle un favor a alguien
**favorable** ['feɪvrəbl] *(US)* = **favourable**
**favorite** ['feɪvrət] [ *(US)* = **favourite**
**favorites** ['feɪvrɪts] *n* *COMPUT* favoritos *mpl*
**favourable** 'feɪvrəbl] *adj* *(UK)* favorable
**favourite** ['feɪvrɪt] ◇ *adj* *(UK)* favorito (ta) ◇ *n* favorito *m*, -ta *f*
**fawn** [fɔːn] *adj* beige *inv*
**fax** [fæks] ◇ *n* fax *m inv* ◇ *vt* **1.** *(document)* enviar por fax **2.** *(person)* enviar un fax a
**fear** [fɪəʳ] ◇ *n* **1.** *(sensation)* miedo *m* **2.** *(thing feared)* temor *m* ◇ *vt (be afraid of)* temer • **for fear of** por miedo a
**feast** [fiːst] *n* banquete *m*
**feather** ['feðəʳ] *n* pluma *f*
**feature** ['fiːtʃəʳ] ◇ *n* **1.** *(characteristic)* característica *f* **2.** *(of face)* rasgo *m* **3.** *(in newspaper)* artículo *m* de fondo **4.** *(on radio, TV)* programa *m* especial ◇ *vt (subj: film)* estar protagonizado por
**feature film** *n* largometraje *m*

**Feb** [feb] (*abbr of* **February**) feb. (*febrero*)

**February** ['febrʊərɪ] *n* febrero *m* • **at the beginning of February** a principios de febrero • **at the end of February** a finales de febrero • **during February** en febrero • **every February** todos los años en febrero • **in February** en febrero • **last February** en febrero del año pasado • **next February** en febrero del próximo año • **this February** en febrero de este año • **2 February 2001** (*in letters etc*) 2 de febrero de 2001

**fed** [fed] *pt & pp* ➢ **feed**

**fed up** *adj* harto(ta) • **to be fed up with** estar harto de

**fee** [fi:] *n* **1.** (*for entry*) precio *m* **2.** (*for service*) tarifa *f* **3.** (*of doctor, lawyer*) honorarios *mpl*

**feeble** ['fi:bəl] *adj* (*weak*) débil

**feed** [fi:d] (*pt & pp* **fed**) *vt* **1.** (*person, animal*) dar de comer a **2.** (*insert*) introducir

**feel** [fi:l] (*pt & pp* **felt**) ◇ *vt* **1.** (*touch*) tocar **2.** (*experience*) sentir **3.** (*think*) pensar que ◇ *vi* **1.** (*tired, ill, better*) encontrarse **2.** (*sad, angry, safe*) sentirse ◇ *n* (*of material*) tacto *m* • **my nose feels cold** tengo la nariz fría • **to feel cold** tener frío • **to feel hungry** tener hambre • **I feel like a cup of tea** me apetece una taza de té • **to feel up to doing sthg** sentirse con ánimos de hacer algo

**feeling** ['fi:lɪŋ] *n* **1.** (*emotion*) sentimiento *m* **2.** (*sensation*) sensación *f* **3.** (*belief*) impresión *f* • **to hurt sb's feelings** herir los sentimientos de alguien

**feet** [fi:t] *pl* ➢ **foot**

**fell** [fel] ◇ *pt* ➢ **fall** ◇ *vt* talar

**fellow** ['feləʊ] ◇ *n* (*man*) tío *m* ◇ *adj* **my fellow students** mis compañeros clase

**felt** [felt] ◇ *pt & pp* ➢ **feel** ◇ *n* fieltro

**felt-tip pen** *n* rotulador *m*, marcad *m* (*Amér*)

**female** ['fi:meɪl] ◇ *adj* **1.** (*animal*) hem bra **2.** (*person*) femenino(na) ◇ hembra *f*

**feminine** ['femɪnɪn] *adj* femenino(na)

**feminist** ['femɪnɪst] *n* feminista *mf*

**fence** [fens] *n* valla *f*

**fencing** ['fensɪŋ] *n* SPORT esgrima *f*

**fend** [fend] *vi* • **to fend for o.s.** valer por sí mismo(ma)

**fender** ['fendə[r]] *n* **1.** (*for fireplace*) gua dafuego *m* **2.** (*US*) (*on car*) guardab rros *m inv*

**fennel** ['fenl] *n* hinojo *m*

**fern** [fɜ:n] *n* helecho *m*

**ferocious** [fə'rəʊʃəs] *adj* feroz

**ferry** ['ferɪ] *n* ferry *m*

**fertile** ['fɜ:taɪl] *adj* fértil

**fertilizer** ['fɜ:tɪlaɪzə[r]] *n* abono *m*

**festival** ['festəvl] *n* **1.** (*of music, arts et* festival *m* **2.** (*holiday*) día *m* festivo

**feta cheese** ['fetə-] *n queso blando origen griego fabricado con leche oveja*

**fetch** [fetʃ] *vt* **1.** (*person*) ir a buscar (*object*) traer **3.** (*be sold for*) alcanzar

**fete** [feɪt] *n fiesta al aire libre*

**fever** ['fi:və[r]] *n* fiebre *f* • **to have fever** tener fiebre

**feverish** ['fi:vərɪʃ] *adj* febril

**few** [fju:] ◇ *adj* pocos(cas) ◇ *pron* poc

*npl*, -cas *fpl* ◈ **few people** poca gente ◈ **a few** algunos, -nas *fpl*, unos pocos *npl*, unas pocas *fpl* ◈ **quite a few** bastantes
**fewer** ['fjuːəʳ] *adj & pron* menos
**fiancé** [fɪ'ɒnseɪ] *n* prometido *m*
**fiancée** [fɪ'ɒnseɪ] *n* prometida *f*
**fib** [fɪb] *n* (*inf*) bola *f*, mentira *f*
**fiber** ['faɪbər] (*US*) = **fibre**
**fibre** ['faɪbəʳ] *n* (*UK*) fibra *f*
**fibreglass** ['faɪbəglɑːs] *n* fibra *f* de vidrio
**fickle** ['fɪkl] *adj* voluble
**fiction** ['fɪkʃn] *n* ficción *f*
**fiddle** ['fɪdl] ◇ *n* (*violin*) violín *m* ◇ *vi* ◈ **to fiddle with sthg** juguetear con algo
**fidget** ['fɪdʒɪt] *vi* moverse inquietamente
**field** [fiːld] *n* campo *m*
**field glasses** *npl* prismáticos *mpl*
**fierce** [fɪəs] *adj* **1.** (*animal, person*) feroz **2.** (*storm, heat*) fuerte
**fifteen** [fɪf'tiːn] *num* quince
**fifteenth** [ˌfɪf'tiːnθ] *num* decimoquinto (ta)
**fifth** [fɪfθ] ◇ *num adj* quinto(ta) ◇ *pron* quinto *m*, -ta *f* ◇ *num n* (*fraction*) quinto *m* ◇ *num adv* quinto ◈ **a fifth (of)** la quinta parte (de) ◈ **the fifth (of September)** el cinco (de septiembre)
**fiftieth** ['fɪftɪəθ] *num* quincuagésimo (ma)
**fifty** ['fɪftɪ] *num* cincuenta
**fig** [fɪg] *n* higo *m*
**fight** [faɪt] (*pt & pp* **fought**) ◇ *n* **1.** (*physical clash, argument*) pelea *f* **2.** (*struggle*) lucha *f* ◇ *vt* **1.** (*enemy, crime, illness*) luchar contra **2.** (*in punch-up*) pelearse con ◇ *vi* **1.** (*in war, struggle*) luchar **2.** (*quarrel*) discutir ◈ **to have a fight with sb** pelearse con alguien ◈ **fight back** *vi* defenderse ◈ **fight off** *vt sep* **1.** (*attacker*) rechazar **2.** (*illness*) sanar de
**fighting** ['faɪtɪŋ] *n* **1.** (*at football match, in streets*) violencia *f* **2.** (*in war*) combate *m*
**figure** [(*UK*) 'fɪgəʳ, (*US*) 'fɪgjər] *n* **1.** (*number, statistic*) cifra *f* **2.** (*shape of body*) tipo *m* **3.** (*outline of person*) figura *f* **4.** (*diagram*) gráfico *m* ◈ **figure out** *vt sep* (*answer*) dar con ◈ **I can't figure out how to do it** no sé cómo hacerlo
**file** [faɪl] ◇ *n* **1.** (*document holder*) carpeta *f* **2.** (*information on person*) expediente *m* **3.** COMPUT fichero *m*, archivo *m* **4.** (*tool*) lima *f* ◇ *vt* **1.** (*complaint, petition*) presentar **2.** (*nails*) limar ◈ **in single file** en fila india
**filing cabinet** ['faɪlɪŋ-] *n* archivador *m*
**fill** [fɪl] *vt* **1.** (*make full*) llenar **2.** (*hole*) rellenar **3.** (*role*) desempeñar **4.** (*tooth*) empastar ◈ **fill in** *vt sep* (*form*) rellenar ◈ **fill out** *vt sep* = **fill in** ◈ **fill up** *vt sep* llenar (hasta el tope) ◈ **fill her up!** (*with petrol*) ¡llénelo!
**filled roll** ['fɪld-] *n* bocadillo *m* (*de bollo*)
**fillet** ['fɪlɪt] *n* filete *m*
**fillet steak** *n* filete *m* de carne de vaca
**filling** ['fɪlɪŋ] ◇ *n* **1.** (*of cake, sandwich*) relleno *m* **2.** (*in tooth*) empaste *m* ◇ *adj* que llena mucho
**filling station** *n* estación *f* de servicio, gasolinera *f*
**film** [fɪlm] ◇ *n* película *f* ◇ *vt* rodar
**film star** *n* estrella *f* de cine

**filter** ['fɪltəʳ] *n* filtro *m*
**filthy** ['fɪlθɪ] *adj* *(very dirty)* sucísimo (ma)
**fin** [fɪn] *n* **1.** *(of fish)* aleta *f* **2.** *(US)* *(of swimmer)* aleta *f*
**final** ['faɪnl] ◇ *adj* **1.** *(last)* último(ma) **2.** *(decision, offer)* definitivo(va) ◇ *n* final *f*
**finalist** ['faɪnəlɪst] *n* finalista *mf*
**finally** ['faɪnəlɪ] *adv* **1.** *(at last)* por fin **2.** *(lastly)* finalmente
**finance** ◇ *n* ['faɪnæns] **1.** *(money)* fondos *mpl* **2.** *(management of money)* finanzas *fpl* ◇ *vt* [faɪ'næns] financiar ◆ **finances** *npl* finanzas *fpl*
**financial** [fɪ'nænʃl] *adj* financiero(ra)
**find** [faɪnd] *(pt & pp* **found***)* ◇ *vt* **1.** encontrar **2.** *(find out)* enterarse de ◇ *n* hallazgo *m* • **to find the time to do sthg** encontrar tiempo para hacer algo ◆ **find out** ◇ *vt sep* *(fact, truth)* averiguar ◇ *vi* • **to find out about sthg** averiguar algo
**fine** [faɪn] ◇ *adj* **1.** *(good)* bueno(na) **2.** *(food, wine)* excelente **3.** *(thin)* fino(na) ◇ *adv* **1.** *(thinly)* finamente **2.** *(well)* bien ◇ *n* multa *f* ◇ *vt* multar ◇ *excl* vale • **I'm fine** estoy bien • **it's fine** está bien
**fine art** *n* bellas artes *fpl*
**finger** ['fɪŋgəʳ] *n* dedo *m*
**fingernail** ['fɪŋgəneɪl] *n* uña *f* de la mano
**fingertip** ['fɪŋgətɪp] *n* yema *f* del dedo
**finish** ['fɪnɪʃ] ◇ *n* **1.** *(end)* final *m* **2.** *(on furniture)* acabado *m* ◇ *vt & vi* acabar • **to finish doing sthg** terminar de hacer algo ◆ **finish off** *vt sep* **1.** *(complete)* acabar del todo **2.** *(eat or drink)* acabar ◆ **finish up** *vi* acabar • **to finish up doing sthg** acabar haciendo algo
**Finland** ['fɪnlənd] *n* Finlandia
**Finn** [fɪn] *n* finlandés *m*, -esa *f*
**Finnish** ['fɪnɪʃ] ◇ *adj* finlandés(esa) ◇ *n* *(language)* finlandés *m*
**fir** [fɜːʳ] *n* abeto *m*
**fire** ['faɪəʳ] ◇ *n* **1.** fuego *m* **2.** *(uncontrolled)* incendio *m* **3.** *(device)* estufa *f* ◇ *vt* **1.** *(gun)* disparar **2.** *(from job)* despedir • **on fire** en llamas • **to catch fire** prender fuego • **to make a fire** encender un fuego
**fire alarm** *n* alarma *f* antiincendios
**fire brigade** *n* *(UK)* cuerpo *m* de bomberos
**fire department** *(US)* = **fire brigade**
**fire engine** *n* coche *m* de bomberos
**fire escape** *n* escalera *f* de incendios
**fire exit** *n* salida *f* de incendios
**fire extinguisher** *n* extintor *m*
**fire hazard** *n* • **it's a fire hazard** podría causar un incendio
**fireman** ['faɪəmən] *(pl* **-men***)* *n* bombero *m*
**fireplace** ['faɪəpleɪs] *n* chimenea *f*
**fire regulations** *npl* ordenanzas *fpl* en caso de incendio
**fire station** *n* parque *m* *(Esp)* OR estación *f* de bomberos
**firewall** ['faɪəwɔːl] *n* *COMPUT* cortafuegos m inv
**firewood** ['faɪəwʊd] *n* leña *f*
**firework display** ['faɪəwɜːk-] *n* espectáculo *m* de fuegos artificiales
**fireworks** ['faɪəwɜːks] *npl* fuegos *mpl* artificiales
**firm** [fɜːm] ◇ *adj* firme ◇ *n* firma *f*, empresa *f*

**first** [fɜːst] ◇ *adj* primero(ra) ◇ *adv* **1.** primero **2.** *(for the first time)* por primera vez ◇ *n* *(event)* acontecimiento *m* sin precedentes ◇ *pron* • **the first** el primero • **first (gear)** primera *f* (marcha) • **first thing (in the morning)** a primera hora (de la mañana) • **for the first time** por primera vez • **the first of January** el uno de enero • **at first** al principio • **first of all** antes de nada

**first aid** *n* primeros auxilios *mpl*

**first-aid kit** *n* botiquín *m* (de primeros auxilios)

**first class** *n* **1.** *(mail)* *correo que se distribuye el día siguiente* **2.** *(on train, plane, ship)* primera clase *f*

**first-class** *adj* **1.** *(stamp)* *para la UE o distribución al día siguiente* **2.** *(ticket)* de primera (clase) **3.** *(very good)* de primera

**first floor** *n* **1.** *(UK)* *(floor above ground floor)* primer piso *m* **2.** *(US)* *(ground floor)* bajo *m* *(Esp)*, planta *f* baja

**firstly** ['fɜːstlɪ] *adv* en primer lugar

**First World War** *n* • **the First World War** la Primera Guerra Mundial

**fish** [fɪʃ] *(pl inv)* ◇ *n* **1.** *(animal)* pez *m* **2.** *(food)* pescado *m* ◇ *vi* pescar

**fish and chips** *n* *filete de pescado blanco rebozado, con patatas fritas*

**fishcake** ['fɪʃkeɪk] *n* *tipo de croqueta de pescado*

**fisherman** ['fɪʃəmən] *(pl* **-men***)* *n* pescador *m*

**fish farm** *n* piscifactoría *f*

**fish fingers** *npl* *(UK)* palitos *mpl* de pescado

**fishing** ['fɪʃɪŋ] *n* pesca *f* • **to go fishing** ir de pesca

**fishing boat** *n* barco *m* de pesca

**fishing rod** *n* caña *f* de pescar

**fishmonger's** ['fɪʃˌmʌŋgəz] *n* *(UK)* *(shop)* pescadería *f*

**fish sticks** *(US)* = **fish fingers**

**fist** [fɪst] *n* puño *m*

**fit** [fɪt] ◇ *adj* *(healthy)* en forma ◇ *vt* **1.** *(be right size for)* sentar bien a **2.** *(a lock, kitchen, bath)* instalar **3.** *(insert)* insertar ◇ *vi* **1.** *(clothes, shoes)* estar bien de talla **2.** *(in space)* caber ◇ *n* ataque *m* • **to be fit for sthg** ser apto(ta)para algo • **fit to eat** apto para el consumo • **it's a good fit** sienta bien • **it doesn't fit** no cabe • **to get fit** ponerse en forma • **to keep fit** mantenerse en forma • **fit in** ◇ *vt sep* *(find time to do)* hacer un hueco a ◇ *vi* *(belong)* encajar

**fitness** ['fɪtnɪs] *n* *(health)* estado *m* físico

**fitted carpet** [ˌfɪtəd-] *n* *(UK)* moqueta *f* *(Esp)*, alfombra *f* de pared a pared

**fitted sheet** [ˌfɪtəd-] *n* *(UK)* sábana *f* ajustable

**fitting room** ['fɪtɪŋ-] *n* probador *m*

**five** [faɪv] ◇ *num adj* cinco ◇ *num n* cinco *m inv* • **to be five (years old)** tener cinco años (de edad) • **it's five (o'clock)** son las cinco • **a hundred and five** ciento cinco • **five Hill St** Hill St, número cinco • **it's minus five (degrees)** hay cinco grados bajo cero • **five out of ten** cinco sobre diez

**fiver** ['faɪvəʳ] *n* *(UK)* *(inf)* **1.** *(£5)* cinco libras *fpl* **2.** *(£5 note)* billete *m* de cinco libras

**fix** [fɪks] *vt* **1.** *(attach, decide on)* fijar **2.**

*(mend)* reparar **3.** *(drink, food)* preparar • **have you fixed anything for tonight?** ¿tienes planes para esta noche? ◆ **fix up** *vt sep* • **to fix sb up with a lift home** buscarle a alguien alguien que le lleve a casa
**fixture** ['fɪkstʃəʳ] *n SPORT* encuentro *m* • **fixtures and fittings** instalaciones *fpl* domésticas
**fizzy** ['fɪzɪ] *adj* gaseoso(sa)
**flag** [flæg] *n* bandera *f*
**flake** [fleɪk] ◇ *n (of snow)* copo *m* ◇ *vi* descamarse
**flame** [fleɪm] *n* llama *f*
**flammable** ['flæməbl] *adj* inflamable
**flan** [flæn] *n* tarta *f*
**flannel** ['flænl] *n* **1.** *(material)* franela *f* **2.** *(UK) (for washing face)* toalla *f* de cara ◆ **flannels** *npl* pantalones *mpl* de franela
**flap** [flæp] ◇ *n* **1.** *(of envelope, pocket)* solapa *f* **2.** *(of tent)* puerta *f* ◇ *vt (wings)* batir
**flapjack** ['flæpdʒæk] *n (UK)* torta *f* de avena
**flare** [fleəʳ] *n (signal)* bengala *f*
**flared** [fleəd] *adj* acampanado(da)
**flash** [flæʃ] ◇ *n* **1.** *(of light)* destello *m* **2.** *(for camera)* flash *m* ◇ *vi (light)* destellar • **a flash of lightning** un relámpago • **to flash one's headlights** dar las luces
**flashlight** ['flæʃlaɪt] *n (US)* linterna *f*
**flask** [flɑːsk] *n* **1.** *(Thermos)* termo *m* **2.** *(hip flask)* petaca *f*
**flat** [flæt] ◇ *adj* **1.** *(level)* llano(na) **2.** *(battery)* descargado(da) **3.** *(drink)* muerto(ta), sin gas **4.** *(rate, fee)* único (ca) ◇ *n (UK)* piso *m (Esp)*, apartamento *m* ◇ *adv* • **to lie flat** estar extendido • **a flat (tyre)** un pinchazo • **flat ou**[t] a toda velocidad
**flatter** ['flætəʳ] *vt* adular
**flavor** ['fleɪvər] *(US)* = **flavour**
**flavour** ['fleɪvəʳ] *n (UK)* sabor *m*
**flavoured** ['fleɪvəd] *adj* de sabores
**flavouring** ['fleɪvərɪŋ] *n* aroma *m*
**flaw** [flɔː] *n* fallo *m*
**flea** [fliː] *n* pulga *f*
**flea market** *n mercado de objeto*[s] *curiosos y de segunda mano,* ≃ rastr[o] *m (Esp)*
**fleece** [fliːs] *n (downy material)* vellón *n*[m]
**fleet** [fliːt] *n* flota *f*

**Fleet Street**

La calle Fleet, en el centro de Londres, ha estado asociada al periodismo desde el siglo XVI. Hasta la década de 1980, era la sede de la mayoría de los periódicos nacionales. El nombre de *Fleet Street* se usa muchas veces como sinónimo de "la prensa británica".

**Flemish** ['flemɪʃ] ◇ *adj* flamenco(ca) ◇ *n* *(language)* flamenco *m*
**flesh** [fleʃ] *n* **1.** *(of person, animal)* carne [f] **2.** *(of fruit, vegetable)* pulpa *f*
**flew** [fluː] *pt* ➤ **fly**
**flex** [fleks] *n (UK)* cable *m*
**flexible** ['fleksəbl] *adj* flexible
**flick** [flɪk] *vt* **1.** *(a switch)* apretar **2.** *(wit*[h] *finger)* golpear rápidamente ◆ **flick through** *vt insep* hojear rápidamente
**flies** [flaɪz] *npl (UK)* bragueta *f*
**flight** [flaɪt] *n* vuelo *m* • **a flight (o**

tairs) un tramo (de escaleras)
**light attendant** *n* auxiliar *mf* de vuelo, sobrecargo *mf*
**limsy** ['flɪmzɪ] *adj* **1.** *(object)* frágil, poco sólido(da) **2.** *(clothes)* ligero(ra)
**ling** [flɪŋ] (*pt & pp* **flung**) *vt* arrojar
**lint** [flɪnt] *n (of lighter)* piedra *f*
**lip-flop** [flɪp-] *n* chancleta *f*
**lipper** ['flɪpəʳ] *n* aleta *f*
**lirt** [flɜːt] *vi* ● **to flirt (with sb)** coquetear (con alguien)
**loat** [fləʊt] ◇ *n* **1.** *(for swimming)* flotador *m* **2.** *(for fishing)* corcho *m* **3.** *(in procession)* carroza *f* **4.** *(drink) bebida con una bola de helado flotando* ◇ *vi* flotar
**lock** [flɒk] ◇ *n* **1.** *(of birds)* bandada *f* **2.** *(of sheep)* rebaño *m* ◇ *vi (people)* acudir en masa
**lood** [flʌd] ◇ *n* inundación *f* ◇ *vt* inundar ◇ *vi* desbordarse
**loodlight** ['flʌdlaɪt] *n* foco *m*
**loor** [flɔːʳ] *n* **1.** *(of room)* suelo *m* **2.** *(storey)* piso *m* **3.** *(of nightclub)* pista *f* de baile
**loorboard** ['flɔːbɔːd] *n* tabla *f* del suelo
**lop** [flɒp] *n (inf)* fracaso *m*
**loppy disk** ['flɒpɪ-] *n* floppy disk *m*
**loral** ['flɔːrəl] *adj (pattern)* floreado(da)
**Florida Keys** ['flɒrɪdə-] *npl* ● **the Florida Keys** las Florida Keys
**lorist's** ['flɒrɪsts] *n (shop)* floristería *f*, florería *f (Amér)*
**lour** ['flaʊəʳ] *n* harina *f*
**low** [fləʊ] ◇ *n* corriente *f* ◇ *vi* correr
**lower** ['flaʊəʳ] *n* flor *f*
**lowerbed** ['flaʊəbed] *n* arriate *m*
**lowerpot** ['flaʊəpɒt] *n* tiesto *m (Esp)*, maceta *f*
**flown** [fləʊn] *pp* ➢ **fly**
**fl oz** *abbr* = **fluid ounce**
**flu** [fluː] *n* gripe *f*
**fluent** ['fluːənt] *adj* ● **to be fluent in/to speak fluent Spanish** dominar el español
**fluff** [flʌf] *n* pelusa *f*
**flume** [fluːm] *n* tobogán *m* acuático
**flung** [flʌŋ] *pt & pp* ➢ **fling**
**flunk** [flʌŋk] *vt (US) (inf)* catear *(Esp)*, reprobar *(Amér)*
**fluorescent** [flʊə'resənt] *adj* fluorescente
**flush** [flʌʃ] ◇ *vi (toilet)* funcionar ◇ *vt* ● **to flush the toilet** tirar de la cadena
**flute** [fluːt] *n* flauta *f*
**fly** [flaɪ] (*pt* **flew**, *pp* **flown**) ◇ *n* **1.** *(insect)* mosca *f* **2.** *(of trousers)* bragueta *f* ◇ *vt* **1.** *(plane, helicopter)* pilotar **2.** *(travel by)* volar con **3.** *(transport)* transportar en avión ◇ *vi* **1.** volar **2.** *(pilot a plane)* pilotar **3.** *(flag)* ondear
**fly-drive** *n (UK) paquete turístico que incluye vuelo y coche alquilado*
**flying** ['flaɪɪŋ] *n* ● **I like flying** me gusta ir en avión
**flyover** ['flaɪˌəʊvəʳ] *n (UK)* paso *m* elevado
**flysheet** ['flaɪʃiːt] *n* doble techo *m*
**FM** [ef'em] *n* (*abbr of* **frequency modulation**) FM *f (frecuencia modulada)*
**foal** [fəʊl] *n* potro *m*
**foam** [fəʊm] *n* **1.** *(bubbles)* espuma *f* **2.** *(foam rubber)* gomaespuma *f*
**focus** ['fəʊkəs] ◇ *n (of camera)* foco *m* ◇ *vi (with camera, binoculars)* enfocar ● **in focus** enfocado ● **out of focus** desenfocado

**fog** ['fɒg] *n* niebla *f*
**fogbound** ['fɒgbaʊnd] *adj (airport)* cerrado(da) a causa de la niebla
**foggy** ['fɒgɪ] *adj (weather)* brumoso(sa)
**fog lamp** *n* faro *m* antiniebla
**foil** [fɔɪl] *n* papel *m* de aluminio
**fold** [fəʊld] ◇ *n* pliegue *m* ◇ *vt* **1.** *(paper, material)* doblar **2.** *(wrap)* envolver ● **to fold one's arms** cruzarse de brazos ◆ **fold up** *vi* plegarse
**folder** ['fəʊldə$^{r}$] *n* carpeta *f*
**foliage** ['fəʊlɪɪdʒ] *n* follaje *m*
**folk** [fəʊk] ◇ *npl (people)* gente *f* ◇ *n* ● **folk (music)** folk *m* ◆ **folks** *npl (inf) (relatives)* familia *f*
**follow** ['fɒləʊ] ◇ *vt* **1.** seguir **2.** *(understand)* comprender ◇ *vi* **1.** *(go behind)* ir detrás **2.** *(in time)* seguir **3.** *(understand)* comprender ● **followed by** seguido de ● **as follows** como sigue ◆ **follow on** *vi* ir detrás
**following** ['fɒləʊɪŋ] ◇ *adj* siguiente ◇ *prep* tras
**fond** [fɒnd] *adj* ● **to be fond of** *(person)* tener cariño a; *(thing)* ser aficionado (da) a
**fondue** ['fɒndu:] *n* fondue *f*
**food** [fu:d] *n* **1.** *(nourishment)* comida *f* **2.** *(type of food)* alimento *m*
**food poisoning** [-,pɔɪznɪŋ] *n* intoxicación *f* alimenticia
**food processor** [-,prəʊsesə$^{r}$] *n* robot *m* de cocina *(Esp)*, procesador *m* de cocina
**foodstuffs** ['fu:dstʌfs] *npl* comestibles *mpl*
**fool** [fu:l] ◇ *n* **1.** *(idiot)* tonto *m*, -ta *f* **2.** *(pudding) mousse de nata y fruta* ◇ *vt* engañar

**foolish** ['fu:lɪʃ] *adj* tonto(ta)
**foot** [fʊt] (*pl* **feet**) *n* **1.** pie *m* **2.** *( animal, wardrobe, tripod)* pata *f* ● **by fo** a pie ● **on foot** a pie
**football** ['fʊtbɔ:l] *n* **1.** *(UK) (socce* fútbol *m* **2.** *(US) (American footba* fútbol americano **3.** *(UK) (in socce* balón *m* (de fútbol) **4.** *(US) (in Americ football)* balón (de fútbol americano)
**footballer** ['fʊtbɔ:lə$^{r}$] *n (UK)* futbolis *mf*
**football pitch** *n (UK)* campo *m* c fútbol
**footbridge** ['fʊtbrɪdʒ] *n* pasarela *f*
**footpath** ['fʊtpɑ:θ] *n* sendero *m*
**footprint** ['fʊtprɪnt] *n* huella *f*
**footstep** ['fʊtstep] *n* paso *m*
**footwear** ['fʊtweə$^{r}$] *n* calzado *m*
**for** [fɔ:$^{r}$] *prep* **1.** *(expressing intentio purpose, destination)* para ● **this book for you** este libro es para ti ● **what d you do that for?** ¿por qué hiciste esc ● **what's it for?** ¿para qué es? ● **to g for a walk** dar un paseo ● **for sale** vende ● **a ticket for Edinburgh** u billete para Edimburgo ● **the train fc London** el tren de Londres **2.** *(expressir reason)* por ● **a town famous for i wine** una ciudad famosa por sus vinc ● **the reason for it** el motivo de ello *(during)* durante ● **I've lived here fc ten years** llevo diez años viviendo aqu ● **we've lived here for years** vivimc aquí desde hace años ● **we talked fc hours** estuvimos hablando durant horas y horas **4.** *(by, before)* para **be there for 8 p.m.** estate allí para la ocho de la tarde **5.** *(on the occasion o*

r ◆ **what's for dinner?** ¿qué hay de na? ◆ **for the first time** por primera z **6.** *(on behalf of)* por ◆ **to work for** trabajar para alguien **7.** *(with time and ce)* para ◆ **there's no room/time for** no hay sitio/tiempo para eso **8.** *pressing distance)* ◆ **road works for miles** obras por espacio de 20 millas **we walked for miles** andamos millas millas **9.** *(expressing price)* por ◆ **I ught it for five pounds** lo compré por ıco libras ◆ **they sell for a pound** se nden a una libra **10.** *(expressing aning)* ◆ **what's the Spanish for y?** ¿cómo se dice "boy" en español? . *(with regard to)* por ◆ **it's cold for mmer** para ser verano, hace frío ◆ **n sorry for them** me dan pena **12.** *troducing more information)* para ◆ **it's o far for us to walk** nos queda masiado lejos para ir andando ◆ **s time for dinner** es hora de cenar

**rbid** [fə'bɪd] (*pt* **-bade**, *pp* **-bidden**) prohibir ◆ **I forbid you to go there** te ohibo que vayas ahí

**rbidden** [fə'bɪdn] *adj* prohibido(da)

**rce** [fɔ:s] ◇ *n* fuerza *f* ◇ *vt* forzar ◆ **to rce sb to do sthg** forzar a alguien a ıcer algo ◆ **to force one's way rough** abrirse camino ◆ **the forces** s fuerzas armadas

**rd** [fɔ:d] *n* vado *m*

**recast** ['fɔ:kɑ:st] *n* pronóstico *m*

**recourt** ['fɔ:kɔ:t] *n* patio *m*

**refinger** ['fɔ:ˌfɪŋgəʳ] *n* dedo *m* índice

**reground** ['fɔ:graʊnd] *n* primer plano

**rehead** ['fɔ:hed] *n* frente *f*

**foreign** ['fɒrən] *adj* extranjero(ra)

**foreign currency** *n* divisa *f*

**foreigner** ['fɒrənəʳ] *n* extranjero *m*, -ra *f*

**foreign exchange** *n* divisas *fpl*

**Foreign Secretary** *n* (*UK*) ministro *m*, -tra *f* de Asuntos Exteriores

**foreman** ['fɔ:mən] (*pl* **-men**) *n* capataz *m*

**forename** ['fɔ:neɪm] *n* (*fml*) nombre *m* de pila

**foresee** [fɔ:'si:] (*pt* **-saw**, *pp* **-seen**) *vt* prever

**forest** ['fɒrɪst] *n* bosque *m*

**forever** [fə'revəʳ] *adv* **1.** *(eternally)* para siempre **2.** *(continually)* siempre

**forgave** [fə'geɪv] *pt* ➢ **forgive**

**forge** [fɔ:dʒ] *vt* falsificar

**forgery** ['fɔ:dʒərɪ] *n* falsificación *f*

**forget** [fə'get] (*pt* **-got**, *pp* **-gotten**) ◇ *vt* olvidar ◇ *vi* olvidarse ◆ **to forget about sthg** olvidarse de algo ◆ **to forget how to do sthg** olvidar cómo se hace algo ◆ **to forget to do sthg** olvidarse de hacer algo ◆ **forget it!** ¡no importa!

**forgetful** [fə'getfʊl] *adj* olvidadizo(za)

**forgive** [fə'gɪv] (*pt* **-gave**, *pp* **-given**) *vt* perdonar

**forgot** [fə'gɒt] *pt* ➢ **forget**

**forgotten** [fə'gɒtn] *pp* ➢ **forget**

**fork** [fɔ:k] *n* **1.** *(for eating with)* tenedor *m* **2.** *(for gardening)* horca *f* **3.** *(of road, path)* bifurcación *f*

**form** [fɔ:m] ◇ *n* **1.** *(type, shape)* forma *f* **2.** *(piece of paper)* impreso *m* **3.** (*UK*) *SCH* clase *f* ◇ *vt* formar ◇ *vi* formarse ◆ **off form** en baja forma ◆ **on form** en

forma • **to form part of** formar parte de
**formal** ['fɔ:ml] *adj* formal
**formality** [fɔ:'mælətɪ] *n* formalidad *f* • **it's just a formality** es una pura formalidad
**format** ['fɔ:mæt] *n* formato *m*
**former** ['fɔ:məʳ] ◇ *adj* **1.** *(previous)* antiguo(gua) **2.** *(first)* primero(ra) ◇ *pron* • **the former** el primero(la primera)
**formerly** ['fɔ:məlɪ] *adv* previamente, antiguamente
**formula** ['fɔ:mjʊlə] *(pl* **-as** OR **-ae***)* *n* fórmula *f*
**fort** [fɔ:t] *n* fortaleza *f*
**forthcoming** [fɔ:θ'kʌmɪŋ] *adj (future)* próximo(ma)
**fortieth** ['fɔ:tɪɪθ] *num* cuadragésimo (ma)
**fortnight** ['fɔ:tnaɪt] *n* *(UK)* quincena *f*
**fortunate** ['fɔ:tʃnət] *adj* afortunado(da)
**fortunately** ['fɔ:tʃnətlɪ] *adv* afortunadamente
**fortune** ['fɔ:tʃu:n] *n* **1.** *(money)* fortuna *f* **2.** *(luck)* suerte *f* • **it costs a fortune** *(inf)* cuesta un riñón
**forty** ['fɔ:tɪ] *num* cuarenta
**forward** ['fɔ:wəd] ◇ *adv* hacia adelante ◇ *n* delantero *m*, -ra *f* ◇ *vt* reenviar • **to look forward to** esperar (con ilusión)
**forwarding address** ['fɔ:wədɪŋ-] *n* nueva dirección *f* para reenvío del correo
**forward slash** *n* barra f inclinada *(hacia delante)*
**fought** [fɔ:t] *pt* & *pp* ➤ **fight**
**foul** [faʊl] ◇ *adj (unpleasant)* asqueroso (sa) ◇ *n* falta *f*
**found** [faʊnd] ◇ *pt* & *pp* ➤ **find** ◇ fundar
**foundation (cream)** [faʊn'deɪʃn-] base *f* (hidratante)
**foundations** [faʊn'deɪʃnz] *npl* cimientos *mpl*
**fountain** ['faʊntɪn] *n* fuente *f*
**fountain pen** *n* pluma *f*, pluma fuente *(Amér)*
**four** [fɔ:ʳ] ◇ *num adj* cuatro ◇ *num* cuatro *m inv* • **to be four (years o**ld**)** tener cuatro años (de edad) • **i**t's **four (o'clock)** son las cuatro • **hundred and four** ciento cuatro • **f**our **Hill St** Hill St, número cuatro • **minus four (degrees)** hay cuatro grados bajo cero • **four out of ten** cuatro sobre diez
**fourteen** [,fɔ:'ti:n] *num* catorce
**fourteenth** [,fɔ:'ti:nθ] *num* decimocuarto(ta)
**fourth** [fɔ:θ] ◇ *num adj* cuarto(ta) ◇ *pron* cuarto *m*, -ta *f* ◇ *num n (fraction)* cuarto *m* ◇ *num adv* cuarto • **a fourth (of)** cuarta parte (de) • **the fourth (of September)** el cuarto (de septiembre)

## Fourth of July

El 4 de julio, también conocido como Día de la Independencia, es la fiesta nacional de los Estados Unidos. En ella se conmemora la firma de la Declaración de Independencia en 1776. Por todo el país hay fiestas, desfiles y castillos de fuegos artificiales.

**four-wheel drive** *n* coche *m* con tracción a las cuatro ruedas
**fowl** [faʊl] (*pl inv*) *n* volatería *f*
**fox** [fɒks] *n* zorro *m*
**foyer** [ˈfɔɪeɪ] *n* vestíbulo *m*
**fraction** [ˈfrækʃn] *n* fracción *f*
**fracture** [ˈfræktʃəʳ] ◇ *n* fractura *f* ◇ *vt* fracturar, romper
**fragile** [ˈfrædʒaɪl] *adj* frágil
**fragment** [ˈfrægmənt] *n* fragmento *m*
**fragrance** [ˈfreɪgrəns] *n* fragancia *f*
**frail** [freɪl] *adj* débil
**frame** [freɪm] ◇ *n* **1.** *(of window, photo, door)* marco *m* **2.** *(of glasses)* montura *f* **3.** *(of tent, bicycle, bed)* armazón *m* ◇ *vt* *(photo, picture)* enmarcar
**France** [frɑːns] *n* Francia
**frank** [fræŋk] *adj* franco(ca)
**frankfurter** [ˈfræŋkfɜːtəʳ] *n* salchicha *f* de Francfort
**frankly** [ˈfræŋklɪ] *adv* francamente
**frantic** [ˈfræntɪk] *adj* frenético(ca)
**fraud** [frɔːd] *n* *(crime)* fraude *m*
**freak** [friːk] ◇ *adj* estrafalario(ria) ◇ *n* *(inf)* *(fanatic)* fanático *m*, -ca *f*
**freckles** [ˈfreklz] *npl* pecas *fpl*
**free** [friː] ◇ *adj* **1.** libre **2.** *(costing nothing)* gratis *inv* ◇ *vt* *(prisoner)* liberar ◇ *adv* *(without paying)* gratis • **for free** gratis • **free of charge** gratis • **to be free to do sthg** ser libre de hacer algo
**freedom** [ˈfriːdəm] *n* libertad *f*
**freefone** [ˈfriːfəʊn] *n* *(UK)* teléfono *m* gratuito
**free gift** *n* obsequio *m*
**free house** *n* *(UK)* *pub no controlado por una compañía cervecera*
**free kick** *n* tiro *m* libre
**freelance** [ˈfriːlɑːns] *adj* autónomo (ma)
**freely** [ˈfriːlɪ] *adv* **1.** *(available)* fácilmente **2.** *(speak)* francamente **3.** *(move)* libremente
**free period** *n* hora *f* libre
**freepost** [ˈfriːpəʊst] *n* *(UK)* franqueo *m* pagado
**free-range** *adj* de granja
**free time** *n* tiempo *m* libre
**freeway** [ˈfriːweɪ] *n* *(US)* autopista *f*
**freeze** [friːz] (*pt* **froze**, *pp* **frozen**) ◇ *vt* congelar ◇ *vi* helarse ◇ *impers vb* helar
**freezer** [ˈfriːzəʳ] *n* **1.** *(deep freeze)* arcón *m* congelador **2.** *(part of fridge)* congelador *m*
**freezing** [ˈfriːzɪŋ] *adj* helado(da) • **it's freezing** hace un frío cortante
**freezing point** *n* • **below freezing point** bajo cero
**freight** [freɪt] *n* *(goods)* mercancías *fpl*
**French** [frentʃ] ◇ *adj* francés(esa) ◇ *n* *(language)* francés *m* ◇ *npl* • **the French** los franceses
**French bean** *n* judía *f* verde
**French bread** *n* pan *m* de barra
**French dressing** *n* **1.** *(in UK)* vinagreta *f* **2.** *(in US)* salsa *f* rosa
**French fries** *npl* patatas *fpl* *(Esp)* OR papas *fpl* *(Amér)* fritas
**Frenchman** [ˈfrentʃmən] (*pl* **-men**) *n* francés *m*
**French windows** *npl* puertaventanas *fpl*
**Frenchwoman** [ˈfrentʃˌwʊmən] (*pl* **-women**) *n* francesa *f*
**frequency** [ˈfriːkwənsɪ] *n* frecuencia *f*
**frequent** [ˈfriːkwənt] *adj* frecuente

**frequently** ['fri:kwəntlı] *adv* frecuentemente

**fresh** [freʃ] *adj* **1.** fresco(ca) **2.** *(bread)* del día **3.** *(coffee)* recién hecho **4.** *(refreshing)* refrescante **5.** *(water)* dulce **6.** *(developments, instructions, start)* nuevo (va) **7.** *(news)* reciente • **to get some fresh air** tomar el aire

**freshen** ['freʃn] ◆ **freshen up** *vi* refrescarse

**freshly** ['freʃlı] *adv* recién

**fresh orange (juice)** *n* zumo *m* de naranja

**Fri** (*abbr of* **Friday**) viernes

**Friday** ['fraıdı] *n* viernes *m inv* • **It's Friday** es viernes • **Friday morning** el viernes por la mañana • **on Fridays** el viernes • **on Fridays** los viernes • **last Friday** el viernes pasado • **this Friday** este viernes • **next Friday** el viernes de la semana que viene • **Friday week, a week on Friday** del viernes en ocho días

**fridge** [frıdʒ] *n* nevera *f*, refrigerador *m*

**fried egg** [fraıd-] *n* huevo *m* frito

**fried rice** [fraıd-] *n arroz frito, mezclado a veces con huevo, carne o verduras, servido como acompañamiento de platos chinos*

**friend** [frend] *n* amigo *m*, -ga *f* • **to be friends with sb** ser amigo de alguien • **to make friends with sb** hacerse amigo de alguien

**friendly** ['frendlı] *adj* *(kind)* amable • **to be friendly with sb** ser amigo(ga) de alguien

**friendship** ['frendʃıp] *n* amistad *f*

**fries** [fraız] = **French fries**

**fright** [fraıt] *n* terror *m* • **to give sb fright** darle un susto a alguien

**frighten** ['fraıtn] *vt* asustar

**frightened** ['fraıtnd] *adj* asustado(da) **I'm frightened we won't finish** me tem[e] que no vamos a acabar • **to b[e] frightened of** tener miedo a

**frightening** ['fraıtnıŋ] *adj* aterrador(ra

**frilly** ['frılı] *adj* con volantes

**fringe** [frındʒ] *n* **1.** *(UK)* *(of hair)* flequi[-]llo *m*, cerquillo *m* *(Amér)* **2.** *(of clothes[,] curtain etc)* fleco *m*

**frisk** [frısk] *vt* cachear

**fritter** ['frıtəʳ] *n* buñuelo *m*

**fro** [frəʊ] *adv* ➢ **to**

**frog** [frɒg] *n* rana *f*

**from** [frɒm] *prep* **1.** *(expressing origin[,] source)* de • **I'm from Spain** soy d[e] España • **I bought it from a supermar[-]ket** lo compré en un supermercado • **the train from Manchester** el tre[n] (procedente) de Manchester **2.** *(express[-]ing removal, separation)* de • **away from home** fuera de casa • **the policeman took the knife (away) from the man** e[l] policía le quitó el cuchillo al hombre • **10% will be deducted from the total** se descontará un 10% del total **3.** *(expres[-]sing distance)* de • **five miles from London** a cinco millas de Londres **4** *(expressing position)* desde • **from here you can see the valley** desde aquí se ve el valle **5.** *(expressing starting point)* desde • **from now on** de ahora en adelante • **open from nine to five** abierto de nueve a cinco • **tickets are from £10** hay entradas desde 10 libras **6.** *(expressing change)* de • **the price has gone up from**

to £2 el precio ha subido de 1 a 2 ras **7.** *(expressing range)* • **it could take** -**m two to six months** podría tardar tre dos y seis meses **8.** *(as a result of)* • **I'm tired from walking** estoy ısado de haber andado tanto **9.** *pressing protection)* de • **sheltered** -**m the wind** resguardado del viento *(in comparisons)* • **different from** erente a

**ɔmage frais** [ˌfrɒmɑːʒ'freɪ] *n tipo de* *eso fresco*

**ɔnt** [frʌnt] ◇ *adj* delantero(ra) ◇ *n* **1.** *remost part)* parte *f* delantera **2.** *(of* *lding)* fachada *f* **3.** *(of weather)* frente **4.** *(by the sea)* paseo *m* marítimo • **front** delante, adelante *(Amér)* • **to in front** ir ganando • **in front of** lante de

**ɔnt door** *n* puerta *f* principal

**ɔntier** [frʌn'tɪəʳ] *n* frontera *f*

**ɔnt page** *n* portada *f*, primera plana *f*

**ɔnt seat** *n* asiento *m* delantero

**ɔst** [frɒst] *n* **1.** *(on ground)* escarcha *f* **2.** *ɔld weather)* helada *f*

**ɔsty** ['frɒstɪ] *adj (morning, weather)* de lada

**ɔth** [frɒθ] *n* espuma *f*

**ɔwn** [fraʊn] ◇ *n* ceño *m* ◇ *vi* fruncir el ño

**ɔze** [frəʊz] *pt* ➢ **freeze**

**ɔzen** [frəʊzn] ◇ *pp* ➢ **freeze** ◇ *adj* **1.** lado(da) **2.** *(food)* congelado(da)

**ɹit** [fruːt] *n* fruta *f* • **a piece of fruit** a fruta • **fruits of the forest** frutas l bosque

**ɹit cake** *n pastel de pasas y frutas* *nfitadas*

**fruit juice** *n* zumo *m (Esp)* OR jugo *m (Amér)* de fruta

**fruit machine** *n (UK)* máquina *f* tragaperras *(Esp)* OR tragamonedas

**fruit salad** *n* macedonia *f* (de frutas)

**frustrating** [frʌ'streɪtɪŋ] *adj* frustrante

**frustration** [frʌ'streɪʃn] *n* frustración *f*

**fry** [fraɪ] *vt* freír

**frying pan** ['fraɪɪŋ-] *n* sartén *f*

**ft** *abbr* = **foot, feet**

**fudge** [fʌdʒ] *n caramelo fabricado con leche, azúcar y mantequilla*

**fuel** [fjʊəl] *n* combustible *m*

**fuel pump** *n* surtidor *m* de gasolina

**fulfil** [fʊl'fɪl] *vt (UK)* **1.** *(promise, duty, conditions)* cumplir **2.** *(need)* satisfacer **3.** *(role)* desempeñar

**fulfill** [fʊl'fɪl] *(US)* = **fulfil**

**full** [fʊl] ◇ *adj* **1.** *(filled)* lleno(na) **2.** *(complete)* completo(ta) **3.** *(maximum)* máximo(ma) **4.** *(busy)* atareado(da) **5.** *(flavour)* rico(ca) ◇ *adv* de lleno • **I'm full (up)** estoy lleno • **full of** lleno de • **in full** íntegramente

**full board** *n (UK)* pensión *f* completa

**full-cream milk** *n (UK)* leche *f* entera

**full-length** *adj (skirt, dress)* largo(ga) *(hasta los pies)*

**full moon** *n* luna *f* llena

**full stop** *n (UK)* punto *m*

**full-time** ◇ *adj* de jornada completa ◇ *adv* a tiempo completo

**fully** ['fʊlɪ] *adv (completely)* completamente

**fumble** ['fʌmbl] *vi* • **to fumble for sthg** buscar algo a tientas

**fun** [fʌn] *n (amusement)* diversión *f* • **it's good fun** es muy divertido • **for**

fun de broma • **to have fun** divertirse • **to make fun of** burlarse de
**function** ['fʌŋkʃn] ◇ *n* **1.** *(role)* función *f* **2.** *(formal event)* acto *m* ◇ *vi* funcionar
**fund** [fʌnd] ◇ *n* fondo *m* ◇ *vt* financiar • **funds** *npl* fondos *mpl*
**fundamental** [,fʌndə'mentl] *adj* fundamental
**funeral** ['fjuːnərəl] *n* funeral *m*
**funfair** ['fʌnfeəʳ] *n* parque *m* de atracciones
**funky** ['fʌŋkɪ] *adj* *(inf)* *(music)* funky *(inv)*
**funnel** ['fʌnl] *n* **1.** *(for pouring)* embudo *m* **2.** *(on ship)* chimenea *f*
**funny** ['fʌnɪ] *adj* **1.** *(person)* gracioso(sa) **2.** *(thing)* divertido(da) **3.** *(strange)* raro(ra) • **to feel funny** *(ill)* sentirse raro
**fur** [fɜːʳ] *n* **1.** *(on animal)* pelaje *m* **2.** *(garment)* piel *f*
**furious** ['fjʊərɪəs] *adj* furioso(sa)
**furnished** ['fɜːnɪʃt] *adj* amueblado(da)
**furnishings** ['fɜːnɪʃɪŋz] *npl* mobiliario *m*
**furniture** ['fɜːnɪtʃəʳ] *n* muebles *mpl* • **a piece of furniture** un mueble
**furry** ['fɜːrɪ] *adj* peludo(da)
**further** ['fɜːðəʳ] ◇ *compar* ➤ **far** ◇ *adv* **1.** *(in distance)* más lejos **2.** *(more)* más ◇ *adj* *(additional)* otro(otra) • **until further notice** hasta nuevo aviso
**furthermore** [,fɜːðə'mɔːʳ] *adv* además
**furthest** ['fɜːðɪst] ◇ *superl* ➤ **far** ◇ *adj* *(most distant)* más lejano(na) ◇ *adv* *(in distance)* más lejos
**fuse** [fjuːz] ◇ *n* **1.** *(of plug)* fusible *m* **2.** *(on bomb)* mecha *f* ◇ *vi* **1.** *(plug)* fundirse **2.** *(electrical device)* estropearse
**fuse box** *n* caja *f* de fusibles
**fuss** [fʌs] *n* **1.** *(agitation)* jaleo *m* *(complaints)* quejas *fpl*
**fussy** ['fʌsɪ] *adj* *(person)* quisquillo(sa)
**future** ['fjuːtʃəʳ] ◇ *n* futuro *m* ◇ futuro(ra) • **in future** de ahora en adelante

# G

**g** *(abbr of* **gram***)* g *(gramo)*
**gable** ['geɪbl] *n* aguilón *m*
**gadget** ['gædʒɪt] *n* artilugio *m*
**Gaelic** ['geɪlɪk] *n* gaélico *m*
**gag** [gæg] *n* *(inf)* *(joke)* chiste *m*
**gain** [geɪn] ◇ *vt* **1.** *(get more of)* ganar *(achieve)* conseguir **3.** *(subj: clock, watc* adelantarse ◇ *vi* *(get benefit)* beneficia se ◇ *n* **1.** *(improvement)* mejora *f* *(profit)* ganancia *f*
**gale** [geɪl] *n* vendaval *m*
**gallery** ['gælərɪ] *n* **1.** *(for art etc)* galerí **2.** *(at theatre)* gallinero *m*
**gallon** ['gælən] *n* **1.** *(in UK)* = *4,546 litr* galón *m* **2.** *(in US)* = *3,785 litros*, gal *m*
**gallop** ['gæləp] *vi* galopar
**gamble** ['gæmbl] ◇ *n* riesgo *m* ◇ *vi* *(b* *money)* apostar
**gambling** ['gæmblɪŋ] *n* juego *m* ( *dinero)*
**game** [geɪm] *n* **1.** juego *m* **2.** *(of footba* *tennis, cricket)* partido *m* **3.** *(of che*

ds, snooker) partida f 4. (wild animals, at) caza f ♦ **games** ◇ n (UK) SCH portes mpl ◇ npl (sporting event) egos mpl
**me show** n programa m concurso
**mmon** ['gæmən] n (UK) jamón m
**ng** [gæŋ] n 1. (of criminals) banda f 2. friends) pandilla f
**ngster** ['gæŋstəʳ] n gángster m
**ol** [dʒeɪl] (UK) = **jail**
**p** [gæp] n 1. (space) hueco m 2. (of e) intervalo m 3. (difference) discorncia f
**p year** n (UK) año libre que algunos udiantes se toman antes de entrar en universidad, frecuentemente para jar
**rage** ['gærɑːʒ, 'gærɪdʒ] n 1. (for keeping ) garaje m, garage m (Amér) 2. (for rol) gasolinera f 3. (for repairs) taller (de reparaciones) 4. (UK) (for selling s) concesionario m (de automóvi)
**rbage** ['gɑːbɪdʒ] n (US) (refuse) basura
**rbage can** n (US) cubo m de la sura
**rbage truck** n (US) camión m de la sura
**rden** ['gɑːdn] ◇ n jardín m ◇ vi abajar en el jardín ♦ **gardens** npl ublic park) jardines mpl
**rden centre** n (UK) centro m de dinería
**rdener** ['gɑːdnəʳ] n jardinero m, -ra f
**rdening** ['gɑːdnɪŋ] n jardinería f
**rden peas** npl guisantes mpl
**rlic** ['gɑːlɪk] n ajo m
**garlic bread** n pan untado con mantequilla y ajo y cocido al horno
**garlic butter** n mantequilla f con ajo
**garment** ['gɑːmənt] n (fml) prenda f (de vestir)
**garnish** ['gɑːnɪʃ] ◇ n 1. (herbs, vegetables) adorno m 2. (sauce) guarnición f ◇ vt adornar
**gas** [gæs] n 1. gas m 2. (US) (petrol) gasolina f
**gas cooker** n (UK) cocina f OR estufa f (Col & Méx) de gas
**gas cylinder** n bombona f OR tanque m de gas
**gas fire** n estufa f de gas
**gasket** ['gæskɪt] n junta f (de culata)
**gas mask** n máscara f antigás
**gasoline** ['gæsəliːn] n (US) gasolina f
**gasp** [gɑːsp] vi (in shock, surprise) ahogar un grito
**gas pedal** n (US) acelerador m
**gas station** n (US) gasolinera f
**gas stove** = **gas cooker**
**gas tank** n (US) depósito m OR tanque m de gasolina
**gasworks** ['gæswɜːks] (pl inv) n fábrica f de gas
**gate** [geɪt] n 1. (to garden, field) puerta f 2. (at airport) puerta f de embarque
**gâteau** ['gætəʊ] (pl -x) n (UK) tarta f (con nata)
**gateway** ['geɪtweɪ] n entrada f
**gather** ['gæðəʳ] ◇ vt 1. (collect) recoger 2. (speed) ganar 3. (understand) deducir ◇ vi reunirse
**gaudy** ['gɔːdɪ] adj chillón(ona)
**gauge** [geɪdʒ] ◇ n 1. (for measuring) indicador m 2. (of railway track) ancho

*m* de vía ◇ *vt (calculate)* calibrar
**gauze** [gɔːz] *n* gasa *f*
**gave** [geɪv] *pt* ➤ **give**
**gay** [geɪ] *adj (homosexual)* homosexual
**gaze** [geɪz] *vi* • **to gaze at** mirar fijamente
**GB** [dʒiː'biː] (*abbr of* **Great Britain**) GB *f (Gran Bretaña)*
**GCSE** [dʒiːsiːes'iː] *n* (*abbr of* **General Certificate of Secondary Education**) *examen final de enseñanza media en Gran Bretaña*
**gear** [gɪəʳ] *n* **1.** *(wheel)* engranaje *m* **2.** *(speed)* marcha *f*, velocidad *f* **3.** *(equipment, clothes)* equipo *m* **4.** *(belongings)* cosas *fpl* • **in gear** con una marcha metida
**gearbox** ['gɪəbɒks] *n* caja *f* de cambios OR velocidades
**gear lever** *n* (*UK*) palanca *f* de cambios
**gear shift** (*US*) = **gear lever**
**gear stick** (*UK*) = **gear lever**
**geese** [giːs] *pl* ➤ **goose**
**gel** [dʒel] *n* **1.** *(for hair)* gomina *f*, gel *m* **2.** *(for shower)* gel *m* (de ducha)
**gelatine** [ˌdʒelə'tiːn] *n* gelatina *f*
**gem** [dʒem] *n* piedra *f* preciosa
**Gemini** ['dʒemɪnaɪ] *n* Géminis *m inv*
**gender** ['dʒendəʳ] *n* género *m*
**general** ['dʒenərəl] ◇ *adj* general ◇ *n* general *m* • **in general** *(as a whole)* en general; *(usually)* generalmente
**general anaesthetic** *n* (*UK*) anestesia *f* general
**general election** *n* elecciones *fpl* generales
**generally** ['dʒenərəlɪ] *adv* en general
**general practitioner** [-præk'tɪʃənəʳ] médico *m*, -ca *f* de cabecera
**general store** *n* (*US*) tienda *f* ultramarinos
**generate** ['dʒenəreɪt] *vt* generar
**generation** [ˌdʒenə'reɪʃn] *n* generaci f
**generator** ['dʒenəreɪtəʳ] *n* generador
**generosity** [ˌdʒenə'rɒsətɪ] *n* genero dad *f*
**generous** ['dʒenərəs] *adj* generoso(sa
**genetically** [dʒɪ'netɪklɪ] *adv* genétic mente • **genetically modified** transg nico(ca), modificado genéticamente
**genitals** ['dʒenɪtlz] *npl* genitales *mpl*
**genius** ['dʒiːnjəs] *n* genio *m*
**gentle** ['dʒentl] *adj* **1.** *(careful)* cuidado (sa) **2.** *(kind)* dulce, amable **3.** *(mov ment, breeze)* suave
**gentleman** ['dʒentlmən] (*pl* **-men**) *n* *(man)* señor *m* **2.** *(well-behaved ma* caballero *m* ▾ **gentlemen** caballeros
**gently** ['dʒentlɪ] *adv (carefully)* con cu dado
**gents** [dʒents] *n* (*UK*) caballeros *mpl*
**genuine** ['dʒenjʊɪn] *adj* **1.** *(authent* auténtico(ca) **2.** *(sincere)* sincero(ra)
**geographical** [dʒɪə'græfɪkl] *adj* geogr fico(ca)
**geography** [dʒɪ'ɒgrəfɪ] *n* geografía *f*
**geology** [dʒɪ'ɒlədʒɪ] *n* geología *f*
**geometry** [dʒɪ'ɒmətrɪ] *n* geometría *f*
**Georgian** ['dʒɔːdʒən] *adj* georgiano(n
**geranium** [dʒɪ'reɪnjəm] *n* geranio *m*
**German** ['dʒɜːmən] ◇ *adj* alemán(an ◇ *n* **1.** *(person)* alemán *m*, -ana *f* *(language)* alemán *m*
**German measles** *n* rubéola *f*

**rmany** ['dʒɜ:mənɪ] *n* Alemania
**'ms** [dʒɜ:mz] *npl* microbios *mpl*
**sture** ['dʒestʃəʳ] *n (movement)* gesto *m*
: [get] (*(UK) pt & pp* **got**, *(US) pt* **:**, *pp* **gotten**)
**t** 1. *(obtain)* conseguir • **I got some ps from the shop** compré unas atas fritas en la tienda • **she got a** consiguió un trabajo • **I get a lot enjoyment from it** me gusta mucho cerlo) 2. *(receive)* recibir • **I got a k for Christmas** me regalaron un o por Navidades 3. *(means of trans-t)* coger, tomar *(Amér)* • **let's get a** ¡vamos a coger un taxi! 4. *(fetch)* er • **could you get me the boss?** *(in )* ¿puedo ver al jefe?; *(on phone)* ede ponerme con el jefe? • **get a drink** tráeme algo de beber 5. *ess)* coger, agarrar *(Amér)* • **I've a cold** tengo un catarro 6. *(cause to ome, do)* • **to get sthg done** mandar er algo • **I'll get him to call you** é que te llame • **can I get my car aired here?** ¿pueden arreglarme el he aquí? • **to get sthg ready** parar algo 7. *(move)* • **to get sthg** sacar algo • **I can't get it through door** no puedo meterlo por la erta 8. *(understand)* entender • **to a joke** coger un chiste 9. *(time, nce)* tener • **we didn't get the nce to see everything** no tuvimos oportunidad de verlo todo 10. *one)* contestar 11. *(in phrases)* • **you a lot of rain here in winter** aquí eve mucho en invierno
*i* 1. *(become)* ponerse • **it's getting late** se está haciendo tarde • **to get dark** oscurecer • **to get lost** perderse • **to get ready** prepararse • **get lost!** *(inf)* ¡vete a la porra! 2. *(into particular state, position)* meterse • **how do you get to Luton from here?** ¿cómo se puede ir a Luton desde aquí? • **to get into the car** meterse en el coche 3. *(arrive)* llegar • **when does the train get here?** ¿a qué hora llega el tren? 4. *(in phrases)* • **to get to do sthg** llegar a hacer algo
◇ *aux vb* • **to get delayed** retrasarse • **to get killed** resultar muerto
◆**get back** *vi (return)* volver
◆**get in** *vi (arrive)* llegar; *(enter)* entrar
◆**get off** *vi (leave train, bus)* bajarse; *(depart)* salir
◆**get on** *vi (enter train, bus)* subirse; *(in relationship)* llevarse • **how are you getting on?** ¿cómo te va?
◆**get out** *vi (of car, bus, train)* bajarse
◆**get through** *vi (on phone)* conseguir comunicar
◆**get up** *vi* levantarse
**get-together** *n (inf)* reunión *f*
**ghastly** ['gɑ:stlɪ] *adj (inf) (very bad)* horrible
**gherkin** ['gɜ:kɪn] *n* pepinillo *m*
**ghetto blaster** ['getəʊˌblɑ:stəʳ] *n (inf) radiocasete portátil de gran tamaño y potencia*
**ghost** [gəʊst] *n* fantasma *m*
**giant** ['dʒaɪənt] ◇ *adj* gigantesco(ca) ◇ *n (in stories)* gigante *m*
**giblets** ['dʒɪblɪts] *npl* menudillos *mpl*
**giddy** ['gɪdɪ] *adj (dizzy)* mareado(da)
**gift** [gɪft] *n* 1. *(present)* regalo *m* 2.

*(talent)* don *m*
**gifted** ['gɪftɪd] *adj* **1.** *(talented)* dotado (da) **2.** *(very intelligent)* superdotado(da)
**gift shop** *n* tienda *f* de souvenirs
**gift voucher** *n* *(UK)* vale *m (para canjear por un regalo)*
**gig** [gɪg] *n* *(inf)* concierto *m* (de música pop)
**gigabyte** [gɪgə'baɪt] *n* gigabyte m
**gigantic** [dʒaɪ'gæntɪk] *adj* gigantesco (ca)
**giggle** ['gɪgl] *vi* reírse a lo tonto
**gimmick** ['gɪmɪk] *n* reclamo *m*
**gin** [dʒɪn] *n* ginebra *f* • **gin and tonic** gin tonic *m*
**ginger** ['dʒɪndʒə^r] ◇ *n* jengibre *m* ◇ *adj* *(colour)* rojizo(za)
**ginger ale** *n* ginger-ale *m*
**ginger beer** *n refresco de jengibre con bajo contenido en alcohol*
**gingerbread** ['dʒɪndʒəbred] *n* pan *m* de jengibre
**gipsy** ['dʒɪpsɪ] *n* gitano *m*, -na *f*
**giraffe** [dʒɪ'rɑːf] *n* jirafa *f*
**girl** [gɜːl] *n* **1.** *(child, daughter)* niña *f* **2.** *(young woman)* chica *f*
**girlfriend** ['gɜːlfrend] *n* **1.** *(of boy, man)* novia *f* **2.** *(of girl, woman)* amiga *f*
**Girl Guide** *n* *(UK)* exploradora *f*
**Girl Scout** *(US)* = **Girl Guide**
**giro** ['dʒaɪrəʊ] *(pl* **-s***)* *n* *(UK)* *(system)* giro *m*
**give** [gɪv] *(pt* **gave**, *pp* **given***)* *vt* **1.** dar **2.** *(a laugh, look)* echar **3.** *(attention)* prestar **4.** *(time)* dedicar • **to give sb a sweet** dar un caramelo a alguien • **to give sb a present** dar un regalo a alguien • **to give sthg a push** empujar algo • **to give sb a kiss** dar un bes[o a] alguien • **give or take** más o meno[s] **give way** ceda el paso ◆ **give away** *vt* **1.** *(get rid of)* regalar **2.** *(reveal)* revela[r] **give back** *vt sep* devolver ◆ **give in** ceder ◆ **give off** *vt insep* despedir ◆ **g[ive] out** *vt sep (distribute)* repartir ◆ **give u[p]** *vt sep (seat)* ceder ◇ *vi* **1.** *(stop smoki[ng])* dejar de fumar **2.** *(admit defeat)* da[rse] por vencido • **to give up cigarettes** [or] **smoking** dejar de fumar
**given name** ['gɪvn-] *n* *(US)* nombre de pila
**glacier** ['glæsjə^r] *n* glaciar *m*
**glad** [glæd] *adj* contento(ta) • **to be glad to do sthg** tener mucho gusto [en] hacer algo
**gladly** ['glædlɪ] *adv* *(willingly)* con m[u]cho gusto
**glamorous** ['glæmərəs] *adj* atracti[vo] (va)
**glance** [glɑːns] ◇ *n* vistazo *m* ◇ *vi* • **glance (at)** echar un vistazo (a)
**gland** [glænd] *n* glándula *f*
**glandular fever** ['glændjʊlə-] *n* *(U[K])* mononucleosis *f inv* infecciosa
**glare** [gleə^r] *vi* **1.** *(person)* lanzar u[na] mirada asesina **2.** *(sun, light)* brillar
**glass** [glɑːs] ◇ *n* **1.** *(material)* cristal *m* **2.** *(container, glassful)* vaso *m* ◇ *adj* cristal ◆ **glasses** *npl* gafas *fpl*
**glassware** ['glɑːsweə^r] *n* cristalería *f*
**glider** ['glaɪdə^r] *n* planeador *m*
**glimpse** [glɪmps] *vt* vislumbrar
**glitter** ['glɪtə^r] *vi* relucir
**global warming** [ˌgləʊbl'wɔːmɪŋ] *n* [ca]lentamiento *m* de la atmósfera
**globe** [gləʊb] *n* *(with map)* globo

:erráqueo) • **the globe** *(Earth)* la ierra
**loomy** ['glu:mɪ] *adj* **1.** *(room, day)* scuro(ra) **2.** *(person)* melancólico(ca)
**lorious** ['glɔ:rɪəs] *adj* **1.** *(weather, sight)* spléndido(da) **2.** *(victory, history)* glo-oso(sa)
**lory** ['glɔ:rɪ] *n* gloria *f*
**loss** [glɒs] *n (shine)* brillo *m* • **gloss** ɔaint) pintura *f* de esmalte
**lossary** ['glɒsərɪ] *n* glosario *m*
**lossy** ['glɒsɪ] *adj (magazine, photo)* de apel satinado
**love** [glʌv] *n* guante *m*
**love compartment** *n* guantera *f*
**low** [gləʊ] ◇ *n* fulgor *m* ◇ *vi* brillar, ıcir
**lucose** ['glu:kəʊs] *n* glucosa *f*
**lue** [glu:] ◇ *n* pegamento *m* ◇ *vt* pegar
**;M** [dʒi:'em] *adj* (*abbr of* **genetically** ıodified) transgénico(ca) • **GM** ɔods/products alimentos/productos *ıpl* transgénicos
**;MT** [dʒi:em'ti:] *n* (*abbr of* **Greenwich** ɬean Time) hora *f* del meridiano del ;reenwich
**nat** [næt] *n* mosquito *m*
**naw** [nɔ:] *vt* roer
**;NVQ** [dʒi:envi:'kju:] *n* (*UK*) (*abbr of* **eneral national vocational qualifica-** :on) curso de formación profesional e dos años
**o** [gəʊ] (*pt* **went**, *pp* **gone**, *pl* **goes**) *vi* **1.** *(move, travel, attend)* ir • **to go** ome irse a casa • **to go to Spain** ir a spaña • **to go by bus** ir en autobús • ɔ **go to church/school** ir a misa/la scuela • **to go for a walk** ir a dar una vuelta • **to go and do sthg** ir a hacer algo • **to go shopping** ir de compras • **where does this path go?** ¿adónde lleva este camino? **2.** *(leave)* irse; *(bus)* salir • **it's time to go** ya es hora de irse • **go away!** ¡largo de aquí! **3.** *(become)* ponerse • **she went pale** se puso pálida • **the milk has gone sour** la leche se ha cortado **4.** *(expressing intention, probability, certainty)* • **to be going to do sthg** ir a hacer algo **5.** *(function)* funcionar • **the car won't go** el coche no funciona **6.** *(stop working)* estropearse • **the fuse has gone** se ha fundido el plomo **7.** *(pass)* pasar **8.** *(progress)* ir • **to go well** ir bien • **how's it going?** ¿qué tal te va? **9.** *(bell, alarm)* sonar **10.** *(match, be appropriate)* • **to go with** ir bien con **11.** *(be sold)* venderse ▼ **everything must go** liquidación total **12.** *(fit)* caber **13.** *(belong)* ir **14.** *(in phrases)* • **go on!** ¡venga! • **to let go of sthg** soltar algo • **to go** (*US*) *(to take away)* para llevar • **there are three weeks to go** faltan tres semanas
◇ *n* **1.** *(turn)* turno *m* • **it's your go** te toca a ti **2.** *(attempt)* jugada *f* • **to have a go at sthg** probar algo ▼ **50p a go** a 50 peniques la jugada
◆ **go ahead** *vi (take place)* tener lugar • **go ahead!** ¡adelante!
◆ **go back** *vi* volver
◆ **go down** *vi (price, standard)* bajar; *(sun)* ponerse; *(tyre)* deshincharse
◆ **go down with** *vt insep (inf)* pillar, pescar
◆ **go in** *vi* entrar
◆ **go off** *vi (alarm, bell)* sonar; *(food)*

estropearse; *(milk)* cortarse; *(stop operating)* apagarse
◆ **go on** *vi (happen)* ocurrir, pasar; *(start operating)* encenderse ● **to go on doing sthg** seguir haciendo algo
◆ **go out** *vi (leave house)* salir; *(light, fire, cigarette)* apagarse ● **to go out (with sb)** salir (con alguien) ● **to go out for a meal** cenar fuera
◆ **go over** *vt insep (check)* repasar
◆ **go round** *vi (revolve)* girar ● **there isn't enough to go round** no hay bastante para todos
◆ **go through** *vt insep (experience)* pasar (por); *(spend)* gastar; *(search)* registrar
◆ **go up** *vi (increase)* subir
◆ **go with** *vt insep (be included with)* venir con
◆ **go without** *vt insep* pasar sin

**goal** [gəʊl] *n* **1.** *(posts)* portería *f* **2.** *(point scored)* gol *m* **3.** *(aim)* objetivo *m*

**goalkeeper** ['gəʊl,kiːpəʳ] *n* portero *m*, -ra *f*

**goalpost** ['gəʊlpəʊst] *n* poste *m* (de la portería)

**goat** [gəʊt] *n* cabra *f*

**gob** [gɒb] *n (UK) (inf) (mouth)* pico *m*

**god** [gɒd] *n* dios *m* ◆ **God** *n* Dios *m*

**goddaughter** ['gɒd,dɔːtəʳ] *n* ahijada *f*

**godfather** ['gɒd,fɑːðəʳ] *n* padrino *m*

**godmother** ['gɒd,mʌðəʳ] *n* madrina *f*

**gods** [gɒdz] *npl* ● **the gods** *(UK) (inf) (in theatre)* el gallinero

**godson** ['gɒdsʌn] *n* ahijado *m*

**goes** [gəʊz] ➢ **go**

**goggles** ['gɒglz] *npl* **1.** *(for swimming)* gafas *fpl (Esp)* OR anteojos *mpl (Amér)* submarinas **2.** *(for skiing)* gafas *fpl (Esp)* OR anteojos *mpl (Amér)* de esquí

**going** ['gəʊɪŋ] *adj (available)* disponible ● **the going rate** el precio actual

**go-kart** [-kɑːt] *n (UK)* kart *m*

**gold** [gəʊld] ◇ *n* oro *m* ◇ *adj* de oro

**goldfish** ['gəʊldfɪʃ] *(pl inv) n* pez *m* de colores

**gold-plated** [-'pleɪtɪd] *adj* chapado(da) en oro

**golf** [gɒlf] *n* golf *m*

**golf ball** *n* pelota *f* de golf

**golf club** *n* **1.** *(place)* club *m* de golf **2.** *(piece of equipment)* palo *m* de golf

**golf course** *n* campo *m* de golf

**golfer** ['gɒlfəʳ] *n* jugador *m*, -ra *f* de golf

**gone** [gɒn] ◇ *pp* ➢ **go** ◇ *prep (UK)* **it's gone ten** ya pasa de las diez

**good** [gʊd] *(compar* **better**, *superl* **best**) ◇ *adj* bueno(na) ◇ *n* el bien ● **that's very good of you** es muy amable por tu parte ● **be good!** ¡pórtate bien! ● **to have a good time** pasarlo bien ● **I'm good at maths** se me dan bien las matemáticas ● **a good ten minutes** diez minutos por lo menos ● **in good time** a tiempo de sobra ● **for good** para siempre ● **for the good of** en bien de ● **a walk will do you good** un paseo te sentará bien ● **it's no good** *(there's no point)* no vale la pena ● **good afternoon!** ¡buenas tardes! ● **good evening!** *(in the evening)* ¡buenas tardes! *(at night)* ¡buenas noches! ● **good morning!** ¡buenos días! ● **good night** ¡buenas noches! ◆ **goods** *npl* productos *mpl*

**goodbye** [,gʊd'baɪ] *excl* ¡adiós!

**Good Friday** *n* Viernes *m inv* Santo

**ood-looking** [-'lʊkɪŋ] *adj* guapo(pa)
**oose** [gu:s] (*pl* **geese**) *n* ganso *m*
**ooseberry** ['gʊzbərɪ] *n* grosella *f* espi-
osa
**orge** [gɔ:dʒ] *n* desfiladero *m*
**orgeous** ['gɔ:dʒəs] *adj* (*day, meal, untryside*) magnífico(ca) ◆ **to be** **rgeous** (*inf*) (*good-looking*) estar bue-
simo(ma)
**orilla** [gə'rɪlə] *n* gorila *mf*
**ossip** ['gɒsɪp] ◇ *n* (*talk*) cotilleo *m* ◇ *vi* tillear
**ossip column** *n* ecos *mpl* OR crónica *f* sociedad
**ot** [gɒt] *pt* & *pp* ➤ **get**
**otten** ['gɒtn] *pp* (*US*) ➤ **get**
**oujons** ['gu:dʒɒnz] *npl* fritos *mpl* (re-
ozados)
**oulash** ['gu:læʃ] *n* gulasch *m*
**ourmet** ['gʊəmeɪ] ◇ *n* gastrónomo *m*, na *f* ◇ *adj* para gastrónomos
**overn** ['gʌvən] *vt* gobernar
**overnment** ['gʌvnmənt] *n* gobierno *m*
**own** [gaʊn] *n* (*dress*) vestido *m* (de oche)
**P** [dʒi:'pi:] *n* (*abbr of* **general practi-
oner**) *médico de cabecera*
**rab** [græb] *vt* **1.** (*grasp*) agarrar **2.** (*snatch ay*) arrebatar
**raceful** ['greɪsfʊl] *adj* elegante
**rade** [greɪd] *n* **1.** (*quality*) clase *f* **2.** (*in am*) nota *f*, calificación *f* **3.** (*US*) (*year school*) curso *m*
**rade crossing** *n* (*US*) paso *m* a nivel
**radient** ['greɪdjənt] *n* pendiente *f*
**radual** ['grædʒʊəl] *adj* paulatino(na)
**radually** ['grædʒʊəlɪ] *adv* paulatina-
ente

**graduate** ◇ *n* ['grædʒʊət] **1.** (*from university*) licenciado *m*, -da *f* **2.** (*US*) (*from high school*) ≃ bachiller *mf* ◇ *vi* ['grædʒʊeɪt] **1.** (*from university*) licenciarse **2.** (*US*) (*from high school*) ≃ obtener el título de bachiller
**graduation** [,grædʒʊ'eɪʃn] *n* (*ceremony*) graduación *f*
**graffiti** [grə'fi:tɪ] *n* pintadas *fpl*, graffiti *mpl*
**grain** [greɪn] *n* **1.** (*seed, granule*) grano *m* **2.** (*crop*) cereales *mpl*
**gram** [græm] *n* gramo *m*
**grammar** ['græmə<sup>r</sup>] *n* gramática *f*
**grammar school** *n* (*in UK*) *colegio de enseñanza secundaria tradicional para alumnos de 11 a 18 años, con examen de acceso*
**gramme** [græm] = **gram**
**gran** [græn] *n* (*UK*) (*inf*) abuelita *f*
**grand** [grænd] ◇ *adj* (*impressive*) grandioso(sa) ◇ *n* (*inf*) **1.** (*£1,000*) mil libras *fpl* **2.** (*$1,000*) mil dólares *mpl*
**grandchild** ['græntʃaɪld] (*pl* **-children**) *n* nieto *m*, -ta *f*
**granddad** ['grændæd] *n* (*inf*) abuelito *m*
**granddaughter** ['græn,dɔ:tə<sup>r</sup>] *n* nieta *f*
**grandfather** ['grænd,fɑ:ðə<sup>r</sup>] *n* abuelo *m*
**grandma** ['grænmɑ:] *n* (*inf*) abuelita *f*
**grandmother** ['græn,mʌðə<sup>r</sup>] *n* abuela *f*
**grandpa** ['grænpɑ:] *n* (*inf*) abuelito *m*
**grandparents** ['græn,peərənts] *npl* abuelos *mpl*
**grandson** ['grænsʌn] *n* nieto *m*
**granite** ['grænɪt] *n* granito *m*
**granny** ['grænɪ] *n* (*inf*) abuelita *f*
**grant** [grɑ:nt] ◇ *n* **1.** (*for study*) beca *f* **2.** POL subvención *f* ◇ *vt* (*fml*) (*give*)

conceder ◆ **to take sthg/sb for granted** no saber apreciar algo/a alguien por lo que vale
**grape** [greɪp] *n* uva *f*
**grapefruit** ['greɪpfru:t] *n* pomelo *m* (*Esp*), toronja *f* (*Amér*)
**grapefruit juice** *n* zumo *m* de pomelo, jugo *m* de toronja (*Amér*)
**graph** [grɑ:f] *n* gráfico *m*
**graph paper** *n* papel *m* cuadriculado
**grasp** [grɑ:sp] *vt* **1.** (*grip*) agarrar **2.** (*understand*) entender
**grass** [grɑ:s] *n* **1.** (*plant*) hierba *f*, pasto *m* (*Amér*) **2.** (*lawn*) césped *m*, pasto *m* (*Amér*) ▼ **keep off the grass** prohibido pisar el césped
**grasshopper** ['grɑ:sˌhɒpəʳ] *n* saltamontes *m inv*
**grate** [greɪt] *n* parrilla *f*
**grated** ['greɪtɪd] *adj* rallado(da)
**grateful** ['greɪtfʊl] *adj* agradecido(da)
**grater** ['greɪtəʳ] *n* rallador *m*
**gratitude** ['grætɪtju:d] *n* agradecimiento *m*
**gratuity** [grə'tju:ɪtɪ] *n* (*fml*) propina *f*
**grave**[1] [greɪv] ◇ *adj* (*mistake, news, concern*) grave ◇ *n* tumba *f*
**grave**[2] [grɑ:v] *adj* (*accent*) grave
**gravel** ['grævl] *n* gravilla *f*
**graveyard** ['greɪvjɑ:d] *n* cementerio *m*
**gravity** ['grævətɪ] *n* gravedad *f*
**gravy** ['greɪvɪ] *n* salsa *f* de carne
**gray** [greɪ] (*US*) = **grey**
**graze** [greɪz] *vt* (*injure*) rasguñar
**grease** [gri:s] *n* grasa *f*
**greaseproof paper** ['gri:spru:f-] *n* papel *m* de cera
**greasy** ['gri:sɪ] *adj* **1.** (*tools, clothes, food*) grasiento(ta) **2.** (*skin, hair*) graso(sa)
**great** [greɪt] *adj* **1.** grande **2.** (*very good*) estupendo(da) ◆ **great success** gran éxito ◆ **(that's) great!** ¡genial! ◆ **have a great time** pasarlo genial
**Great Britain** *n* Gran Bretaña
**great-grandfather** *n* bisabuelo *m*
**great-grandmother** *n* bisabuela *f*
**greatly** ['greɪtlɪ] *adv* enormemente
**Greece** [gri:s] *n* Grecia
**greed** [gri:d] *n* **1.** (*for food*) glotonería **2.** (*for money*) codicia *f*
**greedy** ['gri:dɪ] *adj* **1.** (*for food*) glotón(ona) **2.** (*for money*) codicioso(sa)
**Greek** [gri:k] ◇ *adj* griego(ga) ◇ *n* (*person*) griego *m*, -ga *f* **2.** (*language*) griego *m*
**green** [gri:n] ◇ *adj* **1.** verde **2.** (*inexperienced*) novato(ta) ◇ *n* **1.** (*colour*) verde *m* **2.** (*in village*) *pequeña zona hierba accesible a todo el mundo* **3.** (*golf course*) green *m* ◆ **greens** *n* (*vegetables*) verduras *fpl*
**green beans** *npl* judías *fpl* verdes
**green card** *n* **1.** (*UK*) (*for car*) *seguro automóvil para viajar al extranjero* (*US*) (*work permit*) permiso *m* de residencia y trabajo (*para EEUU*)

### green card

El *Green Card* es el permiso de trabajo emitido por las autoridades estadounidenses. Cualquier persona que quiera trabajar legalmente en los Estados Unidos necesita uno. El proceso para conseguirlo es largo

complicado. A pesar de su nom-
re, el permiso ya no es de color
erde.

**een channel** *n* *pasillo en la aduana*
*ra la gente sin artículos que declarar*
**eengage** ['gri:ngeɪdʒ] *n* ciruela *f* clau-
a
**eengrocer's** ['gri:n,grəʊsəz] *n* *(UK)*
*op)* verdulería *f*
**eenhouse** ['gri:nhaʊs] *n* invernadero

**eenhouse effect** *n* efecto *m* inver-
dero
**een light** *n* luz *f* verde
**een pepper** *n* pimiento *m* verde
**eens** [gri:nz] *npl* • **the Greens** los
rdes
**een salad** *n* ensalada *f* verde
**eet** [gri:t] *vt (say hello to)* saludar
**eeting** ['gri:tɪŋ] *n* saludo *m*
**enade** [grə'neɪd] *n* granada *f*
**ew** [gru:] *pt* ➤ **grow**
**ey** [greɪ] ◇ *adj* **1.** *(in colour)* gris **2.**
*eather)* nublado(da) ◇ *n* gris *m* •
**'s going grey** le están saliendo canas
**eyhound** ['greɪhaʊnd] *n* galgo *m*
**id** [grɪd] *n* **1.** *(grating)* reja *f* **2.** *(on map*
*)* cuadrícula *f*
**ief** [gri:f] *n* pena *f*, aflicción *f* • **to**
**me to grief** *(plan)* ir al traste
**ieve** [gri:v] *vi* • **to grieve for** llorar
r
**ill** [grɪl] ◇ *n* **1.** *(on cooker)* grill *m* **2.** *(for*
*en fire, part of restaurant)* parrilla *f* **3.**
*eefburger)* hamburguesa *f* ◇ *vt* asar a
parrilla
**ille** [grɪl] *n* *AUT* rejilla *f*

**grilled** [grɪld] *adj* asado(da) a la parrilla
**grim** [grɪm] *adj* **1.** *(expression)* adusto(ta)
**2.** *(news, reality)* deprimente
**grimace** ['grɪməs] *n* mueca *f*
**grimy** ['graɪmɪ] *adj* mugriento(ta)
**grin** [grɪn] ◇ *n* sonrisa *f* (amplia) ◇ *vi* sonreír (ampliamente)
**grind** [graɪnd] *(pt & pp* **ground**) *vt* *(pepper, coffee)* moler
**grip** [grɪp] ◇ *vt (hold)* agarrar ◇ *n* **1.** *(of tyres)* adherencia *f* **2.** *(handle)* asidero *m* • **to have a grip on sthg** agarrar algo
**gristle** ['grɪsl] *n* cartílago *m*
**groan** [grəʊn] ◇ *n* gemido *m* ◇ *vi* **1.** *(in pain)* gemir **2.** *(complain)* quejarse
**groceries** ['grəʊsərɪz] *npl* comestibles *mpl*
**grocer's** ['grəʊsəz] *n* *(UK)* *(shop)* tienda *f* de comestibles
**grocery** ['grəʊsərɪ] *n* *(shop)* tienda *f* de comestibles
**groin** [grɔɪn] *n* ingle *f*
**groove** [gru:v] *n* ranura *f*
**grope** [grəʊp] *vi* • **to grope around for sthg** buscar algo a tientas
**gross** [grəʊs] *adj (weight, income)* bruto(ta)
**grossly** ['grəʊslɪ] *adv (extremely)* enormemente
**grotty** ['grɒtɪ] *adj* *(UK)* *(inf)* cochambroso(sa)
**ground** [graʊnd] ◇ *pt & pp* ➤ **grind** ◇ *n* **1.** *(surface of earth)* suelo *m* **2.** *(soil)* tierra *f* **3.** *SPORT* campo *m* ◇ *adj (coffee)* molido(da) ◇ *vt* • **to be grounded** *(plane)* tener que permanecer en tierra; *(US)* *(child) no poder salir por estar castigado*; *(US)* *(electrical connection)*

estar conectado a tierra ◆ **below ground** bajo tierra ◆ **grounds** *npl* **1.** *(of building)* jardines *mpl* **2.** *(of coffee)* poso *m* **3.** *(reason)* razones *fpl*

**ground floor** *n* *(UK)* planta *f* baja

**groundsheet** ['graʊndʃiːt] *n* *(UK)* lona *f* impermeable *(para tienda de campaña)*

**group** [gruːp] *n* grupo *m*

**grouse** [graʊs] *(pl inv)* *n* urogallo *m*

**grovel** ['grɒvl] *vi* *(be humble)* humillarse

**grow** [grəʊ] *(pt* **grew**, *pp* **grown***)* ◇ *vi* **1.** crecer **2.** *(become)* volverse ◇ *vt* **1.** *(plant, crop)* cultivar **2.** *(beard)* dejarse crecer ◆ **grow up** *vi* hacerse mayor

**growl** [graʊl] *vi* *(dog)* gruñir

**grown** [grəʊn] *pp* ➤ **grow**

**grown-up** ◇ *adj* adulto(ta) ◇ *n* persona *f* mayor

**growth** [grəʊθ] *n* **1.** *(increase)* aumento *m* **2.** *MED* bulto *m*

**grub** [grʌb] *n* *(inf)* *(food)* papeo *m*

**grubby** ['grʌbɪ] *adj* mugriento(ta)

**grudge** [grʌdʒ] ◇ *n* rencor *m* ◇ *vt* ◆ **she grudges him his success** siente rencor por su éxito

**grueling** ['grʊəlɪŋ] *(US)* = **gruelling**

**gruelling** ['grʊəlɪŋ] *adj* *(UK)* agotador(ra)

**gruesome** ['gruːsəm] *adj* horripilante

**grumble** ['grʌmbl] *vi* refunfuñar

**grumpy** ['grʌmpɪ] *adj* *(inf)* cascarrabias *(inv)*

**grunt** [grʌnt] *vi* gruñir

**guarantee** [ˌgærən'tiː] ◇ *n* garantía *f* ◇ *vt* garantizar

**guard** [gɑːd] ◇ *n* **1.** *(of prisoner etc)* guardia *mf* **2.** *(UK)* *(on train)* jefe *m* de tren **3.** *(protective cover)* protector *m* ◇ *vt* *(watch over)* guardar ◆ **to be on on[e's] guard** estar en guardia

**Guatemala** [ˌgwɑːtə'mɑːlə] *n* Guatem[a]la

**Guatemalan** [ˌgwɑːtə'mɑːlən] ◇ *adj* gu[a]temalteco(ca) ◇ *n* guatemalteco *m*, -[ca] *f*

**guess** [ges] ◇ *n* suposición *f* ◇ [*vt*] adivinar ◇ *vi* suponer ◆ **I guess (s[o])** me imagino (que sí)

**guest** [gest] *n* **1.** *(in home)* invitado -da *f* **2.** *(in hotel)* huésped *mf*

**guesthouse** ['gesthaʊs] *n* casa *f* [de] huéspedes

**guestroom** ['gestrʊm] *n* cuarto *m* de l[os] huéspedes

**guidance** ['gaɪdəns] *n* orientación *f*

**guide** [gaɪd] ◇ *n* **1.** *(for tourists)* guía *mf* *(guidebook)* guía *f* ◇ *vt* guiar ◆ **Guide** *(UK)* exploradora *f*

**guidebook** ['gaɪdbʊk] *n* guía *f*

**guide dog** *n* *(UK)* perro *m* lazarillo

**guided tour** ['gaɪdɪd-] *n* visita *f* guia[da]

**guidelines** ['gaɪdlaɪnz] *npl* directric[es] *fpl*

**guilt** [gɪlt] *n* **1.** *(feeling)* culpa *f* **2.** *LA[W]* culpabilidad *f*

**guilty** ['gɪltɪ] *adj* culpable

**guinea pig** ['gɪnɪ-] *n* conejillo *m* [de] Indias

**guitar** [gɪ'tɑː'] *n* guitarra *f*

**guitarist** [gɪ'tɑːrɪst] *n* guitarrista *mf*

**gulf** [gʌlf] *n* *(of sea)* golfo *m*

**Gulf War** *n* ◆ **the Gulf War** la Guer[ra] del Golfo

**gull** [gʌl] *n* gaviota *f*

**gullible** ['gʌləbl] *adj* ingenuo(nua)

**gulp** [gʌlp] *n* trago *m*

**m** [gʌm] *n* **1.** *(chewing gum, bubble gum)* :cle *m* **2.** *(adhesive)* pegamento *m* ◆ **ms** *npl (in mouth)* encías *fpl*
**n** [gʌn] *n* **1.** *(pistol)* pistola *f* **2.** *(rifle)* 'opeta *f* **3.** *(cannon)* cañón *m*
**nfire** ['gʌnfaɪəʳ] *n* disparos *mpl*
**nshot** ['gʌnʃɒt] *n* tiro *m*
**st** [gʌst] *n* ráfaga *f*
**t** [gʌt] *n* *(inf)* *(stomach)* buche *m*, rriga *f* ◆ **guts** *npl* *(inf)* **1.** *(intestines)* ɔas *fpl* **2.** *(courage)* agallas *fpl*
**tter** ['gʌtəʳ] *n* **1.** *(beside road)* cuneta *f* *(of house)* canalón *m* *(Esp)*, canaleta
**y** [gaɪ] *n* *(inf)* *(man)* tío *m* *(Esp)*, tipo ◆ **guys** *npl* *(inf)* *(people)* tíos *mpl* :p), gente *f*
**ıy Fawkes Night** [-'fɔːks-] *n* *(UK)* *el 5 noviembre*

**ıuy Fawkes Night**

ɪ 5 de noviembre, los británicos ɔnmemoran el fracaso del intento : volar el parlamento por parte de uy Fawkes, en 1605, que habría :abado con la vida del rey. En ıeblos y ciudades se queman :randes hogueras, a la cuales se :rojan muñecos que representan a uy Fawkes.

**y rope** *n* cuerda *f (de tienda de npaña)*
**m** [dʒɪm] *n* **1.** *(place)* gimnasio *m* **2.** *hool lesson)* gimnasia *f*
**mnast** ['dʒɪmnæst] *n* gimnasta *mf*
**mnastics** [dʒɪm'næstɪks] *n* gimnasia *f*
**gym shoes** *npl* zapatillas *fpl* de gimnasia
**gynecologist** [,gaɪnə'kɒlədʒɪst] *(US)* = **gynaecologist**
**gynaecologist** [,gaɪnə'kɒlədʒɪst] *n* *(UK)* ginecólogo *m*, -ga *f*
**gypsy** ['dʒɪpsɪ] = **gipsy**

# *h* H

**H** *(abbr of* **hot)** C *(en grifo)* *(abbr of* **hospital)** H.
**habit** ['hæbɪt] *n* costumbre *f*
**hacksaw** ['hæksɔː] *n* sierra *f* para metales
**had** [hæd] *pt & pp* ➢ **have**
**haddock** ['hædək] *(pl inv)* *n* eglefino *m*
**hadn't** ['hædnt] = **had not**
**haggis** ['hægɪs] *n plato típico escocés hecho con las asaduras del cordero, harina de avena y especias*
**haggle** ['hægl] *vi* regatear
**hail** [heɪl] ◇ *n* granizo *m* ◇ *impers vb* ● **it's hailing** está granizando
**hailstone** ['heɪlstəʊn] *n* granizo *m*
**hair** [heəʳ] *n* **1.** pelo *m* **2.** *(on skin)* vello *m* ● **to have one's hair cut** cortarse el pelo ● **to wash one's hair** lavarse el pelo
**hairband** ['heəbænd] *n* turbante *m* *(banda elástica)*
**hairbrush** ['heəbrʌʃ] *n* cepillo *m* (del pelo)

**hairclip** ['heəklɪp] *n* prendedor *m* (del pelo)
**haircut** ['heəkʌt] *n (style)* corte *m* (de pelo) • **to have a haircut** cortarse el pelo
**hairdo** ['heədu:] (*pl* **-s**) *n* peinado *m*
**hairdresser** ['heə,dresəʳ] *n* peluquero *m*, -ra *f* • **hairdresser's** *(salon)* peluquería *f* • **to go to the hairdresser's** ir a la peluquería
**hairdryer** ['heə,draɪəʳ] *n* secador *m* (del pelo)
**hair gel** *n* gomina *f*
**hairgrip** ['heəgrɪp] *n* (*UK*) horquilla *f*
**hairpin bend** ['heəpɪn-] *n* (*UK*) curva *f* muy cerrada
**hair remover** [-rɪ,mu:vəʳ] *n* depilatorio *m*
**hair slide** *n* (*UK*) prendedor *m*
**hairspray** ['heəspreɪ] *n* laca *f* (para el pelo)
**hairstyle** ['heəstaɪl] *n* peinado *m*
**hairy** ['heərɪ] *adj* peludo(da)
**half** [(*UK*) hɑ:f, (*US*) hæf] (*pl* **halves**) ◇ *n* **1.** *(50%)* mitad *f* **2.** *(of match)* tiempo *m* **3.** (*UK*) *(half pint)* media pinta *f* **4.** *(child's ticket)* billete *m* medio ◇ *adj* medio(dia) ◇ *adv* • **half cooked** a medio cocinar • **half full** medio lleno • **I'm half Scottish** soy medio escocés • **four and a half** cuatro y medio • **half past seven** las siete y media • **half as big as** la mitad de grande que • **an hour and a half** una hora y media • **half an hour** media hora • **half a dozen** media docena • **half price** a mitad de precio
**half board** *n* (*UK*) media pensión *f*
**half-day** *n* media jornada *f*
**half fare** *n* medio billete *m* (*Es*...) medio boleto *m* (*Amér*)
**half portion** *n* media ración *f*
**half-price** *adj* a mitad de precio
**half term** *n* (*UK*) *semana de vacacio... escolares a mitad de cada trimestre*
**half time** *n* descanso *m*
**halfway** [hɑ:f'weɪ] *adv* • **halfway b...ween** a mitad de camino entre • **halfway through the film** a mitad de... película
**halibut** ['hælɪbət] (*pl inv*) *n* halibut ...
**hall** [hɔ:l] *n* **1.** *(of house)* vestíbulo *m*... *(large room)* sala *f* **3.** *(building)* pabell... *m* **4.** *(country house)* mansión *f*
**hallmark** ['hɔ:lmɑ:k] *n (on silver, go...* contraste *m*
**hallo** [hə'ləʊ] (*UK*) = **hello**
**hall of residence** *n* (*UK*) colegio mayor (*Esp*), residencia *f* universita...
**Halloween** [,hæləʊ'i:n] *n el 31 ... octubre*

## Halloween

*Halloween* se celebra el 31 de oct... bre. Las fiestas de *Halloween*, a l... que hay que ir disfrazado, son mu... populares. También es tradicion... que grupos de niños pequeño... disfrazados de brujas y fantasma... vayan de puerta en puerta pidiend... dinero o caramelos.

**halt** [hɔ:lt] ◇ *vi* detenerse ◇ *n* • **come to a halt** detenerse
**halve** [(*UK*) hɑ:v, (*US*) hæv] *vt* **1.** *(redu...*

y *half)* reducir a la mitad **2.** *(divide in* wo*)* partir por la mitad
**alves** [(*UK*) hɑːvz, (*US*) hævz] *pl* ➤ alf
**am** [hæm] *n* jamón *m*
**amburger** ['hæmbɜːgə^r] *n* **1.** *(beefburger)* hamburguesa *f* **2.** (*US*) *(mince)* arne *f* picada (*Esp*) OR molida
**amlet** ['hæmlɪt] *n* aldea *f*
**ammer** ['hæmə^r] ◇ *n* martillo *m* ◇ *vt* nail*)* clavar
**ammock** ['hæmək] *n* hamaca *f*
**amper** ['hæmpə^r] *n* cesta *f*
**amster** ['hæmstə^r] *n* hámster *m*
**amstring** ['hæmstrɪŋ] *n* tendón *m* de la orva
**and** [hænd] *n* **1.** mano *f* **2.** *(of clock,* atch, dial*)* aguja *f* • **to give sb a hand** char una mano a alguien • **to get** ut **of hand** hacerse incontrolable • y **hand** a mano • **in hand** *(time)* de obra • **on the one hand** por una parte • **on the other hand** por otra parte ◆ **and in** *vt sep* entregar ◆ **hand out** *vt sep* epartir ◆ **hand over** *vt sep* *(give)* ntregar
**andbag** ['hændbæg] *n* bolso *m* (*Esp*), artera *f*
**andbasin** ['hændbeɪsn] *n* (*UK*) lavabo 1
**andbook** ['hændbʊk] *n* manual *m*
**andbrake** ['hændbreɪk] *n* (*UK*) freno *m* e mano
**and cream** *n* (*UK*) crema *f* de manos
**andcuffs** ['hændkʌfs] *npl* esposas *fpl*
**andful** ['hændfʊl] *n* *(amount)* puñado *m*
**andheld PC** [hænd'held-] *n* ordenador 1 de bolsillo

**handicap** ['hændɪkæp] *n* **1.** *(physical, mental)* incapacidad *f* **2.** *(disadvantage)* desventaja *f*
**handicapped** ['hændɪkæpt] ◇ *adj* disminuido(da) ◇ *npl* • **the handicapped** los minusválidos
**handkerchief** ['hæŋkətʃɪf] (*pl* **-chiefs** OR **-chieves**) *n* pañuelo *m*
**handle** ['hændl] ◇ *n* **1.** *(round)* pomo *m* **2.** *(long)* manilla *f* **3.** *(of knife, pan)* mango *m* **4.** *(of suitcase)* asa *f* ◇ *vt* **1.** *(touch)* tocar **2.** *(deal with)* encargarse de ▼ **handle with care** frágil
**handlebars** ['hændlbɑːz] *npl* manillar *m*, manubrio *m* (*Amér*)
**hand luggage** *n* equipaje *m* de mano
**handmade** [ˌhænd'meɪd] *adj* hecho (cha) a mano
**handout** ['hændaʊt] *n* *(leaflet)* hoja *f* informativa
**handrail** ['hændreɪl] *n* barandilla *f*
**handset** ['hændset] *n* auricular *m* *(de teléfono)* ▼ **please replace the handset** *mensaje que avisa que el teléfono está descolgado*
**handshake** ['hændʃeɪk] *n* apretón *m* de manos
**handsome** ['hænsəm] *adj* *(man)* guapo
**handstand** ['hændstænd] *n* pino *m*
**handwriting** ['hændˌraɪtɪŋ] *n* letra *f*
**handy** ['hændɪ] *adj* **1.** *(useful)* práctico (ca) **2.** *(good with one's hands)* mañoso (sa) **3.** *(near)* a mano • **to come in handy** *(inf)* venir de maravilla
**hang** [hæŋ] (*pt & pp* **hung** OR **hanged**) ◇ *vt* **1.** *(on hook, wall etc)* colgar **2.** *(pt & pp* **hanged***)* *(execute)* ahorcar ◇ *vi* *(be suspended)* colgar ◇ *n* • **to get the hang**

of sthg (*inf*) coger el tranquillo a algo ◆ **hang about** *vi* (*UK*) (*inf*) pasar el rato ◆ **hang around** (*inf*) = **hang about** ◆ **hang down** *vi* caer, estar colgado ◆ **hang on** *vi* (*inf*) (*wait*) esperar ◆ **hang out** ◇ *vt sep* tender ◇ *vi* (*inf*) (*spend time*) pasar el rato ◆ **hang up** *vi* (*on phone*) colgar

**hanger** ['hæŋəʳ] *n* percha *f* (*Esp*), gancho *m* (*Amér*)

**hang gliding** [-'glaɪdɪŋ] *n* vuelo *m* con ala delta

**hangover** ['hæŋˌəʊvəʳ] *n* resaca *f*

**hankie** ['hæŋkɪ] *n* (*inf*) pañuelo *m*

**happen** ['hæpən] *vi* pasar ▪ **I happened to be alone** dio la casualidad de que estaba solo

**happily** ['hæpɪlɪ] *adv* (*luckily*) afortunadamente

**happiness** ['hæpɪnɪs] *n* felicidad *f*

**happy** ['hæpɪ] *adj* feliz ▪ **to be happy about sthg** (*satisfied*) estar contento(ta) con algo ▪ **to be happy to do sthg** estar muy dispuesto(ta) a hacer algo ▪ **to be happy with sthg** estar contento con algo ▪ **Happy Birthday!** ¡Feliz Cumpleaños! ▪ **Happy Christmas!** ¡Feliz Navidad! ▪ **Happy New Year!** ¡Feliz Año Nuevo!

**happy hour** *n* (*inf*) *tiempo en que las bebidas se venden a precio reducido en un bar*

**harassment** ['hærəsmənt] *n* acoso *m*

**harbor** ['hɑːrbər] (*US*) = **harbour**

**harbour** ['hɑːbəʳ] *n* (*UK*) puerto *m*

**hard** [hɑːd] ◇ *adj* **1.** duro(ra) **2.** (*difficult, strenuous*) difícil **3.** (*blow, push, frost*) fuerte ◇ *adv* **1.** (*try, work, rain*) mucho **2.** (*listen*) atentamente **3.** (*hit*) co[n] fuerza

**hardback** ['hɑːdbæk] *n* edición *f* e[n] pasta dura

**hardboard** ['hɑːdbɔːd] *n* aglomerado *m*

**hard-boiled egg** [-bɔɪld-] *n* huevo *m* duro

**hardcover** ['hɑːrdˌkʌvər] *n* (*US*) edición *f* en pasta dura

**hard disk** *n* disco *m* duro

**hardly** ['hɑːdlɪ] *adv* apenas ▪ **hardl[y] ever** casi nunca

**hardship** ['hɑːdʃɪp] *n* **1.** (*difficult condi[tions]*) privaciones *fpl* **2.** (*difficult circum[stance]*) dificultad *f*

**hard shoulder** *n* (*UK*) arcén *m*

**hard up** *adj* (*inf*) sin un duro

**hardware** ['hɑːdweəʳ] *n* **1.** (*tools, equip[ment]*) artículos *mpl* de ferretería **2.** COMPUT hardware *m*

**hardwearing** [ˌhɑːd'weərɪŋ] *adj* (*UK*) resistente

**hardworking** [ˌhɑːd'wɜːkɪŋ] *adj* trabajador(ra)

**hare** [heəʳ] *n* liebre *f*

**harm** [hɑːm] ◇ *n* daño *m* ◇ *vt* **1.** (*person*) hacer daño a **2.** (*object*) dañar **3.** (*chances, reputation*) perjudicar

**harmful** ['hɑːmfʊl] *adj* perjudicial

**harmless** ['hɑːmlɪs] *adj* inofensivo(va)

**harmonica** [hɑː'mɒnɪkə] *n* armónic[a] *f*

**harmony** ['hɑːmənɪ] *n* armonía *f*

**harness** ['hɑːnɪs] *n* **1.** (*for horse*) arreo[s] *mpl* **2.** (*for child*) andadores *mpl*

**harp** [hɑːp] *n* arpa *f*

**harsh** [hɑːʃ] *adj* **1.** (*conditions, winter*) duro(ra) **2.** (*cruel*) severo(ra) **3.** (*weath[er]*)

r, *climate)* inclemente **4.** *(sound, voice)* spero(ra)
**arvest** ['hɑːvɪst] *n* cosecha *f*
**as** [*weak form* həz, *strong form* hæz] → **have**
**ash browns** [hæʃ-] *npl patatas cortadas n trozos y fritas en forma de bola*
**asn't** ['hæznt] = **has not**
**assle** ['hæsl] *n* **1.** *(inf)* *(problems)* jaleo *t* **2.** *(annoyance)* fastidio *m*
**astily** ['heɪstɪlɪ] *adv (rashly)* a la ligera
**asty** ['heɪstɪ] *adj* **1.** *(hurried)* precipitado da) **2.** *(rash)* irreflexivo(va)
**at** [hæt] *n* sombrero *m*
**atch** [hætʃ] ◇ *n (for serving food)* entanilla *f* ◇ *vi (egg)* romperse
**atchback** ['hætʃˌbæk] *n* coche *m* con uerta trasera
**atchet** ['hætʃɪt] *n* hacha *f*
**ate** [heɪt] ◇ *n* odio *m* ◇ *vt* odiar • **to ate doing sthg** odiar hacer algo
**atred** ['heɪtrɪd] *n* odio *m*
**aul** [hɔːl] ◇ *vt* arrastrar ◇ *n* • **a long aul** un buen trecho
**aunted** ['hɔːntɪd] *adj (house)* encan-ado(da)
**ave** [hæv] (*pt & pp* **had**)
◇ *aux vb* **1.** *(to form perfect tenses)* haber • **I have finished** he terminado • **have ou been there? - No, I haven't** ¿has stado allí? - No • **we had already left** a nos habíamos ido **2.** *(must)* • **to ave (got) to do sthg** tener que hacer lgo • **do you have to pay?** ¿hay que agar?
◇ *vt* **1.** *(possess)* • **to have (got)** tener • **o you have** OR **have you got a double oom?** ¿tiene una habitación doble? • **she has (got) brown hair** tiene el pelo castaño **2.** *(experience)* tener • **to have a cold** tener catarro • **to have a good time** pasarlo bien **3.** *(replacing other verbs)* • **to have breakfast** desayunar • **to have dinner** cenar • **to have lunch** comer • **to have a drink** tomar algo • **to have a shower** ducharse • **to have a swim** ir a nadar • **to have a walk** dar un paseo **4.** *(feel)* tener • **I have no doubt about it** no tengo ninguna duda **5.** *(invite)* • **to have sb round for dinner** invitar a alguien a cenar **6.** *(cause to be)* • **to have sthg done** hacer que se haga algo • **to have one's hair cut** cortarse el pelo **7.** *(be treated in a certain way)* • **I've had my wallet stolen** me han robado la cartera
**havoc** ['hævək] *n* estragos *mpl*
**hawk** [hɔːk] *n* halcón *m*
**hawker** ['hɔːkər] *n* vendedor *m*, -ra *f* ambulante
**hay** [heɪ] *n* heno *m*
**hay fever** *n* alergia *f* primaveral
**haystack** ['heɪˌstæk] *n* almiar *m*
**hazard** ['hæzəd] *n* riesgo *m*
**hazardous** ['hæzədəs] *adj* arriesgado (da)
**hazard warning lights** *npl* (*UK*) luces *fpl* de emergencia
**haze** [heɪz] *n* neblina *f*
**hazel** ['heɪzl] *adj* avellanado
**hazelnut** ['heɪzlˌnʌt] *n* avellana *f*
**hazy** ['heɪzɪ] *adj (misty)* neblinoso(sa)
**he** [hiː] *pron* él • **he's tall** (él) es alto
**head** [hed] ◇ *n* **1.** cabeza *f* **2.** *(of queue, page, letter)* principio *m* **3.** *(of table, bed)* cabecera *f* **4.** *(of company, department,*

*school)* director *m,* -ra *f* **5.** *(of beer)* espuma *f* ◇ *vt* estar a la cabeza de ◇ *vi* dirigirse hacia ● **£10 a head** diez libras por persona ● **heads or tails?** ¿cara o cruz? ◆ **head for** *vt insep (place)* dirigirse a

**headache** ['hedeɪk] *n (pain)* dolor *m* de cabeza ● **I have a headache** me duele la cabeza

**head band** *n* (*US*) turbante *m (banda elástica)*

**heading** ['hedɪŋ] *n* encabezamiento *m*

**headlamp** ['hedlæmp] (*UK*) = **headlight**

**headlight** ['hedlaɪt] *n* faro *m*

**headline** ['hedlaɪn] *n* titular *m*

**headmaster** [ˌhed'mɑːstəʳ] *n* (*UK*) director *m* (de colegio)

**headmistress** [ˌhed'mɪstrɪs] *n* (*UK*) directora *f* (de colegio)

**head of state** *n* jefe *m,* -fa *f* de estado

**headphones** ['hedfəʊnz] *npl* auriculares *mpl*

**headquarters** [ˌhed'kwɔːtəz] *npl* sede *f* central

**headrest** ['hedrest] *n* apoyacabezas *m inv*

**headroom** ['hedrʊm] *n (under bridge)* altura *f* libre

**headscarf** ['hedskɑːf] (*pl* **-scarves**) *n* pañoleta *f*

**head start** *n* ventaja *f (desde el comienzo)*

**head teacher** *n* director *m,* -ra *f* (de colegio)

**head waiter** *n* jefe *m* (de camareros)

**heal** [hiːl] ◇ *vt* curar ◇ *vi* cicatrizar

**health** [helθ] *n* salud *f* ● **to be in good health** tener buena salud ● **to be i[n] poor health** tener mala salud ● **yo[u]** **(very) good health!** ¡a tu salud!

**health center** (*US*) = **health centr[e]**

**health centre** *n* (*UK*) centro *m* de salu[d]

**health food** *n* alimentos *mpl* naturale[s]

**health food shop** *n* tienda *f* d[e] alimentos naturales

**health insurance** *n* seguro *m* médic[o]

**healthy** ['helθɪ] *adj* **1.** *(person, ski[n])* sano(na) **2.** *(good for one's healt[h])* saludable

**heap** [hiːp] *n* montón *m* ● **heaps o[f]** *(inf)* montones de

**hear** [hɪəʳ] (*pt & pp* **heard**) ◇ *vt* **1.** oír **2.** *LAW* ver ◇ *vi* oír ● **to hear about st[hg]** enterarse de algo ● **to hear from s[b]** tener noticias de alguien ● **to hav[e]** **heard of** haber oído hablar de

**hearing** ['hɪərɪŋ] *n* **1.** *(sense)* oído *m* **2.** *(at court)* vista *f* ● **to be hard of hearin[g]** ser duro de oído

**hearing aid** *n* audífono *m*

**heart** [hɑːt] *n* corazón *m* ● **to kno[w]** **sthg (off) by heart** saberse algo d[e] memoria ● **to lose heart** desanimars[e] ◆ **hearts** *npl (in cards)* corazones *mpl*

**heart attack** *n* infarto *m*

**heartbeat** ['hɑːtbiːt] *n* latido *m*

**heartburn** ['hɑːtbɜːn] *n* ardor *m* d[e] estómago

**heart condition** *n* ● **to have a hear[t]** **condition** padecer del corazón

**hearth** [hɑːθ] *n* chimenea *f*

**hearty** ['hɑːtɪ] *adj (meal)* abundante

**heat** [hiːt] *n* **1.** calor *m* **2.** *(specif[ic]* *temperature)* temperatura *f* ◆ **heat u[p]** *vt sep* calentar

**eater** ['hi:tə<sup>r</sup>] *n* calentador *m*
**eath** [hi:θ] *n* brezal *m*
**eather** ['heðə<sup>r</sup>] *n* brezo *m*
**eating** ['hi:tɪŋ] *n* calefacción *f*
**eat wave** *n* ola *f* de calor
**eave** [hi:v] *vt* **1.** *(push)* empujar **2.** *(pull)* rar de
**eaven** ['hevn] *n* el cielo
**eavily** ['hevɪlɪ] *adv* mucho
**eavy** ['hevɪ] *adj* **1.** *(in weight)* pesado la) **2.** *(rain, fighting, traffic)* intenso(sa) . *(losses, defeat)* grave **4.** *(food)* indi- esto(ta) • **how heavy is it?** ¿cuánto esa? • **to be a heavy smoker** fumar ıucho
**eavy cream** *n* (*US*) nata *f* para ıontar (*Esp*), crema *f* doble (*Amér*)
**eavy goods vehicle** *n* (*UK*) vehículo pesado
**eavy industry** *n* industria *f* pesada
**eavy metal** *n* heavy metal *m*
**eckle** ['hekl] *vt* reventar
**ectic** ['hektɪk] *adj* ajetreado(da)
**edge** [hedʒ] *n* seto *m*
**edgehog** ['hedʒhɒg] *n* erizo *m*
**eel** [hi:l] *n* **1.** *(of person)* talón *m* **2.** *(of* ıoe*)* tacón *m*, taco *m* (*CSur*)
**efty** ['heftɪ] *adj* **1.** *(person)* fornido(da) . *(fine)* considerable
**eight** [haɪt] *n* **1.** altura *f* **2.** *(of person)* statura *f* **3.** *(peak period)* punto *m* gido • **what height is it?** ¿cuánto ıide?
**eir** [eə<sup>r</sup>] *n* heredero *m*
**eiress** ['eərɪs] *n* heredera *f*
**eld** [held] *pt* & *pp* ≫ **hold**
**elicopter** ['helɪkɒptə<sup>r</sup>] *n* helicóptero *m*
**ell** [hel] *n* el infierno
**he'll** [hi:l] = **he will**
**hello** [hə'ləʊ] *excl* **1.** *(as greeting)* ¡hola! **2.** *(when answering phone)* ¡diga!, ¡bueno! *(Amér)* **3.** *(when phoning, to attract attention)* ¡oiga!
**helmet** ['helmɪt] *n* casco *m*
**help** [help] ◇ *n* ayuda *f* ◇ *vt* & *vi* ayudar ◇ *excl* ¡socorro! • **I can't help it** no puedo evitarlo • **let me help you (to) carry that** déjame que te ayude a llevar eso • **help yourself (to some more)** sírvete (más) • **can I help you?** *(in shop)* ¿en qué puedo servirle? •
**help out** *vi* echar una mano
**help desk** *n* mostrador *m* de ayuda
**helper** ['helpə<sup>r</sup>] *n* **1.** *(assistant)* ayudante *mf* **2.** (*US*) *(cleaner)* mujer *f* de la limpieza
**helpful** ['helpfʊl] *adj* **1.** *(person)* atento (ta), servicial **2.** *(useful)* útil
**helping** ['helpɪŋ] *n* ración *f*
**helpless** ['helplɪs] *adj (person)* indefenso (sa)
**hem** [hem] *n* dobladillo *m*
**hemophiliac** [ˌhi:mə'fɪlɪæk] *n* hemofílico *m*
**hemorrhage** ['hemərɪdʒ] *n* hemorragia *f*
**hen** [hen] *n (chicken)* gallina *f*
**hepatitis** [ˌhepə'taɪtɪs] *n* hepatitis *f inv*
**her** [hɜ:<sup>r</sup>] ◇ *adj* su, sus *pl* ◇ *pron* • **I know her** la conozco • **it's her** es ella • **send it to her** envíaselo • **tell her to come** dile que venga • **he's worse than her** él es peor que ella
**herb** [hɜ:b] *n* hierba *f*
**herbal tea** ['hɜ:bl-] *n* infusión *f*
**herd** [hɜ:d] *n* **1.** *(of sheep)* rebaño *m* **2.**

*(of cattle)* manada *f*
**here** [hɪəʳ] *adv* aquí • **here's your book** aquí tienes tu libro • **here you are** aquí tienes
**heritage** [ˈherɪtɪdʒ] *n* patrimonio *m*
**hernia** [ˈhɜːnjə] *n* hernia *f*
**hero** [ˈhɪərəʊ] (*pl* **-es**) *n* héroe *m*
**heroin** [ˈherəʊɪn] *n* heroína *f*
**heroine** [ˈherəʊɪn] *n* heroína *f*
**heron** [ˈherən] *n* garza *f* real
**herring** [ˈherɪŋ] *n* arenque *m*
**hers** [hɜːz] *pron* suyo *m*, -ya *f*, suyos *mpl*, -yas *fpl* • **a friend of hers** un amigo suyo
**herself** [hɜːˈself] *pron* **1.** *(reflexive)* se **2.** *(after prep)* sí misma • **she did it herself** lo hizo ella sola
**hesitant** [ˈhezɪtənt] *adj* indeciso(sa)
**hesitate** [ˈhezɪteɪt] *vi* vacilar
**hesitation** [ˌhezɪˈteɪʃn] *n* vacilación *f*
**heterosexual** [ˌhetərəʊˈsekʃʊəl] ◇ *adj* heterosexual ◇ *n* heterosexual *mf*
**hey** [eɪtʃdʒiːvˈiː] *excl* *(inf)* ¡eh!, ¡oye!
**HGV** *abbr* *(UK)* = **heavy goods vehicle**
**hi** [haɪ] *excl* *(inf)* ¡hola!
**hiccup** [ˈhɪkʌp] *n* • **to have (the) hiccups** tener hipo
**hide** [haɪd] (*pt* **hid**, *pp* **hidden**) ◇ *vt* **1.** esconder **2.** *(truth, feelings)* ocultar ◇ *vi* esconderse ◇ *n* *(of animal)* piel *f*
**hideous** [ˈhɪdɪəs] *adj* horrible
**hi-fi** [ˈhaɪfaɪ] *n* equipo *m* de alta fidelidad
**high** [haɪ] ◇ *adj* **1.** alto(ta) **2.** *(winds)* fuerte **3.** *(good)* bueno(na) **4.** *(position, rank)* elevado(da) **5.** *(inf)* *(from drugs)* flipado(da) *(Esp)*, drogado(da) ◇ *(weather front)* zona *f* de altas presion ◇ *adv* alto • **how high is it?** ¿cuán mide? • **it's 10 metres high** mide metros de alto
**high chair** *n* silla *f* alta
**high-class** *adj* de categoría
**Higher** [ˈhaɪəʳ] *n* *examen al final de enseñanza secundaria en Escocia*
**higher education** *n* enseñanza superior
**high heels** *npl* tacones *mpl* altos
**high jump** *n* salto *m* de altura
**Highland Games** [ˈhaɪlənd-] *npl* *festiv típico de Escocia*
**Highlands** [ˈhaɪləndz] *npl* • **the Highlands** *las tierras altas del norte Escocia*
**highlight** [ˈhaɪlaɪt] ◇ *n* *(best part)* mej parte *f* ◇ *vt* *(emphasize)* destacar
**highlights** *npl* **1.** *(of football match et* momentos *mpl* más interesantes **2.** *( hair)* mechas *fpl*, reflejos *mpl*
**highly** [ˈhaɪlɪ] *adv* **1.** *(extremely)* enorm mente **2.** *(very well)* muy bien
**high-pitched** [-ˈpɪtʃt] *adj* agudo(da)
**high-rise building** *n* rascacielos *m i*
**high school** *n* ≃ instituto *m* ( bachillerato
**high season** *n* temporada *f* alta
**high-speed train** *n* tren *m* de al velocidad
**high street** *n* *(UK)* calle *f* mayor *(Es* OR principal
**high tide** *n* marea *f* alta
**highway** [ˈhaɪweɪ] *n* **1.** *(US)* *(betwe towns)* autopista *f* **2.** *(UK)* *(any main roa* carretera *f*

**ighway Code** *n* (*UK*) código *m* de la rculación
**jack** ['haɪdʒæk] *vt* secuestrar
**jacker** ['haɪdʒækəʳ] *n* secuestrador *m*, a *f*
**ke** [haɪk] ◇ *n* caminata *f* ◇ *vi* ir de cursión
**king** ['haɪkɪŋ] *n* • **to go hiking** ir de cursión
**larious** [hɪ'leərɪəs] *adj* desternillante
**ll** [hɪl] *n* colina *f*
**llwalking** ['hɪlwɔːkɪŋ] *n* senderismo *m*
**lly** ['hɪlɪ] *adj* montañoso(sa)
**m** [hɪm] *pron* • **I know him** le nozco, lo conozco • **it's him** es • **send it to him** envíaselo • ll **him to come** dile que venga **she's worse than him** ella es peor ıe él
**mself** [hɪm'self] *pron* **1.** (*reflexive*) se **2.** *fter prep*) sí mismo • **he did it himself** hizo él solo
**nder** ['hɪndəʳ] *vt* estorbar
**indu** ['hɪnduː] (*pl* **-s**) ◇ *adj* hindú ◇ *n erson*) hindú *mf*
**nge** [hɪndʒ] *n* bisagra *f*
**nt** [hɪnt] ◇ *n* **1.** (*indirect suggestion*) directa *f* **2.** (*piece of advice*) consejo **3.** (*slight amount*) asomo *m* ◇ *vi* • **to nt at sthg** insinuar algo
**p** [hɪp] *n* cadera *f*
**ppopotamus** [ˌhɪpə'pɒtəməs] *n* hipo-ótamo *m*
**ppy** ['hɪpɪ] *n* hippy *mf*
**re** ['haɪəʳ] *vt* alquilar • **for hire** (*taxi*) ɔre ▼ **boats for hire** se alquilan ɪrcos ◆ **hire out** *vt sep* alquilar
**re car** *n* (*UK*) coche *m* de alquiler

**hire purchase** *n* (*UK*) compra *f* a plazos
**his** [hɪz] ◇ *adj* su, sus *pl* ◇ *pron* suyo *m*, -ya *f*, suyos *mpl*, -yas *fpl* • **a friend of his** un amigo suyo
**historical** [hɪ'stɒrɪkəl] *adj* histórico(ca)
**history** ['hɪstərɪ] *n* **1.** historia *f* **2.** (*record*) historial *m*
**hit** [hɪt] (*pt & pp inv*) ◇ *vt* **1.** (*strike on purpose*) pegar **2.** (*collide with*) chocar contra **3.** (*bang*) golpearse **4.** (*a target*) alcanzar ◇ *n* **1.** (*record, play, film*) éxito *m* **2.** *COMPUT* visita *f*, hit *m*
**hit-and-run** *adj* (*accident*) *en que el conductor se da a la fuga*
**hitch** [hɪtʃ] ◇ *n* obstáculo *m* ◇ *vi* hacer autoestop ◇ *vt* • **to hitch a lift** conseguir que le lleven a uno en coche
**hitchhike** ['hɪtʃhaɪk] *vi* hacer autoestop
**hitchhiker** ['hɪtʃhaɪkəʳ] *n* autoestopista *mf*
**hive** [haɪv] *n* (*of bees*) colmena *f*
**HIV-positive** [eɪtʃaɪviː-] *adj* seropositi-vo(va)
**hoarding** ['hɔːdɪŋ] *n* (*UK*) (*for adverts*) valla *f* publicitaria
**hoarse** [hɔːs] *adj* ronco(ca)
**hoax** [həʊks] *n* engaño *m*
**hob** [hɒb] *n* (*UK*) encimera *f*
**hobby** ['hɒbɪ] *n* hobby *m*
**hockey** ['hɒkɪ] *n* **1.** (*on grass*) hockey *m* (sobre hierba) **2.** (*US*) (*ice hockey*) hockey *m* sobre hielo
**hoe** [həʊ] *n* azada *f*
**Hogmanay** ['hɒgmənei] *n* (*Scot*) Nochevieja *f*

## Hogmanay

En Escocia la Nochevieja se llama *Hogmanay*. Lo tradicional ese día es visitar a los amigos y vecinos justo después de la medianoche, para desearles un feliz año. Hoy en día también se organizan grandes fiestas para dar la bienvenida al Año Nuevo.

**hold** [həʊld] (*pt & pp* **held**) ◇ *vt* **1.** *(in hand, arms etc)* tener cogido OR agarrado *(Amér)* **2.** *(keep in position)* sujetar **3.** *(organize)* celebrar **4.** *(contain)* contener **5.** *(number of people)* tener cabida para **6.** *(possess)* poseer ◇ *vi* **1.** *(weather, luck)* mantenerse **2.** *(offer)* seguir en pie **3.** *(on telephone)* esperar ◇ *n* *(of ship, aircraft)* bodega *f* • **to have a hold on sthg** agarrar algo • **to hold sb prisoner** tener a alguien como prisionero • **hold the line, please** no cuelgue, por favor • **to put sb on hold** poner a alguien en espera ◆ **hold back** *vt sep* **1.** *(restrain)* contener **2.** *(keep secret)* ocultar ◆ **hold on** *vi* **1.** *(wait)* esperar **2.** *(on telephone)* no colgar • **to hold on to sthg** *(grip)* agarrarse a algo ◆ **hold out** *vt sep (extend)* extender ◆ **hold up** *vt sep (delay)* retrasar

**holdall** ['həʊldɔːl] *n* *(UK)* bolsa *f* de viaje

**holder** ['həʊldəʳ] *n* **1.** *(of passport, licence)* titular *mf* **2.** *(container)* soporte *m*

**holdup** ['həʊldʌp] *n (delay)* retraso *m*

**hole** [həʊl] *n* **1.** agujero *m* **2.** *(in ground, in golf)* hoyo *m*

**holiday** ['hɒlɪdeɪ] ◇ *n* **1.** *(UK)* *(period of time)* vacaciones *fpl* **2.** *(day off)* fiesta día *m* festivo ◇ *vi* *(UK)* veranear, ir de vacaciones • **to be on holiday** estar de vacaciones • **to go on holiday** ir de vacaciones

## holidays

Al contrario de lo que ocurre en el mundo hispanohablante, los días de los santos patronos no son festivos en el Reino Unido. En los Estados Unidos, además de los festivos nacionales, en los que se conmemoran fechas históricas o a personajes célebres, cada estado tiene sus propios días festivos.

**holidaymaker** ['hɒlɪdɪˌmeɪkəʳ] *n* *(UK)* turista *mf*

**holiday pay** *n* *(UK)* sueldo *m* de vacaciones

**Holland** ['hɒlənd] *n* Holanda

**hollow** ['hɒləʊ] *adj* hueco(ca)

**holly** ['hɒlɪ] *n* acebo *m*

**holy** ['həʊlɪ] *adj (sacred)* sagrado(da), santo(ta)

**home** [həʊm] ◇ *n* **1.** *(house)* casa *f* **2.** *(own country)* tierra *f* **3.** *(one's family)* hogar *m* **4.** *(for old people)* residencia de ancianos ◇ *adv* **1.** *(to one's house)* a casa **2.** *(in one's house)* en casa ◇ *adj* *(not foreign)* nacional **2.** *(cooking)* casero(ra) • **at home** en casa • **make yourself at home** estás como en casa • **to go home** ir a casa • **home address** domicilio *m* particular

**home number** número *m* particular
**home help** *n* (*UK*) *asistente que ayuda en las tareas domésticas a enfermos y ancianos*
**homeless** ['həʊmlɪs] *npl* ◆ **the homeless** los sin hogar
**homemade** [ˌhəʊm'meɪd] *adj* casero(ra)
**homeopathic** [ˌhəʊmɪəʊ'pæθɪk] *adj* homeopático(ca)
**Home Secretary** *n* (*UK*) Ministro *m* del Interior
**homesick** ['həʊmsɪk] *adj* ◆ **to be homesick** tener morriña
**homework** ['həʊmwɜːk] *n* deberes *mpl*
**homosexual** [ˌhɒmə'sekʃʊəl] ◇ *adj* homosexual ◇ *n* homosexual *mf*
**Honduran** [hɒn'djʊərən] ◇ *adj* hondureño(ña) ◇ *n* hondureño *m*, -ña *f*
**Honduras** [hɒn'djʊərəs] *n* Honduras
**honest** ['ɒnɪst] *adj* **1.** (*trustworthy*) honrado(da) **2.** (*frank*) sincero(ra)
**honestly** ['ɒnɪstlɪ] *adv* **1.** (*truthfully*) honradamente **2.** (*frankly*) sinceramente
**honey** ['hʌnɪ] *n* miel *f*
**honeymoon** ['hʌnɪmuːn] *n* luna *f* de miel
**honor** ['ɒnər] (*US*) = **honour**
**honour** ['ɒnə^r] *n* (*UK*) honor *m*
**honourable** ['ɒnrəbl] *adj* honorable
**hood** [hʊd] *n* **1.** (*of jacket, coat*) capucha *f* **2.** (*on convertible car*) capota *f* **3.** (*US*) (*car bonnet*) capó *m*, cofre *m* (*Méx*)
**hoof** [huːf] *n* **1.** (*of horse*) casco *m* **2.** (*of cow, goat*) pezuña *f*
**hook** [hʊk] *n* **1.** (*for picture, coat*) gancho *m* **2.** (*for fishing*) anzuelo *m* ◆ **off the hook** (*telephone*) descolgado
**hooligan** ['huːlɪgən] *n* gamberro *m*, -rra *f*
**hoop** [huːp] *n* aro *m*
**hoot** [huːt] *vi* (*driver*) sonar
**Hoover** ® ['huːvə^r] *n* (*UK*) aspiradora *f*
**hop** [hɒp] *vi* saltar a la pata coja
**hope** [həʊp] ◇ *n* esperanza *f* ◇ *vt* esperar que ◆ **to hope for sthg** esperar algo ◆ **to hope to do sthg** esperar hacer algo ◆ **I hope so** espero que sí
**hopeful** ['həʊpfʊl] *adj* (*optimistic*) optimista
**hopefully** ['həʊpfəlɪ] *adv* (*with luck*) con suerte
**hopeless** ['həʊplɪs] *adj* **1.** (*inf*) (*useless*) inútil **2.** (*without any hope*) desesperado (da)
**horizon** [hə'raɪzn] *n* horizonte *m*
**horizontal** [ˌhɒrɪ'zɒntl] *adj* horizontal
**horn** [hɔːn] *n* **1.** (*of car*) claxon *m* **2.** (*on animal*) cuerno *m*
**horoscope** ['hɒrəskəʊp] *n* horóscopo *m*
**horrible** ['hɒrəbl] *adj* horrible
**horrid** ['hɒrɪd] *adj* **1.** (*person*) antipático (ca) **2.** (*place*) horroroso(sa)
**horrific** [hɒ'rɪfɪk] *adj* horrendo(da)
**hors d'oeuvres** [ɔː'dɜːvr] *npl* entremeses *mpl*
**horse** [hɔːs] *n* caballo *m*
**horseback** ['hɔːsbæk] *n* ◆ **on horseback** a caballo
**horse chestnut** *n* castaña *f* de Indias
**horsepower** ['hɔːsˌpaʊə^r] *n* caballos *mpl* de vapor
**horse racing** *n* carreras *fpl* de caballos
**horseradish (sauce)** ['hɔːsˌrædɪʃ-] *n* *salsa picante de rábano silvestre, que se suele servir con rosbif*

**horse riding** *n* (*UK*) equitación *f*
**horseshoe** ['hɔːsʃuː] *n* herradura *f*
**hose** [həʊz] *n* manguera *f*
**hose(pipe)** ['həʊzpaɪp] *n* manguera *f*
**hosiery** ['həʊzɪərɪ] *n* medias *fpl* y calcetines
**hospitable** [hɒ'spɪtəbl] *adj* hospitalario (ria)
**hospital** ['hɒspɪtl] *n* hospital *m* • **in hospital** en el hospital
**hospitality** [ˌhɒspɪ'tæləti] *n* hospitalidad *f*
**host** [həʊst] *n* **1.** *(of party, event)* anfitrión *m*, -ona *f* **2.** *(of show, TV programme)* presentador *m*, -ra *f*
**hostage** ['hɒstɪdʒ] *n* rehén *m*
**hostel** ['hɒstl] *n* *(youth hostel)* albergue *m*
**hostess** ['həʊstes] *n* **1.** *(on plane)* azafata *f*, aeromoza *f* *(Amér)* **2.** *(of party, event)* anfitriona *f*
**host family** *n* familia *f* de acogida
**hostile** [(*UK*) 'hɒstaɪl, (*US*) 'hɒstl] *adj* hostil
**hostility** [hɒ'stɪləti] *n* hostilidad *f*
**hot** [hɒt] *adj* **1.** caliente **2.** *(spicy)* picante • **to be hot** *(person)* tener calor • **it's hot** *(weather)* hace calor
**hot chocolate** *n* chocolate *m (bebida)*
**hot-cross bun** *n bollo con pasas y dibujo en forma de cruz que se come en Semana Santa*
**hot dog** *n* perrito *m* caliente
**hotel** [həʊ'tel] *n* hotel *m*
**hot line** *n* teléfono *m* rojo
**hotplate** ['hɒtpleɪt] *n* calentador *m*
**hot-water bottle** *n* bolsa *f* de agua caliente
**hour** ['aʊəʳ] *n* hora *f* • **I've been waiting for hours** llevo horas esperando
**hourly** ['aʊəlɪ] ◇ *adj* por hora ◇ *adv* **1.** *(pay, charge)* por hora **2.** *(depart)* cada hora
**house** ◇ *n* [haʊs] **1.** casa *f* **2.** *SCH división de los alumnos de una escuela para actividades extra-académicas* ◇ *vt* [haʊz] *(person)* alojar
**household** ['haʊshəʊld] *n* hogar *m*
**housekeeping** ['haʊsˌkiːpɪŋ] *n* quehaceres *mpl* domésticos
**House of Commons** *n* Cámara *f* de los Comunes
**House of Lords** *n* Cámara *f* de los Lores
**Houses of Parliament** *npl* (*UK*) Parlamento *m* británico

## Houses of Parliament

El Parlamento británico se reúne en el Palacio de Westminster. Contiene dos cámaras: la de los Comunes y la de los Lores. La primera está formada por diputados elegidos democráticamente. La de los Lores está formada por miembros nombrados por el gobierno, y por representantes de la aristocracia británica.

**housewife** ['haʊswaɪf] (*pl* **-wives**) *n* ama *f* de casa
**house wine** *n* vino *m* de la casa
**housework** ['haʊswɜːk] *n* quehaceres *mpl* domésticos
**housing** ['haʊzɪŋ] *n* *(houses)* vivienda *f*

**housing estate** *n* (*UK*) *urbanización de viviendas de protección oficial*
**housing project** (*US*) = **housing estate**
**hovercraft** ['hɒvəkrɑ:ft] *n* aerodeslizador *m*
**hoverport** ['hɒvəpɔ:t] *n* terminal *f* de aerodeslizador
**how** [haʊ] *adv* **1.** (*asking about way or manner*) cómo • **how does it work?** ¿cómo funciona? • **tell me how to do it** dime cómo se hace **2.** (*asking about health, quality, event*) cómo • **how are you?** ¿cómo estás? • **how are you doing?** ¿qué tal estás? • **how are things?** ¿cómo van las cosas? • **how do you do?** (*greeting*) ¿cómo está usted?; (*answer*) mucho gusto • **how is your room?** ¿qué tal es tu habitación? **3.** (*asking about degree, amount*) • **how far?** ¿a qué distancia? • **how long?** ¿cuánto tiempo? • **how many?** ¿cuántos? • **how much?** ¿cuánto? • **how much is it?** ¿cuánto es? **4.** (*in phrases*) • **how about a drink?** ¿qué tal si tomamos algo? • **how lovely!** ¡qué precioso!
**however** [haʊ'evəʳ] *adv* (*nevertheless*) sin embargo • **however hard I try** por mucho que lo intente • **however easy it may be** por muy fácil que sea
**howl** [haʊl] *vi* **1.** (*dog*) aullar **2.** (*person*) gritar **3.** (*wind*) bramar
**HP** [eɪtʃ'pi:] *abbr* (*UK*) = **hire purchase** = **horsepower**
**HQ** [eɪtʃ'kju:] *abbr* = **headquarters**
**hubcap** ['hʌbkæp] *n* tapacubos *m inv*
**hug** [hʌg] ◇ *vt* abrazar ◇ *n* • **to give sb a hug** abrazar a alguien
**huge** [hju:dʒ] *adj* enorme
**hum** [hʌm] *vi* **1.** (*bee, machine*) zumbar **2.** (*person*) canturrear
**human** ['hju:mən] ◇ *adj* humano(na) ◇ *n* • **human (being)** ser *m* humano
**humanities** [hju:'mænətɪz] *npl* humanidades *fpl*
**human rights** *npl* derechos *mpl* humanos
**humble** ['hʌmbl] *adj* humilde
**humid** ['hju:mɪd] *adj* húmedo(da)
**humidity** [hju:'mɪdətɪ] *n* humedad *f*
**humiliating** [hju:'mɪlɪeɪtɪŋ] *adj* humillante
**humiliation** [hju:ˌmɪlɪ'eɪʃn] *n* humillación *f*
**hummus** ['hʊməs] *n puré de garbanzos, ajo y pasta de sésamo*
**humor** ['hju:mər] (*US*) = **humour**
**humorous** ['hju:mərəs] *adj* humorístico (ca)
**humour** ['hju:məʳ] *n* (*UK*) humor *m* • **a sense of humour** un sentido del humor
**hump** [hʌmp] *n* **1.** (*bump*) montículo *m* **2.** (*of camel*) joroba *f*
**hunch** [hʌntʃ] *n* presentimiento *m*
**hundred** ['hʌndrəd] *num* cien • **a hundred** cien • **a hundred and ten** ciento diez
**hundredth** ['hʌndrətθ] *num* centésimo (ma)
**hung** [hʌŋ] *pt & pp* ➢ **hang**
**Hungarian** [hʌŋ'geərɪən] ◇ *adj* húngaro (ra) ◇ *n* **1.** (*person*) húngaro *m*, -ra *f* **2.** (*language*) húngaro *m*
**Hungary** ['hʌŋgərɪ] *n* Hungría
**hunger** ['hʌŋgəʳ] *n* hambre *f*

**hungry** [ˈhʌŋɡrɪ] *adj* hambriento(ta) • **to be hungry** tener hambre
**hunt** [hʌnt] ◇ *n* (*UK*) (*for foxes*) caza *f* (del zorro) ◇ *vt* (*animals*) cazar ◇ *vi* (*for animals*) cazar • **to hunt (for sthg)** (*search*) buscar (algo)
**hunting** [ˈhʌntɪŋ] *n* **1.** (*for animals*) caza *f* **2.** (*UK*) (*for foxes*) caza del zorro
**hurl** [hɜːl] *vt* arrojar
**hurricane** [ˈhʌrɪkən] *n* huracán *m*
**hurry** [ˈhʌrɪ] ◇ *vt* (*person*) meter prisa a ◇ *vi* apresurarse ◇ *n* • **to be in a hurry** tener prisa • **to do sthg in a hurry** hacer algo de prisa ♦ **hurry up** *vi* darse prisa
**hurt** [hɜːt] (*pt & pp inv*) ◇ *vt* **1.** hacerse daño en, lastimarse (*Amér*) **2.** (*emotionally*) herir ◇ *vi* doler • **my arm hurts** me duele el brazo • **to hurt o.s.** hacerse daño
**husband** [ˈhʌzbənd] *n* marido *m*
**hustle** [ˈhʌsl] *n* • **hustle and bustle** bullicio *m*
**hut** [hʌt] *n* cabaña *f*
**hyacinth** [ˈhaɪəsɪnθ] *n* jacinto *m*
**hydrofoil** [ˈhaɪdrəfɔɪl] *n* hidrofoil *m*
**hygiene** [ˈhaɪdʒiːn] *n* higiene *f*
**hygienic** [haɪˈdʒiːnɪk] *adj* higiénico(ca)
**hymn** [hɪm] *n* himno *m*
**hyperlink** [ˈhaɪpəlɪŋk] *n* hiperenlace *m*, hipervínculo *m*
**hypermarket** [ˈhaɪpəˌmɑːkɪt] *n* hipermercado *m*
**hyphen** [ˈhaɪfn] *n* guión *m*
**hypocrite** [ˈhɪpəkrɪt] *n* hipócrita *mf*
**hypodermic needle** [ˌhaɪpəˈdɜːmɪk-] *n* aguja *f* hipodérmica
**hysterical** [hɪsˈterɪkl] *adj* **1.** histérico(ca) **2.** (*inf*) (*very funny*) tronchante

# i I

**I** [aɪ] *pron* yo • **I'm a doctor** soy médic
**ice** [aɪs] *n* **1.** hielo *m* **2.** (*ice cream*) helado *m*
**iceberg** [ˈaɪsbɜːɡ] *n* iceberg *m*
**iceberg lettuce** *n* lechuga *f* iceberg
**ice-cold** *adj* helado(da)
**ice cream** *n* helado *m*
**ice cube** *n* cubito *m* de hielo
**ice hockey** *n* hockey *m* sobre hielo
**Iceland** [ˈaɪslənd] *n* Islandia
**ice lolly** *n* (*UK*) polo *m* (*Esp*), paleta helada
**ice rink** *n* pista *f* de hielo
**ice skates** *npl* patines *mpl* de cuchill
**ice-skating** *n* patinaje *m* sobre hielo • **to go ice-skating** ir a patinar
**icicle** [ˈaɪsɪkl] *n* carámbano *m*
**icing** [ˈaɪsɪŋ] *n* glaseado *m*
**icing sugar** *n* (*UK*) azúcar *m* glas
**icy** [ˈaɪsɪ] *adj* helado(da)
**I'd** [aɪd] = **I would, I had**
**ID** [aɪˈdiː] *n* (*abbr of* **identificatior** documentos *mpl* de identificación
**ID card** *n* carné *m* de identidad
**idea** [aɪˈdɪə] *n* idea *f* • **I've no idea** n tengo ni idea
**ideal** [aɪˈdɪəl] ◇ *adj* ideal ◇ *n* ideal *m*
**ideally** [aɪˈdɪəlɪ] *adv* **1.** idealmente (*suited*) perfectamente
**identical** [aɪˈdentɪkl] *adj* idéntico(ca)
**identification** [aɪˌdentɪfɪˈkeɪʃn] *n* identificación *f*

**dentify** [aɪ'dentɪfaɪ] *vt* identificar
**dentity** [aɪ'dentətɪ] *n* identidad *f*
**diom** ['ɪdɪəm] *n (phrase)* locución *f*
**diot** ['ɪdɪət] *n* idiota *mf*
**dle** ['aɪdl] ◇ *adj* **1.** *(lazy)* perezoso(sa) **2.** *not working)* parado(da) ◇ *vi (engine)* star en punto muerto
**dol** ['aɪdl] *n (person)* ídolo *m*
**dyllic** [ɪ'dɪlɪk] *adj* idílico(ca)
**e.** [aɪ'iː] (*abbr of* **id est**) i.e. *(id est)*
**f** [ɪf] *conj* si ◈ **if I were you** yo que tú ◈ **not** *(otherwise)* si no
**gnition** [ɪg'nɪʃn] *n AUT* ignición *f*
**gnorant** ['ɪgnərənt] *adj (pej)* ignorante ◈ **to be ignorant of** desconocer
**gnore** [ɪg'nɔː[r]] *vt* ignorar
**l** [ɪl] *adj* **1.** enfermo(ma) **2.** *(bad)* malo a)
**ll** [aɪl] = **I will, I shall**
**legal** [ɪ'liːgl] *adj* ilegal
**legible** [ɪ'ledʒəbl] *adj* ilegible
**legitimate** [ˌɪlɪ'dʒɪtɪmət] *adj* ilegítimo ma)
**literate** [ɪ'lɪtərət] *adj* analfabeto(ta)
**lness** ['ɪlnɪs] *n* enfermedad *f*
**luminate** [ɪ'luːmɪneɪt] *vt* iluminar
**lusion** [ɪ'luːʒn] *n* **1.** *(false idea)* ilusión *f* . *(visual)* ilusión óptica
**lustration** [ˌɪlə'streɪʃn] *n* ilustración *f*
**m** [aɪm] = **I am**
**mage** ['ɪmɪdʒ] *n* imagen *f*
**maginary** [ɪ'mædʒɪnrɪ] *adj* imaginario ria)
**magination** [ɪˌmædʒɪ'neɪʃn] *n* imagina-ión *f*
**magine** [ɪ'mædʒɪn] *vt* **1.** imaginar **2.** *suppose)* imaginarse que
**mitate** ['ɪmɪteɪt] *vt* imitar
**imitation** [ˌɪmɪ'teɪʃn] ◇ *n* imitación *f* ◇ *adj* de imitación
**immaculate** [ɪ'mækjʊlət] *adj* **1.** *(very clean)* inmaculado(da) **2.** *(perfect)* impecable
**immature** [ˌɪmə'tjʊə[r]] *adj* inmaduro(ra)
**immediate** [ɪ'miːdjət] *adj (without delay)* inmediato(ta)
**immediately** [ɪ'miːdjətlɪ] ◇ *adv (at once)* inmediatamente ◇ *conj (UK)* en cuanto
**immense** [ɪ'mens] *adj* inmenso(sa)
**immersion heater** [ɪ'mɜːʃn-] *n* calentador *m* de inmersión
**immigrant** ['ɪmɪgrənt] *n* inmigrante *mf*
**immigration** [ˌɪmɪ'greɪʃn] *n* inmigración *f*
**imminent** ['ɪmɪnənt] *adj* inminente
**immune** [ɪ'mjuːn] *adj* ◈ **to be immune to** *MED* ser inmune a
**immunity** [ɪ'mjuːnətɪ] *n MED* inmunidad *f*
**immunize** ['ɪmjuːnaɪz] *vt* inmunizar
**impact** ['ɪmpækt] *n* impacto *m*
**impair** [ɪm'peə[r]] *vt* **1.** *(sight)* dañar **2.** *(ability)* mermar **3.** *(movement)* entorpecer
**impatient** [ɪm'peɪʃnt] *adj* impaciente ◈ **to be impatient to do sthg** estar impaciente por hacer algo
**imperative** [ɪm'perətɪv] *n* imperativo *m*
**imperfect** [ɪm'pɜːfɪkt] *n* imperfecto *m*
**impersonate** [ɪm'pɜːsəneɪt] *vt (for amusement)* imitar
**impertinent** [ɪm'pɜːtɪnənt] *adj* impertinente
**implement** ◇ *n* ['ɪmplɪmənt] herramienta *f* ◇ *vt* ['ɪmplɪment] llevar a cabo
**implication** [ˌɪmplɪ'keɪʃn] *n (conse-*

*quence)* consecuencia *f*
**imply** [ɪm'plaɪ] *vt (suggest)* insinuar
**impolite** [ˌɪmpə'laɪt] *adj* maleducado (da)
**import** ◇ *n* ['ɪmpɔːt] importación *f* ◇ *vt* [ɪm'pɔːt] importar
**importance** [ɪm'pɔːtns] *n* importancia *f*
**important** [ɪm'pɔːtnt] *adj* importante
**impose** [ɪm'pəʊz] ◇ *vt* imponer ◇ *vi* abusar • **to impose sthg on** imponer algo a
**impossible** [ɪm'pɒsəbl] *adj* **1.** imposible **2.** *(person, behaviour)* inaguantable
**impractical** [ɪm'præktɪkl] *adj* poco práctico(ca)
**impress** [ɪm'pres] *vt* impresionar
**impression** [ɪm'preʃn] *n* impresión *f*
**impressive** [ɪm'presɪv] *adj* impresionante
**improbable** [ɪm'prɒbəbl] *adj* improbable
**improper** [ɪm'prɒpə^r] *adj* **1.** *(incorrect, illegal)* indebido(da) **2.** *(rude)* indecoroso(sa)
**improve** [ɪm'pruːv] *vt & vi* mejorar ◆ **improve on** *vt insep* mejorar
**improvement** [ɪm'pruːvmənt] *n* **1.** mejora *f* **2.** *(to home)* reforma *f*
**improvise** ['ɪmprəvaɪz] *vi* improvisar
**impulse** ['ɪmpʌls] *n* impulso *m* • **on impulse** sin pensárselo dos veces
**impulsive** [ɪm'pʌlsɪv] *adj* impulsivo(va)
**in** [ɪn]
◇ *prep* **1.** *(expressing location, position)* en • **it comes in a box** viene en una caja • **in the bedroom** en la habitación • **in Scotland** en Escocia • **in the sun** al sol • **in here/there** aquí/allí dentro • **in the middle** en el medio • **I'm not** [...] **the photo** no estoy en la foto [...] *(participating in)* en • **who's in the pla**[...] ¿quién actúa? **3.** *(expressing arrangemen*[...] • **in a row** en fila • **they come** [...] **packs of three** vienen en paquetes [...] tres **4.** *(with time)* en • **in April** en ab[...] • **in the afternoon** por la tarde • [...] **the morning** por la mañana • **at t**[...] **o'clock in the morning** a las diez de [...] mañana • **in 1994** en 1994 • **it'll** [...] **ready in an hour** estará listo en u[...] hora • **they're arriving in two wee**[...] llegarán dentro de dos semanas [...] *(expressing means)* en • **in writing** p[...] escrito • **they were talking in Engli**[...] estaban hablando en inglés • **write** [...] **ink** escribe a bolígrafo **6.** *(wearing)* de [...] **the man in the suit** el hombre del tra[...] **7.** *(expressing condition)* en • **in go**[...] **health** bien de salud • **to be in pa**[...] tener dolor • **in ruins** en ruinas • [...] **rise in prices** una subida de precios [...] **to be 50 metres in length** medir 5[...] metros de largo • **she's in her twenti**[...] tiene unos veintitantos años **8.** *(wi*[...] *numbers)* • **one in ten** uno de cada di[...] **9.** *(with colours)* • **it comes in green** [...] **blue** viene en verde o en azul **10.** *(wi*[...] *superlatives)* de • **the best in the wor**[...] el mejor del mundo
◇ *adv* **1.** *(inside)* dentro • **you can go** [...] now puedes entrar ahora **2.** *(at hom*[...] *work)* • **she's not in** no está • **to st**[...] **in** quedarse en casa **3.** *(train, bus, plan*[...] • **the train's not in yet** el tren toda[...] no ha llegado **4.** *(tide)* • **the tide is** [...] la marea está alta

*adj (inf) (fashionable)* de moda

**ıability** [ˌınəˈbılətı] *n* • **inability (to do** **:hg)** incapacidad *f* (de hacer algo)

**ıaccessible** [ˌınəkˈsesəbl] *adj* inaccesi-le

**ıaccurate** [ınˈækjʊrət] *adj* incorrecto :a)

**ıadequate** [ınˈædıkwət] *adj (insufficient)* ısuficiente

**ıappropriate** [ınəˈprəʊprıət] *adj* im-ropio(pia)

**ıauguration** [ıˌnɔːgjʊˈreıʃn] *n* **1.** *(of* *ader)* investidura *f* **2.** *(of building)* ıauguración *f*

**ıbox** [ˈınbɒks] *n COMPUT* buzón *m* de ıtrada

**ıc.** [ıŋk] *(abbr of* **Incorporated***)* ≃ S. . *(Sociedad Anónima)*

**ıcapable** [ınˈkeıpəbl] *adj* • **to be** **ıcapable of doing sthg** ser incapaz de acer algo

**ıcense** [ˈınsens] *n* incienso *m*

**ıcentive** [ınˈsentıv] *n* incentivo *m*

**ıch** [ıntʃ] *n = 2,5 cm* pulgada *f*

**ıcident** [ˈınsıdənt] *n* incidente *m*

**ıcidentally** [ˌınsıˈdentəlı] *adv* por cier-

**ıcline** [ˈınklaın] *n* pendiente *f*

**ıclined** [ınˈklaınd] *adj (sloping)* inclina-o(da) • **to be inclined to do sthg** :ner tendencia a hacer algo

**ıclude** [ınˈkluːd] *vt* incluir

**ıcluded** [ınˈkluːdıd] *adj* incluido(da) • **) be included in sthg** estar incluido en ˈgo

**ıcluding** [ınˈkluːdıŋ] *prep* inclusive

**ıclusive** [ınˈkluːsıv] *adj* • **from the 8th** **) the 16th inclusive** del ocho al dieciseis inclusive • **inclusive of VAT** incluido IVA

**income** [ˈıŋkʌm] *n* ingresos *mpl*

**income support** *n (UK) subsidio para personas con muy bajos ingresos o desempleados sin derecho a subsidio de paro*

**income tax** *n* impuesto *m* sobre la renta

**incoming** [ˈınˌkʌmıŋ] *adj (train, plane)* que efectúa su llegada ▼ **incoming calls only** *cartel que indica que sólo se pueden recibir llamadas en un teléfono*

**incompetent** [ınˈkɒmpıtənt] *adj* incompetente

**incomplete** [ˌınkəmˈpliːt] *adj* incompleto(ta)

**inconsiderate** [ˌınkənˈsıdərət] *adj* desconsiderado(da)

**inconsistent** [ˌınkənˈsıstənt] *adj* inconsecuente

**incontinent** [ınˈkɒntınənt] *adj* incontinente

**inconvenient** [ˌınkənˈviːnjənt] *adj* **1.** *(time)* inoportuno(na) **2.** *(place)* mal situado(da) • **tomorrow's inconvenient** mañana no me viene bien

**incorporate** [ınˈkɔːpəreıt] *vt* incorporar

**incorrect** [ˌınkəˈrekt] *adj* incorrecto(ta)

**increase** ◇ *n* [ˈınkriːs] aumento *m* ◇ *vt & vi* [ınˈkriːs] aumentar • **an increase in sthg** un aumento en algo

**increasingly** [ınˈkriːsıŋlı] *adv* cada vez más

**incredible** [ınˈkredəbl] *adj* increíble

**incredibly** [ınˈkredəblı] *adv* increíblemente

**incur** [ınˈkɜːʳ] *vt* incurrir en

**indecisive** [ˌɪndɪˈsaɪsɪv] *adj* indeciso(sa)
**indeed** [ɪnˈdiːd] *adv* **1.** *(for emphasis)* verdaderamente **2.** *(certainly)* ciertamente
**indefinite** [ɪnˈdefɪnɪt] *adj* **1.** *(time, number)* indefinido(da) **2.** *(answer, opinion)* impreciso(sa)
**indefinitely** [ɪnˈdefɪnətlɪ] *adv* *(closed, delayed)* indefinidamente
**independence** [ˌɪndɪˈpendəns] *n* independencia *f*
**independent** [ˌɪndɪˈpendənt] *adj* independiente
**independently** [ˌɪndɪˈpendəntlɪ] *adv* independientemente
**independent school** *n* *(UK)* colegio *m* privado
**index** [ˈɪndeks] *n* **1.** *(of book)* índice *m* **2.** *(in library)* catálogo *m*
**index finger** *n* dedo *m* índice
**India** [ˈɪndjə] *n* India
**Indian** [ˈɪndjən] ◇ *adj* indio(dia) *(de India)* ◇ *n* indio *m*, -dia *f (de India)* • **Indian restaurant** restaurante indio
**Indian Ocean** *n* océano *m* Índico
**indicate** [ˈɪndɪkeɪt] *vt* & *vi* indicar
**indicator** [ˈɪndɪkeɪtəʳ] *n* *(UK)* *AUT* intermitente *m*
**indifferent** [ɪnˈdɪfrənt] *adj* indiferente
**indigestion** [ˌɪndɪˈdʒestʃn] *n* indigestión *f*
**indigo** [ˈɪndɪgəʊ] *adj* añil
**indirect** [ˌɪndɪˈrekt] *adj* indirecto(ta)
**individual** [ˌɪndɪˈvɪdʒʊəl] ◇ *adj* **1.** *(tuition, case)* particular **2.** *(portion)* individual ◇ *n* individuo *m*
**individually** [ˌɪndɪˈvɪdʒʊəlɪ] *adv* individualmente
**Indonesia** [ˌɪndəˈniːzjə] *n* Indonesia
**indoor** [ˈɪndɔːʳ] *adj* **1.** *(swimming pool)* cubierto(ta) **2.** *(sports)* en pista cubier
**indoors** [ˌɪnˈdɔːz] *adv* dentro
**indulge** [ɪnˈdʌldʒ] *vi* • **to indulge sthg** permitirse algo
**industrial** [ɪnˈdʌstrɪəl] *adj* industrial
**industrial estate** *n* *(UK)* polígono industrial *(Esp)*, zona *m* industrial
**industry** [ˈɪndəstrɪ] *n* industria *f*
**inedible** [ɪnˈedɪbl] *adj* no comestible
**inefficient** [ˌɪnɪˈfɪʃnt] *adj* ineficaz
**inequality** [ˌɪnɪˈkwɒlətɪ] *n* desigualda
**inevitable** [ɪnˈevɪtəbl] *adj* inevitable
**inevitably** [ɪnˈevɪtəblɪ] *adv* inevitablemente
**inexpensive** [ˌɪnɪkˈspensɪv] *adj* bara(ta)
**infamous** [ˈɪnfəməs] *adj* infame
**infant** [ˈɪnfənt] *n* **1.** *(baby)* bebé *m* *(young child)* niño *m* pequeño, ni pequeña *f*
**infant school** *n* *(UK)* colegio *m* pree colar
**infatuated** [ɪnˈfætjʊeɪtɪd] *adj* • **to infatuated with** estar encaprichado(d con
**infected** [ɪnˈfektɪd] *adj* infectado(da)
**infectious** [ɪnˈfekʃəs] *adj* contagioso(s
**inferior** [ɪnˈfɪərɪəʳ] *adj* inferior
**infinite** [ˈɪnfɪnət] *adj* infinito(ta)
**infinitely** [ˈɪnfɪnətlɪ] *adv* infinitament
**infinitive** [ɪnˈfɪnɪtɪv] *n* infinitivo *m*
**infinity** [ɪnˈfɪnətɪ] *n* infinito *m*
**infirmary** [ɪnˈfɜːmərɪ] *n* hospital *m*
**inflamed** [ɪnˈfleɪmd] *adj* inflamado(da
**inflammation** [ˌɪnfləˈmeɪʃn] *n* inflamación *f*

**inflatable** [ɪn'fleɪtəbl] *adj* hinchable *(Esp)*, inflable
**inflate** [ɪn'fleɪt] *vt* inflar
**inflation** [ɪn'fleɪʃn] *n* inflación *f*
**inflict** [ɪn'flɪkt] *vt* infligir
**in-flight** *adj* de a bordo
**influence** ['ɪnfluəns] ◇ *vt* influenciar ◇ *n* • **influence (on)** influencia *f* (en)
**inform** [ɪn'fɔ:m] *vt* informar
**informal** [ɪn'fɔ:ml] *adj (occasion, dress)* informal
**information** [,ɪnfə'meɪʃn] *n* información *f* • **a piece of information** un dato
**information desk** *n* información *f*
**information superhighway** [-'su:pə,haɪweɪ] *n COMPUT* superautopista *f* de la información
**information office** *n* oficina *f* de información
**informative** [ɪn'fɔ:mətɪv] *adj* informativo(va)
**infuriating** [ɪn'fjʊərɪeɪtɪŋ] *adj* exasperante
**ingenious** [ɪn'dʒi:njəs] *adj* ingenioso(sa)
**ingredient** [ɪn'gri:djənt] *n* ingrediente *m*
**inhabit** [ɪn'hæbɪt] *vt* habitar
**inhabitant** [ɪn'hæbɪtənt] *n* habitante *mf*
**inhale** [ɪn'heɪl] *vi* respirar
**inhaler** [ɪn'heɪlə^r] *n* inhalador *m*
**inherit** [ɪn'herɪt] *vt* heredar
**inhibition** [,ɪnhɪ'bɪʃn] *n* inhibición *f*
**initial** [ɪ'nɪʃl] ◇ *adj* inicial ◇ *vt* poner las iniciales a • **initials** *npl* iniciales *fpl*
**initially** [ɪ'nɪʃəlɪ] *adv* inicialmente
**initiative** [ɪ'nɪʃətɪv] *n* iniciativa *f*
**injection** [ɪn'dʒekʃn] *n* inyección *f*
**injure** ['ɪndʒə^r] *vt* **1.** herir **2.** *(leg, arm)* lesionarse • **to injure o.s.** hacerse daño
**injured** ['ɪndʒəd] *adj* herido(da)
**injury** ['ɪndʒərɪ] *n* lesión *f*
**ink** [ɪŋk] *n* tinta *f*
**inland** ◇ *adj* ['ɪnlənd] interior ◇ *adv* [ɪn'lænd] hacia el interior
**Inland Revenue** *n (UK)* ≃ Hacienda *f*
**inn** [ɪn] *n (UK) posada que ofrece comida y alojamiento*
**inner** ['ɪnə^r] *adj (on inside)* interior
**inner city** *n* núcleo *m* urbano
**inner tube** *n* cámara *f* (de aire)
**innocence** ['ɪnəsəns] *n* inocencia *f*
**innocent** ['ɪnəsənt] *adj* inocente
**inoculate** [ɪ'nɒkjʊleɪt] *vt* • **to inoculate sb against smallpox** inocular a alguien contra la viruela
**inoculation** [ɪ,nɒkjʊ'leɪʃn] *n* inoculación *f*
**input** ['ɪnpʊt] *(pt & pp inv* OR **-ted***) vt COMPUT* entrar
**inquire** [ɪn'kwaɪə^r] = **enquire**
**inquiry** [ɪn'kwaɪərɪ] = **enquiry**
**insane** [ɪn'seɪn] *adj* demente
**insect** ['ɪnsekt] *n* insecto *m*
**insect repellent** [-rə'pelənt] *n* loción *f* antiinsectos
**insensitive** [ɪn'sensətɪv] *adj* insensible
**insert** [ɪn'sɜ:t] *vt* introducir
**inside** [ɪn'saɪd] ◇ *prep* dentro de ◇ *adv* **1.** *(be, remain)* dentro **2.** *(go, run)* adentro ◇ *adj* interior ◇ *n* • **the inside** *(interior)* el interior; *AUT (in UK)* el carril de la izquierda; *AUT (in Europe, US)* el carril de la derecha • **inside out** *(clothes)* al revés

**inside lane** *n* **1.** *AUT (in UK)* carril *m* de la izquierda **2.** *(in Europe, US)* carril *m* de la derecha
**inside leg** *n* *(UK)* medida *f* de la entrepierna
**insight** ['ɪnsaɪt] *n (glimpse)* idea *f*
**insignificant** [,ɪnsɪg'nɪfɪkənt] *adj* insignificante
**insinuate** [ɪn'sɪnjʊeɪt] *vt* insinuar
**insist** [ɪn'sɪst] *vi* insistir • **to insist on doing sthg** insistir en hacer algo
**insole** ['ɪnsəʊl] *n* plantilla *f*
**insolent** ['ɪnsələnt] *adj* insolente
**insomnia** [ɪn'sɒmnɪə] *n* insomnio *m*
**inspect** [ɪn'spekt] *vt* examinar
**inspection** [ɪn'spekʃn] *n* examen *m*
**inspector** [ɪn'spektə^r] *n* **1.** *(on bus, train)* revisor *m*, -ra *f* **2.** *(in police force)* inspector *m*, -ra *f*
**inspiration** [,ɪnspə'reɪʃn] *n* **1.** *(quality)* inspiración *f* **2.** *(source of inspiration)* fuente *f* de inspiración
**install** [ɪn'stɔːl] *vt (equipment)* instalar
**installment** [ɪn'stɔːlmənt] *(US)* = **instalment**
**instalment** [ɪn'stɔːlmənt] *n* *(UK)* **1.** *(payment)* plazo *m* **2.** *(episode)* episodio *m*
**instance** ['ɪnstəns] *n* ejemplo *m* • **for instance** por ejemplo
**instant** ['ɪnstənt] ◇ *adj* instantáneo (nea) ◇ *n* instante *m*
**instant coffee** *n* café *m* instantáneo
**instead** [ɪn'sted] *adv* en cambio • **instead of** en vez de
**instep** ['ɪnstep] *n* empeine *m*
**instinct** ['ɪnstɪŋkt] *n* instinto *m*
**institute** ['ɪnstɪtjuːt] *n* instituto *m*
**institution** [,ɪnstɪ'tjuːʃn] *n (organization)* institución *f*
**instructions** [ɪn'strʌkʃnz] *npl (for use)* instrucciones *fpl*
**instructor** [ɪn'strʌktə^r] *n* monitor *m*, -ra
**instrument** ['ɪnstrʊmənt] *n* instrumento *m*
**insufficient** [,ɪnsə'fɪʃnt] *adj* insuficiente
**insulating tape** ['ɪnsjʊleɪtɪŋ-] *n* *(UK)* cinta *f* aislante
**insulation** [,ɪnsjʊ'leɪʃn] *n* aislamiento *m*
**insulin** ['ɪnsjʊlɪn] *n* insulina *f*
**insult** ◇ *n* ['ɪnsʌlt] insulto *m* ◇ *vt* [ɪn'sʌlt] insultar
**insurance** [ɪn'ʃʊərəns] *n* seguro *m*
**insurance certificate** *n* certificado *m* de seguro
**insurance company** *n* compañía *f* de seguros
**insurance policy** *n* póliza *f* de seguros
**insure** [ɪn'ʃʊə^r] *vt* asegurar
**insured** [ɪn'ʃʊəd] *adj* • **to be insured** estar asegurado(da)
**intact** [ɪn'tækt] *adj* intacto(ta)
**intellectual** [,ɪntə'lektjʊəl] ◇ *adj* intelectual ◇ *n* intelectual *mf*
**intelligence** [ɪn'telɪdʒəns] *n (cleverness)* inteligencia *f*
**intelligent** [ɪn'telɪdʒənt] *adj* inteligente
**intend** [ɪn'tend] *vt* • **it's intended as a handbook** está pensado como un manual • **to intend to do sthg** tener la intención de hacer algo
**intense** [ɪn'tens] *adj* intenso(sa)
**intensity** [ɪn'tensətɪ] *n* intensidad *f*
**intensive** [ɪn'tensɪv] *adj* intensivo(va)
**intensive care** *n* cuidados *mpl* intensivos

**ntent** [ɪn'tent] *adj* • **to be intent on** **'oing sthg** estar empeñado(da) en .acer algo
**ntention** [ɪn'tenʃn] *n* intención *f*
**ntentional** [ɪn'tenʃənl] *adj* deliberado da)
**ntentionally** [ɪn'tenʃənəlɪ] *adv* delibe- adamente
**nterchange** ['ɪntətʃeɪndʒ] *n (on motor-* *'ay)* cruce *m*
**ntercity**® [,ɪntə'sɪtɪ] *n tren rápido de* *argo recorrido*
**ntercom** ['ɪntəkɒm] *n* portero *m* auto- nático (*Esp*) OR eléctrico
**nterest** ['ɪntrəst] ◇ *n* interés *m* ◇ *vt* nteresar • **to take an interest in sthg** nteresarse en algo
**nterested** ['ɪntrəstɪd] *adj* interesado da) • **to be interested in sthg** estar nteresado en algo
**nteresting** ['ɪntrəstɪŋ] *adj* interesante
**nterest rate** *n* tipo *m* (*Esp*) OR tasa *f* e interés
**nterfere** [,ɪntə'fɪə^r] *vi (meddle)* entro- neterse • **to interfere with sthg** *damage)* interferir en algo
**nterference** [,ɪntə'fɪərəns] *n (on TV,* *adio)* interferencia *f*
**nterior** [ɪn'tɪərɪə^r] ◇ *adj* interior ◇ *n* nterior *m*
**ntermediate** [,ɪntə'mi:djət] *adj* inter- nedio(dia)
**ntermission** [,ɪntə'mɪʃn] *n* descanso *m*
**nternal** [ɪn'tɜ:nl] *adj* **1.** *(not foreign)* nacional **2.** *(on the inside)* interno(na)
**nternal flight** *n* vuelo *m* nacional
**nternal Revenue Service** *n* (*US*) ≃ Iacienda *f*
**international** [,ɪntə'næʃənl] *adj* internacional
**international flight** *n* vuelo *m* internacional
**Internet** ['ɪntənet] *n* • **the Internet** el (*Esp*) OR la (*Amér*) Internet • **on the Internet** en Internet
**Internet café** *n* cibercafé *m*
**Internet Service Provider** *n* Proveedor *m* de Acceso a Internet, Proveedor *m* de Servicios Internet
**interpret** [ɪn'tɜ:prɪt] *vi* hacer de intérprete
**interpreter** [ɪn'tɜ:prɪtə^r] *n* intérprete *mf*
**interrogate** [ɪn'terəgeɪt] *vt* interrogar
**interrupt** [,ɪntə'rʌpt] *vt* interrumpir
**intersection** [,ɪntə'sekʃn] *n* intersección *f*
**interval** ['ɪntəvl] *n* **1.** intervalo *m* **2.** (*UK*) *(at cinema, theatre)* intermedio *m*
**intervene** [,ɪntə'vi:n] *vi* **1.** *(person)* intervenir **2.** *(event)* interponerse
**interview** ['ɪntəvju:] ◇ *n* entrevista *f* ◇ *vt* entrevistar
**interviewer** ['ɪntəvju:ə^r] *n* entrevistador *m*, -ra *f*
**intestine** [ɪn'testɪn] *n* intestino *m*
**intimate** ['ɪntɪmət] *adj* íntimo(ma)
**intimidate** [ɪn'tɪmɪdeɪt] *vt* intimidar
**into** ['ɪntʊ] *prep* **1.** *(inside)* en **2.** *(against)* con **3.** *(concerning)* en relación con • **4 into 20 goes 5 (times)** veinte entre cuatro a cinco • **to translate into Spanish** traducir al español • **to change into sthg** transformarse en algo • **I'm into music** (*inf*) lo mío es la música
**intolerable** [ɪn'tɒlrəbl] *adj* intolerable

**intransitive** [ɪn'trænzətɪv] *adj* intransitivo(va)
**intricate** ['ɪntrɪkət] *adj* intrincado(da)
**intriguing** [ɪn'tri:gɪŋ] *adj* intrigante
**introduce** [,ɪntrə'dju:s] *vt* presentar • **I'd like to introduce you to Fred** me gustaría presentarte a Fred
**introduction** [,ɪntrə'dʌkʃn] *n* **1.** *(to book, programme)* introducción *f* **2.** *(to person)* presentación *f*
**introverted** ['ɪntrə,vɜ:tɪd] *adj* introvertido(da)
**intruder** [ɪn'tru:dəʳ] *n* intruso *m*, -sa *f*
**intuition** [,ɪntju:'ɪʃn] *n* intuición *f*
**invade** [ɪn'veɪd] *vt* invadir
**invalid** ◇ *adj* [ɪn'vælɪd] nulo(la) ◇ *n* ['ɪnvəlɪd] inválido *m*, -da *f*
**invaluable** [ɪn'væljuəbl] *adj* inestimable
**invariably** [ɪn'veərɪəblɪ] *adv* siempre
**invasion** [ɪn'veɪʒn] *n* invasión *f*
**invent** [ɪn'vent] *vt* inventar
**invention** [ɪn'venʃn] *n* invención *f*
**inventory** ['ɪnventrɪ] *n* **1.** *(list)* inventario *m* **2.** *(US)* *(stock)* existencias *fpl*
**inverted commas** [ɪn'vɜ:tɪd-] *npl* *(UK)* comillas *fpl*
**invest** [ɪn'vest] ◇ *vt* invertir ◇ *vi* • **to invest in sthg** invertir en algo
**investigate** [ɪn'vestɪgeɪt] *vt* investigar
**investigation** [ɪn,vestɪ'geɪʃn] *n* investigación *f*
**investment** [ɪn'vestmənt] *n* inversión *f*
**invisible** [ɪn'vɪzɪbl] *adj* invisible
**invitation** [,ɪnvɪ'teɪʃn] *n* invitación *f*
**invite** [ɪn'vaɪt] *vt* invitar • **to invite sb to do sthg** invitar a alguien a hacer algo • **to invite sb round** invitar a alguien a casa
**invoice** ['ɪnvɔɪs] *n* factura *f*
**involve** [ɪn'vɒlv] *vt* *(entail)* conllevar • **what does it involve?** ¿qué implica? • **to be involved in a scheme** estar metido en una intriga • **to be involved in a accident** verse envuelto en un accidente
**involved** [ɪn'vɒlvd] *adj* • **what is involved?** ¿qué supone?
**inwards** ['ɪnwədz] *adv* hacia dentro
**IOU** [aɪəʊ'ju:] *n* *(abbr of* **I owe you***)* pagaré *m*
**IQ** [aɪ'kju:] *n* *(abbr of* **intelligence quotient***)* CI *m* *(coeficiente de inteligencia)*
**Iran** [ɪ'rɑ:n] *n* Irán
**Iraq** [ɪ'rɑ:k] *n* Irak
**Ireland** ['aɪələnd] *n* Irlanda
**iris** ['aɪərɪs] (*pl* **-es**) *n* *(flower)* lirio *m*
**Irish** ['aɪrɪʃ] ◇ *adj* irlandés(esa) ◇ *n* *(language)* irlandés *m* ◇ *npl* • **the Irish** los irlandeses
**Irish coffee** *n* café *m* irlandés
**Irishman** ['aɪrɪʃmən] (*pl* **-men**) *n* irlandés *m*
**Irishwoman** ['aɪrɪʃ,wʊmən] (*pl* **-women**) *n* irlandesa *f*
**iron** ['aɪən] ◇ *n* **1.** *(for clothes)* plancha *f* **2.** *(metal, golf club)* hierro *m* ◇ *vt* planchar
**ironic** [aɪ'rɒnɪk] *adj* irónico(ca)
**ironing board** ['aɪənɪŋ-] *n* tabla *f* de planchar
**ironmonger's** ['aɪən,mʌŋgəz] *n* *(UK)* ferretería *f*
**irrelevant** [ɪ'reləvənt] *adj* irrelevante
**irresistible** [,ɪrɪ'zɪstəbl] *adj* irresistible
**irrespective** [,ɪrɪ'spektɪv] • **irrespective**

**of** *prep* con independencia de
**irresponsible** [ˌɪrɪ'spɒnsəbl] *adj* irresponsable
**irrigation** [ˌɪrɪ'geɪʃn] *n* riego *m*
**irritable** ['ɪrɪtəbl] *adj* irritable
**irritate** ['ɪrɪteɪt] *vt* irritar
**irritating** ['ɪrɪteɪtɪŋ] *adj* irritante
**IRS** [aɪɑːr'es] *n* (*US*) (*abbr of* **Internal Revenue Service**) ≃ Hacienda *f*
**is** [ɪz] ➣ **be**
**Islam** ['ɪzlɑːm] *n* islam *m*
**island** ['aɪlənd] *n* **1.** *(in water)* isla *f* **2.** *(in road)* isleta *f*
**isle** [aɪl] *n* isla *f*
**isolated** ['aɪsəleɪtɪd] *adj* aislado(da)
**ISP** [aɪes'piː] *n abbr of* **Internet Service Provider**
**Israel** ['ɪzreɪəl] *n* Israel
**issue** ['ɪʃuː] ◇ *n* **1.** *(problem, subject)* cuestión *f* **2.** *(of newspaper, magazine)* edición *f* ◇ *vt* **1.** *(statement)* hacer público **2.** *(passport, document)* expedir **3.** *(stamps, bank notes)* emitir
**it** [ɪt] *pron* **1.** *(referring to specific thing: subj)* él *m*, ella *f*; *(direct object)* lo *m*, la *f*; *(indirect object)* le *mf* • **it's big** es grande • **she hit it** lo golpeó • **give it to me** dámelo **2.** *(nonspecific)* ello • **it's nice here** se está bien aquí • **I can't remember it** no me acuerdo (de ello) • **tell me about it** cuéntamelo • **it's me** soy yo • **who is it?** ¿quién es? **3.** *(used impersonally)* • **it's hot** hace calor • **it's six o'clock** son las seis • **it's Sunday** es domingo
**Italian** [ɪ'tæljən] ◇ *adj* italiano(na) ◇ *n* **1.** *(person)* italiano *m*, -na *f* **2.** *(language)* italiano *m* • **Italian restaurant** restaurante italiano
**Italy** ['ɪtəlɪ] *n* Italia
**itch** [ɪtʃ] *vi* • **my arm is itching** me pica el brazo
**item** ['aɪtəm] *n* **1.** artículo *m* **2.** *(on agenda)* asunto *m* • **a news item** una noticia
**itemized bill** ['aɪtəmaɪzd-] *n* factura *f* detallada
**its** [ɪts] *adj* su, sus *pl*
**it's** [ɪts] = **it is, it has**
**itself** [ɪt'self] *pron* **1.** *(reflexive)* se **2.** *(after prep)* sí mismo(ma) • **the house itself is fine** la casa en sí está bien
**I've** [aɪv] = **I have**
**ivory** ['aɪvərɪ] *n* marfil *m*
**ivy** ['aɪvɪ] *n* hiedra *f*

## Ivy League

El *Ivy League* es un grupo formado por ocho universidades privadas del noreste de los Estados Unidos que gozan de un gran prestigio tanto académico como social. La más conocida de las ocho universidades es la de Harvard, la universidad más prestigiosa del país.

# jJ

**jab** [dʒæb] *n* (*UK*) (*inf*) *(injection)* pinchazo *m*
**jack** [dʒæk] *n* **1.** *(for car)* gato *m* **2.**

*(playing card)* ≃ sota *f*
**jacket** ['dʒækɪt] *n* **1.** *(garment)* chaqueta *f* **2.** *(of book)* sobrecubierta *f* **3.** *(US) (of record)* cubierta *f* **4.** *(UK) (of potato)* piel *f (Esp)*, cáscara *f (Amér)*
**jacket potato** *n (UK)* patata *f* asada con piel *(Esp)*, papa *f* asada con cáscara *(Amér)*
**jack-knife** *vi* derrapar la parte delantera
**Jacuzzi**® [dʒə'ku:zɪ] *n* jacuzzi® *m*
**jade** [dʒeɪd] *n* jade *m*
**jail** [dʒeɪl] *n* cárcel *f*
**jam** [dʒæm] ◇ *n* **1.** *(food)* mermelada *f* **2.** *(of traffic)* atasco *m* **3.** *(inf) (difficult situation)* apuro *m* ◇ *vt (pack tightly)* apiñar ◇ *vi* atascarse • **the roads are jammed** las carreteras están atascadas
**jam-packed** [-'pækt] *adj (inf)* a tope
**Jan.** [dʒæn] *(abbr of* **January***)* ene. *(enero)*
**January** ['dʒænjʊərɪ] *n* enero *m* • **at the beginning of January** a principios de enero • **at the end of January** a finales de enero • **during January** en enero • **every January** todos los años en enero • **in January** en enero • **last January** en enero del año pasado • **next January** en enero del próximo año • **this January** en enero de este año • **2 January 2001** *(in letters etc)* 2 de enero de 2001
**Japan** [dʒə'pæn] *n* Japón
**Japanese** [ˌdʒæpə'ni:z] ◇ *adj* japonés (esa) ◇ *n (language)* japonés *m* ◇ *npl* • **the Japanese** los japoneses
**jar** [dʒɑ:ʳ] *n* tarro *m*
**javelin** ['dʒævlɪn] *n* jabalina *f*
**jaw** [dʒɔ:] *n (of person)* mandíbula *f*
**jazz** [dʒæz] *n* jazz *m*
**jealous** ['dʒeləs] *adj* celoso(sa)
**jeans** [dʒi:nz] *npl* vaqueros *mpl*
**Jeep**® [dʒi:p] *n* jeep *m*
**Jello**® ['dʒeləʊ] *n (US)* gelatina *f*
**jelly** ['dʒelɪ] *n* **1.** *(UK) (dessert)* gelatina *f* **2.** *(US) (jam)* mermelada *f*
**jellyfish** ['dʒelɪfɪʃ] *(pl inv) n* medusa *f*
**jeopardize** ['dʒepədaɪz] *vt* poner en peligro
**jerk** [dʒɜ:k] *n* **1.** *(movement)* movimiento *m* brusco **2.** *(inf) (idiot)* idiota *mf*
**jersey** ['dʒɜ:zɪ] *(pl* **-s***) n (UK) (garment)* jersey *m*
**jet** [dʒet] *n* **1.** *(aircraft)* reactor *m* **2.** *(of liquid, gas)* chorro *m* **3.** *(outlet)* boquilla *f*
**jet lag** *n* jet lag *m*
**jet-ski** *n* moto *f* acuática
**jetty** ['dʒetɪ] *n* embarcadero *m*
**Jew** [dʒu:] *n* judío *m*, -a *f*
**jewel** ['dʒu:əl] *n* piedra *f* preciosa •
**jewels** *npl (jewellery)* joyas *fpl*
**jeweler's** ['dʒu:ələz] *(US)* = **jeweller's**
**jeweller's** ['dʒu:ələz] *n (UK) (shop)* joyería *f*
**jewellery** ['dʒu:əlrɪ] *n (UK)* joyas *fpl*
**jewelry** ['dʒu:əlrɪ] *(US)* = **jewellery**
**Jewish** ['dʒu:ɪʃ] *adj* judío(a)
**jigsaw (puzzle)** ['dʒɪgsɔ:-] *n* puzzle *m (Esp)*, rompecabezas *m*
**jingle** ['dʒɪŋgl] *n (of advert)* sintonía *f* (de anuncio)
**job** [dʒɒb] *n* **1.** trabajo *m* **2.** *(function)* cometido *m* • **to lose one's job** perder el trabajo
**job centre** *n (UK)* oficina *f* de empleo
**jockey** ['dʒɒkɪ] *(pl* **-s***) n* jockey *mf*

**jog** [dʒɒg] ◇ *vt (bump)* golpear ligeramente ◇ *vi* hacer footing ◇ *n* ◆ **to go for a jog** hacer footing

**jogging** ['dʒɒgɪŋ] *n* footing *m* ◆ **to go jogging** hacer footing

**join** [dʒɔɪn] *vt* **1.** *(club, organization)* hacerse socio de **2.** *(fasten together)* unir, juntar **3.** *(come together with, participate in)* unirse a **4.** *(connect)* conectar ◆ **join in** ◇ *vt insep* participar en ◇ *vi* participar

**joint** [dʒɔɪnt] ◇ *adj* **1.** *(responsibility, effort)* compartido(da) **2.** *(bank account, ownership)* conjunto(ta) ◇ *n* **1.** *(of body)* articulación *f* **2.** *(of meat)* corte *m* **3.** *(in structure)* juntura *f*

**joke** [dʒəʊk] ◇ *n* chiste *m* ◇ *vi* bromear

**joker** ['dʒəʊkə^r] *n (playing card)* comodín *m*

**jolly** ['dʒɒlɪ] ◇ *adj (cheerful)* alegre ◇ *adv (UK) (inf)* muy

**jolt** [dʒəʊlt] *n* sacudida *f*

**jot** [dʒɒt] ◆ **jot down** *vt sep* apuntar

**journal** ['dʒɜ:nl] *n* **1.** *(magazine)* revista *f* **2.** *(diary)* diario *m*

**journalist** ['dʒɜ:nəlɪst] *n* periodista *mf*

**journey** ['dʒɜ:nɪ] (*pl* **-s**) *n* viaje *m*

**joy** [dʒɔɪ] *n (happiness)* alegría *f*

**joypad** ['dʒɔɪpæd] *n (of video game)* mando *m*

**joyrider** ['dʒɔɪraɪdə^r] *n persona que se pasea en un coche robado y luego lo abandona*

**joystick** ['dʒɔɪstɪk] *n (of video game)* joystick *m*

**judge** [dʒʌdʒ] ◇ *n* juez *mf* ◇ *vt* **1.** *(competition)* juzgar **2.** *(evaluate)* calcular

**judg(e)ment** ['dʒʌdʒmənt] *n* **1.** juicio *m* **2.** *LAW* fallo *m*

**judo** ['dʒu:dəʊ] *n* judo *m*

**jug** [dʒʌg] *n* jarra *f*

**juggernaut** ['dʒʌgənɔ:t] *n (UK)* camión *m* grande

**juggle** ['dʒʌgl] *vi* hacer malabarismo

**juice** [dʒu:s] *n* **1.** zumo *m (Esp)*, jugo *m (Amér)* **2.** *(from meat)* jugo *m*

**juicy** ['dʒu:sɪ] *adj (food)* jugoso(sa)

**jukebox** ['dʒu:kbɒks] *n* máquina *f* de discos

**Jul.** *(abbr of* **July***)* jul. *(julio)*

**July** [dʒu:'laɪ] *n* julio *m* ◆ **at the beginning of July** a principios de septiembre ◆ **at the end of July** a finales de julio ◆ **during July** en julio ◆ **every July** todos los años en julio ◆ **in July** en julio ◆ **last July** en julio del año pasado ◆ **next July** en julio del próximo año ◆ **this July** en julio de este año ◆ **2 July 2001** *(in letters etc)* 2 de julio de 2001

**jumble sale** ['dʒʌmbl-] *n (UK)* rastrillo *m* benéfico

**jumbo** ['dʒʌmbəʊ] *adj (inf)* **1.** *(pack)* familiar **2.** *(sausage, sandwich)* gigante

**jumbo jet** *n* jumbo *m*

**jump** [dʒʌmp] ◇ *n* salto *m* ◇ *vi* **1.** *(through air)* saltar **2.** *(with fright)* sobresaltarse **3.** *(increase)* aumentar de golpe ◇ *vt (US) (train, bus)* montarse sin pagar en ◆ **to jump the queue** *(UK)* colarse

**jumper** ['dʒʌmpə^r] *n* **1.** *(UK) (pullover)* jersey *m (Esp)*, suéter *m* **2.** *(US) (dress)* pichi *m (Esp)*, jumper *m (Amér)*

**jumper cables** *npl (US)* cables *mpl* de empalme

**jump leads** *npl* (*UK*) cables *mpl* de empalme
**Jun.** (*abbr of* **June**) jun. *(junio)*
**junction** ['dʒʌŋkʃn] *n* **1.** *(of roads)* cruce *m* **2.** *(of railway lines)* empalme *m*
**June** [dʒu:n] *n* junio *m* • **at the beginning of June** a principios de septiembre • **at the end of June** a finales de junio • **during June** en junio • **every June** todos los años en junio • **in June** en junio • **last June** en junio del año pasado • **next June** en junio del próximo año • **this June** en junio de este año • **2 June 2001** *(in letters etc)* 2 de junio de 2001
**jungle** ['dʒʌŋgl] *n* selva *f*
**junior** ['dʒu:njə^r] ◇ *adj* **1.** *(of lower rank)* de rango inferior **2.** *(after name)* júnior *(inv)* ◇ *n* • **she's my junior** es más joven que yo
**junior school** *n* (*UK*) escuela *f* primaria
**junk** [dʒʌŋk] *n* *(inf)* *(unwanted things)* trastos *mpl*
**junk food** *n* *(inf)* *comida preparada poco nutritiva o saludable*
**junkie** ['dʒʌŋkɪ] *n* *(inf)* yonqui *mf*
**junk shop** *n* tienda *f* de objetos de segunda mano
**jury** ['dʒʊərɪ] *n* jurado *m*
**just** [dʒʌst] ◇ *adj* justo(ta) ◇ *adv* **1.** *(exactly)* justamente **2.** *(only)* sólo • **I'm just coming** ahora voy • **we were just leaving** justo íbamos a salir • **just a bit more** un poquito más • **just as good** igual de bueno • **just over an hour** poco más de una hora • **passengers just arriving** los pasajeros que acaban de llegar • **to be just about to do sthg** estar a punto de hace algo • **to have just done sthg** acaba de hacer algo • **just about** casi (**only**) **just** *(almost not)* por los pelos **just a minute!** ¡un minuto!
**justice** ['dʒʌstɪs] *n* justicia *f*
**justify** ['dʒʌstɪfaɪ] *vt* justificar
**jut** [dʒʌt] • **jut out** *vi* sobresalir
**juvenile** ['dʒu:vənaɪl] *adj* **1.** *(young* juvenil **2.** *(childish)* infantil

# kK

**kangaroo** [ˌkæŋgə'ru:] (*pl* **-s**) *n* cangur *m*
**karaoke** [ˌkærɪ'əʊkɪ] *n* karaoke *m*
**karate** [kə'rɑ:tɪ] *n* kárate *m*
**kebab** [kɪ'bæb] *n* (*UK*) **1.** *(shish kebab* pincho *m* moruno **2.** *(doner kebab) pa* *árabe relleno de ensalada y carne d* *cordero, con salsa*
**keel** [ki:l] *n* quilla *f*
**keen** [ki:n] *adj* **1.** *(enthusiastic)* entusiast **2.** *(eyesight, hearing)* agudo(da) • **to b keen on** (*UK*) ser aficionado(da) a • **t be keen to do sthg** (*UK*) tener ganas d hacer algo
**keep** [ki:p] (*pt & pp* **kept**) ◇ *vt* **1** *(change, book, object loaned)* quedars con **2.** *(job, old clothes)* conservar **3** *(store, not tell)* guardar **4.** *(cause t remain)* mantener **5.** *(promise)* cumpli

. *(appointment)* acudir a **7.** *(delay)* etener **8.** *(record, diary)* llevar ◇ *vi* **1.** food) conservarse **2.** *(remain)* mante-erse ◈ **to keep (on) doing sthg** *(do ontinuously)* seguir haciendo algo; *(do epeatedly)* no dejar de hacer algo ◈ **to** eep sb from doing sthg impedir a lguien hacer algo ◈ **keep back!** ¡atrás! ◈ **to keep clear (of)** mantenerse lejado (de) ▼ **keep in lane!** *señal que dvierte a los conductores que se man-engan en el carril* ▼ **keep left** ¡circula or la izquierda! ▼ **keep off the grass!** no pisar la hierba ▼ **keep out!** prohi-ida la entrada ▼ **keep your distance!** *eñal que incita a mantener la distancia le prudencia* ◆ **keep up** ◇ *vt sep* nantener ◇ *vi* *(maintain pace, level etc)* nantener el ritmo

**eep-fit** *n* (*UK*) ejercicios *mpl* de nantenimiento

**ennel** ['kenl] *n* caseta *f* del perro

**ept** [kept] *pt & pp* ➤ **keep**

**erb** [kɜ:b] *n* (*UK*) bordillo *m*

**erosene** ['kerəsi:n] *n* (*US*) queroseno *n*

**etchup** ['ketʃəp] *n* catsup *m*

**ettle** ['ketl] *n* tetera *f* para hervir ◈ **to** **ut the kettle on** (*UK*) poner a hervir la etera

**ey** [ki:] ◇ *n* **1.** *(for lock)* llave *f* **2.** *(of iano, typewriter)* tecla *f* **3.** *(of map)* clave ◇ *adj* clave *(inv)*

**eyboard** ['ki:bɔ:d] *n* teclado *m*

**eyhole** ['ki:həʊl] *n* ojo *m* de la ce-radura

**eypad** ['ki:pæd] *n* teclado *m*

**ey ring** *n* llavero *m*

**kg** (*abbr of* **kilogram**) kg *(kilogramo)*

**kick** [kɪk] ◇ *n* *(of foot)* patada *f* ◇ *vt* *(with foot)* dar una patada

**kickoff** ['kɪkɒf] *n* saque *m* inicial

**kid** [kɪd] ◇ *n* **1.** (*inf*) *(child)* crío *m*, -a *f* **2.** *(young person)* chico *m*, -ca *f* ◇ *vi* bromear

**kidnap** ['kɪdnæp] *vt* secuestrar

**kidnaper** ['kɪdnæpər] (*US*) = **kidnapper**

**kidnapper** ['kɪdnæpə[r]] *n* (*UK*) secues-trador *m*, -ra *f*

**kidney** ['kɪdnɪ] (*pl* **-s**) *n* riñón *m*

**kidney bean** *n* judía *f* pinta

**kill** [kɪl] *vt* matar ◈ **my feet are killing me!** ¡los pies me están matando!

**killer** ['kɪlə[r]] *n* asesino *m*, -na *f*

**kilo** ['ki:ləʊ] (*pl* **-s**) *n* kilo *m*

**kilogram** ['kɪlə,græm] *n* kilogramo *m*

**kilometer** [kɪ'lɒmɪtər] *n* (*US*) = **kilometre**

**kilometre** ['kɪlə,mi:tə[r]] *n* (*UK*) kilóme-tro *m*

**kilt** [kɪlt] *n* falda *f* escocesa

**kind** [kaɪnd] ◇ *adj* amable ◇ *n* tipo *m* ◈ **kind of** (*inf*) un poco, algo

**kindergarten** ['kɪndə,gɑ:tn] *n* jardín *m* de infancia

**kindly** ['kaɪndlɪ] *adv* ◈ **would you kindly ...?** ¿sería tan amable de ...?

**kindness** ['kaɪndnɪs] *n* amabilidad *f*

**king** [kɪŋ] *n* rey *m*

**kingfisher** ['kɪŋ,fɪʃə[r]] *n* martín *m* pesca-dor

**king prawn** *n* langostino *m*

**king-size bed** *n* cama *f* gigante

**kiosk** ['ki:ɒsk] *n* **1.** *(for newspapers etc)* quiosco *m* **2.** (*UK*) *(phone box)* cabina *f*

**kipper** ['kɪpəʳ] *n* arenque *m* ahumado
**kiss** [kɪs] ◇ *n* beso *m* ◇ *vt* besar
**kiss of life** *n* boca a boca *m inv*
**kit** [kɪt] *n* **1.** (*UK*) (*set, clothes*) equipo *m* **2.** (*for assembly*) modelo *m* para armar
**kitchen** ['kɪtʃɪn] *n* cocina *f*
**kitchen unit** *n* módulo *m* de cocina
**kite** [kaɪt] *n* (*toy*) cometa *f*
**kitesurfing** ['kaɪtsɜːfɪŋ] *n* kitesurf *m*, *modalidad de surf que se practica colgado de una especie de cometa*
**kitten** ['kɪtn] *n* gatito *m*
**kitty** ['kɪtɪ] *n* (*for regular expenses*) fondo *m* común
**kiwi fruit** ['kiːwiː-] *n* kiwi *m*
**Kleenex®** ['kliːneks] *n* kleenex® *m* (*inv*)
**km** (*abbr of* **kilometre**) km (*kilómetro*)
**km/h** (*abbr of* **kilometres per hour**) km/h (*kilómetros por hora*)
**knack** [næk] *n* ● **I've got the knack (of it)** he cogido el tranquillo
**knackered** ['nækəd] *adj* (*UK*) (*inf*) hecho(cha) polvo
**knapsack** ['næpsæk] *n* mochila *f*
**knee** [niː] *n* rodilla *f*
**kneecap** ['niːkæp] *n* rótula *f*
**kneel** [niːl] (*pt & pp* **knelt**) *vi* **1.** (*be on one's knees*) estar de rodillas **2.** (*go down on one's knees*) arrodillarse
**knew** [njuː] *pt* ➤ **know**
**knickers** ['nɪkəz] *npl* (*UK*) (*underwear*) bragas *fpl* (*Esp*), calzones *mpl* (*Amér*)
**knife** [naɪf] (*pl* **knives**) *n* cuchillo *m*
**knight** [naɪt] *n* **1.** (*in history*) caballero *m* **2.** (*in chess*) caballo *m*
**knit** [nɪt] *vt* tejer
**knitted** ['nɪtɪd] *adj* de punto, tejido(da)
**knitting** ['nɪtɪŋ] *n* **1.** (*thing being knitted*) punto *m* (*Esp*), tejido *m* **2.** (*activity*) labor *f* de punto (*Esp*), tejido *m*
**knitting needle** *n* aguja *f* de hacer punto (*Esp*), aguja *f* de tejer
**knitwear** ['nɪtweəʳ] *n* género *m* de punto
**knives** [naɪvz] *pl* ➤ **knife**
**knob** [nɒb] *n* **1.** (*on door etc*) pomo *m*, perilla *f* (*Amér*) **2.** (*on machine*) botón *m*
**knock** [nɒk] ◇ *n* (*at door*) golpe *m* ◇ *vt* (*hit*) golpear **2.** (*one's head, leg*) golpear-se ◇ *vi* (*at door etc*) llamar ◆ **knock down** *vt sep* **1.** (*UK*) (*pedestrian*) atropellar **2.** (*building*) derribar **3.** (*price*) bajar ◆ **knock out** *vt sep* **1.** (*make unconscious*) dejar sin conocimiento **2.** (*of competition*) eliminar ◆ **knock over** *vt sep* (*glass, vase*) volcar **2.** (*UK*) (*pedestrian*) atropellar
**knocker** ['nɒkəʳ] *n* (*on door*) aldaba *f*
**knot** [nɒt] *n* nudo *m*
**know** [nəʊ] (*pt* **knew**, *pp* **known**) *vt* **1.** (*have knowledge of*) saber **2.** (*language*) saber hablar **3.** (*person, place*) conocer ● **to get to know sb** llegar a conocer a alguien ● **to know about sthg** (*understand*) saber de algo; (*have heard*) saber algo ● **to know how to do sthg** saber hacer algo ● **to know of** conocer ● **to be known as** ser conocido como ● **to let sb know sthg** avisar a alguien de algo ● **you know** (*for emphasis*) ¿sabes?
**knowledge** ['nɒlɪdʒ] *n* conocimiento *m* ● **to my knowledge** que yo sepa
**known** [nəʊn] *pp* ➤ **know**
**knuckle** ['nʌkl] *n* **1.** (*of hand*) nudillo *m*

*(of pork)* jarrete *m*
**oran** [kɒ'rɑːn] *n* • **the Koran** el Corán
**ph** (*abbr of* **kilometres per hour**) k.p.
. *(kilómetros por hora)*

# L

(*abbr of* **litre**) l. *(litro)*
(*abbr of* **learner**) placa *f* de la L
**b** [læb] *n* *(inf)* laboratorio *m*
**bel** ['leɪbl] *n* etiqueta *f*
**bor** ['leɪbər] *(US)* = **labour**
**abor Day** *n* *(US)* día *m* del Trabajador

## .abor Day

El día del Trabajador se celebra en los Estados Unidos el primero de septiembre. Las playas y otros destinos turísticos se llenan de gente que sale a disfrutar los últimos días del verano. Esta fecha marca también la vuelta al colegio.

**boratory** [*(UK)* lə'bɒrətrɪ, *(US)* ebrə,tɔːrɪ] *n* laboratorio *m*
**bour** ['leɪbəʳ] *n* *(UK)* *(work)* trabajo *m* • **in labour** *MED* de parto
**bourer** ['leɪbərəʳ] *n* *(UK)* obrero *m*, -ra
**abour Party** *n* *(UK)* partido *m* Laborista
**bour-saving** *adj* *(UK)* que ahorra 'abajo

**lace** [leɪs] *n* **1.** *(material)* encaje *m* **2.** *(for shoe)* cordón *m*
**lace-ups** *npl* zapatos *mpl* con cordones
**lack** [læk] ◇ *n* falta *f* ◇ *vt* carecer de ◇ *vi* • **to be lacking** faltar
**lacquer** ['lækəʳ] *n* laca *f*
**lad** [læd] *n* *(UK)* *(inf)* chaval *m* *(Esp)*, muchacho *m*
**ladder** ['lædəʳ] *n* **1.** *(for climbing)* escalera *f* (de mano) **2.** *(UK)* *(in tights)* carrera *f*
**ladies** ['leɪdɪz] *n* *(UK)* lavabo *m* de señoras
**ladies' room** *(US)* = **ladies**
**ladieswear** ['leɪdɪz,weəʳ] *n* *(fml)* ropa *f* de señoras
**ladle** ['leɪdl] *n* cucharón *m*
**lady** ['leɪdɪ] *n* **1.** *(woman)* señora *f* **2.** *(woman of high status)* dama *f*
**ladybird** ['leɪdɪbɜːd] *n* *(UK)* mariquita *f*
**ladybug** ['leɪdɪbʌg] *n* *(US)* = **ladybird**
**lag** [læg] *vi* retrasarse • **to lag behind** *(move more slowly)* rezagarse
**lager** ['lɑːgəʳ] *n* cerveza *f* rubia
**lagoon** [lə'guːn] *n* laguna *f*
**laid** [leɪd] *pt & pp* ➤ **lay**
**lain** [leɪn] *pp* ➤ **lie**
**lake** [leɪk] *n* lago *m*
**lamb** [læm] *n* cordero *m*
**lamb chop** *n* chuleta *f* de cordero
**lame** [leɪm] *adj* cojo(ja)
**lamp** [læmp] *n* **1.** *(light)* lámpara *f* **2.** *(in street)* farola *f*
**lamppost** ['læmppəust] *n* farol *m*
**lampshade** ['læmpʃeɪd] *n* pantalla *f*
**land** [lænd] ◇ *n* **1.** tierra *f* **2.** *(property)* tierras *fpl* ◇ *vi* **1.** *(plane)* aterrizar **2.** *(passengers)* desembarcar **3.** *(fall)* caer
**landing** ['lændɪŋ] *n* **1.** *(of plane)* aterri-

zaje *m* **2.** *(on stairs)* rellano *m*
**landlady** ['lænd,leɪdɪ] *n* **1.** *(of house)* casera *f* **2.** *(UK) (of pub)* dueña *f*
**landlord** ['lændlɔ:d] *n* **1.** *(of house)* casero *m* **2.** *(UK) (of pub)* dueño *m*
**landmark** ['lændmɑ:k] *n* punto *m* de referencia
**landscape** ['lændskeɪp] *n* paisaje *m*
**landslide** ['lændslaɪd] *n (of earth, rocks)* desprendimiento *m* de tierras
**lane** [leɪn] *n* **1.** *(in town)* calleja *f* **2.** *(in country, on road)* camino *m* ▼ **get in lane** *señal que advierte a los conductores que tomen el carril adecuado*
**language** ['læŋgwɪdʒ] *n* **1.** *(of a people, country)* idioma *m* **2.** *(system of communication, words)* lenguaje *m*
**lap** [læp] *n* **1.** *(of person)* regazo *m* **2.** *(of race)* vuelta *f*
**lapel** [lə'pel] *n* solapa *f*
**lapse** [læps] *vi (passport, membership)* caducar
**lard** [lɑ:d] *n* manteca *f* de cerdo
**larder** ['lɑ:də^r] *n (UK)* despensa *f*
**large** [lɑ:dʒ] *adj* grande
**largely** ['lɑ:dʒlɪ] *adv* en gran parte
**large-scale** *adj* de gran escala
**lark** [lɑ:k] *n* alondra *f*
**laryngitis** [,lærɪn'dʒaɪtɪs] *n* laringitis *f inv*
**lasagne** [lə'zænjə] *n* lasaña *f*
**laser** ['leɪzə^r] *n* láser *m*
**lass** [læs] *n (UK) (inf)* chavala *f*
**last** [lɑ:st] ◇ *adj* último(ma) ◇ *adv* **1.** *(most recently)* por última vez **2.** *(at the end)* en último lugar ◇ *pron* • **the last to come** el último en venir • **the last but one** el penúltimo(la penúltima) • **the time before last** la penúltima vez • **last year** el año pasado • **the last ye**[ar] el año pasado • **at last** por fin
**lastly** ['lɑ:stlɪ] *adv* por último
**last-minute** *adj* de última hora
**latch** [lætʃ] *n* pestillo *m* • **to be on t**[he] **latch** tener el pestillo echado
**late** [leɪt] ◇ *adj* **1.** *(not on time)* co[n] retraso **2.** *(after usual time)* tardío(a) [...] *(dead)* difunto(ta) ◇ *adv* **1.** *(not on tim*[e]*)* con retraso **2.** *(after usual time)* tarde • **in late June** a finales de junio • **in t**[he] **late afternoon** al final de la tarde • **late in June** a finales de junio • **to b**[e] **(running) late** ir con retraso
**lately** ['leɪtlɪ] *adv* últimamente
**late-night** *adj* de última hora, d[e] noche
**later** ['leɪtə^r] ◇ *adj* posterior ◇ *adv* **later (on)** más tarde • **at a later da**[te] en una fecha posterior
**latest** ['leɪtɪst] *adj* • **the latest fashio**[n] la última moda • **the latest** lo últim[o] • **at the latest** como muy tarde
**lather** ['lɑ:ðə^r] *n* espuma *f*
**Latin** ['lætɪn] *n* latín *m*
**Latin America** *n* América Latina
**Latin American** ◇ *adj* latinoameric[a]no(na) ◇ *n* latinoamericano *m*, -na *f*
**latitude** ['lætɪtju:d] *n* latitud *f*
**latter** ['lætə^r] *n* • **the latter** éste *m*, -ta
**laugh** [lɑ:f] ◇ *n* risa *f* ◇ *vi* reírse • **t**[o] **have a laugh** *(UK) (inf)* pasarlo bomba
**laugh at** *vt insep* reírse de
**laughter** ['lɑ:ftə^r] *n* risa *f*
**launch** [lɔ:ntʃ] *vt* **1.** *(boat)* botar **2.** *(ne*[w] *product)* lanzar
**laund(e)rette** [lɔ:n'dret] *n* lavandería

**Laundromat** ['lɔ:ndrəmæt] *n* (*US*) = **laund(e)rette**

**laundry** ['lɔ:ndrɪ] *n* **1.** (*washing*) ropa *f* sucia **2.** (*place*) lavandería *f*

**lavatory** ['lævətrɪ] *n* servicio *m*

**lavender** ['lævəndəʳ] *n* lavanda *f*

**lavish** ['lævɪʃ] *adj* (*meal, decoration*) espléndido(da)

**law** [lɔ:] *n* **1.** ley *f* **2.** (*study*) derecho *m* • **the law** *LAW* (*set of rules*) la ley • **to be against the law** estar en contra de la ley

**lawn** [lɔ:n] *n* césped *m*

**lawnmower** ['lɔ:nˌməʊəʳ] *n* cortacésped *m*

**lawyer** ['lɔ:jəʳ] *n* abogado *m*, -da *f*

**laxative** ['læksətɪv] *n* laxante *m*

**lay** [leɪ] (*pt & pp* **laid**) ◇ *pt* ➤ **lie** ◇ *vt* **1.** (*place*) colocar **2.** (*egg*) poner • **to lay the table** (*UK*) poner la mesa ♦ **lay off** *vt sep* (*worker*) despedir ♦ **lay on** *vt sep* (*UK*) proveer ♦ **lay out** *vt sep* (*display*) disponer

**lay-by** (*pl* **lay-bys**) *n* (*UK*) área *f* de descanso

**layer** ['leɪəʳ] *n* capa *f*

**layman** ['leɪmən] (*pl* **-men**) *n* lego *m*, -ga *f*

**layout** ['leɪaʊt] *n* (*of building, streets*) trazado *m*

**lazy** ['leɪzɪ] *adj* perezoso(sa)

**lb** (*abbr of* **pound**) libra f

**lead**[1] [li:d] (*pt & pp* **led**) ◇ *vt* **1.** (*take*) llevar **2.** (*be in charge of*) estar al frente de **3.** (*be in front of*) encabezar ◇ *vi* (*be winning*) ir en cabeza ◇ *n* **1.** (*UK*) (*for dog*) correa *f* **2.** (*UK*) (*cable*) cable *m* • **to lead sb to do sthg** llevar a alguien a hacer algo • **to lead to** (*go to*) conducir a; (*result in*) llevar a • **to lead the way** guiar • **to be in the lead** llevar la delantera

**lead**[2] [led] ◇ *n* **1.** (*metal*) plomo *m* **2.** (*for pencil*) mina *f* ◇ *adj* de plomo

**leaded petrol** ['ledɪd-] *n* (*UK*) gasolina *f* con plomo

**leader** ['li:dəʳ] *n* líder *mf*

**leadership** ['li:dəʃɪp] *n* (*position of leader*) liderazgo *m*

**lead-free** [led-] *adj* sin plomo

**leading** ['li:dɪŋ] *adj* (*most important*) destacado(da)

**lead singer** [li:d-] *n* cantante *mf* (*de un grupo*)

**leaf** [li:f] (*pl* **leaves**) *n* (*of tree*) hoja *f*

**leaflet** ['li:flɪt] *n* folleto *m*

**league** [li:g] *n* liga *f*

**leak** [li:k] ◇ *n* **1.** (*hole*) agujero *m* **2.** (*of gas, water*) escape *m* ◇ *vi* (*roof, tank*) tener goteras

**lean** [li:n] (*pt & pp* **leant** OR **-ed**) ◇ *adj* **1.** (*meat*) magro(gra) **2.** (*person, animal*) delgado y musculoso (delgada y musculosa) ◇ *vi* (*bend*) inclinarse ◇ *vt* • **to lean a ladder against a wall** apoyar una escalera contra una pared • **to lean on** apoyarse en • **to lean forward** inclinarse hacia delante • **to lean over** inclinarse

**leap** [li:p] (*pt & pp* **leapt** OR **-ed**) *vi* saltar

**leap year** *n* año *m* bisiesto

**learn** [lɜ:n] (*pt & pp* **learnt** OR **-ed**) *vt* aprender • **to learn (how) to do sthg** aprender a hacer algo • **to learn about sthg** (*hear about*) enterarse de algo; (*study*) aprender algo

**learner (driver)** ['lɜːnəʳ] *n* conductor *m* principiante
**learnt** [lɜːnt] *pt & pp* ➤ **learn**
**lease** [liːs] ◇ *n* arriendo *m* ◇ *vt* arrendar • **to lease a house from sb** arrendar una casa de alguien • **to lease a house to sb** arrendar una casa a alguien
**leash** [liːʃ] *n* correa *f*
**least** [liːst] ◇ *adj & adv* menos ◇ *pron* • **(the) least** menos • **I have least food** soy la que menos comida tiene • **I like him least** él es el que menos me gusta • **he paid (the) least** es el que menos pagó • **it's the least you could do** es lo menos que puedes hacer • **at least** *(with quantities, numbers)* por lo menos; *(to indicate an advantage)* al menos
**leather** ['leðəʳ] *n* piel *f* ♦ **leathers** *npl* *cazadora y pantalón de cuero utilizados por motociclistas*
**leave** [liːv] (*pt & pp* **left**) ◇ *vt* **1.** dejar **2.** *(go away from)* salir de **3.** *(not take away)* dejarse ◇ *vi* **1.** *(person)* marcharse **2.** *(train, bus etc)* salir ◇ *n* *(time off work)* permiso *m* • **to leave a message** dejar un mensaje ♦ **leave behind** *vt sep (not take away)* dejar ♦ **leave out** *vt sep* omitir
**leaves** [liːvz] *pl* ➤ **leaf**
**Lebanon** ['lebənən] *n* Líbano
**lecture** ['lektʃəʳ] *n* **1.** *(at university)* clase *f* **2.** *(at conference)* conferencia *f*
**lecturer** ['lektʃərəʳ] *n* profesor *m*, -ra *f* (de universidad)
**lecture theatre** *n* (*UK*) aula *f*
**led** [led] *pt & pp* ➤ **lead**
**ledge** [ledʒ] *n* *(of window)* alféizar *m*
**leek** [liːk] *n* puerro *m*
**left** [left] ◇ *pt & pp* ➤ **leave** ◇ *adj (not right)* izquierdo(da) ◇ *adv* a la izquierda ◇ *n* izquierda *f* • **on the left** a la izquierda • **there are none left** no queda ninguno (más)
**left-hand** *adj* izquierdo(da)
**left-hand drive** *n* vehículo *m* con el volante a la izquierda
**left-handed** [-'hændɪd] *adj* **1.** *(person)* zurdo(da) **2.** *(implement)* para zurdos
**left-luggage locker** *n* (*UK*) consigna *f* automática
**left-luggage office** *n* (*UK*) consigna *f*
**left-wing** *adj* de izquierdas
**leg** [leg] *n* **1.** *(of person)* pierna *f* **2.** *(of animal, table, chair)* pata *f* **3.** *(of trousers)* pernera *f* • **leg of lamb** pierna de cordero
**legal** ['liːgl] *adj* legal
**legal aid** *n* *ayuda financiera para personas que no poseen posibilidades económicas para pagar a un abogado*
**legal holiday** *n* (*US*) día *m* festivo
**legalize** ['liːgəlaɪz] *vt* legalizar
**legal system** *n* sistema *m* jurídico
**legend** ['ledʒənd] *n* leyenda *f*
**leggings** ['legɪŋz] *npl* mallas *fpl*
**legible** ['ledʒɪbl] *adj* legible
**legislation** [ˌledʒɪs'leɪʃn] *n* legislación *f*
**legitimate** [lɪ'dʒɪtɪmət] *adj* legítimo(ma)
**leisure** [(*UK*) 'leʒəʳ, (*US*) 'liːʒər] *n* ocio *m*
**leisure centre** *n* (*UK*) centro *m* deportivo y cultural
**lemon** ['lemən] *n* limón *m*
**lemonade** [ˌlemə'neɪd] *n* **1.** (*UK*) gaseosa *f* **2.** (*US*) limonada *f*
**lemon curd** [-kɜːd] *n* (*UK*) *dulce para*

*ıntar hecho con limón, huevos, mante-ıuilla y azúcar*
**emon juice** *n* zumo *m* (*Esp*) OR jugo *m* *Amér*) de limón
**emon sole** *n* platija *f*
**emon tea** *n* té *m* con limón
**end** [lend] (*pt & pp* **lent**) *vt* prestar ◆ **an you lend me some money?** ¿me ›odrías prestar dinero?
**ength** [leŋθ] *n* **1.** *(in distance)* longitud *f* **2.** *(in time)* duración *f* **3.** *(of swimming ool)* largo *m*
**engthen** ['leŋθən] *vt* alargar
**ens** [lenz] *n* **1.** *(of camera)* objetivo *m* **2.** *of glasses)* lente *f* **3.** *(contact lens)* entilla *f* (*Esp*), lente *m* de contacto *Amér*)
**ent** [lent] *pt & pp* ➢ **lend**
**.ent** [lent] *n* Cuaresma *f*
**entils** ['lentlz] *npl* lentejas *fpl*
**.eo** ['li:əʊ] *n* Leo *m*
**eopard** ['lepəd] *n* leopardo *m*
**eopard-skin** *adj* estampado(da) en ›iel de leopardo
**eotard** ['li:ətɑ:d] *n* body *m*
**eper** ['lepəʳ] *n* leproso *m*, -sa *f*
**esbian** ['lezbıən] ◇ *adj* lesbiano(na) ◇ *n* esbiana *f*
**ess** [les] *adj, adv & pron* menos ◆ **less than 20** menos de 20 ◆ **I eat less than ıer** yo como menos que ella
**esson** ['lesn] *n (class)* clase *f*
**et** [let] (*pt & pp inv*) *vt* **1.** *(allow)* dejar **2.** (*UK*) *(rent out)* alquilar ◆ **to let sb do sthg** dejar hacer algo a alguien ◆ **to let go of sthg** soltar algo ◆ **to let sb have sthg** prestar algo a alguien ◆ **to let sb know sthg** avisar a alguien de algo ◆ **let's go!** ¡vamos! ▼ **to let** (*UK*) se alquila ◆ **let in** *vt sep* dejar entrar ◆ **let off** *vt sep* (*UK*) *(not punish)* perdonar ◆ **she let me off doing it** me dejó no hacerlo ◆ **can you let me off at the station?** ¿puede dejarme en la estación? ◆ **let out** *vt sep (allow to go out)* dejar salir
**letdown** ['letdaʊn] *n* (*inf*) desilusión *f*
**lethargic** [lə'θɑ:dʒık] *adj* aletargado(da)
**letter** ['letəʳ] *n* **1.** *(written message)* carta *f* **2.** *(of alphabet)* letra *f*

## letters

In Spanish letters, the date is written in full on the right-hand side e.g.: *12 de febrero de 2006.* Formal letters to people whose name you don't know begin with *Muy Sr. Mío* for men and *Muy Sra. Mía* for women, or *Muy Sres. Míos* if you don't know whether they are male or female. If you know the person's surname, then you use *Apreciado Sr. X* or *Distinguida Sra. X.* Letters to friends begin with *Querido/a* plus the person's first name, e.g. *Querida Pilar.* All these introductions are followed by a colon rather than a comma. The following phrases are used to conclude a formal letter: *Reciba un cordial saludo; Le saluda atentamente; Cordialmente; Atentamente.* Phrases for signing off letters to friends include: *Afectuosos saludos, Un abra-*

*zo* and *Un fuerte abrazo*, while letters to even closer friends or family members can end with *Con todo mi cariño*, *Besos* or *Un beso muy cariñoso*. All these phrases are followed by a comma.

**letterbox** ['letəbɒks] *n* (*UK*) buzón *m*
**letter carrier** *n* (*US*) cartero *m*, -ra *f*
**lettuce** ['letɪs] *n* lechuga *f*
**leuk(a)emia** [lu:'ki:mɪə] *n* leucemia *f*
**level** ['levl] ◇ *adj* (*horizontal*) plano(na) ◇ *n* **1.** nivel *m* **2.** (*storey*) planta *f* • **to be level with** (*in height*) estar a nivel de; (*in standard*) estar al mismo nivel que
**level crossing** *n* (*UK*) paso *m* a nivel
**lever** [(*UK*)'li:vəʳ, (*US*) 'levər] *n* palanca *f*
**liability** [,laɪə'bɪlətɪ] *n* (*responsibility*) responsabilidad *f*
**liable** ['laɪəbl] *adj* • **to be liable to do sthg** tener tendencia a hacer algo • **to be liable for sthg** ser responsable de algo
**liaise** [lɪ'eɪz] *vi* • **to liaise with** mantener contacto con
**liar** ['laɪəʳ] *n* mentiroso *m*, -sa *f*
**liberal** ['lɪbərəl] *adj* **1.** (*tolerant*) liberal **2.** (*generous*) generoso(sa)
**Liberal Democrat Party** *n* partido *m* demócrata liberal
**liberate** ['lɪbəreɪt] *vt* liberar
**liberty** ['lɪbətɪ] *n* libertad *f*
**Libra** ['li:brə] *n* Libra *f*
**librarian** [laɪ'breərɪən] *n* bibliotecario *m*, -ria *f*
**library** ['laɪbrərɪ] *n* biblioteca *f*
**Libya** ['lɪbɪə] *n* Libia
**lice** [laɪs] *npl* piojos *mpl*
**licence** ['laɪsəns] *n* (*UK*) permiso *m*
**license** ['laɪsəns] ◇ *vt* autorizar ◇ *n* (*US*) = licence
**licensed** ['laɪsənst] *adj* (*UK*) (*restaurant, bar*) autorizado(da) para vender bebidas alcohólicas
**licensing hours** ['laɪsənsɪŋ-] *npl* (*UK*) *horario en que se autoriza la venta de bebidas alcohólicas al público en un pub*
**lick** [lɪk] *vt* lamer
**lid** [lɪd] *n* (*cover*) tapa *f*
**lie** [laɪ] ◇ *n* mentira *f* ◇ *vi* (*pt* **lay**, *pp* **lain**, *cont* **lying**) **1.** (*pt & pp* **lied**) (*tell lie*) mentir **2.** (*be horizontal*) estar echado **3.** (*lie down*) echarse **4.** (*be situated*) encontrarse • **to tell lies** contar mentiras • **to lie about sthg** mentir respecto a algo ◆ **lie down** *vi* acostarse
**lieutenant** [(*UK*) lef'tenənt, (*US*) lu:'tenənt] *n* teniente *m*
**life** [laɪf] (*pl* **lives**) *n* vida *f*
**life assurance** *n* (*UK*) seguro *m* de vida
**life belt** *n* salvavidas *m inv*
**lifeboat** ['laɪfbəut] *n* **1.** (*launched from shore*) bote *m* salvavidas **2.** (*launched from ship*) lancha *f* de salvamento
**lifeguard** ['laɪfgɑ:d] *n* socorrista *mf*
**life jacket** *n* chaleco *m* salvavidas
**lifelike** ['laɪflaɪk] *adj* realista
**life preserver** [-prɪ'zɜ:vər] *n* (*US*) **1.** (*life belt*) salvavidas *m inv* **2.** (*life jacket*) chaleco *m* salvavidas
**life-size** *adj* de tamaño natural
**lifespan** ['laɪfspæn] *n* vida *f*
**lifestyle** ['laɪfstaɪl] *n* estilo *m* de vida
**lift** [lɪft] ◇ *n* (*UK*) (*elevator*) ascensor *m* ◇

*(raise)* levantar ◇ *vi* *(fog)* despejarse ◆ **give sb a lift** llevar a alguien *(en automóvil)* ◆ **lift up** *vt sep* levantar

**light** [laɪt] (*pt & pp* **lit** OR **-ed**) ◇ *adj* **1.** ligero(ra) **2.** *(in colour)* claro(ra) **3.** *(rain)* fino(na) ◇ *n* **1.** luz *f* **2.** *(for cigarette)* fuego *m* ◇ *vt* **1.** *(fire, cigarette)* encender **2.** *(room, stage)* iluminar ◆ **have you got a light?** ¿tienes fuego? ◆ **to set light to sthg** prender fuego a algo ◆ **lights** *(traffic lights)* semáforo *m* ◆ **light up** ◇ *vt sep* *(house, road)* iluminar ◇ *vi* *(inf)* *(light a cigarette)* encender un cigarrillo

**light bulb** *n* bombilla *f*

**lighter** ['laɪtəʳ] *n* mechero *m* *(Esp)*, encendedor *m*

**light-hearted** [-'hɑːtɪd] *adj* alegre

**lighthouse** ['laɪthaʊs] *n* faro *m*

**lighting** ['laɪtɪŋ] *n* iluminación *f*

**light meter** *n* contador *m* OR medidor *(Amér)* de la luz

**lightning** ['laɪtnɪŋ] *n* relámpagos *mpl*

**lightweight** ['laɪtweɪt] *adj* *(clothes, object)* ligero(ra)

**like** [laɪk] ◇ *prep* **1.** como **2.** *(typical of)* típico de ◇ *vt* *(want)* querer ◆ **I like beer** me gusta la cerveza ◆ **I like them** me gustan ◆ **I like doing it** me gusta hacerlo ◆ **what's it like?** ¿cómo es? ◆ **like that** así ◆ **like this** así ◆ **he looks like his father** se parece a su padre ◆ **I'd like to come** me gustaría venir ◆ **I'd like to sit down** quisiera sentarme ◆ **I'd like a drink** me apetece tomar algo

**likelihood** ['laɪklɪhʊd] *n* probabilidad *f*

**likely** ['laɪklɪ] *adj* probable

**likeness** ['laɪknɪs] *n* *(similarity)* parecido *m*

**likewise** ['laɪkwaɪz] *adv* del mismo modo

**lilac** ['laɪlək] *adj* lila *(inv)*

**Lilo**® ['laɪləʊ] (*pl* **-s**) *n* *(UK)* colchoneta *f*

**lily** ['lɪlɪ] *n* azucena *f*

**lily of the valley** *n* lirio *m* de los valles

**limb** [lɪm] *n* miembro *m*

**lime** [laɪm] *n* *(fruit)* lima *f* ◆ **lime (juice)** refresco *m* de lima

**limestone** ['laɪmstəʊn] *n* piedra *f* caliza

**limit** ['lɪmɪt] ◇ *n* límite *m* ◇ *vt* limitar ◆ **the city limits** los límites de la ciudad

**limited** ['lɪmɪtɪd] *adj* limitado(da)

**limp** [lɪmp] ◇ *adj* flojo(ja) ◇ *vi* cojear

**line** [laɪn] ◇ *n* **1.** línea *f* **2.** *(row)* fila *f* **3.** *(US)* *(queue)* cola *f* **4.** *(of words on page)* renglón *m* **5.** *(of poem, song)* verso *m* **6.** *(for fishing)* sedal *m* **7.** *(for washing, rope)* cuerda *f* **8.** *(railway track)* vía *f* **9.** *(of business, work)* especialidad *f* **10.** *(type of food)* surtido *m* ◇ *vt* *(coat, drawers)* forrar ◆ **in line** *(aligned)* alineado(da) ◆ **it's a bad line** hay interferencias ◆ **the line is engaged** está comunicando ◆ **to drop sb a line** *(inf)* escribir unas letras a alguien ◆ **to stand in line** *(US)* hacer cola ◆ **line up** ◇ *vt sep* *(arrange)* planear ◇ *vi* alinearse

**lined** [laɪnd] *adj* *(paper)* de rayas

**linen** ['lɪnɪn] *n* **1.** *(cloth)* lino *m* **2.** *(tablecloths, sheets)* ropa *f* blanca

**liner** ['laɪnəʳ] *n* *(ship)* transatlántico *m*

**linesman** ['laɪnzmən] (*pl* **-men**) *n* juez *mf* de línea

**linger** ['lɪŋgəʳ] *vi (in place)* rezagarse
**lingerie** ['lænʒərɪ] *n* lencería *f*
**lining** ['laɪnɪŋ] *n* forro *m*
**link** [lɪŋk] ◇ *n* **1.** *(connection)* conexión *f* **2.** *(between countries, companies)* vínculo *m* ◇ *vt (connect)* conectar • **rail link** enlace *m* ferroviario • **road link** conexión de carreteras
**lino** ['laɪnəʊ] *n (UK)* linóleo *m*
**lion** ['laɪən] *n* león *m*
**lioness** ['laɪənes] *n* leona *f*
**lip** [lɪp] *n* labio *m*
**lip salve** [-sælv] *n* protector *m* labial
**lipstick** ['lɪpstɪk] *n* barra *f* de labios, lápiz *m* labial *(Amér)*
**liqueur** [lɪ'kjʊəʳ] *n* licor *m*
**liquid** ['lɪkwɪd] *n* líquido *m*
**liquor** ['lɪkər] *n (US)* bebida *f* alcohólica
**liquor store** *n (US) tienda de bebidas alcohólicas para llevar*
**liquorice** ['lɪkərɪs] *n* regaliz *m*
**lisp** [lɪsp] *n* ceceo *m*
**list** [lɪst] ◇ *n* lista *f* ◇ *vt* hacer una lista de
**listen** ['lɪsn] *vi* • **to listen (to)** *(to person, sound, radio)* escuchar; *(to advice)* hacer caso (de)
**listener** ['lɪsnəʳ] *n (to radio)* oyente *mf*
**lit** [lɪt] *pt & pp* ➤ **light**
**liter** ['li:tər] *(US)* = **litre**
**literally** ['lɪtərəlɪ] *adv* literalmente
**literary** ['lɪtərərɪ] *adj* literario(ria)
**literature** ['lɪtrətʃəʳ] *n* **1.** literatura *f* **2.** *(printed information)* folletos *mpl* informativos
**litre** ['li:təʳ] *n (UK)* litro *m*
**litter** ['lɪtəʳ] *n* basura *f*
**litterbin** ['lɪtəbɪn] *n (UK)* papelera *f (de la calle)*
**little** ['lɪtl] ◇ *adj* **1.** pequeño(ña) **2.** *(distance, time)* corto(ta) **3.** *(not much)* poco(ca) ◇ *adv* poco ◇ *pron* • **I have very little** tengo muy poco • **as little as possible** lo menos posible • **little by little** poco a poco • **a little** un poco • **a little sugar** un poco de azúcar • **a little while** un rato
**little finger** *n* meñique *m*
**live**[1] [lɪv] *vi* vivir • **to live with sb** vivir con alguien • **live together** *vi* vivir juntos
**live**[2] [laɪv] ◇ *adj* **1.** *(alive)* vivo(va) **2.** *(programme, performance)* en directo **3.** *(wire)* cargado(da) ◇ *adv* en directo
**lively** ['laɪvlɪ] *adj* **1.** *(person)* vivaz **2.** *(place, atmosphere)* animado(da)
**liver** ['lɪvəʳ] *n* hígado *m*
**lives** [laɪvz] *pl* ➤ **life**
**living** ['lɪvɪŋ] ◇ *adj (alive)* vivo(va) ◇ *n* • **to earn a living** ganarse la vida • **what do you do for a living?** ¿en qué trabajas?
**living room** *n* sala *f* de estar
**lizard** ['lɪzəd] *n* lagartija *f*
**load** [ləʊd] ◇ *n (thing carried)* carga *f* ◇ *vt* cargar • **loads of** *(inf)* un montón de
**loaf** [ləʊf] *(pl* **loaves**) *n* • **loaf (of bread)** barra *f* de pan
**loan** [ləʊn] ◇ *n* préstamo *m* ◇ *vt* prestar
**loathe** [ləʊð] *vt* detestar
**loaves** [ləʊvz] *pl* ➤ **loaf**
**lobby** ['lɒbɪ] *n (hall)* vestíbulo *m*
**lobster** ['lɒbstəʳ] *n* langosta *f*
**local** ['ləʊkl] ◇ *adj* local ◇ *n* **1.** *(inf) (local person)* vecino *m* (del lugar) **2.** *(UK*

*ub)* ≃ bar *m* del barrio **3.** *(US) (bus)* ıtobús *m* urbano **4.** *(US) (train)* tren *m* : cercanías

**cal anaesthetic** *n* *(UK)* anestesia *f* cal

**cal call** *n* llamada *f* urbana

**cal government** *n* administración *f* cal

**cate** [*(UK)* ləʊ'keɪt, *(US)* 'ləʊkeɪt] *vt nd)* localizar • **to be located** estar :uado

**cation** [ləʊ'keɪʃn] *n (place)* situación *f*

**ch** [lɒk] *n* lago *m*

**ck** [lɒk] ◇ *n* **1.** *(on door, drawer)* rradura *f* **2.** *(for bike)* candado *m* **3.** *n canal)* esclusa *f* ◇ *vt* **1.** *(fasten with key)* rrar con llave **2.** *(keep safely)* poner ıjo llave ◇ *vi (become stuck)* bloquear- • **lock in** *vt sep (accidentally)* dejar ıcerrado • **lock out** *vt sep (accidentally)* :jar fuera accidentalmente • **lock up** *vt sep (imprison)* encarcelar ◇ *vi* cerrar ɪn llave

**cker** ['lɒkəʳ] *n* taquilla *f*, locker *m mér)*

**cker room** *n* vestuario *m* (con quillas)

**cket** ['lɒkɪt] *n* guardapelo *m*

**cum** ['ləʊkəm] *n* interino *m*, -na *f*

**dge** [lɒdʒ] ◇ *n (for hunters, skiers)* fugio *m* ◇ *vi* alojarse

**dger** ['lɒdʒəʳ] *n* *(UK)* huésped *mf*

**dgings** ['lɒdʒɪŋz] *npl* habitación *f* quilada

**ft** [lɒft] *n* **1.** desván *m* **2.** *(US) partment) apartamento convertido de ı almacén*

**g** [lɒg] *n* tronco *m* • **log on** *vi COMPUT* acceder OR entrar al sistema • **log off** *vi COMPUT* salir del sistema

**logic** ['lɒdʒɪk] *n* lógica *f*

**logical** ['lɒdʒɪkl] *adj* lógico(ca)

**logo** ['ləʊgəʊ] *(pl* **-s***)* *n* logotipo *m*

**loin** [lɔɪn] *n* lomo *m*

**loiter** ['lɔɪtəʳ] *vi* merodear

**London** ['lʌndən] *n* Londres

**Londoner** ['lʌndənəʳ] *n* londinense *mf*

**lonely** ['ləʊnlɪ] *adj* **1.** *(person)* solo(la) **2.** *(place)* solitario(ria)

**long** [lɒŋ] ◇ *adj* largo(ga) ◇ *adv* mucho (tiempo) • **it's 2 metres long** mide 2 metros de largo • **it's two hours long** dura dos horas • **how long is it?** *(in distance)* ¿cuánto mide (de largo)?; *(in time)* ¿cuánto tiempo dura? • **a long time** mucho tiempo • **all day long** todo el día • **as long as** mientras (que) • **for long** mucho tiempo • **I'm no longer interested** ya no me interesa • **so long!** *(inf)* ¡hasta luego! • **long for** *vt insep* desear vivamente

**long-distance call** *n* conferencia *f* (telefónica) *(Esp)*, llamada *f* de larga distancia

**long drink** *n combinado de alcohol y refresco*

**long-haul** *adj* de larga distancia

**longitude** ['lɒndʒɪtju:d] *n* longitud *f*

**long jump** *n* salto *m* de longitud

**long-life** *adj* *(UK)* de larga duración

**longsighted** [,lɒŋ'saɪtɪd] *adj* *(UK)* présbita

**long-term** *adj* a largo plazo

**longwearing** [,lɒŋ'weərɪŋ] *adj* *(US)* duradero(ra)

**loo** [lu:] *(pl* **-s***)* *n* *(UK)* *(inf)* wáter *m*

(*Esp*), baño *m* (*Amér*)

**look** [lʊk] ◇ *n* **1.** *(act of looking)* mirada *f* **2.** *(appearance)* aspecto *m* ◇ *vi* **1.** *(with eyes, search)* mirar **2.** *(seem)* parecer • **you don't look well** no tienes muy buen aspecto • **to look onto** dar a • **to have a look** *(see)* echar un vistazo; *(search)* buscar • **(good) looks** atractivo *m* (físico) • **I'm just looking** *(in shop)* solamente estoy mirando • **look out!** ¡cuidado! ◆ **look after** *vt insep* **1.** *(person)* cuidar **2.** *(matter, arrangements)* encargarse de ◆ **look at** *vt insep* **1.** *(observe)* mirar **2.** *(examine)* examinar ◆ **look for** *vt insep* buscar ◆ **look forward to** *vt insep* esperar (con ilusión) ◆ **look out for** *vt insep* estar atento a ◆ **look round** ◇ *vt insep* **1.** *(city, museum)* visitar **2.** *(shop)* mirar ◇ *vi* volver la cabeza ◆ **look up** *vt sep (in dictionary, phone book)* buscar

**loony** ['lu:nɪ] *n* (*inf*) chiflado *m*, -da *f*

**loop** [lu:p] *n* lazo *m*

**loose** [lu:s] *adj* **1.** *(not fixed firmly)* flojo(ja) **2.** *(sweets, sheets of paper)* suelto(ta) **3.** *(clothes)* ancho(cha)

**loosen** ['lu:sn] *vt* aflojar

**lop-sided** [-'saɪdɪd] *adj* ladeado(da)

**lord** [lɔ:d] *n (member of nobility)* lord *m*, *título de nobleza británica*

**lorry** ['lɒrɪ] *n* (*UK*) camión *m*

**lorry driver** *n* (*UK*) camionero *m*, -ra *f*

**lose** [lu:z] (*pt & pp* **lost**) ◇ *vt* **1.** perder **2.** *(subj: watch, clock)* atrasarse ◇ *vi* perder • **to lose weight** adelgazar

**loser** ['lu:zəʳ] *n (in contest)* perdedor *m*, -ra *f*

**loss** [lɒs] *n* pérdida *f*

**lost** [lɒst] ◇ *pt & pp* ➤ **lose** ◇ *a* perdido(da) • **to get lost** *(lose wa* perderse

**lost-and-found office** *n* (*US*) oficin de objetos perdidos

**lost property office** *n* (*UK*) oficina de objetos perdidos

**lot** [lɒt] *n* **1.** *(group of things)* grupo *m* *(at auction)* lote *m* **3.** (*US*) *(car par* aparcamiento *m* (*Esp*), estacionamie to *m* (*Amér*) • **a lot** *(large amour* mucho *m*, -cha *f*, muchos *mpl*, -ch *fpl*; *(to a great extent, often)* mucho • **lot of time** mucho tiempo • **a lot problems** muchos problemas • **lo (of)** mucho *m*, -cha *f*, muchos *m* -chas *fpl* • **the lot** *(everything)* todo

**lotion** ['ləʊʃn] *n* loción *f*

**lottery** ['lɒtərɪ] *n* lotería *f*

**loud** [laʊd] *adj* **1.** *(voice, music, noise)* al (ta) **2.** *(colour, clothes)* chillón(ona)

**loudspeaker** [,laʊd'spi:kəʳ] *n* altavoz

**lounge** [laʊndʒ] *n* **1.** *(in house)* salón *m* *(at airport)* sala *f* de espera

**lounge bar** *n* (*UK*) salón-bar *m*

**lousy** ['laʊzɪ] *adj* (*inf*) *(poor-qualit* cochambroso(sa)

**lout** [laʊt] *n* gamberro *m*, -rra *f* (*Esp* patán *m*

**love** [lʌv] ◇ *n* **1.** amor *m* **2.** *(strong likin* pasión *f* **3.** *(in tennis)* cero *m* ◇ *vt* quer • **I love music** me encanta la música **I'd love a coffee** un café me vendr estupendamente • **I love playi tennis** me encanta jugar al tenis **to be in love (with)** estar enamorac (de) • **(with) love from** *(in letter)* u abrazo (de)

**love affair** *n* aventura *f* amorosa
**lovely** ['lʌvlı] *adj* **1.** *(very beautiful)* guapísimo(ma) **2.** *(very nice)* precioso (sa)
**lover** ['lʌvəʳ] *n* amante *mf*
**loving** ['lʌvıŋ] *adj* cariñoso(sa)
**low** [ləʊ] ◇ *adj* **1.** bajo(ja) **2.** *(quality, opinion)* malo(la) **3.** *(sound, note)* grave **4.** *(supply)* escaso(sa) **5.** *(depressed)* deprimido(da) ◇ *n (area of low pressure)* zona *f* de baja presión (atmosférica) ● **we're low on petrol** se está terminando la gasolina
**low-alcohol** *adj* bajo(ja) en alcohol
**low-calorie** *adj* bajo(ja) en calorías
**low-cut** *adj* escotado(da)
**lower** ['ləʊəʳ] ◇ *adj* inferior ◇ *vt* **1.** *(move downwards)* bajar **2.** *(reduce)* reducir
**lower sixth** *n (UK) primer curso de enseñanza secundaria pre-universitaria para alumnos de 17 años que preparan sus A-levels*
**low-fat** *adj* de bajo contenido graso
**low tide** *n* marea *f* baja
**loyal** ['lɔıəl] *adj* leal
**loyalty** ['lɔıəltı] *n* lealtad *f*
**lozenge** ['lɒzındʒ] *n (sweet)* caramelo *m* para la tos
**L-plate** *n (UK)* placa *f* de la L *(de prácticas)*
**Ltd** *(UK) (abbr of* **limited**) ≃ S.A. *(Sociedad Anónima)*
**lubricate** ['lu:brıkeıt] *vt* lubricar
**luck** [lʌk] *n* suerte *f* ● **bad luck** mala suerte ● **good luck!** ¡buena suerte! ● **with luck** con un poco de suerte
**luckily** ['lʌkılı] *adv* afortunadamente
**lucky** ['lʌkı] *adj* **1.** *(person, escape)* afortunado(da) **2.** *(event, situation)* oportuno(na) **3.** *(number, colour)* de la suerte ● **to be lucky** tener suerte
**ludicrous** ['lu:dıkrəs] *adj* ridículo(la)
**lug** [lʌg] *vt (inf)* arrastrar
**luggage** ['lʌgıdʒ] *n* equipaje *m*
**luggage compartment** *n* maletero *m (en tren)*
**luggage locker** *n* consigna *f* automática
**luggage rack** *n (on train)* redecilla *f* (para equipaje)
**lukewarm** ['lu:kwɔ:m] *adj* tibio(bia)
**lull** [lʌl] *n* intervalo *m*
**lullaby** ['lʌləbaı] *n* nana *f*
**luminous** ['lu:mınəs] *adj* luminoso(sa)
**lump** [lʌmp] *n* **1.** *(of coal, mud, butter)* trozo *m* **2.** *(of sugar)* terrón *m* **3.** *(on body)* bulto *m*
**lump sum** *n* suma *f* global
**lumpy** ['lʌmpı] *adj* **1.** *(sauce)* grumoso (sa) **2.** *(mattress)* lleno(na) de bultos
**lunatic** ['lu:nətık] *n (pej)* loco *m*, -ca *f*
**lunch** [lʌntʃ] *n* comida *f*, almuerzo *m* ● **to have lunch** comer, almorzar
**lunch hour** *n* hora *f* del almuerzo
**lunchtime** ['lʌntʃtaım] *n* hora *f* del almuerzo
**lung** [lʌŋ] *n* pulmón *m*
**lunge** [lʌndʒ] *vi* ● **to lunge at** arremeter contra
**lure** [ljʊəʳ] *vt* atraer con engaños
**lurk** [lɜ:k] *vi (person)* estar al acecho
**lush** [lʌʃ] *adj* exuberante
**lust** [lʌst] *n (sexual desire)* lujuria *f*
**Luxembourg** ['lʌksəmbɜ:g] *n* Luxemburgo
**luxurious** [lʌg'ʒʊərıəs] *adj* lujoso(sa)

**luxury** ['lʌkʃərɪ] ◇ *adj* de lujo ◇ *n* lujo *m*
**lying** ['laɪɪŋ] *cont* ➤ **lie**
**lyrics** ['lɪrɪks] *npl* letra *f*

# m M

**m** ◇ (*abbr of* **metre**) m *(metro)* ◇ *abbr* = **mile**
**M** (*UK*) (*abbr of* **motorway**) A *(autopista)*; (*abbr of* **medium**) M *(mediano)*
**MA** [em'eɪ] *n* (*abbr of* **Master of Arts**) *máster en letras*
**mac** [mæk] *n* (*UK*) (*inf*) gabardina *f*
**macaroni** [,mækə'rəʊnɪ] *n* macarrones *mpl*
**machine** [mə'ʃi:n] *n* máquina *f*
**machinegun** [mə'ʃi:ngʌn] *n* ametralladora *f*
**machinery** [mə'ʃi:nərɪ] *n* maquinaria *f*
**machine-washable** *adj* lavable a máquina
**mackerel** ['mækrəl] (*pl inv*) *n* caballa *f*
**mackintosh** ['mækɪntɒʃ] *n* (*UK*) gabardina *f*
**mad** [mæd] *adj* **1.** loco(ca) **2.** *(angry)* furioso(sa) **3.** *(uncontrolled)* desenfrenado(da) • **to be mad about** (*inf*) *(like a lot)* estar loco por • **like mad** *(run)* como un loco
**Madam** ['mædəm] *n* señora *f*
**made** [meɪd] *pt & pp* ➤ **make**
**made-to-measure** *adj* hecho(cha) a medida
**madness** ['mædnɪs] *n* locura *f*
**magazine** [,mægə'zi:n] *n* revista *f*
**maggot** ['mægət] *n* gusano *m (larva)*
**magic** ['mædʒɪk] *n* magia *f*
**magician** [mə'dʒɪʃn] *n (conjurer)* prestidigitador *m*, -ra *f*
**magistrate** ['mædʒɪstreɪt] *n* magistrado *m*, -da *f*
**magnet** ['mægnɪt] *n* imán *m*
**magnetic** [mæg'netɪk] *adj* magnético(ca)
**magnificent** [mæg'nɪfɪsənt] *adj* magnífico(ca)
**magnifying glass** ['mægnɪfaɪɪŋ-] *n* lupa *f*
**mahogany** [mə'hɒgənɪ] *n* caoba *f*
**maid** [meɪd] *n (servant)* criada *f*
**maiden name** ['meɪdn-] *n* nombre *m* de soltera
**mail** [meɪl] ◇ *n* **1.** *(letters)* correspondencia *f* **2.** *(system)* correo *m* ◇ *vt* (*US*) enviar por correo
**mailbox** ['meɪlbɒks] *n* (*US*) buzón *m*
**mailing list** ['meɪlɪŋ-] *n COMPUT* lista *m* de correo
**mailman** ['meɪlmən] (*pl* **-men**) *n* (*US*) cartero *m*
**mail order** *n* pedido *m* por correo
**main** [meɪn] *adj* principal
**main course** *n* plato *m* principal
**mainland** ['meɪnlənd] *n* • **the mainland** el continente
**main line** *n* línea *f* férrea principal
**mainly** ['meɪnlɪ] *adv* principalmente
**main road** *n* carretera *f* principal
**mains** [meɪnz] *npl* • **the mains** (*UK*) *(for electricity)* la red eléctrica; *(for gas, water)* la tubería principal
**main street** *n* (*US*) calle *f* principal

**naintain** [meɪn'teɪn] *vt* mantener
**naintenance** ['meɪntənəns] *n* **1.** *(of car, nachine)* mantenimiento *m* **2.** *(money)* pensión *f* de manutención
**naisonette** [ˌmeɪzə'net] *n* (*UK*) piso *m* dúplex
**naize** [meɪz] *n* (*UK*) maíz *m*
**najor** ['meɪdʒəʳ] ◇ *adj* **1.** *(important)* importante **2.** *(most important)* principal ◇ *n MIL* comandante *m* ◇ *vi* (*US*) ◈ **to major in** especializarse en
**Majorca** [mə'jɔːkə, mə'dʒɔːkə] *n* Mallorca
**majority** [mə'dʒɒrətɪ] *n* mayoría *f*
**major road** *n* carretera *f* principal
**make** [meɪk] (*pt & pp* **made**)
◇ *vt* **1.** *(produce, construct)* hacer ◈ **to be made of** estar hecho de ◈ **to make lunch/supper** hacer la comida/cena ◈ **made in Japan** fabricado en Japón **2.** *(perform, do)* hacer ◈ **to make a mistake** cometer un error ◈ **to make a phone call** hacer una llamada **3.** *(cause to be, to)* hacer ◈ **to make sb sad** poner triste a alguien ◈ **to make sb happy** hacer feliz a alguien ◈ **the ice made her slip** el hielo le hizo resbalar ◈ **to make sb to sthg** *(force)* obligar a alguien a hacer algo **4.** *(amount to, total)* hacer ◈ **that makes £5** eso hace 5 libras **5.** *(calculate)* calcular ◈ **I make it seven o'clock** calculo que serán las siete **6.** *(money)* ganar; *(profit)* obtener; *(loss)* sufrir **7.** *(inf)* *(arrive in time for)* ◈ **I don't think we'll make the 10 o'clock train** no creo que lleguemos para el tren de las diez **8.** *(friend, enemy)* hacer **9.** *(have qualities for)* ser ◈ **this would make a lovely bedroom** esta habitación sería preciosa como dormitorio **10.** *(bed)* hacer **11.** *(in phrases)* ◈ **to make do** arreglárselas ◈ **to make good** *(compensate for)* indemnizar ◈ **to make it** *(arrive in time)* llegar a tiempo; *(be able to go)* poder ir
◇ *n (of product)* marca *f*
◈ **make out** *vt sep* *(form)* rellenar; *(cheque, receipt)* extender; *(see)* divisar; *(hear)* entender
◈ **make up** *vt sep* *(invent)* inventar; *(comprise)* formar; *(difference)* cubrir
◈ **make up for** *vt insep* compensar
**makeover** ['meɪkəʊvəʳ] *n* **1.** *(person)* cambio *m* de imagen **2.** *(building, area)* remodelación *f*
**makeshift** ['meɪkʃɪft] *adj* improvisado (da)
**make-up** *n* maquillaje *m*
**malaria** [mə'leərɪə] *n* malaria *f*
**Malaysia** [mə'leɪzɪə] *n* Malasia
**male** [meɪl] ◇ *adj* **1.** *(person)* masculino (na) **2.** *(animal)* macho ◇ *n* *(animal)* macho *m*
**malfunction** [mæl'fʌŋkʃn] *vi* (*fml*) funcionar mal
**malignant** [mə'lɪgnənt] *adj* *(disease, tumour)* maligno(na)
**mall** [mɔːl] *n* zona *f* comercial peatonal
**mallet** ['mælɪt] *n* mazo *m*
**maltreat** [ˌmæl'triːt] *vt* maltratar
**malt whisky** *n* whisky *m* de malta
**mammal** ['mæml] *n* mamífero *m*
**man** [mæn] (*pl* **men**) ◇ *n* **1.** hombre *m* **2.** *(mankind)* el hombre ◇ *vt* ◈ **the lines are manned 24 hours a day** las líneas están abiertas las 24 horas

**manage** ['mænɪdʒ] ◇ *vt* **1.** *(company, business)* dirigir **2.** *(suitcase, job, food)* poder con ◇ *vi (cope)* arreglárselas • **can you manage Friday?** ¿te viene bien el viernes? • **to manage to do sthg** conseguir hacer algo
**management** ['mænɪdʒmənt] *n* **1.** *(people in charge)* dirección *f* **2.** *(control, running)* gestión *f*
**manager** ['mænɪdʒəʳ] *n* **1.** *(of business, bank)* director *m*, -ra *f* **2.** *(of shop)* jefe *m*, -fa *f* **3.** *(of sports team)* ≃ entrenador *m*, -ra *f*
**managing director** ['mænɪdʒɪŋ-] *n* director *m*, -ra *f* general
**mandarin** ['mændərɪn] *n (fruit)* mandarina *f*
**mane** [meɪn] *n* crin *f*
**maneuver** [mə'nu:vər] *(US)* = **manoeuvre**
**mangetout** [,mɒnʒ'tu:] *n (UK) vaina de guisante tierna que se come entera*
**mangle** ['mæŋgl] *vt* aplastar
**mango** ['mæŋgəʊ] *(pl* **-es** OR **-s**) *n* mango *m*
**Manhattan** [mæn'hætən] *n* Manhattan
**manhole** ['mænhəʊl] *n* registro *m* (de alcantarillado)
**maniac** ['meɪnɪæk] *n (inf) (wild person)* maníaco *m*, -ca *f*
**manicure** ['mænɪkjʊəʳ] *n* manicura *f*
**manifold** ['mænɪfəʊld] *n* colector *m*
**manipulate** [mə'nɪpjʊleɪt] *vt* **1.** *(person)* manipular **2.** *(machine, controls)* manejar
**mankind** [,mæn'kaɪnd] *n* la humanidad
**manly** ['mænlɪ] *adj* varonil
**man-made** *adj* artificial
**manner** ['mænəʳ] *n (way)* manera *f*
**manners** *npl* modales *mpl*
**manoeuvre** [mə'nu:vəʳ] ◇ *n (UK)* maniobra *f* ◇ *vt (UK)* maniobrar
**manor** ['mænəʳ] *n* casa *f* solariega
**mansion** ['mænʃn] *n* casa *f* solariega
**manslaughter** ['mæn,slɔ:təʳ] *n* homicidio *m* no premeditado
**mantelpiece** ['mæntlpi:s] *n* repisa *f* de la chimenea
**manual** ['mænjʊəl] ◇ *adj* manual ◇ manual *m*
**manufacture** [,mænjʊ'fæktʃəʳ] ◇ *n* fabricación *f* ◇ *vt* fabricar
**manufacturer** [,mænjʊ'fæktʃərəʳ] *n* fabricante *mf*
**manure** [mə'njʊəʳ] *n* estiércol *m*
**many** ['menɪ] *(compar* **more**, *superl* **most**) ◇ *adj* muchos(chas) ◇ *pron* muchos *mpl*, -chas *fpl* • **as many as ...** tantos(tas) como ... • **twice as many as** el doble que • **how many?** ¿cuántos(tas)? • **so many** tantos(tas) • **too many** demasiados(das)
**map** [mæp] *n* **1.** *(of town)* plano *m* **2.** *(of country)* mapa *m*
**maple syrup** ['meɪpl-] *n jarabe de arce que se come con crepes etc*
**Mar.** *(abbr of* **March**) mar. *(marzo)*
**marathon** ['mærəθn] *n* maratón *m*
**marble** ['mɑ:bl] *n* **1.** *(stone)* mármol *m* **2.** *(glass ball)* canica *f*
**march** [mɑ:tʃ] ◇ *n (demonstration)* manifestación *f* ◇ *vi (walk quickly)* dirigirse resueltamente
**March** [mɑ:tʃ] *n* marzo *m* • **at the beginning of March** a principios de marzo • **at the end of March** a finales

e marzo • **during March** en marzo • **every March** todos los años en marzo • **in March** en marzo • **last March** en marzo del año pasado • **next March** en marzo del próximo año • **this March** en marzo de este año • **2 March 2001** *(in letters etc)* 2 de marzo de 2001
**mare** [meəʳ] *n* yegua *f*
**margarine** [ˌmɑːdʒəˈriːn] *n* margarina *f*
**margin** [ˈmɑːdʒɪn] *n* margen *m*
**marina** [məˈriːnə] *n* puerto *m* deportivo
**marinated** [ˈmærɪneɪtɪd] *adj* marinado (da)
**marital status** [ˈmærɪtl-] *n* estado *m* civil
**mark** [mɑːk] ◇ *n* **1.** marca *f* **2.** *SCH* nota ◇ *vt* **1.** *(blemish)* manchar **2.** *(put symbol on)* marcar **3.** *(correct)* corregir **4.** *(show position of)* señalar • **(gas) mark five** *(UK)* número cinco (del horno)
**marker pen** [ˈmɑːkə-] *n* rotulador *m*, marcador *m* *(Amér)*
**market** [ˈmɑːkɪt] *n* mercado *m*
**marketing** [ˈmɑːkɪtɪŋ] *n* marketing *m*
**marketplace** [ˈmɑːkɪtpleɪs] *n* mercado *m*
**markings** [ˈmɑːkɪŋz] *npl* *(on road)* marcas *fpl* viales
**marmalade** [ˈmɑːməleɪd] *n* mermelada *(de frutos cítricos)*
**marquee** [mɑːˈkiː] *n* carpa *f*
**marriage** [ˈmærɪdʒ] *n* **1.** *(event)* boda *f* **2.** *(time married)* matrimonio *m*
**married** [ˈmærɪd] *adj* casado(da) • **to get married** casarse
**marrow** [ˈmærəʊ] *n* *(UK)* *(vegetable)* calabacín *m* grande
**marry** [ˈmærɪ] ◇ *vt* casarse con ◇ *vi* casarse
**marsh** [mɑːʃ] *n* *(area)* zona *f* pantanosa
**martial arts** [ˌmɑːʃl-] *npl* artes *fpl* marciales
**marvellous** [ˈmɑːvələs] *adj* *(UK)* maravilloso(sa)
**marvelous** [ˈmɑːvələs] *(US)* = **marvellous**
**marzipan** [ˈmɑːzɪpæn] *n* mazapán *m*
**mascara** [mæsˈkɑːrə] *n* rímel *m*
**masculine** [ˈmæskjʊlɪn] *adj* **1.** masculino(na) **2.** *(woman)* hombruno(na)
**mashed potatoes** [mæʃt-] *npl* puré *m* de patatas *(Esp)* OR papas *(Amér)*
**mask** [mɑːsk] *n* máscara *f*
**masonry** [ˈmeɪsnrɪ] *n* • **falling masonry** *materiales que se desprenden de un edificio*
**mass** [mæs] *n* **1.** *(large amount)* montón *m* **2.** *RELIG* misa *f* • **masses (of)** *(inf)* montones (de)
**massacre** [ˈmæsəkəʳ] *n* masacre *f*
**massage** [*(UK)* ˈmæsɑːʒ, *(US)* məˈsɑːʒ] ◇ *n* masaje *m* ◇ *vt* dar masajes a
**masseur** [mæˈsɜːʳ] *n* masajista *m*
**masseuse** [mæˈsɜːz] *n* masajista *f*
**massive** [ˈmæsɪv] *adj* enorme
**mast** [mɑːst] *n* *(on boat)* mástil *m*
**master** [ˈmɑːstəʳ] ◇ *n* **1.** *(at primary school)* maestro *m* **2.** *(at secondary school)* profesor *m* **3.** *(of servant, dog)* amo *m* ◇ *vt* *(skill, language)* dominar
**masterpiece** [ˈmɑːstəpiːs] *n* obra *f* maestra
**mat** [mæt] *n* **1.** *(small rug)* esterilla *f*, tapete *m* *(Col & Méx)* **2.** *(for plate)* salvamanteles *m inv* **3.** *(for glass)* posavasos *m inv*

**match** [mætʃ] ◇ *n* **1.** *(for lighting)* cerilla *f* *(Esp)*, fósforo *m* **2.** *(game)* partido *m* ◇ *vt* **1.** *(in colour, design)* hacer juego con **2.** *(be the same as)* coincidir con **3.** *(be as good as)* competir con ◇ *vi* *(in colour, design)* hacer juego
**matchbox** ['mætʃbɒks] *n* caja *f* de cerillas *(Esp)* OR fósforos
**matching** ['mætʃɪŋ] *adj* a juego
**mate** [meɪt] ◇ *n* *(UK)* *(inf)* colega *mf* ◇ *vi* aparearse
**material** [mə'tɪərɪəl] *n* **1.** *(substance)* material *m* **2.** *(cloth)* tela *f* **3.** *(information)* información *f* ◆ **materials** *npl* ◆ **writing materials** objetos *mpl* de escritorio
**maternity leave** [mə'tɜ:nətɪ-] *n* baja *f* por maternidad
**maternity ward** [mə'tɜ:nətɪ-] *n* sala *f* de maternidad
**math** [mæθ] *(US)* = **maths**
**mathematics** [,mæθə'mætɪks] *n* matemáticas *fpl*
**maths** [mæθs] *n* *(UK)* mates *fpl*
**matinée** ['mætɪneɪ] *n* **1.** *(at cinema)* primera sesión *f* **2.** *(at theatre)* función *f* de tarde
**matt** [mæt] *adj* mate
**matter** ['mætə^r] ◇ *n* **1.** *(issue, situation)* asunto *m* **2.** *(physical material)* materia *f* ◇ *vi* ◆ **winning is all that matters** lo único que importa es ganar ◆ **it doesn't matter** no importa ◆ **no matter what happens** pase lo que pase ◆ **there's something the matter with my car** algo le pasa a mi coche ◆ **what's the matter?** ¿qué pasa? ◆ **as a matter of course** rutinariamente ◆ **as a matter of fact** en realidad
**mattress** ['mætrɪs] *n* colchón *m*
**mature** [mə'tjʊə^r] *adj* **1.** *(person, behaviour)* maduro(ra) **2.** *(cheese)* curado(da) **3.** *(wine)* añejo(ja)
**mauve** [məʊv] *adj* malva *(inv)*
**max.** [mæks] (*abbr of* **maximum**) máx *(máximo)*
**maximum** ['mæksɪməm] ◇ *adj* máximo(ma) ◇ *n* máximo *m*
**may** [meɪ] *aux vb* **1.** *(expressing possibility)* poder ◆ **it may rain** puede que llueva ◆ **they may have got lost** puede que se hayan perdido **2.** *(expressing permission)* ◆ **may I smoke?** ¿puedo fumar? ◆ **you may sit, if you wish** puede sentarse si lo desea **3.** *(when conceding a point)* **it may be a long walk, but it's worth it** puede que sea una caminata, pero merece la pena
**May** [meɪ] *n* mayo *m* ◆ **at the beginning of May** a principios de mayo ◆ **at the end of May** a finales de mayo ◆ **during May** en mayo ◆ **every May** todos los años en mayo ◆ **in May** en mayo ◆ **last May** en mayo del año pasado ◆ **next May** en mayo del próximo año ◆ **this May** en mayo de este año ◆ **2 May 2006** *(in letters etc)* 2 de mayo de 2006
**maybe** ['meɪbi:] *adv* quizás
**mayonnaise** [,meɪə'neɪz] *n* mayonesa *f*
**mayor** [meə^r] *n* alcalde *m*
**mayoress** ['meərɪs] *n* esposa *f* del alcalde
**maze** [meɪz] *n* laberinto *m*
**MD** [em'di:] *n* (*abbr of* **Managing Director**) director m, -ra *f* gerente

**e** [miː] *pron* me • **she knows me** me
noce • **it's me** soy yo • **send it to**
envíamelo • **tell me** dime • **he's**
**rse than me** él aún es peor que yo •
**h me** conmigo • **without me** sin mí
**eadow** ['medəʊ] *n* prado *m*
**eal** [miːl] *n* comida *f*
**ealtime** ['miːltaɪm] *n* hora *f* de comer
**ean** [miːn] (*pt & pp* **meant**) ◇ *adj* **1.** (*serly*) tacaño(ña) **2.** (*unkind*) mezqui-(na) ◇ *vt* **1.** (*signify, matter*) significar (*intend*) querer decir **3.** (*be a sign of*) licar • **I mean it** hablo en serio • **to an to do sthg** pensar hacer algo • **I n't mean to hurt you** no quería certe daño • **to be meant to do sthg** ber hacer algo • **it's meant to be od** dicen que es bueno
**eaning** ['miːnɪŋ] *n* **1.** (*of word, phrase*) nificado *m* **2.** (*intention*) sentido *m*
**eaningless** ['miːnɪŋlɪs] *adj* (*irrelevant*) importancia
**eans** [miːnz] (*pl inv*) ◇ *n* (*method*) edio *m* ◇ *npl* (*money*) medios *mpl* • **all means!** ¡por supuesto! • **by eans of** por medio de
**eant** [ment] *pt & pp* ≫ **mean**
**eantime** ['miːn,taɪm] • **in the meantime** *adv* mientras tanto
**eanwhile** ['miːn,waɪl] *adv* mientras nto
**easles** ['miːzlz] *n* sarampión *m*
**easure** ['meʒə^r] ◇ *vt* medir ◇ *n* medida • **the room measures 10 m²** la bitación mide 10 m²
**easurement** ['meʒəmənt] *n* medida *f*
**measurements** *npl* (*of person*) medi-s *fpl*

**meat** [miːt] *n* carne *f* • **red meat** carnes rojas • **white meat** carnes blancas
**meatball** ['miːtbɔːl] *n* albóndiga *f*
**mechanic** [mɪ'kænɪk] *n* mecánico *m*, -ca *f*
**mechanical** [mɪ'kænɪkl] *adj* (*device*) mecánico(ca)
**mechanism** ['mekənɪzm] *n* mecanismo *m*
**medal** ['medl] *n* medalla *f*
**media** ['miːdjə] *n* OR *npl* • **the media** los medios de comunicación
**Medicaid**, **Medicare** ['medɪkeɪd, 'medɪkeə^r] *n* (*US*) *un seguro de enfermedad a los pobres, ancianos y minusválidos*

**Medicaid/Medicare**

El *Medicaid* es un programa de asistencia sanitaria que las autoridades estadounidenses ofrecen a los ciudadanos con pocos ingresos. Otro programa, el *Medicare*, está dirigido a las personas de más de 65 años y se financia a través de contribuciones mensuales.

**medical** ['medɪkl] ◇ *adj* médico(ca) ◇ *n* chequeo *m* (médico)
**medication** [,medɪ'keɪʃn] *n* medicación *f*
**medicine** ['medsɪn] *n* **1.** (*substance*) medicamento *m* **2.** (*science*) medicina *f*
**medicine cabinet** *n* botiquín *m*
**medieval** [,medɪ'iːvl] *adj* medieval
**mediocre** [,miːdɪ'əʊkə^r] *adj* mediocre
**Mediterranean** [,medɪtə'reɪnjən] *n* •

**the Mediterranean** el Mediterráneo • **the Mediterranean (Sea)** el (Mar) Mediterráneo
**medium** ['mi:djəm] *adj* **1.** *(middle-sized)* mediano(na) **2.** *(wine)* suave, semi **3.** *(sherry)* medium
**medium-dry** *adj* semiseco(ca)
**medium-sized** [-saɪzd] *adj* de tamaño mediano
**medley** ['medlɪ] *n CULIN* selección *f*
**meet** [mi:t] *(pt & pp* **met***)* ◇ *vt* **1.** *(by arrangement)* reunirse con **2.** *(by chance)* encontrarse con **3.** *(get to know)* conocer **4.** *(go to collect)* ir a buscar **5.** *(need, requirement)* satisfacer **6.** *(cost, expenses)* cubrir ◇ *vi* **1.** *(by arrangement)* reunirse **2.** *(by chance)* encontrarse **3.** *(get to know each other)* conocerse **4.** *(intersect)* unirse • **meet me at the bar** espérame en el bar • **meet up** *vi* reunirse • **meet with** *vt insep* **1.** *(problems, resistance)* encontrarse con **2.** *(US) (by arrangement)* reunirse con
**meeting** ['mi:tɪŋ] *n (for business)* reunión *f*
**meeting point** *n* punto *m* de encuentro
**megabyte** ['megəbaɪt] *n* megabyte m
**melody** ['melədɪ] *n* melodía *f*
**melon** ['melən] *n* melón *m*
**melt** [melt] *vi* derretirse
**member** ['membəʳ] *n* **1.** *(of group, party, organization)* miembro *mf* **2.** *(of club)* socio *m*, -cia *f*
**Member of Congress** *n* miembro *mf* del Congreso *(de EEUU)*
**Member of Parliament** *n* diputado *m*, -da *f (del parlamento británico)*
**membership** ['membəʃɪp] *n* **1.** *(state being a member)* afiliación *f* **2.** *(membe* miembros *mpl* **3.** *(of club)* socios *mp*
**memorial** [mɪ'mɔ:rɪəl] *n* monumento conmemorativo
**memorize** ['meməraɪz] *vt* memorizar
**memory** ['memərɪ] *n* **1.** *(ability to reme ber, of computer)* memoria *f* **2.** *(th remembered)* recuerdo *m*
**men** [men] *pl* ➢ **man**
**menacing** ['menəsɪŋ] *adj* amenazad (ra)
**mend** [mend] *vt* arreglar
**menopause** ['menəpɔ:z] *n* menopau *f*
**men's room** *n (US)* servicio *m* OR ba *m* de caballeros
**menstruate** ['menstrʊeɪt] *vi* menstru
**menswear** ['menzweəʳ] *n* confecciór de caballeros
**mental** ['mentl] *adj* mental
**mentally handicapped** ['mentəlɪ-] *adj* disminuido *m* psíquico, disminui psíquica *f* ◇ *npl* • **the menta handicapped** los disminuidos psíquic
**mentally ill** ['mentəlɪ-] *adj* • **to mentally ill** ser un enfermo men (ser una enferma mental)
**mention** ['menʃn] *vt* mencionar **don't mention it!** ¡no hay de qué!
**menu** ['menju:] *n* menú *m* • **childre menu** menú infantil
**merchandise** ['mɜ:tʃəndaɪz] *n* géner *mpl*
**merchant marine** [,mɜ:tʃəntmə'ri *(US)* = **merchant navy**
**merchant navy** [,mɜ:tʃənt-] *n (U* marina *f* mercante

**nercury** ['mɜːkjʊrɪ] *n* mercurio *m*
**nercy** ['mɜːsɪ] *n* compasión *f*
**nere** [mɪəʳ] *adj* simple • **a mere two ounds** tan sólo dos libras
**nerely** ['mɪəlɪ] *adv* solamente
**nerge** [mɜːdʒ] *vi (combine)* mezclarse ▼ **nerge** *(US)* *cartel que indica que los oches que acceden a un autopista deben ntrar en el carril de la derecha*
**nerger** ['mɜːdʒəʳ] *n* fusión *f*
**neringue** [mə'ræŋ] *n* merengue *m*
**nerit** ['merɪt] *n* **1.** mérito *m* **2.** *(in exam)* ≈ notable *m*
**nerry** ['merɪ] *adj* **1.** *(cheerful)* alborozao(da) **2.** *(inf) (tipsy)* achispado(da) • **Merry Christmas!** ¡Feliz Navidad!
**nerry-go-round** *n* tiovivo *m* *(Esp)*, arrusel *m*
**ness** [mes] *n* **1.** *(untidiness)* desorden *m* . *(difficult situation)* lío *m* • **in a mess** *untidy)* desordenado • **mess about** *vi* . *(inf) (have fun)* divertirse **2.** *(behave oolishly)* hacer el tonto • **to mess about with sthg** *(interfere)* manosear lgo • **mess up** *vt sep (inf) (ruin, spoil)* stropear
**nessage** ['mesɪdʒ] *n* mensaje *m*
**nessenger** ['mesɪndʒəʳ] *n* mensajero *m*, ra *f*
**nessy** ['mesɪ] *adj* desordenado(da)
**net** [met] *pt & pp* ➤ **meet**
**netal** ['metl] ◇ *adj* metálico(ca) ◇ *n* netal *m*
**netalwork** ['metəlwɜːk] *n (craft)* metaistería *f*
**neter** ['miːtəʳ] *n* **1.** *(device)* contador *m*, nedidor *m* *(Amér)* **2.** *(US)* = **metre**
**nethod** ['meθəd] *n* método *m*
**methodical** [mɪ'θɒdɪkl] *adj* metódico (ca)
**meticulous** [mɪ'tɪkjʊləs] *adj* meticuloso (sa)
**metre** ['miːtəʳ] *n* *(UK)* metro *m*
**metric** ['metrɪk] *adj* métrico(ca)
**Mexican** ['meksɪkn] ◇ *adj* mejicano(na) *(Esp)*, mexicano(na) ◇ *n* mejicano *m*, -na *f* *(Esp)*, mexicano *m*, -na *f*
**Mexico** ['meksɪkəʊ] *n* Méjico *(Esp)*, México
**mg** (*abbr of* **milligram**) mg *(miligramo)*
**miaow** [miː'aʊ] *vi* *(UK)* maullar
**mice** [maɪs] *pl* ➤ **mouse**
**microchip** ['maɪkrəʊtʃɪp] *n* microchip *m*
**microphone** ['mɪkrəfəʊn] *n* micrófono *m*
**microscope** ['maɪkrəskəʊp] *n* microscopio *m*
**microwave (oven)** ['maɪkrəweɪv-] *n* microondas *m inv*
**midday** [ˌmɪd'deɪ] *n* mediodía *m*
**middle** ['mɪdl] ◇ *n* **1.** *(in space)* centro *m* **2.** *(in time)* medio *m* ◇ *adj* del medio • **in the middle of the road** en (el) medio de la carretera • **in the middle of April** a mediados de abril • **to be in the middle of doing sthg** estar haciendo algo
**middle-aged** *adj* de mediana edad
**middle-class** *adj* de clase media
**Middle East** *n* • **the Middle East** el Oriente Medio
**middle name** *n* segundo nombre *m* (de pila) *(en un nombre compuesto)*
**midge** [mɪdʒ] *n* mosquito *m*
**midget** ['mɪdʒɪt] *n* enano *m*, -na *f*
**midnight** ['mɪdnaɪt] *n* medianoche *f*

**midsummer** ['mɪd'sʌmə^r^] *n* pleno verano *m*
**midway** [,mɪd'weɪ] *adv* **1.** *(in space)* a medio camino **2.** *(in time)* a la mitad
**midweek** ◇ *adj* ['mɪdwi:k] de entre semana ◇ *adv* [mɪd'wi:k] entre semana
**midwife** ['mɪdwaɪf] (*pl* **-wives**) *n* comadrona *f*
**midwinter** ['mɪd'wɪntə^r^] *n* pleno invierno *m*
**midwives** ['mɪdwaɪvz] *pl* ➤ **midwife**
**might** [maɪt]
◇ *aux vb* **1.** *(expressing possibility)* poder • **I suppose they might still come** supongo que aún podrían venir **2.** *(fml)* *(expressing permission)* • **might I have a few words?** ¿podría hablarle un momento? **3.** *(when conceding a point)* • **it might be expensive, but it's good quality** puede que sea caro, pero es de buena calidad **4.** *(would)* • **I'd hoped you might come too** esperaba que tú vinieras también
◇ *n* fuerzas *fpl*
**migraine** ['mi:greɪn, 'maɪgreɪn] *n* jaqueca *f*
**mild** [maɪld] ◇ *adj* **1.** *(taste, weather, detergent)* suave **2.** *(illness, discomfort)* leve **3.** *(slight)* ligero(ra) **4.** *(person, nature)* apacible ◇ *n* (*UK*) *cerveza de sabor suave*
**mile** [maɪl] *n* milla *f* • **it's miles away** está muy lejos
**mileage** ['maɪlɪdʒ] *n* distancia *f* en millas, ≃ kilometraje *m*
**mileometer** [maɪ'lɒmɪtə^r^] *n* (*UK*) cuentamillas *m inv*, ≃ cuentakilómetros *m inv*
**military** ['mɪlɪtrɪ] *adj* militar
**milk** [mɪlk] ◇ *n* leche *f* ◇ *vt* *(cow)* ordeñar
**milk chocolate** *n* chocolate *m* con leche
**milkman** ['mɪlkmən] (*pl* **-men**) *n* lechero *m*
**milk shake** *n* batido *m*, malteada *(Amér)*
**milky** ['mɪlkɪ] *adj* *(drink)* con mucha leche
**mill** [mɪl] *n* **1.** *(flour-mill)* molino *m* **2.** *(for grinding)* molinillo *m* **3.** *(factory)* fábrica *f*
**millennium** [mɪ'lenɪəm] *n* milenio *m*
**milligram** ['mɪlɪgræm] *n* miligramo *m*
**milliliter** ['mɪlɪ,li:tər] (*US*) = **millilitre**
**millilitre** ['mɪlɪ,li:tə^r^] *n* (*UK*) mililitro *m*
**millimeter** ['mɪlɪ,mi:tər] (*US*) = **millimetre**
**millimetre** ['mɪlɪ,mi:tə^r^] *n* (*UK*) milímetro *m*
**million** ['mɪljən] *n* millón *m* • **millions of** *(fig)* millones de
**millionaire** [,mɪljə'neə^r^] *n* millonario *m* -ria *f*
**mime** [maɪm] *vi* hacer mímica
**min.** [mɪn] (**abbr of minute**) min *(minuto)*; (**abbr of minimum**) mín *(mínimo)*
**mince** [mɪns] *n* (*UK*) carne *f* picada
**mincemeat** ['mɪnsmi:t] *n* **1.** *(sweet filling)* *dulce de fruta confitada con especias* **2.** *(mince)* carne *f* picada (*Esp*) OR molida
**mince pie** *n* *pastelillo navideño de pasta quebrada, rellena de fruta confitada y especias*
**mind** [maɪnd] ◇ *n* **1.** mente *f* **2.** *(memory)*

emoria *f* ◇ *vt* *(look after)* cuidar de ◇ *vi* **do you mind if ...?** ¿le importa si ...? **I don't mind** *(it won't disturb me)* no e molesta; *(I'm indifferent)* me da igual **it slipped my mind** se me olvidó • ate of mind estado *m* de ánimo • **to** y mind en mi opinión • **to bear sthg mind** tener algo en cuenta • **to** ange one's mind cambiar de opinión **to have sthg in mind** tener algo en ente • **to have sthg on one's mind** tar preocupado por algo • **do you** ind the noise? ¿te molesta el ruido? **to make one's mind up** decidirse • **I** ouldn't mind a drink no me importa- ı tomar algo ▼ **mind the gap!** *(UK)* *vertencia a los pasajeros de tener idado con el hueco entre el andén y metro* ▼ **mind the step** cuidado con escalón • **never mind!** *(don't worry)* o importa!

**ine**[1] [maɪn] *pron* mío *m*, -a *f* • **a** **end of mine** un amigo mío

**ine**[2] *n* mina *f*

**iner** ['maɪnəʳ] *n* minero *m*, -ra *f*

**ineral** ['mɪnərəl] *n* mineral *m*

**ineral water** *n* agua *f* mineral

**inestrone** [ˌmɪnɪ'strəʊnɪ] *n* minestro- *f*

**iniature** ['mɪnətʃəʳ] ◇ *adj* en miniatura *n* *(bottle of alcohol)* botellín *m* *(de bida alcohólica)*

**inibar** ['mɪnɪbɑːʳ] *n* minibar *m*

**inibus** ['mɪnɪbʌs] (*pl* **-es**) *n* microbús

**inicab** ['mɪnɪkæb] *n* *(UK)* radiotaxi *m*

**inimal** ['mɪnɪml] *adj* mínimo(ma)

**inimum** ['mɪnɪməm] ◇ *adj* mínimo (ma) ◇ *n* mínimo *m*

**miniskirt** ['mɪnɪskɜːt] *n* minifalda *f*

**minister** ['mɪnɪstəʳ] *n* **1.** *(in government)* ministro *m*, -tra *f* **2.** *(in Church)* pastor *m*

**ministry** ['mɪnɪstrɪ] *n* *(of government)* ministerio *m*

**minor** ['maɪnəʳ] ◇ *adj* menor ◇ *n* *(fml)* menor *mf* de edad

**Minorca** [mɪ'nɔːkə] *n* Menorca

**minority** [maɪ'nɒrətɪ] *n* minoría *f*

**minor road** *n* carretera *f* secundaria

**mint** [mɪnt] *n* **1.** *(sweet)* caramelo *m* de menta **2.** *(plant)* menta *f*

**minus** ['maɪnəs] *prep* *(in subtraction)* menos • **it's minus 10°C** estamos a 10°C bajo cero

**minuscule** ['mɪnəskjuːl] *adj* minúsculo (la)

**minute**[1] ['mɪnɪt] *n* minuto *m* • **any minute** en cualquier momento • **just a minute!** ¡espera un momento!

**minute**[2] [maɪ'njuːt] *adj* diminuto(ta)

**minute steak** [ˌmɪnɪt-] *n* *filete muy fino que se hace rápido al cocinarlo*

**miracle** ['mɪrəkl] *n* milagro *m*

**miraculous** [mɪ'rækjʊləs] *adj* milagroso (sa)

**mirror** ['mɪrəʳ] *n* **1.** *(on wall, hand-held)* espejo *m* **2.** *(on car)* retrovisor *m*

**misbehave** [ˌmɪsbɪ'heɪv] *vi* portarse mal

**miscarriage** [ˌmɪs'kærɪdʒ] *n* aborto *m* (natural)

**miscellaneous** [ˌmɪsə'leɪnjəs] *adj* diver- so(sa)

**mischievous** ['mɪstʃɪvəs] *adj* travieso (sa)

**misconduct** [ˌmɪs'kɒndʌkt] *n* mala con- ducta *f*

**miser** ['maɪzə^r^] *n* avaro *m*, -ra *f*
**miserable** ['mɪzrəbl] *adj* **1.** *(unhappy)* infeliz **2.** *(depressing, small)* miserable **3.** *(weather)* horrible
**misery** ['mɪzərɪ] *n* **1.** *(unhappiness)* desdicha *f* **2.** *(poor conditions)* miseria *f*
**misfire** [,mɪs'faɪə^r^] *vi (car)* no arrancar
**misfortune** [mɪs'fɔːtʃuːn] *n (bad luck)* mala suerte *f*
**mishap** ['mɪshæp] *n* contratiempo *m*
**misjudge** [,mɪs'dʒʌdʒ] *vt* **1.** *(distance, amount)* calcular mal **2.** *(person, character)* juzgar mal
**mislay** [,mɪs'leɪ] *(pt & pp* **-laid**) *vt* extraviar
**mislead** [,mɪs'liːd] *(pt & pp* **-led**) *vt* engañar
**miss** [mɪs] ◇ *vt* **1.** perder **2.** *(not notice)* no ver **3.** *(regret absence of)* echar de menos **4.** *(appointment)* faltar a **5.** *(programme)* perderse ◇ *vi* fallar • **you can't miss it** no tiene pérdida ♦ **miss out** ◇ *vt sep* pasar por alto ◇ *vi* • **to miss out on sthg** perderse algo
**Miss** [mɪs] *n* señorita *f*
**missile** [(*UK*) 'mɪsaɪl, (*US*) 'mɪsl] *n* **1.** *(weapon)* misil *m* **2.** *(thing thrown)* proyectil *m*
**missing** ['mɪsɪŋ] *adj (lost)* perdido(da) • **to be missing** *(not there)* faltar
**missing person** *n* desaparecido *m*, -da *f*
**mission** ['mɪʃn] *n* misión *f*
**missionary** ['mɪʃənrɪ] *n* misionario *m*, -ria *f*
**mist** [mɪst] *n* neblina *f*
**mistake** [mɪ'steɪk] *(pt* **-took**, *pp* **-taken**) ◇ *n* error *m* ◇ *vt (misunderstand)* malentender • **by mistake** por error • **to make a mistake** equivocarse • **always mistake him for his broth[er]** siempre lo confundo con su herma[no]
**Mister** ['mɪstə^r^] *n* señor *m*
**mistook** [mɪ'stʊk] *pp* ➤ **mistake**
**mistress** ['mɪstrɪs] *n* **1.** *(lover)* amante **2.** (*UK*) *(primary teacher)* maestra *f* (*UK*) *(secondary teacher)* profesora *f*
**mistrust** [,mɪs'trʌst] *vt* desconfiar de
**misty** ['mɪstɪ] *adj* neblinoso(sa)
**misunderstanding** [,mɪsʌndə'stændɪŋ] malentendido *m*
**misuse** [,mɪs'juːs] *n* uso *m* indebido
**mitten** ['mɪtn] *n* manopla *f*
**mix** [mɪks] ◇ *vt* mezclar ◇ *vi (sociall[y])* alternar ◇ *n (for cake, sauce)* mezcla *f* **to mix the butter with the flour** mezcl[a] la mantequilla con la harina ♦ **mix u[p]** *vt sep* **1.** *(confuse)* confundir **2.** *(put in disorder)* mezclar
**mixed** [mɪkst] *adj (school)* mixto(ta)
**mixed grill** *n* (*UK*) *parrillada mixta [de] carne, champiñones y tomate*
**mixed salad** *n* ensalada *f* mixta
**mixed vegetables** *npl* selección *f* [de] verduras
**mixer** ['mɪksə^r^] *n* **1.** *(for food)* batidora **2.** *(drink) bebida no alcohólica que [se] mezcla con las bebidas alcohólicas*
**mixture** ['mɪkstʃə^r^] *n* mezcla *f*
**mix-up** *n (inf)* confusión *f*
**ml** (*abbr of* **millilitre**) ml *(mililitro)*
**mm** (*abbr of* **millimetre**) mm *(milím[e]tro)*
**MMR** [,emem'ɑː^r^] *n MED* (*abbr of* **mea[s]les, mumps & rubella**) triple *f* vírica
**moan** [məʊn] *vi* **1.** *(in pain, grief)* gemir **2.** *(inf) (complain)* quejarse

**obile** ['məʊbaɪl] *adj* móvil
**obile phone** *n* (*UK*) teléfono *m*
óvil (*Esp*), celular *m* (*Amér*)
**ock** [mɒk] ◇ *adj* fingido(da) ◇ *vt*
rlarse de ◇ *n* (*UK*) (*exam*) simulacro
de examen
**ode** [məʊd] *n* modo *m*
**odel** ['mɒdl] *n* **1.** modelo *m* **2.** (*small*
*y*) maqueta *f* **3.** (*fashion model*)
odelo *mf*
**oderate** ['mɒdərət] *adj* moderado(da)
**odern** ['mɒdən] *adj* moderno(na)
**odernized** ['mɒdənaɪzd] *adj* moderni-
do(da)
**odern languages** *npl* lenguas *fpl*
odernas
**odest** ['mɒdɪst] *adj* **1.** modesto(ta) **2.**
*ice*) módico(ca) **3.** (*increase, improve-*
*nt*) ligero(ra)
**odify** ['mɒdɪfaɪ] *vt* modificar
**ohair** ['məʊheəʳ] *n* mohair *m*
**oist** [mɔɪst] *adj* húmedo(da)
**oisture** ['mɔɪstʃəʳ] *n* humedad *f*
**oisturizer** ['mɔɪstʃəraɪzəʳ] *n* crema *f*
dratante
**olar** ['məʊləʳ] *n* muela *f*
**old** [məʊld] (*US*) = **mould**
**ole** [məʊl] *n* **1.** (*animal*) topo *m* **2.**
*ot*) lunar *m*
**olest** [mə'lest] *vt* **1.** (*child*) abusar
xualmente **2.** (*woman*) acosar
**om** [mɒm] *n* (*US*) (*inf*) mamá *f*
**oment** ['məʊmənt] *n* momento *m* • **the moment** en este momento • **the moment** de momento
**on.** (*abbr of* **Monday**) lun. (*lunes*)
**onarchy** ['mɒnəkɪ] *n* • **the monarchy** familia real

**monastery** ['mɒnəstrɪ] *n* monasterio *m*
**Monday** ['mʌndɪ] *n* lunes *m inv* • **it's Monday** es lunes • **Monday morning** el lunes por la mañana • **on Monday** el lunes • **on Mondays** los lunes • **last Monday** el lunes pasado • **this Monday** este lunes • **next Monday** el lunes de la semana que viene • **Monday week, a week on Monday** del lunes en ocho días
**money** ['mʌnɪ] *n* dinero *m*
**money belt** *n* riñonera *f*
**money order** *n* giro *m* postal
**mongrel** ['mʌŋgrəl] *n* perro *m* cruzado
**monitor** ['mɒnɪtəʳ] ◇ *n* (*computer screen*) monitor *m* ◇ *vt* (*check, observe*) controlar
**monk** [mʌŋk] *n* monje *m*
**monkey** ['mʌŋkɪ] (*pl* **monkeys**) *n* mono *m*
**monkfish** ['mʌŋkfɪʃ] *n* rape *m*
**monopoly** [mə'nɒpəlɪ] *n* monopolio *m*
**monorail** ['mɒnəʊreɪl] *n* monorraíl *m* (*Esp*), monorriel *m* (*Amér*)
**monotonous** [mə'nɒtənəs] *adj* monótono(na)
**monsoon** [mɒn'suːn] *n* monzón *m*
**monster** ['mɒnstəʳ] *n* monstruo *m*
**month** [mʌnθ] *n* mes *m* • **every month** cada mes • **in a month's time** en un mes
**monthly** ['mʌnθlɪ] ◇ *adj* mensual ◇ *adv* mensualmente
**monument** ['mɒnjʊmənt] *n* monumento *m*
**mood** [muːd] *n* humor *m* • **to be in a (bad) mood** estar de mal humor • **to be in a good mood** estar de buen humor

**moody** ['mu:dɪ] *adj* **1.** *(bad-tempered)* malhumorado(da) **2.** *(changeable)* de humor variable
**moon** [mu:n] *n* luna *f*
**moonlight** ['mu:nlaɪt] *n* luz *f* de luna
**moor** [mɔ:ʳ] ◇ *n* (*UK*) páramo *m* ◇ *vt* amarrar
**mop** [mɒp] ◇ *n* *(for floor)* fregona *f* (*Esp*), trapeador *m* (*Amér*) ◇ *vt* *(floor)* pasar la fregona por (*Esp*), trapear (*Amér*) ◆ **mop up** *vt sep* *(clean up)* limpiar
**moped** ['məʊped] *n* ciclomotor *m*
**moral** ['mɒrəl] ◇ *adj* moral ◇ *n* *(lesson)* moraleja *f*
**morality** [mə'rælɪtɪ] *n* moralidad *f*
**more** [mɔ:ʳ]
◇ *adj* **1.** *(a larger amount of)* más • **there are more tourists than usual** hay más turistas que de costumbre **2.** *(additional)* más • **are there any more cakes?** ¿hay más pasteles? • **there's no more wine** no hay más vino • **have some more rice** come un poco más de arroz **3.** *(in phrases)* • **more and more** cada vez más
◇ *adv* **1.** *(in comparatives)* más • **it's more difficult than before** es más difícil que antes • **speak more clearly** habla con más claridad **2.** *(to a greater degree)* más • **we ought to go to the cinema more** deberíamos ir más al cine **3.** *(longer)* más • **I don't go there any more** ya no voy más allí **4.** *(again)* • **once more** una vez más **5.** *(in phrases)* • **more or less** más o menos • **we'd be more than happy to help** estaríamos encantados de ayudarle
◇ *pron* **1.** *(a larger amount)* más • **I've got more than you** tengo más que tú • **more than 20 types of pizza** más de 20 clases de pizzas **2.** *(an additional amount)* más • **is there any more?** ¿hay más?
**moreover** [mɔ:'rəʊvəʳ] *adv* (*fml*) además
**morning** ['mɔ:nɪŋ] *n* mañana *f* • **two o'clock in the morning** las dos de la mañana • **good morning!** ¡buenos días! • **in the morning** *(early in the day)* por la mañana; *(tomorrow morning)* mañana por la mañana
**morning-after pill** *n* píldora *f* del día siguiente
**morning sickness** *n* náuseas *fpl* por la mañana
**Morocco** [mə'rɒkəʊ] *n* Marruecos
**moron** ['mɔ:rɒn] *n* (*inf*) imbécil *mf*
**mortgage** ['mɔ:gɪdʒ] *n* hipoteca *f*
**mosaic** [mə'zeɪɪk] *n* mosaico *m*
**mosque** [mɒsk] *n* mezquita *f*
**mosquito** [mə'ski:təʊ] (*pl* **-es**) *n* mosquito *m*
**mosquito net** *n* mosquitero *m*
**moss** [mɒs] *n* musgo *m*
**most** [məʊst]
◇ *adj* **1.** *(the majority of)* la mayoría de • **most people** la mayoría de la gente **2.** *(the largest amount of)* más • **I drank (the) most beer** yo fui el que bebió más cerveza
◇ *adv* **1.** *(in superlatives)* más • **the most expensive hotel** el hotel más caro **2.** *(to the greatest degree)* más • **I like this one most** éste es el que más me gusta **3.** (*fml*) *(very)* muy • **we would be most grateful** les agradeceríamos mucho

~~pron~~ **1.** *(the majority)* la mayoría • **...st of the villages** la mayoría de los ...eblos • **most of the time** la mayor ...rte del tiempo **2.** *(the largest amount)* **she earns (the) most** es la que más ...a **3.** *(in phrases)* • **at most** como ...ximo • **to make the most of sthg** ...ovechar algo al máximo
**...stly** ['məʊstlɪ] *adv* principalmente
**...T** [eməʊ'tiː] *n* *(UK)* *(test)* *revisión ...ual obligatoria para todos los coches ...más de tres años,* ≃ ITV *f*
**...tel** [məʊ'tel] *n* motel *m*
**...th** [mɒθ] *n* polilla *f*
**...ther** ['mʌðəʳ] *n* madre *f*
**...ther-in-law** *n* suegra *f*
**...ther-of-pearl** *n* nácar *m*
**...tif** [məʊ'tiːf] *n* motivo *m*
**...tion** ['məʊʃn] ◇ *n* *(movement)* movi...ento *m* ◇ *vi* • **to motion to sb** hacer ...a señal a alguien
**...tionless** ['məʊʃənlɪs] *adj* inmóvil
**...tivate** ['məʊtɪveɪt] *vt* motivar
**...tive** ['məʊtɪv] *n* motivo *m*
**...tor** ['məʊtəʳ] *n* motor *m*
**...torbike** ['məʊtəbaɪk] *n* *(UK)* moto *f*
**...torboat** ['məʊtəbəʊt] *n* lancha *f* ...tora
**...torcar** ['məʊtəkɑːʳ] *n* *(UK)* automó...*m*
**...torcycle** ['məʊtəˌsaɪkl] *n* moticicleta
**...torcyclist** ['məʊtəˌsaɪklɪst] *n* motoci...sta *mf*
**...torist** ['məʊtərɪst] *n* automovilista
**...tor racing** *n* automovilismo *m ...eporte)*
**motorway** ['məʊtəweɪ] *n* *(UK)* autopista *f*
**motto** ['mɒtəʊ] *(pl* **-s***)* *n* lema *m*
**mould** [məʊld] ◇ *n* *(UK)* **1.** *(shape)* molde *m* **2.** *(substance)* moho *m* ◇ *vt* *(UK)* moldear
**mound** [maʊnd] *n* **1.** *(hill)* montículo *m* **2.** *(pile)* montón *m*
**mount** [maʊnt] ◇ *n* **1.** *(for photo)* marco *m* **2.** *(mountain)* monte *m* ◇ *vt* **1.** *(horse)* montar en **2.** *(photo)* enmarcar ◇ *vi* *(increase)* aumentar
**mountain** ['maʊntɪn] *n* montaña *f*
**mountain bike** *n* bicicleta *f* de montaña
**mountaineer** [ˌmaʊntɪ'nɪəʳ] *n* montañero *m*, -ra *f*
**mountaineering** [ˌmaʊntɪ'nɪərɪŋ] *n* • **to go mountaineering** hacer montañismo
**mountainous** ['maʊntɪnəs] *adj* montañoso(sa)
**Mount Rushmore** [-'rʌʃmɔːʳ] *n* el monte Rushmore
**mourning** ['mɔːnɪŋ] *n* • **to be in mourning** estar de luto
**mouse** [maʊs] *(pl* **mice***)* *n* ratón *m*
**mouse mat** *(UK)*, **mouse pad** *(US)* *n* alfombrilla *f*
**moussaka** [muː'sɑːkə] *n* *plato griego de berenjenas, tomate, salsa de queso y carne picada*
**mousse** [muːs] *n* **1.** *(food)* mousse *m* **2.** *(for hair)* espuma *f*
**moustache** [mə'stɑːʃ] *n* *(UK)* bigote *m*
**mouth** [maʊθ] *n* **1.** boca *f* **2.** *(of river)* desembocadura *f*
**mouthful** ['maʊθfʊl] *n* **1.** *(of food)*

bocado *m* **2.** *(of drink)* trago *m*
**mouthpiece** ['maʊθpi:s] *n* **1.** *(of telephone)* micrófono *m* **2.** *(of musical instrument)* boquilla *f*
**mouthwash** ['maʊθwɒʃ] *n* elixir *m* bucal
**move** [mu:v] ◇ *n* **1.** *(change of house)* mudanza *f* **2.** *(movement)* movimiento *m* **3.** *(in games)* jugada *f* **4.** *(turn to play)* turno *m* **5.** *(course of action)* medida *f* ◇ *vt* **1.** *(shift)* mover **2.** *(emotionally)* conmover ◇ *vi (shift)* moverse • **to move (house)** mudarse • **to make a move** *(leave)* irse ◆ **move along** *vi* hacerse a un lado ◆ **move in** *vi (to house)* instalarse ◆ **move off** *vi (train, car)* ponerse en marcha ◆ **move on** *vi (after stopping)* reanudar la marcha ◆ **move out** *vi (from house)* mudarse ◆ **move over** *vi* hacer sitio ◆ **move up** *vi* hacer sitio
**movement** ['mu:vmənt] *n* movimiento *m*
**movie** ['mu:vɪ] *n* película *f*
**movie theater** *n* (*US*) cine *m*
**moving** ['mu:vɪŋ] *adj (emotionally)* conmovedor(ra)
**mow** [məʊ] *vt* • **to mow the lawn** cortar el césped
**mozzarella** [,mɒtsə'relə] *n* mozzarella *f*
**MP** *abbr* (*UK*) = **Member of Parliament**
**MP3** [,empi:'θri:] *n* (*abbr of* **MPEG-1 Audio Layer-3**) MP3 *m*
**mph** (*abbr of* **miles per hour**) millas *fpl* por hora
**Mr** ['mɪstəʳ] *n* (*abbr of* **Mister**) Sr. *(Señor)*
**Mrs** ['mɪsɪz] *n* (*abbr of* **Mistress**) S *(Señora)*
**MRSA** [,ema:res'eɪ] *n MED* (*abbr* **methicillin resistant Staphylococcus a reus**) MRSA *m*
**Ms** [mɪz] *n* (*abbr of* **Miss** OR **M** *abreviatura que se utiliza delante apellido cuando no se quiere decir estado civil de la mujer*
**MSc** [emes'si:] *n* (*abbr of* **Master Science**) *título postuniversitario de años en ciencias*
**MSP** [emes'pi:] *n* (*UK*) *abbr of* **Memb of the Scottish Parliament**
**much** [mʌtʃ] (*compar* **more**, *sup* **most**)
◇ *adj* mucho(cha) • **I haven't got mu money** no tengo mucho dinero • **much food as you can eat** tanta comi como puedas comer • **how much ti is left?** ¿cuánto tiempo queda? • **th have so much money** tienen tan dinero • **we have too much fo** tenemos demasiada comida
◇ *adv* mucho • **it's much better** mucho mejor • **he's much too good** demasiado bueno • **I like it very mu** me gusta muchísimo • **it's not mu good** no vale mucho • **thank you ve much** muchas gracias • **we don't there much** no vamos mucho allí
◇ *pron* mucho • **I haven't got much** tengo mucho • **as much as you li** tanto como quieras • **how much is** ¿cuánto es? • **you've got so mu** tienes tanto • **you've got too mu** tienes demasiado
**muck** [mʌk] *n* mugre *f* ◆ **muck about**

JK) (*inf*) hacer el indio ◆ **muck up** *vt* ɔ (*inf*) fastidiar
**ud** [mʌd] *n* barro *m*
**uddle** ['mʌdl] *n* ◆ **to be in a muddle** ɪtar hecho un lío
**uddy** ['mʌdɪ] *adj* lleno(na)de barro
**ud flap** *n* (*US*) = **mudguard**
**udguard** ['mʌdgɑ:d] *n* guardabarros *inv*
**uesli** ['mju:zlɪ] *n* muesli *m*
**uffin** ['mʌfɪn] *n* **1.** (*UK*) (*roll*) panecillo **2.** (*cake*) *especie de bollo que se come ıliente*
**uffler** ['mʌflə^r] *n* (*US*) (*silencer*) silenador *m*
**ug** [mʌg] ◇ *n* (*cup*) tanque *m*, taza *f* ·ande (cilíndrica) ◇ *vt* asaltar
**ugging** ['mʌgɪŋ] *n* atraco *m*
**uggy** ['mʌgɪ] *adj* bochornoso(sa)
**ule** [mju:l] *n* mula *f*
**ulticoloured** ['mʌltɪ,kʌləd] *adj* multiılor
**ultiple** ['mʌltɪpl] *adj* múltiple
**ultiplex cinema** ['mʌltɪpleks-] *n* multicine *m*
**ultiplication** [,mʌltɪplɪ'keɪʃn] *n* multiicación *f*
**ultiply** ['mʌltɪplaɪ] ◇ *vt* multiplicar ◇ multiplicarse
**ultistorey (car park)** [,mʌltɪ'stɔ:rɪ-] *n* JK) aparcamiento *m* de muchas ɪantas (*Esp*), estacionamiento *m* de ɪrios pisos (*Amér*)
**ultivitamin** [(*UK*)'mʌltɪvɪtəmɪn, (*US*) ɪʌltɪvaɪtəmɪn] *n* multivitamina *f*
**um** [mʌm] *n* (*UK*) (*inf*) mamá *f*
**ummy** ['mʌmɪ] *n* (*UK*) (*inf*) (*mother*) ɪamá *f*
**mumps** [mʌmps] *n* paperas *fpl*
**munch** [mʌntʃ] *vt* masticar
**municipal** [mju:'nɪsɪpl] *adj* municipal
**mural** ['mju:ərəl] *n* mural *m*
**murder** ['mɜ:də^r] ◇ *n* asesinato *m* ◇ *vt* asesinar
**murderer** ['mɜ:dərə^r] *n* asesino *m*, -na *f*
**muscle** ['mʌsl] *n* músculo *m*
**museum** [mju:'zi:əm] *n* museo *m*
**mushroom** ['mʌʃrʊm] *n* **1.** (*small and white*) champiñón *m* **2.** (*darker and flatter*) seta *f*
**music** ['mju:zɪk] *n* música *f*
**musical** ['mju:zɪkl] ◇ *adj* **1.** (*connected with music*) musical **2.** (*person*) con talento para la música ◇ *n* musical *m*
**musical instrument** *n* instrumento *m* musical
**musician** [mju:'zɪʃn] *n* músico *m*, -ca *f*
**Muslim** ['mʊzlɪm] ◇ *adj* musulmán (ana) ◇ *n* musulmán *m*, -ana *f*
**mussels** ['mʌslz] *npl* mejillones *mpl*
**must** [mʌst] ◇ *aux vb* deber, tener que ◇ *n* (*inf*) ◆ **it's a must** no te lo puedes perder ◆ **I must go** debo irme ◆ **the room must be vacated by ten** la habitación debe dejarse libre para las diez ◆ **you must have seen it** tienes que haberlo visto ◆ **you must see that film** no te puedes perder esa película ◆ **you must be joking!** estás de broma ¿no?
**mustache** ['mʌstæʃ] (*US*) = **moustache**
**mustard** ['mʌstəd] *n* mostaza *f*
**mustn't** ['mʌsənt] = **must not**
**mutter** ['mʌtə^r] *vt* musitar
**mutual** ['mju:tʃʊəl] *adj* **1.** (*feeling*) mutuo

(tua) **2.** *(friend, interest)* común
**muzzle** ['mʌzl] *n (for dog)* bozal *m*
**my** [maɪ] *adj* mi, mis *pl*
**myself** [maɪ'self] *pron* **1.** *(reflexive)* me **2.** *(after prep)* mí mismo(ma) • **I did it myself** lo hice yo solo
**mysterious** [mɪ'stɪərɪəs] *adj* misterioso (sa)
**mystery** ['mɪstərɪ] *n* misterio *m*
**myth** [mɪθ] *n* mito *m*

# nN

**N** (*abbr of* **north**) N *(norte)*
**nag** [næg] *vt* regañar
**nail** [neɪl] ◇ *n* **1.** *(of finger, toe)* uña *f* **2.** *(metal)* clavo *m* ◇ *vt (fasten)* clavar
**nailbrush** ['neɪlbrʌʃ] *n* cepillo *m* de uñas
**nail file** *n* lima *f* de uñas
**nail scissors** *npl* tijeras *fpl* para las uñas
**nail varnish** *n* (*UK*) esmalte *m* de uñas
**nail varnish remover** [-rə'mu:vəʳ] *n* (*UK*) quitaesmaltes *m inv*
**naive** [naɪ'i:v] *adj* ingenuo(nua)
**naked** ['neɪkɪd] *adj (person)* desnudo (da)
**name** [neɪm] ◇ *n* **1.** nombre *m* **2.** *(surname)* apellido *m* **3.** *(reputation)* reputación *f* ◇ *vt (date, price)* fijar • **they named him John** le pusieron John de nombre • **first name** nombre • **last name** apellido • **what's your name?** ¿cómo te llamas? • **my name is ...** me llamo ...
**namely** ['neɪmlɪ] *adv* a saber
**nanny** ['nænɪ] *n* **1.** *(childminder)* niñera **2.** (*UK*) *(inf) (grandmother)* abuelita *f*
**nap** [næp] *n* • **to have a nap** echar un siesta
**napkin** ['næpkɪn] *n* servilleta *f*
**nappy** ['næpɪ] *n* (*UK*) pañal *m*
**narcotic** [nɑ:'kɒtɪk] *n* narcótico *m*
**narrow** ['nærəʊ] ◇ *adj (road, gap)* estrecho(cha) ◇ *vi (road, gap)* estrecharse
**narrow-minded** [-'maɪndɪd] *adj* estrecho(cha) de miras
**nasty** ['nɑ:stɪ] *adj* **1.** *(spiteful)* malintencionado(da) **2.** *(accident, fall)* grave **3.** *(unpleasant)* desagradable
**nation** ['neɪʃn] *n* nación *f*
**national** ['næʃənl] ◇ *adj* nacional ◇ súbdito *m*, -ta *f*
**national anthem** *n* himno *m* nacional
**National Health Service** *n* (*UK*) *organismo gestor de la salud pública en Gran Bretaña*

## National Health Service (NHS)

El *National Health Service* es el sistema público de asistencia sanitaria del Reino Unido. La asistencia es universal y gratuita, aunque se paga una pequeña cantidad de dinero por las medicinas. Las consultas con el dentista o el oftalmólogo se pagan aparte.

**National Insurance** *n* (*UK*) *(contributions)* ≃ Seguridad *f* Social

## National Insurance (NI)

En el Reino Unido todos los trabajadores tienen que cotizar a la Seguridad Social (*National Insurance*). Todos los afiliados a la Seguridad Social reciben un número, llamado *National Insurance Number*, sin el cual no se puede trabajar legalmente en el país.

**nationality** [ˌnæʃəˈnælətɪ] *n* nacionalidad *f*

**national Lottery** *n* (*UK*) • **the national Lottery** la Lotería Nacional

**national park** *n* parque *m* nacional

**nationwide** [ˈneɪʃənwaɪd] *adj* a escala nacional

**native** [ˈneɪtɪv] ◇ *adj* **1.** *(country)* natal **2.** *(customs)* originario(ria) **3.** *(population)* indígeno(na) ◇ *n* natural *mf* • **a native speaker of English** un hablante nativo de inglés

## Native American

*Native American* es el término usado en los Estados Unidos para referirse a los indios que ya vivían en el continente antes de la colonización. Muchos de estos indios han salido de las reservas y se han integrado completamente en la sociedad americana. Otros continúan viviendo en las reservas.

**NATO** [ˈneɪtəʊ] *n* (*abbr of* **North Atlantic Treaty Organization**) OTAN *f* *(Organización del Tratado del Atlántico Norte)*

**natural** [ˈnætʃrəl] *adj* **1.** *(ability, charm)* natural **2.** *(swimmer, actor)* nato(ta)

**natural gas** *n* gas *m* natural

**naturally** [ˈnætʃrəlɪ] *adv* *(of course)* naturalmente

**natural yoghurt** *n* yogur *m* natural

**nature** [ˈneɪtʃəʳ] *n* naturaleza *f*

**nature reserve** *n* reserva *f* natural

**naughty** [ˈnɔːtɪ] *adj* *(child)* travieso(sa)

**nausea** [ˈnɔːzɪə] *n* náusea *f*

**navigate** [ˈnævɪgeɪt] *vi* **1.** *(in boat, plane)* dirigir **2.** *(in car)* guiar

**navy** [ˈneɪvɪ] ◇ *n* *(ships)* armada *f* ◇ *adj* • **navy (blue)** azul marino

**NB** [enˈbiː] (*abbr of* **nota bene**) N.B. *(nota bene)*

**near** [nɪəʳ] ◇ *adv* cerca ◇ *adj* **1.** *(place, object)* cerca **2.** *(relation)* cercano(na) ◇ *prep* • **near (to)** *(edge, object, place)* cerca de • **in the near future** en el futuro próximo

**nearby** [nɪəˈbaɪ] ◇ *adv* cerca ◇ *adj* cercano(na)

**nearly** [ˈnɪəlɪ] *adv* casi

**nearsighted** [ˈnɪərsaɪtəd] *adj* (*US*) miope

**neat** [niːt] *adj* **1.** *(writing, work)* bien hecho(cha) **2.** *(room)* ordenado(da) **3.** *(whisky, vodka etc)* solo(la) **4.** (*US*) *(very good)* genial

**neatly** [ˈniːtlɪ] *adv* **1.** *(placed, arranged)* cuidadosamente, con pulcritud **2.** *(written)* con buena letra

**necessarily** [ˌnesəˈserɪlɪ (*UK*), ˈnesəsrəlɪ] *adv* • **not necessarily** no necesariamente

**necessary** [ˈnesəsrɪ] *adj* necesario(ria) • **it is necessary to do it** es necesario hacerlo

**necessity** [nɪ'sesətɪ] *n* necesidad *f* ♦ **necessities** *npl* artículos *mpl* de primera necesidad
**neck** [nek] *n* **1.** *(of person, jumper, shirt)* cuello *m* **2.** *(of animal)* pescuezo *m*
**necklace** ['neklɪs] *n* **1.** *(long)* collar *m* **2.** *(short)* gargantilla *f*
**nectarine** ['nektərɪn] *n* nectarina *f*
**need** [ni:d] ◇ *n* necesidad *f* ◇ *vt* necesitar • **to need to do sthg** *(require)* necesitar hacer algo; *(be obliged)* tener que hacer algo
**needle** ['ni:dl] *n* aguja *f*
**needlework** ['ni:dlwɜ:k] *n SCH* costura *f*
**needn't** ['ni:dənt] = **need not**
**needy** ['ni:dɪ] *adj* necesitado(da)
**negative** ['negətɪv] ◇ *adj* negativo(va) ◇ *n* **1.** *(in photography)* negativo *m* **2.** *GRAM* negación *f*
**neglect** [nɪ'glekt] *vt (child, garden, work)* descuidar
**negligence** ['neglɪdʒəns] *n* negligencia *f*
**negotiations** [nɪˌgəʊʃɪ'eɪʃnz] *npl* negociaciones *fpl*
**negro** ['ni:grəʊ] (*pl* **-es**) *n* negro *m*, -gra *f*
**neighbor** ['neɪbər] *(US)* = **neighbour**
**neighbour** ['neɪbəʳ] *n (UK)* vecino *m*, -na *f*
**neighbourhood** ['neɪbəhʊd] *n* barrio *m*
**neighbouring** ['neɪbərɪŋ] *adj* vecino (na)
**neither** ['naɪðəʳ, 'ni:ðəʳ]
◇ *adj* • **neither bag is big enough** ninguna de las dos bolsas es bastante grande
◇ *pron* • **neither of us** ninguno *m* de nosotros, ninguna de nosotras *f*
◇ *conj* • **neither do I** yo tampoco
**neither ... nor ...** ni ... ni ...
**neon light** ['ni:ɒn-] *n* luz *f* de neón
**nephew** ['nefju:] *n* sobrino *m*
**nerve** [nɜ:v] *n* **1.** *(in body)* nervio *m* *(courage)* coraje *m* • **what a nerv** ¡qué caradura!
**nervous** ['nɜ:vəs] *adj* **1.** *(tense by natur* nervioso(sa) **2.** *(apprehensive)* aprensiv (va) **3.** *(uneasy)* preocupado(da)
**nervous breakdown** *n* crisis *f* i nerviosa
**nest** [nest] *n* nido *m*
**net** [net] ◇ *n* **1.** red *f* **2.** • **the Net** Red ◇ *adj* neto(ta)
**netball** ['netbɔ:l] *n deporte parecido baloncesto femenino*
**Netherlands** ['neðələndz] *npl* • **th Netherlands** los Países Bajos
**nettle** ['netl] *n* ortiga *f*
**network** ['netwɜ:k] *n* **1.** *(of streets, train* red *f* **2.** *RADIO* & TV cadena *f*
**neurotic** [ˌnjʊə'rɒtɪk] *adj* neurótico(ca
**neutral** ['nju:trəl] ◇ *adj* **1.** *(country, pe son)* neutral **2.** *(in colour)* incolo (ra) ◇ *n AUT* • **in neutral** en pun muerto
**never** ['nevəʳ] *adv* nunca • **I've nev been to Berlin** no he estado nunca e Berlín • **she's never late** (ella) nun llega tarde • **never mind!** ¡no impo ta!
**nevertheless** [ˌnevəðə'les] *adv* sin en bargo
**new** [nju:] *adj* nuevo(va)
**newly** ['nju:lɪ] *adv* recién
**news** [nju:z] *n* noticias *fpl* • **a piece news** una noticia

**wsagent** ['nju:zeɪdʒənt] *n* (*UK*) (*shop*) quiosco *m* de periódicos
**wspaper** ['nju:z,peɪpəʳ] *n* periódico *m*
**w Year** *n* Año *m* Nuevo
**w Year's Day** *n* día *m* de Año ıevo
**w Year's Eve** *n* Nochevieja *f*
**w Zealand** [-'zi:lənd] *n* Nueva Zeıda
**xt** [nekst] ◇ *adj* **1.** (*in the future, 'owing*) próximo(ma) **2.** (*room, house*) al lado ◇ *adv* **1.** (*afterwards*) después (*on next occasion*) la próxima vez • **en does the next bus leave?** ¿a qué ra sale el próximo autobús? • **next ar/Monday** el año/el lunes que ne • **next to** (*by the side of*) junto • **the week after next** la semana que ne no, la otra
**xt door** *adv* en la casa de al lado
**xt of kin** [-kɪn] *n* pariente *m* más óximo, pariente más próxima *f*
**IS** *abbr* (*UK*) = **National Health rvice**
**o** [nɪb] *n* plumilla *f*
**oble** ['nɪbl] *vt* mordisquear
**caragua** [,nɪkə'rægjʊə] *n* Nicaragua
**caraguan** [,nɪkə'rægjʊən] ◇ *adj* nicagüense ◇ *n* nicaragüense *mf*
**ce** [naɪs] *adj* **1.** (*pleasant*) agradable **2.** *etty*) bonito(ta) **3.** (*kind*) amable • **have a nice time** pasarlo bien • **nice see you!** ¡encantado(da) de verle!
**ckel** ['nɪkl] *n* **1.** (*metal*) níquel *m* **2.** *S*) (*coin*) moneda *f* de cinco centavos
**ckname** ['nɪkneɪm] *n* apodo *m*
**ece** [ni:s] *n* sobrina *f*
**ght** [naɪt] *n* **1.** (*time when asleep*) noche *f* **2.** (*evening*) tarde *f* • **at night** de noche • **by night** por la noche • **last night** anoche
**nightclub** ['naɪtklʌb] *n* ≃ sala *f* de fiestas (*abierta sólo por las noches*)
**nightdress** ['naɪtdres] *n* camisón *m*
**nightie** ['naɪtɪ] *n* (*inf*) camisón *m*
**nightlife** ['naɪtlaɪf] *n* vida *f* nocturna
**nightly** ['naɪtlɪ] *adv* cada noche
**nightmare** ['naɪtmeəʳ] *n* pesadilla *f*
**night safe** *n* (*UK*) caja *f* nocturna (*en un banco*)
**night school** *n* escuela *f* nocturna
**nightshift** ['naɪtʃɪft] *n* turno *m* de noche
**nil** [nɪl] *n* *SPORT* cero *m*
**Nile** [naɪl] *n* • **the Nile** el Nilo
**nine** [naɪn] ◇ *num adj* nueve *inv* ◇ *num n* nueve *m inv* • **to be nine (years old)** tener nueve años (de edad) • **it's nine (o'clock)** son las nueve • **a hundred and nine** ciento nueve • **nine Hill St** Hill St, número nueve • **it's minus nine (degrees)** hay nueve grados bajo cero • **nine out of ten** nueve sobre diez
**nineteen** [,naɪn'ti:n] *num* diecinueve • **nineteen ninety-five** mil novecientos noventa y cinco
**nineteenth** [,naɪn'ti:nθ] *num* decimonoveno(na)
**ninetieth** ['naɪntɪəθ] *num* nonagésimo (ma)
**ninety** ['naɪntɪ] *num* noventa
**ninth** [naɪnθ] ◇ *num adj* noveno(na) ◇ *pron* noveno *m*, -na *f* ◇ *num n* (*fraction*) noveno *m* ◇ *num adv* noveno • **a ninth (of)** la novena parte (de) • **the ninth**

**(of September)** el nueve (de septiembre)
**nip** [nɪp] *vt (pinch)* pellizcar
**nipple** ['nɪpl] *n* **1.** *(of breast)* pezón *m* **2.** *(US) (of bottle)* tetilla *f*
**no** [nəʊ] ◇ *adv* no ◇ *adj* ninguno(na) ◇ *n* no *m* • **I've got no time** no tengo tiempo • **I've got no money left** no me queda (ningún) dinero
**noble** ['nəʊbl] *adj* noble
**nobody** ['nəʊbədɪ] *pron* nadie
**nod** [nɒd] *vi (in agreement)* asentir con la cabeza
**noise** [nɔɪz] *n* ruido *m*
**noisy** ['nɔɪzɪ] *adj* ruidoso(sa)
**nominate** ['nɒmɪneɪt] *vt* proponer
**nonalcoholic** [ˌnɒnælkə'hɒlɪk] *adj* sin alcohol
**none** [nʌn] *pron* ninguno *m*, -na *f* • **there's none left** no queda nada
**nonetheless** [ˌnʌnðə'les] *adv* no obstante
**nonfiction** [ˌnɒn'fɪkʃn] *n* no ficción *f*
**non-iron** *adj* que no necesita plancha
**nonsense** ['nɒnsəns] *n* tonterías *fpl*
**nonsmoker** [ˌnɒn'sməʊkəʳ] *n* no fumador *m*, -ra *f*
**nonstick** [ˌnɒn'stɪk] *adj* antiadherente
**nonstop** [ˌnɒn'stɒp] ◇ *adj* **1.** *(talking, arguing)* continuo(nua) **2.** *(flight)* sin escalas ◇ *adv* **1.** *(run, rain)* sin parar **2.** *(fly, travel)* directamente
**noodles** ['nuːdlz] *npl* fideos *mpl*
**noon** [nuːn] *n* mediodía *m*
**no one** = **nobody**
**nor** [nɔːʳ] *conj* tampoco • **nor do I** yo tampoco, neither
**normal** ['nɔːml] *adj* normal
**normally** ['nɔːməlɪ] *adv* normalmente
**north** [nɔːθ] ◇ *n* norte *m* ◇ *adv* **1.** *(walk)* hacia el norte **2.** *(be situated)* norte • **in the north of England** en el norte de Inglaterra
**North America** *n* Norteamérica
**northbound** ['nɔːθbaʊnd] *adj* con dirección norte
**northeast** [ˌnɔːθ'iːst] *n* nordeste *m*
**northern** ['nɔːðən] *adj* del norte
**Northern Ireland** *n* Irlanda del Norte
**North Pole** *n* Polo *m* Norte
**North Sea** *n* Mar *m* del Norte
**northwards** ['nɔːθwədz] *adv* hacia el norte
**northwest** [ˌnɔːθ'west] *n* noroeste *m*
**Norway** ['nɔːweɪ] *n* Noruega
**Norwegian** [nɔː'wiːdʒən] ◇ *adj* noruego(ga) ◇ *n* **1.** *(person)* noruego *m*, -ga *f* **2.** *(language)* noruego *m*
**nose** [nəʊz] *n* **1.** *(of person)* nariz *f* **2.** *(of animal)* hocico *m* **3.** *(of plane, rocket)* morro *m*
**nosebleed** ['nəʊzbliːd] *n* • **he had a nosebleed** le sangraba la nariz
**nostril** ['nɒstrəl] *n* **1.** *(of person)* ventana *f* de la nariz **2.** *(of animal)* orificio nasal
**nosy** ['nəʊzɪ] *adj* fisgón(ona)
**not** [nɒt] *adv* no • **she's not there** no está allí • **I hope not** espero que no • **not yet** todavía no • **not at all** *(pleased, interested)* en absoluto; *(in reply to thanks)* no hay de qué
**notably** ['nəʊtəblɪ] *adv* especialmente
**note** [nəʊt] ◇ *n* **1.** nota *f* **2.** *(UK) (bank note)* billete *m* ◇ *vt* **1.** *(notice)* notar

*ite down)* anotar • **to take notes** nar apuntes
**tebook** ['nəʊtbʊk] *n* libreta *f*
**ted** ['nəʊtɪd] *adj* célebre
**tepaper** ['nəʊtpeɪpəʳ] *n* papel *m* de ribir *(para cartas)*
**thing** ['nʌθɪŋ] *pron* nada • **he did** **thing** no hizo nada • **nothing new/eresting** nada nuevo/interesante • **nothing** *(for free)* gratis; *(in vain)* para da
**tice** ['nəʊtɪs] ◇ *vt* notar ◇ *n* **1.** *(written ouncement)* anuncio *m* **2.** *(warning)* so *m* • **to take notice of** hacer caso • **to hand in one's notice** presentar dimisión
**ticeable** ['nəʊtɪsəbl] *adj* perceptible
**tice board** *n* (*UK*) tablón *m* (*Esp*) OR lero *m* de anuncios
**tion** ['nəʊʃn] *n* noción *f*
**torious** [nəʊ'tɔːrɪəs] *adj* de mala utación
**ugat** ['nuːgɑː] *n turrón de frutos secos rutas confitadas*
**ught** [nɔːt] *n* cero *m*
**un** [naʊn] *n* nombre *m*, sustantivo *m*
**urishment** ['nʌrɪʃmənt] *n* alimento *m*
**v.** (*abbr of* **November**) nov. *(no-mbre)*
**vel** ['nɒvl] ◇ *n* novela *f* ◇ *adj* original
**velist** ['nɒvəlɪst] *n* novelista *mf*
**vember** [nə'vembəʳ] *n* noviembre *m* • **at the beginning of November** a ncipios de septiembre • **at the end** **November** a finales de noviembre • **ing November** en noviembre • **ry November** todos los años en viembre • **in November** en noviembre • **last November** en noviembre del año pasado • **next November** en noviembre del próximo año • **this November** en noviembre de este año • **2 November 2001** *(in letters etc)* 2 de noviembre de 2001
**now** [naʊ] ◇ *adv* ahora ◇ *conj* • **now (that)** ahora que • **just now** ahora mismo • **right now** *(at the moment)* en este momento; *(immediately)* ahora mismo • **by now** ya • **from now on** de ahora en adelante
**nowadays** ['naʊədeɪz] *adv* hoy en día
**nowhere** ['nəʊweəʳ] *adv* en ninguna parte
**nozzle** ['nɒzl] *n* boquilla *f*
**nuclear** ['njuːklɪəʳ] *adj* nuclear
**nude** [njuːd] *adj* desnudo(da)
**nudge** [nʌdʒ] *vt* dar un codazo a
**nuisance** ['njuːsns] *n* • **it's a real nuisance!** ¡es una lata! • **he's such a nuisance!** ¡es tan pelma!
**numb** [nʌm] *adj* **1.** *(person)* entumecido (da) **2.** *(leg, arm)* dormido(da)
**number** ['nʌmbəʳ] ◇ *n* número *m* ◇ *vt* *(give number to)* numerar

## telephone numbers

The international dialling code for calling Britain from Spain is *0044*. The code for the US is *001*. The emergency number for the local police is *092*, but the emergency services all have different numbers: *080* for the fire brigade, *061* for the ambulance service and *112* for other emergencies. Phone cards for public phone booths can be bought from newspaper stands (*quioscos*) and tobacconists (*estancos*).

**numberplate** ['nʌmbəpleɪt] *n* (*UK*) matrícula *f*, placa *f* (*Amér*)

**numeral** ['nju:mərəl] *n* número *m*

**numerous** ['nju:mərəs] *adj* numeroso (sa)

**nun** [nʌn] *n* monja *f*

**nurse** [nɜ:s] ◇ *n* enfermera *f* ◇ *vt* (*look after*) cuidar de • **male nurse** enfermero *m*

**nursery** ['nɜ:sərɪ] *n* **1.** (*in house*) cuarto *m* de los niños **2.** (*childcare*) guardería *f* **3.** (*for plants*) vivero *m*

**nursery (school)** *n* escuela *f* de párvulos, guardería *f*

**nursery slope** *n* (*UK*) pista *f* para principiantes

**nursing** ['nɜ:sɪŋ] *n* (*profession*) enfermería *f*

**nut** [nʌt] *n* **1.** (*to eat*) nuez *f* (*frutos secos en general*) **2.** (*of metal*) tuerca *f*

**nutcrackers** ['nʌt,krækəz] *npl* cascanueces *m inv*

**nutmeg** ['nʌtmeg] *n* nuez *f* moscada

**NVQ** [envi:'kju:] *n* (*abbr of* **National Vocational Qualification**) *en Gran Bretaña, una titulación profesional orientada a personas que ya forman parte del mundo laboral*

**nylon** ['naɪlɒn] ◇ *n* nylon *m* ◇ *adj* de nylon

# O

**o'** [ə] *abbr* = **of**

**oak** [əʊk] ◇ *n* roble *m* ◇ *adj* de roble

**OAP** [əʊeɪ'pi:] *abbr* (*UK*) = **old a pensioner**

**oar** [ɔ:ʳ] *n* remo *m*

**oatcake** ['əʊtkeɪk] *n* galleta *f* de aver

**oath** [əʊθ] *n* (*promise*) juramento *m*

**oatmeal** ['əʊtmi:l] *n* harina *f* de aver

**oats** [əʊts] *npl* avena *f*

**obedient** [ə'bi:djənt] *adj* obediente

**obey** [ə'beɪ] *vt* obedecer

**object** ◇ *n* ['ɒbdʒɪkt] **1.** objeto *m* GRAM objeto *m*, complemento *m* ◇ [ɒb'dʒekt] • **to object (to)** oponerse (

**objection** [əb'dʒekʃn] *n* objeción *f*

**objective** [əb'dʒektɪv] *n* objetivo *m*

**obligation** [,ɒblɪ'geɪʃn] *n* obligación *f*

**obligatory** [ə'blɪgətrɪ] *adj* obligator (ria)

**oblige** [ə'blaɪdʒ] *vt* • **to oblige sb to sthg** obligar a alguien a hacer algo

**oblique** [ə'bli:k] *adj* oblicuo(cua)

**oblong** ['ɒblɒŋ] ◇ *adj* rectangular ◇ rectángulo *m*

**obnoxious** [əb'nɒkʃəs] *adj* detestable

**oboe** ['əʊbəʊ] *n* oboe *m*

**obscene** [əb'si:n] *adj* obsceno(na)

**obscure** [əb'skjʊəʳ] *adj* **1.** (*difficult understand*) oscuro(ra) **2.** (*not we known*) desconocido(da)

**observant** [əb'zɜ:vnt] *adj* observad (ra)

**bservation** [ˌɒbzəˈveɪʃn] *n* observa-ón *f*
**bserve** [əbˈzɜːv] *vt* observar
**bsessed** [əbˈsest] *adj* obsesionado(da)
**bsession** [əbˈseʃn] *n* obsesión *f*
**bsolete** [ˈɒbsəliːt] *adj* obsoleto(ta)
**bstacle** [ˈɒbstəkl] *n* obstáculo *m*
**bstinate** [ˈɒbstənət] *adj* obstinado(da)
**bstruct** [əbˈstrʌkt] *vt (road, path)* obs-ruir
**bstruction** [əbˈstrʌkʃn] *n (in road, path)* obstáculo *m*
**btain** [əbˈteɪn] *vt* obtener
**btainable** [əbˈteɪnəbl] *adj* asequible
**bvious** [ˈɒbvɪəs] *adj* obvio(via)
**bviously** [ˈɒbvɪəslɪ] *adv* **1.** *(of course)* evidentemente **2.** *(clearly)* claramente
**ccasion** [əˈkeɪʒn] *n* **1.** *(instance)* vez *f* **2.** *mportant event)* acontecimiento *m* **3.** *opportunity)* ocasión *f*
**ccasional** [əˈkeɪʒənl] *adj* esporádico ca)
**ccasionally** [əˈkeɪʒnəlɪ] *adv* de vez en uando
**ccupant** [ˈɒkjʊpənt] *n* **1.** *(of house)* nquilino *m*, -na *f* **2.** *(of car, plane)* cupante *mf*
**ccupation** [ˌɒkjʊˈpeɪʃn] *n* **1.** *(job)* em-leo *m* **2.** *(pastime)* pasatiempo *m*
**ccupied** [ˈɒkjʊpaɪd] *adj (toilet)* ocupa-o(da)
**ccupy** [ˈɒkjʊpaɪ] *vt* **1.** ocupar **2.** *(build-ing)* habitar
**ccur** [əˈkɜːʳ] *vi* **1.** *(happen)* ocurrir **2.** *exist)* encontrarse
**ccurrence** [əˈkʌrəns] *n* acontecimien-o *m*
**cean** [ˈəʊʃn] *n* océano *m* • **the ocean** *(US) (sea)* el mar
**o'clock** [əˈklɒk] *adv* • **it's one o'clock** es la una • **it's two o'clock** son las dos • **at one/two o'clock** a la una/las dos
**Oct.** (*abbr of* **October**) oct. *(octubre)*
**October** [ɒkˈtəʊbəʳ] *n* octubre *m* • **at the beginning of October** a principios de octubre • **at the end of October** a finales de octubre • **during October** en octubre • **every October** todos los años en octubre • **in October** en octubre • **last October** en octubre del año pasado • **next October** en octubre del próximo año • **this October** en octubre de este año • **2 October 2001** *(in letters etc)* 2 de octubre de 2001
**octopus** [ˈɒktəpəs] *n* pulpo *m*
**odd** [ɒd] *adj* **1.** *(strange)* raro(ra) **2.** *(number)* impar **3.** *(not matching)* sin pareja **4.** *(occasional)* ocasional • **sixty odd miles** sesenta y pico millas • **some odd bits of paper** algunos que otros cachos de papel • **odd jobs** chapuzas *fpl*
**odds** [ɒdz] *npl* **1.** *(in betting)* apuestas *fpl* **2.** *(chances)* probabilidades *fpl* • **odds and ends** chismes *mpl*
**odor** [ˈəʊdər] *(US)* = **odour**
**odour** [ˈəʊdəʳ] *n (UK)* olor *m*
**of** [ɒv] *prep* **1.** *(gen)* de • **the handle of the door** el pomo de la puerta • **fear of spiders** miedo a las arañas • **he died of cancer** murió de cáncer • **the city of Glasgow** la ciudad de Glasgow • **that was very kind of you** fue muy amable por tu parte **2.** *(describing amounts, contents)* de • **a piece of cake**

un trozo de pastel • **a glass of beer** un vaso de cerveza • **a fall of 20%** un descenso del 20% **3.** *(made from)* de • **it's made of wood** es de madera **4.** *(referring to time)* de • **the summer of 1969** el verano de 1969 • **the 26th of August** el 26 de agosto **5.** *(US) (in telling the time)* • **it's ten of four** son las cuatro menos diez

**off** [ɒf]

◇ *adv* **1.** *(away)* • **to drive/walk off** alejarse • **to get off** *(bus, train etc)* bajarse • **we're off to Austria next week** nos vamos a Austria la semana que viene **2.** *(expressing removal)* • **to take sthg off** *(clothes, shoes)* quitarse algo; *(lid, wrapper)* quitar algo; *(money)* descontar algo **3.** *(so as to stop working)* • **to turn sthg off** *(TV, radio, engine)* apagar algo; *(tap)* cerrar algo **4.** *(expressing distance or time away)* • **it's a long way off** *(in distance)* está muy lejos **5.** *(not at work)* libre • **I'm taking a week off** voy a tomar una semana libre • **she's off ill** está enferma **6.** *(expressing completion)* • **to finish sthg off** terminar algo

◇ *prep* **1.** *(away from)* • **to get off sthg** bajarse de algo • **she fell off the chair** se cayó de la silla **2.** *(indicating removal)* • **take the lid off the jar** quita la tapa del tarro • **we'll take £20 off the price** le descontaremos 20 libras del precio **3.** *(adjoining)* • **it's just off the main road** está al lado de la carretera principal **4.** *(absent from)* • **to be off work** no estar en el trabajo **5.** *(inf) (from)* • **I bought it off her** se lo compré (a ella) **6.** *(inf) (no longer liking)* • **I'm off my food** no me apetece comer

◇ *adj* **1.** *(meat, cheese)* pasado(da); *(milk)* cortado(da); *(beer)* agrio(agria) **2.** *(not working)* apagado(da); *(tap)* cerrado(da) **3.** *(cancelled)* cancelado(da) **4.** *(not available)* • **the soup's off** no hay sopa

**offence** [ə'fens] *n* *(UK)* **1.** *(crime)* delito *m* **2.** *(upset)* ofensa *f*

**offend** [ə'fend] *vt* ofender

**offender** [ə'fendə^r] *n* delincuente *mf*

**offense** [ə'fens] *(US)* = **offence**

**offensive** [ə'fensɪv] *adj* *(insulting)* ofensivo(va)

**offer** ['ɒfə^r] ◇ *n* oferta *f* ◇ *vt* ofrecer • **on offer** *(available)* disponible; *(reduced)* en oferta • **to offer to do sthg** ofrecerse a hacer algo • **he offered her a drink** le ofreció una bebida

**office** ['ɒfɪs] *n* **1.** oficina *f* **2.** *(US) (building)* bloque *m* *(Esp)* OR edificio *m* de oficinas

**office block** *n* *(UK)* bloque *m* *(Esp)* o edificio *m* de oficinas

**officer** ['ɒfɪsə^r] *n* **1.** *(MIL)* oficial *mf* **2.** *(policeman)* agente *mf* de policía

**official** [ə'fɪʃl] ◇ *adj* oficial ◇ *n* *(of government)* funcionario *m*, -ria *f*

**officially** [ə'fɪʃəlɪ] *adv* oficialmente

**off-licence** *n* *(UK)* *tienda de bebidas alcohólicas para llevar*

**off-peak** *adj* de tarifa reducida

**off-season** *n* temporada *f* baja

**offshore** ['ɒfʃɔː^r] *adj* *(breeze)* costero(ra)

**off side** *n* **1.** *(for right-hand drive)* lado *m*

quierdo **2.** *(for left-hand drive)* lado
:recho
**'f-the-peg** *adj* (*UK*) confeccionado
a)
**'ten** ['ɒfn, 'ɒftn] *adv* a menudo, con
ecuencia • **how often do the buses**
**n?** ¿cada cuánto tiempo pasan los
ıtobuses? • **every so often** cada
erto tiempo
**ı** [əʊ] *excl* ¡ah!, ¡oh!
**l** [ɔɪl] *n* **1.** aceite *m* **2.** *(fuel)* petróleo *m*
**l rig** *n* plataforma *f* petrolífera
**ly** ['ɔɪlɪ] *adj* **1.** *(cloth, hands)* grasiento
a) **2.** *(food)* aceitoso(sa)
**ntment** ['ɔɪntmənt] *n* pomada *f*
**K** [ˌəʊ'keɪ] ◇ *adv* **1.** (*inf*) (*expressing*
*reement)* vale (*Esp*), okey (*Amér*) **2.**
*ıtisfactorily, well)* bien ◇ *adj* (*inf*) • **is**
**at OK with you?** ¿te parece bien? •
**eryone's OK** todos están bien • **the**
**m was OK** la película estuvo bien
**‹ay** [ˌəʊ'keɪ] = OK
**d** [əʊld] *adj* **1.** viejo(ja) **2.** *(former)*
ıtiguo(gua) • **how old are you?**
uántos años tienes? • **I'm 36 years**
**d** tengo 36 años • **to get old** hacerse
ejo
**d age** *n* vejez *f*
**d age pensioner** *n* (*UK*) pensionista
**ive** ['ɒlɪv] *n* aceituna *f*
**ive oil** *n* aceite *m* de oliva
**lympic Games** [ə'lɪmpɪk-] *npl* Juegos
*ıl* Olímpicos
**nelette** ['ɒmlɪt] *n* tortilla *f* • **mush-**
**om omelette** tortilla de champiño-
:s
**ninous** ['ɒmɪnəs] *adj* siniestro(tra)

**omit** [ə'mɪt] *vt* omitir
**on** [ɒn]
◇ *prep* **1.** *(indicating position)* en; *(on top of)* en, sobre • **it's on the table** está en la mesa • **it's on the floor** está en el suelo • **a picture on the wall** un cuadro en la pared • **the exhaust on the car** el tubo de escape del coche • **on the left/right** a la izquierda/derecha • **we stayed on a farm** estuvimos en una granja • **on the banks of the river** a orillas del río • **the instructions on the packet** las instrucciones en el paquete **2.** *(with forms of transport)* • **on the train/plane** en el tren/avión • **to get on a bus** subirse a un autobús **3.** *(expressing means, method)* en • **on foot** a pie • **to lean on one's elbows** apoyarse en los codos • **on the radio** en la radio • **on TV** en la televisión • **it runs on unleaded petrol** funciona con gasolina sin plomo **4.** *(about)* sobre, acerca de • **a book on Germany** un libro sobre Alemania **5.** *(expressing time)* • **on arrival** al llegar • **on Tuesday** el martes • **on Tuesdays** los martes • **on 25th August** el 25 de agosto **6.** *(with regard to)* en, sobre • **a tax on imports** un impuesto sobre las importaciones • **the effect on Britain** el impacto en Gran Bretaña **7.** *(describing activity, state)* • **on holiday** de vacaciones • **on offer** *(reduced)* en oferta • **on sale** en venta **8.** *(in phrases)* • **do you have any money on you?** ¿llevas dinero? • **the drinks are on me** (a las copas) invito yo
◇ *adv* **1.** *(in place, covering)* • **put the lid on** pon la tapa • **to put one's clothes**

on vestirse **2.** *(film, play, programme)* • **what's on at the cinema?** ¿qué ponen en el cine? **3.** *(with transport)* • **to get on** subirse **4.** *(functioning)* • **to turn sthg on** *(TV, radio, engine)* encender algo; *(tap)* abrir algo **5.** *(taking place)* • **the match is already on** ya ha empezado el partido **6.** *(indicating continuing action)* • **to keep on doing sthg** seguir haciendo algo • **to drive on** seguir conduciendo **7.** *(in phrases)* • **have you anything on tonight?** ¿haces algo esta noche?
◇ *adj (TV, radio, light, engine)* encendido (da); *(tap)* abierto(ta) • **is the game on?** ¿se va a celebrar el partido?

**once** [wʌns] ◇ *adv* **1.** *(one time)* una vez **2.** *(in the past)* en otro tiempo ◇ *conj* una vez que • **at once** *(immediately)* inmediatamente; *(at the same time)* a la vez • **for once** por una vez • **once a month** una vez al mes • **once more** *(one more time)* una vez más; *(again)* otra vez

**oncoming** ['ɒn,kʌmɪŋ] *adj (traffic)* que viene en dirección contraria

**one** [wʌn] ◇ *num* uno(una) ◇ *adj (only)* único(ca) ◇ *pron (fml) (you)* uno *m*, una *f* • **the green one** el verde(la verde) • **I want a blue one** quiero uno azúl • **thirty-one** treinta y uno • **a hundred and one** ciento uno • **one fifth** un quinto • **that one** ése *m*, ésa *f* • **this one** éste *m*, -ta *f* • **which one?** ¿cuál? • **the one I told you about** aquél que te conté • **one of my friends** uno de mis amigos • **one day** *(in past)* un día; *(in future)* algún día

**oneself** [wʌn'self] *pron* **1.** *(reflexive)* se **2.** *(after prep)* uno mismo *m*, una misma • **to wash oneself** lavarse

**one-way** *adj* **1.** *(street)* de dirección única **2.** *(ticket)* de ida

**onion** ['ʌnjən] *n* cebolla *f*

**online** ['ɒn'laɪn] *adj COMPUT* on-line

**online banking** *n COMPUT* banca online

**online shopping** *n COMPUT* compras *fpl* online

**only** ['əʊnlɪ] ◇ *adj* único(ca) ◇ *adv* sólo • **an only child** hijo único • **I only want one** sólo quiero uno • **we've only just arrived** acabamos de llegar • **there's only just enough** apenas hay lo justo • **not only** no sólo ▼ **members only** miembros sólo

**onto** ['ɒntu:] *prep (with verbs of movement)* encima de, sobre • **to get onto sb** *(telephone)* ponerse en contacto con alguien

**onward** ['ɒnwəd] ◇ *adv* = **onwards** ◇ *adj* • **your onward journey** el resto de su viaje

**onwards** ['ɒnwədz] *adv (forwards)* adelante • **from now onwards** de ahora en adelante • **from October onwards** de octubre en adelante

**opal** ['əʊpl] *n* ópalo *m*

**opaque** [əʊ'peɪk] *adj* opaco(ca)

**open** ['əʊpn] ◇ *adj* **1.** abierto(ta) **2.** *(honest)* sincero(ra) ◇ *vt* **1.** abrir **2.** *(start)* dar comienzo a ◇ *vi* **1.** *(door, window, lock)* abrirse **2.** *(shop, office, bank)* abrir **3.** *(start)* dar comienzo • **are you open at the weekend?** ¿abres el fin de semana? • **wide open** abierto de par en par • **in the open (air)** al aire libre

**en onto** *vt insep* dar a ◆ **open up** *vi* rir

**en-air** *adj* al aire libre

**ening** ['əupnɪŋ] *n* **1.** *(gap)* abertura *f* *(beginning)* comienzo *m* **3.** *(opportu-y)* oportunidad *f*

**ening hours** *npl* horario *m* de ertura

**en-minded** [-'maɪndɪd] *adj* sin pre-icios

**en-plan** *adj* de plano abierto

**pen University** *n* (*UK*) universida *f* distancia

**era** ['ɒpərə] *n* ópera *f*

**era house** *n* teatro *m* de la ópera

**erate** ['ɒpəreɪt] ◇ *vt* *(machine)* hacer ncionar ◇ *vi* *(work)* funcionar ◆ **to erate on sb** operar a alguien

**erating room** ['ɒpəreɪtɪŋ-] *n* (*US*) = **erating theatre**

**erating theatre** ['ɒpəreɪtɪŋ-] *n* (*UK*) irófano *m*

**eration** [,ɒpə'reɪʃn] *n* operación *f* ◆ **be in operation** *(law, system)* estar en gor ◆ **to have an operation** operarse

**erator** ['ɒpəreɪtəʳ] *n* *(on phone)* ope-dor *m*, -ra *f*

**inion** [ə'pɪnjən] *n* opinión *f* ◆ **in my inion** en mi opinión

**ponent** [ə'pəunənt] *n* **1.** *SPORT* con-ncante *mf* **2.** *(of idea, policy, party)* versario *m*, -ria *f*

**portunity** [,ɒpə'tju:nətɪ] *n* oportuni-d *f*

**pose** [ə'pəuz] *vt* oponerse a

**posed** [ə'pəuzd] *adj* ◆ **to be opposed** oponerse a

**posite** ['ɒpəzɪt] ◇ *adj* **1.** *(facing)* de enfrente **2.** *(totally different)* opuesto(ta) ◇ *prep* enfrente de ◇ *n* ◆ **the opposite (of)** lo contrario (de)

**opposition** [,ɒpə'zɪʃn] *n* **1.** *(objections)* oposición *f* **2.** *SPORT* oponentes *mf pl* ◆ **the Opposition** la oposición

**opt** [ɒpt] *vt* ◆ **to opt to do sthg** optar por hacer algo

**optician's** [ɒp'tɪʃnz] *n* *(shop)* óptica *f*

**optimist** ['ɒptɪmɪst] *n* optimista *mf*

**optimistic** [,ɒptɪ'mɪstɪk] *adj* optimista

**option** ['ɒpʃn] *n* opción *f*

**optional** ['ɒpʃənl] *adj* opcional

**or** [ɔ:ʳ] *conj* **1.** o, u *(before o or ho)* **2.** *(after negative)* ni ◆ **I can't read or write** no sé (ni) leer ni escribir

**oral** ['ɔ:rəl] ◇ *adj* **1.** *(spoken)* oral **2.** *(of the mouth)* bucal ◇ *n* examen *m* oral

**orange** ['ɒrɪndʒ] ◇ *adj* naranja *(inv)* ◇ *n* naranja *f*

**orange juice** *n* zumo *m* (*Esp*) OR jugo *m* (*Amér*) de naranja

**orange squash** *n* (*UK*) naranjada *f*

**orbit** ['ɔ:bɪt] *n* órbita *f*

**orchard** ['ɔ:tʃəd] *n* huerto *m*

**orchestra** ['ɔ:kɪstrə] *n* orquesta *f*

**ordeal** [ɔ:'di:l] *n* calvario *m*

**order** ['ɔ:dəʳ] ◇ *n* **1.** *(sequence, neatness, discipline)* orden *m* **2.** *(command, in restaurant)* orden *f* **3.** *COMM* pedido *m* ◇ *vt* **1.** *(command)* ordenar **2.** *(food, drink, taxi)* pedir **3.** *COMM* encargar ◇ *vi* *(in restaurant)* pedir ◆ **in order to** para ◆ **out of order** *(not working)* estropeado ◆ **in working order** en funcionamiento ◆ **to order sb to do sthg** ordenar a alguien que haga algo

**order form** *n* hoja *f* de pedido

**ordinary** ['ɔːdənrɪ] *adj* corriente
**oregano** [ˌɒrɪ'gɑːnəʊ] *n* orégano *m*
**organ** ['ɔːgən] *n* órgano *m*
**organic** [ɔː'gænɪk] *adj* orgánico(ca)
**organization** [ˌɔːgənaɪ'zeɪʃn] *n* organización *f*
**organize** ['ɔːgənaɪz] *vt* organizar
**organizer** ['ɔːgənaɪzə^r] *n* **1.** *(person)* organizador *m*, -ra *f* **2.** *(diary)* agenda *f* **3.** *(electronic)* agenda *f* electrónica
**orient** ['ɔːrɪent] *vt (US)* • **to orient o.s.** orientarse
**oriental** [ˌɔːrɪ'entl] *adj* oriental
**orientate** ['ɔːrɪenteɪt] *vt* • **to orientate o.s.** orientarse
**origin** ['ɒrɪdʒɪn] *n* origen *m*
**original** [ə'rɪdʒənl] *adj* **1.** *(first)* originario(ria) **2.** *(novel)* original
**originally** [ə'rɪdʒənəlɪ] *adv* originalmente
**originate** [ə'rɪdʒəneɪt] *vi* • **to originate (from)** nacer (de)
**ornament** ['ɔːnəmənt] *n* adorno *m*
**ornamental** [ˌɔːnə'mentl] *adj* ornamental
**orphan** ['ɔːfn] *n* huérfano *m*, -na *f*
**orthodox** ['ɔːθədɒks] *adj* ortodoxo(xa)
**ostentatious** [ˌɒstən'teɪʃəs] *adj* ostentoso(sa)
**ostrich** ['ɒstrɪtʃ] *n* avestruz *m*
**other** ['ʌðə^r] ◇ *adj* otro(otra) ◇ *adv* • **other than** excepto • **the other (one)** el otro(la otra) • **the other day** el otro día • **one after the other** uno después del otro ♦ **others** *pron (additional ones)* otros *mpl*, otras *f* • **the others** *(remaining ones)* los demás (las demás), los otros (las otras)
**otherwise** ['ʌðəwaɪz] *adv* **1.** *(or else)* sin **2.** *(apart from that)* por lo demás *(differently)* de otra manera
**otter** ['ɒtə^r] *n* nutria *f*
**ought** [ɔːt] *aux vb* deber • **it ought t be ready** debería de estar listo • **yc ought to do it** deberías hacerlo
**ounce** [aʊns] *n* = *28,35g*, onza *f*
**our** ['aʊə^r] *adj* nuestro(tra)
**ours** ['aʊəz] *pron* nuestro *m*, -tra *f* • **friend of ours** un amigo nuestro
**ourselves** [aʊə'selvz] *pron* **1.** *(reflexiv* nos **2.** *(after prep)* nosotros *mpl* mismo nosotras mismas *f* • **we did it ou selves** lo hicimos nosotros mismos
**out** [aʊt]
◇ *adj (light, cigarette)* apagado(da)
◇ *adv* **1.** *(outside)* fuera • **to get out (o** *(car)* bajar (de) • **to go out (of)** sal (de) • **it's cold out today** hace fr fuera hoy **2.** *(not at home, work)* fuera **to go out** salir • **she's out** está fuera *(extinguished)* • **put your cigarette o** apaga tu cigarrillo **4.** *(expressing remova* • **to take sthg out (of)** sacar algo (d • **to pour sthg out** *(liquid)* echar algo *(outwards)* hacia fuera • **to stick o** sobresalir **6.** *(expressing exclusion)* fue • **keep out** prohibida la entrada **7. to be out** *(of game, competition)* perder *(in phrases)* • **stay out of the sun** no pongas al sol • **made out of wo** (hecho) de madera • **five out of te women** cinco de cada diez mujeres **I'm out of cigarettes** no tengo (má cigarrillos
**outbreak** ['aʊtbreɪk] *n* **1.** *(of war)* c mienzo *m* **2.** *(of illness)* epidemia *f*

**tburst** ['aʊtbɜːst] *n* explosión *f*
**tcome** ['aʊtkʌm] *n* resultado *m*
**tdated** [ˌaʊt'deɪtɪd] *adj* anticuado a)
**tdo** [ˌaʊt'duː] *vt* aventajar
**tdoor** ['aʊtdɔːʳ] *adj* (*swimming pool, ivities*) al aire libre
**tdoors** [aʊt'dɔːz] *adv* al aire libre
**ter** ['aʊtəʳ] *adj* exterior
**ter space** *n* el espacio exterior
**tfit** ['aʊtfɪt] *n* (*clothes*) traje *m*
**ting** ['aʊtɪŋ] *n* excursión *f*
**tlet** ['aʊtlet] *n* (*pipe*) desagüe *m* ▼ **no tlet** (*US*) *señal que indica que una rretera no tiene salida*
**tline** ['aʊtlaɪn] *n* **1.** (*shape*) contorno **2.** (*description*) esbozo *m*
**tlook** ['aʊtlʊk] *n* **1.** (*for future*) perspectivas *fpl* **2.** (*of weather*) pronóstico *m* (*attitude*) enfoque *m*
**t-of-date** *adj* **1.** (*old-fashioned*) anticuado(da) **2.** (*passport, licence*) caduca-(da), vencido(da) (*Amér*)
**tpatients' (department)** ['aʊt-ɪʃnts-] *n* departamento *m* de pacientes externos
**tput** ['aʊtpʊt] *n* **1.** (*of factory*) producción *f* **2.** COMPUT (*printout*) impresión *f*
**trage** ['aʊtreɪdʒ] *n* (*cruel act*) atrocidad *f*
**trageous** [aʊt'reɪdʒəs] *adj* (*shocking*) dignante
**tright** [ˌaʊt'raɪt] *adv* **1.** (*tell, deny*) tegóricamente **2.** (*own*) totalmente
**tside** ◇ *adv* [ˌaʊt'saɪd] fuera, afuera *mér*) ◇ *prep* ['aʊtsaɪd] fuera de, afuera (*Amér*) ◇ *adj* ['aʊtsaɪd] **1.** (*exterior*) exterior **2.** (*help, advice*) independiente ◇ *n* ['aʊtsaɪd] ● **the outside** (*of building, car, container*) el exterior; AUT (*in UK*) carril *m* de adelantamiento; AUT (*in Europe, US*) carril lento ● **an outside line** una línea exterior ● **outside of** (*US*) (*on the outside of*) fuera de; (*apart from*) aparte de
**outside lane** *n* **1.** (*in UK*) carril *m* de adelantamiento **2.** (*in Europe, US*) carril *m* lento
**outsize** ['aʊtsaɪz] *adj* (*clothes*) de talla grande
**outskirts** ['aʊtskɜːts] *npl* afueras *fpl*
**outsource** ['aʊtsɔːs] *vt* subcontratar
**outsourcing** ['aʊtsɔːsɪŋ] *n* subcontratación *f*
**outstanding** [ˌaʊt'stændɪŋ] *adj* **1.** (*remarkable*) destacado(da) **2.** (*problem, debt*) pendiente
**outward** ['aʊtwəd] *adj* **1.** (*journey*) de ida **2.** (*external*) visible
**outwards** ['aʊtwədz] *adv* hacia afuera
**oval** ['əʊvl] *adj* oval
**ovation** [əʊ'veɪʃn] *n* ovación *f*
**oven** ['ʌvn] *n* horno *m*
**oven glove** *n* (*UK*) guante *m* de horno
**ovenproof** ['ʌvnpruːf] *adj* refractario (ria)
**oven-ready** *adj* listo(ta) para hornear
**over** ['əʊvəʳ]
◇ *prep* **1.** (*above*) encima de ● **a lamp over the table** una lámpara encima de la mesa **2.** (*across*) por encima de ● **to walk over sthg** cruzar algo (andando) ● **it's just over the road** está mismo enfrente **3.** (*covering*) sobre ● **to smear the cream over the wound** untar la

herida con la crema **4.** *(more than)* más de ◆ **it cost over £1,000** costó más de mil libras **5.** *(during)* durante ◆ **over the past two years** en los dos últimos años **6.** *(with regard to)* sobre ◆ **an argument over the price** una discusión sobre el precio
◇ *adv* **1.** *(downwards)* ◆ **to fall over** caerse ◆ **to push sthg over** empujar algo **2.** *(referring to position, movement)* ◆ **to drive/walk over** cruzar ◆ **over here** aquí ◆ **over there** allí **3.** *(round to other side)* ◆ **to turn sthg over** dar la vuelta a algo **4.** *(more)* ◆ **children aged 12 and over** niños de 12 años en adelante **5.** *(remaining)* ◆ **to be (left) over** quedar **6.** *(to one's house)* ◆ **to invite sb over for dinner** invitar a alguien a cenar **7.** *(in phrases)* ◆ **all over** *(finished)* terminado (da); *(throughout)* por todo
◇ *adj* *(finished)* ◆ **to be over** haber terminado

**overall** ◇ *adv* [ˌəʊvər'ɔːl] en conjunto ◇ *n* ['əʊvərɔːl] **1.** (*UK*) *(coat)* guardapolvo *m* **2.** (*US*) *(boiler suit)* mono *m* (*Esp*), overol *m* (*Amér*) ◆ **how much does it cost overall?** ¿cuánto cuesta en total?
◆ **overalls** *npl* **1.** (*UK*) *(boiler suit)* mono *m* (*Esp*), overol *m* (*Amér*) **2.** (*US*) *(dungarees)* pantalones *mpl* de peto

**overboard** ['əʊvəbɔːd] *adv* *(from ship)* por la borda

**overbooked** [ˌəʊvə'bʊkt] *adj* ◆ **to be overbooked** tener overbooking

**overcame** [ˌəʊvə'keɪm] *pt* ➤ **overcome**

**overcast** [ˌəʊvə'kɑːst] *adj* cubierto(ta)

**overcharge** [ˌəʊvə'tʃɑːdʒ] *vt* cobrar en exceso

**overcoat** ['əʊvəkəʊt] *n* abrigo *m*

**overcome** [ˌəʊvə'kʌm] (*pt* **-came**, *pp* **-come**) *vt* *(defeat)* vencer

**overcooked** [ˌəʊvə'kʊkt] *adj* demasiado hecho(cha) (*Esp*), sobrecocido(da)

**overcrowded** [ˌəʊvə'kraʊdɪd] *adj* atestado(da)

**overdo** [ˌəʊvə'duː] (*pt* **-did**, *pp* **-done**) *vt* *(exaggerate)* exagerar ◆ **to overdo it** exagerar

**overdone** [ˌəʊvə'dʌn] ◇ *pp* ➤ **overdo** *adj* *(food)* demasiado hecho(cha) (*Esp*) sobrecocido(da)

**overdose** ['əʊvədəʊs] *n* sobredosis *inv*

**overdraft** ['əʊvədrɑːft] *n* **1.** *(money owed)* saldo *m* deudor **2.** *(credit limit)* descubierto *m*

**overdue** [ˌəʊvə'djuː] *adj* **1.** *(bus, flight)* retrasado(da) **2.** *(rent, payment)* vencido(da)

**over easy** *adj* (*US*) *(egg)* frito(ta) por ambos lados

**overexposed** [ˌəʊvərɪk'spəʊzd] *adj* sobreexpuesto(ta)

**overflow** ◇ *vi* [ˌəʊvə'fləʊ] desbordarse *n* ['əʊvəfləʊ] *(pipe)* cañería *f* de desagüe

**overgrown** [ˌəʊvə'grəʊn] *adj* cubierto(ta) de matojos

**overhaul** [ˌəʊvə'hɔːl] *n* *(of machine, car)* revisión *f*

**overhead** ◇ *adj* ['əʊvəhed] aéreo(a) *adv* [ˌəʊvə'hed] por lo alto

**overhead locker** *n* maletero *m* superior

**overhear** [ˌəʊvə'hɪəʳ] (*pt & pp* **-heard**) *vt* oír por casualidad

**overheat** [ˌəʊvə'hiːt] *vi* recalentarse

**verland** ['əʊvəlænd] *adv* por vía te-rrestre
**verlap** [ˌəʊvə'læp] *vi* superponerse
**verleaf** [ˌəʊvə'li:f] *adv* al dorso
**verload** [ˌəʊvə'ləʊd] *vt* sobrecargar
**verlook** ◇ *vt* [ˌəʊvə'lʊk] **1.** *(subj: building, room)* dar a **2.** *(miss)* pasar por alto ◇ *n* ['əʊvəlʊk] • **(scenic) overlook** *(US)* mirador *m*
**vernight** [*adv* ˌəʊvə'naɪt, *adj* 'əʊvənaɪt] ◇ *adv* **1.** *(during the night)* durante la noche **2.** *(until next day)* toda la noche ◇ *adj (train, journey)* de noche
**vernight bag** *n* bolso *m* de fin de semana
**verpass** ['əʊvəpɑ:s] *n (US)* paso *m* elevado
**verpowering** [ˌəʊvə'paʊərɪŋ] *adj* arrollador(ra)
**versaw** [ˌəʊvə'sɔ:] *pt* ≫ **oversee**
**verseas** ◇ *adv* [ˌəʊvə'si:z] **1.** *(go)* al extranjero **2.** *(live)* en el extranjero ◇ *adj* ['əʊvəsi:z] **1.** *(holiday, branch)* en el extranjero **2.** *(student)* extranjero(ra)
**versee** [ˌəʊvə'si:] *(pt* **-saw**, *pp* **-seen**) *vt* supervisar
**vershoot** [ˌəʊvə'ʃu:t] *(pt & pp* **-shot**) *vt* pasarse
**versight** ['əʊvəsaɪt] *n* descuido *m*
**versleep** [ˌəʊvə'sli:p] *(pt & pp* **-slept**) *vi* dormirse, no despertarse a tiempo
**vertake** [ˌəʊvə'teɪk] *(pt* **-took**, *pp* **-taken**) *vt & vi (UK)* adelantar ▼ **no overtaking** prohibido adelantar
**vertime** ['əʊvətaɪm] *n* horas *fpl* extra
**vertook** [ˌəʊvə'tʊk] *pt* ≫ **overtake**
**verture** ['əʊvəˌtjʊə'] *n MUS* obertura *f*
**verturn** [ˌəʊvə'tɜ:n] *vi* volcar
**overweight** [ˌəʊvə'weɪt] *adj* gordo(da)
**overwhelm** [ˌəʊvə'welm] *vt* abrumar
**owe** [əʊ] *vt* deber • **you owe me £50** me debes 50 libras • **owing to** debido a
**owl** [aʊl] *n* búho *m*
**own** [əʊn] ◇ *adj* propio(pia) ◇ *vt* poseer ◇ *pron* • **my own** el mío(la mía) • **her own** la suya • **his own** el suyo • **on my own** solo(la) • **to get one's own back** tomarse la revancha ◆ **own up** *vi* • **to own up (to sthg)** confesar (algo)
**owner** ['əʊnə'] *n* propietario *m*, -ria *f*
**ownership** ['əʊnəʃɪp] *n* propiedad *f*
**ox** [ɒks] *(pl* **oxen**) *n* buey *m*
**Oxbridge** ['ɒksbrɪdʒ] *n las universidades de Oxford y Cambridge*

## Oxbridge

*Oxbridge* es un término que combina las palabras Oxford y Cambridge, y que se usa para referirse a las dos universidades británicas más prestigiosas. Son universidades que se destacan por su calidad de enseñanza y de investigación. Para entrar en ellas hay que pasar por un riguroso proceso de selección.

**oxtail soup** ['ɒksteɪl-] *n* sopa *f* de rabo de buey
**oxygen** ['ɒksɪdʒən] *n* oxígeno *m*
**oyster** ['ɔɪstə'] *n* ostra *f*
**oz** *abbr* = **ounce**
**ozone-friendly** ['əʊzəʊn-] *adj* que no daña la capa de ozono

# P

**p** [piː] *abbr* **1.** = **penny, pence 2.** (*abbr of* **page**) pág.
**pace** [peɪs] *n* paso *m*
**pacemaker** ['peɪs,meɪkəʳ] *n* *(for heart)* marcapasos *m inv*
**Pacific** [pə'sɪfɪk] *n* ● **the Pacific (Ocean)** el (océano) Pacífico
**pacifier** ['pæsɪfaɪəʳ] *n* (*US*) *(for baby)* chupete *m*, chupón *m* (*Amér*)
**pacifist** ['pæsɪfɪst] *n* pacifista *mf*
**pack** [pæk] ◇ *n* **1.** *(packet)* paquete *m* **2.** *(of crisps)* bolsa *f* **3.** (*UK*) *(of cards)* baraja *f* **4.** *(rucksack)* mochila *f* ◇ *vt* **1.** *(suitcase, bag)* hacer **2.** *(clothes, camera etc)* meter en la maleta **3.** *(to package)* empaquetar ◇ *vi* hacer la maleta ● **a pack of lies** una sarta de mentiras ● **they packed all their possessions into the van** metieron todas sus posesiones en la furgoneta ● **to pack one's bags** hacerse las maletas ◆ **pack up** *vi* **1.** *(pack suitcase)* hacer las maletas **2.** *(tidy up)* recoger **3.** (*UK*) (*inf*) *(machine, car)* fastidiarse, fdescomponerse (*Amér*)
**package** ['pækɪdʒ] ◇ *n* paquete *m* ◇ *vt* envasar
**package holiday** *n* (*UK*) vacaciones *fpl* con todo incluido
**packaging** ['pækɪdʒɪŋ] *n* embalaje *m*
**packed** [pækt] *adj* *(crowded)* repleto(ta)
**packed lunch** *n* (*UK*) *almuerzo preparado que se lleva al colegio, trabajo etc*
**packet** ['pækɪt] *n* paquete *m* ● **it cost a packet** (*UK*) (*inf*) costó un dineral
**packing** ['pækɪŋ] *n* *(material)* embalaje *m* ● **to do one's packing** hacer el equipaje
**pad** [pæd] *n* **1.** *(of paper)* bloc *m* **2.** *(of cloth, cotton wool)* almohadilla *f* ● **shoulder pads** hombreras *fpl*
**padded** ['pædɪd] *adj* acolchado(da)
**padded envelope** *n* sobre *m* acolchado
**paddle** ['pædl] ◇ *n* *(pole)* pala *f* ◇ *vi* **1.** (*UK*) *(wade)* pasear por la orilla **2.** *(in canoe)* remar
**paddling pool** ['pædlɪŋ-] *n* *(in park)* estanque *m* para chapotear
**padlock** ['pædlɒk] *n* candado *m*
**page** [peɪdʒ] ◇ *n* página *f* ◇ *vt* **1.** *(on public system)* llamar por megafonía **2.** *(on pager)* contactar a alguien en el buscapersonas **3.** ▼ **paging Mr Hill** llamando a Mr Hill
**pager** [peɪdʒəʳ] *n* buscapersonas *m*, bíper *m* (*Méx*)
**paid** [peɪd] ◇ *pt* & *pp* ➤ **pay** ◇ *adj* pagado(da)
**pain** [peɪn] *n* **1.** *(physical)* dolor *m* **2.** *(emotional)* pena *f* ● **to be in pain** sufrir dolor ● **he's such a pain!** (*inf*) ¡es un plasta! ◆ **pains** *npl* *(trouble)* esfuerzos *mpl*
**painful** ['peɪnfʊl] *adj* doloroso(sa) ● **my leg is painful** me duele la pierna
**painkiller** ['peɪn,kɪləʳ] *n* calmante *m*
**paint** [peɪnt] ◇ *n* pintura *f* ◇ *vt* & *vi* pintar ● **to paint one's nails** pintarse las uñas ◆ **paints** *npl* *(tubes, pots etc)* pinturas *fpl*

**aintbrush** ['peɪntbrʌʃ] *n* **1.** *(of decorator)* :ocha *f* **2.** *(of artist)* pincel *m*
**ainter** ['peɪntəʳ] *n* pintor *m*, -ra *f*
**ainting** ['peɪntɪŋ] *n* **1.** *(picture)* cuadro **2.** *(artistic activity, trade)* pintura *f*
**air** [peəʳ] *n* *(of two things)* par *m* • **in** ıirs por pares • **a pair of pliers** unos icates • **a pair of scissors** unas ieras • **a pair of shorts** unos panta-nes cortos • **a pair of tights** un par : medias • **a pair of trousers** unos ıntalones
**ajamas** [pə'dʒɑːməz] (*US*) = **pyjamas**
**akistan** [(*UK*) ˌpɑːkɪ'stɑːn, (*US*) ækɪ'stæn] *n* Paquistán
**akistani** [(*UK*) ˌpɑːkɪ'stɑːnɪ, (*US*) ækɪ'stænɪ] ◇ *adj* paquistaní ◇ *n* pa-ıistaní *mf*
**akora** [pə'kɔːrə] *npl verduras rebozadas uy fritas y picantes, al estilo indio*
**al** [pæl] *n* (*inf*) colega *mf*
**alace** ['pælɪs] *n* palacio *m*
**alatable** ['pælətəbl] *adj* sabroso(sa)
**alate** ['pælət] *n* paladar *m*
**ale** [peɪl] *adj* **1.** *(not bright)* claro(ra) **2.** *kin)* pálido(da)
**ale ale** *n tipo de cerveza rubia*
**alm** [pɑːm] *n* *(of hand)* palma *f* • **palm ree)** palmera *f*
**alpitations** [ˌpælpɪ'teɪʃnz] *npl* palpi-ciones *fpl*
**amphlet** ['pæmflɪt] *n* folleto *m*
**an** [pæn] *n* cazuela *f*
**anama** [ˌpænə'mɑː] *n* Panamá
**anamanian** [ˌpænə'meɪnjən] ◇ *adj* pa-ameño(ña) ◇ *n* panameño *m*, -ña *f*
**ancake** ['pænkeɪk] *n* crepe *f*
**anda** ['pændə] *n* panda *m*

**pane** [peɪn] *n* cristal *m*
**panel** ['pænl] *n* **1.** *(of wood, on TV, radio)* panel *m* **2.** *(group of experts)* equipo *m*
**paneling** ['pænəlɪŋ] (*US*) = **panelling**
**panelling** ['pænəlɪŋ] *n* (*UK*) paneles *mpl*
**panic** ['pænɪk] (*pt & pp* **-ked**, *cont* **-king**) ◇ *n* pánico *m* ◇ *vi* aterrarse
**panniers** ['pænɪəz] *npl* *(for bicycle)* bolsas *fpl* para equipaje
**panoramic** [ˌpænə'ræmɪk] *adj* panorá-mico(ca)
**pant** [pænt] *vi* jadear
**panties** ['pæntɪz] *npl* (*inf*) bragas *fpl* (*Esp*), calzones *mpl* (*Amér*)
**pantomime** ['pæntəmaɪm] *n* (*UK*) *musi-cal humorístico infantil de Navidades*
**pantry** ['pæntrɪ] *n* despensa *f*
**pants** [pænts] *npl* **1.** (*UK*) *(underwear)* calzoncillos *mpl* **2.** (*US*) *(trousers)* pantalones *mpl*
**panty hose** ['pæntɪ-] *npl* (*US*) medias *fpl*
**paper** ['peɪpəʳ] ◇ *n* **1.** *(material)* papel *m* **2.** *(newspaper)* periódico *m* **3.** *(exam)* examen *m* ◇ *adj* de papel ◇ *vt* empa-pelar • **a piece of paper** *(sheet)* un papel; *(scrap)* un trozo de papel ♦ **papers** *npl* *(documents)* documentación *f*
**paperback** ['peɪpəbæk] *n* libro *m* en rústica
**paper bag** *n* bolsa *f* de papel
**paperboy** ['peɪpəbɔɪ] *n* repartidor *m* de periódicos
**paper clip** *n* clip *m*
**papergirl** ['peɪpəgɜːl] *n* repartidora *f* de periódicos
**paper shop** *n* (*UK*) ≃ quiosco *m* de periódicos

**paperweight** ['peɪpəweɪt] *n* pisapapeles *m inv*
**paprika** ['pæprɪkə] *n* pimentón *m*
**paracetamol** [ˌpærə'si:təmɒl] *n* paracetamol *m*
**parachute** ['pærəʃu:t] *n* paracaídas *m inv*
**parade** [pə'reɪd] *n* **1.** *(procession)* desfile *m*
**paradise** ['pærədaɪs] *n* paraíso *m*
**paraffin** ['pærəfɪn] *n* parafina *f*
**paragraph** ['pærəgrɑ:f] *n* párrafo *m*
**Paraguay** ['pærəgwaɪ] *n* (el) Paraguay
**Paraguayan** [ˌpærə'gwaɪən] ◇ *adj* paraguayo(ya) ◇ *n* paraguayo *m*, -ya *f*
**parallel** ['pærəlel] *adj* • **parallel (to)** paralelo(la)(a)
**paralysed** ['pærəlaɪzd] *adj* *(UK)* paralizado(da)
**paralyzed** ['pærəlaɪzd] *(US)* = **paralysed**
**paramedic** [ˌpærə'medɪk] *n* auxiliar *m* sanitario, auxiliar sanitaria *f*
**paranoid** ['pærənɔɪd] *adj* paranoico(ca)
**parasite** ['pærəsaɪt] *n* **1.** *(animal)* parásito *m* **2.** *(pej)* *(person)* parásito *m*, -ta *f*
**parasol** ['pærəsɒl] *n* sombrilla *f*
**parcel** ['pɑ:sl] *n* paquete *m*
**parcel post** *n* servicio *m* de paquete postal
**pardon** ['pɑ:dn] *excl* • **pardon?** ¿perdón? • **pardon (me)!** ¡perdone! • **I beg your pardon!** *(apologizing)* ¡le ruego me perdone! • **I beg your pardon?** *(asking for repetition)* ¿cómo dice?
**parents** ['peərənts] *npl* padres *mpl*
**parish** ['pærɪʃ] *n* **1.** *(of church)* parroquia *f* **2.** *(village area)* municipio *m*
**park** [pɑ:k] ◇ *n* parque *m* ◇ *vt* & *v* aparcar *(Esp)*, estacionar *(Amér)*
**park and ride** *n aparcamiento en las afueras de la ciudad en donde hay autobuses al centro*
**parking** ['pɑ:kɪŋ] *n* aparcamiento *m* *(Esp)*, estacionamiento *m* *(Amér)*
**parking brake** *n* *(US)* freno *m* de mano
**parking lot** *n* *(US)* aparcamiento *m* (al aire libre), estacionamiento *m* *(Amér)*
**parking meter** *n* parquímetro *m*
**parking space** *n* sitio *m* (para aparcar)
**parking ticket** *n* multa *f* por aparcamiento *(Esp)* OR estacionamiento *(Amér)* indebido
**parkway** ['pɑ:kweɪ] *n* *(US)* avenida *(con zona ajardinada en el medio)*
**parliament** ['pɑ:ləmənt] *n* parlamento *m*
**Parmesan (cheese)** [pɑ:mɪ'zæn-] *n* parmesano *m*
**parrot** ['pærət] *n* loro *m*
**parsley** ['pɑ:slɪ] *n* perejil *m*
**parsnip** ['pɑ:snɪp] *n* chirivía *f*
**parson** ['pɑ:sn] *n* párroco *m*
**part** [pɑ:t] ◇ *n* **1.** parte *f* **2.** *(of machine, car)* pieza *f* **3.** *(in play, film)* papel *m* **4.** *(US)* *(in hair)* raya *f* ◇ *adv* en parte ◇ *vi* *(couple)* separarse • **in this part of France** en esta parte de Francia • **to form part of** formar parte de • **to play a part in** desempeñar un papel en • **to take part in** tomar parte en • **for my part** por mi parte • **for the most part** en su mayoría • **in these parts** por aquí
**partial** ['pɑ:ʃl] *adj* *(not whole)* parcial •

• be partial to sthg ser aficionado(da) algo
**articipant** [pɑː'tɪsɪpənt] *n* participante *f*
**articipate** [pɑː'tɪsɪpeɪt] *vi* • **to participate (in)** participar (en)
**articular** [pə'tɪkjʊlə^r] *adj* **1.** *(specific,* *ssy)* particular **2.** *(special)* especial • **particular** en particular • **nothing in** **articular** nada en particular • **partiilars** *npl (details)* datos *mpl* personales
**articularly** [pə'tɪkjʊləlɪ] *adv* especialiente
**arting** ['pɑːtɪŋ] *n (UK) (in hair)* raya *f*
**artition** [pɑː'tɪʃn] *n (wall)* tabique *m*
**artly** ['pɑːtlɪ] *adv* en parte
**artner** ['pɑːtnə^r] *n* **1.** pareja *f* **2.** *COMM* •cio *m*, -cia *f*
**artnership** ['pɑːtnəʃɪp] *n* asociación *f*
**artridge** ['pɑːtrɪdʒ] *n* perdiz *f*
**art-time** *adj & adv* a tiempo parcial
**arty** ['pɑːtɪ] *n* **1.** *(for fun)* fiesta *f* **2.** *POL* ırtido *m* **3.** *(group of people)* grupo *m* • **have a party** hacer una fiesta
**ass** [pɑːs] ◇ *vt* **1.** pasar **2.** *(house,* *trance etc)* pasar por delante de **3.** *erson in street)* cruzarse con **4.** *(test,* *am)* aprobar **5.** *(overtake)* adelantar **6.** *aw)* aprobar ◇ *vi* **1.** pasar **2.** *(overtake)* lelantar **3.** *(in test, exam)* aprobar ◇ *n* *(document, SPORT)* pase *m* **2.** *(in* *ountain)* desfiladero *m* **3.** *(in exam)* ›robado *m* • **please pass me the salt** ísame la sal, por favor • **pass by** ◇ *vt* *sep (building, window etc)* pasar por ◇ *vi* ısar cerca • **pass on** *vt sep* transmitir • **ass out** *vi (faint)* desmayarse • **pass** › *vt sep (opportunity)* dejar pasar
**passable** ['pɑːsəbl] *adj* **1.** *(road)* transitable **2.** *(satisfactory)* pasable
**passage** ['pæsɪdʒ] *n* **1.** *(corridor)* pasadizo *m* **2.** *(in book)* pasaje *m* **3.** *(sea journey)* travesía *f*
**passageway** ['pæsɪdʒweɪ] *n* pasadizo *m*
**passenger** ['pæsɪndʒə^r] *n* pasajero *m*, -ra *f*
**passerby** [,pɑːsə'baɪ] *n* transeúnte *mf*
**passing place** ['pɑːsɪŋ-] *n (for cars)* apartadero *m*
**passion** ['pæʃn] *n* pasión *f*
**passionate** ['pæʃənət] *adj* apasionado (da)
**passive** ['pæsɪv] *n* pasiva *f*
**passport** ['pɑːspɔːt] *n* pasaporte *m*
**passport control** *n* control *m* de pasaportes
**passport photo** *n* foto *f* de pasaporte
**password** ['pɑːswɜːd] *n* contraseña *f*
**past** [pɑːst] ◇ *adj* **1.** *(at earlier time)* anterior **2.** *(finished)* terminado(da) **3.** *(last)* último(ma) **4.** *(former)* antiguo (gua) ◇ *prep* **1.** *(further than)* más allá de **2.** *(in front of)* por delante de, por enfrente de *(Amér)* ◇ *n* pasado *m* ◇ *adv* • **to run past** pasar corriendo • **past (tense)** pasado • **the past month** el mes pasado • **twenty past four** las cuatro y veinte • **in the past** en el pasado
**pasta** ['pæstə] *n* pasta *f*
**paste** [peɪst] *n* **1.** *(spread)* paté *m* **2.** *(glue)* engrudo *m*
**pastel** ['pæstl] *n* pastel *m*
**pasteurized** ['pɑːstʃəraɪzd] *adj* pasteurizado(da)
**pastille** ['pæstɪl] *n* pastilla *f*

**pastime** ['pɑ:staɪm] *n* pasatiempo *m*
**pastry** ['peɪstrɪ] *n* **1.** *(for pie)* pasta *f* **2.** *(cake)* pastel *m*
**pasture** ['pɑ:stʃəʳ] *n* pasto *m*
**pat** [pæt] *vt* golpear ligeramente
**patch** [pætʃ] *n* **1.** *(for clothes)* remiendo *m* **2.** *(of colour, damp, for eye)* parche *m* **3.** *(for skin)* esparadrapo *m* • **a bad patch** *(fig)* un mal momento
**pâté** ['pæteɪ] *n* paté *m*
**patent** [(*UK*) 'peɪtənt, (*US*) 'pætənt] *n* patente *f*
**path** [pɑ:θ] *n* *(in garden, park, country)* camino *m*
**pathetic** [pə'θetɪk] *adj* *(pej)* *(useless)* inútil
**patience** ['peɪʃns] *n* **1.** *(quality)* paciencia *f* **2.** (*UK*) *(card game)* solitario *m*
**patient** ['peɪʃnt] ◇ *adj* paciente ◇ *n* paciente *mf*
**patio** ['pætɪəʊ] *n* patio *m*
**patriotic** [(*UK*) ˌpætrɪ'ɒtɪk, (*US*) ˌpeɪtrɪ'ɒtɪk] *adj* patriótico(ca)
**patrol** [pə'trəʊl] ◇ *vt* patrullar ◇ *n* patrulla *f*
**patrol car** *n* coche *m* patrulla
**patron** ['peɪtrən] *n* *(fml)* *(customer)* cliente *mf* ▼ **patrons only** sólo para clientes
**patronizing** ['pætrənaɪzɪŋ] *adj* condescendiente
**pattern** ['pætn] *n* **1.** *(of shapes, colours)* diseño *m* **2.** *(for sewing)* patrón *m*
**patterned** ['pætənd] *adj* estampado(da)
**pause** [pɔ:z] ◇ *n* pausa *f* ◇ *vi* **1.** *(when speaking)* hacer una pausa **2.** *(in activity)* detenerse
**pavement** ['peɪvmənt] *n* **1.** (*UK*) *(beside road)* acera *f* **2.** (*US*) *(roadway)* calzada
**pavilion** [pə'vɪljən] *n* pabellón *m*
**paving stone** ['peɪvɪŋ-] *n* losa *f*
**pavlova** [pæv'ləʊvə] *n* *postre de merengue relleno de fruta y nata montada*
**paw** [pɔ:] *n* pata *f*
**pawn** [pɔ:n] ◇ *vt* empeñar ◇ *n* *(in chess)* peón *m*
**pay** [peɪ] (*pt & pp* **paid**) ◇ *vt* pagar ◇ *vi* **1.** *(give money)* pagar **2.** *(be profitable)* ser rentable ◇ *n* paga *f* • **have you paid the waiter for the drinks?** ¿le has pagado las bebidas al camarero? • **to pay money into an account** ingresar dinero en una cuenta • **to pay attention (to)** prestar atención (a) • **to pay sb a visit** hacer una visita a alguien • **to pay by credit card** pagar con tarjeta de crédito
◆ **pay back** *vt sep* **1.** *(money)* devolver **2.** *(person)* devolver el dinero a ◆ **pay for** *vt insep* pagar ◆ **pay in** *vt sep* ingresar (*Esp*), depositar (*Amér*) ◆ **pay out** *vt sep* *(money)* pagar ◆ **pay up** *vi* pagar
**payable** ['peɪəbl] *adj* *(bill)* pagadero(ra) • **payable to** *(cheque)* a favor de
**payment** ['peɪmənt] *n* pago *m*
**pay-per-view** *adj* *(television, distributor)* de pago (*Esp*), pago (*Amér*)
**payphone** ['peɪfəʊn] *n* teléfono *m* público
**pay television**, **pay TV** *n* televisión de pago (*Esp*) OR paga (*Amér*)
**PC** [pi:'si:] *n* **1.** (*abbr of* **personal computer**) *ordenador personal* PC *m* **2.** (*UK*) (*abbr of* **police constable**) policía *mf*
**PDF** [pi:di:'ef] *n* (*abbr of* **portable document format**) PDF m

: *abbr* = **physical education**

**:a** [pi:] *n* guisante *m* (*Esp*), arveja *m*

**:ace** [pi:s] *n* paz *f* • **to leave sb in** **ace** dejar a alguien en paz • **peace** **d quiet** tranquilidad *f*

**:aceful** ['pi:sfʊl] *adj* **1.** *(place, day,* *:ling)* tranquilo(la) **2.** *(demonstration)* cífico(ca)

**:ach** [pi:tʃ] *n* melocotón *m* (*Esp*), ırazno *m* (*Amér*)

**:acock** ['pi:kɒk] *n* pavo *m* real

**:ak** [pi:k] *n* **1.** *(of mountain)* pico *m* **2.** *f hat)* visera *f* **3.** *(fig)* *(highest point)* ogeo *m*

**:ak hours** *npl* horas *fpl* punta (*Esp*) pico (*Amér*)

**:ak rate** *n* *(on telephone)* tarifa *f* de ɔra punta (*Esp*) OR pico (*Amér*)

**:anut** ['pi:nʌt] *n* cacahuete *m* (*Esp*), aní *m* (*Amér*)

**:anut butter** *n* manteca *f* de ca-huete (*Esp*), mantequilla *f* de maní *mér*)

**:ar** [peə^r] *n* pera *f*

**:arl** [pɜ:l] *n* perla *f*

**:asant** ['peznt] *n* campesino *m*, -na *f*

**:bble** ['pebl] *n* guijarro *m*

**:can pie** ['pi:kæn-] *n* *tartaleta de* *canas*

**:ck** [pek] *vi* picotear

**:culiar** [pɪ'kju:ljə^r] *adj* *(strange)* pecu-r • **to be peculiar to** ser propio(pia)

**:culiarity** [pɪˌkju:lɪ'ærətɪ] *n* *(special fea-e)* peculiaridad *f*

**:dal** ['pedl] ◇ *n* pedal *m* ◇ *vi* pedalear

**:dalo** ['pedələʊ] (*pl* **-s**) *n* (*UK*) patín *m* *: agua)*

**pedestrian** [pɪ'destrɪən] *n* peatón *m*

**pedestrian crossing** *n* (*UK*) paso *m* de peatones

**pedestrianized** [pɪ'destrɪənaɪzd] *adj* peatonal

**pedestrian precinct** *n* (*UK*) zona *f* peatonal

**pedestrian zone** (*US*) = **pedestrian precinct**

**pee** [pi:] ◇ *vi* (*inf*) mear ◇ *n* • **to have a pee** (*inf*) echar una meada

**peel** [pi:l] ◇ *n* piel *f* ◇ *vt* pelar ◇ *vi* **1.** *(paint)* descascarillarse **2.** *(skin)* pelarse

**peep** [pi:p] *n* • **to have a peep** echar una ojeada

**peer** [pɪə^r] *vi* mirar con atención

**peg** [peg] *n* **1.** *(for tent)* estaca *f* **2.** *(hook)* gancho *m* **3.** (*UK*) *(for washing)* pinza *f*

**pelican crossing** ['pelɪkən-] *n* (*UK*) *paso de peatones con semáforo que el usuario puede accionar apretando un botón*

**pelvis** ['pelvɪs] *n* pelvis *f*

**pen** [pen] *n* **1.** *(ballpoint pen)* bolígrafo *m* **2.** *(fountain pen)* pluma *f* (estilográfica) (*Esp*), pluma *f* fuente (*Amér*) **3.** *(for animals)* corral *m*

**penalty** ['penltɪ] *n* **1.** *(fine)* multa *f* **2.** *(in football)* penalti *m*

**pence** [pens] *npl* (*UK*) peniques *mpl*

**pencil** ['pensl] *n* lápiz *m*

**pencil case** *n* estuche *m*

**pencil sharpener** [-'ʃɑ:pnə^r] *n* saca-puntas *m inv*

**pendant** ['pendənt] *n* colgante *m*

**pending** ['pendɪŋ] *prep* (*fml*) a la espera de

**penetrate** ['penɪtreɪt] *vt* *(pierce)* pe-netrar en

**penfriend** ['penfrend] *n* (*UK*) amigo *m*, -ga *f* por correspondencia
**penguin** ['peŋgwɪn] *n* pingüino *m*
**penicillin** [,penɪ'sɪlɪn] *n* penicilina *f*
**peninsula** [pə'nɪnsjʊlə] *n* península *f*
**penis** ['pi:nɪs] *n* pene *m*
**penknife** ['pennaɪf] (*pl* **-knives**) *n* navaja *f*
**penny** ['penɪ] (*pl* **pennies**) *n* **1.** (*in UK*) penique *m* **2.** (*in US*) centavo *m*
**pension** ['penʃn] *n* pensión *f*
**pensioner** ['penʃənəʳ] *n* pensionista *mf*
**penthouse** ['penthaʊs] *n* ático *m*, penthouse *m* (*Amér*)
**penultimate** [pe'nʌltɪmət] *adj* penúltimo(ma)
**people** ['pi:pl] ◇ *npl* **1.** (*persons*) personas *fpl* **2.** (*in general*) gente *f* ◇ *n* (*nation*) pueblo *m* • **the people** (*citizens*) el pueblo
**people carrier** *n* (*UK*) monovolumen *m*
**pepper** ['pepəʳ] *n* **1.** (*spice*) pimienta *f* **2.** (*vegetable*) pimiento *m*
**peppermint** ['pepəmɪnt] ◇ *adj* de menta ◇ *n* (*sweet*) caramelo *m* de menta
**per** [pɜ:ʳ] *prep* por • **per person** por persona • **per week** por semana • **£20 per night** 20 libras por noche
**perceive** [pə'si:v] *vt* percibir
**per cent** *adv* por ciento
**percentage** [pə'sentɪdʒ] *n* porcentaje *m*
**perch** [pɜ:tʃ] *n* (*for bird*) percha *f*
**percolator** ['pɜ:kəleɪtəʳ] *n* percolador *m*
**perfect** ◇ *adj* ['pɜ:fɪkt] perfecto(ta) ◇ *vt* [pə'fekt] perfeccionar ◇ *n* ['pɜ:fɪkt] • **the perfect (tense)** el perfecto
**perfection** [pə'fekʃn] *n* • **to do sthg to perfection** hacer algo a la perfección
**perfectly** ['pɜ:fɪktlɪ] *adv* (*very well*) perfectamente
**perform** [pə'fɔ:m] ◇ *vt* **1.** (*task, operation*) realizar **2.** (*play*) representar **3.** (*concert*) interpretar ◇ *vi* (*actor, singer*) actuar
**performance** [pə'fɔ:məns] *n* **1.** (*of play, concert, film*) función *f* **2.** (*by actor, musician*) actuación *f* **3.** (*of car*) rendimiento *m*
**performer** [pə'fɔ:məʳ] *n* intérprete *mf*
**perfume** ['pɜ:fju:m] *n* perfume *m*
**perhaps** [pə'hæps] *adv* quizás
**perimeter** [pərɪmɪtəʳ] *n* perímetro *m*
**period** ['pɪərɪəd] ◇ *n* **1.** periodo *m* **2.** SCH hora *f* **3.** (*US*) (*full stop*) punto *m* ◇ *adj* de época • **sunny periods** intervalo *mpl* de sol
**periodic** [,pɪərɪ'ɒdɪk] *adj* periódico(ca)
**period pains** *npl* dolores *mpl* menstruales
**periphery** [pə'rɪfərɪ] *n* periferia *f*
**perishable** ['perɪʃəbl] *adj* perecedero(ra)
**perk** [pɜ:k] *n* beneficio *m* adicional
**perm** [pɜ:m] ◇ *n* permanente *f* ◇ *vt* • **to have one's hair permed** hacerse una permanente
**permanent** ['pɜ:mənənt] *adj* permanente
**permanent address** *n* domicilio *m* fijo
**permanently** ['pɜ:mənəntlɪ] *adv* permanentemente
**permissible** [pə'mɪsəbl] *adj* (*fml*) lícito(ta)
**permission** [pə'mɪʃn] *n* permiso *m*
**permit** ◇ *vt* [pə'mɪt] permitir ◇

pɜ:mɪt] permiso *m* • **to permit sb to o sthg** permitir a alguien hacer algo • **permit holders only** aparcamiento ɪrohibido a personas no autorizadas
**erpendicular** [ˌpɜ:pənˈdɪkjʊlə^r] *adj* perendicular
**ersevere** [ˌpɜ:sɪˈvɪə^r] *vi* perseverar
**ersist** [pəˈsɪst] *vi* persistir • **to persist ı doing sthg** empeñarse en hacer algo
**ersistent** [pəˈsɪstənt] *adj* **1.** persistente . *(person)* tenaz
**erson** [ˈpɜ:sn] (*pl* **people**) *n* persona *f* • **in person** en persona
**ersonal** [ˈpɜ:sənl] *adj* **1.** personal **2.** *ife, letter)* privado(da) **3.** *(rude)* ofensio(va) • **a personal friend** un amigo ıtimo
**ersonal assistant** *n* asistente *m*, -ta *f* ersonal
**ersonal belongings** *npl* efectos *mpl* ersonales
**ersonal computer** *n* ordenador *m* ersonal (*Esp*), computadora *f* persoıal (*Amér*)
**ersonality** [ˌpɜ:səˈnælətɪ] *n* personaliad *f*
**ersonally** [ˈpɜ:snəlɪ] *adv* personalmen-e
**ersonal property** *n* bienes *mpl* mueles
**ersonal stereo** *n* walkman® *m*
**ersonnel** [ˌpɜ:səˈnel] *npl* personal *m*
**erspective** [pəˈspektɪv] *n* perspectiva *f*
**erspiration** [ˌpɜ:spəˈreɪʃn] *n* transpiraión *f*
**ersuade** [pəˈsweɪd] *vt* • **to persuade sb to do sthg)** persuadir a alguien (para ue haga algo) • **to persuade sb that** ... persuadir a alguien de que ...
**persuasive** [pəˈsweɪsɪv] *adj* persuasivo (va)
**Peru** [pəˈru:] *n* Perú
**Peruvian** [pəˈru:vjən] ◇ *adj* peruano(na) ◇ *n* peruano *m*, -na *f*
**pervert** [ˈpɜ:vɜ:t] *n* pervertido *m*, -da *f*
**pessimist** [ˈpesɪmɪst] *n* pesimista *mf*
**pessimistic** [ˌpesɪˈmɪstɪk] *adj* pesimista
**pest** [pest] *n* **1.** *(insect)* insecto *m* nocivo **2.** *(animal)* animal *m* nocivo **3.** *(inf)* *(person)* pelma *mf*
**pester** [ˈpestə^r] *vt* incordiar
**pesticide** [ˈpestɪsaɪd] *n* pesticida *m*
**pet** [pet] *n* animal *m* de compañía • **the teacher's pet** el favorito(la favorita) del maestro
**petal** [ˈpetl] *n* pétalo *m*
**pet food** *n* alimentos *mpl* para animales de compañía
**petition** [pɪˈtɪʃn] *n* petición *f*
**petrified** [ˈpetrɪfaɪd] *adj* *(frightened)* aterrado(da)
**petrol** [ˈpetrəl] *n* (*UK*) gasolina *f*
**petrol gauge** *n* (*UK*) indicador *m* del nivel de carburante
**petrol pump** *n* (*UK*) surtidor *m* de gasolina
**petrol station** *n* (*UK*) gasolinera *f*
**petrol tank** *n* (*UK*) depósito *m* de gasolina
**pet shop** *n* tienda *f* de animales de compañía
**petticoat** [ˈpetɪkəʊt] *n* combinación *f*
**petty** [ˈpetɪ] *adj* (*pej*) *(person, rule)* mezquino(na)
**petty cash** *n* dinero *m* para pequeños gastos

**pew** [pju:] *n* banco *m (de iglesia)*
**pewter** ['pju:tə'] *n* peltre *m*
**PG** [pi:'dʒi:] *(UK) (film)* (*abbr of* **parental guidance**) *con algunas escenas no aptas para menores de 15 años*
**pharmacist** ['fɑ:məsɪst] *n* farmacéutico *m*, -ca *f*
**pharmacy** ['fɑ:məsɪ] *n (shop)* farmacia *f*
**phase** [feɪz] *n* fase *f*
**PhD** *n (degree)* doctorado *m*
**pheasant** ['feznt] *n* faisán *m*
**phenomena** [fɪ'nɒmɪnə] *pl* ➤ **phenomenon**
**phenomenal** [fɪ'nɒmɪnl] *adj* fenomenal
**phenomenon** [fɪ'nɒmɪnən] (*pl* **-mena**) *n* fenómeno *m*
**Philippines** ['fɪlɪpi:nz] *npl* • **the Philippines** (las) Filipinas
**philosophy** [fɪ'lɒsəfɪ] *n* filosofía *f*
**phlegm** [flem] *n (in throat)* flema *f*
**phone** [fəʊn] ◇ *n* teléfono *m* ◇ *vt* & *vi* telefonear • **on the phone** *(talking)* al teléfono ◆ **phone up** *vt sep* & *vi* llamar (por teléfono)
**phone book** *n* guía *f* telefónica
**phone booth** *n* teléfono *m* público
**phone box** *n (UK)* cabina *f* de teléfono
**phone call** *n* llamada *f* telefónica
**phonecard** ['fəʊnkɑ:d] *n* tarjeta *f* telefónica
**phone number** *n* número *m* de teléfono
**photo** ['fəʊtəʊ] *n* foto *f* • **to take a photo of** *(person)* sacar una foto a; *(thing)* sacar una foto de
**photo album** *n* álbum *m* de fotos
**photocopier** [,fəʊtəʊ'kɒpɪə'] *n* fotocopiadora *f*
**photocopy** ['fəʊtəʊ,kɒpɪ] ◇ *n* fotocopia *f* ◇ *vt* fotocopiar
**photograph** ['fəʊtəgrɑ:f] ◇ *n* fotografía *f* ◇ *vt* fotografiar
**photographer** [fə'tɒgrəfə'] *n* fotógrafo *m*, -fa *f*
**photography** [fə'tɒgrəfɪ] *n* fotografía *f*
**phrase** [freɪz] *n* frase *f*
**phrasebook** ['freɪzbʊk] *n* libro *m* de frases
**physical** ['fɪzɪkl] ◇ *adj* físico(ca) ◇ *n* reconocimiento *m* médico
**physical education** *n* educación *f* física
**physics** ['fɪzɪks] *n* física *f*
**physiotherapy** [,fɪzɪəʊ'θerəpɪ] *n (UK)* fisioterapia *f*
**pianist** ['pɪənɪst] *n* pianista *mf*
**piano** [pɪ'ænəʊ] (*pl* **-s**) *n* piano *m*
**pick** [pɪk] ◇ *vt* **1.** *(select)* escoger **2.** *(fruit, flowers)* coger ◇ *n (pickaxe)* piqueta *f* • **to pick a fight** buscar camorra • **to pick one's nose** hurgarse la nariz • **to take one's pick** escoger lo que uno quiera ◆ **pick on** *vt insep* meterse con ◆ **pick out** *vt sep* **1.** *(select)* escoger **2.** *(see)* distinguir ◆ **pick up** ◇ *vt sep* **1.** recoger **2.** *(lift up)* recoger (del suelo) **3.** *(bargain, habit)* adquirir **4.** *(language, hints)* aprender **5.** *(inf) (woman, man)* ligar con ◇ *vi (improve)* mejorar
**pickle** ['pɪkl] *n* **1.** *(UK) (food) condimento hecho con trozos de frutas y verduras maceradas hasta formar una salsa agridulce* **2.** *(US) (pickled cucumber)* pepinillo *m* encurtido
**pickled onion** ['pɪkld-] *n* cebolleta *f* en vinagre

**ickpocket** ['pɪk,pɒkɪt] *n* carterista *mf*
**ick-up (truck)** *n* camioneta *f*
**icnic** ['pɪknɪk] *n* comida *f* campestre
**icnic area** *n* ≃ zona *f* de picnics
**icture** ['pɪktʃəʳ] *n* **1.** *(painting)* cuadro *m* *(drawing)* dibujo *m* **3.** *(photograph)* ›to *f* **4.** *(on TV)* imagen *f* **5.** *(film)* ›lícula *f*
**icture frame** *n* marco *m* (para fotos)
**icturesque** [,pɪktʃə'resk] *adj* pintoresco ›a)
**ie** [paɪ] *n* **1.** *(savoury)* empanada *f* **2.** *weet)* tarta *f (cubierta de hojaldre)*
**iece** [pi:s] *n* **1.** *(part, bit)* trozo *m* **2.** *omponent, in chess, of music)* pieza *f* • **a** **)p piece** una moneda de 20 peniques • **a piece of advice** un consejo • **a** **ece of clothing** una prenda de vestir • **a piece of furniture** un mueble • **a** **ece of paper** una hoja de papel • **to** **ll to pieces** deshacerse • **in one piece** *ıtact)* intacto; *(unharmed)* sano y salvo
**ier** [pɪəʳ] *n* paseo *m* marítimo *(sobre alecón)*
**ierce** [pɪəs] *vt* perforar • **to have** **ɪe's ears pierced** hacerse agujeros en s orejas
**ig** [pɪg] *n* **1.** *(animal)* cerdo *m* **2.** *(inf)* *reedy person)* tragón *m*, -ona *f*
**igeon** ['pɪdʒɪn] *n* paloma *f*
**igeonhole** ['pɪdʒɪnhəʊl] *n* casilla *f*
**igtail** ['pɪgteɪl] *n* trenza *f*
**ike** [paɪk] *n (fish)* lucio *m*
**ilau rice** ['pɪlaʊ-] *n arroz de distintos lores, condimentado con especias* ›ientales
**ilchard** ['pɪltʃəd] *n* sardina *f*
**ile** [paɪl] ◇ *n* **1.** *(heap)* montón *m* **2.** *(neat stack)* pila *f* ◇ *vt* amontonar • **piles of** *(inf) (a lot)* un montón de •
**pile up** ◇ *vt sep* amontonar ◇ *vi* *(accumulate)* acumularse
**piles** [paɪlz] *npl MED* almorranas *fpl*
**pileup** ['paɪlʌp] *n* colisión *f* en cadena
**pill** [pɪl] *n* pastilla *f* • **the pill** la píldora
**pillar** ['pɪləʳ] *n* pilar *m*
**pillar box** *n (UK)* buzón *m*
**pillion** ['pɪljən] *n* • **to ride pillion** ir sentado atrás *(en moto)*
**pillow** ['pɪləʊ] *n* **1.** *(for bed)* almohada *f* **2.** *(US) (on chair, sofa)* cojín *m*
**pillowcase** ['pɪləʊkeɪs] *n* funda *f* de la almohada
**pilot** ['paɪlət] *n* piloto *mf*
**pilot light** *n* piloto *m*
**pimple** ['pɪmpl] *n* grano *m*
**pin** [pɪn] ◇ *n* **1.** *(for sewing)* alfiler *m* **2.** *(drawing pin)* chincheta *f* **3.** *(safety pin)* imperdible *m* **4.** *(US) (brooch)* broche *m* **5.** *(US) (badge)* chapa *f*, pin *m* ◇ *vt* *(fasten)* prender • **a two-pin plug** un enchufe de dos clavijas • **pins and needles** hormigueo *m*
**pinafore** ['pɪnəfɔ:ʳ] *n (UK)* **1.** *(apron)* delantal *m* **2.** *(dress)* pichi *m (Esp)*, jumper *m (Amér)*
**pinball** ['pɪnbɔ:l] *n* flípper *m*
**pincers** ['pɪnsəz] *npl (tool)* tenazas *fpl*
**pinch** [pɪntʃ] ◇ *vt* **1.** *(squeeze)* pellizcar **2.** *(UK) (inf) (steal)* mangar ◇ *n (of salt)* pizca *f*
**pine** [paɪn] ◇ *n* pino *m* ◇ *adj* de pino
**pineapple** ['paɪnæpl] *n* piña *f*
**pink** [pɪŋk] ◇ *adj* rosa *(inv)* ◇ *n (colour)* rosa *m*
**pinkie** ['pɪŋkɪ] *n* dedo *m* meñique

**PIN number** *n* número *m* personal de identificación

**pint** [paɪnt] *n* **1.** *(in UK)* = *0,568 litros* pinta *f* **2.** *(in US)* = *0,473 litros* pinta ◆ **a pint (of beer)** *(UK)* *(UK)* una jarra de cerveza

**pip** [pɪp] *n* *(UK)* *(of fruit)* pepita *f*

**pipe** [paɪp] *n* **1.** *(for smoking)* pipa *f* **2.** *(for gas, water)* tubería *f*

**pipe cleaner** *n* limpiapipas *m inv*

**pipeline** ['paɪplaɪn] *n* *(for oil)* oleoducto *m*

**pirate** ['paɪrət] *n* pirata *m*

**Pisces** ['paɪsi:z] *n* Piscis *m inv*

**piss** [pɪs] ◇ *vi* *(vulg)* mear, hacer pís ◇ *n* ◆ **to have a piss** *(vulg)* echar una meada ◆ **it's pissing down** *(vulg)* está lloviendo que te cagas

**pissed** [pɪst] *adj* **1.** *(UK)* *(vulg)* *(drunk)* mamado(da) *(Esp)*, tomado(da) *(Amér)* **2.** *(US)* *(vulg)* *(angry)* cabreado (da)

**pissed off** *adj* *(vulg)* cabreado(da)

**pistachio** [pɪ'stɑ:ʃɪəʊ] ◇ *n* pistacho *m* ◇ *adj* de pistacho

**pistol** ['pɪstl] *n* pistola *f*

**piston** ['pɪstən] *n* pistón *m*

**pit** [pɪt] *n* **1.** *(hole)* hoyo *m* **2.** *(coalmine)* mina *f* **3.** *(for orchestra)* foso *m* de la orquesta **4.** *(US)* *(in fruit)* hueso *m*

**pitch** [pɪtʃ] ◇ *n* *(UK)* SPORT campo *m* ◇ *vt* *(throw)* lanzar ◆ **to pitch a tent** montar una tienda de campaña

**pitcher** ['pɪtʃə^r] *n* **1.** *(UK)* *(large jug)* cántaro *m* **2.** *(US)* *(small jug)* jarra *f*

**pitfall** ['pɪtfɔ:l] *n* escollo *m*

**pith** [pɪθ] *n* *(of orange)* *parte blanca de la corteza*

**pitta (bread)** ['pɪtə-] *n* *fina torta de pan ácimo*

**pitted** ['pɪtɪd] *adj* *(olives)* deshuesado (da)

**pity** ['pɪtɪ] *n* *(compassion)* lástima *f* ◆ **to have pity on sb** compadecerse de alguien ◆ **it's a pity (that)** ... es una pena que ... ◆ **what a pity!** ¡qué pena!

**pivot** ['pɪvət] *n* eje *m*

**pizza** ['pi:tsə] *n* pizza *f*

**pizzeria** [,pi:tsə'rɪə] *n* pizzería *f*

**Pl.** (*abbr of* **Place**) *nombre de ciertas calles en Gran Bretaña*

**placard** ['plækɑ:d] *n* pancarta *f*

**place** [pleɪs] ◇ *n* **1.** *(location)* sitio *m*, lugar *m* **2.** *(house, flat)* casa *f* **3.** *(seat)* asiento *m* **4.** *(proper position)* sitio *m* **5.** *(in race, list)* lugar *m* **6.** *(at table)* cubierto *m* ◇ *vt* **1.** *(put)* colocar **2.** *(an order, bet)* hacer ◆ **in the first place** ... en primer lugar ... ◆ **to take place** tener lugar ◆ **to take sb's place** sustituir a alguien ◆ **all over the place** por todas partes ◆ **in place of** en lugar de

**place mat** *n* mantel *m* individual

**placement** ['pleɪsmənt] *n* *(UK)* colocación *f* temporal

**place of birth** *n* lugar *m* de nacimiento

**plague** [pleɪg] *n* peste *f*

**plaice** [pleɪs] *n* platija *f*

**plain** [pleɪn] ◇ *adj* **1.** *(not decorated)* liso (sa) **2.** *(simple)* sencillo(lla) **3.** *(clear)* claro(ra) **4.** *(paper)* sin rayas **5.** *(pej)* *(not attractive)* sin ningún atractivo ◇ *n* llanura *f*

**plain chocolate** *n* *(UK)* chocolate *m* amargo

**ainly** ['pleɪnlɪ] *adv* **1.** *(obviously)* evi-ntemente **2.** *(distinctly)* claramente
**ait** [plæt] ◇ *n* *(UK)* trenza *f* ◇ *vt* *(UK)* enzar
**an** [plæn] ◇ *n* **1.** *(scheme, project)* plan **2.** *(drawing)* plano *m* ◇ *vt* *(organize)* anear ◆ **have you any plans for night?** ¿tienes algún plan para esta oche? ◆ **according to plan** según lo evisto ◆ **to plan to do sthg, to plan doing sthg** pensar hacer algo
**ane** [pleɪn] *n* **1.** *(aeroplane)* avión *m* **2.** *ol)* cepillo *m*
**anet** ['plænɪt] *n* planeta *m*
**ank** [plæŋk] *n* tablón *m*
**ant** [plɑ:nt] ◇ *n* planta *f* ◇ *vt* **1.** *(seeds, e)* plantar **2.** *(land)* sembrar ▼ **heavy ant crossing** *cartel que indica peligro r salida de vehículos pesados*
**aque** [plɑ:k] *n* placa *f*
**aster** ['plɑ:stəʳ] *n* **1.** *(UK)* *(for cut)* ita® *f* *(Esp)*, curita® *f* *(Amér)* **2.** *r walls)* escayola *f* *(Esp)*, yeso *m* *mér)* ◆ **in plaster** escayolado
**aster cast** *n* *(for broken bones)* escala *f* *(Esp)*, yeso *f* *(Amér)*
**astic** ['plæstɪk] ◇ *n* plástico *m* ◇ *adj* de ástico
**astic bag** *n* bolsa *f* de plástico
**asticine**® ['plæstɪsi:n] *n* *(UK)* plastia® *f*
**ate** [pleɪt] *n* **1.** *(for food)* plato *m* **2.** *(of tal)* placa *f*
**ateau** ['plætəʊ] *n* meseta *f*
**ate-glass** *adj* de vidrio cilindrado
**atform** ['plætfɔ:m] *n* **1.** *(at railway tion)* andén *m* **2.** *(raised structure)* ataforma *f* ◆ **platform 12** la vía 12
**platinum** ['plætɪnəm] *n* platino *m*
**platter** ['plætəʳ] *n* CULIN *combinado, especialmente de mariscos, servido en una fuente alargada*
**play** [pleɪ] ◇ *vt* **1.** *(sport, game)* jugar a **2.** *(music, instrument)* tocar **3.** *(opponent)* jugar contra **4.** *(CD, tape, record)* poner **5.** *(role, character)* representar ◇ *vi* **1.** *(child, in sport, game)* jugar **2.** *(musician)* tocar ◇ *n* **1.** *(in theatre, on TV)* obra *f* (de teatro) **2.** *(button on CD, tape recorder)* botón *m* del "play" ◆ **play back** *vt sep* volver a poner ◆ **play up** *vi* dar guerra
**player** ['pleɪəʳ] *n* **1.** *(of sport, game)* jugador *m*, -ra *f* **2.** *(of musical instrument)* intérprete *mf*
**playful** ['pleɪfʊl] *adj* juguetón(ona)
**playground** ['pleɪgraʊnd] *n* **1.** *(in school)* patio *m* de recreo **2.** *(in park etc)* zona *f* recreativa
**playgroup** ['pleɪgru:p] *n* *(UK)* *grupo para niños de edad preescolar*
**playing card** ['pleɪɪŋ-] *n* carta *f*
**playing field** ['pleɪɪŋ-] *n* campo *m* de deportes
**playroom** ['pleɪrʊm] *n* cuarto *m* de los juguetes
**playschool** ['pleɪsku:l] *(UK)* = **playgroup**
**playtime** ['pleɪtaɪm] *n* recreo *m*
**playwright** ['pleɪraɪt] *n* dramaturgo *m*, -ga *f*
**plc** [pi:el'si:] *(UK)* (*abbr of* **public limited company**) ≃ S.A. *(sociedad anónima)*
**pleasant** ['pleznt] *adj* agradable
**please** [pli:z] ◇ *adv* por favor ◇ *vt* complacer ◆ **yes please!** ¡sí, gracias! ◆ **whatever you please** lo que desee

**pleased** [pli:zd] *adj* contento(ta) ◆ **to be pleased with** estar contento con ◆ **pleased to meet you!** ¡encantado(da) de conocerle!
**pleasure** ['pleʒəʳ] *n* placer *m* ◆ **with pleasure** con mucho gusto ◆ **it's a pleasure!** ¡es un placer!
**pleat** [pli:t] *n* pliegue *m*
**pleated** ['pli:tɪd] *adj* plisado(da)
**plentiful** ['plentɪfʊl] *adj* abundante
**plenty** ['plentɪ] *pron* de sobra ◆ **plenty of money** dinero de sobra ◆ **plenty of chairs** sillas de sobra
**pliers** ['plaɪəz] *npl* alicates *mpl*
**plonk** [plɒŋk] *n* (*UK*) (*inf*) (*wine*) vino *m* peleón
**plot** [plɒt] *n* **1.** (*scheme*) complot *m* **2.** (*of story, film, play*) trama *f* **3.** (*of land*) parcela *f*
**plough** [plaʊ] ◇ *n* (*UK*) arado *m* ◇ *vt* (*UK*) arar
**ploughman's (lunch)** ['plaʊmənz-] *n* (*UK*) *tabla de queso servida con pan, cebolla, ensalada y salsa agridulce*
**plow** [plaʊ] (*US*) = **plough**
**ploy** [plɔɪ] *n* estratagema *f*
**pluck** [plʌk] *vt* **1.** (*eyebrows*) depilar (*con pinzas*) **2.** (*chicken*) desplumar
**plug** [plʌg] *n* **1.** (*electrical*) enchufe *m* **2.** (*for bath, sink*) tapón *m* ◆ **plug in** *vt sep* enchufar
**plughole** ['plʌghəʊl] *n* (*UK*) agujero *m* del desagüe
**plum** [plʌm] *n* ciruela *f*
**plumber** ['plʌməʳ] *n* fontanero *m*, -ra *f*
**plumbing** ['plʌmɪŋ] *n* (*pipes*) tuberías *fpl*
**plump** [plʌmp] *adj* regordete
**plunge** [plʌndʒ] *vi* **1.** (*fall, dive*) zambullirse **2.** (*decrease*) caer vertiginosamente
**plunger** ['plʌndʒəʳ] *n* (*for unblocking pipe*) desatascador *m*
**pluperfect (tense)** [,plu:'pɜ:fɪkt-] *n* ◆ **the pluperfect tense** el pluscuamperfecto
**plural** ['plʊərəl] *n* plural *m* ◆ **in the plural** en plural
**plus** [plʌs] ◇ *prep* más ◇ *adj* ◆ **30 plus** treinta o más
**plush** [plʌʃ] *adj* lujoso(sa)
**Pluto** ['plu:təʊ] *n* Plutón *m*
**plywood** ['plaɪwʊd] *n* contrachapado *m*
**p.m.** [pi:'em] (*abbr of* **post meridiem**) ◆ **at 4 p.m.** a las cuatro de la tarde ◆ **at 10 p.m.** a las diez de la noche
**PMS** [pi:em'es] *n* (*UK*) (*abbr of* **premenstrual syndrome**) SPM *m* (*síndrome premenstrual*)
**PMT** [pi:em'ti:] *n* (*abbr of* **premenstrual tension**) SPM *m* (*síndrome premenstrual*)
**pneumatic drill** [nju:'mætɪk-] *n* (*UK*) taladradora *f* neumática
**pneumonia** [nju:'məʊnjə] *n* pulmonía *f*
**poached egg** [pəʊtʃt-] *n* huevo *m* escalfado
**poached salmon** [pəʊtʃt-] *n* salmón *m* hervido
**poacher** ['pəʊtʃəʳ] *n* **1.** (*hunting*) cazador *m* furtivo **2.** (*fishing*) pescador *m* furtivo
**PO Box** [pi:'əʊ-] *n* (*abbr of* **Post Office Box**) apdo. *m* (*apartado*)
**pocket** ['pɒkɪt] ◇ *n* **1.** bolsillo *m* **2.** (*on car door*) bolsa *f* ◇ *adj* de bolsillo
**pocketbook** ['pɒkɪtbʊk] *n* **1.** (*notebook*) libreta *f* **2.** (*US*) (*handbag*) bolso *m*

*Esp*), cartera *f* (*Amér*)
**ocket money** *n* (*UK*) propina *f* emanal
**odiatrist** [pə'daɪətrɪst] *n* (*US*) podólo-o *m*, -ga *f*
**oem** ['pəʊɪm] *n* poema *m*
**oet** ['pəʊɪt] *n* poeta *m*, -tisa *f*
**oetry** ['pəʊɪtrɪ] *n* poesía *f*
**oint** [pɔɪnt] ◇ *n* **1.** punto *m* **2.** (*tip*) unta *f* **3.** (*most important thing*) razón *f* . (*UK*) (*electric socket*) enchufe *m* ◇ *vi* ● o **point to** señalar ● **five point seven** inco coma siete ● **what's the point?** para qué? ● **there's no point** no vale a pena ● **to be on the point of doing thg** estar a punto de hacer algo ● **to ome to the point** ir al grano ● **points** *pl* (*UK*) (*on railway*) agujas *fpl* ● **point ut** *vt sep* **1.** (*object, person*) señalar **2.** *fact, mistake*) hacer notar
**ointed** ['pɔɪntɪd] *adj* (*in shape*) puntia-udo(da)
**ointless** ['pɔɪntlɪs] *adj* sin sentido
**oint of view** *n* punto *m* de vista
**oison** ['pɔɪzn] ◇ *n* veneno *m* ◇ *vt* **1.** *ntentionally*) envenenar **2.** (*unintentio-ally*) intoxicar
**oisoning** ['pɔɪznɪŋ] *n* **1.** (*intentional*) nvenenamiento *m* **2.** (*unintentional*) ntoxicación *f*
**oisonous** ['pɔɪznəs] *adj* **1.** (*food, gas, ubstance*) tóxico(ca) **2.** (*snake, spider*) enenoso(sa)
**oke** [pəʊk] *vt* **1.** (*with finger, stick*) dar **2.** *with elbow*) dar un codazo
**oker** ['pəʊkə[r]] *n* (*card game*) póker *m*
**oland** ['pəʊlənd] *n* Polonia
**olar bear** ['pəʊlə-] *n* oso *m* polar
**pole** [pəʊl] *n* (*of wood*) palo *m*
**Pole** [pəʊl] *n* (*person*) polaco *m*, -ca *f*
**police** [pə'li:s] *npl* ● **the police** la policía
**police car** *n* coche *m* patrulla
**police force** *n* cuerpo *m* de policía
**policeman** [pə'li:smən] (*pl* **-men**) *n* policía *m*
**police officer** *n* agente *mf* de policía
**police station** *n* comisaría *f* de policía
**policewoman** [pə'li:s,wʊmən] (*pl* **-women**) *n* mujer *f* policía
**policy** ['pɒləsɪ] *n* **1.** (*approach, attitude*) política *f* **2.** (*for insurance*) póliza *f*
**policy-holder** *n* asegurado *m*, -da *f*
**polio** ['pəʊlɪəʊ] *n* polio *f*
**polish** ['pɒlɪʃ] ◇ *n* (*for cleaning*) abrillantador *m* ◇ *vt* sacar brillo a
**Polish** ['pəʊlɪʃ] ◇ *adj* polaco(ca) ◇ *n* (*language*) polaco *m* ◇ *npl* ● **the Polish** los polacos
**polite** [pə'laɪt] *adj* educado(da)
**political** [pə'lɪtɪkl] *adj* político(ca)
**politician** [,pɒlɪ'tɪʃn] *n* político *m*, -ca *f*
**politics** ['pɒlətɪks] *n* política *f*
**poll** [pəʊl] *n* (*survey*) encuesta *f* ● **the polls** (*election*) los comicios
**pollen** ['pɒlən] *n* polen *m*
**pollute** [pə'lu:t] *vt* contaminar
**pollution** [pə'lu:ʃn] *n* **1.** (*of sea, air*) contaminación *f* **2.** (*substances*) agentes *mpl* contaminantes
**polo neck** ['pəʊləʊ-] *n* (*UK*) (*jumper*) jersey *m* de cuello de cisne (*Esp*), suéter *m* de cuello alto
**polyester** [,pɒlɪ'estə[r]] *n* poliéster *m*
**polystyrene** [,pɒlɪ'staɪri:n] *n* poliestireno *m*

**polythene** ['pɒlɪθi:n] *n* polietileno *m*
**pomegranate** ['pɒmɪˌgrænɪt] *n* granada *f*
**pompous** ['pɒmpəs] *adj (person)* engreído(da)
**pond** [pɒnd] *n* estanque *m*
**pony** ['pəʊnɪ] *n* poni *m*
**ponytail** ['pəʊnɪteɪl] *n* cola *f* de caballo *(peinado)*
**pony-trekking** [-ˌtrekɪŋ] *n* (*UK*) excursión *f* en poni
**poodle** ['pu:dl] *n* caniche *m*
**pool** [pu:l] *n* **1.** *(for swimming)* piscina *f* **2.** *(of water, blood, milk)* charco *m* **3.** *(small pond)* estanque *m* **4.** *(game)* billar *m* americano ◆ **pools** *npl* (*UK*) ● **the pools** las quinielas
**poor** [pɔ:ʳ] ◇ *adj* **1.** pobre **2.** *(bad)* malo (la) ◇ *npl* ● **the poor** los pobres
**poorly** ['pɔ:lɪ] ◇ *adj* (*UK*) pachucho (cha) (*Esp*), mal ◇ *adv* mal
**pop** [pɒp] ◇ *n (music)* música *f* pop ◇ *vt (inf) (put)* meter ◇ *vi (balloon)* reventar ● **my ears popped** me estallaron los oídos ◆ **pop in** *vi* (*UK*) entrar un momento
**popcorn** ['pɒpkɔ:n] *n* palomitas *fpl* (de maíz)
**Pope** [pəʊp] *n* ● **the Pope** el Papa
**pop group** *n* grupo *m* de música pop
**poplar (tree)** ['pɒpləʳ] *n* álamo *m*
**pop music** *n* música *f* pop
**popper** ['pɒpəʳ] *n* (*UK*) corchete *m*, broche *m* de presión (*Amér*)
**poppy** ['pɒpɪ] *n* amapola *f*
**Popsicle**® ['pɒpsɪkl] *n* (*US*) polo *m* (*Esp*), paleta *f* helada (*Amér*)
**pop socks** *npl calcetines de nylon*
**pop star** *n* estrella *f* del pop
**popular** ['pɒpjʊləʳ] *adj* **1.** *(person, activity)* popular **2.** *(opinion, ideas)* generalizado (da)
**popularity** [ˌpɒpjʊ'lærətɪ] *n* popularidad *f*
**populated** ['pɒpjʊleɪtɪd] *adj* poblado (da)
**population** [ˌpɒpjʊ'leɪʃn] *n* población *f*
**porcelain** ['pɔ:səlɪn] *n* porcelana *f*
**porch** [pɔ:tʃ] *n* porche *m*
**pork** [pɔ:k] *n* carne *f* de cerdo
**pork chop** *n* chuleta *f* de cerdo
**pornographic** [ˌpɔ:nə'græfɪk] *adj* pornográfico(ca)
**porridge** ['pɒrɪdʒ] *n* (*UK*) papilla *f* de avena
**port** [pɔ:t] *n* **1.** *(town, harbour)* puerto *m* **2.** *(drink)* oporto *m*
**portable** ['pɔ:təbl] *adj* portátil
**porter** ['pɔ:təʳ] *n* **1.** *(at hotel, museum)* conserje *mf* **2.** *(at station, airport)* mozo *m*
**portion** ['pɔ:ʃn] *n* **1.** *(part)* porción *f* **2.** *(of food)* ración *f*
**portrait** ['pɔ:treɪt] *n* retrato *m*
**Portugal** ['pɔ:tʃʊgl] *n* Portugal
**Portuguese** [ˌpɔ:tʃʊ'gi:z] ◇ *adj* portugués(esa) ◇ *n (language)* portugués *m* ◇ *npl* ● **the Portuguese** los portugueses
**pose** [pəʊz] ◇ *vt* **1.** *(problem)* plantear **2.** *(threat)* suponer ◇ *vi (for photo)* posar
**posh** [pɒʃ] *adj* **1.** (*inf*) *(person, accent)* de clase alta **2.** *(hotel, restaurant)* de lujo
**position** [pə'zɪʃn] *n* **1.** posición *f* **2.** *(situation)* situación *f* **3.** *(rank, importance)* rango *m* **4.** (*fml*) *(job)* puesto *m* ▼ **position closed** cerrado

**ositive** ['pɒzətɪv] *adj* **1.** positivo(va) **2.** *ertain, sure)* seguro(ra) **3.** *(optimistic)* ptimista
**ossess** [pə'zes] *vt* poseer
**ossession** [pə'zeʃn] *n* posesión *f*
**ossessive** [pə'zesɪv] *adj* posesivo(va)
**ossibility** [,pɒsə'bɪlətɪ] *n* posibilidad *f*
**ossible** ['pɒsəbl] *adj* posible ● **it's ossible that we may be late** puede er) que lleguemos tarde ● **would it e possible for me to use the phone?** odría usar el teléfono? ● **as much s possible** tanto como sea posible ● **if ossible** si es posible
**ossibly** ['pɒsəblɪ] *adv (perhaps)* posible- ente
**ost** [pəʊst] ◇ *n* **1.** (*UK*) *(system, letters)* orreo *m* **2.** (*UK*) *(delivery)* reparto *m* **3.** ole) poste *m* **4.** (*fml*) *(job)* puesto *m* ◇ (*UK*) *(letter, parcel)* echar al correo ● **y post** (*UK*) por correo
**ostage** ['pəʊstɪdʒ] *n* franqueo *m* ● **ostage and packing** (*UK*) gastos *mpl* de nvío ● **postage paid** franqueo pagado
**ostage stamp** *n* (*fml*) sello *m*, stampilla *f* (*Amér*)
**ostal order** ['pəʊstl-] *n* (*UK*) giro *m* ostal
**ostbox** ['pəʊstbɒks] *n* (*UK*) buzón *m*
**ostcard** ['pəʊstkɑːd] *n* postal *f*
**ostcode** ['pəʊstkəʊd] *n* (*UK*) código *m* ostal
**oster** ['pəʊstəʳ] *n* póster *m*
**ostgraduate** [,pəʊst'grædʒʊət] *n* pos- raduado *m*, -da *f*
**ost-it (note)**® *n* Post-it® *m*
**ostman** ['pəʊstmən] (*pl* **-men**) *n* (*UK*) rtero *m*
**postmark** ['pəʊstmɑːk] *n* matasellos *m inv*
**post office** *n* *(building)* oficina *f* de correos ● **the Post Office** ≃ Correos *m inv*
**postpone** [,pəʊst'pəʊn] *vt* aplazar
**posture** ['pɒstʃəʳ] *n* postura *f*
**postwoman** ['pəʊst,wʊmən] (*pl* **-women**) *n* (*UK*) cartera *f*
**pot** [pɒt] *n* **1.** *(for cooking)* olla *f* **2.** *(for jam)* tarro *m* **3.** *(for paint)* bote *m* **4.** *(for tea)* tetera *f* **5.** *(for coffee)* cafetera *f* **6.** (*inf*) *(cannabis)* maría *f* (*Esp*), hierba *f* ● **a pot of tea** una tetera
**potato** [pə'teɪtəʊ] (*pl* **-es**) *n* patata *f*
**potato salad** *n* ensalada *f* de patatas (*Esp*) OR papas (*Amér*)
**potential** [pə'tenʃl] ◇ *adj* potencial ◇ *n* potencial *m*
**pothole** ['pɒthəʊl] *n* *(in road)* bache *m*
**pot plant** *n* (*UK*) planta *f* de interior
**potted** ['pɒtɪd] *adj* **1.** *(meat, fish)* en conserva **2.** *(plant)* en maceta
**pottery** ['pɒtərɪ] *n* cerámica *f*
**potty** ['pɒtɪ] *adj* chalado(da), chiflado (da)
**pouch** [paʊtʃ] *n* **1.** *(for money)* monedero *m* de atar **2.** *(for tobacco)* petaca *f*
**poultry** ['pəʊltrɪ] ◇ *n* *(meat)* carne *f* de pollería ◇ *npl* *(animals)* aves *fpl* de corral
**pound** [paʊnd] ◇ *n* **1.** *(unit of money)* libra *f* **2.** *(unit of weight)* = 453,6 g libra ◇ *vi* *(heart, head)* palpitar
**pour** [pɔːʳ] ◇ *vt* **1.** *(liquid etc)* verter **2.** *(drink)* servir ◇ *vi* *(flow)* manar ● **it's pouring (with rain)** está lloviendo a cántaros ◆ **pour out** *vt sep* *(drink)* servir

**poverty** ['pɒvətɪ] *n* pobreza *f*
**powder** ['paʊdəʳ] *n* polvo *m*
**power** ['paʊəʳ] ◇ *n* **1.** *(control, authority)* poder *m* **2.** *(ability)* capacidad *f* **3.** *(strength, force)* fuerza *f* **4.** *(energy)* energía *f* **5.** *(electricity)* corriente *f* ◇ *vt* impulsar • **to be in power** estar en el poder
**power cut** *n* *(UK)* apagón *m*
**power failure** *n* corte *m* de corriente
**powerful** ['paʊəfʊl] *adj* **1.** *(having control)* poderoso(sa) **2.** *(physically strong, forceful)* fuerte **3.** *(machine, drug, voice)* potente **4.** *(smell)* intenso(sa)
**power point** *n* *(UK)* toma *f* de corriente
**power station** *n* *(UK)* central *f* eléctrica
**power steering** *n* dirección *f* asistida
**practical** ['præktɪkl] *adj* práctico(ca)
**practically** ['præktɪklɪ] *adv* *(almost)* prácticamente
**practice** ['præktɪs] ◇ *n* **1.** *(training, training session)* práctica *f* **2.** SPORT entrenamiento *m* **3.** *(of doctor)* consulta *f* **4.** *(of lawyer)* bufete *m* **5.** *(regular activity, custom)* costumbre *f* ◇ *vt* *(US)* • **to be out of practice** tener falta de práctica = **practise**
**practise** ['præktɪs] ◇ *vt* *(UK)* *(sport, music, technique)* practicar ◇ *vi* **1.** *(train)* practicar **2.** *(doctor, lawyer)* ejercer
**praise** [preɪz] ◇ *n* elogio *m* ◇ *vt* elogiar
**pram** [præm] *n* *(UK)* cochecito *m* de niño
**prank** [præŋk] *n* travesura *f*
**prawn** [prɔːn] *n* gamba *f* *(Esp)*, camarón *m* *(Amér)*
**prawn cracker** *n* pan *m* de gambas *(Esp)* OR camarones *(Amér)*
**pray** [preɪ] *vi* rezar • **to pray for sthg** *(fig)* rogar por algo
**prayer** [preəʳ] *n* *(to God)* oración *f*
**precarious** [prɪ'keərɪəs] *adj* precario(ria)
**precaution** [prɪ'kɔːʃn] *n* precaución *f*
**precede** [prɪ'siːd] *vt* *(fml)* preceder
**preceding** [prɪ'siːdɪŋ] *adj* precedente
**precinct** ['priːsɪŋkt] *n* **1.** *(UK)* *(for shopping)* zona *f* comercial peatonal **2.** *(US)* *(area of town)* distrito *m*
**precious** ['preʃəs] *adj* **1.** precioso(sa) **2.** *(memories)* entrañable **3.** *(possession)* de gran valor sentimental
**precious stone** *n* piedra *f* preciosa
**precipice** ['presɪpɪs] *n* precipicio *m*
**precise** [prɪ'saɪs] *adj* preciso(sa), exacto(ta)
**precisely** [prɪ'saɪslɪ] *adv* **1.** *(accurately)* con precisión **2.** *(exactly)* exactamente
**predecessor** ['priːdɪsesəʳ] *n* predecesor *m*, -ra *f*
**predicament** [prɪ'dɪkəmənt] *n* apuro *m*
**predict** [prɪ'dɪkt] *vt* predecir
**predictable** [prɪ'dɪktəbl] *adj* **1.** *(foreseeable)* previsible **2.** *(pej)* *(unoriginal)* poco original
**prediction** [prɪ'dɪkʃn] *n* predicción *f*
**preface** ['prefɪs] *n* prólogo *m*
**prefect** ['priːfekt] *n* *(UK)* *(at school)* *alumno de un curso superior elegido por los profesores para mantener el orden fuera de clase*
**prefer** [prɪ'fɜːʳ] *vt* • **to prefer sthg (to)** preferir algo (a) • **to prefer to do sthg** preferir hacer algo

**eferable** ['prefrəbl] *adj* preferible
**eferably** ['prefrəblɪ] *adv* preferible-ente
**eference** ['prefərəns] *n* preferencia *f*
**efix** ['pri:fiks] *n* prefijo *m*
**egnancy** ['pregnənsɪ] *n* embarazo *m*
**egnant** ['pregnənt] *adj* embarazada
**ejudice** ['predʒʊdɪs] *n* prejuicio *m*
**ejudiced** ['predʒʊdɪst] *adj* parcial
**eliminary** [prɪ'lɪmɪnərɪ] *adj* prelimi-r
**emature** ['premə,tjʊə^r] *adj* **1.** prema-ro(ra) **2.** *(arrival)* anticipado(da)
**emier** ['premjə^r] ◇ *adj* primero(ra) ◇ *(UK)* primer ministro *m*, primera inistra *f*
**emiere** ['premɪeə^r] *n* estreno *m*
**emises** ['premɪsɪz] *npl* local *m*
**emium** ['pri:mjəm] *n* *(for insurance)* ima *f*
**emium-quality** *adj* *(meat)* de cali-d superior
**eoccupied** [pri:'ɒkjʊpaɪd] *adj* preocu-do(da)
**epacked** [,pri:'pækt] *adj* preempaque-do(da)
**epaid** ['pri:peɪd] *adj* *(envelope)* con rte pagado
**eparation** [,prepə'reɪʃn] *n* *(preparing)* eparación *f* ◆ **preparations** *npl* *(arran-ments)* preparativos *mpl*
**eparatory school** [prɪ'pærətrɪ-] *n* **1.** *UK) colegio privado que prepara a umnos de 7 a 12 años para la señanza secundaria* **2.** *(in US) colegio ivado de enseñanza media que prepa-a sus alumnos para estudios superio-*
**prepare** [prɪ'peə^r] ◇ *vt* preparar ◇ *vi* prepararse
**prepared** [prɪ'peəd] *adj* *(ready)* prepara-do(da) ◆ **to be prepared to do sthg** estar dispuesto(ta) a hacer algo
**preposition** [,prepə'zɪʃn] *n* preposición *f*
**prep school** [prep-] = **preparatory school**
**prescribe** [prɪ'skraɪb] *vt* prescribir
**prescription** [prɪ'skrɪpʃn] *n* receta *f*
**presence** ['prezns] *n* presencia *f* ◆ **in sb's presence** en presencia de alguien
**present** ◇ *adj* ['preznt] **1.** *(in attendance)* presente **2.** *(current)* actual ◇ *n* ['preznt] *(gift)* regalo *m* ◇ *vt* [prɪ'zent] **1.** *(give as present)* obsequiar **2.** *(problem, challenge, play)* representar **3.** *(portray, on radio or TV)* presentar ◆ **the present (tense)** el presente ◆ **at present** actualmente ◆ **the present** el presente ◆ **may I present you to the mayor?** ¿te puedo presentar al alcalde?
**presentable** [prɪ'zentəbl] *adj* presen-table
**presentation** [,prezn'teɪʃn] *n* **1.** *(way of presenting)* presentación *f* **2.** *(ceremony)* ceremonia *f* de entrega
**presenter** [prɪ'zentə^r] *n* *(UK)* *(of TV, radio programme)* presentador *m*, -ra *f*
**presently** ['prezəntlɪ] *adv* **1.** *(soon)* den-tro de poco **2.** *(now)* actualmente
**preservation** [,prezə'veɪʃn] *n* conserva-ción *f*
**preservative** [prɪ'zɜ:vətɪv] *n* conservan-te *m*
**preserve** [prɪ'zɜ:v] ◇ *n* *(jam)* confitura *f* ◇ *vt* conservar

**president** ['prezɪdənt] *n* presidente *m*, -ta *f*
**press** [pres] ◇ *vt* **1.** *(push)* apretar **2.** *(iron)* planchar ◇ *n* ◈ **the press** la prensa ◈ **to press sb to do sthg** presionar a alguien para que haga algo
**press conference** *n* rueda *f* de prensa
**press-up** *n* *(UK)* flexión *f*
**pressure** ['preʃəʳ] *n* presión *f*
**pressure cooker** *n* olla *f* exprés
**prestigious** [pre'stɪdʒəs] *adj* prestigioso (sa)
**presumably** [prɪ'zju:məblɪ] *adv* probablemente
**presume** [prɪ'zju:m] *vt* suponer
**pretend** [prɪ'tend] *vt* ◈ **to pretend to do sthg** fingir hacer algo
**pretentious** [prɪ'tenʃəs] *adj* pretencioso (sa)
**pretty** ['prɪtɪ] ◇ *adj* **1.** *(person)* guapo (pa) **2.** *(thing)* bonito(ta), lindo(da) *(Amér)* ◇ *adv* *(inf)* **1.** *(quite)* bastante **2.** *(very)* muy
**prevent** [prɪ'vent] *vt* prevenir ◈ **they prevented him from leaving** le impidieron que se marchara
**prevention** [prɪ'venʃn] *n* prevención *f*
**preview** ['pri:vju:] *n* **1.** *(of film)* preestreno *m* **2.** *(short description)* reportaje *m (sobre un acontecimiento futuro)*
**previous** ['pri:vjəs] *adj* **1.** *(earlier)* previo (via) **2.** *(preceding)* anterior
**previously** ['pri:vjəslɪ] *adv* anteriormente
**price** [praɪs] ◇ *n* precio *m* ◇ *vt* ◈ **attractively priced** con un precio atractivo
**priceless** ['praɪslɪs] *adj* **1.** *(expensive)* d[e] un valor incalculable **2.** *(valuable)* valiosísimo(ma)
**price list** *n* lista *f* de precios
**pricey** ['praɪsɪ] *adj* *(inf)* caro(ra)
**prick** [prɪk] *vt* **1.** *(skin, finger)* pinchar **2** *(sting)* picar
**prickly** ['prɪklɪ] *adj* *(plant, bush)* espinos[o] (sa)
**prickly heat** *n sarpullido causado po[r] el calor*
**pride** [praɪd] ◇ *n* orgullo *m* ◇ *vt* ◈ **t[o] pride o.s. on sthg** estar orgulloso d[e] algo
**priest** [pri:st] *n* sacerdote *m*
**primarily** ['praɪmərɪlɪ] *adv* primordial mente
**primary school** ['praɪmərɪ-] *n* escuela primaria
**prime** [praɪm] *adj* **1.** *(chief)* primero(ra) **2.** *(quality, beef, cut)* de calidad superio[r]
**prime minister** *n* primer ministro *m* primera ministra *f*
**primitive** ['prɪmɪtɪv] *adj* *(simple)* rudimentario(ria)
**primrose** ['prɪmrəʊz] *n* primavera *f*
**prince** [prɪns] *n* príncipe *m*
**princess** [prɪn'ses] *n* princesa *f*
**principal** ['prɪnsəpl] ◇ *adj* principal ◇ *(of school, university)* director *m*, -ra *f*
**principle** ['prɪnsəpl] *n* principio *m* ◈ i[n] principle en principio
**print** [prɪnt] ◇ *n* **1.** *(words)* letras *fpl* (d[e] imprenta) **2.** *(photo)* foto *f* **3.** (c... painting) reproducción *f* **4.** (mark) huella *f* ◇ *vt* **1.** *(book, newspaper, photo)* imprimir **2.** *(publish)* publicar **3.** *(write)* escribir en letra de imprenta ◈ **out c**

ʳint agotado ◆ **print out** *vt sep* imprimir

**rinted matter** ['prɪntɪd-] *n* impresos *pl*

**rinter** ['prɪntəʳ] *n* **1.** *(machine)* impresora *f* **2.** *(person)* impresor *m*, -ra *f*

**rintout** ['prɪntaʊt] *n* copia *f* de impresora

**rior** ['praɪəʳ] *adj (previous)* anterior ◆ **rior to** *(fml)* con anterioridad a

**riority** [praɪ'ɒrətɪ] *n* prioridad *f* ◆ **to have priority over** tener prioridad sobre

**rison** ['prɪzn] *n* cárcel *f*

**risoner** ['prɪznəʳ] *n* preso *m*, -sa *f*

**risoner of war** *n* prisionero *m*, -ra *f* de guerra

**rison officer** *n* funcionario *m*, -ria *f* de prisiones

**rivacy** ['prɪvəsɪ] *n* intimidad *f*

**rivate** ['praɪvɪt] ◇ *adj* **1.** privado(da) **2.** *(class, lesson)* particular **3.** *(matter, belongings)* personal **4.** *(quiet)* retirado(da) ◇ *n MIL* soldado *m* raso ◆ **in private** en privado

## private education

Los colegios privados británicos no reciben dinero del gobierno, y son una alternativa para aquellos padres con más recursos financieros para pagar la educación de sus hijos. Aunque el nombre pueda engañar, en Inglaterra a los colegios privados se les suele llamar *public schools*.

**private health care** *n* asistencia *f* sanitaria privada

**private property** *n* propiedad *f* privada

**private school** *n* colegio *m* privado

**privilege** ['prɪvɪlɪdʒ] *n* privilegio *m* ◆ **it's a privilege!** ¡es un honor!

**prize** [praɪz] *n* premio *m*

**prize-giving** [-ˌgɪvɪŋ] *n* entrega *f* de premios

**pro** [prəʊ] (*pl* **-s**) *n* (*inf*) *(professional)* profesional *mf* ◆ **pros** *npl* ◆ **the pros and cons** los pros y los contras

**probability** [ˌprɒbə'bɪlətɪ] *n* probabilidad *f*

**probable** ['prɒbəbl] *adj* probable

**probably** ['prɒbəblɪ] *adv* probablemente

**probation officer** [prə'beɪʃn-] *n oficial encargado de la vigilancia de presos en libertad condicional*

**problem** ['prɒbləm] *n* problema *m* ◆ **no problem!** (*inf*) ¡no hay problema!

**procedure** [prə'siːdʒəʳ] *n* procedimiento *m*

**proceed** [prə'siːd] *vi* (*fml*) **1.** *(continue)* proseguir **2.** *(act)* proceder **3.** *(advance)* avanzar ▼ **proceed with caution** conduzca con precaución

**proceeds** ['prəʊsiːdz] *npl* recaudación *f*

**process** ['prəʊses] *n* proceso *m* ◆ **to be in the process of doing sthg** estar haciendo algo

**processed cheese** ['prəʊsest-] *n* queso *m* para sandwiches

**procession** [prə'seʃn] *n* desfile *m*

**prod** [prɒd] *vt* empujar repetidamente

**produce** ◇ *vt* [prə'djuːs] **1.** producir **2.**

*(show)* mostrar **3.** *(play)* poner en escena ◇ *n* ['prɒdjuːs] productos *mpl* agrícolas
**producer** [prə'djuːsəʳ] *n* **1.** *(manufacturer)* fabricante *mf* **2.** *(of film)* productor *m*, -ra *f* **3.** *(of play)* director *m*, -ra *f* de escena
**product** ['prɒdʌkt] *n* producto *m*
**production** [prə'dʌkʃn] *n* **1.** *(manufacture)* producción *f* **2.** *(of film, play)* realización *f* **3.** *(play)* representación *f*
**productivity** [,prɒdʌk'tɪvətɪ] *n* productividad *f*
**profession** [prə'feʃn] *n* profesión *f*
**professional** [prə'feʃənl] ◇ *adj* profesional ◇ *n* profesional *mf*
**professor** [prə'fesəʳ] *n* **1.** *(in UK)* catedrático *m*, -ca *f* **2.** *(in US)* profesor *m*, -ra *f* de universidad
**profile** ['prəʊfaɪl] *n* **1.** *(silhouette, outline)* perfil *m* **2.** *(description)* corta biografía *f*
**profit** ['prɒfɪt] ◇ *n* *(financial)* beneficio *m* ◇ *vi* • **to profit (from)** sacar provecho (de)
**profitable** ['prɒfɪtəbl] *adj* rentable
**profiteroles** [prə'fɪtərəʊlz] *npl* profiteroles *mpl*
**profound** [prə'faʊnd] *adj* profundo(da)
**program** ['prəʊgræm] ◇ *n* **1.** COMPUT programa *m* **2.** *(US)* = **programme** ◇ *vt* COMPUT programar
**programme** ['prəʊgræm] *n* *(UK)* programa *m*
**progress** ◇ *n* ['prəʊgres] **1.** *(improvement)* progreso *m* **2.** *(forward movement)* avance *m* ◇ *vi* [prə'gres] **1.** *(work, talks, student)* progresar **2.** *(day, meeting)* avanzar • **to make progress** *(improve)* progresar; *(in journey)* avanzar • **in progress** en curso
**progressive** [prə'gresɪv] *adj* *(forward-looking)* progresista
**prohibit** [prə'hɪbɪt] *vt* prohibir ▼ **smoking strictly prohibited** está terminantemente prohibido fumar
**project** ['prɒdʒekt] *n* **1.** *(plan)* proyecto *m* **2.** *(at school)* trabajo *m*
**projector** [prə'dʒektəʳ] *n* proyector *m*
**prolong** [prə'lɒŋ] *vt* prolongar
**prom** [prɒm] *n* *(US)* *(dance)* baile *m* de gala *(en colegios)*
**promenade** [,prɒmə'nɑːd] *n* *(by the sea)* paseo *m* marítimo, malecón *m* *(Amér)*
**prominent** ['prɒmɪnənt] *adj* **1.** *(person)* eminente **2.** *(noticeable)* prominente
**promise** ['prɒmɪs] ◇ *n* promesa *f* ◇ *vt* prometer ◇ *vi* • **I promise** te lo prometo • **to show promise** ser prometedor • **I promise (that) I'll come** te prometo que vendré • **you promised me a lift home** me prometiste que me llevarías a casa • **to promise to do sthg** prometer hacer algo
**promising** ['prɒmɪsɪŋ] *adj* prometedor(ra)
**promote** [prə'məʊt] *vt* *(in job)* ascender
**promotion** [prə'məʊʃn] *n* **1.** *(in job)* ascenso *m* **2.** *(of product)* promoción *f*
**prompt** [prɒmpt] ◇ *adj* inmediato(ta) ◇ *adv* • **at six o'clock prompt** a las seis en punto
**prone** [prəʊn] *adj* • **to be prone to sthg** ser propenso(sa) a algo • **to be prone to do sthg** tender a hacer algo
**prong** [prɒŋ] *n* diente *m*
**pronoun** ['prəʊnaʊn] *n* pronombre *m*

**ronounce** [prəˈnaʊns] *vt* *(word)* pronunciar
**ronunciation** [prəˌnʌnsɪˈeɪʃn] *n* pronunciación *f*
**roof** [pru:f] *n* *(evidence)* prueba *f* ◈ **it's** **2% proof** *(alcohol)* tiene 12 grados
**rop** [prɒp] ◆ **prop up** *vt sep* *(support)* puntalar
**ropeller** [prəˈpeləʳ] *n* hélice *f*
**roper** [ˈprɒpəʳ] *adj* **1.** *(suitable)* adecuado(da) **2.** *(correct, socially acceptable)* correcto(ta)
**roperly** [ˈprɒpəlɪ] *adv* **1.** *(suitably)* bien *(correctly)* correctamente
**roperty** [ˈprɒpətɪ] *n* **1.** propiedad *f* **2.** *and)* finca *f* **3.** *(fml)* *(building)* inmueble *m*
**roportion** [prəˈpɔ:ʃn] *n* proporción *f*
**roposal** [prəˈpəʊzl] *n* *(suggestion)* propuesta *f*
**ropose** [prəˈpəʊz] ◇ *vt* *(suggest)* proponer ◇ *vi* ◈ **to propose to sb** pedir la mano a alguien
**roposition** [ˌprɒpəˈzɪʃn] *n* *(offer)* propuesta *f*
**roprietor** [prəˈpraɪətəʳ] *n* *(fml)* propietario *m*, -ria *f*
**rose** [prəʊz] *n* **1.** *(not poetry)* prosa *f* **2.** *CH* traducción *f* inversa
**rosecution** [ˌprɒsɪˈkju:ʃn] *n* *LAW* *(charge)* procesamiento *m*
**rospect** [ˈprɒspekt] *n* *(possibility)* posibilidad *f* ◈ **I don't relish the prospect** no me apasiona la perspectiva ◆
**rospects** *npl* *(for the future)* perspectivas *fpl*
**rospectus** [prəˈspektəs] *(pl* **-es***)* *n* folleto *m* informativo

**prosperous** [ˈprɒspərəs] *adj* próspero(ra)
**prostitute** [ˈprɒstɪtju:t] *n* prostituta *f*
**protect** [prəˈtekt] *vt* proteger ◈ **to protect sb from harm** proteger a alguien de cualquier daño ◈ **plans to protect the country against attack** planes para proteger al país contra el ataque
**protection** [prəˈtekʃn] *n* protección *f*
**protection factor** *n* factor *m* de protección solar
**protective** [prəˈtektɪv] *adj* protector(ra)
**protein** [ˈprəʊti:n] *n* proteína *f*
**protest** ◇ *n* [ˈprəʊtest] **1.** *(complaint)* protesta *f* **2.** *(demonstration)* manifestación *f* ◇ *vt* [prəˈtest] *(US)* *(protest against)* protestar contra ◇ *vi* ◈ **to protest (against)** protestar (contra)
**Protestant** [ˈprɒtɪstənt] *n* protestante *mf*
**protester** [prəˈtestəʳ] *n* manifestante *mf*
**protrude** [prəˈtru:d] *vi* sobresalir
**proud** [praʊd] *adj* **1.** *(pleased)* orgulloso(sa) **2.** *(pej)* *(arrogant)* soberbio(bia) ◈ **to be proud of** estar orgulloso de
**prove** [pru:v] *(pp* **-d** OR **proven***)* *vt* **1.** *(show to be true)* probar **2.** *(turn out to be)* resultar
**proverb** [ˈprɒvɜ:b] *n* proverbio *m*
**provide** [prəˈvaɪd] *vt* proporcionar ◈ **to provide sb with information** proporcionar información a alguien ◆ **provide for** *vt insep* *(person)* mantener
**provided (that)** [prəˈvaɪdɪd-] *conj* con tal de que
**providing (that)** [prəˈvaɪdɪŋ-] = **provided (that)**

**province** ['prɒvɪns] *n* provincia *f*
**provisional** [prə'vɪʒənl] *adj* provisional
**provisions** [prə'vɪʒnz] *npl* provisiones *fpl*
**provocative** [prə'vɒkətɪv] *adj* provocador(ra)
**provoke** [prə'vəʊk] *vt* provocar
**prowl** [praʊl] *vi* merodear
**prune** [pru:n] ◇ *n* ciruela *f* pasa ◇ *vt* podar
**PS** [pi:'es] (*abbr of* **postscript**) P.D. *(posdata)*
**psychiatrist** [saɪ'kaɪətrɪst] *n* psiquiatra *mf*
**psychic** ['saɪkɪk] *adj* clarividente
**psychological** [,saɪkə'lɒdʒɪkl] *adj* psicológico(ca)
**psychologist** [saɪ'kɒlədʒɪst] *n* psicólogo *m*, -ga *f*
**psychology** [saɪ'kɒlədʒɪ] *n* psicología *f*
**psychotherapist** [,saɪkəʊ'θerəpɪst] *n* psicoterapeuta *mf*
**pt** *abbr* = **pint**
**PTO** [pi:ti:'əʊ] (*abbr of* **please turn over**) sigue
**pub** [pʌb] *n* (*UK*) ≃ bar *m*

## pub

Los pubs británicos son un tipo de bar muy popular en los que la gente se reúne para charlar y tomar unas copas. Las bebidas se pagan en la barra del bar en el momento de pedirlas. Muchos pubs sirven también comidas.

**puberty** ['pju:bətɪ] *n* pubertad *f*
**public** ['pʌblɪk] ◇ *adj* público(ca) ◇ *n* **the public** el público • **in public** en público
**publican** ['pʌblɪkən] *n* (*UK*) *patrón de un pub*
**publication** [,pʌblɪ'keɪʃn] *n* publicación *f*
**public bar** *n* (*UK*) *bar cuya decoración es más sencilla y cuyos precios son más bajos*
**public convenience** *n* (*UK*) aseos *mpl* públicos
**public footpath** *n* (*UK*) camino *m* público
**public holiday** *n* fiesta *f* nacional
**public house** *n* (*UK*) (*fml*) ≃ bar *m*
**publicity** [pʌb'lɪsɪtɪ] *n* publicidad *f*
**public school** *n* **1.** (*in UK*) colegio *m* privado **2.** (*in US*) escuela *f* pública
**public telephone** *n* teléfono *m* público
**public transport** *n* (*UK*) transporte *m* público
**public transportation** (*US*) = **public transport**
**publish** ['pʌblɪʃ] *vt* publicar
**publisher** ['pʌblɪʃə^r] *n* **1.** (*person*) editor *m*, -ra *f* **2.** (*company*) editorial *f*
**publishing** ['pʌblɪʃɪŋ] *n* (*industry*) industria *f* editorial
**pub lunch** *n* (*UK*) *almuerzo generalmente sencillo en un pub*
**pudding** ['pʊdɪŋ] *n* **1.** (*sweet dish*) pudín *m* **2.** (*UK*) (*course*) postre *m*
**puddle** ['pʌdl] *n* charco *m*
**puff** [pʌf] ◇ *vi* (*breathe heavily*) resollar ◇ *n* **1.** (*of air*) soplo *m* **2.** (*of smoke*) bocanada *f* • **to puff at** dar caladas a

**ıff pastry** *n* hojaldre *m*
**ıll** [pʊl] ◇ *vt* **1.** tirar de, jalar (*Amér*) **2.** ɔw) arrastrar **3.** (*trigger*) apretar ◇ *vi* ˈar, jalar (*Amér*) ◇ *n* ◈ **to give sthg a** ıll darle un tirón a algo ◈ **to pull a** ce hacer muecas ◈ **to pull a muscle** ır un tirón en un músculo ▼ **pull** (*on* ˈor) tirar ◆ **pull apart** *vt sep* (*machine*) ːsmontar ◆ **pull down** *vt sep* **1.** (*lower*) ıjar **2.** (*demolish*) derribar ◆ **pull in** *vi* ırarse ◆ **pull out** ◇ *vt sep* sacar ◇ *vi* **1.** ˈain, *car*) salir **2.** (*withdraw*) retirarse ◆ **ıll over** *vi* (*car*) hacerse a un lado ◆ **ıll up** ◇ *vt sep* (*socks, trousers, sleeve*) ıbirse ◇ *vi* parar
**ılley** [ˈpʊlɪ] (*pl* **pulleys**) *n* polea *f*
**ıll-out** *n* (*US*) área *f* de descanso
**ıllover** [ˈpʊl,əʊvəʳ] *n* jersey *m* (*Esp*), ˈéter *m* (*Amér*)
**ılpit** [ˈpʊlpɪt] *n* púlpito *m*
**ılse** [pʌls] *n MED* pulso *m*
**ımp** [pʌmp] *n* **1.** (*device, bicycle pump*) ɔmba *f* **2.** (*for petrol*) surtidor *m* ◆
**ımp up** *vt sep* inflar
**ımpkin** [ˈpʌmpkɪn] *n* calabaza *f*
**ın** [pʌn] *n* juego *m* de palabras
**ınch** [pʌntʃ] ◇ *n* **1.** (*blow*) puñetazo *m* (*drink*) ponche *m* ◇ *vt* **1.** (*hit*) dar un ıñetazo **2.** (*ticket*) picar
**ınctual** [ˈpʌŋktʃʊəl] *adj* puntual
**ınctuation** [,pʌŋktʃʊˈeɪʃn] *n* puntuaɔn *f*
**ıncture** [ˈpʌŋktʃəʳ] ◇ *n* pinchazo *m* ◇ pinchar
**ınish** [ˈpʌnɪʃ] *vt* ◈ **to punish sb for a ime** castigar a alguien por un delito
**ınishment** [ˈpʌnɪʃmənt] *n* castigo *m*
**ınk** [pʌŋk] *n* **1.** (*person*) punki *mf* **2.** (*music*) punk *m*
**punnet** [ˈpʌnɪt] *n* (*UK*) canasta *f* pequeña
**pupil** [ˈpju:pl] *n* **1.** (*student*) alumno *m*, -na *f* **2.** (*of eye*) pupila *f*
**puppet** [ˈpʌpɪt] *n* títere *m*
**puppy** [ˈpʌpɪ] *n* cachorro *m*
**purchase** [ˈpɜ:tʃəs] ◇ *vt* (*fml*) comprar ◇ *n* (*fml*) compra *f*
**pure** [pjʊəʳ] *adj* puro(ra)
**puree** [ˈpjʊəreɪ] *n* puré *m*
**purely** [ˈpjʊəlɪ] *adv* puramente
**purity** [ˈpjʊərətɪ] *n* pureza *f*
**purple** [ˈpɜ:pl] *adj* morado(da)
**purpose** [ˈpɜ:pəs] *n* propósito *m* ◈ **on purpose** a propósito
**purr** [pɜ:ʳ] *vi* (*cat*) ronronear
**purse** [pɜ:s] *n* **1.** (*UK*) (*for money*) monedero *m* **2.** (*US*) (*handbag*) bolso *m* (*Esp*), cartera *f* (*Amér*)
**pursue** [pəˈsju:] *vt* **1.** (*follow*) perseguir **2.** (*study, inquiry, matter*) continuar con
**pus** [pʌs] *n* pus *m*
**push** [pʊʃ] ◇ *vt* **1.** (*shove*) empujar **2.** (*press*) apretar **3.** (*product*) promocionar ◇ *vi* (*shove*) empujar ◇ *n* ◈ **to give a car a push** dar un empujón a un coche ◈ **to push sb into doing sthg** obligar a alguien a hacer algo ▼ **push** (*on door*) empujar ◆ **push in** *vi* (*UK*) (*in queue*) colarse ◆ **push off** *vi* (*UK*) (*inf*) (*go away*) largarse
**push-button telephone** *n* teléfono *m* de botones
**pushchair** [ˈpʊʃtʃeəʳ] *n* (*UK*) silla *f* (de paseo)
**pushed** [pʊʃt] *adj* (*inf*) ◈ **to be pushed (for time)** andar corto(ta) de tiempo

**push-ups** *npl* flexiones *fpl*

**put** [pʊt] (*pt & pp inv*) *vt* poner; (*pressure*) ejercer; (*blame*) echar; (*express*) expresar; (*a question*) hacer • **to put sthg at** (*estimate*) estimarse algo en • **to put a child to bed** acostar a un niño • **to put money into an account** depositar dinero en una cuenta

◆ **put aside** *vt sep* (*money*) apartar

◆ **put away** *vt sep* (*tidy up*) poner en su sitio

◆ **put back** *vt sep* (*replace*) volver a poner en su sitio; (*postpone*) aplazar; (*clock, watch*) atrasar

◆ **put down** *vt sep* (*on floor, table, from vehicle*) dejar; (*animal*) matar; (*deposit*) pagar como depósito

◆ **put forward** *vt sep* (*clock, watch*) adelantar; (*suggest*) proponer

◆ **put in** *vt sep* (*insert*) meter; (*install*) instalar

◆ **put off** *vt sep* (*postpone*) posponer; (*distract*) distraer; (*repel*) repeler; (*passenger*) dejar

◆ **put on** *vt sep* (*clothes, glasses, make-up*) ponerse; (*weight*) ganar; (*television, light, radio*) encender; (*CD, tape, record*) poner; (*play, show*) representar • **to put the kettle on** (*UK*) poner la tetera a hervir

◆ **put out** *vt sep* (*cigarette, fire, light*) apagar; (*publish*) hacer público; (*hand, arm, leg*) extender; (*inconvenience*) causar molestias a • **to put one's back out** fastidiarse la espalda

◆ **put together** *vt sep* (*assemble*) montar; (*combine*) juntar

◆ **put up**

◇ *vt sep* (*tent, statue, building*) construir; (*umbrella*) abrir; (*a notice, sign*) pegar; (*price rate*) subir; (*provide with accommodation*) alojar

◇ *vi* (*in hotel*) alojarse

◆ **put up with** *vt insep* aguantar

**putting green** [ˈpʌtɪŋ-] *n* minigolf *n* (*con césped y sin obstáculos*)

**putty** [ˈpʌtɪ] *n* masilla *f*

**puzzle** [ˈpʌzl] ◇ *n* **1.** (*game*) rompecabezas *m inv* **2.** (*jigsaw*) puzzle *m* **3** (*mystery*) misterio *m* ◇ *vt* desconcertar

**puzzling** [ˈpʌzlɪŋ] *adj* desconcertante

**pyjamas** [pəˈdʒɑːməz] *npl* (*UK*) pijam *m*, piyama *f* (*Amér*)

**pylon** [ˈpaɪlən] *n* torre *f* de alta tensió

**pyramid** [ˈpɪrəmɪd] *n* pirámide *f*

**Pyrenees** [ˌpɪrəˈniːz] *npl* • **the Pyrenee** los Pirineos

**Pyrex**® [ˈpaɪreks] *n* pírex® *m*

# Q

**quail** [kweɪl] *n* codorniz *f*

**quail's eggs** *npl* huevos *mpl* de codorniz

**quaint** [kweɪnt] *adj* pintoresco(ca)

**qualification** [ˌkwɒlɪfɪˈkeɪʃn] *n* **1.** (*diploma*) título *m* **2.** (*ability*) aptitud *f*

**qualified** [ˈkwɒlɪfaɪd] *adj* (*having qualifications*) cualificado(da)

**qualify** [ˈkwɒlɪfaɪ] *vi* **1.** (*for competition*) clasificarse **2.** (*pass exam*) sacar el títul

**quality** [ˈkwɒlətɪ] ◇ *n* **1.** (*standard, hig standard*) calidad *f* **2.** (*feature*) cualidad

*dj* de calidad
**arantine** ['kwɒrənti:n] *n* cuarentena *f*
**arrel** ['kwɒrəl] ◇ *n* riña *f* ◇ *vi* reñir
**arry** ['kwɒrɪ] *n (for stone, sand)* cante-
*f*
**art** [kwɔ:rt] *n (in US)* = 0,946 l, ≃
'o
**arter** ['kwɔ:tə^r] *n* **1.** *(fraction)* cuarto *m*
(*US*) *(coin)* cuarto de dólar **3.** (*UK*) *(4*
*ces)* cuatro onzas *fpl* **4.** *(three*
*nths)* trimestre *m* **5.** *(part of town)*
rio *m* ● **(a) quarter to five** (*UK*) las
co menos cuarto ● **(a) quarter of**
**e** (*US*) las cinco menos cuarto ● **(a)**
**arter past five** (*UK*) las cinco y
arto ● **(a) quarter after five** (*US*)
cinco y cuarto ● **(a) quarter of an**
**ur** un cuarto de hora
**arterpounder** [,kwɔ:tə'paʊndə^r] *n*
mburguesa *f* de un cuarto de libra
**artet** [kwɔ:'tet] *n* cuarteto *m*
**artz** [kwɔ:ts] *adj* de cuarzo
**ay** [ki:] *n* muelle *m*
**easy** ['kwi:zɪ] *adj* (*inf*) mareado(da)
**een** [kwi:n] *n* **1.** reina *f* **2.** *(in cards)*
ma *f*
**eer** [kwɪə^r] ◇ *adj* **1.** *(strange)* raro(ra)
*inf*) *(ill)* pachucho(cha) (*Esp*), mal ◇
*inf & offens*) marica *m*
**ench** [kwentʃ] *vt* ● **to quench one's**
**rst** apagar la sed
**ery** ['kwɪərɪ] *n* pregunta *f*
**estion** ['kwestʃn] ◇ *n* **1.** *(query, in exam,*
*questionnaire)* pregunta *f* **2.** *(issue)*
estión *f* ◇ *vt (person)* interrogar ●
**out of the question** es imposible
**estion mark** *n* signo *m* de inte-
gación

**questionnaire** [,kwestʃə'neə^r] *n* cuestionario *m*
**queue** [kju:] ◇ *n* (*UK*) cola *f* ◇ *vi* (*UK*) hacer cola ● **queue up** *vi* (*UK*) hacer cola
**quiche** [ki:ʃ] *n* quiche *f*
**quick** [kwɪk] ◇ *adj* rápido(da) ◇ *adv* rápidamente
**quickly** ['kwɪklɪ] *adv* de prisa
**quid** [kwɪd] (*pl inv*) *n* (*UK*) (*inf*) libra *f*
**quiet** ['kwaɪət] ◇ *adj* **1.** *(silent, not noisy)* silencioso(sa) **2.** *(calm, peaceful)* tranquilo(la) **3.** *(voice)* bajo(ja) ◇ *n* tranquilidad *f* ● **keep quiet!** ¡silencio! ● **to keep quiet** quedarse callado(da) ● **to keep quiet about sthg** callarse algo
**quieten** ['kwaɪətn] ● **quieten down** *vi* tranquilizarse
**quietly** ['kwaɪətlɪ] *adv* **1.** *(silently)* silenciosamente **2.** *(not noisily)* sin hacer ruido **3.** *(calmly)* tranquilamente
**quilt** [kwɪlt] *n* **1.** (*UK*) *(duvet)* edredón *m* **2.** *(eiderdown)* colcha *f*
**quince** [kwɪns] *n* membrillo *m*
**quirk** [kw3:k] *n* manía *f*, rareza *f*
**quit** [kwɪt] (*pt & pp inv*) ◇ *vi* **1.** *(resign)* dimitir **2.** *(give up)* rendirse ◇ *vt (school, job)* abandonar ● **to quit doing sthg** dejar de hacer algo
**quite** [kwaɪt] *adv* **1.** *(fairly)* bastante **2.** *(completely)* totalmente ● **there's not quite enough** no alcanza por poco ● **quite a lot (of children)** bastantes (niños) ● **quite a lot of money** bastante dinero
**quiz** [kwɪz] (*pl* **-zes**) *n* concurso *m*
**quota** ['kwəʊtə] *n* cuota *f*
**quotation** [kwəʊ'teɪʃn] *n* **1.** *(phrase)* cita

*f* **2.** *(estimate)* presupuesto *m*
**quotation marks** *npl* comillas *fpl*
**quote** [kwəʊt] ◇ *vt* **1.** *(phrase, writer)* citar **2.** *(price)* dar ◇ *n* **1.** *(phrase)* cita *f* **2.** *(estimate)* presupuesto *m*

# R

**rabbit** ['ræbɪt] *n* conejo *m*
**rabies** ['reɪbi:z] *n* rabia *f*
**RAC** [ɑ:reɪ'si:] *n* (*abbr of* **Royal Automobile Club**) *asociación británica del automóvil*, ≃ RACE *m*
**race** [reɪs] ◇ *n* **1.** *(competition)* carrera *f* **2.** *(ethnic group)* raza *f* ◇ *vi* **1.** *(compete)* competir **2.** *(go fast)* ir corriendo **3.** *(engine)* acelerarse ◇ *vt (compete against)* competir con
**racecourse** ['reɪskɔ:s] *n* (*UK*) hipódromo *m*
**racehorse** ['reɪshɔ:s] *n* caballo *m* de carreras
**racetrack** ['reɪstræk] *n (for horses)* hipódromo *m*
**racial** ['reɪʃl] *adj* racial
**racing** ['reɪsɪŋ] *n* • **(horse) racing** carreras *fpl* de caballos
**racing car** *n* coche *m* de carreras
**racism** ['reɪsɪzm] *n* racismo *m*
**racist** ['reɪsɪst] *n* racista *mf*
**rack** [ræk] *n* **1.** *(for coats)* percha *f* **2.** *(for plates)* escurreplatos *m inv* **3.** *(for bottles)* botellero *m* • **rack of lamb** costillar *m* de cordero
**racket** ['rækɪt] *n* **1.** *SPORT* raqueta *f* *(inf) (noise)* jaleo *m*
**racquet** ['rækɪt] *n* raqueta *f*
**radar** ['reɪdɑ:ʳ] *n* radar *m*
**radiation** [,reɪdɪ'eɪʃn] *n* radiación *f*
**radiator** ['reɪdɪeɪtəʳ] *n* radiador *m*
**radical** ['rædɪkl] *adj* radical
**radii** ['reɪdɪaɪ] *pl* ➤ **radius**
**radio** ['reɪdɪəʊ] (*pl* **-s**) ◇ *n* radio *f* ◇ radiar • **on the radio** *(hear, be broadcas* por la radio
**radioactive** [,reɪdɪəʊ'æktɪv] *adj* radiact vo(va)
**radio alarm** *n* radiodespertador *m*
**radish** ['rædɪʃ] *n* rábano *m*
**radius** ['reɪdɪəs] (*pl* **radii**) *n* radio *m*
**raffle** ['ræfl] *n* rifa *f*
**raft** [rɑ:ft] *n* **1.** *(of wood)* balsa *f* *(inflatable)* bote *m*
**rafter** ['rɑ:ftəʳ] *n* par *m*
**rag** [ræg] *n (old cloth)* trapo *m*
**rage** [reɪdʒ] *n* rabia *f*
**raid** [reɪd] ◇ *n* **1.** *(attack)* incursión *f* *(by police)* redada *f* **3.** *(robbery)* asalto ◇ *vt* **1.** *(subj: police)* hacer una redada e **2.** *(subj: thieves)* asaltar
**rail** [reɪl] ◇ *n* **1.** *(bar)* barra *f* **2.** *(f curtain, train)* carril *m* **3.** *(on stair* barandilla *f* ◇ *adj* ferroviario(ria) **by rail** por ferrocarril
**railcard** ['reɪlkɑ:d] *n* (*UK*) *tarjeta que c derecho a un descuento al viajar en tre*
**railings** ['reɪlɪŋz] *npl* reja *f*
**railroad** ['reɪlrəʊd] (*US*) = **railway**
**railway** ['reɪlweɪ] *n* (*UK*) **1.** *(systen* ferrocarril *m* **2.** *(track)* vía *f* (férrea)
**railway line** *n* (*UK*) **1.** *(route)* línea *f* c ferrocarril **2.** *(track)* vía *f* (férrea)

**ailway station** *n* (*UK*) estación *f* de ferrocarril
**ain** ['reɪn] ◇ *n* lluvia *f* ◇ *impers vb* llover ◆ **it's raining** está lloviendo
**ainbow** ['reɪmbəʊ] *n* arco *m* iris
**aincoat** ['reɪnkəʊt] *n* impermeable *m*
**aindrop** ['reɪndrɒp] *n* gota *f* de lluvia
**ainfall** ['reɪnfɔ:l] *n* pluviosidad *f*
**ainy** ['reɪnɪ] *adj* lluvioso(sa)
**aise** [reɪz] ◇ *vt* **1.** (*lift*) levantar **2.** (*increase*) aumentar **3.** (*money*) recaudar **4.** (*child, animals*) criar **5.** (*question, objection*) plantear ◇ *n* (*US*) (*pay increase*) aumento *m*
**aisin** ['reɪzn] *n* pasa *f*
**ake** [reɪk] *n* (*tool*) rastrillo *m*
**ally** ['rælɪ] *n* **1.** (*public meeting*) mitin *m* **2.** (*motor race*) rally *m* **3.** (*in tennis, badminton, squash*) peloteo *m*
**am** [ræm] ◇ *n* carnero *m* ◇ *vt* (*bang into*) chocar con
**amadan** [,ræmə'dæn] *n* Ramadán *m*
**amble** ['ræmbl] *n* paseo *m* por el campo
**amp** [ræmp] *n* **1.** (*slope*) rampa *f* **2.** (*UK*) (*in roadworks*) rompecoches *m inv* **3.** (*US*) (*to freeway*) acceso *m* ▼ **ramp** (*UK*) rampa
**amparts** ['ræmpɑ:ts] *npl* murallas *fpl*
**an** [ræn] *pt* ➢ **run**
**anch** [rɑ:ntʃ] *n* rancho *m*
**ancid** ['rænsɪd] *adj* rancio(cia)
**andom** ['rændəm] ◇ *adj* fortuito(ta) ◇ *n* ◆ **at random** al azar
**ang** [ræŋ] *pt* ➢ **ring**
**ange** [reɪndʒ] ◇ *n* **1.** (*of radio, telescope*) alcance *m* **2.** (*of aircraft*) autonomía *f* **3.** (*of prices, temperatures, ages*) escala *f* **4.** (*of goods, services*) variedad *f* **5.** (*of hills, mountains*) sierra *f* **6.** (*for shooting*) campo *m* de tiro **7.** (*cooker*) fogón *m* ◇ *vi* (*vary*) oscilar
**ranger** ['reɪndʒə^r] *n* guardabosques *mf inv*
**rank** [ræŋk] ◇ *n* (*in armed forces, police*) grado *m* ◇ *adj* (*smell, taste*) pestilente
**ransom** ['rænsəm] *n* rescate *m*
**rap** [ræp] *n* (*music*) rap *m*
**rape** [reɪp] ◇ *n* (*crime*) violación *f* ◇ *vt* violar
**rapid** ['ræpɪd] *adj* rápido(da) ◆ **rapids** *npl* rápidos *mpl*
**rapidly** ['ræpɪdlɪ] *adv* rápidamente
**rapist** ['reɪpɪst] *n* violador *m*
**rare** [reə^r] *adj* **1.** (*not common*) raro(ra) **2.** (*meat*) poco hecho(cha)
**rarely** ['reəlɪ] *adv* raras veces
**rash** [ræʃ] ◇ *n* (*on skin*) sarpullido *m* ◇ *adj* precipitado(da)
**raspberry** ['rɑ:zbərɪ] *n* frambuesa *f*
**rat** [ræt] *n* rata *f*
**ratatouille** [rætə'twi:] *n guiso de tomate, cebolla, pimiento, calabacín, berenjenas, etc*
**rate** [reɪt] ◇ *n* **1.** (*level*) índice *m* **2.** (*of interest*) tipo *m* (*Esp*), tasa *f* **3.** (*charge*) precio *m* **4.** (*speed*) velocidad *f* ◇ *vt* **1.** (*consider*) considerar **2.** (*deserve*) merecer ◆ **rate of exchange** tipo de cambio ◆ **at any rate** de todos modos ◆ **at this rate** a este paso
**rather** ['rɑ:ðə^r] *adv* (*quite*) bastante ◆ **I'd rather have a beer** prefiero tomar una cerveza ◆ **I'd rather not** mejor que no ◆ **would you rather ...?** ¿preferirías ...? ◆ **rather a lot** bastante ◆ **rather than** antes que

**ratio** ['reɪʃɪəʊ] (*pl* **-s**) *n* proporción *f*
**ration** ['ræʃn] *n* ración *f* ◆ **rations** *npl* *(food)* víveres *mpl*
**rational** ['ræʃnl] *adj* racional
**rattle** ['rætl] ◇ *n* *(of baby)* sonajero *m* ◇ *vi* golpetear
**rave** [reɪv] *n* (*UK*) *(party)* rave *f*
**raven** ['reɪvn] *n* cuervo *m*
**ravioli** [,rævɪ'əʊlɪ] *n* raviolis *mpl*
**raw** [rɔ:] *adj* **1.** *(uncooked)* crudo(da) **2.** *(sugar)* sin refinar
**raw material** *n* materia *f* prima
**ray** [reɪ] *n* rayo *m*
**razor** ['reɪzə'] *n* **1.** *(with blade)* navaja *f* **2.** *(electric)* maquinilla *f* de afeitar, rasuradora *f* (*Amér*)
**razor blade** *n* hoja *f* de afeitar
**Rd** *abbr* = Road
**re** [ri:] *prep* con referencia a
**RE** [a:r'i:] *n* (*abbr of* religious education) religión *f* *(materia)*
**reach** [ri:tʃ] ◇ *vt* **1.** llegar a **2.** *(manage to touch)* alcanzar **3.** *(contact)* contactar con ◇ *n* • **out of reach** fuera de alcance • **within reach of the beach** a poca distancia de la playa ◆ **reach out** *vi* • **to reach out (for)** alargar la mano (para)
**react** [rɪ'ækt] *vi* reaccionar
**reaction** [rɪ'ækʃn] *n* reacción *f*
**read** [ri:d] (*pt & pp inv*) ◇ *vt* **1.** leer **2.** *(subj: sign, note)* decir **3.** *(subj: meter, gauge)* marcar ◇ *vi* leer • **I read about it in the paper** lo leí en el periódico ◆ **read out** *vt sep* leer en voz alta
**reader** ['ri:də'] *n* *(of newspaper, book)* lector *m*, -ra *f*
**readily** ['redɪlɪ] *adv* **1.** *(willingly)* de buena gana **2.** *(easily)* fácilmente
**reading** ['ri:dɪŋ] *n* lectura *f*
**reading matter** *n* lectura *f*
**ready** ['redɪ] *adj* *(prepared)* listo(ta) • **to be ready for sthg** *(prepared)* estar listo para algo • **to be ready to do sthg** *(willing)* estar dispuesto(ta) a hacer algo; *(likely)* estar a punto de hacer algo • **to get ready** prepararse • **to get sthg ready** preparar algo
**ready cash** *n* dinero *m* contante
**ready-cooked** [-kʊkt] *adj* precocinado(da)
**ready-to-wear** *adj* confeccionado(da)
**real** ['rɪəl] ◇ *adj* **1.** *(existing)* real **2.** *(genuine)* auténtico(ca) **3.** *(for emphasis)* verdadero(ra) ◇ *adv* (*US*) (*inf*) muy
**real ale** *n* (*UK*) *cerveza criada en toneles, a la manera tradicional*
**real estate** *n* (*US*) propiedad *f* inmobiliaria
**realistic** [,rɪə'lɪstɪk] *adj* realista
**reality** [rɪ'ælətɪ] *n* realidad *f* • **in reality** en realidad
**reality TV** *n* reality shows mpl
**realize** ['rɪəlaɪz] *vt* **1.** *(become aware of, know)* darse cuenta de **2.** *(ambition, goal)* realizar
**really** ['rɪəlɪ] *adv* realmente • **not really** en realidad no • **really?** *(expressing surprise)* ¿de verdad?
**realtor** ['rɪəltər] *n* (*US*) agente *m* inmobiliario, agente inmobiliaria *f*
**rear** [rɪə'] ◇ *adj* trasero(ra) ◇ *n* *(back)* parte *f* de atrás
**rearrange** [,ri:ə'reɪndʒ] *vt* **1.** *(room, furniture)* colocar de otro modo **2.** *(meeting)* volver a concertar

**earview mirror** ['rɪəvju:-] *n* espejo *m* ɛtrovisor

**ear-wheel drive** *n* coche *m* con ·acción trasera

**eason** ['ri:zn] *n* **1.** *(motive, cause)* razón *f* . *(justification)* razones *fpl* ● **for some** **eason** por alguna razón

**easonable** ['ri:znəbl] *adj* razonable

**easonably** ['ri:znəblɪ] *adv* *(quite)* razo-ablemente

**easoning** ['ri:znɪŋ] *n* razonamiento *m*

**eassure** [,ri:ə'ʃɔ:ʳ] *vt* tranquilizar

**eassuring** [,ri:ə'ʃɔ:rɪŋ] *adj* tranquiliza-or(ra)

**ebate** ['ri:beɪt] *n* devolución *f*

**ebel** ◇ *n* ['rebl] rebelde *mf* ◇ *vi* [rɪ'bel] ɛbelarse

**ebound** [rɪ'baʊnd] *vi* rebotar

**ebuild** [,ri:'bɪld] *(pt & pp* **rebuilt**) *vt* ɛconstruir

**ebuke** [rɪ'bju:k] *vt* reprender

**ecall** [rɪ'kɔ:l] *vt* *(remember)* recordar

**eceipt** [rɪ'si:t] *n* *(for goods, money)* ɛcibo *m* ● **on receipt of** al recibo de

**eceive** [rɪ'si:v] *vt* recibir

**eceiver** [rɪ'si:vəʳ] *n* *(of phone)* auricular *m*

**ecent** ['ri:snt] *adj* reciente

**ecently** ['ri:sntlɪ] *adv* recientemente

**eceptacle** [rɪ'septəkl] *n* *(fml)* recep-ículo *m*

**eception** [rɪ'sepʃn] *n* recepción *f*

## ntroducing yourself at ·eception

When arriving for a meeting at a company, you tell the receptionist your name, your company and the person you are meeting: *Buenos días. Soy de ADM Internacional. Tengo una cita con el señor Lajunta.* When arriving at a hotel, you give your first name and surname: *Tengo una habitación reservada a nombre de Diego Villalobos.*

**reception desk** *n* recepción *f*

**receptionist** [rɪ'sepʃənɪst] *n* recepcio-nista *mf*

**recess** ['ri:ses] *n* **1.** *(in wall)* hueco *m* **2.** *(US)* *SCH* recreo *m*

**recession** [rɪ'seʃn] *n* recesión *f*

**recipe** ['resɪpɪ] *n* receta *f*

**recite** [rɪ'saɪt] *vt* **1.** *(poem)* recitar **2.** *(list)* enumerar

**reckless** ['reklɪs] *adj* imprudente

**reckon** ['rekn] *vt* *(inf)* *(think)* pensar ◆ **reckon on** *vt insep* contar con ◆ **reckon with** *vt insep* *(expect)* contar con

**reclaim** [rɪ'kleɪm] *vt* *(baggage)* reclamar

**reclining seat** [rɪ'klaɪnɪŋ-] *n* asiento *m* reclinable

**recognition** [,rekəg'nɪʃn] *n* reconoci-miento *m*

**recognize** ['rekəgnaɪz] *vt* reconocer

**recollect** [,rekə'lekt] *vt* recordar

**recommend** [,rekə'mend] *vt* recomen-dar ● **to recommend sb to do sthg** recomendar a alguien hacer algo

**recommendation** [,rekəmen'deɪʃn] *n* recomendación *f*

**reconsider** [,ri:kən'sɪdəʳ] *vt* reconside-rar

**reconstruct** [,ri:kən'strʌkt] *vt* recons-truir

**record** ◇ *n* ['rekɔ:d] **1.** *MUS* disco *m* **2.**

*(best performance, highest level)* récord *m* **3.** *(account)* anotación *f* ◇ *vt* [rɪ'kɔːd] **1.** *(keep account of)* anotar **2.** *(on tape)* grabar
**recorded delivery** [rɪ'kɔːdɪd-] *n* *(UK)* ≃ correo *m* certificado
**recorder** [rɪ'kɔːdəʳ] *n* **1.** *(tape recorder)* magnetófono *m* **2.** *(instrument)* flauta *f*
**recording** [rɪ'kɔːdɪŋ] *n* grabación *f*
**record shop** *n* tienda *f* de música
**recover** [rɪ'kʌvəʳ] ◇ *vt* *(stolen goods, lost property)* recuperar ◇ *vi* recobrarse
**recovery** [rɪ'kʌvərɪ] *n* recuperación *f*
**recovery vehicle** *n* *(UK)* grúa *f* remolcadora
**recreation** [ˌrekrɪ'eɪʃn] *n* recreo *m*
**recreation ground** *n* *(UK)* campo *m* de deportes
**recruit** [rɪ'kruːt] ◇ *n* *(to army)* recluta *mf* ◇ *vt* *(staff)* contratar
**rectangle** ['rekˌtæŋgl] *n* rectángulo *m*
**rectangular** [rek'tæŋgjʊləʳ] *adj* rectangular
**recycle** [ˌriː'saɪkl] *vt* reciclar
**recycle bin** *n* COMPUT papelera f de reciclaje
**red** [red] ◇ *adj* rojo(ja) ◇ *n* *(colour)* rojo *m* • **she has red hair** es pelirroja • **in the red** en números rojos
**red cabbage** *n* lombarda *f*
**Red Cross** *n* Cruz *f* Roja
**redcurrant** ['redkʌrənt] *n* grosella *f*
**redecorate** [ˌriː'dekəreɪt] *vt* cambiar la decoración de
**redhead** ['redhed] *n* pelirrojo *m*, -ja *f*
**red-hot** *adj* al rojo vivo
**redial** [riː'daɪəl] *vi* volver a marcar OR discar *(Amér)*
**redirect** [ˌriːdɪ'rekt] *vt* **1.** *(letter)* reexpedir **2.** *(traffic, plane)* redirigir
**red pepper** *n* pimiento *m* rojo
**reduce** [rɪ'djuːs] ◇ *vt* **1.** *(make smaller)* reducir **2.** *(make cheaper)* rebajar ◇ *vi* *(US)* *(slim)* adelgazar
**reduced price** [rɪ'djuːst-] *n* precio *m* rebajado
**reduction** [rɪ'dʌkʃn] *n* **1.** *(in size)* reducción *f* **2.** *(in price)* descuento *m*
**redundancy** [rɪ'dʌndənsɪ] *n* *(UK)* *(job loss)* despido *m*
**redundant** [rɪ'dʌndənt] *adj* *(UK)* • **to be made redundant** perder el empleo
**red wine** *n* vino *m* tinto
**reed** [riːd] *n* carrizo *m*
**reef** [riːf] *n* arrecife *m*
**reek** [riːk] *vi* apestar
**reel** [riːl] *n* carrete *m*
**refectory** [rɪ'fektərɪ] *n* refectorio *m*
**refer** [rɪ'fɜːʳ] ♦ **refer to** *vt insep* **1.** *(speak about, relate to)* referirse a **2.** *(consult)* consultar
**referee** [ˌrefə'riː] *n* SPORT árbitro *m*
**reference** ['refrəns] ◇ *n* **1.** *(mention)* referencia *f* **2.** *(letter for job)* referencia *fpl* ◇ *adj* *(book, library)* de consulta • **with reference to** con referencia a
**referendum** [ˌrefə'rendəm] *n* referéndum *m*
**refill** ◇ *vt* [ˌriː'fɪl] volver a llenar ◇ *n* ['riːfɪl] *(for pen)* cartucho *m* de recambio • **would you like a refill?** *(inf)* *(drink)* ¿quieres tomar otra copa de lo mismo?
**refinery** [rɪ'faɪnərɪ] *n* refinería *f*
**reflect** [rɪ'flekt] ◇ *vt* reflejar ◇ *vi* *(think)* reflexionar

**flection** [rɪˈflekʃn] *n (image)* reflejo *m*
**flector** [rɪˈflektəʳ] *n* reflector *m*
**flex** [ˈriːfleks] *n* reflejo *m*
**flexive** [rɪˈfleksɪv] *adj* reflexivo(va)
**form** [rɪˈfɔːm] ◇ *n* reforma *f* ◇ *vt* formar
**fresh** [rɪˈfreʃ] *vt* refrescar
**freshing** [rɪˈfreʃɪŋ] *adj* refrescante
**freshments** [rɪˈfreʃmənts] *npl* refrigeɔs *mpl*
**frigerator** [rɪˈfrɪdʒəreɪtəʳ] *n* refrigeraɔr *m*
**fugee** [ˌrefjʊˈdʒiː] *n* refugiado *m*, -da *f*
**fund** ◇ *n* [ˈriːfʌnd] reembolso *m* ◇ *vt* ˈfʌnd] reembolsar
**fundable** [rɪˈfʌndəbl] *adj* reembolsae
**fusal** [rɪˈfjuːzl] *n* negativa *f*
**fuse**[1] [rɪˈfjuːz] ◇ *vt* **1.** *(not accept)* chazar **2.** *(not allow)* denegar ◇ *vi* ɛgarse ◈ **to refuse to do sthg** negarse hacer algo
**fuse**[2] [ˈrefjuːs] *n (fml)* basura *f*
**fuse collection** [ˈrefjuːs-] *n (fml)* cogida *f* de basuras
**gard** [rɪˈgɑːd] ◇ *vt (consider)* considerar *n* ◈ **with regard to** respecto a ◈ **as gards** por lo que se refiere a ◈ **gards** *npl (in greetings)* recuerdos *mpl* **give them my regards** salúdales de i parte
**garding** [rɪˈgɑːdɪŋ] *prep* respecto a
**gardless** [rɪˈgɑːdlɪs] *adv* a pesar de do ◈ **regardless of** sin tener en ɛenta
**ggae** [ˈregeɪ] *n* reggae *m*
**giment** [ˈredʒɪmənt] *n* regimiento *m*
**gion** [ˈriːdʒən] *n* región *f* ◈ **in the region of** alrededor de
**regional** [ˈriːdʒənl] *adj* regional
**register** [ˈredʒɪstəʳ] ◇ *n (official list)* registro *m* ◇ *vt* registrar ◇ *vi* **1.** *(be officially recorded)* inscribirse **2.** *(at hotel)* registrarse
**registered** [ˈredʒɪstəd] *adj (letter, parcel)* certificado(da)
**registration** [ˌredʒɪˈstreɪʃn] *n* **1.** *(for course)* inscripción *f* **2.** *(at conference)* entrega *f* de documentación
**registration (number)** *n (of car)* número *m* de matrícula OR placa *(Amér)*
**registry office** [ˈredʒɪstrɪ-] *n (UK)* registro *m* civil
**regret** [rɪˈgret] ◇ *n* pesar *m* ◇ *vt* lamentar ◈ **to regret doing sthg** lamentar haber hecho algo ◈ **we regret any inconvenience caused** lamentamos las molestias ocasionadas
**regrettable** [rɪˈgretəbl] *adj* lamentable
**regular** [ˈregjʊləʳ] ◇ *adj* **1.** regular **2.** *(frequent)* habitual **3.** *(normal, of normal size)* normal ◇ *n* cliente *mf* habitual
**regularly** [ˈregjʊləlɪ] *adv* con regularidad
**regulate** [ˈregjʊleɪt] *vt* regular
**regulation** [ˌregjʊˈleɪʃn] *n (rule)* regla *f*
**rehearsal** [rɪˈhɜːsl] *n* ensayo *m*
**rehearse** [rɪˈhɜːs] *vt* ensayar
**reign** [reɪn] ◇ *n* reinado *m* ◇ *vi* reinar
**reimburse** [ˌriːɪmˈbɜːs] *vt (fml)* reembolsar
**reindeer** [ˈreɪnˌdɪəʳ] *(pl inv) n* reno *m*
**reinforce** [ˌriːɪnˈfɔːs] *vt* reforzar
**reinforcements** [ˌriːɪnˈfɔːsmənts] *npl* refuerzos *mpl*
**reins** [reɪnz] *npl* **1.** *(for horse)* riendas *fpl*

**reject** [rɪ'dʒekt] *vt* rechazar
**rejection** [rɪ'dʒekʃn] *n* rechazo *m*
**rejoin** [ˌri:'dʒɔɪn] *vt (motorway)* reincorporarse a
**relapse** [rɪ'læps] *n* recaída *f*
**relate** [rɪ'leɪt] ◇ *vt (connect)* relacionar ◇ *vi* ◆ **to relate to** *(be connected with)* estar relacionado con; *(concern)* referirse a
**related** [rɪ'leɪtɪd] *adj* **1.** *(of same family)* emparentado(da) **2.** *(connected)* relacionado(da)
**relation** [rɪ'leɪʃn] *n* **1.** *(member of family)* pariente *mf* **2.** *(connection)* relación *f* ◆ **in relation to** en relación con ◆ **relations** *npl (international etc)* relaciones *fpl*
**relationship** [rɪ'leɪʃnʃɪp] *n* relación *f*
**relative** ['relətɪv] ◇ *adj* relativo(va) ◇ *n* pariente *mf*
**relatively** ['relətɪvlɪ] *adv* relativamente
**relax** [rɪ'læks] *vi* relajarse
**relaxation** [ˌri:læk'seɪʃn] *n* relajación *f*
**relaxed** [rɪ'lækst] *adj* **1.** *(person)* tranquilo(la) **2.** *(atmosphere)* desenfadado(da)
**relaxing** [rɪ'læksɪŋ] *adj* relajante
**relay** ['ri:leɪ] *n (race)* carrera *f* de relevos
**release** [rɪ'li:s] ◇ *vt* **1.** *(set free)* liberar **2.** *(hand, brake, catch)* soltar **3.** *(film)* estrenar **4.** *(record)* sacar ◇ *n* **1.** *(film)* estreno *m* **2.** *(record)* lanzamiento *m*
**relegate** ['relɪgeɪt] *vt* ◆ **to be relegated** *SPORT* descender
**relevant** ['reləvənt] *adj* **1.** *(connected, appropriate)* pertinente **2.** *(important)* importante
**reliable** [rɪ'laɪəbl] *adj (person, machine)* fiable
**relic** ['relɪk] *n (vestige)* reliquia *f*
**relief** [rɪ'li:f] *n* **1.** *(gladness)* alivio *m* **2.** *(aid)* ayuda *f*
**relief road** *n (UK)* carretera *f* auxiliar de descongestión
**relieve** [rɪ'li:v] *vt (pain, headache)* aliviar
**relieved** [rɪ'li:vd] *adj* aliviado(da)
**religion** [rɪ'lɪdʒn] *n* religión *f*
**religious** [rɪ'lɪdʒəs] *adj* religioso(sa)
**relish** ['relɪʃ] *n (sauce)* salsa *f* picante
**reluctant** [rɪ'lʌktənt] *adj* reacio(cia)
**rely** [rɪ'laɪ] ◆ **rely on** *vt insep* **1.** *(trust)* contar con **2.** *(depend on)* depender de
**remain** [rɪ'meɪn] *vi* **1.** *(stay)* permanecer **2.** *(continue to exist)* quedar ◆ **remains** *npl* restos *mpl*
**remainder** [rɪ'meɪndəʳ] *n* resto *m*
**remaining** [rɪ'meɪnɪŋ] *adj* restante
**remark** [rɪ'mɑ:k] ◇ *n* comentario *m* ◇ *vt* comentar
**remarkable** [rɪ'mɑ:kəbl] *adj* excepcional
**remedy** ['remədɪ] *n* remedio *m*
**remember** [rɪ'membəʳ] ◇ *vt* recordar ◇ *vi* acordarse ◆ **to remember doing sthg** acordarse de haber hecho algo ◆ **to remember to do sthg** acordarse de hacer algo
**remind** [rɪ'maɪnd] *vt* ◆ **to remind sb of** sb recordarle a alguien a alguien ◆ **to remind sb to do sthg** recordar a alguien hacer algo
**reminder** [rɪ'maɪndəʳ] *n (for bill, library book)* notificación *f*
**remittance** [rɪ'mɪtns] *n (fml)* giro *m*
**remote** [rɪ'məʊt] *adj* remoto(ta)

**note control** *n (device)* mando *m* : control remoto)
**noval** [rɪ'mu:vl] *n (taking away)* excción *f*
**noval van** *n (UK)* camión *m* de ıdanzas
**nove** [rɪ'mu:v] *vt* quitar
**ıew** [rɪ'nju:] *vt* renovar
**ıovate** ['renəveɪt] *vt* reformar
**ıowned** [rɪ'naʊnd] *adj* renombrado ı)
**ıt** [rent] ◇ *n* alquiler *m* ◇ *vt* alquilar
**ıtal** ['rentl] *n* alquiler *m*
**ɔaid** [ri:'peɪd] *pt & pp* ➢ **repay**
**ɔair** [rɪ'peə^r] ◇ *vt* reparar ◇ *n* ● **in ɔd repair** en buen estado ● **repairs** ' reparaciones *fpl*
**ɔay** [ri:'peɪ] *(pt & pp* **repaid**) *vt ɔney, favour)* devolver
**ɔayment** [ri:'peɪmənt] *n* devolución *f*
**ɔeat** [rɪ'pi:t] ◇ *vt* repetir ◇ *n (on TV, io)* reposición *f*
**ɔetition** [ˌrepɪ'tɪʃn] *n* repetición *f*
**ɔetitive** [rɪ'petɪtɪv] *adj* repetitivo(va)
**ɔlace** [rɪ'pleɪs] *vt* **1.** *(substitute)* sustir **2.** *(faulty goods)* reemplazar **3.** *(put :k)* poner en su sitio
**ɔlacement** [rɪ'pleɪsmənt] *n (substitute)* stituto *m*, -ta *f*
**ɔlay** ['ri:pleɪ] *n* **1.** *(rematch)* partido *m* desempate **2.** *(on TV)* repetición *f*
**ɔly** [rɪ'plaɪ] ◇ *n* respuesta *f* ◇ *vt & vi* ;ponder
**ɔort** [rɪ'pɔ:t] ◇ *n* **1.** *(account)* informe **2.** *(in newspaper, on TV, radio)* reportaje **3.** *(UK) SCH* boletín *m* de evaluación *vt* **1.** *(announce)* informar **2.** *(theft, ɔppearance, person)* denunciar ◇ *vi* informar ● **to report to sb** *(go to)* presentarse a alguien
**reporter** [rɪ'pɔ:tə^r] *n* reportero *m*, -ra *f*
**represent** [ˌreprɪ'zent] *vt* representar
**representative** [ˌreprɪ'zentətɪv] *n* representante *mf*
**repress** [rɪ'pres] *vt* reprimir
**reprieve** [rɪ'pri:v] *n (delay)* tregua *f*
**reprimand** ['reprɪmɑ:nd] *vt* reprender
**reproach** [rɪ'prəʊtʃ] *vt* reprochar
**reproduction** [ˌri:prə'dʌkʃn] *n* reproducción *f*
**reptile** ['reptaɪl] *n* reptil *m*
**republic** [rɪ'pʌblɪk] *n* república *f*
**Republican** [rɪ'pʌblɪkən] ◇ *n (in US)* republicano *m*, -na *f* ◇ *adj (in US)* republicano(na)
**repulsive** [rɪ'pʌlsɪv] *adj* repulsivo(va)
**reputable** ['repjʊtəbl] *adj* de buena reputación
**reputation** [ˌrepjʊ'teɪʃn] *n* reputación *f*
**request** [rɪ'kwest] ◇ *n* petición *f* ◇ *vt* solicitar ● **to request sb to do sthg** rogar a alguien que haga algo ● **available on request** disponible a petición del interesado
**require** [rɪ'kwaɪə^r] *vt (need)* necesitar ● **passengers are required to show their tickets** los pasajeros han de mostrar los billetes
**requirement** [rɪ'kwaɪəmənt] *n* requisito *m*
**resat** [ˌri:'sæt] *pt & pp* ➢ **resit**
**rescue** ['reskju:] *vt* rescatar
**research** [ˌrɪ'sɜ:tʃ] *n* investigación *f*
**resemblance** [rɪ'zembləns] *n* parecido *m*
**resemble** [rɪ'zembl] *vt* parecerse a

**resent** [rɪ'zent] *vt* tomarse a mal
**reservation** [ˌrezə'veɪʃn] *n* **1.** *(booking)* reserva *f* **2.** *(doubt)* duda *f* • **to make a reservation** hacer una reserva
**reserve** [rɪ'zɜːv] ◇ *n* **1.** *SPORT* suplente *mf* **2.** *(UK) (for wildlife)* reserva *f* ◇ *vt* reservar
**reserved** [rɪ'zɜːvd] *adj* reservado(da)
**reservoir** ['rezəvwɑːʳ] *n* pantano *m*
**reset** [ˌriː'set] *(pt & pp inv) vt (watch, meter, device)* reajustar
**residence** ['rezɪdəns] *n (fml)* residencia *f* • **place of residence** *(fml)* domicilio *m*
**residence permit** *n* permiso *m* de residencia
**resident** ['rezɪdənt] *n* **1.** *(of country)* residente *mf* **2.** *(of hotel)* huésped *mf* **3.** *(of area, house)* vecino *m*, -na *f* ▼ **residents only** *(for parking)* sólo para residentes
**residential** [ˌrezɪ'denʃl] *adj (area)* residencial
**residue** ['rezɪdjuː] *n* residuo *m*
**resign** [rɪ'zaɪn] ◇ *vi* dimitir ◇ *vt* • **to resign o.s. to sthg** resignarse a algo
**resignation** [ˌrezɪg'neɪʃn] *n (from job)* dimisión *f*
**resilient** [rɪ'zɪlɪənt] *adj* resistente
**resist** [rɪ'zɪst] *vt* **1.** *(fight against)* resistir a **2.** *(temptation)* resistir • **I can't resist cream cakes** me encantan los pasteles de nata • **to resist doing sthg** resistirse a hacer algo
**resistance** [rɪ'zɪstəns] *n* resistencia *f*
**resit** [ˌriː'sɪt] *(pt & pp* **resat***) vt (UK)* volver a presentarse a
**resolution** [ˌrezə'luːʃn] *n (promise)* propósito *m*
**resolve** [rɪ'zɒlv] *vt (solve)* resolver
**resort** [rɪ'zɔːt] *n (for holidays)* lugar *m* de vacaciones • **as a last resort** como último recurso ◆ **resort to** *vt ins* recurrir a • **to resort to doing sthg** recurrir a hacer algo
**resource** [rɪ'sɔːs] *n* recurso *m*
**resourceful** [rɪ'sɔːsfʊl] *adj* habilido(sa)
**respect** [rɪ'spekt] ◇ *n* **1.** respeto *m* **2.** *(aspect)* aspecto *m* ◇ *vt* respetar • **in some respects** en algunos aspectos • **with respect to** con respecto a
**respectable** [rɪ'spektəbl] *adj* respetable
**respective** [rɪ'spektɪv] *adj* respectivo(va)
**respond** [rɪ'spɒnd] *vi* responder
**response** [rɪ'spɒns] *n* respuesta *f*
**responsibility** [rɪˌspɒnsə'bɪlətɪ] *n* responsabilidad *f*
**responsible** [rɪ'spɒnsəbl] *adj* responsable • **to be responsible (for)** *(accountable)* ser responsable (de)
**rest** [rest] ◇ *n* **1.** *(relaxation, for foot)* descanso *m* **2.** *(for head)* respaldo *m* ◇ *(relax)* descansar • **the rest** el resto • **to have a rest** descansar • **to rest against** apoyarse contra
**restaurant** ['restərɒnt] *n* restaurante
**restaurant car** *n (UK)* vagón restaurante
**restful** ['restfʊl] *adj* tranquilo(la)
**restless** ['restlɪs] *adj* **1.** *(bored, impatient)* impaciente **2.** *(fidgety)* inquieto(ta)
**restore** [rɪ'stɔːʳ] *vt* **1.** *(reintroduce)* restablecer **2.** *(renovate)* restaurar
**restrain** [rɪ'streɪn] *vt* controlar
**restrict** [rɪ'strɪkt] *vt* restringir

**estricted** [rɪ'strɪktɪd] *adj* limitado(da)
**estriction** [rɪ'strɪkʃn] *n* **1.** *(rule)* res-
'icción *f* **2.** *(limitation)* limitación *f*
**est room** *n* (*US*) aseos *mpl*
**esult** [rɪ'zʌlt] ◇ *n* resultado *m* ◇ *vi* ● **to**
**esult in** resultar en ● **as a result of**
omo resultado de ● **results** *npl (of test,*
*am)* resultados *mpl*
**esume** [rɪ'zju:m] *vi* volver a empezar
**ésumé** ['rezju:meɪ] *n* **1.** *(summary)* resu-
nen *m* **2.** (*US*) *(curriculum vitae)*
urrículum *m*
**etail** ['ri:teɪl] ◇ *n* venta *f* al por menor
*vt* vender (al por menor) ◇ *vi* ● **to**
**etail at** venderse a
**etailer** ['ri:teɪlə^r] *n* minorista *mf*
**etail price** *n* precio *m* de venta al
úblico
**etain** [rɪ'teɪn] *vt* (*fml*) retener
**etaliate** [rɪ'tælɪeɪt] *vi* desquitarse
**etire** [rɪ'taɪə^r] *vi (stop working)* jubilarse
**etired** [rɪ'taɪəd] *adj* jubilado(da)
**etirement** [rɪ'taɪəmənt] *n* **1.** *(leaving job)*
ıbilación *f* **2.** *(period after retiring)* retiro
**etreat** [rɪ'tri:t] ◇ *vi* retirarse ◇ *n (place)*
efugio *m*
**etrieve** [rɪ'tri:v] *vt* recobrar
**eturn** [rɪ'tɜ:n] ◇ *n* **1.** *(arrival back)* vuelta
**2.** (*UK*) *(ticket)* billete *m* (*Esp*) OR
oleto *m* (*Amér*) de ida y vuelta ◇ *vt*
*(put back)* volver a poner **2.** *(ball,*
*rve)* restar **3.** *(give back)* devolver ◇ *vi*
*(go back, come back)* volver **2.** *(reap-*
*ear)* reaparecer ◇ *adj (journey)* de
uelta ● **the police returned the wallet**
**its owner** la policía devolvió la
artera a su dueño ● **by return of**
**post** (*UK*) a vuelta de correo ● **many**
**happy returns!** ¡y que cumplas muchos
más! ● **in return (for)** en recompensa
(por)

**return flight** *n* vuelo *m* de regreso
**return ticket** *n* (*UK*) billete *m* (*Esp*) OR
boleto (*Amér*) de ida y vuelta
**reunite** [,ri:ju:'naɪt] *vt* reunir
**reveal** [rɪ'vi:l] *vt* revelar
**revelation** [,revə'leɪʃn] *n* revelación *f*
**revenge** [rɪ'vendʒ] *n* venganza *f*
**reverse** [rɪ'vɜ:s] ◇ *adj* inverso(sa) ◇ *n* **1.**
*AUT* marcha *f* atrás, reversa *f* (*Col &*
*Méx*) **2.** *(of coin)* reverso *m* **3.** *(of*
*document)* dorso *m* ◇ *vt* **1.** *(car)* dar
marcha atrás a, echar en reversa (*Col*
*& Méx*) **2.** *(decision)* revocar ◇ *vi* dar
marcha atrás, echar en reversa (*Col &*
*Méx*) ● **the reverse** *(opposite)* lo con-
trario ● **in reverse order** al revés ● **to**
**reverse the charges** (*UK*) llamar a cobro
revertido
**reverse-charge call** *n* (*UK*) llamada *f*
a cobro revertido, llamada *f* por cobrar
(*Chile & Méx*)
**review** [rɪ'vju:] ◇ *n* **1.** *(of book, record,*
*film)* reseña *f* **2.** *(examination)* repaso *m*
◇ *vt* (*US*) *(for exam)* repasar
**revise** [rɪ'vaɪz] ◇ *vt* revisar ◇ *vi* (*UK*)
repasar
**revision** [rɪ'vɪʒn] *n* (*UK*) repaso *m*
**revive** [rɪ'vaɪv] *vt* **1.** *(person)* reanimar **2.**
*(economy, custom)* resucitar
**revolt** [rɪ'vəʊlt] *n* rebelión *f*
**revolting** [rɪ'vəʊltɪŋ] *adj* asqueroso(sa)
**revolution** [,revə'lu:ʃn] *n* revolución *f*
**revolutionary** [revə'lu:ʃnərɪ] *adj* revo-
lucionario(ria)

**revolver** [rɪ'vɒlvəʳ] *n* revólver *m*
**revolving door** [rɪ'vɒlvɪŋ-] *n* puerta *f* giratoria
**revue** [rɪ'vjuː] *n* revista *f* teatral
**reward** [rɪ'wɔːd] ◇ *n* recompensa *f* ◇ *vt* recompensar
**rewind** [ˌriː'waɪnd] (*pt & pp* **rewound**) *vt* rebobinar
**rheumatism** ['ruːmətɪzm] *n* reumatismo *m*
**rhinoceros** [raɪ'nɒsərəs] (*pl inv* OR **-es**) *n* rinoceronte *m*
**rhubarb** ['ruːbɑːb] *n* ruibarbo *m*
**rhyme** [raɪm] ◇ *n* (*poem*) rima *f* ◇ *vi* rimar
**rhythm** ['rɪðm] *n* ritmo *m*
**rib** [rɪb] *n* costilla *f*
**ribbon** ['rɪbən] *n* cinta *f*
**rice** [raɪs] *n* arroz *m*
**rice pudding** *n* arroz *m* con leche
**rich** [rɪtʃ] ◇ *adj* rico(ca) ◇ *npl* • **the rich** los ricos • **to be rich in sthg** abundar en algo
**ricotta cheese** [rɪ'kɒtə-] *n* queso *m* de ricotta
**rid** [rɪd] *vt* • **to get rid of** deshacerse de
**ridden** ['rɪdn] *pp* ➤ **ride**
**riddle** ['rɪdl] *n* **1.** (*puzzle*) acertijo *m* **2.** (*mystery*) enigma *m*
**ride** [raɪd] (*pt* **rode**, *pp* **ridden**) ◇ *n* **1.** (*on horse, bike*) paseo *m* **2.** (*in vehicle*) vuelta *f* ◇ *vt* **1.** (*horse*) montar a **2.** (*bike*) montar en ◇ *vi* **1.** (*on horse*) montar a caballo **2.** (*bike*) ir en bici **3.** (*in car*) ir en coche • **to go for a ride** (*in car*) darse una vuelta en coche
**rider** ['raɪdəʳ] *n* **1.** (*on horse*) jinete *m*, amazona *f* **2.** (*on bike*) ciclista *mf*
**ridge** [rɪdʒ] *n* **1.** (*of mountain*) cresta *f* **2.** (*raised surface*) rugosidad *f*
**ridiculous** [rɪ'dɪkjʊləs] *adj* ridículo(la)
**riding** ['raɪdɪŋ] *n* equitación *f*
**riding school** *n* escuela *f* de equitación
**rifle** ['raɪfl] *n* fusil *m*
**rig** [rɪg] ◇ *n* torre *f* de perforación ◇ *vt* amañar
**right** [raɪt]
◇ *adj* **1.** (*correct*) correcto(ta) • **to be right** tener razón • **have you got the right time?** ¿tienes buena hora? • **to be right to do sthg** hacer bien en hacer algo **2.** (*most suitable*) adecuado(da) • **is this the right way?** ¿así está bien? **3.** (*fair*) justo(ta) • **that's not right!** ¡eso no es justo! **4.** (*on the right*) derecho(cha) • **the right side of the road** la derecha de la carretera
◇ *n* **1.** (*side*) • **the right** la derecha **2.** (*entitlement*) derecho *m* • **to have the right to do sthg** tener el derecho a hacer algo
◇ *adv* **1.** (*towards the right*) a la derecha • **turn right** tuerza a la derecha **2.** (*correctly*) bien • **am I pronouncing it right?** ¿lo pronuncio bien? **3.** (*for emphasis*) justo • **right here** aquí mismo • **right the way down the road** por toda la calle abajo **4.** (*immediately*) • **I'll be right back** vuelvo enseguida • **right after** justo después • **right away** enseguida
**right angle** *n* ángulo *m* recto
**right-hand** *adj* derecho(cha)
**right-hand drive** *n* vehículo *m* con el volante a la derecha

**ght-handed** [-'hændɪd] *adj* 1. *(person)* ɛestro(tra) 2. *(implement)* para perso-as diestras

**ghtly** ['raɪtlɪ] *adv* 1. *(correctly)* correc-mente 2. *(justly)* debidamente

**ght of way** *n* 1. *AUT* prioridad *f* 2. ath) camino *m* público

**ght-wing** *adj* derechista

**gid** ['rɪdʒɪd] *adj* rígido(da)

**m** [rɪm] *n* borde *m*

**nd** [raɪnd] *n* corteza *f*

**ng** [rɪŋ] (*pt* **rang**, *pp* **rung**) ◇ *n* 1. *(for ıger)* anillo *m* 2. *(circle)* círculo *m* 3. *ound)* timbrazo *m* 4. *(on cooker)* ıemador *m* 5. *(for boxing)* cuadrilá-ro *m* 6. *(in circus)* pista *f* ◇ *vt* 1. (*UK*) *n phone)* llamar (por teléfono) 2. *ell)* tocar ◇ *vi* 1. *(bell, telephone)* sonar (*UK*) *(make phone call)* llamar (por léfono) • **to give sb a ring** (*UK*) amar a alguien (por teléfono) • **to ng the bell** tocar el timbre • **ring back** *sep & vi* (*UK*) volver a llamar • **ring f** *vi* (*UK*) colgar • **ring up** *vt sep & vi JK*) llamar (por teléfono)

**ng road** *n* (*UK*) carretera *f* de rcunvalación

**ng tone** *n (on mobile phone)* melodía f

**nk** [rɪŋk] *n* pista *f*

**nse** [rɪns] *vt* aclarar (*Esp*), enjuagar • **nse out** *vt sep* enjuagar

**ot** ['raɪət] *n* disturbio *m*

**p** [rɪp] ◇ *n* rasgón *m* ◇ *vt* rasgar ◇ *vi* sgarse • **rip up** *vt sep* desgarrar

**pe** [raɪp] *adj* maduro(ra)

**pen** ['raɪpn] *vi* madurar

**p-off** *n* (*inf*) estafa *f*

**se** [raɪz] (*pt* **rose**, *pp* **risen**) ◇ *vi* 1. *(move upwards)* elevarse 2. *(sun, moon)* salir 3. *(increase)* aumentar 4. *(stand up)* levantarse ◇ *n* 1. *(increase)* ascenso *m* 2. (*UK*) *(pay increase)* aumento *m* 3. *(slope)* subida *f*

**risk** [rɪsk] ◇ *n* 1. *(danger)* peligro *m* 2. *(in insurance)* riesgo *m* ◇ *vt* arriesgar • **to take a risk** arriesgarse • **at your own risk** bajo su cuenta y riesgo • **to risk doing sthg** exponerse a hacer algo • **to risk it** arriesgarse

**risky** ['rɪskɪ] *adj* peligroso(sa)

**risotto** [rɪ'zɒtəʊ] (*pl* **-s**) *n arroz con carne, marisco o verduras*

**ritual** ['rɪtʃʊəl] *n* ritual *m*

**rival** ['raɪvl] ◇ *adj* rival ◇ *n* rival *mf*

**river** ['rɪvəʳ] *n* río *m*

**river bank** *n* orilla *f* del río

**riverside** ['rɪvəsaɪd] *n* ribera *f* del río

**Riviera** [ˌrɪvɪ'eərə] *n* • **the (French) Riviera** la Riviera (francesa)

**roach** [rəʊtʃ] *n* (*US*) cucaracha *f*

**road** [rəʊd] *n* 1. *(major, roadway)* carretera *f* 2. *(minor)* camino *m* 3. *(street)* calle *f* • **by road** por carretera

**road map** *n* mapa *m* de carreteras

**road safety** *n* seguridad *f* en carretera

**roadside** ['rəʊdsaɪd] *n* • **the roadside** el borde de la carretera

**road sign** *n* señal *f* de tráfico

**road tax** *n* (*UK*) impuesto *m* de circulación

**roadway** ['rəʊdweɪ] *n* calzada *f*

**road works** *npl* obras *fpl* (en la carretera)

**roam** [rəʊm] *vi* vagar

**roar** [rɔːʳ] ◇ *n* *(of crowd, aeroplane)* estruendo *m* ◇ *vi* rugir

**roast** [rəʊst] ◇ *n* asado *m* ◇ *vt* asar ◇ *adj* asado(da) • **roast beef** rosbif *m* • **roast chicken** pollo *m* asado • **roast lamb** cordero *m* asado • **roast pork** cerdo *m* asado • **roast potatoes** patatas *fpl* asadas
**rob** [rɒb] *vt* robar
**robber** ['rɒbəʳ] *n* ladrón *m*, -ona *f*
**robbery** ['rɒbərɪ] *n* robo *m*
**robe** [rəʊb] *n* (*US*) *(bathrobe)* bata *f*
**robin** ['rɒbɪn] *n* petirrojo *m*
**robot** ['rəʊbɒt] *n* robot *m*
**rock** [rɒk] ◇ *n* **1.** *(boulder)* peñasco *m* **2.** (*US*) *(stone)* guijarro *m* **3.** *(substance)* roca *f* **4.** *(music)* rock *m* **5.** (*UK*) *(sweet)* palo *m* de caramelo ◇ *vt (baby, boat)* mecer • **on the rocks** *(drink)* con hielo
**rock climbing** *n* escalada *f* (de rocas) • **to go rock climbing** ir de escalada
**rocket** ['rɒkɪt] *n* cohete *m*
**rocking chair** ['rɒkɪŋ-] *n* mecedora *f*
**rock 'n' roll** [ˌrɒkən'rəʊl] *n* rock and roll *m*
**rocky** ['rɒkɪ] *adj* rocoso(sa)
**rod** [rɒd] *n* **1.** *(wooden)* vara *f* **2.** *(metal)* barra *f* **3.** *(for fishing)* caña *f*
**rode** [rəʊd] *pt* ➤ **ride**
**role** [rəʊl] *n* papel *m*
**roll** [rəʊl] ◇ *n* **1.** *(of bread)* bollo *m*, panecillo *m* **2.** *(of film, paper)* rollo *m* ◇ *vi* **1.** *(ball, rock)* rodar **2.** *(vehicle)* avanzar **3.** *(ship)* balancearse ◇ *vt* **1.** *(ball, rock)* hacer rodar **2.** *(cigarette)* liar **3.** *(dice)* rodar ♦ **roll over** *vi* **1.** *(person, animal)* darse la vuelta **2.** *(car)* volcar ♦ **roll up** *vt sep* **1.** *(map, carpet)* enrollar **2.** *(sleeves, trousers)* remangarse

**Rollerblades**® ['rəʊləbleɪdz] *n* patines *mpl* en línea
**rollerblading** ['rəʊləbleɪdɪŋ] *n* • **to go rollerblading** ir a patinar *(con patines en línea)*
**roller coaster** ['rəʊləˌkəʊstəʳ] *n* montaña *f* rusa
**roller skate** ['rəʊlə-] *n* patín *m* (de ruedas)
**roller-skating** ['rəʊlə-] *n* patinaje *m* sobre ruedas
**rolling pin** ['rəʊlɪŋ-] *n* rodillo *m*
**Roman** ['rəʊmən] ◇ *adj* romano(na) ◇ romano *m*, -na *f*
**Roman Catholic** *n* católico *m* (romano), católica (romana) *f*
**romance** [rəʊ'mæns] *n* **1.** *(love)* lo romántico **2.** *(love affair)* amorío *m* **3.** *(novel)* novela *f* romántica
**Romania** [ru:'meɪnjə] *n* Rumanía
**romantic** [rəʊ'mæntɪk] *adj* romántico(ca)
**roof** [ru:f] *n* **1.** *(of building, cave)* tejado *m* **2.** *(of car, caravan, tent)* techo *m*
**roof rack** *n* (*UK*) baca *f*, parrilla *f* (*Amér*)
**room** [ru:m, rʊm] *n* **1.** habitación *f* **2.** *(larger)* sala *f* **3.** *(space)* sitio *m*
**room number** *n* número *m* de habitación
**room service** *n* servicio *m* de habitación
**room temperature** *n* temperatura *f* ambiente
**roomy** ['ru:mɪ] *adj* espacioso(sa)
**root** [ru:t] *n* raíz *f*
**rope** [rəʊp] ◇ *n* cuerda *f* ◇ *vt* atar con cuerda

**se** [rəʊz] ◇ *pt* ➤ **rise** ◇ *n* rosa *f*
**sé** ['rəʊzeɪ] *n* rosado *m*
**semary** ['rəʊzmərɪ] *n* romero *m*
**t** [rɒt] *vi* pudrirse
**ta** ['rəʊtə] *n* lista *f* (de turnos)
**tate** [rəʊ'teɪt] *vi* girar
**tten** ['rɒtn] *adj* **1.** *(food, wood)* podrido
a) **2.** *(inf)* *(not good)* malísimo(ma) ● **eel rotten** *(ill)* me siento fatal
**ugh** [rʌf] ◇ *adj* **1.** *(surface, skin, wine)* pero(ra) **2.** *(sea, crossing)* agitado(da) *(person)* bruto(ta) **4.** *(approximate)* roximado(da) **5.** *(conditions)* básico
a) **6.** *(area, town)* peligroso(sa) ◇ *n* *(in f)* rough *m* ● **to have a rough time** sar por un momento difícil
**ughly** ['rʌflɪ] *adv* **1.** *(approximately)* roximadamente **2.** *(push, handle)* utalmente
**und**[1] [raʊnd] *adj* redondo(da)
**und**[2] [raʊnd]
*n* **1.** *(of drinks)* ronda *f* ● **it's my round** mi ronda **2.** *(of sandwiches)* *sándwich tado en cuartos* **3.** *(of toast)* tostada *f* *(of competition)* vuelta *f* **5.** *(in golf)* rtido *m* **6.** *(in boxing)* asalto *m* **7.** *(of iceman, milkman)* recorrido *m*
*adv* *(UK)* **1.** *(in a circle)* en redondo ● **spin round** girar **2.** *(surrounding)* ededor ● **it had a wall all (the y) round** estaba todo rodeado por muro ● **all round** por todos lados *(near)* ● **round about** alrededor **4.** *(to e's house)* ● **to ask some friends und** invitar a unos amigos a casa **5.** *ntinuously)* ● **all year round** durante lo el año
*prep* *(UK)* **1.** *(surrounding)* alrededor de ● **they stood round the car** estaban alrededor del coche **2.** *(circling)* alrededor de ● **to go round the corner** doblar la esquina ● **we walked round the lake** fuimos andando alrededor del lago **3.** *(visiting)* ● **to go round a town** recorrer una ciudad **4.** *(approximately)* sobre ● **round (about) 100** unos 100 ● **round ten o'clock** a eso de las diez **5.** *(near)* ● **round here** por aquí **6.** *(in phrases)* ● **it's just round the corner** *(nearby)* está a la vuelta de la esquina ● **round the clock** las 24 horas
◆ **round off** *vt sep* *(meal, day, visit)* terminar
**roundabout** ['raʊndəbaʊt] *n* *(UK)* **1.** *(in road)* rotonda *f (de tráfico)* **2.** *(in playground)* *plataforma giratoria donde juegan los niños* **3.** *(at fairground)* tiovivo *m* *(Esp)*, carrusel *m*
**rounders** ['raʊndəz] *n* *(UK)* *juego parecido al béisbol*
**round trip** *n* viaje *m* de ida y vuelta
**route** [ru:t] ◇ *n* ruta *f* ◇ *vt* dirigir
**routine** [ru:'ti:n] ◇ *n* rutina *f* ◇ *adj* rutinario(ria)
**row**[1] [rəʊ] ◇ *n* fila *f* ◇ *vt* *(boat)* remar ◇ *vi* remar ● **four in a row** cuatro seguidos
**row**[2] [raʊ] *n* **1.** *(argument)* pelea *f* **2.** *(inf)* *(noise)* estruendo *m* ● **to have a row** tener una pelea
**rowboat** ['rəʊbəʊt] *(US)* = **rowing boat**
**rowdy** ['raʊdɪ] *adj* ruidoso(sa)
**rowing** ['rəʊɪŋ] *n* remo *m*
**rowing boat** *n* *(UK)* bote *m* de remos
**royal** ['rɔɪəl] *adj* real
**royal family** *n* familia *f* real
**royalty** ['rɔɪəltɪ] *n* realeza *f*

**RRP** [a:ra:r'pi:] (*abbr of* **recommended retail price**) P.V.P. *(precio de venta al público)*
**rub** [rʌb] ◇ *vt* **1.** *(back, eyes)* frotar **2.** *(polish)* sacar brillo a ◇ *vi* **1.** *(with hand, cloth)* frotar **2.** *(shoes)* rozar ◆ **rub in** *vt sep (lotion, oil)* frotar ◆ **rub out** *vt sep* borrar
**rubber** ['rʌbəʳ] ◇ *adj* de goma ◇ *n* **1.** *(material)* goma *f* **2.** (*UK*) *(eraser)* goma *f* de borrar **3.** (*US*) *(inf)* *(condom)* goma *f*
**rubber band** *n* goma *f* elástica, liga *f* *(Amér)*
**rubber gloves** *npl* guantes *mpl* de goma
**rubber ring** *n* flotador *m*
**rubbish** ['rʌbɪʃ] *n* (*UK*) **1.** *(refuse)* basura *f* **2.** *(inf)* *(worthless thing)* porquería *f* **3.** *(inf)* *(nonsense)* tonterías *fpl*
**rubbish bin** *n* (*UK*) cubo *m* de la basura
**rubbish dump** *n* (*UK*) vertedero *m* de basura, basural *m* *(Amér)*
**rubble** ['rʌbl] *n* escombros *mpl*
**ruby** ['ru:bɪ] *n* rubí *m*
**rucksack** ['rʌksæk] *n* mochila *f*
**rudder** ['rʌdəʳ] *n* timón *m*
**rude** [ru:d] *adj* **1.** *(person)* maleducado (da) **2.** *(behaviour, joke, picture)* grosero (ra)
**rug** [rʌg] *n* **1.** *(for floor)* alfombra *f* **2.** (*UK*) *(blanket)* manta *f* de viaje
**rugby** ['rʌgbɪ] *n* rugby *m*
**ruin** ['ru:ɪn] *vt* estropear ◆ **ruins** *npl* ruinas *fpl*
**ruined** ['ru:ɪnd] *adj* **1.** *(building)* en ruinas **2.** *(clothes, meal, holiday)* estropeado(da)
**rule** [ru:l] ◇ *n* regla *f* ◇ *vt* gobernar ● be the rule ser la norma ● against t rules contra las normas ● as a rule p regla general ◆ **rule out** *vt sep* descart
**ruler** ['ru:ləʳ] *n* **1.** *(of country)* goberna te *mf* **2.** *(for measuring)* regla *f*
**rum** [rʌm] *n* ron *m*
**rumor** ['ru:mər] (*US*) = **rumour**
**rumour** ['ru:məʳ] *n* (*UK*) rumor *m*
**rump steak** [,rʌmp-] *n* filete *m* (grues de lomo
**run** [rʌn] (*pt* **ran**, *pp inv*)
◇ *vi* **1.** *(on foot)* correr **2.** *(train, bu* circular ● **the bus runs every hour** h un autobús cada hora ● **the train running an hour late** el tren va con u hora de retraso **3.** *(operate)* funcion ● **the car runs on diesel** el coc funciona con diésel ● **leave the engi running** deja el motor en marcha *(tears, liquid)* correr **5.** *(road, river, tra* pasar ● **the path runs along the coast** camino sigue la costa **7.** *(tap)* ● **leave the tap running** dejar el gri abierto **8.** *(nose)* moquear; *(eyes)* llor **9.** *(colour, dye, clothes)* desteñir *(remain valid)* ser válido
◇ *vt* **1.** *(on foot)* correr ● **to run a ra** participar en una carrera **2.** *(manag organize)* llevar **3.** *(car)* mantener ● **i cheap to run** es económico **4.** *(bus, tra* ● **we're running a special bus to t airport** hemos puesto un autob especial al aeropuerto **5.** *(take in c* llevar en coche **6.** *(bath)* ● **to run bath** llenar la bañera
◇ *n* **1.** *(on foot)* carrera *f* ● **to go for run** ir a correr **2.** *(in car)* paseo *m*

:he • **to go for a run** dar un paseo coche **3.** *(of play, show)* • **it had a** ɔ**-year run** estuvo dos años en 'telera **4.** *(for skiing)* pista *f* **5.** *(of* :*ess)* racha *f* **6.** *(US)* *(in tights)* carrera *(in phrases)* • **in the long run** a largo zo

**un away** *vi* huir

**un down**

*t sep (run over)* atropellar; *(criticize)* ɔlar mal de

*i (clock)* pararse; *(battery)* acabarse

'**un into** *vt insep (meet)* tropezarse ı; *(hit)* chocar con; *(problem, difficulty)* :ontrarse con

**un out** *vi (be used up)* acabarse

**un out of** *vt insep* quedarse sin

**un over** *vt sep* atropellar

**ıaway** ['rʌnəweɪ] *n* fugitivo *m*, -va *f*

**ıg** [rʌŋ] ◇ *pp* ➤ **ring** ◇ *n* escalón *m*

**ıner** ['rʌnəʳ] *n* **1.** *(person)* corredor *m*, *f* **2.** *(for door, drawer)* corredera *f* **3.** *sledge)* patín *m*

**ıner bean** *n* judía *f* escarlata *(Esp)*, ɔichuela *f*

**ıner-up** *(pl* **runners-up***)* *n* sub-npeón *m*, -ona *f*

**ıning** ['rʌnɪŋ] ◇ *n* **1.** *SPORT* carreras **2.** *(management)* dirección *f* ◇ *adj* • **ee days running** durante tres días ;uidos • **to go running** hacer foo-g

**ıning water** *n* agua *f* corriente

**ıny** ['rʌnɪ] *adj* **1.** *(egg, omelette)* poco cho(cha) **2.** *(sauce)* líquido(da) **3.** *se)* que moquea **4.** *(eye)* lloroso(sa)

**ıway** ['rʌnweɪ] *n* pista *f*

'**al** ['rʊərəl] *adj* rural

**rush** [rʌʃ] ◇ *n* **1.** *(hurry)* prisa *f*, apuro *m* *(Amér)* **2.** *(of crowd)* tropel *m* de gente ◇ *vi* **1.** *(move quickly)* ir de prisa, apurarse *(Amér)* **2.** *(hurry)* apresurarse ◇ *vt* **1.** *(work)* hacer de prisa **2.** *(meal)* comer de prisa **3.** *(transport quickly)* llevar urgentemente • **to be in a rush** tener prisa • **there's no rush!** ¡no corre prisa! • **don't rush me!** ¡no me metas prisa!

**rush hour** *n* hora *f* punta *(Esp)*, hora *f* pico *(Amér)*

**Russia** ['rʌʃə] *n* Rusia

**Russian** ['rʌʃn] ◇ *adj* ruso(sa) ◇ *n* **1.** *(person)* ruso *m*, -sa *f* **2.** *(language)* ruso *m*

**rust** [rʌst] ◇ *n* óxido *m* ◇ *vi* oxidarse

**rustic** ['rʌstɪk] *adj* rústico(ca)

**rustle** ['rʌsl] *vi* susurrar

**rustproof** ['rʌstpru:f] *adj* inoxidable

**rusty** ['rʌstɪ] *adj* oxidado(da)

**RV** [a:r'vi:] *n (US)* *(abbr of* **recreational vehicle***)* *casa remolque*

**rye** [raɪ] *n* centeno *m*

**rye bread** *n* pan *m* de centeno

# S

**S** *(abbr of* **south***)* S. *(Sur)* *(abbr of* **small***)* P. *(pequeño)*

**saccharin** ['sækərɪn] *n* sacarina *f*

**sachet** ['sæʃeɪ] *n* bolsita *f*

**sack** [sæk] ◇ *n* saco *m* ◇ *vt (UK)* *(inf)* despedir • **to get the sack** ser despedido

**sacrifice** ['sækrɪfaɪs] *n* (*fig*) sacrificio *m*
**sad** [sæd] *adj* **1.** triste **2.** (*unfortunate*) lamentable
**saddle** ['sædl] *n* **1.** (*on horse*) silla *f* de montar **2.** (*on bicycle, motorbike*) sillín *m*
**saddlebag** ['sædlbæg] *n* **1.** (*on bicycle, motorbike*) cartera *f* **2.** (*on horse*) alforja *f*
**sadly** ['sædlɪ] *adv* **1.** (*unfortunately*) desgraciadamente **2.** (*unhappily*) tristemente
**sadness** ['sædnɪs] *n* tristeza *f*
**s.a.e.** [eseɪ'iː] *n* (*UK*) (*abbr of* **stamped addressed envelope**) *sobre con señas y franqueo*
**safari park** [sə'fɑːrɪ-] *n* safari *m* (*reserva*)
**safe** [seɪf] ◇ *adj* **1.** (*not dangerous, risky*) seguro(ra) **2.** (*out of harm*) a salvo ◇ *n* caja *f* de caudales • **a safe place** un lugar seguro • **(have a) safe journey!** ¡feliz viaje! • **safe and sound** sano y salvo
**safe-deposit box** *n* caja *f* de seguridad
**safely** ['seɪflɪ] *adv* **1.** (*not dangerously*) sin peligro **2.** (*arrive*) a salvo **3.** (*out of harm*) seguramente
**safety** ['seɪftɪ] *n* seguridad *f*
**safety belt** *n* cinturón *m* de seguridad
**safety pin** *n* imperdible *m*
**sag** [sæg] *vi* combarse
**sage** [seɪdʒ] *n* (*herb*) salvia *f*
**Sagittarius** [ˌsædʒɪ'teərɪəs] *n* Sagitario *m*
**said** [sed] *pt & pp* ➤ **say**
**sail** [seɪl] ◇ *n* vela *f* ◇ *vi* **1.** (*boat, ship*) navegar **2.** (*person*) ir en barco **3.** (*depart*) zarpar ◇ *vt* • **to sail a boat** gobernar un barco • **to set sail** zarpar
**sailboat** ['seɪlbəʊt] (*US*) = **sailing bo**
**sailing** ['seɪlɪŋ] *n* **1.** (*activity*) vela *f* (*departure*) salida *f* • **to go sailing** i practicar la vela
**sailing boat** *n* (*UK*) barco *m* de vel
**sailor** ['seɪlə^r] *n* marinero *m*, -ra *f*
**saint** [seɪnt] *n* santo *m*, -ta *f*
**sake** [seɪk] *n* • **for my/their sake** p mí/ellos • **for God's sake!** ¡por amor de Dios!
**salad** ['sæləd] *n* ensalada *f*
**salad bowl** *n* ensaladera *f*
**salad cream** *n* (*UK*) *salsa parecida a mayonesa, aunque de sabor más du utilizada para aderezar ensaladas*
**salad dressing** *n* aliño *m*
**salami** [sə'lɑːmɪ] *n* salami *m*
**salary** ['sælərɪ] *n* sueldo *m*
**sale** [seɪl] *n* **1.** (*selling*) venta *f* **2.** *reduced prices*) liquidación *f* • **on s** en venta ▾ **for sale** se vende ◆ **sa** *npl* COMM ventas *fpl* • **the sales** rebajas
**sales assistant** ['seɪlz-] *n* (*UK*) depe diente *m*, -ta *f*
**salesclerk** ['seɪlzklɜːrk] (*US*) = **sa assistant**
**salesman** ['seɪlzmən] (*pl* **-men**) *n* **1.** *shop*) dependiente *m* **2.** (*rep*) represe tante *m* de ventas
**sales rep(resentative)** *n* represe tante *mf* de ventas
**saleswoman** ['seɪlzˌwʊmən] (*pl* **-w men**) *n* dependienta *f*
**saliva** [sə'laɪvə] *n* saliva *f*
**salmon** ['sæmən] (*pl inv*) *n* salmón *m*
**salon** ['sælɒn] *n* salón *m*
**saloon** [sə'luːn] *n* **1.** (*UK*) (*car*) turisr

2. (*US*) (*bar*) bar *m* • **saloon (bar)** *K*) *bar de un hotel o pub, decorado* *osamente, que sirve bebidas a precios* *ís altos que en el public bar*

**lopettes** [ˌsælə'pets] *npl* pantalones *l* de peto para esquiar

**lt** [sɔːlt, sɒlt] *n* sal *f*

**ltcellar** ['sɔːltˌseləʳ] *n* (*UK*) salero *m*

**lted peanuts** ['sɔːltɪd-] *npl* cacahue- *mpl* salados, maní *m* salado (*Amér*)

**lt shaker** [-ˌʃeɪkəʳ] (*US*) = **saltcellar**

**lty** ['sɔːltɪ] *adj* salado(da)

**lute** [sə'luːt] ◇ *n* saludo *m* ◇ *vi* hacer saludo

**lvadorean** [ˌsælvə'dɔːrɪən] ◇ *adj* salvadoreño *m*, -ña *f* ◇ *n* salvadoreño(ña)

**me** [seɪm] ◇ *adj* mismo(ma) ◇ *pron* • **e same** (*unchanged*) el mismo(la isma); (*in comparisons*) lo mismo • **ey look the same** parecen iguales • **have the same as her** yo voy a tomar mismo que ella • **you've got the me book as me** tienes el mismo libro e yo • **it's all the same to me** me da ual

**mple** ['sɑːmpl] ◇ *n* muestra *f* ◇ *vt* obar

**nctions** ['sæŋkʃnz] *npl* sanciones *fpl*

**nctuary** ['sæŋktʃʊərɪ] *n* (*for birds, anils*) reserva *f*

**nd** [sænd] ◇ *n* arena *f* ◇ *vt* lijar ◆

**nds** *npl* playa *f*

**ndal** ['sændl] *n* sandalia *f*

**ndcastle** ['sændˌkɑːsl] *n* castillo *m* de ena

**ndpaper** ['sændˌpeɪpəʳ] *n* papel *m* de a

**ndwich** ['sænwɪdʒ] *n* 1. (*made with roll*) bocadillo *m* (*Esp*), sandwich *m* 2. (*made with freshly sliced bread*) sándwich *m*

**sandy** ['sændɪ] *adj* 1. (*beach*) arenoso (sa) 2. (*hair*) de color rubio rojizo

**sang** [sæŋ] *pt* ➣ **sing**

**sanitary** ['sænɪtrɪ] *adj* 1. (*conditions, measures*) sanitario(ria) 2. (*hygienic*) higiénico(ca)

**sanitary napkin** (*US*) = **sanitary towel**

**sanitary towel** *n* (*UK*) compresa *f*, toalla *f* higiénica

**sank** [sæŋk] *pt* ➣ **sink**

**sapphire** ['sæfaɪəʳ] *n* zafiro *m*

**sarcastic** [sɑː'kæstɪk] *adj* sarcástico(ca)

**sardine** [sɑː'diːn] *n* sardina *f*

**SASE** [eseɪes'iː] *n* (*US*) (*abbr of* **self-addressed stamped envelope**) *sobre con señas y franqueo*

**sat** [sæt] *pt* & *pp* ➣ **sit**

**Sat.** (*abbr of* **Saturday**) sáb. (*sábado*)

**SAT** *abbr* = **Scholastic Aptitude Test**

**satchel** ['sætʃəl] *n* cartera *f* (*para escolares*)

**satellite** ['sætəlaɪt] *n* 1. (*in space*) satélite *m* 2. (*at airport*) sala *f* de embarque auxiliar

**satellite dish** *n* antena *f* parabólica

**satellite TV** *n* televisión *f* por vía satélite

**satin** ['sætɪn] *n* raso *m*

**satisfaction** [ˌsætɪs'fækʃn] *n* satisfacción *f*

**satisfactory** [ˌsætɪs'fæktərɪ] *adj* satisfactorio(ria)

**satisfied** ['sætɪsfaɪd] *adj* satisfecho(cha)

**satisfy** ['sætɪsfaɪ] *vt* satisfacer

**satsuma** [ˌsætˈsuːmə] *n* (*UK*) satsuma *f*
**saturate** [ˈsætʃəreɪt] *vt* (*with liquid*) empapar
**Saturday** [ˈsætədɪ] *n* sábado *m* • **it's Saturday** es sábado • **Saturday morning** el sábado por la mañana • **on Saturday** el sábado • **on Saturdays** los sábados • **last Saturday** el sábado pasado • **this Saturday** este sábado • **next Saturday** el sábado de la semana que viene • **Saturday week, a week on Saturday** del sábado en ocho días
**sauce** [sɔːs] *n* salsa *f*
**saucepan** [ˈsɔːspən] *n* **1.** (*with one long handle*) cazo *m* **2.** (*with two handles*) cacerola *f*
**saucer** [ˈsɔːsəʳ] *n* platillo *m*
**Saudi Arabia** [ˌsaʊdɪəˈreɪbjə] *n* Arabia Saudí
**sauna** [ˈsɔːnə] *n* sauna *f*
**sausage** [ˈsɒsɪdʒ] *n* salchicha *f*
**sausage roll** *n* (*UK*) *salchicha pequeña envuelta en hojaldre y cocida al horno*
**sauté** [(*UK*) ˈsəʊteɪ, (*US*) səʊˈteɪ] *adj* salteado(da)
**savage** [ˈsævɪdʒ] *adj* salvaje
**save** [seɪv] ◇ *vt* **1.** (*rescue*) salvar **2.** (*money*) ahorrar **3.** (*time, space*) ganar **4.** (*reserve*) reservar **5.** *SPORT* parar **6.** *COMPUT* guardar ◇ *n* parada *f* ♦ **save up** *vi* ahorrar • **to save up for a holiday** ahorrar para unas vacaciones
**savings** [ˈseɪvɪŋz] *npl* ahorros *mpl*
**savings bank** *n* ≃ caja *f* de ahorros
**savory** [ˈseɪvərɪ] (*US*) = **savoury**
**savoury** [ˈseɪvərɪ] *adj* salado(da)
**saw** [sɔː] ((*UK*) *pt* **-ed**, *pp* **sawn**, (*US*) *pt & pp* **-ed**) ◇ *pt* ➢ **see** ◇ *n* sierra *f* ◇ *vt* serrar
**sawdust** [ˈsɔːdʌst] *n* serrín *m*
**sawn** [sɔːn] *pp* ➢ **saw**
**saxophone** [ˈsæksəfəʊn] *n* saxofón *m*
**say** [seɪ] (*pt & pp* **said**) ◇ *vt* **1.** decir (*subj: clock, meter*) marcar ◇ *n* • **to ha[ve]** **a say in sthg** tener voz y voto en al[go] • **could you say that again?** ¿pue[de] repetir? • **say we met at nin[e]** ¿pongamos que nos vemos a l[as] nueve? • **to say yes** decir que sí • **what did you say?** ¿qué has dicho?
**saying** [ˈseɪɪŋ] *n* dicho *m*
**scab** [skæb] *n* postilla *f*
**scaffolding** [ˈskæfəldɪŋ] *n* andamios *m*[*pl*]
**scald** [skɔːld] *vt* escaldar
**scale** [skeɪl] *n* **1.** escala *f* **2.** (*exter[t]*) extensión *f* **3.** (*of fish, snake*) escama *f* (*in kettle*) costra *f* caliza ♦ **scales** *npl* (*for weighing person*) báscula *f* **2.** (*[for] weighing food*) balanza *f*
**scallion** [ˈskæljən] *n* (*US*) cebolleta *f*
**scallop** [ˈskɒləp] *n* vieira *f*
**scalp** [skælp] *n* cuero *m* cabelludo
**scan** [skæn] ◇ *vt* **1.** (*consult quickly*) ech[ar] un vistazo a **2.** *MED* hacer una ec[o]grafía de ◇ *n MED* escáner *m*
**scandal** [ˈskændl] *n* **1.** (*disgrace*) escá[n]dalo *m* **2.** (*gossip*) habladurías *fpl*
**Scandinavia** [ˌskændɪˈneɪvjə] *n* Escan[di]navia
**scar** [skɑːʳ] *n* cicatriz *f*
**scarce** [ˈskeəs] *adj* escaso(sa)
**scarcely** [ˈskeəslɪ] *adv* apenas
**scare** [skeəʳ] *vt* asustar
**scarecrow** [ˈskeəkrəʊ] *n* espantapájar[os] *m inv*
**scared** [ˈskeəd] *adj* asustado(da)

**arf** ['skɑːf] (*pl* **scarves**) *n* **1.** (*woollen*) fanda *f* **2.** (*for women*) pañoleta *f*
**arlet** ['skɑːlət] *adj* escarlata
**arves** [skɑːvz] *pl* ➢ **scarf**
**ary** ['skeərɪ] *adj* (*inf*) espeluznante
**atter** ['skætəʳ] ◇ *vt* **1.** (*seeds, papers*) ɔarcir **2.** (*birds*) dispersar ◇ *vi* disper-ːse
**ene** [siːn] *n* **1.** (*in play, film, book*) ːena *f* **2.** (*of crime, accident*) lugar *m* (*view*) panorama *m* • **the music** ːne el mundo de la música • **to** ıke a scene armar un escándalo
**enery** ['siːnərɪ] *n* **1.** (*countryside*) pai-e *m* **2.** (*in theatre*) decorado *m*
**enic** ['siːnɪk] *adj* pintoresco(ca)
**ent** [sent] *n* **1.** (*smell*) fragancia *f* **2.** (*of mal*) rastro *m* **3.** (*perfume*) perfume *m*
**eptical** ['skeptɪkl] *adj* (*UK*) escéptico ı)
**hedule** [(*UK*) 'ʃedjuːl, (*US*) 'skedʒʊl] ◇ **ı.** (*of work, things to do*) plan *m* **2.** (*US*) *netable*) horario *m* **3.** (*list*) lista *f* ◇ *vt* ogramar • **according to schedule** gún lo previsto • **behind schedule** n retraso • **on schedule** a la hora evista
**heduled flight** [(*UK*) 'ʃedjuːld-, (*US*) edʒʊld-] *n* vuelo *m* regular
**heme** [skiːm] *n* **1.** (*UK*) (*plan*) proyec- *m* **2.** (*pej*) (*dishonest plan*) estratage-ı *f*
**holarship** ['skɒləʃɪp] *n* (*award*) beca *f*
**hool** [skuːl] ◇ *n* **1.** escuela *f* **2.** *stitute*) academia *f* **3.** (*university* ɔartment) facultad *f* **4.** (*US*) (*inf*) ıiversity) universidad *f* ◇ *adj* escolar • **school** en la escuela

## school year

El año escolar británico se divide en tres trimestres. En Estados Unidos hay dos trimestres, que a su vez se subdividen en otros dos periodos cada uno. En los dos lugares, el colegio empieza en septiembre y suele acabar entre junio y julio.

**schoolbag** ['skuːlbæg] *n* cartera *f*
**schoolbook** ['skuːlbʊk] *n* libro *m* de texto
**schoolboy** ['skuːlbɔɪ] *n* alumno *m*
**school bus** *n* autobús *m* escolar
**schoolchild** ['skuːltʃaɪld] (*pl* **-children**) *n* alumno *m*, -na *f*
**schoolgirl** ['skuːlgɜːl] *n* alumna *f*
**schoolteacher** ['skuːlˌtiːtʃəʳ] *n* **1.** (*primary*) maestro *m*, -tra *f* **2.** (*secondary*) profesor *m*, -ra *f*
**school uniform** *n* uniforme *m* escolar
**science** ['saɪəns] *n* **1.** ciencia *f* **2.** *SCH* ciencias *fpl*
**science fiction** *n* ciencia *f* ficción
**scientific** [ˌsaɪən'tɪfɪk] *adj* científico(ca)
**scientist** ['saɪəntɪst] *n* científico *m*, -ca *f*
**scissors** ['sɪzəz] *npl* • **(a pair of) scissors** unas tijeras
**scone** [skɒn] *n* *pastelillo redondo hecho con harina, manteca y a veces pasas, que suele tomarse a la hora del té*
**scoop** [skuːp] *n* **1.** (*for ice cream*) pinzas *fpl* de helado **2.** (*for flour*) paleta *f* **3.** (*of ice cream*) bola *f* **4.** (*in media*) exclusiva *f*
**scooter** ['skuːtəʳ] *n* (*motor vehicle*) Vespa ® *f*
**scope** [skəʊp] *n* **1.** (*possibility*) posibili-

dades *fpl* **2.** *(range)* alcance *m*
**scorch** [skɔ:tʃ] *vt* chamuscar
**score** [skɔ:ʳ] ◇ *n* **1.** *(final result)* resultado *m* **2.** *(points total)* puntuación *f* **3.** *(in exam)* calificación *f* ◇ *vt* **1.** *SPORT* marcar **2.** *(in test)* obtener una puntuación de ◇ *vi SPORT* marcar • **what's the score?** ¿cómo van?
**scorn** [skɔ:n] *n* desprecio *m*
**Scorpio** ['skɔ:pɪəʊ] *n* Escorpión *m*
**scorpion** ['skɔ:pjən] *n* escorpión *m*
**Scot** [skɒt] *n* escocés *m*, -esa *f*
**scotch** [skɒtʃ] *n* whisky *m* escocés
**Scotch broth** *n sopa espesa con caldo de carne, verduras y cebada*
**Scotch tape**® *n* (*US*) celo® *m* (*Esp*), durex® *m* (*Amér*)
**Scotland** ['skɒtlənd] *n* Escocia
**Scotsman** ['skɒtsmən] (*pl* **-men**) *n* escocés *m*
**Scotswoman** ['skɒtswʊmən] (*pl* **-women**) *n* escocesa *f*
**Scottish** ['skɒtɪʃ] *adj* escocés(esa) • **the Scottish Parliament** el Parlamento Escocés

**Scottish Parliament**

El Parlamento Escocés actual fue establecido en 1998. Está integrado por 129 diputados y tiene competencias sobre asuntos como la educación, la salud o las cárceles. El edificio del parlamento escocés se encuentra en el centro de Edimburgo y es conocido por su diseño vanguardista.

**scout** [skaʊt] *n (boy scout)* explorador
**scowl** [skaʊl] *vi* fruncir el ceño
**scrambled eggs** [ˌskræmbld-] *npl* huevos *mpl* revueltos
**scrap** [skræp] *n* **1.** *(of paper, cloth)* tro *m* **2.** *(old metal)* chatarra *f*
**scrapbook** ['skræpbʊk] *n* álbum *m* recortes
**scrape** [skreɪp] *vt* **1.** *(rub)* raspar *(scratch)* rasguñar
**scrap paper** *n* (*UK*) papel *m* usado
**scratch** [skrætʃ] ◇ *n* **1.** *(cut)* arañazo *m (mark)* rayazo *m* ◇ *vt* **1.** *(cut)* arañar *(mark)* rayar **3.** *(rub)* rascar • **to be to scratch** tener un nivel aceptable **to start from scratch** empezar desde principio
**scratch paper** (*US*) = **scrap paper**
**scream** [skri:m] ◇ *n* grito *m* ◇ *vi* grita
**screen** [skri:n] ◇ *n* **1.** *(of TV, computer, film)* pantalla *f* **2.** *(hall in cinema)* sala (de proyecciones) **3.** *(panel)* biombo ◇ *vt* **1.** *(film)* proyectar **2.** *(programm* emitir
**screening** ['skri:nɪŋ] *n (of film)* proyección *f*
**screw** [skru:] ◇ *n* tornillo *m* ◇ *vt (fasten)* atornillar **2.** *(twist)* enroscar
**screwdriver** ['skru:ˌdraɪvəʳ] *n* destornillador *m*
**scribble** ['skrɪbl] *vi* garabatear
**script** [skrɪpt] *n (of play, film)* guión *m*
**scrub** [skrʌb] *vt* restregar
**scruffy** ['skrʌfɪ] *adj* andrajoso(sa)
**scrunchie**, **scrunchy** ['skrʌntʃɪ] *n* coletero *m* de tela
**scuba diving** ['sku:bə-] *n* buceo *m* (co botellas de oxígeno)

**ulptor** ['skʌlptəʳ] *n* escultor *m*, -ra *f*

**ulpture** ['skʌlptʃəʳ] *n (statue)* escultu-
*f*

**a** [si:] *n* mar *m* o *f* ● **by sea** en barco
**by the sea** a orillas del mar

**afood** ['si:fu:d] *n* mariscos *mpl*

**afront** ['si:frʌnt] *n* paseo *m* marítimo,
alecón *m (Amér)*

**agull** ['si:gʌl] *n* gaviota *f*

**al** [si:l] ◇ *n* **1.** *(animal)* foca *f* **2.** *(on
ttle, container)* precinto *m* **3.** *(official
ark)* sello *m* ◇ *vt (envelope, container)*
rrar

**am** [si:m] *n (in clothes)* costura *f*

**arch** [sɜ:tʃ] ◇ *n* búsqueda *f* ◇ *vt* **1.**
*lace)* registrar **2.** *(person)* cachear ◇ *vi*
**to search for** buscar

**arch engine** *n COMPUT* buscador *m*

**ashell** ['si:ʃel] *n* concha *f* (marina)

**ashore** ['si:ʃɔ:ʳ] *n* orilla *f* del mar

**asick** ['si:sɪk] *adj* mareado(da) *(en
arco)*

**aside** ['si:saɪd] *n* ● **the seaside** la
aya

**aside resort** *n* lugar *m* de veraneo
*unto al mar)*

**ason** ['si:zn] ◇ *n* **1.** *(division of year)*
tación *f* **2.** *(period)* temporada *f* ◇ *vt*
zonar ● **in season** *(holiday)* en
mporada alta ● **strawberries are in**
**ason** ahora es la época de las fresas
**out of season** *(fruit, vegetables)* fuera
temporada; *(holiday)* en temporada
ija

**asoning** ['si:znɪŋ] *n* condimento *m*

**ason ticket** *n* abono *m*

**at** [si:t] ◇ *n* **1.** *(place, chair)* asiento *m* **2.**
*or show)* entrada *f* **3.** *(in parliament)*
escaño *m* ◇ *vt (subj: building, vehicle)*
tener cabida para ▼ **please wait to be
seated** *cartel que ruega a los clientes que
esperen hasta que les sea asignada una
mesa*

**seat belt** *n* cinturón *m* de seguridad

**seaweed** ['si:wi:d] *n* alga *f* marina

**secluded** [sɪ'klu:dɪd] *adj* aislado(da)

**second** ['sekənd] ◇ *n* segundo *m* ◇ *num
adj* segundo(da) ◇ *pron* segundo *m*, -da
*f* ● **second gear** segunda marcha *f* ●
**the second (of September)** el dos (de
septiembre) ◆ **seconds** *npl (goods)*
artículos *mpl* defectuosos ● **who
wants seconds?** *(inf) (food)* ¿quién
quiere repetir?

**secondary school** ['sekəndrɪ-] *n* insti-
tuto *m* de enseñanza media

**second-class** *adj* **1.** *(ticket)* de segunda
clase **2.** *(stamp) para el correo nacional
ordinario* **3.** *(inferior)* de segunda cate-
goría

**second-hand** *adj* de segunda mano

**Second World War** *n* ● **the Second
World War** la segunda Guerra Mun-
dial

**secret** ['si:krɪt] ◇ *adj* secreto(ta) ◇ *n*
secreto *m*

**secretary** [(*UK*) 'sekrətrɪ, (*US*) 'sekrə-
ˌterɪ] *n* secretario *m*, -ria *f*

**Secretary of State** *n* **1.** (*US*) *(foreign
minister)* ministro *m*, -tra *f* de Asuntos
Exteriores **2.** (*UK*) *(government minister)*
ministro *m*, -tra *f*

**section** ['sekʃn] *n* sección *f*

**sector** ['sektəʳ] *n* sector *m*

**secure** [sɪ'kjʊəʳ] ◇ *adj* seguro(ra) ◇ *vt* **1.**
*(fix)* fijar **2.** *(fml) (obtain)* conseguir

**security** [sɪ'kjʊərətɪ] *n* seguridad *f*
**security guard** *n* guardia *mf* jurado
**sedative** ['sedətɪv] *n* sedante *m*
**seduce** [sɪ'dju:s] *vt* seducir
**see** [si:] (*pt* **saw**, *pp* **seen**) ◇ *vt* **1.** ver **2.** *(friends)* visitar **3.** *(understand)* entender **4.** *(accompany)* acompañar **5.** *(find out)* ir a ver **6.** *(undergo)* experimentar ◇ *vi* ver • **I see** ya veo • **to see if one can do sthg** ver si uno puede hacer algo • **to see to sthg** *(deal with)* encargarse de algo; *(repair)* arreglar algo • **see you!** ¡hasta la vista! • **see you later!** ¡hasta luego! • **see you soon!** ¡hasta pronto! • **see p 14** véase p. 14 ◆ **see off** *vt sep* *(say goodbye to)* despedir
**seed** [si:d] *n* semilla *f*
**seeing (as)** ['si:ɪŋ-] *conj* en vista de que
**seek** [si:k] (*pt & pp* **sought**) *vt* *(fml)* **1.** *(look for)* buscar **2.** *(request)* solicitar
**seem** [si:m] ◇ *vi* parecer ◇ *impers vb* • **it seems (that)** ... parece que ... • **to seem like** parecer
**seen** [si:n] *pp* ➢ **see**
**seesaw** ['si:sɔ:] *n* balancín *m*
**segment** ['segmənt] *n* *(of fruit)* gajo *m*
**seize** [si:z] *vt* **1.** *(grab)* agarrar **2.** *(drugs, arms)* incautarse de ◆ **seize up** *vi* agarrotarse
**seldom** ['seldəm] *adv* rara vez
**select** [sɪ'lekt] ◇ *vt* seleccionar ◇ *adj* selecto(ta)
**selection** [sɪ'lekʃn] *n* **1.** *(selecting)* selección *f* **2.** *(range)* surtido *m*
**self-assured** [,selfə'ʃʊəd] *adj* seguro de sí mismo(segura de sí misma)
**self-catering** [,self'keɪtərɪŋ] *adj* *(UK)* con alojamiento sólo
**self-confident** [,self-] *adj* seguro de sí mismo(segura de sí misma)
**self-conscious** [,self-] *adj* cohibido(da)
**self-contained** [,selfkən'teɪnd] *adj* *(flat)* autosuficiente
**self-defence** [,self-] *n* *(UK)* defensa personal
**self-defense** *(US)* = **self-defence**
**self-employed** [,self-] *adj* autónomo(ma)
**selfish** ['selfɪʃ] *adj* egoísta
**self-raising flour** [,self'reɪzɪŋ-] *n* *(UK)* harina *f* con levadura
**self-rising flour** [,self'raɪzɪŋ-] *(US)* = **self-raising flour**
**self-service** [,self-] *adj* de autoservicio
**sell** [sel] (*pt & pp* **sold**) *vt & vi* vender • **to sell for** venderse a • **he sold me the car for £2,000** me vendió el coche por 2.000 libras
**sell-by date** *n* *(UK)* fecha *f* de caducidad
**seller** ['seləʳ] *n* vendedor *m*, -ra *f*
**Sellotape**® ['seləteɪp] *n* *(UK)* celo® *m*, cinta *f* Scotch®, durex *m* *(Amér)*
**semester** [sɪ'mestəʳ] *n* semestre *m*
**semicircle** ['semɪ,sɜ:kl] *n* semicírculo *m*
**semicolon** [,semɪ'kəʊlən] *n* punto *m* y coma
**semidetached** [,semɪdɪ'tætʃt] *adj* adosado(da)
**semifinal** [,semɪ'faɪnl] *n* semifinal *f*
**seminar** ['semɪnɑ:ʳ] *n* seminario *m*
**semi-skimmed milk** [,semɪ'skɪmd-] *n* leche *f* semidesnatada *(Esp)* OR semidescremada *(Amér)*
**semolina** [,semə'li:nə] *n* sémola *f*
**send** [send] (*pt & pp* **sent**) *vt*

ındar **2.** *(TV or radio signal)* transmitir **to send a letter to sb** enviar una rta a alguien ◆ **send back** *vt sep* volver ◆ **send off** ◇ *vt sep* **1.** *(letter, rcel)* mandar (por correo) **2.** *(UK)* *ORT* expulsar ◇ *vi* ◆ **to send off (for ng)** solicitar (algo) por escrito
**nder** ['sendəʳ] *n* remitente *mf*
**nile** ['si:naıl] *adj* senil
**nior** ['si:njəʳ] ◇ *adj* superior ◇ *n SCH* nior *mf*
**nior citizen** *n* persona *f* de la rcera edad
**nsation** [sen'seıʃn] *n* sensación *f*
**nsational** [sen'seıʃənl] *adj* sensacio-l
**nse** [sens] ◇ *n* sentido *m* ◇ *vt* sentir ◆ **make sense** tener sentido ◆ **sense direction** sentido de la orientación ◆ **nse of humour** sentido del humor
**nsible** ['sensəbl] *adj* **1.** *(person)* sensa-(ta) **2.** *(clothes, shoes)* práctico(ca)
**nsitive** ['sensıtıv] *adj* **1.** *(person, skin, vice)* sensible **2.** *(easily offended)* sus-ptible **3.** *(emotionally)* comprensivo a) **4.** *(subject, issue)* delicado(da)
**nt** [sent] *pt & pp* ➢ **send**
**ntence** ['sentəns] ◇ *n* **1.** *GRAM* oración **.** *(for crime)* sentencia *f* ◇ *vt* condenar
**ntimental** [ˌsentı'mentl] *adj (pej)* sen-nental
**pt.** (*abbr of* **September**) sep. *(sep-mbre)*
**parate** ◇ *adj* ['seprət] **1.** *(different, dividual)* distinto(ta) **2.** *(not together)* parado(da) ◇ *vt* ['sepəreıt] **1.** *(divide)* vidir **2.** *(detach)* separar ◇ *vi* separarse **separates** *npl* *prendas de vestir femeninas combinables*
**separately** ['seprətlı] *adv* **1.** *(individually)* independientemente **2.** *(alone)* por separado
**separation** [ˌsepə'reıʃn] *n* separación *f*
**September** [sep'tembəʳ] *n* septiembre *m* ◆ **at the beginning of September** a principios de septiembre ◆ **at the end of September** a finales de septiembre ◆ **during September** en septiembre ◆ **every September** todos los años en septiembre ◆ **in September** en septiembre ◆ **last September** en septiembre del año pasado ◆ **next September** en septiembre del próximo año ◆ **this September** en septiembre de este año ◆ **2 September 2001** *(in letters etc)* 2 de septiembre de 2001
**septic** ['septık] *adj* séptico(ca)
**septic tank** *n* fosa *f* séptica
**sequel** ['si:kwəl] *n* continuación *f*
**sequence** ['si:kwəns] *n* **1.** *(series)* sucesión *f* **2.** *(order)* orden *m*
**sequin** ['si:kwın] *n* lentejuela *f*
**sergeant** ['sɑ:dʒənt] *n* **1.** *(in police force)* ≃ subinspector *m*, -ra *f* **2.** *(in army)* sargento *mf*
**serial** ['sıərıəl] *n* serial *m*
**series** ['sıəri:z] *(pl inv) n* serie *f*
**serious** ['sıərıəs] *adj* **1.** serio(ria) **2.** *(very bad)* grave ◆ **I'm serious** hablo en serio
**seriously** ['sıərıəslı] *adv* **1.** *(really)* en serio **2.** *(badly)* gravemente
**sermon** ['sɜ:mən] *n* sermón *m*
**servant** ['sɜ:vənt] *n* sirviente *m*, -ta *f*
**serve** [sɜ:v] ◇ *vt* servir ◇ *vi* **1.** *SPORT* sacar **2.** *(work)* servir ◇ *n* saque *m* ◆ **to**

**serve as** *(be used for)* servir de ◆ **the town is served by two airports** la ciudad está provista de dos aeropuertos ◆ **it serves you right** te está bien empleado ▼ **serves two** para dos personas

**service** ['sɜːvɪs] ◇ *n* **1.** servicio *m* **2.** *(at church)* oficio *m* **3.** *SPORT* saque *m* **4.** *(of car)* revisión *f* ◇ *vt (car)* revisar ◆ **to be of service to sb** *(fml)* ayudar a alguien ▼ **out of service** no funciona ▼ **service included** servicio incluido ▼ **service not included** servicio no incluido ◆ **services** *npl* **1.** *(UK) (on motorway)* área *f* de servicios **2.** *(of person)* servicios *mpl*

**service area** *n (UK)* área *f* de servicios

**service charge** *n* servicio *m*

**service provider** *n COMPUT* proveedor m de servicios

**service station** *n* estación *f* de servicio

**serviette** [ˌsɜːvɪ'et] *n (UK)* servilleta *f*

**serving** ['sɜːvɪŋ] *n* ración *f*

**serving spoon** *n* cucharón *m*

**sesame seeds** ['sesəmɪ-] *npl* sésamo *m*

**session** ['seʃn] *n* sesión *f*

**set** [set] *(pt & pp inv)*
◇ *adj* **1.** *(fixed)* fijo(ja) ◆ **a set lunch** el menú del día **2.** *(text, book)* obligatorio(ria) **3.** *(situated)* situado(da)
◇ *n* **1.** *(collection)* juego *m*; *(of stamps, stickers)* colección *f* **2.** *(TV)* aparato *m* ◆ **a TV set** un televisor **3.** *(in tennis)* set *m* **4.** *(of play)* decorado *m* **5.** *(at hairdresser's)* ◆ **a shampoo and set** lavado *m* y marcado
◇ *vt* **1.** *(put)* colocar, poner **2.** *(cause to be)* ◆ **to set a machine going** poner una máquina en marcha ◆ **to set fire to** prender fuego a **3.** *(clock, alarm, controls)* poner ◆ **set the alarm for 7 a.m.** pon el despertador para las 7 de la mañana **4.** *(fix)* fijar **5.** *(essay, homework, the table)* poner **6.** *(a record)* marcar **7.** *(broken bone)* componer **8.** *(play, film, story)* ◆ **to be set in** desarrollarse en
◇ *vi* **1.** *(sun)* ponerse **2.** *(glue)* secarse; *(jelly)* cuajar
◆ **set down** *vt sep (UK) (passengers)* dejar
◆ **set off**
◇ *vt sep (alarm)* hacer saltar
◇ *vi* ponerse en camino
◆ **set out**
◇ *vt sep (arrange)* disponer
◇ *vi* ponerse en camino
◆ **set up** *vt sep (barrier, cordon)* levantar; *(equipment)* preparar; *(meeting, interview)* organizar; *(committee)* crear

**set meal** *n* menú *m (plato)*

**set menu** *n* menú *m* del día

**settee** [se'tiː] *n (UK)* sofá *m*

**setting** ['setɪŋ] *n* **1.** *(on machine)* posición *f* **2.** *(surroundings)* escenario *m*

**settle** ['setl] ◇ *vt* **1.** *(argument)* resolver **2.** *(bill)* saldar **3.** *(stomach)* asentar **4.** *(nerves)* calmar **5.** *(arrange, decide on)* acordar ◇ *vi* **1.** *(start to live)* establecerse **2.** *(come to rest)* posarse **3.** *(sediment, dust)* depositarse ◆ **settle down** *vi* **1.** *(calm down)* calmarse **2.** *(sit comfortably)* acomodarse ◆ **settle up** *vi* saldar las cuentas

**settlement** ['setlmənt] *n* **1.** *(agreement)* acuerdo *m* **2.** *(place)* asentamiento *m*

**set-top box** *n* decodificador *m*

**seven** ['sevn] ◇ *num adj* siete ◇ *num* siete *m inv* ◆ **to be seven (years old)**

ıer siete años (de edad) • **it's seven clock)** son las siete • **a hundred and** ven ciento siete • **seven Hill St** Hill número siete • **it's minus seven** egrees) hay siete grados bajo cero • ven **out of ten** siete sobre diez
**venteen** [ˌsevn'tiːn] *num* diecisiete
**venteenth** [ˌsevn'tiːnθ] *num* decimo- ɔtimo(ma)
**venth** ['sevnθ] ◇ *num adj* séptimo a) ◇ *pron* séptimo *m*, -ma *f* ◇ *num n* action) séptimo *m* ◇ *num adv* séptimo **a seventh (of)** la séptima parte (de) **the seventh (of September)** el siete e septiembre)
**ventieth** ['sevntjəθ] *num* septuagési- ɔ(ma)
**venty** ['sevntɪ] *num* setenta
**veral** ['sevrəl] ◇ *adj* varios(rias) ◇ *pron* rios *mpl*, -rias *f*
**vere** [sɪ'vɪə^r] *adj* **1.** severo(ra) **2.** ness) grave **3.** *(pain)* fuerte
**ville** [sə'vɪl] *n* Sevilla
**w** [səʊ] *(pp* **sewn)** *vt & vi* coser
**wage** ['suːɪdʒ] *n* aguas *fpl* residuales
**wing** ['səʊɪŋ] *n* costura *f*
**wing machine** *n* máquina *f* de coser
**wn** [səʊn] *pp* ➢ **sew**
**x** [seks] *n* sexo *m* • **to have sex (with)** ıer relaciones sexuales (con)
**xist** ['seksɪst] *n* sexista *mf*
**xual** ['sekʃʊəl] *adj* sexual
**xy** ['seksɪ] *adj* sexi *(inv)*
**abby** ['ʃæbɪ] *adj* **1.** *(clothes, room)* sastrado(da) **2.** *(person)* desharrapa- (da)
**ade** [ʃeɪd] ◇ *n* **1.** *(shadow)* sombra *f* **2.** mpshade) pantalla *f* **3.** *(of colour)* tonalidad *f* ◇ *vt (protect)* proteger •
**shades** *npl (inf) (sunglasses)* gafas *fpl (Esp)* OR anteojos *mpl (Amér)* de sol
**shadow** ['ʃædəʊ] *n* **1.** *(dark shape)* sombra *f* **2.** *(darkness)* oscuridad *f*
**shady** ['ʃeɪdɪ] *adj* **1.** *(place)* sombreado (da) **2.** *(inf) (person)* sospechoso(sa) **3.** *(inf) (deal)* turbio(bia)
**shaft** [ʃɑːft] *n* **1.** *(of machine)* eje *m* **2.** *(of lift)* pozo *m*
**shake** [ʃeɪk] *(pt* **shook**, *pp* **shaken)** ◇ *vt* **1.** *(tree, rug, packet, etc)* sacudir **2.** *(bottle)* agitar **3.** *(person)* zarandear **4.** *(dice)* mover **5.** *(shock)* conmocionar ◇ *vi* temblar • **to shake hands with sb** estrechar la mano a alguien • **to shake one's head** *(saying no)* negar con la cabeza
**shall** *(weak form* [ʃəl], strong form [ʃæl]) *aux vb* **1.** *(expressing future)* • **I shall be ready soon** estaré listo enseguida **2.** *(in questions)* • **shall I buy some wine?** ¿compro vino? • **where shall we go?** ¿adónde vamos? **3.** *(fml) (expressing order)* • **payment shall be made within a week** debe efectuarse el pago dentro de una semana
**shallot** [ʃə'lɒt] *n* chalote *m*
**shallow** ['ʃæləʊ] *adj* poco profundo(da)
**shallow end** *n (of swimming pool)* parte *f* poco profunda
**shambles** ['ʃæmblz] *n* desbarajuste *m*
**shame** [ʃeɪm] *n* **1.** *(remorse)* vergüenza *f* **2.** *(disgrace)* deshonra *f* • **it's a shame** es una lástima • **what a shame!** ¡qué lástima!
**shampoo** [ʃæm'puː] *(pl* **-s)** *n* **1.** *(liquid)* champú *m* **2.** *(wash)* lavado *m*

**shandy** ['ʃændɪ] *n* cerveza *f* con gaseosa
**shape** [ʃeɪp] *n* **1.** *(form)* forma *f* **2.** *(object, person, outline)* figura *f* • **to be in good/bad shape** estar en (buena) forma/baja forma
**share** [ʃeəʳ] ◇ *n* **1.** *(part)* parte *f* **2.** *(in company)* acción *f* ◇ *vt* **1.** *(room, work, cost)* compartir **2.** *(divide)* repartir ♦ **share out** *vt sep* repartir
**shark** [ʃɑːk] *n* tiburón *m*
**sharp** [ʃɑːp] ◇ *adj* **1.** *(knife, razor, teeth)* afilado(da) **2.** *(pin, needle)* puntiagudo (da) **3.** *(clear)* nítido(da) **4.** *(quick, intelligent)* inteligente **5.** *(rise, bend)* marcado(da) **6.** *(change)* brusco(ca) **7.** *(painful)* agudo(da) **8.** *(food, taste)* ácido(da) ◇ *adv (exactly)* en punto
**sharpen** ['ʃɑːpn] *vt* **1.** *(knife)* afilar **2.** *(pencil)* sacar punta a
**shatter** ['ʃætəʳ] ◇ *vt (break)* hacer añicos ◇ *vi* hacerse añicos
**shattered** ['ʃætəd] *adj (UK) (inf) (tired)* hecho(cha) polvo
**shave** [ʃeɪv] ◇ *vt* afeitar ◇ *vi* afeitarse ◇ *n* • **to have a shave** afeitarse
**shaver** ['ʃeɪvəʳ] *n* maquinilla *f* de afeitar
**shaving brush** ['ʃeɪvɪŋ-] *n* brocha *f* de afeitar
**shaving foam** ['ʃeɪvɪŋ-] *n* espuma *f* de afeitar
**shawl** [ʃɔːl] *n* chal *m*
**she** [ʃiː] *pron* ella *f* • **she's tall** (ella) es alta
**sheaf** [ʃiːf] (*pl* **sheaves**) *n (of paper, notes)* fajo *m*
**shears** [ʃɪəz] *npl (for gardening)* tijeras *fpl* de podar
**sheaves** [ʃiːvz] *pl* ➢ **sheaf**
**shed** [ʃed] (*pt & pp inv*) ◇ *n* cobertizo ◇ *vt (tears, blood)* derramar
**she'd** (*weak form* [ʃɪd], strong form ʃiːd]) = **she had, she would**
**sheep** [ʃiːp] (*pl inv*) *n* oveja *f*
**sheepdog** ['ʃiːpdɒg] *n* perro *m* pastor
**sheepskin** ['ʃiːpskɪn] *adj* piel *f* de cordero • **sheepskin jacket** zamarra *f* de piel de cordero
**sheer** [ʃɪəʳ] *adj* **1.** *(pure, utter)* puro(ra) *(cliff)* escarpado(da) **3.** *(stockings)* fino(na)
**sheet** [ʃiːt] *n* **1.** *(for bed)* sábana *f* **2.** *(of paper)* hoja *f* **3.** *(of glass, metal, wood)* lámina *f*
**shelf** [ʃelf] (*pl* **shelves**) *n* estante *m*
**shell** [ʃel] *n* **1.** *(of egg, nut)* cáscara *f* *(on beach)* concha *f* **3.** *(of animal)* caparazón *m* **4.** *(bomb)* proyectil *m*
**she'll** [ʃiːl] = **she will, she shall**
**shellfish** ['ʃelfɪʃ] *n (food)* mariscos *mpl*
**shelter** ['ʃeltəʳ] ◇ *n* refugio *m* ◇ *(protect)* proteger ◇ *vi* resguardarse • **to take shelter** cobijarse
**sheltered** ['ʃeltəd] *adj* protegido(da)
**shelves** [ʃelvz] *pl* ➢ **shelf**
**shepherd** ['ʃepəd] *n* pastor *m*
**shepherd's pie** ['ʃepədz-] *n plato consistente en carne picada de vaca, cebolla y especias cubierta con una capa de puré de patata dorada al grill*
**sheriff** ['ʃerɪf] *n* sheriff *m*
**sherry** ['ʃerɪ] *n* jerez *m*
**she's** [ʃiːz] = **she is, she has**
**shield** [ʃiːld] ◇ *n* escudo *m* ◇ *vt* proteger
**shift** [ʃɪft] ◇ *n* **1.** *(change)* cambio *m* *(period of work)* turno *m* ◇ *vt* mover ◇

*move)* moverse **2.** *(change)* cambiar
**n** [ʃɪn] *n* espinilla *f*
**ne** [ʃaɪn] *(pt & pp* **shone**) ◇ *vi*
llar ◇ *vt* **1.** *(shoes)* sacar brillo a **2.**
*ch)* enfocar
**ny** ['ʃaɪnɪ] *adj* brillante
**p** [ʃɪp] *n* barco *m* ● **by ship** en barco
**pwreck** ['ʃɪprek] *n* **1.** *(accident)* nau-
gio *m* **2.** *(wrecked ship)* barco *m*
ufrago
**rt** [ʃɜːt] *n* camisa *f*
**t** [ʃɪt] ◇ *n (vulg)* mierda *f* ◇ *excl (vulg)*
ierda!
**ver** ['ʃɪvəʳ] *vi* temblar
**ock** [ʃɒk] ◇ *n* **1.** *(surprise)* susto *m* **2.**
*ce)* sacudida *f* ◇ *vt* **1.** *(surprise)*
ımocionar **2.** *(horrify)* escandalizar
**to be in shock** *MED* estar en estado
shock
**ocking** ['ʃɒkɪŋ] *adj (very bad)* horro-
o(sa)
**oe** [ʃuː] *n* zapato *m*
**oelace** ['ʃuːleɪs] *n* cordón *m (de*
*ato)*
**oe polish** *n* betún *m*
**oe repairer's** [-rɪˌpeərəz] *n* zapatero
*(remendón)*
**oe shop** *n* zapatería *f*
**one** [ʃɒn] *pt & pp* ➤ **shine**
**ook** [ʃʊk] *pt* ➤ **shake**
**oot** [ʃuːt] *(pt & pp* **shot**) ◇ *vt* **1.** *(kill)*
tar a tiros **2.** *(injure)* herir *(con arma*
*fuego)* **3.** *(gun, arrow)* disparar **4.** *(film)*
lar ◇ *vi* **1.** *(with gun)* disparar **2.** *(move*
*ckly)* pasar disparado **3.** *SPORT*
utar ◇ *n (of plant)* brote *m*
**op** [ʃɒp] ◇ *n* tienda *f* ◇ *vi* hacer
mpras

**shop assistant** *n (UK)* dependiente *m*, -ta *f*
**shop floor** *n (place)* taller *m*
**shopkeeper** ['ʃɒpˌkiːpəʳ] *n (UK)* tendero *m*, -ra *f*
**shoplifter** ['ʃɒpˌlɪftəʳ] *n* ratero *m*, -ra *f* de tiendas
**shopper** ['ʃɒpəʳ] *n* comprador *m*, -ra *f*
**shopping** ['ʃɒpɪŋ] *n* compras *fpl* ● **I hate shopping** odio ir de compras ● **to do the shopping** hacer las compras ● **to go shopping** ir de compras
**shopping bag** *n* bolsa *f* de la compra
**shopping basket** *n* cesta *f* de la compra
**shopping center** *(US)* = **shopping centre**
**shopping centre** *n (UK)* centro *m* comercial
**shopping list** *n* lista *f* de la compra
**shopping mall** *n* centro *m* comercial
**shop steward** *n* enlace *m* sindical
**shop window** *n (UK)* escaparate *m*
**shore** [ʃɔːʳ] *n* orilla *f* ● **on shore** en tierra
**short** [ʃɔːt] ◇ *adj* **1.** *(not tall)* bajo(ja) **2.** *(in length, time)* corto(ta) ◇ *adv (cut hair)* corto ◇ *n* **1.** *(UK) (drink)* licor *m* **2.** *(film)* cortometraje *m* ● **to be short of time** andar escaso de tiempo ● **Liz is short for Elizabeth** Liz es el diminutivo de Elizabeth ● **I'm short of breath** me falta el aliento ● **in short** en resumen
◆ **shorts** *npl* **1.** *(short trousers)* pantalones *mpl* cortos **2.** *(US) (underpants)* calzoncillos *mpl*
**shortage** ['ʃɔːtɪdʒ] *n* escasez *f*
**shortbread** ['ʃɔːtbred] *n especie de torta*

*dulce y quebradiza hecha con harina, azúcar y mantequilla*

**short-circuit** *vi* tener un cortocircuito

**shortcrust pastry** ['ʃɔːtkrʌst-] *n* (UK) pasta *f* quebrada

**short cut** *n* atajo *m*

**shorten** ['ʃɔːtn] *vt* acortar

**shorthand** ['ʃɔːthænd] *n* taquigrafía *f*

**shortly** ['ʃɔːtlɪ] *adv* (soon) dentro de poco ● **shortly before** poco antes de

**shortsighted** [ˌʃɔːt'saɪtɪd] *adj* miope

**short-sleeved** [-ˌsliːvd] *adj* de manga corta

**short story** *n* cuento *m*

**shot** [ʃɒt] ◇ *pt & pp* ➤ **shoot** ◇ *n* **1.** (of gun, in football) tiro *m* **2.** (in tennis, golf) golpe *m* **3.** (photo) foto *f* **4.** (in film) plano *m* **5.** (inf) (attempt) intento *m* **6.** (drink) trago *m*

**shotgun** ['ʃɒtgʌn] *n* escopeta *f*

**should** [ʃʊd] *aux vb* **1.** (expressing desirability) deber ● **we should leave now** deberíamos irnos ahora **2.** (asking for advice) ● **should I go too?** ¿yo también voy? **3.** (expressing probability) deber de ● **she should arrive soon** debe de estar a punto de llegar **4.** (ought to have) deber ● **they should have won the match** deberían haber ganado el partido **5.** (in clauses with that) ● **we decided that you should do it** decidimos que lo hicieras tú **6.** (fml) (in conditionals) ● **should you need anything, call reception** si necesita alguna cosa, llame a recepción **7.** (fml) (expressing wish) ● **I should like to come with you** me gustaría ir contigo

**shoulder** ['ʃəʊldəʳ] *n* **1.** (of person) hombro *m* **2.** (of meat) espaldilla *f* (US) (of road) arcén *m*

**shoulder pad** *n* hombrera *f*

**shouldn't** ['ʃʊdnt] = **should not**

**should've** ['ʃʊdəv] = **should have**

**shout** [ʃaʊt] ◇ *n* grito *m* ◇ *vt & vi* gritar

**shout out** *vt sep* gritar

**shove** [ʃʌv] *vt* **1.** (push) empujar **2.** (p[ut] carelessly) poner de cualquier maner[a]

**shovel** ['ʃʌvl] *n* pala *f*

**show** [ʃəʊ] (pp **-ed** OR **shown**) ◇ *n* (at theatre) función *f* **2.** (on TV, radi[o]) programa *m* **3.** (exhibition) exhibición ◇ *vt* **1.** mostrar **2.** (undergo) registrar (represent, depict) representar **4.** (accompany) acompañar **5.** (film) proyectar (TV programme) emitir ◇ *vi* **1.** (be visibl[e]) verse **2.** (film) proyectarse ● **I showe[d] my ticket to the inspector** le enseñé [m]i billete al revisor ● **to show sb how t[o] do sthg** enseñar a alguien cómo [s]e hace algo ● **show off** *vi* presumir

**show up** *vi* **1.** (come along) aparecer (be visible) resaltar

**shower** ['ʃaʊəʳ] ◇ *n* **1.** (for washin[g]) ducha *f* **2.** (of rain) chubasco *m* ◇ ducharse ● **to have a shower** dar[se] una ducha

**shower gel** *n* gel *m* de baño

**shower unit** *n* ducha *f* (cubículo)

**showing** ['ʃəʊɪŋ] *n* (of film) proyección

**shown** [ʃəʊn] *pp* ➤ **show**

**showroom** ['ʃəʊrʊm] *n* sala *f* de exp[o]sición

**shrank** [ʃræŋk] *pt* ➤ **shrink**

**shrimp** [ʃrɪmp] *n* camarón *m*

**shrine** [ʃraɪn] *n* santuario *m*

**shrink** [ʃrɪŋk] (pt **shrank**, pp **shrunk**)

(*inf*) loquero *m*, -ra *f* ◇ *vi* 1. (*become smaller*) encoger 2. (*diminish*) reducirse
**rub** [ʃrʌb] *n* arbusto *m*
**rug** [ʃrʌg] ◇ *vi* encogerse de hombros
*n* ● **she gave a shrug** se encogió de
ombros
**runk** [ʃrʌŋk] *pp* ➤ **shrink**
**uffle** [ˈʃʌfl] ◇ *vt* (*cards*) barajar ◇ *vi*
ıdar arrastrando los pies
**ut** [ʃʌt] (*pt & pp inv*) ◇ *adj* cerrado
a) ◇ *vt* cerrar ◇ *vi* 1. (*door, mouth, eyes*)
errarse 2. (*shop, restaurant*) cerrar ◆
**ut down** *vt sep* cerrar ◆ **shut up** *vi*
*nf*) callarse la boca
**utter** [ˈʃʌtəʳ] *n* 1. (*on window*) contra-
entana *f* 2. (*on camera*) obturador *m*
**uttle** [ˈʃʌtl] *n* 1. (*plane*) avión *m* de
uente aéreo 2. (*bus*) autobús *m* de
rvicio regular
**uttlecock** [ˈʃʌtlkɒk] *n* (*UK*) volante

**y** [ʃaɪ] *adj* tímido(da)
**ck** [sɪk] *adj* 1. (*ill*) enfermo(ma) 2.
*auseous*) mareado(da) ● **to be sick**
*omit*) devolver ● **to feel sick** estar
areado ● **to be sick of** estar harto
a) de
**ck bag** *n* bolsa *f* para el mareo
**ckness** [ˈsɪknɪs] *n* enfermedad *f*
**ck pay** *n* ≃ subsidio *m* de enfer-
edad
**de** [saɪd] ◇ *n* 1. lado *m* 2. (*of hill, valley*)
dera *f* 3. (*of river*) orilla *f* 4. (*of paper,*
*in, tape, record*) cara *f* 5. (*UK*) (*team*)
quipo *m* 6. (*TV channel*) canal *m* 7.
*age of writing*) página *f* ◇ *adj* lateral ●
**the side of** al lado de ● **on the other**
**de** al otro lado ● **on this side** en este
lado ● **side by side** juntos
**sideboard** [ˈsaɪdbɔːd] *n* aparador *m*
**side dish** *n* plato *m* de acompañamiento
**side effect** *n* efecto *m* secundario
**side order** *n* guarnición *f* (*no incluida en el plato*)
**side salad** *n* ensalada *f* de acompañamiento
**side street** *n* travesía *f* (*Esp*), calle *f* lateral
**sidewalk** [ˈsaɪdwɔːk] *n* (*US*) acera *f*
**sideways** [ˈsaɪdweɪz] *adv* 1. (*move*) de lado 2. (*look*) de reojo
**sieve** [sɪv] *n* tamiz *m*
**sigh** [saɪ] ◇ *n* suspiro *m* ◇ *vi* suspirar
**sight** [saɪt] *n* 1. (*eyesight*) vista *f* 2. (*thing seen*) imagen *f* ● **at first sight** a primera vista ● **to catch sight of** divisar ● **in sight** a la vista ● **to lose sight of** perder de vista ● **out of sight** fuera de vista ◆ **sights** *npl* (*of city, country*) lugares *mpl* de interés turístico
**sightseeing** [ˈsaɪtˌsiːɪŋ] *n* ● **to go sightseeing** ir a visitar los lugares de interés turístico
**sign** [saɪn] ◇ *n* 1. señal *f* 2. (*on shop*) letrero *m* 3. (*symbol*) signo *m* ◇ *vt & vi* firmar ● **there's no sign of her** no hay señales de ella ◆ **sign in** *vi* firmar en el registro de entrada
**signal** [ˈsɪgnl] ◇ *n* 1. señal *f* 2. (*US*) (*traffic lights*) semáforo *m* ◇ *vi* señalizar
**signature** [ˈsɪgnətʃəʳ] *n* firma *f*
**significant** [sɪgˈnɪfɪkənt] *adj* significativo(va)
**signpost** [ˈsaɪnpəʊst] *n* letrero *m* indicador

**Sikh** [siːk] *n* sij *mf*
**silence** ['saɪləns] *n* silencio *m*
**silencer** ['saɪlənsəʳ] *n* (*UK*) silenciador *m*
**silent** ['saɪlənt] *adj* silencioso(sa)
**silicon** ['sɪlɪkən] *n* silicio *m*
**silk** [sɪlk] *n* seda *f*
**sill** [sɪl] *n* alféizar *m*
**silly** ['sɪlɪ] *adj* tonto(ta)
**silver** ['sɪlvəʳ] ◇ *n* **1.** *(substance)* plata *f* **2.** *(coins)* monedas *fpl* plateadas ◇ *adj* de plata
**silver foil** *n* (*UK*) papel *m* de aluminio
**silver-plated** [-'pleɪtɪd] *adj* chapado(da) en plata
**similar** ['sɪmɪləʳ] *adj* similar • **to be similar to** ser parecido(da) a
**similarity** [ˌsɪmɪ'lærətɪ] *n* **1.** *(resemblance)* parecido *m* **2.** *(similar point)* similitud *f*
**simmer** ['sɪməʳ] *vi* hervir a fuego lento
**simple** ['sɪmpl] *adj* sencillo(lla)
**simplify** ['sɪmplɪfaɪ] *vt* simplificar
**simply** ['sɪmplɪ] *adv* **1.** *(just)* simplemente **2.** *(easily, not elaborately)* sencillamente
**simulate** ['sɪmjʊleɪt] *vt* simular
**simultaneous** [(*UK*) ˌsɪməl'teɪnjəs, (*US*) ˌsaɪməl'teɪnjəs] *adj* simultáneo(a)
**simultaneously** [(*UK*) ˌsɪməl'teɪnjəslɪ, (*US*) ˌsaɪməl'teɪnjəslɪ] *adv* simultáneamente
**sin** [sɪn] ◇ *n* pecado *m* ◇ *vi* pecar
**since** [sɪns] ◇ *adv* desde entonces ◇ *prep* desde ◇ *conj* **1.** *(in time)* desde que **2.** *(as)* ya que • **ever since** desde, desde que
**sincere** [sɪn'sɪəʳ] *adj* sincero(ra)
**sincerely** [sɪn'sɪəlɪ] *adv* sinceramente • **Yours sincerely** (le saluda) atentamente
**sing** [sɪŋ] (*pt* **sang**, *pp* **sung**) *vt* & *vi* cantar
**singer** ['sɪŋəʳ] *n* cantante *mf*
**single** ['sɪŋgl] ◇ *adj* **1.** *(just one)* solo(la) **2.** *(not married)* soltero(ra) ◇ *n* **1.** (*UK*) *(ticket)* billete *m* (*Esp*) OR boleto *m* (*Amér*) de ida **2.** *(record)* disco *m* sencillo • **every single** cada uno (una) de ◆ **singles** ◇ *n* modalidad *f* individual ◇ *adj (bar, club)* para solteros
**single bed** *n* cama *f* individual
**single cream** *n* (*UK*) nata *f* líquida (*Esp*), crema *f* líquida (*Amér*)
**single currency** *n* moneda *f* única
**single parent** *n* padre *m* soltero, madre soltera *f*
**single room** *n* habitación *f* individual
**singular** ['sɪŋgjʊləʳ] *n* singular *m* • **in the singular** en singular
**sinister** ['sɪnɪstəʳ] *adj* siniestro(tra)
**sink** [sɪŋk] (*pt* **sank**, *pp* **sunk**) ◇ *n* **1.** *(in kitchen)* fregadero *m* **2.** *(washbasin)* lavabo *m* ◇ *vi* **1.** *(in water, mud)* hundirse **2.** *(decrease)* descender
**sink unit** *n* fregadero *m (con mueble debajo)*
**sinuses** ['saɪnəsɪz] *npl* senos *mpl* frontales
**sip** [sɪp] ◇ *n* sorbo *m* ◇ *vt* beber a sorbos
**siphon** ['saɪfn] ◇ *n* sifón *m* ◇ *vt* sacar con sifón
**sir** [sɜːʳ] *n* señor *m* • **Dear Sir** Muy Señor mío • **Sir Richard Blair** Sir Richard Blair
**siren** ['saɪərən] *n* sirena *f*
**sirloin steak** [ˌsɜːlɔɪn-] *n* solomillo *m*
**sister** ['sɪstəʳ] *n* **1.** hermana *f* **2.** (*UK*) *(nurse)* enfermera *f* jefe

**ter-in-law** *n* cuñada *f*
**:**[sɪt] (*pt & pp* **sat**) ◇ *vi* **1.** sentarse **2.** *situated)* estar situado ◇ *vt* **1.** *(place)* ner **2.** (*UK*) *(exam)* presentarse a ◈ **be sitting** estar sentado ◈**sit down** *vi* ntarse ◈ **to be sitting down** estar ntado ◈ **sit up** *vi* **1.** *(after lying down)* corporarse **2.** *(stay up late)* quedarse vantado
**:e** [saɪt] *n* **1.** *(place)* sitio *m* **2.** *(building* *)* obra *f* de construcción
**:ting room** ['sɪtɪŋ-] *n* (*UK*) sala *f* de tar
**:uated** ['sɪtjʊeɪtɪd] *adj* ◈ **to be situa-** **l** estar situado(da)
**:uation** [ˌsɪtjʊ'eɪʃn] *n* situación *f* ▼ **uations vacant** (*UK*) ofertas de em- eo
**<** [sɪks] ◇ *num adj* seis *inv* ◇ *num n* seis *inv* ◈ **to be six (years old)** tener seis os (de edad) ◈ **it's six (o'clock)** son seis ◈ **a hundred and six** ciento seis **six Hill St** Hill St, número seis ◈ **it's nus six (degrees)** hay seis grados jo cero ◈ **six out of ten** seis sobre ez
**<teen** [sɪks'tiːn] *num* dieciséis
**<teenth** [sɪks'tiːnθ] *num* decimosexto )
**<th** [sɪksθ] ◇ *num adj* sexto(ta) ◇ *pron* xto *m*, -ta *f* ◇ *num n* *(fraction)* sexto *m* *num adv* sexto ◈ **a sixth (of)** la sexta rte (de) ◈ **the sixth (of September)** seis (de septiembre)
**<th form** *n* (*UK*) *curso de enseñanza* *dia que prepara a alumnos de 16 a* *años para los A-levels*
**<th-form college** *n* (*UK*) *centro de enseñanza que prepara a alumnos de 16 a 18 años para los A-levels o exámenes de formación profesional*
**sixtieth** ['sɪkstɪəθ] *num* sexagésimo (ma)
**sixty** ['sɪkstɪ] *num* sesenta
**size** [saɪz] *n* **1.** tamaño *m* **2.** *(of clothes, hats)* talla *f* **3.** *(of shoes)* número *m* ◈ **what size do you take?** ¿qué talla/número usa? ◈ **what size is this?** ¿de qué talla es esto?
**sizeable** ['saɪzəbl] *adj* considerable
**skate** [skeɪt] ◇ *n* **1.** *(ice skate, roller skate)* patín *m* **2.** *(fish)* raya *f* ◇ *vi* patinar
**skateboard** ['skeɪtbɔːd] *n* monopatín *m*, patineta *f* (*Amér*)
**skater** ['skeɪtə$^r$] *n* *(ice-skater)* patinador *m*, -ra *f*
**skating** ['skeɪtɪŋ] *n* ◈ **to go skating** ir a patinar
**skeleton** ['skelɪtn] *n* esqueleto *m*
**skeptical** ['skeptɪkl] (*US*) = **sceptical**
**sketch** [sketʃ] ◇ *n* **1.** *(drawing)* bosquejo *m* **2.** *(humorous)* sketch *m* ◇ *vt* hacer un bosquejo de
**skewer** ['skjʊə$^r$] *n* brocheta *f*
**ski** [skiː] (*pt & pp* **skied**, *cont* **skiing**) ◇ *n* esquí *m* ◇ *vi* esquiar
**ski boots** *npl* botas *fpl* de esquí
**skid** [skɪd] ◇ *n* derrape *m* ◇ *vi* derrapar
**skier** ['skiːə$^r$] *n* esquiador *m*, -ra *f*
**skiing** ['skiːɪŋ] *n* esquí *m* ◈ **to go skiing** ir a esquiar ◈ **a skiing holiday** unas vacaciones de esquí
**skilful** ['skɪlfʊl] *adj* (*UK*) experto(ta)
**ski lift** *n* telesilla *m*
**skill** [skɪl] *n* **1.** *(ability)* habilidad *f* **2.** *(technique)* técnica *f*

**skilled** [skɪld] *adj* **1.** *(worker, job)* especializado(da) **2.** *(driver, chef)* cualificado(da)
**skillful** ['skɪlfʊl] *(US)* = **skilful**
**skimmed milk** ['skɪmd-] *n* leche *f* desnatada *(Esp)* OR descremada *(Amér)*
**skin** [skɪn] *n* **1.** piel *f* **2.** *(on milk)* nata *f*
**skinny** ['skɪnɪ] *adj* flaco(ca)
**skip** [skɪp] ◇ *vi* **1.** *(with rope)* saltar a la comba *(Esp)* OR cuerda **2.** *(jump)* ir dando brincos ◇ *vt* saltarse ◇ *n* *(UK)* *(container)* contenedor *m*
**ski pants** *npl* pantalones *mpl* de esquí
**ski pass** *n* forfait *m*
**ski pole** *n* bastón *m* para esquiar
**skipping rope** ['skɪpɪŋ-] *n* *(UK)* cuerda *f* de saltar
**skirt** [skɜːt] *n* falda *f*
**ski slope** *n* pista *f* de esquí
**ski tow** *n* remonte *m*
**skittles** ['skɪtlz] *n* *(UK)* bolos *mpl*
**skull** [skʌl] *n* **1.** *(of living person)* cráneo *m* **2.** *(of skeleton)* calavera *f*
**sky** [skaɪ] *n* cielo *m*
**skylight** ['skaɪlaɪt] *n* tragaluz *m*
**skyscraper** ['skaɪˌskreɪpəʳ] *n* rascacielos *m inv*
**slab** [slæb] *n* *(of stone, concrete)* losa *f*
**slack** [slæk] *adj* **1.** *(rope)* flojo(ja) **2.** *(careless)* descuidado(da) **3.** *(not busy)* inactivo(va)
**slam** [slæm] ◇ *vt* cerrar de golpe ◇ *vi* cerrarse de golpe
**slander** ['slɑːndəʳ] *n* calumnia *f*
**slang** [slæŋ] *n* argot *m*
**slant** [slɑːnt] ◇ *n* *(slope)* inclinación *f* ◇ *vi* inclinarse
**slap** [slæp] ◇ *n* bofetada *f*, cachetada *f* *(Amér)* ◇ *vt* abofetear, cachetea[r] *(Amér)*
**slash** [slæʃ] ◇ *vt* **1.** *(cut)* cortar **2.** *(fig)* *(prices)* recortar drásticamente ◇ [*n*] *(written symbol)* barra *f* (oblicua)
**slate** [sleɪt] *n* pizarra *f*
**slaughter** ['slɔːtəʳ] *vt* **1.** *(kill)* matar [**2.**] *(fig)* *(defeat)* dar una paliza
**slave** [sleɪv] *n* esclavo *m*, -va *f*
**sled** [sled] = **sledge**
**sledge** [sledʒ] *n* *(UK)* trineo *m*
**sleep** [sliːp] *(pt & pp* **slept***)* ◇ *n* **1.** *(res[t])* descanso *m* **2.** *(nap)* siesta *f* ◇ *vi* dormi[r] ◇ *vt* • **the house sleeps six** la casa tien[e] seis plazas • **did you sleep well** ¿dormiste bien? • **I couldn't get t[o] sleep** no pude conciliar el sueño • **t[o] go to sleep** dormirse • **to sleep with s[omebody]** acostarse con alguien
**sleeper** ['sliːpəʳ] *n* **1.** *(train)* tren [*m*] nocturno *(con literas)* **2.** *(sleeping car)* coche-cama *m* **3.** *(UK)* *(on railway track)* traviesa *f* **4.** *(UK)* *(earring)* aro *m*
**sleeping bag** ['sliːpɪŋ-] *n* saco *m* d[e] dormir
**sleeping car** ['sliːpɪŋ-] *n* coche-cama *[m]*
**sleeping pill** ['sliːpɪŋ-] *n* pastilla *f* par[a] dormir
**sleep mode** *n* COMPUT modo [*m*] inactividad, modo *m* ahorro de energía
**sleepy** ['sliːpɪ] *adj* soñoliento(ta)
**sleet** [sliːt] ◇ *n* aguanieve *f* ◇ *impers vb* **it's sleeting** cae aguanieve
**sleeve** [sliːv] *n* **1.** *(of garment)* manga *f* **2.** *(of record)* cubierta *f*
**sleeveless** ['sliːvlɪs] *adj* sin mangas
**slept** [slept] *pt & pp* ➢ **sleep**

**evel** ['eslevl] *n* (*UK*) (*abbr of* **Special el**) *examen optativo que realizan los jores estudiantes antes de entrar en la iversidad, con el objeto de estar más parados para las materias que van a udiar en la facultad elegida*
**ce** [slaɪs] ◇ *n* **1.** (*of bread*) rebanada *f* **2.** *meat*) tajada *f* **3.** (*of cake, pizza*) trozo **4.** (*of lemon, sausage, cucumber*) rodaja **5.** (*of cheese, ham*) loncha *f* (*Esp*), ɔanada *f* ◇ *vt* cortar
**ced bread** [ˌslaɪst-] *n* pan *m* en ɔanadas
**de** [slaɪd] (*pt & pp* **slid**) ◇ *n* **1.** (*in yground*) tobogán *m* **2.** (*of photograph*) positiva *f* **3.** (*UK*) (*hair slide*) pren-dor *m* ◇ *vi* (*slip*) resbalar
**ding door** [ˌslaɪdɪŋ-] *n* puerta *f* rredera
**ght** [slaɪt] *adj* (*minor*) leve ● **the ghtest** el menor(la menor) ● **not in slightest** en absoluto
**ghtly** ['slaɪtlɪ] *adv* ligeramente
**m** [slɪm] ◇ *adj* delgado(da) ◇ *vi* elgazar
**mming** ['slɪmɪŋ] *n* adelgazamiento *m*
**ng** [slɪŋ] (*pt & pp* **slung**) ◇ *n* (*for arm*) ɔestrillo *m* ◇ *vt* (*inf*) tirar
**p** [slɪp] ◇ *vi* resbalar ◇ *n* **1.** (*mistake*) scuido *m* **2.** (*of paper*) papelito *m* **3.** *tticoat*) enaguas *fpl* ◆ **slip up** *vi* (*make istake*) cometer un error
**pper** ['slɪpəʳ] *n* zapatilla *f*, pantufla *f mér*)
**ppery** ['slɪpərɪ] *adj* resbaladizo(za)
**t** [slɪt] *n* ranura *f*
**ɔb** [slɒb] *n* (*inf*) guarro *m*, -rra *f*
**gan** ['sləʊgən] *n* eslogan *m*

**slope** [sləʊp] ◇ *n* **1.** (*incline*) inclinación *f* **2.** (*hill*) cuesta *f* **3.** (*for skiing*) pista *f* ◇ *vi* inclinarse
**sloping** ['sləʊpɪŋ] *adj* inclinado(da)
**slot** [slɒt] *n* **1.** (*for coin*) ranura *f* **2.** (*groove*) muesca *f*
**Slovakia** [slə'vækɪə] *n* Eslovaquia
**slow** [sləʊ] ◇ *adj* **1.** (*not fast*) lento(ta) **2.** (*clock, watch*) atrasado(da) **3.** (*business*) flojo(ja) **4.** (*in understanding*) corto(ta) ◇ *adv* despacio ● **a slow train** ≃ un tren tranvía ▼ **slow** *cartel que aconseja a los automovilistas ir despacio* ◆ **slow down** ◇ *vt sep* reducir la velocidad de ◇ *vi* **1.** (*vehicle*) reducir la velocidad **2.** (*person*) reducir el paso
**slowly** ['sləʊlɪ] *adv* **1.** (*not fast*) despacio **2.** (*gradually*) poco a poco
**slug** [slʌg] *n* babosa *f*
**slum** [slʌm] *n* (*building*) cuchitril *m* ◆ **slums** *npl* (*district*) barrios *mpl* bajos
**slung** [slʌŋ] *pt & pp* ➣ **sling**
**slush** [slʌʃ] *n* nieve *f* medio derretida
**sly** [slaɪ] *adj* **1.** (*cunning*) astuto(ta) **2.** (*deceitful*) furtivo(va)
**smack** [smæk] ◇ *n* (*slap*) cachete *m* (*Esp*), cachetada *m* (*Amér*) ◇ *vt* dar un cachete (*Esp*) OR una cachetada (*Amér*)
**small** [smɔːl] *adj* pequeño(ña)
**small change** *n* cambio *m*
**smallpox** ['smɔːlpɒks] *n* viruela *f*
**smart** [smɑːt] *adj* **1.** (*UK*) (*elegant, posh*) elegante **2.** (*clever*) inteligente
**smart card** *n* tarjeta *f* con banda magnética
**smash** [smæʃ] ◇ *n* **1.** *SPORT* mate *m* **2.** (*inf*) (*car crash*) choque *m* ◇ *vt* (*plate,*

*window)* romper ◇ *vi (plate, vase etc)* romperse
**smear test** ['smɪə-] *n* (*UK*) citología *f*
**smell** [smel] (*pt & pp* **-ed** OR **smelt**) ◇ *n* olor *m* ◇ *vt & vi* oler • **to smell of sthg** oler a algo
**smelly** ['smelɪ] *adj* maloliente
**smelt** [smelt] *pt & pp* ➤ **smell**
**smile** [smaɪl] ◇ *n* sonrisa *f* ◇ *vi* sonreír
**smoke** [sməʊk] ◇ *n* humo *m* ◇ *vt & vi* fumar • **to have a smoke** echarse un cigarro
**smoked** [sməʊkt] *adj* ahumado(da)
**smoked salmon** *n* salmón *m* ahumado
**smoker** ['sməʊkəʳ] *n* fumador *m*, -ra *f*
**smoking** ['sməʊkɪŋ] *n* el fumar ▼ **no smoking** prohibido fumar
**smoking area** *n* área *f* de fumadores
**smoking compartment** *n* compartimento *m* de fumadores
**smoky** ['sməʊkɪ] *adj (room)* lleno(na) de humo
**smooth** [smu:ð] *adj* **1.** *(surface, road)* liso(sa) **2.** *(skin)* terso(sa) **3.** *(flight, journey)* tranquilo(la) **4.** *(mixture, liquid)* sin grumos **5.** *(wine, beer)* suave **6.** (*pej*) *(suave)* meloso(sa) • **smooth down** *vt sep* alisar
**smother** ['smʌðəʳ] *vt (cover)* cubrir
**SMS** [ˌesem'es] *n* (*abbr of* **short message system**) SMS *m*
**smudge** [smʌdʒ] *n* mancha *f*
**smuggle** ['smʌgl] *vt* pasar de contrabando
**snack** [snæk] *n* piscolabis *m inv* (*Esp*), tentempie *m*
**snack bar** *n* cafetería *f*
**snail** [sneɪl] *n* caracol *m*
**snake** [sneɪk] *n* **1.** *(smaller)* culebra *f* **2.** *(larger)* serpiente *f*
**snap** [snæp] ◇ *vt (break)* partir (en dos) ◇ *vi (break)* partirse (en dos) ◇ *n* **1.** (*UK*) (*inf*) *(photo)* foto *f* **2.** *(card game)* guerrilla *f*
**snatch** [snætʃ] *vt* **1.** *(grab)* arrebatar **2.** *(steal)* dar el tirón
**sneakers** ['sni:kəz] *npl* (*US*) zapatos *mpl* de lona
**sneeze** [sni:z] ◇ *n* estornudo *m* ◇ *vi* estornudar
**sniff** [snɪf] ◇ *vi (from cold, crying)* sorber ◇ *vt* oler
**snip** [snɪp] *vt* cortar con tijeras
**snob** [snɒb] *n* esnob *mf*
**snog** [snɒg] *vi* (*UK*) (*inf*) morrear (*Esp*), besuquearse
**snooker** ['snu:kəʳ] *n* snooker *m juego parecido al billar*
**snooze** [snu:z] *n* cabezada *f*
**snore** [snɔ:ʳ] *vi* roncar
**snorkel** ['snɔ:kl] *n* tubo *m* respiratorio
**snout** [snaʊt] *n* hocico *m*
**snow** [snəʊ] ◇ *n* nieve *f* ◇ *impers vb* **it's snowing** está nevando
**snowball** ['snəʊbɔ:l] *n* bola *f* de nieve
**snowboard** ['snəʊˌbɔ:d] *n* tabla *f* de snowboard
**snowboarding** ['snəʊˌbɔ:dɪŋ] *n* snowboard *m*
**snowdrift** ['snəʊdrɪft] *n* montón *m* de nieve
**snowflake** ['snəʊfleɪk] *n* copo *m* de nieve
**snowman** ['snəʊmæn] (*pl* **-men**) *n* muñeco *m* de nieve
**snowplough** ['snəʊplaʊ] *n* (*UK*) quitanieves *m inv*

**owstorm** ['snəʊstɔːm] *n* tormenta *f* nieve
**ug** [snʌg] *adj* **1.** *(person)* cómodo y entito(cómoda y calentita) **2.** *(place)* ɔgedor(ra)
[səʊ]
*ıdv* **1.** *(emphasizing degree)* tan • **it's difficult (that ...)** es tan difícil (que • **so many** tantos • **so much** tanto *(referring back)* • **so you knew already** que ya lo sabías • **I don't think so** creo • **I'm afraid so** me temo que • **if so** en ese caso **3.** *(also)* también **so do I** yo también **4.** *(in this way)* así *(expressing agreement)* • **so I see** ya lo o **6.** *(in phrases)* • **or so** más o menos **so as to do sthg** para hacer algo • **me here so that I can see you** ven acá ra que te vea
*onj* **1.** *(therefore)* así que **2.** *(summari-g)* entonces • **so what have you en up to?** entonces ¿qué has estado ciendo? **3.** *(in phrases)* • **so what?** *f)* ¿y qué? • **so there!** *(inf)* ¡y si no gusta te aguantas!
**ak** [səʊk] ◇ *vt* **1.** *(leave in water)* poner remojo **2.** *(make very wet)* empapar ◇ • **to soak through sthg** calar algo ♦
**ak up** *vt sep* absorber
**aked** [səʊkt] *adj* empapado(da)
**aking** ['səʊkɪŋ] *adj* empapado(da)
**ap** [səʊp] *n* jabón *m*
**ap opera** *n* telenovela *f*
**ap powder** *n* detergente *m* en polvo
**b** [sɒb] ◇ *n* sollozo *m* ◇ *vi* sollozar
**ber** ['səʊbəʳ] *adj* *(not drunk)* sobrio ria)
**ccer** ['sɒkəʳ] *n* fútbol *m*
**sociable** ['səʊʃəbl] *adj* sociable
**social** ['səʊʃl] *adj* social
**social club** *n* club *m* social
**socialist** ['səʊʃəlɪst] ◇ *adj* socialista ◇ *n* socialista *mf*
**social life** *n* vida *f* social
**social security** *n* seguridad *f* social
**social worker** *n* asistente *m*, -ta *f* social
**society** [sə'saɪətɪ] *n* sociedad *f*
**sociology** [ˌsəʊsɪ'ɒlədʒɪ] *n* sociología *f*
**sock** [sɒk] *n* calcetín *m*
**socket** ['sɒkɪt] *n* *(for plug, light bulb)* enchufe *m*
**sod** [sɒd] *n* (*UK*) (*vulg*) cabrón *m*, -ona *f*
**soda** ['səʊdə] *n* **1.** *(soda water)* soda *f* **2.** (*US*) *(fizzy drink)* gaseosa *f*
**soda water** *n* soda *f*
**sofa** ['səʊfə] *n* sofá *m*
**sofa bed** *n* sofá-cama *m*
**soft** [sɒft] *adj* **1.** *(not firm, stiff)* blando (da) **2.** *(not rough, loud)* suave **3.** *(not forceful)* ligero(ra)
**soft cheese** *n* queso *m* blando
**soft drink** *n* refresco *m*
**software** ['sɒftweəʳ] *n* software *m*
**soil** [sɔɪl] *n* tierra *f*
**solarium** [sə'leərɪəm] *n* solario *m*
**solar panel** ['səʊlə-] *n* panel *m* solar
**sold** [səʊld] *pt* & *pp* ➣ **sell**
**soldier** ['səʊldʒəʳ] *n* soldado *m*
**sold out** *adj* agotado(da)
**sole** [səʊl] ◇ *adj* **1.** *(only)* único(ca) **2.** *(exclusive)* exclusivo(va) ◇ *n* **1.** *(of shoe)* suela *f* **2.** *(of foot)* planta *f* **3.** *(fish: pl inv)* lenguado *m*
**solemn** ['sɒləm] *adj* solemne
**solicitor** [sə'lɪsɪtəʳ] *n* (*UK*) *abogado que*

*actúa en los tribunales de primera instancia y prepara casos para los tribunales superiores*

**solid** ['sɒlɪd] *adj* 1. sólido(da) 2. *(table, gold, oak)* macizo(za)

**solo** ['səʊləʊ] (*pl* **-s**) *n* solo *m*

**soluble** ['sɒljʊbl] *adj* soluble

**solution** [sə'luːʃn] *n* solución *f*

**solve** [sɒlv] *vt* resolver

**some** [sʌm]

◇ *adj* 1. *(certain amount of)* • **would you like some coffee?** ¿quieres café? • **can I have some cheese?** ¿me das un poco de queso? • **some money** algo de dinero 2. *(certain number of)* unos(unas) • **some sweets** unos caramelos • **have some grapes** coge uvas • **some people** alguna gente 3. *(large amount of)* bastante • **I had some difficulty getting here** me resultó bastante difícil llegar aquí 4. *(large number of)* bastante • **I've known him for some years** hace bastantes años que lo conozco 5. *(not all)* algunos(nas) • **some jobs are better paid than others** algunos trabajos están mejor pagados que otros 6. *(in imprecise statements)* un(una) • **some man phoned** llamó un hombre

◇ *pron* 1. *(certain amount)* un poco • **can I have some?** ¿puedo coger un poco? 2. *(certain number)* algunos *mpl*, -nas *f* • **can I have some?** ¿puedo coger algunos? • **some (of them) left early** algunos (de ellos) se fueron pronto

◇ *adv* aproximadamente • **there were some 7,000 people there** había unas 7.000 personas allí

**somebody** ['sʌmbədɪ] = **someone**

**somehow** ['sʌmhaʊ] *adv* 1. *(some way or other)* de alguna manera 2. *(for some reason)* por alguna razón

**someone** ['sʌmwʌn] *pron* alguien

**someplace** ['sʌmpleɪs] (*US*) = **somewhere**

**somersault** ['sʌməsɔːlt] *n* salto *m* mortal

**something** ['sʌmθɪŋ] *pron* algo • **it's really something** es algo impresionante • **or something** (*inf*) o algo así • **something like** algo así como

**sometime** ['sʌmtaɪm] *adv* en algún momento

**sometimes** ['sʌmtaɪmz] *adv* a veces

**somewhere** ['sʌmweə^r] *adv* 1. *(in or to unspecified place)* en/a alguna parte 2. *(approximately)* aproximadamente

**son** [sʌn] *n* hijo *m*

**song** [sɒŋ] *n* canción *f*

**son-in-law** *n* yerno *m*

**soon** [suːn] *adv* pronto • **how soon can you do it?** ¿para cuándo estará listo? • **as soon as** tan pronto como • **as soon as possible** cuanto antes • **soon after** poco después • **sooner or later** tarde o temprano

**soot** [sʊt] *n* hollín *m*

**soothe** [suːð] *vt* 1. *(pain, sunburn)* aliviar 2. *(person, anger, nerves)* calmar

**sophisticated** [sə'fɪstɪkeɪtɪd] *adj* sofisticado(da)

**sorbet** ['sɔːbeɪ] *n* sorbete *m*

**sore** [sɔː^r] ◇ *adj* 1. *(painful)* dolorido(da) 2. (*US*) (*inf*) *(angry)* enfadado(da) ◇ *n* úlcera *f* • **to have a sore throat** tener dolor de garganta

**sorry** ['sɒrɪ] *adj* • **I'm sorry!** ¡lo siento!

I'm sorry I'm late siento llegar tarde I'm sorry you failed lamento que ayas suspendido • sorry? *(pardon?)* perdón? • to feel sorry for sb sentir stima por alguien • to be sorry bout sthg sentir algo
**ort** [sɔ:t] ◇ *n* tipo *m*, clase *f* ◇ *vt* asificar • sort of más o menos • 's sort of difficult es algo difícil ♦ **sort ut** *vt sep* **1.** *(classify)* clasificar **2.** *esolve)* resolver
**o-so** *adj & adv (inf)* así así
**oufflé** ['su:fleɪ] *n* suflé *m*
**ought** [sɔ:t] *pt & pp* ➣ **seek**
**oul** [səʊl] *n* **1.** *(spirit)* alma *f* **2.** *(soul usic)* música *f* soul
**ound** [saʊnd] ◇ *n* **1.** sonido *m* **2.** *ndividual noise)* ruido *m* ◇ *vt (horn, bell)* acer sonar ◇ *vi* **1.** *(make a noise)* sonar *(seem to be)* parecer ◇ *adj* **1.** *(health, erson)* bueno(na) **2.** *(heart)* sano(na) **3.** *uilding, structure)* sólido(da) • to ound like *(make a noise like)* sonar omo; *(seem to be)* sonar
**oundcard** ['saʊndka:d] *n COMPUT* tar-ta *f* de sonido
**oundproof** ['saʊndpru:f] *adj* insonori-ado(da)
**oup** [su:p] *n* sopa *f*
**oup spoon** *n* cuchara *f* sopera
**our** ['saʊə^r] *adj* **1.** *(taste)* ácido(da) **2.** *nilk)* agrio(agria) • to go sour agriar-
**ource** [sɔ:s] *n* **1.** *(supply, origin)* fuente *f* . *(cause)* origen *m* **3.** *(of river)* acimiento *m*
**our cream** *n* nata *f (Esp)* OR crema *f Amér)* agria
**south** [saʊθ] ◇ *n* sur *m* ◇ *adv* **1.** *(fly, walk)* hacia el sur **2.** *(be situated)* al sur • in the south of England en el sur de Inglaterra
**South Africa** *n* Sudáfrica
**South America** *n* Sudamérica
**southbound** ['saʊθbaʊnd] *adj* con rumbo al sur
**southeast** [ˌsaʊθ'i:st] *n* sudeste *m*
**southern** ['sʌðən] *adj* del sur
**South Pole** *n* Polo *m* Sur
**southwards** ['saʊθwədz] *adv* hacia el sur
**southwest** [ˌsaʊθ'west] *n* suroeste *m*
**souvenir** [ˌsu:və'nɪə^r] *n* recuerdo *m*
**sow**[1] [səʊ] *(pp* **sown***) vt* sembrar
**sow**[2] [saʊ] *n (pig)* cerda *f*
**soya** ['sɔɪə] *n* soja *f (Esp)*, soya *f (Amér)*
**soya bean** *n* semilla *f* de soja *(Esp)* OR soya *(Amér)*
**soy sauce** [ˌsɔɪ-] *n* salsa *f* de soja *(Esp)* OR soya *(Amér)*
**spa** [spɑ:] *n* balneario *m*
**space** [speɪs] ◇ *n* espacio *m* ◇ *vt* espaciar
**space bar** *n (on computer, keyboard)* espaciador m
**spaceship** ['speɪsʃɪp] *n* nave *f* espacial
**space shuttle** *n* transbordador *m* espacial
**spacious** ['speɪʃəs] *adj* espacioso(sa)
**spade** [speɪd] *n (tool)* pala *f* ♦ **spades** *npl (in cards)* picas *fpl*
**spaghetti** [spə'getɪ] *n* espaguetis *mpl*
**Spain** [speɪn] *n* España
**spam** [spæm] *n COMPUT* spam m, correo m basura
**span** [spæn] ◇ *pt* ➣ **spin** ◇ *n* **1.** *(length)* duración *f* **2.** *(of time)* periodo *m*

**Spaniard** ['spænjəd] *n* español *m*, -la *f*
**spaniel** ['spænjəl] *n* perro *m* de aguas
**Spanish** ['spænɪʃ] ◇ *adj* español(la) ◇ *n* *(language)* español *m*
**spank** [spæŋk] *vt* zurrar
**spanner** ['spænəʳ] *n* (*UK*) llave *f* (de tuercas)
**spare** [speəʳ] ◇ *adj* **1.** *(kept in reserve)* de sobra **2.** *(not in use)* libre ◇ *n* **1.** *(spare part)* recambio *m* **2.** *(spare wheel)* rueda *f* de recambio ◇ *vt* • **I can't spare the time** no tengo tiempo • **with ten minutes to spare** con diez minutos de sobra
**spare part** *n* pieza *f* de recambio
**spare ribs** *npl* costillas *fpl* (sueltas)
**spare room** *n* habitación *f* de invitados
**spare time** *n* tiempo *m* libre
**spark** [spɑːk] *n* chispa *f*
**sparkling** ['spɑːklɪŋ-] *adj* *(drink)* con gas
**sparkling wine** *n* vino *m* espumoso
**sparrow** ['spærəʊ] *n* gorrión *m*
**spat** [spæt] *pt* & *pp* (*UK*) ➢ **spit**
**speak** [spiːk] (*pt* **spoke**, *pp* **spoken**) ◇ *vt* **1.** *(language)* hablar **2.** *(say)* decir ◇ *vi* hablar • **who's speaking?** *(on phone)* ¿quién es? • **can I speak to Sarah? - speaking!** ¿puedo hablar con Sara? - ¡soy yo! • **speak to the boss about the problem** hablar con el jefe sobre el problema ♦ **speak up** *vi* *(more loudly)* hablar más alto
**speaker** ['spiːkəʳ] *n* **1.** *(at conference)* conferenciante *mf* **2.** *(loudspeaker, of stereo)* altavoz *m* • **a Spanish speaker** un hispanohablante
**spear** [spɪəʳ] *n* lanza *f*
**special** ['speʃl] ◇ *adj* **1.** *(not ordinary)* especial **2.** *(particular)* particular ◇ *n* *(dish)* plato *m* del día ▼ **today's special** plato del día
**special delivery** *n* (*UK*) ≃ correo *m* urgente
**special effects** *npl* efectos *mpl* especiales
**specialist** ['speʃəlɪst] *n* *(doctor)* especialista *mf*
**speciality** [ˌspeʃɪ'ælətɪ] *n* (*UK*) especialidad *f*
**specialize** ['speʃəlaɪz] *vi* • **to specialize (in)** especializarse (en)
**specially** ['speʃəlɪ] *adv* **1.** especialmente **2.** *(particularly)* particularmente
**special offer** *n* oferta *f* especial
**special school** *n* escuela *f* especial
**specialty** ['speʃltɪ] (*US*) = **speciality**
**species** ['spiːʃiːz] (*pl inv*) *n* especie *f*
**specific** [spə'sɪfɪk] *adj* específico(ca)
**specifications** [ˌspesɪfɪ'keɪʃnz] *npl* *(of machine, building etc)* datos *mpl* técnicos
**specimen** ['spesɪmən] *n* **1.** *MED* espécimen *m* **2.** *(example)* muestra *f*
**specs** [speks] *npl* (*inf*) gafas *fpl*
**spectacle** ['spektəkl] *n* espectáculo *m*
**spectacles** ['spektəklz] *npl* (*fml*) gafas *fpl*
**spectacular** [spek'tækjʊləʳ] *adj* espectacular
**spectator** [spek'teɪtəʳ] *n* espectador *m*, -ra *f*
**sped** [sped] *pt* & *pp* ➢ **speed**
**speech** [spiːtʃ] *n* **1.** *(ability to speak)* habla *f* **2.** *(manner of speaking)* manera *f* de hablar **3.** *(talk)* discurso *m*
**speech impediment** [-ɪmˌpedɪmənt] *n*

pedimento *m* al hablar
**eed** [spi:d] (*pt & pp* **-ed** OR **sped**) ◇ *n* locidad *f* ◇ *vi* **1.** *(move quickly)* overse de prisa **2.** *(drive too fast)* nducir con exceso de velocidad ▼ **duce speed now** reduzca su velocidad
**speed up** *vi* acelerarse
**eedboat** ['spi:dbəʊt] *n* lancha *f* mo-ra
**eed bump** *n* banda *f* (sonora), ardia *m* tumbado (*Esp*), lomo *m* de rro (*RP*)
**eed dating** *n encuentros organizados rmalmente en bares para que perso-s de diferentes sexos se conozcan pidamente y decidan si quieren volver verse*
**eeding** ['spi:dɪŋ] *n* exceso *m* de locidad
**eed limit** *n* límite *m* de velocidad
**eedometer** [spɪ'dɒmɪtəʳ] *n* velocíme-o *m*
**ell** [spel] ((*UK*) *pt & pp* **-ed** OR **spelt**, *S*) **-ed**) ◇ *vt* **1.** *(word, name)* deletrear *(subj: letters)* significar ◇ *n* **1.** *(time ent)* temporada *f* **2.** *(of weather)* racha **.** *(magic)* hechizo *m*
**ell-check** *vt (text, file, document)* rregir la ortografía de
**ell-checker** [-tʃekəʳ] *n* corrector *m* de tografía
**elling** ['spelɪŋ] *n* ortografía *f*
**elt** [spelt] *pt & pp* (*UK*) ➢ **spell**
**end** [spend] (*pt & pp* **spent**) *vt* **1.** *oney)* gastar **2.** *(time)* pasar
**here** [sfɪəʳ] *n* esfera *f*
**ice** [spaɪs] ◇ *n* especia *f* ◇ *vt* condi-entar
**spicy** ['spaɪsɪ] *adj* picante
**spider** ['spaɪdəʳ] *n* araña *f*
**spider's web** *n* telaraña *f*
**spike** [spaɪk] *n (metal)* clavo *m*
**spill** [spɪl] ((*UK*) *pt & pp* **-ed** OR **spilt**, (*US*) **-ed**) ◇ *vt* derramar ◇ *vi* derra-marse
**spin** [spɪn] (*pt* **span** OR **spun**, *pp* **spun**) ◇ *vt* **1.** *(wheel, coin, chair)* hacer girar **2.** *(washing)* centrifugar ◇ *n (on ball)* efecto *m* ✱ **to go for a spin** (*inf*) ir a dar una vuelta
**spinach** ['spɪnɪdʒ] *n* espinacas *fpl*
**spine** [spaɪn] *n* **1.** *(of back)* espina *f* dorsal **2.** *(of book)* lomo *m*
**spiral** ['spaɪərəl] *n* espiral *f*
**spiral staircase** *n* escalera *f* de caracol
**spire** ['spaɪəʳ] *n* aguja *f*
**spirit** ['spɪrɪt] *n* **1.** *(soul)* espíritu *m* **2.** *(energy)* vigor *m* **3.** *(courage)* valor *m* **4.** *(mood)* humor *m* ◆ **spirits** *npl (alcohol)* licores *mpl*
**spit** [spɪt] ((*UK*) *pt & pp* **spat**, (*US*) *inv*) ◇ *vi* escupir ◇ *n* **1.** *(saliva)* saliva *f* **2.** *(for cooking)* asador *m* ◇ *impers vb* ✱ **it's spitting** (*UK*) está chispeando
**spite** [spaɪt] ◆ **in spite of** *prep* a pesar de
**spiteful** ['spaɪtfʊl] *adj* rencoroso(sa)
**splash** [splæʃ] ◇ *n (sound)* chapoteo *m* ◇ *vt* salpicar
**splendid** ['splendɪd] *adj* **1.** *(beautiful)* magnífico(ca) **2.** *(very good)* espléndi-do(da)
**splint** [splɪnt] *n* tablilla *f*
**splinter** ['splɪntəʳ] *n* astilla *f*
**split** [splɪt] (*pt & pp inv*) ◇ *n* **1.** *(tear)* rasgón *m* **2.** *(crack)* grieta *f* **3.** *(in skirt)*

abertura *f* ◇ *vt* **1.** *(wood, stone)* agrietar **2.** *(tear)* rasgar **3.** *(bill, profits, work)* dividir ◇ *vi* **1.** *(wood, stone)* agrietarse **2.** *(tear)* rasgarse ◆ **split up** *vi (group, couple)* separarse
**spoil** [spɔɪl] *(pt & pp* **-ed** OR **spoilt**) *vt* **1.** *(ruin)* estropear **2.** *(child)* mimar
**spoke** [spəʊk] ◇ *pt* ➤ **speak** ◇ *n* radio *m*
**spoken** ['spəʊkn] *pp* ➤ **speak**
**spokesman** ['spəʊksmən] *(pl* **-men**) *n* portavoz *m*
**spokeswoman** ['spəʊks,wʊmən] *(pl* **-women**) *n* portavoz *f*
**sponge** [spʌndʒ] *n (for cleaning, washing)* esponja *f*
**sponge bag** *n (UK)* neceser *m*
**sponge cake** *n* bizcocho *m*
**sponsor** ['spɒnsə'] *n (of event, TV programme)* patrocinador *m*, -ra *f*
**sponsored walk** [,spɒnsəd-] *n* marcha *f* benéfica
**spontaneous** [spɒn'teɪnjəs] *adj* espontáneo(nea)
**spoon** [spu:n] *n* cuchara *f*
**spoonful** ['spu:nfʊl] *n* cucharada *f*
**sport** [spɔ:t] *n* deporte *m*
**sports car** [spɔ:ts-] *n* coche *m* deportivo
**sports centre** [spɔ:ts-] *n (UK)* centro *m* deportivo
**sportsman** ['spɔ:tsmən] *(pl* **-men**) *n* deportista *m*
**sports shop** [spɔ:ts-] *n* tienda *f* de deporte
**sportswoman** ['spɔ:ts,wʊmən] *(pl* **-women**) *n* deportista *f*
**spot** [spɒt] ◇ *n* **1.** *(of paint, rain)* gota *f* **2.** *(on clothes)* lunar *m* **3.** *(UK) (on skin)* grano *m* **4.** *(place)* lugar *m* ◇ *vt* notar ◆ **on the spot** *(at once)* en el acto; *(at the scene)* en el lugar
**spotless** ['spɒtlɪs] *adj* inmaculado(da)
**spotlight** ['spɒtlaɪt] *n* foco *m*
**spotty** ['spɒtɪ] *adj (UK) (skin, person, face)* lleno(na) de granos
**spouse** [spaʊs] *n (fml)* esposo *m*, -sa *f*
**spout** [spaʊt] *n* pitorro *m (Esp)*, pico *m*
**sprain** [spreɪn] *vt* torcerse
**sprang** [spræŋ] *pt* ➤ **spring**
**spray** [spreɪ] ◇ *n* **1.** *(of aerosol, perfume)* espray *m* **2.** *(droplets)* rociada *f* **3.** *(of sea)* espuma *f* ◇ *vt* rociar
**spread** [spred] *(pt & pp inv)* ◇ *vt* **1.** *(butter, jam, glue)* untar **2.** *(map, tablecloth, blanket)* extender **3.** *(legs, fingers, arms)* estirar **4.** *(disease)* propagar **5.** *(news, rumour)* difundir ◇ *vi* **1.** *(disease, fire, stain)* propagarse **2.** *(news, rumour)* difundirse ◇ *n (food)* pasta *f* para untar ◆ **spread out** *vi (disperse)* dispersarse
**spring** [sprɪŋ] *(pt* **sprang**, *pp* **sprung**) ◇ *n* **1.** *(season)* primavera *f* **2.** *(coil)* muelle *m* **3.** *(of water)* manantial *m* ◇ *vi (leap)* saltar ◆ **in (the) spring** en (la) primavera
**springboard** ['sprɪŋbɔ:d] *n* trampolín *m*
**spring-cleaning** [-'kli:nɪŋ] *n (UK)* limpieza *f* general
**spring onion** *n (UK)* cebolleta *f*
**spring roll** *n* rollito *m* de primavera
**sprinkle** ['sprɪŋkl] *vt* rociar
**sprinkler** ['sprɪŋklə'] *n* aspersor *m*
**sprint** [sprɪnt] ◇ *n (race)* esprint *m* ◇ *vi (run fast)* correr a toda velocidad

**rout** [spraʊt] *n* *(UK)* *(vegetable)* col *f* Bruselas
**ruce** [spru:s] *n* picea *f*
**rung** [sprʌŋ] ◇ *pp* ➢ **spring** ◇ *adj* *attress)* de muelles
**ud** [spʌd] *n* *(UK)* *(inf)* patata *f*
**un** [spʌn] *pt* & *pp* ➢ **spin**
**ur** [spɜ:ʳ] *n* *(for horse rider)* espuela *f* • **the spur of the moment** sin pensarlo s veces
**urt** [spɜ:t] *vi* salir a chorros
**y** [spaɪ] *n* espía *mf*
**ualor** ['skwɒləʳ] *n* miseria *f*
**uare** [skweəʳ] ◇ *adj* *(in shape)* cuadra-(da) ◇ *n* **1.** *(shape)* cuadrado *m* **2.** *(in vn)* plaza *f* **3.** *(of chocolate)* onza *f* **4.** *ı chessboard)* casilla *f* • **2 square** **etres** 2 metros cuadrados • **it's 2** **etres square** tiene 2 metros cuadra-s • **we're (all) square now** *(UK)* edamos en paz
**uash** [skwɒʃ] ◇ *n* **1.** *(game)* squash *m* *(UK)* *(drink)* refresco *m* **3.** *(US)* *egetable)* calabaza *f* ◇ *vt* aplastar
**uat** [skwɒt] ◇ *adj* achaparrado(da) ◇ *(crouch)* agacharse
**ueak** [skwi:k] *vi* chirriar
**ueeze** [skwi:z] *vt* **1.** *(orange)* exprimir *(hand)* apretar **3.** *(tube)* estrujar ◆ **ueeze in** *vi* meterse
**uid** [skwɪd] *n* *(food)* calamares *mpl*
**uint** [skwɪnt] ◇ *n* estrabismo *m* ◇ *vi* zquear
**uirrel** [(*UK*) 'skwɪrəl, (*US*) 'skwɜ:rəl] *n* dilla *f*
**uirt** [skwɜ:t] *vi* salir a chorro
(*abbr of* **Street**) c *(calle)*; (*abbr of* **int**) Sto., Sta. *(santo, santa)*

## St Patrick's Day

San Patricio es el patrono de Irlanda y su festividad, el 17 de marzo, se celebra tanto en Irlanda como en otros lugares del mundo en los que hay comunidades irlandesas, especialmente en los Estados Unidos. Durante ese día hay desfiles en las calles, con música y bailes tradicionales.

**stab** [stæb] *vt* *(with knife)* apuñalar
**stable** ['steɪbl] ◇ *adj* **1.** *(unchanging)* estable **2.** *(firmly fixed)* fijo(ja) ◇ *n* cuadra *f*
**stack** [stæk] *n* *(pile)* pila *f* • **stacks of** *(inf)* *(lots)* montones de
**stadium** ['steɪdjəm] *n* estadio *m*
**staff** [stɑ:f] *n* *(workers)* empleados *mpl*
**stage** [steɪdʒ] *n* **1.** *(phase)* etapa *f* **2.** *(in theatre)* escenario *m*
**stagger** ['stægəʳ] ◇ *vt* *(arrange in stages)* escalonar ◇ *vi* tambalearse
**stagnant** ['stægnənt] *adj* estancado(da)
**stain** [steɪn] ◇ *n* mancha *f* ◇ *vt* manchar
**stained glass window** [ˌsteɪnd-] *n* vidriera *f*
**stainless steel** ['steɪnlɪs-] *n* acero *m* inoxidable
**staircase** ['steəkeɪs] *n* escalera *f*
**stairs** [steəz] *npl* escaleras *fpl*
**stairwell** ['steəwel] *n* hueco *m* de la escalera
**stake** [steɪk] *n* **1.** *(share)* participación *f* **2.** *(in gambling)* apuesta *f* **3.** *(post)* estaca *f* • **at stake** en juego
**stale** [steɪl] *adj* **1.** *(food)* pasado(da) **2.** *(bread)* duro(ra)

**stalk** [stɔːk] *n* **1.** *(of flower, plant)* tallo *m* **2.** *(of fruit, leaf)* pecíolo *m*
**stall** [stɔːl] ◇ *n (in market, at exhibition)* puesto *m* ◇ *vi (car, plane, engine)* calarse *(Esp)*, pararse ◆ **stalls** *npl* *(UK)* *(in theatre)* platea *f*
**stamina** ['stæmɪnə] *n* resistencia *f*
**stammer** ['stæməʳ] *vi* tartamudear
**stamp** [stæmp] ◇ *n* sello *m* ◇ *vt (passport, document)* sellar ◇ *vi* ● **to stamp on sthg** pisar algo ● **to stamp one's foot** patear
**stamp-collecting** [-kə,lektɪŋ] *n* filatelia *f*
**stamp machine** *n* máquina *f* expendedora de sellos *(Esp)* OR estampillas *(Amér)*
**stand** [stænd] *(pt & pp* **stood***)* ◇ *vi* **1.** *(be on feet)* estar de pie **2.** *(be situated)* estar (situado) **3.** *(get to one's feet)* ponerse de pie ◇ *vt* **1.** *(place)* colocar **2.** *(bear, withstand)* soportar ◇ *n* **1.** *(stall)* puesto *m* **2.** *(for coats)* perchero *m* **3.** *(for umbrellas)* paragüero *m* **4.** *(for bike, motorbike)* patín *m* de apoyo **5.** *(at sports stadium)* tribuna *f* ● **to be standing** estar de pie ● **to stand sb a drink** invitar a alguien a beber algo ▼ **no standing** *(US)* *AUT* prohibido aparcar ◆ **stand back** *vi* echarse para atrás ◆ **stand for** *vt insep* **1.** *(mean)* significar **2.** *(tolerate)* tolerar ◆ **stand in** *vi* ● **to stand in for sb** sustituir a alguien ◆ **stand out** *vi* **1.** *(be conspicuous)* destacar **2.** *(be superior)* sobresalir ◆ **stand up** ◇ *vi* **1.** *(be on feet)* estar de pie **2.** *(get to one's feet)* levantarse ◇ *vt sep (inf) (boyfriend, girlfriend etc)* dejar plantado ◆ **stand up for** *vt insep* salir en defensa de
**standard** ['stændəd] ◇ *adj (normal)* normal ◇ *n* **1.** *(level)* nivel *m* **2.** *(point of comparison)* criterio *m* ● **up to standard** al nivel requerido ◆ **standards** *npl* *(principles)* valores *mpl* morales
**standard-class** *adj* *(UK)* de segunda clase
**standby** ['stændbaɪ] *adj* sin reserva
**stank** [stæŋk] *pt* ➤ **stink**
**staple** ['steɪpl] *n (for paper)* grapa *f*
**stapler** ['steɪpləʳ] *n* grapadora *f*
**star** [stɑːʳ] ◇ *n* estrella *f* ◇ *vt (subj: film, play etc)* estar protagonizado por ◆ **stars** *npl* *(UK)* *(inf)* *(horoscope)* horóscopo *m*
**starch** ['stɑːtʃ] *n* **1.** *(for clothes)* almidón *m* **2.** *(in food)* fécula *f*
**stare** [steəʳ] *vi* mirar fijamente ● **to stare at** mirar fijamente
**starfish** ['stɑːfɪʃ] *(pl inv)* *n* estrella *f* de mar
**starling** ['stɑːlɪŋ] *n* estornino *m*
**Stars and Stripes** *n* ● **the Stars and Stripes** la bandera de las barras y estrellas

### Stars and Stripes

Barras y estrellas es el nombre oficial de la bandera de los Estados Unidos. Las estrellas que aparecen en la bandera representan a cada uno de los estados que forman el país. Los estadounidenses están orgullosos de su bandera y es normal verla en coches y casas por todo el país.

**art** [stɑːt] ◇ *n* **1.** *(beginning)* principio **2.** *(starting place)* salida *f* ◇ *vt* **1.** *(begin)* npezar **2.** *(car, engine)* arrancar **3.** *isiness, club)* montar ◇ *vi* **1.** *(begin)* npezar **2.** *(car, engine)* arrancar **3.** *gin journey)* salir ● **at the start of e year** a principios del año ● **prices rt at** OR from £5 precios desde cinco ras ● **to start doing sthg** OR **to do ng** empezar a hacer algo ● **to start th** *(in the first place)* para empezar; *hen ordering meal)* de primero ◆ **start t** *vi* **1.** *(on journey)* salir **2.** *(be originally)* npezar ◆ **start up** *vt sep* **1.** *(car, engine)* ancar **2.** *(business, shop)* montar

**arter** ['stɑːtəʳ] *n* **1.** *(UK)* *(of meal)* mer plato *m* **2.** *(of car)* motor *m* de anque ● **for starters** *(in meal)* de mero

**arter motor** *n* motor *m* de arranque

**arting point** ['stɑːtɪŋ-] *n* punto *m* de rtida

**artle** ['stɑːtl] *vt* asustar

**arvation** [stɑː'veɪʃn] *n* hambre *f*

**arve** [stɑːv] *vi* *(have no food)* pasar mbre ● **I'm starving!** ¡me muero de mbre!

**ate** [steɪt] ◇ *n* estado *m* ◇ *vt* **1.** *(declare)* clarar **2.** *(specify)* indicar ● **the State** Estado ● **the States** *(inf)* los Estados idos

## tate-funded education

os colegios públicos cambian muho de una parte a otra del Reino nido, especialmente desde que scocia y Gales tienen competencias en materia de educación. La calidad de la enseñanza, que comienza a los cinco años de edad, también difiere mucho de un lugar a otro.

**statement** ['steɪtmənt] *n* **1.** *(declaration)* declaración *f* **2.** *(from bank)* extracto *m*

**state school** *n* ≃ instituto *m*

**statesman** ['steɪtsmən] (*pl* **-men**) *n* estadista *m*

**static** ['stætɪk] *n* interferencias *fpl*

**station** ['steɪʃn] *n* **1.** estación *f* **2.** *(on radio)* emisora *f*

**stationary** ['steɪʃnərɪ] *adj* inmóvil

**stationery** ['steɪʃnərɪ] *n* objetos *mpl* de escritorio

**station wagon** *n* *(US)* furgoneta *f* familiar, camioneta *f* *(Amér)*

**statistics** [stə'tɪstɪks] *npl* datos *mpl*

**statue** ['stætʃuː] *n* estatua *f*

**Statue of Liberty** *n* ● **the Statue of Liberty** la Estatua de la Libertad

## Statue of Liberty

La Estatua de la Libertad se encuentra a la entrada del puerto de Nueva York. Fue un regalo del gobierno francés en 1886 para conmemorar la alianza entre Francia y los Estados Unidos durante la Guerra de la Independencia. Ha pasado a simbolizar el sueño americano.

**status** ['steɪtəs] *n* **1.** *(legal position)* estado *m* **2.** *(social position)* condición *f* **3.** *(prestige)* prestigio *m*

**stay** [steɪ] ◇ *n* estancia *f* ◇ *vi* **1.** *(remain)* quedarse **2.** *(as guest)* alojarse ◈ **to stay the night** pasar la noche ◆ **stay away** *vi* **1.** *(not attend)* no asistir **2.** *(not go near)* no acercarse ◆ **stay in** *vi* quedarse en casa ◆ **stay out** *vi (from home)* quedarse fuera ◆ **stay up** *vi* quedarse levantado

**STD code** [esti:'di:kəʊd] *n* (*UK*) (*abbr of* **subscriber trunk dialling**) *prefijo para llamadas interurbanas*

**steady** ['stedɪ] ◇ *adj* **1.** *(not shaking, firm)* firme **2.** *(gradual)* gradual **3.** *(stable)* constante **4.** *(job)* estable ◇ *vt (stop from shaking)* mantener firme

**steak** [steɪk] *n* **1.** *(type of meat)* bistec *m* **2.** *(piece of meat, fish)* filete *m*

**steakhouse** ['steɪkhaʊs] *n* parrilla *f (restaurante)*

**steal** [sti:l] (*pt* **stole**, *pp* **stolen**) *vt* robar ◈ **to steal sthg from sb** robar algo a alguien

**steam** [sti:m] ◇ *n* vapor *m* ◇ *vt (food)* cocer al vapor

**steam engine** *n* máquina *f* de vapor

**steam iron** *n* plancha *f* de vapor

**steel** [sti:l] ◇ *n* acero *m* ◇ *adj* de acero

**steep** [sti:p] *adj* **1.** *(hill, path)* empinado(da) **2.** *(increase, drop)* considerable

**steeple** ['sti:pl] *n* torre *f* coronada con una aguja

**steer** ['stɪəʳ] *vt (car, boat, plane)* conducir, dirigir

**steering** ['stɪərɪŋ] *n* dirección *f*

**steering wheel** *n* volante *m*

**stem** [stem] *n* **1.** *(of plant)* tallo *m* **2.** *(of glass)* pie *m*

**step** [step] ◇ *n* **1.** paso *m* **2.** *(stair, rung)* peldaño *m* **3.** *(measure)* medida *f* ◇ *vi* ◈ **to step on sthg** pisar algo ▼ **mind the step** cuidado con el escalón ◆ **steps** *npl (stairs)* escaleras *fpl* ◆ **step aside** *vi (move aside)* apartarse ◆ **step back** *vi (move back)* echarse atrás

**step aerobics** *n* step *m*

**stepbrother** ['step,brʌðəʳ] *n* hermanastro *m*

**stepdaughter** ['step,dɔ:təʳ] *n* hijastra *f*

**stepfather** ['step,fɑ:ðəʳ] *n* padrastro *m*

**stepladder** ['step,lædəʳ] *n* escalera *f* de tijera

**stepmother** ['step,mʌðəʳ] *n* madrastra *f*

**stepsister** ['step,sɪstəʳ] *n* hermanastra *f*

**stepson** ['stepsʌn] *n* hijastro *m*

**stereo** ['sterɪəʊ] (*pl* **-s**) ◇ *adj* estéreo (*inv*) ◇ *n* **1.** *(hi-fi)* equipo *m* estereofónico **2.** *(stereo sound)* estéreo *m*

**sterile** ['steraɪl] *adj (germ-free)* esterilizado(da)

**sterilize** ['sterəlaɪz] *vt* esterilizar

**sterling** ['stɜ:lɪŋ] ◇ *adj (pound)* esterlina ◇ *n* la libra esterlina

**sterling silver** *n* plata *f* de ley

**stern** [stɜ:n] ◇ *adj* severo(ra) ◇ *n* popa *f*

**stew** [stju:] *n* estofado *m*

**steward** ['stjʊəd] *n* **1.** *(on plane)* auxiliar *m* de vuelo, sobrecargo *m* **2.** *(on ship)* camarero *m* **3.** *(at public event)* ayudante *mf* de organización

**stewed** [stju:d] *adj (fruit)* en compota

**stick** [stɪk] (*pt & pp* **stuck**) ◇ *n* **1.** *(of wood, for sport)* palo *m* **2.** *(thin piece)* barra *f* **3.** *(walking stick)* bastón *m* ◇ *vt* **1.** *(glue)* pegar **2.** *(push, insert)* meter **3.** (*inf*) *(put)* poner ◇ *vi* **1.** *(become attached)* pegarse **2.** *(jam)* atrancarse ◆ **stick**

ut *vi* sobresalir ◆ **stick to** *vt insep* **1.** *(decision)* atenerse a **2.** *(principles)* ser fiel a **3.** *(promise)* cumplir con ◆ **stick up** *vt sep (poster, notice)* pegar ◇ *vi* salir ◆ **stick up for** *vt insep (inf)* defender

**sticker** ['stɪkə'] *n* pegatina *f*

**stick shift** *n (US) (car)* coche *m* con palanca de cambios

**sticky** ['stɪkɪ] *adj* **1.** *(substance, hands, sweets)* pegajoso(sa) **2.** *(label, tape)* adhesivo(va) **3.** *(weather)* húmedo(da)

**stiff** [stɪf] ◇ *adj* **1.** *(firm)* rígido(da) **2.** *(back, neck)* agarrotado(da) **3.** *(door, latch, mechanism)* atascado(da) ◇ *adv* ◆ **to be bored stiff** *(inf)* estar muerto de aburrimiento ◆ **to feel stiff** tener agujetas

**stiletto heels** [stɪ'letəʊ-] *npl (shoes)* tacones *mpl* de aguja

**still** [stɪl] ◇ *adv* **1.** todavía **2.** *(despite that)* sin embargo **3.** *(even)* aún ◇ *adj* **1.** *(motionless)* inmóvil **2.** *(quiet, calm)* tranquilo(la) **3.** *(UK) (not fizzy)* sin gas ◆ **we've still got ten minutes** aún nos quedan diez minutos ◆ **still more** aún más ◆ **to stand still** estarse quieto

**stimulate** ['stɪmjʊleɪt] *vt* **1.** *(encourage)* estimular **2.** *(make enthusiastic)* excitar

**sting** [stɪŋ] *(pt & pp* **stung**) ◇ *vt* picar ◇ ◆ **my eyes are stinging** me pican los ojos

**stingy** ['stɪndʒɪ] *adj (inf)* roñoso(sa)

**stink** [stɪŋk] *(pt* **stank** OR **stunk**, *pp* **stunk**) *vi (smell bad)* apestar

**stipulate** ['stɪpjʊleɪt] *vt* estipular

**stir** [stɜː'] *vt (move around, mix)* remover

**stir-fry** *n plato que se fríe en aceite muy caliente y removiendo constantemente*

**stirrup** ['stɪrəp] *n* estribo *m*

**stitch** [stɪtʃ] *n (in sewing, knitting)* punto *m* ◆ **to have a stitch** sentir pinchazos ◆ **stitches** *npl (for wound)* puntos *mpl*

**stock** [stɒk] ◇ *n* **1.** *(of shop, business)* existencias *fpl* **2.** *(supply)* reserva *f* **3.** *FIN* capital *m* **4.** *(in cooking)* caldo *m* ◇ *vt (have in stock)* tener, vender ◆ **in stock** en existencia ◆ **out of stock** agotado

**stock cube** *n* pastilla *f* de caldo

**Stock Exchange** *n* bolsa *f*

**stocking** ['stɒkɪŋ] *n* media *f*

**stock market** *n* mercado *m* de valores

**stodgy** ['stɒdʒɪ] *adj (food)* indigesto(ta)

**stole** [stəʊl] *pt* ➢ **steal**

**stolen** ['stəʊln] *pp* ➢ **steal**

**stomach** ['stʌmək] *n* **1.** *(organ)* estómago *m* **2.** *(belly)* vientre *m*

**stomachache** ['stʌməkeɪk] *n* dolor *m* de estómago

**stomach upset** [-'ʌpset] *n* trastorno *m* gástrico

**stone** [stəʊn] ◇ *n* **1.** *(substance, pebble)* piedra *f* **2.** *(in fruit)* hueso *m* **3.** *(measurement)* = *6,35 kilos* **4.** *(gem)* piedra *f* preciosa ◇ *adj* de piedra

**stonewashed** ['stəʊnwɒʃt] *adj* lavado(da) a la piedra

**stood** [stʊd] *pt & pp* ➢ **stand**

**stool** [stuːl] *n* taburete *m*

**stop** [stɒp] ◇ *n* parada *f* ◇ *vt* **1.** parar **2.** *(prevent)* impedir ◇ *vi* **1.** pararse **2.** *(cease)* parar **3.** *(stay)* quedarse ◆ **to stop doing sthg** dejar de hacer algo ◆ **to stop sthg from happening** impedir que ocurra algo ◆ **to put a stop to sthg** poner fin a algo ▼ **stop** *(road sign)* stop ▼ **stopping at ...** *(train, bus)* con

paradas en ... ◆ **stop off** *vi* hacer una parada
**stopover** ['stɒp,əʊvəʳ] *n* parada *f*
**stopper** ['stɒpəʳ] *n* tapón *m*
**stopwatch** ['stɒpwɒtʃ] *n* cronómetro *m*
**storage** ['stɔ:rɪdʒ] *n* almacenamiento *m*
**store** [stɔ:ʳ] ◇ *n* **1.** *(shop)* tienda *f* **2.** *(supply)* provisión *f* ◇ *vt* almacenar
**storehouse** ['stɔ:haʊs] *n* almacén *m*
**storeroom** ['stɔ:rʊm] *n* almacén *m*
**storey** ['stɔ:rɪ] (*pl* **-s**) *n* (*UK*) planta *f*
**stork** [stɔ:k] *n* cigüeña *f*
**storm** [stɔ:m] *n* tormenta *f*
**stormy** ['stɔ:mɪ] *adj (weather)* tormentoso(sa)
**story** ['stɔ:rɪ] *n* **1.** *(account, tale)* cuento *m* **2.** *(news item)* artículo *m* **3.** (*US*) = **storey**
**stout** [staʊt] ◇ *adj (fat)* corpulento(ta) ◇ *n (drink)* cerveza *f* negra
**stove** [stəʊv] *n* **1.** *(for cooking)* cocina *f* **2.** *(for heating)* estufa *f*
**straight** [streɪt] ◇ *adj* **1.** *(not curved)* recto(ta) **2.** *(upright, level)* derecho (cha) **3.** *(hair)* liso(sa) **4.** *(consecutive)* consecutivo(va) **5.** *(drink)* solo(la) ◇ *adv* **1.** *(in a straight line)* en línea recta **2.** *(upright)* derecho **3.** *(directly)* directamente **4.** *(without delay)* inmediatamente ◆ **straight ahead** todo derecho ◆ **straight away** enseguida
**straightforward** [,streɪt'fɔ:wəd] *adj (easy)* sencillo(lla)
**strain** [streɪn] ◇ *n* **1.** *(force)* presión *f* **2.** *(nervous stress)* tensión *f* nerviosa **3.** *(tension)* tensión **4.** *(injury)* torcedura *f* ◇ *vt* **1.** *(muscle)* torcerse **2.** *(eyes)* cansar **3.** *(food, tea)* colar
**strainer** ['streɪnəʳ] *n* colador *m*
**strait** [streɪt] *n* estrecho *m*
**strange** [streɪndʒ] *adj* **1.** *(unusual)* raro (ra) **2.** *(unfamiliar)* extraño(ña)
**stranger** ['streɪndʒəʳ] *n* **1.** *(unfamiliar person)* extraño *m*, -ña *f* **2.** *(person from different place)* forastero *m*, -ra *f*
**strangle** ['stræŋgl] *vt* estrangular
**strap** [stræp] *n* **1.** *(of bag, camera, watch)* correa *f* **2.** *(of dress, bra)* tirante *m*
**strapless** ['stræplɪs] *adj* sin tirantes
**strategy** ['strætɪdʒɪ] *n* estrategia *f*
**straw** [strɔ:] *n* paja *f*
**strawberry** ['strɔ:bərɪ] *n* fresa *f*
**stray** [streɪ] ◇ *adj (ownerless)* callejero (ra) ◇ *vi* vagar
**streak** [stri:k] *n* **1.** *(stripe, mark)* raya *f* **2.** *(period)* racha *f*
**stream** [stri:m] *n* **1.** *(river)* riachuelo *m* **2.** *(of traffic, people, blood)* torrente *m*
**street** [stri:t] *n* calle *f*
**streetcar** ['stri:tkɑ:ʳ] *n* (*US*) tranvía *m*
**street light** *n* farola *f*
**street plan** *n* callejero *m (mapa)*
**strength** [streŋθ] *n* **1.** *(of person, food, drink)* fuerza *f* **2.** *(of structure)* solidez *f* **3.** *(influence)* poder *m* **4.** *(strong point)* punto *m* fuerte **5.** *(of feeling, wind, smell)* intensidad *f* **6.** *(of drug)* potencia *f*
**strengthen** ['streŋθn] *vt* reforzar
**stress** [stres] ◇ *n* **1.** *(tension)* estrés *m inv* **2.** *(on word, syllable)* acento *m* ◇ *vt* **1.** *(emphasize)* recalcar **2.** *(word, syllable)* acentuar
**stretch** [stretʃ] ◇ *n* **1.** *(of land, water)* extensión *f* **2.** *(of road)* tramo *m* **3.** *(of time)* periodo *m* ◇ *vt* **1.** *(rope, material, body)* estirar **2.** *(elastic, clothes)* estirar

emasiado) ◇ *vi* **1.** *(land, sea)* extenrse **2.** *(person, animal)* estirarse ◈ **to** 'etch one's legs (*fig*) dar un paseo ◈
**'etch out** ◇ *vt sep (hand)* alargar ◇ *vi* *down)* tumbarse
**retcher** ['stretʃəʳ] *n* camilla *f*
**rict** [strɪkt] *adj* **1.** estricto(ta) **2.** *(exact)* acto(ta)
**rictly** ['strɪktlɪ] *adv* **1.** *(absolutely)* ternantemente **2.** *(exclusively)* exclusimente ◈ **strictly speaking** almente
**ride** [straɪd] *n* zancada *f*
**rike** [straɪk] (*pt & pp* **struck**) ◇ *n (of ployees)* huelga *f* ◇ *vt* **1.** (*fml*) *(hit)* gar **2.** (*fml*) *(collide with)* chocar ntra **3.** *(a match)* encender ◇ *vi* **1.** *fuse to work)* estar en huelga **2.** *appen suddenly)* sobrevenir ◈ **the** **ck struck eight** el reloj dio las ocho
**riking** ['straɪkɪŋ] *adj* **1.** *(noticeable)* ocante **2.** *(attractive)* atractivo(va)
**ring** [strɪŋ] *n* **1.** cuerda *f* **2.** *(of pearls, ads)* sarta *f* **3.** *(series)* serie *f* ◈ **a piece** **string** una cuerda
**rip** [strɪp] ◇ *n* **1.** *(of paper, cloth etc)* tira **.** *(of land, water)* franja *f* ◇ *vt (paint, llpaper)* quitar ◇ *vi (undress)* desnurse
**ripe** [straɪp] *n (of colour)* raya *f*
**riped** [straɪpt] *adj* a rayas
**rip-search** *vt registrar exhaustivante, haciendo que se quite la ropa*
**roke** [strəʊk] ◇ *n* **1.** MED derrame *m* rebral **2.** *(in tennis, golf)* golpe *m* **3.** *vimming style)* estilo *m* ◇ *vt* acariciar ◈ **stroke of luck** un golpe de suerte
**roll** [strəʊl] *n* paseo *m*

**stroller** ['strəʊlər] *n* (*US*) *(pushchair)* sillita *f* (de niño)
**strong** [strɒŋ] *adj* **1.** fuerte **2.** *(structure, bridge, chair)* resistente **3.** *(influential)* poderoso(sa) **4.** *(possibility)* serio(ria) **5.** *(drug)* potente **6.** *(accent)* marcado(da) **7.** *(point, subject)* mejor
**struck** [strʌk] *pt & pp* ➢ **strike**
**structure** ['strʌktʃəʳ] *n* **1.** *(arrangement, organization)* estructura *f* **2.** *(building)* construcción *f*
**struggle** ['strʌgl] ◇ *n (great effort)* lucha *f* ◇ *vi* **1.** *(fight)* luchar **2.** *(in order to get free)* forcejear ◈ **to struggle to do sthg** esforzarse en hacer algo
**stub** [stʌb] *n* **1.** *(of cigarette)* colilla *f* **2.** *(of cheque)* matriz *f* (*Esp*), talón *m* (*Amér*) **3.** *(of ticket)* resguardo *m*
**stubble** ['stʌbl] *n (on face)* barba *f* de tres días
**stubborn** ['stʌbən] *adj* terco(ca)
**stuck** [stʌk] ◇ *pt & pp* ➢ **stick** ◇ *adj* **1.** *(jammed, unable to continue)* atascado (da) **2.** *(stranded)* colgado(da)
**stud** [stʌd] *n* **1.** *(on boots)* taco *m* **2.** *(fastener)* automático *m*, botón *m* de presión (*Amér*) **3.** *(earring)* pendiente *m* (*Esp*) OR arete *m* (*Amér*) (pequeño)
**student** ['stju:dnt] *n* estudiante *mf*
**student card** *n* carné *m* de estudiante
**students' union** [ˌstju:dnts-] *n* (*UK*) *(place)* club *m* de alumnos
**studio** ['stju:dɪəʊ] (*pl* **-s**) *n* estudio *m*
**studio apartment** (*US*) = **studio flat**
**studio flat** *n* (*UK*) estudio *m*
**study** ['stʌdɪ] ◇ *n* estudio *m* ◇ *vt* **1.** *(learn about)* estudiar **2.** *(examine)* examinar ◇ *vi* estudiar

**stuff** [stʌf] ◇ *n* (*inf*) **1.** (*substance*) cosa *f*, sustancia *f* **2.** (*things, possessions*) cosas *fpl* ◇ *vt* **1.** (*put roughly*) meter **2.** (*fill*) rellenar
**stuffed** [stʌft] *adj* **1.** (*food*) relleno(na) **2.** (*inf*) (*full up*) lleno(na) **3.** (*dead animal*) disecado(da)
**stuffing** ['stʌfɪŋ] *n* relleno *m*
**stuffy** ['stʌfɪ] *adj* (*room, atmosphere*) cargado(da)
**stumble** ['stʌmbl] *vi* (*when walking*) tropezar
**stump** [stʌmp] *n* (*of tree*) tocón *m*
**stun** [stʌn] *vt* aturdir
**stung** [stʌŋ] *pt* & *pp* ➢ **sting**
**stunk** [stʌŋk] *pt* & *pp* ➢ **stink**
**stunning** ['stʌnɪŋ] *adj* **1.** (*very beautiful*) imponente **2.** (*very surprising*) pasmoso(sa)
**stupid** ['stju:pɪd] *adj* **1.** (*foolish*) estúpido(da) **2.** (*inf*) (*annoying*) puñetero(ra)
**sturdy** ['stɜ:dɪ] *adj* robusto(ta)
**stutter** ['stʌtəʳ] *vi* tartamudear
**sty** [staɪ] *n* pocilga *f*
**style** [staɪl] ◇ *n* **1.** (*manner*) estilo *m* **2.** (*elegance*) clase *f* **3.** (*design*) modelo *m* ◇ *vt* (*hair*) peinar
**stylish** ['staɪlɪʃ] *adj* elegante
**stylist** ['staɪlɪst] *n* (*hairdresser*) peluquero *m*, -ra *f*
**sub** [sʌb] *n* (*inf*) **1.** (*substitute*) reserva *mf* **2.** (*UK*) (*subscription*) suscripción *f*
**subdued** [səb'dju:d] *adj* **1.** (*person, colour*) apagado(da) **2.** (*lighting*) tenue
**subject** ◇ *n* ['sʌbdʒekt] **1.** (*topic*) tema *m* **2.** (*at school, university*) asignatura *f* **3.** *GRAM* sujeto *m* **4.** (*fml*) (*of country*) ciudadano *m*, -na *f* ◇ *vt* [səb'dʒekt] • **to subject sb to abuse** someter a alguien a malos tratos • **subject to availability** hasta fin de existencias • **they are subject to an additional charge** están sujetos a un suplemento
**subjunctive** [səb'dʒʌŋktɪv] *n* subjuntivo *m*
**submarine** [ˌsʌbmə'ri:n] *n* submarino *m*
**submit** [səb'mɪt] ◇ *vt* presentar ◇ *vi* rendirse
**subordinate** [sə'bɔ:dɪnət] *adj GRAM* subordinado(da)
**subscribe** [səb'skraɪb] *vi* (*to magazine, newspaper*) suscribirse
**subscription** [səb'skrɪpʃn] *n* suscripción *f*
**subsequent** ['sʌbsɪkwənt] *adj* subsiguiente
**subside** [səb'saɪd] *vi* **1.** (*ground*) hundirse **2.** (*noise, feeling*) apagarse
**substance** ['sʌbstəns] *n* sustancia *f*
**substantial** [səb'stænʃl] *adj* (*large*) sustancial
**substitute** ['sʌbstɪtju:t] *n* **1.** (*replacement*) sustituto *m*, -ta *f* **2.** *SPORT* suplente *mf*
**subtitles** ['sʌbˌtaɪtlz] *npl* subtítulos *mpl*
**subtle** ['sʌtl] *adj* **1.** (*difference, change*) sutil **2.** (*person, plan*) ingenioso(sa)
**subtract** [səb'trækt] *vt* restar
**subtraction** [səb'trækʃn] *n* resta *f*
**suburb** ['sʌbɜ:b] *n* barrio *m* residencial • **the suburbs** las afueras
**subway** ['sʌbweɪ] *n* **1.** (*UK*) (*for pedestrians*) paso *m* subterráneo **2.** (*US*) (*underground railway*) metro *m*
**succeed** [sək'si:d] ◇ *vi* (*be successful*) tener éxito ◇ *vt* suceder a • **to succeed**

doing sthg conseguir hacer algo
**ccess** [sək'ses] *n* éxito *m*
**ccessful** [sək'sesful] *adj* **1.** *(plan, at-ıpt)* afortunado(da) **2.** *(film, book, son)* de éxito **3.** *(politician, actor)* pular
**cculent** ['sʌkjulənt] *adj* suculento(ta)
**ch** [sʌtʃ] ◇ *adj* **1.** *(of stated kind)* tal, nejante **2.** *(so great)* tal ◇ *adv* ◈ **such** ɔt tanto ◈ **such a lot of books** tantos ros ◈ **it's such a lovely day** hace un tan bonito ◈ **such a thing should** ver **have happened** tal cosa nunca ɔería de haber pasado ◈ **such as** es como
**ck** [sʌk] *vt* chupar
**dden** ['sʌdn] *adj* repentino(na) ◈ **all a sudden** de repente
**ddenly** ['sʌdnlı] *adv* de repente
**e** [su:] *vt* demandar
**ede** [sweıd] *n* ante *m*
**ffer** ['sʌfəʳ] ◇ *vt* sufrir ◇ *vi* **1.** sufrir **2.** *perience bad effects)* salir perjudicado **to suffer from** *(illness)* padecer
**ffering** ['sʌfrıŋ] *n* **1.** *(mental)* sufri-ento *m* **2.** *(physical)* dolor *m*
**fficient** [sə'fıʃnt] *adj* *(fml)* suficiente
**fficiently** [sə'fıʃntlı] *adv* *(fml)* sufi-ntemente
**ffix** ['sʌfıks] *n* sufijo *m*
**ffocate** ['sʌfəkeıt] *vi* asfixiarse
**gar** ['ʃugəʳ] *n* azúcar *m*
**ggest** [sə'dʒest] *vt* *(propose)* sugerir ◈ **suggest doing sthg** sugerir hacer algo
**ggestion** [sə'dʒestʃn] *n* **1.** *(proposal)* ʒerencia *f* **2.** *(hint)* asomo *m*
**icide** ['suısaıd] *n* suicidio *m* ◈ **to** ɱ**mit suicide** suicidarse

**suit** [su:t] ◇ *n* **1.** *(man's clothes)* traje *m* **2.** *(woman's clothes)* traje de chaqueta **3.** *(in cards)* palo *m* **4.** *LAW* pleito *m* ◇ *vt* **1.** *(subj: clothes, colour, shoes)* favorecer **2.** *(be convenient for)* convenir **3.** *(be appropriate for)* ser adecuado para ◈ **to be suited to** ser apropiado para
**suitable** ['su:təbl] *adj* adecuado(da) ◈ **to be suitable for** ser adecuado para
**suitcase** ['su:tkeıs] *n* maleta *f*
**suite** [swi:t] *n* **1.** *(set of rooms)* suite *f* **2.** *(furniture)* juego *m*
**sulk** [sʌlk] *vi* estar de mal humor
**sultana** [səl'tɑ:nə] *n* *(raisin)* pasa *f* de Esmirna
**sum** [sʌm] *n* suma *f* ◆ **sum up** *vt sep* *(summarize)* resumir
**summarize** ['sʌməraız] *vt* resumir
**summary** ['sʌmərı] *n* resumen *m*
**summer** ['sʌməʳ] *n* verano *m* ◈ **in (the) summer** en verano ◈ **summer holidays** vacaciones *fpl* de verano
**summertime** ['sʌmətaım] *n* verano *m*
**summit** ['sʌmıt] *n* **1.** *(of mountain)* cima *f* **2.** *(meeting)* cumbre *f*
**summon** ['sʌmən] *vt* **1.** *(send for)* llamar **2.** *LAW* citar
**sun** [sʌn] ◇ *n* sol *m* ◇ *vt* ◈ **to sun o.s.** tomar el sol ◈ **to catch the sun** coger color ◈ **in the sun** al sol ◈ **out of the sun** a la sombra
**Sun.** (*abbr of* **Sunday**) dom. *(domingo)*
**sunbathe** ['sʌnbeıð] *vi* tomar el sol
**sunbed** ['sʌnbed] *n* camilla *f* de rayos ultravioletas
**sun block** *n* pantalla *f* solar
**sunburn** ['sʌnbɜ:n] *n* quemadura *f* de sol

**sunburnt** ['sʌnbɜ:nt] *adj* quemado(da) (por el sol)
**Sunday** ['sʌndı] *n* domingo *m* • **it's Sunday** es domingo • **Sunday morning** el domingo por la mañana • **on Sunday** el domingo • **on Sundays** los domingos • **last Sunday** el domingo pasado • **this Sunday** este domingo • **next Sunday** el domingo de la semana que viene • **Sunday week, a week on Sunday** del domingo en ocho días
**Sunday school** *n* catequesis *f inv*
**sundress** ['sʌndres] *n* vestido *m* de playa
**sundries** ['sʌndrız] *npl* artículos *mpl* diversos
**sunflower** ['sʌn,flaʊə^r] *n* girasol *m*
**sunflower oil** *n* aceite *m* de girasol
**sung** [sʌŋ] *pt* ➤ **sing**
**sunglasses** ['sʌn,glɑ:sız] *npl* gafas *fpl* (*Esp*) OR anteojos *mpl* (*Amér*) de sol
**sunhat** ['sʌnhæt] *n* pamela *f*
**sunk** [sʌŋk] *pp* ➤ **sink**
**sunlight** ['sʌnlaıt] *n* luz *f* del sol
**sun lounger** [-,laʊndʒə^r] *n* (*UK*) tumbona *f* (*Esp*), silla *f* de playa
**sunny** ['sʌnı] *adj* soleado(da) • **it's sunny** hace sol
**sunrise** ['sʌnraız] *n* amanecer *m*
**sunroof** ['sʌnru:f] *n* (*on car*) techo *m* corredizo
**sunscreen** ['sʌnskri:n] *n* filtro *m* solar
**sunset** ['sʌnset] *n* anochecer *m*
**sunshine** ['sʌnʃaın] *n* luz *f* del sol • **in the sunshine** al sol
**sunstroke** ['sʌnstrəʊk] *n* insolación *f*
**suntan** ['sʌntæn] *n* bronceado *m*
**suntan cream** *n* crema *f* bronceadora
**suntan lotion** *n* loción *f* bronceadora
**super** ['su:pə^r] ◇ *adj* fenomenal

### Super Bowl

La *Super Bowl* es la gran final de la liga de fútbol americano, que disputan a comienzos de febrero los campeones de la *National Football Conference* y de la *American Football Conference*. Millones de personas ven la final por televisión.

**superb** [su:'pɜ:b] *adj* excelente
**superficial** [,su:pə'fıʃl] *adj* superficial
**superfluous** [su:'pɜ:flʊəs] *adj* superfluo(flua)
**superior** [su:'pıərıə^r] ◇ *adj* superior ◇ *n* superior *mf*
**supermarket** ['su:pə,mɑ:kıt] *n* supermercado *m*
**supernatural** [,su:pə'nætʃrəl] *adj* sobrenatural
**superstitious** [,su:pə'stıʃəs] *adj* supersticioso(sa)
**superstore** ['su:pəstɔ:^r] *n* hipermercado *m*
**supervise** ['su:pəvaız] *vt* supervisar
**supervisor** ['su:pəvaızə^r] *n* supervisor *m*, -ra *f*
**supper** ['sʌpə^r] *n* cena *f*
**supple** ['sʌpl] *adj* flexible
**supplement** ◇ *n* ['sʌplımənt] **1.** suplemento *m* **2.** (*of diet*) complemento *m* ◇ *vt* ['sʌplıment] complementar
**supplementary** [,sʌplı'mentərı] *adj* suplementario(ria)
**supply** [sə'plaı] ◇ *n* suministro *m* ◇ *v*

uministrar ◆ **to supply sb with nformation** proveer a alguien de nformación ◆ **supplies** *npl* provisiones *pl*
**upport** [sə'pɔ:t] ◇ *n* **1.** *(backing, encou-agement)* apoyo *m* **2.** *(supporting object)* oporte *m* ◇ *vt* **1.** *(cause, campaign, erson)* apoyar **2.** *SPORT* seguir **3.** *(hold p)* soportar **4.** *(financially)* financiar
**upporter** [sə'pɔ:təʳ] *n* **1.** *SPORT* hincha *nf* **2.** *(of cause, political party)* partidario *ı*, -ria *f*
**uppose** [sə'pəʊz] ◇ *vt* suponer ◇ *conj* ◆ **suppose so** supongo que sí ◆ **it's upposed to be good** se dice que es ueno ◆ **it was supposed to arrive esterday** debería haber llegado ayer = **supposing**
**upposing** [sə'pəʊzɪŋ] *conj* si, suponien-lo que
**upreme** [sʊ'pri:m] *adj* supremo(ma)
**urcharge** ['sɜ:tʃɑ:dʒ] *n* recargo *m*
**ure** [ʃʊəʳ] ◇ *adj* seguro(ra) ◇ *adv (inf)* or supuesto ◆ **to be sure of o.s.** estar eguro de sí mismo ◆ **to make sure that)** asegurarse de que ◆ **for sure** a iencia cierta
**urely** ['ʃʊəlɪ] *adv* sin duda
**urf** [sɜ:f] ◇ *n* espuma *f* ◇ *vi* hacer surf
**urface** ['sɜ:fɪs] *n* superficie *f*
**urface mail** *n* correo *m* por vía errestre y marítima
**urfboard** ['sɜ:fbɔ:d] *n* tabla *f* de surf
**urfing** ['sɜ:fɪŋ] *n* surf *m* ◆ **to go surfing** acer surf
**urgeon** ['sɜ:dʒən] *n* cirujano *m*, -na *f*
**urgery** ['sɜ:dʒərɪ] *n* **1.** *(treatment)* cirujía **2.** *(UK) (building)* consultorio *m* **3.** *(UK) (period)* consulta *f*
**surname** ['sɜ:neɪm] *n* apellido *m*
**surplus** ['sɜ:pləs] *n* excedente *m*
**surprise** [sə'praɪz] ◇ *n* sorpresa *f* ◇ *vt (astonish)* sorprender
**surprised** [sə'praɪzd] *adj* asombrado (da)
**surprising** [sə'praɪzɪŋ] *adj* sorprendente
**surrender** [sə'rendəʳ] ◇ *vi* rendirse ◇ *vt (fml) (hand over)* entregar
**surround** [sə'raʊnd] *vt* rodear
**surrounding** [sə'raʊndɪŋ] *adj* circun-dante ◆ **surroundings** *npl* alrededores *mpl*
**survey** ['sɜ:veɪ] (*pl* **-s**) *n* **1.** *(investigation)* investigación *f* **2.** *(poll)* encuesta *f* **3.** *(of land)* medición *f* **4.** *(UK) (of house)* inspección *f*
**surveyor** [sə'veɪəʳ] *n* **1.** *(UK) (of houses)* perito *m* tasador de la propiedad **2.** *(of land)* agrimensor *m*, -ra *f*
**survival** [sə'vaɪvl] *n* supervivencia *f*
**survive** [sə'vaɪv] ◇ *vi* sobrevivir ◇ *vt* sobrevivir a
**survivor** [sə'vaɪvəʳ] *n* superviviente *mf*
**suspect** ◇ *vt* [sə'spekt] **1.** *(believe)* imaginar **2.** *(mistrust)* sospechar ◇ *n* ['sʌspekt] sospechoso *m*, -sa *f* ◇ *adj* ['sʌspekt] sospechoso(sa) ◆ **to suspect sb of a crime** considerar a alguien sospechoso de un delito
**suspend** [sə'spend] *vt* **1.** suspender **2.** *(from team, school, work)* expulsar tem-poralmente
**suspenders** [sə'spendəz] *npl* **1.** *(UK) (for stockings)* ligas *fpl* **2.** *(US) (for trousers)* tirantes *mpl*
**suspense** [sə'spens] *n* suspense *m* *(Esp)*,

suspenso *m* (*Amér*)
**suspension** [sə'spenʃn] *n* **1.** (*of vehicle*) suspensión *f* **2.** (*from team, school, work*) expulsión *f* temporal
**suspicion** [sə'spɪʃn] *n* **1.** (*mistrust*) recelo *m* **2.** (*idea*) sospecha *f* **3.** (*trace*) pizca *f*
**suspicious** [sə'spɪʃəs] *adj* (*behaviour, situation*) sospechoso(sa) ● **to be suspicious (of)** ser receloso(sa) (de)
**swallow** ['swɒləʊ] ◇ *n* (*bird*) golondrina *f* ◇ *vt & vi* tragar
**swam** [swæm] *pt* ➤ **swim**
**swamp** [swɒmp] *n* pantano *m*
**swan** [swɒn] *n* cisne *m*
**swap** [swɒp] *vt* **1.** (*possessions, places*) cambiar **2.** (*ideas, stories*) intercambiar ● **I swapped my CD for one of hers** cambié mi CD por uno de ella
**swarm** [swɔ:m] *n* (*of bees*) enjambre *m*
**swear** [sweə^r] (*pt* **swore**, *pp* **sworn**) ◇ *vi* jurar ◇ *vt* ● **to swear to do sthg** jurar hacer algo
**swearword** ['sweəwɜ:d] *n* palabrota *f*
**sweat** [swet] ◇ *n* sudor *m* ◇ *vi* sudar
**sweater** ['swetə^r] *n* suéter *m*
**sweat pants** *n* (*US*) pantalones *mpl* de deporte OR de chándal (*Esp*)
**sweatshirt** ['swetʃɜ:t] *n* sudadera *f*
**swede** [swi:d] *n* (*UK*) nabo *m* sueco
**Swede** [swi:d] *n* sueco *m*, -ca *f*
**Sweden** ['swi:dn] *n* Suecia
**Swedish** ['swi:dɪʃ] ◇ *adj* sueco(ca) ◇ *n* (*language*) sueco *m* ◇ *npl* ● **the Swedish** los suecos
**sweep** [swi:p] (*pt & pp* **swept**) *vt* (*with brush, broom*) barrer
**sweet** [swi:t] ◇ *adj* **1.** (*food, drink*) dulce **2.** (*smell*) fragante **3.** (*person, nature*) amable ◇ *n* (*UK*) **1.** (*candy*) caramelo *m*, dulce *m* (*Amér*) **2.** (*dessert*) postre *m*
**sweet-and-sour** *adj* agridulce
**sweet corn** *n* maíz *m*
**sweetener** ['swi:tnə^r] *n* (*for drink*) edulcorante *m*
**sweet potato** *n* batata *f*
**sweet shop** *n* (*UK*) confitería *f*, dulcería *f* (*Amér*)
**swell** [swel] (*pt* **-ed**, *pp* **swollen** OR **-ed**) *vi* (*ankle, arm etc*) hincharse
**swelling** ['swelɪŋ] *n* hinchazón *f*
**swept** [swept] *pt & pp* ➤ **sweep**
**swerve** [swɜ:v] *vi* virar bruscamente
**swig** [swɪg] *n* (*inf*) trago *m*
**swim** [swɪm] (*pt* **swam**, *pp* **swum**) ◇ *n* baño *m* ◇ *vi* nadar ● **to go for a swim** ir a nadar
**swimmer** ['swɪmə^r] *n* nadador *m*, -ra *f*
**swimming** ['swɪmɪŋ] *n* natación *f* ● **to go swimming** ir a nadar
**swimming cap** *n* gorro *m* de baño
**swimming costume** *n* (*UK*) traje *m* de baño
**swimming pool** *n* piscina *f*
**swimming trunks** *npl* (*UK*) bañador *m* (*Esp*), traje *m* de baño
**swimsuit** ['swɪmsu:t] *n* traje *m* de baño
**swindle** ['swɪndl] *n* estafa *f*
**swing** [swɪŋ] (*pt & pp* **swung**) ◇ *n* (*for children*) columpio *m* ◇ *vt* (*move from side to side*) balancear ◇ *vi* (*move from side to side*) balancearse
**swipe** [swaɪp] *vt* (*credit card etc*) pasar por el datáfono
**Swiss** [swɪs] ◇ *adj* suizo(za) ◇ *n* (*person*) suizo *m*, -za *f* ◇ *npl* ● **the Swiss** los suizos

**vitch** [swɪtʃ] ◇ *n (for light, power, television)* interruptor *m* ◇ *vt* **1.** *(change)* ımbiar de **2.** *(exchange)* intercambiar *vi* cambiar ◆ **switch off** *vt sep* apagar **switch on** *vt sep* encender
**vitchboard** ['swɪtʃbɔːd] *n* centralita *f (Esp)*, conmutador *m (Amér)*
**vitzerland** ['swɪtsələnd] *n* Suiza
**vivel** ['swɪvl] *vi* girar
**vollen** ['swəʊln] ◇ *pp* ➢ **swell** ◇ *adj* ınchado(da)
**vord** [sɔːd] *n* espada *f*
**vordfish** ['sɔːdfɪʃ] *(pl inv) n* pez *m* ·spada
**vore** [swɔːʳ] *pt* ➢ **swear**
**vorn** [swɔːn] *pp* ➢ **swear**
**vum** [swʌm] *pp* ➢ **swim**
**vung** [swʌŋ] *pt & pp* ➢ **swing**
**/llable** ['sɪləbl] *n* sílaba *f*
**/llabus** ['sɪləbəs] *(pl* **-buses** OR **-bi**) *n* ·ograma *m* (de estudios)
**/mbol** ['sɪmbl] *n* símbolo *m*
**/mpathetic** [ˌsɪmpə'θetɪk] *adj (understanding)* comprensivo(va)
**/mpathize** ['sɪmpəθaɪz] *vi* ◆ **to** **sympathize (with)** *(feel sorry)* compadecerse (de); *(understand)* comprender
**/mpathy** ['sɪmpəθɪ] *n* **1.** *(understanding)* comprensión *f* **2.** *(compassion)* compasión *f*
**/mphony** ['sɪmfənɪ] *n* sinfonía *f*
**/mptom** ['sɪmptəm] *n* síntoma *m*
**/nagogue** ['sɪnəgɒg] *n* sinagoga *f*
**/nthesizer** ['sɪnθəsaɪzəʳ] *n* sintetizador
**/nthetic** [sɪn'θetɪk] *adj* sintético(ca)
**/ringe** [sɪ'rɪndʒ] *n* jeringa *f*
**/rup** ['sɪrəp] *n (for fruit etc)* almíbar *m*
**system** ['sɪstəm] *n* **1.** sistema *m* **2.** *(for gas, heating etc)* instalación *f*

# T

**ta** [tɑː] *excl (UK) (inf)* ¡gracias!
**tab** [tæb] *n* **1.** *(of cloth, paper etc)* lengüeta *f* **2.** *(bill)* cuenta *f* ◆ **put it on my tab** póngalo en mi cuenta
**table** ['teɪbl] *n* **1.** *(piece of furniture)* mesa *f* **2.** *(of figures etc)* tabla *f*
**tablecloth** ['teɪblklɒθ] *n* mantel *m*
**tablespoon** ['teɪblspuːn] *n* **1.** *(spoon)* cuchara *f* grande (para servir) **2.** *(amount)* cucharada *f* grande
**tablet** ['tæblɪt] *n* pastilla *f*
**table tennis** *n* tenis *m* de mesa
**table wine** *n* vino *m* de mesa
**tabloid** ['tæblɔɪd] *n (UK)* periódico *m* sensacionalista

**tabloid**

Los tabloides son los periódicos británicos de pequeño formato, asociados tradicionalmente a la prensa sensacionalista. Son periódicos más preocupados por los escándalos que por la información seria. Son más baratos que los *broadsheets*, los periódicos serios y de un tamaño mayor que los tabloides.

**tack** [tæk] *n (nail)* tachuela *f*

**tackle** ['tækl] ◇ *n* **1.** *SPORT* entrada *f* **2.** *(for fishing)* aparejos *mpl* ◇ *vt* **1.** *SPORT* entrar **2.** *(deal with)* abordar
**tacky** ['tækɪ] *adj (inf) (jewellery, design etc)* cutre
**taco** ['tækəʊ] *(pl* **-s***) n* taco *m*
**tact** [tækt] *n* tacto *m*
**tactful** ['tæktfʊl] *adj* discreto(ta)
**tactics** ['tæktɪks] *npl* táctica *f*
**tag** [tæg] *n (label)* etiqueta *f*
**tagliatelle** [ˌtægljə'telɪ] *n* tallarines *mpl*
**tail** [teɪl] *n* cola *f* ◆ **tails** ◇ *n (of coin)* cruz *f* ◇ *npl (formal dress)* frac *m*
**tailgate** ['teɪlgeɪt] *n* portón *m*
**tailor** ['teɪlə^r] *n* sastre *m*
**Taiwan** [ˌtaɪ'wɑːn] *n* Taiwán
**take** [teɪk] *(pt* **took**, *pp* **taken***) vt* **1.** *(gen)* tomar **2.** *(carry, drive)* llevar **3.** *(hold, grasp)* coger, agarrar *(Amér)* **4.** *(do, make)* • **to take a bath** bañarse • **to take an exam** hacer un examen • **to take a photo** sacar una foto **5.** *(require)* requerir • **how long will it take?** ¿cuánto tiempo tardará? **6.** *(steal)* quitar **7.** *(size in clothes, shoes)* usar • **what size do you take?** ¿qué talla/número usas? **8.** *(subtract)* restar **9.** *(accept)* aceptar • **do you take traveller's cheques?** ¿acepta cheques de viaje? • **to take sb's advice** seguir los consejos de alguien **10.** *(contain)* tener cabida para **11.** *(react to)* tomarse **12.** *(tolerate)* soportar **13.** *(assume)* • **I take it that ...** supongo que ... **14.** *(rent)* alquilar
◆ **take apart** *vt sep* desmontar
◆ **take away** *vt sep (remove)* quitar; *(subtract)* restar
◆ **take back** *vt sep (return)* devolver; *(accept)* aceptar la devolución de; *(statement)* retirar
◆ **take down** *vt sep (picture, curtains)* descolgar
◆ **take in** *vt sep (include)* abarcar; *(understand)* entender; *(deceive)* engañar • **take this dress in** mete un poco en este vestido
◆ **take off**
◇ *vt sep (remove)* quitar; *(clothes)* quitarse; *(as holiday)* tomarse libre
◇ *vi (plane)* despegar
◆ **take out** *vt sep (from container, pocket, library)* sacar; *(insurance policy)* hacerse; *(loan)* conseguir • **to take sb out to dinner** invitar a alguien a cenar
◆ **take over** *vi* tomar el relevo
◆ **take up** *vt sep (begin)* dedicarse a; *(use up)* ocupar; *(trousers, skirt, dress)* acortar
**takeaway** ['teɪkəˌweɪ] *n (UK)* **1.** *(shop)* tienda *f* de comida para llevar **2.** *(food)* comida *f* para llevar
**taken** ['teɪkn] *pp* ➢ **take**
**takeoff** ['teɪkɒf] *n (of plane)* despegue *m*
**takeout** ['teɪkaʊt] *(US)* = **takeaway**
**takings** ['teɪkɪŋz] *npl* recaudación *f*
**talcum powder** ['tælkəm-] *n* talco *m*
**tale** [teɪl] *n* **1.** *(story)* cuento *m* **2.** *(account)* anécdota *f*
**talent** ['tælənt] *n* talento *m*
**talk** [tɔːk] ◇ *n* **1.** *(conversation)* conversación *f* **2.** *(speech)* charla *f* ◇ *vi* hablar • **have you talked to her about the matter?** ¿has hablado con ella del asunto? • **to talk with sb** hablar con alguien ◆ **talks** *npl* conversaciones *fpl*
**talkative** ['tɔːkətɪv] *adj* hablador(ra)

**l** [tɔ:l] *adj* alto(ta) ● **how tall are u?** ¿cuánto mides? ● **I'm 2 metres** mido dos metros
**me** [teɪm] *adj (animal)* doméstico(ca)
**mpon** ['tæmpɒn] *n* tampón *m*
**n** [tæn] ◇ *n (suntan)* bronceado *m* ◇ *vi* onceañarse ◇ *adj (colour)* de color arrón OR café *(Amér)* claro
**ngerine** [ˌtændʒə'ri:n] *n* mandarina *f*
**nk** [tæŋk] *n* **1.** *(container)* depósito *m* **2.** *hicle)* tanque *m*
**nker** ['tæŋkəʳ] *n (truck)* camión *m* terna
**nned** [tænd] *adj (UK) (suntanned)* onceado(da)
**p** [tæp] ◇ *n (UK) (for water)* grifo *m* ◇ *vt* *)* golpear ligeramente
**pe** [teɪp] ◇ *n* **1.** cinta *f* **2.** *(adhesive terial)* cinta adhesiva ◇ *vt* **1.** *(record)* bar **2.** *(stick)* pegar
**pe measure** *n* cinta *f* métrica
**pe recorder** *n* magnetófono *m*
**pestry** ['tæpɪstrɪ] *n* tapiz *m*
**p water** *n* agua *f* del grifo
**r** [tɑ:ʳ] *n* alquitrán *m*
**rget** ['tɑ:gɪt] *n* **1.** *(in archery, shooting)* anco *m* **2.** *MIL* objetivo *m*
**riff** ['tærɪf] *n* **1.** *(UK) (price list)* tarifa *f*, a *f* de precios **2.** *(UK) (menu)* menú **3.** *(at customs)* arancel *m*
**rmac** ['tɑ:mæk] *n (at airport)* pista *f* ●
**rmac**® *n (on road)* alquitrán *m*
**rpaulin** [tɑ:'pɔ:lɪn] *n* lona *f* alquitrada
**rt** [tɑ:t] *n (sweet)* tarta *f*
**rtan** ['tɑ:tn] *n* tartán *m*
**rtare sauce** [ˌtɑ:tə-] *n (UK)* salsa *f* tara

**task** [tɑ:sk] *n* tarea *f*
**taste** [teɪst] ◇ *n* **1.** *(flavour)* sabor *m* **2.** *(discernment, sense)* gusto *m* ◇ *vt* **1.** *(sample)* probar **2.** *(detect)* notar un sabor a ◇ *vi* ● **to taste of sthg** saber a algo ● **it tastes bad** sabe mal ● **it tastes good** sabe bien ● **to have a taste of sthg** probar algo ● **bad taste** mal gusto ● **good taste** buen gusto
**tasteful** ['teɪstfʊl] *adj* de buen gusto
**tasteless** ['teɪstlɪs] *adj* **1.** *(food)* soso(sa) **2.** *(comment, decoration)* de mal gusto
**tasty** ['teɪstɪ] *adj* sabroso(sa)
**tattoo** [tə'tu:] *(pl* **-s***)* *n* **1.** *(on skin)* tatuaje *m* **2.** *(military display)* desfile *m* militar
**taught** [tɔ:t] *pt & pp* ➤ **teach**
**Taurus** ['tɔ:rəs] *n* Tauro *m*
**taut** [tɔ:t] *adj* tenso(sa)
**tax** [tæks] ◇ *n* impuesto *m* ◇ *vt (goods, person)* gravar
**tax disc** *n (UK) pegatina del impuesto de circulación*
**tax-free** *adj* libre de impuestos
**taxi** ['tæksɪ] ◇ *n* taxi *m* ◇ *vi (plane)* rodar por la pista
**taxi driver** *n* taxista *mf*
**taxi rank** *n (UK)* parada *f* de taxis
**taxi stand** *(US)* = **taxi rank**
**tea** [ti:] *n* **1.** té *m* **2.** *(herbal)* infusión *f* **3.** *(afternoon meal)* ≃ merienda *f*
**tea bag** *n* bolsita *f* de té
**teacake** ['ti:keɪk] *n (UK)* bollo *m* con pasas
**teach** [ti:tʃ] *(pt & pp* **taught***)* ◇ *vt* enseñar ◇ *vi* ser profesor ● **to teach adults English, to teach English to adults** enseñar inglés a adultos ● **to teach sb**

**(how) to do sthg** enseñar a alguien a hacer algo
**teacher** ['ti:tʃəʳ] *n* **1.** *(in secondary school)* profesor *m*, -ra *f* **2.** *(in primary school)* maestro *m*, -ra *f*
**teaching** ['ti:tʃɪŋ] *n* enseñanza *f*
**teacup** ['ti:kʌp] *n* taza *f* de té
**team** [ti:m] *n* equipo *m*
**teapot** ['ti:pɒt] *n* tetera *f*
**tear¹** [teəʳ] *(pt* **tore**, *pp* **torn**) ◇ *vt (rip)* rasgar ◇ *vi* **1.** *(rip)* romperse **2.** *(move quickly)* ir a toda pastilla ◇ *n (rip)* rasgón *m* ♦ **tear up** *vt sep* hacer pedazos
**tear²** [tɪəʳ] *n* lágrima *f*
**tearoom** ['ti:rʊm] *n* salón *m* de té
**tease** [ti:z] *vt* tomar el pelo
**tea set** *n* juego *m* de té
**teaspoon** ['ti:spu:n] *n* **1.** *(utensil)* cucharilla *f* **2.** *(amount)* = **teaspoonful**
**teaspoonful** ['ti:spu:n,fʊl] *n* cucharadita *f*
**teat** [ti:t] *n* **1.** *(of animal)* teta *f* **2.** *(UK)* *(of bottle)* tetina *f*
**teatime** ['ti:taɪm] *n* hora *f* de la merienda cena
**tea towel** *n (UK)* paño *m* de cocina
**technical** ['teknɪkl] *adj* técnico(ca)
**technician** [tek'nɪʃn] *n* técnico *m*, -ca *f*
**technique** [tek'ni:k] *n* técnica *f*
**technological** [,teknə'lɒdʒɪkl] *adj* tecnológico(ca)
**technology** [tek'nɒlədʒɪ] *n* tecnología *f*
**teddy (bear)** ['tedɪ-] *n* oso *m* de peluche
**tedious** ['ti:djəs] *adj* tedioso(sa)
**teenager** ['ti:n,eɪdʒəʳ] *n* adolescente *mf*
**teeth** [ti:θ] *pl* ➤ **tooth**
**teethe** [ti:ð] *vi* ● **to be teething** estar echando los dientes
**teetotal** [ti:'təʊtl] *adj* abstemio(mia)
**tel** (*abbr of* **telephone**) tel *(teléfono)*
**telebanking** ['telɪ,bæŋkɪŋ] *n* telebanca *f*
**teleconference** ['telɪ,kɒnfərəns] *n* teleconferencia *f*
**telegram** ['telɪgræm] *n* telegrama *m*
**telegraph pole** *n (UK)* poste *m* de telégrafos
**telephone** ['telɪfəʊn] ◇ *n* teléfono *m* ◇ *vt & vi* telefonear ● **to be on the telephone** *(talking)* estar al teléfono

## on the telephone

When answering the phone in Spain you say *¡Diga!, ¿Dígame?* or *¿Sí?*, while in some Latin American countries you can also say *¡Aló!* In formal contexts, the caller introduces themselves with a phrase like *Buenas tardes, soy Carlos Urrutia. ¿Podría hablar con el Sr. Sáez, por favor?*, whereas in a call to a friend they might say *Victoria, soy Eduardo.* Note that you say *soy Eduardo* (It's Eduardo) or *soy yo* (Speaking).

**telephone booth** *n* teléfono *m* público
**telephone box** *n (UK)* cabina *f* telefónica
**telephone call** *n* llamada *f* telefónica
**telephone directory** *n* guía *f* telefónica
**telephone number** *n* número *m* de teléfono
**telephonist** [tɪ'lefənɪst] *n (UK)* telefonista *mf*

**elephoto lens** [ˌtelɪ'fəʊtəʊ-] *n* teleobjetivo *m*
**elescope** ['telɪskəʊp] *n* telescopio *m*
**elevision** ['telɪˌvɪʒn] *n* televisión *f* • **n (the) television** en la televisión
**elex** ['teleks] *n* télex *m inv*
**ell** [tel] (*pt & pp* **told**) ◇ *vt* **1.** decir **2.** *tory, joke)* contar ◇ *vi* • **I can't tell** no sé • **can you tell me the time?** ¿me uedes decir la hora? • **you should tell m the truth** deberías contarle la erdad • **did she tell him about the b offer?** ¿le ha contado lo de la erta de trabajo? • **to tell sb how to sthg** decir a alguien cómo hacer go • **to tell sb to do sthg** decir a guien que haga algo • **to be able to ll sthg** saber algo ♦**tell off** *vt sep* reñir
**eller** ['teləʳ] *n (in bank)* cajero *m*, -ra *f*
**elly** ['telɪ] *n* (*UK*) (*inf*) tele *f*
**emp** [temp] ◇ *n* secretario *m* eventual, cretaria eventual *f* ◇ *vi* trabajar de entual
**emper** ['tempəʳ] *n (character)* temperaento *m* • **to be in a temper** estar de al humor • **to lose one's temper** erder la paciencia
**emperature** ['temprətʃəʳ] *n* **1.** *(heat, ld)* temperatura *f* **2.** *MED* fiebre *f* • **have a temperature** tener fiebre
**emple** ['templ] *n* **1.** *(building)* templo *m* *(of forehead)* sien *f*
**emporary** ['tempərərɪ] *adj* temporal
**empt** [tempt] *vt* tentar • **to be mpted to do sthg** sentirse tentado hacer algo
**emptation** [temp'teɪʃn] *n* tentación *f*
**empting** ['temptɪŋ] *adj* tentador(ra)

**ten** [ten] ◇ *num adj* diez ◇ *num n* diez *m inv* • **to be ten (years old)** tener diez años (de edad) • **it's ten (o'clock)** son las diez • **a hundred and ten** ciento diez • **ten Hill St** Hill St, número diez • **it's minus ten (degrees)** hay diez grados bajo cero • **ten out of ten** diez sobre diez
**tenant** ['tenənt] *n* inquilino *m*, -na *f*
**tend** [tend] *vi* • **to tend to do sthg** soler hacer algo
**tendency** ['tendənsɪ] *n* **1.** *(trend)* tendencia *f* **2.** *(inclination)* inclinación *f*
**tender** ['tendəʳ] ◇ *adj* **1.** tierno(na) **2.** *(sore)* dolorido(da) ◇ *vt* *(fml)* *(pay)* pagar
**tendon** ['tendən] *n* tendón *m*
**tenement** ['tenəmənt] *n* *bloque de viviendas modestas*
**tennis** ['tenɪs] *n* tenis *m*
**tennis ball** *n* pelota *f* de tenis
**tennis court** *n* pista *f* (*Esp*) OR cancha de tenis
**tennis racket** *n* raqueta *f* de tenis
**tenpin bowling** ['tenpɪn-] *n* (*UK*) bolos *mpl*
**tenpins** ['tenpɪnz] (*US*) = **tenpin bowling**
**tense** [tens] ◇ *adj* tenso(sa) ◇ *n* tiempo *m*
**tension** ['tenʃn] *n* tensión *f*
**tent** [tent] *n* tienda *f* de campaña
**tenth** [tenθ] ◇ *num adj* décimo(ma) ◇ *pron* décimo *m*, -ma *f* ◇ *num n* *(fraction)* décimo *m* ◇ *num adv* décimo • **a tenth (of)** la décima parte (de) • **the tenth (of September)** el diez (de septiembre)
**tent peg** *n* estaca *f*

**tepid** ['tepɪd] *adj* tibio(bia)
**tequila** [tɪ'ki:lə] *n* tequila *m*
**term** [tɜ:m] *n* **1.** *(word, expression)* término *m* **2.** *(at school, university)* trimestre *m* • **in the long term** a largo plazo • **in the short term** a corto plazo • **in terms of** por lo que se refiere a • **in business terms** en términos de negocios ◆ **terms** *npl* **1.** *(of contract)* condiciones *fpl* **2.** *(price)* precio *m*
**terminal** ['tɜ:mɪnl] ◇ *adj* terminal ◇ *n* **1.** *(for buses, at airport)* terminal *f* **2.** COMPUT terminal *m*
**terminate** ['tɜ:mɪneɪt] *vi* *(train, bus)* finalizar el trayecto
**terminus** ['tɜ:mɪnəs] (*pl* **-ni** OR **-nuses**) *n* terminal *f*
**terrace** ['terəs] *n* *(patio)* terraza *f* • **the terraces** *(UK)* *(at football ground)* las gradas
**terraced house** ['terəst-] *n* *(UK)* casa *f* adosada
**terrible** ['terəbl] *adj* **1.** *(very bad, very ill)* fatal **2.** *(very great)* terrible
**terribly** ['terəblɪ] *adv* **1.** *(extremely)* terriblemente **2.** *(very badly)* fatalmente
**terrific** [tə'rɪfɪk] *adj* **1.** *(inf)* *(very good)* estupendo(da) **2.** *(very great)* enorme
**terrified** ['terɪfaɪd] *adj* aterrorizado(da)
**territory** ['terətrɪ] *n* **1.** *(political area)* territorio *m* **2.** *(terrain)* terreno *m*
**terror** ['terə^r] *n* *(fear)* terror *m*
**terrorism** ['terərɪzm] *n* terrorismo *m*
**terrorist** ['terərɪst] *n* terrorista *mf*
**terrorize** ['terəraɪz] *vt* aterrorizar
**test** [test] ◇ *n* **1.** *(exam)* examen *m* **2.** *(check)* prueba *f* **3.** *(of blood)* análisis *m inv* **4.** *(of eyes)* revisión *f* ◇ *vt* **1.** *(check, try out)* probar **2.** *(give exam to)* examinar
**testicles** ['testɪklz] *npl* testículos *mpl*
**tetanus** ['tetənəs] *n* tétanos *m inv*
**text** [tekst] *n* **1.** *(written material)* texto *m* **2.** *(textbook)* libro *m* de texto
**textbook** ['tekstbʊk] *n* libro *m* de texto
**textile** ['tekstaɪl] *n* textil *m*
**texting** ['tekstɪŋ] *n* envío m de mensajes de texto
**text message** *n* mensaje *m* de texto
**texture** ['tekstʃə^r] *n* textura *f*
**Thai** [taɪ] *adj* tailandés(esa)
**Thailand** ['taɪlænd] *n* Tailandia
**Thames** [temz] *n* • **the Thames** el Támesis
**than** *(weak form* [ðən], *strong form* [ðæn]) *prep & conj* que • **you're better than me** eres mejor que yo • **I'd rather stay in than go out** prefiero quedarme en casa antes que salir • **more than ten** más de diez
**thank** [θæŋk] *vt* • **I thanked her for her help** le agradecí su ayuda ◆ **thanks** ◇ *npl* agradecimiento *m* ◇ *excl* ¡gracias! • **thanks to** gracias a • **many thanks** muchas gracias
**Thanksgiving** ['θæŋks,gɪvɪŋ] *n* Día *m* de Acción de Gracias

## Thanksgiving

El Día de Acción de Gracias, celebrado el cuarto jueves de noviembre, es uno de los principales festivos de los Estados Unidos. Lo tradicional ese día es reunirse con a familia y los amigos y comer un )avo relleno acompañado de puré le patatas, salsa de arándanos y )astel de calabaza.

**ıank you** *excl* ¡gracias! • **thank you** **ːry much** muchísimas gracias • **no** **ıank you** no gracias

**ıat** [ðæt] (*pl* **those**)

*adj (referring to thing, person mentioned)* ;e(esa), esos(esas); *(referring to thing,* *ːrson further away)* aquel(aquella), ıuellos(aquellas) • **I prefer that book** ːefiero ese libro • **that book at the** **ıck** aquel libro del fondo • **that one** ;e(ésa), aquél(aquélla)

*pron* **1.** *(referring to thing, person mentio-* *ːd)* ése *m*, ésa *f*, ésos *mpl*, ésas *fpl*; *ıdefinite)* eso • **who's that?** ¿quién ;? • **is that Lucy?** *(on the phone)* ¿eres ıcy?; *(pointing)* ¿es ésa Lucy? • **hat's that?** ¿qué es eso? • **that's** **teresting** qué interesante **2.** *(referring* *thing, person further away)* aquél *m*, ıuélla *f*, aquéllos *mpl*, aquéllas *fpl*; *ıdefinite)* aquello • **I want those at** **ıe back** quiero aquéllos del fondo **3.** *ıtroducing relative clause)* que • **a** **ıop that sells antiques** una tienda ıe vende antigüedades • **the film** **ıat I saw** la película que vi • **the** **ıom that I sleep in** el cuarto en (el) ıe duermo

*adv (inf)* tan • **it wasn't that bad/** **ıod** no estuvo tan mal/bien • **it** **ıesn't cost that much** no cuesta tanto

*conj* que • **tell him that I'm going to** **ː late** dile que voy a llegar tarde

**thatched** [θætʃt] *adj (building)* con techo de paja

**that's** [ðæts] = **that is**

**thaw** [θɔː] ◇ *vi (snow, ice)* derretir ◇ *vt (frozen food)* descongelar

**the** *(weak form* [ðə], *before vowel* [ðı], *strong form* [ðiː]) *art* **1.** *(gen)* el (la), los(las) • **the book** el libro • **the woman** la mujer • **the girls** las chicas • **the Wilsons** los Wilson • **to play the piano** tocar el piano • **give it to the man** dáselo al hombre • **the cover of the book** la tapa del libro **2.** *(with an adjective to form a noun)* el(la) • **the British** los británicos • **the impossible** lo imposible **3.** *(in dates)* • **the twelfth of May** el doce de mayo • **the forties** los cuarenta **4.** *(in titles)* • **Elizabeth the Second** Isabel segunda

**theater** [ˈθıətəʳ] *n (US)* **1.** *(for plays, drama)* = **theatre 2.** *(for films)* cine *m*

**theatre** [ˈθıətəʳ] *n (UK)* teatro *m*

**theft** [θeft] *n* robo *m*

**their** [ðeəʳ] *adj* su, sus *pl*

**theirs** [ðeəz] *pron* suyo *m*, -ya *f*, suyos *mpl*, -yas *fpl* • **a friend of theirs** un amigo suyo

**them** *(weak form* [ðəm], *strong form* [ðem]) *pron* • **I know them** los conozco • **it's them** son ellos • **send it to them** envíaselo • **tell them to come** diles que vengan • **he's worse than them** él es peor que ellos

**theme** [θiːm] *n* **1.** *(topic)* tema *m* **2.** *(tune)* sintonía *f*

**theme park** *n* parque *m* temático

## theme park

Hay numerosos parques temáticos en los Estados Unidos. Los más conocidos son los diferentes parques de la Disney y también los de Universal Studios. Estos parques contienen un gran número de atraccciones que tienen que ver con un tema específico.

**themselves** [ðəm'selvz] *pron* **1.** *(reflexive)* se **2.** *(after prep)* sí • **they did it themselves** lo hicieron ellos mismos

**then** [ðen] *adv* **1.** entonces **2.** *(next, afterwards)* luego • **from then on** desde entonces • **until then** hasta entonces

**theory** ['θɪərɪ] *n* teoría *f* • **in theory** en teoría

**therapist** ['θerəpɪst] *n* terapeuta *mf*

**therapy** ['θerəpɪ] *n* terapia *f*

**there** [ðeəʳ] ◇ *adv* **1.** ahí **2.** *(further away)* allí ◇ *pron* • **there is** hay • **there are** hay • **is Bob there, please?** *(on phone)* ¿está Bob? • **over there** por allí • **there you are** *(when giving)* aquí lo tienes

**thereabouts** [,ðeərə'baʊts] *adv* • **or thereabouts** o por ahí

**therefore** ['ðeəfɔːʳ] *adv* por lo tanto

**there's** [ðeəz] = **there is**

**thermal underwear** [,θɜːml-] *n* ropa *f* interior térmica

**thermometer** [θə'mɒmɪtəʳ] *n* termómetro *m*

**Thermos (flask)**® ['θɜːməs-] *n* termo *m*

**thermostat** ['θɜːməstæt] *n* termostato *m*

**these** [ðiːz] *pl* ➢ this

**they** [ðeɪ] *pron* ellos *mpl*, ellas *f* • **they're good** son buenos

**thick** [θɪk] *adj* **1.** *(in size)* grueso(sa) **2.** *(dense)* espeso(sa) **3.** *(inf) (stupid)* necio (cia) • **it's 3 metres thick** tiene 3 metros de grosor

**thicken** ['θɪkn] ◇ *vt* espesar ◇ *vi* espesarse

**thickness** ['θɪknɪs] *n* espesor *m*

**thief** [θiːf] (*pl* **thieves**) *n* ladrón *m*, -ona *f*

**thigh** [θaɪ] *n* muslo *m*

**thimble** ['θɪmbl] *n* dedal *m*

**thin** [θɪn] *adj* **1.** *(in size)* fino(na) **2.** *(not fat)* delgado(da) **3.** *(soup, sauce)* claro (ra)

**thing** [θɪŋ] *n* cosa *f* • **the thing is** el caso es que ♦ **things** *npl (clothes, possessions)* cosas *fpl* • **how are things?** *(inf)* ¿qué tal van las cosas?

**thingummyjig** ['θɪŋəmɪdʒɪg] *n* *(inf)* chisme *m* (*Esp*), cosa *f*

**think** [θɪŋk] (*pt & pp* **thought**) ◇ *vt* **1.** *(believe)* creer, pensar **2.** *(have in mind, expect)* pensar ◇ *vi* pensar • **to think that** creer que • **to think about** *(have in mind)* pensar en; *(consider)* pensar • **to think of** *(have in mind, consider)* pensar en; *(invent)* pensar; *(remember)* acordarse de • **to think of doing sthg** pensar en hacer algo • **I think so** creo que sí • **I don't think so** creo que no • **do you think you could ...?** ¿cree que podría ...? • **to think highly of sb** apreciar mucho a alguien ♦ **think over** *vt sep* pensarse ♦ **think up** *vt sep* idear

**third** [θɜːd] ◇ *num adj* **1.** *(after noun, as*

ɔnoun) tercero(ra) **2.** *(before noun)* rcer(ra) ◇ *pron* tercero *m*, -ra *f* ◇ ɪm *n* *(fraction)* tercero *m* ◇ *num adv* rcero ✱ **a third (of)** la tercera parte e) ✱ **the third (of September)** el tres e septiembre)

**ird party insurance** *n* seguro *m* a rceros

**ɪird World** *n* ✱ **the Third World** el ɛrcer Mundo

**irst** [θɜ:st] *n* sed *f*

**irsty** ['θɜ:stɪ] *adj* ✱ **to be thirsty** ner sed

**irteen** [ˌθɜ:'ti:n] *num* trece

**irteenth** [ˌθɜ:'ti:nθ] *num* decimoter-ro(ra)

**irtieth** ['θɜ:tɪəθ] *num* trigésimo(ma)

**irty** ['θɜ:tɪ] *num* treinta

**is** [ðɪs] (*pl* **these**)

*adj* **1.** *(referring to thing, person)* este sta), estos(estas) ✱ **I prefer this book** efiero este libro ✱ **these chocolates e delicious** estos bombones son quísimos ✱ **this morning/week** esta añana/semana ✱ **this one** éste(ésta) *(inf)* *(when telling a story)* ✱ **this big g appeared** apareció un perro gran-

*pron* éste *m*, ésta *f*, éstos *mpl*, éstas *fpl*; *definite)* esto ✱ **this is for you** esto es ra ti ✱ **what are these?** ¿qué son tas cosas? ✱ **this is David Gregory** *troducing someone)* te presento a avid Gregory; *(on telephone)* soy avid Gregory

*adv* *(inf)* ✱ **it was this big** era así de ande ✱ **I need this much** necesito un nto así ✱ **I don't remember it being this hard** no recordaba que fuera tan difícil

**thistle** ['θɪsl] *n* cardo *m*

**thorn** [θɔ:n] *n* espina *f*

**thorough** ['θʌrə] *adj* **1.** *(check, search)* exhaustivo(va) **2.** *(person)* minucioso (sa)

**thoroughly** ['θʌrəlɪ] *adv* *(completely)* completamente

**those** [ðəʊz] *pl* ➤ **that**

**though** [ðəʊ] ◇ *conj* aunque ◇ *adv* sin embargo ✱ **even though** aunque

**thought** [θɔ:t] ◇ *pt & pp* ➤ **think** ◇ *n* *(idea)* idea *f* ✱ **I'll give it some thought** lo pensaré ✱ **thoughts** *npl* *(opinion)* opiniones *fpl*

**thoughtful** ['θɔ:tfʊl] *adj* **1.** *(quiet and serious)* pensativo(va) **2.** *(considerate)* considerado(da)

**thoughtless** ['θɔ:tlɪs] *adj* desconsidera-do(da)

**thousand** ['θaʊznd] *num* mil ✱ **a** OR **one thousand** mil ✱ **two thousand** dos mil ✱ **thousands of** miles de, six

**thrash** [θræʃ] *vt* *(defeat heavily)* dar una paliza a

**thread** [θred] ◇ *n* *(of cotton etc)* hilo *m* ◇ *vt* *(needle)* enhebrar

**threadbare** ['θredbeəʳ] *adj* raído(da)

**threat** [θret] *n* amenaza *f*

**threaten** ['θretn] *vt* amenazar ✱ **to threaten to do sthg** amenazar con hacer algo

**threatening** ['θretnɪŋ] *adj* amenazador (ra)

**three** [θri:] ◇ *num adj* tres ◇ *num n* tres *m inv* ✱ **to be three (years old)** tener tres años (de edad) ✱ **it's three**

**(o'clock)** son las tres ● **a hundred and three** ciento tres ● **three Hill St** Hill St, número tres ● **it's minus three (degrees)** hay tres grados bajo cero ● **three out of ten** tres sobre diez

**three-D** [-'di:] *adj* en tres dimensiones

**three-quarters** ['-kwɔ:təz] *n* tres cuartos *mpl* ● **three-quarters of an hour** tres cuartos de hora

**threshold** ['θreʃhəʊld] *n (of door)* umbral *m*

**threw** [θru:] *pt* ➤ throw

**thrift shop** *n tienda de artículos de segunda mano en la que el producto de las ventas se destina a obras benéficas*

**thrift store** *n (US)* = **thrift shop**

**thrifty** ['θrɪftɪ] *adj (person)* ahorrativo (va)

**thrilled** [θrɪld] *adj* encantado(da)

**thriller** ['θrɪlə^r] *n (film)* película *f* de suspense *(Esp)* OR suspenso *(Amér)*

**thrive** [θraɪv] *vi* **1.** *(plant, animal)* crecer mucho **2.** *(person, business, place)* prosperar

**throat** [θrəʊt] *n* garganta *f*

**throb** [θrɒb] *vi* **1.** *(head, pain)* palpitar **2.** *(noise, engine)* vibrar

**throne** [θrəʊn] *n* trono *m*

**through** [θru:] ◇ *prep* **1.** *(to other side of, by means of)* a través de **2.** *(because of)* a causa de **3.** *(from beginning to end of)* durante **4.** *(across all of)* por todo ◇ *adv (from beginning to end)* hasta el final ◇ *adj* ● **to be through (with sthg)** *(finished)* haber terminado (algo) ● **you're through** *(on phone)* ya puedes hablar ● **Monday through Thursday** *(US)* de lunes a jueves ● **to let sb through** dejar pasar a alguien ● **to go through (sthg)** pasar (por algo) ● **to soak through** penetrar ● **through traffic** tráfico *m* de tránsito ● **a through train** un tren directo ▼ **no through road** *(UK)* carretera cortada

**throughout** [θru:'aʊt] ◇ *prep* **1.** *(day, morning, year)* a lo largo de **2.** *(place, country, building)* por todo ◇ *adv* **1.** *(all the time)* todo el tiempo **2.** *(everywhere)* por todas partes

**throw** [θrəʊ] *(pt* **threw**, *pp* **thrown**) *vt* **1.** tirar **2.** *(ball, javelin, person)* lanzar **3.** *(a switch)* apretar ● **to throw sthg in the bin** tirar algo a la basura ● **throw away** *vt sep (get rid of)* tirar ● **throw out** *vt sep* **1.** *(get rid of)* tirar **2.** *(person)* echar ● **throw up** *vi (inf) (vomit)* echar la pastilla

**thru** [θru:] *(US)* = **through**

**thrush** [θrʌʃ] *n* tordo *m*

**thud** [θʌd] *n* golpe *m* seco

**thug** [θʌg] *n* matón *m*

**thumb** [θʌm] ◇ *n* pulgar *m* ◇ *vt* ● **to thumb a lift** hacer dedo

**thumbtack** ['θʌmtæk] *n (US)* chincheta *f*

**thump** [θʌmp] ◇ *n* **1.** puñetazo *m* **2.** *(sound)* golpe *m* seco ◇ *vt* dar un puñetazo a

**thunder** ['θʌndə^r] *n* truenos *mpl*

**thunderstorm** ['θʌndəstɔ:m] *n* tormenta *f*

**Thurs.** *(abbr of* **Thursday**) jue *(jueves)*

**Thursday** ['θɜ:zdɪ] *n* jueves *m inv* ● **it's Thursday** es jueves ● **Thursday morning** el jueves por la mañana ● **on Thursday** el jueves ● **on Thursdays** los jueves ● **last Thursday** el jueves

;ado • **this Thursday** este jueves • **xt Thursday** el jueves de la semana e viene • **Thursday week, a week on ursday** del jueves en ocho días
**yme** [taɪm] *n* tomillo *m*
**k** [tɪk] ◇ *n* **1.** (*UK*) (*written mark*) marca e visto bueno **2.** (*insect*) garrapata *f* ◇ UK) marcar (con una señal de visto eno) ◇ *vi* hacer tictac ◆ **tick off** *vt sep* <) (*mark off*) marcar (con una señal visto bueno)
**ket** ['tɪkɪt] *n* **1.** (*for travel*) billete *m* o), boleto *m* (*Amér*) **2.** (*for cinema, atre, match*) entrada *f* **3.** (*label*) queta *f* **4.** (*speeding ticket, parking et*) multa *f*
**ket collector** *n* revisor *m*, -ra *f*
**ket inspector** *n* revisor *m*, -ra *f*
**ket machine** *n* máquina *f* auto-tica de venta de billetes (*Esp*) OR etos (*Amér*)
**ket office** *n* taquilla *f*, boletería *f* nér)
**kle** ['tɪkl] ◇ *vt* (*touch*) hacer cosquillas › *vi* hacer cosquillas
**klish** ['tɪklɪʃ] *adj* (*person*) cosquilloso )
**k-tack-toe** *n* (*US*) tres *fpl* en raya
**e** [taɪd] *n* (*of sea*) marea *f*
**y** ['taɪdɪ] *adj* **1.** (*room, desk, person*) lenado(da) **2.** (*hair, clothes*) arreglado ) ◆ **tidy up** *vt sep* ordenar
[taɪ] (*pt & pp* **tied**, *cont* **tying**) ◇ *n* (*around neck*) corbata *f* **2.** (*draw*) pate *m* **3.** (*US*) (*on railway track*) viesa *f* ◇ *vt* **1.** atar **2.** (*knot*) hacer ◇ *vi* aw) empatar ◆ **tie up** *vt sep* **1.** atar **2.** lay) retrasar

**tier** [tɪəʳ] *n* (*of seats*) hilera *f*
**tiger** ['taɪgəʳ] *n* tigre *m*
**tight** [taɪt] ◇ *adj* **1.** (*difficult to move*) apretado(da) **2.** (*clothes, shoes*) estrecho (cha) **3.** (*rope, material*) tirante **4.** (*bend, turn*) cerrado(da) **5.** (*schedule*) ajustado (da) **6.** (*inf*) (*drunk*) cocido(da) ◇ *adv* (*hold*) con fuerza • **my chest feels tight** tengo el pecho cogido
**tighten** ['taɪtn] *vt* apretar
**tightrope** ['taɪtrəʊp] *n* cuerda *f* floja
**tights** [taɪts] *npl* medias *fpl* • **a pair of tights** unas medias
**tile** ['taɪl] *n* **1.** (*for roof*) teja *f* **2.** (*for floor*) baldosa *f* **3.** (*for wall*) azulejo *m*
**till** [tɪl] ◇ *n* caja *f* registradora ◇ *prep* hasta ◇ *conj* hasta que
**tilt** [tɪlt] ◇ *vt* inclinar ◇ *vi* inclinarse
**timber** ['tɪmbəʳ] *n* **1.** (*wood*) madera *f* (para construir) **2.** (*of roof*) viga *f*
**time** [taɪm] ◇ *n* **1.** tiempo *m* **2.** (*measured by clock*) hora *f* **3.** (*moment*) momento *m* **4.** (*occasion*) vez *f* **5.** (*in history*) época *f* ◇ *vt* **1.** (*measure*) cronometrar **2.** (*arrange*) programar • **I haven't got (the) time** no tengo tiempo • **it's time to go** es hora de irse • **what's the time?** ¿qué hora es? • **do you have the time?** ¿tiene hora? • **two times two** dos por dos • **five times as much** cinco veces más • **in a month's time** dentro de un mes • **to have a good time** pasárselo bien • **all the time** todo el tiempo • **every time** cada vez • **from time to time** de vez en cuando • **for the time being** de momento • **in time** (*arrive*) a tiempo • **in good time** con tiempo de sobra • **last time** la última vez •

**most of the time** la mayor parte del tiempo • **on time** puntualmente • **some of the time** parte del tiempo • **this time** esta vez • **two at a time** de dos en dos
**time difference** *n* diferencia *f* horaria
**time limit** *n* plazo *m*
**timer** ['taɪmə^r] *n* temporizador *m*
**time share** *n* copropiedad *f*
**timetable** ['taɪm,teɪbl] *n* **1.** horario *m* **2.** *(of events)* programa *m*
**time zone** *n* huso *m* horario
**timid** ['tɪmɪd] *adj* tímido(da)
**tin** [tɪn] ◇ *n* **1.** *(metal)* estaño *m* **2.** *(container)* lata *f* ◇ *adj* de hojalata
**tinfoil** ['tɪnfɔɪl] *n* papel *m* de aluminio
**tinned food** [tɪnd-] *n* (*UK*) conservas *fpl*
**tin opener** [-,əʊpnə^r] *n* (*UK*) abrelatas *m inv*
**tinsel** ['tɪnsl] *n* oropel *m*
**tint** [tɪnt] *n* tinte *m*
**tinted glass** [,tɪntɪd-] *n* cristal *m* ahumado
**tiny** ['taɪnɪ] *adj* diminuto(ta)
**tip** [tɪp] ◇ *n* **1.** *(point, end)* punta *f* **2.** *(to waiter, taxi driver etc)* propina *f* **3.** *(piece of advice)* consejo *m* **4.** (*UK*) *(rubbish dump)* vertedero *m* ◇ *vt* **1.** *(waiter, taxi driver etc)* dar una propina **2.** *(tilt)* inclinar **3.** *(pour)* vaciar ◆ **tip over** ◇ *vt sep* volcar ◇ *vi* volcarse

## tipping

En el Reino Unido las propinas no son obligatorias y el cliente decide si quiere dejarlas. En los Estados Unidos las propinas son prácticamente obligatorias, variando del 15% al 20% del precio pagado. Los camareros tiene unos salarios muy bajos, y la mayoría de sus ingresos viene de las propinas.

**tire** ['taɪə^r] ◇ *vi* cansarse ◇ *n* (*US*) = **tyr**
**tired** ['taɪəd] *adj (sleepy)* cansado(da) • **to be tired of** estar cansado de
**tired out** *adj* agotado(da)
**tiring** ['taɪərɪŋ] *adj* cansado(da)
**tissue** ['tɪʃu:] *n (handkerchief)* pañuelo *m* de papel
**tissue paper** *n* papel *m* de seda
**tit** [tɪt] *n (vulg) (breast)* teta *f*
**title** ['taɪtl] *n* **1.** título *m* **2.** *(Dr, Mr, Lor etc)* tratamiento *m*
**T-junction** ['ti:-] *n* (*UK*) cruce *m* (e forma de T)
**to** [*unstressed before consonant* tə, *unstressed before vowel* tʊ, *stressed* tu:] ◇ *prep* **1.** *(indicating direction, position)* a • **to go to France** ir a Francia • **to go to school** ir a la escuela • **the road to Leeds** la carretera de Leeds • **to the left/right** a la izquierda/derecha **2.** *(expressing indirect object)* a • **she gave the letter to her assistant** le dio la cart a su ayudante • **give it to me** dámel • **to listen to the radio** escuchar l radio **3.** *(indicating reaction, effect)* • **to my surprise** para sorpresa mía • **it's to your advantage** va en beneficio tuyo **4.** *(until)* hasta • **to count to ten** conta hasta diez • **we work from 9 to 5** trabajamos de 9 a 5 **5.** *(in stating opinion)* • **to me, he's lying** para mí qu

iente **6.** *(indicating change of state)* • **it** **uld lead to trouble** puede ocasionar oblemas **7.** (*UK*) *(in expressions of time)* enos • **it's ten to three** son las tres enos diez **8.** *(in ratios, rates)* por • **40** **iles to the gallon** un galón por cada ) millas **9.** *(of, for)* • **the key to the** **r** la llave del coche • **a letter to my** **ughter** una carta a mi hija **10.** *dicating attitude)* con • **to be rude to** tratar a alguien con grosería *with inf* **1.** *(forming simple infinitive)* • **to** **alk** andar **2.** *(following another verb)* • **begin to do sthg** empezar a hacer go • **to try to do sthg** intentar hacer go **3.** *(following an adjective)* de • **fficult to do** difícil de hacer • **ready** **go** listo para marchar **4.** *(indicating* *rpose)* para • **we came here to look** **the castle** vinimos a ver el castillo • **n phoning to ask you something** te amo para preguntarte algo

**ad** [təʊd] *n* sapo *m*

**adstool** ['təʊdstu:l] *n* seta *f* venenosa

**ast** [təʊst] ◇ *n* **1.** *(bread)* pan *m* tostado *(when drinking)* brindis *m inv* ◇ *vt* *read)* tostar • **a piece** OR **slice of toast** na tostada

**asted sandwich** ['təʊstɪd-] *n* sandich *m* (a la plancha)

**aster** ['təʊstəʳ] *n* tostador *m*

**bacco** [tə'bækəʊ] *n* tabaco *m*

**bacconist's** [tə'bækənɪsts] *n* *(shop)* tanco *m* (*Esp*), tabaquería *f*

**boggan** [tə'bɒgən] *n* tobogán *m* *(de* *porte)*

**day** [tə'deɪ] ◇ *n* hoy *m* ◇ *adv* hoy

**ddler** ['tɒdləʳ] *n* niño *m* pequeño, niña pequeña *f*

**toe** [təʊ] *n* *(of person)* dedo *m* del pie

**toenail** ['təʊneɪl] *n* uña *f* del dedo del pie

**toffee** ['tɒfɪ] *n* tofe *m*

**together** [tə'geðəʳ] *adv* juntos(tas) • **together with** junto con

**toilet** ['tɔɪlɪt] *n* **1.** *(in public place)* servicios *mpl*, baño *m* (*Amér*) **2.** *(at home)* wáter *m* **3.** *(bowl)* retrete *m* • **to go to the toilet** ir al wáter • **where's the toilet?** ¿dónde está el servicio?

**toilet bag** *n* neceser *m*

**toilet paper** *n* papel *m* higiénico

**toiletries** ['tɔɪlɪtrɪz] *npl* artículos *mpl* de tocador

**toilet roll** *n* (*UK*) *(paper)* papel *m* higiénico

**toilet water** *n* agua *f* de colonia

**token** ['təʊkn] *n* *(metal disc)* ficha *f*

**told** [təʊld] *pt* & *pp* ≫ **tell**

**tolerable** ['tɒlərəbl] *adj* tolerable

**tolerant** ['tɒlərənt] *adj* tolerante

**tolerate** ['tɒləreɪt] *vt* tolerar

**toll** [təʊl] *n* *(for road, bridge)* peaje *m*

**toll-free** *adj* (*US*) gratuito(ta)

**tomato** [(*UK*) tə'mɑ:təʊ, (*US*) tə'meɪtəʊ] (*pl* **-es**) *n* tomate *m*

**tomato juice** *n* zumo *m* (*Esp*) OR jugo *m* (*Amér*) de tomate

**tomato ketchup** *n* ketchup *m*, catsup *m*

**tomato puree** *n* puré *m* de tomate concentrado

**tomato sauce** *n* ketchup *m*, catsup *m*

**tomb** [tu:m] *n* tumba *f*

**tomorrow** [tə'mɒrəʊ] ◇ *n* mañana *f* ◇ *adv* mañana • **the day after tomorrow**

pasado mañana • **tomorrow afternoon** mañana por la tarde • **tomorrow morning** mañana por la mañana • **tomorrow night** mañana por la noche

**ton** [tʌn] *n* **1.** *(in Britain)* = *1016 kilos* **2.** *(in US)* = *907 kilos* **3.** *(metric tonne)* tonelada *f* • **tons of** *(inf)* un montón de

**tone** [təʊn] *n* **1.** tono *m* **2.** *(on phone)* señal *f*

**tongs** [tɒŋz] *npl* **1.** *(for hair)* tenazas *fpl* **2.** *(for sugar)* pinzas *fpl*

**tongue** [tʌŋ] *n* lengua *f*

**tonic** ['tɒnɪk] *n* **1.** *(tonic water)* tónica *f* **2.** *(medicine)* tónico *m*

**tonic water** *n* agua *f* tónica

**tonight** [tə'naɪt] ◇ *n* esta noche *f* ◇ *adv* esta noche

**tonne** [tʌn] *n* tonelada *f* (métrica)

**tonsillitis** [,tɒnsɪ'laɪtɪs] *n* amigdalitis *f inv*

**too** [tu:] *adv* **1.** *(excessively)* demasiado **2.** *(also)* también • **it's not too good** no está muy bien • **it's too late to go out** es demasiado tarde para salir • **too many** demasiados(das) • **too much** demasiado(da)

**took** [tʊk] *pt* ➢ **take**

**tool** [tu:l] *n* herramienta *f*

**tool kit** *n* juego *m* de herramientas

**tooth** [tu:θ] (*pl* **teeth**) *n* diente *m*

**toothache** ['tu:θeɪk] *n* dolor *m* de muelas

**toothbrush** ['tu:θbrʌʃ] *n* cepillo *m* de dientes

**toothpaste** ['tu:θpeɪst] *n* pasta *f* de dientes

**toothpick** ['tu:θpɪk] *n* palillo *m*

**top** [tɒp] ◇ *adj* **1.** *(highest)* de arriba **2.** *(best, most important)* mejor ◇ *n* **1.** *(highest part)* parte *f* superior **2.** *(best point)* cabeza *f* **3.** *(of box, jar)* tapa *f* **4.** *(of bottle, tube)* tapón *m* **5.** *(of pen)* capuchón *m* **6.** *(garment)* camiseta *f* **7.** *(of street, road)* final *m* • **at the top (of)** *(stairway, pile)* en lo más alto (de); *(list, page)* al principio (de) • **on top of** *(on highest part of)* encima de; *(of hill, mountain)* en lo alto de; *(in addition to)* además de • **at top speed** a toda velocidad • **top gear** directa *f* ♦ **top up** ◇ *vt sep (glass, drink)* volver a llenar ◇ *vi (with petrol)* repostar

**top floor** *n* último piso *m*

**topic** ['tɒpɪk] *n* tema *m*

**topical** ['tɒpɪkl] *adj* actual

**topless** ['tɒplɪs] *adj* topless *(inv)*

**topped** [tɒpt] *adj* • **topped with** cubierto(ta) con

**topping** ['tɒpɪŋ] *n* • **with a topping of** cubierto con • **the topping of your choice** los ingredientes que Vd. elija

**torch** [tɔ:tʃ] *n (UK) (electric light)* linterna *f*

**tore** [tɔ:ʳ] *pt* ➢ **tear**

**torn** [tɔ:n] ◇ *pp* ➢ **tear** ◇ *adj (ripped)* desgarrado(da)

**tornado** [tɔ:'neɪdəʊ] (*pl* **-es** OR **-s**) *n* tornado *m*

**torrential rain** [tə,renʃl-] *n* lluvia *f* torrencial

**tortoise** ['tɔ:təs] *n* tortuga *f* (de tierra)

**tortoiseshell** ['tɔ:təʃel] *n* carey *m*

**torture** ['tɔ:tʃəʳ] ◇ *n* tortura *f* ◇ *vt* torturar

**ory** ['tɔ:rɪ] *n* conservador *m*, -ra *f*
**oss** [tɒs] *vt* **1.** *(throw)* tirar **2.** *(salad)* mezclar ◆ **to toss a coin** echar a cara o cruz ◆ **tossed in butter** con mantequilla
**otal** ['təʊtl] ◇ *adj* total ◇ *n* total *m* ◆ **in total** en total
**ouch** [tʌtʃ] ◇ *n* **1.** *(sense)* tacto *m* **2.** *(small amount)* pizca *f* **3.** *(detail)* toque *m* ◇ *vt* **1.** tocar **2.** *(move emotionally)* conmover ◇ *vi* tocarse ◆ **to get in touch (with sb)** ponerse en contacto con alguien) ◆ **to keep in touch (with sb)** mantenerse en contacto (con alguien) ◆ **touch down** *vi* aterrizar
**ouching** ['tʌtʃɪŋ] *adj* *(moving)* conmovedor(ra)
**ough** [tʌf] *adj* **1.** *(resilient)* fuerte **2.** *(hard, strong)* resistente **3.** *(meat, regulations, policies)* duro(ra) **4.** *(difficult)* difícil
**our** [tʊəʳ] ◇ *n* **1.** *(journey)* viaje *m* **2.** *(of city, castle etc)* recorrido *m* **3.** *(of pop group, theatre company)* gira *f* ◇ *vt* recorrer ◆ **on tour** en gira
**ourism** ['tʊərɪzm] *n* turismo *m*
**ourist** ['tʊərɪst] *n* turista *mf*
**ourist class** *n* clase *f* turista
**ourist information office** *n* oficina *f* de turismo
**ournament** ['tɔ:nəmənt] *n* torneo *m*
**our operator** *n* touroperador *m*, -ra *f*
**out** [taʊt] *n* *(UK)* revendedor *m*, -ra *f*
**ow** [təʊ] *vt* remolcar
**oward** [tə'wɔ:d] *(US)* = **towards**
**owards** [tə'wɔ:dz] *prep* **1.** hacia **2.** *(to help pay for)* para
**owel** ['taʊəl] *n* toalla *f*
**oweling** ['taʊəlɪŋ] *(US)* = **towelling**
**towelling** ['taʊəlɪŋ] *n* *(UK)* toalla *f* *(tejido)*
**towel rail** *n* *(UK)* toallero *m*
**tower** ['taʊəʳ] *n* torre *f*
**tower block** *n* *(UK)* bloque *m* alto de pisos *(Esp)*, edificio *m* de apartamentos
**Tower Bridge** *n* *puente londinense*
**Tower of London** *n* ◆ **the Tower of London** la Torre de Londres

**Tower Bridge/ Tower of London**

La Torre de Londres es una de las principales atracciones turísticas de Londres. En ella están las Joyas de la Corona. Desde que fue construida ha tenido diferentes usos: palacio real, fortaleza, prisión, casa de la moneda o arsenal. La torre está situada al norte del *Tower Bridge*, puente neogótico del s. XIX.

**town** [taʊn] *n* **1.** *(smaller)* pueblo *m* **2.** *(larger)* ciudad *f* **3.** *(town centre)* centro *m*
**town centre** *n* *(UK)* centro *m*
**town hall** *n* ayuntamiento *m*
**towpath** ['təʊpɑ:θ] *n* camino *m* de sirga
**towrope** ['təʊrəʊp] *n* cuerda *f* de remolque
**tow truck** *n* *(US)* grúa *f*
**toxic** ['tɒksɪk] *adj* tóxico(ca)
**toy** [tɔɪ] *n* juguete *m*
**toy shop** *n* juguetería *f*
**trace** [treɪs] ◇ *n* **1.** *(sign)* rastro *m* **2.** *(small amount)* pizca *f* ◇ *vt* *(find)* localizar
**tracing paper** ['treɪsɪŋ-] *n* papel *m* de calco

**track** [træk] *n* **1.** *(path)* sendero *m* **2.** *(of railway)* vía *f* **3.** *SPORT* pista *f* **4.** *(song)* canción *f* ◆ **track down** *vt sep* localizar

**tracksuit** ['træksuːt] *n* chándal *m* (*Esp*), equipo *m* de deportes

**tractor** ['træktəʳ] *n* tractor *m*

**trade** [treɪd] ◇ *n* **1.** *COMM* comercio *m* **2.** *(job)* oficio *m* ◇ *vt* cambiar ◇ *vi* comerciar

**trademark** ['treɪdmɑːk] *n* marca *f* (comercial)

**trader** ['treɪdəʳ] *n* comerciante *mf*

**tradesman** ['treɪdzmən] (*pl* **-men**) *n* (*UK*) **1.** *(deliveryman)* repartidor *m* **2.** *(shopkeeper)* tendero *m*

**trade union** *n* (*UK*) sindicato *m*

**tradition** [trə'dɪʃn] *n* tradición *f*

**traditional** [trə'dɪʃənl] *adj* tradicional

**traffic** ['træfɪk] (*pt & pp* **-ked**) ◇ *n* tráfico *m* ◇ *vi* ● **to traffic in** traficar con

**traffic circle** *n* (*US*) rotonda *f*

**traffic island** *n* isla *f* de peatones

**traffic jam** *n* atasco *m*

**traffic lights** *npl* semáforos *mpl*

**traffic warden** *n* (*UK*) ≃ guardia *mf* de tráfico

**tragedy** ['trædʒədɪ] *n* tragedia *f*

**tragic** ['trædʒɪk] *adj* trágico(ca)

**trail** [treɪl] ◇ *n* **1.** *(path)* sendero *m* **2.** *(marks)* rastro *m* ◇ *vi* *(be losing)* ir perdiendo

**trailer** ['treɪləʳ] *n* **1.** *(for boat, luggage)* remolque *m* **2.** (*US*) *(caravan)* caravana *f* **3.** *(for film, programme)* trailer *m*

**train** [treɪn] ◇ *n* tren *m* ◇ *vt* *(teach)* enseñar ◇ *vi* *SPORT* entrenar ● **by train** en tren

**train driver** *n* maquinista *mf (de tren)*

**trainee** [treɪ'niː] *n* aprendiz *m*, -za *f*

**trainer** ['treɪnəʳ] *n* *(of athlete etc)* entrenador *m*, -ra *f* ◆ **trainers** *npl* (*UK*) zapatillas *fpl* de deporte

**training** ['treɪnɪŋ] *n* **1.** *(instruction)* formación *f* **2.** *(exercises)* entrenamiento *m*

**training shoes** *npl* (*UK*) zapatillas *fpl* de deporte

**tram** [træm] *n* (*UK*) tranvía *m*

**tramp** [træmp] *n* vagabundo *m*, -da *f*

**trampoline** ['træmpəliːn] *n* cama *f* elástica

**trance** [trɑːns] *n* trance *m*

**tranquilizer** ['træŋkwɪlaɪzər] (*US*) = **tranquillizer**

**tranquillizer** ['træŋkwɪlaɪzəʳ] *n* (*UK*) tranquilizante *m*

**transaction** [træn'zækʃn] *n* transacción *f*

**transatlantic** [ˌtrænzət'læntɪk] *adj* transatlántico(ca)

**transfer** ◇ *n* ['trænsfɜːʳ] **1.** *(of money, power)* transferencia *f* **2.** *(of sportsman)* traspaso *m* **3.** *(picture)* calcomanía *f* **4.** (*US*) *(ticket) clase de billete que permite hacer transbordos durante un viaje* ◇ *vt* [træs'fɜːʳ] transferir ◇ *vi* *(change bus, plane etc)* hacer transbordo ▼ **transfers** *(in airport)* transbordos

**transform** [træns'fɔːm] *vt* transformar

**transfusion** [træns'fjuːʒn] *n* transfusión *f*

**transit** ['trænzɪt] ◆ **in transit** *adv* de tránsito

**transitive** ['trænzɪtɪv] *adj* transitivo(va)

**transit lounge** *n* sala *f* de tránsito

**translate** [træns'leɪt] *vt* traducir

**anslation** [træns'leɪʃn] *n* traducción *f*
**anslator** [træns'leɪtəʳ] *n* traductor *m*, a *f*
**ansmission** [trænz'mɪʃn] *n* transmi-ón *f*
**ansmit** [trænz'mɪt] *vt* transmitir
**ansparent** [træns'pærənt] *adj* transpa-nte
**ansplant** ['trænsplɑ:nt] *n* trasplante *m*
**ansport** ◇ *n* ['trænspɔ:t] transporte *m* *vt* [træn'spɔ:t] transportar
**ansportation** [ˌtrænspɔ:'teɪʃn] *n* (*US*) ansporte *m*
**ap** [træp] ◇ *n* trampa *f* ◇ *vt* • **to be apped** estar atrapado
**ash** [træʃ] *n* (*US*) basura *f*
**ashcan** ['træʃkæn] *n* (*US*) cubo *m* de la ısura
**auma** ['trɔ:mə] *n* trauma *m*
**aumatic** [trɔ:'mætɪk] *adj* traumático a)
**'avel** ['trævl] ◇ *n* viajes *mpl* ◇ *vt* *istance)* recorrer ◇ *vi* viajar
**avel agency** *n* agencia *f* de viajes
**avel agent** *n* empleado *m*, -da *f* de ıa agencia de viajes • **travel agent's** *hop)* agencia *f* de viajes
**avelcard** ['trævlkɑ:d] *n* *billete, nor-almente de un día o un mes, para el etro, tren y autobús de Londres*
**avel centre** *n* (*UK*) oficina *f* de formación al viajero
**'aveler** ['trævlər] (*US*) = **traveller**
**'avel insurance** *n* seguro *m* de viaje
**'aveller** ['trævləʳ] *n* (*UK*) viajero *m*, -ra
**'aveller's cheque** ['trævləz-] *n* (*UK*) ıeque *m* de viaje

**travelsick** ['trævəlsɪk] *adj* mareado(da) por el viaje
**tray** [treɪ] *n* bandeja *f*
**treacherous** ['tretʃərəs] *adj* **1.** (*person*) traidor(ra) **2.** (*roads, conditions*) peligroso(sa)
**treacle** ['tri:kl] *n* (*UK*) melaza *f*
**tread** [tred] (*pt* **trod**, *pp* **trodden**) ◇ *n* (*of tyre*) banda *f* ◇ *vi* • **to tread on sthg** pisar algo
**treasure** ['treʒəʳ] *n* tesoro *m*
**treat** [tri:t] ◇ *vt* tratar ◇ *n* • **to treat sb to a meal** invitar a alguien a comer
**treatment** ['tri:tmənt] *n* **1.** *MED* tratamiento *m* **2.** (*of person, subject*) trato *m*
**treble** ['trebl] *adj* triple
**tree** [tri:] *n* árbol *m*
**trek** [trek] *n* viaje *m* largo y difícil
**tremble** ['trembl] *vi* temblar
**tremendous** [trɪ'mendəs] *adj* **1.** (*very large*) enorme **2.** (*inf*) (*very good*) estupendo(da)
**trench** [trentʃ] *n* zanja *f*
**trend** [trend] *n* **1.** (*tendency*) tendencia *f* **2.** (*fashion*) moda *f*
**trendy** ['trendɪ] *adj* **1.** (*inf*) (*person*) moderno(na) **2.** (*clothes, bar*) de moda
**trespasser** ['trespəsəʳ] *n* intruso *m*, -sa *f* ▼ **trespassers will be prosecuted** los intrusos serán sancionados por la ley
**trial** ['traɪəl] *n* **1.** *LAW* juicio *m* **2.** (*test*) prueba *f* • **a trial period** un periodo de prueba
**triangle** ['traɪæŋgl] *n* triángulo *m*
**triangular** [traɪ'æŋgjʊləʳ] *adj* triangular
**tribe** [traɪb] *n* tribu *f*
**trick** [trɪk] ◇ *n* **1.** (*deception*) truco *m* **2.** (*in magic*) juego *m* (de manos) ◇ *vt*

engañar • **to play a trick on sb** gastarle una broma a alguien
**trickle** ['trɪkl] *vi* resbalar (formando un hilo)
**tricky** ['trɪkɪ] *adj* difícil
**tricycle** ['traɪsɪkl] *n* triciclo *m*
**trifle** ['traɪfl] *n* (*UK*) (*dessert*) *postre de bizcocho con frutas, nata, natillas y gelatina*
**trigger** ['trɪgəʳ] *n* gatillo *m*
**trim** [trɪm] ◇ *n* (*haircut*) recorte *m* ◇ *vt* recortar
**trio** ['tri:əʊ] (*pl* **-s**) *n* trío *m*
**trip** [trɪp] ◇ *n* viaje *m* ◇ *vi* tropezar ♦ **trip up** *vi* tropezar
**triple** ['trɪpl] *adj* triple
**tripod** ['traɪpɒd] *n* trípode *m*
**triumph** ['traɪəmf] *n* triunfo *m*
**trivial** ['trɪvɪəl] *adj* (*pej*) trivial
**trod** [trɒd] *pt* ➣ **tread**
**trodden** ['trɒdn] *pp* ➣ **tread**
**trolley** ['trɒlɪ] (*pl* **-s**) *n* **1.** (*UK*) (*in supermarket, at airport, for food etc*) carrito *m* **2.** (*US*) (*tram*) tranvía *m*
**trombone** [trɒm'bəʊn] *n* trombón *m*
**troops** [tru:ps] *npl* tropas *fpl*
**trophy** ['trəʊfɪ] *n* trofeo *m*
**tropical** ['trɒpɪkl] *adj* tropical
**trot** [trɒt] ◇ *vi* trotar ◇ *n* • **three on the trot** (*UK*) (*inf*) tres seguidos
**trouble** ['trʌbl] ◇ *n* **1.** (*difficulty, problems, malfunction*) problemas *mpl* **2.** (*pain*) dolor *m* **3.** (*illness*) enfermedad *f* ◇ *vt* **1.** (*worry*) preocupar **2.** (*bother*) molestar • **to be in trouble** tener problemas • **to get into trouble** meterse en líos • **to take the trouble to do sthg** tomarse la molestia de hacer algo • **it's no trouble** no es molestia
**trousers** ['traʊzəz] *npl* (*UK*) pantalones *mpl* • **a pair of trousers** un pantalón
**trout** [traʊt] (*pl inv*) *n* trucha *f*
**trowel** ['traʊəl] *n* (*for gardening*) desplantador *m*
**truant** ['tru:ənt] *n* • **to play truant** (*UK*) hacer novillos
**truce** [tru:s] *n* tregua *f*
**truck** [trʌk] *n* camión *m*
**true** [tru:] *adj* **1.** verdadero(ra) **2.** (*genuine, sincere*) auténtico(ca) • **it's true** es verdad
**truly** ['tru:lɪ] *adv* • **yours truly** le saluda atentamente
**trumpet** ['trʌmpɪt] *n* trompeta *f*
**trumps** [trʌmps] *npl* triunfo *m*
**truncheon** ['trʌntʃən] *n* (*UK*) porra *f*
**trunk** [trʌŋk] *n* **1.** (*of tree*) tronco *m* **2.** (*US*) (*of car*) maletero *m* **3.** (*case, box*) baúl *m* **4.** (*of elephant*) trompa *f*
**trunk call** *n* (*UK*) llamada *f* interurbana
**trunks** [trʌŋks] *npl* bañador *m* (*de hombre*) (*Esp*), traje *m* de baño
**trust** [trʌst] ◇ *n* (*confidence*) confianza *f* ◇ *vt* **1.** (*believe, have confidence in*) confiar en **2.** (*fml*) (*hope*) confiar
**trustworthy** ['trʌst,wɜ:ðɪ] *adj* digno(na) de confianza
**truth** [tru:θ] *n* **1.** (*true facts*) verdad *f* **2.** (*quality of being true*) veracidad *f*
**truthful** ['tru:θfʊl] *adj* **1.** (*statement, account*) verídico(ca) **2.** (*person*) sincero(ra)
**try** [traɪ] ◇ *n* (*attempt*) intento *m* ◇ *vt* **1.** (*attempt*) intentar **2.** (*experiment with, test*) probar **3.** (*seek help from*) acudir a

LAW procesar ◇ *vi* intentar • **to try to do sthg** intentar hacer algo • **try on** *vt sep* probarse • **try out** *vt sep* poner a prueba
**T-shirt** [ti:-] *n* camiseta *f*
**tub** [tʌb] *n* **1.** *(of margarine etc)* tarrina *f* **2.** *(bath)* bañera *f*, tina *f (Amér)*
**tube** [tju:b] *n* **1.** tubo *m* **2.** (*UK*) (*inf*) *(underground)* metro *m* • **by tube** en metro
**tube station** *n* (*UK*) (*inf*) estación *f* de metro
**tuck** [tʌk] • **tuck in** ◇ *vt sep* **1.** *(shirt)* meterse **2.** *(child, person)* arropar ◇ *vi* (*inf*) comer con apetito
**Tues.** (*abbr of* **Tuesday**) mar *(martes)*
**Tuesday** ['tju:zdɪ] *n* martes *m inv* • **it's Tuesday** es martes • **Tuesday morning** el martes por la mañana • **on Tuesday** el martes • **on Tuesdays** los martes • **last Tuesday** el martes pasado • **this Tuesday** este martes • **next Tuesday** el martes de la semana que viene • **Tuesday week, a week on Tuesday** del martes en ocho días
**tuft** [tʌft] *n* **1.** *(of grass)* matojo *m* **2.** *(of hair)* mechón *m*
**tug** [tʌg] *vt* tirar de
**tuition** [tju:'ɪʃn] *n* clases *fpl*
**tulip** ['tju:lɪp] *n* tulipán *m*
**tumble-dryer** ['tʌmbldraɪə<sup>r</sup>] *n* (*UK*) secadora *f*
**tumbler** ['tʌmblə<sup>r</sup>] *n* *(glass)* vaso *m*
**tummy** ['tʌmɪ] *n* (*inf*) barriga *f*
**tummy upset** [-'ʌpset] *n* (*inf*) dolor *m* de barriga
**tumor** ['tu:mər] (*US*) = **tumour**
**tumour** ['tju:mə<sup>r</sup>] *n* (*UK*) tumor *m*

**tuna (fish)** [(*UK*) 'tju:nə, (*US*) 'tu:nə] *n* atún *m*
**tune** [tju:n] ◇ *n* melodía *f* ◇ *vt* **1.** *(radio, TV)* sintonizar **2.** *(engine)* poner a punto **3.** *(instrument)* afinar • **in tune** afinado • **out of tune** desafinado
**tunic** ['tju:nɪk] *n* túnica *f*
**Tunisia** [tju:'nɪzɪə] *n* Túnez
**tunnel** ['tʌnl] *n* túnel *m*
**turban** ['tɜ:bən] *n* turbante *m*
**turbulence** ['tɜ:bjʊləns] *n* turbulencia *f*
**turf** [tɜ:f] *n* *(grass)* césped *m*
**Turk** [tɜ:k] *n* turco *m*, -ca *f*
**turkey** ['tɜ:kɪ] (*pl* **-s**) *n* pavo *m*
**Turkey** ['tɜ:kɪ] *n* Turquía
**Turkish** ['tɜ:kɪʃ] ◇ *adj* turco(ca) ◇ *n* *(language)* turco *m* ◇ *npl* • **the Turkish** los turcos
**turn** [tɜ:n]
◇ *n* **1.** *(in road)* curva *f* **2.** *(of knob, key, switch)* vuelta *f* **3.** *(go, chance)* turno *m*
◇ *vt* **1.** *(car, page, omelette)* dar la vuelta a, voltear *(Amér)* **2.** *(head)* volver, voltear *(Amér)* **3.** *(knob, key, switch)* girar **4.** *(corner, bend)* doblar **5.** *(become)* volverse **6.** *(cause to become)* poner
◇ *vi* **1.** girar **2.** *(milk)* cortarse • **he's turned into a fine young man** se ha convertido en un estupendo joven • **they're turning the play into a film** están convirtiendo la obra en película • **to turn left/right** torcer a la derecha/izquierda • **it's your turn** te toca (a ti) • **at the turn of the century** a finales de siglo • **to take it in turns to do sthg** hacer algo por turnos • **to turn a jacket inside out** darle la vuelta a una chaqueta *(de dentro para afuera)*

◆ **turn back** ◇ *vt sep* hacer volver ◇ *vi* volver
◆ **turn down** *vt sep* **1.** *(radio, volume, heating)* bajar **2.** *(offer, request)* rechazar
◆ **turn off** ◇ *vt sep* **1.** *(light, TV)* apagar **2.** *(water, gas, tap)* cerrar **3.** *(engine)* parar ◇ *vi (leave road)* salir
◆ **turn on** *vt sep* **1.** *(light, TV, engine)* encender **2.** *(water, gas, tap)* abrir
◆ **turn out** ◇ *vt insep (be in the end)* resultar ◇ *vt sep (light, fire)* apagar ◇ *vi (come, attend)* venir ● **to turn out to be sthg** resultar ser algo
◆ **turn over** ◇ *vi* **1.** *(in bed)* darse la vuelta, voltearse *(Amér)* **2.** *(UK) (change channels)* cambiar ◇ *vt sep (page, card, omelette)* dar la vuelta a, voltear *(Amér)*
◆ **turn round** ◇ *vt sep* dar la vuelta a, voltear *(Amér)* ◇ *vi (person)* darse la vuelta, voltearse *(Amér)*
◆ **turn up** ◇ *vt sep (radio, volume, heating)* subir ◇ *vi* aparecer

**turning** ['tɜːnɪŋ] *n* bocacalle *f*
**turnip** ['tɜːnɪp] *n* nabo *m*
**turn-up** *n (UK) (on trousers)* vuelta *f*
**turquoise** ['tɜːkwɔɪz] *adj* turquesa *inv*
**turtle** ['tɜːtl] *n* tortuga *f* (marina)
**turtleneck** ['tɜːtlnek] *n* jersey *m* de cuello de cisne *(Esp)*, suéter *m* de cuello alto *(Amér)*
**tutor** ['tjuːtəʳ] *n (private teacher)* tutor *m*, -ra *f*
**tuxedo** [tʌk'siːdəʊ] *(pl* **-s)** *n (US)* esmoquin *m*
**TV** [tiː'viː] *n* (*abbr of* **television**) televisión *f* ● **on TV** en la televisión
**tweed** [twiːd] *n* tweed *m*
**tweezers** ['twiːzəz] *npl* pinzas *fpl*
**twelfth** [twelfθ] ◇ *num adj* duodécimo(ma) ◇ *pron* duodécimo *m*, -ma *f* ◇ *num n (fraction)* duodécimo *m* ◇ *num adv* duodécimo ● **a twelfth (of)** la duodécima parte (de) ● **the twelfth (of September)** el doce (de septiembre)
**twelve** [twelv] ◇ *num adj* doce ◇ *num n* doce *m inv* ● **to be twelve (years old)** tener doce años (de edad) ● **it's twelve (o'clock)** son las doce ● **a hundred and twelve** ciento doce ● **twelve Hill St** Hill St, número doce ● **it's minus twelve (degrees)** hay doce grados bajo cero ● **twelve out of twenty** doce sobre veinte
**twentieth** ['twentɪəθ] *num* vigésimo(ma) ● **the twentieth century** el siglo XX
**twenty** ['twentɪ] *num* veinte
**twice** [twaɪs] *adj & adv* dos veces ● **it's twice as good** es el doble de bueno ● **twice as much** el doble
**twig** [twɪg] *n* ramita *f*
**twilight** ['twaɪlaɪt] *n* crepúsculo *m*
**twin** [twɪn] *n* gemelo *m*, -la *f*
**twin beds** *npl* dos camas *fpl*
**twin room** *n* habitación *f* con dos camas
**twist** [twɪst] *vt* **1.** *(wire)* torcer **2.** *(thread, rope)* retorcer **3.** *(hair)* enroscar **4.** *(bottle top, lid, knob)* girar ● **to twist one's ankle** torcerse el tobillo
**twisting** ['twɪstɪŋ] *adj* con muchos recodos
**two** [tuː] ◇ *num adj* dos ◇ *num n* dos *m inv* ● **to be two (years old)** tener dos años (de edad) ● **it's two (o'clock)** so

s dos • **a hundred and two** ciento
os • **two Hill St** Hill St, número dos
**it's minus two (degrees)** hay dos
ados bajo cero • **two out of ten** dos
bre diez
**vo-piece** *adj* de dos piezas
**ing** ['taɪɪŋ] *cont* ➢ **tie**
**pe** [taɪp] ◇ *n* *(kind)* tipo *m* ◇ *vt* teclear
*vi* escribir a máquina
**phoid** ['taɪfɔɪd] *n* fiebre *f* tifoidea
**pical** ['tɪpɪkl] *adj* típico(ca)
**re** ['taɪəʳ] *n* *(UK)* neumático *m*, llanta
*Amér)*

# *u* U

[juː] *adj* *(UK)* *(film)* (*abbr of* **universal**)
ara todos los públicos
**CAS** ['juːkas] *n* *(UK)* (*abbr of* **Univer-
ties and Colleges Admissions Service**)
*ganismo que se ocupa en gestionar el
oceso de admisión a la Universidad*
**FO** [juːef'əʊ] *n* (*abbr of* **unidentified
ying object**) OVNI *m* *(Objeto Volador
o Identificado)*
**gly** ['ʌglɪ] *adj* feo(a)
**HT** [juːeɪtʃ'tiː] *adj* (*abbr of* **ultra heat
eated**) uperizado(da) *(Esp)*, UHT
*Amér)*
**K** [juː'keɪ] *n* (*abbr of* **United Kingdom**)
**the UK** el Reino Unido
**cer** ['ʌlsəʳ] *n* úlcera *f*
**timate** ['ʌltɪmət] *adj* **1.** *(final)* final **2.**
*est, greatest)* máximo(ma)

**ultraviolet** [,ʌltrə'vaɪələt] *adj* ultravioleta
**umbrella** [ʌm'brelə] *n* paraguas *m inv*
**umpire** ['ʌmpaɪəʳ] *n* árbitro *m*
**UN** [juː'en] *n* (*abbr of* **United Nations**) • **the UN** la ONU *(Organización de las Naciones Unidas)*
**unable** [ʌn'eɪbl] *adj* • **to be unable to do sthg** ser incapaz de hacer algo
**unacceptable** [,ʌnək'septəbl] *adj* inaceptable
**unaccustomed** [,ʌnə'kʌstəmd] *adj* • **to be unaccustomed to sthg** no estar acostumbrado(da) a algo
**unanimous** [juː'nænɪməs] *adj* unánime
**unattended** [,ʌnə'tendɪd] *adj* desatendido(da)
**unattractive** [,ʌnə'træktɪv] *adj* poco atractivo(va)
**unauthorized** [,ʌn'ɔːθəraɪzd] *adj* no autorizado(da)
**unavailable** [,ʌnə'veɪləbl] *adj* no disponible
**unavoidable** [,ʌnə'vɔɪdəbl] *adj* inevitable
**unaware** [,ʌnə'weəʳ] *adj* inconsciente • **to be unaware of sthg** no ser consciente de algo
**unbearable** [ʌn'beərəbl] *adj* insoportable
**unbelievable** [,ʌnbɪ'liːvəbl] *adj* increíble
**unbutton** [,ʌn'bʌtn] *vt* desabrocharse
**uncertain** [ʌn'sɜːtn] *adj* **1.** *(not definite)* incierto(ta) **2.** *(not sure)* indeciso(sa)
**uncertainty** [,ʌn'sɜːtntɪ] *n* incertidumbre *f*
**uncle** ['ʌŋkl] *n* tío *m*

**unclean** [,ʌn'kli:n] *adj* sucio(cia)
**unclear** [,ʌn'klɪəʳ] *adj* **1.** poco claro(ra) **2.** *(not sure)* poco seguro(ra)
**uncomfortable** [,ʌn'kʌmftəbl] *adj* incómodo(da)
**uncommon** [ʌn'kɒmən] *adj* poco común
**unconscious** [ʌn'kɒnʃəs] *adj* • **to be unconscious** *(after accident)* estar inconsciente; *(unaware)* ser inconsciente
**unconvincing** [,ʌnkən'vɪnsɪŋ] *adj* poco convincente
**uncooperative** [,ʌnkəʊ'ɒpərətɪv] *adj* que no quiere cooperar
**uncork** [,ʌn'kɔ:k] *vt* descorchar
**uncouth** [ʌn'ku:θ] *adj* grosero(ra)
**uncover** [ʌn'kʌvəʳ] *vt* **1.** *(discover)* descubrir **2.** *(swimming pool)* dejar al descubierto **3.** *(car)* descapotar
**under** ['ʌndəʳ] *prep* **1.** *(beneath)* debajo de **2.** *(less than)* menos de **3.** *(according to)* según **4.** *(in classification)* en • **under the water** bajo el agua • **children under ten** niños menores de diez años • **under the circumstances** dadas las circunstancias • **to be under pressure** *(from a person)* estar presionado; *(stressed)* estar en tensión
**underage** [ʌndər'eɪdʒ] *adj* menor de edad
**undercarriage** ['ʌndə,kærɪdʒ] *n* tren *m* de aterrizaje
**underdone** [,ʌndə'dʌn] *adj* poco hecho (cha)
**underestimate** [,ʌndər'estɪmeɪt] *vt* subestimar
**underexposed** [,ʌndərɪk'spəʊzd] *adj* *(photograph)* subexpuesto(ta)
**undergo** [,ʌndə'gəʊ] (*pt* **-went**, *pp* **-gone**) *vt* **1.** *(change, difficulties)* sufrir **2.** *(operation)* someterse a
**undergraduate** [,ʌndə'grædjʊət] *n* estudiante *m* universitario (no licenciado) estudiante universitaria (no licenciada) *f*
**underground** ['ʌndəgraʊnd] ◇ *adj* **1.** *(below earth's surface)* subterráneo(a) **2.** *(secret)* clandestino(na) ◇ *n* *(UK)* *(railway)* metro *m*

## Underground

El metro de Londres, también conocido como *the Tube*, tiene 12 líneas, con una longitud total de 408 kilómetros. Cada línea está identificada por un color diferente. Dentro de los vagones no hay aire acondicionado. Dependiendo de la línea, los trenes funcionan desde las 5 de la mañana hasta la medianoche.

**undergrowth** ['ʌndəgrəʊθ] *n* maleza *f*
**underline** [,ʌndə'laɪn] *vt* subrayar
**underneath** [,ʌndə'ni:θ] ◇ *prep* debajo de ◇ *adv* debajo ◇ *n* superficie *f* inferior
**underpants** ['ʌndəpænts] *npl* calzoncillos *mpl*
**underpass** ['ʌndəpɑ:s] *n* paso *m* subterráneo
**undershirt** ['ʌndəʃɜ:t] *n* *(US)* camiseta *f*
**underskirt** ['ʌndəskɜ:t] *n* enaguas *fpl*
**understand** [,ʌndə'stænd] (*pt* & *pp* **-stood**) ◇ *vt* **1.** entender **2.** *(believe)* tener entendido que ◇ *vi* entender •

on't understand no entiendo • to make o.s. understood hacerse entender
**nderstanding** [ˌʌndəˈstændɪŋ] ◇ *adj* comprensivo(va) ◇ *n* **1.** *(agreement)* acuerdo *m* **2.** *(knowledge)* entendimiento *m* **3.** *(interpretation)* impresión **4.** *(sympathy)* comprensión *f* mutua
**nderstatement** [ˌʌndəˈsteɪtmənt] *n* • **that's an understatement** eso es quedarse corto
**nderstood** [ˌʌndəˈstʊd] *pt* & *pp* ➤ **understand**
**ndertake** [ˌʌndəˈteɪk] *(pt* **-took**, *pp* **-taken)** *vt* emprender • **to undertake to do sthg** comprometerse a hacer algo
**ndertaker** [ˈʌndəˌteɪkəʳ] *n* director *m*, -ra *f* de funeraria
**ndertaking** [ˌʌndəˈteɪkɪŋ] *n* **1.** *(promise)* promesa *f* **2.** *(task)* empresa *f*
**ndertook** [ˌʌndəˈtʊk] *pt* ➤ **undertake**
**nderwater** [ˌʌndəˈwɔːtəʳ] ◇ *adj* submarino(na) ◇ *adv* bajo el agua
**nderwear** [ˈʌndəweəʳ] *n* ropa *f* interior
**nderwent** [ˌʌndəˈwent] *pt* ➤ **undergo**
**ndo** [ˌʌnˈduː] *(pt* **-did**, *pp* **-done)** *vt* **1.** *(coat, shirt)* desabrocharse **2.** *(tie, shoelaces)* desatarse **3.** *(parcel)* abrir
**ndone** [ˌʌnˈdʌn] *adj* **1.** *(coat, shirt)* desabrochado(da) **2.** *(tie, shoelaces)* desatado(da)
**ndress** [ˌʌnˈdres] ◇ *vi* desnudarse ◇ *vt* desnudar
**ndressed** [ˌʌnˈdrest] *adj* desnudo(da) • **to get undressed** desnudarse
**neasy** [ʌnˈiːzɪ] *adj* intranquilo(la)
**neducated** [ˌʌnˈedjʊkeɪtɪd] *adj* inculto(a)
**nemployed** [ˌʌnɪmˈplɔɪd] ◇ *adj* desempleado(da) ◇ *npl* • **the unemployed** los parados
**unemployment** [ˌʌnɪmˈplɔɪmənt] *n* paro *m (Esp)*, desempleo *m*
**unemployment benefit** *n (UK)* subsidio *m* de desempleo
**unequal** [ˌʌnˈiːkwəl] *adj* desigual
**uneven** [ˌʌnˈiːvn] *adj* **1.** desigual **2.** *(road)* lleno(na) de baches
**uneventful** [ˌʌnɪˈventfʊl] *adj* sin incidentes destacables
**unexpected** [ˌʌnɪkˈspektɪd] *adj* inesperado(da)
**unexpectedly** [ˌʌnɪkˈspektɪdlɪ] *adv* inesperadamente
**unfair** [ˌʌnˈfeəʳ] *adj* injusto(ta)
**unfairly** [ˌʌnˈfeəlɪ] *adv* injustamente
**unfaithful** [ˌʌnˈfeɪθfʊl] *adj* infiel
**unfamiliar** [ˌʌnfəˈmɪljəʳ] *adj* desconocido(da) • **to be unfamiliar with** no estar familiarizado(da) con
**unfashionable** [ˌʌnˈfæʃnəbl] *adj* pasado(da) de moda
**unfasten** [ˌʌnˈfɑːsn] *vt* **1.** *(button, belt)* desabrocharse **2.** *(tie, knot)* desatarse
**unfavorable** *(US)* = **unfavourable**
**unfavourable** [ˌʌnˈfeɪvrəbl] *adj (UK)* desfavorable
**unfinished** [ˌʌnˈfɪnɪʃt] *adj* incompleto(ta)
**unfit** [ˌʌnˈfɪt] *adj* • **to be unfit** *(not healthy)* no estar en forma • **to be unfit for sthg** no ser apto(ta) para algo
**unfold** [ʌnˈfəʊld] *vt* desdoblar
**unforgettable** [ˌʌnfəˈgetəbl] *adj* inolvidable
**unforgivable** [ˌʌnfəˈgɪvəbl] *adj* imperdonable

**unfortunate** [ʌn'fɔːtʃnət] *adj* **1.** *(unlucky)* desgraciado(da) **2.** *(regrettable)* lamentable
**unfortunately** [ʌn'fɔːtʃnətlɪ] *adv* desgraciadamente
**unfriendly** [ˌʌn'frendlɪ] *adj* poco amistoso
**unfurnished** [ˌʌn'fɜːnɪʃt] *adj* sin amueblar
**ungrateful** [ʌn'greɪtfʊl] *adj* desagradecido(da)
**unhappy** [ʌn'hæpɪ] *adj* **1.** *(sad)* triste **2.** *(wretched)* desgraciado(da) **3.** *(not pleased)* descontento(ta) • **I'm unhappy about that idea** no me gusta esa idea
**unharmed** [ˌʌn'hɑːmd] *adj* ileso(sa)
**unhealthy** [ʌn'helθɪ] *adj* **1.** *(person)* enfermizo(za) **2.** *(food, smoking)* perjudicial para la salud **3.** *(place)* insalubre
**unhelpful** [ˌʌn'helpfʊl] *adj* **1.** *(person)* poco servicial **2.** *(advice)* inútil
**unhurt** [ˌʌn'hɜːt] *adj* ileso(sa)
**unhygienic** [ˌʌnhaɪ'dʒiːnɪk] *adj* antihigiénico(ca)
**unification** [ˌjuːnɪfɪ'keɪʃn] *n* unificación *f*
**uniform** ['juːnɪfɔːm] *n* uniforme *m*
**unimportant** [ˌʌnɪm'pɔːtənt] *adj* sin importancia
**unintelligent** [ˌʌnɪn'telɪdʒənt] *adj* poco inteligente
**unintentional** [ˌʌnɪn'tenʃənl] *adj* no intencionado(da)
**uninterested** [ˌʌn'ɪntrəstɪd] *adj* indiferente
**uninteresting** [ˌʌn'ɪntrestɪŋ] *adj* poco interesante
**union** ['juːnjən] *n* *(of workers)* sindicato *m*
**Union Jack** *n* • **the Union Jack** *la* bandera del Reino Unido

## Union Jack

La *Union Jack* es la bandera oficial del Reino Unido, y fue usada por primera vez en 1801. Es el resultado de la superposición de las banderas de Inglaterra, de Escocia y de Irlanda. También se le suele llamar *Union Flag*.

**unique** [juː'niːk] *adj* único(ca) • **to be unique to** ser peculiar de
**unisex** ['juːnɪseks] *adj* unisex *(inv)*
**unit** ['juːnɪt] *n* **1.** unidad *f* **2.** *(department, building)* sección *f* **3.** *(piece of furniture)* módulo *m* **4.** *(group)* equipo *m*
**unite** [juː'naɪt] ◇ *vt* **1.** *(people)* unir **2.** *(country, party)* unificar ◇ *vi* unirse
**United Kingdom** [juː'naɪtɪd-] *n* • **the United Kingdom** el Reino Unido
**United Nations** [juː'naɪtɪd-] *npl* • **the United Nations** las Naciones Unidas
**United States (of America)** [juː'naɪtɪd-] *npl* • **the United States of America** los Estados Unidos (de América)
**unity** ['juːnətɪ] *n* unidad *f*
**universal** [ˌjuːnɪ'vɜːsl] *adj* universal
**universe** ['juːnɪvɜːs] *n* universo *m*
**university** [ˌjuːnɪ'vɜːsətɪ] *n* universidad *f*
**unjust** [ˌʌn'dʒʌst] *adj* injusto(ta)
**unkind** [ʌn'kaɪnd] *adj* desagradable
**unknown** [ˌʌn'nəʊn] *adj* desconocido(da)

**leaded (petrol)** [ˌʌn'ledɪd-] *n* gaso-a *f* sin plomo
**less** [ən'les] *conj* a menos que
**like** [ˌʌn'laɪk] *prep* **1.** *(different to)* ferente a **2.** *(in contrast to)* a diferencia **3.** *(not typical of)* poco característico
**likely** [ʌn'laɪklɪ] *adj (not probable)* co probable ◆ **she's unlikely to do** es poco probable que lo haga
**limited** [ʌn'lɪmɪtɪd] *adj* ilimitado(da) **unlimited mileage** sin límite de corrido
**listed** [ʌn'lɪstɪd] *adj (US) (phone num-)* que no figura en la guía telefónica
**load** [ˌʌn'ləʊd] *vt* descargar
**lock** [ˌʌn'lɒk] *vt* abrir *(con llave)*
**lucky** [ʌn'lʌkɪ] *adj* **1.** *(unfortunate)* sgraciado(da) **2.** *(bringing bad luck)* la mala suerte
**married** [ˌʌn'mærɪd] *adj* no casado a)
**natural** [ʌn'nætʃrəl] *adj* **1.** *(unusual)* co normal **2.** *(behaviour, person)* afec-do(da)
**necessary** [ʌn'nesəsərɪ] *adj* innecesa-(ria)
**obtainable** [ˌʌnəb'teɪnəbl] *adj* inase-ible
**occupied** [ˌʌn'ɒkjʊpaɪd] *adj (place, t)* libre
**official** [ˌʌnə'fɪʃl] *adj* extraoficial
**pack** [ˌʌn'pæk] ◇ *vt* deshacer, desem-car *(Amér)* ◇ *vi* deshacer el equipaje, sempacar *(Amér)*
**pleasant** [ʌn'pleznt] *adj* **1.** *(smell, ather, surprise etc)* desagradable **2.** *erson)* antipático(ca)
**unplug** [ʌn'plʌg] *vt* desenchufar
**unpopular** [ˌʌn'pɒpjʊlə'] *adj* impopular
**unpredictable** [ˌʌnprɪ'dɪktəbl] *adj* imprevisible
**unprepared** [ˌʌnprɪ'peəd] *adj* ◆ **to be unprepared** no estar preparado(da)
**unprotected** [ˌʌnprə'tektɪd] *adj* desprotegido(da)
**unqualified** [ˌʌn'kwɒlɪfaɪd] *adj (person)* no cualificado(da)
**unreal** [ˌʌn'rɪəl] *adj* irreal
**unreasonable** [ʌn'ri:znəbl] *adj* **1.** *(unfair)* poco razonable **2.** *(excessive)* excesivo (va)
**unrecognizable** [ˌʌnrekəg'naɪzəbl] *adj* irreconocible
**unreliable** [ˌʌnrɪ'laɪəbl] *adj* poco fiable
**unrest** [ˌʌn'rest] *n* malestar *m*
**unroll** [ˌʌn'rəʊl] *vt* desenrollar
**unsafe** [ˌʌn'seɪf] *adj* **1.** *(dangerous)* peligroso(sa) **2.** *(in danger)* inseguro(ra)
**unsatisfactory** [ˌʌnsætɪs'fæktərɪ] *adj* insatisfactorio(ria)
**unscrew** [ˌʌn'skru:] *vt (lid, top)* desenroscar
**unsightly** [ʌn'saɪtlɪ] *adj* feo(a)
**unskilled** [ˌʌn'skɪld] *adj (worker)* no cualificado(da)
**unsociable** [ʌn'səʊʃəbl] *adj* insociable
**unsound** [ˌʌn'saʊnd] *adj* **1.** *(building, structure)* inseguro(ra) **2.** *(argument, method)* erróneo(a)
**unspoiled** [ˌʌn'spɔɪlt] *adj que no ha sido estropeado*
**unsteady** [ˌʌn'stedɪ] *adj* **1.** inestable **2.** *(hand)* tembloroso(sa)
**unstuck** [ˌʌn'stʌk] *adj* ◆ **to come unstuck** despegarse

**unsuccessful** [ˌʌnsək'sesfʊl] *adj* fracasado(da)
**unsuitable** [ˌʌn'suːtəbl] *adj* inadecuado(da)
**unsure** [ˌʌn'ʃɔːʳ] *adj* • **to be unsure (about)** no estar muy seguro(ra)(de)
**unsweetened** [ˌʌn'swiːtnd] *adj* no edulcorado(da)
**untidy** [ʌn'taɪdɪ] *adj* **1.** *(person)* desaliñado(da) **2.** *(room, desk)* desordenado(da)
**untie** [ˌʌn'taɪ] *(cont* **untying**) *vt* desatar
**until** [ən'tɪl] ◇ *prep* hasta ◇ *conj* hasta que • **don't start until I tell you** no empieces hasta que no te lo diga
**untrue** [ˌʌn'truː] *adj* falso(sa)
**untrustworthy** [ˌʌn'trʌstˌwɜːðɪ] *adj* poco fiable
**untying** [ˌʌn'taɪɪŋ] *cont* ➤ **untie**
**unusual** [ʌn'juːʒl] *adj* **1.** *(not common)* poco común **2.** *(distinctive)* peculiar
**unusually** [ʌn'juːʒəlɪ] *adv (more than usual)* extraordinariamente
**unwell** [ˌʌn'wel] *adj* indispuesto(ta) • **to feel unwell** sentirse mal
**unwilling** [ˌʌn'wɪlɪŋ] *adj* • **to be unwilling to do sthg** no estar dispuesto(ta) a hacer algo
**unwind** [ˌʌn'waɪnd] *(pt & pp* **unwound**) ◇ *vt* desenrollar ◇ *vi (relax)* relajarse
**unwrap** [ˌʌn'ræp] *vt* desenvolver
**unzip** [ˌʌn'zɪp] *vt* abrir la cremallera OR el cierre *(Amér)* de
**up** [ʌp]
◇ *adv* **1.** *(towards higher position, level)* hacia arriba • **we walked up to the top** fuimos andando hasta arriba del toc • **to pick sthg up** coger algo • **pric are going up** los precios están subienc **2.** *(in higher position)* arriba • **she's up her bedroom** está arriba, en su cuar • **up there** allí arriba **3.** *(into uprig position)* • **to sit up** sentarse derecho **to stand up** ponerse de pie **4.** *(nort wards)* • **we're going up to Dewsbu** vamos a subir a Dewsbury **5.** *( phrases)* • **to walk up and down and** de un lado para otro • **to jump up ar down** dar brincos • **up to six week ten people** hasta seis semanas/di personas • **are you up to travellin** ¿estás en condiciones de viajar? **what are you up to?** ¿qué and tramando? • **it's up to you** depend de ti • **up until ten o'clock** hasta las di
◇ *prep* **1.** *(towards higher position)* • **to wa up a hill** subir por un monte • **I went u the stairs** subí las escaleras **2.** *(in high position)* en lo alto de • **up a hill** en alto de una colina **3.** *(at end of)* • **th live up the road from us** viven al final nuestra calle
◇ *adj* **1.** *(out of bed)* levantado(da) • **was up at six today** hoy, me levanté las seis **2.** *(at an end)* terminado(da) **time's up** se acabó el tiempo **3.** *(rising)* **the up escalator** el ascensor que sube
◇ *n* • **ups and downs** altibajos *mpl*
**update** [ˌʌp'deɪt] *vt* actualizar
**uphill** [ˌʌp'hɪl] *adv* cuesta arriba
**upholstery** [ʌp'həʊlstərɪ] *n* tapicería *f*
**upkeep** ['ʌpkiːp] *n* mantenimiento *m*
**up-market** *adj (UK)* de mucha categoría

**on** [ə'pɒn] *prep (fml) (on)* en, sobre • **on hearing the news ...** al oír la :icia ...
**per** ['ʌpəʳ] ◇ *adj* superior ◇ *n (of shoe)* a *f*
**per class** *n* clase *f* alta
**permost** ['ʌpməʊst] *adj (highest)* más ɔ(ta)
**per sixth** *n* (*UK*) *SCH segundo año curso optativo de dos que prepara a alumnos de 18 años para los A-levels*
**right** ['ʌpraɪt] ◇ *adj* **1.** *(person)* ergui- (da) **2.** *(object)* vertical ◇ *adv* derecho
**set** [ʌp'set] *(pt & pp inv)* ◇ *adj* gustado(da) ◇ *vt* **1.** *(distress)* dis- ;tar **2.** *(cause to go wrong)* estropear *(knock over)* volcar • **to have an** ;**et stomach** tener el estómago re- elto
**side down** [ˌʌpsaɪd-] *adj & adv* al ʼés
**stairs** [ˌʌp'steəz] ◇ *adj* de arriba ◇ *adv* iba • **to go upstairs** ir arriba
**-to-date** *adj* **1.** *(modern)* moderno ı) **2.** *(well-informed)* al día
**wards** ['ʌpwədz] *adv* hacia arriba • **vards of 100 people** más de 100 rsonas
**ban** ['ɜ:bən] *adj* urbano(na)
**du** ['ʊədu:] *n* urdu *m*
**ge** [ɜ:dʒ] *vt* • **to urge sb to do sthg** :itar a alguien a hacer algo
**gent** ['ɜ:dʒənt] *adj* urgente
**gently** ['ɜ:dʒəntlɪ] *adv (immediately)* ʒentemente
**inal** [jʊə'raɪnl] *n* **1.** *(apparatus)* orinal **2.** *(fml) (place)* urinario *m*
**inate** ['jʊərɪneɪt] *vi (fml)* orinar
**urine** ['jʊərɪn] *n* orina *f*
**URL** [ju:a:'rel] *n COMPUT (abbr of* **uniform resource locator)** URL *m (uniform resource locator)*
**Uruguay** ['jʊərəgwaɪ] *n* Uruguay
**Uruguayan** ['jʊərə'gwaɪən] ◇ *adj* uruguayo(ya) ◇ *n* uruguayo *m*, -ya *f*
**us** [ʌs] *pron* nos • **they know us** nos conocen • **it's us** somos nosotros • **send it to us** envíanoslo • **tell us** dinos • **they're worse than us** son peores que nosotros
**US** [ju:'es] *n (abbr of* **United States)** • **the US** los EEUU

## US Education

En los Estados Unidos, los niños de 5 años van a la *Elementary School.* A los 12, pasan a la *Junior High School* y dos años más tarde, a la *High School.* La ceremonia de graduación de la *High School,* a los 18 años, es un acontecimiento muy importante.

## US Open

Existen dos Abiertos de Estados Unidos, uno de tenis y otro de golf. En los dos casos, se celebran anualmente y son uno de los torneos más importantes del mundo en cada deporte. El Abierto de tenis se celebra en *Flushing Meadows,* en Nueva York.

**USA** [ju:es'eɪ] *n (abbr of* **United States of**

America) • **the USA** los EEUU

**usable** ['ju:zəbl] *adj* utilizable

**use** ◇ *n* [ju:s] uso *m* ◇ *vt* [ju:z] **1.** usar **2.** *(exploit)* utilizar • **to be of use** ser útil • **to have the use of sthg** poder hacer uso de algo • **to make use of sthg** aprovechar algo ▼ **out of use** no funciona • **to be in use** usarse • **it's no use** es inútil • **what's the use?** ¿de qué vale? • **to use a crate as a table** usar un cajón como mesa ▼ **use before ...** consumir preferentemente antes de ... ◆ **use up** *vt sep* agotar

**used** ◇ *adj* [ju:zd] usado(da) ◇ *aux vb* [ju:st] • **I used to live near here** antes vivía cerca de aquí • **I used to go there every day** solía ir allí todos los días • **to be used to sthg** estar acostumbrado(da) a algo • **to get used to sthg** acostumbrarse a algo

**useful** ['ju:sfʊl] *adj* útil

**useless** ['ju:slɪs] *adj* **1.** inútil **2.** *(inf) (very bad)* pésimo(ma)

**user** ['ju:zə^r] *n* usuario *m*, -ria *f*

**usher** ['ʌʃə^r] *n (at cinema, theatre)* acomodador *m*

**usual** ['ju:ʒəl] *adj* habitual • **as usual** *(in the normal way)* como de costumbre; *(as often happens)* como siempre

**usually** ['ju:ʒəlɪ] *adv* normalmente

**utensil** [ju:'tensl] *n* utensilio *m*

**utilize** ['ju:təlaɪz] *vt (fml)* utilizar

**utmost** ['ʌtməʊst] ◇ *adj* mayor ◇ *n* • **to do one's utmost** hacer todo cuanto sea posible

**utter** ['ʌtə^r] ◇ *adj* completo(ta) ◇ *vt* **1.** *(word)* pronunciar **2.** *(sound)* emitir

**utterly** ['ʌtəlɪ] *adv* completamente

**U-turn** *n* giro *m* de 180°

**UV** [ju:'vi:] *adj (abbr of* **ultra-viol**e ultravioleta • **UV rays** rayos m ultravioleta

# V

**vacancy** ['veɪkənsɪ] *n (job)* vacante *f* **vacancies** hay camas ▼ **no vacanci** completo

**vacant** ['veɪkənt] *adj* libre ▼ **vacant** lib

**vacate** [və'keɪt] *vt (fml) (room, hous* desocupar

**vacation** [və'keɪʃn] ◇ *n (US)* vacacion *fpl* ◇ *vi (US)* estar de vacaciones • **go on vacation** *(US)* ir de vacacione

**vaccination** [ˌvæksɪ'neɪʃn] *n* vacun ción *f*

**vaccine** [*(UK)* 'væksi:n, *(US)* væk'si:n] vacuna *f*

**vacuum** ['vækjʊəm] *vt* pasar la aspir dora por

**vacuum cleaner** *n* aspiradora *f*

**vague** [veɪg] *adj* **1.** *(plan, letter, idea)* va (ga) **2.** *(memory, outline)* borroso(sa) *(person)* impreciso(sa)

**vain** [veɪn] *adj (pej) (conceited)* engreí (da) • **in vain** en vano

**Valentine card** ['væləntaɪn-] *n* tarjet del día de San Valentín

**Valentine's Day** ['væləntaɪnz-] *n* día de San Valentín

**valid** ['vælɪd] *adj (ticket, passport)* val dero(ra)

**lidate** ['vælɪdeɪt] *vt* validar
**lley** ['vælɪ] (*pl* **-s**) *n* valle *m*
**luable** ['væljʊəbl] *adj* valioso(sa) ♦ *m*
**luables** *npl* objetos *mpl* de valor
**lue** ['vælju:] *n* **1.** *(financial)* valor *m* **2.** *efulness)* sentido *m* ● **a value pack** paquete económico ● **to be good lue (for money)** estar muy bien de ecio ♦ **values** *npl* valores *mpl* mora-
**lve** [vælv] *n* válvula *f*
**n** [væn] *n* furgoneta *f*
**ndal** ['vændl] *n* vándalo *m*, -la *f*
**ndalize** ['vændəlaɪz] *vt* destrozar
**nilla** [və'nɪlə] *n* vainilla *f*
**nish** ['vænɪʃ] *vi* desaparecer
**por** ['veɪpər] (*US*) = **vapour**
**pour** ['veɪpəʳ] *n* (*UK*) vapor *m*
**riable** ['veərɪəbl] *adj* variable
**ricose veins** ['værɪkəʊs-] *npl* varices
**ried** ['veərɪd] *adj* variado(da)
**riety** [və'raɪətɪ] *n* variedad *f*
**rious** ['veərɪəs] *adj* varios(rias)
**rnish** ['vɑ:nɪʃ] ◇ *n* *(for wood)* barniz *m* *vt* *(wood)* barnizar
**ry** ['veərɪ] *vt* & *vi* variar ● **regulations ry from country to country** las rmas cambian de un país a otro ▼ **ices vary** los precios varían
**se** [(*UK*) vɑ:z, (*US*) veɪz] *n* florero *m*
**st** [vɑ:st] *adj* inmenso(sa)
**AT** [væt, vi:eɪ'ti:] *n* (*abbr of* **value ded tax**) IVA *m* *(impuesto sobre el lor añadido)*
**ult** [vɔ:lt] *n* **1.** *(in bank)* cámara *f* orazada **2.** *(in church)* cripta *f* **3.** *(roof)* veda *f*

**VCR** [vi:si:'ɑ:r] *n* (*UK*) (*abbr of* **video cassette recorder**) vídeo *m* (*Esp*), video *m*
**VDU** [vi:di:'ju:] *n* (*abbr of* **visual display unit**) monitor *m*
**veal** [vi:l] *n* ternera *f*
**veg** [vedʒ] *n* verdura *f*
**vegan** ['vi:gən] ◇ *adj* vegano(na) ◇ *n* vegano *m*, -na *f*
**vegetable** ['vedʒtəbl] *n* vegetal *m* ● **vegetables** verduras *fpl*
**vegetable oil** *n* aceite *m* vegetal
**vegetarian** [ˌvedʒɪ'teərɪən] ◇ *adj* vegetariano(na) ◇ *n* vegetariano *m*, -na *f*
**vegetation** [ˌvedʒɪ'teɪʃn] *n* vegetación *f*
**vehicle** ['vi:əkl] *n* vehículo *m*
**veil** [veɪl] *n* velo *m*
**vein** [veɪn] *n* vena *f*
**Velcro**® ['velkrəʊ] *n* velcro® *m*
**velvet** ['velvɪt] *n* terciopelo *m*
**vending machine** ['vendɪŋ-] *n* máquina *f* de venta automática
**venetian blind** [vɪˌni:ʃn-] *n* persiana *f* veneciana
**Venezuela** [ˌvenɪz'weɪlə] *n* Venezuela
**Venezuelan** [ˌvenɪz'weɪlən] ◇ *adj* venezolano(na) ◇ *n* venezolano *m*, -na *f*
**venison** ['venɪzn] *n* carne *f* de venado
**vent** [vent] *n* *(for air, smoke etc)* rejilla *f* de ventilación
**ventilation** [ˌventɪ'leɪʃn] *n* ventilación *f*
**ventilator** ['ventɪleɪtəʳ] *n* ventilador *m*
**venture** ['ventʃəʳ] ◇ *n* empresa *f* ◇ *vi* *(go)* aventurarse a ir
**venue** ['venju:] *n* lugar *m* *(de un acontecimiento)*
**veranda** [və'rændə] *n* porche *m*
**verb** [vɜ:b] *n* verbo *m*

**verdict** ['vɜːdɪkt] *n* **1.** *LAW* veredicto *m* **2.** *(opinion)* juicio *m*
**verge** [vɜːdʒ] *n* *(UK)* *(of road, lawn, path)* borde *m* ▼ **soft verges** *señal que avisa del peligro de estancarse en los bordes de la carretera*
**verify** ['verɪfaɪ] *vt* verificar
**vermin** ['vɜːmɪn] *n* bichos *mpl*
**vermouth** ['vɜːməθ] *n* vermut *m*
**versa** ➤ **vice versa**
**versatile** ['vɜːsətaɪl] *adj* **1.** *(person)* polifacético(ca) **2.** *(machine, food)* que tiene muchos usos
**verse** [vɜːs] *n* **1.** *(of song, poem)* estrofa *f* **2.** *(poetry)* versos *mpl*
**version** ['vɜːʃn] *n* versión *f*
**versus** ['vɜːsəs] *prep* contra
**vertical** ['vɜːtɪkl] *adj* vertical
**vertigo** ['vɜːtɪgəʊ] *n* vértigo *m*
**very** ['verɪ] ◇ *adv* muy ◇ *adj* mismísimo (ma) • **very much** mucho • **not very big** no muy grande • **my very own room** mi propia habitación • **the very best** el mejor de todos • **the very person** justo la persona
**vessel** ['vesl] *n* *(fml)* *(ship)* nave *f*
**vest** [vest] *n* **1.** *(UK)* *(underwear)* camiseta *f* **2.** *(US)* *(waistcoat)* chaleco *m*
**vet** [vet] *n* *(UK)* veterinario *m*, -ria *f*
**veteran** ['vetrən] *n* veterano *m*, -na *f*
**veterinarian** [ˌvetərɪ'neərɪən] *(US)* = **vet**
**veterinary surgeon** ['vetərɪnrɪ-] *(UK)* = **vet**
**VHS** [viːeɪtʃ'es] *n* *(abbr of* **video home system***)* VHS *m*
**via** ['vaɪə] *prep* **1.** *(place)* pasando por **2.** *(by means of)* por medio de

**viaduct** ['vaɪədʌkt] *n* viaducto *m*
**vibrate** [vaɪ'breɪt] *vi* vibrar
**vibration** [vaɪ'breɪʃn] *n* vibración *f*
**vicar** ['vɪkər] *n* párroco *m*, -ca *f*
**vicarage** ['vɪkərɪdʒ] *n* casa *f* parroqui[al]
**vice** [vaɪs] *n* **1.** vicio *m* **2.** *(UK)* *(too[l])* torno *m* de banco
**vice-president** *n* vicepresidente [*m*], -ta *f*
**vice versa** [ˌvaɪsɪ'vɜːsə] *adv* viceversa
**vicinity** [vɪ'sɪnətɪ] *n* • **in the vicinity** [e]n las proximidades
**vicious** ['vɪʃəs] *adj* **1.** *(attack)* brutal [**2.**] *(animal)* sañoso(sa) **3.** *(comment)* hirie[n]te
**victim** ['vɪktɪm] *n* víctima *f*
**Victorian** [vɪk'tɔːrɪən] *adj* victoria[no] (na)
**victory** ['vɪktərɪ] *n* victoria *f*
**video** ['vɪdɪəʊ] *(pl* **-s***)* ◇ *n* vídeo *m* ◇ *vt* *(using video recorder)* grabar en vídeo *(using camera)* hacer un vídeo de • [**on**] **video** en vídeo
**video camera** *n* videocámara *f*
**video game** *n* videojuego *m*
**video recorder** *n* *(UK)* vídeo *m* *(Esp)* video *m*
**video shop** *n* *(UK)* tienda *f* de víde[os] *(Esp)* OR videos
**videotape** ['vɪdɪəʊteɪp] *n* cinta *f* [de] vídeo *(Esp)* OR video
**Vietnam** [ˌvjet'næm] *n* Vietnam
**view** [vjuː] ◇ *n* **1.** *(scene, line of sigh[t])* vista *f* **2.** *(opinion)* opinión *f* **3.** *(attitud[e])* visión *f* ◇ *vt* *(look at)* observar • **in m[y] view** desde mi punto de vista • [**in**] **view of** *(considering)* en vista de • **come into view** aparecer • **you'**

ɔcking my view no me dejas ver nada
ɘwer ['vju:əʳ] *n* *(of TV)* telespectador -ra *f*
ɘwfinder ['vju:ˌfaɪndəʳ] *n* visor *m*
ɘwpoint ['vju:pɔɪnt] *n* **1.** *(opinion)* ɪnto *m* de vista **2.** *(place)* mirador *m*
gilant ['vɪdʒɪlənt] *adj* *(fml)* alerta
.la ['vɪlə] *n* **1.** *(in countryside, by sea)* sa *f* de campo **2.** *(UK)* *(in town)* chalé
.lage ['vɪlɪdʒ] *n* **1.** *(larger)* pueblo *m* **2.** naller) aldea *f*
.lager ['vɪlɪdʒəʳ] *n* aldeano *m*, -na *f*
.lain ['vɪlən] *n* **1.** *(of book, film)* malo *m*, *f* **2.** *(criminal)* criminal *mf*
naigrette [ˌvɪnɪ'gret] *n* vinagreta *f*
ne [vaɪn] *n* **1.** *(grapevine)* vid *f* **2.** imbing plant) parra *f*
negar ['vɪnɪgəʳ] *n* vinagre *m*
neyard ['vɪnjəd] *n* viña *f*
ntage ['vɪntɪdʒ] ◇ *adj* *(wine)* añejo(ja) *n* *(year)* cosecha *f* *(de vino)*
nyl ['vaɪnɪl] *n* vinilo *m*
ɔla [vɪ'əʊlə] *n* viola *f*
ɔlence ['vaɪələns] *n* violencia *f*
ɔlent ['vaɪələnt] *adj* **1.** violento(ta) **2.** orm) fuerte
ɔlet ['vaɪələt] ◇ *adj* violeta *(inv)* ◇ *n* ɔwer) violeta *f*
ɔlin [ˌvaɪə'lɪn] *n* violín *m*
P [vi:aɪ'pi:] *n* (*abbr of* **very important** rson) *gran personalidad*
rgin ['vɜ:dʒɪn] *n* virgen *mf*
rgo ['vɜ:gəʊ] *n* Virgo *m*
rtually ['vɜ:tʃʊəlɪ] *adv* prácticamente
rtual reality ['vɜ:tʃʊəl-] *n* realidad *f* rtual
rus ['vaɪrəs] *n* virus *m inv*

**visa** ['vi:zə] *n* visado *m* *(Esp)*, visa *m* *(Amér)*
**viscose** ['vɪskəʊs] *n* viscosa *f*
**visibility** [ˌvɪzɪ'bɪlətɪ] *n* visibilidad *f*
**visible** ['vɪzəbl] *adj* visible
**visit** ['vɪzɪt] ◇ *vt* visitar ◇ *n* visita *f*
**visiting hours** ['vɪzɪtɪŋ-] *npl* horas *fpl* de visita
**visitor** ['vɪzɪtəʳ] *n* **1.** *(to person)* visita *f* **2.** *(to place)* visitante *mf*
**visitors' book** ['vɪzɪtəz-] *n* libro *m* de visitas
**visor** ['vaɪzəʳ] *n* visera *f*
**vital** ['vaɪtl] *adj* esencial
**vitamin** [*(UK)* 'vɪtəmɪn, *(US)* 'vaɪtəmɪn] *n* vitamina *f*
**vivid** ['vɪvɪd] *adj* vivo(va)
**V-neck** ['vi:-] *n* *(design)* cuello *m* de pico
**vocabulary** [və'kæbjʊlərɪ] *n* vocabulario *m*
**vodka** ['vɒdkə] *n* vodka *m*
**voice** [vɔɪs] *n* voz *f*
**voice mail** *n* buzón *m* de voz • **to check one's voice mail** escuchar los mensajes del buzón de voz
**volcano** [vɒl'keɪnəʊ] (*pl* **-es** OR **-s**) *n* volcán *m*
**volleyball** ['vɒlɪbɔ:l] *n* voleibol *m*
**volt** [vəʊlt] *n* voltio *m*
**voltage** ['vəʊltɪdʒ] *n* voltaje *m*
**volume** ['vɒlju:m] *n* volumen *m*
**voluntary** ['vɒləntrɪ] *adj* voluntario (ria)
**volunteer** [ˌvɒlən'tɪəʳ] ◇ *n* voluntario *m*, -ria *f* ◇ *vt* • **to volunteer to do sthg** ofrecerse voluntariamente a hacer algo
**vomit** ['vɒmɪt] ◇ *n* vómito *m* ◇ *vi* vomitar

**vote** [vəʊt] ◇ *n* **1.** *(choice)* voto *m* **2.** *(process)* votación *f* **3.** *(number of votes)* votos *mpl* ◇ *vi* ● **to vote (for)** votar (a)
**voter** ['vəʊtə<sup>r</sup>] *n* votante *mf*
**voucher** ['vaʊtʃə<sup>r</sup>] *n* bono *m*
**vowel** ['vaʊəl] *n* vocal *f*
**voyage** ['vɔɪɪdʒ] *n* viaje *m*
**vulgar** ['vʌlgə<sup>r</sup>] *adj* **1.** *(rude)* grosero(ra) **2.** *(in bad taste)* chabacano(na)
**vulture** ['vʌltʃə<sup>r</sup>] *n* buitre *m*

# W

**W** (*abbr of* **west**) O *(oeste)*
**wad** [wɒd] *n* **1.** *(of paper)* taco *m* **2.** *(of banknotes)* fajo *m* **3.** *(of cotton)* bola *f*
**wade** [weɪd] *vi* caminar dentro del agua
**wading pool** ['weɪdɪŋ-] *n* (*US*) piscina *f* infantil
**wafer** ['weɪfə<sup>r</sup>] *n* barquillo *m*
**waffle** ['wɒfl] ◇ *n* *(pancake)* gofre *m* (*Esp*), wafle *m* (*Amér*) ◇ *vi* (*UK*) (*inf*) enrollarse
**wag** [wæg] *vt* menear
**wage** [weɪdʒ] *n* *(weekly)* salario *m* ● **wages** *npl (weekly)* salario *m*
**wagon** ['wægən] *n* **1.** *(vehicle)* carro *m* **2.** (*UK*) *(of train)* vagón *m*
**waist** [weɪst] *n* cintura *f*
**waistcoat** ['weɪskəʊt] *n* (*UK*) chaleco *m*
**wait** [weɪt] ◇ *n* espera *f* ◇ *vi* esperar ● **to wait for sb to do sthg** esperar a que alguien haga algo ● **I can't wait!** ¡me muero de impaciencia! ◆ **wait for** *insep* esperar
**waiter** ['weɪtə<sup>r</sup>] *n* camarero *m*, mese[ro] *m* (*Amér*)
**waiting room** ['weɪtɪŋ-] *n* sala *f* [de] espera
**waitress** ['weɪtrɪs] *n* camarera *f*, mese[ra] *f* (*Amér*)
**wake** [weɪk] (*pt* **woke**, *pp* **woken**) ◇ [*vt*] despertar ◇ *vi* despertarse ◆ **wake up** *vt sep* despertar ◇ *vi* despertarse
**Wales** [weɪlz] *n* (el país de) Gales
**walk** [wɔːk] ◇ *n* **1.** *(journey on foot)* pas[eo] *m* **2.** *(path)* ruta *f* paisajística (a pie) [◇] *vi* **1.** andar (*Esp*), caminar **2.** *(as hobb[y])* caminar ◇ *vt* **1.** *(distance)* andar (*Esp*[, *Amér*]) caminar **2.** *(dog)* pasear ● **to go for [a] walk** ir a dar un paseo ● **it's a sho[rt] walk** está a poca distancia a pie ● **take the dog for a walk** pasear el per[ro] ▼ **don't walk** (*US*) *señal que prohí[be] cruzar a los peatones* ▼ walk (*US*) *señ[al] que autoriza a los peatones a cruzar*
**walk away** *vi* marcharse ◆ **walk in** entrar ◆ **walk out** *vi* *(leave angri[ly])* marcharse enfurecido
**walker** ['wɔːkə<sup>r</sup>] *n* caminante *mf*
**walking boots** ['wɔːkɪŋ-] *npl* botas [*fpl*] de montaña
**walking stick** ['wɔːkɪŋ-] *n* bast[ón] *m*
**wall** [wɔːl] *n* **1.** *(of building, room)* pare[d] [*f*] **2.** *(in garden, countryside, street)* muro [*m*]
**wallet** ['wɒlɪt] *n* billetero *m*
**wallpaper** ['wɔːl,peɪpə<sup>r</sup>] *n* papel *m* [de] pared
**Wall Street** *n* Wall Street

## Wall Street

*Wall Street* es una calle en el extremo sur de Manhattan en la que se concentran las principales instituciones financieras y la Bolsa de Nueva York. El nombre de *Wall Street* se usa muchas veces como sinónimo de la Bolsa neoyorquina.

**wally** ['wɒlɪ] *n* (*UK*) (*inf*) imbécil *mf*

**walnut** ['wɔːlnʌt] *n* (*nut*) nuez *f* (*de nogal*)

**waltz** [wɔːls] *n* vals *m*

**wander** ['wɒndəʳ] *vi* vagar

**want** [wɒnt] *vt* **1.** (*desire*) querer **2.** (*need*) necesitar • **to want to do sthg** querer hacer algo • **do you want me to help you?** ¿quieres que te ayude?

**WAP** [wæp] *n* (*abbr of* **wireless application protocol**) WAP m

**war** [wɔːʳ] *n* guerra *f*

**ward** [wɔːd] *n* (*in hospital*) sala *f*

**warden** ['wɔːdn] *n* (*of park*) guarda *mf*

**wardrobe** ['wɔːdrəʊb] *n* armario *m*, guardarropa *m*, ropero *m* (*Amér*)

**warehouse** ['weəhaʊs] *n* almacén *m*

**warm** [wɔːm] ◇ *adj* **1.** (*pleasantly hot*) caliente **2.** (*lukewarm*) templado(da) **3.** (*day, weather, welcome*) caluroso(sa) **4.** (*clothes, blankets*) que abriga **5.** (*person, smile*) afectuoso(sa) ◇ *vt* calentar • **I'm warm** tengo calor • **it's warm** hace calor • **are you warm enough?** no tendrás frío ¿verdad? ◆ **warm up** ◇ *vt* calentar ◇ *vi* **1.** (*get warmer*) entrar en calor **2.** (*do exercises*) hacer ejercicios de calentamiento **3.** (*machine, engine*) calentarse

**warmth** [wɔːmθ] *n* calor *m*

**warn** [wɔːn] *vt* advertir • **we warned them about the risks** les prevenimos de los riesgos • **I warned you not to do that** te advertí que no lo hicieras

**warning** ['wɔːnɪŋ] *n* aviso *m*

**warranty** ['wɒrəntɪ] *n* (*fml*) garantía *f*

**warship** ['wɔːʃɪp] *n* buque *m* de guerra

**wart** [wɔːt] *n* verruga *f*

**was** [wɒz] *pt* ➢ **be**

**wash** [wɒʃ] ◇ *vt* lavar ◇ *vi* lavarse ◇ *n* • **to give sthg a wash** lavar algo • **to have a wash** lavarse • **to wash one's hands/face** lavarse las manos/la cara ◆ **wash up** *vi* **1.** (*UK*) (*do washing-up*) fregar los platos **2.** (*US*) (*clean o.s.*) lavarse

**washable** ['wɒʃəbl] *adj* lavable

**washbasin** ['wɒʃˌbeɪsn] *n* lavabo *m*

**washbowl** ['wɒʃbəʊl] *n* (*US*) lavabo *m*

**washer** ['wɒʃəʳ] *n* (*ring*) arandela *f*

**washing** ['wɒʃɪŋ] *n* (*UK*) **1.** (*activity, clean clothes*) colada *f* (*Esp*), ropa *f* lavada **2.** (*dirty clothes*) ropa *f* sucia

**washing line** *n* (*UK*) tendedero *m*

**washing machine** *n* lavadora *f*

**washing powder** *n* (*UK*) detergente *m* (en polvo)

**washing-up** *n* (*UK*) • **to do the washing-up** fregar los platos

**washing-up bowl** *n* (*UK*) barreño *m*

**washing-up liquid** *n* (*UK*) lavavajillas *m inv*

**washroom** ['wɒʃrʊm] *n* (*US*) aseos *mpl*, baños *mpl* (*Amér*)

**wasn't** [wɒznt] = **was not**

**wasp** [wɒsp] *n* avispa *f*
**waste** [weɪst] ◇ *n* **1.** *(rubbish)* desperdicios *mpl* **2.** *(toxic, nuclear)* residuos *mpl* ◇ *vt* **1.** *(energy, opportunity)* desperdiciar **2.** *(money)* malgastar **3.** *(time)* perder • **a waste of money** un derroche de dinero • **a waste of time** una pérdida de tiempo
**wastepaper basket** [ˌweɪst'peɪpəʳ] *n* papelera *f*
**watch** [wɒtʃ] ◇ *n* *(wristwatch)* reloj *m* (de pulsera) ◇ *vt* **1.** *(observe)* ver **2.** *(spy on)* vigilar **3.** *(be careful with)* tener cuidado con ◆ **watch out** *vi* *(be careful)* tener cuidado • **watch out for a big hotel** estate al tanto de un hotel grande
**watchstrap** ['wɒtʃstræp] *n* correa *f* de reloj
**water** ['wɔːtəʳ] ◇ *n* agua *f* ◇ *vt* regar ◇ *vi* • **my eyes are watering** me lloran los ojos • **my mouth is watering** se me está haciendo la boca agua
**water bottle** *n* cantimplora *f*
**watercolor** (*US*) = **watercolour**
**watercolour** ['wɔːtəˌkʌləʳ] *n* (*UK*) acuarela *f*
**watercress** ['wɔːtəkres] *n* berro *m*
**waterfall** ['wɔːtəfɔːl] *n* **1.** *(small)* cascada *f* **2.** *(large)* catarata *f*
**watering can** ['wɔːtərɪŋ-] *n* regadera *f*
**watermelon** ['wɔːtəˌmelən] *n* sandía *f*
**waterproof** ['wɔːtəpruːf] *adj* impermeable
**water skiing** *n* esquí *m* acuático
**watersports** ['wɔːtəspɔːts] *npl* deportes *mpl* acuáticos
**water tank** *n* depósito *m* del agua
**watertight** ['wɔːtətaɪt] *adj* hermético(ca)
**watt** [wɒt] *n* vatio *m* • **a 60-watt bulb** una bombilla de 60 vatios
**wave** [weɪv] ◇ *n* **1.** *(in sea, of crime)* ola **2.** *(in hair, of light, sound)* onda *f* ◇ *vt* *(hand)* saludar con **2.** *(flag)* agitar ◇ *vi* *(when greeting)* saludar con la mano *(when saying goodbye)* decir adiós con mano
**wavelength** ['weɪvleŋθ] *n* longitud *f* de onda
**wavy** ['weɪvɪ] *adj* ondulado(da)
**wax** [wæks] *n* cera *f*
**way** [weɪ] *n* **1.** *(manner, means)* modo *m*, manera *f* **2.** *(route, distance travelled)* camino *m* **3.** *(direction)* dirección *f* • **it's the wrong way round** es al revés • **which way is the station?** ¿por dónde se va a la estación? • **the town is out of our way** la ciudad no nos queda de camino • **to be in the way** estar en medio • **to be on the way** *(coming)* estar de camino • **to get out of the way** quitarse de en medio • **to get under way** dar comienzo • **there's a long way to go** nos queda mucho camino • **a long way away** muy lejos • **to lose one's way** perderse • **on the way back** a la vuelta • **on the way there** a la ida • **that way** *(like that)* así *(in that direction)* por allí • **this way** *(like this)* así; *(in this direction)* por aquí ▾ **give way** ceda el paso • **no way!** *(inf)* ¡ni hablar! ▾ **way in** entrada ▾ **way out** salida
**WC** [dʌbljuː'siː] *n* (*UK*) (*abbr of* **water closet**) aseos *mpl*, baños *mpl* (*Amér*)

**'e** [wi:] *pron* nosotros *mpl*, -tras *f* • **'e're young** (nosotros) somos jóvenes
**'eak** [wi:k] *adj* **1.** débil **2.** *(not solid)* ágil **3.** *(drink)* poco cargado(da) **4.** *oup)* líquido(da) **5.** *(poor, not good)* iediocre
**'eaken** ['wi:kn] *vt* debilitar
**'eakness** ['wi:knɪs] *n* **1.** *(weak point)* efecto *m* **2.** *(fondness)* debilidad *f*
**'ealth** [welθ] *n* riqueza *f*
**'ealthy** ['welθɪ] *adj* rico(ca)
**'eapon** ['wepən] *n* arma *f*
**'eapons of mass destruction** *n* rmas *fpl* de destrucción masiva
**'ear** [weəʳ] *(pt* **wore**, *pp* **worn**) ◊ *vt* evar ◊ *n (clothes)* ropa *f* • **wear and** ıar desgaste *m* ♦ **wear off** *vi* desapa-ːcer ♦ **wear out** *vi* gastarse
**'eary** ['wɪərɪ] *adj* fatigado(da)
**'eather** ['weðəʳ] *n* tiempo *m* • **what's** ıe **weather like?** ¿qué tiempo hace? • ɔ **be under the weather** *(inf)* no ncontrarse muy bien
**'eather forecast** *n* pronóstico *m* del empo
**'eather forecaster** [-fɔ:kɑ:stəʳ] *n* ombre *m* del tiempo, mujer del empo *f*
**'eather report** *n* parte *m* meteoro-ıgico
**'eather vane** [-veɪn] *n* veleta *f*
**'eave** [wi:v] *(pt* **wove**, *pp* **woven**) *vt* ːjer
**'eb** [web] *n* **1.** telaraña *f* **2.** *COMPUT* • ıe **web** el OR la Web • **on the web** en OR la Web
**'ebcam** ['webkæm] *n* webcam *f*
**'eb site** *n COMPUT* sitio *m* web, web *m*

**Wed.** *(abbr of* **Wednesday***)* miér. *(miércoles)*
**wedding** ['wedɪŋ] *n* boda *f*
**wedding anniversary** *n* aniversario *m* de boda
**wedding dress** *n* vestido *m* de novia
**wedding ring** *n* anillo *m* de boda
**wedge** [wedʒ] *n* **1.** *(of cake)* trozo *m* **2.** *(of wood etc)* cuña *f*
**Wednesday** ['wenzdɪ] *n* miércoles *m inv* • **it's Wednesday** es miércoles • **Wednesday morning** el miércoles por la mañana • **on Wednesday** el miércoles • **on Wednesdays** los miércoles • **last Wednesday** el miércoles pasado • **this Wednesday** este miércoles • **next Wednesday** el miércoles de la semana que viene • **Wednesday week, a week on Wednesday** del miércoles en ocho días
**wee** [wi:] *n (inf)* pipí *m*
**weed** [wi:d] *n* mala hierba *f*
**week** [wi:k] *n* **1.** semana *f* **2.** *(weekdays)* días *mpl* laborables • **a week today** de hoy en ocho días • **in a week's time** dentro de una semana
**weekday** ['wi:kdeɪ] *n* día *m* laborable
**weekend** [ˌwi:k'end] *n* fin *m* de semana
**weekly** ['wi:klɪ] ◊ *adj* semanal ◊ *adv* cada semana ◊ *n* semanario *m*
**weep** [wi:p] *(pt & pp* **wept**) *vi* llorar
**weigh** [weɪ] *vt* pesar • **how much does it weigh?** ¿cuánto pesa?
**weight** [weɪt] *n* peso *m* • **to lose weight** adelgazar • **to put on weight** engordar ♦ **weights** *npl (for weight training)* pesas *fpl*
**weightlifting** ['weɪtˌlɪftɪŋ] *n* halterofilia *f*

**weight training** *n* ejercicios *mpl* de pesas
**weird** [wɪəd] *adj* raro(ra)
**welcome** ['welkəm] ◇ *adj* **1.** *(guest)* bienvenido(da) **2.** *(freely allowed)* muy libre **3.** *(appreciated)* grato(ta) ◇ *n* bienvenida *f* ◇ *vt* **1.** *(greet)* dar la bienvenida a **2.** *(be grateful for)* agradecer ◇ *excl* ¡bienvenido! • **to make sb feel welcome** recibir bien a alguien • **you're welcome!** de nada
**weld** [weld] *vt* soldar
**welfare** ['welfeəʳ] *n* **1.** *(happiness, comfort)* bienestar *m* **2.** (*US*) *(money)* subsidio *m* de la Seguridad Social
**well** [wel] (*compar* **better**, *superl* **best**) ◇ *adj & adv* bien ◇ *n* pozo *m* • **to get well** reponerse • **to go well** ir bien • **well before the start** mucho antes del comienzo • **well done!** ¡muy bien! • **it may well happen** es muy probable que ocurra • **it's well worth it** sí que merece la pena • **as well** también • **as well as** además de
**we'll** [wi:l] = **we shall, we will**
**well-behaved** [-bɪ'heɪvd] *adj* bien educado(da)
**well-built** *adj* fornido(da)
**well-done** *adj* muy hecho(cha)
**well-dressed** [-'drest] *adj* bien vestido (da)
**wellington (boot)** ['welɪŋtən-] *n* (*UK*) bota *f* de agua
**well-known** *adj* conocido(da)
**well-off** *adj (rich)* adinerado(da)
**well-paid** *adj* bien remunerado(da)
**welly** ['welɪ] *n* (*UK*) (*inf*) bota *f* de agua
**Welsh** [welʃ] ◇ *adj* galés(esa) ◇ *n* *(language)* galés *m* ◇ *npl* • **the Welsh** los galeses • **Welsh National Assembly** la Asamblea Nacional de Gales

## Welsh National Assembly

La Asamblea Nacional de Gales fue instituida en 1998, cuando Gales consiguió un grado limitado de autonomía con respecto a Londres. Tiene competencias en materia de agricultura, educación, salud y turismo, entre otros asuntos. Su sede está en Cardiff, la capital de Gales.

**Welshman** ['welʃmən] (*pl* **-men**) galés *m*
**Welshwoman** ['welʃ,wʊmən] (*pl* **-women**) *n* galesa *f*
**went** [went] *pt* ➢ **go**
**wept** [wept] *pt & pp* ➢ **weep**
**were** [wɜ:ʳ] *pt* ➢ **be**
**we're** [wɪəʳ] = **we are**
**weren't** [wɜ:nt] = **were not**
**west** [west] ◇ *n* oeste *m* ◇ *adv* **1.** *(fly, walk)* hacia el oeste **2.** *(be situated)* al oeste • **in the west of England** en el oeste de Inglaterra
**westbound** ['westbaʊnd] *adj* con dirección oeste
**West Country** *n* • **the West Country** *el sudoeste de Inglaterra, especialmente los condados de Somerset, Devon y Cornualles*
**western** ['westən] ◇ *adj* occidental ◇ película *f* del oeste
**West Indies** [-'ɪndi:z] *npl* • **the West Indies** las Antillas

**estminster** ['westmɪnstəʳ] *n* Westnster
**estminster Abbey** *n* la abadía de ɛstminster

## Vestminster/ Vestminster Abbey

*'estminster* es un barrio del centro e Londres en el que se encuentra parlamento británico y la abadía el mismo nombre (*Westminster bbey*). Durante muchos siglos los ıonarcas británicos fueron ente- ados en la abadía. Con frecuencia, *'estminster* se usa como sinónimo e "el gobierno británico".

**stwards** ['westwədz] *adv* hacia el ste
**t** [wet] (*pt & pp inv* OR **-ted**) ◇ *adj* **1.** *aked)* mojado(da) **2.** *(damp)* húmedo ı) **3.** *(rainy)* lluvioso(sa) ◇ *vt* **1.** *(soak)* ojar **2.** *(dampen)* humedecer ● **to get t** mojarse ▼ **wet paint** recién pinlo
**t suit** *n* traje *m* de submarinista
**'ve** [wi:v] = **we have**
**ıale** [weɪl] *n* ballena *f*
**ıarf** [wɔ:f] (*pl* **-s** OR **wharves**) *n* ıelle *m*
**ıat** [wɒt]
*dj* **1.** *(in questions)* qué ● **what colour t?** ¿de qué color es? ● **what shape it?** ¿qué forma tiene? ● **he asked what colour it was** me preguntó de é color era **2.** *(in exclamations)* qué ● **at a surprise!** ¡qué sorpresa! ● **what eautiful day!** ¡qué día más bonito!
◇ *pron* **1.** *(in questions)* qué ● **what is going on?** ¿qué pasa? ● **what are they doing?** ¿qué hacen? ● **what is it called?** ¿cómo se llama? ● **what are they talking about?** ¿de qué están hablando? ● **she asked me what happened** me preguntó qué había pasado **2.** *(introducing relative clause)* lo que ● **I didn't see what happened** no vi lo que pasó ● **take what you want** coge lo que quieras **3.** *(in phrases)* ● **what for?** ¿para qué? ● **what about going out for a meal?** ¿qué tal si salimos a cenar?
◇ *excl* ¡qué!
**whatever** [wɒt'evəʳ] *pron* ● **take whatever you want** coge lo que quieras ● **whatever I do, I'll lose** haga lo que haga, saldré perdiendo ● **whatever that may be** sea lo que sea eso
**wheat** [wi:t] *n* trigo *m*
**wheel** [wi:l] *n* **1.** rueda *f* **2.** *(steering wheel)* volante *m*
**wheelbarrow** ['wi:lˌbærəʊ] *n* carretilla *f*
**wheelchair** ['wi:lˌtʃeəʳ] *n* silla *f* de ruedas
**wheelclamp** [ˌwi:l'klæmp] *n* *(UK)* cepo *m*
**wheezy** ['wi:zɪ] *adj* ● **to be wheezy** resollar
**when** [wen] ◇ *adv* cuándo ◇ *conj* cuando
**whenever** [wen'evəʳ] *conj* siempre que ● **whenever you like** cuando quieras
**where** [weəʳ] ◇ *adv* dónde ◇ *conj* donde
**whereabouts** ['weərəbaʊts] ◇ *adv* (por) dónde ◇ *npl* paradero *m*
**whereas** [weər'æz] *conj* mientras que
**wherever** [weər'evəʳ] *conj* dondequiera

que • **wherever that may be** dondequiera que esté eso • **wherever you like** donde quieras
**whether** ['weðə^r] *conj* si • **whether you like it or not** tanto si te gusta como si no
**which** [wɪtʃ]
◇ *adj* qué • **which room do you want?** ¿qué habitación quieres? • **she asked me which room I wanted** me preguntó qué habitación quería • **which one?** ¿cuál?
◇ *pron* **1.** *(in questions)* cuál • **which is the cheapest?** ¿cuál es el más barato? • **he asked me which was the best** me preguntó cuál era el mejor **2.** *(introducing relative clause)* que • **the house which is on the corner** la casa que está en la esquina • **the television which I bought** la televisión que compré • **the settee on which I'm sitting** el sofá en el que estoy sentado **3.** *(referring back)* lo cual • **she denied it, which surprised me** lo negó, lo cual me sorprendió
**whichever** [wɪtʃ'evə^r] ◇ *pron* el que *m*, la que *f* ◇ *adj* • **take whichever chocolate you like best** coge el bombón que prefieras • **whichever way you do it** lo hagas como lo hagas
**while** [waɪl] ◇ *conj* **1.** *(during the time that)* mientras **2.** *(although)* aunque **3.** *(whereas)* mientras que ◇ *n* • **a while** un rato • **a while ago** hace tiempo • **for a while** un rato • **in a while** dentro de un rato
**whim** [wɪm] *n* capricho *m*
**whine** [waɪn] *vi* **1.** *(make noise)* gimotear **2.** *(complain)* quejarse
**whip** [wɪp] ◇ *n* látigo *m* ◇ *vt* azotar
**whipped cream** [wɪpt-] *n* nata *f* montada *(Esp)*, crema *f* batida *(Amér)*
**whisk** [wɪsk] ◇ *n* batidor *m* (de varillas) ◇ *vt (eggs, cream)* batir
**whiskers** ['wɪskəz] *npl* **1.** *(of person)* patillas *fpl* **2.** *(of animal)* bigotes *mpl*
**whiskey** ['wɪskɪ] (*pl* **-s**) *n* whisky *m* (de Irlanda o EEUU)
**whisky** ['wɪskɪ] *n* (*UK*) whisky *m* (de Escocia)
**whisper** ['wɪspə^r] ◇ *vt* susurrar ◇ *vi* cuchichear
**whistle** ['wɪsl] ◇ *n* **1.** *(instrument)* silbato *m* **2.** *(sound)* silbido *m* ◇ *vi* silbar
**white** [waɪt] ◇ *adj* **1.** blanco(ca) **2.** *(coffee, tea)* con leche ◇ *n* **1.** *(colour)* blanco *m* **2.** *(of egg)* clara *f* **3.** *(person)* blanco *m*, -ca *f*
**white bread** *n* pan *m* blanco
**White House** *n* • **the White House** la Casa Blanca

**White House**

La Casa Blanca, en Washington, es la residencia oficial del presidente de los Estados Unidos. En ella se encuentra el famoso Despacho Oval, que se ha convertido en símbolo de la presidencia. Con frecuencia, Casa Blanca se usa como sinónimo de "el gobierno estadounidense".

**white sauce** *n* salsa *f* bechamel
**whitewash** ['waɪtwɒʃ] *vt* blanquear

**hite wine** *n* vino *m* blanco
**hiting** ['waɪtɪŋ] (*pl inv*) *n* pescadilla *f*
**hitsun** ['wɪtsn] *n* Pentecostés *m*
**ho** [hu:] *pron* **1.** *(in questions)* quién, ɪiénes *pl* **2.** *(in relative clauses)* que
**hoever** [hu:'evəʳ] *pron* quienquiera ɪe • **whoever it is** quienquiera que a • **whoever you like** quien quieras
**hole** [həʊl] ◇ *adj* entero(ra) ◇ *n* • **the** ɪole of the journey todo el viaje • **on** e whole en general
**holefoods** ['həʊlfu:dz] *npl* (*UK*) alientos *mpl* integrales
**holemeal bread** ['həʊlmi:l-] *n* (*UK*) n *m* integral
**holesale** ['həʊlseɪl] *adv* al por mayor
**holewheat bread** ['həʊlˌwi:t-] (*US*) **wholemeal bread**
**hom** [hu:m] *pron* **1.** (*fml*) *(in questions)* ɪién, quiénes *pl* **2.** *(in relative clauses)* ɪe
**hooping cough** ['hu:pɪŋ-] *n* tos *f* ɪna
**hose** [hu:z] ◇ *adj* **1.** *(in questions)* de ɪién **2.** *(in relative clauses)* cuyo(ya) ◇ ɔn de quién • **whose book is this?** e quién es este libro?
**ɪy** [waɪ] *adv & conj* por qué • **this is ɪy we can't do it** esta es la razón por que no podemos hacerlo • **explain e reason why** explícame por qué • **ɪy not?** *(in suggestions)* ¿por qué no?; *l right)* por supuesto (que sí)
**ɪck** [wɪk] *n* mecha *f*
**ɪcked** ['wɪkɪd] *adj* **1.** *(evil)* perverso(sa) *(mischievous)* travieso(sa)
**ɪcker** ['wɪkəʳ] *adj* de mimbre
**ɪde** [waɪd] ◇ *adj* **1.** *(in distance)* ancho (cha) **2.** *(range, variety)* amplio(plia) **3.** *(difference, gap)* grande ◇ *adv* • **open your mouth wide** abre bien la boca • **how wide is the road?** ¿cómo es de ancha la carretera? • **it's 12 metres wide** tiene 12 metros de ancho • **wide open** *(door, window)* abierto de par en par
**widely** ['waɪdlɪ] *adv* **1.** *(known, found)* generalmente **2.** *(travel)* extensamente
**widen** ['waɪdn] ◇ *vt* *(make broader)* ensanchar ◇ *vi* *(gap, difference)* aumentar
**wide screen** *n* *(television, cinema)* pantalla *f* ancha, pantalla *f* panorámica • **wide-screen** *adj* **1.** *(television)* de pantalla ancha OR panorámica **2.** *(film)* para pantalla ancha OR panorámica
**wide-screen TV** ['waɪdskri:n] *n* televisor *m* panorámico
**widespread** ['waɪdspred] *adj* general
**widow** ['wɪdəʊ] *n* viuda *f*
**widower** ['wɪdəʊəʳ] *n* viudo *m*
**width** [wɪdθ] *n* **1.** anchura *f* **2.** *(of swimming pool)* ancho *m*
**wife** [waɪf] (*pl* **wives**) *n* mujer *f*
**wig** [wɪg] *n* peluca *f*
**wild** [waɪld] *adj* **1.** *(plant)* silvestre **2.** *(animal)* salvaje **3.** *(land, area)* agreste **4.** *(uncontrolled)* frenético(ca) **5.** *(crazy)* alocado(da) • **to be wild about** (*inf*) estar loco(ca) por
**wild flower** *n* flor *f* silvestre
**wildlife** ['waɪldlaɪf] *n* fauna *f*
**will**[1] [wɪl] *aux vb* **1.** *(expressing future tense)* • **I will see you next week** te veré la semana que viene • **will you be here next Friday?** ¿vas a venir el

próximo viernes? • **yes I will** sí • **no I won't** no **2.** *(expressing willingness)* • **I won't do it** no lo haré • **no one will do it** nadie quiere hacerlo **3.** *(expressing polite question)* • **will you have some more tea?** ¿le apetece más té? **4.** *(in commands, requests)* • **will you please be quiet!** ¿queréis hacer el favor de callaros? • **close the window, will you?** cierra la ventana, por favor

**will**[2] ['wɪl] *n (document)* testamento *m* • **against one's will** contra la voluntad de uno

**willing** ['wɪlɪŋ] *adj* • **to be willing (to do sthg)** estar dispuesto(ta) (a hacer algo)

**willingly** ['wɪlɪŋlɪ] *adv* de buena gana

**willow** ['wɪləʊ] *n* sauce *m*

**Wimbledon** ['wɪmbldən] *n torneo de tenis*

## Wimbledon

El torneo de tenis de Wimbledon es uno de los más conocidos del mundo. Se celebra todos los años entre finales de junio y comienzos de julio en el barrio londinense del mismo nombre. Es uno de los cuatro torneos que forman el Gran Slam.

**win** [wɪn] *(pt & pp* **won***)* ◇ *n* victoria *f* ◇ *vt & vi* ganar

**wind**[1] [wɪnd] *n* **1.** viento *m* **2.** *(UK) (in stomach)* gases *mpl*

**wind**[2] [waɪnd] *(pt & pp* **wound***)* ◇ *vi* serpentear ◇ *vt* • **to wind a rope around a post** enrollar una cuerda alrededor de un poste • **wind up** *sep* **1.** *(inf) (annoy)* vacilar **2.** *(car window)* subir **3.** *(clock, watch)* dar cuerda a

**windbreak** ['wɪndbreɪk] *n* lona *f* de protección contra el viento

**windmill** ['wɪndmɪl] *n* molino *m* de viento

**window** ['wɪndəʊ] *n* **1.** ventana *f* **2.** *(of car, plane)* ventanilla *f* **3.** *(of shop)* escaparate *m*

**window box** *n* jardinera *f* (de ventana)

**window cleaner** *n* limpiacristales *mf inv (Esp)*, limpiavidrios *mf inv (Amér)*

**windowpane** ['wɪndəʊ,peɪn] *n* cristal *(Esp)*, vidrio *m (Amér)*

**window seat** *n* asiento *m* junto a ventanilla

**window-shopping** *n* • **to go window-shopping** mirar los escaparates

**windowsill** ['wɪndəʊsɪl] *n* alféizar *m*

**windscreen** ['wɪndskriːn] *n (UK)* parabrisas *m inv*

**windscreen wipers** *npl (UK)* limpiaparabrisas *m inv*

**windshield** ['wɪndʃiːld] *n (US)* parabrisas *m inv*

**Windsor Castle** ['wɪnzə-] *n* el castillo de Windsor

**windsurfing** ['wɪnd,sɜːfɪŋ] *n* windsurf *m* • **to go windsurfing** ir a hacer windsurf

**windy** ['wɪndɪ] *adj (day, weather)* con mucho viento • **it's windy** hace viento

**wine** [waɪn] *n* vino *m*

**wine bar** *n bar de cierta distinción*

ɔecializado en la venta de vinos y que
ɛle servir comidas
**neglass** ['waɪnglɑ:s] *n* copa *f* (de
ɔo)
**ne list** *n* lista *f* de vinos
**ne tasting** [-'teɪstɪŋ] *n* cata *f* de vinos
**ne waiter** *n* sommelier *m*
**ng** [wɪŋ] *n* **1.** ala *f* **2.** (*UK*) (*of car*)
ardabarros *m inv* ◆ **wings** *npl* ● **the**
**ngs** los bastidores
**nk** [wɪŋk] *vi* guiñar el ojo
**nner** ['wɪnəʳ] *n* ganador *m*, -ra *f*
**nning** ['wɪnɪŋ] *adj* **1.** (*person, team*)
ncedor(ra) **2.** (*ticket, number*) premia-
(da)
**nter** ['wɪntəʳ] *n* invierno *m* ● **in (the)**
**nter** en invierno
**ntertime** ['wɪntətaɪm] *n* invierno *m*
**pe** [waɪp] *vt* limpiar ● **to wipe one's**
**et** limpiarse los zapatos (en el
pudo) ● **to wipe one's hands** lim-
ırse las manos ◆ **wipe up** ◇ *vt sep* **1.**
*uid*) secar **2.** (*dirt*) limpiar
**per** ['waɪpəʳ] *n* (*windscreen wiper*) lim-
ıparabrisas *m inv*
**re** ['waɪəʳ] ◇ *n* **1.** alambre *m* **2.**
*ectrical wire*) cable *m* ◇ *vt* (*plug*)
nectar el cable a
**reless** ['waɪəlɪs] *adj* inalámbrico(ca)
**ring** ['waɪərɪŋ] *n* instalación *f* eléc-
ca
**sdom tooth** ['wɪzdəm-] *n* muela *f* del
icio
**se** [waɪz] *adj* **1.** (*person*) sabio(bia) **2.**
*ecision, idea*) sensato(ta)
**sh** [wɪʃ] ◇ *n* deseo *m* ◇ *vt* desear ● **I**
**sh I was younger** ¡ojalá fuese más
ven! ● **best wishes** un saludo ● **to**
**wish for sthg** pedir algo (como deseo)
● **to wish to do sthg** (*fml*) desear
hacer algo ● **to wish sb luck/happy birthday** desear a alguien buena suerte/feliz cumpleaños ● **if you wish** (*fml*) si usted lo desea
**witch** [wɪtʃ] *n* bruja *f*
**with** [wɪð] *prep* **1.** (*in company of*) con ● **I play tennis with her** juego al tenis con ella ● **with me** conmigo ● **with you** contigo ● **with himself/herself** consigo ● **we stayed with friends** estuvimos en casa de unos amigos **2.** (*in descriptions*) con ● **the man with the beard** el hombre de la barba ● **a room with a bathroom** una habitación con baño **3.** (*indicating means, manner*) con ● **I washed it with detergent** lo lavé con detergente ● **they won with ease** ganaron con facilidad ● **topped with cream** cubierto de nata ● **to tremble with fear** temblar de miedo **4.** (*regarding*) con ● **be careful with that!** ¡ten cuidado con eso! **5.** (*indicating opposition*) contra ● **to argue with sb** discutir con alguien
**withdraw** [wɪð'drɔ:] (*pt* **-drew**, *pp* **-drawn**) ◇ *vt* **1.** (*take out*) retirar **2.** (*money*) sacar ◇ *vi* retirarse
**withdrawal** [wɪð'drɔ:əl] *n* (*from bank account*) reintegro *m*
**withdrawn** [wɪð'drɔ:n] *pp* ➢ **withdraw**
**withdrew** [wɪð'dru:] *pt* ➢ **withdraw**
**wither** ['wɪðəʳ] *vi* marchitarse
**within** [wɪ'ðɪn] ◇ *prep* **1.** (*inside*) dentro de **2.** (*certain distance*) a menos de **3.** (*certain time*) en menos de ◇ *adv* dentro ● **it's within ten miles of ...** está a

menos de diez millas de ... • **it's within walking distance** se puede ir andando • **it arrived within a week** llegó en menos de una semana • **within the next week** durante la próxima semana
**without** [wɪð'aʊt] *prep* sin • **without me knowing** sin que lo supiera
**withstand** [wɪð'stænd] (*pt & pp* **-stood**) *vt* resistir
**witness** ['wɪtnɪs] ◇ *n* testigo *mf* ◇ *vt (see)* presenciar
**witty** ['wɪtɪ] *adj* ocurrente
**wives** [waɪvz] *pl* ➤ **wife**
**WMD** [dʌblju:em'di:] *n* (*abbr of* **weapons of mass destruction**) armas *fpl* de destrucción masiva
**wobbly** ['wɒblɪ] *adj (table, chair)* cojo(ja)
**wok** [wɒk] *n* wok *m*
**woke** [wəʊk] *pt* ➤ **wake**
**woken** ['wəʊkn] *pp* ➤ **wake**
**wolf** [wʊlf] (*pl* **wolves**) *n* lobo *m*
**woman** ['wʊmən] (*pl* **women**) *n* mujer *f*
**womb** [wu:m] *n* matriz *f*
**women** ['wɪmɪn] *pl* ➤ **woman**
**won** [wʌn] *pt & pp* ➤ **win**
**wonder** ['wʌndəʳ] ◇ *vi (ask o.s.)* preguntarse ◇ *n (amazement)* asombro *m* • **to wonder if** preguntarse si • **I wonder if I could ask you a favour?** ¿le importaría hacerme un favor?
**wonderful** ['wʌndəfʊl] *adj* maravilloso(sa)
**won't** [wəʊnt] = **will not**
**wood** [wʊd] *n* **1.** *(substance)* madera *f* **2.** *(small forest)* bosque *m* **3.** *(golf club)* palo *m* de madera
**wooden** ['wʊdn] *adj* de madera
**woodland** ['wʊdlənd] *n* bosque *m*
**woodpecker** ['wʊd,pekəʳ] *n* pájaro carpintero
**woodwork** ['wʊdwɜ:k] *n* **1.** *(doors, window frames etc)* carpintería *f* **2.** SC carpintería *f*
**wool** [wʊl] *n* lana *f*
**woolen** ['wʊlən] (*US*) = **woollen**
**woollen** ['wʊlən] *adj* (*UK*) de lana
**woolly** ['wʊlɪ] *adj* (*UK*) de lana
**wooly** ['wʊlɪ] (*US*) = **woolly**
**word** [wɜ:d] *n* palabra *f* • **in other words** es decir • **to have a word with sb** hablar con alguien
**wording** ['wɜ:dɪŋ] *n* formulación *f*
**word processing** [-'prəʊsesɪŋ] *n* procesamiento *m* de textos
**word processor** [-'prəʊsesəʳ] *n* procesador *m* de textos
**wore** [wɔ:ʳ] *pt* ➤ **wear**
**work** [wɜ:k] ◇ *n* **1.** trabajo *m* **2.** *(painting, novel etc)* obra *f* ◇ *vi* **1.** trabajar *(operate, have desired effect)* funcion... **3.** *(take effect)* hacer efecto ◇ *vt (machine, controls)* hacer funcionar • **out of work** desempleado • **to be at work** *(at workplace)* estar en el trabajo; *(working)* estar trabajando • **to be off work** estar ausente del trabajo • **the works** *(inf) (everything)* todo • **how does it work?** ¿cómo funciona? • **it's not working** no funciona • **to work as** trabajar de ◆ **work out** ◇ *vt sep* **1.** *(price, total)* calcular **2.** *(solution, reason)* deducir **3.** *(method, plan)* dar con **4.** *(understand)* entender ◇ *vi* **1.** *(result, turn out)* salir **2.** *(be successful)* funcionar **3.** (

*xercise)* hacer ejercicio • **it works out t £20 each** sale a 20 libras cada uno
**vorker** ['wɜ:kə^r] *n* trabajador *m*, -ra *f*
**vorking class** ['wɜ:kɪŋ-] *n* • **the vorking class** la clase obrera
**vorking hours** ['wɜ:kɪŋ-] *npl* horario *m* le trabajo

## working hours

En el Reino Unido, se trabaja de 35 a 40 horas semanales. El horario va de 9 a 5, con una hora para comer. En los Estados Unidos, se trabaja de 40 a 45 horas semanales. El horario va de las 8 a las 5, también con una hora para comer.

**vorkman** ['wɜ:kmən] (*pl* **-men**) *n* ›brero *m*
**vork of art** *n* obra *f* de arte
**vorkout** ['wɜ:kaʊt] *n* sesión *f* de ejerci-:ios
**vork permit** *n* permiso *m* de trabajo
**vorkplace** ['wɜ:kpleɪs] *n* lugar *m* de rabajo
**vorkshop** ['wɜ:kʃɒp] *n* taller *m*
**world** [wɜ:ld] ◇ *n* mundo *m* ◇ *adj* nundial • **the best in the world** el nejor del mundo
**worldwide** [,wɜ:ld'waɪd] *adv* a escala nundial
**World Wide Web** *n* COMPUT • **the World Wide Web** el OR la World Wide Web
**worm** [wɜ:m] *n* gusano *m*
**worn** [wɔ:n] ◇ *pp* ➤ **wear** ◇ *adj* gastado da)
**worn-out** *adj (tired)* agotado(da) • **to be worn-out** *(clothes, shoes etc)* ya estar para tirar
**worried** ['wʌrɪd] *adj* preocupado(da)
**worry** ['wʌrɪ] ◇ *n* preocupación *f* ◇ *vt* preocupar ◇ *vi* • **to worry (about)** preocuparse (por)
**worrying** ['wʌrɪɪŋ] *adj* preocupante
**worse** [wɜ:s] *adj* & *adv* peor • **to get worse** empeorar • **worse off** *(in worse position)* en peor situación; *(poorer)* peor de dinero
**worsen** ['wɜ:sn] *vi* empeorar
**worship** ['wɜ:ʃɪp] ◇ *n* *(church service)* oficio *m* ◇ *vt* adorar
**worst** [wɜ:st] ◇ *adj* & *adv* peor ◇ *n* • **the worst** *(person)* el peor(la peor); *(thing)* lo peor
**worth** [wɜ:θ] *prep* • **how much is it worth?** ¿cuánto vale? • **it's worth £50** vale 50 libras • **it's worth seeing** merece la pena verlo • **it's not worth it** no vale la pena • **£50 worth of traveller's cheques** cheques de viaje por valor de 50 libras
**worthless** ['wɜ:θlɪs] *adj* sin valor
**worthwhile** [,wɜ:θ'waɪl] *adj* que vale la pena
**worthy** ['wɜ:ðɪ] *adj* digno(na) • **to be worthy of sthg** merecer algo
**would** [wʊd] *aux vb* **1.** *(in reported speech)* • **she said she would come** dijo que vendría **2.** *(indicating condition)* • **what would you do?** ¿qué harías? • **what would you have done?** ¿qué habrías hecho? • **I would be most grateful** le estaría muy agradecido **3.** *(indicating willingness)* • **she wouldn't go** no

quería irse • **he would do anything for her** haría cualquier cosa por ella **4.** *(in polite questions)* • **would you like a drink?** ¿quieres tomar algo? • **would you mind closing the window?** ¿te importaría cerrar la ventana? **5.** *(indicating inevitability)* • **he would say that** y él ¿qué va a decir? **6.** *(giving advice)* • **I would report it if I were you** yo en tu lugar lo denunciaría **7.** *(expressing opinions)* • **I would prefer** yo preferiría • **I would have thought (that) ...** hubiera pensado que ...

**wound**[1] [wu:nd] ◇ *n* herida *f* ◇ *vt* herir

**wound**[2] [waʊnd] *pt* & *pp* ➤ **wind**[2]

**wove** [wəʊv] *pt* ➤ **weave**

**woven** ['wəʊvn] *pp* ➤ **weave**

**wrap** [ræp] *vt* *(package)* envolver • **to wrap a towel around your waist** enrollar una toalla a la cintura • **wrap up** ◇ *vt sep* *(package)* envolver ◇ *vi* abrigarse

**wrapper** ['ræpə[r]] *n* envoltorio *m*

**wrapping** ['ræpɪŋ] *n* envoltorio *m*

**wrapping paper** *n* papel *m* de envolver

**wreath** [ri:θ] *n* corona *f* (de flores)

**wreck** [rek] ◇ *n* **1.** *(of plane, car)* restos *mpl* del siniestro **2.** *(of ship)* restos *mpl* del naufragio ◇ *vt* **1.** *(destroy)* destrozar **2.** *(spoil)* echar por tierra • **to be wrecked** *(ship)* naufragar

**wreckage** ['rekɪdʒ] *n* **1.** *(of plane, car)* restos *mpl* **2.** *(of building)* escombros *mpl*

**wrench** [rentʃ] *n* **1.** (*UK*) *(monkey wrench)* llave *f* inglesa **2.** (*US*) *(spanner)* llave *f* de tuercas

**wrestler** ['reslə[r]] *n* luchador *m*, -ra *f*

**wrestling** ['reslɪŋ] *n* lucha *f* libre

**wretched** ['retʃɪd] *adj* **1.** *(miserable)* desgraciado(da) **2.** *(very bad)* pésimo(ma)

**wring** [rɪŋ] *(pt & pp* **wrung***)* *vt* retorcer

**wrinkle** ['rɪŋkl] *n* arruga *f*

**wrist** [rɪst] *n* muñeca *f*

**wristwatch** ['rɪstwɒtʃ] *n* reloj *m* de pulsera

**write** [raɪt] *(pt* **wrote**, *pp* **written***)* ◇ *vt* **1.** escribir **2.** *(cheque)* extender **3.** *(prescription)* hacer **4.** (*US*) *(send letter to)* escribir a ◇ *vi* escribir • **to write (to sb)** (*UK*) escribir (a alguien) • **write back** *vi* contestar • **write down** *vt sep* apuntar • **write off** ◇ *vt sep* (*UK*) *(inf)* *(car)* cargarse ◇ *vi* • **to write off for sthg** hacer un pedido de algo (por escrito) • **write out** *vt sep* **1.** *(list, essay)* escribir **2.** *(cheque, receipt)* extender

**write-off** *n* • **the car was a write-off** (*UK*) el coche quedó hecho un estropicio

**writer** ['raɪtə[r]] *n* *(author)* escritor *m*, -ra *f*

**writing** ['raɪtɪŋ] *n* **1.** *(handwriting)* letra *f* **2.** *(written words)* escrito *m* **3.** *(activity)* escritura *f*

**writing desk** *n* escritorio *m*

**writing pad** *n* bloc *m*

**writing paper** *n* papel *m* de escribir

**written** ['rɪtn] ◇ *pp* ➤ **write** ◇ *adj* **1.** *(exam)* escrito(ta) **2.** *(notice, confirmation)* por escrito

**wrong** [rɒŋ] ◇ *adj* **1.** *(incorrect)* equivocado(da) **2.** *(unsatisfactory)* malo(la) **3.** *(moment)* inoportuno(na) **4.** *(person)* inapropiado(da) ◇ *adv* mal • **to be wrong** *(person)* estar equivocado; *(immoral)* estar mal • **what's wrong?** ¿qué asa? • **something's wrong with the** ır el coche no marcha bien • **to be** **the wrong** haber hecho mal • **to** **et sthg wrong** confundirse con algo • **go wrong** *(machine)* estropearse ▼ **rong way** *señal que indica a los nductores que existe el peligro de ir n la dirección contraria*

**rongly** ['rɒŋlı] *adv* equivocadamente

**rong number** *n* • **sorry, I've got the rong number** perdone, me he equivocado de número

**rote** [rəʊt] *pt* ➤ **write**

**rought iron** [rɔ:t-] *n* hierro *m* forjado

**rung** [rʌŋ] *pt* & *pp* ➤ **wring**

**VTO** [dʌblju:ti:'əʊ] *n* (*abbr of* **World rade Organization)** OMC f *(Organización Mundial del Comercio)*

**VWW** [dʌblju:dʌblju:'dʌblju:] *n COMPUT* *bbr of* **World Wide Web)** WWW *m World Wide Web)*

# X

**L** [eks'el] (*abbr of* **extra-large)** XL

**mas** ['eksməs] *n* (*inf*) Navidad *f*

**-ray** [eks-] ◇ *n* *(picture)* radiografía *f* ◇ hacer una radiografía a • **to have n X-ray** hacerse una radiografía

# Y

**yacht** [jɒt] *n* **1.** *(for pleasure)* yate *m* **2.** *(for racing)* balandro *m*

**Yankee** [jæŋkı] *n* yanqui *m*

**yard** [jɑ:d] *n* **1.** *(unit of measurement)* = *91,44 cm* yarda *f* **2.** *(enclosed area)* patio *m* **3.** *(US)* *(behind house)* jardín *m*

**yard sale** *n* *(US)* *venta de objetos de segunda mano organizada por una sola persona frente a su casa*

**yarn** [jɑ:n] *n* hilo *m*

**yawn** [jɔ:n] *vi* bostezar

**yd** *abbr* = **yard**

**yeah** [jeə] *adv* *(inf)* sí

**year** [jıə'] *n* **1.** año *m* **2.** *(at school)* curso *m* • **next year** el año que viene • **this year** este año • **I'm 15 years old** tengo 15 años • **I haven't seen her for years** *(inf)* hace siglos que no la veo

**yearly** ['jıəlı] *adj* anual

**yeast** [ji:st] *n* levadura *f*

**yell** [jel] *vi* chillar

**yellow** ['jeləʊ] ◇ *adj* amarillo(lla) ◇ *n* amarillo *m*

**yellow lines** *npl* líneas *fpl* amarillas (de tráfico)

**yes** [jes] *adv* sí • **to say yes** decir que sí

**yesterday** ['jestədı] ◇ *n* ayer *m* ◇ *adv* ayer • **the day before yesterday** anteayer • **yesterday afternoon** ayer por la tarde • **yesterday evening** anoche • **yesterday morning** ayer por la mañana

**yet** [jet] ◇ *adv* aún, todavía ◇ *conj* sin embargo • **have they arrived yet?** ¿ya han llegado? • **the best one yet** el mejor hasta ahora • **not yet** todavía no • **I've yet to do it** aún no lo he hecho • **yet again** otra vez más • **yet another delay** otro retraso más

**yew** [ju:] *n* tejo *m*

**yield** [ji:ld] ◇ *vt (profit, interest)* producir ◇ *vi (break, give way)* ceder • **yield** *(US) AUT* ceda el paso

**YMCA** [waɪemsi:'eɪ] *n* (*abbr of* **Young Men's Christian Association**) *asociación internacional de jóvenes cristianos*

**yob** [jɒb] *n (UK) (inf)* gamberro *m*, -rra *f (Esp)*, patán *m*

**yoga** ['jəʊgə] *n* yoga *m*

**yoghurt** ['jɒgət] *n* yogur *m*

**yolk** [jəʊk] *n* yema *f*

**you** [ju:] *pron* **1.** *(subject: singular)* tú, vos *(Amér)*; *(subject: plural)* vosotros *mpl*, -tras *fpl*, ustedes *mf pl (Amér)*; *(subject: polite form)* usted, ustedes *pl* • **you French** vosotros los franceses **2.** *(direct object: singular)* te; *(direct object: plural)* os, les *(Amér)*; *(direct object: polite form)* lo *m*, la *f* • **I hate you!** te odio **3.** *(indirect object: singular)* te; *(indirect object: plural)* os, les *(Amér)*; *(indirect object: polite form)* le, les *pl* • **I told you** te lo dije **4.** *(after prep: singular)* ti; *(after prep: plural)* vosotros *mpl*, -tras *fpl*, ustedes *mf pl (Amér)*; *(after prep: polite form)* usted, ustedes *pl* • **we'll go without you** iremos sin ti **5.** *(indefinite use)* uno *m*, una *f* • **you never know** nunca se sabe

**young** [jʌŋ] ◇ *adj* joven ◇ *npl* • **the young** los jóvenes

**youngster** ['jʌŋstə^r] *n* joven *mf*

**your** [jɔ:^r] *adj* **1.** *(singular subject)* tu; *(plural subject)* vuestro *m*, -tra *f*; *(polite form)* su • **your dog** tu perro • **your children** tus hijos **2.** *(indefinite subject)* **it's good for your teeth** es bueno para los dientes

**yours** [jɔ:z] *pron* **1.** *(singular subject)* tuyo *m*, -ya *f* **2.** *(plural subject)* vuestro *m*, -tra *f* **3.** *(polite form)* suyo *m*, -ya *f* • **a friend of yours** un amigo tuyo

**yourself** [jɔ:'self] (*pl* **-selves**) *pron* **1.** *(reflexive: singular)* te; *(reflexive: plural)* os; *(reflexive: polite form)* se **2.** *(after prep: singular)* ti mismo(ma); *(after prep: plural)* vosotros mismos(vosotras mismas); *(after prep: polite form)* usted mismo(ma), ustedes mismos(mas) *pl* • **did you do it yourself?** *(singular)* ¿lo hiciste tú mismo?; *(polite form)* ¿lo hizo usted mismo? • **did you do it yourselves?** ¿lo hicisteis vosotros/ustedes mismos?

**youth** [ju:θ] *n* **1.** juventud *f* **2.** *(young man)* joven *m*

**youth club** *n* club *m* juvenil

**youth hostel** *n* albergue *m* juvenil

**yuppie** ['jʌpɪ] *n* yuppy *mf*

**YWCA** [waɪdʌblju:si:'eɪ] *n* (*abbr of* **Young Women's Christian Association**) *asociación internacional de jóvenes cristianas*

# Z

**ebra** [(*UK*) 'zebrə, (*US*) 'zi:brə] *n* cebra *f*
**ebra crossing** *n* (*UK*) paso *m* de cebra
**ero** ['zɪərəʊ] (*pl* **-es**) *n* cero *m* ◆ **five egrees below zero** cinco grados bajo ero
**est** [zest] *n* (*of lemon, orange*) ralladura *f*
**igzag** ['zɪgzæg] *vi* zigzag *m*
**inc** [zɪŋk] *n* zinc *m*
**ip** [zɪp] ◇ *n* (*UK*) cremallera *f*, cierre *m* (*Amér*) ◇ *vt* cerrar la cremallera OR el cierre de ◆ **zip up** *vt sep* subir la cremallera OR el cierre de
**zip code** *n* (*US*) código *m* postal
**zipper** ['zɪpə^r] *n* (*US*) cremallera *f*, cierre *m* (*Amér*)
**zit** [zɪt] *n* (*inf*) grano *m*
**zodiac** ['zəʊdɪæk] *n* zodiaco *m*
**zone** [zəʊn] *n* zona *f*
**zoo** [zu:] (*pl* **-s**) *n* zoo *m*
**zoom (lens)** [zu:m-] *n* zoom *m*
**zucchini** [zu:'ki:nɪ] (*pl inv*) *n* (*US*) calabacín *m*

# ENGLISH IRREGULAR VERBS

# CONJUGACIÓN DE LOS VERBOS ESPAÑOLES

| nfinitive | past tense | past participle |
|---|---|---|
| arise | arose | arisen |
| awake | awoke | awoken |
| be | was | been/were |
| bear | bore | born(e) |
| beat | beat | beaten |
| begin | began | begun |
| bend | bent | bent |
| bet | bet/betted | bet/betted |
| bid | bid | bid |
| bind | bound | bound |
| bite | bit | bitten |
| bleed | bled | bled |
| blow | blew | blown |
| break | broke | broken |
| breed | bred | bred |
| bring | brought | brought |
| build | built | built |
| burn | burnt/burned | burnt/burned |
| burst | burst | burst |
| buy | bought | bought |
| can | could | - |
| cast | cast | cast |
| catch | caught | caught |
| choose | chose | chosen |
| come | came | come |

| infinitive | past tense | past participle |
|---|---|---|
| cost | cost | cost |
| creep | crept | crept |
| cut | cut | cut |
| deal | dealt | dealt |
| dig | dug | dug |
| do | did | done |
| draw | drew | drawn |
| dream | dreamed/dreamt | dreamed/dreamt |
| drink | drank | drunk |
| drive | drove | driven |
| eat | ate | eaten |
| fall | fell | fallen |
| feed | fed | fed |
| feel | felt | felt |
| fight | fought | fought |
| find | found | found |
| fling | flung | flung |
| fly | flew | flown |
| forget | forgot | forgotten |
| freeze | froze | frozen |
| get | got | got |
| give | gave | given |
| go | went | gone |
| grind | ground | ground |
| grow | grew | grown |

| nfinitive | past tense | past participle |
|---|---|---|
| hang | hung/hanged | hung/hanged |
| have | had | had |
| hear | heard | heard |
| hide | hid | hidden |
| hit | hit | hit |
| hold | held | held |
| hurt | hurt | hurt |
| keep | kept | kept |
| kneel | knelt/kneeled | knelt/kneeled |
| know | knew | known |
| lay | laid | laid |
| lead | led | led |
| lean | leant/leaned | leant/leaned |
| leap | leapt/leaped | leapt/leaped |
| learn | learnt/learned | learnt/learned |
| leave | left | left |
| lend | lent | lent |
| let | let | let |
| lie | lay | lain |
| light | lit/lighted | lit/lighted |
| lose | lost | lost |
| make | made | made |
| may | might | - |
| mean | meant | meant |
| meet | met | met |

| infinitive | past tense | past participle |
|---|---|---|
| mow | mowed | mown/mowed |
| pay | paid | paid |
| put | put | put |
| quit | quit/quitted | quit/quitted |
| read | read | read |
| rid | rid | rid |
| ride | rode | ridden |
| ring | rang | rung |
| rise | rose | risen |
| run | ran | run |
| saw | sawed | sawn |
| say | said | said |
| see | saw | seen |
| seek | sought | sought |
| sell | sold | sold |
| send | sent | sent |
| set | set | set |
| shake | shook | shaken |
| shall | should | - |
| shed | shed | shed |
| shine | shone | shone |
| shoot | shot | shot |
| show | showed | shown |
| shrink | shrank | shrunk |
| shut | shut | shut |

| nfinitive | past tense | past participle |
|---|---|---|
| sing | sang | sung |
| sink | sank | sunk |
| sit | sat | sat |
| sleep | slept | slept |
| slide | slid | slid |
| sling | slung | slung |
| smell | smelt/smelled | smelt/smelled |
| sow | sowed | sown/sowed |
| speak | spoke | spoken |
| speed | sped/speeded | sped/speeded |
| spell | spelt/spelled | spelt/spelled |
| spend | spent | spent |
| spill | spilt/spilled | spilt/spilled |
| spin | spun | spun |
| spit | spat | spat |
| split | split | split |
| spoil | spoiled/spoilt | spoiled/spoilt |
| spread | spread | spread |
| spring | sprang | sprung |
| stand | stood | stood |
| steal | stole | stolen |
| stick | stuck | stuck |
| sting | stung | stung |
| stink | stank | stunk |
| strike | struck/stricken | struck |

| infinitive | past tense | past participle |
|---|---|---|
| swear | swore | sworn |
| sweep | swept | swept |
| swell | swelled | swollen/swelled |
| swim | swam | swum |
| swing | swung | swung |
| take | took | taken |
| teach | taught | taught |
| tear | tore | torn |
| tell | told | told |
| think | thought | thought |
| throw | threw | thrown |
| tread | trod | trodden |
| wake | woke/waked | woken/waked |
| wear | wore | worn |
| weave | wove/weaved | woven/weaved |
| weep | wept | wept |
| win | won | won |
| wind | wound | wound |
| wring | wrung | wrung |
| write | wrote | written |

**certar :**
*pres ind* : acierto, acertamos, etc. • *pres subj* : acierte, acertemos, etc. • *imperat* : acierta, acertemos, acertad, etc.

**adquirir :**
*pres ind* : adquiero, adquirimos, etc. • *pres subj* : adquiera, adquiramos, etc. • *imperat* : adquiere, adquiramos, adquirid, etc.

**amar :**
*pres ind* : amo, amas, ama, amamos, amáis, aman • *imperf ind* : amaba, amabas, amaba, amábamos, amabais, amaban • *pret indef* : amé, amaste, amó, amamos, amasteis, amaron • *fut* : amaré, amarás, amará, amaremos, amaréis, amarán • *cond* : amaría, amarías, amaría, amaríamos, amaríais, amarían • *pres subj* : ame, ames, ame, amemos, améis, amen • *imperf subj* : amara, amaras, amara, amáramos, amarais, amaran • *imperat* : ama, ame, amemos, amad, amen • *ger* : amando • *partic* : amado, -da

**andar :**
*pret indef* : anduve, anduvimos, etc. • *imperf subj* : anduviera, anduviéramos, etc.

**avergonzar :**
*pres ind* : avergüenzo, avergonzamos, etc. • *pret indef* : avergoncé, avergonzó, avergonzamos, etc. • *pres subj* : avergüence, avergoncemos, etc. • *imperat* : avergüenza, avergüence, avergoncemos, avergonzad, etc.

**caber :**
*pres ind* : quepo, cabe, cabemos, etc. • *pret indef* : cupe, cupimos, etc. • *fut* : cabré, cabremos, etc. • *cond* : cabría, cabríamos, etc. • *pres subj* : quepa, quepamos, etc. • *imperf subj* : cupiera, cupiéramos, etc. • *imperat* : cabe, quepa, quepamos, cabed, etc.

**caer :**
*pres ind* : caigo, cae, caemos, etc. • *pret indef* : cayó, caímos, cayeron, etc. • *pres subj* : caiga, caigamos, etc. • *imperf subj* : cayera, cayéramos, etc. • *imperat* : cae, caiga, caigamos, caed, etc. • *ger* : cayendo

**conducir :**
*pres ind* : conduzco, conduce, conducimos, etc. • *pret indef* : conduje, condujimos, etc. • *pres subj* : conduzca, conduzca-

mos, etc. • *imperf subj:* condujera, condujéramos, etc. • *imperat:* conduce, conduzca, conduzcamos, conducid, etc.

**conocer :**
*pres ind:* conozco, conoce, conocemos, etc. • *pres subj :* conozca, conozcamos, etc. • *imperat:* conoce, conozca, conozcamos, etc.

**dar :**
*pres ind:* doy, da, damos, etc. • *pret indef:* di, dio, dimos, etc. • *pres subj:* dé, demos, etc. • *imperf subj:* diera, diéramos, etc. • *imperat:* da, dé, demos, dad, etc.

**decir :**
*pres ind:* digo, dice, decimos, etc. • *pret indef:* dije, dijimos, etc. • *fut:* diré, diremos, etc. • *cond:* diría, diríamos, etc. • *pres subj:* diga, digamos, etc. • *imperf subj:* dijera, dijéramos, etc. • *imperat:* di, diga, digamos, decid, etc. • *ger:* diciendo • *partic:* dicho, -cha

**discernir :**
*pres ind:* discierno, discernimos, etc. • *pres subj:* discierna, discernamos, etc. • *imperat:* discierne, discierna, discernamos, discernid, etc.

**dormir :**
*pres ind:* duermo, dormimos, etc. • *pret indef:* durmió, dormimos, durmieron, etc. • *pres subj:* duerma, durmamos, etc. • *imperf subj:* durmiera, durmiéramos, etc. • *imperat:* duerme, duerma, durmamos, dormid, etc. • *ger:* durmiendo

**errar :**
*pres ind:* yerro, erramos, etc. • *pres subj:* yerre, erremos, etc. • *imperat:* yerra, yerre, erremos, errad, etc.

**estar :**
*pres ind:* estoy, estás, está, estamos, estáis, están • *imperf ind:* estaba, estabas, estaba, estábamos, estabais, estaban • *pret indef:* estuve, estuviste, estuvo, estuvimos, estuvisteis, estuvieron • *fut:* estaré, estarás, estará, estaremos, estaréis, estarán • *cond:* estaría, estarías, estaría, estaríamos, estaríais, estarían • *pres subj:* esté, estés, esté, estemos, estéis, estén • *imperf subj:* estuviera, estuvieras, estuviera, estuviéramos, estuvierais, estuvieran • *imperat:* está, esté, estemos,

stad, estén • *ger*: stando • *partic*: stado

**aber :**

*res ind*: he, has, a, hemos, habéis, an • *imperf ind*: abía, habías, había, abíamos, habíais, abían • *pret indef*: hube, hubiste, ubo, hubimos, ubisteis, hubieron *fut*: habré, harás, habrá, haremos, habréis, abrán • *cond*: abría, habrías, abría, habríamos, abríais, habrían *pres subj*: haya, ayas, haya, hayaos, hayáis, hayan *imperf subj*: ubiera, hubieras, ubiera, hubiéraos, hubierais, huieran • *imperat*: e, haya, hayamos, abed, hayan • *ger*: abiendo • *partic*: abido, -da

**acer :**

*res ind*: hago, hace, hacemos, etc. • *pret indef*: hice, hizo, hicimos, etc. • *fut*: haré, haremos, etc. • *cond*: haría, haríamos, etc. • *pres subj*: haga, hagamos, etc. • *imperf subj*: hiciera, hiciéramos, etc. • *imperat*: haz, haga, hagamos, haced, etc. • *partic*: hecho, -cha

**huir :**

*pres ind*: huyo, huimos, etc. • *pret indef*: huyó, huimos, huyeron, etc. • *pres subj*: huya, huyamos, etc. • *imperf subj*: huyera, huyéramos, etc. • *imperat*: huye, huya, huyamos, huid, etc. • *ger*: huyendo

**ir :**

*pres ind*: voy, va, vamos, etc. • *pret indef*: fui, fue, fuimos, etc. • *pres subj*: vaya, vayamos, etc. • *imperf subj*: fuera, fuéramos, etc. • *imperat*: ve, vaya, vayamos, id, etc. • *ger*: yendo

**leer :**

*pret indef*: leyó, leímos, leyeron, etc. • *imperf subj*: leyera, leyéramos • *ger*: leyendo

**lucir :**

*pres ind*: luzco, luce, lucimos, etc. • *pres subj*: luzca, luzcamos, etc. • *imperat*: luce, luzca, luzcamos, lucid, etc.

**mover :**

*pres ind*: muevo, movemos, etc. • *pres subj*: mueva, movamos, etc. • *imperat*: mueve, mueva, movamos, moved, etc.

**nacer :**

*pres ind*: nazco, nace, nacemos, etc. • *pres subj*: nazca, nazcamos, etc.

• *imperat:* nace, nazca, nazcamos, naced, etc.

**oír :**
*pres ind:* oigo, oye, oímos, etc. • *pret indef:* oyó, oímos, oyeron, etc. • *pres subj:* oiga, oigamos, etc. • *imperf subj:* oyera, oyéramos, etc. • *imperat:* oye, oiga, oigamos, oíd, etc. • *ger:* oyendo

**oler :**
*pres ind:* huelo, olemos, etc. • *pres subj:* huela, olamos, etc. • *imperat:* huele, huela, olamos, oled, etc.

**parecer :**
*pres ind:* parezco, parece, parecemos, etc. • *pres subj:* parezca, parezcamos, etc. • *imperat:* parece, parezca, parezcamos, pareced, etc.

**partir :**
*pres ind:* parto, partes, parte, partimos, partís, parten • *imperf ind:* partía, partías, partía, partíamos, partíais, partían • *pret indef:* partí, partiste, partió, partimos, partisteis, partieron • *fut:* partiré, partirás, partirá, partiremos, partiréis, partirán • *cond:* partiría, partirías, partiría, partiríamos, partiríais, partirían • *pres subj:* parta, partas, parta, partamos, partáis, partan • *imperf subj:* partiera, partieras, partiera, partiéramos, partierais, partieran • *imperat:* parte, parta, partamos, partid, partan • *ger:* partiendo • *partic:* partido, -da

**pedir :**
*pres ind:* pido, pedimos, etc. • *pret indef:* pidió, pedimos, pidieron, etc. • *pres subj:* pida, pidamos, etc. • *imperf subj:* pidiera, pidiéramos, etc. • *imperat:* pide, pida, pidamos, pedid, etc. • *ger:* pidiendo

**poder :**
*pres ind:* puedo, podemos, etc. • *pret indef:* pude, pudimos, etc. • *fut:* podré, podremos, etc. • *cond:* podría, podríamos, etc. • *pres subj:* pueda, podamos, etc. • *imperf subj:* pudiera, pudiéramos, etc. • *imperat:* puede, pueda, podamos, poded, etc. • *ger:* pudiendo

**poner :**
*pres ind:* pongo, pone, ponemos, etc. • *pret indef:* puse, pusimos, etc. • *fut:* pondré, pondremos, etc. • *cond:* pondría,

ondríamos, etc. *pres subj*: ponga, ongamos, etc. *imperf subj*: pu- iera, pusiéramos, tc. • *imperat*: pon, onga, pongamos, oned, etc. • *partic*: uesto, -ta

**uerer :**
*res ind*: quiero, ueremos, etc. *pret indef*: quise, uisimos, etc. • *fut*: uerré, querremos, tc. • *cond*: quer- a, querríamos, etc. *pres subj*: quie- ı, queramos, etc. *imperf subj*: qui- era, quisiéramos, tc. • *imperat*: uiere, quiera, que- ımos, quered, etc.

**eír :**
*res ind*: río, reímos, tc. • *pret indef*: o, reímos, rieron, tc. • *pres subj*: ría, amos, etc. • *imperf ıbj*: riera, riéramos, tc. • *imperat*: ríe, a, riamos, reíd, etc. *ger*: riendo

**saber :**
*pres ind*: sé, sabe, sabemos, etc. • *pret indef*: supe, supimos, etc. • *fut*: sabré, sabremos, etc. • *cond*: sabría, sabríamos, etc. • *pres subj*: sepa, sepamos, etc. • *imperf subj*: supiera, supiéramos, etc. • *imperat*: sabe, sepa, sepamos, sabed, etc.

**salir :**
*pres ind*: salgo, sale, salimos, etc. • *fut*: saldré, saldremos, etc. • *cond*: saldría, saldríamos, etc. • *pres subj*: salga, salgamos, etc. • *imperat*: sal, salga, salgamos, salid, etc.

**sentir :**
*pres ind*: siento, sentimos, etc. • *pret indef*: sintió, sentimos, sintieron, etc. • *pres subj*: sienta, sintamos, etc. • *imperf subj*: sintiera, sintiéramos, etc. • *imperat*: siente, sienta, sintamos, sentid, etc. • *ger*: sintiendo

**ser :**
*pres ind*: soy, eres, es, somos, sois, son • *imperf ind*: era, eras, era, éramos, erais, eran • *pret indef*: fui, fuiste, fue, fuimos, fuisteis, fueron • *fut*: seré, serás, será, seremos, seréis, serán • *cond*: sería, serías, sería, seríamos, seríais, serían • *pres subj*: sea, seas, sea, seamos, seáis, sean • *imperf subj*: fuera, fueras, fuera, fuéramos, fuerais, fueran • *imperat*: sé, sea, seamos, sed, sean • *ger*: siendo • *partic*: sido, -da

**sonar :**
*pres ind*: sueno, sonamos, etc. • *pres subj*: suene, sonemos, etc. • *imperat*: suena, suene, sonemos, sonad, etc.

**temer :**
*pres ind:* temo, temes, teme, tememos, teméis, temen • *imperf ind:* temía, temías, temía, temíamos, temíais, temían • *pret indef:* temí, temiste, temió, temimos, temisteis, temieron • *fut:* temeré, temerás, temerá, temeremos, temeréis, temerán • *cond:* temería, temerías, temería, temeríamos, temeríais, temerían • *pres subj:* tema, temas, tema, temamos, temáis, teman • *imperf subj:* temiera, temieras, temiera, temiéramos, temierais, temieran • *imperat:* teme, tema, temamos, temed, teman • *ger:* temiendo • *partic:* temido, -da

**tender :**
*pres ind:* tiendo, tendemos, etc. • *pres subj:* tienda, tendamos, etc. • *imperat:* tiende, tendamos, etc.

**tener :**
*pres ind:* tengo, tiene, tenemos, etc. • *pret indef:* tuve, tuvimos, etc. • *fut:* tendré, tendremos, etc. • *cond:* tendría, tendríamos, etc. • *pres subj:* tenga, tengamos, etc. • *imperf subj:* tuviera, tuviéramos, etc. • *imperat:* ten, tenga, tengamos, tened, etc.

**traer :**
*pres ind:* traigo, trae, traemos, etc. • *pret indef:* traje, trajimos, etc. • *pres subj:* traiga, traigamos, etc. • *imperf subj:* trajera, trajéramos, etc. • *imperat:* trae, traiga, traigamos, traed, etc. • *ger:* trayendo

**valer :**
*pres ind:* valgo, vale, valemos, etc. • *fut:* valdré, valdremos, etc. • *cond:* valdría, valdríamos, etc. • *pres subj:* valga, valgamos, etc. • *imperat:* vale, valga, valgamos, valed, etc.

**venir :**
*pres ind:* vengo, viene, venimos, etc. • *pret indef:* vine, vinimos, etc. • *fut:* vendré, vendremos, etc. • *cond:* vendría, vendríamos, etc. • *pres subj:* venga, vengamos, etc. • *imperf subj:* viniera, viniéramos, etc. • *imperat:* ven, venga, vengamos, venid, etc. • *ger:* viniendo

**ver :**
*pres ind:* veo, ve, vemos, etc. • *pret indef:* vi, vio, vimos, etc. • *imperf subj:* viera, viéramos, etc. • *imperat:* ve, vea, veamos, ved, etc. • *ger:* viendo, etc. • *partic:* visto, -ta

# GUÍA
# DE
# CONVERSACIÓN

## Guía práctica

# CONVERSATION
# GUIDE

## Numbers, weights and measures, currency, time

# *Índice*


| | | |
|---|---|---|
| saludar a alguien | *greeting someone* | 356 |
| presentarse | *introducing yourself* | 356 |
| presentar a alguien | *making introductions* | 357 |
| despedirse | *saying goodbye* | 357 |
| agradecer | *saying thank you* | 358 |
| deseos y saludos | *wishes and greetings* | 358 |
| ¿qué tiempo hace? | *what's the weather like?* | 359 |
| al expresar preferencias | *expressing likes and dislikes* | 360 |
| al teléfono | *on the phone* | 361 |
| en el coche | *in the car* | 363 |
| al alquilar un coche | *hiring a car (UK)*<br>*renting a car (US)* | 363 |
| en la gasolinera | *at the petrol station (UK)*<br>*at the gas station (US)* | 364 |
| en el garaje | *at the garage* | 365 |
| al tomar un taxi | *taking a taxi (UK)*<br>*taking a cab* | 366 |

# Contents


| | | |
|---|---|---|
| l coger el autobús (Esp)<br>l tomar el bus (Amér) | *taking the bus* | 367 |
| l tomar el tren | *taking the train* | 368 |
| n el aeropuerto | *at the airport* | 370 |
| dónde queda? | *asking the way* | 371 |
| l circular por la ciudad | *getting around town* | 372 |
| eportes | *sports* | 373 |
| n el hotel | *at the hotel* | 374 |
| n las tiendas | *at the shops* | 375 |
| l pedir información | *out and about* | 376 |
| n el café | *at the café* | 377 |
| n el restaurante | *at the restaurant* | 378 |
| n el banco | *at the bank* | 379 |
| n la oficina de correos | *at the post office* | 380 |
| os negocios | *business* | 381 |
| n el consultorio médico | *at the doctor's* | 382 |
| n el dentista | *at the dentist's* | 383 |
| n la farmacia | *at the chemist's (UK)*<br>*at the drugstore (US)* | 384 |

| saludar a alguien | *greeting someone* |
| --- | --- |
| Buenos días.<br>Buen día. (Amér) | Good morning. |
| Buenas tardes. | Good afternoon. |
| Buenas noches. | Good evening. |
| ¡Hola! | Hello! |
| ¿Cómo estás?<br>¿Cómo está? [polite form] | How are you? |
| Muy bien, gracias. | Very well, thank you. |
| Bien, gracias. | Fine, thank you. |
| ¿Y tú? [to a friend]<br>¿Y vos? (RP) [to a friend]<br>¿Y usted? [polite form] | And you? |

| presentarse | *introducing yourself* |
| --- | --- |
| Me llamo Fernando. | My name is Fernando. |
| Soy español(a). | I am Spanish. |
| Soy de Madrid. | I come from Madrid. |
| Hola, soy Eduardo. | Hello, I'm Eduardo |
| Deja que me presente, soy Ana. | Allow me to introduce myself, I'm Ana. |
| Me parece que no nos conocemos. | I don't think we've met. |

| presentar a alguien | *making introductions* |
|---|---|
| Éste es el Sr. Ortega. | This is Mr. Ortega. |
| Me gustaría presentarle al Sr. Ortega. | I'd like to introduce Mr. Ortega. |
| Encantado de conocerlo. [polite form] | Pleased to meet you. |
| Encantado de conocerte. | Pleased to meet you. |
| ¿Cómo está? [polite form] | How are you? |
| Espero que hayas tenido un buen viaje. | I hope you had a good trip. |
| Bienvenido/a. | Welcome. |
| Dejadme que os presente. | Shall I do the introductions? |

| despedirse | *saying goodbye* |
|---|---|
| Hasta luego.<br>Adiós.<br>Chao.<br>Chau. (Amér) | Bye. |
| Hasta luego. | See you OR so long. |
| Hasta pronto. | See you soon. |
| Hasta más tarde. | See you later. |
| Nos veremos. | See you again sometime. |

| | |
|---|---|
| Que tenga un buen viaje.<br>Que disfrute del viaje. (RP) | Enjoy your trip. |
| Encantado de conocerlo. | It was nice to meet you. |
| Me temo que me tengo que ir. | I'm afraid I have to go now. |
| Dale recuerdos a... | Give my best regards to... |
| Te deseo lo mejor. | All the best. |

| agradecer | *saying thank you* |
|---|---|
| (Muchas) gracias. | Thank you (very much). |
| Gracias. Igualmente. | Thank you. The same to you. |
| Gracias por su ayuda. | Thank you for your help. |
| Gracias por todo. | Thanks a lot for everything. |
| No sé cómo darte las gracias. | I can't thank you enough. |
| Te agradezco mucho... | I'm very grateful for... |

| deseos y saludos | *wishes and greetings* |
|---|---|
| ¡Buena suerte! | Good luck! |
| ¡Que vaya bien!/<br>¡Que disfrute! | Have fun!/Enjoy yourself! |
| ¡Que aproveche!/<br>¡Buen provecho! | Enjoy your meal! |
| ¡Feliz cumpleaños! | Happy Birthday! |

| | |
|---|---|
| ¡Que pases una buena Semana Santa! | Happy Easter! |
| ¡Feliz Navidad!<br>¡Felices Fiestas! (Esp) | Merry Christmas! |
| ¡Feliz Año Nuevo! | Happy New Year! |
| ¡Que pases un buen fin de semana! | Have a good weekend! |
| ¡Felices vacaciones! | Enjoy your holiday! (UK)<br>Enjoy your vacation! (US) |
| Un saludo cordial. | Best wishes. |
| ¡Que pases un buen día! | Have a nice day! |
| ¡Salud! | Cheers! |
| ¡A tu salud! | To your health! |
| ¡Te deseo lo mejor! | All the best! |
| ¡Enhorabuena! | Congratulations! |

## ¿qué tiempo hace? *what's the weather like?*

| | |
|---|---|
| Hace un día precioso. | It's a beautiful day. |
| Hace un día agradable.<br>Hace un día lindo. (Amér) | It's nice. |
| Hace sol. | It's sunny. |
| Está lloviendo. | It's raining. |
| Está nublado. | It's cloudy. |

| | |
|---|---|
| Se espera lluvia para mañana. | It's supposed to rain tomorrow. |
| ¡Qué tiempo más horrible! | What horrible weather! |
| Hace (mucho) calor/frío. | It's (very) hot/cold. |
| ¿Qué tiempo hace? | What's the weather like? |
| Hay humedad. | It's humid. |
| Hace bochorno. | It's very oppressive/sultry.<br>It's very close. (UK) |
| ¡Espero que el tiempo mejore! | I hope the weather's going to get better! |
| **al expresar preferencias** | ***expressing likes and dislikes*** |
| Me gusta. | I like it. |
| No me gusta. | I don't like it. |
| ¿Quieres tomar/comer algo?<br>¿Le apetece beber/comer algo? (Esp)<br>¿Te provoca tomar/comer algo? (Carib)<br>¿Querés tomar/comer algo? (RP) | Would you like something to drink/eat? |
| Sí, por favor. | Yes, please. |
| No, gracias. | No, thanks. |
| Sí, me encantaría. | Yes, I'd love to. |

| | |
|---|---|
| ¿Quieres ir al parque con nosotros?<br>¿Te apetecería ir al parque con nosotros? (Esp)<br>¿Te provoca ir al parque con nosotros? (Carib)<br>¿Querés ir al parque con nosotros? (RP) | Would you like to come to the park with us? |
| No estoy de acuerdo. | I don't agree. |
| Estoy completamente de acuerdo contigo. | I totally agree with you. |
| Es muy tentador. | That sounds very tempting. |
| Preferiría otra cosa. | I'd prefer something else. |
| Me encanta la vela. | I have a passion for sailing. |
| Por lo que a mí respecta... | As far as I'm concerned... |

## al teléfono — *on the phone*

| | |
|---|---|
| ¿Sí?/¿Dígame?<br>¿Aló? (Andes, Carib & Méx)<br>¿Hola? (RP) [person answering]<br>¿Oiga? (Esp)<br>¡Hola! (Amér) [person phoning] | Hello. |
| Soy Ana Francino. | Ana Francino speaking. |

| | |
|---|---|
| Quería hablar con el Sr. López. | I'd like to speak to Sr. López. |
| Llamo en nombre de la Sra. Blasco. | I'm calling on behalf of Sra. Blasco. |
| Le vuelvo a llamar dentro de diez minutos. | I'll call back in ten minutes. |
| Prefiero esperar. | I'd rather hold the line. |
| ¿Podría dejar un recado?<br>¿Puedo dejarle razón? (Carib)<br>¿Puedo dejarle un mensaje? (RP) | Can I leave a message for him? |
| Perdone, me he equivocado de número. | Sorry, I must have dialled the wrong number. (UK)<br>Sorry, I must have dialed the wrong number. (US) |
| ¿Con quién hablo? | Who's calling? |
| No cuelgue, ahora le paso. | Hold the line, I'll put you through. |
| ¿Podría volver a llamar dentro de una hora? | Could you call back in an hour? |
| Ha salido/no volverá hasta mañana. | She's out/won't be back until tomorrow. |
| Se ha equivocado de número. | I think you've got the wrong number. |

| n el coche | *in the car* |
|---|---|
| Cómo se llega al centro de a ciudad/a la autopista? | How do we get to the city centre/motorway? |
| Hay un parking cerca de quí? | Is there a car park nearby? (UK) Is there a parking lot nearby? (US) |
| Puedo aparcar aquí?/ Se puede aparcar aquí? | Can I park here? |
| stoy buscando una asolinera. | I'm looking for a petrol station. (UK) I'm looking for a gas station. (US) |
| Donde está el taller más ercano? | Where's the nearest garage? |
| Por aquí se va la estación le tren? | Is this the way to the train station? |
| En coche está muy lejos? | Is it very far by car? |

| l alquilar un coche | *hiring a car (UK)*<br>*renting a car (US)* |
|---|---|
| Quería alquilar un coche on aire acondicionado. Quería alquilar un carro con ire acondicionado. (Amér) | I'd like to hire a car with air-conditioning. (UK) I'd like to rent a car with air-conditioning. (US) |

| | |
|---|---|
| ¿Cuánto cuesta por día? | What's the cost for one day? |
| ¿Incluye kilometraje ilimitado? | Is the mileage unlimited? |
| ¿Cuánto cuesta el seguro a todo riesgo? (Esp)<br>¿Cuánto cuesta el seguro contra todo riesgo? (Amér) | How much does it cost for comprehensive insurance? |
| ¿Puedo devolver el coche en el aeropuerto?<br>¿Puedo devolver el carro en el aeropuerto? (Amér) | Can I leave the car at the airport? |
| Este es mi carnet de conducir. | Here's my driving license. (UK)<br>Here's my driver's license. (US) |

| en la gasolinera | *at the petrol station (UK)*<br>*at the gas station (US)* |
|---|---|
| Me he quedado sin gasolina. | I've run out of petrol. (UK)<br>I've run out of gas. (US) |
| Lléneme el depósito, por favor. | Fill it up, please. |
| El surtidor número tres. | Pump number three. |
| Quiero comprobar el aire de las ruedas. | I'd like to check the tyre pressure. (UK)<br>I'd like to check the tire pressure. (US) |

| n el garaje | *at the garage* |
| --- | --- |
| Ai coche tiene una avería. | I've broken down. |
| ;e me ha caído el tubo de scape. | The exhaust pipe has fallen off. |
| Ai coche pierde aceite. | My car has an oil leak. |
| :l motor se calienta nucho. | The engine is overheating. |
| :l motor hace un ruido muy aro. | The engine is making strange noises. |
| Puede comprobar os frenos? | Could you check the brakes? |
| Podría comprobar el nivel lel agua? | Could you check the water level? |
| :l coche se ha quedado sin atería./Se me ha agotado a batería. | The battery is flat. |
| Jo me funciona el aire condicionado. | The air-conditioning doesn't work. |
| ;e me ha pinchado ına rueda.<br>Me la tendrían que arreglar.<br>;e me ponchó una llanta.<br>Me la tendrían que reparar.<br>Méx) | I've got a puncture.<br>The tyre needs to be repaired. (UK)<br>I've got a puncture.<br>The tire needs to be repaired. (US) |

| al tomar un taxi | *taking a taxi (UK)*<br>*taking a cab* |
|---|---|
| ¿Me podría pedir un taxi? | Could you call me a taxi? (UK)<br>Could you call me a cab? (US) |
| Querría reservar un taxi para las 8 de la mañana. | I'd like to book a cab for 8 a.m. |
| ¿Cuánto cuesta un taxi hasta el centro? | How much does a cab to the city centre cost? |
| ¿Cuánto se tarda hasta el aeropuerto? | How long does it take to get to the airport? |
| ¿Puedo ir delante? | Can I ride up front? (US)<br>Can I travel in the front seat? |
| A la estación de autobuses/la estación de tren/el aeropuerto, por favor. | To the bus station/train station/airport, please. |
| Pare aquí/en la señal/ en la esquina, por favor. | Stop here/at the lights/ at the corner, please. |
| ¿Me podría esperar? | Can you wait for me? |
| ¿Cuánto es? | How much is it? |
| Querría un recibo, por favor? | Can I have a receipt, please? |
| Quédese el cambio. | Keep the change. |

| coger el autobús (Esp)<br>tomar el bus (Amér) | *taking the bus* |
|---|---|
| A qué hora sale el próximo utobús para Salamanca? Esp)<br>A qué hora sale el próximo us para Salamanca? (Amér) | What time is the next bus to Salamanca? |
| Desde qué andén sale el utobús? (Esp)<br>Desde qué plataforma sale l bus? (Amér) | Which platform does the bus go from? |
| Cuánto tarda el autobús asta Brighton? | How long does the coach take to get to Brighton? (UK)<br>How long does the bus take to get to Brighton? (US) |
| Hay algún descuento? | Do you have any reduced fares? (UK)<br>Do you have any discounts? (US) |
| Cuánto cuesta un billete de la y vuelta a Chicago? Esp)<br>Cuánto cuesta un pasaje de la y vuelta a Chicago? (Amér) | How much is a return ticket to Chicago? (UK)<br>How much is a round-trip ticket to Chicago? (US) |

| | |
|---|---|
| ¿El autobús tiene baño? | Is there a toilet on the coach? (UK)<br>Is there a bathroom on the bus? (US) |
| ¿El autobús tiene aire acondicionado? | Is the coach air-conditioned? (UK)<br>Is the bus air-conditioned? (US) |
| Perdone, ¿está ocupado este asiento? | Excuse me, is this seat taken? |
| ¿Le importa si bajo la persiana? | Would it bother you if I lowered the blind? (UK)<br>Would it bother you if I lowered the shade? (US) |
| ¿Tiene un horario? | Do you have a timetable? |
| ¿Puede avisarme de cuándo tengo que bajar? | Can you tell me when to get off? |
| Próxima parada. | Next stop. |

| al tomar el tren | *taking the train* |
|---|---|
| ¿Dónde está la taquilla? (Esp)<br>¿Dónde está el mostrador de venta de boletos? (Amér) | Where is the ticket office? |
| ¿De dónde sale el próximo tren para París? | When does the next train for Paris leave? |

| | |
|---|---|
| De qué andén sale? | Which platform does it leave from? |
| Cuánto cuesta un billete de la y vuelta para Oporto? Esp) Cuánto cuesta un boleto de la y vuelta para Oporto? Amér) | How much is a return ticket to Porto? (UK) How much is a round-trip ticket to Porto? (US) |
| Hay consigna? | Is there a left-luggage office? (UK) Is there a baggage room? (US) |
| 'n billete de ventanilla en n vagón de no fumadores, or favor. 'n boleto de ventanilla en n vagón de no fumadores, or favor. (Amér) | A window seat in a non-smoking coach please. |
| )uiero reservar una litera en l tren de las 21.00 horas ara París. | I'd like to reserve a sleeper on the 9 p.m. train to Paris. |
| Dónde tengo que validar l billete? | Where do I validate my ticket? |
| 'erdone, ¿está libre este siento? | Excuse me, is this seat free? |
| Dónde está el vagón estaurante? | Where is the dining car? |

| en el aeropuerto | *at the airport* |
|---|---|
| ¿Dóndc está la terminal 1/ la puerta 2? | Where is terminal 1/gate number 2? |
| ¿Dónde está el mostrador de facturación?<br>¿Dónde es el check-in? (Amér) | Where is the check-in desk? |
| Quería asiento de pasillo/ventana. | I'd like an aisle/window seat. |
| ¿A qué hora es el embarque? | What time is boarding? |
| Perdí la tarjeta de embarque. | I've lost my boarding card. |
| ¿Dónde está la recogida de equipajes?<br>¿Dónde se retira el equipaje? | Where is the baggage reclaim? (UK)<br>Where is the baggage claim? (US) |
| He perdido mi conexión. ¿Cuándo sale el próximo vuelo para Seattle? | I've missed my connection. When's the next flight to Seattle? |
| ¿Dónde está el autobús de enlace con el centro de la ciudad?<br>¿Dónde está el bus de enlace con el centro de la ciudad? (Amér) | Where's the shuttle bus to the city centre? (UK)<br>Where's the shuttle bus downtown? (US) |

| ¿dónde queda? | *asking the way* |
|---|---|
| ¿Me podría indicar en el mapa dónde estamos? | Could you show me where we are on the map? |
| ¿Dónde está la estación de autobús/correos? (Esp) ¿Dónde está la estación de buses/correos? (Amér) | Where is the bus station/post office? |
| Por favor, ¿cómo se va a la Avenida Paulista? | Excuse me, how do I get to Avenida Paulista? |
| Para ir al museo de arte moderno, ¿sigo adelante? | To get to the museum of modern art, should I continue straight ahead? |
| ¿Está lejos? | Is it far? |
| ¿Se puede ir caminando? | Is it within walking distance? |
| ¿Tengo/tenemos que coger el autobús/metro? (Esp) ¿Tengo/tenemos que tomar el autobús/metro? (Amér) | Will I/we have to take the bus/underground? (UK) Will I/we have to take the bus/subway? (US) |
| ¿Me podría ayudar? Creo que me he perdido. | Can you please help me? I think I'm lost. |

| al circular por la ciudad | *getting around town* |
| --- | --- |
| ¿Qué autobús va al aeropuerto? (Esp)<br>¿Qué bus va al aeropuerto? (Amér) | Which bus goes to the airport? |
| ¿Dónde se coge el autobús a la estación? (Esp)<br>¿Dónde se toma el bus a la estación? (Amér) | Where do I catch the bus for the station? |
| Quiero un billete de ida/ida y vuelta a Boston.<br>Quiero un pasaje de ida/ida y vuelta a Boston. (Amér) | I'd like a single/return ticket to Boston. (UK)<br>I'd like a one-way/round-trip ticket to Boston. (US) |
| ¿Me podría decir dónde me tengo que bajar? | Could you tell me when we get there? |
| Parada de autobús. (Esp)<br>Parada de bus. (Amér) | Bus Stop. |
| ¿Este autobús va a la estación de tren? | Does this bus go to the train station? |
| ¿A qué hora es el último tren/tranvía? | What time is the last train/tram? |

| eportes | *sports* |
| --- | --- |
| ueremos ver un partido ıtbol. ¿Hay uno esta oche? | We'd like to see a football match. Is there one on tonight? |
| Dónde está el estadio de ıtbol? | Where's the stadium? |
| Dónde podemos alquilar icicletas? | Where can we hire bicycles? (UK)<br>Where can we rent bicycles? (US) |
| uisiéramos reservar una ancha de tenis para las 7 de ı tarde.<br>uisiéramos reservar una ista de tenis para las 7 de ı tarde. (Esp) | I'd like to book a tennis court for 7 p.m. |
| Cuánto cuesta una clase de na hora? | How much does a one-hour lesson cost? |
| La piscina abre todos os días? | Is the pool open every day? |
| Dónde podemos ambiarnos? | Where can we change? |
| Hay una estación de esquí or aquí cerca? | Is there a ski resort nearby? |
| Podemos alquilar l equipo? | Can we hire equipment? |

| | |
|---|---|
| ¿Alquilan barcos? | Do you rent boats? |
| ¿Dónde podemos ir a jugar a los bolos por aquí? | Where can we go bowling around here? |
| Me encantaría dar una vuelta en bici. | I'd like to go on a bike ride. |
| **en el hotel** | *at the hotel* |
| Queremos una habitación doble/dos habitaciones individuales. | We'd like a double room/ two single rooms. |
| Quiero una habitación para dos noches, por favor. | I'd like a room for two nights, please. |
| Tengo una reserva a nombre de Jones. | I have a reservation in the name of Jones. |
| He reservado una habitación con ducha/baño. | I reserved a room with a shower/bathroom. |
| ¿Me da la llave de la habitación 121, por favor? | Could I have the key for room 121, please? |
| Quería una almohada/manta más, por favor. | Could I have an extra pillow/blanket, please? |
| ¿Hay algún mensaje para mí? | Are there any messages for me? |
| ¿A qué hora se sirve el desayuno? | What time is breakfast served? |

| | |
|---|---|
| uiero tomar el desayuno ı la habitación. | I'd like breakfast in my room. |
| Me podría despertar a las 7 : la mañana? | I'd like a wake-up call at 7 a.m., please. |
| Hay un parking para ientes del hotel? | Is there a car park for hotel guests? |
| le voy ya. ¿Me prepara factura? | I'd like to check out now. |
| ı las tiendas | *at the shops* |
| Cuánto es? | How much is this? |
| uería comprar gafas de ɔl/un traje de baño. | I'd like to buy sunglasses/ a swimsuit. (UK)<br>I'd like to buy sunglasses/ a bathing suit (US). |
| Ii talla es la 38.<br>Ii talle es el 38. (RP) | I'm a size 10. |
| alzo el 40. | I take a size 7 shoe. |
| Puedo probármelo? | Can I try this on? |
| Puedo cambiarlo? | Can I exchange it? |
| Dónde están los robadores? | Where are the fitting rooms? |

| | |
|---|---|
| ¿Tiene una talla mayor/más pequeña? ¿Tiene un talle más grande/chico? (RP) | Do you have this in a bigger/smaller size? |
| ¿Tiene esto en azul? | Do you have this in blue? |
| ¿Tiene sobres/guías de la ciudad? | Do you sell envelopes/street maps? |
| Quería comprar una película para mi cámara, por favor. Quería comprar un carrete para mi cámara, por favor. (Esp) | I'd like to buy a film for my camera please. |
| ¿A qué hora cierran? | What time do you close? |

| al pedir información | *out and about* |
|---|---|
| ¿A qué hora cierra el museo? | What time does the museum close? |
| ¿Dónde está la piscina pública más cercana? | Where is the nearest public swimming pool? |
| ¿Me podría decir dónde está la iglesia (católica/baptista) más cercana? | Could you tell me where the nearest (Catholic/Baptist) church is? |
| ¿Sabe cuál es el horario de misas/cultos? | Do you know what time mass/the next service is? |

| | |
|---|---|
| ¿Hay algún cine cerca de aquí? | Is there a cinema nearby? (UK)<br>Is there a movie theater (US) nearby? |
| ¿Qué distancia hay de aquí a la playa? | How far is it to the beach? |
| ¿Me podría recomendar un hotel cerca del centro? | Could you recommend a hotel near the centre? (UK)<br>Could you recommend a hotel near downtown? (US) |
| **en el café** | ***at the café*** |
| ¿Está libre esta mesa/silla? | Is this table/seat free? |
| Por favor! | Excuse me! |
| ¿Nos podría traer la lista de bebidas? | Could you please bring us the drinks list? |
| Dos cafés/cafés con leche, por favor. | Two cups of black coffee/white coffee, please. (UK)<br>Two cups of coffee with cream, please. (US) |
| Quiero un café con leche. | I'd like a coffee with cream/milk. (US)<br>I'd like a white coffee. (UK) |
| Un té/té con limón/té con leche. | A tea/lemon tea/tea with milk. |
| ¿Me podría traer hielo? | Could I have some ice? |

| | |
|---|---|
| Un zumo de naranja/un agua mineral. Un jugo de naranja/un agua mineral. (Amér) | An orange juice/a mineral water. |
| ¿Me podría traer una cerveza, por favor? | Can I have another beer, please? |
| ¿Dónde están los servicios? ¿Dónde es el baño? (Amér) | Where is the toilet? (UK) Where is the restroom? (US) |
| ¿Hay zona de fumadores? | Is there a smoking section? |
| **en el restaurante** | *at the restaurant* |
| Quisiera reservar una mesa para las 8 de la tarde. | I'd like to reserve a table for 8 p.m. |
| Una mesa para dos, por favor. | A table for two, please. |
| ¿Nos podría dar una mesa en la zona de no fumadores? | Can we have a table in the non-smoking section? |
| ¿Podría traer la carta/la carta de vinos? | Can we see the menu/wine list? |
| ¿Tiene menú infantil/para vegetarianos? | Do you have a children's/vegetarian menu? |
| Una botella de vino tinto/blanco de la casa, por favor. | A bottle of house white/red, please. |
| Quisiéramos un aperitivo. | We'd like an aperitif. |

| | |
|---|---|
| Cuál es la especialidad de ı casa? | What is the house speciality? |
| Auy poco hecho/al unto/muy hecho. | Rare/medium/well-done. |
| Qué hay de postre? | What desserts do you have? |
| Me trae la cuenta, por ıvor? | Can I have the bill, please? (UK)<br>Can I have the check, please? (US) |
| n el banco | *at the bank* |
| ueria cambiar 100 libras n euros, por favor. | I'd like to change £100 into euros please. |
| n billetes pequeños, por ıvor.<br>n billetes chicos, por favor. RP) | In small denominations, please. |
| Cuál es el cambio del ólar? | What is the exchange rate for dollars? |
| Cuánto es la comisión? | How much is the commission? |
| Cuánto es en euros? | How much is that in euros? |
| uería transferir dinero. | I'd like to transfer some money. |
| Dónde hay un cajero utomático? | Where is the cash dispenser? (UK)<br>Where is the ATM? (US) |

| en la oficina de correos | *at the post office* |
|---|---|
| ¿Puedo enviar un fax? | Can I send a fax? |
| ¿Cuánto cuesta enviar una carta/una postal a México? | How much is it to send a letter/postcard to Mexico? |
| Quiero diez sellos para Chile.<br>Quiero diez timbres para Chile. (Méx) Quiero diez estampillas para Chile. (RP) | I'd like ten stamps for Chile. |
| Quería enviar este paquete por correo certificado.<br>Quería enviar este paquete por correo registrado. (Amér) | I'd like to send this parcel by registered post. (UK)<br>I'd like to send this parcel by registered mail. (US) |
| ¿Cuánto tiempo tardará en llegar?<br>¿Cuánto tiempo demora en llegar? (Amér) | How long will it take to get there? |
| Quiero una tarjeta de teléfono de 50 unidades. | I'd like a 50-unit phone card. |

| | |
|---|---|
| uiero enviar un mensaje or correo electrónico. Dónde puedo encontrar un ibercafé? | I'd like to send an e-mail. Can you tell me where I can find an Internet cafe? |
| s negocios | *business* |
| uenos días. Soy de Biotech td. | Hello. I'm from Biotech Ltd. |
| engo una cita con el Sr. antiago a las 2.30 de la tarde. | I have an appointment with Sr. Santiago at 2.30 p.m. |
| quí tiene mi tarjeta de mpresa. | Here's my business card. |
| uisiera ver al director eneral. | I'd like to see the managing director. |
| ii dirección de correo lectrónico es aul@easyconnect.com | My e-mail address is paul@easyconnect.com |
| Podría enviarme nformación/las cifras de entas por fax, por favor? | Could you fax me some information/the sales figures, please? |

| en el consultorio médico | *at the doctor's* |
|---|---|
| Tengo vómitos y diarrea. | I've been vomiting and I have diarrhoea. |
| Me duele aquí/ahí. | It hurts here/there. |
| Me duele la cabeza. | I have a headache. |
| Tengo dolor de garganta. | I have a sore throat. |
| Tengo dolor de estómago. | My stomach hurts. |
| Mi hijo tiene tos y fiebre. | My son has a cough and a fever |
| Soy alérgico a la penicilina. | I'm allergic to penicillin. |
| Soy alérgico a los antibióticos. | Antibiotics don't agree with me. |
| Creo que tengo otitis. | I think I have an ear infection. |
| Tengo la tensión alta. | I've got high blood pressure. |
| Soy diabético. | I'm diabetic. |
| Creo que me he roto la muñeca. | I think I may have broken my wrist. |
| ¿Por cuánto tiempo debo seguir el tratamiento? | How long should I follow the treatment for? |

| en el dentista | *at the dentist's* |
| --- | --- |
| Tengo dolor de muelas. | I have toothache. |
| Me duele una muela. | One of my molars hurts. |
| Se me ha caído un empaste.<br>Se me ha caído una tapadura. (Méx)<br>Se me ha caído una emplomadura (RP). | I've lost a filling. |
| Me he partido un incisivo. | I've broken an incisor. |
| Las muelas del juicio me están molestando mucho. | My wisdom teeth are really bothering me. |
| Necesito/necesitas un puente nuevo. | I/you need a bridge. |
| He perdido la dentadura postiza. | I've lost my dentures. |
| ¿Me puede poner anestesia local? | Could you give me a local anaesthetic? |

| en la farmacia | *at the chemist's (UK)*<br>*at the drugstore (US)* |
| --- | --- |
| ¿Tiene algo para el dolor de cabeza/el dolor de garganta/la diarrea? | Can you give me something for a headache/sore throat/ diarrhoea? |
| ¿Tiene un analgésico/ tiritas ®, por favor?<br>¿Tiene un analgésico/curitas, por favor? (Amér) | Can I have some aspirin/ Band-Aids ®, please? |
| Necesito una crema solar de un alto grado de protección. | I need some high protection suntan lotion. |
| ¿Tiene un repelente para insectos? | Do you have any insect repellent? |
| Tengo una receta de mi médico en el Reino Unido. | I have a prescription from my doctor in the UK. |
| ¿Me podría recomendar un médico? | Could you recommend a doctor? |

| ndice | Contents | |
|---|---|---|
| ardinales | Cardinal numbers | 386 |
| rdinales | Ordinal numbers | 387 |
| as operaciones | Mathematical operations | 388 |
| a moneda británica | British currency | 388 |
| a moneda estadounidense | American currency | 389 |
| a moneda europea | European currency | 389 |
| ongitud | Length | 390 |
| uperficie | Area | 390 |
| apacidad | Capacity | 391 |
| olumen | Volume | 391 |
| eso | Weight | 391 |
| a hora | The time | 392 |

## Cardinales/Cardinal numbers

| | | |
|---|---|---|
| cero | 0 | zero |
| uno | 1 | one |
| dos | 2 | two |
| tres | 3 | three |
| cuatro | 4 | four |
| cinco | 5 | five |
| seis | 6 | six |
| siete | 7 | seven |
| ocho | 8 | eight |
| nueve | 9 | nine |
| diez | 10 | ten |
| once | 11 | eleven |
| doce | 12 | twelve |
| trece | 13 | thirteen |
| catorce | 14 | fourteen |
| quince | 15 | fifteen |
| dieciséis | 16 | sixteen |
| diecisiete | 17 | seventeen |
| dieciocho | 18 | eighteen |
| diecinueve | 19 | nineteen |
| veinte | 20 | twenty |
| veintiuno | 21 | twenty-one |
| veintidós | 22 | twenty-two |
| veintitrés | 23 | twenty-three |
| veinticuatro | 24 | twenty-four |
| veinticinco | 25 | twenty-five |
| veintiséis | 26 | twenty-six |
| veintisiete | 27 | twenty-seven |
| veintiocho | 28 | twenty-eight |
| veintinueve | 29 | twenty-nine |

| | | |
|---|---|---|
| reinta | 30 | thirty |
| reinta y uno | 31 | thirty-one |
| uarenta | 40 | forty |
| incuenta | 50 | fifty |
| esenta | 60 | sixty |
| etenta | 70 | seventy |
| ochenta | 80 | eighty |
| noventa | 90 | ninety |
| ien | 100 | one hundred |
| quinientos | 500 | five hundred |
| nil | 1000 | one thousand |
| un millón | 1.000.000 | one million |

## Ordinales/Ordinal numbers

| | | |
|---|---|---|
| primero | 1°/1st | first |
| segundo | 2°/2nd | second |
| ercero | 3°/3rd | third |
| cuarto | 4°/4th | fourth |
| quinto | 5°/5th | fifth |
| sexto | 6°/6th | sixth |
| séptimo | 7°/7th | seventh |
| octavo | 8°/8th | eighth |
| noveno | 9°/9th | ninth |
| décimo | 10°/10th | tenth |
| undécimo | 11°/11th | eleventh |
| decimosegundo | 12°/12th | twelfth |
| decimotercero | 13°/13th | thirteenth |
| decimocuarto | 14°/14th | fourteenth |
| decimoquinto | 15°/15th | fifteenth |
| decimosexto | 16°/16th | sixteenth |
| decimoséptimo | 17°/17th | seventeenth |

| | | |
|---|---|---|
| decimoctavo | 18º/18th | eighteenth |
| decimonoveno | 19º/19th | nineteenth |
| vigésimo | 20º/20th | twentieth |
| vigésimo primer(o) | 21º/21st | twenty-first |
| vigésimo segundo | 22º/22nd | twenty-second |
| vigésimo tercero | 23º/23rd | twenty-third |
| trigésimo | 30º/30th | thirtieth |
| centésimo | 100º/100th | one hundredth |
| milésimo | 1000º/1000th | one thousandth |

## Las operaciones/Mathematical operations

| | | |
|---|---|---|
| menos uno | -1 | minus one |
| ocho más dos igual a diez | 8+2=10 | eight plus two equals five |
| nueve menos tres igual a seis | 9-3=6 | nine minus three equals six |
| siete por tres veintiuno | 7x3=21 | seven times three equals twenty-one/ seven multiplied by three equals twenty-one |
| veinte entre cuatro igual a cinco | 20:4=5 | twenty divided by four equals five. |
| la raíz cuadrada de nueve es tres | $\sqrt{9}=3$ | the square root of nine is three |
| cinco al cuadrado igual a veinticinco | $5^2=25$ | five squared equals twenty-five |

## La moneda británica/British currency

| | | |
|---|---|---|
| un penique | 1p | a penny |
| dos peniques | 2p | two pence |
| cinco peniques | 5p | five pence |
| diez peniques | 10p | ten pence |

| | | |
|---|---|---|
| veinte peniques | 20p | twenty pence |
| cincuenta peniques | 50p | fifty pence |
| una libra | £1 | a pound |
| dos libras | £2 | two pounds |
| cinco libras | £5 | five pounds |
| diez libras | £10 | ten pounds |
| veinte libras | £20 | twenty pounds |
| cincuenta libras | £50 | fifty pounds |

## La moneda estadounidense/American currency

| | | |
|---|---|---|
| un centavo | 1¢ | one cent/a penny |
| cinco centavos | 5¢ | five cents/a nickel |
| diez centavos | 10¢ | ten cents/a dime |
| veinticinco centavos | 25¢ | twenty-five cents/a quarter |
| cincuenta centavos | 50¢ | fifty cents/a half dollar |
| un dólar | $1 | one dollar |
| cinco dólares | $5 | five dollars |
| diez dólares | $10 | ten dollars |
| veinte dólares | $20 | twenty dollars |
| cincuenta dólares | $50 | fifty dollars |
| cien dólares | $100 | a hundred dollars |

## La moneda europea/European currency

| | | |
|---|---|---|
| un céntimo | 0,01 € | a cent |
| dos céntimos | 0,02 € | two cents |
| cinco céntimos | 0,05 € | five cents |
| diez céntimos | 0,10 € | ten cents |
| veinte céntimos | 0,20 € | twenty cents |
| cincuenta céntimos | 0,50 € | fifty cents |
| un euro | 1 € | one euro |
| dos euros | 2 € | two euros |

| | | |
|---|---|---|
| cinco euros | 5 € | five euros |
| diez euros | 10 € | ten euros |
| veinte euros | 20 € | twenty euros |
| cincuenta euros | 50 € | fifty euros |
| cien euros | 100 € | a hundred euros |
| doscientos euros | 200 € | two hundred euros |
| quinientos euros | 500 € | five hundred euros |

## Longitud/Length

| | | |
|---|---|---|
| milímetro | mm | millimetre* |
| centímetro | cm | centimetre* |
| metro | m | metre* |
| kilómetro | km | kilometre* |
| (* US millimeter, centimeter, meter, kilometer) | | |
| pulgada | in | inch |
| pie | ft | foot |
| yarda | yd | yard |
| milla | mi | mile |

## Superficie/Area

| | | |
|---|---|---|
| centímetro cuadrado | $cm^2$ | square centimetre* |
| metro cuadrado | $m^2$ | square metre* |
| kilómetro cuadrado | $km^2$ | square kilometre* |
| hectárea (=10.000$m^2$) | ha | hectare |
| (* US square centimeter, square meter, square kilometer) | | |
| pulgada cuadrada | $in^2$ | square inch |
| pie cuadrado | $ft^2$ | square foot |
| yarda cuadrada | $yd^2$ | square yard |
| milla cuadrada | $mi^2$ | square mile |

## Capacidad/Capacity

| | | |
|---|---|---|
| lecilitro | dl | decilitre* |
| itro | l | litre* |
| | (*US deciliter, liter) | |
| nza | oz | ounce |
| inta | pt | pint |
| alón | gal | gallon |

## Volumen/Volume

| | | |
|---|---|---|
| entímetro cúbico | $cm^3$ | cubic centimetre* |
| netro cúbico | $m^3$ | cubic metre* |
| | (* US cubic centimeter, cubic meter) | |
| arda cúbica | $yd^3$ | cubic yard |
| ie cúbico | $ft^3$ | cubic feet |

## Peso/Weight

| | | |
|---|---|---|
| niligramo | mg | milligram |
| ramo | g | gram |
| ectogramo | hg | hectogram |
| ilo(gramo) | kg | kilogram(me)/kilo |
| onelada | t | (metric) ton |
| nza | oz | ounce |
| ibra | lb | pound |

## La hora/The time

| | | |
|---|---|---|
| las cinco |  | fiveo dock |
| las siete y cinco |  | five past seven UK/ five after seven US |
| las ocho y diez |  | ten past eight UK/ ten after eight US |
| las nueve y cuarto |  | a quarter past nine UK/ a quarter after nine US |
| las diez y veinte |  | twenty past ten UK/ twenty after ten US |
| las once y media |  | half past eleven |
| las doce del mediodía |  | noon/twelve a.m./midday |
| las doce y media |  | half past twelve/ twelve thirty |
| la una |  | one p.m. |
| las dos |  | twoo dock |
| las cuatro menos cuarto |  | a quarter to four UK/ a quarter of four US/ fifteen forty-five |
| las cinco y veintitrés |  | five twenty-three |
| las nueve menos veinticinco |  | eight thirty-five |
| las doce de la noche |  | twelve p.m./midnight |
| la una de la madrugada/ de la mañana |  | one a.m. |

# ESPAÑOL-INGLÉS

# SPANISH-ENGLISH

# aA

[a] *prep* **1.** *(tiempo)* ◆ **a las pocas manas** a few weeks later ◆ **al mes de sados** a month after marrying ◆ **a las ete** at seven o'clock ◆ **a los once años** the age of eleven ◆ **dos veces al año** vice a year ◆ **al oír la noticia se esmayó** on hearing the news, she inted **2.** *(frecuencia)* per, every ◆ **arenta horas a la semana** forty hours a eek **3.** *(dirección)* to ◆ **voy a Sevilla** I'm ing to Seville ◆ **llegó a Barcelona/la esta** he arrived in Barcelona/at the arty **4.** *(posición, lugar, distancia)* ◆ **a la lida del cine** outside the cinema ◆ **tá a cien kilómetros** it's a hundred lometres away ◆ **a la derecha/izquier-a** on the right/left **5.** *(con complemento directo)* to ◆ **dáselo a Juan** give it to ıan ◆ **dile a Juan que venga** tell Juan come **6.** *(con complemento directo)* ◆ **iiere a su hijo** she loves her son **7.** *antidad, medida, precio)* ◆ **a cientos/ ocenas** by the hundred/dozen ◆ **¿a ánto están las peras?** how much are e pears? ◆ **vende las peras a 1 euro** e's selling pears for 1 euro ◆ **ganaron or tres a cero** they won three nil **8.** *nodo, manera)* ◆ **a la gallega** Galician-yle ◆ **escribir a máquina** to type ◆ **a ano** by hand **9.** *(finalidad)* to ◆ **entró a agar** he came in to pay ◆ **aprender a adar** to learn to swim

**abad, desa** [a'βað, ðesa] *m,f* abbot (*f* abbess)

**abadía** [aβa'ðia] *f* abbey

**abajo** [a'βaxo] *adv* **1.** *(posición)* below **2.** *(en edificio)* downstairs **3.** *(dirección)* down ◆ **allí abajo** down there ◆ **aquí abajo** down here ◆ **más abajo** further down ◆ **para abajo** downwards ◆ **de abajo** *(piso)* downstairs

**abalear** [aβale'ar] *vt* *(Andes, CAm & Ven)* to shoot

**abandonado, da** [aβando'naðo, ða] *adj* **1.** abandoned **2.** *(lugar)* deserted

**abandonar** [aβando'nar] *vt* **1.** *(persona, animal, proyecto)* to abandon **2.** *(coche, lugar, examen)* to leave **3.** *(prueba)* to drop out of ◆ **abandonarse** *vp* to let o. s. go

**abandono** [aβan'dono] *m* *(dejadez)* neglect

**abanicarse** [aβani'karse] *vp* to fan o.s.

**abanico** [aβa'niko] *m* fan

**abarcar** [aβar'kar] *vt* **1.** *(incluir)* to include **2.** *(ver)* to have a view of

**abarrotado, da** [aβaro'taðo, ða] *adj* packed

**abarrotero, ra** [aβaro'tero, ra] *m,f* *(Amér)* grocer

**abarrotes** [aβa'rotes] *mpl* *(Andes, CAm & Méx)* groceries

**abastecer** [aβaste'θer] *vt* to supply ◆ **abastecerse de** *v + prep* to get, to buy

**abatible** [aβa'tiβle] *adj* folding

**abatido, da** [aβa'tiðo, ða] *adj* *(desanimado)* dejected

**abatir** [aβa'tir] *vt* **1.** *(muro)* to knock down **2.** *(avión)* to shoot down

**abdicar** [aβði'kar] *vi* to abdicate

**abdomen** [aβ'ðomen] *m* abdomen
**abdominales** [aβðomi'nales] *mpl* sit-ups
**abecedario** [aβeθe'ðario] *m* *(alfabeto)* alphabet
**abeja** [a'βexa] *f* bee
**abejorro** [aβe'xoro] *m* bumblebee
**aberración** [aβera'θion] *f* *(disparate)* stupid thing
**abertura** [aβer'tura] *f* *(agujero)* opening
**abeto** [a'βeto] *m* fir
**abierto, ta** [a'βierto, ta] *adj* **1.** open **2.** *(de ideas)* open-minded **3.** *(camisa, cremallera)* undone ◆ **estar abierto a** to be open to
**abismo** [a'βizmo] *m* abyss
**ablandar** [aβlan'ðar] *vt* **1.** *(materia)* to soften **2.** *(persona)* to mollify
**abofetear** [aβofete'ar] *vt* to slap
**abogado, da** [aβo'ɣaðo, ða] *m,f* lawyer
**abolición** [aβoli'θion] *f* abolition
**abolir** [aβo'lir] *vt* to abolish
**abollar** [aβo'ʎar] *vt* to dent
**abonado, da** [aβo'naðo, ða] *adj* *(tierra)* fertilized
**abonar** [aβo'nar] *vt* **1.** *(tierra)* to fertilize **2.** *(cantidad, precio)* to pay ◆ **abonarse a** *v + prep* **1.** *(revista)* to subscribe to **2.** *(teatro, fútbol)* to have a season ticket for
**abono** [a'βono] *m* **1.** *(del metro, autobús)* season ticket **2.** *(para tierra)* fertilizer
**abordar** [aβor'ðar] *vt* to tackle
**aborrecer** [aβore'θer] *vt* to loathe
**abortar** [aβor'tar] *vi* **1.** *(espontáneamente)* to have a miscarriage **2.** *(intencionadamente)* to have an abortion
**aborto** [a'βorto] *m* **1.** *(espontáneo)* miscarriage **2.** *(intencionado)* abortion **3.** *(fam)* *(persona fea)* freak
**abrasador, ra** [aβrasa'ðor, ra] *adj* burning
**abrasar** [aβra'sar] *vt* **1.** *(suj: incendio)* to burn down **2.** *(suj: sol)* to burn
**abrazar** [aβra'θar] *vt* to hug ◆ **abrazarse** *vp* to hug
**abrazo** [a'βraθo] *m* hug
**abrebotellas** [ˌaβreβo'teʎas] *m inv* bottle opener
**abrecartas** [aβre'kartas] *m inv* paper knife
**abrelatas** [aβre'latas] *m inv* tin opener *(UK)*, can opener *(US)*
**abreviar** [aβre'βiar] *vt* **1.** *(texto)* to abridge **2.** *(discurso)* to cut
**abreviatura** [aβreβia'tura] *f* abbreviation
**abridor** [aβri'ðor] *m* opener
**abrigar** [aβri'ɣar] *vt* *(del frío)* to keep warm ◆ **abrigarse** *vp* to wrap up
**abrigo** [a'βriɣo] *m* *(prenda)* coat ◆ **al abrigo de** *(roca, árbol)* under the shelter of
**abril** [a'βril] *m* April ◆ **a principios/mediados/finales de abril** at the beginning/in the middle/at the end of April ◆ **el nueve de abril** the ninth of April ◆ **el pasado/próximo (mes de) abril** last/next April ◆ **en abril** in April ◆ **este (mes de) abril** *(pasado)* last April *(próximo)* this (coming) April ◆ **para abril** by April
**abrillantador** [aβriʎanta'ðor] *m* polish
**abrillantar** [aβriʎan'tar] *vt* to polish
**abrir** [a'βrir] ◇ *vt* **1.** to open **2.** *(grifo, gas)* to turn on **3.** *(curso)* to start **4.** *(agujero)*

make **5.** *(cremallera)* to undo **6.** *ersiana)* to raise **7.** *(ir delante de)* to ad ◇ *vi (comercio)* to open ◆ **abrirse** *vp* **abrirse a alguien** to open up to sb

**›rochar** [aβro'tʒar] *vt* to do up ◆ **›rocharse** *vp* ◈ **abrocharse el panta-n** to do up one's trousers ◈ **abró-ense los cinturones** please fasten ›ur seatbelts

**›rumador, ra** [aβruma'ðor, ra] *adj* ›erwhelming

**›rumarse** [aβru'marse] *vp (agobiarse)* be overwhelmed

**›rupto, ta** [a'βrupto, ta] *adj* **1.** *(acci-ntado)* rough **2.** *(empinado)* steep

**BS** [aβe'ese] *m* (*abr de* **anti-lock braking stem)** ABS *(anti-lock braking system)*

**›side** ['aβsiðe] *m* apse

**›solución** [aβsolu'θion] *f* **1.** *DER* ac-ıittal **2.** *RELIG* absolution

**›solutamente** [aβso,luta'mente] *adv* ›solutely

**›soluto, ta** [aβso'luto, ta] *adj* absolute **en absoluto** *(de ninguna manera)* not at l ◈ **nada en absoluto** nothing at all

**›solver** [aβsol'βer] *vt* ◈ **absolver a guien (de)** *DER* to acquit sb (of)

**›sorbente** [aβsor'βente] *adj* **1.** *(mate-l)* absorbent **2.** *(actividad)* absorbing **3.** *ersona)* domineering

**›sorber** [aβsor'βer] *vt* **1.** *(líquido)* to ›sorb **2.** *(tiempo)* to take up

**›sorto, ta** [aβ'sorto, ta] *adj* ◈ **absorto n)** engrossed (in)

**›stemio, mia** [aβs'temio, mia] *m,f* etotaller

**›stención** [aβsten'θion] *f* abstention

**›stenerse** [aβste'nerse] ◆ **abstenerse de** *v + prep* to abstain from

**abstinencia** [aβsti'nenθia] *f* abstinence ◈ **hacer abstinencia** to fast

**abstracto, ta** [aβs'trakto, ta] *adj* abstract

**absurdo, da** [aβ'surðo, ða] *adj* absurd

**abuelo, la** [a'βuelo, la] *m,f* **1.** *(familiar)* grandfather (*f* grandmother) **2.** (*fam*) *(anciano)* old man (*f* old woman) ◆ **abuelos** *mpl* grandparents

**abultado, da** [aβul'taðo, ða] *adj* bulky

**abultar** [aβul'tar] *vi* to be bulky

**abundancia** [aβun'danθia] *f* abundance

**abundante** [aβun'dante] *adj* abundant

**aburrido, da** [aβu'riðo, ða] *adj* **1.** *(que aburre)* boring **2.** *(harto)* bored

**aburrimiento** [aβuri'miento] *m* boredom

**aburrir** [aβu'rir] *vt* to bore ◆ **aburrirse** *vp* **1.** *(hastiarse)* to get bored

**abusar** [aβu'sar] ◆ **abusar de** *v + prep* **1.** *(excederse)* to abuse **2.** *(aprovecharse)* to take advantage of

**abusivo, va** [aβu'siβo, βa] *adj* **1.** *(precio)* extortionate **2.** (*Amér*) *(que abusa)* who takes advantage **3.** (*Amér*) *(descarado)* cheeky

**abuso** [a'βuso] *m* abuse

**acá** [a'ka] ◇ *adv (aquí)* here ◇ *pron (Amér)* ◈ **acá es mi hermana** this is my sister

**acabar** [aka'βar]

◇ *vt* **1.** *(concluir)* to finish **2.** *(provisiones, dinero, gasolina)* to use up; *(comida)* to finish

◇ *vi* **1.** *(concluir)* to finish ◈ **acabar de hacer algo** to finish doing sthg ◈ **acabar bien/mal** to end well/badly ◈ **acaba en punta** it ends in a point **2.**

*(haber ocurrido recientemente)* ◆ **acabar de hacer algo** to have just done sthg **3.** ◆ **acabar con** *(violencia, etc)* to put an end to; *(salud)* to ruin; *(paciencia)* to exhaust **4.** *(volverse)* to end up ◆ **acabar loco** to end up mad
◆ **acabarse** *vp (agotarse)* to run out
**academia** [aka'ðemia] *f* **1.** *(escuela)* school **2.** *(de ciencias, arte)* academy

## Real Academia Española

Founded in 1713, the *Real Academia Española* sets lexical and syntactical standards for Spanish. In addition to a Spanish grammar and a periodical including the new words accepted into the language, it publishes the *Diccionario de la Real Academia Española (DRAE)*, the standard reference dictionary for the whole of the Spanish-speaking world.

**académico, ca** [aka'ðemiko, ka] ◇ *adj* academic ◇ *m,f* academician
**acalorado, da** [akalo'raðo, ða] *adj* **1.** *(por el calor)* hot **2.** *(enfadado)* worked-up **3.** *(apasionado)* heated
**acalorarse** [akalo'rarse] *vp* **1.** *(por un esfuerzo)* to get hot **2.** *(enfadarse)* to get worked-up
**acampada** [akam'paða] *f* camping ◆ **ir de acampada** to go camping
**acampanado, da** [akampa'naðo, ða] *adj* flared
**acampar** [akam'par] *vi* to camp
**acantilado** [akanti'laðo] *m* cliff
**acaparar** [akapa'rar] *vt* **1.** *(mercado)* to monopolize **2.** *(comida)* to hoard
**acápite** [a'kapite] *m* *(Amér)* paragraph
**acariciar** [akari'θiar] *vt* to stroke
**acaso** [a'kaso] *adv* perhaps ◆ **por si acaso** just in case
**acatarrarse** [akata'rarse] *vp* to catch cold
**acaudalado, da** [akauða'laðo, ða] *adj* well-off
**acceder** [akθe'ðer] *vi* ◆ **acceder a un lugar** to enter a place ◆ **acceder a** *v prep (petición)* to agree to
**accesible** [akθe'siβle] *adj* **1.** *(lugar)* accessible **2.** *(persona)* approachable
**acceso** [ak'θeso] *m* **1.** *(a un lugar)* entrance **2.** *(a poder, universidad)* access
**accesorio** [akθe'sorio] *m* accessory
**accidentado, da** [akθiðen'taðo, ða] *adj* **1.** *(viaje)* bumpy **2.** *(carrera)* eventful **3.** *(terreno)* rough
**accidental** [akθiðen'tal] *adj (encuentro)* chance *(antes de s)*
**accidente** [akθi'ðente] *m* **1.** accident **2.** *(de avión, coche)* crash ◆ **por accidente** by accident ◆ **accidente geográfico** geographical feature ◆ **accidente laboral** industrial accident
**acción** [ak'θion] *f (acto, hecho)* deed, act
◆ **acciones** *fpl (en bolsa)* shares
**acechar** [aθe'tʒar] *vt* to observe secretly
**aceite** [a'θeite] *m* oil ◆ **aceite de girasol** sunflower oil ◆ **aceite de oliva** olive oil
**aceitoso, sa** [aθei'toso, sa] *adj* oily
**aceituna** [aθei'tuna] *f* olive ◆ **aceitunas rellenas** stuffed olives

**elerador** [aθelera'ðor] *m* accelerator
**elerar** [aθele'rar] ◇ *vt* to speed up ◇ *vi* accelerate
**elga** [a'θelγa] *f* chard
**ento** [a'θento] *m* **1.** *(ortográfico)* accent *(al hablar)* stress
**entuación** [aθentu̯a'θi̯on] *f* accentuan
**entuar** [aθentu'ar] *vt* **1.** *(vocal)* to put accent on **2.** *(destacar)* to stress
**eptable** [aθep'taβle] *adj* acceptable
**eptación** [aθepta'θi̯on] *f* acceptance
**eptar** [aθep'tar] *vt* to accept
**equia** [a'θeki̯a] *f* irrigation channel
**era** [a'θera] *f* pavement *(UK)*, sidelk *(US)*
**erca** [a'θerka] ◈ **acerca de** *prep* about
**ercamiento** [aθerka'mi̯ento] *m* apach
**ercar** [aθer'kar] *vt* ◈ **¿me podrías ercar la sal?** could you pass me the t? ◈ **acerca la silla a la mesa** move chair closer to the table ◈ **acerse** *vp* **1.** *(suj: tiempo)* to be near **2.** *(suj: sona, animal)* to come closer ◈ **ercarse a** *(lugar)* to be near ◈ **acercarse** + *prep (solución, idea)* to be close to
**ero** [a'θero] *m* steel ◈ **acero inoxida-** stainless steel
**ertado, da** [aθer'taðo, ða] *adj* right
**ertar** [aθer'tar] *vt (respuesta, solución)* get right ◈ **acertar con** *v + prep* **1.** *llar)* to get right **2.** *(elegir bien)* to oose well ◈ **acertar en** *v + prep* **1.** *(dar* to hit **2.** *(elegir bien)* to choose well
**ertijo** [aθer'tixo] *m* riddle
**hinado, da** [atʒi'naðo, ða] *adj (Amér)* w-class *(used of Indians)*

**ácido, da** ['aθiðo, ða] ◇ *adj (sabor)* sour ◇ *m* acid
**acierto** [a'θi̯erto] *m* **1.** *(respuesta, solución)* right answer **2.** *(habilidad)* skill
**aclamar** [akla'mar] *vt* to acclaim
**aclarar** [akla'rar] ◇ *vt* **1.** *(ropa, cabello, platos)* to rinse **2.** *(dudas, problemas)* to clear up **3.** *(situación)* to clarify ◇ *vi (tiempo)* to clear up ◈ **aclararse** *vp (entender)* to understand
**aclimatación** [aklimata'θi̯on] *f* acclimatization
**aclimatar** [aklima'tar] *vt* to acclimatize ◈ **aclimatarse** *vp* to become acclimatized
**acogedor, ra** [akoxe'ðor, ra] *adj (lugar)* cosy
**acoger** [ako'xer] *vt* **1.** *(suj: persona)* to welcome **2.** *(suj: lugar)* to shelter ◈ **acogerse a** *v + prep* **1.** *(ley)* to have recourse to **2.** *(excusa)* to resort to
**acogida** [ako'xiða] *f* welcome
**acomodado, da** [akomo'ðaðo, ða] *adj (rico)* well-off
**acomodador, ra** [akomoða'ðor, ra] *m,f* usher (*f* usherette)
**acomodarse** [akomo'ðarse] *vp (aposentarse)* to make o.s. comfortable ◈ **acomodarse a** *v + prep (adaptarse a)* to adapt to
**acompañamiento** [akompaɲa'mi̯ento] *m (en música)* accompaniment
**acompañante** [akompa'ɲante] *mf* companion
**acompañar** [akompa'ɲar] *vt* **1.** *(hacer compañía)* to accompany **2.** *(adjuntar)* to enclose ◈ **le acompaño en el sentimiento** my condolences

**acomplejado, da** [akomple'xaðo, ða] *adj* with a complex
**acondicionado, da** [akondiθio'naðo, ða] *adj (establo, desván)* converted
**acondicionador** [akondiθiona'ðor] *m (en peluquería)* conditioner
**acondicionar** [akondiθio'nar] *vt* **1.** *(establo, desván)* to convert **2.** *(local)* to fit out
**aconsejable** [akonse'xaβle] *adj* advisable
**aconsejar** [akonse'xar] *vt* to advise
**acontecer** [akonte'θer] *vi* to happen
**acontecimiento** [akonteθi'miento] *m* event
**acoplar** [ako'plar] *vt* **1.** *(encajar)* to fit together **2.** *(adaptar)* to adapt
**acordado, da** [akor'ðaðo, ða] *adj* agreed
**acordar** [akor'ðar] *vt* to agree on • **acordar hacer algo** to agree to do sthg ◆ **acordarse** *vp* to remember • **acordarse de hacer algo** to remember to do sthg
**acorde** [a'korðe] ◇ *adj (conforme)* in agreement ◇ *m* chord • **acorde con** in keeping with
**acordeón** [akorðe'on] *m* accordion
**acortar** [akor'tar] *vt* to shorten
**acosar** [ako'sar] *vt* **1.** *(perseguir)* to hound **2.** *(molestar)* to harass
**acoso** [a'koso] *m* harassment
**acostar** [akos'tar] *vt* to put to bed ◆ **acostarse** *vp (irse a dormir)* to go to bed • **acostarse con alguien** *(fam)* to sleep with sb
**acostumbrar** [akostum'brar] *vt* • **lo acostumbraron a levantarse pronto** they got him used to getting up ear • **no acostumbro a hacerlo** I dor usually do it ◆ **acostumbrarse** *vp* **acostumbrarse a** to get used to
**acreditado, da** [akreði'taðo, ða] *adj (c buena reputación)* reputable
**acreditar** [akreði'tar] *vt (con documento* to authorize
**acrílico, ca** [a'kriliko, ka] *adj* acrylic
**acrobacia** [akro'βaθia] *f* acrobatics *pl*
**acróbata** [a'kroβata] *mf* acrobat
**acta** ['akta] *f (de reunión)* minutes *pl*
**actitud** [akti'tuð] *f* **1.** *(del ánimo)* attitu **2.** *(postura)* posture
**activar** [akti'βar] *vt* to activate
**actividad** [aktiβi'ðað] *f* activity ◆ **act vidades** *fpl* activities
**activo, va** [ak'tiβo, βa] *adj* active
**acto** ['akto] *m* act • **acto segui** straight after
**actor, triz** [ak'tor, 'triθ] *m,f* actor actress)
**actuación** [aktua'θion] *f* **1.** *(conduct* behaviour **2.** *(en el cine, teatro)* perfo mance
**actual** [aktu'al] *adj* current, present
**actualidad** [aktuali'ðað] *f (momento pr sente)* present time • **de actualid** topical • **en la actualidad** nowadays
**actualizar** [aktuali'θar] *vt* to bring up date
**actualmente** [aktu‚al'mente] *adv* **1.** *( este momento)* at the moment **2.** *(hoy día)* nowadays
**actuar** [aktu'ar] *vi* to act
**acuarela** [akua'rela] *f* watercolour
**acuario** [a'kuario] *m* aquarium ◆ **Acu rio** *m* Aquarius

**uático, ca** [a'kuatiko, ka] *adj* **1.** *(ani-l, planta)* aquatic **2.** *(deporte)* water *ntes de s)*
**udir** [aku'ðir] *vi* **1.** *(ir)* to go **2.** *(venir)* come • **acudir a alguien** to turn to
**ueducto** [akue'ðukto] *m* aqueduct
**uerdo** [a'kuerðo] *m* agreement • **de uerdo** all right • **estar de acuerdo** to ree • **ponerse de acuerdo** to agree
**umulación** [akumula'θion] *f* accumu-ion
**umular** [akumu'lar] *vt* to accumulate
**upuntura** [akupun'tura] *f* acupunc-re
**usación** [akusa'θion] *f* **1.** *(increpación)* cusation **2.** *DER* charge
**usado, da** [aku'saðo, ða] *m,f* • **el/la usado** the accused
**usar** [aku'sar] *vt* • **acusar a alguien e)** to accuse sb (of)
**ústica** [a'kustika] *f* *(de un local)* oustics *pl*
**laptación** [aðapta'θion] *f* adaptation
**laptador** [aðapta'ðor] *m* adapter
**laptarse** [aðap'tarse] ♦ **adaptarse a** *v prep* **1.** *(medio, situación)* to adapt to **2.** *ersona)* to learn to get on with
**lecuado, da** [aðe'kuaðo, ða] *adj* sui-ble, appropriate
**lecuar** [aðe'kuar] *vt* to adapt ♦ **ade-arse** *vp (acostumbrarse)* to adjust
**de J.C.** (*abr de* **antes de Jesucristo**) C
**lelantado, da** [aðelan'taðo, ða] *adj* **1.** vanced **2.** *(pago)* advance • **ir lelantado** *(reloj)* to be fast • **por lelantado** in advance
**adelantamiento** [aðelanta'miento] *m* overtaking
**adelantar** [aðelan'tar] ◇ *vt* **1.** *(sobrepasar)* to overtake **2.** *(trabajo, cita, reunión)* to bring forward **3.** *(reloj)* to put forward ◇ *vi (reloj)* to be fast ♦ **adelantarse** *vp (anticiparse)* to be early
**adelante** [aðe'lante] ◇ *adv* ahead ◇ *interj (pase)* come in! • **más adelante** later • **en adelante** from now on
**adelanto** [aðe'lanto] *m* **1.** advance **2.** *(en carretera)* overtaking
**adelgazante** [aðelγa'θante] *adj* slimming
**adelgazar** [aðelγa'θar] ◇ *vt* to lose ◇ *vi* to lose weight
**además** [aðe'mas] *adv* **1.** *(también)* also **2.** *(encima)* moreover • **además de** as well as
**adentro** [a'ðentro] *adv* inside
**adherente** [aðe'rente] *adj* adhesive
**adherir** [aðe'rir] *vt* to stick ♦ **adherirse a** *v + prep* **1.** *(propuesta, idea, opinión, etc)* to support **2.** *(asociación, partido)* to join
**adhesión** [aðe'sion] *f* **1.** *(unión)* sticking **2.** *(apoyo)* support **3.** *(afiliación)* joining
**adhesivo, va** [aðe'siβo, βa] ◇ *adj* adhesive ◇ *m (pegatina)* sticker
**adicción** [aðik'θion] *f* addiction
**adición** [aði'θion] *f* addition
**adicional** [aðiθio'nal] *adj* additional
**adicto, ta** [a'ðikto, ta] *adj* • **adicto a** addicted to
**adiós** [a'ðios] ◇ *m* goodbye ◇ *interj* goodbye!
**adivinanza** [aðiβi'nanθa] *f* riddle
**adivinar** [aðiβi'nar] *vt* **1.** *(solución, respuesta)* to guess **2.** *(futuro)* to foretell

**adivino, na** [aði'βino, na] *m,f* fortune-teller
**adjetivo** [aðxe'tiβo] *m* adjective
**adjuntar** [aðxun'tar] *vt* to enclose
**administración** [aðministra'θi̯on] *f* **1.** *(de productos)* supply **2.** *(de oficina)* administration ◆ **Administración** *f* ◆ **la Administración** the Government *(UK)*, the Administration *(US)*
**administrar** [aðminis'trar] *vt* **1.** *(organizar, gobernar)* to run **2.** *(medicamento)* to give
**administrativo, va** [aðministra'tiβo, βa] ◇ *adj* administrative ◇ *m,f* office worker
**admiración** [aðmira'θi̯on] *f* **1.** *(estimación)* admiration **2.** *(sorpresa)* amazement
**admirar** [aðmi'rar] *vt* **1.** *(estimar)* to admire **2.** *(provocar sorpresa)* to amaze
**admisible** [aðmi'siβle] *adj* acceptable
**admitir** [aðmi'tir] *vt* to admit
**admón.** (*abr de* **administración**) admin
**ADN** [aðe'ene] *m* (*abr de* **ácido desoxirribonucleico**) DNA *(deoxyribonucleic acid)*
**adobe** [a'ðoβe] *m* adobe
**adolescencia** [aðoles'θenθi̯a] *f* adolescence
**adolescente** [aðoles'θente] *adj* & *mf* adolescent
**adonde** [aðonde] *adv* where
**adónde** [a'ðonde] *adv* where
**adopción** [aðop'θi̯on] *f* *(de un hijo)* adoption
**adoptar** [aðop'tar] *vt* to adopt
**adoptivo, va** [aðop'tiβo, βa] *adj* **1.** *(padre)* adoptive **2.** *(hijo)* adopted
**adoquín** [aðo'kin] *m* cobblestone
**adorable** [aðo'raβle] *adj* adorable
**adoración** [aðora'θi̯on] *f* **1.** *(culto)* worship **2.** *(amor, pasión)* adoration
**adorar** [aðo'rar] *vt* **1.** *(divinidad)* worship **2.** *(persona, animal, cosa)* adore
**adornar** [aðor'nar] *vt* to decorate
**adorno** [a'ðorno] *m* ornament
**adosado, da** [aðo'saðo, ða] *adj*
**adquirir** [aðki'rir] *vt* **1.** *(comprar)* purchase **2.** *(conseguir)* to acquire
**adquisición** [aðkisi'θi̯on] *f* purchase
**adquisitivo, va** [aðkisi'tiβo, βa] purchasing *(antes de s)*
**adrede** [a'ðreðe] *adv* deliberately
**aduana** [a'ðu̯ana] *f* customs *sg* ◆ **pa… por la aduana** to go through custo…
**aduanero, ra** [aðu̯a'nero, ra] ◇ customs *(antes de s)* ◇ *m,f* custo… officer
**adulterio** [aðul'teri̯o] *m* adultery
**adúltero, ra** [a'ðultero, ra] *adj* adu…rous
**adulto, ta** [a'ðulto, ta] *adj* & *m,f* adu…
**adverbio** [að'βerβi̯o] *m* adverb
**adversario, ria** [aðβer'sari̯o, ri̯a] adversary
**adverso, sa** [að'βerso, sa] *adj* adver…
**advertencia** [aðβer'tenθi̯a] *f* warnin…
**advertir** [aðβer'tir] *vt* **1.** *(avisar)* to w… **2.** *(notar)* to notice
**aéreo, a** [a'ereo, a] *adj* air *(antes de…*
**aerobic** [ae'roβik] *m* aerobics *sg*
**aeromodelismo** [aeromoðe'lizmo] airplane modelling
**aeromoza** [aero'moθa] *f* *(Amér)* hostess *(UK)*, flight attendant *(US)*

ɔnave [aero'naβe] *f* aircraft
ɔpuerto [aero'pu̯erto] *m* airport
ɔsol [aero'sol] *m* aerosol
ı [a'fan] *m (deseo)* urge
ır [afe'ar] *vt* to make ugly
:ción [afek'θi̯on] *f (formal) (enferme-* complaint
:tado, da [afek'taðo, ða] *adj* 1. *ɟido)* upset 2. *(amanerado)* affected
afectado de ○ por *(enfermedad)* ering from
:tar [afek'tar] *vt* to affect ◆ afectar a *ɒrep* to affect
:tivo, va [afek'tiβo, βa] *adj (sensible)* ɜitive
:to [a'fekto] *m* affection
:tuoso, sa [afek'tu̯oso, sa] *adj* affec-ate
itado, da [afei̯'taðo, ða] ◇ *adj* 1. *ba)* shaven 2. *(persona)* clean-shav-
◇ *m* shave
itarse [afei̯'tarse] *vp* to shave
minado, da [afemi'naðo, ða] *adj* minate
he [a'fitʒe] *m (Amér)* poster
:ión [afi'θi̯on] *f* 1. *(inclinación)* fond-
ʒ 2. *(seguidores)* fans *pl*
ionado, da [afiθi̯o'naðo, ða] *adj* ateur) amateur ◈ aficionado a *(inte-do por)* fond of
:ionarse [afiθi̯o'narse] ◆ aficionarse a *ɒrep* 1. *(interesarse por)* to become keen
2. *(habituarse a)* to become fond of
ado, da [afi'laðo, ða] *adj* sharp
ar [afi'lar] *vt* to sharpen
iado, da [afi'li̯aðo, ða] *adj* ◈ estar ado a un partido to be a member of ırty

afiliarse [afi'li̯arse] ◆ afiliarse a *v + prep* to join
afín [a'fin] *adj* similar
afinar [afi'nar] ◇ *vt* 1. *(instrumento)* to tune 2. *(puntería)* to perfect ◇ *vi* to be in tune
afinidad [afini'ðað] *f* affinity
afirmación [afirma'θi̯on] *f* statement
afirmar [afir'mar] *vt (decir)* to say ◆ afirmarse en *v + prep (postura, idea)* to reaffirm
afirmativo, va [afirma'tiβo, βa] *adj* affirmative
afligido, da [afli'xiðo, ða] *adj* upset
afligir [afli'xir] *vt (apenar)* to upset ◆ afligirse *vp* to get upset
aflojar [aflo'xar] ◇ *vt* 1. *(cuerda)* to slacken 2. *(nudo)* to loosen ◇ *vi* 1. *(en esfuerzo)* to ease off 2. *(ceder)* to die down
afluencia [a'flu̯enθi̯a] *f (de gente)* crowds *pl*
afluente [a'flu̯ente] *m* tributary
afónico, ca [a'foniko, ka] *adj* ◈ quedar afónico to lose one's voice
aforo [a'foro] *m* seating capacity
afortunadamente [afortu,naða'mente] *adv* fortunately
afortunado, da [afortu'naðo, ða] *adj* 1. *(con suerte)* lucky, fortunate 2. *(oportuno)* happy
África ['afrika] *s* Africa
africano, na [afri'kano, na] *adj* & *m,f* African
afrodisíaco [afroði'siako] *m* aphrodisiac
afrutado, da [afru'taðo, ða] *adj* fruity
afuera [a'fu̯era] *adv* outside ◆ afueras *fpl* ◈ las afueras the outskirts

**agachar** [aɣa'tʒar] *vt* to lower, to bend ◆ **agacharse** *vp* **1.** *(en cuclillas)* to crouch down **2.** *(encorvarse)* to bend down **3.** *(para esconderse)* to duck

**agarrar** [aɣa'rar] *vt* **1.** *(con las manos)* to grab **2.** *(fam) (enfermedad)* to catch ◆ **agarrarse** *vp (pelearse)* to fight ◆ **agarrarse a** *v + prep (oportunidad)* to seize

**agencia** [a'xenθi̯a] *f* agency ● **agencia de viajes** travel agency

**agenda** [a'xenda] *f* **1.** *(de direcciones, teléfono)* address book **2.** *(personal)* diary *(UK)*, appointment book *(US)* **3.** *(actividades)* agenda

**agente** [a'xente] *mf* agent ● **agente de policía** police officer

**ágil** ['axil] *adj* **1.** *(movimiento)* agile **2.** *(pensamiento)* quick

**agilidad** [axili'ðað] *f* **1.** *(del cuerpo)* agility **2.** *(de la mente)* sharpness

**agitación** [axita'θi̯on] *f* restlessness

**agitado, da** [axi'taðo, ða] *adj* **1.** *(líquido)* shaken **2.** *(persona)* restless

**agitar** [axi'tar] *vt* **1.** *(líquido)* to shake **2.** *(multitud)* to stir up ◆ **agitarse** *vp* **1.** *(aguas)* to get choppy **2.** *(persona)* to get restless

**agnóstico, ca** [aɣ'nostiko, ka] *adj* agnostic

**agobiado, da** [aɣo'βi̯aðo, ða] *adj* overwhelmed

**agobiar** [aɣo'βi̯ar] *vt* to overwhelm ◆ **agobiarse** *vp* to be weighed down

**agosto** [a'ɣosto] *m* August ● **a principios/mediados/finales de agosto** at the beginning/in the middle/at the end of August ● **el nueve de agosto** the ninth of August ● **el pasado/próximo (mes de) agosto** last/next August ● **en agosto** in August ● **este (mes de) agosto** *(pasado)* last August; *(próximo)* this (coming) August ● **para agosto** by August

**agotado, da** [aɣo'taðo, ða] *adj* **1.** *(cansado)* exhausted **2.** *(edición, existencias)* sold-out

**agotador, ra** [aɣota'ðor, ra] *adj* exhausting

**agotamiento** [aɣota'mi̯ento] *m (cansancio)* exhaustion

**agotar** [aɣo'tar] *vt* **1.** *(cansar)* to exhaust **2.** *(dinero, reservas)* to use up **3.** *(edición, existencias)* to sell out of ◆ **agotarse** *vp* **1.** *(cansarse)* to tire o.s. out **2.** *(acabarse)* to run out

**agradable** [aɣra'ðaβle] *adj* pleasant

**agradar** [aɣra'ðar] *vi* to be pleasant

**agradecer** [aɣraðe'θer] *vt (ayuda, favor)* to be grateful for ● **agradecer su invitación** I thanked her for her invitation

**agradecido, da** [aɣraðe'θiðo, ða] *adj* grateful

**agradecimiento** [aɣraðeθi'mi̯ento] *m* gratitude

**agredir** [aɣre'ðir] *vt* to attack

**agregado, da** [aɣre'ɣaðo, ða] *adj* added ◇ *m,f (en embajada)* attaché (*f* attachée)

**agregar** [aɣre'ɣar] *vt* to add

**agresión** [aɣre'si̯on] *f* attack

**agresivo, va** [aɣre'siβo, βa] *adj* aggressive

**agresor, ra** [aɣre'sor, ra] *m,f* attacker

**agreste** [a'ɣreste] *adj (paisaje)* wild

**agrícola** [a'ɣrikola] *adj* agricultural

ricultor, ra [ayrikul'tor, ra] *m,f*
rmer
ricultura [ayrikul'tura] *f* agriculture,
rming
ridulce [ayri'ðulθe] *adj* sweet-and-
ur
rio, agria ['ayrio, yria] *adj* sour
rupación [ayrupa'θion] *f* group
rupar [ayru'par] *vt* to group
ua ['aywa] *f* **1.** *(líquido)* water **2.** *(lluvia)*
in ◆ **agua de colonia** eau de cologne
◆ **agua corriente** running water ◆
ua mineral mineral water ◆ **agua**
ineral con gas sparkling mineral
ater ◆ **agua mineral sin gas** still
ineral water ◆ **agua oxigenada**
ydrogen peroxide ◆ **agua potable**
inking water ◆ **agua tónica** tonic
ater ◆ **aguas** *fpl (mar)* waters
uacate [aywa'kate] *m* avocado
uacero [aywa'θero] *m* shower
uafiestas [aywa'fiestas] *mf inv* wet
anket, party pooper *(US)*
uamiel [aywa'miel] *f (Amér) drink of*
*ater and cane sugar*
uanieve [aywa'nieβe] *f* sleet
uantar [aywan'tar] *vt* **1.** *(sostener)* to
pport **2.** *(soportar)* to bear **3.** *(suj: ropa,*
*patos)* to last for ◆ **no lo aguanto** I
n't stand it ◆ **aguantarse** *vp* **1.** *(risa,*
*nto)* to hold back **2.** *(resignarse)* to put
with it
uardar [aywar'ðar] ◇ *vt* to wait for ◇
to wait
uardiente [aywar'ðiente] *m* liquor
uarrás [aywa'ras] *m* turpentine
udeza [ayu'ðeθa] *f (de ingenio)* sharp-
ss

**agudo, da** [a'yuðo, ða] *adj* **1.** *(persona, dolor)* sharp **2.** *(sonido)* high **3.** *(ángulo)* acute **4.** *(palabra)* stressed on the last syllable, oxytone **5.** *(ingenioso)* witty
**águila** ['ayila] *f* eagle
**aguinaldo** [ayi'nalðo] *m* Christmas bonus
**aguja** [a'yuxa] *f* **1.** *(de coser)* needle **2.** *(de reloj)* hand **3.** *(de pelo)* hairpin ◆ **aguja hipodérmica** hypodermic needle
**agujerear** [ayuxere'ar] *vt* to make holes in
**agujero** [ayu'xero] *m* hole
**agujetas** [ayu'xetas] *fpl* ◆ **tener agujetas** to feel stiff *(after running)*
**ahí** [a'i] *adv* there ◆ **por ahí** *(en un lugar indeterminado)* somewhere or other; *(fuera)* out; *(aproximadamente)* something like that ◆ **de ahí que** that's why
**ahijado, da** [ai'xaðo, ða] *m,f* **1.** *(de un padrino)* godson (*f* goddaughter) **2.** *(en adopción)* adopted son (*f* adopted daughter)
**ahogado, da** [ao'yaðo, ða] ◇ *adj (en el agua)* drowned ◇ *m,f* drowned man (*f* drowned woman)
**ahogarse** [ao'yarse] *vp* **1.** *(en el agua)* to drown **2.** *(jadear)* to be short of breath **3.** *(por calor, gas, presión)* to suffocate
**ahora** [a'ora] *adv* now ◆ **por ahora** for the time being ◆ **ahora bien** however ◆ **ahora mismo** right now ◆ **ahora o nunca** it's now or never
**ahorcar** [aor'kar] *vt* to hang ◆ **ahorcarse** *vp* to hang o.s.
**ahorita** [ao'rita] *adv (Andes, CAm, Carib & Méx)* right now

**ahorrar** [ao'rar] *vt* to save
**ahorro** [ao'ro] *m* saving ◆ **ahorros** *mpl* *(dinero)* savings
**ahuecar** [awe'kar] *vt* **1.** *(vaciar)* to hollow out **2.** *(pelo, colchón, almohada)* to fluff up
**ahumado, da** [au̯'maðo, ða] *adj* smoked
**airbag**® ['ai̯rβay] *m* airbag®
**aire** ['ai̯re] *m* **1.** air **2.** *(viento)* wind **3.** *(gracia, garbo)* grace **4.** *(parecido)* resemblance ● **al aire** *(descubierto)* exposed ● **al aire libre** in the open air ● **se da aires de artista** *(despec)* he fancies himself as a bit of an artist ● **estar/quedar en el aire** to be in the air ● **hace aire** it's windy ● **aire acondicionado** air conditioning ● **aire puro** fresh air
**airear** [ai̯re'ar] *vt* to air
**airoso, sa** [ai̯'roso, sa] *adj* **1.** *(gracioso)* graceful **2.** *(con éxito)* successful
**aislado, da** [ai̯z'laðo, ða] *adj* isolated
**aislamiento** [ai̯zla'mi̯ento] *m* isolation
**aislante** [ai̯z'lante] *adj* insulating
**aislar** [ai̯z'lar] *vt* **1.** *(persona, animal)* to isolate **2.** *(local)* to insulate ◆ **aislarse** *vp* to cut o.s. off
**ajedrez** [axe'ðreθ] *m* chess
**ajeno, na** [a'xeno, na] *adj* ● **eso es ajeno a mi trabajo** that's not part of my job ● **ajeno a** *(sin saber)* unaware of; *(sin intervenir)* not involved in
**ajetreo** [axe'treo] *m* bustle
**ají** [a'xi] *m* *(Andes, RP & Ven)* *(pimiento picante)* chilli ● **ponerse como un ají** *(fam)* *(ruborizarse)* to go red
**ajiaco** [a'xi̯ako] *m* *(Amér)* *chilli, meat and vegetable stew*
**ajillo** [a'xiʎo] *m* ● **al ajillo** *in a ga[rlic] and chilli sauce*
**ajo** ['axo] *m* garlic ● **estar en el** [ajo] *(fam)* to be in on it
**ajuar** [a'xu̯ar] *m* trousseau
**ajustado, da** [axus'taðo, ða] *adj* [1.] *(cantidad, precio)* reasonable **2.** *(ro[pa])* tight-fitting
**ajustar** [axus'tar] *vt* **1.** *(adaptar)* to adj[ust] **2.** *(puerta, ventana)* to push to **3.** *(prec[io,] condiciones, etc)* to agree ◆ **ajustarse** + *prep* **1.** *(condiciones)* to comply wit[h] [2.] *(circunstancias)* to adjust to
**al** [al] ➤ **a, el**
**ala** ['ala] *f* **1.** wing **2.** *(de sombrero)* br[im]
**alabanza** [ala'βanθa] *f* praise
**alabar** [ala'βar] *vt* to praise
**alabastro** [ala'βastro] *m* alabaster
**alacena** [ala'θena] *f* *recess for stor[ing] food*
**alambrar** [alam'brar] *vt* to fence w[ith] wire
**alambre** [a'lambre] *m* **1.** *(de metal)* w[ire] **2.** *(Amér)* *(brocheta)* shish kebab
**alameda** [ala'meða] *f* *(paseo)* tree-lin[ed] avenue
**álamo** ['alamo] *m* poplar
**alardear** [alarðe'ar] ◆ **alardear de** *prep* to show off about
**alargar** [alar'yar] *vt* **1.** *(falda, panta[lón,] etc)* to lengthen **2.** *(situación)* to exte[nd] **3.** *(acercar)* to pass ◆ **alargarse** *vp* *(en [una] explicación)* to speak at length
**alarma** [a'larma] *f* alarm ● **dar la (**[voz] **de) alarma** to raise the alarm
**alarmante** [alar'mante] *adj* alarming
**alarmar** [alar'mar] *vt* to alarm ◆ **al[ar]marse** *vp* to be alarmed

**ɔa** ['alβa] *f* dawn
**ɔañil** [alβa'ɲil] *m* bricklayer (*UK*), nstruction worker (*US*)
**ɔarán** [alβa'ran] *m* delivery note
**ɔaricoque** [alβari'koke] *m* apricot
**ɔatros** [al'βatros] *m inv* albatross
**ɔedrío** [alβe'ðrio] *m* ◆ **elija el postre su albedrío** choose a dessert of your oice
**ɔerca** [al'βerka] *f* (*Méx*) swimming ool
**ɔergar** [alβer'ɣar] *vt* **1.** *(personas)* to t up **2.** *(odio)* to harbour **3.** *(esperan-* to cherish ◆ **albergarse** *vp* to stay
**ɔergue** [al'βerɣe] *m (refugio)* shelter ◆ ɔergue juvenil youth hostel
**ɔóndiga** [al'βondiɣa] *f* meatball ◆ ɔóndigas a la jardinera *meatballs in a nato sauce with peas and carrots*
**ɔornoz** [alβor'noθ, θes] (*pl* **-ces**) *m* throbe
**ɔorotado, da** [alβoro'taðo, ða] *adj* **1.** *ersona)* rash **2.** *(cabello)* ruffled
**ɔorotar** [alβoro'tar] ◇ *vt* to stir up ◇ *vi* be rowdy ◆ **alborotarse** *vp* to get ɔrked up
**ɔoroto** [alβo'roto] *m (jaleo)* fuss
**ɔufera** [alβu'fera] *f* lagoon
**ɔum** ['alβum] *m* album ◆ **álbum miliar** family album
**cachofa** [alka'tʒofa] *f* **1.** *(planta)* arti- ıoke **2.** *(de ducha)* shower head ◆ **cachofas con jamón** *artichokes cooked er a low heat with chopped "jamón rrano"*
**calde, desa** [al'kalde, sa] *m,f* mayor
**caldía** [alkal'dia] *f (cargo)* mayoralty
**cance** [al'kanθe] *m* **1.** *(de misil)* range **2.** *(repercusión)* extent ◆ **a su alcance** within your reach ◆ **dar alcance** to catch up ◆ **fuera del alcance de** out of reach of
**alcanfor** [alkan'for] *m* camphor
**alcantarilla** [alkanta'riʎa] *f* **1.** *(cloaca)* sewer **2.** *(boca)* drain
**alcanzar** [alkan'θar] *vt* **1.** *(autobús, tren)* to manage to catch **2.** *(persona)* to catch up with **3.** *(meta, cima, dimensiones)* to reach **4.** *(suj: disparo)* to hit ◆ **alcanzar a** *(lograr)* to be able to ◆ **¿me alcanzas el pan, por favor?** could you pass me the bread, please? ◆ **alcanzar para** *v + prep (ser suficiente para)* to be enough for
**alcaparra** [alka'para] *f* caper
**alcayata** [alka'jata] *f* hook
**alcázar** [al'kaθar] *m* fortress
**alcoba** [al'koβa] *f* bedroom
**alcohol** [alko'ol] *m* alcohol ◆ **sin alcohol** alcohol-free
**alcohólico, ca** [alko'oliko, ka] *adj* & *m,f* alcoholic
**alcoholismo** [alkoo'lizmo] *m* alcoholism
**alcoholizado, da** [alkooli'θaðo, ða] *adj* alcoholic
**alcoholizarse** [alkooli'θarse] *vp* to become an alcoholic
**alcornoque** [alkor'noke] *m* cork oak
**aldea** [al'dea] *f* small village
**aldeano, na** [alde'ano, na] *m,f* villager
**alebrestarse** [aleβres'tarse] *vp* **1.** (*Col, Méx* & *Ven*) *(ponerse nervioso)* to get worked up
**alegrar** [ale'ɣrar] *vt* **1.** *(persona)* to cheer up **2.** *(fiesta)* to liven up ◆ **alegrarse** *vp* to be pleased ◆ **alegrarse de** to be

pleased about • **alegrarse por** to be pleased for
**alegre** [a'leɣre] *adj* **1.** happy **2.** *(local)* lively **3.** *(color)* bright **4.** *(fam)* *(borracho)* tipsy **5.** *(decisión, actitud)* reckless
**alegremente** [aˌleɣre'mente] *adv* **1.** *(con alegría)* happily **2.** *(sin pensar)* recklessly
**alegría** [ale'ɣria] *f* happiness
**alejar** [ale'xar] *vt* to move away ◆ **alejarse** *vp* • **alejarse de** to move away from
**alemán, ana** [ale'man, ana] *adj, m & f* German
**Alemania** [ale'mani̯a] *s* Germany
**alergia** [a'lerxi̯a] *f* allergy • **tener alergia a** to be allergic to
**alérgico, ca** [a'lerxiko, ka] *adj* allergic • **ser alérgico a** to be allergic to
**alero** [a'lero] *m* *(de tejado)* eaves *pl*
**alerta** [a'lerta] ◇ *adv & f* alert ◇ *interj* watch out! • **estar alerta** to be on the lookout • **alerta roja** red alert
**aleta** [a'leta] *f* **1.** *(de pez)* fin **2.** *(de automóvil)* wing *(UK)*, fender *(US)* **3.** *(de nariz)* flared part ◆ **aletas** *fpl* *(para nadar)* flippers
**alevín** [ale'βin] *m* **1.** *(de pez)* fry **2.** *(en deportes)* beginner
**alfabético, ca** [alfa'βetiko, ka] *adj* alphabetical
**alfabetización** [alfaβetiθa'θi̯on] *f* *(de personas)* literacy
**alfabetizar** [alfaβeti'θar] *vt* **1.** *(personas)* to teach to read and write **2.** *(palabras, letras)* to put into alphabetical order
**alfabeto** [alfa'βeto] *m* alphabet
**alfarero, ra** [alfa'rero, ra] *m,f* potter
**alférez** [al'fereθ, θes] *(pl* **-ces***)* *m* ≃ second lieutenant

**alfil** [al'fil] *m* bishop *(in chess)*
**alfiler** [alfi'ler] *m* **1.** *(aguja)* pin **2.** *(jo*... brooch • **alfiler de gancho** *(Andes,* ... *& Ven)* safety pin
**alfombra** [al'fombra] *f* **1.** *(grande)* car... **2.** *(pequeña)* rug
**alfombrilla** [alfom'briʎa] *f* **1.** *(de coc*... mat **2.** *(felpudo)* doormat **3.** *(de ba*... bathmat **4.** *(para el ratón)* mouse m... *(UK)*, mouse pad *(US)*
**alga** ['alɣa] *f* seaweed
**álgebra** ['alxeβra] *f* algebra
**algo** ['alɣo] ◇ *pron* **1.** *(alguna co*... something **2.** *(en interrogativas)* a... thing ◇ *adv* *(un poco)* rather • **algo** a little • **¿algo más?** is that ever... hing? • **por algo** for some reason
**algodón** [alɣo'ðon] *m* cotton • ... **algodón** cotton • **algodón hidró**... cotton wool
**alguien** ['alɣi̯en] *pron* **1.** *(alguna perso*... someone, somebody **2.** *(en interrog*... *vas)* anyone, anybody
**algún** [al'ɣun] ➢ **alguno**
**alguno, na** [al'ɣuno, na] ◇ *adj* **1.** *(in*... *terminado)* some **2.** *(en interrogati*... *negativas)* any ◇ *pron* **1.** *(alguien)* so... body, some people *pl* **2.** *(en interro*... *tivas)* anyone, anybody • **no** ... **mejora alguna** there's no improvem...
**alhaja** [a'laxa] *f* **1.** *(joya)* jewel **2.** *(obj*... treasure
**aliado, da** [ali'aðo, ða] *adj* allied
**alianza** [a'li̯anθa] *f* **1.** *(pacto)* allianc... *(anillo de boda)* wedding ring • **alia**... **matrimonial** marriage
**aliarse** [ali'arse] ◆ **aliarse con** *v + p*... to ally o.s. with

**licates** [ali'kates] *mpl* pliers

**liciente** [ali'θi̯ente] *m* incentive

**liento** [a'li̯ento] *m* *(respiración)* breath ◆ **quedarse sin aliento** to be out of reath ◆ **tener mal aliento** to have ad breath

**ligerar** [alixe'rar] *vt* **1.** *(peso)* to lighten **:.** *(paso)* to quicken

**lijo** [a'lixo] *m* contraband

**limentación** [alimenta'θi̯on] *f* **1.** *(ac-ión)* feeding **2.** *(régimen alimenticio)* diet

**limentar** [alimen'tar] ◇ *vt* **1.** *(persona, nimal)* to feed **2.** *(máquina, motor)* to uel ◇ *vi* *(nutrir)* to be nourishing ◆ **limentarse de** *v + prep* to live on

**limenticio, cia** [alimen'tiθi̯o, θi̯a] *adj* ıourishing

**limento** [ali'mento] *m* food

**linear** [aline'ar] *vt* to line up ◆ **linearse** *vp* to line up

**liñar** [ali'ɲar] *vt* **1.** *(carne)* to season **2.** *ensalada)* to dress

**liño** [a'liɲo] *m* **1.** *(para carne)* seasoning **:.** *(para ensalada)* dressing

**lioli** [ali'oli] *m* garlic mayonnaise

**liviar** [ali'βi̯ar] *vt* **1.** *(dolor, enfermedad)* to lleviate **2.** *(trabajo, carga, peso)* to lighten

**livio** [a'liβi̯o] *m* relief

**llá** [a'ʎa] *adv* **1.** *(de espacio)* over there **:.** *(de tiempo)* back (then) ◆ **allá él** hat's his problem ◆ **más allá** further ɔn ◆ **más allá de** beyond

**llí** [a'ʎi] *adv* *(de lugar)* there

**lma** ['alma] *f* soul

**lmacén** [alma'θen] *m* **1.** *(para guardar)* warehouse **2.** *(al por mayor)* wholesaler ◆ **almacenes** *mpl* *(comercio grande)* lepartment store *sg*

**almacenar** [almaθe'nar] *vt* **1.** *(guardar)* to store **2.** *(acumular)* to collect

**almanaque** [alma'nake] *m* almanac

**almejas** [al'mexas] *fpl* clams ◆ **almejas a la marinera** *clams cooked in a sauce of onion, garlic and white wine*

**almendra** [al'mendra] *f* almond

**almendrado** [almen'draðo] *m* *round almond paste sweet*

**almendro** [al'mendro] *m* almond tree

**almíbar** [al'miβar] *m* syrup ◆ **en almíbar** in syrup

**almidón** [almi'ðon] *m* starch

**almidonado, da** [almiðo'naðo, ða] *adj* starched

**almidonar** [almiðo'nar] *vt* to starch

**almirante** [almi'rante] *m* admiral

**almohada** [almo'aða] *f* **1.** *(para dormir)* pillow **2.** *(para sentarse)* cushion

**almohadilla** [almoa'ðiʎa] *f* small cushion

**almorranas** [almo'ranas] *fpl* piles

**almorzar** [almor'θar] ◇ *vt* **1.** *(al mediodía)* to have for lunch **2.** *(a media mañana)* to have as a mid-morning snack ◇ *vi* **1.** *(al mediodía)* to have lunch **2.** *(a media mañana)* to have a mid-morning snack

**almuerzo** [al'mu̯erθo] *m* **1.** *(al mediodía)* lunch **2.** *(a media mañana)* mid-morning snack

**aló** [a'lo] *interj* *(Andes, CAm & Carib)* hello! *(on the telephone)*

**alocado, da** [alo'kaðo, ða] *adj* crazy

**alojamiento** [aloxa'mi̯ento] *m* accommodation

**alojar** [alo'xar] *vt* to put up ◆ **alojarse** *vp* *(hospedarse)* to stay

**alondra** [a'londra] *f* lark

**alpargata** [alpar'ɣata] *f* espadrille
**Alpes** ['alpes] *mpl* • **los Alpes** the Alps
**alpinismo** [alpi'nizmo] *m* mountaineering (*UK*), mountain climbing (*US*)
**alpinista** [alpi'nista] *mf* mountaineer (*UK*), mountain climber (*US*)
**alpino, na** [al'pino, na] *adj* Alpine
**alpiste** [al'piste] *m* birdseed
**alquilar** [alki'lar] *vt* **1.** *(casa, apartamento, oficina)* to rent **2.** *(coche, TV, bicicleta)* to hire (*UK*), to rent (*US*) ▼ **se alquila** to let
**alquiler** [alki'ler] *m* **1.** *(de casa, apartamento, oficina)* renting (*UK*), rental (*US*) **2.** *(de coche, TV, bicicleta)* hiring (*UK*), rental (*US*) **3.** *(precio de casa, etc)* rent **4.** *(precio de TV)* rental **5.** *(precio de coche, etc)* hire charge (*UK*), rental rate (*US*) • **de alquiler** *(coche)* hire *(antes de s)*; *(casa, apartamento)* rented • **alquiler de coches** car hire
**alquitrán** [alki'tran] *m* tar
**alrededor** [alreðe'ðor] *adv* • **alrededor (de)** *(en torno a)* around • **alrededor de** *(aproximadamente)* about ♦ **alrededores** *mpl* • **los alrededores** the surrounding area *sg*
**alta** ['alta] *f* **1.** *(de enfermedad)* (certificate of) discharge **2.** *(en una asociación)* admission • **dar de alta** to discharge
**altar** [al'tar] *m* altar
**altavoz** [alta'βoθ, θes] (*pl* **-ces**) *m* **1.** *(para anuncios)* loudspeaker **2.** *(de estéreo, ordenador)* speaker
**alteración** [altera'θi̯on] *f* **1.** *(cambio)* alteration **2.** *(trastorno)* agitation
**alterado, da** [alte'raðo, ða] *adj (trastornado)* agitated
**alterar** [alte'rar] *vt* **1.** *(cambiar)* to alt **2.** *(trastornar, excitar)* to agitate ♦ **alterarse** *vp (excitarse)* to get agitated
**altercado** [alter'kaðo] *m* argument
**alternar** [alter'nar] *vt* • **alterna comedia con la tragedia** it alterna comedy with tragedy ♦ **alternar con** + *prep (relacionarse con)* to mix with
**alternativa** [alterna'tiβa] *f* alternativ
**alterno, na** [al'terno, na] *adj* alternat
**Alteza** [al'teθa] *f* • **su Alteza** His/H Highness
**altibajos** [alti'βaxos] *mpl* **1.** *(de comportamiento, humor)* ups and downs **2.** *( terreno)* unevenness *sg*
**altillo** [al'tiʎo] *m* **1.** *(de vivienda)* mezz nine **2.** *(de armario) small cupboard use up the space near the ceiling*
**altitud** [alti'tuð] *f* **1.** *(altura)* height *(sobre el nivel del mar)* altitude
**altivo, va** [al'tiβo, βa] *adj* haughty
**alto, ta** ['alto, ta] ◇ *adj* **1.** high *(persona, edificio, árbol)* tall **3.** *(voz, sonic* loud ◇ *m* **1.** *(interrupción)* stop **2.** *(lug elevado)* height ◇ *adv* **1.** *(hablar)* loud *(encontrarse, volar)* high ◇ *interj* halt! • **altas horas de la noche** in the sm hours • **en lo alto de** at the top of **mide dos metros de alto** *(cosa)* it's tv metres high; *(persona)* he's two metr tall
**altoparlante** [ˌaltopar'lante] *m (Ame* loudspeaker
**altruismo** [altru'izmo] *m* altruism
**altruista** [altru'ista] *adj* altruistic
**altura** [al'tura] *f* **1.** *(medida)* height *(elevación)* altitude • **tiene dos metr de altura** *(cosa)* it's two metres hig

ɹrsona) he's two metres tall ◆ **estar a altura de** to match up to ◆ **alturas** *fpl* **me dan miedo las alturas** I'm scared heights ◆ **a estas alturas** by now

**ıbias** [a'luβ̞ias] *fpl* beans

**ıcinación** [aluθina'θi̯on] *f* hallucina-ɹn

**ıcinar** [aluθi'naɾ] *vi* to hallucinate

**ıd** [a'luð] *m* avalanche

**ıdido, da** [alu'ðiðo, ða] *adj* ◆ **darse r aludido** *(ofenderse)* to take it person-y

**ıdir** [alu'ðiɾ] ◆ **aludir a** *v + prep* to ɾer to

**ımbrado** [alum'braðo] *m* lighting

**ımbrar** [alum'braɾ] ◇ *vt* *(iluminar)* to ;ht up ◇ *vi* *(parir)* to give birth

**ıminio** [alu'mini̯o] *m* aluminium

**ımno, na** [a'lumno, na] *m,f* **1.** *(de :uela)* pupil *(UK)*, student *(US)* **2.** *ɛ universidad)* student

**ısión** [alu'si̯on] *f* reference ◆ **hacer ısión a** to refer to

**za** ['alθa] *f* rise ◆ **en alza** *(que sube)* ;ing

**zar** [al'θaɾ] *vt* to raise ◆ **alzarse** *vp* **1.** *ɹvantarse)* to rise **2.** *(sublevarse)* to rise )

**m.** [a'eme] *(abr de* **ante meridiem***)* a. .

**nabilidad** [amaβ̞ili'ðað] *f* kindness

**nable** [a'maβ̞le] *adj* kind

**nablemente** [a,maβ̞le'mente] *adv* ndly

**naestrado, da** [amaes'traðo, ða] *adj* ɹrforming

**naestrar** [amaes'traɾ] *vt* to train

**namantar** [amaman'taɾ] *vt* **1.** *(animal)* to suckle **2.** *(bebé)* to breastfeed, to nurse *(US)*

**amanecer** [amane'θeɾ] ◇ *m* dawn ◇ *vi* *(en un lugar)* to wake up ◇ *vi* ◆ **amaneció a las siete** dawn broke at seven

**amanerado, da** [amane'raðo, ða] *adj* affected

**amansar** [aman'saɾ] *vt* **1.** *(animal)* to tame **2.** *(persona)* to calm down

**amante** [a'mante] *mf* *(querido)* lover ◆ **ser amante de** *(aficionado)* to be keen on

**amapola** [ama'pola] *f* poppy

**amar** [a'maɾ] *vt* to love

**amargado, da** [amaɾ'ɣaðo, ða] *adj* bitter

**amargar** [amaɾ'ɣaɾ] ◇ *vt* to make bitter ◇ *vi* to taste bitter ◆ **amargarse** *vp* **1.** *(alimento, bebida)* to go sour **2.** *(persona)* to become embittered

**amargo, ga** [a'maɾɣo, ɣa] *adj* bitter

**amarillear** [amariʎe'aɾ] *vi* to turn yellow

**amarillo, lla** [ama'riʎo, ʎa] *adj & m* yellow

**amarilloso, sa** [amari'ʎoso, sa] *adj* *(Col, Méx & Ven)* yellowish

**amarrar** [ama'raɾ] *vt* **1.** *(embarcación)* to moor **2.** *(Amér)* *(zapatos)* to tie, to lace

**amarre** [a'mare] *m* mooring

**amasar** [ama'saɾ] *vt* **1.** *(pan)* to knead **2.** *(fortuna)* to amass

**amateur** [ama'teɾ] *adj & mf* amateur

**amazona** [ama'θona] *f* horsewoman

**Amazonas** [ama'θonas] *m* ◆ **el Amazonas** the Amazon

**amazónico, ca** [ama'θoniko, ka] *adj* Amazonian

**ámbar** ['ambar] *m* amber
**ambición** [ambi'θi̯on] *f* ambition
**ambicioso, sa** [ambi'θi̯oso, sa] *adj* ambitious
**ambientador** [ambi̯enta'ðor] *m* air freshener
**ambiental** [ambi̯en'tal] *adj (ecológico)* environmental
**ambiente** [am'bi̯ente] *m* **1.** *(aire)* air **2.** *(medio social, personal)* circles *pl* **3.** *(animación)* atmosphere **4.** *(CSur) (habitación)* room
**ambigüedad** [ambiɣu̯e'ðað] *f* ambiguity
**ambiguo, gua** [am'biɣu̯o, ɣu̯a] *adj* ambiguous
**ámbito** ['ambito] *m* confines *pl*
**ambos, bas** ['ambos, bas] ◇ *adj pl* both ◇ *pron pl* both (of them)
**ambulancia** [ambu'lanθi̯a] *f* ambulance
**ambulante** [ambu'lante] *adj* travelling
**ambulatorio** [ambula'tori̯o] *m* ≃ outpatient clinic
**amén** [a'men] *adv* amen • **decir amén (a todo)** to agree (with everything) unquestioningly
**amenaza** [ame'naθa] *f* threat • **amenaza de bomba** bomb scare
**amenazar** [amena'θar] ◇ *vt* to threaten ◇ *vi* • **amenaza lluvia** it's threatening to rain • **amenazaron con despedirlo** they threatened to sack him
**amenizar** [ameni'θar] *vt* to liven up
**ameno, na** [a'meno, na] *adj* entertaining
**América** [a'merika] *s* America
**americana** [ameri'kana] *f* jacket
**americanismo** [amerika'nizmo] *m* Latin Americanism
**americano, na** [ameri'kano, na] ◇ *a*
*m,f* American
**ametralladora** [ametraʎa'ðora] *f*
chine gun
**ametrallar** [ametra'ʎar] *vt* to mach
gun
**amígdalas** [a'miɣðalas] *fpl* tonsils
**amigo, ga** [a'miɣo, ɣa] *m,f* friend •
**amigos** to be friends
**amistad** [amis'tað] *f* friendship • **ar**
**tades** *fpl* friends
**amnesia** [am'nesi̯a] *f* amnesia
**amnistía** [amnis'tia] *f* amnesty
**amo, ama** ['amo, ama] *m,f (du*
owner • **ama de casa** housewif
**ama de llaves** housekeeper
**amodorrado, da** [amoðo'raðo, ða]
drowsy
**amoníaco** [amo'niako] *m* ammonia
**amontonar** [amonto'nar] *vt* to pile
**amontonarse** *vp (problemas, deudas*
pile up
**amor** [a'mor] *m* love • **hacer el a**
to make love • **amor propio** pride
**amordazar** [amorða'θar] *vt* **1.** *(pers*
to gag **2.** *(animal)* to muzzle
**amoroso, sa** [amo'roso, sa] *adj* lovi
**amortiguador** [amortiɣu̯a'ðor] *m* sh
absorber
**amortiguar** [amorti'ɣu̯ar] *vt* **1.** *(golpe*
cushion **2.** *(ruido)* to muffle
**amparar** [ampa'rar] *vt* to prote
**ampararse en** *v + prep* to have recou
to
**amparo** [am'paro] *m* protection •
**amparo de** under the protection o
**ampliación** [ampli̯a'θi̯on] *f* **1.**
*local)* extension **2.** *(de capital, nego*

expansion **3.** *(de fotografía)* enlargement
**ampliar** [ampli'ar] *vt* **1.** *(estudios, conocimientos)* to broaden **2.** *(local)* to add an extension to **3.** *(capital, negocio)* to expand **4.** *(fotografía)* to enlarge
**amplificador** [amplifika'ðor] *m* amplifier
**amplio, plia** ['amplio, plia] *adj* **1.** *(avenida, calle)* wide **2.** *(habitación, coche)* spacious **3.** *(extenso, vasto)* extensive
**amplitud** [ampli'tuð] *f* **1.** *(de avenida, calle)* width **2.** *(de habitación, coche)* spaciousness **3.** *(extensión)* extent
**ampolla** [am'poʎa] *f* **1.** *(en la piel)* blister **2.** *(botella)* phial *(UK)*, vial *(US)*
**amueblado, da** [amue'βlaðo, ða] *adj* furnished
**amueblar** [amue'βlar] *vt* to furnish
**amuermarse** [amuer'marse] *vp (fam)* to get bored
**amuleto** [amu'leto] *m* amulet
**amurallar** [amura'ʎar] *vt* to build a wall around
**analfabetismo** [analfaβe'tizmo] *m* illiteracy
**analfabeto, ta** [analfa'βeto, ta] *adj & m,f* illiterate
**analgésico** [anal'xesiko] *m* analgesic
**análisis** [a'nalisis] *m inv* **1.** analysis • **análisis de sangre** blood test
**analítico, ca** [ana'litiko, ka] *adj* analytical
**analizar** [anali'θar] *vt* **1.** *(problema, situación)* to analyse **2.** *(frase)* to parse
**analogía** [analo'xia] *f* similarity
**análogo, ga** [a'naloɣo, ɣa] *adj* similar
**ananás** [ana'nas] *m inv (RP)* pineapple
**anaranjado, da** [anaran'xaðo, ða] *adj* orange
**anarquía** [anar'kia] *f* **1.** *(en política)* anarchism **2.** *(desorden)* anarchy
**anárquico, ca** [a'narkiko, ka] *adj* anarchic
**anarquista** [anar'kista] *adj* anarchist
**anatomía** [anato'mia] *f* anatomy
**anatómico, ca** [ana'tomiko, ka] *adj* anatomical
**anca** ['anka] *f* haunch
**ancho, cha** ['antʒo, tʒa] ◇ *adj* wide ◇ *m* width • **tener dos metros de ancho** to be two metres wide • **a sus anchas** at ease • **quedarse tan ancho** not to bat an eyelid • **venir ancho** *(prenda de vestir)* to be too big
**anchoa** [an'tʒoa] *f* anchovy
**anchura** [an'tʒura] *f* width
**anciano, na** [an'θiano, na] ◇ *adj* old ◇ *m, f* old man (*f* old woman)
**ancla** ['ankla] *f* anchor
**anda** ['anda] *interj* gosh!
**Andalucía** [andalu'θia] *s* Andalusia
**andaluz, za** [anda'luθ, θa] *adj & m,f* Andalusian
**andamio** [an'damio] *m* scaffold
**andar** [an'dar]
◇ *vi* **1.** *(caminar)* to walk **2.** *(moverse)* to move **3.** *(funcionar)* to work • **el reloj no anda** the clock has stopped • **las cosas andan mal** things are going badly **4.** *(estar)* to be • **anda atareado** he is busy • **creo que anda por ahí** I think she's around somewhere • **andar haciendo algo** to be doing sthg
◇ *vt (recorrer)* to travel
◇ *m (de animal, persona)* gait

◆ **andar en** *v + prep (ocuparse)* to be involved in
◆ **andar por** *v + prep* ● **anda por los cuarenta** he's about forty
◆ **andarse con** *v + prep* ● **andarse con cuidado** to be careful
◆ **andares** *mpl (actitud)* gait *sg*
**ándele** ['andele] *interj* **1.** *(Amér) (vale)* all right **2.** *(venga)* come on!
**andén** [an'den] *m* platform *(UK)*, track *(US)*
**Andes** ['andes] *mpl* ● **los Andes** the Andes
**andinismo** [andi'nizmo] *m* *(Amér)* mountaineering *(UK)*, mountain climbing *(US)*
**andinista** [andi'nista] *mf* *(Amér)* mountaineer *(UK)*, mountain climber *(US)*
**andino, na** [an'dino, na] *adj* Andean
**anécdota** [a'neɣðota] *f* anecdote
**anecdótico, ca** [aneɣ'ðotiko, ka] *adj* incidental
**anemia** [a'nemia] *f* anaemia
**anémico, ca** [a'nemiko, ka] *adj* anaemic
**anémona** [a'nemona] *f* anemone
**anestesia** [anes'tesia] *f* anaesthesia
**anestesista** [aneste'sista] *mf* anaesthetist
**anexo, xa** [a'nekso, sa] ◇ *adj (accesorio)* attached ◇ *m* annexe
**anfetamina** [anfeta'mina] *f* amphetamine
**anfibios** [an'fiβios] *mpl* amphibians
**anfiteatro** [anfite'atro] *m* **1.** *(de teatro)* circle **2.** *(edificio)* amphitheatre
**anfitrión, ona** [anfi'trion, ona] *m,f* host *(f* hostess)
**ángel** ['anxel] *m* angel
**angelical** [anxeli'kal] *adj* angelic
**angina** [an'xina] *f* ● **tener anginas** have a sore throat ● **angina de pec** angina (pectoris)
**anglosajón, ona** [,anglosa'xon, ona] *a* & *m,f* Anglo-Saxon
**anguila** [an'gila] *f* eel
**angula** [an'gula] *f* elver
**angular** [angu'lar] *adj* angular
**ángulo** ['angulo] *m* angle
**angustia** [an'gustia] *f* anxiety
**angustiado, da** [angus'tiaðo, ða] *a* distressed
**angustiarse** [angus'tiarse] *vp* to g worried
**angustioso, sa** [angus'tioso, sa] *adj* *(momentos)* anxious **2.** *(noticia)* distres ing
**anhelar** [ane'lar] *vt (ambicionar)* to lo for
**anhelo** [a'nelo] *m* longing
**anidar** [ani'ðar] *vi* to nest
**anilla** [a'niʎa] *f* ring ◆ **anillas** *fpl (gimnasia)* rings
**anillo** [a'niʎo] *m* ring
**ánima** ['anima] *m o f* soul
**animación** [anima'θion] *f (alegría)* liv liness
**animado, da** [ani'maðo, ða] *adj (diver do)* lively ● **animado a** *(predispuesto)* the mood for
**animal** [ani'mal] ◇ *m* animal ◇ *adj* *(bruto, grosero)* rough **2.** *(exagerad* gross ● **animal de compañía** pet **animal doméstico** *(de granja)* domest animal; *(de compañía)* pet
**animar** [ani'mar] *vt* **1.** *(alegrar)* to che up **2.** *(alentar)* to encourage ◆ **animar**

p *(alegrarse)* to cheer up ◆ **animarse a** *decidirse a)* to finally decide to
**ánimo** ['animo] ◇ *m* **1.** *(humor)* mood **2.** *valor)* courage ◇ *interj* come on!
**aniñado, da** [ani'ɲaðo, ða] *adj* childish
**aniquilar** [aniki'lar] *vt* to annihilate
**anís** [a'nis] *m* **1.** *(grano)* aniseed **2.** *(licor)* anisette
**aniversario** [aniβer'sario] *m* **1.** *(de acontecimiento)* anniversary **2.** *(cumpleaños)* birthday
**ano** ['ano] *m* anus
**anoche** [a'notʒe] *adv* last night
**anochecer** [anotʒe'θer] ◇ *m* dusk ◇ *vi* to get dark ◆ **al anochecer** at dusk
**anomalía** [anoma'lia] *f* anomaly
**anómalo, la** [a'nomalo, la] *adj* anomalous
**anonimato** [anoni'mato] *m* anonimity
**anónimo, ma** [a'nonimo, ma] ◇ *adj* anonymous ◇ *m* anonymous letter
**anorak** [ano'rak] *m* anorak (*UK*), parka (*US*)
**anorexia** [ano'reksia] *f* anorexia
**anotar** [ano'tar] *vt* to note down
**ansia** ['ansia] *f* **1.** *(deseo, anhelo)* yearning **2.** *(inquietud)* anxiousness
**ansiedad** [ansie'ðað] *f* *(inquietud)* anxiety
**ansioso, sa** [an'sioso, sa] *adj* ◆ **ansioso por** impatient for
**Antártico** [an'tartiko] *m* ◆ **el Antártico** the Antarctic
**ante** ['ante] ◇ *prep* **1.** *(en presencia de)* before **2.** *(frente a)* in the face of ◇ *m* *(piel)* suede
**anteanoche** [antea'notʒe] *adv* the night before last
**anteayer** [antea'jer] *adv* the day before yesterday
**antebrazo** [ante'βraθo] *m* forearm
**antecedentes** [anteθe'ðentes] *mpl* ◆ **tener antecedentes (penales)** to have a criminal record
**anteceder** [anteθe'ðer] *vt* to precede
**antecesor, ra** [anteθe'sor, ra] *m,f* predecessor
**antelación** [antela'θion] *f* ◆ **con antelación** in advance
**antemano** [ante'mano] ◆ **de antemano** *adv* beforehand
**antena** [an'tena] *f* **1.** *(de radio, TV)* aerial (*UK*), antenna (*US*) **2.** *(de animal)* antenna ◆ **antena parabólica** satellite dish
**anteojos** [ante'oxos] *mpl* (*Amér*) glasses
**antepasados** [ˌantepa'saðos] *mpl* ancestors
**antepenúltimo, ma** [ˌantepe'nultimo, ma] *adj* second to last
**anterior** [ante'rior] *adj* **1.** *(en espacio)* front **2.** *(en tiempo)* previous
**antes** ['antes]
◇ *adv* **1.** *(en el tiempo)* before ◆ **antes se vivía mejor** life used to be better ◆ **¿quién llamó antes?** who rang earlier? ◆ **mucho/poco antes** much/a bit earlier ◆ **lo antes posible** as soon as possible ◆ **antes de hacerlo** before doing it ◆ **llegó antes de las nueve** she arrived before nine o'clock **2.** *(en el espacio)* in front ◆ **la farmacia está antes** the chemist's is in front ◆ **antes de** o **que** in front of ◆ **la zapatería está antes del cruce** the shoe shop is before the crossroads **3.** *(primero)* first ◆ **yo la vi antes** I saw her first **4.** *(en locuciones)*

• **iría a la cárcel antes que mentir** I'd rather go to prison than lie • **antes (de) que** *(prioridad en el tiempo)* before • **antes de nada** first of all
◇ *adj* previous • **llegó el día antes** she arrived on the previous day
**antesala** [ante'sala] *f* waiting room
**antiabortista** [ˌantjaβor'tista] *mf* anti-abortionist
**antiarrugas** [antja'ruγas] *m inv* anti-wrinkle cream
**antibiótico** [anti'βjotiko] *m* antibiotic
**anticaspa** [anti'kaspa] *adj* anti-dandruff
**anticiclón** [antiθi'klon] *m* anticyclone
**anticipado, da** [antiθi'paðo, ða] *adj* **1.** *(prematuro)* early **2.** *(pago)* advance
**anticipar** [antiθi'par] *vt* **1.** *(noticias)* to tell in advance **2.** *(pagos)* to pay in advance ◆ **anticiparse** *vp* • **anticiparse a alguien** to beat sb to it
**anticipo** [anti'θipo] *m (de dinero)* advance
**anticoncepción** [ˌantikonθep'θjon] *f* contraception
**anticonceptivo** [ˌantikonθep'tiβo] *m* contraceptive
**anticuado, da** [anti'kwaðo, ðo] *adj* old-fashioned
**anticuario** [anti'kwarjo] *m* antique dealer
**anticuerpo** [anti'kwerpo] *m* antibody
**antidepresivo** [ˌantiðepre'siβo] *m* antidepressant
**antier** [an'tjer] *adv (Amér) (fam)* the day before yesterday
**antifaz** [anti'faθ, θes] *(pl* **-ces***) m* mask
**antigrasa** [anti'γrasa] *adj (producto)* grease-removing, degreasing • **champú antigrasa** a shampoo f greasy hair
**antiguamente** [anˌtiγwa'mente] *adv* fo merly
**antigüedad** [antiγwe'ðað] *f* **1.** *(en trabajo)* seniority **2.** *(época)* • **en antigüedad** in the past ◆ **antigüedad** *fpl (muebles, objetos)* antiques
**antiguo, gua** [an'tiγwo, γwa] *adj* **1.** *(vie* old **2.** *(inmemorial)* ancient **3.** *(pasado moda)* old-fashioned **4.** *(anterior)* form
**antihistamínico** [ˌantiista'miniko] antihistamine
**antiinflamatorio** [ˌantiinflama'torjo] anti-inflammatory drug
**Antillas** [an'tiʎas] *sf* • **las Antillas** t West Indies
**antílope** [an'tilope] *m* antelope
**antipatía** [antipa'tia] *f* dislike
**antipático, ca** [anti'patiko, ka] *adj* u pleasant
**antirrobo** [anti'roβo] ◇ *adj* antitheft *m* **1.** *(en coche)* antitheft device **2.** *( edificio)* burglar alarm
**antiséptico** [anti'septiko] *m* antisepti
**antitérmico** [anti'termiko] *m* antip retic
**antojitos** [anto'xitos] *mpl (Méx) Me can dishes such as tacos served as snac*
**antojo** [an'toxo] *m (capricho)* whim **tener el antojo de** to have a craving f
**antología** [antolo'xia] *f* anthology
**antorcha** [an'tortʒa] *f* torch
**antro** ['antro] *m (despec)* dump
**anual** [anu'al] *adj* annual
**anuario** [anu'arjo] *m* yearbook
**anulado, da** [anu'laðo, ða] *adj* **1.** *(espe*

*táculo)* cancelled **2.** *(tarjeta, billete, etc)* void **3.** *(gol)* disallowed
**anular** [anu'lar] ◇ *m* ring finger ◇ *vt* **1.** *(espectáculo)* to cancel **2.** *(partido)* to call off **3.** *(tarjeta, billete)* to validate **4.** *(gol)* to disallow **5.** *(personalidad)* to repress
**anunciar** [anun'θi̯ar] *vt* **1.** to announce **2.** *(en publicidad)* to advertise
**anuncio** [a'nunθi̯o] *m* **1.** *(notificación)* announcement **2.** *(en publicidad)* advert *(UK)*, commercial *(US)* **3.** *(presagio, señal)* sign
**anzuelo** [an'θu̯elo] *m* (fish) hook
**añadidura** [aɲaði'ðura] *f* addition ● **por añadidura** in addition
**añadir** [aɲa'ðir] *vt* to add
**añicos** [a'ɲikos] *mpl* ● **hacerse añicos** to shatter
**año** ['aɲo] *m* year ● **hace años** years ago ● **¿cuántos años tienes?** how old are you? ● **tengo 17 años** I'm 17 (years old) ● **año nuevo** New Year ● **los años 50** the fifties
**añoranza** [aɲo'ranθa] *f* **1.** *(del pasado)* nostalgia **2.** *(del hogar)* homesickness
**añorar** [aɲo'rar] *vt* to miss
**aorta** [a'orta] *f* aorta
**apachurrar** [apa'tʒurar] *vt* *(Amér)* *(fam)* *(achatar)* to squash
**apacible** [apa'θiβle] *adj* **1.** *(persona, carácter)* gentle **2.** *(lugar)* pleasant **3.** *(tiempo)* mild
**apadrinar** [apaðri'nar] *vt* **1.** *(en bautizo)* to act as godparent to **2.** *(proteger, ayudar)* to sponsor
**apagado, da** [apa'ɣaðo, ða] *adj* **1.** *(luz, fuego)* out **2.** *(aparato)* off **3.** *(persona, color)* subdued **4.** *(sonido)* muffled
**apagar** [apa'ɣar] *vt* **1.** *(luz, lámpara, televisión, etc)* to turn off **2.** *(fuego, cigarrillo)* to put out ◆ **apagarse** *vp* *(la luz)* to go out
**apagón** [apa'ɣon] *m* power cut
**apaisado, da** [apai̯'saðo, ða] *adj* oblong
**apalabrar** [apala'βrar] *vt* to make a verbal agreement regarding
**apalancado, da** [apalan'kaðo, ða] *adj* comfortably installed
**apañado, da** [apa'ɲaðo, ða] *adj* clever
**apañarse** [apa'ɲarse] *vp* to manage ● **apañárselas** to manage
**apapachado, da** [apapa'tʒaðo, ða] *adj* *(Amér)* pampered
**apapachar** [apapa'tʒar] *vt* *(Méx)* to stroke fawningly
**aparador** [apara'ðor] *m* sideboard
**aparato** [apa'rato] *m* **1.** *(máquina)* machine **2.** *(de radio, televisión)* set **3.** *(dispositivo)* device **4.** *(electrodoméstico)* appliance **5.** *(avión)* plane **6.** *(digestivo, circulatorio, etc)* system **7.** *(ostentación)* ostentation
**aparcamiento** [aparka'mi̯ento] *m* **1.** *(lugar)* car park *(UK)*, parking lot *(US)* **2.** *(hueco)* parking place **3.** *(acción)* parking ▼ **aparcamiento público** car park
**aparcar** [apar'kar] *vt* **1.** *(vehículo)* to park **2.** *(problema, decisión, etc)* to leave to one side ▼ **aparcar en batería** *sign indicating that cars must park at right angles to the pavement*
**aparecer** [apare'θer] *vi* **1.** *(de forma repentina)* to appear **2.** *(lo perdido)* to turn up **3.** *(publicación)* to come out
**aparejador, ra** [aparexa'ðor, ra] *m,f* quantity surveyor

**aparejar** [apare'xar] *vt (embarcación)* to rig

**aparejo** [apa'rexo] *m (de embarcación)* rigging

**aparentar** [aparen'tar] *vt* **1.** *(fingir)* to feign **2.** *(edad)* to look

**aparente** [apa'rente] *adj* **1.** *(fingido)* apparent **2.** *(vistoso)* showy

**aparición** [apari'θi̯on] *f* **1.** appearance **2.** *(de lo sobrenatural)* apparition

**apariencia** [apa'ri̯enθi̯a] *f* appearance • **en apariencia** outwardly • **guardar las apariencias** to keep up appearances

**apartado, da** [apar'taðo, ða] ◇ *adj* **1.** *(lejano)* remote **2.** *(separado)* separated ◇ *m* paragraph • **apartado de correos** P.O. Box

**apartamento** [aparta'mento] *m* apartment ▼ **apartamentos de alquiler** apartments (to let)

**apartar** [apar'tar] *vt* **1.** *(separar)* to separate **2.** *(quitar)* to remove **3.** *(quitar de en medio)* to move out of the way **4.** *(disuadir)* to dissuade ◆ **apartarse** *vp (retirarse)* to move out of the way • **apartarse de** *(alejarse de)* to move away from

**aparte** [a'parte] ◇ *adv* **1.** *(en otro lugar)* to one side **2.** *(separadamente)* separately **3.** *(además)* besides ◇ *adj* **1.** *(privado)* private **2.** *(diferente)* separate • **aparte de** *(además de)* besides; *(excepto)* apart from

**aparthotel** [aparto'tel] *m* holiday *(UK)* o vacation *(US)* apartments *pl*

**apasionado, da** [apasi̯o'naðo, ða] *adj* passionate • **apasionado por** *(aficionado)* mad about

**apasionante** [apasi̯o'nante] *adj* fascinating

**apasionar** [apasi̯o'nar] *vi* • **le apasiona el teatro** he loves the theatre ◆ **apasionarse** *vp (excitarse)* to get excit ◆ **apasionarse por** *v + prep (ser aficionado a)* to love

**apdo.** (*abr de* **apartado**) P.O. Box

**apechugar** [apetʒu'ɣar] *vi* • **apechugar con** *(fam)* to put up with

**apego** [a'peɣo] *m* • **tener apego a** to be fond of

**apellidarse** [apeʎi'ðarse] *vp* • **se apellida Gómez** her surname is Gómez

**apellido** [ape'ʎiðo] *m* surname

**apellido**

Spanish people's surnames comprise two parts: the surname of their father, followed by the surname of their mother. The full surname must be used for official purposes, but in everyday situations most people just use the first part. Thus, Antonio García Blanco is normally shortened to Antonio García.

**apenado, da** [ape'naðo, ða] *adj (Andes, CAm, Carib, Col & Méx)* embarrassed

**apenar** [ape'nar] *vt* to sadden ◆ **apenarse** *vp (Andes, CAm, Carib, Col & Méx) (sentir vergüenza)* to be embarrassed

**apenas** [a'penas] *adv* **1.** hardly **2.** *(escasamente)* only **3.** *(tan pronto como)* as soon as

**péndice** [a'pendiθe] *m* appendix
**pendicitis** [apendi'θitis] *f inv* appendicitis
**peritivo** [aperi'tiβo] *m* **1.** *(bebida)* aperitif **2.** *(comida)* appetizer
**pertura** [aper'tura] *f (inauguración)* opening
**pestar** [apes'tar] *vi* to stink
**petecer** [apete'θer] *vi* ◈ **¿te apetece n café?** do you fancy a coffee?
**petecible** [apete'θiβle] *adj* appetizing
**petito** [ape'tito] *m* appetite ◈ **abrir el petito** to whet one's appetite ◈ **tener petito** to feel hungry
**petitoso, sa** [apeti'toso, sa] *adj* appetizing
**picultura** [apikul'tura] *f* beekeeping
**piñado, da** [api'ɲaðo, ða] *adj* packed
**piñarse** [api'ɲarse] *vp* to crowd together
**pio** ['apio] *m* celery
**pisonadora** [apisona'ðora] *f* steamroller
**planadora** [apla'nar] *f (Amér)* steamroller
**planar** [apla'nar] *vt* to level
**plastar** [aplas'tar] *vt (chafar)* to flatten
**plaudir** [aplau'ðir] *vt* & *vi* to applaud
**plauso** [a'plauso] *m* round of applause ◈ **aplausos** applause *sg*
**plazar** [apla'θar] *vt* to postpone
**plicación** [aplika'θion] *f* application
**plicado, da** [apli'kaðo, ða] *adj* **1.** *(alumno, estudiante)* diligent **2.** *(ciencia, estudio)* applied
**plicar** [apli'kar] *vt* to apply ◆ **aplicarse** *p* | ◈ **aplicarse en** to apply o.s. to
**plique** [a'plike] *m* wall lamp
**aplomo** [a'plomo] *m* composure
**apoderarse** [apoðe'rarse] ◆ **apoderarse de** *v + prep* to seize
**apodo** [a'poðo] *m* nickname
**apogeo** [apo'xeo] *m* height ◈ **estar en su apogeo** to be at its height
**aportación** [aporta'θion] *f* contribution
**aportar** [apor'tar] *vt* to contribute
**aposta** [a'posta] *adv* on purpose
**apostar** [apos'tar] *vt* & *vi* to bet ◆ **apostar por** *v + prep* to bet on
**apóstol** [a'postol] *m* apostle
**apóstrofo** [a'postrofo] *m* apostrophe
**apoyar** [apo'jar] *vt* **1.** *(animar)* to support **2.** *(fundamentar)* to base **3.** *(respaldar)* to lean ◆ **apoyarse** *vp* *(arrimarse)* ◈ **apoyarse (en)** to lean (on)
**apoyo** [a'pojo] *m* support
**apreciable** [apre'θiaβle] *adj* **1.** *(perceptible)* appreciable **2.** *(estimable)* worthy
**apreciación** [apreθia'θion] *f* appreciation
**apreciado, da** [apre'θiaðo, ða] *adj* *(estimado)* esteemed
**apreciar** [apre'θiar] *vt* **1.** *(sentir afecto por)* to think highly of **2.** *(valorar)* to appreciate **3.** *(percibir)* to make out
**aprecio** [a'preθio] *m* esteem
**apremiar** [apre'miar] ◇ *vt (dar prisa)* to urge ◇ *vi (tiempo)* to be short
**aprender** [apren'der] ◇ *vt* to learn ◇ *vi* ◈ **aprender a** to learn to
**aprendiz** [apren'diθ, θes] (*pl* **-ces**) *m* apprentice
**aprendizaje** [aprendi'θaxe] *m* *(proceso)* learning
**aprensión** [apren'sion] *f* **1.** *(miedo)* apprehension **2.** *(escrúpulo)* squeamishness

**aprensivo, va** [apren'siβo, βa] *adj* **1.** *(miedoso)* apprehensive **2.** *(escrupuloso)* squeamish **3.** *(hipocondríaco)* hypochondriac

**apresurado, da** [apresu'raðo, ða] *adj* hurried

**apresurarse** [apresu'rarse] *vp* to hurry ● **apresurarse a** to hurry to

**apretado, da** [apre'taðo, ða] *adj* **1.** *(cinturón, ropa, etc)* tight **2.** *(victoria, triunfo)* narrow **3.** *(agenda)* full

**apretar** [apre'tar] ◇ *vt* **1.** *(presionar)* to press **2.** *(gatillo)* to pull **3.** *(ajustar)* to tighten **4.** *(ceñir)* to be too tight for **5.** *(con los brazos)* to squeeze ◇ *vi* *(calor, hambre)* to intensify ◆ **apretarse** *vp* *(apiñarse)* to crowd together ● **apretarse el cinturón** to tighten one's belt

**apretujar** [apretu'xar] *vt* to squash ◆ **apretujarse** *vp* to squeeze together

**aprisa** [a'prisa] *adv* quickly

**aprobado** [apro'βaðo] *m* pass

**aprobar** [apro'βar] *vt* **1.** *(asignatura, examen, ley)* to pass **2.** *(actitud, comportamiento)* to approve of

**apropiado, da** [apro'pi̯aðo, ða] *adj* suitable

**apropiarse** [apro'pi̯arse] ◆ **apropiarse de** *v + prep (adueñarse de)* to appropriate

**aprovechado, da** [aproβe'tʒaðo, ða] *adj* **1.** *(tiempo)* well-spent **2.** *(espacio)* well-planned

**aprovechar** [aproβe'tʒar] ◇ *vt* **1.** *(ocasión, oferta)* to take advantage of **2.** *(tiempo, espacio)* to make use of **3.** *(lo inservible)* to put to good use ◇ *vi* ● **¡que aproveche!** enjoy your meal! ◆ **aprovecharse de** *v + prep* to take advantage of

**aproximación** [aproksima'θi̯on] *f* **1.** *(acercamiento)* approach **2.** *(en cálc*... approximation

**aproximadamente** [aproksi͵maða'mente] *adv* approximately

**aproximar** [aproksi'mar] *vt* to m... closer ◆ **aproximarse** *vp* ● **aproximarse a** to come closer to

**apto, ta** ['apto, ta] *adj* ● **apto para menores** suitable for children ● **no apto para menores** unsuitable for children

**apuesta** [a'pu̯esta] *f* bet

**apuesto, ta** [a'pu̯esto, ta] *adj* dashi...

**apunarse** [apu'narse] *vp* *(Andes)* to ... altitude sickness

**apuntador, ra** [apunta'ðor, ra] ... prompter

**apuntar** [apun'tar] *vt* **1.** *(escribir)* to ... down **2.** *(inscribir)* to put down **3.** *(a...* to aim **4.** *(con el dedo)* to point ... **apuntarse** *vp* *(inscribirse)* to put o... name down ◆ **apuntarse a** *v + ...* *(participar en)* to join in with

**apunte** [a'punte] *m* **1.** *(nota)* not... *(boceto)* sketch ◆ **apuntes** *mpl* note... **tomar apuntes** to take notes

**apuñalar** [apuɲa'lar] *vt* to stab

**apurar** [apu'rar] *vt* **1.** *(agotar)* to fi... off **2.** *(preocupar)* to trouble ◆ **apura...** *vp* *(darse prisa)* to hurry ● **apurarse** *(preocuparse por)* to worry about

**apuro** [a'puro] *m* **1.** *(dificultad)* fi... *(escasez económica)* hardship ● **me ... apuro (hacerlo)** I'm embarrassed (to ... it) ● **estar en apuros** to be in a ti... spot

**aquel, la** [a'kel, ʎa] *adj* that
**aquél, la** [a'kel, ʎa] *pron* **1.** *(en el espacio)* that one **2.** *(en el tiempo)* that • **aquél que** anyone who
**aquello** [a'keʎo] *pron neutro* that • **aquello de su mujer es mentira** all that about his wife is a lie
**aquellos, llas** [a'keʎos, ʎas] *adj pl* those
**aquéllos, llas** [a'keʎos, ʎas] *pron pl* those
**aquí** [a'ki] *adv* **1.** *(en este lugar)* here **2.** *(ahora)* now • **aquí arriba** up here • **aquí dentro** in here
**árabe** ['araβe] ◇ *adj & mf* Arab ◇ *m* *(lengua)* Arabic
**Arabia Saudí** [a'raβjasau̯'ði] *s* Saudi Arabia
**arado** [a'raðo] *m* plough
**arandela** [aran'dela] *f* washer
**araña** [a'raɲa] *f* spider
**arañar** [ara'ɲar] *vt* to scratch
**arañazo** [ara'ɲaθo] *m* scratch
**arar** [a'rar] *vt* to plough
**arbitrar** [arβi'trar] *vt* **1.** *(partido)* to referee **2.** *(discusión)* to arbitrate
**árbitro** ['arβitro, tra] *m* referee
**árbol** ['arβol] *m* tree • **árbol de Navidad** Christmas tree
**arbusto** [ar'βusto] *m* bush
**arca** ['arka] *f (cofre)* chest
**arcada** [ar'kaða] *f* arcade • **arcadas** *fpl (náuseas)* retching *sg*
**arcaico, ca** [ar'kai̯ko, ka] *adj* archaic
**arcángel** [ar'kanxel] *m* archangel
**arcén** [ar'θen] *m* **1.** *(en carretera)* verge **2.** *(en autopista)* hard shoulder *(UK)*, shoulder *(US)*
**archipiélago** [artʒi'pi̯elayo] *m* archipelago
**archivador** [artʒiβa'ðor] *m* filing cabinet
**archivar** [artʒi'βar] *vt* to file
**archivo** [ar'tʒiβo] *m* **1.** *(lugar)* archive **2.** *(documentos)* archives *pl*
**arcilla** [ar'θiʎa] *f* clay
**arcilloso, sa** [arθi'ʎoso, sa] *adj* clayey
**arco** ['arko] *m* **1.** *(de flechas)* bow **2.** *(en arquitectura)* arch **3.** *(en geometría)* arc **4.** *(Amér) (en deporte)* goal • **arco iris** rainbow • **arco de triunfo** triumphal arch
**arder** [ar'ðer] *vi* to burn • **está que arde** *(fam)* he's fuming
**ardiente** [ar'ði̯ente] *adj* **1.** *(que arde)* burning **2.** *(líquido)* scalding **3.** *(apasionado)* ardent
**ardilla** [ar'ðiʎa] *f* squirrel
**área** ['area] *f* area • **área de descanso** rest area • **área de servicio** service area
**arena** [a'rena] *f* sand • **arenas movedizas** quicksand
**arenoso, sa** [aren'oso, sa] *adj* sandy
**arenque** [a'renke] *m* herring
**aretes** [a'retes] *mpl (Col & Méx)* earrings
**Argelia** [ar'xeli̯a] *s* Algeria
**Argentina** [arxen'tina] *f* • **(la) Argentina** Argentina
**argentino, na** [arxen'tino, na] *adj & m,f* Argentinian
**argot** [ar'yot] *m* **1.** *(popular)* slang **2.** *(técnico)* jargon
**argumentar** [aryumen'tar] *vt (alegar)* to allege
**argumento** [aryu'mento] *m* **1.** *(razón)* reason **2.** *(de novela, película, etc)* plot

**aria** ['ari̯a] *f* aria
**árido, da** ['ariðo, ða] *adj* dry
**Aries** ['ari̯es] *m* Aries
**arista** [a'rista] *f* edge
**aristocracia** [aristo'kraθi̯a] *f* aristocracy
**aristócrata** [aris'tokrata] *mf* aristocrat
**aritmética** [ariδ'metika] *f* arithmetic
**arlequín** [arle'kin] *m* harlequin
**arma** ['arma] *f* weapon ◆ **ser de armas tomar** *(tener mal carácter)* to be a nasty piece of work
**armada** [ar'maða] *f* *(fuerzas navales)* navy
**armadillo** [arma'ðiʎo] *m* armadillo
**armadura** [arma'ðura] *f* *(coraza)* armour
**armamento** [arma'mento] *m* *(armas)* arms *pl*
**armar** [ar'mar] *vt* **1.** *(ejército)* to arm **2.** *(pistola, fusil)* to load **3.** *(mueble)* to assemble **4.** *(tienda)* to pitch **5.** *(alboroto, ruido)* to make ◆ **armarse** *vp* to arm o.s. ◆ **armarse de** *v + prep (valor, paciencia)* to summon up
**armario** [ar'mari̯o] *m* **1.** *(de cajones)* cupboard (*UK*), dresser (*US*) **2.** *(ropero)* wardrobe ◆ **armario empotrado** fitted cupboard/wardrobe
**armazón** [arma'θon] *f* **1.** *(de cama, tienda de campaña)* frame **2.** *(de coche)* chassis
**armisticio** [armis'tiθi̯o] *m* armistice
**armonía** [armo'nia] *f* harmony
**armónica** [ar'monika] *f* harmonica
**armonizar** [armoni'θar] *vt* to match
**aro** ['aro] *m* **1.** *(anilla)* ring **2.** *(juguete)* hoop
**aroma** [a'roma] *m* **1.** *(olor)* aroma **2.** *(de vino)* bouquet ◆ **aroma artificial** artificial flavouring
**arpa** ['arpa] *f* harp
**arqueología** [arkeolo'xia] *f* archeolog
**arqueólogo, ga** [arke'oloɣo, ɣa] *m* archeologist
**arquero** [ar'kero] *m* *(Amér)* goalkeep
**arquitecto, ta** [arki'tekto, ta] *m,f* architect
**arquitectónico, ca** [arkitek'toniko, k *adj* architectural
**arquitectura** [arkitek'tura] *f* architecture
**arraigar** [arai̯'ɣar] *vi* to take root
**arrancar** [aran'kar] ◇ *vt* **1.** *(del suelo)* pull up **2.** *(motor)* to start **3.** *(de manos)* to snatch ◇ *vi* **1.** *(iniciar la march* to set off **2.** *(vehículo)* to start up
**arrancar de** to stem from
**arranque** [a'ranke] *m* **1.** *(ímpetu)* drive *(de ira, pasión)* fit
**arrasador, ra** *adj* **1.** *(ciclón, terremo incendio)* devastating **2.** *(éxito)* phenomenal
**arrastrar** [aras'trar] *vt* **1.** *(por el suelo)* drag **2.** *(convencer)* to win over
**arrastrarse** *vp* **1.** *(reptar)* to crawl *(humillarse)* to grovel
**arrastre** [a'rastre] *m* dragging ◆ **est para el arrastre** to have had it
**arrebatar** [areβa'tar] *vt* to snatch
**arrebato** [are'βato] *m* *(de ira, pasió* outburst
**arreglar** [are'ɣlar] *vt* **1.** *(ordenar)* to ti up (*UK*), to clean up (*US*) **2.** *(reparar)* repair **3.** *(casa)* to do up (*UK*), decorate ◆ **arreglarse** *vp* **1.** *(embellece se)* to smarten up **2.** *(solucionarse)*

sort itself out • **arreglárselas** to manage
**arreglo** [a'reɣlo] *m* **1.** *(reparación)* repair **2.** *(de ropa)* mending **3.** *(acuerdo)* agreement
**arrendatario, ria** [arenda'tario, ria] *m,f* tenant
**arreos** [a'reos] *mpl* harness *sg*
**arrepentirse** [arepen'tirse] • **arrepentirse de** *v + prep* to regret
**arrestar** [ares'tar] *vt* to arrest
**arriba** [a'riβa] *adv* **1.** *(de situación)* above **2.** *(de dirección)* up **3.** *(en edificio)* upstairs • **allí arriba** up there • **aquí arriba** up here • **más arriba** further up • **para arriba** upwards • **de arriba** *(piso)* upstairs • **de arriba abajo** *(detenidamente)* from top to bottom; *(con desdén)* up and down
**arriesgado, da** [ariez'ɣaðo, ða] *adj* risky
**arriesgar** [ariez'ɣar] *vt* to risk • **arriesgarse** *vp* • **arriesgarse a** to dare to
**arrimar** [ari'mar] *vt* to move closer • **arrimar el hombro** to lend a hand • **arrimarse** *vp* • **arrimarse a** to move closer to
**arrodillarse** [aroði'ʎarse] *vp* to kneel down
**arrogancia** [aro'ɣanθia] *f* arrogance
**arrogante** [aro'ɣante] *adj* arrogant
**arrojar** [aro'xar] *vt* **1.** *(lanzar)* to hurl **2.** *(vomitar)* to throw up • **arrojar a alguien de** *(echar)* to throw sb out of • **arrojarse** *vp* **1.** *(al vacío)* to hurl o.s. **2.** *(sobre una persona)* to leap
**arroyo** [a'royo] *m* stream
**arroz** [a'roθ] *m* rice • **arroz blanco** boiled rice • **arroz a la cubana** *boiled rice with fried egg, tomatoes and fried banana* • **arroz con leche** rice pudding • **arroz negro** *rice cooked with squid ink*
**arruga** [a'ruɣa] *f* **1.** *(en piel)* wrinkle **2.** *(en tejido)* crease
**arrugado, da** [aru'ɣaðo, ða] *adj* **1.** *(piel)* wrinkled **2.** *(tejido, papel)* creased
**arrugar** [aru'ɣar] *vt* to crease • **arrugarse** *vp* to get creased
**arruinar** [arui'nar] *vt* to ruin • **arruinarse** *vp* to be ruined
**arsénico** [ar'seniko] *m* arsenic
**arte** ['arte] *m o f* art • **tener arte para** to be good at • **con malas artes** using trickery • **por arte de magia** as if by magic • **artes** *fpl* arts
**artefacto** [arte'fakto] *m* device
**arteria** [ar'teria] *f* artery
**artesanal** [artesa'nal] *adj* handmade
**artesanía** [artesa'nia] *f* craftsmanship • **de artesanía** handmade
**artesano, na** [arte'sano, na] *m,f* craftsman (*f* craftswoman)
**ártico** ['artiko] *adj* arctic • **Ártico** *m* • **el Ártico** the Arctic
**articulación** [artikula'θion] *f* **1.** joint **2.** *(de sonidos)* articulation
**articulado, da** [artiku'laðo, ða] *adj* articulated
**articular** [artiku'lar] *vt* to articulate
**articulista** [artiku'lista] *mf* journalist
**artículo** [ar'tikulo] *m* **1.** article **2.** *(producto)* product • **artículos de lujo** luxury goods • **artículos regalo** gift items
**artificial** [artifi'θial] *adj* artificial
**artificio** [arti'fiθio] *m* **1.** *(dispositivo)*

device **2.** *(habilidades)* trick
**artista** [ar'tista] *mf* **1.** artist **2.** *(de circo, teatro)* artiste
**artístico, ca** [ar'tistiko, ka] *adj* artistic
**arveja** [ar'βexa] *f (Andes, CAm, Carib, Col & RP)* pea
**arzobispo** [arθo'βispo] *m* archbishop
**as** ['as] *m* ace
**asa** ['asa] *f* handle
**asado, da** [a'saðo, ða] *adj & m* roast • **carne asada** *(al horno)* roast meat; *(a la parrilla)* grilled meat • **pimientos asados** roast peppers
**asador** [asa'ðor] *m* spit *(UK)*, rotisserie *(US)*
**asalariado, da** [asala'ri̯aðo, ða] ◇ *adj* salaried ◇ *m,f* wage earner
**asaltar** [asal'tar] *vt* **1.** *(robar)* to rob **2.** *(agredir)* to attack
**asalto** [a'salto] *m* **1.** *(a banco, tienda, persona)* robbery **2.** *(en boxeo, judo, etc)* round
**asamblea** [asam'blea] *f* **1.** *(de una asociación)* assembly **2.** *(en política)* meeting
**asar** [a'sar] *vt* **1.** *(al horno)* to roast **2.** *(a la parrilla)* to grill ◆ **asarse** *vp* to be boiling hot
**ascendencia** [asθen'denθi̯a] *f (antepasados)* ancestors *pl*
**ascendente** [asθen'dente] *adj* ascending
**ascender** [asθen'der] ◇ *vt (empleado)* to promote ◇ *vi (subir)* to rise ◆ **ascender a** *v + prep (suj: cantidad)* to come to
**ascendiente** [asθen'di̯ente] *mf* ancestor
**ascenso** [as'θenso] *m* **1.** *(de sueldo)* rise *(UK)*, raise *(US)* **2.** *(de posición)* promotion
**ascensor** [asθen'sor] *m* lift *(UK)*, elevator *(US)*
**asco** ['asko] *m* revulsion • **ser un asco** to be awful • **me da asco** I find it disgusting • **¡qué asco!** how disgusting! • **estar hecho un asco** *(fam)* to be filthy
**ascua** ['asku̯a] *f* ember • **estar en ascuas** to be on tenterhooks
**aseado, da** [ase'aðo, ða] *adj* clean
**asear** [ase'ar] *vt* to clean ◆ **asearse** *vp* to get washed and dressed
**asegurado, da** [aseγu'raðo, ða] ◇ *adj* insured ◇ *m,f* policy-holder
**asegurar** [aseγu'rar] *vt* **1.** *(coche, vivienda)* to insure **2.** *(cuerda, nudo)* to secure **3.** *(prometer)* to assure ◆ **asegurarse de** *v + prep* to make sure that
**asentir** [asen'tir] *vi* to agree
**aseo** [a'seo] *m* **1.** *(limpieza)* cleaning **2.** *(habitación)* bathroom ▼ **aseos** toilets *(UK)*, restroom *(US)*
**aséptico, ca** [a'septiko, ka] *adj* aseptic
**asequible** [ase'kiβle] *adj (precio, producto)* affordable
**asesinar** [asesi'nar] *vt* to murder
**asesinato** [asesi'nato] *m* murder
**asesino, na** [ase'sino, na] *adj* murderer
**asesor, ra** [ase'sor, ra] ◇ *adj* advisory ◇ *m,f* consultant
**asesorar** [aseso'rar] *vt* to advise
**asesorarse** *vp* to seek advice
**asesoría** [aseso'ria] *f* consultant's office
**asfaltado, da** [asfal'taðo, ða] ◇ *adj* tarmacked, paved *(US)* ◇ *m* road surface
**asfaltar** [asfal'tar] *vt* to surface *(UK)*, pave *(US)*
**asfalto** [as'falto] *m* asphalt

**asfixia** [as'fiksia] *f* suffocation

**asfixiante** [asfik'siante] *adj* **1.** *(olor)* overpowering **2.** *(calor)* suffocating

**asfixiar** [asfik'siar] *vt* to suffocate ◆ **asfixiarse** *vp* to suffocate

**así** [as'i] *adv & adj inv* like this ◉ **así de grande** this big ◉ **así como** just as ◉ **así es** that's right ◉ **así es como** that is how ◉ **así no más** *(Amér) (fam) (regular)* just like that ◉ **así y todo** even so ◉ **y así sucedió** and that is exactly what happened

**Asia** ['asia] *s* Asia

**asiático, ca** [a'siatiko, ka] *adj & m,f* Asian

**asiento** [a'siento] *m* seat

**asignatura** [asiγna'tura] *f* subject

**asilo** [a'silo] *m (para ancianos)* old people's home *(UK)*, retirement home *(US)* ◉ **asilo político** political asylum

**asimilación** [asimila'θion] *f* assimilation

**asimilar** [asimi'lar] *vt* **1.** *(conocimientos)* to assimilate **2.** *(cambio, situación)* to take in one's stride

**asistencia** [asis'tenθia] *f* **1.** *(a clase, espectáculo)* attendance **2.** *(ayuda)* assistance **3.** *(público)* audience

**asistir** [asis'tir] *vt (suj: médico, enfermera)* to attend to ◆ **asistir a** *v + prep (clase, espectáculo)* to attend

**asma** ['azma] *f* asthma

**asmático, ca** [az'matiko, ka] *adj* asthmatic

**asno, na** ['azno, na] *m,f* ass

**asociación** [asoθia'θion] *f* association

**asociar** [aso'θiar] *vt* to associate ◆ **asociarse a** *v + prep* to become a member of ◆ **asociarse con** *v + prep* to form a partnership with

**asolar** [aso'lar] *vt* to devastate

**asomar** [aso'mar] ◇ *vi* to peep up ◇ *vt* to stick out ◆ **asomarse** *vp* ◉ **asomarse a** *(ventana)* to stick one's head out of; *(balcón)* to go out onto

**asombrar** [asom'brar] *vt* **1.** *(causar admiración)* to amaze **2.** *(sorprender)* to surprise ◆ **asombrarse de** *v + prep* **1.** *(sentir admiración)* to be amazed at **2.** *(sorprenderse)* to be surprised at

**asombro** [a'sombro] *m* **1.** *(admiración)* amazement **2.** *(sorpresa)* surprise

**asorocharse** [asoro'tʒarse] *vp (Chile & Perú)* to get altitude sickness

**aspa** ['aspa] *f (de molino de viento)* arm

**aspecto** [as'pekto] *m (apariencia)* appearance ◉ **tener buen/mal aspecto** *(persona)* to look well/awful; *(cosa)* to look nice/horrible

**aspereza** [aspe'reθa] *f* roughness

**áspero, ra** ['aspero, ra] *adj* **1.** *(al tacto)* rough **2.** *(voz)* harsh

**aspiradora** [aspira'ðora] *f* vacuum cleaner

**aspirar** [aspi'rar] *vt (aire)* to breathe in ◆ **aspirar a** *v + prep* to aspire to

**aspirina** [aspi'rina] *f* aspirin

**asqueado, da** [aske'aðo, ða] *adj* disgusted

**asquerosidad** [askerosi'ðað] *f* filthiness

**asqueroso, sa** [aske'roso, sa] *adj* filthy

**asta** ['asta] *f* **1.** *(de lanza)* shaft **2.** *(de bandera)* flagpole **3.** *(de toro)* horn **4.** *(de ciervo)* antler

**asterisco** [aste'risko] *m* asterisk

**astillero** [asti'ʎero] *m* shipyard

**astro** ['astro] *m* star
**astrología** [astrolo'xia] *f* astrology
**astrólogo, ga** [as'troloɣo, ɣa] *m,f* astrologer
**astronauta** [astro'nau̯ta] *mf* astronaut
**astronomía** [astrono'mia] *f* astronomy
**astronómico, ca** [astro'nomiko, ka] *adj* astronomical
**astrónomo, ma** [as'tronomo, ma] *m,f* astronomer
**astuto, ta** [as'tuto, ta] *adj* **1.** *(sagaz)* astute **2.** *(ladino)* cunning
**asumir** [asu'mir] *vt* **1.** *(problema)* to cope with **2.** *(responsabilidad)* to assume
**asunto** [a'sunto] *m* **1.** *(tema general)* subject **2.** *(tema específico)* matter **3.** *(problema)* issue **4.** *(negocio)* affair
**asustar** [asus'tar] *vt* to frighten ◆ **asustarse** *vp* to be frightened
**atacar** [ata'kar] *vt* to attack
**atajo** [a'taxo] *m* **1.** *(camino)* short cut **2.** *(despec) (grupo de personas)* bunch ◆ **un atajo de disparates** a string of nonsense
**ataque** [a'take] *m* **1.** *(agresión)* attack **2.** *(de ira, risa, etc)* fit **3.** *(de fiebre, tos, etc)* bout ◆ **ataque al corazón** heart attack
**atar** [a'tar] *vt* **1.** *(con cuerda, cadena, etc)* to tie **2.** *(ceñir)* to tie up
**atardecer** [atar'ðeθer] *m* ◆ **al atardecer** at dusk
**atareado, da** [atare'aðo, ða] *adj* busy
**atasco** [a'tasko] *m (de tráfico)* traffic jam
**ataúd** [ata'uð] *m* coffin
**ate** ['ate] *m (Amér)* quince jelly
**ateísmo** [ate'izmo] *m* atheism
**atención** [aten'θi̯on] *f* **1.** *(interés)* attention **2.** *(regalo, obsequio)* kind gesture ◆ **atención al cliente** customer service **llamar la atención** to be noticeable **llamar la atención a alguien** to tell sb o ◆ **atenciones** *fpl (cuidados)* attentiveness *sg*
**atender** [aten'ðer] ◇ *vt* **1.** *(solicitu petición, negocio)* to attend to **2.** *(cliente* to serve **3.** *(enfermo)* to look after ◇ *(escuchar)* to pay attention ◆ ¿atienden? are you being served?
**atentado** [aten'taðo] *m* terrorist attac
**atentamente** [a,tenta'mente] *adv* *( cartas)* Yours sincerely
**atento, ta** [a'tento, ta] *adj* **1.** *(c atención)* attentive **2.** *(amable)* considera
**ateo, a** [a'teo, a] *m,f* atheist
**aterrizaje** [ateri'θaxe] *m* landing ◆ **aterrizaje forzoso** emergency landing
**aterrizar** [ateri'θar] *vi* to land
**aterrorizar** [aterori'θar] *vt* to terrify
**atestado, da** [ates'taðo, ða] *adj* packe
**atestiguar** [atesti'ɣu̯ar] *vt* to testify to
**ático** ['atiko] *m* penthouse
**atinar** [ati'nar] *vi* to guess correctly
**atípico, ca** [a'tipiko, ka] *adj* atypical
**Atlántico** [að'lantiko] *m* ◆ **el Atlántic** the Atlantic
**atlas** ['aðlas] *m inv* atlas
**atleta** [að'leta] *mf* athlete
**atlético, ca** [að'letiko, ka] *adj* athletic
**atletismo** [aðle'tizmo] *m* athletics
**atmósfera** [að'mosfera] *f* atmosphere
**atmosférico, ca** [aðmos'feriko, ka] *a* atmospheric
**atole** [a'tole] *m (Méx)* *thick drink maize flour boiled in milk or water*
**atolondrarse** [atolon'drarse] *vp* to g flustered

**atómico, ca** [a'tomiko, ka] *adj* nuclear
**átomo** ['atomo] *m* atom
**atónito, ta** [a'tonito, ta] *adj* astonished
**atontado, da** [aton'taðo, ða] *adj* dazed
**atorado, da** [ato'raðo, ða] *adj* **1.** *(Amér)* *(atascado)* blocked **2.** *(agitado, nervioso)* nervous
**atorar** [ato'rar] *vt* *(Amér)* to block ◆ **atorarse** *vp* **1.** *(Amér)* *(atascarse)* to get blocked **2.** *(atragantarse)* to choke
**atorrante** [ato'rante] *adj* *(Andes & CSur)* *(despreocupado)* scruffy
**atracador, ra** [atraka'ðor, ra] *m,f* **1.** *(de banco, tienda)* armed robber **2.** *(de persona)* mugger
**atracar** [atra'kar] ◇ *vt* **1.** *(banco, tienda)* to rob **2.** *(persona)* to mug ◇ *vi* *(barco)* to dock ◆ **atracarse de** *v + prep* to eat one's fill of
**atracción** [atrak'θi̯on] *f* attraction ◆ **atracciones** *fpl* fairground attractions
**atraco** [a'trako] *m* robbery
**atractivo, va** [atrak'tiβo, βa] ◇ *adj* attractive ◇ *m* **1.** *(de trabajo, lugar)* attraction **2.** *(de persona)* attractiveness
**atraer** [atra'er] ◇ *vt* to attract ◇ *vi* to be attractive
**atragantarse** [atraɣan'tarse] *vp* to choke
**atrapar** [atra'par] *vt* to catch
**atrás** [a'tras] *adv* **1.** *(de posición)* behind **2.** *(al moverse)* backwards **3.** *(de tiempo)* before
**atrasado, da** [atra'saðo, ða] *adj* **1.** *(trabajo, tarea, proyecto)* delayed **2.** *(pago)* overdue **3.** *(en estudios)* backward ◆ **ir atrasado** *(reloj)* to be slow
**atrasar** [atra'sar] ◇ *vt* **1.** *(llegada, salida)* to delay **2.** *(proyecto, cita, acontecimiento)* to postpone **3.** *(reloj)* to put back ◇ *vi* *(reloj)* to be slow ◆ **atrasarse** *vp* **1.** *(persona)* to be late **2.** *(tren, avión, etc)* to be delayed **3.** *(proyecto, acontecimiento)* to be postponed
**atraso** [a'traso] *m* *(de evolución)* backwardness ◆ **atrasos** *mpl* *(de dinero)* arrears
**atravesar** [atraβe'sar] *vt* **1.** *(calle, río, puente)* to cross **2.** *(situación difícil, crisis)* to go through **3.** *(objeto, madero, etc)* to penetrate ◆ **atravesarse** *vp* to be in the way
**atreverse** *vp* to dare to
**atrevido, da** [atre'βiðo, ða] *adj* **1.** *(osado)* daring **2.** *(insolente)* cheeky *(UK)*, sassy *(US)* **3.** *(ropa, libro)* risqué **4.** *(propuesta)* forward
**atribución** [atriβu'θi̯on] *f* *(de poder, trabajo)* responsibility
**atribuir** [atriβu'ir] *vt* **1.** to attribute **2.** *(poder, cargo)* to give
**atributo** [atri'βuto] *m* attribute
**atrio** ['atri̯o] *m* **1.** *(de palacio)* portico **2.** *(de convento)* cloister
**atropellar** [atrope'ʎar] *vt* **1.** *(suj: vehículo)* to run over **2.** *(con empujones)* to push out of the way ◆ **atropellarse** *vp* *(hablando)* to trip over one's words
**atropello** [atro'peʎo] *m* running over
**ATS** [ate'ese] *mf* (*abr de* **Ayudante Técnico Sanitario**) *qualified nurse*
**atte** *abrev* = **atentamente**
**atún** [a'tun] *m* tuna ◆ **atún en aceite** tuna in oil
**audaz** [au̯'ðaθ, θes] (*pl* **-ces**) *adj* daring
**audiencia** [au̯'ði̯enθi̯a] *f* audience

**audiovisual** [ˌau̯ðjoβi'sual] ◇ *adj* audiovisual ◇ *m* audiovisual display
**auditivo, va** [au̯ði'tiβo, βa] *adj* ear *(antes de s)*
**auditor** [au̯ði'tor] *m* auditor
**auditoría** [au̯ðito'ria] *f* **1.** *(trabajo)* auditing *(UK)*, audit *(US)* **2.** *(lugar)* auditor's office
**auditorio** [au̯ði'torjo] *m* **1.** *(público)* audience **2.** *(local)* auditorium
**auge** ['au̯xe] *m* boom • **en auge** booming
**aula** ['au̯la] *f* **1.** *(de universidad)* lecture room *(UK)*, class room *(US)* **2.** *(de escuela)* classroom
**aullar** [au̯'ʎar] *vi* to howl
**aullido** [au̯'ʎiðo] *m* howl
**aumentar** [au̯men'tar] *vt* **1.** to increase **2.** *(peso)* to put on
**aumento** [au̯'mento] *m* **1.** increase **2.** *(en óptica)* magnification
**aun** [au̯n] ◇ *adv* even ◇ *conj* • **aun estando enferma, vino** she came, even though she was ill • **aun así** even so
**aún** [a'un] *adv* still • **aún no han venido** they haven't come yet
**aunque** [au̯nke] *conj* although
**aureola** [au̯re'ola] *f* **1.** *(de santo)* halo **2.** *(fama, éxito)* aura
**auricular** [au̯riku'lar] *m* *(de teléfono)* receiver ◆ **auriculares** *mpl* *(de radio, casete)* headphones
**ausencia** [au̯'senθja] *f* absence
**ausente** [au̯'sente] *adj* **1.** *(de lugar)* absent **2.** *(distraído)* absent-minded
**austeridad** [au̯steri'ðað] *f* austerity
**austero, ra** [au̯s'tero, ra] *adj* austere
**Australia** [au̯s'tralja] *s* Australia
**australiano, na** [au̯stra'ljano, na] *adj* *m,f* Australian
**Austria** ['au̯strja] *s* Austria
**austríaco, ca** [au̯s'triako, ka] *adj* & Austrian
**autenticidad** [au̯tentiθi'ðað] *f* authenticity
**auténtico, ca** [au̯'tentiko, ka] *adj* *(joya, piel)* genuine **2.** *(verdadero, r*eal
**auto** ['au̯to] *m* *(automóvil)* car
**autoayuda** [au̯toa'juða] *f* self-help
**autobiografía** [au̯toβjoɣra'fia] *f* autobiography
**autobús** [au̯to'βus] *m* bus
**autocar** [au̯to'kar] *m* coach, bus *(US*
**autocar de línea** (long-distance) coa
**autocaravana** [au̯tokara'βana] *f* camper van
**autocontrol** [au̯tokon'trol] *m* self-control
**autocorrección** [au̯tokorek'θjon] auto-correction
**autóctono, na** [au̯'toktono, na] indigenous
**autoescuela** [au̯toes'ku̯ela] *f* driving school
**autógrafo** [au̯'toɣrafo] *m* autograph
**automáticamente** [au̯toˌmatika'me *adv* automatically
**automático, ca** [au̯to'matiko, ka] automatic
**automóvil** [au̯to'moβil] *m* car
**automovilismo** [au̯tomoβi'lizmo] motoring *(UK)*, driving *(US)*
**automovilista** [au̯tomoβi'lista] *mf* motorist *(UK)*, driver *(US)*
**autonomía** [au̯tono'mia] *f* autonomy

**autonomía de vuelo** range
**autonómico, ca** [au̯to'nomiko, ka] *adj* **1.** *(región, gobierno)* autonomous
**autónomo, ma** [au̯'tonomo, ma] ◇ *adj* **1.** *(independiente)* autonomous **2.** *(trabajador)* freelance ◇ *m,f* freelancer
**autopista** [au̯to'pista] *f* motorway • **autopista de peaje** toll motorway (*UK*), turnpike (*US*)
**autopsia** [au̯'topsi̯a] *f* autopsy
**autor, ra** [au̯'tor, ra] *m,f* **1.** *(de libro)* author **2.** *(de cuadro, escultura)* artist **3.** *(de acción, hecho)* perpetrator
**autoridad** [au̯tori'ðað] *f* authority • **la autoridad** the authorities *pl*
**autoritario, ria** [au̯tori'tari̯o, ri̯a] *adj* authoritarian
**autorización** [au̯toriθa'θi̯on] *f* authorization
**autorizado, da** [au̯tori'θaðo, ða] *adj* authorized
**autorizar** [au̯tori'θar] *vt* to authorize
**autorretrato** [au̯tore'trato] *m* self-portrait
**autoservicio** [au̯toser'βiθi̯o] *m* self-service
**autostop** [au̯tos'top] *m* hitch-hiking • **hacer autostop** to hitch-hike
**autostopista** [au̯to'pista] *mf* hitch-hiker
**autosuficiente** [au̯tosufi'θi̯ente] *adj* self-sufficient
**autovía** [au̯to'βia] *f* dual carriageway (*UK*), divided road (*US*)
**auxiliar** [au̯ksi'li̯ar] ◇ *adj* auxiliary ◇ *mf* assistant ◇ *vt* to assist • **auxiliar administrativo** office clerk • **auxiliar de vuelo** flight attendant
**auxilio** [au̯k'sili̯o] ◇ *m* help ◇ *interj* help! • **primeros auxilios** first aid *sg*
**aval** [a'βal] *m* **1.** *(persona)* guarantor **2.** *(documento)* guarantee
**avalador, ra** [aβala'ðor, ra] *m,f* guarantor
**avalancha** [aβa'lantʒa] *f* avalanche
**avalar** [aβa'lar] *vt* **1.** *(crédito)* to guarantee **2.** *(propuesta, idea)* to endorse
**avance** [a'βanθe] *m* **1.** *(de tecnología, ciencia, etc)* advance **2.** *(de noticia)* summary **3.** *(de película)* preview
**avanzado, da** [a'βanθaðo, ða] *adj* advanced
**avanzar** [aβan'θar] *vi* to advance
**avaricioso, sa** [aβari'θi̯oso, sa] *adj* avaricious
**avaro, ra** [a'βaro, ra] *adj* miserly
**Avda** (*abr de* **avenida**) Ave. *(avenue)*
**AVE** ['aβe] *m* (*abr de* **Alta Velocidad Española**) *Spanish high-speed train*
**ave** ['aβe] *f* bird
**avellana** [aβe'ʎana] *f* hazelnut
**avellano** [aβe'ʎano] *m* hazel tree
**avena** [a'βena] *f* oats *pl*
**avenida** [aβe'niða] *f* avenue
**aventar** [aβen'tar] *vt* (*Andes & Méx*) to throw • **aventarse** *vp* (*Col & Méx*) to throw oneself
**aventón** [aβen'ton] *m* (*Amér*) shove • **dar un aventón a alguien** to give sb a lift
**aventura** [aβen'tura] *f* **1.** adventure **2.** *(de amor)* affair
**aventurarse** [aβen'turarse] *vp* • **aventurarse a hacer algo** to risk doing sthg
**aventurero, ra** [aβen'turero, ra] ◇ *adj* adventurous ◇ *m,f* adventurer (*f* adventuress)

**avergonzado, da** [aβeɣon'θaðo, ða] *adj* **1.** *(abochornado)* embarrassed **2.** *(deshonrado)* ashamed
**avergonzarse** [aβeɣon'θarse] ◆ **avergonzarse de** *v + prep* **1.** *(por timidez)* to be embarrassed about **2.** *(por deshonra)* to be ashamed of
**avería** [aβe'ria] *f* **1.** *(de coche)* breakdown **2.** *(de máquina)* fault
**averiado, da** [aβeri'aðo, ða] *adj* **1.** *(coche)* broken-down **2.** *(máquina)* out of order
**averiarse** [aβeri'arse] *vp* to break down
**averiguar** [aβeri'ɣu̯ar] *vt* to find out
**aversión** [aβer'si̯on] *f* aversion
**avestruz** [aβes'truθ, θes] (*pl* **-ces**) *m* ostrich
**aviación** [aβia'θi̯on] *f* **1.** *(navegación)* aviation **2.** *(cuerpo militar)* airforce
**aviador, ra** [aβia'ðor, ra] *m,f* aviator
**avión** [aβi'on] *m* plane • **en avión** by plane • **por avión** *(carta)* airmail
**avioneta** [aβio'neta] *f* light aircraft
**avisar** [aβi'sar] *vt* *(llamar)* to call ◆ **avisar de** *v + prep* **1.** *(comunicar)* to inform of **2.** *(prevenir)* to warn of
**aviso** [a'βiso] *m* **1.** *(noticia)* notice **2.** *(advertencia)* warning **3.** *(en aeropuerto)* call **4.** *(Amér)* *(en periódico)* ad **5.** • **hasta nuevo aviso** until further notice • **sin previo aviso** without notice
**avispa** [a'βispa] *f* wasp
**axila** [ak'sila] *f* armpit
**ay** ['ai̯] *interj* **1.** *(expresa dolor)* ouch! **2.** *(expresa pena)* oh!
**ayer** [a'jer] *adv* yesterday • **ayer (por la) noche** last night • **ayer por la mañana** yesterday morning
**ayuda** [a'juða] *f* **1.** *(en trabajo, tarea, et*c*)* help **2.** *(a otros países, etc)* aid
**ayudante** [aju'ðante] *mf* assistant
**ayudar** [aju'ðar] *vt* • **me ayudó a lleva**r **la maleta** he helped me carry th*e* suitcase • **su hermano le ayuda e**n **los estudios** his brother helps hi*m* with his studies
**ayunar** [aju'nar] *vi* to fast
**ayuntamiento** [ajunta'mi̯ento] *m* **1.** *(ed*i*ficio)* town hall (*UK*), city hall (*US*) **2.** *(corporación)* town council
**azada** [a'θaða] *f* hoe
**azafata** [aθa'fata] *f* air hostess (*UK*), flight attendant (*US*) • **azafata d**e **vuelo** air hostess
**azafate** [aθa'fate] *m* (*Andes & RP*) tray
**azafrán** [aθa'fran] *m* *(condimento)* saffron
**azar** [a'θar] *m* chance • **al azar** at random
**azotea** [aθo'tea] *f* terraced roof
**azúcar** [a'θukar] *m o f* sugar • **azúca**r **glass** icing sugar (*UK*), confectioner's sugar (*US*) • **azúcar moreno** brow*n* sugar
**azucarado, da** [aθuka'raðo, ða] *a*dj sweet
**azucarera** [aθuka'rera] *f* sugar bowl
**azucena** [aθu'θena] *f* white lily
**azufre** [a'θufre] *m* sulphur
**azul** [a'θul] *adj & m* blue
**azulado, da** [aθu'laðo, ða] *adj* bluish
**azulejo** [aθu'lexo] *m* (glazed) tile
**azuloso, sa** [aθu'loso, sa] *adj* (*Amér*) bluish

# B

**baba** ['baβa] *f* saliva
**babero** [ba'βero] *m* bib
**babor** [ba'βor] *m* port
**babosa** [ba'βosa] *f* slug
**baboso, sa** [ba'βoso, sa] *adj* **1.** *(caracol)* slimy **2.** *(bebé)* dribbling **4.** *(Amér) (tonto)* stupid
**baca** ['baka] *f* roof rack
**bacalao** [baka'lao] *m* cod ◆ **bacalao a la vizcaína** *Basque dish of salt cod baked with a thick sauce of olive oil, garlic, paprika, onions, tomato and red peppers*
**bacán** [ba'kan] ◇ *adj (Amér)* elegant ◇ *m (Amér)* dandy
**bachillerato** [batʒiʎe'rato] *m (former) course of secondary studies for academically orientated 14 to 16-year-olds*
**bacinica** [baθi'nika] *f (Amér)* chamber pot
**bacon** ['bei̯kon] *m* bacon
**bádminton** ['baðminton] *m* badminton
**bafle** ['bafle] *m* loudspeaker
**bahía** [ba'ia] *f* bay
**bailar** [bai̯'lar] *vt & vi* to dance ◆ **el pie me baila en el zapato** my shoe is too big for me
**bailarín, ina** [bai̯la'rin, ina] *m,f* **1.** *(de ballet)* ballet dancer **2.** *(de otras danzas)* dancer
**baile** ['bai̯le] *m* **1.** *(danza)* dance **2.** *(fiesta)* ball
**baja** ['baxa] *f (por enfermedad)* sick leave ◆ **dar de baja** *(en empresa)* to lay off; *(en asociación, club)* to expel ◆ **darse de baja** to resign ◆ **estar de baja** to be on sick leave
**bajada** [ba'xaða] *f* descent ◆ **bajada de bandera** minimum fare
**bajar** [ba'xar] ◇ *vt* **1.** *(lámpara, cuadro, etc)* to take down **2.** *(cabeza, mano, voz, persiana)* to lower **3.** *(música, radio, volumen)* to turn down **4.** *(escalera)* to go down **5.** *(precios)* to lower ◇ *vi (disminuir)* to go down ◆ **bajar de** *v + prep* **1.** *(de avión, tren)* to get off **2.** *(de coche)* to get out of ◆ **bajarse** *vp* **1.** *(de avión, tren)* to get off **2.** *(de coche)* to get out of
**bajío** [ba'xio] *m (Amér)* low-lying land
**bajo, ja** ['baxo, xa] ◇ *adj* **1.** *(persona)* short **2.** *(objeto, cifra, precio)* low **3.** *(sonido)* soft ◇ *m (instrumento)* bass ◇ *adv (hablar)* quietly ◇ *prep* **1.** *(físicamente)* under **2.** *(con temperaturas)* below ◆ **bajos** *mpl (de un edificio)* ground floor *sg*
**bakalao** [baka'lao] *m (fam)* rave music
**bala** ['bala] *f* bullet
**balacear** [balaθe'ar] *vt (Amér)* to shoot
**balacera** [bala'θera] *f (Amér)* shootout
**balada** [ba'laða] *f* ballad
**balance** [ba'lanθe] *m* **1.** *(de asunto, situación)* outcome **2.** *(de un negocio)* balance ◆ **hacer balance de** to take stock of
**balancín** [balan'θin] *m* **1.** *(mecedora)* rocking chair **2.** *(en el jardín)* swing hammock

**balanza** [ba'lanθa] *f (para pesar)* scales *pl*
**balar** [ba'lar] *vi* to bleat
**balcón** [bal'kon] *m* balcony
**balde** ['balde] *m* bucket • **de balde** free (of charge) • **en balde** in vain
**baldosa** [bal'dosa] *f* **1.** *(en la calle)* paving stone **2.** *(en interior)* floor tile
**Baleares** [bale'ares] *fpl* • **las (islas) Baleares** the Balearic Islands
**balido** [ba'liðo] *m* bleat
**ballena** [ba'ʎena] *f* whale
**ballet** [ba'let] *m* ballet
**balneario** [balne'arjo] *m* **1.** *(con baños termales)* spa **2.** *(Méx) (con piscinas, etc)* ≃ lido

### balneario

In South America, a *balneario* is a leisure complex comprising several open-air swimming pools together with snack bars and restaurants. In summer, people will often spend all day there sunbathing, swimming and playing sports.

**balón** [ba'lon] *m* ball
**baloncesto** [balon'θesto] *m* basketball
**balonmano** [balom'mano] *m* handball
**balonvolea** [balombo'lea] *m* volleyball
**balsa** ['balsa] *f* **1.** *(embarcación)* raft **2.** *(de agua)* pond
**bálsamo** ['balsamo] *m* balsam
**bambú** [bam'bu] *m* bamboo
**banana** [ba'nana] *f (Perú & RP)* banana
**banca** ['banka] *f* **1.** *(institución)* banks *pl* **2.** *(profesión)* banking **3.** *(en juegos)* bank **4.** *(Col, Ven & Méx) (asiento)* bench **5.** *(Andes & RP) (en parlamento)* seat
**banco** ['banko] *m* **1.** *(para dinero)* bank *(para sentarse)* bench **3.** *(de iglesia)* pe **4.** *(de peces)* shoal • **banco de are** sandbank
**banda** ['banda] *f* **1.** *(cinta)* ribbon *(franja)* stripe **3.** *(lado)* side **4.** *(en fútb* touchline **5.** *(de músicos)* band **6.** *( delincuentes)* gang • **banda sono** soundtrack
**bandeja** [ban'dexa] *f* tray
**bandera** [ban'dera] *f* flag
**banderilla** [bande'riʎa] *f* **1.** *(en toro* banderilla, *barbed dart thrust in bull's back* **2.** *(para comer) hors d'oeuv on a stick*
**banderín** [bande'rin] *m* pennant
**bandido** [ban'diðo] *m* **1.** *(ladrón)* banc **2.** *(fam) (pillo)* rascal
**bando** ['bando] *m* **1.** *(en partido)* side *(de alcalde)* edict
**banjo** ['banxo] *m* banjo
**banquero** [ban'kero] *m* banker
**banqueta** [ban'keta] *f* **1.** stool **2.** *(Mé (para pedestres)* pavement *(UK)*, sid walk *(US)*
**bañador** [baɲa'ðor] *m* **1.** *(para mujere* swimsuit **2.** *(para hombres)* swimmi trunks *pl (UK)*, swimsuit *(US)*
**bañar** [ba'ɲar] *vt* **1.** *(persona)* to ba *(UK)*, to give a bath to *(US)* **2.** *(cosa)* soak **3.** *(suj: luz)* to bathe **4.** *(suj: mar)* wash the coast of ◆ **bañarse** *vp* **1.** *( río, playa, piscina)* to go for a swim **2.** *( el baño)* to have a bath
**bañera** [ba'ɲera] *f* bath (tub)
**bañista** [ba'ɲista] *mf* bather *(UK* swimmer *(US)*

**baño** ['baɲo] *m* **1.** *(en bañera, de vapor, espuma)* bath **2.** *(en playa, piscina)* swim **3.** *(espacio, habitación)* bathroom **4.** *(de oro, pintura)* coat **5.** *(de chocolate)* coating • **al baño maría** cooked in a bain-marie • **darse un baño** to have a bath ◆ **baños** *mpl (balneario)* spa *sg*
**bar** ['bar] *m* bar • **ir de bares** to go out drinking
**baraja** [ba'raxa] *f* pack (of cards)
**barajar** [bara'xar] *vt* **1.** *(naipes)* to shuffle **2.** *(posibilidades)* to consider **3.** *(datos, números)* to marshal
**baranda** [ba'randa] *f* handrail
**barandilla** [baran'diʎa] *f* handrail
**baratija** [bara'tixa] *f* trinket
**barato, ta** [ba'rato, ta] ◇ *adj* cheap ◇ *adv* cheaply
**barba** ['barβa] *f* beard • **por barba** per head
**barbacoa** [barβa'koa] *f* barbecue • **a la barbacoa** barbecued
**barbaridad** [barβari'ðað] *f* **1.** *(crueldad)* cruelty **2.** *(disparate)* stupid thing • **una barbaridad de** loads of • **¡qué barbaridad!** how terrible!
**barbarie** [bar'βarie] *f* **1.** *(incultura)* barbarism **2.** *(crueldad)* cruelty
**bárbaro, ra** ['barβaro, ra] *adj* **1.** *(cruel)* cruel **2.** *(fam) (estupendo)* brilliant
**barbería** [barβe'ria] *f* barber's (shop)
**barbero** [bar'βero] *m* barber
**barbilla** [bar'βiʎa] *f* chin
**barbudo, da** [bar'βuðo, ða] *adj* bearded
**barca** ['barka] *f* small boat • **barca de pesca** fishing boat
**barcaza** [bar'kaθa] *f* lighter
**Barcelona** [barθe'lona] *s* Barcelona
**barco** ['barko] *m* **1.** *(más pequeño)* boat **2.** *(más grande)* ship • **barco de vapor** steamboat • **barco de vela** sailing ship
**bareto** [ba'reto] *m (fam)* bar
**barítono** [ba'ritono] *m* baritone
**barman** ['barman] *m* barman *(UK)*, bartender *(US)*
**barniz** [bar'niθ, θes] *(pl* **-ces***) m* varnish
**barnizado, da** [barni'θaðo, ða] *adj* varnished
**barnizar** [barni'θar] *vt* **1.** *(madera)* to varnish **2.** *(loza, cerámica)* to glaze
**barómetro** [ba'rometro] *m* barometer
**barquillo** [bar'kiʎo] *m* cone
**barra** ['bara] *f* **1.** bar **2.** *(de turrón, helado, etc)* block • **barra de labios** lipstick • **barra de pan** baguette • **barra libre** *unlimited drink for a fixed price*
**barraca** [ba'raka] *f* **1.** *(chabola)* shack **2.** *(para feria)* stall *(UK)*, stand *(US)*
**barranco** [ba'ranko] *m (precipicio)* precipice
**barrendero, ra** [baren'dero] *m,f* road sweeper
**barreño** [ba'reɲo] *m* washing-up bowl
**barrer** [ba'rer] *vt* to sweep
**barrera** [ba'rera] *f* **1.** *(obstáculo)* barrier **2.** *(de tren)* crossing gate **3.** *(en toros) low wall encircling central part of bullring*
**barriada** [bari'aða] *f* area
**barriga** [ba'riɣa] *f* belly
**barril** [ba'ril] *m* barrel
**barrio** ['bario] *m* **1.** *(de población)* area **2.** *(Méx) (suburbio)* poor area • **barrio chino** red light district • **barrio comercial** shopping district
**barro** ['baro] *m* **1.** *(fango)* mud **2.** *(en cerámica)* clay

**barroco, ca** [ba'roko, ka] *adj & m* baroque
**bártulos** ['bartulos] *mpl* things, stuff *sg*
**barullo** [ba'ruʎo] *m* (*fam*) racket
**basarse** [ba'sarse] ◆ **basarse en** *v + prep* to be based on
**báscula** ['baskula] *f* scales *pl*
**base** ['base] *f* **1.** *(de cuerpo, objeto)* base **2.** *(de edificio)* foundations *pl* **3.** *(fundamento, origen)* basis ● **a base de** by (means of) ● **base de datos** database
**básico, ca** ['basiko, ka] *adj* basic
**basta** ['basta] *interj* that's enough!
**bastante** [bas'tante] ◇ *adv* **1.** *(suficientemente)* enough **2.** *(muy)* quite, pretty ◇ *adj* **1.** *(suficiente)* enough **2.** *(en cantidad)* quite a few
**bastar** [bas'tar] *vi* to be enough ● **basta con decírselo** it's enough to tell him ● **basta con estos dos** these two are enough ◆ **bastarse** *vp* ● **bastarse para hacer algo** to be able to do sthg o. s.
**bastardo, da** [bas'tarðo, ða] *adj* bastard
**bastidores** [basti'ðores] *mpl* ● **entre bastidores** behind the scenes
**basto, ta** ['basto, ta] *adj* coarse ◆ **bastos** *mpl (naipes) suit in Spanish deck of cards bearing wooden clubs*
**bastón** [bas'ton] *m* **1.** *(para andar)* walking stick **2.** *(de mando)* baton
**basura** [ba'sura] *f* rubbish (*UK*), garbage (*US*)
**basurero, ra** [basu'rero, ra] ◇ *m,f* dustman (*f* dustwoman) (*UK*), garbage collector (*US*) ◇ *m* rubbish dump (*UK*), dump (*UK*)
**bata** ['bata] *f* **1.** *(de casa)* housecoat **2.** *(para baño, etc)* dressing gown (*UK*) bathrobe **3.** *(de médico, científico)* coat
**batalla** [ba'taʎa] *f* battle ● **de batal**[la] everyday
**batería** [bate'ria] *f* **1.** battery **2.** *(e*[n] *música)* drums *pl* ● **batería de cocin**[a] pots and pans *pl*
**batido** [ba'tiðo] *m* milkshake
**batidora** [bati'ðora] *f* mixer
**batín** [ba'tin] *m* short dressing gow[n] (*UK*), short robe (*US*)
**batir** [ba'tir] *vt* **1.** *(nata)* to whip [**2.**] *(marca, huevos)* to beat **3.** *(récord)* t[o] break
**batuta** [ba'tuta] *f* baton
**baúl** [ba'ul] *m* **1.** *(caja)* trunk **2.** *(Col* [&] *CSur) (maletero)* boot (*UK*), trunk (*US*)
**bautismo** [bau̯'tizmo] *m* baptism
**bautizar** [bau̯ti'θar] *vt* **1.** *(en religión)* t[o] baptize **2.** *(dar un nombre)* to christen
**bautizo** [bau̯'tiθo] *m* **1.** *(ceremonia)* bap[tism] **2.** *(fiesta)* christening party
**baya** ['baja] *f* berry
**bayeta** [ba'jeta] *f* cloth
**bayoneta** [bajo'neta] *f* bayonet
**bazar** [ba'θar] *m* bazaar
**beato, ta** [be'ato, ta] *adj* **1.** *(santo)* blessed **2.** *(piadoso)* devout
**beba** ['beβa] *f (Amér) (fam)* little girl
**bebé** [be'βe] *m* baby
**beber** [be'βer] *vt & vi* to drink
**bebida** [be'βiða] *f* drink
**bebido, da** [be'βiðo, ða] *adj* drunk
**bebito, ta** [be'βito, ta] *m,f (Amér)* newborn baby
**beca** ['beka] *f* **1.** *(del gobierno)* grant **2.** *(de fundación privada)* scholarship
**becario, ria** [be'kari̯o, ri̯a] *m,f* **1.** *(de*

*gobierno)* grant holder **2.** *(de fundación privada)* scholarship holder
**becerro, rra** [be'θero, ra] *m,f* calf
**bechamel** [betʒa'mel] *f* béchamel sauce
**bedel** [be'ðel] *m* caretaker (*UK*), janitor (*US*)
**begonia** [be'ɣonia] *f* begonia
**beige** ['beiʃ] *adj inv* beige
**béisbol** ['beizβol] *m* baseball
**belén** [be'len] *m* crib
**belga** ['belɣa] *adj & mf* Belgian
**Bélgica** ['belxika] *s* Belgium
**bélico, ca** ['beliko, ka] *adj* war *(antes de s)*
**belleza** [be'ʎeθa] *f* beauty
**bello, lla** ['beʎo, ʎa] *adj* **1.** *(hermoso)* beautiful **2.** *(bueno)* fine
**bellota** [be'ʎota] *f* acorn
**bencina** [ben'θina] *f* (*Andes*) petrol (*UK*), gas (*US*)
**bendecir** [bende'θir] *vt* to bless
**bendición** [bendi'θion] *f* blessing
**bendito, ta** [ben'dito, ta] ◇ *adj* holy ◇ *m,f (bobo)* simple soul
**beneficencia** [benefi'θenθia] *f* charity
**beneficiar** [benefi'θiar] *vt* to benefit ◈ **beneficiarse de** *v + prep* to do well out of
**beneficio** [bene'fiθio] *m* **1.** *(bien)* benefit **2.** *(ganancia)* profit ◈ **a beneficio de** *(concierto, gala)* in aid of
**benéfico, ca** [be'nefiko, ka] *adj* **1.** *(gala, rifa)* charity *(antes de s)* **2.** *(institución)* charitable
**benevolencia** [beneβo'lenθia] *f* benevolence
**benévolo, la** [be'neβolo, la] *adj* benevolent
**bengala** [ben'gala] *f* flare
**berberechos** [berβe'retʒos] *mpl* cockles
**berenjena** [beren'xena] *f* aubergine (*UK*), eggplant (*US*) ◈ **berenjenas rellenas** stuffed aubergines *(usually with mince or rice)*
**bermudas** [ber'muðas] *mpl* Bermuda shorts
**berrinche** [be'rintʒe] *m* tantrum
**berza** ['berθa] *f* cabbage
**besar** [be'sar] *vt* to kiss ◈ **besarse** *vp* to kiss
**beso** ['beso] *m* kiss ◈ **dar un beso a alguien** to give sb a kiss, to kiss sb
**bestia** ['bestia] ◇ *adj* **1.** *(bruto)* rude **2.** *(ignorante)* thick ◇ *mf* brute ◇ *f (animal)* beast
**besugo** [be'suɣo] *m* sea bream
**betabel** [beta'βel] *m* (*Méx*) beetroot (*UK*), beet (*US*)
**betarraga** [beta'raɣa] *f* (*Andes*) beetroot (*UK*), beet (*US*)
**betún** [be'tun] *m* **1.** *(para calzado)* shoe polish **2.** (*Chile & Méx*) *(para bolo)* icing (*UK*), frosting (*US*)
**biberón** [biβe'ron] *m* (baby's) bottle
**Biblia** ['biβlia] *f* Bible
**bibliografía** [biβlioɣra'fia] *f* bibliography
**biblioteca** [biβlio'teka] *f* library
**bibliotecario, ria** [biβliote'kario, ria] *m,f* librarian
**bicarbonato** [bikarβo'nato] *m* baking soda
**bíceps** ['biθeps] *m inv* biceps
**bicho** ['bitʒo] *m* **1.** *(animal pequeño)* creature, beast (*UK*) **2.** *(insecto)* bug **3.** *(pillo)* little terror

**bici** ['biθi] *f* (*fam*) bike
**bicicleta** [biθi'kleta] *f* bicycle
**bicolor** [biko'lor] *adj* two-coloured
**bidé** [bi'ðe] *m* bidet
**bidón** [bi'ðon] *m* can
**bien** ['bi̯en]
◇ *m* **1.** *(lo que es bueno)* good **2.** *(bienestar, provecho)* good • **hacer el bien** to do good
◇ *adv* **1.** *(como es debido, correcto)* well • **has actuado bien** you did the right thing • **habla bien inglés** she speaks English well **2.** *(expresa opinión favorable)* well • **estar bien** *(de salud)* to be well; *(de aspecto)* to be nice; *(de calidad)* to be good; *(de comodidad)* to be comfortable **3.** *(suficiente)* • **estar bien** to be enough **4.** *(muy)* very • **quiero un vaso de agua bien fría** I'd like a nice, cold glass of water **5.** *(vale, de acuerdo)* all right
◇ *adj inv (adinerado)* well-to-do
◇ *conj* **1.** • **bien ... bien** either ... or • **entrega el vale bien a mi padre, bien a mi madre** give the receipt to either my father or my mother **2.** *(en locuciones)* • **más bien** rather • **¡está bien!** *(vale)* all right then!; *(es suficiente)* that's enough • **¡muy bien!** very good!
◆ **bienes** *mpl (patrimonio)* property *sg*; *(productos)* goods • **bienes de consumo** consumer goods • **bienes inmuebles** o **raíces** real estate *sg*
**bienal** [bi̯e'nal] *adj* biennial
**bienestar** [bi̯enes'tar] *m* wellbeing
**bienvenida** [bi̯embe'niða] *f* welcome
**bienvenido, da** [bi̯embe'niðo, ða] ◇ *adj* welcome ◇ *interj* welcome!
**bife** ['bife] *m* (*Andes & RP*) steak
**bifocal** [bifo'kal] *adj* bifocal
**bigote** [bi'ɣote] *m* moustache
**bigotudo, da** [biɣo'tuðo, ða] *adj* mou tachioed
**bilingüe** [bi'linɣu̯e] *adj* bilingual
**billar** [bi'ʎar] *m* **1.** *(juego)* billiards *(sala)* billiard hall, pool hall (*US*) **billar americano** pool
**billete** [bi'ʎete] *m* **1.** *(de dinero)* nc (*UK*), bill (*US*) **2.** *(de transporte)* ticket *(de lotería)* lottery ticket • **billete ida y vuelta** return (ticket) (*UK* round-trip (ticket) (*US*) • **bille sencillo** single (ticket) (*UK*), one-w (ticket) (*US*)
**billetero** [biʎe'tero] *m* wallet
**billón** [bi'ʎon] *m* trillion
**bingo** ['bingo] *m* **1.** *(juego)* bingo **2.** *(sa* bingo hall
**biodegradable** [bioðeɣra'ðaβle] *a* biodegradable
**biografía** [bioɣra'fia] *f* biography
**biográfico, ca** [bio'ɣrafiko, ka] *a* biographical
**biología** [biolo'xia] *f* biology
**biopsia** [bi'opsi̯a] *f* biopsy
**bioquímica** [bio'kimika] *f* biochemist
**biquini** [bi'kini] *m* bikini
**birlar** [bir'lar] *vt* (*fam*) to swipe
**birra** ['bira] *f* (*fam*) beer
**birria** ['biri̯a] *f* **1.** (*fam*) *(persona)* sight (*fam*) *(cosa)* monstrosity **3.** *(Ame* *(carne)* barbecued meat
**birrioso, sa** [bi'ri̯oso, sa] *adj* *(far* crappy
**bisabuelo, la** [bisa'βu̯elo, la] *m,f* grea grandfather (*f* great-grandmother)
**biscuit** [bis'ku̯it] *m* sponge • **biscu**

glacé *ice cream made with eggs, milk, flour and sugar*
**bisexual** [bisek'sual] *adj* bisexual
**bisnieto, ta** [biz'ni̯eto, ta] *m,f* great-grandson (*f* great-granddaughter)
**bisonte** [bi'sonte] *m* bison
**bistec** [bis'tek] *m* steak • **bistec a la plancha** grilled steak • **bistec de ternera** veal cutlet
**bisturí** [bistu'ri] *m* scalpel
**bisutería** [bisute'ria] *f* costume jewellery
**bíter** ['biteɾ] *m* bitters
**bizco, ca** ['biθko, ka] *adj* cross-eyed
**bizcocho** [biθ'kotʒo] *m* sponge cake
**blanca** ['blanka] *f* • **estar sin blanca** (*fam*) to be broke ➢ **blanco**
**blanco, ca** ['blanko, ka] ◇ *adj & m,f* white ◇ *m* **1.** (*color*) white **2.** (*diana, objetivo*) target • **dar en el blanco** (*acertar*) to hit the nail on the head • **en blanco** (*sin dormir*) sleepless; (*sin memoria*) blank
**blando, da** ['blando, da] *adj* **1.** soft **2.** (*carne*) tender **3.** (*débil*) weak
**blanquear** [blanke'aɾ] *vt* **1.** (*pared*) to whitewash **2.** (*ropa*) to bleach
**blindado, da** [blin'daðo, ða] *adj* **1.** (*puerta, edificio*) armour-plated **2.** (*coche*) armoured
**blindar** [blin'daɾ] *vt* to armour-plate
**bloc** ['blok] *m* **1.** (*de notas*) notepad **2.** (*de dibujo*) sketchpad
**bloque** ['bloke] *m* block • **bloque de pisos** block of flats (*UK*), apartment building (*US*)
**bloquear** [bloke'aɾ] *vt* **1.** (*cuenta, crédito*) to freeze **2.** (*por nieve, inundación*) to cut off **3.** (*propuesta, reforma*) to block •
**bloquearse** *vp* **1.** (*mecanismo*) to jam **2.** (*dirección*) to lock **3.** (*persona*) to have a mental block
**bloqueo** [blo'keo] *m* **1.** (*mental*) mental block **2.** (*económico, financiero*) blockade
**blusa** ['blusa] *f* blouse
**bluyines** [blu'jines] *mpl* (*Amér*) jeans
**bobada** [bo'βaða] *f* stupid thing • **decir bobadas** to talk nonsense
**bobina** [bo'βina] *f* **1.** (*de automóvil*) coil **2.** (*de hilo*) reel
**bobo, ba** ['boβo, βa] *adj* **1.** (*tonto*) stupid **2.** (*ingenuo*) naïve
**boca** ['boka] *f* mouth • **boca a boca** mouth-to-mouth resuscitation • **boca de incendios** hydrant • **boca de metro** tube entrance (*UK*), subway entrance (*US*) • **boca abajo** face down • **boca arriba** face up
**bocacalle** [boka'kaʎe] *f* **1.** (*entrada*) entrance (*to a street*) **2.** (*calle*) side street
**bocadillería** [bokadiʎe'ri̯a] *f* sandwich shop
**bocadillo** [boka'ðiʎo] *m* sandwich
**bocado** [bo'kaðo] *m* **1.** (*comida*) mouthful **2.** (*mordisco*) bite
**bocata** [bo'kata] *m* (*fam*) sarnie (*UK*), sandwich
**boceto** [bo'θeto] *m* **1.** (*de cuadro, dibujo, edificio*) sketch **2.** (*de texto*) rough outline
**bochorno** [bo'tʒorno] *m* **1.** (*calor*) stifling heat **2.** (*vergüenza*) embarrassment
**bochornoso, sa** [botʒor'noso, sa] *adj* **1.** (*caluroso*) muggy **2.** (*vergonzoso*) embarrassing

**bocina** [bo'θina] *f* **1.** *(de coche)* horn **2.** *(Amér)* *(de teléfono)* receiver

**boda** ['boða] *f* wedding • **bodas de oro** golden wedding *sg* • **bodas de plata** silver wedding *sg*

**bodega** [bo'ðeɣa] *f* **1.** *(para vinos)* wine cellar **2.** *(tienda)* wine shop **3.** *(bar)* bar **4.** *(de avión, barco)* hold **5.** *(Andes, Méx & Ven)* *(almacén)* warehouse

**bodegón** [boðe'ɣon] *m* *(pintura)* still life

**bodrio** ['boðri̯o] *m* **1.** *(despec)* *(porquería)* rubbish *(UK)*, junk *(US)* **2.** *(comida)* pigswill

**bofetada** [bofe'taða] *f* slap (in the face)

**bogavante** [boɣa'βante] *m* lobster

**bohemio, mia** [bo'emi̯o, mi̯a] *adj* bohemian

**bohío** [bo'io] *m* *(CAm, Col & Ven)* hut

**boicot** [boi̯'kot, boi̯'kots] (*pl* **boicots**) *m* boycott • **hacer boicot a** to boycott

**boicotear** [boi̯kote'ar] *vt* to boycott

**boina** ['boi̯na] *f* beret

**bola** ['bola] *f* **1.** *(cuerpo esférico)* ball **2.** *(de helado)* scoop **3.** *(fam)* *(mentira)* fib **4.** *(Amér)* *(fam)* *(rumor)* racket **5.** *(Amér)* *(fam)* *(lío)* muddle • **hacerse bolas** *(Amér)* *(fam)* to get into a muddle

**bolera** [bo'lera] *f* bowling alley

**bolero** [bo'lero] *m* bolero

**boleta** [bo'leta] *f* **1.** *(Amér)* *(comprobante)* ticket stub **2.** *(CSur)* *(multa)* ticket **3.** *(Méx & RP)* *(votación)* ballot

**boletería** [bolete'ria] *f* *(Amér)* box office

**boletín** [bole'tin] *m* **1.** *(informativo)* bulletin **2.** *(de suscripción)* subscription form

**boleto** [bo'leto] *m* *(Amér)* ticket

**boli** ['boli] *m* *(fam)* Biro® *(UK)*, ball point pen

**bolígrafo** [bo'liɣrafo] *m* Biro® *(UK)* ball-point pen

**bolillo** [bo'liʎo] *m* *(Méx)* bread roll

**Bolivia** [bo'liβi̯a] *s* Bolivia

**boliviano, na** [boli'βi̯ano, na] *adj & m,* Bolivian

**bollería** [boʎe'ria] *f* *(tienda)* bakery

**bollo** ['boʎo] *m* **1.** *(dulce)* bun **2.** *(de pan)* roll

**bolos** ['bolos] *mpl* *(juego)* (tenpin) bowling

**bolsa** ['bolsa] *f* **1.** *(de plástico, papel, tela)* bag **2.** *(en economía)* stock market • **bolsa de basura** bin liner • **bolsa de viaje** travel bag

**bolsillo** [bol'siʎo] *m* pocket • **de bolsillo** pocket *(antes de s)*

**bolso** ['bolso] *m* *(de mujer)* handbag *(UK)*, purse *(US)*

**boludez** [bolu'ðeθ] *f* *(Col, RP & Ven)* stupid thing

**boludo, da** [bo'luðo, ða] *m,f* *(Col, RP & Ven)* idiot

**bomba** ['bomba] *f* **1.** *(explosivo)* bomb **2.** *(máquina)* pump • **bomba atómica** nuclear bomb • **pasarlo bomba** to have a great time

**bombardear** [bombarðe'ar] *vt* to bombard

**bombardeo** [bombar'ðeo] *m* bombardment

**bombero** [bom'bero] *m* fireman

**bombilla** [bom'biʎa] *f* light bulb

**bombilla** [bom'biʎo] *f* *(CAm, Col & Ven)* light bulb

**bombita** [bom'bita] *f* *(RP)* light bulb

**bombo** ['bombo] *m* **1.** *(de lotería, rifa)* drum **2.** *(tambor)* bass drum ◆ **a bombo y platillo** with a lot of hype

**bombón** [bom'bon] *m* **1.** *(golosina)* chocolate **2.** *(fam) (persona)* stunner

**bombona** [bom'bona] *f* cylinder ◆ **bombona de butano** gas cylinder

**bombonería** [bombone'ria] *f* sweetshop *(UK)*, candy store *(US)*

**bonanza** [bo'nanθa] *f* **1.** *(de tiempo)* fair weather **2.** *(de mar)* calm at sea **3.** *(prosperidad)* prosperity

**bondad** [bon'ðað] *f* goodness

**bondadoso, sa** [bonða'ðoso, sa] *adj* kind

**bonificación** [bonifika'θi̯on] *f* discount

**bonificar** [bonifi'kar] *vt* to give a discount of

**bonito, ta** [bo'nito, ta] ◇ *adj* **1.** *(persona, cosa)* pretty **2.** *(cantidad)* considerable ◇ *m (pescado)* tuna ◆ **bonito con tomate** *tuna in a tomato sauce*

**bono** ['bono] *m (vale)* voucher

**bonobús** [bono'βus] *m* multiple-journey ticket

**bonoloto** [bono'loto] *f Spanish lottery*

**bonometro** [bo'nometro] *m ten-journey ticket valid on the underground and on buses*

**bonsai** [bon'sai̯] *m* bonsai

**boñiga** [bo'ɲiγa] *f* cowpat

**boquerones** [boke'rones] *mpl* (fresh) anchovies

**boquete** [bo'kete] *m* hole

**boquilla** [bo'kiʎa] *f* **1.** *(del cigarrillo)* cigarette holder **2.** *(de flauta, trompeta, etc)* mouthpiece **3.** *(de tubo, aparato)* nozzle ◆ **de boquilla** insincere

**borda** ['borða] *f* gunwale

**bordado, da** [bor'ðaðo, ða] ◇ *adj* embroidered ◇ *m* embroidery ◆ **salir bordado** to turn out just right

**bordar** [bor'ðar] *vt* **1.** *(en costura)* to embroider **2.** *(ejecutar perfectamente)* to play to perfection

**borde** ['borðe] ◇ *m* **1.** *(extremo)* edge **2.** *(de carretera)* side **3.** *(de vaso, botella)* rim ◇ *adj (despec)* grouchy, miserable ◆ **al borde de** on the verge of

**bordear** [borðe'ar] *vt (rodear)* to border

**bordillo** [bor'ðiʎo] *m* kerb *(UK)*, curb *(US)*

**bordo** ['borðo] *m* ◆ **a bordo (de)** on board

**borla** ['borla] *f* **1.** *(adorno)* tassel **2.** *(para maquillaje)* powder puff

**borra** ['bora] *f* **1.** *(relleno)* stuffing **2.** *(de polvo)* fluff

**borrachera** [bora'tʒera] *f* drunkenness ◆ **coger una borrachera** to get drunk

**borracho, cha** [bo'ratʒo, tʒa] *adj & m,f* drunk

**borrador** [bora'ðor] *m* **1.** *(boceto)* rough draft **2.** *(goma)* rubber *(UK)*, eraser *(US)*

**borrar** [bo'rar] *vt* **1.** *(con goma)* to rub out *(UK)*, to erase *(US)* **2.** *(en ordenador)* to delete **3.** *(en casete)* to erase **4.** *(dar de baja)* to strike off *(UK)*, *to expel from a professional organization*

**borrasca** [bo'raska] *f* thunderstorm

**borrón** [bo'ron] *m* blot

**borroso, sa** [bo'roso, sa] *adj* blurred

**bosque** ['boske] *m* **1.** *(pequeño)* wood **2.** *(grande)* forest

**bostezar** [boste'θar] *vi* to yawn

**bostezo** [bos'teθo] *m* yawn
**bota** ['bota] *f* **1.** *(calzado)* boot **2.** *(de vino)* *small leather container in which wine is kept* • **botas de agua** wellington boots • **ponerse las botas** to stuff o.s.
**botana** [bo'tana] *f* *(Méx)* snack, tapa
**botánica** [bo'tanika] *f* botany
**botar** [bo'tar] *vt* *(Amér)* to throw away
**bote** ['bote] *m* **1.** *(de vidrio)* jar **2.** *(de metal)* can **3.** *(de plástico)* bottle **4.** *(embarcación)* boat **5.** *(salto)* jump • **bote salvavidas** lifeboat • **tener a alguien en el bote** to have sb eating out of one's hand
**botella** [bo'teʎa] *f* bottle
**botellín** [bote'ʎin] *m* small bottle
**botijo** [bo'tixo] *m* earthenware jug
**botín** [bo'tin] *m* **1.** *(calzado)* ankle boot **2.** *(tras un robo, atraco)* loot
**botiquín** [boti'kin] *m* **1.** *(maletín)* first-aid kit **2.** *(mueble)* medicine cabinet *(UK)* o chest *(US)*
**botón** [bo'ton] *m* button ◆ **botones** *m inv* bellboy
**bouquet** [bu'ket] *m* bouquet
**boutique** [bu'tik] *f* boutique
**bóveda** ['boβeða] *f* vault
**bovino, na** [bo'βino, na] *adj (en carnicería)* beef *(antes de s)*
**box** ['boks] *m* *(CSur & Méx)* boxing
**boxear** [bokse'ar] *vi* to box
**boxeo** [bok'seo] *m* boxing
**boya** ['boja] *f (en el mar)* buoy
**bragas** ['braɣas] *fpl* knickers *(UK)*, panties *(US)*
**bragueta** [bra'ɣeta] *f* flies *pl* *(UK)*, zipper *(US)*
**bramar** [bra'mar] *vi* to bellow

**brandy** ['brandi] *m* brandy
**brasa** ['brasa] *f* ember • **a la bra**
barbecued
**brasero** [bra'sero] *m* brazier
**brasier** [bra'sier] *m* *(Carib, Col & Me*
bra
**Brasil** [bra'sil] *m* • **(el) Brazil** Brazil
**brasileño, ña** [brasi'leɲo, ɲa] *adj &*
Brazilian
**brasilero, ra** [brasi'lero, ra] *adj &*
*(Amér)* Brazilian
**bravo, va** ['braβo, βa] ◇ *adj* **1.** *(to*
wild **2.** *(persona)* brave **3.** *(mar)* rough
*interj* bravo!
**braza** ['braθa] *f* *(en natación)* brea
stroke
**brazalete** [braθa'lete] *m* bracelet
**brazo** ['braθo] *m* **1.** arm **2.** *(de lámpa*
*candelabro)* branch • **con los braz**
**abiertos** with open arms • **de braz**
**cruzados** without lifting a finger
**brazo de gitano** ≃ swiss roll *(UK)*,
jelly roll *(US)*
**brebaje** [bre'βaxe] *m* concoction
**brecha** ['bretʒa] *f* **1.** *(abertura)* hole
*(herida)* gash
**brécol** ['brekol] *m* broccoli
**breve** ['breβe] *adj* brief • **en bre**
shortly
**brevedad** [breβe'ðað] *f* shortness
**brevemente** [ˌbreβe'mente] *adv* briefl
**brevet** [bre'βet] *m* *(Ecuad & Per*
driving licence *(UK)*, driver's licen
*(US)*
**brezo** ['breθo] *m* heather
**bricolaje** [briko'laxe] *m* do-it-yoursel
**brida** ['briða] *f* bridle
**brigada** [bri'ɣaða] *f* **1.** *(de limpieza)* tea

2. *(de la policía)* brigade
**brillante** [bri'ʎante] ◇ *adj* 1. *(material)* shiny 2. *(persona, trabajo, actuación)* brilliant ◇ *m* (cut) diamond
**brillantina** [briʎan'tina] *f* Brylcreem®, brillantine
**brillar** [bri'ʎar] *vi* to shine
**brillo** ['briʎo] *m* shine ● **sacar brillo** to polish
**brilloso, sa** [bri'ʎoso, sa] *adj* *(Amér)* shiny
**brindar** [brin'dar] ◇ *vi* to drink a toast ◇ *vt* to offer ● **brindar por** to drink to ● **brindarse** *vp* ● **brindarse a** to offer to
**brindis** ['brindis] *m inv* toast
**brío** ['brio] *m* spirit
**brisa** ['brisa] *f* breeze
**británico, ca** [bri'taniko, ka] ◇ *adj* British ◇ *m,f* British person ● **los británicos** the British
**brizna** ['briθna] *f* *(de hierba)* blade
**broca** ['broka] *f* (drill) bit
**brocal** [bro'kal] *m* parapet *(of well)*
**brocha** ['brotʒa] *f* 1. *(para pintar)* brush 2. *(para afeitarse)* shaving brush
**broche** ['brotʒe] *m* 1. *(joya)* brooch, pin *(US)* 2. *(de vestido)* fastener
**brocheta** [bro'tʒeta] *f* 1. *(plato)* shish kebab 2. *(aguja)* skewer
**broma** ['broma] *f* 1. *(chiste)* joke 2. *(travesura)* prank ● **estar de broma** to be joking ● **gastar una broma a alguien** to play a joke on sb ● **tomar algo a broma** not to take sthg seriously ● **broma pesada** bad joke
**bromear** [brome'ar] *vi* to joke
**bromista** [bro'mista] ◇ *adj* fond of playing jokes ◇ *mf* joker
**bronca** ['bronka] *f* *(jaleo)* row *(UK)*, quarrel ● **echar una bronca a alguien** to tell sb off
**bronce** ['bronθe] *m* bronze
**bronceado** [bronθe'aðo] *m* tan
**bronceador** [bronθea'ðor] *m* suntan lotion
**broncearse** [bronθe'arse] *vp* to get a tan
**bronquios** ['bronki̯os] *mpl* bronchial tubes
**bronquitis** [bron'kitis] *f inv* bronchitis
**brotar** [bro'tar] *vi* 1. *(plantas)* to sprout 2. *(lágrimas, agua)* to well up
**brote** ['brote] *m* 1. *(de planta)* bud 2. *(de enfermedad)* outbreak
**bruja** ['bruxa] *f* *(fam)* *(fea y vieja)* old hag ➢ **brujo**
**brujería** [bruxe'ria] *f* witchcraft
**brujo, ja** ['bruxo, xa] *m,f* wizard (*f* witch)
**brújula** ['bruxula] *f* compass
**brusco, ca** ['brusko, ka] *adj* 1. *(repentino)* sudden 2. *(grosero)* brusque
**brusquedad** [bruske'ðað] *f* 1. *(imprevisión)* suddenness 2. *(grosería)* brusqueness
**brutal** [bru'tal] *adj* 1. *(salvaje)* brutal 2. *(enorme)* huge
**brutalidad** [brutali'ðað] *f* 1. *(brusquedad)* brutishness 2. *(salvajada)* brutal act
**bruto, ta** ['bruto, ta] *adj* 1. *(ignorante)* stupid 2. *(violento)* brutish 3. *(rudo)* rude 4. *(peso, precio, sueldo)* gross
**bucear** [buθe'ar] *vi* to dive
**buche** ['butʒe] *m* *(de ave)* crop
**bucle** ['bukle] *m* 1. *(de cabello)* curl 2. *(de cinta, cuerda)* loop

**bucólico, ca** [bu'koliko, ka] *adj* country *(antes de s)*
**bueno, na,** ['bueno, na] **(mejor** *es el comparativo y el superlativo de* **bueno)** ◇ *adj* good ◇ *adv (conforme)* all right ◇ *interj (Méx) (al teléfono)* hello! • **¡buenas!** hello! • **¡buen día!** *(Amér)* hello! • **¡buenas noches!** *(despedida)* good night! • **¡buenas tardes!** *(hasta las cinco)* good afternoon!; *(después de las cinco)* good evening! • **¡buenos días!** *(hola)* hello!; *(por la mañana)* good morning! • **hace buen día** it's a nice day
**buey** ['buei] *m* ox • **buey de mar** spider crab
**búfalo** ['bufalo] *m* buffalo
**bufanda** [bu'fanda] *f* scarf
**bufete** [bu'fete] *m (despacho)* lawyer's practice
**buffet** [bu'fet] *m* buffet
**buhardilla** [buar'ðiʎa] *f* **1.** *(desván)* attic **2.** *(ventana)* dormer (window)
**búho** ['buo] *m* owl
**buitre** ['buitre] *m* vulture
**bujía** [bu'xia] *f* **1.** *(de coche)* spark plug **2.** *(vela)* candle
**bula** ['bula] *f* (papal) bull
**bulbo** ['bulβo] *m* bulb
**bulerías** [bule'rias] *fpl Andalusian song with lively rhythm accompanied by clapping*
**bulevar** [bule'βar] *m* boulevard
**Bulgaria** [bul'γaria] *s* Bulgaria
**búlgaro, ra** ['bulγaro, ra] *adj & m,f* Bulgarian
**bulla** ['buʎa] *f* racket
**bullicio** [bu'ʎiθio] *m* **1.** *(actividad)* hustle and bustle **2.** *(ruido)* hubbub
**bullicioso, sa** [buʎi'θioso, sa] *adj (persona)* rowdy **2.** *(lugar)* busy
**bulto** ['bulto] *m* **1.** *(volumen)* bulk **2.** *(paquete)* package **3.** *(en superfici*e*)* bump **4.** *(en piel, cabeza)* lump ▼ u*n* **solo bulto de mano** one item of han*d* luggage only
**bumerang** [bume'ran] *m* boomerang
**bungalow** [bunga'lo] *m* bungalow
**buñuelo** [bu'ɲuelo] *m* ≃ doughnut
**buñuelo de viento** ≃ doughnut
**buque** ['buke] *m* ship
**burbuja** [bur'βuxa] *f* **1.** *(de gas, air*e*)* bubble **2.** *(flotador)* rubber ring *(UK)* lifesaver *(US)*
**burdel** [bur'ðel] *m* brothel
**burgués, esa** [bur'γes, esa] ◇ *adj* mic dle-class ◇ *m,f* middle class person
**burguesía** [burγe'sia] *f* middle class
**burla** ['burla] *f* taunt
**burlar** [bur'lar] *vt* **1.** *(eludir)* to evade **2.** *(ley)* to flout • **burlarse de** *v + prep* t*o* make fun of
**buró** [bu'ro] *m* **1.** writing desk **2.** *(Amé*r*)* bedside table
**burrada** [bu'raða] *f* stupid thing
**burro, rra** ['buro, ra] *m,f* **1.** *(anima*l*)* donkey **2.** *(persona tonta)* dimwit
**buscador** [buska'ðor] *m INFORM* searc*h* engine
**buscar** [bus'kar] *vt* to look for • **ir buscar** *(personas)* to pick up; *(cosas)* t*o* go and get
**busto** ['busto] *m* **1.** *(en escultura, pintura)* bust **2.** *(parte del cuerpo)* chest
**butaca** [bu'taka] *f* **1.** *(asiento)* armchai*r* **2.** *(en cine, teatro)* seat
**butano** [bu'tano] *m* butane (gas)

**buzo** ['buθo] *m* **1.** *(persona)* diver **2.** *(traje)* overalls *pl*
**buzón** [bu'θon] *m* letterbox *(UK)*, mailbox *(US)*

# C

**c/** *(abr de* **calle)** St *(street)*; *(abr de* **cuenta)** a/c *(account (current))*
**cabalgada** [kaβal'ɣaða] *f* mounted expedition
**cabalgar** [kaβal'ɣar] *vi* to ride
**cabalgata** [kaβal'ɣata] *f* procession
**caballa** [ka'βaʎa] *f* mackerel
**caballería** [kaβaʎe'ria] *f* **1.** *(cuerpo militar)* cavalry **2.** *(animal)* mount
**caballero** [kaβa'ʎero] *m* **1.** *(persona, cortés)* gentleman **2.** *(formal) (señor)* Sir **3.** *(de Edad Media)* knight ▼ **caballeros** *(en aseos)* gents *(UK)*, men; *(en probadores)* men; *(en tienda de ropa)* menswear
**caballete** [kaβa'ʎete] *m* **1.** *(para mesa, tabla)* trestle **2.** *(para cuadro, pizarra)* easel
**caballito** [kaβa'ʎito] *m* • **caballito de totora** *(Amér) small fishing boat made of reeds used by Peruvian and Bolivian Indians* ◆ **caballitos** *mpl (tiovivo)* merry-go-round *sg*
**caballo** [ka'βaʎo] *m* **1.** *(animal)* horse **2.** *(en la baraja)* ≃ queen **3.** *(en ajedrez)* knight • **caballos de vapor** horsepower
**cabaña** [ka'βaɲa] *f* cabin
**cabaret** [kaβa'ret] *m* cabaret
**cabecear** [kaβeθe'ar] *vi* **1.** *(negando)* to shake one's head **2.** *(afirmando)* to nod one's head **3.** *(durmiéndose)* to nod off **4.** *(barco)* to pitch **5.** *(coche)* to lurch
**cabecera** [kaβe'θera] *f* **1.** *(de la cama)* headboard **2.** *(en periódico)* headline **3.** *(en libro, lista)* heading **4.** *(parte principal)* head
**cabecilla** [kaβe'θiʎa] *mf* ringleader
**cabellera** [kaβe'ʎera] *f* long hair
**cabello** [ka'βeʎo] *m* hair • **cabello de ángel** *sweet consisting of strands of pumpkin coated in syrup*
**caber** [ka'βer] *vi* **1.** to fit **2.** *(ser posible)* to be possible • **no cabe duda** there is no doubt about it • **no me caben los pantalones** my trousers are too small for me
**cabestrillo** [kaβes'triʎo] *m* sling
**cabeza** [ka'βeθa] *f* head • **cabeza de ajos** head of garlic • **cabeza de familia** head of the family • **cabeza rapada** skinhead • **por cabeza** per head • **perder la cabeza** to lose one's head • **sentar la cabeza** to settle down • **traer de cabeza** to drive mad
**cabezada** [kaβe'θaða] *f* • **dar una cabezada** to have a nap
**cabida** [ka'βiða] *f* • **tener cabida** to have room
**cabina** [ka'βina] *f* booth • **cabina telefónica** phone box *(UK)*, phone booth
**cable** ['kaβle] *m* cable • **por cable** by cable • **cable eléctrico** electric cable
**cabo** ['kaβo] *m* **1.** *(en geografía)* cape **2.** *(cuerda)* rope **3.** *(militar, policía)* corporal

◆ **al cabo de** after ◆ **atar cabos** to put two and two together ◆ **cabo suelto** loose end ◆ **de cabo a rabo** from beginning to end ◆ **llevar algo a cabo** to carry sthg out

**cabra** ['kaβra] *f* goat ◆ **estar como una cabra** to be off one's head

**cabrear** [kaβre'ar] *vt* (*vulg*) to piss off ◆ **cabrearse** *vp* (*vulg*) to get pissed off

**cabreo** [ka'βreo] *m* (*vulg*) ◆ **coger un cabreo** to get pissed off

**cabrito** [ka'βrito] *m* kid (goat)

**cabrón, brona** [ka'βron] *m,f* (*vulg*) bastard (*f* bitch)

**cabronada** [kaβro'naða] *f* (*vulg*) dirty trick

**caca** ['kaka] *f* **1.** (*excremento*) pooh **2.** (*suciedad*) dirty thing

**cacahuate** [kaka'wate] *m* (*Méx*) peanut

**cacahuete** [kaka'wete] *m* peanut

**cacao** [ka'kao] *m* **1.** (*chocolate*) cocoa **2.** (*fam*) (*jaleo*) racket **3.** (*de labios*) lip salve

**cacarear** [kakare'ar] *vi* to cluck

**cacería** [kaθe'ria] *f* hunt

**cacerola** [kaθe'rola] *f* pot

**cachalote** [katʒa'lote] *m* sperm whale

**cacharro** [ka'tʒaro] *m* **1.** (*de cocina*) pot **2.** (*fam*) (*trasto*) junk **3.** (*fam*) (*coche*) banger (*UK*), rattle trap (*US*)

**cachear** [katʒe'ar] *vt* to frisk

**cachemir** [katʒe'mir] *m* cashmere

**cachetada** [katʒe'taða] *f* (*Amér*) (*fam*) slap

**cachete** [ka'tʒete] *m* slap

**cachivache** [katʒi'βatʒe] *m* knick-knack

**cacho** ['katʒo] *m* **1.** (*fam*) (*trozo*) piece **2.** (*Andes & Ven*) (*cuerno*) horn

**cachondearse** [katʒonde'arse] ◆ **cachondearse de** *v + prep* (*fam*) to take the mickey out of (*UK*), to make fun of

**cachondeo** [katʒon'deo] *m* (*fam*) ◆ **estar de cachondeo** to be joking ◆ **ir de cachondeo** to go out on the town

**cachondo, da** [ka'tʒondo, da] *adj* (*fam*) (*alegre*) funny

**cachorro, rra** [ka'tʒoro, ra] *m,f* puppy

**cacique** [ka'θike] *m* local political boss

**cactus** ['kaktus] *m* cactus

**cada** ['kaða] *adj* **1.** (*para distribuir*) each **2.** (*en frecuencia*) every ◆ **cada vez más** more and more ◆ **cada vez más corto** shorter and shorter ◆ **cada uno** each one

**cadáver** [ka'ðaβer] *m* corpse

**cadena** [ka'ðena] *f* **1.** chain **2.** (*de televisión*) channel, network (*UK*) **3.** (*de radio*) station **4.** (*de música*) sound system **5.** (*de montañas*) range ◆ **cadena** (*accidente*) multiple

**cadencia** [ka'ðenθja] *f* rhythm

**cadera** [ka'ðera] *f* hip

**cadete** [ka'ðete] *m* cadet

**caducar** [kaðu'kar] *vi* **1.** (*alimento*) to pass its sell-by date (*UK*) o best-before date (*US*) **2.** (*ley, documento, etc*) to expire

**caducidad** [kaðuθi'ðað] *f* expiry

**caduco, ca** [ka'ðuko, ka] *adj* (*persona*) very old-fashioned ◆ **de hoja caduca** deciduous

**caer** [ka'er] *vi* **1.** to fall **2.** (*día, tarde, verano*) to draw to a close ◆ **caer bien/mal** (*comentario, noticia*) to go down well/badly • **me cae bien/mal** *(persona)* I like/don't like him • **cae cerca de aquí** it's not far from here • **dejar caer algo** to drop sthg • **caer en** *v + prep* **1.** *(respuesta, solución)* to hit on, to find **2.** *(día)* to be on **3.** *(mes)* to be in • **caer en la cuenta** to realize • **caerse** *vp (persona)* to fall down

**café** [ka'fe] *m* **1.** *(bebida, grano)* coffee **2.** *(establecimiento)* cafe • **café descafeinado** decaffeinated coffee • **café irlandés** Irish coffee • **café con leche** white coffee • **café molido** ground coffee • **café solo** black coffee

## café

Strong expresso coffee is the kind most commonly served in Spanish bars and restaurants. A small black expresso is called *un café solo* or just *un solo*. If a dash of milk is added it is called a *cortado*, and this is also served in some South American countries. A large, weak cup of coffee is called *un americano*, but this is mainly for foreign visitors and is rarely drunk by Spanish people. *Café con leche* is traditionally drunk at breakfast and consists of an expresso served with lots of hot milk in a big cup. After dinner, you can have a *carajillo*, which is a *solo* to which alcohol has been added, usually brandy, rum or anisette. Latin Americans also drink *café de olla*, a very sweet coffee made with cinnamon and other spices.

**cafebrería** [kafeβre'ria] *f (Amér)* cafe cum bookshop

**cafeína** [kafe'ina] *f* caffeine

**cafetera** [kafe'tera] *f* **1.** *(para servir)* coffee pot **2.** *(en bares)* espresso machine **3.** *(eléctrica)* coffee maker

**cafetería** [kafete'ria] *f* cafe

**cagar** [ka'ɣar] ◇ *vi (vulg)* to shit ◇ *vt (vulg)* to fuck up

**caída** [ka'iða] *f* fall

**caído, da** [ka'iðo, ða] *adj (abatido)* downhearted • **los caídos** the fallen

**caimán** [kai̯'man] *m* alligator

**caja** ['kaxa] *f* **1.** *(recipiente)* box **2.** *(para transporte, embalaje)* crate **3.** *(de banco)* cashier's desk *(UK)*, (teller) window *(US)* **4.** *(de supermercado)* till *(UK)*, checkout *(US)* **5.** *(de instrumento musical)* body • **caja de ahorros** savings bank • **caja de cambios** gearbox • **caja registradora** cash register ▼ **caja rápida** ≃ handbaskets only

**cajero, ra** [ka'xero, ra] *m,f* **1.** *(de banco)* teller **2.** *(de tienda)* cashier • **cajero automático** cash point

**cajetilla** [kaxe'tiʎa] ◇ *f* packet *(UK)*, pack *(US)* ◇ *m (Amér) (despec)* city slicker

**cajón** [ka'xon] *m (de mueble)* drawer • **cajón de sastre** muddle

**cajonera** [kaxo'nera] *f* chest of drawers

**cajuela** [ka'xu̯ela] *f (Méx)* boot *(UK)*, trunk *(US)*

**cal** ['kal] *f* lime

**cala** ['kala] *f (ensenada)* cove

**calabacín** [kalaβa'θin] *m* courgette *(UK)*, zucchini *(US)*

**calabaza** [kala'βaθa] *f* pumpkin

**calabozo** [kala'βoθo] *m* cell
**calada** [ka'laða] *f* drag
**calamar** [kala'maɾ] *m* squid ◆ **calamares a la plancha** grilled squid ◆ **calamares en su tinta** squid cooked in its own ink
**calambre** [ka'lambɾe] *m* **1.** *(de un músculo)* cramp **2.** *(descarga eléctrica)* shock
**calamidad** [kalami'ðað] *f* calamity ◆ **ser una calamidad** *(persona)* to be a dead loss
**calar** [ka'laɾ] *vt* **1.** *(suj: lluvia, humedad)* to soak **2.** *(suj: frío)* to penetrate ◆ **calar en** *v + prep (ideas, sentimiento)* to have an impact on ◆ **calarse** *vp* **1.** *(mojarse)* to get soaked **2.** *(suj: vehículo)* to stall **3.** *(sombrero)* to jam on
**calato, ta** [ka'lato, ta] *adj (Amér)* naked
**calaveras** [kala'βeɾas] *fpl (Amér)* rear lights *(UK)*, tail lights *(US)*
**calcar** [kal'kaɾ] *vt* **1.** *(dibujo)* to trace **2.** *(imitar)* to copy
**calcáreo, a** [kal'kaɾeo, a] *adj* lime
**calcetín** [kalθe'tin] *m* sock
**calcio** ['kalθi̯o] *m* calcium
**calcomanía** [kalkoma'nia] *f* transfer
**calculador, ra** [kalkula'ðoɾ, ɾa] *adj* calculating
**calculadora** [kalkula'ðoɾa] *f* calculator
**calcular** [kalku'laɾ] *vt* **1.** *(cantidad)* to calculate **2.** *(suponer)* to guess
**cálculo** ['kalkulo] *m (en matemáticas)* calculus
**caldear** [kalde'aɾ] *vt* **1.** *(local)* to heat **2.** *(ambiente)* to liven up
**caldera** [kal'deɾa] *f* boiler
**calderilla** [kalde'riʎa] *f* small change
**caldo** ['kaldo] *m* broth ◆ **caldo gallego** *thick soup with meat*
**calefacción** [kalefak'θi̯on] *f* heating
**calefacción central** central heating
**calefactor** [kalefak'toɾ] *m* heater
**calendario** [kalen'daɾi̯o] *m* **1.** calenda **2.** *(de actividades)* timetable
**calentador** [kalenta'ðoɾ] *m* heater
**calentamiento** [kalenta'mi̯ento] *m (e deporte)* warm-up
**calentar** [kalen'taɾ] *vt* **1.** *(agua, leche comida)* to heat up **2.** *(fig) (pegar)* to hi **3.** *(fig) (incitar)* to incite ◆ **calentarse** *v* **1.** *(en deporte)* to warm up **2.** *(excitarse* to get turned on
**calesitas** [kale'sitas] *fpl (Amér)* merry go-round *sg*
**calibrar** [kali'βɾaɾ] *vt* to gauge
**calibre** [ka'liβɾe] *m (importancia)* impor tance
**calidad** [kali'ðað] *f* **1.** quality **2.** *(clase* class ◆ **de calidad** quality ◆ **en calida de** in one's capacity as
**cálido, da** ['kaliðo, ða] *adj* **1.** warm **2** *(agradable, acogedor)* friendly
**caliente** [ka'li̯ente] *adj* hot ◆ **en calien te** in the heat of the moment
**calificación** [kalifika'θi̯on] *f* **1.** *(en de portes)* score **2.** *(de un alumno)* mark grade *(US)*
**calificar** [kalifi'kaɾ] *vt (trabajo, examen* to mark, to grade *(US)* ◆ **calificar a alguien de algo** to call sb sthg
**caligrafía** [kaliɣɾa'fia] *f (letra)* hand writing
**cáliz** ['kaliθ] *m* **1.** *(de flor)* calyx **2.** *(d misa)* chalice
**callado, da** [ka'ʎaðo, ða] *adj* quiet
**callar** [ka'ʎaɾ] ◇ *vi* to be quiet ◇ *vt* **1**

*secreto)* to keep **2.** *(respuesta)* to keep to o.s. ◆ **callarse** *vp* **1.** *(no hablar)* to keep quiet **2.** *(dejar de hablar)* to be quiet

**calle** ['kaʎe] *f* **1.** *(de población)* street **2.** *(de carretera, en natación)* lane ▪ **dejar a alguien en la calle** to put sb out of a job ▪ **calle abajo/arriba** down/up the street

**calleja** [ka'ʎexa] *f* alley, small street

**callejero, ra** [kaʎe'xero, ra] ◇ *adj* street *(antes de s)* ◇ *m* street map

**callejón** [kaʎe'xon] *m* **1.** *(calle estrecha)* alley

**callejuela** [kaʎe'xu̯ela] *f* side street

**callo** ['kaʎo] *m* **1.** *(de pies)* corn **2.** *(de manos)* callus ◆ **callos** *mpl* tripe *sg* ▪ **callos a la madrileña** *tripe cooked with black pudding, smoked pork sausage, onion and peppers*

**calloso, sa** [ka'ʎoso, sa] *adj* calloused

**calma** ['kalma] *f* calm

**calmado, da** [kal'maðo, ða] *adj* calm

**calmante** [kal'mante] *m* sedative

**calmar** [kal'mar] *vt* to calm ◆ **calmarse** *vp* to calm down

**calor** [ka'lor] *m o f* **1.** *(temperatura elevada, sensación)* heat **2.** *(tibieza, del hogar)* warmth ▪ **hace calor** it's hot ▪ **tener calor** to be hot

**caloría** [kalo'ria] *f* calorie

**calumnia** [ka'lumni̯a] *f* **1.** *(oral)* slander **2.** *(escrita)* libel

**calumniador, ra** [kalumni̯a'ðor, ra] *adj* slanderous

**calumniar** [kalum'ni̯ar] *vt* **1.** *(oralmente)* to slander **2.** *(por escrito)* to libel

**calumnioso, sa** [kalum'ni̯oso, sa] *adj* slanderous

**caluroso, sa** [kalu'roso, sa] *adj* **1.** *(caliente)* hot **2.** *(tibio, afectuoso, cariñoso)* warm

**calva** ['kalβa] *f* **1.** *(cabeza)* bald head **2.** *(area)* bald patch ➤ **calvo**

**calvario** [kal'βari̯o] *m* *(sufrimiento)* ordeal

**calvicie** [kal'βiθi̯e] *f* baldness

**calvo, va** ['kalβo, βa] ◇ *adj* bald ◇ *m* bald man

**calzada** [kal'θaða] *f* road (surface) ▼ **calzada irregular** uneven road surface

**calzado** [kal'θaðo] *m* footwear ▼ **reparación de calzados** shoe repairs

**calzador** [kalθa'ðor] *m* shoehorn

**calzar** [kal'θar] *vt* *(zapato, bota)* to put on ▪ **¿qué número calza?** what size (shoe) do you take? ◆ **calzarse** *vp* to put on

**calzoncillos** [kalθon'θiʎos] *mpl* underpants

**calzones** [kal'θones] *mpl* *(Amér)* knickers *(UK)*, panties *(US)*

**cama** ['kama] *f* bed ▪ **guardar cama** to be confined to bed ▪ **cama individual** single bed ▪ **cama de matrimonio** double bed

**camaleón** [kamale'on] *m* chameleon

**cámara**[1] ['kamara] *f* **1.** *(para filmar)* camera **2.** *(de diputados, senadores)* chamber **3.** *(de neumático)* inner tube ▪ **cámara digital** digital camera ▪ **cámara fotográfica** camera ▪ **cámara de vídeo** video (camera)

**cámara**[2] ['kamara] *m* cameraman *(f camerawoman)*

**camarada** [kama'raða] *mf* *(en el trabajo)* colleague

**camarero, ra** [kama'rero, ra] *m,f* **1.** *(de bar, restaurante)* waiter (*f* waitress) **2.** *(de hotel)* steward (*f* chambermaid)
**camarón** [kama'ron] *m* *(Amér)* shrimp
**camarote** [kama'rote] *m* cabin
**camastro** [ka'mastro] *m* rickety bed
**cambiar** [kam'bi̯ar] ◇ *vt* **1.** to change **2.** *(ideas, impresiones, etc)* to exchange ◇ *vi* to change • **cambiar de** *(coche, vida)* to change; *(domicilio)* to move • **cambiarse** *vp* *(de ropa)* to change • **cambiarse de** *(casa)* to move • **cambiarse de camisa** to change one's shirt
**cambio** ['kambi̯o] *m* **1.** change **2.** *(de ideas, propuestas, etc)* exchange **3.** *(valor de moneda)* exchange rate • **en cambio** on the other hand • **cambio de marchas** gear change • **cambio de sentido** *sign indicating a sliproad allowing drivers to change direction on a motorway*
**camello** [ka'meʎo] *m* camel
**camembert** ['kamemβer] *m* camembert
**camerino** [kame'rino] *m* dressing room
**camilla** [ka'miʎa] *f* *(para enfermo, herido)* stretcher
**camillero, ra** [kami'ʎero, ra] *m,f* stretcher-bearer
**caminante** [kami'nante] *mf* walker
**caminar** [kami'nar] ◇ *vi* to walk ◇ *vt* to travel
**caminata** [kami'nata] *f* long walk
**camino** [ka'mino] *m* **1.** *(vía)* road **2.** *(recorrido)* path **3.** *(medio)* way • **a medio camino** halfway • **camino de** on the way to • **ir por buen/mal camino** *(ruta)* to be going the right/wrong way • **ponerse en camino** to set off

## Camino de Santiago

This is the name of the popula pilgrimage route to Santiago d Compostela in Galicia, where th remains of St James are reputed t lie in the cathedral. The full pi grimage begins at either Somport c Roncesvalles in Navarre and com prises 31 stages. Pilgrims can sto off at various purpose-built mor asteries, churches and hospita along the way.

**camión** [kami'on] *m* **1.** *(de mercanc* lorry (*UK*), truck (*US*) **2.** *(CAm & Mé* *(autobús)* bus
**camionero, ra** [ka'mi̯onero, ra] lorry driver (*UK*), truck driver (*US*)
**camioneta** [kami̯o'neta] *f* van
**camisa** [ka'misa] *f* shirt
**camisería** [kamise'ria] *f* outfitter's (shc
**camisero, ra** [kami'sero, ra] *adj* wi buttons down the front
**camiseta** [kami'seta] *f* **1.** *(de verano)* shirt **2.** *(ropa interior)* vest (*UK*), unde hirt (*US*)
**camisola** [kami'sola] *f* *(Amér)* shirt
**camisón** [kami'son] *m* nightdress (*U* nightgown (*US*)
**camomila** [kamo'mila] *f* camomile
**camorra** [ka'mora] *f* trouble
**camote** [ka'mote] *m* *(Andes, CAm Méx)* sweet potato
**campamento** [kampa'mento] *m* camp
**campana** [kam'pana] *f* **1.** *(de iglesia)* b **2.** *(de chimenea)* chimney breast **3.** *( cocina)* hood

**campanario** [kampa'nario] *m* belfry
**campaña** [kam'paɲa] *f* campaign
**campechano, na** [kampe'tʒano, na] *adj* good-natured
**campeón, ona** [kampe'on, ona] *m,f* champion
**campeonato** [kampeo'nato] *m* championship • **de campeonato** terrific
**campera** [kam'pera] *f* (*Amér*) jacket
**campesino, na** [kampe'sino, na] *m,f* **1.** (*agricultor*) farmer **2.** (*muy pobre*) peasant
**campestre** [kam'pestre] *adj* country
**camping** ['kampin] *m* **1.** (*lugar*) campsite **2.** (*actividad*) camping • **ir de camping** to go camping
**campista** [kam'pista] *mf* camper
**campo** ['kampo] *m* **1.** field **2.** (*campiña*) countryside **3.** (*de fútbol*) pitch (*UK*), field (*US*) **4.** (*de golf*) course • **campo de deportes** sports ground • **dejar el campo libre** to leave the field open
**campus** ['kampus] *m* campus
**camuflar** [kamu'flar] *vt* to camouflage
**cana** ['kana] *f* grey hair • **tener canas** to be going grey
**Canadá** [kana'ða] *m* • **(el) Canadá** Canada
**canadiense** [kana'ðiense] *adj* & *mf* Canadian
**canal** [ka'nal] *m* **1.** (*para regar*) canal **2.** (*en geografía*) strait **3.** (*de televisión*) channel **4.** (*de desagüe*) pipe
**canalla** [ka'naʎa] *mf* swine
**canapé** [kana'pe] *m* canapé
**Canarias** [ka'narias] *fpl* • **las (islas) Canarias** the Canary Islands
**canario, ria** [ka'nario, ria] ◇ *adj* of/relating to the Canary Islands ◇ *m,f* Canary Islander ◇ *m* (*pájaro*) canary
**canasta** [ka'nasta] *f* **1.** basket **2.** (*en naipes*) canasta
**canastilla** [kanas'tiʎa] *f* (*de recién nacido*) layette
**cancela** [kan'θela] *f* wrought-iron gate
**cancelación** [kanθela'θion] *f* cancellation
**cancelar** [kanθe'lar] *vt* **1.** to cancel **2.** (*cuenta, deuda*) to settle
**cáncer** ['kanθer] *m* cancer
**cancerígeno, na** [kanθe'rixeno, na] *adj* carcinogenic
**cancha** ['kantʒa] *f* court
**canciller** [kanθi'ʎer] *m* chancellor
**cancillería** [kanθiʎe'ria] *f* (*Amér*) (*ministerio*) ≃ Foreign Office
**canción** [kan'θion] *f* song
**cancionero** [kanθio'nero] *m* songbook
**candado** [kan'daðo] *m* padlock
**candela** [kan'dela] *f* (*Amér*) fire
**candelabro** [kande'laβro] *m* candelabra
**candidato, ta** [kandi'ðato, ta] *m,f* • **candidato (a)** candidate (for)
**candidatura** [kandiða'tura] *f* candidacy
**candil** [kan'dil] *m* **1.** (*lámpara*) oil lamp **2.** (*Amér*) (*araña*) chandelier
**candilejas** [kandi'lexas] *fpl* footlights
**caneca** [ka'neka] *f* (*Amér*) rubbish bin (*UK*), trash can (*US*)
**canela** [ka'nela] *f* cinnamon
**canelones** [kane'lones] *mpl* cannelloni
**cangrejo** [kan'grexo] *m* crab
**canguro** [kan'guro] ◇ *m* **1.** (*animal*) kangaroo **2.** (*para llevar a un niño*) sling ◇ *mf* (*persona*) babysitter
**caníbal** [ka'niβal] *mf* cannibal

**canica** [ka'nika] *f* marble ◆ **canicas** *fpl* *(juego)* marbles
**canijo, ja** [ka'nixo, xa] *adj* sickly
**canilla** [ka'niʎa] *f* **1.** *(CSur) (grifo)* tap (*UK*), faucet (*US*) **2.** *(espinilla)* shinbone
**canjeable** [kanxe'aβle] *adj* exchangeable
**canjear** [kanxe'aɾ] *vt* to exchange ◆ **canjear algo por** to exchange sthg for
**canoa** [ka'noa] *f* canoe
**canoso, sa** [ka'noso, sa] *adj* grey-haired
**cansado, da** [kan'saðo, ða] *adj* **1.** *(fatigado, aburrido)* tired **2.** *(pesado)* tiring ◆ **estar cansado (de)** to be tired (of)
**cansador, ra** [kan'saðor, ɾa] *adj (Andes & CSur)* tiring
**cansancio** [kan'sanθio̯] *m* tiredness
**cansar** [kan'saɾ] *vt* to tire ◆ **cansarse** *vp* ◆ **se cansó de esperar** he got tired of waiting
**cantábrico, ca** [kan'taβriko, ka] *adj* Cantabrian ◆ **Cantábrico** *m* ◆ **el Cantábrico** the Cantabrian Sea
**cantante** [kan'tante] *mf* singer
**cantaor, ra** [kanta'or, ɾa] *m,f* flamenco singer
**cantar** [kan'taɾ] ◇ *vt* **1.** *(canción)* to sing **2.** *(premio)* to call (out) ◇ *vi* **1.** to sing **2.** *(fig) (confesar)* to talk
**cántaro** ['kantaro] *m* large pitcher ◆ **llover a cántaros** to rain cats and dogs
**cantautor, ra** [kantau̯'tor, ɾa] *m,f* singer-songwriter
**cante** ['kante] *m* ◆ **cante flamenco** o **jondo** flamenco singing
**cantera** [kan'teɾa] *f* **1.** *(de piedra)* quarry **2.** *(de profesionales)* source
**cantidad** [kanti'ðað] ◇ *f* **1.** *(medida)* quantity **2.** *(importe)* sum **3.** *(númer*o*)* number ◇ *adv* a lot ◆ **en cantidad** in abundance
**cantimplora** [kantim'ploɾa] *f* wat*er* bottle
**cantina** [kan'tina] *f* **1.** *(en fábrica)* canteen (*UK*), cafeteria (*US*) **2.** *(en estaci*ón *de tren)* buffet, station café
**canto** ['kanto] *m* **1.** *(arte)* singing **2.** *(canción)* song **3.** *(borde)* edge ◆ **de canto** edgeways ◆ **canto rodado** boulder
**canturrear** [kanture'aɾ] *vt & vi* to sing softly
**caña** ['kaɲa] *f* **1.** *(tallo)* cane **2.** *(de cerveza)* small glass of beer ◆ **caña de azúcar** sugarcane ◆ **caña de pesca** fishing rod
**cáñamo** ['kaɲamo] *m* hemp
**cañaveral** [kaɲaβe'ɾal] *m* sugar-cane plantation
**cañería** [kaɲe'ɾia] *f* pipe
**caño** ['kaɲo] *m* **1.** *(de fuente)* jet **2.** *(tubo)* pipe **3.** *(Amér) (grifo)* tap (*UK*), faucet (*US*)
**cañón** [ka'ɲon] *m* **1.** *(arma moderna)* gun **2.** *(arma antigua)* cannon **3.** *(de fusil)* barrel **4.** *(entre montañas)* canyon
**cañonazo** [kaɲo'naθo] *m* gunshot
**caoba** [ka'oβa] *f* mahogany
**caos** ['kaos] *m inv* chaos
**caótico, ca** [ka'otiko, ka] *adj* chaotic
**capa** ['kapa] *f* **1.** *(manto)* cloak **2.** *(de pintura, barniz, chocolate)* coat **3.** *(de tierra, sociedad)* stratum **4.** *(de torero)* cape ◆ **capa de ozono** ozone layer ◆ **capa y espada** *(defender)* tooth and nail ◆ **andar de capa caída** to be doing badly

**apacidad** [kapaθi'ðað] *f* **1.** *(de envase, foro)* capacity **2.** *(habilidad)* ability
**apacitado, da** [kapaθi'taðo, ða] *adj* • **star capacitado para** to be qualified to
**aparazón** [kapara'θon] *m* shell
**apataz** [kapa'taθ, θes] (*pl* **-ces**) *mf* oreman (*f* forewoman)
**apaz** [ka'paθ, θes] (*pl* **-ces**) *adj* capable • **ser capaz de** to be capable of
**apazo** [ka'paθo] *m* large wicker basket
**apellán** [kape'ʎan] *m* chaplain
**apicúa** [kapi'kua] *adj inv* reversible
**apilar** [kapi'lar] *adj* hair *(antes de s)*
**apilla** [ka'piʎa] *f* chapel
**apital** [kapi'tal] ◇ *adj (importante)* supreme ◇ *m & f* capital
**apitalismo** [kapita'lizmo] *m* capitalism
**apitalista** [kapita'lista] *adj & mf* capitalist
**apitán, ana** [kapi'tan, ana] *m,f* captain
**apitanía** [kapita'nia] *f (edificio)* ≃ ield marshal's headquarters
**apitel** [kapi'tel] *m* capital *(in architecure)*
**apítulo** [ka'pitulo] *m* chapter
**apó** [ka'po] *m* bonnet (*UK*), hood (*US*)
**apón** [ka'pon] *m* **1.** *(animal)* capon **2.** *golpe)* rap
**apota** [ka'pota] *f* hood (*UK*), top (*US*)
**apote** [ka'pote] *m (de torero)* cape
**apricho** [ka'pritʒo] *m* whim • **darse in capricho** to treat o.s.
**aprichoso, sa** [kapri'tʒoso, sa] *adj* apricious
**Capricornio** [kapri'kornio] *m* Capricorn
**ápsula** ['kapsula] *f* capsule
**aptar** [kap'tar] *vt* **1.** *(sonido, rumor)* to hear **2.** *(persona)* to win over **3.** *(explicación, idea)* to grasp **4.** *(señal de radio, TV)* to receive
**capturar** [kaptu'rar] *vt* to capture
**capucha** [ka'putʒa] *f* **1.** *(de prenda de vestir)* hood **2.** *(de pluma, bolígrafo)* cap
**capuchino, na** [kapu'tʒino, na] ◇ *adj & m,f* Capuchin ◇ *m* cappuccino
**capullo** [ka'puʎo] *m* **1.** *(de flor)* bud **2.** *(de gusano)* cocoon
**cara** ['kara] *f* **1.** *(rostro)* face **2.** *(de página, tela, luna, moneda)* side • **cara a cara** face to face • **de cara a** *(frente a)* facing • **cara o cruz** heads or tails • **echar algo a cara o cruz** to toss a coin for sthg • **dar la cara** to face the consequences • **echar en cara algo a alguien** to reproach sb for sthg • **esta comida no tiene buena cara** this meal doesn't look very good • **plantar cara a** to stand up to • **tener (mucha) cara** to have a cheek
**carabela** [kara'βela] *f* caravel
**carabina** [kara'βina] *f* **1.** *(arma)* rifle **2.** *(fam) (persona)* chaperone
**caracol** [kara'kol] *m* snail • **caracoles a la llauna** *snails cooked in a pan with oil, garlic and parsley*
**caracola** [kara'kola] *f* conch
**caracolada** [karako'laða] *f dish made with snails*
**carácter** [ka'rakter] *m* **1.** *(modo de ser)* character **2.** *(tipo)* nature • **tener mal/buen carácter** to be bad-tempered/good-natured • **tener mucho/poco carácter** to have a strong/weak personality
**característica** [karakte'ristika] *f* characteristic

**característico, ca** [karakte'ristiko, ka] *adj* characteristic
**caracterizar** [karakteri'θar] *vt* **1.** *(identificar)* to characterize **2.** *(representar)* to portray ◆ **caracterizarse por** *v + prep* to be characterized by
**caradura** [kara'ðura] *adj inv (fam)* cheeky *(UK)*, nervy *(US)*
**carajillo** [kara'xiʎo] *m coffee with a dash of liqueur*
**caramba** [ka'ramba] *interj* **1.** *(expresa sorpresa)* good heavens! **2.** *(expresa enfado)* for heaven's sake!
**carambola** [karam'bola] *f* cannon *(in billiards)* ● **de carambola** *(de casualidad)* by a fluke; *(de rebote)* indirectly
**caramelo** [kara'melo] *m* **1.** *(golosina)* sweet *(UK)*, candy *(US)* **2.** *(azúcar fundido)* caramel
**carátula** [ka'ratula] *f* **1.** *(de libro, revista)* front cover **2.** *(de disco)* sleeve **3.** *(de vídeo, CD)* cover
**caravana** [kara'βana] *f* **1.** *(atasco)* tailback *(UK)*, backup *(US)* **2.** *(remolque)* caravan ● **hacer caravana** to sit in a tailback
**caravaning** [kara'βanin] *m* caravanning
**caray** [ka'rai̯] *interj* **1.** *(expresa sorpresa)* good heavens! **2.** *(expresa enfado, daño)* damn it!
**carbón** [kar'βon] *m* coal
**carboncillo** [karβon'θiʎo] *m* charcoal
**carbono** [kar'βono] *m* carbon
**carburador** [karβura'ðor] *m* carburettor
**carburante** [karβu'rante] *m* fuel
**carcajada** [karka'xaða] *f* guffaw ● **reír a carcajadas** to roar with laughter
**cárcel** ['karθel] *f* prison
**carcoma** [kar'koma] *f* woodworm
**cardenal** [karðe'nal] *m* **1.** *(en religi...* cardinal **2.** *(morado)* bruise
**cardíaco, ca** [kar'ðiako, ka] *adj* cardi...
**cardinal** [karði'nal] *adj* cardinal
**cardiólogo, ga** [kar'ði̯oloɣo, ɣa] ... cardiologist
**cardo** ['karðo] *m* **1.** *(planta)* thistle *(fam) (persona)* prickly customer
**carecer** [kare'θer] ◆ **carecer de** *v + p...* to lack
**carencia** [ka'renθi̯a] *f* **1.** *(ausencia)* la... **2.** *(defecto)* deficiency
**careta** [ka'reta] *f* mask
**carey** [ka'rei̯] *m (de tortuga)* tortoi... shell
**carga** ['karɣa] *f* **1.** *(de barco, avión)* car... **2.** *(de tren, camión)* freight **3.** *(peso)* lo... **4.** *(para bolígrafo, mechero, pluma)* refill *(de arma, explosivo, batería)* charge *(responsabilidad)* burden ▼ **carga y d... carga** loading and unloading
**cargado, da** [kar'ɣaðo, ða] *adj* **1.** *(cie...* overcast **2.** *(habitación, ambiente)* stu... **3.** *(bebida, infusión)* strong ● **cargado** *(lleno de)* loaded with
**cargador, ra** [karɣa'ðor, ra] ◇ *m,f* load... ◇ *m* **1.** *(de arma)* chamber **2.** *(de bater...* charger
**cargar** [kar'ɣar] ◇ *vt* **1.** *(mercancía, arm...* to load **2.** *(bolígrafo, pluma, mechero)* refill **3.** *(tener capacidad para)* to hold *(factura, deudas, batería)* to charge ◇ *(molestar)* to be annoying ● **carg... algo de** *(llenar)* to fill sthg with ◆ **carg... con** *v + prep* **1.** *(paquete)* to carry

*(responsabilidad)* to bear **3.** *(consecuencia)* to accept ◆ **cargar contra** *v + prep* to charge ◆ **cargarse** *vp* **1.** *(fam) (estropear)* to break **2.** *(fam) (matar)* to bump off **3.** *(fam) (suspender)* to fail **4.** *(ambiente)* to get stuffy ◆ **cargarse de** *v + prep (llenarse de)* to fill up with

**cargo** ['karɣo] *m* **1.** charge **2.** *(empleo, función)* post ● **estar a cargo de** to be in charge of ● **yo me haré cargo de los niños** I will look after the children ● **se hizo cargo de la empresa** she took over the running of the company ● **me hago cargo de la situación** I understand the situation

**cargoso, sa** [kar'ɣoso, sa] *adj (CSur & Perú)* annoying

**cariado, da** [ka'ɾjaðo, ða] *adj* decayed

**Caribe** [ka'riβe] *m* ● **el Caribe** the Caribbean

**caribeño, ña** [kari'βeɲo, ɲa] *adj* Caribbean

**caricatura** [karika'tura] *f* caricature

**caricia** [ka'riθja] *f* **1.** *(a persona)* caress **2.** *(a animal)* stroke

**caridad** [kari'ðað] *f* charity

**caries** ['karjes] *f inv* tooth decay

**cariño** [ka'riɲo] *m* **1.** *(afecto)* affection **2.** *(cuidado)* loving care **3.** *(apelativo)* love

**cariñoso, sa** [kari'ɲoso, sa] *adj* affectionate

**carisma** [ka'rizma] *m* charisma

**caritativo, va** [karita'tiβo, βa] *adj* charitable

**cariz** [ka'riθ] *m* appearance

**carmín** [kar'min] *m (para labios)* lipstick

**carnal** [kar'nal] *adj (pariente)* first

**Carnaval** [karna'βal] *m (fiesta)* carnival

## Carnaval

In Spain and Latin America, the three days preceding Lent are given over to popular celebrations and festivities. People, especially children, dress up and take part in street processions. The carnival in Tenerife is particularly famous.

**carne** ['karne] *f* **1.** *(alimento)* meat **2.** *(de persona, fruta)* flesh ● **carne de cerdo** pork ● **carne de cordero** lamb ● **carne de gallina** goose pimples *pl* ● **carne picada** mince (*UK*), ground beef (*US*) ● **carne de ternera** veal ● **carne de vaca** beef

**carné** [kar'ne] *m (de club, partido)* membership card ● **carné de conducir** driving licence (*UK*), driver's license (*US*) ● **carné de identidad** identity card

**carnero** [kar'nero] *m* ram

**carnicería** [karniθe'ria] *f* **1.** *(tienda)* butcher's (shop) **2.** *(matanza)* carnage

**carnicero, ra** [karni'θero, ra] *m,f* butcher

**carnitas** [kar'nitas] *fpl (Méx) snack of spicy, fried meat in taco or bread*

**caro, ra** ['karo, ra] ◇ *adj* expensive ◇ *adv* at a high price ● **costar caro** to be expensive

**carpa** ['karpa] *f* **1.** *(de circo)* big top **2.** *(para fiestas)* marquee (*UK*), tent (*US*) **3.** *(pez)* carp

**carpeta** [kar'peta] *f* file

**carpintería** [karpinte'ria] *f* **1.** *(oficio)* joinery **2.** *(arte)* carpentry **3.** *(taller)* joiner's workshop

**carpintero** [karpin'tero, ra] *m* **1.** *(profesional)* joiner **2.** *(artista)* carpenter
**carrera** [ka'rera] *f* **1.** *(competición)* race **2.** *(estudios)* degree course **3.** *(profesión)* career **4.** *(en medias, calcetines)* ladder (*UK*), run (*US*) **5.** *(en taxi)* ride ◆ **a la carrera** at full speed
**carrerilla** [kare'riʎa] *f* *(carrera corta)* run-up ◆ **de carrerilla** (*fam*) by heart
**carreta** [ka'reta] *f* cart
**carrete** [ka'rete] *m* **1.** *(de fotografía)* roll **2.** *(de hilo)* reel (*UK*), spool (*US*)
**carretera** [kare'tera] *f* road ◆ **carretera de circunvalación** ring road ◆ **carretera comarcal** minor road (*UK*), state highway (*US*) ◆ **carretera de cuota** (*Amér*) toll road ◆ **carretera nacional** ≃ A road (*UK*), interstate highway (*US*)
**carretilla** [kare'tiʎa] *f* wheelbarrow
**carril** [ka'ril] *m* **1.** *(de carretera, autopista)* lane **2.** *(de tren)* rail ◆ **carril de aceleración** fast lane ◆ **carril bici** cycle lane ◆ **carril bus** bus lane
**carrito** [ka'rito] *m* **1.** *(de la compra)* trolley (*UK*), shopping cart (*US*) **2.** *(para bebés)* pushchair (*UK*), stroller (*US*)
**carro** ['karo] *m* **1.** *(carruaje)* cart **2.** (*Andes, CAm, Carib & Méx*) *(automóvel)* *(coche)* car ◆ **carro comedor** (*Amér*) dining car ◆ **carro de la compra** trolley (*UK*), shopping cart (*US*)
**carrocería** [karoθe'ria] *f* bodywork
**carromato** [karo'mato] *m* covered wagon
**carroña** [ka'roɲa] *f* carrion
**carroza** [ka'roθa] *f* coach, carriage
**carruaje** [karua'xe] *m* carriage
**carrusel** [karu'sel] *m* *(de feria)* carousel
**carta** ['karta] *f* **1.** *(escrito)* letter **2.** *(de restaurante, bar)* menu **3.** *(de la baraja)* card ◆ **carta de vinos** wine list

## La carta

En la esquina superior derecha se coloca la dirección del remitente. Justo debajo se coloca la fecha. El nombre y la dirección del destinatario se coloca debajo de la fecha, pero en el lado izquierdo de la hoja. Cuando se escribe una carta formal, sin conocer el nombre del destinatario, se puede empezar colocando *Dear Sir* o *Dear Madam* (o *Dear Sir/Madam* si no sabemos si se trata de un hombre o de una mujer). Si se conoce el nombre del destinatario, se usa *Dear Mr X, Dear Mrs X, Dear Ms X*, etc. Si se escribe a alguien conocido, se pone *Dear* y el nombre de la persona. La carta continúa en la línea siguiente, comenzando con una mayúscula. Si comenzaste la carta con *Dear Sir, Dear Madam* o *Dear Sir/Madam*, la despedida debe ser *Yours faithfully* con la firma justo debajo. En una carta formal, la despedida puede ser *Yours sincerely* o *Yours truly*. En una carta menos formal puedes usar *Best wishes* o *Kind regards*. Si escribes a alguien que conoces bien puedes despedirte empleando *With love, Love and wishes* o *Looking 'orward to seeing you soon.* Para dirigirte a amigos o a la familia, puedes usar *Love, Lots of love, With 'ove from* o *Much love.*

**artabón** [karta'βon] *m* set square JK), triangle (*US*)
**artearse** [karte'arse] *vp* to correspond
**artel** [kar'tel] *m* poster
**artelera** [karte'lera] *f* **1.** *(de espec-'culos)* entertainments section **2.** *(ta-'ón)* hoarding (*UK*), billboard (*US*) ◆ **star en cartelera** *(película)* to be show-ıg; *(obra de teatro)* to be running
**artera** [kar'tera] *f* **1.** *(para dinero)* wallet . *(de colegial)* satchel **3.** *(para documen-›s)* briefcase **4.** *(sin asa)* portfolio **5.** *(de 'ujer)* clutch bag
**arterista** [karte'rista] *mf* pickpocket
**artero, ra** [kar'tero, ra] *m,f* postman 'postwoman) (*UK*), mail carrier (*US*)
**artilla** [kar'tiʎa] *f (para aprender a leer)* rst reading book, primer (*US*) ◆ **artilla de ahorros** savings book ◆ **artilla de la Seguridad Social** ≃ lational Insurance card, ≃ Social ecurity card (*US*)
**artón** [kar'ton] *m* **1.** *(material)* card-oard **2.** *(de cigarrillos)* carton
**artucho** [kar'tutʒo] *m* cartridge
**artulina** [kartu'lina] *f* card (*UK*), stiff aper (*US*)
**asa** ['kasa] *f* **1.** *(edificio)* house **2.** *'ivienda, hogar)* home **3.** *(familia)* family . *(empresa)* company ◆ **en casa** at ome ◆ **ir a casa** to go home ◆ **casa e campo** country house ◆ **casa de uéspedes** guesthouse

## Casa Rosada

The *Casa Rosada* is the official residence of the Argentinian president and the seat of the country's government. The building's name (literally Pink House) comes from the colour of its walls. It looks out onto the famous Plaza de Mayo, the scene of many of the most important events in Argentina's history.

**casadero, ra** [kasa'ðero, ra] *adj* marriageable
**casado, da** [ka'saðo, ða] *adj* married
**casamiento** [kasa'mi̯ento] *m* wedding
**casar** [ka'sar] *vt* to marry ◆ **casar con** *v + prep (colores, tejidos)* to go with ◆ **casarse** *vp* ◆ **casarse (con)** to get married (to)
**cascabel** [kaska'βel] *m* bell
**cascada** [kas'kaða] *f* waterfall
**cascado, da** [kas'kaðo, ða] *adj* **1.** *(fam) (persona, ropa)* worn-out **2.** *(voz)* hoarse
**cascanueces** [kaska'nu̯eθes] *m inv* nutcracker
**cascar** [kas'kar] *vt* **1.** *(romper)* to crack **2.** *(fam) (golpear)* to thump (*UK*), to beat up (*US*)
**cáscara** ['kaskara] *f* **1.** *(de huevo, frutos secos)* shell **2.** *(de plátano, naranja)* peel
**casco** ['kasko] *m* **1.** *(para la cabeza)* helmet **2.** *(envase)* empty (bottle) **3.** *(de caballo)* hoof **4.** *(de barco)* hull ◆ **casco antiguo** old (part of) town ◆ **casco urbano** town centre ◆ **cascos azules** Blue Berets

**caserío** [kase'rio] *m (casa de campo)* country house
**caserita** [kase'rita] *f (Amér)* housewife, homemaker *(US)*
**casero, ra** [ka'sero, ra] ◇ *adj* **1.** *(hecho en casa)* home-made **2.** *(hogareño)* home-loving ◇ *m,f (propietario)* landlord *(f* landlady)
**caseta** [ka'seta] *f* **1.** *(de feria)* stall, stand *(US)* **2.** *(para perro)* kennel *(UK)*, doghouse *(US)* **3.** *(en la playa)* bathing hut *(UK)*, bath house *(US)* • **caseta de cobro** *(Méx)* toll booth • **caseta telefónica** *(Méx)* phone box *(UK)*, phone booth *(US)*
**casete** [ka'sete] ◇ *m (aparato)* cassette player ◇ *m o f (cinta)* cassette, tape
**casi** ['kasi] *adv* nearly, almost • **casi nada** almost nothing, hardly anything • **casi nunca** hardly ever
**casilla** [ka'siʎa] *f* **1.** *(de impreso)* box **2.** *(de tablero, juego)* square **3.** *(de mueble, caja, armario)* compartment • **casilla de correos** *(Andes & RP)* P.O. Box
**casillero** [kasi'ʎero] *m* **1.** *(mueble)* set of pigeonholes **2.** *(casilla)* pigeonhole
**casino** [ka'sino] *m* casino
**caso** ['kaso] *m* case • **en caso de** in the event of • **en caso de que venga** if he comes • **en todo caso** in any case • **en cualquier caso** in any case • **hacer caso a alguien** to take notice of sb • **ser un caso** *(fam)* to be a case • **no venir al caso** to be irrelevant
**caspa** ['kaspa] *f* dandruff
**casquete** [kas'kete] *m* skullcap
**casquillo** [kas'kiʎo] *m* **1.** *(de bala)* cartridge case **2.** *(de lámpara)* socket

**casta** ['kasta] *f* **1.** *(linaje)* stock **2.** *(er India)* caste
**castaña** [kas'taɲa] *f* **1.** *(fruto)* chestı **2.** *(fam) (golpe)* bash
**castaño, ña** [kas'taɲo, ɲa] ◇ *adj (co* chestnut ◇ *m (árbol)* chestnut tree
**castañuelas** [kasta'ɲuelas] *fpl* castan
**castellano, na** [kaste'ʎano, na] ◇ *ad m,f* Castilian ◇ *m (lengua)* Spanish
**castellanohablante** [kasteʎanoa'bl te], **castellanoparlante** [kasteʎa par'lante] ◇ *adj* Spanish-speaking ◇ Spanish speaker
**castidad** [kasti'ðað] *f* chastity
**castigar** [kasti'ɣar] *vt* to punish
**castigo** [kas'tiɣo] *m* punishment
**castillo** [kas'tiʎo] *m* castle
**castizo, za** [kas'tiθo, θa] *adj* pure
**casto, ta** ['kasto, ta] *adj* chaste
**castor** [kas'tor] *m* beaver
**castrar** [kas'trar] *vt* to castrate
**casualidad** [ka'sualiðað] *f* coincider • **por casualidad** by chance
**catacumbas** [kata'kumbas] *fpl* ca combs
**catalán, ana** [kata'lan, ana] *adj, m* Catalan
**catalanohablante** [katalanoa'blan **catalanoparlante** [katalanopar'lante *adj* Catalan-speaking ◇ *mf* Catal speaker
**catálogo** [ka'taloɣo] *m* catalogue
**Cataluña** [kata'luɲa] *s* Catalonia
**catamarán** [katama'ran] *m* catamara
**catar** [ka'tar] *vt* to taste
**cataratas** [kata'ratas] *fpl* **1.** *(de ag* waterfalls, falls **2.** *(en los ojos)* catara
**catarro** [ka'taro] *m* cold

**catástrofe** [ka'tastrofe] *f* disaster
**catastrófico, ca** [katas'trofiko, ka] *adj* disastrous
**catear** [kate'ar] *vt (fam)* to flunk
**catecismo** [kate'θizmo] *m* catechism
**cátedra** ['kateðra] *f* **1.** *(en universidad)* chair **2.** *(en instituto)* post of head of department
**catedral** [kate'ðral] *f* cathedral
**catedrático, ca** [kate'ðratiko, ka] *m,f* head of department
**categoría** [kateɣo'ria] *f* category ● **de categoría** top-class
**catequesis** [kate'kesis] *f inv* catechesis
**cateto, ta** [ka'teto, ta] *m,f (despec)* dimwit
**catire, ra** [ka'tire, ra] *adj (Amér)* blond (*f* blonde)
**catolicismo** [katoli'θizmo] *m* Catholicism
**católico, ca** [ka'toliko, ka] *adj & m,f* Catholic
**catorce** [ka'torθe] *núm* fourteen ➤ **seis**
**catre** ['katre] *m* campbed *(UK)*, cot *(US)*
**cauce** ['kau̯θe] *m* **1.** *(de río)* riverbed **2.** *(acequia)* channel
**caucho** ['kau̯tʒo] *m* rubber
**caudal** [kau̯'ðal] *m (de un río)* volume, flow ● **caudales** *(dinero)* wealth *sg*
**caudaloso, sa** [kau̯ða'loso, sa] *adj* with a large flow
**caudillo** [kau̯'ðiʎo] *m* leader
**causa** ['kau̯sa] *f* cause ● **a causa de** because of
**causante** [kau̯'sante] *m (Amér)* taxpayer
**causar** [kau̯'sar] *vt* to cause
**cáustico, ca** ['kau̯stiko, ka] *adj* caustic
**cautela** [kau̯'tela] *f* caution ● **con cautela** cautiously
**cautivador, ra** [kau̯tiβa'ðor, ra] *adj* captivating
**cautivar** [kau̯ti'βar] *vt (seducir)* to captivate
**cautiverio** [kau̯ti'βeri̯o] *m* captivity
**cautivo, va** [kau̯'tiβo, βa] *adj & m,f* captive
**cauto, ta** ['kau̯to, ta] *adj* cautious
**cava** ['kaβa] ◇ *f (bodega)* wine cellar ◇ *m* *Spanish champagne-type wine* ● **al cava** *in a sauce of single cream, shallots, "cava" and butter*
**cavar** [ka'βar] *vt* to dig
**caverna** [ka'βerna] *f* **1.** *(cueva)* cave **2.** *(más grande)* cavern
**caviar** [kaβi'ar] *m* caviar
**cavidad** [kaβi'ðað] *f* cavity
**cavilar** [kaβi'lar] *vi* to ponder
**caza** ['kaθa] *f* **1.** *(actividad)* hunting **2.** *(presa)* game ● **andar** o **ir a la caza de** to chase ● **dar caza** to hunt down
**cazador, ra** [kaθa'ðor, ra] *m,f* hunter (*f* huntress)
**cazadora** [kaθa'ðora] *f* (bomber) jacket ➤ **cazador**
**cazar** [ka'θar] *vt* **1.** *(animales)* to hunt **2.** *(fam) (marido, esposa)* to get o.s. **3.** *(captar, entender)* to catch
**cazo** ['kaθo] *m* **1.** *(vasija)* saucepan **2.** *(cucharón)* ladle
**cazuela** [ka'θu̯ela] *f* **1.** *(de barro)* earthenware pot **2.** *(guiso)* casserole ● **a la cazuela** casseroled
**cazurro, rra** [ka'θuro, ra] *adj (obstinado)* stubborn

**c/c** ['θe'θe] (*abr de* **cuenta corriente**) a/c *(account (current))*
**CD** [θe'ðe] *m* (*abr de* **compact disc**) CD *(compact disc)*
**CDI** [θeðe'i] *m* (*abr de* **compact disc interactive**) CDI *(compact disc interactive)*
**CD-ROM** [θeðe'rom] (*abr de* **Compact Disc Read-Only Memory**), **cederrón** [θeðe'ron] *m* **1.** *(disco)* CD-ROM **2.** *(dispositivo)* CD-ROM drive
**CE** [θe'e] *f* (*abr de* **Comunidad Europea**) EC *(European Community)*
**cebar** [θe'βar] *vt (animales)* to fatten up ◆ **cebarse en** *v + prep* to take it out on
**cebo** ['θeβo] *m* bait
**cebolla** [θe'βoʎa] *f* onion
**cebolleta** [θeβo'ʎeta] *f* spring onion
**cebra** ['θeβra] *f* zebra
**cecear** [θeθe'ar] *vi* to lisp
**ceder** [θe'ðer] ◇ *vt (sitio, asiento, etc)* to give up ◇ *vi* **1.** *(puente)* to give way **2.** *(cuerda)* to slacken **3.** *(viento, lluvia, etc)* to abate ▼ **ceda el paso** give way
**cedro** ['θeðro] *m* cedar
**cédula** ['θeðula] *f* document ● **cédula de identidad** (*Amér*) identity card
**cegato, ta** [θe'γato, ta] *adj* (*fam*) short-sighted
**ceguera** [θe'γera] *f* blindness
**ceja** ['θexa] *f* eyebrow
**celda** ['θelda] *f* cell
**celebración** [θeleβra'θi̯on] *f* celebration
**celebrar** [θele'βrar] *vt* **1.** *(cumpleaños, acontecimiento, misa)* to celebrate **2.** *(asamblea, reunión)* to hold
**célebre** ['θeleβre] *adj* famous
**celebridad** [θeleβri'ðað] *f* fame ● **ser una celebridad** to be famous
**celeste** [θe'leste] *adj (del cielo)* heaven[ly] ● **azul celeste** sky blue
**celestial** [θeles'ti̯al] *adj* celestial, heaven[ly]
**celo** ['θelo] *m* **1.** *(cinta adhesiva)* Sell[o]tape® (*UK*), Scotch tape® (*US*) **2.** *(en el trabajo, etc)* zeal ● **estar en celo** to b[e] on heat ◆ **celos** *mpl* jealousy *sg* ● **tener celos** to be jealous
**celofán**® [θelo'fan] *m* Cellophane®
**celoso, sa** [θe'loso, sa] *adj (en el amor)* jealous
**célula** ['θelula] *f* cell
**celulitis** [θelu'litis] *f inv* cellulitis
**cementerio** [θemen'teri̯o] *m* cemete[ry] ● **cementerio de coches** breaker's ya[rd] (*UK*), junk yard (*US*)
**cemento** [θe'mento] *m* cement ● **ce-mento armado** reinforced concrete
**cena** ['θena] *f* dinner
**cenar** [θe'nar] ◇ *vt* to have for dinner ◇ *vi* to have dinner
**cencerro** [θen'θero] *m* cowbell ● **est[ar] como un cencerro** (*fig*) to be mad
**cenefa** [θe'nefa] *f* border
**cenicero** [θeni'θero] *m* ashtray
**ceniza** [θe'niθa] *f* ash ◆ **cenizas** *f[pl] (restos mortales)* ashes
**censado, da** [θen'saðo, ða] *adj* recorde[d]
**censar** [θen'sar] *vt* to take a census o[f]
**censo** ['θenso] *m* census ● **cens[o] electoral** electoral roll
**censor** [θen'sor] *m* censor
**censura** [θen'sura] *f (de película, libr[o], etc)* censorship
**censurar** [θensu'rar] *vt* **1.** *(película, libr[o], etc)* to censor **2.** *(conducta, etc)* t[o] censure

**ent** (*pl* **cents**) *m (del euro)* cent
**entena** [θen'tena] *f* hundred • **una entena de** a hundred
**entenar** [θente'nar] *m* hundred • **un entenar de** a hundred
**entenario, ria** [θente'nario, ria] ◊ *adj ersona)* hundred-year-old ◊ *m* centeary
**enteno** [θen'teno] *m* rye
**entésimo, ma** [θen'tesimo, ma] *núm* undredth ➤ **sexto**
**entígrado, da** [θen'tiɣraðo, ða] *adj* entigrade
**entímetro** [θen'timetro] *m* centimetre
**éntimo** ['θentimo] *m (moneda)* cent • **o tener un céntimo** not to have a enny
**entinela** [θenti'nela] *mf* sentry
**entollo** [θen'toʎo] *m* spider crab
**entrado, da** [θen'traðo, ða] *adj* **1.** *(en el entro)* in the centre **2.** *(persona)* wellalanced **3.** *(derecho)* straight • **centrado en** *(trabajo, ocupación)* focussed on
**entral** [θen'tral] ◊ *adj* central ◊ *f oficina)* head office • **central eléctrica** ower station • **central nuclear** nuclear power station
**entralismo** [θentra'lizmo] *m* centrasm
**entralita** [θentra'lita] *f* switchboard
**entrar** [θen'trar] *vt* **1.** *(cuadro, mueble)* o centre **2.** *(miradas, atención)* to be the entre of ◆ **centrarse en** *v + prep* to ocus on
**éntrico, ca** ['θentriko, ka] *adj* central
**entrifugar** [θentrifu'ɣar] *vt (suj: lavaora)* to spin
**entro** ['θentro] *m* **1.** centre **2.** *(de ciudad)* (town) centre, downtown *(US)* • **en el centro de** in the middle of • **ir al centro** to go to town • **ser el centro de** to be the centre of • **centro comercial** shopping centre • **centro juvenil** youth club • **centro social** community centre • **centro turístico** tourist resort • **centro urbano** town centre
**Centroamérica** [,θentroa'merika] *s* Central America
**ceñido, da** [θe'ɲiðo, ða] *adj* tight
**ceñir** [θe'ɲir] *vt* **1.** *(ajustar)* to tighten **2.** *(rodear)* to surround ◆ **ceñirse a** *v + prep* to stick to
**ceño** ['θeɲo] *m* frown
**cepa** ['θepa] *f (vid)* vine
**cepillar** [θepi'ʎar] *vt* **1.** *(pelo, traje, etc)* to brush **2.** *(fam) (elogiar)* to butter up ◆ **cepillarse** *vp* **1.** *(fam) (acabar)* to polish off **2.** *(matar)* to bump off
**cepillo** [θe'piʎo] *m* brush • **cepillo de dientes** toothbrush
**cepo** ['θepo] *m* **1.** *(de animales)* trap **2.** *(de coches)* wheelclamp *(UK)*, Denver boot *(US)*
**cera** ['θera] *f* wax
**cerámica** [θe'ramika] *f* **1.** *(objeto)* piece of pottery **2.** *(arte)* pottery • **de cerámica** ceramic
**ceramista** [θera'mista] *mf* potter
**cerca** ['θerka] ◊ *f (valla)* fence ◊ *adv* near • **cerca de** *(en espacio)* near; *(casi)* nearly • **son cerca de las cuatro** it's nearly four o'clock • **de cerca** from close up
**cercanías** [θerka'nias] *fpl (alrededores)* outskirts

**cercano, na** [θer'kano, na] *adj* **1.** *(en espacio)* nearby **2.** *(en tiempo)* near
**cercar** [θer'kar] *vt* **1.** *(vallar)* to fence off **2.** *(rodear)* to surround
**cerco** ['θerko] *m (de vallas)* fence
**cerda** ['θerða] *f* bristle ➤ **cerdo**
**cerdo, da** ['θerðo, ða] ◇ *m,f* **1.** *(animal)* pig (*f* sow) **2.** *(despec) (persona)* pig ◇ *adj (despec)* filthy ◇ *m (carne)* pork
**cereal** [θere'al] *m* cereal ◆ **cereales** *mpl (para desayuno)* breakfast cereal *sg*
**cerebro** [θe'reβro] *m* **1.** *(del cráneo)* brain **2.** *(persona inteligente)* brainy person **3.** *(organizador, responsable)* brains *pl* ● **cerebro electrónico** computer
**ceremonia** [θere'monia] *f* ceremony
**ceremonioso, sa** [θeremo'nioso, sa] *adj* ceremonious
**cereza** [θe'reθa] *f* cherry
**cerezo** [θe'reθo] *m (árbol)* cherry tree
**cerilla** [θe'riʎa] *f* match
**cerillo** [θe'riʎo] *m (CAm & Méx)* match
**cero** ['θero] *núm* **1.** *(número)* zero, nought *(UK)* **2.** *(en fútbol)* nil *(UK)*, zero ● **bajo cero** below zero ● **sobre cero** above zero ➤ **seis**
**cerquillo** [θer'kiʎo] *m (Amér)* fringe *(UK)*, bangs *(US) pl*
**cerrado, da** [θe'raðo, ða] *adj* **1.** *(espacio, local, etc)* closed **2.** *(tiempo, cielo)* overcast **3.** *(introvertido)* introverted **4.** *(intransigente)* narrow-minded **5.** *(acento)* broad **6.** *(curva)* sharp ▼ **cerrado por vacaciones** closed for the holidays
**cerradura** [θera'ðura] *f* lock
**cerrajería** [θeraxe'ria] *f* locksmith's (shop)
**cerrajero** [θera'xero, ra] *m* locksmith
**cerrar** [θe'rar] ◇ *vt* **1.** to close **2.** *(c llave)* to lock **3.** *(grifo, gas)* to turn off *(local, negocio, fábrica)* to close down *(ir detrás de)* to bring up the rear of *(impedir)* to block **7.** *(pacto, trato)* strike ◇ *vi (comercio, museo)* to close
**cerrarse** *vp (en uno mismo)* to close o off ◆ **cerrarse a** *v + prep (propuest innovaciones)* to close one's mind to
**cerro** ['θero] *m* hill
**cerrojo** [θe'roxo] *m* bolt
**certamen** [θer'tamen] *m* **1.** *(concurs* competition **2.** *(fiesta)* awards cer mony
**certeza** [θer'teθa] *f* certainty
**certidumbre** [θerti'ðumbre] *f* certain
**certificado, da** [θertifi'kaðo, ða] ◇ *a (carta, paquete)* registered ◇ *m* certi cate
**certificar** [θertifi'kar] *vt* **1.** *(documen* to certify **2.** *(carta, paquete)* to registe
**cervecería** [θerβeθe'ria] *f (establecimie to)* bar
**cerveza** [θer'βeθa] *f* beer ● **cerveza c gaseosa** ≃ shandy ● **cerveza neg** stout ● **cerveza rubia** lager
**cesar** [θe'sar] ◇ *vi* to stop ◇ *vt* ● **cesa alguien de** *(cargo, ocupación)* to sack from ● **no cesa de estudiar** he kee studying ● **sin cesar** non-stop
**cesárea** [θe'sarea] *f* Caesarean (se tion)
**cese** ['θese] *m* **1.** *(de empleo, carg* sacking **2.** *(de actividad)* stopping
**cesión** [θe'sion] *f* transfer
**césped** ['θespeð] *m* **1.** *(superficie)* lawn *(hierba)* grass

**cesta** ['θesta] *f* basket ◆ **cesta de la compra** shopping basket
**cesto** ['θesto] *m* large basket
**cetro** ['θetro] *m* sceptre
**cg** (*abr de* **centigramo**) cg (*centigram*)
**chabacano, na** [tʒaβa'kano, na] ◇ *adj* vulgar ◇ *m* **1.** (*Méx*) (*fruto*) apricot **2.** (*árbol*) apricot tree
**chabola** [tʒa'βola] *f* shack ◆ **barrio de chabolas** shanty town
**chacha** ['tʒatʒa] *f* **1.** (*fam*) (*criada*) maid **2.** (*niñera*) nanny
**cháchara** ['tʒatʒara] *f* chatter
**chacra** ['tʒakra] *f* (*Andes & RP*) smallholding
**chafar** [tʒa'far] *vt* **1.** (*aplastar*) to flatten **2.** (*plan, proyecto*) to ruin **3.** (*fam*) (*desmoralizar*) to depress
**chal** ['tʒal] *m* shawl
**chalado, da** [tʒa'laðo, ða] *adj* (*fam*) crazy ◆ **estar chalado por** (*estar enamorado*) to be crazy about
**chalé** [tʒa'le] *m* **1.** (*en ciudad*) detached house **2.** (*en el campo*) cottage **3.** (*en alta montaña*) chalet
**chaleco** [tʒa'leko] *m* waistcoat (*UK*), vest (*US*)
**chamaco, ca** [tʒa'mako, ka] *m,f* (*CAm & Méx*) kid
**chamba** ['tʒamba] *f* (*Méx, Perú & Ven*) (*fam*) job
**chambear** [tʒambe'ar] *vi* (*Méx, Perú & Ven*) (*fam*) to work
**champán** [tʒam'pan] *m* champagne
**champiñón** [tʒampi'ɲon] *m* mushroom ◆ **champiñones con jamón** *mushrooms fried slowly with garlic and cured ham*
**champú** [tʒam'pu] *m* shampoo
**chamuscado, da** [tʒamus'kaðo, ða] *adj* (*madera*) scorched
**chamuscarse** [tʒamus'karse] *vp* (*barba, pelo, tela*) to singe
**chamusquina** [tʒamus'kina] *f* ◆ **oler a chamusquina** (*fig*) to smell fishy
**chance** ['tʒanθe] *f* (*Amér*) chance
**chanchada** [tʒan'tʒaða] *f* **1.** (*Andes, CAm & RP*) (*fig*) (*grosería*) rude thing **2.** (*porquería*) filth
**chancho** ['tʒantʒo] *m* (*Andes, CAm & CSur*) pig
**chancleta** [tʒan'kleta] *f* **1.** (*de playa*) flip-flop **2.** (*de vestir*) low sandal
**chanclo** ['tʒanklo] *m* **1.** (*de madera*) clog **2.** (*de goma*) galosh
**chándal** ['tʒandal] *m* tracksuit (*UK*), sweatsuit (*US*)
**changarro** [tʒan'garo] *m* (*Amér*) small shop
**chantaje** [tʒan'taxe] *m* blackmail
**chantajista** [tʒanta'xista] *mf* blackmailer
**chapa** ['tʒapa] *f* **1.** (*de metal*) plate **2.** (*de botella*) top **3.** (*Amér*) (*cerradura*) lock ◆ **chapa de madera** veneer
**chapado, da** [tʒa'paðo, ða] *adj* **1.** (*con metal*) plated **2.** (*con madera*) veneered ◆ **chapado a la antigua** old-fashioned
**chapapote** *m* tar
**chapar** [tʒa'par] *vt* **1.** (*con metal*) to plate **2.** (*con madera*) to veneer
**chaparrón** [tʒapa'ron] *m* cloudburst
**chapucería** [tʒapuθe'ria] *f* botch (job)
**chapucero, ra** [tʒapu'θero, ra] *adj* **1.** (*trabajo, obra*) shoddy **2.** (*persona*) bungling
**chapuza** [tʒa'puθa] *f* botch (job)

**chaqué** [tʒa'ke] *m* morning coat
**chaqueta** [tʒa'keta] *f* jacket
**chaquetilla** [tʒake'tiʎa] *f* short jacket
**chaquetón** [tʒake'ton] *m* three-quarter length coat
**charca** ['tʒarka] *f* pond
**charco** ['tʒarko] *m* puddle
**charcutería** [tʒarkute'ria] *f* **1.** *(tienda)* ≃ delicatessen **2.** *(productos)* cold cuts *pl* and cheese
**charla** ['tʒarla] *f* **1.** *(conversación)* chat **2.** *(conferencia)* talk
**charlar** [tʒar'lar] *vi* to chat
**charlatán, ana** [tʒarla'tan, ana] *adj* **1.** *(hablador)* talkative **2.** *(indiscreto)* gossipy
**charola** [tʒa'rola] *f* *(Méx)* tray
**charro** ['tʒaro] ◇ *adj* *(Méx)* *typical of Mexican cowboys* ◇ *m* *(Méx)* Mexican cowboy

### charros

*Charros* are the stereotypical Mexican cowboys, famed for their great horsemanship. Their colourful dress comprises a broad-brimmed *sombrero*, tight-fitting trousers, a short, embroidered jacket and ankle boots. A *charro de agua dulce* is someone who styles himself as a *charro* without really being one.

**chárter** ['tʒarter] *m inv* charter flight
**chasco** ['tʒasko] *m* **1.** *(decepción)* disappointment
**chasis** ['tʒasis] *m inv* chassis
**chat** (*pl* **chats**) *m* chat group, discussion group • **un chat de política/gastronomía** a politics/cookery chat group
**chatarra** [tʒa'tara] *f* **1.** *(metal)* scrap **2** *(objetos, piezas)* junk
**chatarrero, ra** [tʒata'rero, ra] *m,f* scrap dealer
**chato, ta** ['tʒato, ta] ◇ *adj* **1.** *(nariz)* snub **2.** *(persona)* snub-nosed ◇ *m,f* *(apelativo)* love ◇ *m* *(de vino)* small glass of wine
**chau** ['tʒau̯] *interj* *(Andes & RP)* bye!
**chavo, va** ['tʒaβo, βa] *m,f* *(Méx)* *(fam)* kid
**che** ['tʒe] *interj* *(RP)* pah!
**chef** ['tʒef] *m* chef
**cheque** ['tʒeke] *m* cheque • **cheque de viaje** traveller's cheque
**chequeo** [tʒe'keo] *m* *(médico)* check-up
**chequera** [tʒe'kera] *f* *(Amér)* cheque book
**chévere** ['tʒeβere] *adj* *(Andes & Carib)* great
**chic** ['tʒik] *adj inv* chic
**chica** ['tʒika] *f* **1.** *(muchacha)* girl **2** *(novia)* girlfriend **3.** *(criada)* maid
**chicha** ['tʒitʒa] *f* **1.** *(fam)* meat **2** *(Andes)* *(bebida)* *fermented maize liquo*
**chícharo** ['tʒitʒaro] *m* *(CAm & Méx)* pea
**chicharrones** [tʒitʒa'rones] *mpl* pork crackling *sg*
**chichón** [tʒi'tʒon] *m* bump
**chicle** ['tʒikle] *m* chewing gum
**chico, ca** ['tʒiko, ka] ◇ *adj* small ◇ *m* **1** *(muchacho)* boy **2.** *(novio)* boyfriend
**chifa** ['tʒifa] *m* *(Amér)* Chinese restaurant
**chiflado, da** [tʒi'flaðo, ða] *adj* *(fam* crazy

**iflar** [tʒi'flar] *vi (Amér) (aves)* to sing me chifla *(fam)* I love it ◆ **chiflarse** *(fam)* to go crazy
**iflido** [tʒi'fliðo] *m (Amér)* whistle
**hile** ['tʒile] *s* Chile
**ileno, na** [tʒi'leno, na] *adj & m,f* ilean
**illar** [tʒi'ʎar] *vi (gritar)* to scream
**illido** [tʒi'ʎiðo] *m* scream
**illón, ona** [tʒi'ʎon, ona] *adj* **1.** *(voz, nido)* piercing **2.** *(color)* loud
**imenea** [tʒime'nea] *f* **1.** *(de casa)* imney **2.** *(de barco)* funnel **3.** *(hogar)* earth
**impancé** [tʒimpan'θe] *m* chimpanzee
**ina** ['tʒina] *f* **1.** *(piedra)* pebble *(Amér) (criada)* Indian maid ◆ **le có la china** he drew the short raw
**inche** ['tʒintʒe] ◇ *f (insecto)* bedbug ◇ *ij (pesado)* annoying
**incheta** [tʒin'tʒeta] *f* drawing pin *JK)*, thumbtack *(US)*
**inchín** [tʒin'tʒin] ◇ *m* **1.** *(en brindis)* ast **2.** *(sonido)* clash *(of a brass band)* *interj* cheers!
**ingado, da** [tʒin'gaðo, ða] *adj (Amér) ulg) (estropeado)* fucked
**ingar** [tʒin'gar] *vt (Amér) (vulg) (es- ɔpear)* to fuck up
**ino, na** ['tʒino, na] *adj, m & f* Chinese
**ip** ['tʒip] *m* chip
**ipirón** [tʒipi'ron] *m* baby squid ◆ **ipirones en su tinta** *baby squid served its own ink*
**irimoya** [tʒiri'moja] *f* custard apple
**irucas** [tʒi'rukas] *fpl* canvas boots
**isme** ['tʒizme] *m* **1.** *(habladuría)* piece of gossip **2.** *(fam) (objeto, aparato)* thingy
**chismoso, sa** [tʒiz'moso, sa] *adj* gossipy
**chispa** ['tʒispa] *f* **1.** spark **2.** *(pizca)* bit **3.** *(de lluvia)* spot
**chiste** ['tʒiste] *m* joke
**chistorra** [tʒis'tora] *f cured pork and beef sausage typical of Aragon and Navarre*
**chistoso, sa** [tʒis'toso, sa] *adj* funny
**chivarse** [tʒi'βarse] *vp* **1.** *(fam) (niño)* to tell **2.** *(delincuente)* to grass
**chivatazo** [tʒiβa'taθo] *m (fam)* tip-off
**chivato, ta** [tʒi'βato, ta] ◇ *m,f* **1.** *(fam) (niño)* telltale **2.** *(fam) (delincuente)* grass ◇ *m* **1.** *(Amér) (hombre valioso)* brave man **2.** *(Amér) (aprendiz)* apprentice
**chocar** [tʒo'kar] ◇ *vi* **1.** *(coche, camión, etc)* to crash **2.** *(enfrentarse)* to clash ◇ *vt* **1.** *(las manos)* to shake **2.** *(copas, vasos)* to clink **3.** *(sorprender)* to shock
**chocho, cha** ['tʒotʒo, tʒa] *adj* **1.** *(viejo)* senile **2.** *(encariñado)* doting
**choclo** ['tʒoklo] *m (CSur & Perú)* maize *(UK)*, corn *(US)*
**chocolate** [tʒoko'late] *m* **1.** *(alimento)* chocolate **2.** *(bebida)* drinking chocolate *(UK)*, cocoa *(US)* ◆ **chocolate amargo** dark chocolate
**chocolatería** [tʒokolate'ria] *f bar which serves drinking chocolate*
**chocolatina** [tʒokola'tina] *f* chocolate bar
**chófer** ['tʒofer] *m* **1.** *(de coche)* chauffeur **2.** *(de autobús)* driver
**chollo** ['tʒoʎo] *m* **1.** *(fam) (ganga)* bargain **2.** *(trabajo)* cushy number
**chomba** ['tʒomba] *(Andes & Arg)*,

**chompa** ['tʃompa] *(Andes) f* jumper *(UK)*, sweater
**chongo** ['tʒongo] *m (Amér)* bun
**chopo** ['tʒopo] *m* poplar
**choque** ['tʒoke] *m* **1.** *(colisión)* crash **2.** *(pelea, riña)* clash
**chorizo** [tʒo'riθo] *m* **1.** *(embutido) spiced, smoked pork sausage* **2.** *(fam) (ladrón)* thief
**choro** ['tʒoro] *m (Andes)* mussel
**chorrada** [tʒo'raða] *f (fam)* stupid thing
**chorrear** [tʒore'ar] *vi (ropa)* to drip
**chorro** ['tʒoro] *m (de líquido)* jet • **salir a chorros** to gush out
**choto, ta** ['tʒoto, ta] *m,f (cabrito)* kid
**choza** ['tʒoθa] *f* hut
**christma** ['krizma] *m* Christmas card
**chubasco** [tʒu'βasko] *m* (heavy) shower
**chubasquero** [tʒuβas'kero] *m* raincoat
**chúcaro, ra** ['tʒukaro, ra] *adj* **1.** *(Andes & RP) (bravío)* wild **2.** *(huraño)* surly
**chuchería** [tʒutʒe'ria] *f* **1.** *(golosina)* sweet *(UK)*, candy *(US)* **2.** *(trivialidad)* trinket
**chucho, cha** ['tʒutʒo, tʒa] *m,f (fam)* mutt
**chueco, ca** ['tʒueko, ka] *adj* **1.** *(Amér) (torcido)* twisted **2.** *(patizambo)* bow-legged
**chufa** ['tʒufa] *f* tiger nut
**chuleta** [tʒu'leta] *f* **1.** *(de carne)* chop **2.** *(de examen)* crib note *(UK)* o note *(US)* • **chuleta de cerdo** pork chop • **chuleta de ternera** veal cutlet
**chuletón** [tʒule'ton] *m* large cutlet
**chulo, la** ['tʒulo, la] ◇ *adj* **1.** *(engreído)* cocky **2.** *(fam) (bonito)* lovely ◇ *m (prostituta)* pimp
**chumbera** [tʒum'bera] *f* prickly pear
**chupachup** ® [tʒupa'tʒup] *m* lollipop
**chupado, da** [tʒu'paðo, ða] *adj* **1.** *(fam) (flaco)* skinny **2.** *(fam) (fácil)* dead easy • **está chupado** *(fam)* it's a cinch
**chupar** [tʒu'par] *vt* **1.** *(caramelo, fruta etc)* to suck **2.** *(suj: esponja, papel)* soak up • **chuparle algo a alguien** *(fam) (quitar)* to milk sb for sthg
**chupe** ['tʒupe] *m (Andes & Arg) stew made with potatoes and meat or fish* • **chupe de camarones** thick potato and prawn soup
**chupete** [tʒu'pete] *m* **1.** *(de bebé)* dummy *(UK)*, pacifier *(US)*
**chupito** [tʒu'pito] *m (de licor)* tot *(UK)*, dram
**churrasco** [tʒu'rasko] *m* barbecued meat
**churrería** [tʒure'ria] *f stall selling churros*
**churro** ['tʒuro] *m* **1.** *(dulce) stick of dough fried in oil, usually eaten with sugar or thick drinking chocolate* **2.** *(fam) (chapuza)* botch

### churros

*Churros* are deep-fried, fluted sticks of dough that are sprinkled with sugar and eaten hot. They are a traditional fairground snack and are also popular for breakfast, dipped in thick drinking chocolate and eaten either at home or in a *churrería*, a kind of snack bar specializing in *churros*.

**usma** ['tʒuzma] *f* mob
**utar** [tʒu'tar] *vt* to kick
**ute** ['tʒute] *m (fam) (en fútbol)* shot
[θe'i] *m (abr de* **coeficiente de** **:eligencia)** IQ *(intelligence quotient)*
**a** ['θia] *(abr de* **compañía)** Co. *(com-ny)*
**ercafé** [θiβerka'fe] *m* Internet café
**erespacio** [θiβeres'paθjo] *m* cyber-ace
**ernauta** [θiβer'nauta] *mf* Internet er
**ertienda** [θiβer'tjenda] *f* online store
**:atriz** [θika'triθ, θes] *(pl* **-ces)** *f* scar
**:atrizar** [θikatri'θar] *vi* to form a scar, heal ◆ **cicatrizarse** *vp* to heal
**:lismo** [θi'klizmo] *m* cycling
**:lista** [θi'klista] *mf* cyclist
**:lo** ['θiklo] *m* **1.** *(periodo de tiempo)* cle **2.** *(de actos, conferencias)* series
**:lomotor** [θiklomo'tor] *m* moped
**:lón** [θi'klon] *m* cyclone
**go, ga** ['θjeγo, γa] ◇ *adj* blind ◇ *m,f* nd person ● **ciego de** *(pasión, ira, etc)* nded by ● **los ciegos** the blind
**lo** ['θjelo] *m* **1.** *(de la tierra)* sky **2.** *(de a, habitación, etc)* ceiling **3.** *(en religión)* aven **4.** *(apelativo)* darling ● **como vido del cielo** *(fig)* out of the blue ◆ **los** *interj* good heavens!
**mpiés** [θjem'pjes] *m inv* centipede
**n** ['θjen] *núm* one hundred o a ndred ➤ **ciento**
**ncia** ['θjenθja] *f* **1.** *(disciplina)* science *(saber, sabiduría)* knowledge ● **cien-ficción** science fiction ● **ciencias onómicas** economics *sg* ● **ciencias turales** natural sciences ◆ **ciencias** *fpl (en educación)* science *sg*
**cienciología** *f* Scientology
**científico, ca** [θjen'tifiko, ka] ◇ *adj* scientific ◇ *m,f* scientist
**ciento** ['θjento] *núm* one hundred o a hundred ➤ **seis** ● **ciento cincuenta** one hundred and fifty ● **cien mil** one hundred thousand ● **por ciento** per-cent
**cierre** ['θjere] *m* **1.** *(mecanismo)* fastener **2.** *(de local, tienda, negociación)* closing **3.** *(de trato)* striking **4.** *(de actividad, acto)* closure ● **cierre centralizado** central locking ● **cierre relámpago** *(Amér)* zip *(UK)*, zipper *(US)*
**cierto, ta** ['θjerto, ta] *adj* **1.** certain **2.** *(seguro, verdadero)* true ● **cierto hombre** a certain man ● **cierta preocupación** a degree of unease ● **por cierto** by the way
**ciervo, va** ['θjerβo, βa] *m,f* deer
**CIF** ['θif] *m Spanish tax code*
**cifra** ['θifra] *f* figure
**cigala** [θi'γala] *f* Dublin Bay prawn
**cigarra** [θi'γara] *f* cicada
**cigarrillo** [θiγa'riʎo] *m* cigarette
**cigarro** [θi'γaro] *m (cigarrillo)* cigarette
**cigüeña** [θi'γueɲa] *f* stork
**cilindrada** [θilin'draða] *f* cylinder capa-city
**cilíndrico, ca** [θi'lindriko, ka] *adj* cylin-drical
**cilindro** [θi'lindro] *m* cylinder
**cima** ['θima] *f (de montaña)* summit
**cimiento** [θi'mjento] *m* **1.** *(de edificio)* foundations *pl* **2.** *(principio, raíz)* basis
**cinco** ['θinko] ◇ *adj inv* five ◇ *m* **1.** five **2.** *(día)* fifth ◇ *mpl* **1.** five **2.** *(temperatura)*

five (degrees) ◇ *fpl* • **(son) las cinco** (it's) six o'clock • **el cinco de agosto** the fifth of August • **doscientos cinco** two hundred and five • **treinta y cinco** thirty-five • **de cinco en cinco** in fives • **los cinco** the five of them • **empataron a cinco** they drew five-all • **cinco a cero** five-nil

**cincuenta** [θin'kuenta] *núm* fifty ➤ **seis**

**cine** ['θine] *m* **1.** *(arte)* cinema, the movies *(US)* **2.** *(edificio)* cinema, movie theater *(US)*

**cineasta** [θine'asta] *mf* (film) director

**cinematografía** [θinematoɣra'fia] *f (películas)* films, movies *(US)*

**cinematográfico, ca** [θinemato'ɣrafiko, ka] *adj* film o movie *(US) (antes de s)*

**cínico, ca** ['θiniko, ka] *adj* shameless

**cinismo** [θi'nizmo] *m* shamelessness

**cinta** ['θinta] *f* **1.** *(de tela)* ribbon **2.** *(de papel, plástico)* strip **3.** *(para grabar, medir)* tape • **cinta adhesiva** adhesive tape • **cinta aislante** insulating tape • **cinta magnética** recording tape • **cinta de vídeo** videotape

**cintura** [θin'tura] *f* waist

**cinturón** [θintu'ron] *m* belt • **cinturón de seguridad** seat belt

**ciprés** [θi'pres] *m* cypress

**circo** ['θirko] *m* circus

**circuito** [θir'kuito] *m* **1.** *(viaje)* tour **2.** *(en competiciones)* circuit • **circuito eléctrico** electrical circuit

**circulación** [θirkula'θion] *f* **1.** *(de automóviles)* traffic **2.** *(de la sangre)* circulation

**circular** [θirku'lar] ◇ *adj & f* circular ◇ *vi* **1.** *(automóvil)* to drive (along) **2.** *(persona, grupo)* to move along **3.** *(informac noticia)* to circulate

**círculo** ['θirkulo] *m* circle • **círc polar** polar circle

**circunferencia** [θirkunfe'renθia] *f* cumference

**circunscribir** [θirkunskri'βir] *vt* • cunscribir algo a to restrict sthg to

**circunstancia** [θirkuns'tanθia] *f* cumstance • **las circunstancias** circumstances

**circunstancial** [θirkunstan'θial] chance

**cirio** ['θirio] *m* large candle

**cirrosis** [θi'rosis] *f inv* cirrhosis

**ciruela** [θi'ruela] *f* plum

**ciruelo** [θi'ruelo] *m* plum tree

**cirugía** [θiru'xia] *f* surgery • **ciru estética** cosmetic surgery • **ciru plástica** plastic surgery

**cirujano, na** [θiru'xano, na] *m,f* surg

**cisma** ['θizma] *m (en religión)* schism

**cisne** ['θizne] *m* swan

**cisterna** [θis'terna] *f (de agua)* tank

**cita** ['θita] *f* **1.** *(con médico, jefe,* appointment **2.** *(de novios)* date **3.** *(n* quotation

**citación** [θita'θion] *f* summons

**citar** [θi'tar] *vt* **1.** *(convocar)* to summ **2.** *(mencionar)* to quote ◆ **citarse** *vp* arrange to meet

**cítrico, ca** ['θitriko, ka] *adj* citri

**cítricos** *mpl* citrus fruits

**ciudad** [θiu'ðað] *f* **1.** *(población gran* city **2.** *(población pequeña)* town **ciudad universitaria** (university) ca pus

**ciudadanía** [θiuðaða'nia] *f* citizensh

**dadano, na** [θi̯uða'ðano, na] ◇ *adj* /town *(antes de s)* ◇ *m,f* citizen
**ico, ca** ['θiβiko, ka] *adj* **1.** *(de la ciudad, adano)* civic **2.** *(educado, cortés)* pub-spirited
**il** [θi'βil] *adj* **1.** civil **2.** *(de la ciudad)* ic
**ilización** [θiβiliθa'θi̯on] *f* civilization
**ilizado, da** [θiβili'θaðo, ða] *adj* civi-d
**ismo** [θi'βizmo] *m (educación, cortesía)* ility
*(abr de* **centilitro)** cl *(centilitre)*
**n** ['klan] *m* clan
**ra** ['klara] *f* **1.** *(de huevo)* white **2.** *bida)* shandy *(UK)*
**raboya** [klara'βoja] *f* skylight
**rear** [klare'ar] ◇ *vt* to make lighter ◇ to brighten up ◇ *vi (amanecer)* ◆ **pezaba a clarear** dawn was breaking
**ridad** [klari'ðað] *f* **1.** *(en el hablar)* rity **2.** *(sinceridad)* sincerity
**rinete** [klari'nete] *m* clarinet
**rividencia** [klariβi'ðenθi̯a] *f* farsight-ness
**ro, ra** ['klaro, ra] ◇ *adj* **1.** clear **2.** *(con* bright **3.** *(color)* light **4.** *(sincero, co)* straightforward ◇ *m* **1.** *(de po)* bright spell **2.** *(en el bosque)* aring ◇ *adv* clearly ◇ *interj* of course! ◆ **poner en claro** to clear up ◆ **sacar en ro** to make out
**se** ['klase] *f* **1.** class **2.** *(variedad, tipo)* d **3.** *(aula)* classroom ◆ **dar clases** to ch ◆ **de primera clase** first-class ◆ **a clase de** all sorts of ◆ **clase media** ddle class ◆ **clase preferente** club ss ◆ **clase turista** tourist class ◆ **primera/segunda clase** first/second class
**clásico, ca** ['klasiko, ka] *adj* classical
**clasificación** [klasifika'θi̯on] *f* **1.** *(lista)* classification **2.** *(DEP)* league table
**clasificador** [klasifika'ðor, ra] *m* **1.** *(carpeta)* divider *(for filing)* **2.** *(mueble)* filing cabinet
**clasificar** [klasifi'kar] *vt* to classify ◆ **clasificarse** *vp (en competición)* to qualify
**claudicar** [klau̯ði'kar] *vi (rendirse)* to give up
**claustro** ['klau̯stro] *m* **1.** *(de iglesia, convento, etc)* cloister **2.** *(de profesores)* senate
**claustrofobia** [klau̯stro'foβi̯a] *f* claustrophobia
**cláusula** ['klau̯sula] *f* clause
**clausura** [klau̯'sura] *f* **1.** *(de acto)* closing ceremony **2.** *(de curso)* end
**clausurar** [klau̯su'rar] *vt* **1.** *(acto, celebración)* to close **2.** *(curso)* to finish **3.** *(local, establecimiento)* to close down
**clavado, da** [kla'βaðo, ða] *adj (en punto)* on the dot ◆ **ser clavado a** *(fam)* to be the spitting image of
**clavar** [kla'βar] *vt* **1.** *(clavo, palo)* to drive in **2.** *(cuchillo)* to thrust **3.** *(alfiler)* to stick **4.** *(sujetar, fijar)* to fix **5.** *(fam) (en el precio)* to rip off
**clave** ['klaβe] ◇ *f* **1.** *(explicación, solución)* key **2.** *(de enigma, secreto)* code ◇ *adj inv* key
**clavel** [kla'βel] *m* carnation
**clavícula** [kla'βikula] *f* collar bone
**clavija** [kla'βixa] *f* **1.** *(de madera)* peg **2.** *(de metal)* pin

**clavo** ['klaβo] *m* **1.** *(para sujetar)* nail **2.** *(especia)* clove ● **dar en el clavo** to hit the nail on the head
**claxon** ['klakson] *m* horn
**cleptomanía** [kleptoma'nia] *f* kleptomania
**clérigo** ['kleriγo] *m* clergyman
**clero** ['klero] *m* clergy
**clicar**, **cliquear** *vi* to click ● **para salir del programa, clica en 'cerrar'** to exit the program, click (on) 'close'
**cliché** [kli'tʒe] *m* **1.** *(de fotografía)* negative **2.** *(frase, actuación)* cliché
**cliente** [kli'ente] *mf* **1.** *(de médico, abogado)* client **2.** *(de tienda, comercio)* customer **3.** *(de hotel)* guest
**clima** ['klima] *m* climate
**climático**, **ca** [kli'matiko, ka] *adj* climatic
**climatizado**, **da** [klimati'θaðo, ða] *adj* air-conditioned
**climatología** [klimatolo'xia] *f* *(tiempo)* weather
**clínica** ['klinika] *f* clinic
**clínico**, **ca** ['kliniko, ka] *adj* clinical
**clip** ['klip] *m* **1.** *(para papeles)* paper clip **2.** *(para pelo)* hairclip
**cliquear** = **clicar**
**cloaca** [klo'aka] *f* sewer
**clonación** *f* cloning
**cloro** ['kloro] *m* chlorine
**clorofila** [kloro'fila] *f* chlorophyll
**club** ['kluβ] *m* club ● **club náutico** yacht club
**cm** (*abr de* **centímetro**) cm *(centimetre)*
**coacción** [koak'θi̯on] *f* coercion
**coaccionar** [koakθi̯o'nar] *vt* to coerce
**coartada** [koar'taða] *f* alibi
**coba** ['koβa] *f* ● **dar coba** to suck u
**cobarde** [ko'βarðe] ◇ *adj* cowardly
coward
**cobardía** [koβar'ðia] *f* cowardice
**cobertizo** [koβer'tiθo] *m* **1.** *(tej*
lean-to **2.** *(barracón)* shed
**cobija** [ko'βixa] *f* (*Amér*) blanket
**cobijar** [koβi'xar] *vt* **1.** *(suj: edificio*
house **2.** *(suj: persona)* to put u
*(proteger)* to shelter ◆ **cobijarse** *v*
(take) shelter
**cobra** ['koβra] *f* cobra
**cobrador**, **ra** [koβra'ðor, ra] *m,f*
*autobús)* conductor (*f* conductress)
**cobrar** [ko'βrar] *vt* **1.** *(dinero)* to ch
**2.** *(cheque)* to cash **3.** *(en el trabajo*
earn **4.** *(importancia, fama)* to acqui
**¿me cobra, por favor?** could I have
bill, please?
**cobre** ['koβre] *m* copper ● **no tene**
**cobre** (*Amér*) not to have a penny
**cobro** ['koβro] *m* **1.** *(de dinero)* collec
**2.** *(de talón)* cashing ● **llamar a c**
**revertido** to reverse the charges (
to call collect (*US*)
**coca** ['koka] *f* **1.** *(planta)* coca **2.** *(f*
*(cocaína)* coke
**cocaína** [koka'ina] *f* cocaine
**cocainómano**, **na** [kokai̯'nomano,
*m,f* cocaine addict
**cocción** [kok'θi̯on] *f* **1.** *(en agua)* boi
**2.** *(en horno)* baking
**cocear** [koθe'ar] *vi* to kick
**cocer** [ko'θer] ◇ *vt* **1.** *(guisar)* to coo
*(en agua)* to boil **3.** *(en horno)* to ba
*vi (hervir)* to boil ◆ **cocerse** *vp* *(fig)* (
*plan)* to be brewing
**coche** ['kotʒe] *m* **1.** *(automóvil)* car **2**

n, caballos) carriage • **coche de** **quiler** hire (*UK*) o rental (*US*) car • **che cama** sleeper • **coche restau-** **nte** dining car
**chinillo** [kotʒi'niʎo] *m*
**chino, na** [ko'tʒino, na] ◇ *adj* filthy ◇ f (*animal*) pig (*f* sow)
**cido, da** [ko'θiðo, ða] ◇ *adj* boiled ◇ *m* ew • **cocido madrileño** *stew made* *th meat, chickpeas, bacon and root* *getables, typical of Madrid*
**cina** [ko'θina] *f* **1.** (*estancia, habitación*) chen **2.** (*aparato*) cooker (*UK*), stove S) **3.** (*arte, técnica*) cooking • **cocina** **pañola** Spanish cuisine • **cocina de** **tano** butane gas cooker • **cocina** **ctrica** electric cooker • **cocina de** **s** gas cooker
**cinar** [koθi'nar] *vt* & *vi* to cook
**cinero, ra** [koθi'nero, ra] *m,f* cook
**co** ['koko] *m* **1.** (*fruto*) coconut **2.** *bol*) coconut palm **3.** (*fam*) (*cabeza*) nut
**codrilo** [koko'ðrilo] *m* **1.** (*animal*) ocodile **2.** (*piel*) crocodile skin
**cotero** [koko'tero] *m* coconut palm
**ctel** ['koktel] *m* **1.** (*bebida*) cocktail **2.** *unión, fiesta*) cocktail party
**ctelera** [kokte'lera] *f* cocktail shaker
**dazo** [ko'ðaθo] *m* poke with the ow
**diciar** [koði'θi̯ar] *vt* to covet
**dificado, da** [koðifi'kaðo, ða] *adj* ded
**digo** ['koðiγo] *m* code • **código de** **rras** bar code • **código de circulación** ghway code • **código penal** penal de • **código postal** post code (*UK*), code (*US*)

**codo** ['koðo] *m* elbow • **codo a codo** side by side
**codorniz** [koðor'niθ, θes] (*pl* **-ces**) *f* quail
**coeficiente** [koefi'θi̯ente] *m* coefficient • **coeficiente intelectual** I.Q.
**coetáneo, a** [koe'taneo, a] *adj* contemporary
**coexistencia** [koeksis'tenθi̯a] *f* coexistence
**cofia** ['kofi̯a] *f* **1.** (*de tendero, camarero*) cap **2.** (*de monja*) coif
**cofradía** [kofra'ðia] *f* religious fraternity
**cofre** ['kofre] *m* (*arca*) chest
**coger** [ko'xer] ◇ *vt* **1.** to take **2.** (*ladrón, pez, enfermedad, oír*) to catch **3.** (*frutos*) to pick **4.** (*objeto caído*) to pick up **5.** (*teléfono*) to pick up, to answer **6.** (*suj: toro*) to gore **7.** (*entender*) to get ◇ *vi* **1.** (*planta, árbol*) to take **2.** (*caber*) to fit **3.** (*contestar al teléfono*) to answer **4.** (*Méx, RP* & *Ven*) (*vulg*) (*copular*) to fuck **5.** • **coger algo a alguien** to take sthg (away) from sb • **coge cerca de aquí** it's not far from here • **coger a la derecha** to turn right • **cogerse** *vp* • **cogerse de** (*agarrarse de*) to hold on to
**cogida** [ko'xiða] *f* (*de toro*) goring
**cogollos** [ko'γoʎos] *mpl* (*brotes*) shoots
**cogote** [ko'γote] *m* nape (of the neck)
**cohabitar** [koaβi'tar] *vi* to live together
**coherencia** [koe'renθi̯a] *f* coherence
**coherente** [koe'rente] *adj* coherent
**cohete** [ko'ete] *m* rocket
**coima** ['koi̯ma] *f* (*Andes* & *RP*) (*fam*) bribe

**coincidencia** [koi̯nθi'ðenθi̯a] *f* coincidence

**coincidir** [koi̯nθi'ðir] *vi* **1.** *(en un lugar)* to meet **2.** *(ser igual)* to coincide ◆ **coincidir con** *v + prep* **1.** *(ser de la misma opinión que)* to agree with **2.** *(ocurrir en el mismo momento que)* to coincide with

**coito** ['koi̯to] *m* (sexual) intercourse

**cojear** [koxe'ar] *vi* **1.** *(persona)* to limp **2.** *(mueble)* to wobble

**cojín** [ko'xin] *m* cushion

**cojo, ja** ['koxo, xa] ◇ *adj* **1.** *(persona, animal)* lame **2.** *(mesa, silla)* wobbly ◇ *m,f* lame person

**cojón** [ko'xon] *m* *(vulg)* *(testículo)* ball ◆ **cojones** *interj* *(vulg)* balls!

**cojudez** [koxu'ðeθ] *f* *(Amér)* *(fam)* silly thing

**cojudo, da** [ko'xuðo, ða] *adj* *(Andes)* *(fam)* stupid

**col** ['kol] *f* cabbage ● **col de Bruselas** Brussels sprout

**cola** ['kola] *f* **1.** *(rabo, de avión)* tail **2.** *(fila)* queue *(UK)*, line *(US)* **3.** *(de tren)* back **4.** *(de vestido)* train **5.** *(para pegar)* glue **6.** *(bebida)* cola ● **cola de caballo** ponytail ● **hacer cola** to queue *(UK)*, to stand in line *(US)* ● **traer cola** *(fig)* to have repercussions

**colaboración** [kolaβora'θi̯on] *f* **1.** *(en trabajo, tarea)* collaboration **2.** *(en publicación)* article

**colaborador, ra** [kolaβora'ðor, ra] *m,f* **1.** *(en trabajo)* collaborator **2.** *(en periódico)* writer

**colaborar** [kolaβo'rar] *vi* ● **colaborar en una tarea** to collaborate on a task ● **colaborar en un periódico** to write fo[r a] newspaper

**colada** [ko'laða] *f* *(de ropa)* laundry

**colado, da** [ko'laðo, ða] *adj* ● es[tar] **colado por** *(fam)* to have a crush o[n]

**colador** [kola'ðor] *m* **1.** *(para líquid[os])* strainer **2.** *(para verduras)* colander

**colar** [ko'lar] ◇ *vt* **1.** *(líquido)* to strai[n] [2.] *(café)* to filter **3.** *(lo falso, lo ilegal)* to [slip] through ◇ *vi* to wash ● **no cuel[a]** won't wash ◆ **colarse** *vp* **1.** *(en c[ine,] metro)* to jump the queue *(UK)*, [to] jump the line *(US)* **2.** *(equivocarse)* [to] get it wrong

**colcha** ['koltʒa] *f* bedspread

**colchón** [kol'tʒon] *m* mattress ● [col]**chón inflable** air bed

**colchoneta** [koltʒo'neta] *f* *(en la pla[ya])* beach mat

**colección** [kolek'θi̯on] *f* collection

**coleccionar** [kolekθi̯o'nar] *vt* to coll[ect]

**coleccionista** [kolekθi̯o'nista] *mf* coll[ec]tor

**colecta** [ko'lekta] *f* collection

**colectivo, va** [kolek'tiβo, βa] ◇ [*adj*] collective ◇ *m* group

**colega** [ko'leɣa] *mf* colleague

**colegiado, da** [kole'xi̯aðo, ða] *m,f* re[fe]ree

**colegial, la** [kole'xi̯al, la] *m,f* sch[ool]child

**colegio** [ko'lexi̯o] *m* **1.** *(de estudian[tes])* school **2.** *(de profesionales)* professio[nal] association

**cólera** ['kolera] ◇ *m* *(enfermedad)* chol[era] ◇ *f* *(enfado)* rage

**colérico, ca** [ko'leriko, ka] *adj* b[ad-]tempered

**lesterol** [koleste'rol] *m* cholesterol
**leta** [ko'leta] *f* pigtail
**lgador** [kolɣa'ðor] *m* hanger
**lgar** [kol'ɣar] ◇ *vt* **1.** to hang **2.** *(la* *a)* to hang out **3.** *(fam) (abandonar)* give up ◇ *vi* **1.** *(pender)* to hang **2.** *(al éfono)* to hang up ● **colgar el telé-** no to hang up
**liflor** [koli'flor] *f* cauliflower
**lilla** [ko'liʎa] *f* butt
**lina** [ko'lina] *f* hill
**lirio** [ko'lirio] *m* eye drops
**litis** [ko'litis] *f inv* colitis
**llage** [ko'ʎaxe] *m* collage
**llar** [ko'ʎar] *m* **1.** *(joya)* necklace **2.** *ra animales)* collar
**llarín** [koʎa'rin] *m* surgical collar
**lmado** [kol'maðo] *m* grocer's (shop)
**lmar** [kol'mar] *vt (cuchara, vaso, etc)* to to the brim ● **colmar a alguien de gios** to shower sb with praise
**lmena** [kol'mena] *f* beehive
**lmillo** [kol'miʎo] *m* **1.** *(de persona)* etooth **2.** *(de elefante)* tusk
**lmo** ['kolmo] *m* ● **ser el colmo de** to the height of ● **¡eso es el colmo!** at's the last straw!
**locación** [koloka'θion] *f* position
**locado, da** [kolo'kaðo, ða] *adj* **1.** *m) (drogado)* high **2.** *(bebido)* plas- ed
**locar** [kolo'kar] *vt* to place ◆ **colo- rse** *vp (fam) (drogarse)* to get stoned
**lombia** [ko'lombia] *s* Colombia
**lombiano, na** [kolom'biano, na] *adj* & Colombian
**lonia** [ko'lonia] *f* **1.** *(perfume)* (eau de) logne **2.** *(grupo de personas, territorio)* colony **3.** *(Méx) (barrio)* area ● **colonia proletaria** *(Amér)* slum area ● **colonia de verano** summer camp ◆ **colonias** *fpl (para niños)* holiday camp *sg (UK)*, summer camp *sg (US)* ● **ir de colonias** to go to a holiday camp
**colonización** [koloniθa'θion] *f* colonization
**colonizar** [koloni'θar] *vt* to colonize
**colono** [ko'lono, na] *m* settler
**coloquial** [koloki'al] *adj* colloquial
**coloquio** [kolo'kio] *m* debate
**color** [ko'lor] *m* **1.** colour **2.** *(colorante)* dye **3.** *(aspecto)* tone ● **en color** colour *(antes de s)*
**colorado, da** [kolo'raðo, ða] *adj (rojo)* red ● **ponerse colorado** to go red
**colorante** [kolo'rante] *m* colouring
**colorete** [kolo'rete] *m* blusher
**colorido** [kolo'riðo] *m* **1.** *(conjunto de colores)* colours *pl* **2.** *(animación)* colour
**colosal** [kolo'sal] *adj* **1.** *(extraordinario)* extraordinary **2.** *(muy grande)* colossal
**columna** [ko'lumna] *f* **1.** column **2.** *(de objetos)* stack ● **columna vertebral** spinal column
**columpiarse** [kolum'piarse] *vp* to swing
**columpio** [ko'lumpio] *m* swing
**coma** ['koma] ◇ *f* **1.** *(signo ortográfico)* comma **2.** *(signo matemático)* decimal point ◇ *m* ● **estar en coma** to be in a coma ● **cinco coma dos** five point two
**comadre** [ko'maðre] *f (Amér)* female friend (to a woman)
**comadreja** [koma'ðrexa] *f* weasel
**comadrona** [koma'ðrona] *f* midwife
**comal** [ko'mal] *m (CAm & Méx) metal or ceramic griddle for making tortillas*

**comandante** [koman'dante] *mf* major
**comando** [ko'mando] *m* commando
**comarca** [ko'marka] *f* area
**comba** ['komba] *f (juego)* skipping (*UK*), jump rope (*US*) • **saltar a la comba** to skip, to jump rope (*US*)
**combate** [kom'bate] *m* fight • **combates** *mpl* fighting *sg*
**combatir** [komba'tir] ◇ *vi* to fight ◇ *vt* to combat
**combinación** [kombina'θi̯on] *f* **1.** combination **2.** *(de transportes)* connections *pl* **3.** *(prenda femenina)* slip
**combinado** [kombi'naðo] *m* *(cóctel)* cocktail
**combinar** [kombi'nar] ◇ *vt* **1.** *(unir, mezclar)* to combine **2.** *(bebidas)* to mix ◇ *vi* • **combinar (con)** *(colores, ropa etc)* to go together (with) • **combinar algo con** *(compaginar)* to combine sthg with
**combustible** [kombus'tiβle] *m* fuel
**combustión** [kombus'ti̯on] *f* combustion
**comecocos** [kome'kokos] *m inv (juego)* brainteaser
**comedia** [ko'meði̯a] *f* **1.** *(obra humorística)* comedy **2.** *(obra en general)* play • **hacer comedia** *(fam)* to pretend
**comediante** [kome'ði̯ante] *mf* **1.** *(actor)* actor (*f* actress) **2.** *(farsante)* fraud
**comedor** [kome'ðor] *m* **1.** *(habitación)* dining room **2.** *(muebles)* dining room furniture
**comensal** [komen'sal] *mf* fellow diner
**comentar** [komen'tar] *vt* to comment on
**comentario** [komen'tari̯o] *m* **1.** *(observación)* comment **2.** *(análisis)* commentary
**comentarista** [komenta'rista] *mf* commentator
**comenzar** [komen'θar] *vt & vi* to begin, to start • **comenzó a llover** it began to rain, it started to rain
**comer** [ko'mer] ◇ *vt* to eat ◇ *vi* *(alimentarse)* to eat **2.** *(almorzar)* to have lunch
**comercial** [komer'θi̯al] ◇ *adj* commercial ◇ *m* *(Amér)* *TV* advert (*UK*), commercial (*US*)
**comercializar** [komerθi̯ali'θar] *vt* to market
**comerciante** [komer'θi̯ante] *mf* **1.** *(negociante)* trader **2.** *(tendero)* shopkeeper
**comerciar** [komer'θi̯ar] *vi* to trade • **comerciar con armas** to trade in arms
**comercio** [ko'merθi̯o] *m* **1.** *(negocio)* trade **2.** *(tienda)* shop **3.** *(actividad comercial)* business
**comestible** [komes'tiβle] *adj* edible
**cometa** [ko'meta] ◇ *m (astro)* comet *(juguete)* kite
**cometer** [kome'ter] *vt* **1.** *(delito)* commit **2.** *(error)* to make
**cometido** [kome'tiðo] *m* task
**cómic** ['komik] *m* comic (*UK*), comic book (*US*)
**comicios** [ko'miθi̯os] *mpl (formal)* elections
**cómico, ca** ['komiko, ka] ◇ *adj* *(gracioso)* comical **2.** *(de la comedia)* comedy *(antes de s)* ◇ *m,f* comedian, comedienne)
**comida** [ko'miða] *f* **1.** *(alimento)* food *(almuerzo, cena, etc)* meal **3.** *(almuerzo)* lunch • **comida basura** junk food **comida rápida** fast food • **comi**

**aseras** home-made food *sg* ◆ **comidas ara llevar** takeaway food *sg*
**omienzo** [ko'mienθo] *m* beginning, art ◆ **a comienzos de año** at the eginning of the year
**omillas** [ko'miʎas] *fpl* inverted comas (*UK*), parantheses (*US*) ◆ **entre omillas** in inverted commas
**omilón, ona** [komi'lon, ona] *adj* reedy
**omilona** [komi'lona] *f* (*fam*) blow-out JK), feast
**omino** [ko'mino] *m* cumin ◆ **me nporta un comino** (*fam*) I couldn't are less
**omisaría** [komisa'ria] *f* police station
**omisario, ria** [komi'sario, ria] *m,f* **1.** (*de olicía*) police superintendent **2.** (*de xposición, museo*) curator
**omisión** [komi'sion] *f* **1.** (*grupo de ersonas*) committee **2.** (*cantidad de dinero*) commission
**omisura** [komi'sura] *f* (*de labios*) corner f the mouth
**omité** [komi'te] *m* committee
**omitiva** [komi'tiβa] *f* retinue
**omo** ['komo] ◇ *adv* **1.** as **2.** (*comparativo*) ke **3.** (*aproximadamente*) roughly, more r less ◇ *conj* **1.** (*ya que*) as **2.** (*si*) if ◆ **an ...como ...** as ... as ... ◆ **como si** as if
**ómo** ['komo] ◇ *adv* how ◇ *m* ◆ **el ómo y el porqué** the whys and wherefores ◆ **¿cómo es?** what's it ke? ◆ **¿cómo?** (*¿qué dices?*) sorry? ◆ **ómo no!** of course!
**ómoda** ['komoða] *f* chest of drawers
**ómodamente** [ˌkomoða'mente] *adv* omfortably

**comodidad** [komoði'ðað] *f* comfort ◆ **comodidades** *fpl* (*ventajas*) advantages ◆ **con todas las comodidades** all mod cons
**comodín** [komo'ðin] *m* joker
**cómodo, da** ['komoðo, ða] *adj* comfortable
**comodón, ona** [komo'ðon, ona] *adj* comfort-loving
**compacto, ta** [kom'pakto, ta] ◇ *adj* compact ◇ *m* compact disc
**compadecer** [kompaðe'θer] *vt* to feel sorry for ◆ **compadecerse de** *v + prep* to feel sorry for
**compadre** [kom'paðre] *m* (*CAm & Méx*) mate (*UK*), buddy (*US*)
**compadrear** [kompaðre'ar] *vi* (*Amér*) (*fam*) to brag
**compadreo** [kompa'ðreo] *m* (*Amér*) (*fam*) friendship
**compaginar** [kompaxi'nar] *vt* ◆ **compagina el trabajo con los estudios** she combines her job with her studies
**compañerismo** [kompaɲe'rizmo] *m* comradeship
**compañero, ra** [kompa'ɲero, ra] *m,f* **1.** (*acompañante*) companion **2.** (*de clase*) classmate **3.** (*de trabajo*) colleague **4.** (*de juego*) partner **5.** (*amigo*) partner
**compañía** [kompa'ɲia] *f* company ◆ **de compañía** (*animal*) pet ◆ **hacer compañía a alguien** to keep sb company
**comparación** [kompara'θion] *f* comparison
**comparar** [kompa'rar] *vt* to compare ◆ **compararse** *vp* ◆ **compararse con** to compare with
**comparsa** [kom'parsa] ◇ *f* **1.** (*de fiesta*)

*group of masked revellers at carnival* **2.** *(de teatro)* extras *pl* ◇ *mf* extra
**compartimento** *m* compartment
**compartir** [kompar'tir] *vt* to share ◆ **compartir algo con alguien** to share sthg with sb
**compás** [kom'pas] *m* **1.** *(en dibujo)* pair of compasses **2.** *(ritmo)* beat
**compasión** [kompa'sjon] *f* compassion
**compasivo, va** [kompa'siβo, βa] *adj* compassionate
**compatible** [kompa'tiβle] *adj* compatible ◆ **compatible con** compatible with
**compatriota** [kompa'trjota] *mf* compatriot
**compenetrarse** [kompene'trarse] *vp* to be in tune
**compensación** [kompensa'θjon] *f* compensation
**compensar** [kompen'sar] ◇ *vt* to compensate for ◇ *vi* *(satisfacer)* to be worthwhile ◆ **compensar algo con** to make up for sthg with
**competencia** [kompe'tenθja] *f* **1.** *(rivalidad)* competition **2.** *(incumbencia)* area of responsibility **3.** *(aptitud)* competence
**competente** [kompe'tente] *adj* competent
**competición** [kompeti'θjon] *f* competition
**competir** [kompe'tir] *vi* to compete
**competitivo, va** [kompeti'tiβo, βa] *adj* competitive
**complacer** [kompla'θer] ◇ *vt* to please ◇ *vi* to be pleasing ◆ **complacerse** *vp* ◆ **complacerse en** to take pleasure in
**complaciente** [kompla'θjente] *adj* obliging
**complejidad** [komplexi'ðað] *f* compl xity
**complejo, ja** [kom'plexo, xa] *adj* & complex
**complementar** [komplemen'tar] *vt* complement ◆ **complementarse** *vp* complement one another
**complementario, ria** [komplemen' o, rja] *adj* complementary
**complemento** [komple'mento] *m* **1.** *( cesorio)* complement **2.** *(en gramáti* complement, object
**completamente** [kom,pleta'mente] *a* completely
**completar** [komple'tar] *vt* **1.** to co plete **2.** *(Amér)* *(rellenar)* to fill out
**completo, ta** [kom'pleto, ta] *adj* **1.** *( todas sus partes)* complete **2.** *(lleno)* f ◆ **por completo** completely ▼ **comp** to no vacancies
**complexión** [komplek'sjon] *f* build
**complicación** [komplika'θjon] *f* comp cation
**complicado, da** [kompli'kaðo, ða] complicated
**complicar** [kompli'kar] *vt* *(hacer difí* to complicate ◆ **complicar a alguien** *(implicar)* to involve sb in ◆ **complica se** *vp* **1.** *(situación, problema)* to complicated **2.** *(enfermedad)* to worse
**cómplice** ['kompliθe] *mf* accomplice
**complot** [kom'plot] *m* plot
**componente** [kompo'nente] *m* comp nent
**componer** [kompo'ner] *vt* **1.** *(obra lite ria)* to write **2.** *(obra musical)* to compo **3.** *(lo roto)* to repair **4.** *(lo desordenado)*

ly up (*UK*), to clean up (*US*) ◆ **mponerse de** *v + prep* to consist of ◆ **componérselas** to manage
**mportamiento** [komporta'mjento] *m* haviour
**mportar** [kompor'tar] *vt* to involve ◆ **mportarse** *vp* to behave ◆ **portarse en/mal** to behave well/badly
**mposición** [komposi'θjon] *f* composi-on
**mpositor, ra** [komposi'tor, ra] *m,f* mposer
**mpostura** [kompos'tura] *f* *(buena edu-ción)* good behaviour
**mpota** [kom'pota] *f* stewed fruit *(K)*, compote ◆ **compota de manzana** ewed apple
**mpra** ['kompra] *f* purchase ◆ **hacer compra** to do the shopping ◆ **ir de mpras** to go shopping ◆ **compra a azos** hire purchase (*UK*), installment an (*US*)
**mprador, ra** [kompra'ðor, ra] *m,f* iyer
**mprar** [kom'prar] *vt* to buy ◆ **le mpraron una cámara digital** they ught him a digital camera
**mprender** [kompren'der] *vt* **1.** *(enten-r)* to understand **2.** *(abarcar)* to mprise
**mprensible** [kompren'siβle] *adj* un-rstandable
**mprensión** [kompren'sjon] *f* **1.** *(de rcicio, texto)* comprehension **2.** *(de oblema, situación)* understanding
**mprensivo, va** [kompren'siβo, βa] *adj* iderstanding
**mpresa** [kom'presa] *f* **1.** *(para higiene femenina)* sanitary towel (*UK*) o napkin (*US*) **2.** *(para uso médico)* compress
**compresor** [kompre'sor] *m* *(máquina)* compressor
**comprimido, da** [kompri'miðo, ða] ◇ *adj* compressed ◇ *m* pill
**comprimir** [kompri'mir] *vt* to compress
**comprobación** [komproβa'θjon] *f* checking
**comprobar** [kompro'βar] *vt* **1.** *(verificar)* to check **2.** *(demostrar)* to prove
**comprometer** [komprome'ter] *vt* to compromise ◆ **comprometerse** *vp* *(novios)* to get engaged ◆ **comprometerse (a)** to commit o.s. (to) ◆ **comprometerse (con)** to commit o.s. (to)
**comprometido, da** [komprome'tiðo, ða] *adj* *(empeñado)* committed
**compromiso** [kompro'miso] *m* **1.** *(obligación)* commitment **2.** *(acuerdo)* compromise **3.** *(apuro)* difficult situation ◆ **sin compromiso** without obligation
**compuerta** [kom'pwerta] *f* sluice gate
**compuesto, ta** [kom'pwesto, ta] ◇ *adj* **1.** *(por varios elementos)* composed **2.** *(reparado)* repaired ◇ *m* compound
**compungido, da** [kompun'xiðo, ða] *adj* remorseful
**comulgar** [komul'γar] *vi* to take communion ◆ **comulgar con** *v + prep* *(ideas, sentimientos)* to agree with
**común** [ko'mun] *adj* **1.** *(frecuente)* common **2.** *(compartido)* shared
**comuna** [ko'muna] *f* *(CSur & Perú)* municipality
**comunicación** [komunika'θjon] *f* **1.** *(entre personas, animales)* communication **2.**

*(escrito)* communiqué **3.** *(por carretera, tren, etc)* communications *pl* • **se cortó la comunicación** I was cut off

**comunicado, da** [komuni'kaðo, ða] ◇ *adj* connected ◇ *m* statement • **bien/mal comunicado** *(pueblo, ciudad)* with good/bad connections

**comunicar** [komuni'kar] ◇ *vt* to communicate ◇ *vi* *(al teléfono)* to get through • **está comunicando** *(teléfono)* the line's engaged

**comunicativo, va** [komunika'tiβo, βa] *adj* communicative

**comunidad** [komuni'ðað] *f* community • **comunidad autónoma** *Spanish autonomous region* • **Comunidad Europea** European Community

## comunidad autónoma

Devolution is more advanced in Spain than in Britain. The 1978 Constitution created 17 autonomous communities, including Ceuta and Melilla, with their own directly elected parliaments, governments and high courts. While some policy areas are still controlled by central government, the autonomous communities are responsible for matters ranging from taxation to housing and education, although these powers vary from one region to another.

**comunión** [komu'nion] *f* communion

**comunismo** [komu'nizmo] *m* communism

**comunista** [komu'nista] *mf* commun

**comunitario, ria** [komuni'tario, ria] community *(antes de s)*

**con** [kon] *prep* **1.** *(modo, medio)* with **hazlo con el martillo** do it with hammer • **lo ha conseguido con esfuerzo** he has achieved it throu his own efforts **2.** *(compañía)* with **trabaja con su padre** he works with father **3.** *(junto a)* with • **una cart con varios documentos** a briefc containing several documents **4.** *pesar de)* in spite of • **con lo aplica que es lo han suspendido** for all hard work, they still failed him • **todo iremos a su casa** we'll go to house anyway **5.** *(condición)* by • **salir a las cinco será suficiente** if leave at five we'll have plenty of ti **6.** *(en locuciones)* • **con (tal) que** as lo as

**conato** [ko'nato] *m* **1.** *(de agresi* attempt **2.** *(de incendio)* beginnings

**cóncavo, va** ['konkaβo, βa] *adj* conca

**concebir** [konθe'βir] *vt* to conceive **no concibo cómo pudiste hacer es** can't believe you did that

**conceder** [konθe'ðer] *vt* **1.** *(dar)* to gr **2.** *(premio)* to award **3.** *(asentir)* to ad

**concejal, la** [konθe'xal, la] *m,f* coun lor

**concentración** [konθentra'θion] *f* **1.** *personas)* gathering **2.** *(de líquido)* co centration

**concentrado, da** [konθen'traðo, ða *adj* **1.** *(reunido)* gathered **2.** *(espe* concentrated ◇ *m* • **concentrado d** concentrated ...

**ɔncentrar** [konθen'traɾ] *vt* **1.** *(interés,* *ención)* to concentrate **2.** *(lo desunido)* ɩ bring together ◆ **concentrarse** *vp* ◆ **ɔncéntrate en los estudios** concen-ate on your studies ◆ **se concentra-ɔn en el centro de la ciudad** they ıthered in the center of town

**ɔncepción** [konθep'θi̯on] *f* conception

**ɔncepto** [kon'θepto] *m* **1.** *(idea)* con-ːpt **2.** *(opinión)* opinion ◆ **en concepto** ɛ by way of

**ɔncernir** [konθer'nir] ◆ **concernir a** *v* + *ep* to concern

**ɔncertación** [konθerta'θi̯on] *f* agree-ɩent

**ɔncertado, da** [konθer'taðo, ða] *adj* ȝreed

**ɔncertar** [konθer'taɾ] *vt* **1.** *(precio)* to ȝree on **2.** *(cita, entrevista)* to arrange **3.** *cuerdo)* to reach

**ɔncesión** [konθe'si̯on] *f* award

**ɔncesionario, ria** [konθesi̯o'nari̯o, ri̯a] *adj* concessionary ◇ *m* licensee

**ɔncha** ['kontʒa] *f* **1.** *(caparazón)* shell **2.** *ıaterial)* tortoiseshell

**ɔnciencia** [kon'θi̯enθi̯a] *f* **1.** *(conocimien-)* awareness **2.** *(moral)* conscience ◆ **conciencia** conscientiously ◆ **tener ɔnciencia de** to be aware of

**ɔncienzudo, da** [konθi̯en'θuðo, ða] *adj* ɔnscientious

**ɔncierto** [kon'θi̯erto] *m* **1.** *(actuación usical)* concert **2.** *(composición musical)* ɔncerto **3.** *(convenio)* agreement

**ɔnciliación** [konθili̯a'θi̯on] *f* reconci-ɜtion

**ɔnciliar** [konθi'li̯ar] *vt* to reconcile ◆ **ɔnciliar el sueño** to get to sleep ◆ **conciliarse con** *v* + *prep* to be reconciled with

**concisión** [konθi'si̯on] *f* conciseness

**conciso, sa** [kon'θiso, sa] *adj* concise

**concluir** [konɣlu'ir] ◇ *vt* to conclude ◇ *vi* to (come to an) end

**conclusión** [konklu'si̯on] *f* conclusion

**concordancia** [konkor'ðanθi̯a] *f* agreement

**concordar** [konkor'ðar] ◇ *vt* to reconcile ◇ *vi* **1.** *(de género)* to agree **2.** *(de número)* to tally ◆ **concordar con** *(coincidir con)* to agree with

**concordia** [kon'korði̯a] *f* harmony

**concretar** [konkre'taɾ] *vt* **1.** *(especificar)* to specify **2.** *(reducir)* to cut down

**concreto, ta** [kon'kreto, ta] ◇ *adj* **1.** *(no abstracto)* concrete **2.** *(específico)* specific ◇ *m* ◆ **concreto armado** *(Amér)* concrete

**concubina** [konku'βina] *f* concubine

**concurrencia** [konku'renθi̯a] *f* **1.** *(público)* audience **2.** *(de hechos)* concurrence **3.** *(asistencia)* attendance

**concurrente** [konku'rente] *adj* concurrent

**concurrido, da** [konku'riðo, ða] *adj* crowded

**concurrir** [konku'rir] *vi* **1.** *(asistir)* to attend **2.** *(coincidir)* to meet

**concursante** [konkur'sante] *mf* contestant

**concursar** [konkur'sar] *vi* to compete

**concurso** [kon'kurso] *m* **1.** *(de deportes, literatura)* competition **2.** *(en televisión)* game show

**condado** [kon'daðo] *m* county

**condal** [kon'dal] *adj* county *(antes de s)*

**conde, desa** ['konde, 'desa] *m,f* count (*f* countess)
**condecoración** [kondekora'θi̯on] *f* medal
**condena** [kon'dena] *f* sentence
**condenado, da** [konde'naðo, ða] ◇ *adj* convicted ◇ *m,f* convicted criminal
**condenar** [konde'nar] *vt* **1.** *(suj: juez)* to sentence **2.** *(desaprobar)* to condemn
**condensación** [kondensa'θi̯on] *f* condensation
**condensar** [konden'sar] *vt* to condense
**condición** [kondi'θi̯on] *f* **1.** *(supuesto)* condition **2.** *(modo de ser)* nature **3.** *(estado social)* status ◆ **condiciones** *fpl* *(situación)* conditions ● **estar en buenas/malas condiciones** to be/not to be in a fit state
**condicional** [kondiθi̯o'nal] *adj* conditional
**condimentar** [kondimen'tar] *vt* to season
**condimento** [kondi'mento] *m* seasoning
**condominio** [kondo'mini̯o] *m* **1.** *(Amér)* *(viviendas)* block of flats *(UK)*, apartment building *(US)* **2.** *(oficinas)* office block *(UK)* o building *(US)*
**conducción** [konduk'θi̯on] *f* **1.** *(de vehículos)* driving **2.** *(cañerías)* pipes *pl*
**conducir** [kondu'θir] ◇ *vt* **1.** *(vehículo)* to drive **2.** *(llevar)* to lead **3.** *(dirigir)* to conduct ◇ *vi* to drive
**conducta** [kon'dukta] *f* behaviour
**conducto** [kon'dukto] *m* **1.** *(tubo)* pipe **2.** *(vía)* channel
**conductor, ra** [konduk'tor, ra] *m,f* driver
**conectar** [konek'tar] *vt* to connec
**conectar con** *v + prep* **1.** *(contactar c*
to get in touch with **2.** *(comprender)*
get on well with
**conejera** [kone'xera] *f* *(madriguera)* w
ren
**conejo, ja** [ko'nexo, xa] *m,f* rabbit
**conejo a la cazadora** *rabbit cooked olive oil, with onion, garlic and pars*
**conexión** [konek'si̯on] *f* connection
**confección** [konfek'θi̯on] *f* *(de vesti* dressmaking ◆ **confecciones** *fpl* *(tien* clothes shop *sg*
**confederación** [konfeðera'θi̯on] *f* cc federation
**conferencia** [konfe'renθi̯a] *f* **1.** *(dis tación)* lecture **2.** *(por teléfono)* lo distance call
**conferenciante** [konferen'θi̯ante] speaker *(at conference)*
**confesar** [konfe'sar] *vt* to confes
**confesarse** *vp* to take confession
**confesión** [konfe'si̯on] *f* **1.** *(de los pe dos)* confession **2.** *(religión)* religion
**confesionario** [konfesi̯o'nari̯o] *m* cc fessional
**confesor** [konfe'sor] *m* confessor
**confeti** [kon'feti] *m* confetti
**confiado, da** [kon'fi̯aðo, ða] *adj* *(crédu* trusting
**confianza** [kon'fi̯anθa] *f* **1.** *(segurid* confidence **2.** *(fe)* faith **3.** *(trato famil* familiarity
**confiar** [konfi'ar] *vt* **1.** *(secreto)* confide **2.** *(persona, cosa)* to entrus
**confiar en** *v + prep* **1.** *(persona)* to tr **2.** *(esperar en)* to have faith in
**confiar en que** to be confident tha

**onfiarse** *vp* to be overconfident
**onfidencia** [konfi'ðenθi̯a] *f* confidence
**onfidencial** [konfiðen'θi̯al] *adj* confi-ential
**onfidente** [konfi'ðente] *mf* **1.** *(de un ecreto)* confidante **2.** *(de la policía)* nformer
**onfiguración** [konfiɣura'θi̯on] *f* confi-uration
**onfigurar** [konfiɣu'rar] *vt* to shape
**onfirmación** [konfirma'θi̯on] *f* confir-nation
**onfirmar** [konfir'mar] *vt* to confirm
**onfiscar** [konfis'kar] *vt* to confiscate
**onfitado, da** [konfi'taðo, ða] *adj* rystallized
**onfite** [kon'fite] *m* sweet (*UK*), candy *US*)
**onfitería** [konfite'ria] *f (tienda)* sweet hop (*UK*), candy store (*US*)
**onfitura** [konfi'tura] *f* preserve
**onflictivo, va** [konflik'tiβo, βa] *adj* ifficult
**onflicto** [kon'flikto] *m* **1.** *(desacuerdo)* onflict **2.** *(situación difícil)* difficulty
**onfluencia** [kon'flu̯enθi̯a] *f* **1.** *(lugar)* ntersection **2.** *(de ríos)* confluence
**onfluir** [konflu'ir] ◆ **confluir en** *v + rep* to meet at
**onformarse** [konfor'marse] ◆ **confor-narse con** *v + prep* to settle for
**onforme** [kon'forme] ◇ *adj* in agree-nent ◇ *adv* as ◈ **conforme a** o **con** in ccordance with
**onformidad** [konformi'ðað] *f* ◈ **dar la onformidad** to give one's consent
**onformismo** [konfor'mizmo] *m* con-ormism
**conformista** [konfor'mista] *mf* confor-mist
**confort** [kon'for] *m* comfort ▼ **todo confort** all mod cons
**confortable** [konfor'taβle] *adj* comfor-table
**confrontación** [konfronta'θi̯on] *f* con-frontation
**confundir** [konfun'dir] *vt* to confuse ◈ **me están confundiendo con otro** they're confusing me with someone else ◆ **confundirse** *vp* **1.** *(equivocarse)* to make a mistake **2.** *(al teléfono)* to get the wrong number ◈ **confundirse de casa** to get the wrong house ◆ **confundirse con** *v + prep (mezclarse con)* to merge into
**confusión** [konfu'si̯on] *f* **1.** *(equivocación)* mix-up **2.** *(desorden)* confusion
**confuso, sa** [kon'fuso, sa] *adj* **1.** *(perplejo)* confused **2.** *(no diferenciado)* unclear
**congelación** [konxela'θi̯on] *f* freezing
**congelado, da** [konxe'laðo, ða] *adj* **1.** *(alimentos, productos)* frozen **2.** *(persona)* freezing ◆ **congelados** *mpl (alimentos)* frozen foods
**congelador** [konxela'ðor] *m* freezer
**congelar** [konxe'lar] *vt* to freeze ◆ **congelarse** *vp (persona)* to be freezing
**congénito, ta** [kon'xenito, ta] *adj* con-genital
**congestión** [konxes'ti̯on] *f* congestion
**conglomerado** [konglome'raðo] *m (de madera)* hardboard
**congregar** [kongre'ɣar] *vt* to gather together ◆ **congregarse** *vp* to gather
**congresista** [kongre'sista] *mf* delegate
**congreso** [kon'greso] *m* **1.** *(de especialis-*

*tas)* conference **2.** *(de diputados)* parliament, congress ◆ **el congreso de diputados** *the lower house of the Spanish Parliament*
**conjetura** [konxe'tura] *f* conjecture
**conjugación** [konxuɣa'θi̯on] *f* **1.** *(de verbos)* conjugation **2.** *(de colores, estilos, etc)* combination
**conjugar** [konxu'ɣar] *vt* **1.** *(verbos)* to conjugate **2.** *(unir)* to combine
**conjunción** [konxun'θi̯on] *f* **1.** *GRAM* conjunction **2.** *(unión)* combining
**conjuntamente** [kon,xunta'mente] *adv* jointly
**conjuntivitis** [konxunti'βitis] *f inv* conjunctivitis
**conjunto** [kon'xunto] *m* **1.** *(grupo, de rock)* group **2.** *(ropa)* outfit **3.** *(en matemáticas)* set ◆ **en conjunto** as a whole
**conmemoración** [kommemora'θi̯on] *f* commemoration
**conmemorar** [kommemo'rar] *vt* to commemorate
**conmigo** [kom'miɣo] *pron* with me
**conmoción** [kommo'θi̯on] *f* shock ◆ **conmoción cerebral** concussion
**conmover** [kommo'βer] *vt (impresionar)* to move, to touch
**conmutador** [kommuta'ðor] *m* **1.** *(de electricidad)* switch **2.** *(Amér) (centralita)* switchboard
**cono** ['kono] *m* cone
**conocer** [kono'θer] *vt* **1.** to know **2.** *(persona por primera vez)* to meet **3.** *(distinguir)* to recognize ◆ **conocerse** *vp* **1.** *(tratarse)* to know one another **2.** *(por primera vez)* to meet **3.** *(reconocerse)* to recognize one another **4.** *(uno mism*
to know o.s.
**conocido, da** [kono'θiðo, ða] ◇ *adj* we
known ◇ *m,f* acquaintance
**conocimiento** [konoθi'mi̯ento] *m* **1.** *(e tendimiento)* knowledge **2.** *MED* cor
ciousness ◆ **conocimientos** *n*
knowledge *sg*
**conque** [konke] *conj* so
**conquista** [kon'kista] *f* conquest
**conquistador, ra** [konkista'ðor, ra] *adj* seductive ◇ *m,f* conqueror
**conquistar** [konkis'tar] *vt* **1.** *(país, ter torio)* to conquer **2.** *(puesto, trabajo, e*
to obtain **3.** *(persona)* to win over
**consagrado, da** [konsa'ɣraðo, ða] *adj (en religión)* consecrated **2.** *(dedicac*
dedicated
**consagrar** [konsa'ɣrar] *vt* **1.** *(monumen calle, etc)* to dedicate **2.** *(acreditar)*
confirm
**consciente** [kons'θi̯ente] *adj* ◆ **est consciente** to be conscious ◆ **s consciente de la situación** I'm awa
of the situation
**consecuencia** [konse'ku̯enθi̯a] *f* cons
quence ◆ **en consecuencia** cons
quently
**consecuente** [konse'ku̯ente] *adj* **1.** *(persor*
consistent **2.** *(hecho)* resultant *(antes de*
**consecutivo, va** [konseku'tiβo, βa] *a*
consecutive
**conseguir** [konse'ɣir] *vt* **1.** *(lograr)*
obtain **2.** *(objetivo)* to achieve
**consejo** [kon'sexo] *m* **1.** *(advertenci*
advice **2.** *(advertencia concreta)* piece
advice **3.** *(organismo)* council **4.** *(reunic*
meeting

**consenso** [kon'senso] *m* consensus
**consentido, da** [konsen'tiðo, ða] *adj* spoilt (*UK*), spoiled (*US*)
**consentir** [konsen'tir] *vt* (*permitir*) to allow
**conserje** [kon'serxe] *m* caretaker
**conserjería** [konserxe'ria] *f* reception (desk)
**conserva** [kon'serβa] *f* ◆ **en conserva** tinned (*UK*), canned ◆ **conservas** *fpl* tinned food *sg* (*UK*), canned food *sg* (*US*)
**conservador, ra** [konserβa'ðor, ra] *adj* **1.** (*en ideología*) conservative **2.** (*en política*) Conservative
**conservadurismo** [konserβaðu'rizmo] *m* conservatism
**conservante** [konser'βante] *m* preservative
**conservar** [konser'βar] *vt* **1.** (*mantener, cuidar*) to preserve **2.** (*guardar*) to keep ◆ **conservarse** *vp* **1.** (*persona*) to look after o.s. **2.** (*alimentos, productos*) to keep
**conservatorio** [konserβa'torio] *m* conservatoire
**considerable** [konsiðe'raβle] *adj* **1.** (*grande*) considerable **2.** (*hecho*) notable
**consideración** [konsiðera'θion] *f* (*respeto*) respect ◆ **de consideración** considerable
**considerar** [konsiðe'rar] *vt* **1.** to consider **2.** (*valorar*) to value
**consigna** [kon'siyna] *f* **1.** (*orden*) instructions *pl* **2.** (*depósito*) left-luggage office (*UK*), baggage room (*US*) ◆ **consigna automática** (left-)luggage locker
**consignación** [konsiyna'θion] *f* consignment
**consigo** [kon'siyo] *pron* **1.** (*con él, con ella*) with him (*f* with her) **2.** (*con usted*) with you **3.** (*con uno mismo*) with o.s.
**consiguiente** [konsiyi'ente] ◆ **por consiguiente** *adv* therefore
**consistencia** [konsis'tenθia] *f* consistency
**consistente** [konsis'tente] *adj* (*sólido*) solid
**consistir** [konsis'tir] ◆ **consistir en** *v* + *prep* **1.** (*componerse de*) to consist of **2.** (*estar fundado en*) to be based on
**consistorio** [konsis'torio] *m* town council (*UK*), city hall (*US*)
**consola** [kon'sola] *f* **1.** (*mesa*) console table **2.** (*de videojuegos*) console
**consolar** [konso'lar] *vt* to console ◆ **consolarse** *vp* to console o.s.
**consolidación** [konsoliða'θion] *f* consolidation
**consolidar** [konsoli'ðar] *vt* to consolidate
**consomé** [konso'me] *m* consommé ◆ **consomé al jerez** *consommé made with sherry*
**consonante** [konso'nante] *f* consonant
**consorcio** [kon'sorθio] *m* consortium
**consorte** [kon'sorte] *mf* spouse
**conspiración** [konspira'θion] *f* conspiracy
**conspirar** [konspi'rar] *vi* to conspire
**constancia** [kons'tanθia] *f* (*tenacidad*) perseverance
**constante** [kons'tante] ◇ *adj* **1.** (*que dura*) constant **2.** (*tenaz*) persistent ◇ *f* constant ◆ **constantes vitales** vital signs
**constantemente** [kons,tante'mente] *adv* constantly

**constar** [kons'tar] ◆ **constar de** *v + prep* to be made up of ◆ **constar en** *v + prep (figurar en)* to appear in ◆ **me consta que** I know that ◆ **que conste que estoy en contra del proyecto** let there be no doubt that I'm against the project
**constelación** [konstela'θi̯on] *f* constellation
**constipado** [konsti'paðo] *m* cold
**constiparse** [konsti'parse] *vp* to catch a cold
**constitución** [konstitu'θi̯on] *f* **1.** *(forma)* make-up **2.** *(ley)* constitution
**constitucional** [konstituθi̯o'nal] *adj* constitutional
**constituir** [konstitu'ir] *vt* **1.** *(formar)* to make up **2.** *(componer, fundar)* to form **3.** *(ser)* to be ◆ **constituirse** *vp (formarse)* to form ◆ **constituirse de** *(estar compuesto de)* to be made up of
**construcción** [konstruk'θi̯on] *f* **1.** *(edificio)* building **2.** *(arte)* construction
**constructivo, va** [konstruk'tiβo, βa] *adj* constructive
**constructor** [konstruk'tor] *m* builder
**constructora** [konstruk'tora] *f* construction company
**construir** [konstru'ir] *vt* **1.** to build **2.** *(máquina)* to manufacture
**consuelo** [kon'su̯elo] *m* consolation
**cónsul** ['konsul] *mf* consul
**consulado** [konsu'laðo] *m* **1.** *(lugar)* consulate
**consulta** [kon'sulta] *f* **1.** *(aclaración, examen médico)* consultation **2.** *(pregunta)* question ◆ **consulta (médica)** surgery
**consultar** [konsul'tar] *vt* **1.** *(persona, libro)* to consult **2.** *(dato)* to look up ◆ **consultarle algo a alguien** to consult about sthg
**consultorio** [konsul'tori̯o] *m* **1.** *(de m dico)* surgery *(UK)*, doctor's office *(U* **2.** *(de revista)* problem page
**consumición** [konsumi'θi̯on] *f* **1.** *(alime to)* food **2.** *(bebida)* drink ▼ **consum ción obligatoria** minimum charge
**consumidor, ra** [konsumi'ðor, ra] *m* consumer
**consumir** [konsu'mir] ◇ *vt* **1.** *(gastar)* use **2.** *(acabar totalmente)* to use up ◇ *(gastar dinero)* to spend ◆ **consumirse** *(extinguirse)* to burn out
**consumismo** [konsu'mizmo] *m* cons merism
**consumo** [kon'sumo] *m* consumption
**contabilidad** [kontaβili'ðað] *f (cuenta* accounts *pl*
**contable** [kon'taβle] *mf* accountant
**contacto** [kon'takto] *m* **1.** contact **2.** *( coche)* ignition
**contador, ra** [konta'ðor, ra] ◇ *m,f (Amér) (prestamista)* moneylender *(contable)* accountant ◇ *m* meter
**contagiar** [konta'xi̯ar] *vt* **1.** *(persona)* infect **2.** *(enfermedad)* to pass on, to gi
**contagio** [kon'taxi̯o] *m* infection **transmitirse por contagio** to be cont gious
**contagioso, sa** [konta'xi̯oso, sa] *a* infectious
**container** [kontai̯'ner] *m* **1.** *(de merca cías)* container **2.** *(de basuras) wheely b for rubbish from blocks of flats e* Dumpster® *(US)*
**contaminación** [kontamina'θi̯on] *f* pc lution

**ontaminado, da** [kontami'naðo, ða] *ıj* polluted
**ontaminar** [kontami'nar] *vt* to pollute
**contaminarse** *vp* to become polluted
**ontar** [kon'tar] ◇ *vt* **1.** to count **2.** *ɛxplicar)* to tell ◇ *vi* to count ◆ **contar on** *v + prep* **1.** *(tener en cuenta)* to take ıto account **2.** *(tener)* to have **3.** *:onfiar en)* to count on
**ontemplaciones** [kontempla'θiones] *ıl* indulgence *sg* ◆ **sin contemplacio-es** without standing on ceremony
**ontemplar** [kontem'plar] *vt* to con-ɛmplate
**ontemporáneo, a** [kontempo'raneo, a] *ıj* contemporary
**ontenedor** [kontene'ðor] *m* container ◆ **contenedor de basura** *wheely bin r rubbish from blocks of flats etc,* umpster® *(US)*
**ontener** [konte'ner] *vt* **1.** *(llevar)* to ontain **2.** *(impedir)* to hold back ◆ **onteneres** *vp* to hold back
**ontenido, da** [konte'niðo, ða] ◇ *adj* ɛstrained ◇ *m* contents *pl*
**ontentar** [konten'tar] *vt* to please ◆ **ontentarse con** *v + prep* to make do ith
**ontento, ta** [kon'tento, ta] *adj* **1.** *(ale-re)* happy **2.** *(satisfecho)* pleased
**ontestación** [kontesta'θion] *f* answer
**ontestador** [kontesta'ðor] *m* ◆ **con-ɛstador (automático)** answering ma-hine
**ontestar** [kontes'tar] ◇ *vt* to answer ◇ **1.** *(responder)* to answer **2.** *(responder al)* to answer back
**ontexto** [kon'teksto] *m* context

**contigo** [kon'tiɣo] *pron* with you
**contiguo, gua** [kon'tiɣuo, ɣua] *adj* adjacent
**continental** [kontinen'tal] *adj* continental
**continente** [konti'nente] *m* continent
**continuación** [kontinua'θion] *f* continuation ◆ **a continuación** then
**continuamente** [kon͵tinua'mente] *adv* **1.** *(sin interrupción)* continuously **2.** *(repetidamente)* continually
**continuar** [kontinu'ar] *vt* to continue ◆ **continúa en la casa** it's still in the house
**continuo, nua** [kon'tinuo, nua] *adj* **1.** *(sin interrupción)* continuous **2.** *(repetido)* continual
**contorno** [kon'torno] *m* *(silueta)* outline
**contra** ['kontra] ◇ *prep* against ◇ *m* ◆ **los pros y los contras** the pros and cons ◆ **en contra** against ◆ **en contra de** against
**contrabajo** [kontra'βaxo] *m* *(instrumento)* double bass
**contrabandista** [kontraβan'dista] *mf* smuggler
**contrabando** [kontra'βando] *m* **1.** *(de mercancías, droga)* smuggling **2.** *(mercancías)* contraband
**contracorriente** [͵kontrako'riente] *f* cross current ◆ **a contracorriente** against the flow
**contradecir** [kontraðe'θir] *vt* to contradict ◆ **contradecirse** *vp* to be inconsistent
**contradicción** [kontraðik'θion] *f* contradiction
**contradictorio, ria** [kontraðik'torio,

ria] *adj* contradictory
**contraer** [kontra'er] *vt* **1.** to contract **2.** *(deuda)* to run up • **contraer matrimonio** to marry
**contraindicado, da** [ˌkontraindi'kaðo, ða] *adj* not recommended
**contraluz** [kontra'luθ] *m* picture taken against the light • **a contraluz** against the light
**contrapartida** [ˌkontrapar'tiða] *f* compensation • **en contrapartida** as compensation
**contrapelo** [kontra'pelo] *m* • **a contrapelo** against the grain
**contrapeso** [kontra'peso] *m* counterbalance
**contrariar** [kontrari'ar] *vt (disgustar)* to upset
**contrario, ria** [kon'trario, ria] ◇ *adj* **1.** *(opuesto)* opposite **2.** *(equipo, etc)* opposing **3.** *(negativo)* contrary ◇ *m,f* opponent • **al contrario** on the contrary • **por el contrario** on the contrary • **llevar la contraria** to always take an opposing view
**contraseña** [kontra'seɲa] *f* password
**contrastar** [kontras'tar] ◇ *vt* **1.** *(comparar)* to contrast **2.** *(comprobar)* to check ◇ *vi* to contrast
**contraste** [kon'traste] *m* contrast
**contratar** [kontra'tar] *vt* to hire
**contratiempo** [kontra'tiempo] *m* mishap
**contrato** [kon'trato] *m* contract
**contribuir** [kontriβu'ir] *vi* to contribute • **contribuir a** to contribute to • **contribuyó con cien euros** he contributed one hundred euros
**contrincante** [kontrin'kante] *mf* opponent
**control** [kon'trol] *m* **1.** *(comprobación)* inspection **2.** *(dominio)* control • **control de pasaportes** passport control
**controlar** [kontro'lar] *vt* **1.** *(comprobar)* to check **2.** *(dominar)* to control
**controlarse** *vp* to control o.s.
**contusión** [kontu'sion] *f* bruise
**convalidar** [kombali'ðar] *vt (estudios)* recognize
**convencer** [komben'θer] *vt* to convince • **convencerse de** *v + prep* to convince o.s. of
**convención** [komben'θion] *f* convention
**convencional** [kombenθio'nal] *adj* conventional
**conveniente** [kombe'niente] *adj* **1.** *(oportuno)* suitable **2.** *(hora)* convenient **3.** *(aconsejable)* advisable **4.** *(útil)* useful
**convenio** [kon'benio] *m* agreement
**convenir** [kombe'nir] ◇ *vt* to agree on ◇ *vi (ser adecuado)* to be suitable • **conviene hacerlo** it's a good idea to do it
**convento** [kon'bento] *m* **1.** *(de monjas)* convent **2.** *(de monjes)* monastery
**conversación** [kombersa'θion] *f* conversation
**conversar** [komber'sar] *vi* to have a conversation
**convertir** [komber'tir] *vt* • **convertir algo/a alguien en** to turn sthg/sb into
**convertirse** *vp* • **se convirtió al cristianismo** he converted to Christianity • **se convirtió en una rana** he turned into a frog

**convicción** [kombik'θi̯on] *f* conviction

**convincente** [kombin'θente] *adj* convincing

**convivencia** [kombi'βenθi̯a] *f* living together

**convivir** [kombi'βir] ◆ **convivir con** *v + prep* to live with

**convocar** [kombo'kar] *vt* **1.** *(reunión)* to convene **2.** *(huelga, elecciones)* to call

**convocatoria** [komboka'tori̯a] *f* ◆ **la convocatoria de junio** the June exams

**convulsión** [kombul'si̯on] *f* **1.** *(espasmo)* convulsion **2.** *(conmoción, revolución)* upheaval

**cónyuge** ['konɟuxe] *mf* spouse

**coña** ['koɲa] *f* *(vulg)* *(guasa)* joke ◆ **estar de coña** to be pissing around (*UK*), to be kidding around (*US*)

**coñac** [ko'ɲak] *m* brandy

**coñazo** [ko'ɲaθo] *m* *(vulg)* pain in the arse (*UK*) o ass (*US*)

**coño** ['koɲo] *interj* *(vulg)* fuck!

**cooperar** [koope'rar] *vi* to cooperate

**cooperativa** [koopera'tiβa] *f* cooperative

**coordinación** [koorðina'θi̯on] *f* coordination

**coordinar** [koorði'nar] *vt* to coordinate

**copa** ['kopa] *f* **1.** *(para beber)* glass **2.** *(trofeo)* cup **3.** *(de árbol)* top ◆ **invitar a alguien a una copa** to buy sb a drink ◆ **tomar una copa** to have a drink ◆ **ir de copas** to go out drinking ◆ **copas** *fpl* *(de la baraja) suit with pictures of goblets in Spanish deck of cards*

**copeo** [ko'peo] *m* ◆ **ir de copeo** *(fam)* to go out drinking

**copia** ['kopi̯a] *f* copy

**copiar** [ko'pi̯ar] *vt* to copy

**copiloto** [kopi'loto] *m* copilot

**copioso, sa** [ko'pi̯oso, sa] *adj* copious

**copla** ['kopla] *f* **1.** *(estrofa)* verse **2.** *(canción)* popular song

**copo** ['kopo] *m* flake

**coquetear** [kokete'ar] *vi* to flirt

**coqueto, ta** [ko'keto, ta] *adj* *(que flirtea)* flirtatious

**coraje** [ko'raxe] *m* *(valor)* courage ◆ **dar coraje** to make angry

**coral** [ko'ral] ◇ *m* coral ◇ *f* *(coro)* choir

**coraza** [ko'raθa] *f* *(de soldado)* cuirass

**corazón** [kora'θon] *m* **1.** heart **2.** *(de fruta)* core ◆ **corazones** *(de la baraja)* hearts

**corbata** [kor'βata] *f* tie

**corchete** [kor'tʒete] *m* **1.** *(cierre)* hook and eye **2.** *(signo)* square bracket

**corcho** ['kortʒo] *m* cork

**cordel** [kor'ðel] *m* cord

**cordero, ra** [kor'ðero, ra] *m,f* lamb

**cordial** [kor'ði̯al] *adj* cordial

**cordialmente** [kor,ði̯al'mente] *adv* cordially

**cordillera** [korði'ʎera] *f* mountain range ◆ **la cordillera Cantábrica** the Cantabrian Mountains *pl*

**cordón** [kor'ðon] *m* **1.** *(cuerda)* cord **2.** *(de zapato)* lace **3.** *(cable eléctrico)* flex (*UK*), cord (*US*) **4.** *(policial)* cordon ◆ **cordón umbilical** umbilical cord

**Corea** [ko'rea] *s* Korea ◆ **Corea del Norte** North Korea ◆ **Corea del Sur** South Korea

**coreografía** [koreoɣra'fia] *f* choreography

**corista** [ko'rista] *mf* chorus singer

**cornada** [kor'naða] *f* goring

**cornamenta** [korna'menta] *f* **1.** *(de toro)*

horns *pl* **2.** *(de ciervo)* antlers *pl*
**córnea** ['kornea] *f* cornea
**corneja** [kor'nexa] *f* crow
**córner** ['korner] *m* corner (kick)
**cornete** [kor'nete] *m* cone
**cornisa** [kor'nisa] *f* cornice
**coro** ['koro] *m* choir • **a coro** in unison
**corona** [ko'rona] *f* **1.** *(de rey)* crown **2.** *(fig) (trono)* crown **3.** *(de flores)* garland
**coronar** [koro'nar] *vt* to crown
**coronel** [koro'nel] *m* colonel
**coronilla** [koro'niʎa] *f* crown *(of the head)* • **estar hasta la coronilla** to be fed up to the back teeth
**corporal** [korpo'ral] *adj (olor)* body *(antes de s)*
**corpulento, ta** [korpu'lento, ta] *adj* corpulent
**Corpus** ['korpus] *m* Corpus Christi
**corral** [ko'ral] *m (para animales)* pen
**correa** [ko'rea] *f* **1.** *(de bolso, reloj)* strap **2.** *(de pantalón)* belt **3.** *(de animal)* lead *(UK)*, leash *(US)*
**corrección** [korek'θi̯on] *f* **1.** *(de errores)* correction **2.** *(de comportamiento)* correctness
**correctamente** [ko,rekta'mente] *adv* correctly
**correcto, ta** [ko'rekto, ta] *adj* **1.** *(sin errores)* correct **2.** *(educado)* polite
**corredor, ra** [kore'ðor, ra] ◇ *m,f* **1.** *(en deporte)* runner **2.** *(intermediario)* agent ◇ *m (pasillo)* corridor
**corregir** [kore'xir] *vt* **1.** *(error, comportamiento)* to correct **2.** *(exámenes)* to mark, to grade *(US)* ◆ **corregirse** *vp* to mend one's ways
**correo** [ko'reo] *m* post, mail • **correo aéreo** airmail • **correo certificado** registered post • **correo electrónico** mail • **correo de voz** voice mail
**Correos** *m inv* the Post Office ▼ **Correos y Telégrafos** *sign outside a major post office indicating telegram service*

## El correo electrónico

Cuando te diriges a alguien que no conoces, lo mejor es usar la misma fórmula que en una carta formal como por ejemplo *Dear Professor Williams* o *Dear Julie Barker*. Muchos usan *Dear* incluso cuando escriben a amigos y colegas. El comienzo más común usado en cartas a amigos y colegas es *Hi* seguido por el nombre de la persona. En mensajes enviados en el trabajo, es bastante común poner únicamente el nombre de la persona y nada más. Para la despedida de un mensaje a alguien que no conoces, puedes usar frases como *look forward to hearing from you* seguido de *Best wishes* o *Kind regards* o *Best regards* y tu nombre. En mensajes enviados entre colegas de trabajo lo normal es no poner ninguna despedida y simplemente colocar tu nombre. Entre amigos no hay ninguna fórmula fija, puedes usar expresiones como *Take care, Love Jane, See you Friday, lots of love* o *Mark*

**correr** [ko'rer] ◇ *vi* **1.** *(persona, animal)* run **2.** *(río)* to flow **3.** *(tiempo)* to pass *noticia, rumor)* to go around ◇ *vt* **1.** *(mesa, silla, etc)* to move up **2.** *(cortinas)* to draw ● **dejar correr algo** to let sthg be ◆ **correrse** *vp* **1.** *(tintas, colores)* to run **2.** *(Amér) (medias)* to ladder *(UK)*, to run *(US)*

**correspondencia** [korespon'denθja] *f* **1.** correspondence **2.** *(de transporte)* connection ▼ **correspondencias** *(en metro)* to other lines

**corresponder** [korespon'der] *vi* ● **corresponder a alguien (con algo)** to repay sb (with sthg) ● **te corresponde hacerlo** it's your responsibility to do it

**correspondiente** [korespon'djente] *adj* corresponding

**corresponsal** [korespon'sal] *mf* correspondent

**corrida** [ko'riða] *f (de toros)* bullfight

**corriente** [ko'rjente] ◇ *adj* **1.** *(agua)* running **2.** *(común)* ordinary **3.** *(día, mes, año)* current ◇ *f* **1.** *(de aire)* draught **2.** *(de mar)* current ● **estar al corriente de** to be up to date with ● **ponerse al corriente de** to bring o.s. up to date with ● **corriente (eléctrica)** (electric) current

**corro** ['koro] *m* circle

**corromper** [korom'per] *vt* **1.** *(pervertir)* to corrupt **2.** *(sobornar)* to bribe **3.** *(pudrir)* to rot

**corrupción** [korup'θjon] *f* **1.** *(perversión)* corruption **2.** *(soborno)* bribery

**corsé** [kor'se] *m* corset

**cortacésped** [korta'θespeð] *m* lawnmower

**cortado, da** [kor'taðo, ða] ◇ *adj* **1.** *(leche)* off **2.** *(salsa)* curdled **3.** *(labios, manos)* chapped **4.** *(carretera)* closed **5.** *(fam) (persona)* inhibited ◇ *m small coffee with a drop of milk*

**cortante** [kor'tante] *adj* **1.** *(cuchilla, etc)* sharp **2.** *(persona)* cutting **3.** *(viento, frío)* bitter

**cortar** [kor'tar] *vt* **1.** to cut **2.** *(calle)* to close **3.** *(conversación)* to cut short **4.** *(luz, gas, etc)* to cut off **5.** *(piel)* to chap **6.** *(hemorragia)* to stop ◆ **cortarse** *vp* **1.** *(herirse)* to cut o.s. **2.** *(avergonzarse)* to become tongue-tied **3.** *(leche, salsa)* to curdle

**cortaúñas** [korta'uɲas] *m inv* nailclippers *pl*

**corte** ['korte] *m* **1.** *(herida)* cut **2.** *(en vestido, tela, etc)* tear **3.** *(de corriente eléctrica)* power cut **4.** *(vergüenza)* embarrassment ● **corte y confección** *(para mujeres)* dressmaking ● **corte de pelo** haircut

**Cortes** ['kortes] *fpl* ● **las Cortes** *the Spanish parliament*

**cortés** [kor'tes] *adj* polite

**cortesía** [korte'sia] *f* politeness

**corteza** [kor'teθa] *f* **1.** *(de árbol)* bark **2.** *(de pan)* crust **3.** *(de queso, limón)* rind **4.** *(de naranja)* peel ● **cortezas de cerdo** pork scratchings

**cortijo** [kor'tixo] *m* farm

**cortina** [kor'tina] *f* curtain

**corto, ta** ['korto, ta] *adj* **1.** *(breve)* short **2.** *(fam) (tonto)* thick ● **quedarse corto** *(al calcular)* to underestimate ● **corto de vista** short-sighted

**cortometraje** [,kortome'traxe] *m* short (film)

**cosa** ['kosa] *f* thing ● **¿alguna cosa**

más? anything else? ● **ser cosa de alguien** to be sb's business ● **como si tal cosa** as if nothing had happened
**coscorrón** [kosko'ron] *m* bump on the head
**cosecha** [ko'setʒa] *f* **1.** harvest **2.** *(de vino)* vintage
**cosechar** [kose'tʒar] ◇ *vt* to harvest ◇ *vi* to bring in the harvest
**coser** [ko'ser] *vt* & *vi* to sew
**cosmopolita** [kozmopo'lita] *adj* cosmopolitan
**cosmos** ['kozmos] *m* cosmos
**coso** ['koso] *m* *(CSur)* *(objeto, aparato)* thingy
**cosquillas** [kos'kiʎas] *fpl* ● **hacer cosquillas** to tickle ● **tener cosquillas** to be ticklish
**cosquilleo** [koski'ʎeo] *m* tickling sensation
**costa** ['kosta] *f* *(orilla)* coast ● **a costa de** at the expense of
**costado** [kos'taðo] *m* side
**costar** [kos'tar] *vi* *(valer)* to cost ● **me cuesta (mucho) hacerlo** it's (very) difficult for me to do it ● **¿cuánto cuesta?** how much is it?
**Costa Rica** ['kosta'rika] *s* Costa Rica
**costarriqueño, ña** [ˌkostari'keɲo, ɲa] *adj* & *m,f* Costa Rican
**coste** ['koste] *m* **1.** *(de producción)* cost **2.** *(de producto, mercancía)* price
**costero, ra** [kos'tero, ra] *adj* coastal
**costilla** [kos'tiʎa] *f* rib ● **costillas de cordero** lamb chops
**costo** ['kosto] *m* **1.** *(de producción)* cost **2.** *(de producto, mercancía)* price
**costoso, sa** [kos'toso, sa] *adj* expensive
**costra** ['kostra] *f* *(de herida)* scab
**costumbre** [kos'tumbre] *f* habit ● **tener la costumbre de** to be in the habit of
**costura** [kos'tura] *f* **1.** *(labor)* sewing **2.** *(de vestido)* seam
**costurera** [kostu'rera] *f* seamstress
**costurero** [kostu'rero] *m* sewing box
**cota** ['kota] *f* *(altura)* height (above sea level)
**cotejo** [ko'texo] *m* comparison
**cotidiano, na** [koti'ðjano, na] *adj* daily
**cotilla** [ko'tiʎa] *mf* *(fam)* gossip
**cotilleo** [koti'ʎeo] *m* *(fam)* gossip
**cotillón** [koti'ʎon] *m* New Year's Eve party
**cotización** [kotiθa'θjon] *f* *(de la moneda)* price
**cotizar** [koti'θar] *vt* **1.** *(en la Bolsa)* price **2.** *(cuota)* to pay
**coto** ['koto] *m* *(terreno)* reserve ● **coto (privado) de caza** (private) game preserve
**cotorra** [ko'tora] *f* **1.** *(pájaro)* parrot **2.** *(fam)* *(charlatán)* chatterbox
**COU** ['kou̯] *m* (*abr de* **curso de orientación universitaria**) *formerly, year of Spanish secondary education in which 17-18 year olds prepared for university entrance exams*
**coyuntura** [kojun'tura] *f* current situation
**coz** ['koθ] *f* tick
**cráneo** ['kraneo] *m* skull
**cráter** ['krater] *m* crater
**crawl** ['krol] *m* crawl
**creación** [krea'θjon] *f* creation
**creador, ra** [krea'ðor, ra] *m,f* creator

**crear** [kre'ar] *vt* **1.** *(inventar)* to create **2.** *(fundar)* to found
**creatividad** [kreatiβi'ðað] *f* creativity
**creativo, va** [krea'tiβo, βa] *adj* creative
**crecer** [kre'θer] *vi* **1.** to grow **2.** *(río)* to rise **3.** *(luna)* to wax
**crecimiento** [kreθi'mi̯ento] *m* growth
**credencial** [kreðen'θi̯al] *f* identification
**crédito** ['kreðito] *m* **1.** *(préstamo)* loan **2.** *(disponibilidad)* credit **3.** *(confianza)* confidence
**credo** ['kreðo] *m* *(oración)* Creed
**creencia** [kre'enθi̯a] *f* **1.** *(en religión)* faith **2.** *(convicción)* belief
**creer** [kre'er] *vt* **1.** *(dar por verdadero)* to believe **2.** *(suponer)* to think ● **¡ya lo creo!** I should say so! ● **creer en** *v + prep* to believe in
**creído, da** [kre'iðo, ða] *adj* *(presuntuoso)* vain
**crema** ['krema] *f* **1.** *(nata, cosmético)* cream **2.** *(betún)* polish ● **crema de belleza** beauty cream ● **crema de cangrejos** crab bisque ● **crema de marisco** seafood bisque ● **crema (pastelera)** custard
**cremallera** [krema'ʎera] *f* zip *(UK)*, zipper *(US)*
**crepe** ['krep] *f* crepe
**cresta** ['kresta] *f* crest
**cretino, na** [kre'tino, na] *adj* *(estúpido)* stupid
**creyente** [kre'jente] *mf* believer
**cría** ['kria] *f* **1.** *(de ganado)* breeding **2.** *(hijo de animal)* young ➢ **crío**
**criadero** [kri̯a'ðero] *m* farm
**criadillas** [kria'ðiʎas] *fpl* bull's testicles
**criado, da** [kri'aðo, ða] *m,f* servant *(f* maid)
**crianza** [kri'anθa] *f* **1.** *(de animales)* breeding **2.** *(educación)* bringing up **3.** *(de vino)* vintage
**criar** [kri'ar] ◇ *vt* **1.** *(animales)* to breed **2.** *(educar)* to bring up ◇ *vi* to breed
**criatura** [kria'tura] *f* creature
**cricket** ['kriket] *m* cricket
**crimen** ['krimen] *m* crime
**criminal** [krimi'nal] *mf* criminal
**crío, a** ['krio, a] *m,f* kid
**criollo, lla** [kri'oʎo, ʎa] *m,f* *Latin American of Spanish extraction*
**crisis** ['krisis] *f inv* **1.** *(en política, economía)* crisis **2.** *(en enfermedad)* breakdown
**cristal** [kris'tal] *m* **1.** *(sustancia)* glass **2.** *(vidrio fino)* crystal **3.** *(de ventana)* pane
**cristalería** [kristale'ria] *f* **1.** *(tienda)* glassware shop **2.** *(objetos)* glassware
**cristalino, na** [krista'lino, na] *adj* crystalline
**cristianismo** [kristi̯a'nizmo] *m* Christianity
**cristiano, na** [kris'ti̯ano, na] *adj & m,f* Christian
**Cristo** ['kristo] *m* Christ
**criterio** [kri'teri̯o] *m* **1.** *(regla, norma)* criterion **2.** *(opinión)* opinion
**crítica** ['kritika] *f* **1.** *(de arte, cine, etc)* review **2.** *(censura)* criticism ➢ **crítico**
**criticar** [kriti'kar] ◇ *vt* **1.** *(obra, película, etc)* to review **2.** *(censurar)* to criticize ◇ *vi* to criticize
**crítico, ca** ['kritiko, ka] ◇ *adj* critical ◇ *m,f* critic
**croar** [kro'ar] *vi* to croak
**croissant** [kru̯a'san] *m* croissant
**croissantería** [kru̯asante'ria] *f shop selling filled croissants*

**crol** ['krol] *m* (front) crawl
**cromo** ['kromo] *m* *(estampa)* transfer
**crónica** ['kronika] *f* **1.** *(de historia)* chronicle **2.** *(en periódico)* column
**cronometrar** [kronome'trar] *vt* to time
**cronómetro** [kro'nometro] *m* stopwatch
**croqueta** [kro'keta] *f* croquette
**croquis** ['krokis] *m inv* sketch
**cruce** ['kruθe] *m* **1.** *(de calles, caminos)* crossroads **2.** *(en el teléfono)* crossed line
**crucero** [kru'θero] *m* **1.** *(en barco)* cruise **2.** *(de iglesia)* transept
**crucial** [kru'θi̯al] *adj* crucial
**crucifijo** [kruθi'fixo] *m* crucifix
**crucigrama** [kruθi'ɣrama] *m* crossword
**crudo, da** ['kruðo, ða] *adj* **1.** *(no cocido)* raw **2.** *(novela, película)* harshly realistic **3.** *(clima)* harsh
**cruel** [kru'el] *adj* cruel
**crueldad** [kruel'dað] *f* cruelty
**crujido** [kru'xiðo] *m* creak
**crujiente** [kru'xi̯ente] *adj* *(alimento)* crunchy
**crustáceo** [krus'taθeo] *m* crustacean
**cruz** ['kruθ] *f* **1.** cross **2.** *(de la moneda)* tails **3.** *(fig)* *(carga)* burden
**cruzada** [kru'θaða] *f* crusade
**cruzar** [kru'θar] *vt* to cross ◆ **cruzarse** *vp* ● **cruzarse de brazos** *(fig)* to twiddle one's thumbs ◆ **cruzarse con** *v + prep* *(persona)* to pass
**cta.** (*abr de* **cuenta**) a/c *(account (current))*
**cte.** (*abr de* **corriente**) inst. *(instant)*
**cuaderno** [ku̯a'ðerno] *m* **1.** *(libreta)* notebook **2.** *(de colegial)* exercise book
**cuadra** ['ku̯aðra] *f* **1.** *(lugar, conjunto)* stable **2.** *(Amér)* *(esquina)* corner *(Amér)* *(de casas)* block
**cuadrado, da** [ku̯a'ðraðo, ða] *adj* & square
**cuadriculado, da** [ku̯aðriku'laðo, ða] *a* squared
**cuadrilla** [ku̯a'ðriʎa] *f* group, team
**cuadro** ['ku̯aðro] *m* **1.** *(cuadrado)* squar **2.** *(pintura)* picture, painting **3.** *(gráfic* diagram ● **a** o **de cuadros** checked
**cuajada** [ku̯a'xaða] *f* curd ● **cuajac con miel** *dish of curd covered in honey*
**cual** ['ku̯al] *pron* ● **el/la cual** *(person* who; *(cosa)* which ● **lo cual** which **sea cual sea su nombre** whatever h name may be
**cuál** ['ku̯al] *pron* **1.** *(qué)* what **2.** *(especificando)* which ● **¿cuál te gusta más** which do you prefer?
**cualidad** [ku̯ali'ðað] *f* quality
**cualificado, da** [ku̯alifi'kaðo, ða] *a* skilled
**cualquier** [ku̯al'ki̯er] *adj* ➢ **cualquiera**
**cualquiera** [ku̯al'ki̯era] ◇ *adj* any ◇ *pro* anybody ◇ *mf* nobody ● **cualquier d iré a verte** I'll drop by one of thes days
**cuando** ['ku̯ando] ◇ *adv* when ◇ *conj (s* if ◇ *prep* ● **cuando la guerra** when th war was on ● **de cuando en cuanc** from time to time ● **de vez en cuanc** from time to time
**cuándo** ['ku̯ando] *adv* when
**cuantía** [ku̯an'tia] *f* amount
**cuanto, ta** ['ku̯anto, ta]
◇ *adj* **1.** *(todo)* ● **despilfarra cuant dinero gana** he squanders all th

noney he earns **2.** *(compara cantidades)* • **cuantas más mentiras digas, menos te creerán** the more you lie, the less people will believe you
◇ *pron* **1.** *(de personas)* everyone who • **dio las gracias a todos cuantos le ayudaron** he thanked everyone who helped him **2.** *(todo lo que)* everything • **come cuanto/cuantos quieras** eat as much/as many as you like • **todo cuanto dijo era verdad** everything she said was true **3.** *(compara cantidades)* • **cuanto más se tiene, más se quiere** the more you have, the more you want **4.** *(en locuciones)* • **cuanto antes** as soon as possible • **en cuanto** *(tan pronto como)* as soon as • **en cuanto a** as regards • **unos cuantos** a few

**cuánto, ta** ['kuanto, ta] ◇ *adj* **1.** *(interrogativo singular)* how much **2.** *(interrogativo plural)* how many **3.** *(exclamativo)* what a lot of ◇ *pron* **1.** *(interrogativo singular)* how much **2.** *(interrogativo plural)* how many • **¿cuánto quieres?** how much do you want?

**cuarenta** [kua'renta] *núm* forty ➢ **seis**

**cuaresma** [kua'rezma] *f* Lent

**cuartel** [kuar'tel] *m* barracks *pl* • **cuartel de la Guardia Civil** *post of the Guardia Civil*

**cuartelazo** [kuarte'laθo] *m* *(Amér)* military uprising

**cuarteto** [kuar'teto] *m* quartet

**cuartilla** [kuar'tiʎa] *f* sheet of (quarto) paper

**cuarto, ta** ['kuarto, ta] ◇ *adj* fourth ◇ *m* **1.** *(parte, período)* quarter **2.** *(habitación)* room ◇ *m,f* • **el cuarto, la cuarta** *(persona, cosa)* the fourth; *(piso, planta)* the fourth floor • **llegar el cuarto** to come fourth • **capítulo cuarto** chapter four • **el cuarto día** the fourth day • **en cuarto lugar, en cuarta posición** in fourth place • **cuarto de baño** bathroom • **cuarto de estar** living room • **un cuarto de hora** a quarter of an hour • **un cuarto de kilo** a quarter of a kilo • **la cuarta parte** a quarter

**cuarzo** ['kuarθo] *m* quartz

**cuate, ta** ['kuate, ta] *m,f* *(CAm & Méx)* *(fam)* mate *(UK)*, buddy *(US)*

**cuatro** ['kuatro] ◇ *adj inv* four ◇ *m* **1.** four **2.** *(día)* fourth ◇ *mpl* **1.** four **2.** *(temperatura)* four (degrees) ◇ *fpl* • **(son) las cuatro** (it's) four o'clock • **el cuatro de agosto** the fourth of August • **doscientos cuatro** two hundred and four • **treinta y cuatro** thirty-four • **de cuatro en cuatro** in fours • **los cuatro** the four of them • **empataron a cuatro** they drew four-all • **cuatro a cero** four-nil

**cuatrocientos, tas** [kuatro'θientos, tas] *núm* four hundred ➢ **seis**

**Cuba** ['kuβa] *s* Cuba

**cubano, na** [ku'βano, na] *adj & m,f* Cuban

**cubertería** [kuβerte'ria] *f* cutlery

**cubeta** [ku'βeta] *f* *(Amér)* bucket

**cúbico, ca** ['kuβiko, ka] *adj* cubic

**cubierta** [ku'βierta] *f* **1.** *(de libro)* cover **2.** *(de barco)* deck

**cubierto, ta** [ku'βierto, ta] ◇ *pp* ➢ **cubrir** ◇ *adj* **1.** *(tapado)* covered **2.** *(cielo)* overcast ◇ *m* **1.** *(pieza para comer)* piece of cutlery **2.** *(para comensal)* place

setting • **a cubierto** under cover
**cubito** [ku'βito] *m* • **cubito de hielo** ice cube
**cúbito** ['kuβito] *m* ulna
**cubo** ['kuβo] *m* **1.** *(recipiente)* bucket **2.** *(en geometría, matemáticas)* cube • **cubo de la basura** rubbish bin *(UK)*, trash can *(US)* • **cubo de la ropa** laundry basket
**cubrir** [ku'βrir] *vt* **1.** to cover **2.** *(proteger)* to protect ◆ **cubrirse** *vp* to cover o. s.
**cucaracha** [kuka'ratʒa] *f* cockroach
**cuchara** [ku'tʒara] *f* spoon
**cucharada** [kutʒa'raða] *f* spoonful
**cucharilla** [kutʒa'riʎa] *f* teaspoon
**cucharón** [kutʒa'ron] *m* ladle
**cuchilla** [ku'tʒiʎa] *f* blade • **cuchilla de afeitar** razor blade
**cuchillo** [ku'tʒiʎo] *m* knife
**cuclillas** [ku'kliʎas] *fpl* • **en cuclillas** squatting
**cucurucho** [kuku'rutʒo] *m* cone
**cuelgue** *m* *(fam)* high • **¡lleva un buen cuelgue!** hes (as) high as a kite!
**cuello** ['kueʎo] *m* **1.** *(del cuerpo)* neck **2.** *(de la camisa)* collar
**cuenca** ['kuenka] *f* *(de río, mar)* basin
**cuenco** ['kuenko] *m* bowl
**cuenta** ['kuenta] *f* **1.** *(cálculo)* sum **2.** *(factura)* bill, check *(US)* **3.** *(en banco)* account **4.** *(de collar)* bead • **la cuenta, por favor** could I have the bill, please? • **caer en la cuenta** to catch on • **darse cuenta de** to notice • **tener en cuenta** to take into account
**cuentagotas** [kuenta'ɣotas] *m inv* dropper • **en cuentagotas** in dribs and drabs
**cuentakilómetros** [ˌkuentaki'lometr… *m inv* **1.** *(de distancia)* ≃ mileomet… *(UK)*, ≃ odometer *(US)* **2.** *(de velo…dad)* speedometer
**cuento** ['kuento] *m* **1.** *(relato)* short sto… **2.** *(mentira)* story
**cuerda** ['kuerða] *f* **1.** *(fina, de instrument…)* string **2.** *(gruesa)* rope **3.** *(del reloj)* spri… • **cuerdas vocales** vocal cords • **c…** **cuerda a** *(reloj)* to wind up
**cuerno** ['kuerno] *m* **1.** horn **2.** *(de cier…)* antler
**cuero** ['kuero] *m* *(piel)* leather • **cue… cabelludo** scalp • **en cueros** sta… naked
**cuerpo** ['kuerpo] *m* **1.** body **2.** *(de polic…)* force **3.** *(militar)* corps
**cuervo** ['kuerβo] *m* raven
**cuesta** ['kuesta] *f* slope • **cuesta arri…** uphill • **cuesta abajo** downhill • **…** **cuestas** on one's back
**cuestión** [kues'tion] *f* question • **s… cuestión de** to be a question of
**cuestionario** [kuestio'nario] *m* que…tionnaire
**cueva** ['kueβa] *f* cave
**cuidado** [kui'ðaðo] ◇ *m* care ◇ *interj* **…** careful! • **¡cuidado con la cabe…** mind your head! • **de cuidado** da…gerous • **estar al cuidado de** to **…** responsible for • **tener cuidado** to **…** careful
**cuidadosamente** [kuiðaˌðosa'men… *adv* carefully
**cuidadoso, sa** [kuiða'ðoso, sa] *adj* car…ful
**cuidar** [kui'ðar] ◇ *vt* to look after ◇ *vi*

**cuidar de** to look after ◆ **cuidarse** *vp* to look after o.s. ◆ **cuidarse de** *v + prep (encargarse de)* to look after
**culata** [ku'lata] *f* **1.** *(de arma)* butt **2.** *(de motor)* cylinder head
**culebra** [ku'leβra] *f* snake
**culebrón** [kule'βron] *m (fam)* soap opera
**culo** ['kulo] *m* **1.** *(fam) (de persona)* bum *(UK)*, butt *(US)* **2.** *(de botella, etc)* bottom
**culpa** ['kulpa] *f* fault ● **echar la culpa a alguien** to blame sb ● **tener la culpa** to be to blame
**culpabilidad** [kulpaβili'ðað] *f* guilt
**culpable** [kul'paβle] ◇ *mf* guilty party ◇ *adj* ● **culpable de** guilty of
**culpar** [kul'par] *vt* **1.** *(echar la culpa)* to blame **2.** *(acusar)* to accuse ● **culpar a alguien de** to blame sb for
**cultivar** [kulti'βar] *vt* **1.** *(plantas)* to grow **2.** *(tierra)* to farm
**cultivo** [kul'tiβo] *m (plantas)* crop
**culto, ta** ['kulto, ta] ◇ *adj* **1.** *(persona)* educated **2.** *(estilo)* refined **3.** *(lenguaje)* literary ◇ *m* worship
**cultura** [kul'tura] *f* **1.** *(actividades)* culture **2.** *(conocimientos)* knowledge
**cultural** [kultu'ral] *adj* cultural
**culturismo** [kultu'rizmo] *m* bodybuilding
**cumbre** ['kumbre] *f* summit
**cumpleaños** [kumple'aɲos] *m inv* birthday
**cumplido** [kum'pliðo] *m* compliment
**cumplir** [kum'plir] ◇ *vt* **1.** *(ley, orden)* to obey **2.** *(promesa)* to keep **3.** *(condena)* to serve ◇ *vi (plazo)* to expire ● **cumplió con el deber** he did his duty ● **cumplió su promesa** she kept her promise ● **hoy cumple 21 años** he's 21 today
**cúmulo** ['kumulo] *m* **1.** *(de cosas)* pile **2.** *(de nubes)* cumulus
**cuna** ['kuna] *f* **1.** *(cama)* cot *(UK)*, crib *(UK)* **2.** *(origen)* cradle **3.** *(patria)* birthplace
**cuneta** [ku'neta] *f* **1.** *(en carretera)* ditch **2.** *(en la calle)* gutter
**cuña** ['kuɲa] *f* **1.** *(calza)* wedge **2.** *(en radio, televisión)* commercial break
**cuñado, da** [ku'ɲaðo, ða] *m,f* brother-in-law (*f* sister-in-law)
**cuota** ['ku̯ota] *f* **1.** *(a club, etc)* membership fee **2.** *(a Hacienda)* tax (payment) **3.** *(precio)* fee
**cuplé** [ku'ple] *m type of popular song*
**cupo** ['kupo] ◇ *v* ➤ **caber** ◇ *m* **1.** *(cantidad máxima)* quota **2.** *(cantidad proporcional)* share
**cupón** [ku'pon] *m* **1.** *(vale)* coupon **2.** *(de sorteo, lotería)* ticket
**cúpula** ['kupula] *f (de edificio)* dome
**cura**[1] ['kura] *m (sacerdote)* priest
**cura**[2] ['kura] *f* **1.** *(restablecimiento)* recovery **2.** *(tratamiento)* cure ● **cura de reposo** rest cure
**curandero, ra** [kuran'dero, ra] *m,f* quack
**curar** [ku'rar] *vt* **1.** to cure **2.** *(herida)* to dress **3.** *(pieles)* to tan ◆ **curarse** *vp* to recover
**curiosidad** [kuri̯osi'ðað] *f* curiosity ● **tener curiosidad por** to be curious about
**curioso, sa** [ku'ri̯oso, sa] ◇ *adj* **1.** *(de noticias, habladurías, etc)* curious **2.** *(inte-*

*resante, raro)* strange ◇ *m,f* onlooker
**curita** [ku'rita] *f* *(Amér)* (sticking) plaster *(UK)*, Band-Aid® *(US)*
**curry** ['kuri] *m* curry ◆ **al curry** curried
**cursi** ['kursi] *adj* **1.** *(persona)* pretentious **2.** *(vestido, canción)* naff *(UK)*, cheesy *(US)*
**cursillo** [kur'siʎo] *m* **1.** *(curso breve)* short course **2.** *(de conferencias)* series of talks
**curso** ['kurso] *m* **1.** course **2.** *(año académico, alumnos)* year ◆ **en curso** *(año)* current
**cursor** [kur'sor] *m* cursor
**curva** ['kurβa] *f* **1.** curve **2.** *(de camino, carretera, etc)* bend
**curvado, da** [kur'βaðo, ða] *adj* curved
**custodia** [kus'toðia] *f* **1.** *(vigilancia)* safekeeping **2.** *(de los hijos)* custody
**cutis** ['kutis] *m inv* skin, complexion
**cutre** ['kutre] *adj* **1.** *(fam)* *(sucio)* shabby **2.** *(fam)* *(pobre)* cheap and nasty
**cuy** ['kui] *m* *(Andes & RP)* guinea-pig
**cuyo, ya** ['kujo, ja] *adj* **1.** *(de quien)* whose **2.** *(de que)* of which
**CV** *m* *(abr de* **currículum vitae)** CV *(curriculum vitae)*

# dD

**D.** *abrev* = **don**
**dado** ['daðo] *m* dice
**daga** ['daɣa] *f* dagger
**dalia** ['dalia] *f* dahlia
**dama** ['dama] *f* lady ◆ **damas** *fpl* *(jueg*
draughts *sg*
**damasco** [da'masko] *m* *(Andes & RP*
apricot
**danés, esa** [da'nes, esa] ◇ *adj* &
Danish ◇ *m,f* Dane
**danza** ['danθa] *f* dance
**danzar** [dan'θar] *vt & vi* to dance
**dañar** [da'ɲar] *vt* **1.** *(persona)* to harm
*(cosa)* to damage
**dañino, na** [da'ɲino, na] *adj* **1.** *(sustanci*
harmful **2.** *(animal)* dangerous
**daño** ['daɲo] *m* **1.** *(dolor)* pain **2.** *(perju*
*cio)* damage **3.** *(a persona)* harm
**hacer daño** *(producir dolor)* to hurt ◆
**cena me hizo daño** the meal didn
agree with me
**dar** ['dar]
◇ *vt* **1.** *(entregar, regalar, decir)* to give
**da clases en la universidad** he teache
at the university ◆ **me dio las gracia**
**los buenos días** she thanked me/sai
good morning to me **2.** *(producir)* t
produce **3.** *(causar, provocar)* to give
**me da vergüenza** I'm embarrassed
**me da risa/sueño** it makes me laugh
sleepy **4.** *(suj: reloj)* to strike ◆ **el rel**
**ha dado las diez** the clock struck ten
*(encender)* to turn on ◆ **por favor, da**
**luz** turn on the lights, please
*(comunicar, emitir)* to give **7.** *(películ*
*programa)* to show; *(obra de teatro)* t
put on **8.** *(mostrar)* to show ◆ **s**
**aspecto daba señales de cansancio** sh
was showing signs of weariness
*(expresa acción)* to give ◆ **dar un grit**
to give a cry ◆ **le dio un golpe** he h
him **10.** *(banquete, baile)* to hold ◆ **va**

**a dar una fiesta** they're going to throw a party **11.** *(considerar)* ◆ **dio la discusión por terminada** she considered the discussion to be over
◇ *vi* **1.** *(horas)* to strike ◆ **han dado las tres en el reloj** the clock's struck three **2.** *(golpear)* ◆ **le dieron en la cabeza** they hit her on the head ◆ **la piedra dio contra el cristal** the stone hit the glass **3.** *(sobrevenir)* ◆ **le dieron varios ataques al corazón** he had several heart attacks **4.** ◆ **dar a** *(balcón, ventana)* to look out onto; *(pasillo)* to lead to; *(casa, fachada)* to face **5.** *(proporcionar)* ◆ **dar de comer** to feed ◆ **dar de beber a alguien** to give sb something to drink **6.** ◆ **dar en** *(blanco)* to hit **7.** *(en locuciones)* ◆ **dar de sí** to stretch ◆ **dar que hablar** to set people talking ◆ **da igual** o **lo mismo** it doesn't matter ◆ **¡qué más da!** what does it matter!
◆ **dar a** *v + prep (llave)* to turn
◆ **dar con** *v + prep (encontrar)* to find
◆ **darse** *vp (suceder)* to happen; *(dilatarse)* to stretch ◆ **darse contra** to bump into ◆ **se le da bien/mal el latín** she is good/bad at Latin ◆ **darse prisa** to hurry ◆ **se las da de listo** he likes to make out that he's clever ◆ **darse por vencido** to give in
◆ **darse a** *v + prep (entregarse)* to take to
**dardo** ['darðo] *m* dart ◆ **dardos** *mpl (juego)* darts *sg*
**dátil** ['datil] *m* date
**dato** ['dato] *m* fact, piece of information ◆ **datos** information *sg* ◆ **datos personales** personal details

## para dar los datos personales

Da tu nombre seguido del número de la casa y el nombre de la calle, el nombre de la ciudad, y el código postal [*9 Grosvenor Avenue, London, N5 2NP*]. El número de teléfono se lee diciendo cada número por separado, con el prefijo primero [*0131 3150256; 0207 3541710*]. Se hace una pequeña pausa entre el prefijo y el número. En el Reino Unido el *0* se lee *oh*, y en los Estados Unidos *zero* [*oh-two-oh-seven.../zero-two-zero-seven*]. Cuando des tu dirección de correo electrónico, el punto se dice *dot* y la arroba *at* [*lucy-dot-kyle-at-hotmail-dot-com*].

**dcha.** (*abr de* **derecha**) right
**d. de J.C.** (*abr de* **después de Jesucristo**) AD *(Anno Domini)*
**de** [de] *prep* **1.** *(posesión, pertenencia)* of ◆ **el coche de mi padre/mis padres** my father's/parents' car ◆ **la casa es de ella** the house is hers **2.** *(materia)* (made) of ◆ **un reloj de oro** a gold watch **3.** *(contenido)* of ◆ **un vaso de agua** a glass of water **4.** *(en descripciones)* ◆ **de fácil manejo** user-friendly ◆ **la señora de verde** the lady in green ◆ **difícil de creer** hard to believe ◆ **una bolsa de deporte** a sports bag **5.** *(asunto)* about ◆ **háblame de ti** tell me about yourself ◆ **libros de historia** history books **6.** *(en calidad de)* as ◆ **trabaja de bombero** he works as a fireman **7.**

*(tiempo)* • **trabaja de nueve a cinco** she works from nine to five • **trabaja de noche y duerme de día** he works at night and sleeps during the day • **a las tres de la tarde** at three in the afternoon • **llegamos de madrugada** we arrived early in the morning • **de pequeño** as a child **8.** *(procedencia, distancia)* from • **vengo de mi casa** I've come from home • **soy de Zamora** I'm from Zamora • **del metro a casa voy a pie** I walk home from the underground **9.** *(causa, modo)* with • **morirse de frío** to freeze to death • **llorar de alegría** to cry with joy • **de una (sola) vez** in one go **10.** *(con superlativos)* • **el mejor de todos** the best of all **11.** *(cantidad)* • **más/menos de** more/less than **12.** *(condición)* if • **de querer ayudarme, lo haría** if she wanted to help me, she would

**debajo** [de'βaxo] *adv* underneath • **debajo de** under

**debate** [de'βate] *m* debate

**debatir** [deβa'tir] *vt* to debate

**deber** [de'βer] ◇ *m* duty ◇ *vt* **1.** *(expresa obligación)* • **debes dominar tus impulsos** you should control your impulses • **nos debemos ir a casa a las diez** we must go home at ten **2.** *(adeudar)* to owe **3.** *(en locuciones)* • **debido a** due to • **me debes cincuenta euros** you owe me fifty euros • **¿cuánto le debo?** how much does it come to? ◆ **deber de** *v + prep* • **debe de llegar a las nueve** she should arrive at nine • **deben de ser las doce** it must be twelve o'clock ◆ **deberse a** *v + prep* **1.** *(ser consecuencia de)* to be due to **2.** *(dedicarse a)* to have responsibility towards ◆ **deberes** *m (trabajo escolar)* homework *sg*

**debido, da** [de'βiðo, ða] *adj* proper • **debido a** due to

**débil** ['deβil] *adj* **1.** *(sin fuerzas)* weak **2.** *(voz, sonido)* faint **3.** *(luz)* dim

**debilidad** [deβili'ðað] *f* weakness

**debilitar** [deβili'tar] *vt* to weaken

**debut** [de'βut] *m (de artista)* debut

**década** ['dekaða] *f* decade

**decadencia** [deka'ðenθi̯a] *f (declive)* decline

**decadente** [deka'ðente] *adj* decadent

**decaer** [deka'er] *vi* **1.** *(fuerza, energía)* to fail **2.** *(esperanzas, país)* to decline **3.** *(ánimos)* to flag

**decaído, da** [deka'iðo, ða] *adj (deprimido)* gloomy

**decano, na** [de'kano, na] *m,f* **1.** *(de universidad)* dean **2.** *(el más antiguo)* senior member

**decena** [de'θena] *f* ten

**decente** [de'θente] *adj* **1.** *(honesto)* decent **2.** *(limpio)* clean

**decepción** [deθep'θi̯on] *f* disappointment

**decepcionar** [deθepθi̯o'nar] *vt* to disappoint ◆ **decepcionarse** *vp* to be disappointed

**decidido, da** [deθi'ðiðo, ða] *adj* determined

**decidir** [deθi'ðir] *vt* to decide ◆ **decidirse** *vp* • **decidirse a** to decide to

**decimal** [deθi'mal] *adj* decimal

**décimo, ma** ['deθimo, ma] ◇ *adj* tenth ◇ *m (en lotería) tenth share in a lottery ticket* ◇ *m,f* • **el décimo, la décima**

*(persona, cosa)* the tenth; *(piso, planta)* the tenth floor • **llegar el décimo** to come tenth • **capítulo décimo** chapter ten • **el décimo día** the tenth day • **en décimo lugar, en décima posición** in tenth place • **la décima parte** a tenth
**decir** [de'θir] *vt* **1.** *(enunciar)* to say **2.** *(contar)* to tell • **decir a alguien que haga algo** to tell sb to do sthg • **decir que sí** to say yes • **¿diga?, ¿dígame?** *(al teléfono)* hello? • **es decir** that is • **¿cómo se dice ...?** how do you say ...? • **se dice ...** they say ...
**decisión** [deθi'sjon] *f* **1.** *(resolución)* decision **2.** *(de carácter)* determination • **tomar una decisión** to take a decision
**declaración** [deklara'θjon] *f* **1.** statement **2.** *(de amor)* declaration • **prestar declaración** to give evidence • **tomar declaración** to take a statement • **declaración de la renta** tax return
**declarado, da** [dekla'raðo, ða] *adj* declared
**declarar** [dekla'rar] ◇ *vt* **1.** to state **2.** *(afirmar, bienes, riquezas)* to declare ◇ *vi* *(dar testimonio)* to give evidence • **declararse** *vp* **1.** *(incendio, epidemia, etc)* to break out **2.** *(en el amor)* to declare o.s. • **me declaro a favor de ...** I'm in favour of ...
**declinar** [dekli'nar] *vt* to decline
**decoración** [dekora'θjon] *f* **1.** *(de casa, habitación)* décor **2.** *(adornos)* decorations *pl*
**decorado** [deko'raðo] *m* *(en teatro, cine)* set
**decorar** [deko'rar] *vt* to decorate
**decretar** [dekre'tar] *vt* to decree
**decreto** [de'kreto] *m* decree
**dedal** [de'ðal] *m* thimble
**dedicación** [deðika'θjon] *f* dedication
**dedicar** [deði'kar] *vt* **1.** *(tiempo, dinero, energía)* to devote **2.** *(obra)* to dedicate • **dedicarse a** *v + prep* *(actividad, tarea)* to spend time on • **¿a qué se dedica Vd?** what do you do for a living?
**dedo** ['deðo] *m* **1.** *(de mano, bebida)* finger **2.** *(de pie)* toe **3.** *(medida)* centimetre • **hacer dedo** *(fam)* to hitchhike • **dedo corazón** middle finger • **dedo gordo** thumb
**deducción** [deðuk'θjon] *f* deduction
**deducir** [deðu'θir] *vt* **1.** *(concluir)* to deduce **2.** *(restar)* to deduct
**defecar** [defe'kar] *vi* *(formal)* to defecate
**defecto** [de'fekto] *m* **1.** *(físico)* defect **2.** *(moral)* fault
**defender** [defen'der] *vt* to defend • **defenderse** *vp* *(protegerse)* to defend o.s. • **defenderse de** *(ataque, insultos)* to defend o.s. against
**defensa** [de'fensa] *f* defence
**defensor, ra** [defen'sor, ra] *m,f* **1.** defender **2.** *(abogado)* counsel for the defence
**deficiencia** [defi'θjenθja] *f* **1.** *(defecto)* deficiency **2.** *(falta, ausencia)* lack
**deficiente** [defi'θjente] *adj* *(imperfecto)* deficient
**déficit** ['defiθit] *m inv* **1.** *(en economía)* deficit **2.** *(escasez)* shortage
**definición** [defini'θjon] *f* definition
**definir** [defi'nir] *vt* to define • **definirse** *vp* *(fig)* to take a position

**definitivo, va** [defini'tiβo, βa] *adj* **1.** *(final, decisivo)* definitive **2.** *(terminante)* definite ◆ **en definitiva** in short

**deformación** [deforma'θi̯on] *f* deformation

**deformar** [defor'mar] *vt* to deform

**defraudar** [defrau̯'ðar] *vt* **1.** *(decepcionar)* to disappoint **2.** *(estafar)* to defraud

**defunción** [defun'θi̯on] *f (formal)* death

**degenerado, da** [dexene'raðo, ða] *m,f* degenerate

**degenerar** [dexene'rar] *vi* to degenerate

**degustación** [deɣusta'θi̯on] *f* tasting

**dejadez** [dexa'ðeθ] *f* neglect

**dejar** [de'xar]

◇ *vt* **1.** *(colocar, poner)* to leave ▼ **deje aquí su compra** *sign indicating lockers where bags must be left when entering a supermarket* **2.** *(prestar)* to lend ◆ **me dejó su pluma** she lent me her pen **3.** *(no tomar)* to leave ◆ **deja lo que no quieras** leave whatever you don't want ◆ **deja un poco de café para mí** leave a bit of coffee for me **4.** *(dar)* to give ◆ **déjame la llave** give me the key ◆ **dejé el perro a mi madre** I left the dog with my mother **5.** *(vicio, estudios)* to give up; *(casa, novia)* to leave; *(familia)* to abandon ◆ **dejó su casa** he left home **6.** *(producir)* to leave ◆ **este perfume deja mancha en la ropa** this perfume stains your clothing **7.** *(permitir)* to allow, to let ◆ **dejar a alguien hacer algo** to let sb do sthg ▼ **dejen salir antes de entrar** *(en metro, tren)* let the passengers off the train first, please ◆ **sus gritos no me dejaron dormir** his cries prevented me fro[m] sleeping **8.** *(olvidar, omitir)* to leave o[ut] ◆ **dejar algo por** o **sin hacer** to fail [to] do sthg ◆ **déjalo para otro día** leave [it] for another day **9.** *(no molestar)* to leav[e] alone ◆ **¡déjame!** let me be! **1**[0.] *(esperar)* ◆ **dejó que acabara de llov[er] para salir** she waited until it stopp[ed] raining before going out **11.** *(en loc[a]ciones)* ◆ **dejar algo aparte** to leav[e] sthg to one side ◆ **dejar algo/a algui[en] atrás** to leave sthg/sb behind ◆ **dej[ar] caer algo** *(objeto)* to drop sthg

◇ *vi* **1.** *(parar)* ◆ **dejar de hacer algo** [to] stop doing sthg **2.** *(no olvidar)* ◆ **n[o] dejar de hacer algo** to be sure to [do] sthg

◆ **dejarse** *vp (olvidarse)* to leave; *(descu[i]darse, abandonarse)* to let o.s. go ◆ **dejarse llevar por** to get carried aw[ay] with ◆ **apenas se deja ver** we hard[ly] see anything of her

◆ **dejarse de** *v + prep* ◆ **¡déjate d[e] tonterías!** stop that nonsense!

**del** [del] ➤ **de, el**

**delantal** [delan'tal] *m* apron

**delante** [de'lante] *adv* **1.** *(en primer luga[r])* in front **2.** *(en la parte delantera)* at th[e] front **3.** *(enfrente)* opposite ◆ **delant[e] de** in front of

**delantera** [delan'tera] *f (de coche, avió[n], etc)* front ◆ **coger** o **tomar la delante[ra]** to take the lead

**delantero, ra** [delan'tero, ra] ◇ *adj* fro[nt] ◇ *m (en deporte)* forward

**delatar** [dela'tar] *vt* **1.** *(persona)* [to] denounce **2.** *(suj: gesto, acto)* to betra[y]

**delco**® ['delko] *m* distributor

**delegación** [deleɣa'θi̯on] *f* **1.** *(oficina)* (local) office **2.** *(representación)* delegation **3.** *(Méx) (distrito municipal)* borough *(UK)*, district *(US)* **4.** *(Méx) (de policía)* police station
**delegado, da** [dele'ɣaðo, ða] *m,f* delegate • **delegado de curso** *student elected to represent his/her classmates*
**delegar** [dele'ɣar] *vt* to delegate
**deletrear** [deletre'ar] *vt* to spell
**delfín** [del'fin] *m* dolphin
**delgado, da** [del'ɣaðo, ða] *adj* **1.** thin **2.** *(esbelto)* slim
**deliberadamente** [deliβe,raða'mente] *adv* deliberately
**deliberado, da** [deliβe'raðo, ða] *adj* deliberate
**deliberar** [deliβe'rar] *vt* to deliberate
**delicadeza** [delika'ðeθa] *f* **1.** *(atención, miramiento)* consideration **2.** *(finura)* delicacy **3.** *(cuidado)* care
**delicado, da** [deli'kaðo, ða] *adj* **1.** delicate **2.** *(respetuoso)* considerate
**delicia** [de'liθi̯a] *f* delight
**delicioso, sa** [deli'θi̯oso, sa] *adj* **1.** *(exquisito)* delicious **2.** *(agradable)* lovely
**delincuencia** [delin'ku̯enθi̯a] *f* crime
**delincuente** [delin'ku̯ente] *mf* criminal • **delincuente común** common criminal
**delirante** [deli'rante] *adj* **1.** *(persona)* delirious **2.** *(idea)* mad
**delirar** [deli'rar] *vi* **1.** *(por la fiebre)* to be delirious **2.** *(decir disparates)* to talk rubbish *(UK)* o nonsense *(US)*
**delirio** [de'liri̯o] *m (perturbación)* ravings *pl*
**delito** [de'lito] *m* crime
**delta** ['delta] *m* delta
**demanda** [de'manda] *f* **1.** *(petición)* request **2.** *(reivindicación, de mercancías)* demand **3.** *(en un juicio)* action
**demandar** [deman'dar] *vt* **1.** *(pedir)* to request **2.** *(reivindicar)* to demand **3.** *(en un juicio)* to sue
**demás** [de'mas] ◇ *adj* other ◇ *pron* • **los/las demás** the rest • **lo demás** the rest • **por lo demás** apart from that
**demasiado, da** [dema'si̯aðo, ða] ◇ *adj* **1.** *(con sustantivos singulares)* too much **2.** *(con sustantivos plurales)* too many ◇ *adv* too much • **demasiado rápido** too fast • **hace demasiado frío** it's too cold
**demencia** [de'menθi̯a] *f* insanity
**demente** [de'mente] *adj (formal)* insane
**democracia** [demo'kraθi̯a] *f* democracy
**demócrata** [de'mokrata] ◇ *adj* democratic ◇ *mf* democrat
**democráticamente** [demo,kratika'mente] *adv* democratically
**democrático, ca** [demo'kratiko, ka] *adj* democratic
**demoledor, ra** [demole'ðor, ra] *adj* **1.** *(máquina, aparato)* demolition *(antes de s)* **2.** *(argumento, crítica)* devastating
**demoler** [demo'ler] *vt* to demolish
**demonio** [de'moni̯o] *m* devil • **¿qué demonios ...?** what the hell ...?
**demora** [de'mora] *f* delay
**demostración** [demostra'θi̯on] *f* **1.** *(de hecho)* proof **2.** *(de afecto, sentimiento, etc)* demonstration
**demostrar** [demos'trar] *vt* **1.** *(probar)* to prove **2.** *(indicar)* to demonstrate, to show

**denominación** [denomina'θi̯on] *f* • **denominación de origen** *certification that a product, especially wine, comes from a particular region*
**densidad** [densi'ðað] *f* density
**denso, sa** ['denso, sa] *adj* dense
**dentadura** [denta'ðura] *f* teeth *pl* • **dentadura postiza** dentures *pl*
**dentífrico** [den'tifriko] *m* toothpaste
**dentista** [den'tista] *mf* dentist
**dentro** ['dentro] *adv (en el interior)* inside • **dentro de** *(en el interior)* in; *(en el plazo de)* in, within
**denunciante** [denun'θi̯ante] *mf* person who reports a crime
**denunciar** [denunθi'ar] *vt* **1.** *(delito, persona)* to report **2.** *(situación irregular, escándalo)* to reveal
**departamento** [departa'mento] *m* **1.** *(de empresa, organismo)* department **2.** *(de armario, maleta)* compartment **3.** *(Amér) (vivienda)* flat *(UK)*, apartment *(US)*
**dependencia** [depen'denθi̯a] *f* **1.** *(subordinación)* dependence **2.** *(habitación)* room **3.** *(sección, departamento)* branch
**depender** [depen'der] *vi* • **depende ...** it depends ... • **depender de** *v + prep* to depend on
**dependiente, ta** [depen'di̯ente, ta] *m,f* shop assistant *(UK)*, sales associate *(US)*
**depilarse** [depi'larse] *vp* to remove hair from • **depilarse las cejas** to pluck one's eyebrows
**depilatorio, ria** [depila'tori̯o, ri̯a] *adj* hair-removing
**deporte** [de'porte] *m* sport • **hacer deporte** to do sport • **deportes de invierno** winter sports
**deportista** [depor'tista] *mf* sportsman sportswoman)
**deportivo, va** [depor'tiβo, βa] ◇ *adj* *(zapatillas, pantalón, prueba)* sports *(ant de s)* **2.** *(persona)* sporting ◇ *m* sports c
**depositar** [deposi'tar] *vt* **1.** *(en un luga* to place **2.** *(en el banco)* to deposit
**depósito** [de'posito] *m* **1.** *(almacén)* sto **2.** *(de dinero)* deposit **3.** *(recipiente)* tar • **depósito de agua** water tank • **depósito de gasolina** petrol tank *(UK* gas tank *(US)*
**depre** *(fam)* ◇ *adj* • **estar depre** to b on a downer ◇ *f* • **tener la depre** to b on a downer
**depresión** [depre'si̯on] *f* depression
**depresivo, va** [depre'siβo, βa] *adj ME* depressive
**deprimido, da** [depri'miðo, ða] *a* depressed
**deprimir** [depri'mir] *vt* to depress
**deprimirse** *vp* to get depressed
**deprisa** [de'prisa] *adv* quickly
**depuradora** [depura'ðora] *f* purifier
**depurar** [depu'rar] *vt (sustancia)* to pu rify
**derecha** [de'retʒa] *f* • **la derecha** *(mar derecha)* one's right hand; *(lado derech en política)* the right • **a la derecha** o the right • **gira a la derecha** turn rig • **ser de derechas** to be right wing
**derecho, cha** [de'retʒo, tʒa] ◇ *adj* *(lado, mano, pie)* right **2.** *(recto)* straigh ◇ *m* **1.** *(privilegio, facultad)* right *(estudios)* law **3.** *(de tela, prenda)* rig side ◇ *adv* straight • **todo derech** straight on • **¡no hay derecho!** it's no fair!

**derivar** [deri'βar] ◆ **derivar de** *v + prep* to derive from ◆ **derivar en** *v + prep* to end in
**dermoprotector, ra** [ˌdermoprotek'tor, ra] *adj* skin-protecting *(antes de s)*
**derramar** [dera'mar] *vt* **1.** *(por accidente)* to spill **2.** *(verter)* to pour ◆ **derramarse** *vp* to spill
**derrame** [de'rame] *m* spillage ● **derrame cerebral** brain haemorrhage
**derrapar** [dera'par] *vi* to skid
**derretir** [dere'tir] *vt* to melt ◆ **derretirse** *vp* **1.** *(hielo, mantequilla)* to melt **2.** *(persona)* to go weak at the knees
**derribar** [deri'βar] *vt* **1.** *(casa, muro, adversario)* to knock down **2.** *(gobierno)* to overthrow
**derrochar** [dero'tʒar] *vt* to waste
**derroche** [de'rotʒe] *m* **1.** *(de dinero)* waste **2.** *(de esfuerzo, simpatía)* excess
**derrota** [de'rota] *f* defeat
**derrotar** [dero'tar] *vt* to defeat
**derrumbar** [derum'bar] *vt (casa, muro)* to knock down ◆ **derrumbarse** *vp* **1.** *(casa, muro)* to collapse **2.** *(moralmente)* to be devastated
**desabrochar** [desaβro'tʒar] *vt* to undo ◆ **desabrocharse** *vp* ● **desabrocharse la camisa** to unbutton one's shirt
**desaconsejable** *adj* inadvisable
**desacreditar** [desakreði'tar] *vt* to discredit
**desacuerdo** [desa'kuerðo] *m* disagreement
**desafiar** [desafi'ar] *vt* **1.** *(persona)* to challenge **2.** *(elementos, peligros)* to defy ● **desafiar a alguien a** to challenge sb to
**desafinar** [desafi'nar] *vi* to be out of tune ◆ **desafinarse** *vp* to go out of tune
**desafío** [desa'fio] *m* challenge
**desafortunadamente** [desafortuˌnaða'mente] *adv* unfortunately
**desafortunado, da** [desafortu'naðo, ða] *adj* **1.** *(sin suerte)* unlucky **2.** *(inoportuno)* unfortunate
**desagradable** [desaɣra'ðaβle] *adj* unpleasant
**desagradecido, da** [desaɣraðe'θiðo, ða] *adj* **1.** *(persona)* ungrateful **2.** *(trabajo, tarea)* thankless
**desagüe** [de'saɣue] *m* **1.** *(de bañera, fregadero, piscina)* drain **2.** *(cañería)* drainpipe
**desahogarse** [desao'ɣarse] *vp* to pour one's heart out
**desaire** [de'saire] *m* snub
**desajuste** [desa'xuste] *m* ● **desajuste horario** jet lag
**desaliñado, da** [desali'ɲaðo, ða] *adj (persona)* unkempt
**desalojar** [desalo'xar] *vt* **1.** *(por incendio, etc)* to evacuate **2.** *(por la fuerza)* to evict ● **lo desalojaron de su propia casa** he was evicted from his own home
**desamparado, da** [desampa'raðo, ða] *adj* abandoned
**desangrarse** [desan'grarse] *vp* to lose a lot of blood
**desanimar** [desani'mar] *vt* to discourage ◆ **desanimarse** *vp* to be discouraged
**desaparecer** [desapare'θer] *vi* to disappear
**desaparecido, da** [desapare'θiðo, ða] *m, f* missing person

**desaparición** [desapari'θi̯on] *f* disappearance
**desapercibido, da** [desaperθi'βiðo, ða] *adj* ◆ **pasar desapercibido** to go unnoticed
**desaprovechar** [desaproβe'tʒar] *vt* to waste
**desarmador** [desarma'ðor] *m* *(Méx)* screwdriver
**desarrollado, da** [desaro'ʎaðo, ða] *adj* **1.** developed **2.** *(persona)* well-developed
**desarrollar** [desaro'ʎar] *vt* to develop ◆ **desarrollarse** *vp* **1.** to develop **2.** *(suceder)* to take place
**desarrollo** [desa'roʎo] *m* development
**desasosiego** [desaso'si̯eɣo] *m* anxiety
**desastre** [de'sastre] *m* **1.** disaster **2.** *(objeto de mala calidad)* useless thing
**desatar** [desa'tar] *vt* **1.** to untie **2.** *(sentimiento)* to unleash
**desatino** [desa'tino] *m* *(equivocación)* mistake
**desatornillar** [desa'tor'niʎar] *vt* *(Amér)* to unscrew
**desavenencia** [desaβe'nenθi̯a] *f* disagreement
**desayunar** [desaju'nar] ◇ *vt* to have for breakfast ◇ *vi* to have breakfast
**desayuno** [desa'juno] *m* breakfast
**desbarajuste** [dezβara'xuste] *m* disorder
**desbaratar** [dezβara'tar] *vt* to ruin
**desbordarse** [dezβor'ðarse] *vp* **1.** *(río, lago)* to overflow **2.** *(sentimiento, pasión)* to erupt
**descabellado, da** [deskaβe'ʎaðo, ða] *adj* mad
**descafeinado** [deskafei̯'naðo] ◇ *adj* decaffeinated ◇ *m* decaffeinated coffee
**café descafeinado** decaffeinated coffe
**descalificar** [deskalifi'kar] *vt* **1.** *(jugado* to disqualify **2.** *(desacreditar)* to discre dit
**descalzarse** [deskal'θarse] *vp* to tak one's shoes off
**descalzo, za** [des'kalθo, θa] *adj* barefoc ◆ **ir descalzo** to go barefoot
**descampado** [deskam'paðo] *m* ope ground
**descansar** [deskan'sar] *vi* **1.** *(reposar)* t rest **2.** *(dormir)* to sleep
**descansillo** [deskan'siʎo] *m* landing
**descanso** [des'kanso] *m* **1.** *(reposo)* re **2.** *(pausa)* break **3.** *(intermedio)* interv **4.** *(alivio)* relief
**descapotable** [deskapo'taβle] *m* cor vertible
**descarado, da** [deska'raðo, ða] *adj* *(persona)* cheeky *(UK)*, shameless *(U* **2.** *(intento, mentira)* blatant
**descarga** [des'karɣa] *f* *(de mercancía* unloading ◆ **descarga eléctrica** elec tric shock
**descargar** [deskar'ɣar] *vt* **1.** *(camió mercancías, equipaje)* to unload **2.** *(arm* to fire ◆ **descargarse** *vp* **1.** *(batería)* t go flat *(UK)*, to die *(US)* **2.** *(encendedo* to run out **3.** *(desahogarse)* to vent one frustration
**descaro** [des'karo] *m* cheek
**descarrilar** [deskari'lar] *vi* to be de railed
**descartar** [deskar'tar] *vt* **1.** *(ayuda)* t reject **2.** *(posibilidad)* to rule out
**descendencia** [desθen'denθi̯a] *f* *(hijo* offspring

**descender** [desθen'deɾ] *vi* to go down

**descendiente** [desθen'di̯ente] *mf* descendent

**descenso** [des'θenso] *m* **1.** *(bajada)* drop **2.** *(de un río, montaña)* descent

**descifrar** [desθi'fraɾ] *vt* to decipher

**descolgar** [deskol'ɣaɾ] ◇ *vt* **1.** *(cortina, ropa, cuadro)* to take down **2.** *(teléfono)* to take off the hook ◇ *vi* to pick up the receiver

**descolorido, da** [deskolo'riðo, ða] *adj* faded

**descomponer** [deskompo'neɾ] *vt (Amér)* to break ◆ **descomponerse** *vp (Amér)* to break down

**descomposición** [deskomposi'θi̯on] *f (de un alimento)* decomposition ◆ **descomposición (de vientre)** diarrhea

**descompuesto, ta** [deskom'pu̯esto, ta] ◇ *pp* ➤ **descomponer** ◇ *adj (Amér)* broken

**desconcertante** [deskonθeɾ'tante] *adj* disconcerting

**desconcertar** [deskonθeɾ'taɾ] *vt* to disconcert

**desconfianza** [deskon'fi̯anθa] *f* distrust

**desconfiar** [deskonfi'aɾ] ◆ **desconfiar de** *v + prep* to distrust

**descongelar** [deskonxe'laɾ] *vt* **1.** *(alimentos)* to thaw **2.** *(nevera)* to defrost ◆ **descongelarse** *vp* **1.** *(alimentos)* to thaw **2.** *(nevera)* to defrost

**descongestionarse** [deskonxesti̯o'narse] *vp* to clear

**desconocer** [deskono'θeɾ] *vt* not to know

**desconocido, da** [deskono'θiðo, ða] *m,f* stranger

**desconocimiento** [deskonoθi'mi̯ento] *m* ignorance

**desconsiderado, da** [deskonsiðe'raðo, ða] *adj* inconsiderate

**desconsolado, da** [deskonso'laðo, ða] *adj* distressed

**desconsuelo** [deskon'su̯elo] *m* distress

**descontar** [deskon'taɾ] *vt* to deduct

**descrédito** [des'kreðito] *m* discredit

**describir** [deskri'βiɾ] *vt* to describe

**descripción** [deskrip'θi̯on] *f* description

**descuartizar** [desku̯arti'θaɾ] *vt* to quarter

**descubierto, ta** [desku'βi̯erto, ta] ◇ *pp* ➤ **descubrir** ◇ *adj* **1.** *(sin tapar)* uncovered **2.** *(sin nubes)* clear ◆ **al descubierto** in the open

**descubrimiento** [deskuβri'mi̯ento] *m* discovery

**descubrir** [desku'βriɾ] *vt* **1.** to discover **2.** *(averiguar, destapar)* to uncover

**descuento** [des'ku̯ento] *m* discount

**descuidado, da** [desku̯i'ðaðo, ða] *adj* **1.** *(persona, aspecto)* untidy *(UK)*, messy *(US)* **2.** *(lugar)* neglected

**descuidar** [desku̯i'ðaɾ] *vt* to neglect ◆ **descuidarse de** *v + prep (olvidarse de)* to forget to

**descuido** [des'ku̯iðo] *m* **1.** *(imprudencia)* carelessness **2.** *(error)* mistake

**desde** [dezðe] *prep* **1.** *(en el tiempo)* since **2.** *(en el espacio)* from ◆ **desde ... hasta ...** from ... to ... ◆ **vivo aquí desde hace dos años** I've been living here for two years ◆ **desde luego** of course ◆ **desde que** since

**desdén** [dez'ðen] *m* disdain

**desdentado, da** [dezðen'taðo, ða] *adj* toothless

**desdicha** [dez'ðitʒa] *f (pena)* misfortune
**desdoblar** [dezðo'βlar] *vt (papel, servilleta)* to unfold
**desear** [dese'ar] *vt* **1.** *(querer)* to want **2.** *(anhelar)* to wish for **3.** *(amar)* to desire ◆ **¿qué desea?** what can I do for you?
**desechable** [dese'tʒaβle] *adj* disposable
**desechar** [dese'tʒar] *vt (tirar)* to throw away
**desembarcar** [desembar'kar] *vi* to disembark
**desembocadura** [desemboka'ðura] *f* **1.** *(de río)* mouth **2.** *(de calle)* opening
**desembocar** [desembo'kar] ◆ **desembocar en** *v + prep* **1.** *(río)* to flow into **2.** *(calle)* to lead into **3.** *(situación, problema)* to end in
**desempeñar** [desempe'ɲar] *vt* **1.** *(funciones)* to carry out **2.** *(papel)* to play **3.** *(objeto empeñado)* to redeem
**desempleo** [desem'pleo] *m* unemployment
**desencadenar** [desenkaðe'nar] *vt (provocar)* to unleash ◆ **desencadenarse** *vi* **1.** *(tormenta)* to break **2.** *(tragedia)* to strike
**desencajarse** [desenka'xarse] *vp* **1.** *(piezas)* to come apart **2.** *(rostro)* to become distorted
**desencanto** [desen'kanto] *m* disappointment
**desenchufar** [desentʒu'far] *vt* to unplug
**desenfadado, da** [desenfa'ðaðo, ða] *adj* **1.** *(persona)* easy-going **2.** *(ropa)* casual **3.** *(estilo)* light
**desenfrenado, da** [desenfre'naðo, ða] *adj (ritmo)* frantic
**desengañar** [desenga'ɲar] *vt* to reveal the truth to ◆ **desengañarse** *vp* **desengáñate** stop kidding yourself
**desengaño** [desen'gaɲo] *m* disappoirment
**desenlace** [desen'laθe] *m* ending
**desenmascarar** [desemmaska'rar] *vt* expose
**desenredar** [desenre'ðar] *vt* **1.** *(pemadeja, ovillo)* to untangle **2.** *(situacic* to unravel
**desentenderse** [desenten'derse] ◆ **dsentenderse de** *v + prep* ◆ **se desetendió de ello** he refused to ha anything to do with it
**desenvolver** [desembol'βer] *vt* to uwrap ◆ **desenvolverse** *vp (persona)* cope
**deseo** [de'seo] *m* desire
**desequilibrado, da** [desekili'βraðo, ð*adj (formal) (loco)* (mentally) unblanced
**desesperación** [desespera'θi̯on] *f* desperation
**desesperarse** [desespe'rarse] *vp* to lohope
**desfachatez** [desfatʒa'teθ] *f* cheek *(U* nerve *(US)*
**desfallecer** [desfaʎe'θer] *vi* **1.** *(debilitse)* to flag **2.** *(desmayarse)* to faint
**desfigurarse** [desfiɣu'rarse] *vp* to disfigured
**desfiladero** [desfila'ðero] *m* (moutain) pass
**desfile** [des'file] *m* **1.** *(de militares)* para**2.** *(de carrozas, etc)* procession **3.** *( modelos)* fashion show
**desgana** [dez'ɣana] *f* **1.** *(falta de apetit* lack of appetite **2.** *(falta de interés)* la

of enthusiasm ● **con desgana** unwillingly
**desgastar** [dezɣas'tar] *vt* **1.** *(objeto)* to wear out **2.** *(fuerza)* to wear down
**desgracia** [dez'ɣraθi̯a] *f* **1.** *(suerte contraria)* bad luck **2.** *(suceso trágico)* disaster ● **por desgracia** unfortunately
**desgraciadamente** [dezɣra,θi̯aða'mente] *adv* unfortunately
**desgraciado, da** [dezɣra'θi̯aðo, ða] *m,f* poor wretch
**desgraciar** [dezɣra'θi̯ar] *vt (estropear)* to spoil
**desgreñado, da** [dezɣre'ɲaðo, ða] *adj* tousled ● **ir desgreñado** to be dishevelled
**deshacer** [desa'θer] *vt* **1.** *(lo hecho)* to undo **2.** *(cama)* to mess up **3.** *(quitar las sábanas de)* to strip **4.** *(las maletas)* to unpack **5.** *(destruir)* to ruin **6.** *(disolver)* to dissolve ◆ **deshacerse** *vp* **1.** *(disolverse)* to dissolve **2.** *(derretirse)* to melt **3.** *(destruirse)* to be destroyed ◆ **deshacerse de** *v + prep (desprenderse de)* to get rid of
**deshecho, cha** [de'setʒo, tʒa] ◇ *pp* ≫ **deshacer** ◇ *adj* **1.** *(nudo, paquete)* undone **2.** *(cama)* unmade **3.** *(maletas)* unpacked **4.** *(estropeado)* ruined **5.** *(triste, abatido)* shattered
**desheredar** [desere'ðar] *vt* to disinherit
**deshidratarse** [desiðra'tarse] *vp* to be dehydrated
**deshielo** [dez'jelo] *m* thaw
**deshonesto, ta** [deso'nesto, ta] *adj* **1.** *(inmoral)* indecent **2.** *(poco honrado)* dishonest
**deshonra** [de'sonra] *f* dishonour
**deshuesar** [dezwe'sar] *vt* **1.** *(carne)* to bone **2.** *(fruta)* to stone *(UK)*, to pit *(US)*
**desierto, ta** [de'si̯erto, ta] ◇ *adj (lugar)* deserted ◇ *m* desert
**designar** [desiɣ'nar] *vt* **1.** *(persona)* to appoint **2.** *(lugar)* to decide on
**desigual** [desi'ɣu̯al] *adj* **1.** *(no uniforme)* different **2.** *(irregular)* uneven
**desigualdad** [desiɣu̯al'dað] *f* inequality
**desilusión** [desilu'si̯on] *f* disappointment
**desilusionar** [desilusi̯o'nar] *vt* to disappoint
**desinfectante** [desinfek'tante] *m* disinfectant
**desinfectar** [desinfek'tar] *vt* to disinfect
**desinflar** [desin'flar] *vt (balón, globo, rueda)* to let down
**desintegración** [desinteɣra'θi̯on] *f* disintegration
**desinterés** [desinte'res] *m* lack of interest
**desinteresado, da** [desintere'saðo, ða] *adj* unselfish
**desistir** [desis'tir] ◆ **desistir de** *v + prep* to give up
**desliz** [dez'liθ, θes] (*pl* **-ces**) *m* slip
**deslizar** [dezli'θar] *vt* to slide ◆ **deslizarse** *vp (resbalar)* to slide
**deslumbrar** [dezlum'brar] *vt* to dazzle
**desmadrarse** [dezma'ðrarse] *vp (fam)* to go over the top
**desmaquillador** [dezmakiʎa'ðor] *m* make-up remover
**desmaquillarse** [dezmaki'ʎarse] *vp* to take one's make-up off
**desmayarse** [dezma'jarse] *vp* to faint
**desmayo** [dez'majo] *m (desvanecimiento)* fainting fit

**desmentir** [dezmen'tiɾ] *vt (negar)* to deny

**desmesurado, da** [dezmesu'raðo, ða] *adj* excessive

**desmontar** [dezmon'tar] ◇ *vt* **1.** *(estructura)* to take down **2.** *(aparato)* to take apart ◇ *vi* to dismount

**desmoralizar** [dezmorali'θaɾ] *vt* to demoralize

**desnatado, da** [dezna'taðo, ða] *adj* **1.** *(leche)* skimmed **2.** *(yogur)* low-fat

**desnivel** [dezni'βel] *m (del terreno)* unevenness

**desnudar** [deznu'ðaɾ] *vt* to undress ◆ **desnudarse** *vp* to get undressed

**desnudo, da** [dez'nuðo, ða] *adj* **1.** *(sin ropa)* naked **2.** *(sin adorno)* bare

**desnutrición** [deznutri'θi̯on] *f* undernourishment

**desobedecer** [desoβeðe'θer] *vt* to disobey

**desobediente** [desoβe'ði̯ente] *adj* disobedient

**desodorante** [desoðo'rante] *m* deodorant

**desorden** [de'sorðen] *m (de objetos, papeles)* mess ● **en desorden** in disarray

**desordenar** [desorðe'naɾ] *vt* to mess up

**desorganización** [desorɣaniθa'θi̯on] *f* disorganization

**desorientar** [desori̯en'tar] *vt (confundir)* to confuse ◆ **desorientarse** *vp* **1.** *(perderse)* to lose one's bearings **2.** *(confundirse)* to get confused

**despachar** [despa'tʒaɾ] *vt* **1.** *(vender)* to sell **2.** *(despedir)* to sack *(UK)*, to fire *(US)*

**despacho** [des'patʒo] *m* **1.** *(oficina)* offi[ce] **2.** *(estudio)* study ● **despacho** [de] **billetes** ticket office

**despacio** [des'paθi̯o] ◇ *adv* slowly [◇] *interj* slow down!

**despampanante** [despampa'nante] *a[dj]* stunning

**desparpajo** [despar'paxo] *m* self-ass[u]rance

**despecho** [des'petʒo] *m* bitterness

**despectivo, va** [despek'tiβo, βa] *a[dj]* disdainful

**despedida** [despe'ðiða] *f* goodbye

**despedir** [despe'ðiɾ] *vt* **1.** *(decir adiós)* [to] say goodbye to **2.** *(del trabajo)* to sa[ck] *(UK)*, to fire *(US)* **3.** *(arrojar)* to fling [4.] *(producir)* to give off ◆ **despedirse** *vp* [1.] *(decir adiós)* to say goodbye **2.** *(d[el] trabajo)* to hand in one's notice

**despegar** [despe'ɣaɾ] ◇ *vt* to remove [◇] *vi (avión)* to take off

**despegue** [des'peɣe] *m* take-off

**despeinarse** [despei̯'narse] *vp* to me[ss] up one's hair

**despejado, da** [despe'xaðo, ða] *adj* [1.] *(cielo, día, camino)* clear **2.** *(persona)* ale[rt] **3.** *(espacio)* spacious

**despejar** [despe'xaɾ] *vt* **1.** *(lugar)* to cle[ar] **2.** *(incógnita, dudas)* to clear up

**despejarse** *vp* **1.** *(cielo, día, noche)* [to] clear up **2.** *(persona)* to clear one's hea[d]

**despensa** [des'pensa] *f* larder

**despeñadero** [despeɲa'ðero] *m* prec[i]pice

**desperdiciar** [desperði'θi̯ar] *vt* to was[te]

**desperdicio** [desper'ðiθi̯o] *m* waste

**desperdicios** *mpl* **1.** *(basura)* waste *sg* [2.] *(de cocina)* scraps

**desperezarse** [despere'θarse] *vp* to stretch
**desperfecto** [desper'fekto] *m* **1.** *(daño)* damage **2.** *(defecto)* fault
**despertador** [desperta'ðor] *m* alarm clock
**despertar** [desper'tar] *vt* **1.** *(persona)* to wake up **2.** *(sentimiento)* to arouse ◆ **despertarse** *vp* to wake up
**despido** [des'piðo] *m* dismissal
**despierto, ta** [des'pi̯erto, ta] *adj* **1.** *(que no duerme)* awake **2.** *(listo)* alert
**despistado, da** [despis'taðo, ða] *adj* absent-minded
**despistarse** [despis'tarse] *vp* **1.** *(desorientarse)* to get lost **2.** *(distraerse)* to get confused
**despiste** [des'piste] *m* **1.** *(olvido)* absent-mindedness **2.** *(error)* mistake
**desplazarse** [despla'θarse] *vp* **1.** *(moverse)* to move **2.** *(viajar)* to travel
**desplegar** [desple'ɣar] *vt* **1.** *(tela, periódico, mapa)* to unfold **2.** *(bandera)* to unfurl **3.** *(alas)* to spread **4.** *(cualidad)* to display
**desplomarse** [desplo'marse] *vp* to collapse
**despojos** [des'poxos] *mpl* **1.** *(de animal)* offal *sg* **2.** *(de persona)* remains **3.** *(sobras)* leftovers
**despreciar** [despre'θi̯ar] *vt* **1.** *(persona, cosa)* to despise **2.** *(posibilidad, propuesta)* to reject
**desprecio** [des'preθi̯o] *m* contempt
**desprender** [despren'der] *vt* **1.** *(desengancharr)* to unfasten **2.** *(soltar)* to give off ◆ **desprenderse** *vp (soltarse)* to come off ◆ **desprenderse de** *v + prep* **1.** *(deshacerse de)* to get rid of **2.** *(deducirse de)* to be clear from
**desprendimiento** [desprendi'mi̯ento] *m (de tierra)* landslide
**desprevenido, da** [despreβe'niðo, ða] *adj* unprepared
**desproporcionado, da** [desproporθi̯o'naðo, ða] *adj* disproportionate
**después** [des'pu̯es] *adv* **1.** *(más tarde)* afterwards; *(entonces)* then; *(justo lo siguiente)* next ● **lo haré después** I'll do it later ● **yo voy después** it's my turn next ● **años después** years later ● **poco/mucho después** soon/a long time after **2.** *(en el espacio)* next ● **¿qué calle viene después?** which street comes next? ● **hay una farmacia y después está mi casa** there's a chemist's and then you come to my house **3.** *(en una lista)* further down **4.** *(en locuciones)* ● **después de** after ● **después de que** after ● **después de todo** after all
**destacar** [desta'kar] ◇ *vt* to emphasize ◇ *vi (resaltar)* to stand out
**destajo** [des'taxo] *m* ● **trabajar a destajo** to do piecework
**destapador** [desta'paðor] *m (Amér)* bottle opener
**destapar** [desta'par] *vt (caja, botella, etc)* to open
**destello** [des'teʎo] *m (de luz)* flash
**destemplado, da** [destem'plaðo, ða] *adj (persona)* out of sorts
**desteñir** [deste'ɲir] ◇ *vt* to bleach ◇ *vi* to run
**desternillante** *adj (fam)* hilarious
**desterrar** [deste'rar] *vt* **1.** *(persona)* to

exile **2.** *(pensamiento, sentimiento)* to banish
**destierro** [des'tiero] *m* exile
**destilación** [destila'θion] *f* distillation
**destilar** [desti'lar] *vt* to distil
**destilería** [destile'ria] *f* distillery
**destinar** [desti'nar] *vt* **1.** *(objeto)* to earmark **2.** *(persona)* to appoint **3.** *(programa, medidas)* to aim
**destinatario, ria** [destina'tario, ria] *m,f* addressee
**destino** [des'tino] *m* **1.** *(azar)* destiny **2.** *(de viaje)* destination **3.** *(finalidad)* use **4.** *(trabajo)* job • **vuelos con destino a Londres** flights to London
**destornillador** [destorniʎa'ðor] *m* screwdriver
**destornillar** [destorni'ʎar] *vt* to unscrew
**destrozar** [destro'θar] *vt* **1.** *(objeto)* to smash **2.** *(plan, proyecto)* to ruin **3.** *(persona)* to shatter
**destrucción** [destruk'θion] *f* destruction
**destruir** [destru'ir] *vt* **1.** to destroy **2.** *(plan, proyecto)* to ruin
**desuso** [de'suso] *m* disuse • **caer en desuso** to become obsolete
**desvalijar** [dezβali'xar] *vt* **1.** *(persona)* to rob **2.** *(casa)* to burgle
**desván** [dez'βan] *m* attic
**desvanecimiento** [dezβaneθi'miento] *m* *(desmayo)* fainting fit
**desvariar** [dezβari'ar] *vi* to rave
**desvelar** [dezβe'lar] *vt* **1.** *(persona)* to keep awake **2.** *(secreto)* to reveal ◆ **desvelarse** *vp* **1.** *(no dormir)* to be unable to sleep **2.** *(CAm & Méx)* *(quedarse levantado)* to have a late nig[ht]
**desventaja** [dezβen'taxa] *f* disadva[n]tage
**desvergonzado, da** [dezβerγon'θaðo, a] *adj* shameless
**desvestirse** [dezβes'tirse] *vp* to g[et] undressed
**desviar** [dezβi'ar] *vt* *(de un camino)* [to] divert ◆ **desviarse** *vp* • **desviarse** [de] *(camino)* to turn off; *(propósito)* to [be] diverted from
**desvío** [dez'βio] *m* diversion
**detallar** [deta'ʎar] *vt* to describe [in] detail
**detalle** [de'taʎe] *m* **1.** *(pormenor, minuci[a])* detail **2.** *(delicadeza)* kind gesture • **detalle** *(minuciosamente)* in detail
**detallista** [deta'ʎista] *adj* *(minucios[o])* painstaking
**detectar** [detek'tar] *vt* to detect
**detective** [detek'tiβe] *mf* detective
**detener** [dete'ner] *vt* **1.** *(parar)* to stop [2.] *(retrasar)* to hold up **3.** *(arrestar)* to arre[st] ◆ **detenerse** *vp* *(pararse)* to stop
**detenido, da** [dete'niðo, ða] *m,f* pris[o]ner
**detergente** [deter'xente] *m* detergent
**determinación** [determina'θion] *f* *(dec[i]sión)* decision • **tomar una determin[a]ción** to take a decision
**determinado, da** [determi'naðo, ða] *a[dj]* **1.** *(concreto)* specific **2.** *(en gramátic[a])* definite
**determinante** [determi'nante] ◇ *a[dj]* decisive ◇ *m* determiner
**determinar** [determi'nar] *vt* **1.** *(fijar)* [to] fix **2.** *(decidir)* to decide **3.** *(causa[r,] motivar)* to cause

**detestable** [detes'taβle] *adj* detestable
**detestar** [detes'tar] *vt* to detest
**detrás** [de'tras] *adv* **1.** *(en el espacio)* behind **2.** *(en el orden)* then • **el interruptor está detrás** the switch is at the back • **detrás de** behind • **por detrás** at/on the back
**deuda** ['deu̯ða] *f* debt • **contraer deudas** to get into debt
**devaluación** [deβalu̯a'θi̯on] *f* devaluation
**devaluar** [deβalu'ar] *vt* to devalue
**devoción** [deβo'θi̯on] *f* devotion
**devolución** [deβolu'θi̯on] *f* **1.** *(de dinero)* refund **2.** *(de objeto)* return
**devolver** [deβol'βer] ◇ *vt* **1.** *(objeto, regalo comprado, favor)* to return **2.** *(dinero)* to refund **3.** *(cambio, objeto prestado)* to give back **4.** *(vomitar)* to bring up ◇ *vi* to be sick ▼ **devuelve cambio** change given
**devorar** [deβo'rar] *vt* to devour
**devoto, ta** [de'βoto, ta] *adj* **1.** *(en religión)* devout **2.** *(aficionado)* devoted
**dg** (*abr de* **decigramo**) dg. *(decigram)*
**día** ['dia] *m* day • **es de día** it's daytime • **de día** in the daytime • **al día siguiente** the next day • **del día** *(fresco)* fresh • **el día seis** the sixth • **por día** daily • **¿qué tal día hace?** what's the weather like today? • **día azul** *day for cheap travel on trains* • **día del espectador** *day on which cinema tickets are sold at a discount* • **día festivo** (public) holiday • **Día de los Inocentes** *(Esp)* *28 December*, ≃ April Fools' Day • **día laborable** working day • **día libre** day off • **Día de los Muertos** *(Méx)* Day of the Dead • **día del santo** saint's day

## Día de los Inocentes

Herod's massacre of the innocent children is commemorated on 28 December. It is traditional for children and adults in Spain and Latin America to play practical jokes on each other on this day, much like the pranks played by British people on April Fools' Day. However, unlike in the UK, the most common prank is for people to stick a paper doll on somebody's back without them realizing.

## Día de los Muertos

The Day of the Dead is a major festival in Mexico and is celebrated on 2 November although the festivities begin the day before. Dead people's graves are colourfully decorated by their families who may also build altars in their homes decorated with pictures of them and things they liked while they were alive. Having remembered the dead, people then celebrate life with parties, various cakes and sweets, and by dressing up as skeletons, vampires, etc.

**diabetes** [di̯a'βetes] *f inv* diabetes
**diabético, ca** [di̯a'βetiko, ka] *m,f* diabetic

**diablo** [di'aβlo] *m* devil
**diablura** [dia'βlura] *f* prank
**diabólico, ca** [dia'βoliko, ka] *adj* diabolical
**diadema** [dia'ðema] *f* hairband
**diagnosticar** [diaɣnosti'kar] *vt* to diagnose
**diagnóstico** [diaɣ'nostiko] *m* diagnosis
**dialecto** [dia'lekto] *m* dialect
**diálogo** [di'aloɣo] *m (conversación)* conversation
**diamante** [dia'mante] *m* diamond ◆ **diamantes** *mpl (palo de la baraja)* diamonds
**diana** ['diana] *f (blanco)* bull's-eye
**diapositiva** [diaposi'tiβa] *f* slide
**diario, ria** [di'ario, ria] ◇ *adj* daily ◇ *m* (daily) newspaper ● **a diario** every day
**diarrea** [dia'rea] *f* diarrhea
**dibujar** [diβu'xar] *vt* to draw
**dibujo** [di'βuxo] *m* drawing ● **dibujos animados** cartoons
**diccionario** [dikθio'nario] *m* dictionary
**dicha** ['ditʒa] *f (felicidad)* joy
**dicho, cha** ['ditʒo] ◇ *pp* ➤ **decir** ◇ *m* saying ◇ *adj* ● **dicho y hecho** no sooner said than done ● **mejor dicho** rather
**diciembre** [di'θiembre] *m* December ● **a principios/mediados/finales de diciembre** at the beginning/in the middle/at the end of December ● **el nueve de diciembre** the ninth of December ● **el pasado/próximo (mes de) diciembre** last/next December ● **en diciembre** in December ● **este (mes de) December** *(pasado)* last December; *(próximo)* this (coming) December ● **para diciembre** by December
**dictado** [dik'taðo] *m* dictation
**dictador** [dikta'ðor] *m* dictator
**dictadura** [dikta'ðura] *f* dictatorship
**dictamen** [dik'tamen] *m* opinion
**dictar** [dik'tar] *vt* **1.** *(texto)* to dictate **2.** *(decreto)* to issue **3.** *(ley)* to enact
**dictatorial** [diktato'rial] *adj* dictatorial
**diecinueve** [dieθi'nueβe] *núm* nineteen ➤ **seis**
**dieciocho** [die'θiotʒo] *núm* eighteen ➤ **seis**
**dieciséis** [dieθi'seis] *núm* sixteen ➤ **seis**
**diecisiete** [dieθi'siete] *núm* seventeen ➤ **seis**
**diente** ['diente] *m* tooth ● **diente de ajo** clove of garlic ● **diente de leche** milk tooth
**diéresis** ['dieresis] *f inv* diaeresis
**diesel** ['diesel] *m* diesel
**diestro, tra** ['diestro, tra] ◇ *adj* **1.** *(de derecha)* right-hand **2.** *(experto)* skilful ◇ *m* matador
**dieta** ['dieta] *f* diet ◆ **dietas** *fpl (honorarios)* expenses
**dietética** [die'tetika] *f* dietetics *sg* ● **tienda de dietética** health food shop
**diez** ['dieθ] ◇ *adj inv* ten ◇ *m* **1.** ten **2.** *(día)* tenth ◇ *mpl* **1.** ten **2.** *(temperatura)* ten (degrees) ◇ *fpl* ● **(son) las diez** (it's) ten o'clock ● **el diez de agosto** the tenth of August ● **doscientos diez** two hundred and ten ● **de seis en diez** in sixes ● **los diez** the ten of them ● **empataron a diez** they drew ten-all ● **diez a cero** ten-nil
**diferencia** [dife'renθia] *f* difference

diferencia de in contrast to
**iferenciar** [diferen'θjar] *vt* to distinuish
**iferente** [dife'rente] ◇ *adj* different ◇ *dv* differently
**iferido, da** [dife'riðo, ða] *adj* ◈ **en iferido** recorded
**iferir** [dife'rir] *vt* to defer ◈ **diferir de** *v prep* to differ from
**ifícil** [di'fiθil] *adj* difficult
**ificultad** [difikul'tað] *f* **1.** *(complejidad)* ifficulty **2.** *(obstáculo)* problem
**ifundir** [difun'dir] *vt* **1.** *(calor, luz)* to iffuse **2.** *(noticia, idea)* to spread **3.** *rograma)* to broadcast
**ifunto, ta** [di'funto, ta] *m,f* ◈ **el difunto** ne deceased
**ifusión** [difu'sjon] *f* **1.** *(de noticia, idea)* issemination **2.** *(de programa)* broadasting
**igerir** [dixe'rir] *vt* to digest
**igestión** [dixes'tjon] *f* digestion ◈ **acer la digestión** to digest
**igital** [dixi'tal] *adj* **1.** *(en electrónica)* igital **2.** *(de los dedos)* finger *(antes de* )
**ígito** ['dixito] *m* digit
**ignarse** [diɣ'narse] *vp* to deign
**ignidad** [diɣni'ðað] *f* **1.** *(decoro)* dignity . *(carga)* office
**igno, na** ['diɣno, na] *adj* **1.** *(merecedor)* vorthy **2.** *(apropiado)* appropriate **3.** *honrado)* honourable
**ilema** [di'lema] *m* dilemma
**iligente** [dili'xente] *adj* diligent
**iluviar** [dilu'βjar] *vi* ◈ **diluvió** it oured with rain
**iluvio** [di'luβjo] *m* flood
**dimensión** [dimen'sjon] *f* **1.** *(medida)* dimension **2.** *(importancia)* extent
**diminuto, ta** [dimi'nuto, ta] *adj* tiny
**dimitir** [dimi'tir] *vi* ◈ **dimitir (de)** to resign (from)
**Dinamarca** [dina'marka] *s* Denmark
**dinámico, ca** [di'namiko, ka] *adj* dynamic
**dinamita** [dina'mita] *f* dynamite
**dinastía** [dinas'tia] *f* dynasty
**dinero** [di'nero] *m* money ◈ **dinero de bolsillo** pocket money ◈ **dinero suelto** loose change
**diócesis** ['djoθesis] *f inv* diocese
**dios** ['djos] *m* god ◈ **Dios** *m* God ◈ **como Dios manda** properly ◈ **¡Dios mío!** my God! ◈ **¡por Dios!** for God's sake!
**diploma** [di'ploma] *m* diploma
**diplomacia** [diplo'maθja] *f* diplomacy
**diplomado, da** [diplo'maðo, ða] *m,f* qualified man (*f* qualified woman)
**diplomarse** [diplo'marse] ◈ **diplomarse en** *v + prep* to get a qualification in
**diplomático, ca** [diplo'matiko, ka] ◇ *adj* diplomatic ◇ *m,f* diplomat
**diplomatura** [diploma'tura] *f degree awarded after three years of study*
**diptongo** [dip'tongo] *m* diphthong
**diputación** [diputa'θjon] *f (edificio) building that houses the diputación provincial* ◈ **diputación provincial** *governing body of each province of an autonomous region in Spain,* ≃ county council *(UK)*, ≃ state assembly *(US)*
**diputado, da** [dipu'taðo, ða] *m,f* ≃ MP *(UK)*, ≃ representative *(US)*
**dique** ['dike] *m* dike ◈ **dique seco** dry dock

**dirección** [direk'θi̯on] *f* **1.** *(rumbo)* direction **2.** *(domicilio)* address **3.** *(de empresa)* management **4.** *(de vehículo)* steering • **dirección de correo electrónico** e-mail address • **calle de dirección única** one-way street • **Dirección General de Tráfico** *Spanish traffic department*

## para dar la dirección por escrito

Pon primero tu nombre, seguido del cargo en la empresa. Después, el nombre del departamento y la dirección de la empresa (como si fuera un sobre: número de la calle, nombre de la calle, ciudad y código postal). Luego, el número de teléfono, comenzando por el símbolo +, el prefijo (con el cero entre paréntesis, porque no se marca cuando se llama desde el extranjero. Así, un número de Londres, por ejemplo, se escribiría *+44 (0) 20* con el número después). Finalmente, coloca el número de fax y la dirección de correo electrónico.

**direccionales** [direkθi̯o'nales] *mpl* *(Col & Méx)* indicators
**directa** [di'rekta] *f* *(en el coche)* top gear
**directo, ta** [di'rekto, ta] *adj* direct • **en directo** live
**director, ra** [direk'tor, ra] *m,f* **1.** *(de empresa)* director *(UK)*, CEO *(US)* **2.** *(de hotel)* manager (*f* manageress) **3.** *(de orquesta)* conductor **4.** *(de colegio)* head *(UK)*, principal *(US)*
**directorio** [direk'tori̯o] *m* directory • **directorio telefónico** *(Amér)* pho[ne] book
**dirigente** [diri'xente] *mf* **1.** *(de parti[do])* leader **2.** *(de empresa)* manager
**dirigir** [diri'xir] *vt* **1.** *(destinar)* to addr[ess] **2.** *(conducir, llevar)* to steer **3.** *(gobern[ar])* to run **4.** *(película, obra de teatro, enfoc[ar])* to direct **5.** *(orquesta)* to conduct [6.] *(periódico)* to edit **7.** *(guiar, orientar)* [to] guide • **dirigir la palabra a alguien** [to] speak to sb ◆ **dirigirse a** *v + prep* **1.** [*(*]*marchar)* to head for **2.** *(hablar a)* [to] speak to
**discapacidad** *f* disability
**discapacitado, da** ◇ *adj* disabled • **personas discapacitadas** people w[ith] disabilities ◇ *m,f* disabled person • **los discapacitados** people with disabilities
**discar** [dis'kar] *vt* *(Amér)* to dial
**disciplina** [disθi'plina] *f* discipline
**discípulo, la** [dis'θipulo, la] *m,f* disci[ple]
**disco** ['disko] *m* **1.** *(en música)* record [2.] *(cilindro)* disc **3.** *(semáforo)* (traffic) lig[ht] **4.** *(en informática)* disk **5.** *(en depor[te])* discus • **disco compacto** compact d[isc]
**disconformidad** [diskonformi'ðað] *f* d[is]agreement
**discoteca** [disko'teka] *f* disco
**discotequero, ra** [diskote'kero, ra] *(fam)* disco *(antes de s)*
**discreción** [diskre'θi̯on] *f* discretion
**discrepancia** [diskre'panθi̯a] *f* differen[ce]
**discreto, ta** [dis'kreto, ta] *adj* **1.** *(dip[lo]mático)* discreet **2.** *(mediano)* modest
**discriminación** [diskrimina'θi̯on] *f* d[is]crimination

**iscriminar** [diskrimi'nar] *vt* to discri-
ıinate against
**isculpa** [dis'kulpa] *f* **1.** *(pretexto)* excuse
. *(al pedir perdón)* apology ◆ **pedir
isculpas** to apologize
**isculpar** [diskul'par] *vt* to excuse ◆
**isculparse** *vp* to apologize ◆ **se
isculpó por llegar tarde** he apologized
or arriving late
**iscurrir** [disku'rir] *vi (pensar)* to reflect
**iscurso** [dis'kurso] *m* speech
**iscusión** [disku'sjon] *f* **1.** *(debate)* dis-
ussion **2.** *(riña)* argument
**iscutible** [disku'tiβle] *adj* debatable
**iscutir** [disku'tir] ◇ *vt* **1.** *(debatir)* to
iscuss **2.** *(contradecir)* to dispute ◇ *vi*
*eñir)* to argue
**isecar** [dise'kar] *vt* **1.** *(planta)* to dry **2.**
*ınimal)* to stuff
**iseñador, ra** [diseɲa'ðor, ra] *m,f* de-
igner
**iseñar** [dise'ɲar] *vt* to design
**iseño** [di'seɲo] *m* design ◆ **de diseño**
esigner
**isfraz** [dis'fraθ, θes] *(pl* **-ces***)* *m* dis-
uise
**isfrazar** [disfra'θar] *vt* to disguise ◆
**isfrazarse** *vp* ◆ **disfrazarse (de)** to
ress up (as)
**isfrutar** [disfru'tar] *vi* to enjoy o.s. ◆
**isfrutar de** *v + prep* to enjoy
**isgustar** [dizɣus'tar] *vt* to upset ◆
**isgustarse** *vp* to get upset
**isgusto** [diz'ɣusto] *m* annoyance ◆
**evarse un disgusto** to be upset
**isidente** [disi'ðente] *mf* dissident
**isimular** [disimu'lar] ◇ *vt* to hide ◇ *vi*
ɔ pretend

**disminución** [dizminu'θjon] *f* decrease
**disminuir** [dizminu'ir] *vt* to decrease
**disolvente** [disol'βente] *m* solvent
**disolver** [disol'βer] *vt* to dissolve
**disparar** [dispa'rar] *vt* & *vi* to shoot ◆
**dispararse** *vp* **1.** *(actuar precipitadamente)*
to go over the top **2.** *(precios)* to shoot
up
**disparate** [dispa'rate] *m* stupid thing
**disparo** [dis'paro] *m* shot
**dispensar** [dispen'sar] *vt* ◆ **lo dispensa-
ron de presentarse el examen** he was
excused from sitting the exam
**dispersar** [disper'sar] *vt* to scatter
**disponer** [dispo'ner] *vt* **1.** *(colocar)* to
arrange **2.** *(preparar)* to lay on **3.** *(suj:
ley)* to stipulate ◆ **disponer de** *v + prep*
**1.** *(tener)* to have **2.** *(usar)* to make use
of ◆ **disponerse** *vp* ◆ **disponerse a** to
get ready to
**disponible** [dispo'niβle] *adj* available
**disposición** [disposi'θjon] *f* **1.** *(coloca-
ción)* arrangement **2.** *(estado de ánimo)*
mood **3.** *(orden)* order ◆ **a disposición
de** at the disposal of
**dispositivo** [disposi'tiβo] *m* device
**dispuesto, ta** [dis'puesto, ta] ◇ *pp* ➤
**disponer** ◇ *adj (preparado)* ready ◆
**dispuesto a** prepared to
**disputa** [dis'puta] *f* dispute
**disputar** [dispu'tar] ◇ *vt* **1.** *(competición)*
to compete in **2.** *(premio)* to compete
for ◇ *vi* to argue ◆ **disputarse** *vp*
*(competir por)* to dispute
**disquete** [dis'kete] *m* disquette
**disquetera** [diske'tera] *f* disk drive
**distancia** [dis'tanθja] *f* **1.** distance **2.** *(en
tiempo)* gap ◆ **¿a qué distancia?** how

far away?
**distanciarse** [distan'θi̯arse] *vp* *(perder afecto)* to grow apart
**distante** [dis'tante] *adj* **1.** *(lugar)* far away **2.** *(persona)* distant
**distinción** [distin'θi̯on] *f* **1.** *(diferencia)* distinction **2.** *(elegancia)* refinement
**distinguido, da** [distin'giðo, ða] *adj* **1.** *(elegante)* refined **2.** *(notable, destacado)* distinguished
**distinguir** [distin'giɾ] *vt* **1.** *(diferenciar)* to distinguish **2.** *(lograr ver)* to make out **3.** *(destacar)* to pick out
**distintivo** [distin'tiβo] *m* distinctive
**distinto, ta** [dis'tinto, ta] *adj* different
**distracción** [distrak'θi̯on] *f* **1.** *(falta de atención)* absent-mindedness **2.** *(descuido)* slip **3.** *(diversión)* entertainment
**distraer** [distra'eɾ] *vt* *(entretener)* to entertain ◆ **distraerse** *vp* **1.** *(descuidarse)* to get distracted **2.** *(no prestar atención)* to let one's mind wander **3.** *(entretenerse)* to enjoy o.s.
**distraído, da** [distra'iðo, ða] *adj* **1.** *(entretenido)* entertaining **2.** *(despistado)* absent-minded
**distribución** [distriβu'θi̯on] *f* **1.** *(de correo, mercancías)* delivery **2.** *(comercial)* distribution
**distribuir** [distriβu'iɾ] *vt* **1.** *(repartir)* to distribute **2.** *(correo, mercancías)* to deliver
**distrito** [dis'trito] *m* district ● **distrito postal** postal district
**disturbio** [dis'turβi̯o] *m* **1.** *(tumulto)* disturbance **2.** *(del orden público)* riot
**diurno, na** [di'urno, na] *adj* daytime
**diva** ['diβa] *f* diva
**diván** [di'βan] *m* couch
**diversidad** [diβersi'ðað] *f* diversity
**diversión** [diβer'si̯on] *f* entertainmen
**diverso, sa** [di'βerso, sa] *adj* diverse
**diversos** various
**divertido, da** [diβer'tiðo, ða] *adj* *(entretenido)* enjoyable **2.** *(que hace re* funny
**divertirse** [diβer'tirse] *vp* to enjoy o.
**dividir** [diβi'ðiɾ] *vt* to divide
**divino, na** [di'βino, na] *adj* divine
**divisar** [diβi'saɾ] *vt* to spy
**divisas** [di'βisas] *fpl* foreign exchan *sg*
**división** [diβi'si̯on] *f* division
**divorciado, da** [diβor'θi̯aðo, ða] divorcé *(f* divorcée)
**divorciarse** [diβor'θi̯arse] *vp* to g divorced
**divorcio** [di'βorθi̯o] *m* divorce
**divulgar** [diβul'ɣaɾ] *vt* **1.** *(secreto)* reveal **2.** *(rumor)* to spread **3.** *(inform ción)* to disseminate
**DNI** ['de'ene'i] *m* (*abr de* **documen nacional de identidad**) ID card
**dobladillo** [doβla'ðiʎo] *m* hem
**doblaje** [do'βlaxe] *m* dubbing
**doblar** [do'βlaɾ] *vt* **1.** *(plegar)* to fold *(duplicar)* to double **3.** *(flexionar)* to be **4.** *(en cine)* to dub ● **doblar la esqui** to go round the corner
**doble** ['doβle] ◇ *adj* & *mf* double ◇ *m* **el doble (de)** twice as much ◆ **dobl** *mpl* *(en tenis)* doubles
**doce** ['doθe] ◇ *adj inv* twelve ◇ *m* twelve **2.** *(día)* twelfth ◇ *mpl* **1.** twel **2.** *(temperatura)* twelve (degrees) ◇ *fp* **(son) las seis** (it's) twelve o'clock ●

**doce de agosto** the twelfth of August • **doscientos doce** two hundred and twelve • **de doce en doce** in twelves • **los doce** the twelve of them • **empataron a doce** they drew twelve-all • **doce a cero** twelve-nil
**docena** [do'θena] *f* dozen
**docente** [do'θente] *adj* teaching
**dócil** ['doθil] *adj* obedient
**doctor, ra** [dok'tor, ra] *m,f* doctor
**doctorado** [dokto'raðo] *m* doctorate
**doctorarse** [dokto'rarse] *vp* to get a doctorate
**doctrina** [dok'trina] *f* doctrine
**documentación** [dokumenta'θi̯on] *f* papers *pl* • **documentación del coche** registration documents *pl*
**documental** [dokumen'tal] *m* documentary
**documento** [doku'mento] *m* **1.** *(escrito)* document **2.** *(de identidad)* identity card **3.** *(en historia)* record
**dogma** ['doγma] *m* dogma
**dogmático, ca** [doγ'matiko, ka] *adj* dogmatic
**dólar** ['dolar] *m* dollar
**doler** [do'ler] *vi* to hurt • **me duele la pierna** my leg hurts • **me duele la garganta** I have a sore throat
**dolor** [do'lor] *m* **1.** *(daño)* pain **2.** *(pena)* sorrow • **tener dolor de cabeza** to have a headache • **tener dolor de estómago** to have a stomachache • **tener dolor de muelas** to have toothache
**doloroso, sa** [dolo'roso, sa] *adj* painful
**domador, ra** [doma'ðor, ra] *m,f* tamer
**domar** [do'mar] *vt* to tame
**domesticar** [domesti'kar] *vt* to tame
**doméstico, ca** [do'mestiko, ka] *adj* domestic
**domicilio** [domi'θili̯o] *m* **1.** *(casa)* residence **2.** *(dirección)* address • **servicio a domicilio** home delivery
**dominante** [domi'nante] *adj* dominant
**dominar** [domi'nar] ◇ *vt* **1.** *(persona, panorama)* to dominate **2.** *(nación)* to rule **3.** *(situación)* to be in control of **4.** *(nervios, pasiones, etc)* to control **5.** *(incendio)* to bring under control **6.** *(idioma)* to be fluent in **7.** *(divisar)* to overlook ◇ *vi* **1.** *(sobresalir, destacar)* to stand out **2.** *(ser característico)* to predominate ♦ **dominarse** *vp* to control o.s.
**domingo** [do'mingo] *m* Sunday • **cada domingo, todos los domingos** every Sunday • **caer en domingo** to be on a Sunday • **el próximo domingo, el domingo que viene** next Sunday • **viene el domingo** she's coming on Sunday • **el domingo pasado** last Sunday • **el domingo por la mañana/tarde/noche** (on) Sunday morning/afternoon/night • **este domingo** *(pasado)* last Sunday; *(próximo)* this (coming) Sunday • **los domingos** (on) Sundays • **domingo de Pascua** Easter Sunday • **domingo de Ramos** Palm Sunday
**dominguero, ra** [domin'gero, ra] *m,f* *(fam)* Sunday tripper
**dominical** [domini'kal] *m* Sunday supplement
**dominio** [do'mini̯o] *m* **1.** *(control)* control **2.** *(autoridad)* authority **3.** *(de una lengua)* command **4.** *(territorio)* domain

5. *(ámbito)* realm
**dominó** [domi'no] *m (juego)* dominoes *sg*
**don** ['don] *m* **1.** *(regalo, talento)* gift **2.** *(tratamiento)* ≃ Mr.
**donante** [do'nante] *mf* donor
**donativo** [dona'tiβo] *m* donation
**donde** ['donde] ◇ *adv* where ◇ *pron* where • **el bolso está donde lo dejaste** your bag is where you left it • **de/desde donde** from where • **por donde** wherever • **la casa donde nací** the house where I was born • **la ciudad de donde vengo** the town I come from • **por donde** where
**dónde** ['donde] *adv* where • **de dónde** from where • **por dónde** where
**donut**® ['donut] *m* (ring) doughnut
**dopaje** [do'paxe] *m* doping
**doparse** [do'parse] *vp* to take artificial stimulants
**doping** ['dopin] *m* doping
**dorado, da** [do'raðo, ða] *adj* golden
**dormir** [dor'mir] ◇ *vi* to sleep ◇ *vt (niño)* to put to bed • **dormir con alguien** to sleep with sb ♦ **dormirse** *vp* **1.** *(persona)* to fall asleep **2.** *(parte del cuerpo)* to go to sleep
**dormitorio** [dormi'torio] *m* **1.** *(habitación)* bedroom **2.** *(mobiliario)* bedroom suite
**dorsal** [dor'sal] *adj* back *(antes de s)*
**dorso** ['dorso] *m* back • **dorso de la mano** back of the hand
**dos** ['dos] ◇ *adj inv* two ◇ *m* **1.** two **2.** *(día)* second ◇ *mpl* **1.** two **2.** *(temperatura)* two (degrees) ◇ *fpl* • **(son) las dos** (it's) two o'clock • **el dos de agosto** the second of August • **do cientos dos** two hundred and two • **treinta y dos** thirty-two • **de dos** • **dos** in twos • **los dos** the two of the • **empataron a dos** they drew two-a • **dos a cero** two-nil • **cada dos p tres** every five minutes
**doscientos** [dos'θi̯entos] *núm* two hun red ➣ **seis**
**dosis** ['dosis] *f inv* dose
**dotado, da** [do'taðo, ða] *adj* gifted • **dotado de paciencia** blessed with p tience • **dotado de ordenador** equipped with computers
**dotar** [do'tar] *vt* **1.** *(equipar, proveer)* provide **2.** *(suj: naturaleza)* to endow
**Dr.** (*abr de* **doctor**) Dr. *(Doctor)*
**Dra.** (*abr de* **doctora**) Dr. *(Doctor)*
**dragón** [dra'ɣon] *m* dragon
**drama** ['drama] *m* **1.** *(obra)* play *(género)* drama **3.** *(desgracia)* tragedy
**dramático, ca** [dra'matiko, ka] *a* dramatic
**dramaturgo, ga** [drama'turɣo, ɣa] *n* playwright
**droga** ['droɣa] *f* drug • **la droga** dru *pl*
**drogadicción** [droɣaðik'θi̯on] *f* dru addiction
**drogadicto, ta** [droɣa'ðikto, ta] *n* drug addict
**droguería** [droɣe'ria] *f shop selli paint, cleaning materials etc*
**dto.** *abrev* = **descuento**
**dual** [du'al] *adj (emisión) that can listened to either dubbed or in t original language version*
**ducha** ['dutʒa] *f* shower • **darse u**

**ducha** to have a shower
**ducharse** [du'tʒarse] *vp* to have a hower
**duda** ['duða] *f* doubt ● **sin duda alguna** vithout a doubt
**dudar** [du'ðar] *vi* to be unsure ◆ **dudar de** *v + prep* to have one's doubts about
**duelo** ['du̯elo] *m* **1.** *(pelea)* duel **2.** *(en deporte)* contest **3.** *(pena)* grief
**duende** ['du̯ende] *m* **1.** *(de cuentos infantiles)* goblin **2.** *(gracia, encanto)* charm ● **tener duende** to have a certain something
**dueño, ña** ['du̯eɲo, ɲa] *m,f* **1.** *(propietario)* owner **2.** *(de piso)* landlord (*f* landlady)
**dulce** ['dulθe] ◇ *adj* **1.** sweet **2.** *(agua)* fresh ◇ *m* **1.** *(caramelo, postre)* sweet, candy (*US*) **2.** *(pastel)* cake ● **dulce de membrillo** quince jelly
**dulzura** [dul'θura] *f* sweetness
**duna** ['duna] *f* dune
**dúo** ['duo] *m* duet
**dúplex** ['dupleks] *m inv* duplex
**duplicar** [dupli'kar] *vt* to double
**duración** [dura'θi̯on] *f* length
**durante** [du'rante] *adv* during ● **durante toda la semana** all week ● **lo estuve haciendo durante dos horas** I was doing it for two hours
**durar** [du'rar] *vi* **1.** *(prolongarse)* to last **2.** *(resistir)* to wear well
**durazno** [du'raθno] *m* (*Amér*) peach
**durex**® [du'reks] *m* (*Amér*) Sellotape (*UK*), Scotch tape (*US*)
**dureza** [du'reθa] *f* **1.** hardness **2.** *(callosidad)* callus **3.** *(de carácter)* harshness
**duro, ra** ['duro, ra] ◇ *adj* **1.** hard **2.** *(carácter, persona, clima)* harsh **3.** *(carne)* tough **4.** *(pan)* stale ◇ *adv* hard
**DVD** (*abr de* **Digital Video Disc** o **Digital Versatile Disc**) *m* **1.** *(disco)* DVD **2.** *(aparato)* DVD drive
**DVD-ROM** *m* (*abr de* **Disco Versátil Digital Read-Only Memory**) DVD-ROM (*Digital Video or Versatile Disc read only memory*)
**DYA** *m* (*Esp*) (*abr de* **detente y ayuda**) *voluntary organisation giving assistance to motorists*

# eE

**E** (*abr de* **este**) E *(east)*
**ébano** ['eβano] *m* ebony
**ebrio, ebria** ['eβri̯o, 'eβri̯a] *adj (formal)* drunk
**ebullición** [eβuʎi'θi̯on] *f* boiling
**echado, da** [e'tʒaðo, ða] *adj (acostado)* lying down
**echar** [e'tʒar]
◇ *vt* **1.** *(tirar)* to throw ● **echó la pelota** she threw the ball **2.** *(añadir)* ● **echar sal a la sopa** to add salt to the soup ● **echar vino en la copa** to pour wine into the glass **3.** *(reprimenda, discurso)* to give ● **me echaron la buenaventura** I had my fortune told **4.** *(carta, postal)* to post (*UK*), to mail (*US*) **5.** *(expulsar)* to throw out; *(del trabajo)* to sack ● **lo echaron del colegio** they threw him out of school **6.** *(humo, vapor, chispas)* to give off **7.** *(accionar)* ● **echar la llave/el**

cerrojo to lock/bolt the door • **echar el freno** to brake **8.** *(flores, hojas)* to sprout **9.** *(acostar)* to lie (down) • **echa al niño en el sofá** lie the child down on the sofa **10.** *(calcular)* • **¿cuántos años me echas?** how old would you say I am? **11.** *(fam) (en televisión, cine)* to show • **¿qué echan esta noche en la tele?** what's on telly tonight? **12.** *(en locuciones)* • **echar abajo** *(edificio)* to pull down; *(gobierno)* to bring down; *(proyecto)* to ruin • **echar de menos** to miss

◇ *vi* **1.** *(dirigirse)* • **echó por el camino más corto** he took the shortest route **2.** *(empezar)* • **echar a hacer algo** to begin to do sthg • **echar a correr** to break into a run

◆ **echarse** *vp (lanzarse)* to throw o.s.; *(acostarse)* to lie down • **nos echamos a la carretera** we set out on the road • **echarse a hacer algo** *(empezar)* to begin to do sthg

**eclesiástico, ca** [ekle'si̯astiko, ka] *adj* ecclesiastical

**eclipse** [e'klipse] *m* eclipse

**eco** ['eko] *m* echo • **tener eco** to arouse interest

**ecología** [ekolo'xia] *f* ecology

**ecológico, ca** [eko'loxiko, ka] *adj* ecological

**economía** [ekono'mia] *f* **1.** *(administración)* economy **2.** *(ciencia)* economics ◆ **economías** *fpl (ahorros)* savings

**económico, ca** [eko'nomiko, ka] *adj* **1.** *(situación, crisis)* economic **2.** *(barato)* cheap **3.** *(motor, dispositivo)* economical

**economista** [ekono'mista] *mf* economist

**ecosistema** [ekosis'tema] *m* ecosystem

**ecotasa** *f* environmental tax, green tax

**ecu** ['eku] *m* ecu

**ecuación** [eku̯a'θi̯on] *f* equation

**ecuador** [eku̯a'ðor] *m* equator

**Ecuador** [eku̯a'ðor] *s* Equador

**ecuatoriano, na** [eku̯ato'ri̯ano, na] *adj & m,f* Equadorian

**edad** [e'ðað] *f* age • **tengo 15 años de edad** I'm 15 (years old) • **la Edad Media** the Middle Ages *pl*

**edición** [eði'θi̯on] *f* **1.** *(publicación)* publication **2.** *(ejemplares)* edition

**edificante** [eðifi'kante] *adj* exemplary

**edificar** [eðifi'kar] *vt* to build

**edificio** [eði'fiθi̯o] *m* building

**editar** [eði'tar] *vt* **1.** *(publicar)* to publish **2.** *(disco)* to release

**editor, ra** [eði'tor, ra] *m,f* publisher

**editorial** [eðito'ri̯al] *f* publishing house

**edredón** [eðre'ðon] *m* duvet

**educación** [eðuka'θi̯on] *f* **1.** *(formación)* education **2.** *(cortesía, urbanidad)* good manners *pl*

**educado, da** [eðu'kaðo, ða] *adj* polite • **bien educado** polite • **mal educado** rude

**educar** [eðu'kar] *vt* **1.** *(hijos)* to bring up **2.** *(alumnos)* to educate **3.** *(sensibilidad, gusto)* to refine

**educativo, va** [eðuka'tiβo, βa] *adj* educational **2.** *(sistema)* education *(antes de s)*

**EEUU** *mpl* (*abr de* **Estados Unidos**) US *(United States of America)*

**efectivo** [efek'tiβo] *m* cash • **en efectivo** in cash

**fecto** [e'fekto] *m* **1.** *(resultado)* effect **2.** *mpresión)* impression • **en efecto** ıdeed • **efectos personales** personal elongings • **efecto secundarios** side ffects
**fectuar** [efektu'ar] *vt* **1.** *(realizar)* to ırry out **2.** *(compra, pago, viaje)* to ıake
**ficacia** [efi'kaθja] *f* **1.** *(de persona)* ficiency **2.** *(de medidas, plan)* effective- ess
**ficaz** [efi'kaθ, θes] *(pl* **-ces***)* *adj* **1.** *ersona)* efficient **2.** *(medidas, plan)* ffective
**ficiente** [efi'θjente] *adj* **1.** *(medicamento, lución, etc)* effective **2.** *(trabajador)* fficient
**GB** [exeβ'e] *f* (*abr de* **Enseñanza General ásica)** *former Spanish primary educa- on system for pupils aged 6-14*
**gipto** [e'xipto] *s* Egypt
**goísmo** [eɣo'izmo] *m* selfishness
**goísta** [eɣo'ista] *adj* selfish
**gresado, da** [eɣre'saðo, ða] *m,f (Amér)* raduate
**gresar** [eɣre'sar] *vi (Amér)* to graduate
**j.** (*abr de* **ejemplo**) eg. *(exempli gratia)*
**je** ['exe] *m* **1.** *(de rueda)* axle **2.** *(centro, geometría)* axis
**jecución** [exeku'θjon] *f (de condenado)* xecution
**jecutar** [exeku'tar] *vt* **1.** *(realizar)* to ırry out **2.** *(matar)* to execute
**jecutivo, va** [exeku'tiβo, βa] *m,f* exe- utive
**jemplar** [exem'plar] ◇ *adj* exemplary ◇ **1.** *(de especie, raza)* specimen **2.** *(de ɔro)* copy **3.** *(de revista)* issue

**ejemplo** [e'xemplo] *m* example • **poner un ejemplo** to give an example • **por ejemplo** for example
**ejercer** [exer'θer] *vt* **1.** *(profesión, activi- dad)* to practise **2.** *(influencia, autoridad)* to have
**ejercicio** [exer'θiθjo] *m* **1.** exercise **2.** *(de profesión, actividad)* practising • **ejerci- cio físico** physical exercise
**ejército** [e'xerθito] *m* army
**ejote** [e'xote] *m (Amér)* green bean
**el, la** [el, la] *(pl* **los, las***)* *art* **1.** *(con sustantivo genérico)* the • **el coche** the car • **las niñas** the girls • **el agua/ hacha/águila** the water/axe/eagle **2.** *(con sustantivo abstracto)* • **el amor** love • **la vida** life • **los celos** jealousy *sg* **3.** *(indica posesión, pertenencia)* • **se rompió la pierna** he broke his leg • **tiene el pelo oscuro** she has dark hair **4.** *(con días de la semana)* • **vuelven el sábado** they're coming back on Saturday **5.** *(antes de adj)* • **prefiero la blanca** I prefer the white one **6.** *(en locuciones)* • **cogeré el de atrás** I'll take the one at the back • **mi hermano y el de Juan** my brother and Juan's • **el que** *(persona)* whoever; *(cosa)* whichever (one) • **el que más me gusta** the one I like best
**él, ella** ['el, 'eʎa] *(pl* **ellos, ellas***)* *pron* **1.** *(sujeto, predicado)* he *(f* she), they *pl*; *(animal, cosa)* it, they *pl* • **la culpa la tiene él** he's to blame • **ella es una amiga de la familia** she's a friend of the family **2.** *(complemento)* him *(f* her), them *pl*; *(animal, cosa)* it, them *pl* • **voy a ir de vacaciones con ellos** I'm

going on holiday with them **3.** *(posesivo)* ◆ **de él** his ◆ **de ella** hers
**elaborar** [elaβo'raɾ] *vt* **1.** *(preparar)* to make **2.** *(idea)* to work out **3.** *(plan, lista)* to draw up
**elasticidad** [elastiθi'ðað] *f* elasticity
**elástico, ca** [e'lastiko, ka] *adj* elastic ◆ **elásticos** *mpl (para pantalones)* braces (*UK*), suspenders (*US*)
**elección** [elek'θi̯on] *f* **1.** *(de regalo, vestido, etc)* choice **2.** *(de presidente, jefe, etc)* election ◆ **elecciones** *fpl* elections
**electricidad** [elektriθi'ðað] *f* electricity
**electricista** [elektri'θista] *mf* electrician
**eléctrico, ca** [e'lektriko, ka] *adj* electric
**electrocutar** [elektroku'taɾ] *vt* to electrocute
**electrodoméstico** [elektroðo'mestiko] *m* electrical household appliance
**electrónica** [elek'tronika] *f* electronics
**electrónico, ca** [elek'troniko, ka] *adj* electronic
**elefante** [ele'fante] *m* elephant
**elegancia** [ele'ɣanθi̯a] *f* **1.** elegance **2.** *(de comportamiento)* dignity
**elegante** [ele'ɣante] *adj* **1.** elegant **2.** *(comportamiento)* dignified
**elegir** [ele'xiɾ] *vt* **1.** *(escoger)* to choose **2.** *(en votación)* to elect
**elemental** [elemen'tal] *adj* **1.** *(sencillo)* obvious **2.** *(fundamental)* basic
**elemento** [ele'mento] *m* **1.** element **2.** *(factor)* factor ◆ **elementos** *mpl (fuerzas de la naturaleza)* elements
**elevación** [eleβa'θi̯on] *f* rise
**elevado, da** [ele'βaðo, ða] *adj* **1.** high **2.** *(edificio, monte)* tall
**elevador** [eleβa'ðoɾ] *m* (*CAm* & *Méx*) lift (*UK*), elevator (*US*)
**elevadorista** [eleβaðo'rista] *mf* (*CAm Méx*) lift attendant (*UK*), elevat operator (*US*)
**elevar** [ele'βaɾ] *vt* **1.** to raise **2.** *(ascend* to promote ◆ **elevarse** *vp (subir)* to r
**eliminación** [elimina'θi̯on] *f* elimir tion
**eliminar** [elimi'naɾ] *vt* to eliminate
**élite** ['elite] *f* elite
**ella** ['eʎa] ➢ **él**
**ello** ['eʎo] *pron neutro* it
**ellos, ellas** ['eʎos, 'eʎas] *pron pl* *(sujeto)* they **2.** *(complemento)* them **de ellos/ellas** theirs
**elocuencia** [elo'ku̯enθi̯a] *f* eloquence
**elocuente** [elo'ku̯ente] *adj* eloquent
**elogiar** [elo'xi̯ar] *vt* to praise
**elogio** [e'loxi̯o] *m* praise
**elote** [e'lote] *m* (*Méx* & *CAm*) cob
**eludir** [elu'ðiɾ] *vt* to avoid
**emancipado, da** [emanθi'paðo, ða] emancipated
**emanciparse** [emanθi'parse] *vp* to b come emancipated
**embajada** [emba'xaða] *f* **1.** *(lugar)* em bassy
**embajador, ra** [embaxa'ðoɾ, ra] ambassador
**embalar** [emba'laɾ] *vt* to wrap up
**embalarse** *vp* to race away
**embalsamar** [embalsa'maɾ] *vt* to em balm
**embalse** [em'balse] *m* reservoir
**embarazada** [embara'θaða] *adj f* preg nant
**embarazo** [emba'raθo] *m* **1.** *(de mu* pregnancy **2.** *(dificultad)* obstacle

**mbarcación** [embarka'θion] *f* boat
**mbarcadero** [embarka'ðero] *m* jetty
**mbarcar** [embar'kar] *vi* to board ◆ **mbarcarse** *vp* 1. *(pasajeros)* to board . *(en asunto, negocio)* to get involved
**mbargar** [embar'γar] *vt* *(bienes, propie-adaes)* to seize
**mbargo** [em'barγo] *m* *(de bienes)* sei-ure ● **sin embargo** however
**mbarque** [em'barke] *m* 1. *(de pasajeros)* oarding 2. *(de equipaje)* embarkation
**mbestir** [embes'tir] *vt* to attack
**mblema** [em'blema] *m* 1. *(símbolo)* ymbol 2. *(distintivo)* emblem
**mborracharse** [embora'tʒarse] *vp* to et drunk
**mboscada** [embos'kaða] *f* ambush
**mbotellado, da** [embote'ʎaðo, ða] *adj* . *(vino, licor)* bottled 2. *(calle, circulación)* locked
**mbotellamiento** [emboteʎa'miento] *m* . *(de tráfico)* traffic jam 2. *(de vino, agua)* ottling
**mbotellar** [embote'ʎar] *vt* *(líquido)* to ottle
**mbrague** [em'braγe] *m* clutch
**mbrión** [embri'on] *m* embryo
**mbrujar** [embru'xar] *vt* to bewitch
**mbudo** [em'buðo] *m* funnel
**mbustero, ra** [embus'tero, ra] *m,f* liar
**mbutidos** [embu'tiðos] *mpl* cold meat *(UK)*, cold cuts *(US)*
**mergencia** [emer'xenθia] *f* emergency
**migración** [emiγra'θion] *f* 1. *(de familia, ueblo)* emigration 2. *(de animales)* iigration
**migrante** [emi'γrante] *mf* emigrant
**migrar** [emi'γrar] *vi* 1. *(persona, pueblo)* to emigrate 2. *(animal)* to migrate
**eminente** [emi'nente] *adj* eminent
**emisión** [emi'sion] *f* 1. *(de sonido)* emission 2. *(del mensaje)* transmission 3. *(programa)* broadcast 4. *(de juicio, opinión, etc)* expression
**emisor, ra** [emi'sor, ra] *adj* broadcasting
**emisora** [emi'sora] *f* radio station
**emitir** [emi'tir] *vt* 1. *(palabras)* to utter 2. *(sonido)* to emit 3. *(programa, música, etc)* to broadcast 4. *(juicio, opinión, etc)* to express
**emoción** [emo'θion] *f* emotion ● **¡qué emoción!** how exciting!
**emocionado, da** [emoθio'naðo, ða] *adj* excited
**emocionante** [emoθio'nante] *adj* exciting
**emocionarse** [emoθio'narse] *vp* to get excited
**empacar** [empa'kar] *vi* *(Amér)* to pack
**empacho** [em'patʒo] *m* *(de comida)* upset stomach
**empanada** [empa'naða] *f* pasty *(UK)*, turnover *(US)* ● **empanada gallega** *pasty containing tomato, tuna and peppers*
**empanadilla** [empana'ðiʎa] *f* small pasty *(UK)*, small turnover *(US)*
**empapado, da** [empa'paðo, ða] *adj* *(mojado)* soaked
**empapar** [empa'par] *vt* *(mojar)* to soak ◆ **empaparse** *vp* to get soaked
**empapelar** [empape'lar] *vt* to paper
**empaquetar** [empake'tar] *vt* to pack ▼ **empaquetado para regalo** gift-wrapped
**empastar** [empas'tar] *vt* to fill

**empaste** [em'paste] *m* filling
**empatar** [empa'tar] ◇ *vi* to draw ◇ *vt* (*Andes & Ven*) to connect
**empate** [em'pate] *m* **1.** (*en juego, deporte*) draw (*UK*), tie **2.** (*Andes & Ven*) (*empalme*) connection • **empate a dos** two-two draw
**empeñar** [empe'ɲar] *vt* (*joyas, bienes*) to pawn ♦ **empeñarse** *vp* (*endeudarse*) to get into debt ♦ **empeñarse en** *v + prep* (*insistir en*) to insist on
**empeño** [em'peɲo] *m* (*constancia*) determination
**empeorar** [empeo'rar] ◇ *vt* to make worse ◇ *vi* to get worse
**emperador, triz** [empera'ðor, 'triθ] (*fpl* **-ces**) ◇ *m,f* emperor (*f* empress) ◇ *m* (*pez*) swordfish
**empezar** [empe'θar] *vt & vi* to begin, to start • **empezar a hacer algo** to begin to do sthg, to start to do sthg
**epidermis** [epi'ðermis] *f inv* epidermis
**empinado, da** [empi'naðo, ða] *adj* steep
**empleado, da** [emple'aðo, ða] *m,f* employee • **empleado de banco** bank clerk
**emplear** [emple'ar] *vt* **1.** (*trabajador*) to employ **2.** (*objeto, herramienta*) to use **3.** (*dinero, tiempo*) to spend ♦ **emplearse en** *v + prep* (*empresa, oficina*) to get a job in
**empleo** [em'pleo] *m* **1.** (*trabajo en general*) employment **2.** (*puesto*) job **3.** (*uso*) use
**empotrado, da** [empo'traðo, ða] *adj* built-in • **armario empotrado** fitted wardrobe (*UK*), built-in closet (*US*)
**emprender** [empren'der] *vt* **1.** (*tarea, negocio, etc*) to start **2.** (*viaje*) to set off on

**empresa** [em'presa] *f* company
**empresario, ria** [empre'sario, ria] *m* businessman (*f* businesswoman)
**empujar** [empu'xar] *vt* to push • **empujar alguien a hacer algo** to push into doing sthg
**empujón** [empu'xon] *m* shove • **a empujones** by pushing
**en** [en] *prep* **1.** (*en el interior de*) in • **viven en la capital** they live in the capital **2.** (*sobre la superficie de*) on • **en el plato/la mesa** on the plate/table (*en un punto concreto de*) at • **en casa/trabajo** at home/work **4.** (*dirección*) in • **el avión cayó en el mar** the plane f into the sea • **entraron en la habitación** they came into the room (*tiempo*) in; (*día*) on; (*período, moment* at • **llegará en mayo/Navidades** s will arrive in May/at Christmas **nació en 1940/sábado** he was born 1940/on a Saturday • **en un par días** in a couple of days **6.** (*medio transporte*) by • **ir en coche/tren/avió barco** to go by car/train/plane/boat (*modo*) in • **lo dijo en inglés** she said in English • **todo se lo gasta en ro** he spends it all on clothes • **en v baja** in a low voice • **aumentar en 10%** to increase by 10% **8.** (*precio*) in **las ganancias se calculan en millon** profits are calculated in millions • **lo dejo en 500 euros** I'll let you have for 500 euros **9.** (*tema*) • **es un exper en matemáticas** he's an expert mathematics • **es doctor en medici** he's a doctor of medicine **10.** (*cualida* • **rápido en actuar** quick to act •

ıpera **en inteligencia** she is more ıtelligent than he is

**naguas** [e'naɣuas] *fpl* underskirt *sg*, ip *sg (US)*

**namorado, da** [enamo'raðo, ða] *adj* ◈ **namorado (de)** in love (with)

**namorarse** [enamo'rarse] *vp* ◈ **ena-ıorarse (de)** to fall in love (with)

**nano, na** [e'nano, na] ◇ *adj (verdura)* aby *(antes de s)* ◇ *m,f* dwarf

**ncabezar** [enkaβe'θar] *vt* **1.** *(lista, carta,* ;*crito)* to head **2.** *(grupo)* to lead

**ncadenar** [enkaðe'nar] *vt* **1.** *(atar)* to ıain **2.** *(enlazar)* to link ◈ **encadenarse** *ı (hechos, sucesos)* to happen one after ıe other

**ncajar** [enka'xar] ◇ *vt* **1.** *(meter)* to fit **2.** *ıceptar)* to take ◇ *vi* **1.** *(caber)* to fit **2.** *:uadrar)* to square

**ncaje** [en'kaxe] *m* **1.** *(tejido)* lace **2.** *(de ɜstido, camisa)* lace trim

**ncalar** [enka'lar] *vt* to whitewash

**ncantado, da** [enkan'taðo, ða] ◇ *adj* **1.** *ıatisfecho)* delighted **2.** *(lugar, edificio)* aunted **3.** *(persona)* bewitched ◇ *interj* ◈ **encantado (de conocerle)** pleased to ıeet you

**ncantador, ra** [enkanta'ðor, ra] *adj* elightful

**ncantar** [enkan'tar] *vt (hechizar)* to cast spell on ◈ **me encanta bailar** I love ancing ◈ **¡me encanta!** I love it! ◈ **ncantarse** *vp (distraerse)* to be en-ʼanced

**ncanto** [en'kanto] *m* **1.** *(atractivo)* ıarm **2.** *(hechizo)* spell

**ncapotado, da** [enkapo'taðo, ða] *adj* vercast

**encapricharse** [enkapri'tʒarse] *vp* ◈ **encapricharse con** *(obstinarse)* to set one's mind on

**encarar** [enka'rar] *vt (problema, riesgo)* to face up to ◈ **encararse** *vp* ◈ **encararse a** to confront

**encarcelar** [enkarθe'lar] *vt* to imprison

**encarecer** [enkare'θer] *vt (precio)* to make more expensive

**encargado, da** [enkar'ɣaðo, ða] *m,f* **1.** *(responsable)* person in charge **2.** *(de tienda, negocio)* manager *(f* manager-ess)

**encargar** [enkar'ɣar] *vt* **1.** *(pedir)* to order **2.** *(poner al cuidado)* to put in charge ◈ **encargarse de** *v + prep* to see to, to take care of

**encargo** [en'karɣo] *m* **1.** *(pedido)* order **2.** *(tarea)* task **3.** *(recado)* errand

**encariñarse** [enkari'ɲarse] ◈ **encariñar-se con** *v + prep* to become fond of

**encarnado, da** [enkar'naðo, ða] *adj* **1.** *(rojo)* red **2.** *(personificado)* incarnate

**encausar** [enkau̯'sar] *vt* to prosecute

**encendedor** [enθende'ðor] *m* lighter

**encender** [enθen'der] *vt* **1.** *(fuego, ciga-rrillo)* to light **2.** *(luz, gas, aparato eléctrico)* to turn on **3.** *(motor)* to start up

**encendido** [enθen'diðo] *m (de motor)* ignition

**encerado** [enθe'raðo] *m* **1.** *(pizarra)* blackboard **2.** *(del suelo)* polishing

**encerrar** [enθe'rar] *vt* **1.** *(recluir)* to lock up **2.** *(contener)* to contain ◈ **encerrarse** *vp* to shut o.s. away

**encestar** [enθes'tar] *vi* to score a basket

**enchilarse** [entʒi'larse] *vp* **1.** *(Amér) (con chile)* to eat a mouthful of very

hot food **2.** *(fig) (enfadarse)* to get angry
**enchinar** [entʒi'nar] *vt (Amér)* to curl
**enchufar** [entʒu'far] *vt* **1.** *(conectar)* to plug in **2.** *(encender)* to turn on **3.** *(fam) (a una persona)* to pull strings for
**enchufe** [en'tʒufe] *m* **1.** *(de aparato)* plug **2.** *(de pared)* socket **3.** *(fam) (recomendación)* connections *pl*
**encía** [en'θia] *f* gum
**enciclopedia** [enθiklo'peðia] *f* encyclopedia
**encierro** [en'θiero] *m* **1.** *(de personas)* sit-in **2.** *(de toros) running of the bulls to the enclosure where they are kept before a bullfight*
**encima** [en'θima] *adv* **1.** *(arriba)* on top **2.** *(en edificio)* upstairs **3.** *(además)* on top of that • **no llevo dinero encima** I haven't got any money on me • **encima de** *(en lugar superior)* above; *(en edificio)* upstairs from; *(sobre)* on (top of) • **por encima** *(superficialmente)* superficially • **por encima de** *(más arriba de)* over • **por encima de sus posibilidades** beyond his means • **por encima de todo** more than anything
**encimera** [enθi'mera] *f* worktop *(UK)*, counter *(US)*
**encina** [en'θina] *f* holm oak
**encinta** [en'θinta] *adj f* pregnant
**encoger** [enko'xer] ◇ *vt (piernas)* to pull in ◇ *vi* to shrink ◆ **encogerse** *vp* **1.** *(tejido, ropa)* to shrink **2.** *(persona)* to get scared • **encogerse de hombros** to shrug one's shoulders
**encolar** [enko'lar] *vt (pegar)* to glue
**encolerizarse** [enkoleri'θarse] *vp* to get angry
**encomienda** [enkomi'enða] *f (Amé*... parcel *(UK)*, package *(US)*
**encontrar** [enkon'trar] *vt* **1.** to find *(persona)* to meet • **encontrar traba**... to find work ◆ **encontrarse** *vp (coincidir)* to meet **2.** *(hallarse)* to be
**encrespado, da** [enkres'paðo, ða] *adj (pelo)* curly **2.** *(mar)* rough
**encrucijada** [enkruθi'xaða] *f* crossroa... *sg*
**encuadernar** [enkuaðer'nar] *vt* to bin...
**encuadre** [en'kuaðre] *m (de foto)* co... position
**encubrir** [enku'βrir] *vt* to conceal
**encuentro** [en'kuentro] *m* **1.** *(con pers... na)* meeting **2.** *(partido)* match *(U*... game
**encuesta** [en'kuesta] *f* survey
**encuestador, ra** [enkuesta'ðor, ra] *...* pollster
**enderezar** [endere'θar] *vt* **1.** *(lo torcid...)* to straighten **2.** *(lo caído)* to put uprig... **3.** *(persona, negocio, trabajo)* to set rig...
**endeudado, da** [endeu'ðaðo, ða] *adj* ... debt
**endivia** [en'diβia] *f* endive • **endivi... al roquefort** endives in a Roquef... sauce
**enemigo, ga** [ene'miyo, ya] *m,f* enem... • **ser enemigo de** to hate
**energía** [ener'xia] *f* **1.** *(en física, e...)* energy **2.** *(de persona)* strength
**energía atómica** nuclear power
**enérgico, ca** [e'nerxiko, ka] *adj* energ... tic
**enero** [e'nero] *m* January ➤ **setiemb...**
**enfadado, da** [enfa'ðaðo, ða] *adj* ang...
**enfadarse** [enfa'ðarse] *vp* to get angr...

**nfado** [en'faðo] *m* anger
**nfermar** [enfer'mar] *vi* to fall ill (*UK*), ɔ get sick (*US*) ◆ **enfermarse** *vp* *Amér*) to fall ill (*UK*), to get sick (*US*)
**nfermedad** [enferme'ðað] *f* **1.** (*caso* ɔ*ncreto*) illness **2.** (*morbo*) disease
**nfermería** [enferme'ria] *f* sick bay
**nfermero, ra** [enfer'mero, ra] *m,f* ɩurse
**nfermizo, za** [enfer'miθo, θa] *adj* un-ɩealthy
**nfermo, ma** [en'fermo, ma] ◇ *adj* ill, ɩck ◇ *m,f* **1.** (*persona enferma*) sick erson **2.** (*en el hospital*) patient ◆ **onerse enfermo** to fall ill (*UK*), to get ɩck (*US*)
**nfocar** [enfo'kar] *vt* **1.** (*luz, foco*) to hine **2.** (*cámara*) to focus **3.** (*tema,* ɹ*estión, problema*) to look at
**nfoque** [en'foke] *m* **1.** (*de cámara*) focus . (*de cuestión, problema*) approach
**nfrentamiento** [enfrenta'miento] *m* ɔnfrontation
**nfrentarse** [enfren'tarse] *vp* to clash ◆ **nfrentarse a** (*oponerse a*) to confront
**nfrente** [en'frente] *adv* opposite ◆ **nfrente de** opposite ◆ **la casa de nfrente** the house across the road
**nfriamiento** [enfria'miento] *m* cold
**nfriarse** [enfri'arse] *vp* **1.** (*comida, be-* ɩ*da*) to get cold **2.** (*relación*) to cool ɔwn **3.** (*resfriarse*) to catch a cold
**nganchar** [engan'tʒar] *vt* **1.** (*objeto,* ɜ*pel*) to hang up **2.** (*caballos, caravana,* ɔ*che*) to hitch up ◆ **engancharse** *vp* '*opa, persona*) to get caught
**nganche** [en'gantʒe] *m* **1.** (*Méx*) (*depó-* *to*) deposit **2.** (*mecanismo, pieza*) hook ◆ **$50 de enganche** (*Amér*) a $50 deposit
**engañar** [enga'ɲar] *vt* **1.** (*decir mentiras a*) to deceive **2.** (*timar*) to cheat **3.** (*a cónyuge*) to cheat on ◆ **engañarse** *vp* (*equivocarse*) to be wrong
**engaño** [en'gaɲo] *m* **1.** (*mentira*) deceit **2.** (*timo*) swindle **3.** (*infidelidad*) cheating
**engañoso, sa** [enga'ɲoso, sa] *adj* **1.** (*apariencia*) deceptive **2.** (*mirada, palabra*) deceitful
**engendrar** [enxen'drar] *vt* **1.** (*persona, animal*) to give birth to **2.** (*sentimiento*) to give rise to
**englobar** [englo'βar] *vt* to bring together
**engordar** [engor'ðar] *vi* **1.** (*persona*) to put on weight **2.** (*alimento*) to be fattening ◆ **engordarse** *vp* to put on weight
**engranaje** [engra'naxe] *m* (*de coche*) gears *pl*
**engrapadora** [engrapa'ðora] *f* (*Amér*) stapler
**engrapar** [engra'par] *f* (*Amér*) to staple
**engrasar** [engra'sar] *vt* **1.** (*mecanismo, pieza*) to lubricate **2.** (*ensuciar*) to make greasy
**engreído, da** [engre'iðo, ða] *adj* conceited
**enhorabuena** [enora'βuena] ◇ *f* congratulations *pl* ◇ *interj* congratulations! ◆ **dar la enhorabuena** to congratulate
**enigma** [e'niɣma] *m* enigma
**enjabonar** [enxaβo'nar] *vt* **1.** (*ropa*) to soap **2.** (*fig*) (*persona*) to butter up ◆ **enjabonarse** *vp* to soap o.s. down
**enjuagar** [enxua'ɣar] *vt* to rinse ◆

**enjuagarse** *vp (boca)* to rinse out one's mouth

**enlace** [en'laθe] ◇ *m* **1.** *(de trenes)* connection **2.** *(de carreteras)* link **3.** *INFORM* link **4.** *(formal) (matrimonio)* marriage ◇ *mf (intermediario)* go-between

**enlazar** [enla'θar] ◇ *vt* **1.** *(conectar)* to tie **2.** *(relacionar)* to connect ◇ *vi* ● **enlazar con** to connect with

**enlosar** [enlo'sar] *vt* to pave

**enmendar** [emmen'dar] *vt (corregir)* to correct ◆ **enmendarse** *vp* to mend one's ways

**enmienda** [em'mienda] *f* **1.** *(corrección)* correction **2.** *(de ley)* amendment

**enmudecer** [emmuðe'θer] *vi* to be struck dumb

**enojado, da** [eno'xaðo, ða] *adj* annoyed

**enojar** [eno'xar] *vt* **1.** *(enfadar)* to anger **2.** *(molestar)* to annoy ◆ **enojarse** *vp* **1.** *(enfadarse)* to get angry **2.** *(molestarse)* to get annoyed

**enojo** [e'noxo] *m* **1.** *(enfado)* anger **2.** *(molestia)* annoyance

**enorme** [e'norme] *adj* huge

**enredadera** [enreða'ðera] *f* creeper

**enredar** [enre'ðar] *vt (lana, hilo, pelo)* to tangle ● **enredar a alguien en** *(complicar)* to involve sb in

**enredo** [en'reðo] *m* **1.** *(de lana, hilo, etc)* tangle **2.** *(situación difícil, desorden)* mess

**enriquecer** [enrike'θer] *vt* to make rich ◆ **enriquecerse** *vp* to get rich

**enrojecer** [enroxe'θer] ◇ *vt* to redden ◇ *vi (sonrojarse)* to blush

**enrollar** [enro'ʎar] *vt* to roll up ◆ **enrollarse** *vp* **1.** *(fam) (hablar mucho)* to go on and on **2.** *(ligar)* to get off wi[th] each other *(UK)*, to hook up *(US)*

**ensaimada** [ensai'maða] *f cake made* [of] *sweet, coiled pastry*

**ensalada** [ensa'laða] *f* salad ● **ensala[da] de lechuga** lettuce salad ● **ensala[da] mixta** mixed salad ● **ensalada varia[da] o del tiempo** *salad of lettuce, toma[to], carrot and onion* ● **ensalada ver[de]** green salad

**ensaladera** [ensala'ðera] *f* salad bowl

**ensaladilla** [ensala'ðiʎa] *f* ● **ensaladi[lla] (rusa)** Russian salad

**ensanchar** [ensan'tʒar] *vt* **1.** *(camino)* [to] widen **2.** *(falda, pantalón)* to let out

**ensayar** [ensa'jar] *vt* **1.** *(espectáculo)* [to] rehearse **2.** *(mecanismo, invento)* to tes[t]

**ensayo** [en'sajo] *m* **1.** *(de espectácul[o])* rehearsal **2.** *(de mecanismo, invento)* te[st] **3.** *(escrito)* essay

**enseguida** [ense'ɣiða] *adv* **1.** *(inmediata[mente])* immediately **2.** *(pronto)* ve[ry] soon

**ensenada** [ense'naða] *f* cove

**enseñanza** [ense'ɲanθa] *f* **1.** *(métod[o], sistema)* education **2.** *(profesión)* teac[h]ing

**enseñar** [ense'ɲar] *vt* **1.** *(en escue[la,] universidad)* to teach **2.** *(indicar, mostra[r])* to show

**enseres** [en'seres] *mpl* belongings

**ensopar** [enso'par] *vt (Col, RP & Ven)* [to] soak

**ensuciar** [ensu'θiar] *vt* to make dirty ◆ **ensuciarse** *vp* to get dirty

**ente** ['ente] *m* **1.** *(ser)* being **2.** *(asoc[ia]ción)* organization

**entender** [enten'der] ◇ *vt* **1.** to unde[rstand]

ınd 2. *(opinar)* to think ◇ *vi* to ıderstand ◆ **entender de** *v + prep* ıber de) to be an expert on ◆ **ıtenderse** *vp* 1. *(comprenderse)* to ıderstand each other 2. *(llegar a un* ıerdo) to reach an agreement 3. ım) *(estar liado)* to be involved ● **tenderse bien/mal con** to get on ell/badly with

**ıtendido, da** [enten'diðo, ða] *m,f* ex-rt

**ıterarse** [ente'rarse] ◆ **enterarse de** *v prep* 1. *(noticia, suceso)* to find out out 2. *(fam) (darse cuenta de)* to alize

**ıtero, ra** [en'tero, ra] *adj* 1. whole 2. *carácter)* composed ● **por entero** tirely

**ıterrar** [ente'rar] *vt* to bury

**ıtidad** [enti'ðað] *f (asociación)* body

**ıtierro** [en'tjero] *m* burial

**ıtlo** *abrev* = **entresuelo**

**ıtonces** [en'tonθes] *adv* then ● **desde tonces** since then

**ıtrada** [en'traða] *f* 1. *(acción)* entry 2. *gar)* entrance 3. *(puerta)* doorway 4. *espectáculo)* ticket 5. *(plato)* starter K), appetizer *(US)* 6. *(anticipo)* down yment ● **de entrada** *(en principio)* ım the beginning ● **¿qué quiere de trada?** what would you like for ırters? ▼ **entrada** way in ▼ **entrada re** admission free ▼ **entrada por la ra puerta** enter by other door ▼ **ohibida la entrada** no entry

**ıtrantes** [en'trantes] *mpl (entremeses)* ırs d'oeuvres

**ıtrañable** [entra'ɲaβle] *adj* 1. *(digno de afecto)* likeable 2. *(afectuoso)* affectionate

**entrañas** [en'traɲas] *fpl (vísceras)* entrails

**entrar** [en'trar]
◇ *vt* 1. *(introducir)* to bring in ● **están entrando el carbón** they're bringing in the coal ● **ya puedes entrar el coche en el garaje** you can put your car in the garage now 2. *INFORM* to enter
◇ *vi* 1. *(introducirse)* to enter, to come/go in ● **la pelota entró por la ventana** the ball came in through the window ● **entramos en el bar** we went into the bar 2. *(penetrar)* to go in ● **el enchufe no entra** the plug won't go in ● **el clavo ha entrado en la pared** the nail went into the wall 3. *(caber)* to fit ● **este anillo no te entra** this ring doesn't fit you ● **en el garaje entran dos coches** you can fit two cars in the garage 4. *(incorporarse)* to join ● **para entrar has de hacer un test** you have to do a test to get in ● **entró en el partido en abril** she joined the party in April ● **entró de secretaria** she started out as a secretary 5. *(entender)* ● **no le entra la geometría** he can't get the hang of geometry 6. *(estado físico o de ánimo)* ● **me entró mucha pena** I was filled with pity ● **me entraron ganas de hablar** I suddenly felt like talking 7. *(estar incluido)* ● **entrar (en)** to be included (in) ● **la consumición no entra** *(en discoteca)* drinks are not included 8. *(participar)* ● **entrar (en)** to participate (in) 9. *(cantidad)* ● **¿cuántas peras entran en un kilo?** how many pears

do you get to the kilo? **10.** *AUTO* to engage • **no entra la quinta** you can't get into fifth **11.** *(empezar)* • **entrar a hacer algo** to start doing sthg

**entre** ['entre] *prep* **1.** *(en medio de dos términos)* between • **aparcar entre dos coches** to park between two cars • **vendré entre las tres y las cuatro** I'll come between three and four **2.** *(en medio de muchos)* among • **estaba entre los asistentes** she was among those present • **entre hombres y mujeres somos cien** there are a hundred of us, counting men and women **3.** *(participación, cooperación)* between • **entre todos lo consiguieron** between them they managed it • **entre nosotros** *(en confianza)* between you and me **4.** *(lugar)* among • **encontré tu carta entre los libros** I found your letter among the books • **entre tanto** meanwhile

**entreacto** [entre'akto] *m* interval

**entrecejo** [entre'θexo] *m* space between the brows • **fruncir el entrecejo** to frown

**entrecot** [entre'kot] *m* entrecôte • **entrecot a la pimienta verde** *entrecôte in a green peppercorn sauce* • **entrecot al roquefort** *entrecôte in a Roquefort sauce*

**entrega** [en'treɣa] *f* **1.** *(acto)* handing over **2.** *(de pedido)* delivery **3.** *(de premio)* presentation **4.** *(dedicación)* devotion **5.** *(fascículo)* instalment **6.** *(de seriado)* episode

**entregar** [entre'ɣar] *vt* **1.** *(dar)* to hand over **2.** *(pedido, paquete)* to deliver ◆ **entregarse a** *v + prep* **1.** *(rendirse)* to surrender to **2.** *(abandonarse a)* surrender to **3.** *(dedicarse a)* to dev[ote] o.s. to

**entrelazar** [entrela'θar] *vt* to interla[ce]

**entremeses** [entre'meses] *mpl* h[ors] d'oeuvres

**entrenador, ra** [entrena'ðor, ra] coach

**entrenamiento** [entrena'mi̯ento] *m* tr[ai]ning

**entrenar** [entre'nar] *vt* to train

**entrenarse** *vp* to train

**entrepierna** [entre'pi̯erna] *f* crotch

**entreplanta** [entre'planta] *f* mezzani[ne]

**entresuelo** [entre'su̯elo] *m* mezzanir[e]

**entretanto** [entre'tanto] *adv* mea[n]while

**entretecho** [entre'tetʒo] *m* *(Amér)* a[ttic]

**entretener** [entrete'ner] *vt* **1.** *(divertir)* entertain **2.** *(hacer retrasar)* to hold u[p]

**entretenerse** *vp* **1.** *(divertirse)* to am[use] o.s. **2.** *(retrasarse)* to be held up

**entretenido, da** [entrete'niðo, ða] *ad[j]* *(divertido)* entertaining **2.** *(que requ[iere] atención)* time-consuming

**entretenimiento** [entreteni'mi̯ento] *(diversión)* entertainment

**entretiempo** [entre'ti̯empo] *m* • **entretiempo** mild-weather

**entrever** [entre'βer] *vt* **1.** *(ver)* glimpse **2.** *(sospechar)* to suspect

**entrevista** [entre'βista] *f* interview

**entrevistador, ra** [entreβista'ðor, ra] *f* interviewer

**entrevistar** [entreβis'tar] *vt* to int[er]view

**entrevisto, ta** [entre'βisto, ta] *pp* **entrever**

**tristecer** [entriste'θer] *vt* to make sad
**ntristecerse** *vp* to become sad
**trometerse** [entrome'terse] *vp* to erfere
**tusiasmado, da** [entusiaz'maðo, ða] full of enthusiasm
**tusiasmar** [entusiaz'mar] *vt* • **me** :usiasma I love it ◆ **entusiasmarse** to get excited
**tusiasmo** [entu'siazmo] *m* enthu-sm
**tusiasta** [entu'siasta] *adj* enthusiastic
**vasar** [emba'sar] *vt* to pack
**vase** [em'base] *m* *(recipiente)* contai-r • **envase sin retorno** non-retur-ble bottle
**vejecer** [embexe'θer] *vi* to grow old
**venenamiento** [embenena'miento] *m* soning
**venenar** [embene'nar] *vt* to poison
**vergadura** [emberγa'ðura] *f* *(importan-* extent
**viar** [embi'ar] *vt* to send
**vidia** [em'biðia] *f* envy
**vidiar** [embi'ðiar] *vt* to envy
**vidioso, sa** [embi'ðioso, sa] *adj* en-us
**vío** [em'bio] *m* **1.** *(acción)* delivery **2.** *quete)* package
**viudar** [embiu'ðar] *vi* to be widowed
**volver** [embol'βer] *vt* *(regalo, paquete)* wrap (up)
**yesar** [enje'sar] *vt* **1.** *(pared, muro)* to ster **2.** *(pierna, brazo)* to put in plaster
**idemia** [epi'ðemia] *f* epidemic
**idural** *f* *(anestesia)* epidural
**isodio** [epi'soðio] *m* **1.** *(suceso)* event *capítulo)* episode
**época** ['epoka] *f* **1.** *(periodo)* period **2.** *(estación)* season
**equilibrado, da** [ekili'βraðo, ða] *adj* balanced
**equilibrar** [ekili'βrar] *vt* to balance
**equilibrio** [eki'liβrio] *m* **1.** balance **2.** *(de persona)* level-headedness
**equilibrista** [ekili'βrista] *mf* tightrope walker
**equipaje** [eki'paxe] *m* luggage *(UK)*, baggage *(US)* • **equipaje de mano** hand luggage
**equipar** [eki'par] *vt* *(proveer)* to equip
**equipo** [e'kipo] *m* **1.** *(de personas)* team **2.** *(de objetos)* equipment **3.** *(de prendas)* kit *(UK)*, gear *(US)*
**equitación** [ekita'θion] *f* horse riding
**equivalente** [ekiβa'lente] *adj & m* equivalent
**equivaler** [ekiβa'ler] ◆ **equivaler a** *v + prep* to be equivalent to
**equivocación** [ekiβoka'θion] *f* mistake
**equivocado, da** [ekiβo'kaðo, ða] *adj* wrong
**equivocar** [ekiβo'kar] *vt* *(confundir)* to mistake ◆ **equivocarse** *vp* **1.** *(cometer un error)* to make a mistake **2.** *(no tener razón)* to be wrong • **equivocarse de nombre** to get the wrong name • **me he equivocado** *(al teléfono)* sorry, wrong number
**era** ['era] ◇ *v* ➣ **ser** ◇ *f* era
**erguido, da** [er'γiðo, ða] *adj* erect
**erizo** [e'riθo] *m* hedgehog • **erizo de mar** sea urchin
**ermita** [er'mita] *f* hermitage
**erótico, ca** [e'rotiko, ka] *adj* erotic
**erotismo** [ero'tizmo] *m* eroticism

**errante** [e'rante] *adj* wandering
**errar** [e'rar] *vi (equivocarse)* to make a mistake
**erróneo, a** [e'roneo, a] *adj* wrong
**error** [e'ror] *m* mistake, error
**eructar** [eruk'tar] *vi* to belch
**eructo** [e'rukto] *m* belch
**erudito, ta** [eru'ðito, ta] *m,f* erudite
**erupción** [erup'θi̯on] *f* **1.** *(de la piel)* rash **2.** *(de volcán)* eruption
**esbelto, ta** [ez'βelto, ta] *adj* slim
**esbozo** [ez'βoθo] *m* **1.** *(dibujo)* sketch **2.** *(resumen, guión)* outline
**escabeche** [eska'βetʒe] *m* ◆ **en escabeche** marinated
**escala** [es'kala] *f* **1.** scale **2.** *(de barco, avión)* stopover ◆ **a gran escala** *(fam)* on a large scale ◆ **escala musical** scale ◆ **hacer escala en** to stop over at
**escalador, ra** [eskala'ðor, ra] *m,f* climber
**escalar** [eska'lar] *vt* to climb
**escalera** [eska'lera] *f* **1.** *(de casa, edificio)* staircase, stairs *pl* **2.** *(portátil)* ladder ◆ **escalera de caracol** spiral staircase ◆ **escalera de incendios** fire escape ◆ **escalera mecánica** escalator ◆ **escaleras** *fpl* stairs
**escalerilla** [eskale'riʎa] *f* stairs *pl*
**escalibada** *f Catalan dish of roasted vegetables*
**escalofrío** [eskalo'frio] *m* shiver
**escalón** [eska'lon] *m* step
**escalope** [eska'lope] *m* escalope
**escalopín** [eskalo'pin] *m* ◆ **escalopines de ternera** escalope of veal *sg* *(UK)*, veal scallopini *sg* *(US)*
**escama** [es'kama] *f* **1.** *(de pez, reptil)* scale **2.** *(en la piel)* flake
**escampar** [eskam'par] *vi* to clear up
**escandalizar** [eskandali'θar] *vt* to sh ◆ **escandalizarse** *vp* to be shocked
**escándalo** [es'kandalo] *m* **1.** *(inmoralid* scandal **2.** *(alboroto)* uproar
**escaño** [es'kaɲo] *m (de diputado)* seat *parliament)*
**escapar** [eska'par] *vi* ◆ **escapar (de)** escape (from) ◆ **escaparse** *vp* **1.** *(pe na)* to escape **2.** *(líquido, gas)* to leak
**escaparate** [eskapa'rate] *m* (shop) w dow
**escape** [es'kape] *m* **1.** *(de líquido, g* leak **2.** *(de coche)* exhaust ◆ **a esc** in a rush
**escarabajo** [eskara'βaxo] *m* beetle
**escarbar** [eskar'βar] *vt* to scratch
**escarcha** [es'kartʒa] *f* frost
**escarmentar** [eskarmen'tar] ◇ *vi* learn (one's lesson) ◇ *vt* ◆ **esc mentar a alguien** to teach sb a lessc
**escarola** [eska'rola] *f* endive
**escasear** [eskase'ar] *vi* to be scarce
**escasez** [eska'seθ] *f* **1.** *(insuficien* shortage **2.** *(pobreza)* poverty
**escaso, sa** [es'kaso, sa] *adj* **1.** *(recur número)* limited **2.** *(víveres)* scarce *(tiempo)* short **4.** *(visibilidad)* poor ◆ **metro escaso** barely a metre ◆ **an escaso de dinero** to be short of mor
**escayola** [eska'jola] *f* plaster
**escayolar** [eskajo'lar] *vt* to put plaster
**escena** [es'θena] *f* **1.** scene **2.** *(escena* stage
**escenario** [esθe'nari̯o] *m* **1.** *(de tea* stage **2.** *(de un suceso)* scene

**:epticismo** [esθepti'θizmo] *m* scepti-
m
**:éptico, ca** [es'θeptiko, ka] *adj* scep-
al
**:lavitud** [esklaβi'tuð] *f* slavery
**:lavo, va** [es'klaβo, βa] *m,f* slave
**:lusa** [es'klusa] *f* lock
**:oba** [es'koβa] *f* broom
**:obilla** [esko'βiʎa] *f* **1.** brush **2.**
*des) (para dientes)* toothbrush
**:ocer** [esko'θer] *vi* to sting
**:océs, esa** [esko'θes, esa] ◇ *adj* Scot-
h ◇ *m,f* Scot
**:ocia** [es'koθia] *s* Scotland
**:oger** [esko'xer] ◇ *vt* to choose ◇ *vi* ◆
**oger entre** to choose between
**:olar** [esko'lar] ◇ *adj* school *(antes de*
◇ *mf* schoolboy *(f* schoolgirl)
**:olaridad** [eskolari'ðað] *f* schooling
**:ollo** [es'koʎo] *m (roca)* reef
**:olta** [es'kolta] *f* escort
**:ombros** [es'kombros] *mpl* rubble *sg*
**:onder** [eskon'der] *vt* to hide ◆
**onderse** *vp* to hide
**:ondite** [eskon'dite] *m* **1.** *(lugar)* hid-
place **2.** *(juego)* hide-and-seek
**:opeta** [esko'peta] *f* shotgun
**:orpión** [eskor'pion] *m* scorpion
**:otado, da** [esko'taðo, ða] *adj* low-

**:ote** [es'kote] *m (de vestido)* neckline
**:otilla** [esko'tiʎa] *f* hatch
**:ribir** [eskri'βir] *vt & vi* to write ◆
**ribir a mano** to write by hand ◆
**ribir a máquina** to type ◆ **escribirse**
*tener correspondencia)* to write to one
other ◆ **¿cómo se escribe ...?** how
you spell ...?

**escrito, ta** [es'krito] ◇ *pp* ➤ **escribir** ◇
*m* **1.** *(texto)* text **2.** *(documento)* document
**escritor, ra** [eskri'tor, ra] *m,f* writer
**escritorio** [eskri'torio] *m* desk
**escritura** [eskri'tura] *f* **1.** *(letra)* script **2.**
*(documento)* deed
**escrúpulo** [es'krupulo] *m* scruple ◆
**escrúpulos** *mpl (reservas)* qualms
**escuadra** [es'kuaðra] *f* **1.** *(en dibujo)* set
square *(UK)*, triangle *(US)* **2.** *(de barcos)*
squadron **3.** *(del ejército)* squad
**escuchar** [esku'tʒar] ◇ *vt* to listen to ◇ *vi*
to listen ◆ **escuchar la radio** to listen
to the radio
**escudo** [es'kuðo] *m* **1.** *(arma defensiva)*
shield
**escuela** [es'kuela] *f* school ◆ **escuela
privada/pública** private/state school ◆
**escuela universitaria** *university which
awards degrees after three years' study*
**esculpir** [eskul'pir] *vt* to sculpt
**escultor, ra** [eskul'tor, ra] *m,f* sculptor
*(f* sculptress)
**escultura** [eskul'tura] *f* sculpture
**escupir** [esku'pir] ◇ *vt* to spit out ◇ *vi* to
spit
**escurrir** [esku'rir] *vt* **1.** *(ropa)* to wring
out **2.** *(platos)* to drain **3.** *(deslizar)* to
slide ◆ **escurrirse** *vp (deslizarse)* to slip
**ese, esa** ['ese, 'esa] *adj* that
**ése, ésa** ['ese, 'esa] *pron* that one
**esencia** [e'senθia] *f* essence
**esencial** [esen'θial] *adj* essential
**esfera** [es'fera] *f* **1.** *(en geometría)* sphere
**2.** *(del reloj)* face **3.** *(ámbito)* circle
**esférico, ca** [es'feriko, ka] *adj* spherical
**esforzarse** [esfor'θarse] *vp* to make an
effort

**esfuerzo** [es'fu̯erθo] *m* effort
**esfumarse** [esfu'marse] *vp* to vanish
**esgrima** [ez'ɣrima] *f* fencing
**esguince** [ez'ɣinθe] *m* sprain
**eslabón** [ezla'βon] *m* link
**eslálom** [ez'lalom] *m* slalom
**eslip** [ez'lip, ez'lips] (*pl* **eslips**) *m* **1.** *(pieza interior)* briefs *pl* **2.** *(bañador)* swimming trunks *pl* (*UK*), swimsuit (*US*)
**Eslovaquia** [ezlo'βaki̯a] *s* Slovakia
**esmalte** [ez'malte] *m* enamel • **esmalte de uñas** nail varnish (*UK*) o polish (*US*)
**esmeralda** [ezme'ralda] *f* emerald
**esmerarse** [ezme'rarse] *vp* to take great pains
**esmero** [ez'mero] *m* great care
**esmoquin** [ez'mokin] *m* dinner jacket (*UK*), tuxedo (*US*)
**esnob** [ez'noβ, ez'noβs] (*pl* **esnobs**) *mf* person who wants to be trendy
**eso** ['eso] *pron neutro* that • **eso que tienes en la mano** that thing in your hand • **a eso de** (at) around • **por eso te lo digo** that's why I'm telling you • **y eso que** even though
**ESO** (*abr de* **Enseñanza Secundaria Obligatoria**) *f* (*Esp*) *compulsory secondary education for pupils aged 12-16*
**esos, esas** ['esos, 'esas] *adj pl* those
**espaciador** *m* space bar
**espacial** [espa'θi̯al] *adj* space *(antes de s)*
**espacio** [es'paθi̯o] *m* **1.** space **2.** *(de tiempo)* period **3.** *(programa)* programme • **espacio aéreo** air space • **espacio publicitario** advertising spot
**espacioso, sa** [espa'θi̯oso, sa] *adj* spacious
**espada** [es'paða] *f* sword • **espadas** *(naipes) suit in Spanish deck of ca[rds] bearing swords*
**espaguetis** [espa'ɣetis] *mpl* spaghetti
**espalda** [es'palda] ◇ *f* back ◇ *f inv [...] natación)* backstroke • **espaldas** *fpl* ba[ck] *sg*
**espantapájaros** [espanta'paxaros] *m* scarecrow
**espanto** [es'panto] *m* fright
**espantoso, sa** [espan'toso, sa] *adj [1.] (que asusta)* horrific **2.** *(muy feo, desag[ra]dable)* horrible **3.** *(enorme)* terrible
**España** [es'paɲa] *s* Spain
**español, la** [espa'ɲol, la] ◇ *adj* & [...] Spanish ◇ *m,f* Spaniard
**esparadrapo** [espara'ðrapo] *m* (sti[ck]ing) plaster (*UK*), Band-Aid® (*US*)
**esparcir** [espar'θir] *vt* **1.** *(extender)* spread **2.** *(azúcar)* to sprinkle **3.** *(semil[las], papeles)* to scatter
**espárrago** [es'paraɣo] *m* asparagus • **espárragos trigueros** wild asparagus
**espasmo** [es'pazmo] *m* spasm
**espátula** [es'patula] *f (en cocina)* spat[ula]
**especia** [es'peθi̯a] *f* spice
**especial** [espe'θi̯al] *adj* **1.** special [2.] *(fam) (persona)* odd • **especial p[ara]** specially for
**especialidad** [espeθi̯ali'ðað] *f* special[ity] (*UK*), specialty (*US*) • **especialidad de la casa** house speciality
**especialista** [espeθi̯a'lista] *mf* special[ist]
**especializado, da** [espeθi̯ali'θaðo, [ða]] *adj* specialized
**especialmente** [espe͵θi̯al'mente] *adv* [es]pecially
**especie** [es'peθi̯e] *f* **1.** *(familia)* specie[s]

) *(tipo)* type ◆ **en especie** in kind ◆ **ecie protegida** protected species
**ecificar** [espeθifi'kar] *vt* to specify
**ecífico, ca** [espe'θifiko, ka] *adj* spec
**ectáculo** [espek'takulo] *m (en teatro, ), etc)* performance, show
**ectador, ra** [espekta'ðor, ra] *m,f* **1.** *deporte)* spectator **2.** *(en cine, teatro)* mber of the audience
**eculación** [espekula'θi̯on] *f* speculan
**ejismo** [espe'xizmo] *m* mirage
**ejo** [es'pexo] *m* mirror
**era** [es'pera] *f* wait ◆ **en espera de** ting for
**eranza** [espe'ranθa] *f* **1.** *(deseo)* hope *confianza)* expectation
**erar** [espe'rar] ◇ *vt* **1.** *(aguardar)* to t for **2.** *(confiar)* to expect **3.** *(recibir, ar)* to meet **4.** *(en el futuro)* to await *(aguardar)* to wait ◆ **esperar que** to e (that) ◆ **¡eso espero!** I hope so! **¡espera y verás!** wait and see! ◆ **érate sentado** *(fig)* you're in for a g wait ◆ **esperarse** *vp* **1.** *(figurarse)* to ect **2.** *(aguardar)* to wait
**erma** [es'perma] *m* sperm
**eso, sa** [es'peso, sa] *adj* thick
**esor** [espe'sor] *m* **1.** *(grosor)* thicks **2.** *(densidad)* density
**ía** [es'pia] *mf* spy
**iar** [espi'ar] *vt* to spy on
**iga** [es'piɣa] *f (de trigo)* ear
**ina** [es'pina] *f* **1.** *(de planta)* thorn **2.** *pez)* bone
**inacas** [espi'nakas] *fpl* spinach *sg*
**inilla** [espi'niʎa] *f* **1.** *(de la pierna)* shin **2.** *(en la piel)* blackhead
**espionaje** [espio'naxe] *m* espionage
**espiral** [espi'ral] *f* spiral ◆ **en espiral** spiral
**espirar** [espi'rar] *vi* to breathe out
**espiritismo** [espiri'tizmo] *m* spiritualism
**espíritu** [es'piritu] *m* **1.** *(alma)* spirit **2.** *(en religión)* soul
**espiritual** [espiritu'al] *adj* spiritual
**espléndido, da** [es'plendiðo, ða] *adj* **1.** *(magnífico)* splendid **2.** *(generoso)* lavish
**esplendor** [esplen'dor] *m* splendour
**espliego** [es'pli̯eɣo] *m* lavender
**esponja** [es'ponxa] *f* sponge
**esponjoso, sa** [espon'xoso, sa] *adj* spongy
**espontaneidad** [espontanei̯'ðað] *f* spontaneity
**espontáneo, a** [espon'taneo, a] ◇ *adj* spontaneous ◇ *m spectator who takes part in bullfight on the spur of the moment*
**esposas** [es'posas] *fpl* handcuffs
**esposo, sa** [es'poso, sa] *m,f* husband (*f* wife)
**espray** [es'prai̯] *m* spray
**esprint** [es'prin] *m* sprint
**esprínter** [es'printer] *mf* sprinter
**espuma** [es'puma] *f* **1.** *(burbujas)* foam **2.** *(de jabón)* lather **3.** *(de cerveza)* head ◆ **espuma para el pelo** (styling) mousse
**esquash** [es'ku̯aʃ] *m* squash
**esqueleto** [eske'leto] *m* skeleton
**esquema** [es'kema] *m* **1.** *(esbozo)* outline **2.** *(gráfico)* diagram
**esquematizar** [eskemati'θar] *vt* to outline

**esquí** [es'ki] *m* **1.** *(patín)* ski **2.** *(deporte)* skiing ● **esquí acuático** water skiing
**esquiador, ra** [eskia'ðor, ra] *m,f* skier
**esquiar** [eski'ar] *vi* to ski
**esquilar** [eski'lar] *vt* to shear
**esquimal** [eski'mal] *adj* & *mf* Eskimo
**esquina** [es'kina] *f* corner
**esquivar** [eski'βar] *vt* to avoid
**estabilidad** [estaβili'ðað] *f* stability
**estable** [es'taβle] *adj* stable
**establecer** [estaβle'θer] *vt* **1.** *(fundar)* to establish **2.** *(suj: ley, decreto)* to stipulate ◆ **establecerse** *vp* *(con residencia)* to settle
**establecimiento** [estaβleθi'mi̯ento] *m* **1.** *(acto)* setting up **2.** *(local)* establishment
**establo** [es'taβlo] *m* stable
**estaca** [es'taka] *f* *(de tienda de campaña)* peg
**estación** [esta'θi̯on] *f* **1.** *(de tren, autobús, etc)* station **2.** *(del año, temporada)* season ▼ **estación de servicio** service station ● **estación de tren** train station
**estacionamiento** [estaθi̯ona'mi̯ento] *m* *(aparcamiento)* parking ● **estacionamiento indebido** parking offence ▼ **estacionamiento limitado** restricted parking
**estacionar** [estaθi̯o'nar] *vt* to park ▼ **no estacionar** no parking ◆ **estacionarse** *vp* to park
**estadía** [esta'ðia] *f* *(Amér)* stay
**estadio** [es'taði̯o] *m* *(de deporte)* stadium
**estadística** [esta'ðistika] *f* *(censo)* statistics *pl*
**estado** [es'taðo] *m* state ● **estar estado** to be expecting ● **en buen/ estado** in good/bad condition ● **tado civil** marital status ● **estado fí** physical condition ◆ **Estado** *m* ● **Estado** the State
**Estados Unidos** [es'taðosu'niðos] *m* **(los) Estados Unidos** the United Sta
**estadounidense** [es̩taðou̯ni'ðense] ◇ United States ◇ *mf* United St citizen
**estafa** [es'tafa] *f* swindle
**estafador, ra** [estafa'ðor, ra] *m,f* swindler
**estafar** [esta'far] *vt* **1.** *(engañar)* swindle **2.** *(robar)* to defraud
**estalactita** [estalak'tita] *f* stalactite
**estalagmita** [estalaɣ'mita] *f* stalagm
**estallar** [esta'ʎar] *vi* **1.** *(bomba)* explode **2.** *(guerra, revolución)* to br out ● **estallar en sollozos** to burst i tears
**estallido** [esta'ʎiðo] *m* *(explosión)* explosion
**estambre** [es'tambre] *m* stamen
**estamento** [esta'mento] *m* class
**estampado, da** [estam'paðo, ða] ◇ printed ◇ *m* (cotton) print
**estampida** [estam'piða] *f* stampede
**estampilla** [estam'piʎa] *f* **1.** *(Am* *(sello)* stamp **2.** *(cromo)* transfer
**estancado, da** [estan'kaðo, ða] *ad* *(agua, río, etc)* stagnant **2.** *(mecanis* jammed
**estancarse** [estan'karse] *vp* **1.** *(agua, etc)* to stagnate **2.** *(mecanismo)* to ja
**estanco** [es'tanko] *m* tobacconi (shop)

**tand** [es'tan, es'tans] (*pl* **estands**) *m* and, stall
**tándar** [es'tandar] *adj* standard
**tanque** [es'tanke] *m* **1.** *(alberca)* pond *(para riego)* reservoir
**tante** [es'tante] *m* shelf
**tantería** [estante'ria] *f* **1.** *(estantes)* elves *pl* **2.** *(para libros)* bookcase
**taño** [es'taɲo] *m* tin
**tar** [es'tar]
*vi* **1.** *(hallarse)* to be • **¿está Juan?** is an in? • **estaré allí a la hora nvenida** I'll be there at the agreed ne **2.** *(con fechas)* • **¿a qué estamos y?** what's the date today? • **hoy tamos a martes 13 de julio** today is iesday the 13th of July • **estamos febrero/primavera** it's February/ ring **3.** *(quedarse)* to stay • **estaré par de horas y me iré** I'll stay a uple of hours and then I'll go • **tuvo toda la tarde en casa** he was at me all afternoon **4.** *(hallarse listo)* to ready • **la comida estará a las tres** e meal will be ready at three **5.** *xpresa duración)* to be • **están golando la puerta** they're banging on e door **6.** *(expresa valores, grados)* • **la ra está a 1,4 euros** the pound is at 4 euros • **estamos a 20 grados** it's degrees here **7.** *(servir)* • **estar para** be (there) for **8.** *(faltar)* • **eso está r descubrir** we have yet to discover at **9.** *(hallarse a punto de)* • **estar por cer algo** to be on the verge of doing ng
*cop* **1.** *(expresa cualidad, estado)* to be • **ómo estás?** how are you? • **esta calle está sucia** this street is dirty • **estar bien/mal** *(persona)* to be well/ unwell • **el cielo está con nubes** the sky is cloudy • **estoy sin dinero** I've got no money • **el jefe está que muerde** the boss is furious **2.** *(sentar)* • **el traje te está muy bien** the suit looks good on you **3.** *(expresa situación, ocupación, acción)* • **estar como camarero** to be a waiter • **estar de suerte** to be in luck • **estar de viaje** to be on a trip **4.** *(expresa permanencia)* • **estar en uso** to be in use **5.** *(consistir)* • **estar en** to lie in
◆ **estarse** *vp (permanecer)* to stay
**estárter** [es'tarter] *m* starter
**estatal** [esta'tal] *adj* state
**estático, ca** [es'tatiko, ka] *adj (inmóvil)* stock-still
**estatua** [es'tatua] *f* statue
**estatura** [esta'tura] *f* height
**estatus** [es'tatus] *m* status
**estatuto** [esta'tuto] *m* **1.** *(de compañía)* article (of association) **2.** *(de comunidad autónoma)* by-law
**este**[1], **esta** ['este, 'esta] *adj* this
**este**[2] ['este] *m* east ◆ **Este** *m* • **el Este** *(de Europa)* Eastern Europe
**éste, ésta** ['este, 'esta] *pron* **1.** *(cercano en espacio)* this one **2.** *(cercano en el tiempo)* this
**estera** [es'tera] *f* mat
**estéreo** [es'tereo] *m* stereo
**estéril** [es'teril] *adj* **1.** *(persona, animal)* sterile **2.** *(envase, jeringuilla)* sterilized
**esterilizar** [esterili'θar] *vt* to sterilize
**esternón** [ester'non] *m* breastbone
**estética** [es'tetika] *f (aspecto)* look

**estibador, ra** [estiβa'ðor, ra] *m,f* stevedore
**estiércol** [es'ti̯erkol] *m* **1.** *(excremento)* dung **2.** *(abono)* manure
**estilo** [es'tilo] *m* **1.** style **2.** *(de natación)* stroke ◈ **algo por el estilo** something of the sort
**estilográfica** [estilo'ɣrafika] *f* fountain pen
**estima** [es'tima] *f* esteem
**estimación** [estima'θi̯on] *f* **1.** *(aprecio)* esteem **2.** *(valoración)* valuation
**estimado, da** [esti'maðo, ða] *adj* **1.** *(querido)* esteemed **2.** *(valorado)* valued ◈ **Estimado señor** Dear Sir
**estimulante** [estimu'lante] ◇ *adj (alentador)* encouraging ◇ *m* stimulant
**estimular** [estimu'laɾ] *vt* **1.** *(animar)* to encourage **2.** *(excitar)* to stimulate
**estímulo** [es'timulo] *m* incentive
**estirado, da** [esti'raðo, ða] *adj* **1.** *(orgulloso)* haughty **2.** *(ropa)* stretched
**estirar** [esti'raɾ] ◇ *vt* to stretch ◇ *vi* to pull ◆ **estirarse** *vp (desperezarse)* to stretch
**estirpe** [es'tiɾpe] *f* stock
**esto** ['esto] *pron neutro* this ◈ **esto que dices** what you're saying
**estofado** [esto'faðo] *m* stew
**estoicismo** [estoi̯'θizmo] *m* stoicism
**estoico, ca** [es'toi̯ko, ka] *adj* stoical
**estómago** [es'tomaɣo] *m* stomach
**estorbar** [estor'βaɾ] ◇ *vt* **1.** *(obstaculizar)* to hinder **2.** *(molestar)* to bother ◇ *vi* **1.** *(estar en medio)* to be in the way **2.** *(molestar)* to be a bother
**estorbo** [es'torβo] *m (obstáculo)* hindrance

**estornudar** [estornu'ðaɾ] *vi* to sneeze
**estornudo** [estor'nuðo] *m* sneeze
**estos, tas** ['estos, tas] *adj pl* these
**éstos, tas** ['estos, tas] *pron pl* **1.** *(cerca en espacio)* these (ones) **2.** *(cercano en tiempo)* these
**estrafalario, ria** [estrafa'lari̯o, ri̯a] *a (fam)* eccentric
**estrangulador, ra** [estrangula'ðor, *m,f* strangler
**estrangular** [estrangu'laɾ] *vt* to strang
**estrategia** [estra'texi̯a] *f* strategy
**estratégico, ca** [estra'texiko, ka] *a* strategic
**estrechar** [estre'tʒaɾ] *vt* **1.** *(camino, cal* to narrow **2.** *(ropa)* to take in *(amistad, relación)* to make closer **estrechar la mano a alguien** to sha sb's hand ◆ **estrecharse** *vp (apretar* to squeeze up
**estrecho, cha** [es'tretʒo, tʒa] ◇ *adj (calle, camino, etc)* narrow **2.** *(zapa ropa, etc)* tight **3.** *(amistad)* close ◇ strait ◈ **estar estrecho** *(en un lugar)* be cramped
**estrella** [es'treʎa] *f* star ◈ **estrella cine** film star ◈ **estrella fugaz** shooti star ◆ **estrella de mar** starfish
**estrellarse** [estre'ʎarse] *vp (chocar)* crash
**estremecerse** [estreme'θerse] ◆ **estr mecerse de** *v + prep* to tremble wit
**estrenar** [estre'naɾ] *vt* **1.** *(ropa)* to we for the first time **2.** *(espectáculo)* première **3.** *(coche, vajilla, sábanas)* use for the first time
**estreno** [es'treno] *m* **1.** *(de espectácu* première **2.** *(de cosa)* first use

**treñimiento** [estreɲi'mi̯ento] *m* constipation
**trepitoso, sa** [estrepi'toso, sa] *adj* *(ruido, caída, etc)* noisy
**trés** [es'tres] *m* stress
**tría** [es'tria] *f* groove
**tribillo** [estri'βiʎo] *m* *(de canción)* chorus
**tribo** [es'triβo] *m* **1.** *(del jinete)* stirrup *(del automóvil)* step ◈ **perder los tribos** to fly off the handle
**tribor** [estri'βor] *m* starboard
**tricto, ta** [es'trikto, ta] *adj* strict
**trofa** [es'trofa] *f* verse
**tropajo** [estro'paxo] *m* scourer
**tropeado, da** [estrope'aðo, ða] *adj* **1.** *(coche)* broken down **2.** *(máquina)* out order
**tropear** [estrope'ar] *vt* **1.** *(proyecto, plan, comida, etc)* to spoil **2.** *(averiar)* to break **3.** *(dañar)* to damage ◆ **estropearse** *vp* *(máquina, aparato)* to break down
**tructura** [estruk'tura] *f* structure
**tuario** [es'tu̯ari̯o] *m* estuary
**tuche** [es'tutʒe] *m* case
**tudiante** [estu'ði̯ante] *mf* student
**tudiar** [estu'ði̯ar] *vt* & *vi* to study
**tudio** [es'tuði̯o] *m* **1.** study **2.** *(de artista)* studio **3.** *(piso)* studio apartment **estudios** *mpl* **1.** *(de radio, televisión)* studios **2.** *(educación)* education *sg*
**tudioso, sa** [estu'ði̯oso, sa] *adj* studious
**tufa** [es'tufa] *f* heater
**tupefacto, ta** [estupe'fakto, ta] *adj* astonished
**tupendo, da** [estu'pendo, da] ◇ *adj* great ◇ *interj* great!

**estupidez** [estupi'ðeθ] *f* **1.** *(calidad)* stupidity **2.** *(dicho, acto)* stupid thing
**estúpido, da** [es'tupiðo, ða] *adj* stupid
**ETA** ['eta] *f* (*abr de* **Euskadi ta Askatasuna**) ETA *(terrorist Basque separatist organization)*
**etapa** [e'tapa] *f* stage
**etarra** [e'tara] *mf* member of ETA
**etc.** (*abr de* **etcétera**) etc *(etcetera)*
**etcétera** [et'θetera] *adv* etcetera
**eternidad** [eterni'ðað] *f* eternity ◈ **una eternidad** (*fam*) ages *pl*
**eterno, na** [e'terno, na] *adj* **1.** *(perpetuo)* eternal **2.** (*fam*) *(que dura mucho, que se repite)* interminable
**ética** ['etika] *f* ethics *pl*
**ético, ca** ['etiko, ka] *adj* ethical
**etimología** [etimolo'xia] *f* etymology
**etiqueta** [eti'keta] *f* **1.** *(de paquete, vestido)* label **2.** *(normas)* etiquette ◈ **de etiqueta** formal
**étnico, ca** ['eðniko, ka] *adj* ethnic
**ETS** [ete'ese] *f* **1.** (*abr de* **Escuela Técnica Superior**) *technical college offering degree courses* **2.** (*abr de* **enfermedad de transmisión sexual**) STD
**eucalipto** [eu̯ka'lipto] *m* eucalyptus
**eucaristía** [eu̯karis'tia] *f* Eucharist
**eufemismo** [eu̯fe'mizmo] *m* euphemism
**eufórico, ca** [eu̯'foriko, ka] *adj* elated
**euro** ['eu̯ro] *m* euro
**Europa** [eu̯'ropa] *s* Europe
**europeo, a** [eu̯ro'peo, a] *adj* & *m,f* European
**Euskadi** [eu̯s'kaði̯] *s* the Basque Country
**euskera** [eu̯s'kera] *adj* & *m* Basque

**eutanasia** [eu̯ta'nasi̯a] *f* euthanasia
**evacuación** [eβaku̯a'θi̯on] *f* evacuation
**evacuar** [eβa'ku̯ar] *vt* to evacuate
**evadir** [eβa'ðir] *vt* to avoid ◆ **evadirse** *vp* ● **evadirse de** to escape from
**evaluación** [eβalu̯a'θi̯on] *f* **1.** *(de trabajo, examen, etc)* assessment **2.** *(de casa, terreno, etc)* valuation
**evaluar** [eβalu'ar] *vt* **1.** *(trabajo, examen, etc)* to assess **2.** *(casa, terreno, etc)* to value
**evangelio** [eβan'xeli̯o] *m* gospel
**evangelización** [eβanxeliθa'θi̯on] *f* evangelization
**evaporarse** [eβapo'rarse] *vp* to evaporate
**evasión** [eβa'si̯on] *f* **1.** *(distracción)* amusement **2.** *(fuga)* escape ● **evasión de capitales** capital flight
**eventual** [eβentu'al] *adj* **1.** *(posible)* possible **2.** *(trabajador)* casual
**eventualidad** [eβentu̯ali'ðað] *f (posibilidad)* possibility
**evidencia** [eβi'ðenθi̯a] *f* **1.** *(seguridad)* obviousness **2.** *(prueba)* evidence
**evidente** [eβi'ðente] *adj* evident
**evidentemente** [eβi,ðente'mente] *adv* evidently
**evitar** [eβi'tar] *vt* **1.** to avoid **2.** *(desastre, peligro)* to avert
**evocar** [eβo'kar] *vt* to evoke
**evolución** [eβolu'θi̯on] *f* **1.** *(desarrollo)* development **2.** *(cambio)* evolution **3.** *(movimiento)* manoeuvre
**evolucionar** [eβoluθi̯o'nar] *vi* **1.** *(progresar)* to evolve **2.** *(cambiar)* to change **3.** *(hacer movimientos)* to carry out manoeuvres

**exactamente** [ek,sakta'mente] a[...] exactly
**exactitud** [eksakti'tuð] *f* **1.** *(fidelida[...]* accuracy **2.** *(rigurosidad)* exactness
**exacto, ta** [e'ksakto, ta] *adj* **1.** *(riguros[...]* exact **2.** *(preciso)* accurate **3.** *(correct[...]* correct **4.** *(cantidad, hora, etc)* precise *(igual)* exactly the same
**exageración** [eksaxera'θi̯on] *f* exagg[...]ration
**exagerado, da** [eksaxe'raðo, ða] *adj (poco razonable)* exaggerated **2.** *(preci[...]* exorbitant
**exagerar** [eksaxe'rar] *vt & vi* to exagg[...]rate
**exaltarse** [eksal'tarse] *vp* to get excit[...]
**examen** [ek'samen] *m* **1.** *(prueba, ejerc[...]cio)* exam **2.** *(inspección)* examination
**examinar** [eksami'nar] *vt* to examine
**examinarse** *vp* ● **examinarse (de)** [...] take an exam (in)
**excavación** [ekskaβa'θi̯on] *f (en arque[...]logía)* dig
**excavadora** [ekskaβa'ðora] *f* (mechan[...]cal) digger
**excavar** [ekska'βar] *vt (en arqueología)* [...] excavate
**excedencia** [eksθe'ðenθi̯a] *f* leave ([...] absence)
**exceder** [eksθe'ðer] *vt* to exceed
**excederse** *vp (propasarse)* to go too fa[...]
**excelencia** [eksθe'lenθi̯a] *f* **1.** *(calid[...] superior)* excellence **2.** *(tratamiento)* E[...]cellency ● **por excelencia** par exc[...]llence
**excelente** [eksθe'lente] *adj* excellent
**excentricidad** [eksθentriθi'ðað] *f* ecce[...]tricity

**céntrico, ca** [eks'θentriko, ka] *m,f* :entric
**cepción** [eksθep'θi̯on] *f* exception • ) **con excepción de** except for • **de** :epción exceptional
**cepcional** [eksθepθi̯o'nal] *adj* excepnal
**cepto** [eks'θepto] *adv* except (for)
**cesivo, va** [eksθe'siβo, βa] *adj* ex;sive
**ceso** [eks'θeso] *m* excess • **en exceso** :essively • **exceso de equipaje** :ess baggage • **exceso de peso** :ess weight • **exceso de velocidad** :eding ◆ **excesos** *mpl (abusos)* exces-

**citar** [eksθi'tar] *vt* **1.** *(provocar nervio-*10*)* to agitate **2.** *(ilusionar)* to excite ◆ **citarse** *vp* **1.** *(ponerse nervioso)* to get tated **2.** *(ilusionarse)* to get excited
**clamación** [eksklama'θi̯on] *f (grito)*

**cluir** [eksklu'ir] *vt* **1.** *(descartar)* to rule : **2.** *(no admitir)* to exclude
**clusiva** [eksklu'siβa] *f* **1.** *(periódico)* clusive **2.** *COM* exclusive rights • **exclusiva** exclusive ➢ **exclusivo**
**clusivo, va** [eksklu'siβo, βa] *adj* ex;sive
**cursión** [ekskur'si̯on] *f* trip ▼ **excurnes** day trips
**cusa** [eks'kusa] *f* **1.** *(pretexto)* excuse *'disculpa)* apology
**cusar** [eksku'sar] *vt (disculpar)* to :cuse ◆ **excusarse** *vp* to apologize
**ento, ta** [ek'sento, ta] *adj* exempt
**haustivo, va** [eksau̯s'tiβo, βa] *adj* naustive

**exhibición** [eksiβi'θi̯on] *f* **1.** *(demostración)* display **2.** *(deportiva, artística)* exhibition **3.** *(de películas)* showing
**exhibir** [eksi'βir] *vt* **1.** *(productos)* to display **2.** *(cuadros, etc)* to exhibit **3.** *(película)* to show
**exigencia** [eksi'xenθi̯a] *f* **1.** *(petición)* demand **2.** *(pretensión)* fussiness
**exigente** [eksi'xente] *adj* demanding
**exigir** [eksi'xir] *vt* **1.** *(pedir)* to demand **2.** *(requerir)* to require
**exiliar** [eksi'li̯ar] *vt* to exile ◆ **exiliarse** *vp* to go into exile
**exilio** [ek'sili̯o] *m* exile
**existencia** [eksis'tenθi̯a] *f* existence ◆ **existencias** *fpl* stock *sg*
**existir** [eksis'tir] *vi* to exist • **existen varias razones** there are several reasons
**éxito** ['eksito] *m* **1.** success **2.** *(canción)* hit • **tener éxito** to be successful
**exitoso, sa** [eksi'toso, sa] *adj (Amér)* successful
**exótico, ca** [ek'sotiko, ka] *adj* exotic
**expedición** [ekspeði'θi̯on] *f* **1.** expedition **2.** *(de carné)* issuing
**expediente** [ekspe'ði̯ente] *m* **1.** *(de trabajador, empleado)* file **2.** *(documentación)* documents *pl* **3.** *(de alumno)* record, transcript *(US)*
**expedir** [ekspe'ðir] *vt* **1.** *(paquete, mercancía, etc)* to send **2.** *(documento)* to draw up **3.** *(pasaporte, carné)* to issue
**expendedor, ra** [ekspende'ðor, ra] *m,f* **1.** *(comerciante)* dealer **2.** *(de lotería)* vendor • **expendedor automático** vending machine ▼ **expendedora de billetes** ticket machine

**expensas** [eks'pensas] *fpl* expenses ◆ **a expensas de** at the expense of
**experiencia** [ekspe'ri̯enθi̯a] *f* **1.** experience **2.** *(experimento)* experiment
**experimentado, da** [eksperimen'taðo, ða] *adj* experienced
**experimental** [eksperimen'tal] *adj* experimental
**experimentar** [eksperimen'tar] *vt* **1.** *(en ciencia)* to experiment with **2.** *(probar)* to test **3.** *(sensación, sentimiento)* to experience
**experimento** [eksperi'mento] *m* experiment
**experto, ta** [eks'perto, ta] *m,f* expert ◆ **experto en** expert on
**expirar** [ekspi'rar] *vi (formal)* to expire
**explicación** [eksplika'θi̯on] *f* explanation
**explicar** [ekspli'kar] *vt* **1.** to explain **2.** *(enseñar)* to teach ◆ **explicarse** *vp* **1.** *(hablar)* to explain o.s. **2.** *(comprender)* to understand
**explícito, ta** [eks'pliθito, ta] *adj* explicit
**explorador, ra** [eksplora'ðor, ra] *m,f* explorer
**explorar** [eksplo'rar] *vt* to explore
**explosión** [eksplo'si̯on] *f* **1.** *(de bomba, artefacto)* explosion **2.** *(de alegría, tristeza)* outburst
**explosivo, va** [eksplo'siβo, βa] *adj* & *m* explosive
**explotación** [eksplota'θi̯on] *f* **1.** *(de petróleo)* drilling **2.** *(agrícola)* farming **3.** *(de mina)* mining **4.** *(de negocio)* running **5.** *(de trabajador, obrero)* exploitation ◆ **explotación agrícola** *(instalación)* farm
**explotar** [eksplo'tar] ◇ *vi* to explod ◇ *vt* **1.** *(mina)* to work **2.** *(negocio)* to rur *(terreno)* to farm **4.** *(obreros)* to explo
**expo** *f* Expo, world exhibition
**exponente** [ekspo'nente] *m (ejemp* example
**exponer** [ekspo'ner] *vt* **1.** *(explicar)* explain **2.** *(exhibir)* to display **3.** *(arri gar)* to risk ◆ **exponerse a** *v + prep* expose o.s. to
**exportación** [eksporta'θi̯on] *f* export
**exportar** [ekspor'tar] *vt* to export
**exposición** [eksposi'θi̯on] *f* **1.** *(de pin ras)* exhibition **2.** *(en fotografía)* exp sure **3.** *(en escaparate)* display **4.** *automóviles)* show **5.** *(de tema, asun* explanation ◆ **exposición de arte** exhibition
**expositor, ra** [eksposi'tor, ra] ◇ *(persona)* exhibitor ◇ *m (mueble)* displ cabinet
**exprés** [eks'pres] *adj* **1.** *(tren)* express *(café)* espresso
**expresar** [ekspre'sar] *vt* to express **expresarse** *vp* to express o.s.
**expresión** [ekspre'si̯on] *f* expression
**expresivo, va** [ekspre'siβo, βa] *adj (elocuente)* expressive **2.** *(afectuoso)* fectionate
**expreso, sa** [eks'preso, sa] ◇ *adj (claro)* clear **2.** *(tren)* express ◇ *m (tr* express train
**exprimidor** [eksprimi'ðor] *m* squeeze
**exprimir** [ekspri'mir] *vt (limón, naran* to squeeze
**expuesto, ta** [eks'pu̯esto, ta] ◇ *pp* **exponer** ◇ *adj* ◆ **estar expuesto a** to exposed to

**pulsar** [ekspul'sar] *vt* **1.** *(de clase, local)* throw out **2.** *(de colegio)* to expel **3.** *ador)* to send off
**pulsión** [ekspul'sion] *f* **1.** *(de local)* owing-out **2.** *(de colegio)* expulsion *de jugador)* sending-off
**quisito, ta** [ekski'sito, ta] *adj (comida)* icious
**asis** ['ekstasis] *m inv* ecstasy
**ender** [eksten'der] *vt* **1.** *(desplegar)* to ead (out) **2.** *(brazos, piernas)* to etch **3.** *(influencia, dominio)* to extend *documento)* to draw up **5.** *(cheque)* to ke out **6.** *(pasaporte)* to issue ◆ **enderse** *vp* **1.** *(ocupar)* to extend **2.** *ar)* to last **3.** *(hablar mucho)* to talk at gth **4.** *(difundirse)* to spread
**ensión** [eksten'sion] *f* **1.** *(en espacio)* a **2.** *(en tiempo)* length **3.** *(alcance)* ent **4.** *(de teléfono)* extension
**enso, sa** [eks'tenso, sa] *adj* **1.** *(espa-* extensive **2.** *(duración)* long
**erior** [ekste'rior] ◇ *adj* **1.** *(de fuera)* side **2.** *(capa)* outer **3.** *(extranjero)* eign ◇ *m (parte exterior)* outside
**erminar** [ekstermi'nar] *vt* to exter- nate
**erno, na** [eks'terno, na] ◇ *adj* outer *n,f* day boy (*f* day girl) (*UK*), day dent (*US*) ▼ **uso externo** for exter- use only
**inguirse** [ekstin'girse] *vp* **1.** *(luz, o)* to go out **2.** *(vida, amor)* to come n end
**intor** [ekstin'tor] *m* fire extinguisher
**irpar** [ekstir'par] *vt* (*formal*) *(órgano)* emove
**ra** ['ekstra] ◇ *adj* **1.** *(de calidad superior)* top-quality **2.** *(de más)* extra ◇ *m* extra
**extracción** [ekstrak'θion] *f* **1.** (*formal*) *(de órgano)* removal **2.** *(de petróleo)* drilling **3.** *(de mineral)* mining
**extracto** [eks'trakto] *m* **1.** *(resumen)* summary **2.** *(sustancia)* extract ● **extracto de cuenta** bank statement
**extractor** [ekstrak'tor] *m* extractor (fan)
**extradición** [ekstraði'θion] *f* extradition
**extraer** [ekstra'er] *vt* **1.** (*formal*) *(órgano)* to remove **2.** *(petróleo)* to drill for
**extranjero, ra** [ekstran'xero, ra] ◇ *adj* foreign ◇ *m,f* foreigner ◇ *m* foreign countries *pl* ● **en el/al extranjero** abroad
**extrañar** [ekstra'ɲar] *vt* **1.** *(echar de menos)* to miss **2.** *(sorprender)* to surprise ◆ **extrañarse de** *v + prep* to be surprised at
**extrañeza** [ekstra'ɲeθa] *f* surprise
**extraño, ña** [eks'traɲo, ɲa] ◇ *adj* strange ◇ *m,f* stranger
**extraordinario, ria** [ekstraorði'nario, ria] *adj* extraordinary
**extraterrestre** [ekstrate'restre] *mf* extraterrestrial
**extravagante** [ekstraβa'ɣante] *adj* eccentric
**extraviar** [ekstraβi'ar] *vt* (*formal*) *(perder)* to mislay ◆ **extraviarse** *vp* **1.** (*formal*) *(objeto)* to go missing **2.** *(persona)* to get lost
**extremar** [ekstre'mar] *vt* to go to extremes with
**extremaunción** [ekstremaun'θion] *f* extreme unction

**extremidades** [ekstremi'ðaðes] *fpl* extremities
**extremista** [ekstre'mista] *mf* extremist
**extremo, ma** [eks'tremo, ma] ◇ *adj* **1.** *(último)* furthest **2.** *(exagerado)* extreme ◇ *m* **1.** *(final)* end **2.** *(punto máximo)* extreme • **en extremo** extremely
**extrovertido, da** [ekstroβer'tiðo, ða] *adj* extrovert (*UK*), extroverted (*US*)

# *f* F

**F** (*abr de* **Fahrenheit**) F *(Fahrenheit)*
**fabada** [fa'βaða] *f* • **fabada (asturiana)** *Asturian stew made of beans, pork sausage and bacon*
**fábrica** ['faβrika] *f* factory
**fabricante** [faβri'kante] *mf* manufacturer
**fabricar** [faβri'kar] *vt* to make, to manufacture ▼ **fabricado en** made in
**fábula** ['faβula] *f (relato)* fable
**fabuloso, sa** [faβu'loso, sa] *adj* **1.** *(extraordinario)* fabulous **2.** *(irreal)* mythical
**faceta** [fa'θeta] *f* facet
**fachada** [fa'tʒaða] *f (de edificio)* façade
**fácil** ['faθil] *adj* **1.** easy **2.** *(dócil)* easy-going **3.** *(probable)* likely
**facilidad** [faθili'ðað] *f* **1.** *(aptitud)* aptitude **2.** *(sencillez)* ease • **tener facilidad para** to have a gift for • **facilidades de pago** easy (payment) terms
**facilitar** [faθili'tar] *vt* **1.** *(hacer fácil)* to make easy **2.** *(hacer posible)* to make possible **3.** *(proporcionar)* to provide
**factor** [fak'tor] *m* **1.** *(elemento, condici* factor
**factura** [fak'tura] *f* **1.** *(de gás, teléfo hotel)* bill **2.** *(por mercancías, etc)* invo
**facturación** [faktura'θi̯on] *f* **1.** *(de e paje)* checking-in **2.** *(de empresa)* turr ver ▼ **facturación** check-in
**facturar** [faktu'rar] *vt* **1.** *(equipaje)* check in **2.** *(cobrar)* to bill
**facultad** [fakul'tað] *f* **1.** faculty **2.** *(poc* right • **facultad de ciencias/let** faculty (*UK*) o college (*US*) of scien arts
**faena** [fa'ena] *f* **1.** *(tarea, trabajo)* task *(en los toros)* bullfighter's performar
**faisán** [fai̯'san] *m* pheasant
**faja** ['faxa] *f* **1.** *(ropa interior)* girdle *(para cintura)* sash
**fajo** ['faxo] *m (de billetes)* wad
**falange** [fa'lanxe] *f (hueso)* phalanx
**falda** ['falda] *f* **1.** *(prenda de vestir)* skir *(de montaña)* mountainside **3.** *(de pe na)* lap ◆ **faldas** *fpl (fam) (mujeres)* g
**falla** ['faʎa] *f* **1.** *(de terreno)* fault **2.** *cartón) cardboard figure burned dur Fallas* ◆ **Fallas** *fpl celebrations Valencia on 19 March during wh fallas are burned*

## Fallas de San José

Valencia celebrates its best-know festival, the *fallas*, on 19 Marc *Fallas* are grotesque papier-mâcl giants built by the local people th are surrounded by smaller figur called *ninots*, creating satiric

cenes. They are displayed publicly
rom 15 March before being judged
o decide which of the *ninots* will be
urned in the *cremà* on the night of
9 March.

**llar** [fa'ʎar] *vi* **1.** *(equivocarse)* to get it
rong **2.** *(no acertar)* to miss **3.** *(fracasar, funcionar)* to fail
**llecer** [faʎe'θer] *vi* (*formal*) to pass
vay
**llo** ['faʎo] *m* **1.** *(equivocación)* mistake
*(de frenos, etc)* failure **3.** *(sentencia)*
rdict
**lsedad** [false'ðað] *f* falseness
**lsete** [fal'sete] *m* falsetto
**lsificar** [falsifi'kar] *vt* to forge
**lso, sa** ['falso, sa] *adj* **1.** *(afirmación,
ticia)* false **2.** *(puerta, salida)* hidden **3.**
*ya, piel)* fake **4.** *(dinero, cuadro)* forged
*(hipócrita)* deceitful
**lta** ['falta] *f* **1.** *(carencia)* lack **2.**
*ecesidad)* need **3.** *(error)* mistake **4.**
*e asistencia, puntualidad)* absence **5.** *(en
bol, etc)* foul **6.** *(en tenis)* fault **7.**
*fracción)* offence • **echar en falta
go/a alguien** *(echar de menos)* to miss
ng/sb; *(notar la ausencia de)* to notice
ng/sb is missing • **hacer falta** to be
ecessary • **me hace falta suerte** I
eed some luck • **falta de educación**
deness
**ltar** [fal'tar] *vi* **1.** *(no haber)* to be
cking **2.** *(estar ausente)* to be absent •
**ta aire** there isn't enough air •
**ta sal** it needs some salt • **me falta
lápiz** I need a pencil • **le falta**
terés she lacks interest • **falta una
semana** there's a week to go • **faltan
15 km para Londres** we're 15 km away
from London • **faltar a clase** not to
attend one's classes • **¡no faltaba más!**
that's all I/we *etc* needed! ◆ **faltar a** *v +
prep* **1.** *(obligación)* to neglect **2.** *(palabra,
promesa)* to break **3.** *(cita, trabajo)* not to
turn up at **4.** *(ofender)* to offend
**fama** ['fama] *f* **1.** *(renombre)* fame **2.**
*(reputación)* reputation
**familia** [fa'milia] *f* family • **familia
numerosa** large family
**familiar** [fami'liar] ◇ *adj* **1.** *(de familia)*
family *(antes de s)* **2.** *(conocido)* familiar
**3.** *(llano)* informal ◇ *mf* relative
**familiarizarse** [familiari'θarse] ◆ **fami-
liarizarse con** *v + prep* to familiarize o.
s. with
**famoseo** *m* (*fam*) celebrities *pl*
**famoso, sa** [fa'moso, sa] *adj* famous
**fanatismo** [fana'tizmo] *m* fanaticism
**fandango** [fan'dango] *m* fandango
**fanfarrón, ona** [fanfa'ron, ona] *adj*
boastful
**fantasía** [fanta'sia] *f* **1.** *(imaginación)*
imagination **2.** *(imagen, ilusión)* fantasy
**fantasma** [fan'tazma] *m* **1.** *(aparición)*
ghost **2.** (*fam*) *(persona presuntuosa)*
show-off
**fantástico, ca** [fan'tastiko, ka] *adj* fan-
tastic
**farmacéutico, ca** [farma'θeutiko, ka] *m,
f* chemist
**farmacia** [far'maθia] *f* chemist's (shop)
(*UK*), pharmacy (*US*) ▼ **farmacia de
guardia** duty chemist's
**faro** ['faro] *m (torre)* lighthouse ◆ **faros**
*mpl (de coche)* headlights

**farol** [fa'rol] *m* **1.** *(lámpara)* street light **3.** *(en el juego)* bluff

**farola** [fa'rola] *f* **1.** *(poste)* lamppost **2.** *(farol)* street light

**farolillo** [faro'liʎo] *m* paper lantern

**farsa** ['farsa] *f* farce

**farsante** [far'sante] *adj* **1.** *(impostor)* fraudulent **2.** *(hipócrita)* deceitful

**fascismo** [fas'θizmo] *m* fascism

**fascista** [fas'θista] *mf* fascist

**fase** ['fase] *f* phase

**fastidiar** [fasti'ðjar] *vt* **1.** *(molestar)* to annoy **2.** *(fiesta, planes)* to ruin **3.** *(máquina, objeto)* to break ◆ **fastidiarse** *vp* **1.** *(fam)* *(persona)* to put up with it **2.** *(plan, proyecto)* to be ruined

**fastidio** [fas'tiðjo] *m* *(molestia)* bother

**fatal** [fa'tal] ◇ *adj* **1.** *(trágico)* fatal **2.** *(inevitable)* inevitable **3.** *(malo)* awful ◇ *adv* *(fam)* awfully • **me siento fatal** I feel awful

**fatalidad** [fatali'ðað] *f* **1.** *(desgracia)* misfortune **2.** *(destino, suerte)* fate

**fatiga** [fa'tiɣa] *f* *(cansancio)* fatigue

**fatigarse** [fati'ɣarse] *vp* to get tired

**fauna** ['fauna] *f* fauna

**favor** [fa'βor] *m* favour • **estar a favor de** to be in favour of • **hacer un favor a alguien** to do sb a favour • **pedir un favor a alguien** to ask sb a favour • **por favor** please

**favorable** [faβo'raβle] *adj* favourable

**favorecer** [faβore'θer] *vt* **1.** *(quedar bien)* to suit **2.** *(beneficiar)* to favour

**favorito, ta** [faβo'rito, ta] *adj* favourite

**fax** ['faks] *m inv* fax • **mandar algo por fax** to fax sth

**fayuquero** [faju'kero] *m* *(CAm & Méx)* contraband dealer

**fe** ['fe] *f* faith • **de buena/mala fe** *(fi*… in good/bad faith

**fealdad** [feal'dað] *f* ugliness

**febrero** [fe'βrero] *m* February ➢ s…tiembre

**fecha** ['fetʒa] *f* date • **fecha de cad…cidad** *(de carné etc)* expiry date; *(…alimentos)* sell-by date *(UK)*, best-b…fore date *(US)*; *(de medicamentos)* use-… date *(UK)*, expiration date *(US)* • **fec… de nacimiento** date of birth ◆ **fechas** *(período, época)* time *sg*

**fechar** [fe'tʒar] *vt* to date

**fecundo, da** [fe'kundo, da] *adj* **1.** *(muje…)* fertile **2.** *(productivo, creativo)* prolific

**federación** [feðera'θjon] *f* federation

**felicidad** [feliθi'ðað] *f* happiness

**felicidades** *interj* **1.** *(enhorabuena)* co…gratulations! **2.** *(en cumpleaños)* hap… birthday!

**felicitación** [feliθita'θjon] *f* **1.** *(de pal…bra)* congratulations *pl* **2.** *(tarjet…)* greetings card

**felicitar** [feliθi'tar] *vt* to congratulate

**feligrés, esa** [feli'ɣres, esa] *m,f* paris…ioner

**feliz** [fe'liθ] *adj* **1.** happy • **¡felic… Pascuas!** Happy Easter • **¡feliz A… Nuevo!** Happy New Year • **¡fe… cumpleaños!** Happy Birthday • **¡fe… Navidad!** Merry Christmas

**felpudo** [fel'puðo] *m* doormat

**femenino, na** [feme'nino, na] *adj* fem…nine

**feminismo** [femi'nizmo] *m* feminism

**feminista** [femi'nista] *mf* feminist

**fémur** ['femur] *m* thighbone

**nomenal** [fenome'nal] *adj* **1.** *(estupen-*
*)* wonderful **2.** *(fam)* *(muy grande)*
uge
**nómeno** [fe'nomeno] ◇ *m* phenome-
on ◇ *adv* *(fam)* brilliantly
**o, a** ['feo, a] *adj* **1.** *(rostro, decoración)*
gly **2.** *(actitud, comportamiento, tiempo)*
asty
**retro** ['feretro] *m* coffin
**ria** ['feria] *f* fair • **feria de muestras**
ade fair • **ferias** *fpl* *(fiestas)* festival *sg*

## eria de abril

Seville's *feria de abril* is the most famous festival in Spain and includes important bullfights. The week-long festivities take place a fortnight after Easter in an open-air compound with hundreds of stalls where people eat, drink and dance *sevillanas* round the clock.

**riado** [fe'riaðo] *m* *(Amér)* (public)
oliday
**rmentación** [fermenta'θion] *f* fer-
entation
**roz** [fe'roθ, θes] *(pl* **-ces***)* *adj* **1.**
*nimal)* fierce **2.** *(cruel)* savage
**rretería** [ferete'ria] *f* ironmonger's
hop) *(UK)*, hardware store *(US)*
**rrocarril** [feroka'ril] *m* railway *(UK)*,
ilroad *(US)*
**rroviario, ria** [fero'βiario, ria] *adj* rail
*ntes de s)*
**rry** ['feri] *m* ferry
**rtil** ['fertil] *adj* fertile
**rtilidad** [fertili'ðað] *f* fertility

**festival** [festi'βal] *m* festival • **festival de cine** film festival
**festividad** [festiβi'ðað] *f* festivity
**festivo, va** [fes'tiβo, βa] *adj* **1.** *(traje)* festive **2.** *(humorístico)* funny
**feto** ['feto] *m* foetus
**fiambre** ['fiambre] *m* cold meat *(UK)*, cold cut *(US)*
**fiambrera** [fiam'brera] *f* lunch box
**fianza** ['fianθa] *f* **1.** *(de alquiler, venta)* deposit **2.** *(de preso)* bail
**fiar** [fi'ar] *vt* *(vender a crédito)* to sell on credit • **fiarse de** *v + prep* to trust
**fibra** ['fiβra] *f* fibre
**ficción** [fik'θion] *f* fiction
**ficha** ['fitʒa] *f* **1.** *(de datos)* card **2.** *(de datos personales)* file **3.** *(de guardarropa, parking)* ticket **4.** *(de casino)* chip **5.** *(de dominó, parchís, etc)* counter **6.** *(de deportista)* contract
**fichar** [fi'tʒar] ◇ *vt* **1.** *(contratar)* to sign up **2.** *(delincuente)* to put on police files ◇ *vi* *(empleado)* to clock in/out
**fichero** [fi'tʒero] *m* file
**ficticio, cia** [fik'tiθio, θia] *adj* fictitious
**fidelidad** [fiðeli'ðað] *f* **1.** *(lealtad)* loyalty **2.** *(exactitud)* accuracy
**fideos** [fi'ðeos] *mpl* noodles
**fiebre** ['fieβre] *f* fever • **tener fiebre** to have a temperature
**fiel** ['fiel] ◇ *adj* **1.** *(amigo, seguidor)* loyal **2.** *(cónyuge)* faithful **3.** *(exacto)* accurate ◇ *m* *(cristiano)* believer
**fieltro** ['fieltro] *m* felt
**fiera** ['fiera] *f* *(animal)* wild animal
**fiero, ra** ['fiero, ra] *adj* savage
**fierro** ['fiero] *m* *(Amér)* iron
**fiesta** ['fiesta] *f* **1.** *(de pueblo, etc)*

festivities *pl* **2.** *(reunión)* party **3.** *(día festivo)* public holiday **4.** *(alegría)* delight • **fiesta mayor** *local celebrations for the festival of a town's patron saint*

## fiestas patronales

From the smallest village to the biggest city, everywhere in Spain has a festival in honour of its patron saint. Lasting between two days and a week, the celebrations involve various cultural and sporting activities not to mention much dancing and merrymaking in the streets at night.

## fiestas patrias

The Spanish-speaking countries of Latin America all have their own *fiestas patrias*, marking the day that each country gained independence from Spain. The celebrations usually last two days and are the most important national festival.

**figura** [fi'ɣura] *f* **1.** *(forma exterior)* shape **2.** *(representación)* figure
**figurar** [fiɣu'rar] ◇ *vt* **1.** *(representar)* to represent **2.** *(simular)* to feign ◇ *vi* **1.** *(constar)* to appear **2.** *(ser importante)* to be important ◆ **figurarse** *vp* *(imaginarse)* to imagine
**figurativo, va** [fiɣura'tiβo, βa] *adj* figurative
**figurín** [fiɣu'rin] *m* **1.** *(dibujo)* fashion sketch **2.** *(revista)* fashion magazine
**fijador** [fixa'ðor] *m* **1.** *(de pelo)* hai spray **2.** *(crema)* hair gel
**fijar** [fi'xar] *vt* to fix ◆ **fijarse** *vp* *(presta atención)* to pay attention • **fijarse e** *(darse cuenta de)* to notice
**fijo, ja** ['fixo, xa] *adj* **1.** fixed **2.** *(sujeto* secure **3.** *(fecha)* definite
**fila** ['fila] *f* *(hilera)* line
**filatelia** [fila'telia] *f* philately
**filete** [fi'lete] *m* **1.** fillet **2.** *(de carne* steak • **filete de ternera** fillet of veal **filete de lenguado** fillet of sole
**filiación** [filia'θion] *f* **1.** *(datos personales* record **2.** *(procedencia)* relationship
**filial** [fi'lial] ◇ *adj* filial ◇ *f* subsidiary
**Filipinas** [fili'pinas] *fpl* • **(las) Filipina** the Philippines
**filmar** [fil'mar] *vt* & *vi* to film
**filoso, sa** [fi'loso, sa] *adj* *(Amér)* sharp
**filosofar** [filoso'far] *vi* *(fam)* to philo sophize
**filosofía** [filoso'fia] *f* philosophy
**filósofo, fa** [fi'losofo, fa] *m,f* philoso pher
**filtrar** [fil'trar] *vt* **1.** *(líquido)* to filter **2** *(noticia, información)* to leak
**filtro** ['filtro] *m* filter • **filtro solar** su filter
**fin** ['fin] *m* **1.** end **2.** *(objetivo)* aim • **fin de que** in order that • **a fines de a** the end of • **en fin** anyway • **por fi** finally • **sin fin** endless • **fin de añ** New Year's Eve • **fin de seman** weekend
**final** [fi'nal] ◇ *adj* & *f* final ◇ *m* end
**finalidad** [finali'ðað] *f* purpose
**finalista** [fina'lista] *mf* finalist
**finalizar** [finali'θar] *vt* & *vi* to finish

**anciación** [finanθja'θjon] *f* financing
**anciar** [finan'θjar] *vt* to finance
**ancista** [finan'θista] *mf* (*Amér*) financier
**anzas** [fi'nanθas] *fpl* finance *sg*
**ca** ['finka] *f* **1.** (*bienes inmuebles*) property **2.** (*casa de campo*) country residence
**de** *m* (*fam*) weekend
**ger** ['finger] *m* (*de aeropuerto*) jetway
**gir** [fin'xir] *vt* to feign
**landés, esa** [finlan'des, esa] ◇ *adj* Finnish ◇ *m,f* Finn
**landia** [fin'landja] *s* Finland
**o, na** ['fino, na] ◇ *adj* **1.** (*delgado*) thin **2.** (*suave*) smooth **3.** (*esbelto*) slim **4.** (*restaurante, hotel*) posh **5.** (*persona*) refined **6.** (*de calidad, sabor, olor*) fine **7.** (*sutil*) subtle ◇ *m* dry sherry ◆ **finas hierbas** fines herbes
**ordo** ['fjorðo] *m* fjord
**ma** ['firma] *f* **1.** (*de persona*) signature **2.** (*empresa*) firm
**mar** [fir'mar] *vt* to sign
**me** ['firme] *adj* **1.** firm **2.** (*bien sujeto*) stable **3.** (*carácter*) resolute
**memente** [ˌfirme'mente] *adv* firmly
**meza** [fir'meθa] *f* **1.** (*solidez*) stability **2.** (*constancia*) firmness **3.** (*de carácter*) resolution
**cal** [fis'kal] ◇ *adj* tax (*antes de s*) ◇ *mf* public prosecutor (*UK*), district attorney (*US*)
**calía** [fiska'lia] *f* **1.** (*oficio*) post of public prosecutor (*UK*), post of district attorney (*US*) **2.** (*oficina*) public prosecutor's office (*UK*), district attorney's office (*US*)

**física** ['fisika] *f* physics *sg* ➢ **físico**
**físico, ca** ['fisiko, ka] ◇ *adj* physical ◇ *m, f* physicist ◇ *m* (*aspecto exterior*) physique
**fisioterapeuta** [fisjotera'peuta] *mf* physiotherapist
**fisonomía** [fisono'mia] *f* appearance
**fisonomista** [fisono'mista] *adj* good at remembering faces
**flaco, ca** ['flako, ka] *adj* thin
**flamante** [fla'mante] *adj* **1.** (*llamativo*) resplendent **2.** (*nuevo*) brand-new
**flamenco, ca** [fla'menko, ka] ◇ *m* **1.** (*ave*) flamingo **2.** (*cante andaluz*) flamenco

**flamenco**

The term *flamenco* originates from Andalusia and refers not only to the famous dance but also to the traditional folk songs and the style of guitar playing. It is the result of a mixture of influences from various cultures. The different styles of flamenco are called *palos*.

**flan** ['flan] *m* crème caramel (*UK*), flan (*US*) ◆ **flan con nata** crème caramel with whipped cream
**flaqueza** [fla'keθa] *f* weakness
**flash** ['flas] *m* (*en fotografía*) flash
**flauta** ['flauta] *f* flute
**flecha** ['fletʒa] *f* arrow
**fleco** ['fleko] *m* (*de cortina, mantel*) fringe ◆ **flecos** *mpl* (*de pantalón, camisa*) frayed edges
**flemón** [fle'mon] *m* gumboil

**flequillo** [fle'kiʎo] *m* fringe
**flexibilidad** [fleksiβili'ðað] *f* flexibility
**flexible** [flek'siβle] *adj* flexible
**flexión** [flek'si̯on] *f (ejercicio)* press-up (*UK*), push-up (*US*)
**flojera** [flo'xera] *f* (*fam*) lethargy
**flojo, ja** ['floxo, xa] *adj* **1.** *(cuerda, clavo)* loose **2.** *(carácter, persona)* weak **3.** *(de poca calidad)* poor
**flor** ['flor] *f* flower
**flora** ['flora] *f* flora
**florecer** [flore'θer] *vi* **1.** *(planta)* to flower **2.** *(prosperar)* to flourish
**florero** [flo'rero] *m* vase
**florido, da** [flo'riðo, ða] *adj* **1.** *(árbol)* blossoming **2.** *(jardín)* full of flowers
**florista** [flo'rista] *mf* florist
**floristería** [floriste'ria] *f* florist's (shop)
**flota** ['flota] *f* fleet
**flotador** [flota'ðor] *m* **1.** *(para la cintura)* rubber ring (*UK*), life saver (*US*) **2.** *(para los brazos)* arm band (*UK*), water wing (*US*)
**flotar** [flo'tar] *vi* to float
**flote** ['flote] ◆ **a flote** *adv* afloat ● **salir a flote** (*fig*) to get back on one's feet
**fluido, da** ['flu̯iðo, ða] ◇ *adj* **1.** *(líquido)* fluid **2.** *(lenguaje, estilo)* fluent ◇ *m* fluid
**fluir** [flu'ir] *vi* to flow
**flúor** ['fluor] *m (en dentífrico)* fluoride
**FM** [efe'eme] *f* (*abr de* **frecuencia modulada**) FM *(frequency modulation)*
**foca** ['foka] *f* seal
**foco** ['foko] *m* **1.** *(en teatro)* spotlight **2.** *(en campo de fútbol)* floodlight **3.** *(de infección, epidemia)* centre **4.** (*Andes & Méx*) *(bombilla)* light bulb
**foi-gras** [fu̯a'γras] *m inv* foie-gras
**foja** ['foxa] *f* (*Amér*) *(fólio)* sheet
**folio** ['foli̯o] *m* sheet (of paper)
**folklórico, ca** [fol'kloriko, ka] *adj (tradición, baile)* traditional, popular (*fam*) *(ridículo)* absurd
**follaje** [fo'ʎaxe] *m* foliage
**folleto** [fo'ʎeto] *m* **1.** *(turístico, publicit-rio)* brochure **2.** *(explicativo, de instrucc-nes)* leaflet
**fomentar** [fomen'tar] *vt* to encourag-
**fonda** ['fonda] *f* boarding house
**fondo** ['fondo] *m* **1.** bottom **2.** *(de dibu-fotografía)* background **3.** *(dimensió-)* depth ● **a fondo** thoroughly ● **fondo de la calle** at the end of th street ● **al fondo de la habitación** the back of the room ◆ **fondos** *mpl (dinero)* funds **2.** *(de archivo, bibliotec-)* catalogue *sg*
**fono** ['fono] *m* (*Amér*) receiver
**fontanero, ra** [fonta'nero, ra] *m,f* plumber
**footing** ['futin] *m* jogging ● **hac- footing** to go jogging
**forastero, ra** [foras'tero, ra] *m,f* stra-ger
**forense** [fo'rense] *mf* pathologist
**forestal** [fores'tal] *adj* forest *(antes de*
**forfait** [for'fe] *f* ski pass
**forjar** [for'xar] *vt* **1.** *(hierro)* to forge *(crear)* to build up
**forma** ['forma] *f* **1.** *(figura externa)* sha- **2.** *(modo, manera)* way ● **en forma de** the shape of ◆ **formas** *fpl (modale-)* social conventions
**formación** [forma'θi̯on] *f* **1.** formati- **2.** *(educación)* training ● **formaci- profesional** *Spanish vocational traini-*

**mal** [for'mal] *adj* **1.** *(de forma)* formal *de confianza)* reliable **3.** *(serio)* serious
**malidad** [formali'ðað] *f* **1.** *(seriedad)* iousness **2.** *(requisito)* formality
**mar** [for'mar] *vt* **1.** *(crear)* to form **2.** *ucar)* to train ◆ **formarse** *vp* *(educar-* to be trained
**midable** [formi'ðaβle] *adj* **1.** *(estupen-* amazing **2.** *(grande)* tremendous
**mula** ['formula] *f* formula
**mular** [formu'lar] *vt* to formulate
**mulario** [formu'lario] *m* form
**rar** [fo'rar] *vt* **1.** *(libro)* to cover **2.** *)a)* to line ◆ **forrarse** *vp* *(fam)* to ke a pile of money
**ro** ['foro] *m* **1.** *(de prenda de vestir)* ing **2.** *(de libro)* cover
**taleza** [forta'leθa] *f* **1.** *(fuerza)* ength **2.** *(recinto)* fortress
**tuna** [for'tuna] *f* **1.** *(suerte)* (good) k **2.** *(riqueza)* fortune
**zado, da** [for'θaðo, ða] *adj* forced
**zar** [for'θar] *vt* to force ● **forzar a uien a hacer algo** to force sb to do g
**zosamente** [for,θosa'mente] *adv* nesarily
**foro** ['fosforo] *m* *(cerilla)* match
**il** ['fosil] *m* fossil
**o** ['foso] *m* **1.** *(de castillo)* moat **2.** *(de uesta)* pit **3.** *(hoyo)* ditch
**o** ['foto] *f* photo ● **sacar una foto** to e a photo
**ocopia** [foto'kopia] *f* photocopy
**ocopiadora** [fotokopia'ðora] *f* phoopier
**ocopiar** [fotoko'piar] *vt* to photo-)y

**fotografía** [fotoɣra'fia] *f* **1.** *(imagen)* photograph **2.** *(arte)* photography
**fotografiar** [fotoɣrafi'ar] *vt* to photograph
**fotográfico, ca** [foto'ɣrafiko, ka] *adj* photographic
**fotógrafo, fa** [fo'toɣrafo, fa] *m,f* photographer
**fotomatón** [,fotoma'ton] *m* passport photo machine
**fra.** (*abr de* **factura**) invoice
**fracasar** [fraka'sar] *vi* to fail
**fracaso** [fra'kaso] *m* failure
**fracción** [frak'θion] *f* fraction
**fractura** [frak'tura] *f* fracture
**frágil** ['fraxil] *adj* ▼ **frágil** fragile
**fragmento** [fraɣ'mento] *m* **1.** *(pedazo)* fragment **2.** *(de obra)* excerpt
**fraile** ['fraile] *m* friar
**frambuesa** [fram'buesa] *f* raspberry
**francamente** [,franka'mente] *adv* **1.** *(sinceramente)* frankly **2.** *(muy)* really
**francés, esa** [fran'θes, esa] ◇ *adj* & *m* French ◇ *m,f* Frenchman (*f* Frenchwoman) ● **los franceses** the French
**Francia** ['franθia] *s* France
**franco, ca** ['franko, ka] ◇ *adj* **1.** *(sincero)* frank **2.** *(sin obstáculos)* free ◇ *m* *(moneda)* franc
**francotirador, ra** [,frankotira'ðor, ra] *m,f* sniper
**franela** [fra'nela] *f* flannel
**franqueo** [fran'keo] *m* postage
**frasco** ['frasko] *m* small bottle
**frase** ['frase] *f* sentence
**fraternal** [frater'nal] *adj* fraternal
**fraternidad** [fraterni'ðað] *f* brotherhood

**fraude** ['frau̯ðe] *m* fraud
**fray** [frai̯] *m* brother
**frazada** [fra'θaða] *f* (*Amér*) blanket • **frazada eléctrica** electric blanket
**frecuencia** [fre'ku̯enθi̯a] *f* frequency • **con frecuencia** often
**frecuente** [fre'ku̯ente] *adj* **1.** (*repetido*) frequent **2.** (*usual*) common
**fregadero** [freɣa'ðero] *m* (kitchen) sink
**fregado, da** [fre'ɣaðo, ða] *adj* (*Amér*) (*fam*) annoying
**fregar** [fre'ɣar] *vt* **1.** (*limpiar*) to wash **2.** (*frotar*) to scrub **3.** (*Amér*) (*fam*) (*molestar*) to bother • **fregar los platos** to do the dishes
**fregona** [fre'ɣona] *f* **1.** (*utensilio*) mop **2.** (*despec*) (*mujer*) skivvy
**freír** [fre'ir] *vt* to fry
**frenar** [fre'nar] ◇ *vt* **1.** (*parar*) to brake **2.** (*contener*) to check ◇ *vi* to brake
**frenazo** [fre'naθo] *m* • **dar un frenazo** to slam on the brakes
**frenético, ca** [fre'netiko, ka] *adj* **1.** (*rabioso*) furious **2.** (*exaltado*) frantic
**freno** ['freno] *m* brake • **pisar el freno** to step on the brakes • **freno de mano** hand brake (*UK*), parking brake (*US*)
**frente**[1] ['frente] *m* front • **estar al frente de** (*dirigir*) to be at the head of
**frente**[2] ['frente] *f* (*de la cara*) forehead • **de frente** head on • **frente a** opposite • **frente a frente** face to face
**fresa** ['fresa] *f* strawberry
**fresco, ca** ['fresko, ka] ◇ *adj* **1.** fresh **2.** (*frío*) cool **3.** (*desvergonzado*) cheeky (*UK*), fresh (*US*) **4.** (*tejido, ropa*) light ◇ *m,f* (*desvergonzado*) cheeky (*UK*) o impudent (*US*) person ◇ *m* **1.** (*frío suave*) cool **2.** (*pintura*) fresco • **hace fresco** it's chilly • **tomar el fresco** to get a breath of fresh air
**fresno** ['frezno] *m* ash (tree)
**fresón** [fre'son] *m* large strawberry
**fricandó** [frikan'do] *m* fricandeau
**frigorífico** [friɣo'rifiko] *m* refrigerator
**frijol** [fri'xol] *m* **1.** (*judía*) bean **2.** (*Amér*) (*tipo de judía*) pinto bean
**frío, a** ['frio, a] *adj* & *m* cold • **hace frío** it's cold • **tener frío** to be cold
**fritada** [fri'taða] *f* fried dish • **fritada de pescado** *dish of fried fish*
**frito, ta** ['frito, ta] ◇ *pp* ➢ **freír** ◇ *adj* fried
**fritura** [fri'tura] *f* fried dish
**frívolo, la** ['friβolo, la] *adj* frivolous
**frondoso, sa** [fron'doso, sa] *adj* leafy
**frontera** [fron'tera] *f* border
**fronterizo, za** [fronte'riθo, θa] *adj* (*cerca de la frontera*) border (*antes de s*) (*vecino*) neighbouring
**frontón** [fron'ton] *m* **1.** (*juego*) pelota, jai alai **2.** (*de edificio*) pediment
**frotar** [fro'tar] *vt* to rub
**frustración** [frustra'θi̯on] *f* frustration
**frustrar** [frus'trar] *vt* (*plan, proyecto*) to thwart • **frustrarse** *vp* **1.** (*persona*) to get frustrated **2.** (*plan, proyecto*) to fail
**fruta** ['fruta] *f* fruit • **fruta del tiempo** fruit in season
**frutal** [fru'tal] *m* fruit tree
**frutería** [frute'ria] *f* fruit shop
**frutero, ra** [fru'tero, ra] ◇ *m,f* (*persona*) fruiterer ◇ *m* (*plato*) fruit bowl
**frutilla** [fru'tiʎa] *f* (*Andes* & *RP*) strawberry
**fruto** ['fruto] *m* **1.** fruit **2.** (*nuez, avellana*

c) nut ♦ **frutos** *mpl* produce *sg* • **frutos del bosque** fruits of the forest • **frutos secos** dried fruit and nuts
**fuego** ['fueɣo] *m* fire • **a fuego lento** over a low heat • **¿tienes fuego?** do you have a light? • **fuegos artificiales** fireworks
**fuelle** ['fueʎe] *m* **1.** *(de aire)* bellows *pl* **2.** *(entre vagones)* concertina vestibule
**fuente** ['fuente] *f* **1.** *(manantial)* spring **2.** *(en la calle)* fountain **3.** *(recipiente)* (serving) dish **4.** *(origen)* source
**fuera** ['fuera] ◇ *v* ➢ **ir, ser** ◇ *adv* **1.** *(en el exterior)* outside **2.** *(en otro lugar)* away ◇ *interj* get out! • **sal fuera** go out • **por fuera** (on the) outside • **fuera borda** outboard motor • **fuera de** *(a excepción de)* except for • **fuera de combate** *(en boxeo)* knocked out ▼ **fuera de servicio** out of order
**fuerte** ['fuerte] ◇ *adj* **1.** strong **2.** *(frío, dolor)* intense **3.** *(lluvia)* heavy **4.** *(golpe, colisión)* hard **5.** *(alimento)* rich **6.** *(voz, sonido)* loud ◇ *m* **1.** *(fortaleza)* fort **2.** *(afición)* strong point ◇ *adv* **1.** *(con fuerza, intensidad)* hard **2.** *(gritar)* loudly
**fuerza** ['fuerθa] *f* **1.** force **2.** *(de persona, animal, resistencia)* strength • **a fuerza de** by dint of • **a la fuerza** by force • **por fuerza** *(por obligación)* by force; *(por necesidad)* of necessity • **las fuerzas armadas** the armed forces
**fuga** ['fuɣa] *f* **1.** *(de persona)* escape **2.** *(de gas)* leak
**fugarse** [fu'ɣarse] *vp* to escape • **fugarse de casa** to run away (from home)
**fugaz** [fu'ɣaθ] *(pl* **-ces***)* *adj* fleeting
**fugitivo, va** [fuxi'tiβo, βa] *m,f* fugitive
**fulana** [fu'lana] *f* tart *(UK)*, hussy *(US)* ➢ **fulano**
**fulano, na** [fu'lano, na] *m,f* what's his/her name
**fulminante** [fulmi'nante] *adj* *(muy rápido)* sudden
**fumador, ra** [fuma'ðor, ra] *m,f* smoker • **¿fumador o no fumador?** smoking or nonsmoking? ▼ **fumadores** smokers ▼ **no fumadores** nonsmokers
**fumar** [fu'mar] *vt* & *vi* to smoke • **fumar en pipa** to smoke a pipe ▼ **no fumar** no smoking
**función** [fun'θion] *f* **1.** *(utilidad)* function **2.** *(de teatro)* show
**funcionar** [funθio'nar] *vi* to work • **funciona con diesel** it runs on diesel ▼ **no funciona** out of order
**funcionario, ria** [funθio'nario, ria] *m,f* civil servant
**funda** ['funda] *f* **1.** *(cubierta)* cover **2.** *(de almohada)* pillowcase
**fundación** [funda'θion] *f* foundation
**fundador, ra** [funda'ðor, ra] *m,f* founder
**fundamental** [fundamen'tal] *adj* fundamental
**fundamento** [funda'mento] *m* *(base)* basis ♦ **fundamentos** *mpl* *(conocimientos)* basics
**fundar** [fun'dar] *vt* **1.** *(crear)* to found **2.** *(apoyar)* to base ♦ **fundarse en** *v + prep* to be based on
**fundición** [fundi'θion] *f* **1.** *(de metal)* smelting **2.** *(fábrica)* foundry
**fundir** [fun'dir] *vt* **1.** *(derretir)* to melt **2.** *(aparato)* to fuse **3.** *(bombilla, dinero)* to

blow **4.** *(unir)* to merge ◆ **fundirse** *vp* *(derretirse)* to melt
**funeral** [fune'ɾal] *m* funeral
**fungir** [fun'xiɾ] *vi* *(Amér)* to act
**funicular** [funiku'laɾ] *m* **1.** *(por tierra)* funicular railway **2.** *(por aire)* cable car
**furgón** [fuɾ'ɣon] *m* **1.** *(coche grande)* van **2.** *(vagón de tren)* wagon *(UK)*, boxcar *(US)*
**furgoneta** [fuɾɣo'neta] *f* van
**furia** ['fuɾi̯a] *f* fury
**furioso, sa** [fu'ɾi̯oso, sa] *adj* **1.** *(lleno de ira)* furious **2.** *(intenso)* intense
**furor** [fu'ɾoɾ] *m* *(furia)* rage ● **hacer furor** *(fam)* to be all the rage
**fusible** [fu'siβle] *m* fuse
**fusil** [fu'sil] *m* rifle
**fusilar** [fusi'lar] *vt* to shoot
**fusión** [fu'si̯on] *m* **1.** *(de metal, cuerpo sólido)* melting **2.** *(de empresas)* merger
**fustán** [fus'tan] *m* **1.** *(Perú & Ven)* *(enaguas)* underskirt, slip *(US)* **2.** *(falda)* skirt
**fútbol** ['fuðβol] *m* football *(UK)*, soccer *(US)* ● **fútbol sala** indoor five-a-side *(UK)*, indoor soccer *(US)*
**futbolín** [fuðβo'lin] *m* table football *(UK)*, foosball *(US)*
**futbolista** [fuðβo'lista] *mf* footballer *(UK)*, soccer player *(US)*
**futuro, ra** [fu'turo, ɾa] *adj & m* future

# G

**g** *(abr de* **gramo)** g *(gram)*
**g/** *abrev* = **giro**
**gabán** [ga'βan] *m* overcoat
**gabardina** [gaβaɾ'ðina] *f* raincoat
**gabinete** [gaβi'nete] *m* **1.** *(sala)* study **2.** *(gobierno)* cabinet
**gafas** ['gafas] *fpl* glasses ● **gafas de sc** sunglasses
**gaita** ['gai̯ta] *f* bagpipes *pl* ● **ser un gaita** *(fam)* to be a pain in the neck
**gala** ['gala] *f* *(actuación)* show ● **de gal** black tie *(antes de s)* ◆ **galas** *fp* *(vestidos)* best clothes
**galán** [ga'lan] *m* **1.** *(hombre atractivo)* handsome man **2.** *(actor)* leading ma **3.** *(mueble)* clothes stand
**galaxia** [ga'laksi̯a] *f* galaxy
**galería** [gale'ria] *f* **1.** gallery **2.** *(corredo descubierto)* verandah ● **galería de art** art gallery ◆ **galerías** *fpl* *(tiendas)* shopping arcade *sg*
**Gales** ['gales] *s* ● **(el País de) Gales** Wale
**galés, esa** [ga'les, esa] ◇ *adj & m* Wels ◇ *m,f* Welshman *(f* Welshwoman) ● **los galeses** the Welsh
**Galicia** [ga'liθi̯a] *s* Galicia
**gallego, ga** [ga'ʎeɣo, ɣa] *adj & m,* Galician
**galleta** [ga'ʎeta] *f* biscuit *(UK)*, cooki *(US)*
**gallina** [ga'ʎina] ◇ *f* *(animal)* hen ◇ *m* *(cobarde)* chicken

**allinero** [gaʎi'nero] *m* **1.** *(corral)* hen-ouse **2.** *(de teatro)* gods *pl* *(UK)*, gallery *JS)*
**allo** ['gaʎo] *m* **1.** *(ave)* cock *(UK)*, ·oster *(US)* **2.** *(pescado)* John Dory **3.** *am)* *(nota falsa)* false note
**alopar** [galo'paɾ] *vi* to gallop
**alope** [ga'lope] *m* gallop
**ama** ['gama] *f* range
**amba** ['gamba] *f* prawn *(UK)*, shrimp *JS)* • **gambas al ajillo** *prawns cooked an earthenware dish in a sauce of oil, ırlic and chilli* • **gambas a la plancha** ·illed prawns
**amberro, rra** [gam'bero, ra] *m,f* hoo-gan
**amuza** [ga'muθa] *f* **1.** *(piel, para limpiar el* ·*che, etc)* chamois **2.** *(para quitar el* ›*lvo)* duster
**ana** ['gana] *f* *(apetito)* appetite • **de** ·**ena gana** willingly • **de mala gana** nwillingly • **no me da la gana de** ·**acerlo** I don't feel like doing it ◆ **anas** *fpl* • **tener ganas de** to feel like
**anadería** [ganaðe'ria] *f* **1.** *(ganado)* vestock **2.** *(actividad)* livestock far-ing **3.** *(en toros)* breed
**anadero, ra** [gana'ðero, ra] *m,f* **1.** *ueño)* livestock farmer **2.** *(cuidador)* ıttle hand
**anado** [ga'naðo] *m* **1.** *(animales de* ·*anja)* livestock **2.** *(vacuno)* cattle • ·**anado bovino** cattle • **ganado ovino** ıeep • **ganado porcino** pigs
**anador, ra** [gana'ðoɾ, ra] *m,f* winner
**anancias** [ga'nanθias] *fpl* profit *sg*
**anar** [ga'naɾ] ◇ *vt* **1.** to win **2.** *(obtener)* › earn **3.** *(beneficio)* to make **4.** *(au-mentar)* to gain **5.** *(derrotar)* to beat ◇ *vi* **1.** *(ser vencedor)* to win **2.** *(mejorar)* to benefit ◆ **ganarse** *vp* *(conseguir)* to earn • **ganarse la vida** to earn a living
**ganchillo** [gan'tʒiʎo] *m* **1.** *(aguja)* cro-chet hook **2.** *(labor)* crochet
**gancho** ['gantʒo] *m* **1.** *(para colgar)* hook **2.** *(atractivo)* sex appeal **3.** *(Amér)* *(percha)* coat hanger
**gandul, la** [gan'dul, la] *adj* lazy
**ganga** ['ganga] *f* bargain
**ganso** ['ganso, sa] *m* goose
**garabato** [gara'βato] *m* scribble
**garaje** [ga'raxe] *m* garage
**garantía** [garan'tia] *f* guarantee
**garbanzo** [gaɾ'βanθo] *m* chickpea
**garfio** ['garfio] *m* hook
**garganta** [gaɾ'ɣanta] *f* **1.** *(de persona)* throat **2.** *(entre montañas)* gorge
**gargantilla** [garɣan'tiʎa] *f* (short) neck-lace, choker
**gárgaras** ['garɣaras] *fpl* • **hacer gárga-ras** to gargle
**garra** ['gara] *f* *(de animal)* claw
**garrafa** [ga'rafa] *f* *large bottle usually in a wicker holder*
**garrapata** [gara'pata] *f* tick
**garúa** [ga'rua] *f* *(Amér)* drizzle
**gas** ['gas] *m* gas ◆ **gases** *mpl* *(del estómago)* wind *sg*
**gasa** ['gasa] *f* gauze
**gaseosa** [gase'osa] *f* lemonade *(UK)*, lemon-lime soda *(US)*
**gaseoso, sa** [gase'oso, sa] *adj* fizzy
**gasfitería** [gasfite'ria] *f* *(Andes)* plum-bing
**gasfitero** [gasfi'tero] *m* *(Andes)* plum-ber

**gasóleo** [ga'soleo] *m* diesel oil
**gasolina** [gaso'lina] *f* petrol (*UK*), gas (*US*) • **gasolina normal** ≃ two-star petrol (*UK*), ≃ leaded gas (*US*) • **gasolina sin plomo** unleaded petrol (*UK*), ≃ regular gas (*US*) • **gasolina súper** ≃ four-star petrol (*UK*), ≃ premium unleaded gas (*US*)
**gasolinera** [gasoli'nera] *f* petrol station (*UK*), gas station (*US*)
**gastar** [gas'tar] *vt* **1.** *(dinero)* to spend **2.** *(usar)* to use **3.** *(talla, número)* to take **4.** *(acabar)* to use up ◆ **gastarse** *vp* **1.** *(acabarse)* to run out **2.** *(desgastarse)* to wear out
**gasto** ['gasto] *m* **1.** *(acción de gastar)* expenditure **2.** *(cosa que pagar)* expense ◆ **gastos** *mpl* expenditure *sg*
**gastritis** [gas'tritis] *f inv* gastritis
**gastronomía** [gastrono'mia] *f* gastronomy
**gastronómico, ca** [gastro'nomiko, ka] *adj* gastronomic
**gatear** [gate'ar] *vi* to crawl
**gatillo** [ga'tiʎo] *m* trigger
**gato, ta** ['gato, ta] ◇ *m,f* cat ◇ *m* *(aparato)* jack • **a gatas** on all fours
**gaucho** ['gautʒo] *m* gaucho

**gaucho**

The poncho-clad *gaucho* is a stereotypical figure of South America, a free-spirited but rather melancholy cowboy who roamed the *pampas* on horseback, herding cattle from one area of pasture to another. They were famed for their bravery during the 19th century wars of independence, but have since disappeared.

**gavilán** [gaβi'lan] *m* sparrowhawk
**gaviota** [ga'βi̯ota] *f* seagull
**gazpacho** [gaθ'patʒo] *m* • **gazpacho (andaluz)** gazpacho
**Gb** (*abr escrita de* **gigabyte**) *m* Gb, GB *(gigabyte)*
**GB** (*abr de* **Gran Bretaña**) GB *(Great Britain)*
**gel** ['xel] *m* gel
**gelatina** [xela'tina] *f* **1.** *(para cocinar)* gelatine **2.** *(postre)* jelly (*UK*), Jell-o® (*US*)
**gemelo, la** [xe'melo, la] ◇ *adj* & *m,f* twin ◇ *m* *(músculo)* calf ◆ **gemelos** *mpl* **1.** *(botones)* cufflinks **2.** *(anteojos)* binoculars
**gemido** [xe'miðo] *m* moan
**Géminis** ['xeminis] *m inv* Gemini
**gemir** [xe'mir] *vi* to moan
**generación** [xenera'θi̯on] *f* generation
**generador** [xenera'ðor] *m* generator
**general** [xene'ral] *adj* & *m* general • **en general** in general • **por lo general** generally
**generalizar** [xenerali'θar] ◇ *vt* to make widespread ◇ *vi* to generalize
**generalmente** [xene,ral'mente] *adv* generally
**generar** [xene'rar] *vt* to generate
**género** ['xenero] *m* **1.** *(clase, especie)* type **2.** GRAM gender **3.** *(en literatura)* genre **4.** *(mercancía)* goods *pl* • **género de punto** knitwear
**generosidad** [xenerosi'ðað] *f* generosity

**neroso, sa** [xene'roso, sa] *adj* generous
**nial** [xe'nial] *adj* brilliant
**nio** ['xenio] *m* **1.** *(carácter)* character **2.** *al carácter)* bad temper **3.** *(persona eligente)* genius **4.** *(ser fantástico)* genie **tener mal genio** to be bad-tempered
**nitales** [xeni'tales] *mpl* genitals
**nte** ['xente] *f* **1.** people *pl* **2.** *(fam) milia)* folks *pl*
**ntil** [xen'til] *adj* **1.** *(cortés)* kind **2.** *legante)* elegant
**ntileza** [xenti'leθa] *f* **1.** *(cortesía)* kindness **2.** *(elegancia)* elegance
**nuino, na** [xe'nuino, na] *adj* genuine
**ografía** [xeoɣra'fia] *f* geography • **or toda la geografía nacional** throughout the country
**ográficamente** [xeo,ɣrafika'mente] *v* geographically
**ometría** [xeome'tria] *f* geometry
**ométrico, ca** [xeo'metriko, ka] *adj* eometric
**ranio** [xe'ranio] *m* geranium
**rente** [xe'rente] *mf* manager (*f* maneress)
**rmen** ['xermen] *m* germ
**stión** [xes'tion] *f* **1.** *(diligencia)* step **2.** *dministración)* management
**stionar** [xestio'nar] *vt* **1.** *(tramitar)* to ork towards **2.** *(administrar)* to manage
**sto** ['xesto] *m* **1.** *(con las manos)* esture **2.** *(mueca)* grimace, face
**stor, ra** [xes'tor, ra] *m,f* **1.** *(de gestoría) ent who deals with public bodies on half of private individuals* **2.** *(de npresa)* manager
**gestoría** [xesto'ria] *f* *(establecimiento) office of a gestor*
**GHz** *m* *(abr escrita de* **gigahercio***)* GHz *(gigahertz)*
**Gibraltar** [xiβral'tar] *s* Gibraltar
**gibraltareño, na** [xiβralta'reɲo, ɲa] *adj & m,f* Gibraltarian
**gigahercio** *m* gigahertz
**gigante, ta** [xi'ɣante] *adj & m,f* giant
**gigantesco, ca** [xiɣan'tesko, ka] *adj* gigantic
**gimnasia** [xim'nasia] *f* **1.** *(deporte)* gymnastics *sg* **2.** *(ejercicio)* exercises *pl*
**gimnasio** [xim'nasio] *m* gymnasium
**gimnasta** [xim'nasta] *mf* gymnast
**ginebra** [xi'neβra] *f* gin
**ginecólogo, ga** [xine'koloɣo, ɣa] *m,f* gynaecologist
**gin tonic** [ɟin'tonik] *m* gin and tonic
**gira** ['xira] *f* tour
**girar** [xi'rar] ◇ *vt* **1.** *(hacer dar vueltas)* to turn **2.** *(rápidamente)* to spin **3.** *(letra, cheque)* to draw **4.** *(paquete)* to send **5.** *(dinero)* to transfer ◇ *vi* **1.** *(dar vueltas)* to turn **2.** *(rápidamente)* to spin ◆ **girarse** *vp* to turn round
**girasol** [xira'sol] *m* sunflower
**giro** ['xiro] *m* **1.** turn **2.** *(de letra, cheque)* draft **3.** *(expresión, dicho)* saying • **giro postal** postal order
**gis** [xis] *m* *(Méx)* chalk
**gitano, na** [xi'tano, na] *adj & m,f* gypsy
**glaciar** [gla'θiar] *m* glacier
**gladiolo** [gla'ðiolo] *m* gladiolus
**glándula** ['glandula] *f* gland
**global** [glo'βal] *adj* **1.** *(aumento)* overall **2.** *(mundial)* global
**globalización** *f* globalization

**globo** ['gloβo] *m* **1.** *(para jugar, volar)* balloon **2.** *(cuerpo esférico)* sphere **3.** *(la Tierra, de lámpara)* globe • **globo aerostático** hot-air balloon • **globo terráqueo** globe
**glóbulo** ['gloβulo] *m* corpuscle
**gloria** ['gloria] *f* **1.** glory **2.** *(fam) (placer)* bliss **3.** *(persona)* star
**glorieta** [glo'rieta] *f* **1.** *(plaza)* square **2.** *(redonda)* ≃ roundabout *(UK)*, ≃ traffic circle *(US)* **3.** *(de jardín)* bower
**glorioso, sa** [glo'rioso, sa] *adj* glorious
**glucosa** [glu'kosa] *f* glucose
**gluten** ['gluten] *m* gluten
**gobernador, ra** [goβerna'ðor, ra] *m,f* governor
**gobernante** [goβer'nante] *mf* leader
**gobernar** [goβer'nar] *vt* **1.** *(nación, país)* to govern **2.** *(nave, vehículo)* to steer
**gobierno** [go'βierno] *m* **1.** *(de país)* government **2.** *(edificio)* governor's office **3.** *(de nave, vehículo)* steering
**goce** ['goθe] *m* pleasure
**gol** ['gol] *m* goal
**goleador, ra** [golea'ðor, ra] *m,f* scorer
**golf** ['golf] *m* golf
**golfo, fa** ['golfo, fa] ◇ *m,f* **1.** *(gamberro)* lout **2.** *(pillo)* rascal ◇ *m (en geografía)* gulf
**golondrina** [golon'drina] *f* swallow
**golosina** [golo'sina] *f (dulce)* sweet *(UK)*, candy *(US)*
**goloso, sa** [go'loso, sa] *adj* sweet-toothed
**golpe** ['golpe] *m* **1.** *(puñetazo, desgracia)* blow **2.** *(bofetada)* smack, slap **3.** *(en puerta)* knock **4.** *(choque)* bump **5.** *DEP* shot **6.** *(gracia)* witticism **7.** *(atraco, asalto)* raid • **de golpe** suddenly • **golpe de Estado** coup
**golpear** [golpe'ar] ◇ *vt* to hit ◇ *vi* t bang
**golpiza** [gol'piθa] *f (Amér)* beating
**goma** ['goma] *f* **1.** *(pegamento)* gum **2** *(material)* rubber **3.** *(banda elástica)* elastic **4.** *(gomita)* elastic band *(UK)*, rubbe band *(US)* • **goma de borrar** rubbe *(UK)*, eraser *(US)*
**gomina** [go'mina] *f* hair gel
**gordo, da** ['gorðo, ða] ◇ *adj* **1.** *(obeso)* fat **2.** *(grueso)* thick **3.** *(grave)* big **4** *(importante)* important ◇ *m,f* fat perso ◇ *m* • **el gordo** *(de la lotería)* first prize
**gordura** [gor'ðura] *f* fatness
**gorila** [go'rila] *m* **1.** *(animal)* gorilla **2** *(fam) (guardaespaldas)* bodyguard **3** *(fam) (en discoteca)* bouncer
**gorjeo** [gor'xeo] *m* chirping
**gorra** ['gora] *f* cap • **de gorra** for free
**gorrión** [go'rion] *m* sparrow
**gorro** ['goro] *m* cap
**gota** ['gota] *f* **1.** drop **2.** *(enfermedad)* gout • **no veo ni gota** I can't se anything ◆ **gotas** *fpl (para nariz, ojos)* drops
**gotera** [go'tera] *f* **1.** leak **2.** *(mancha)* stain *(left by leaking water)*
**gótico, ca** ['gotiko, ka] ◇ *adj* Gothic ◇ *m* *(en arte)* Gothic (art)
**gozar** [go'θar] *vi* to enjoy o.s. ◆ **gozar de** *v + prep (disponer de)* to enjoy
**gozo** ['goθo] *m* joy
**gr** *(abr de* **grado***)* deg. *(degree)*
**grabación** [graβa'θion] *f* recording
**grabado** [gra'βaðo] *m* **1.** *(arte)* engraving **2.** *(lámina)* print

**abar** [gra'βar] *vt* **1.** to engrave **2.** *nción, voz, imágenes, etc)* to record
**acia** ['graθi̯a] *f* **1.** *(humor)* humour **2.** *ractivo)* grace **3.** *(don)* talent **4.** *(chiste)* ke ◆ **no me hace gracia** *(no me gusta)* ı not keen on it ◆ **tener gracia** to be nny ◆ **gracias** ◇ *fpl* thanks ◇ *interj* ank you ◆ **dar las gracias a** to thank **gracias a** thanks to ◆ **gracias por** ank you for ◆ **muchas gracias** thank u very much
**acioso, sa** [gra'θi̯oso, sa] *adj* **1.** *(que da ı)* funny **2.** *(con encanto)* graceful
**ada** ['graða] *f* **1.** *(de plaza de toros)* row *(peldaño)* step ◆ **las gradas** the :races *(UK)*, the stands *(US)*
**adería** [graðe'ria] *f* **1.** *(de plaza de os)* rows *pl* **2.** *(de estadio)* terraces stands *pl* *(US)* **3.** *(público)* crowd
**ado** ['graðo] *m* **1.** *(medida)* degree **2.** *se)* stage **3.** *(de enseñanza)* level **4.** *(del ´rcito)* rank ◆ **de buen grado** wil-gly
**aduación** [graðu̯a'θi̯on] *f* **1.** *(de bebida)* proof **2.** *(de militar)* rank **3.** *(acto)* ading
**aduado, da** [gra'ðu̯aðo, ða] ◇ *adj* **1.** *ersona)* graduate **2.** *(regla, termómetro)* aduated ◇ *m,f* *(persona)* graduate ◇ *m tulo)* degree ◆ **graduado escolar** *:alification received on completing imary school*
**adual** [gra'ðu̯al] *adj* gradual
**adualmente** [graðu̯al'mente] *adv* gra-ıally
**aduar** [gra'ðu̯ar] *vt* *(calefacción, calen-dor)* to regulate ◆ **graduarse** *vp ilitar)* to receive one's commission ◆ **graduarse (en)** *(estudiante)* to graduate (in)
**graffiti** [gra'fiti] *m* graffiti
**grafía** [gra'fia] *f* written symbol
**gráfica** ['grafika] *f* *(curva)* graph ➤ **gráfico**
**gráfico, ca** ['grafiko, ka] ◇ *adj* graphic ◇ *m o f* *(dibujo)* graph
**gragea** [gra'xea] *f* pill
**gramática** [gra'matika] *f* grammar
**gramatical** [gramati'kal] *adj* grammatical
**gramo** ['gramo] *m* gram
**gran** ['gran] *adj* ➤ **grande**
**granada** [gra'naða] *f* **1.** *(fruto)* pomegranate **2.** *(proyectil)* grenade
**granadilla** [grana'ðiʎa] *f* *(Amér)* passion fruit
**granate** [gra'nate] ◇ *adj inv* deep red ◇ *m* garnet
**Gran Bretaña** ['grambre'taɲa] *s* Great Britain
**grande** ['grande] ◇ *adj* **1.** *(de tamaño)* big **2.** *(de altura)* tall **3.** *(importante)* great ◇ *m* *(noble)* grandee ◆ **le va grande** *(vestido, zapato)* it's too big for him ◆ **grandes almacenes** department store *sg*
**grandeza** [gran'deθa] *f* **1.** *(importancia)* grandeur **2.** *(tamaño)* (great) size
**grandioso, sa** [gran'di̯oso, sa] *adj* grand
**granel** [ɣra'nel] ◆ **a granel** *adv* **1.** *(arroz, judías, etc)* loose **2.** *(líquidos)* by volume **3.** *(en abundancia)* in abundance
**granero** [gra'nero] *m* granary
**granito** [gra'nito] *m* granite
**granizada** [grani'θaða] *f* hailstorm
**granizado** [grani'θaðo] *m* ≃ Slush-Puppie®, *drink consisting of crushed*

*ice with lemon juice, coffee etc*

**granizar** [grani'θar] *vi* • **está granizando** it's hailing

**granja** ['granxa] *f* **1.** *(en el campo)* farm **2.** *(bar)* milk bar (*UK*), ≃ snack bar (*US*)

**granjero, ra** [gran'xero, ra] *m,f* farmer

**grano** ['grano] *m* **1.** *(de cereal)* grain **2.** *(de la piel)* spot **3.** *(de fruto, planta)* seed **4.** *(de café)* bean • **ir al grano** (*fam*) to get straight to the point

**granuja** [gra'nuxa] *mf* *(chiquillo)* rascal

**grapa** ['grapa] *f* staple

**grapadora** [grapa'ðora] *f* stapler

**grapar** [gra'par] *vt* to staple

**grasa** ['grasa] *f* **1.** grease **2.** *(de persona, animal)* fat

**grasiento, ta** [gra'si̯ento, ta] *adj* greasy

**graso, sa** ['graso, sa] *adj* greasy

**gratificar** [gratifi'kar] *vt* *(recompensar)* to reward ▼ **se gratificará** reward

**gratinado** [grati'naðo] *m* gratin

**gratinar** [grati'nar] *vt* to cook au gratin

**gratis** ['gratis] *adv* free

**gratitud** [grati'tuð] *f* gratitude

**grato, ta** ['grato, ta] *adj* pleasant

**gratuito, ta** [gratu'ito, ta] *adj* **1.** *(gratis)* free **2.** *(sin fundamento)* unfounded

**grave** ['graβe] *adj* **1.** serious **2.** *(voz)* deep **3.** *(tono)* low **4.** *(palabra) with the stress on the penultimate syllable*

**gravedad** [graβe'ðað] *f* **1.** *(importancia)* seriousness **2.** *(de la Tierra)* gravity

**gravilla** [gra'βiʎa] *f* gravel

**Grecia** ['greθi̯a] *s* Greece

**gremio** ['gremi̯o] *m* *(profesión)* profession, trade

**greña** ['greɲa] *f* mop of hair

**griego, ga** ['gri̯eɣo, ɣa] *adj & m,f* Greek

**grieta** ['gri̯eta] *f* crack

**grifero, ra** [gri'fero, ra] *m,f* (*Perú*) petrol-pump attendant (*UK*), gas station attendant (*US*)

**grifo** ['grifo] *m* **1.** (*Esp*) *(de agua)* tap (*UK*), faucet (*US*) **2.** (*Perú*) *(gasolinera)* petrol station (*UK*), gas station (*US*)

**grill** ['gril] *m* grill

**grillo** ['griʎo] *m* cricket

**gripa** ['gripa] *f* (*Col & Méx*) flu

**gripe** ['gripe] *f* flu

**gris** ['gris] *adj & m* grey

**gritar** [gri'tar] *vi* **1.** *(hablar alto)* to shout **2.** *(chillar)* to scream

**grito** ['grito] *m* **1.** *(de dolor, alegría)* cry **2.** *(palabra)* shout • **a gritos** at the top of one's voice

**grosella** [gro'seʎa] *f* redcurrant

**grosella negra** blackcurrant

**grosería** [grose'ria] *f* **1.** *(dicho)* rude word **2.** *(acto)* rude thing

**grosero, ra** [gro'sero, ra] *adj* **1.** *(poco refinado)* coarse **2.** *(maleducado)* rude

**grosor** [gro'sor] *m* thickness

**grotesco, ca** [gro'tesko, ka] *adj* grotesque

**grúa** ['grua] *f* **1.** *(máquina)* crane **2.** *(para averías)* breakdown truck **3.** *(para aparcamientos indebidos)* towaway truck

**grueso, sa** ['grueso, sa] ◇ *adj* **1.** *(persona)* fat **2.** *(objeto)* thick ◇ *m* **1.** *(espeso volumen)* thickness **2.** *(parte principal)* bulk

**grumo** ['grumo] *m* lump

**gruñido** [gru'ɲiðo] *m* grunt

**gruñir** [gru'ɲir] *vi* to grunt

**grupa** ['grupa] *f* hindquarters *pl*

**grupo** ['grupo] *m* group • **en grupo** i

group • **grupo de riesgo** high risk group • **grupo sanguíneo** blood group
**gruta** ['gruta] *f* grotto
**guacamole** [guaka'mole] *m* (*Amér*) guacamole
**guachimán** [guatʒi'man] *m* (*Amér*) security guard
**guagua** ['guaɣua] *f* **1.** (*Carib*) (*fam*) (*autobús*) bus **2.** (*Andes*) (*bebé*) baby
**guante** ['guante] *m* glove
**guantera** [guan'tera] *f* glove compartment
**guapo, pa** ['guapo, pa] *adj* **1.** (*mujer*) pretty **2.** (*hombre*) handsome **3.** (*fam*) (*objeto, ropa, etc*) nice
**guardabarros** [guarða'βaros] *m inv* mudguard (*UK*), fender (*US*)
**guardacoches** [guarða'kotʒes] *m inv* car park attendant
**guardaespaldas** [ˌguarðaes'paldas] *m inv* bodyguard
**guardameta** [guarða'meta] *m* goalkeeper
**guardapolvo** [guarða'polβo] *m* **1.** (*prenda*) overalls *pl* **2.** (*funda*) dust cover
**guardar** [guar'ðar] *vt* **1.** to keep **2.** (*poner*) to put (away) **3.** (*cuidar*) to look after **4.** (*suj: guardia*) to guard **5.** (*ley*) to observe ◆ **guardarse** *vp* • **guardarse de** (*abstenerse de*) to be careful not to
**guardarropa** [guarða'ropa] *m* **1.** (*de local*) cloakroom **2.** (*armario*) wardrobe
**guardería** [guarðe'ria] *f* **1.** (*escuela*) nursery (school) **2.** (*en el trabajo*) crèche (*UK*), day care center (*US*)
**guardia** ['guarðia] ◇ *mf* (*policía*) police officer ◇ *f* **1.** (*vigilancia*) guard **2.** (*turno*) duty • **guardia civil** *member of the Guardia Civil* • **guardia municipal** o **urbano** *local police officer who deals mainly with traffic offences* • **guardia de seguridad** security guard • **farmacia de guardia** duty chemist's ◆ **Guardia Civil** *f Spanish police who patrol rural areas, highways and borders*
**guardián, ana** [guar'ðian, ana] *m,f* guardian
**guarida** [gua'riða] *f* lair
**guarnición** [guarni'θion] *f* **1.** (*de comida*) garnish **2.** (*del ejército*) garrison
**guarro, rra** ['guaro, ra] *adj* (*despec*) filthy
**guasa** ['guasa] *f* **1.** (*fam*) (*ironía*) irony **2.** (*gracia*) humour
**Guatemala** [guate'mala] *s* Guatemala
**guatemalteco, ca** [guatemal'teko, ka] *adj* & *m,f* Guatemalan
**guateque** [gua'teke] *m* party
**guayaba** [gua'jaβa] *f* guava
**guayabo** [gua'jaβo] *m* guava tree
**güero, ra** ['guero, ra] *adj* (*Méx*) (*fam*) blond (*f* blonde)
**guerra** ['gera] *f* war • **guerra civil** civil war • **guerra mundial** world war
**guerrera** [ge'rera] *f* (*chaqueta*) military-style jacket ➤ **guerrero**
**guerrero, ra** [ge'rero, ra] *m,f* warrior
**guerrilla** [ge'riʎa] *f* guerilla group
**guerrillero, ra** [geri'ʎero, ra] *m,f* guerrilla
**guía** ['gia] ◇ *mf* (*persona*) guide ◇ *f* (*libro, folleto, indicación*) guide • **guía de carreteras** road atlas • **guía de ferrocarriles** train timetable • **guía telefónica** telephone directory • **guía turística** tourist guide

**guiar** [gi'ar] *vt* **1.** *(mostrar dirección)* to guide **2.** *(vehículo)* to steer ◆ **guiarse por** *v + prep* to be guided by
**guijarro** [gi'xaro] *m* pebble
**guillotina** [giʎo'tina] *f* guillotine
**guinda** ['ginda] *f* morello cherry
**guindilla** [gin'diʎa] *f* chilli pepper
**guiñar** [gi'ɲar] *vt* ● **guiñar un ojo** to wink
**guiñol** [gi'ɲol] *m* puppet theatre
**guión** [gi'on] *m* **1.** *(argumento)* script **2.** *(esquema)* outline **3.** *(signo)* hyphen
**guionista** [gio'nista] *mf* scriptwriter
**guiri** ['giri] *mf (fam)* foreigner
**guirnalda** [gir'nalda] *f* garland
**guisado** [gi'saðo] *m* stew
**guisante** [gi'sante] *m* pea ● **guisantes salteados** o **con jamón** *peas fried with jamón serrano*
**guisar** [gi'sar] *vt & vi* to cook
**guiso** ['giso] *m* dish *(food)*
**guitarra** [gi'tara] *f* guitar
**guitarrista** [gita'rista] *mf* guitarist
**gusa** *f (fam)* ● **tener gusa** to be peckish ● **a estas horas me entra una gusa que no veas** I get really peckish around this time
**gusano** [gu'sano] *m* worm
**gustar** [gus'tar] *vi* ● **me gusta** I like it ● **me gustas** I like you ● **me gustan los pasteles** I like cakes ● **no me gusta ese libro** I don't like that book ● **me gusta ir al cine** I like going to the cinema
**gusto** ['gusto] *m* **1.** taste **2.** *(placer)* pleasure ● **a tu gusto** as you wish ● **vivir a gusto** *(bien)* to live comfortably ● **un filete al gusto** a steak done the way you like it ● **con mucho gusto** with pleasure ● **mucho gusto** pleased to meet you

# hH

**h.** *(abr de* **hora***)* hr *(hour)*
**haba** ['aβa] *f* broad bean *(UK)*, fava bean *(US)* ● **habas a la catalana** *stew of broad beans, bacon, butifarra and wine*
**habano** [a'βano] *m* Havana cigar
**haber** [a'βer]
◇ *m (bienes)* assets *pl* ● **tiene tres pisos en su haber** he owns three flats
◇ *v aux* **1.** *(en tiempos compuestos)* to have ● **los niños han comido** the children have eaten ● **habían desayunado antes** they'd had breakfast earlier **2.** *(expresa reproche)* ● **¡haberlo dicho!** why didn't you say so?
◇ *vi* **1.** *(existir, estar, tener lugar)* ● **hay** there is, there are *pl* ● **¿qué hay hoy para comer?** what's for dinner today? ● **¿no hay nadie en casa?** isn't anyone at home? ● **el jueves no habrá reparto** there will be no delivery on Thursday **2.** *(expresa obligación)* ● **haber que hacer algo** to have to do sthg ● **habrá que soportarlo** we'll have to put up with it **3.** *(en locuciones)* ● **habérselas con alguien** to confront sb ● **¡hay que ver!** honestly! ● **no hay de qué** don't mention it

**haber de** *v + prep* to have to
**abichuela** [aβi'tʒu̯ela] *f* bean
**ábil** ['aβil] *adj* **1.** *(diestro)* skilful **2.** *astuto)* clever ◈ **día hábil** working day
**abilidad** [aβili'ðað] *f* **1.** *(destreza)* skill . *(astucia)* cleverness
**abiloso, sa** [aβi'loso, sa] *adj* *(Amér)* hrewd
**abitación** [aβita'θi̯on] *f* **1.** *(cuarto)* oom **2.** *(dormitorio)* bedroom ◈ **habiación doble** *(con cama de matrimonio)* ouble room; *(con dos camas)* twin oom ◈ **habitación individual** single oom
**abitante** [aβi'tante] *mf* inhabitant
**abitar** [aβi'tar] ◇ *vi* to live ◇ *vt* to live n
**ábito** ['aβito] *m* habit
**abitual** [aβitu'al] *adj* **1.** *(acostumbrado)* abitual **2.** *(cliente, lector)* regular
**abitualmente** [aβitu̯al'mente] *adv* **1.** *generalmente)* usually **2.** *(siempre)* reguarly
**ablador, ra** [aβla'ðor, ra] *adj* talkative
**abladurías** [aβlaðu'rias] *fpl* gossip *sg*
**ablar** [a'βlar] ◇ *vi* **1.** to talk **2.** *(pronuniar discurso)* to speak ◇ *vt* **1.** *(saber)* to peak **2.** *(tratar)* to discuss ◈ **hablar de** o talk about ◈ **hablar por hablar** to alk for the sake of it ◈ **¡ni hablar!** no vay! ◆ **hablarse** *vp* *(relacionarse)* to peak (to each other) ◈ **se habla inglés** English spoken
**acer** [a'θer]
◇ *vt* **1.** *(elaborar, crear, cocinar)* to make ◈ **acer planes/un vestido** to make plans/ dress ◈ **hacer un poema** to write a oem ◈ **hacer la comida** to make lunch/dinner etc **2.** *(construir)* to build **3.** *(generar)* to produce ◈ **la carretera hace una curva** there's a bend in the road ◈ **el fuego hace humo** fire produces smoke ◈ **llegar tarde hace mal efecto** arriving late makes a bad impression **4.** *(realizar)* to make ◈ **hizo un gesto de dolor** he grimaced with pain ◈ **le hice una señal con la mano** I signalled to her with my hand ◈ **estoy haciendo segundo** I'm in my second year ◈ **haremos una excursión** we'll go on a trip **5.** *(practicar)* to do ◈ **deberías hacer deporte** you should start doing some sport **6.** *(colada)* to do; *(cama)* to make **7.** *(dar aspecto)* ◈ **este traje te hace más delgado** this suit makes you look slimmer **8.** *(transformar)* to make ◈ **hizo pedazos el papel** she tore the paper to pieces ◈ **hacer feliz a alguien** to make sb happy **9.** *(en cine y teatro)* to play ◈ **hace el papel de reina** she plays (the part of) the queen **10.** *(mandar)* ◈ **haré que tiñan el traje** I'll have this dress dyed **11.** *(comportarse como)* ◈ **hacer el tonto** to act the fool **12.** *(ser causa de)* to make ◈ **no me hagas reír/llorar** don't make me laugh/ cry **13.** *(en cálculo, cuentas)* to make ◈ **éste hace cien** this one makes (it) a hundred
◇ *vi* **1.** *(intervenir)* ◈ **déjame hacer a mí** let me do it **2.** *(en cine y teatro)* ◈ **hacer de malo** to play the villain **3.** *(trabajar, actuar)* ◈ **hacer de cajera** to be a checkout girl **4.** *(aparentar)* ◈ **hacer como si** to act as if
◇ *vi* **1.** *(tiempo meteorológico)* ◈ **hace**

**frío/calor/sol** it's cold/hot/sunny • **hace buen/mal tiempo** the weather is good/bad **2.** *(tiempo transcurrido)* • **hace un año que no lo veo** it's a year since I saw him • **no nos hablamos desde hace un año** we haven't spoken for a year
◆ **hacerse** *vp (convertirse en)* to become; *(formarse)* to form; *(desarrollarse, crecer)* to grow; *(cocerse)* to cook; *(resultar)* to get, to become • **hacerse el rico** to pretend to be rich
◆ **hacerse a** *v + prep (acostumbrarse)* to get used to
◆ **hacerse con** *v + prep (apropiarse)* to take
◆ **hacerse de** *v + prep (Amér) (adquirir, obtener)* to get

**hacha** ['atʒa] *f* axe

**hachís** [xa'tʒis] *m* hashish

**hacia** ['aθi̯a] *prep* **1.** *(de dirección)* towards **2.** *(en el tiempo)* about • **hacia abajo** downwards • **hacia arriba** upwards • **gira hacia la izquierda** turn left

**hacienda** [a'θi̯enda] *f* **1.** *(finca)* farm **2.** *(bienes)* property • **Hacienda** *f the Spanish Treasury*

**hacker** ['xaker] *mf* hacker

**hada** ['aða] *f* fairy

**Haití** [ai̯'ti] *s* Haiti

**hala** ['ala] *interj* **1.** *(para dar prisa)* hurry up! **2.** *(expresa incredulidad)* you're joking!

**halago** [a'laɣo] *m* flattery

**halcón** [al'kon] *m* falcon

**hall** ['xol] *m* foyer

**hallar** [a'ʎar] *vt* **1.** *(encontrar)* to find **2.** *(inventar)* to discover ◆ **hallarse** *vp* to be

**halógeno, na** [a'loxeno, na] *adj* halogen *(antes de s)*

**halterofilia** [altero'fili̯a] *f* weightlifting

**hamaca** [a'maka] *f* **1.** *(en árbol, etc)* hammock **2.** *(en la playa)* deck chair

**hambre** ['ambre] *f* hunger • **tener hambre** to be hungry

**hambriento, ta** [am'bri̯ento, ta] *adj* starving

**hamburguesa** [ambur'ɣesa] *f* hamburger

**hamburguesería** [amburɣese'ria] *f* hamburger joint

**hámster** ['xamster] *m* hamster

**hangar** [an'gar] *m* hangar

**hardware** [xar'war] *m* hardware

**harina** [a'rina] *f* flour

**hartar** [ar'tar] *vt* **1.** *(saciar)* to fill up **2.** *(cansar)* to annoy ◆ **hartarse de** *v + prep (cansarse de)* to get fed up with • **hartarse de algo** *(hacer en exceso)* to do sthg non-stop

**harto, ta** ['arto, ta] *adj (saciado)* full • **estar harto de** *(cansado)* to be fed up with

**hasta** ['asta] ◇ *prep* **1.** *(en el espacio)* as far as **2.** *(en el tiempo)* until ◇ *adv (incluso)* even • **el agua llega hasta el borde** the water comes up to the edge • **desde ... hasta ...** from ... to ... • **hasta la vista** see you • **hasta luego** see you later • **hasta mañana** see you tomorrow • **hasta pronto** see you soon • **hasta que** until

**haya** ['aja] ◇ *v* ➤ **haber** ◇ *f* beech

**haz** ['aθ] *(pl* **-ces***)* ◇ *v* ➤ **hacer** ◇ *m* **1.** *(de luz)* beam **2.** *(de hierba, leña)* bundle

**hazaña** [a'θaɲa] *f* exploit
**hebilla** [e'βiʎa] *f* buckle
**hebra** ['eβra] *f* **1.** *(de hilo)* thread **2.** *(de legumbres)* string
**hebreo, a** [e'βreo, a] *adj & m,f* Hebrew
**hechizar** [etʒi'θar] *vt* to bewitch
**hechizo** [e'tʒiθo] *m* **1.** *(embrujo)* spell **2.** *(fascinación)* charm
**hecho, cha** ['etʒo, tʒa] ◇ *pp* ≫ **hacer** ◇ *adj (carne)* done ◇ *m* **1.** *(suceso)* event **2.** *(dato)* fact **3.** *(acto)* action ● **muy hecho** well-done ● **poco hecho** rare ● **hecho de** *(material)* made of
**hectárea** [ek'tarea] *f* hectare
**helada** [e'laða] *f* frost
**heladería** [elaðe'ria] *f* **1.** *(tienda)* ice-cream parlour **2.** *(quiosco)* ice-cream stall *(UK)*, ice-cream stand *(US)*
**helado, da** [e'laðo, ða] ◇ *adj* **1.** *(muy frío)* freezing **2.** *(congelado)* frozen **3.** *(pasmado)* astonished ◇ *m* ice-cream ▼ **helados variados** assorted ice-creams
**helar** [e'lar] ◇ *vt* to freeze ◇ *vi* ● **heló** there was a frost ◆ **helarse** *vp* to freeze
**hélice** ['eliθe] *f (de barco, avión)* propeller
**helicóptero** [eli'koptero] *m* helicopter
**hematoma** [ema'toma] *m* bruise
**hembra** ['embra] *f* **1.** *(animal)* female **2.** *(de enchufe)* socket
**hemorragia** [emo'raxia] *f* haemorrhage
**heno** ['eno] *m* hay
**hepatitis** [epa'titis] *f inv* hepatitis
**herboristería** [erβoriste'ria] *f* herbalist's (shop)
**heredar** [ere'ðar] *vt* to inherit
**heredero, ra** [ere'ðero, ra] *m,f* heir *(f* heiress)
**hereje** [e'rexe] *mf* heretic
**herejía** [ere'xia] *f* **1.** *(en religión)* heresy **2.** *(disparate)* silly thing
**herencia** [e'renθia] *f* inheritance
**herida** [e'riða] *f* **1.** *(lesión)* injury **2.** *(en lucha, atentado)* wound ≫ **herido**
**herido, da** [e'riðo, ða] ◇ *adj* **1.** *(lesionado)* injured **2.** *(en lucha, atentado)* wounded **3.** *(ofendido)* hurt ◇ *m,f* ● **hubo 20 heridos** 20 people were injured
**herir** [e'rir] *vt* **1.** *(causar lesión)* to injure **2.** *(en lucha, atentado)* to wound **3.** *(ofender)* to hurt
**hermanastro, tra** [erma'nastro, tra] *m,f* stepbrother *(f* stepsister)
**hermano, na** [er'mano, na] *m,f* brother *(f* sister)
**hermético, ca** [er'metiko, ka] *adj* air-tight
**hermoso, sa** [er'moso, sa] *adj* **1.** *(bello)* beautiful **2.** *(hombre)* handsome **3.** *(fam) (grande)* large
**hermosura** [ermo'sura] *f* **1.** beauty **2.** *(de hombre)* handsomeness
**héroe** ['eroe] *m* hero
**heroico, ca** [e'roiko, ka] *adj* heroic
**heroína** [ero'ina] *f* **1.** *(persona)* heroine **2.** *(droga)* heroin
**heroinómano, na** [eroi'nomano, na] *m,f* heroin addict
**heroísmo** [ero'izmo] *m* heroism
**herradura** [era'ðura] *f* horseshoe
**herramienta** [era'mienta] *f* tool
**herrero** [e'rero] *m* blacksmith
**hervir** [er'βir] *vt & vi* to boil
**heterosexual** [eteroseksu'al] *mf* heterosexual
**hidalgo** [i'ðalɣo] *m* nobleman
**hidratante** [iðra'tante] *adj* moisturizing

**hidratar** [iðra'tar] *vt* to moisturize
**hiedra** ['ʝeðra] *f* ivy
**hielo** ['ʝelo] *m* ice
**hiena** ['ʝena] *f* hyena
**hierba** ['ʝerβa] *f* **1.** *(césped)* grass **2.** *(planta)* herb • **mala hierba** weed
**hierbabuena** [ʝerβa'βu̯ena] *f* mint
**hierro** ['ʝero] *m* iron
**hígado** ['iɣaðo] *m* liver
**higiene** [i'xi̯ene] *f* **1.** *(aseo)* hygiene **2.** *(salud)* health
**higiénico, ca** [i'xi̯eniko, ka] *adj* hygienic
**higo** ['iɣo] *m* fig
**higuera** [i'ɣera] *f* fig tree
**hijastro, tra** [i'xastro, tra] *m,f* stepson (*f* stepdaughter)
**hijo, ja** ['ixo, xa] *m,f* son (*f* daughter) • **hijo de la chingada** *(Amér)* *(vulg)* son of a bitch • **hijo político** son-in-law • **hija política** daughter-in-law • **hijo de puta** *(vulg)* son of a bitch ◆ **hijos** *mpl* children
**hilera** [i'lera] *f* row
**hilo** ['ilo] *m* **1.** *(de coser, de conversación)* thread **2.** *(tejido)* linen **3.** *(alambre, cable)* wire • **hilo musical** piped music
**hilvanar** [ilβa'nar] *vt* *(coser)* to tack *(UK)*, to baste *(US)*
**hincapié** [inka'pi̯e] *m* • **hacer hincapié en algo** *(insistir)* to insist on sthg; *(subrayar)* to emphasize sthg
**hinchado, da** [in'tʒaðo, ða] *adj* **1.** *(globo, colchón)* inflated **2.** *(parte del cuerpo)* swollen
**hinchar** [in'tʒar] *vt* to blow up ◆ **hincharse** *vp* *(parte del cuerpo)* to swell up ◆ **hincharse de** *v + prep* *(hartarse de)* to stuff o.s. with
**hinchazón** [intʒa'θon] *f* swelling
**híper** ['iper] *m* *(fam)* hypermarket *(UK)*, superstore *(US)*
**hipermercado** [ipermer'kaðo] *m* hypermarket *(UK)*, superstore *(US)*
**hipermetropía** [ipermetro'pia] *f* long-sightedness
**hipertensión** [iperten'si̯on] *f* high blood pressure
**hipertenso, sa** [iper'tenso, sa] *adj* suffering from high blood pressure
**hipervínculo** *m* hyperlink
**hípica** ['ipika] *f* **1.** *(carreras de caballos)* horseracing **2.** *(de obstáculos)* show-jumping
**hipnotizar** [ipnoti'θar] *vt* to hypnotize
**hipo** ['ipo] *m* hiccups *pl*
**hipocresía** [ipokre'sia] *f* hypocrisy
**hipócrita** [i'pokrita] *adj* hypocritical
**hipódromo** [i'poðromo] *m* racecourse *(UK)*, racetrack *(US)*
**hipopótamo** [ipo'potamo] *m* hippopotamus
**hipoteca** [ipo'teka] *f* mortgage
**hipótesis** [i'potesis] *f inv* *(supuesto)* theory
**hipotético, ca** [ipo'tetiko, ka] *adj* hypothetical
**hippy** ['xipi] *mf* hippy
**hispánico, ca** [is'paniko, ka] *adj* Hispanic, Spanish-speaking
**hispano, na** [is'pano, na] *adj* **1.** *(hispanoamericano)* Spanish-American **2.** *(español)* Spanish
**Hispanoamérica** [is,panoa'merika] *s* Spanish America
**hispanoamericano, na** [is,panoame-

i'kano, na] *adj* & *m,f* Spanish-Ameri-an, Hispanic
**ispanohablante** [is,panoa'blante], **his-anoparlante** [is,panopar'lante] ◇ *adj* panish-speaking ◇ *mf* Spanish spea-er
**isteria** [is'teria] *f* hysteria
**istérico, ca** [is'teriko, ka] *adj* hysterical
**istoria** [is'toria] *f* **1.** *(hechos pasados)* istory **2.** *(narración)* story
**istórico, ca** [is'toriko, ka] *adj* **1.** *(real, uténtico)* factual **2.** *(de importancia)* istoric
**istorieta** [isto'rjeta] *f* **1.** *(relato)* anec-lote **2.** *(cuento con dibujos)* comic strip
**obby** ['xoβi] *m* hobby
**ocico** [o'θiko] *m* **1.** *(de cerdo)* snout **2.** *de perro, gato)* nose
**ockey** ['xokei] *m* hockey
**ogar** [o'ɣar] *m* **1.** *(casa)* home **2.** *(de himenea)* fireplace
**ogareño, ña** [oɣa'reɲo, ɲa] *adj* *(perso-a)* home-loving
**oguera** [o'ɣera] *f* bonfire
**oja** ['oxa] *f* **1.** *(de plantas)* leaf **2.** *(de apel)* sheet **3.** *(de libro)* page **4.** *(de uchillo)* blade • **hoja de afeitar** razor lade
**ojalata** [oxa'lata] *f* tinplate
**ojaldre** [o'xaldre] *m* puff pastry
**ola** ['ola] *interj* hello!
**Holanda** [o'landa] *s* Holland
**olandés, esa** [olan'des, esa] ◇ *adj* & *m* Dutch ◇ *m,f* Dutchman (*f* Dutchwo-nan) • **los holandeses** the Dutch
**olgado, da** [ol'ɣaðo, ða] *adj* **1.** *(ropa)* oose-fitting **2.** *(vida, situación)* comfor-able
**holgazán, ana** [olɣa'θan, ana] *adj* lazy
**hombre** ['ombre] ◇ *m* man ◇ *interj* wow! • **hombre de negocios** business-man • **hombre del tiempo** weather-man
**hombrera** [om'brera] *f* *(almohadilla)* shoulder pad
**hombro** ['ombro] *m* shoulder
**homenaje** [ome'naxe] *m* tribute • **en homenaje a** in honour of
**homeopatía** [omeopa'tia] *f* homeop-athy
**homicida** [omi'θiða] *mf* murderer
**homicidio** [omi'θiðio] *m* murder
**homosexual** [omoseksu'al] *mf* homo-sexual
**hondo, da** ['ondo, da] *adj* **1.** *(profundo)* deep **2.** *(intenso)* deep
**Honduras** [on'duras] *s* Honduras
**hondureño, ña** [ondu'reɲo, ɲa] *adj* & *m,f* Honduran
**honestidad** [onesti'ðað] *f* *(sinceridad)* honesty
**honesto, ta** [o'nesto, ta] *adj* *(honrado)* honest
**hongo** ['ongo] *m* **1.** *(comestible)* mush-room **2.** *(no comestible)* toadstool
**honor** [o'nor] *m* honour • **en honor de** in honour of
**honorario** [ono'rario] *adj* honorary • **honorarios** *mpl* fees
**honra** ['onra] *f* honour • **¡a mucha honra!** and (I'm) proud of it!
**honradez** [onra'ðeθ] *f* honesty
**honrado, da** [on'raðo, ða] *adj* honest
**honrar** [on'rar] *vt* to honour
**hora** ['ora] *f* **1.** *(período de tiempo)* hour **2.** *(momento determinado)* time • **¿a qué**

**hora ...?** what time ...? • **¿qué hora es?** what's the time? • **media hora** half an hour • **pedir hora para** to ask for an appointment for • **tener hora (con)** to have an appointment (with) • **a última hora** at the last minute • **horas de visita** visiting times • **hora punta** rush hour
**horario** [o'rarjo] *m* timetable ▼ **horario comercial** opening hours
**horca** ['orka] *f* **1.** *(de ejecución)* gallows *pl* **2.** *(en agricultura)* pitchfork
**horchata** [or'tʒata] *f cold drink made from ground tiger nuts, milk and sugar*
**horizontal** [oriθon'tal] *adj* horizontal
**horizonte** [ori'θonte] *m* horizon
**horma** ['orma] *f* **1.** *(molde)* mould **2.** *(para zapatos)* last
**hormiga** [or'miɣa] *f* ant
**hormigón** [ormi'ɣon] *m* concrete • **hormigón armado** reinforced concrete
**hormigonera** [ormiɣo'nera] *f* concrete mixer
**hormiguero** [ormi'ɣero] *m* anthill
**hormona** [or'mona] *f* hormone
**hornear** [orne'ar] *vt* to bake
**horno** ['orno] *m* oven • **al horno** *(carne)* roast; *(pescado)* baked
**horóscopo** [o'roskopo] *m* horoscope
**horquilla** [or'kiʎa] *f (para el pelo)* hair-grip *(UK)*, bobby pin *(US)*
**hórreo** ['oreo] *m type of granary, on stilts, found in Galicia and Asturias*
**horrible** [o'riβle] *adj* **1.** *(horrorroso)* horrible **2.** *(pésimo)* awful
**horror** [o'ror] *m* terror • **¡qué horror!** that's awful!
**horrorizar** [orori'θar] *vt* to terrify
**horroroso, sa** [oro'roso, sa] *adj* horrible
**hortaliza** [orta'liθa] *f* (garden) vegetable
**hortelano, na** [orte'lano, na] *m,f* market gardener *(UK)*, truck farmer *(US)*
**hortensia** [or'tensja] *f* hydrangea
**hortera** [or'tera] *adj (fam)* tacky
**hospedarse** [ospe'ðarse] *vp* to stay
**hospital** [ospi'tal] *m* hospital
**hospitalario, ria** [ospita'larjo, rja] *adj (persona)* hospitable
**hospitalidad** [ospitali'ðað] *f* hospitality
**hospitalizar** [ospitali'θar] *vt* to put in hospital
**hostal** [os'tal] *m* ≃ two-star hotel
**hostelería** [ostele'ria] *f* hotel trade
**hostia** ['ostja] ◇ *f* **1.** *(en religión)* host **2.** *(vulg) (golpe)* whack ◇ *interj (vulg)* bloody hell! • **darse una hostia** *(vulg)* to have a smash-up
**hostil** [os'til] *adj* hostile
**hotel** [o'tel] *m* hotel • **hotel de lujo** luxury hotel
**hotelero, ra** [ote'lero, ra] *adj* hotel *(antes de s)*
**hoy** ['oj] *adv* **1.** *(día presente)* today **2.** *(momento actual)* nowadays • **hoy en día** nowadays • **hoy por hoy** at the moment
**hoyo** ['ojo] *m* hole
**hoz** ['oθ] *f* sickle
**huachafería** [watʒafe'ria] *f (Amér)* tacky thing
**huachafo, fa** [wa'tʒafo, fa] *adj (Perú)* tacky
**hucha** ['utʒa] *f* moneybox
**hueco, ca** ['weko, ka] ◇ *adj (vacío)*

ollow ◇ *m* 1. *(agujero)* hole 2. *(de* *empo)* spare moment
**uelga** ['welɣa] *f* strike
**uella** ['weʎa] *f* 1. *(de persona)* footprint . *(de animal)* track ◆ **huellas dactilares** ngerprints
**uérfano, na** ['werfano, na] *m,f* orphan
**uerta** ['werta] *f* market garden (*UK*), :uck farm (*US*)
**uerto** ['werto] *m* 1. *(de hortalizas)* egetable patch 2. *(de frutales)* orchard
**ueso** ['weso] *m* 1. *(del esqueleto)* bone 2. *le una fruta)* stone
**uésped, da** ['wespeð, ða] *m,f* guest
**uevada** [we'βaða] *f* (*Andes*) (*fam*) :upid thing
**uevear** [weβe'ar] *vi* (*Chile & Perú*) *fam*) to mess about (*UK*), to goof off *US*)
**uevo** ['weβo] *m* egg ◆ **huevo de la opa** o **tibio** (*Amér*) hard-boiled egg ◆ **uevo duro** hard-boiled egg ◆ **huevo scalfado** poached egg ◆ **huevo estre-ado** (*Amér*) fried egg ◆ **huevo frito** ried egg ◆ **huevo pasado por agua** oft-boiled egg ◆ **huevos a la flamenca** *uevos al plato with fried pork sausage, lack pudding and a tomato sauce* ◆ **uevos al plato** *eggs cooked in the oven n an earthenware dish* ◆ **huevos evueltos** scrambled eggs
**uevón** [we'βon] *m* (*Andes & Ven*) idiot
**uida** [u'iða] *f* escape
**uir** [u'ir] *vi* 1. *(escapar)* to flee 2. *(de árcel)* to escape ◆ **huir de algo/alguien** *evitar)* to avoid sthg/sb
**umanidad** [umani'ðað] *f* humanity ◆ **umanidades** *fpl* humanities
**humanitario, ria** [umani'tari̯o, ri̯a] *adj* humanitarian
**humano, na** [u'mano, na] ◇ *adj* 1. *(del hombre)* human 2. *(benévolo, compasivo)* humane ◇ *m* human (being)
**humareda** [uma'reða] *f* cloud of smoke
**humedad** [ume'ðað] *f* 1. *(de piel)* moisture 2. *(de atmósfera)* humidity 3. *(en la pared)* damp
**humedecer** [umeðe'θer] *vt* to moisten
**húmedo, da** ['umeðo, ða] *adj* 1. *(ropa, toalla, etc)* damp 2. *(clima, país)* humid 3. *(piel)* moist
**humilde** [u'milde] *adj* humble
**humillación** [umiʎa'θi̯on] *f* humiliation
**humillante** [umi'ʎante] *adj* humiliating
**humillar** [umi'ʎar] *vt* to humiliate
**humo** ['umo] *m* 1. *(gas)* smoke 2. *(de coche)* fumes *pl* ◆ **humos** *mpl* airs
**humor** [u'mor] *m* 1. *(estado de ánimo)* mood 2. *(gracia)* humour ◆ **estar de buen humor** to be in a good mood ◆ **estar de mal humor** to be in a bad mood
**humorismo** [umo'rizmo] *m* comedy
**humorista** [umo'rista] *mf* comedian (*f* comedienne)
**humorístico, ca** [umo'ristiko, ka] *adj* humorous
**hundir** [un'dir] *vt* 1. *(barco)* to sink 2. *(edificio)* to knock down 3. *(techo)* to knock in 4. *(persona)* to devastate ◆ **hundirse** *vp* 1. *(barco)* to sink 2. *(edificio, techo)* to collapse 3. *(persona)* to be devastated
**húngaro, ra** ['ungaro, ra] *adj & m,f* Hungarian
**Hungría** [un'gria] *s* Hungary

**huracán** [ura'kan] *m* hurricane
**hurtadillas** [ur̲ta'ðiʎas] ◆ **a hurtadillas** *adv* stealthily
**hurto** ['urto] *m* theft

# I

**IBERIA** [i'βeri̯a] *f* IBERIA *(Spanish national airline)*
**ibérico, ca** [i'βeriko, ka] *adj* Iberian
**Ibiza** [i'βiθa] *s* Ibiza
**iceberg** [iθe'βer] *m* iceberg
**icono** [i'kono] *m* icon
**ida** ['iða] *f* outward journey ◆ **(billete de) ida y vuelta** return (ticket)
**idea** [i'ðea] *f* **1.** idea **2.** *(propósito)* intention **3.** *(opinión)* impression ◆ **no tengo ni idea** I've no idea
**ideal** [iðe'al] *adj* & *m* ideal
**idealismo** [iðea'lizmo] *m* idealism
**idealista** [iðea'lista] *mf* idealist
**idéntico, ca** [i'ðentiko, ka] *adj* identical
**identidad** [iðenti'ðað] *f* identity
**identificación** [iðentifika'θi̯on] *f* identification
**identificar** [iðentifi'kar] *vt* to identify ◆ **identificarse** *vp (mostrar documentación)* to show one's identification
**ideología** [iðeolo'xia] *f* ideology
**idilio** [i'ðili̯o] *m* love affair
**idioma** [i'ði̯oma] *m* language
**idiota** [i'ði̯ota] ◇ *adj (despec)* stupid ◇ *mf* idiot
**ídolo** ['iðolo] *m* idol
**idóneo, a** [i'ðoneo, a] *adj* suitable
**iglesia** [i'ɣlesi̯a] *f* church
**ignorancia** [iɣno'ranθi̯a] *f* ignorance
**ignorante** [iɣno'rante] *adj* ignorant
**ignorar** [iɣno'rar] *vt* **1.** *(desconocer)* not to know **2.** *(no hacer caso)* to ignore
**igual** [i'ɣu̯al] ◇ *adj* **1.** *(idéntico)* the same **2.** *(parecido)* similar **3.** *(cantidad, proporción)* equal **4.** *(ritmo)* steady ◇ *adv* the same ◆ **ser igual que** to be the same as ◆ **da igual** it doesn't matter ◆ **me da igual** I don't care ◆ **es igual** it doesn't matter ◆ **al igual que** just like ◆ **por igual** equally
**igualado, da** [iɣu̯a'laðo, ða] *adj* level
**igualdad** [iɣu̯al'dað] *f* equality
**igualmente** [i,ɣu̯al'mente] *adv* likewise
**ilegal** [ile'ɣal] *adj* illegal
**ilegalizar** *vt* to outlaw
**ilegítimo, ma** [ile'xitimo, ma] *adj* illegitimate
**ileso, sa** [i'leso, sa] *adj* unhurt
**ilimitado, da** [ilimi'taðo, ða] *adj* unlimited
**ilocalizable** *adj* ◆ **está ilocalizable** he cant be found
**ilógico, ca** [i'loxiko, ka] *adj* illogical
**iluminación** [ilumina'θi̯on] *f (alumbrado)* lighting
**iluminar** [ilumi'nar] *vt (suj: luz, sol)* to light up
**ilusión** [ilu'si̯on] *f* **1.** *(esperanza)* hope **2.** *(espejismo)* illusion ◆ **el regalo me ha hecho ilusión** I liked the present ◆ **me hace ilusión la fiesta** I'm looking forward to the party ◆ **hacerse ilusiones** to get one's hopes up
**ilusionarse** [ilusi̯o'narse] *vp* **1.** *(esperan-*

*rse)* to get one's hopes up **2.** *(emocio-arse)* to get excited
**ustración** [ilustra'θi̯on] *f* illustration
**ustrar** [ilus'trar] *vt* to illustrate
**ustre** [i'lustre] *adj* illustrious
**nagen** [i'maxen] *f* **1.** image **2.** *(en levisión)* picture
**naginación** [imaxina'θi̯on] *f* imagination
**naginar** [imaxi'nar] *vt* **1.** *(suponer)* to nagine **2.** *(inventar)* to think up ◆ **naginarse** *vp* to imagine
**naginario, ria** [imaxi'nari̯o, ri̯a] *adj* naginary
**naginativo, va** [imaxina'tiβo, βa] *adj* naginative
**nán** [i'man] *m* magnet
**nbécil** [im'beθil] ◇ *adj* *(despec)* stupid ◇ *mf* idiot
**nitación** [imita'θi̯on] *f* **1.** *(de persona)* npression **2.** *(de obra de arte)* imitation
**nitar** [imi'tar] *vt* to imitate
**npaciencia** [impa'θi̯enθi̯a] *f* impatience
**npaciente** [impa'θi̯ente] *adj* impatient ◆ **impaciente por** impatient to
**npar** [im'par] *adj* odd
**nparable** [impa'raβle] *adj* unstoppable
**nparcial** [impar'θi̯al] *adj* impartial
**npasible** [impa'siβle] *adj* impassive
**npecable** [impe'kaβle] *adj* impeccable
**npedimento** [impeði'mento] *m* obstacle
**npedir** [impe'ðir] *vt* **1.** *(no permitir)* to revent **2.** *(obstaculizar)* to hinder
**npensable** [impen'saβle] *adj* unthinkble
**imperativo** [impera'tiβo] *m* *(en gramática)* imperative
**imperceptible** [imperθep'tiβle] *adj* imperceptible
**imperdible** [imper'ðiβle] *m* safety pin
**imperdonable** [imperðo'naβle] *adj* unforgivable
**imperfecto, ta** [imper'fekto, ta] ◇ *adj* **1.** *(incompleto)* imperfect **2.** *(defectuoso)* faulty ◇ *m* imperfect tense
**imperial** [impe'ri̯al] *adj* imperial
**imperio** [im'peri̯o] *m* **1.** *(territorio)* empire **2.** *(dominio)* rule
**impermeable** [imperme'aβle] ◇ *adj* waterproof ◇ *m* raincoat
**impersonal** [imperso'nal] *adj* impersonal
**impertinencia** [imperti'nenθi̯a] *f* **1.** *(insolencia)* impertinence **2.** *(comentario)* impertinent remark
**impertinente** [imperti'nente] *adj* impertinent
**ímpetu** ['impetu] *m* *(energía)* force
**implicar** [impli'kar] *vt* **1.** to involve **2.** *(significar)* to mean
**implícito, ta** [im'pliθito, ta] *adj* implicit
**imponer** [impo'ner] ◇ *vt* **1.** *(obligación, castigo, impuesto)* to impose **2.** *(obediencia, respeto)* to command ◇ *vi* to be imposing
**importación** [importa'θi̯on] *f* *(producto)* import
**importancia** [impor'tanθi̯a] *f* importance
**importante** [impor'tante] *adj* **1.** *(destacado)* important **2.** *(cantidad)* large
**importar** [impor'tar] ◇ *vt* *(mercancías)* to import ◇ *vi* *(interesar)* to matter ◆ **¿le importa que fume?** do you mind if I

smoke? • **¿le importaría venir?** would you mind coming? • **no importa** it doesn't matter • **no me importa** I don't care
**importe** [im'porte] *m* **1.** *(precio)* price **2.** *(en cuenta, factura)* total ▼ **importe del billete** ticket price
**imposibilidad** [imposiβili'ðað] *f* impossibility
**imposible** [impo'siβle] ◇ *adj* impossible ◇ *interj* never! ◇ *m* • **pedir un imposible** to ask the impossible
**impostor, ra** [impos'tor, ra] *m,f* impostor
**impotencia** [impo'tenθia] *f* impotence
**impotente** [impo'tente] *adj* impotent
**impreciso, sa** [impre'θiso, sa] *adj* vague
**impregnar** [impreɣ'nar] *vt* *(humedecer)* to soak
**imprenta** [im'prenta] *f* **1.** *(arte)* printing **2.** *(taller)* printer's (shop)
**imprescindible** [impresθin'diβle] *adj* indispensable
**impresión** [impre'sion] *f* **1.** *(de un libro)* edition **2.** *(sensación)* feeling **3.** *(opinión)* impression
**impresionante** [impresio'nante] *adj* impressive
**impresionar** [impresio'nar] ◇ *vt* to impress ◇ *vi* *(causar admiración)* to be impressive
**impreso, sa** [im'preso] ◇ *pp* ➤ **imprimir** ◇ *m* *(formulario)* form
**impresora** [impre'sora] *f* printer • **impresora de chorro de tinta** inkjet printer • **impresora láser** láser printer
**imprevisto** [impre'βisto] *m* unexpected event
**imprimir** [impri'mir] *vt* to print
**improvisación** [improβisa'θion] *f* improvisation
**improvisado, da** [improβi'saðo, ða] *adj* improvised
**improvisar** [improβi'sar] *vt* to improvise
**imprudente** [impru'ðente] *adj* rash
**impuesto, ta** [im'puesto] ◇ *pp* ➤ **imponer** ◇ *m* tax
**impulsar** [impul'sar] *vt* *(empujar)* to drive • **impulsar a alguien a** to drive sb to
**impulsivo, va** [impul'siβo, βa] *adj* impulsive
**impulso** [im'pulso] *m* **1.** *(empuje)* momentum **2.** *(estímulo)* stimulus
**impuro, ra** [im'puro, ra] *adj* impure
**inaceptable** [inaθep'taβle] *adj* unacceptable
**inadecuado, da** [inaðe'kuaðo, ða] *adj* unsuitable
**inadmisible** [inaðmi'siβle] *adj* unacceptable
**inaguantable** [inaɣuan'taβle] *adj* unbearable
**inauguración** [inauɣura'θion] *f* inauguration, opening
**inaugurar** [inauɣu'rar] *vt* to inaugurate to open
**incapacidad** [inkapaθi'ðað] *f* **1.** *(incompetencia)* incompetence **2.** *(por enfermedad)* incapacity
**incapaz** [inka'paθ, θes] *(pl* **-ces)** *adj* incapable • **ser incapaz de** to be unable to
**incendio** [in'θendio] *m* fire • **contra incendios** *(medidas)* fire-fighting; *(segu-*

-o, *brigada)* fire *(antes de s)*
**incentivo** [inθen'tiβo] *m* incentive
**incidente** [inθi'ðente] *m* incident
**incineradora** [inθinera'ðora] *f* incinerator
**incinerar** [inθine'rar] *vt* to incinerate
**incitar** [inθi'tar] *vt* **1.** *(animar)* to encourage **2.** *(a la violencia)* to incite
**inclinación** [inklina'θi̯on] *f* **1.** *(saludo)* bow **2.** *(tendencia)* tendency **3.** *(afecto)* fondness
**incluido, da** [inklu'iðo, ða] *adj* included
**incluir** [inklu'ir] *vt* **1.** *(contener)* to include **2.** *(adjuntar)* to enclose
**inclusive** [inklu'siβe] *adv* inclusive
**incluso** [in'kluso] *adv* even
**incógnita** [in'koɣnita] *f (cosa desconocida)* mystery
**incoherente** [inkoe'rente] *adj (contradictorio)* inconsistent
**incoloro, ra** [inko'loro, ra] *adj* colourless
**incómodo, da** [in'komoðo, ða] *adj* uncomfortable
**incomparable** [inkompa'raβle] *adj* incomparable
**incompatibilidad** [inkompatiβili'ðað] *f* incompatibility
**incompetente** [inkompe'tente] *adj* incompetent
**incomprensible** [inkompren'siβle] *adj* incomprehensible
**incomunicado, da** [inkomuni'kaðo, ða] *adj (pueblo)* cut off
**incondicional** [inkondiθi̯o'nal] *adj* **1.** *(apoyo, ayuda)* wholehearted **2.** *(amigo)* staunch
**inconfundible** [inkonfun'diβle] *adj* unmistakable
**inconsciencia** [inkons'θi̯enθi̯a] *f (irresponsabilidad)* thoughtlessness
**inconsciente** [inkons'θi̯ente] *adj* **1.** *(sin conocimiento)* unconscious **2.** *(insensato)* thoughtless
**incontable** [inkon'taβle] *adj* countless
**inconveniente** [inkombe'ni̯ente] *m* **1.** *(dificultad)* difficulty **2.** *(desventaja)* disadvantage
**incorporación** [inkorpora'θi̯on] *f (unión)* inclusion
**incorporar** [inkorpo'rar] *vt* **1.** *(agregar)* to incorporate **2.** *(levantar)* to sit up ◆ **incorporarse** *vp (levantarse)* to sit up ◆ **incorporarse a un equipo** to join a team
**incorrecto, ta** [inko'rekto, ta] *adj* **1.** *(erróneo)* incorrect **2.** *(descortés)* impolite
**incorregible** [inkore'xiβle] *adj* incorrigible
**incrédulo, la** [in'kreðulo, la] *adj* sceptical
**increíble** [inkre'iβle] *adj* **1.** *(inverosímil)* hard to believe **2.** *(extraordinario)* incredible
**incremento** [inkre'mento] *m* increase
**incubadora** [inkuβa'ðora] *f* incubator
**incubar** [inku'βar] *vt* to incubate
**inculpado, da** [inkul'paðo, ða] *m,f* accused
**inculto, ta** [in'kulto, ta] *adj (persona)* uneducated
**incumbir** [inkum'bir] *vi* ◆ **no te incumbe hacerlo** it's not for you to do it
**incurable** [inku'raβle] *adj* incurable
**incurrir** [inku'rir] ◆ **incurrir en** *v + prep* **1.** *(error)* to make **2.** *(delito)* to commit
**indecente** [inde'θente] *adj* indecent

**indeciso, sa** [inde'θiso, sa] *adj* **1.** *(falta de iniciativa)* indecisive **2.** *(falto de decisión)* undecided **3.** *(poco claro)* inconclusive
**indefenso, sa** [inde'fenso, sa] *adj* defenceless
**indefinido, da** [indefi'niðo, ða] *adj* **1.** indefinite **2.** *(impreciso)* vague
**indemnización** [indemniθa'θi̯on] *f* compensation
**indemnizar** [indemni'θar] *vt* to compensate
**independencia** [indepen'denθi̯a] *f* independence
**independiente** [indepen'di̯ente] *adj* independent
**independizarse** [independi'θarse] ◆ **independizarse de** *v + prep* to become independent of
**indeterminado, da** [indetermi'naðo, ða] *adj* indefinite
**India** ['indi̯a] *f* ● **(la) India** India
**indicación** [indika'θi̯on] *f (señal)* sign ◆ **indicaciones** *fpl* **1.** *(instrucciones)* instructions **2.** *(para llegar a un sitio)* directions
**indicador** [indika'ðor] *m* indicator ● **indicador de dirección** indicator
**indicar** [indi'kar] *vt* **1.** *(señalar)* to indicate **2.** *(lugar, dirección)* to show **3.** *(suj: señal, reloj)* to read
**indicativo, va** [indika'tiβo, βa] *adj* indicative
**índice** ['indiθe] *m* **1.** *(de libro, precios)* index **2.** *(de natalidad, mortalidad)* rate **3.** *(de la mano)* index finger
**indicio** [in'diθi̯o] *m (señal)* sign
**indiferencia** [indife'renθi̯a] *f* indifference
**indiferente** [indife'rente] *adj* indifferent ● **es indiferente** it makes no difference
**indígena** [in'dixena] *mf* native
**indigerible** *adj* **1.** *(alimento)* stodgy **2.** *(libro)* ● **ser indigerible** to be heavy going
**indigestión** [indixes'ti̯on] *f* indigestion
**indigesto, ta** [indi'xesto, ta] *adj* hard to digest
**indignación** [indiɣna'θi̯on] *f* indignation
**indignado, da** [indiɣ'naðo, ða] *adj* indignant
**indignante** [indiɣ'nante] *adj* outrageous
**indio, dia** ['indi̯o, di̯a] *adj & m,f* Indian
**indirecta** [indi'rekta] *f* hint
**indirecto, ta** [indi'rekto, ta] *adj* indirect
**indiscreto, ta** [indis'kreto, ta] *adj* indiscreet
**indiscriminado, da** [indiskrimi'naðo, ða] *adj* indiscriminate
**indiscutible** [indisku'tiβle] *adj* indisputable
**indispensable** [indispen'saβle] *adj* indispensable
**indispuesto, ta** [indis'pu̯esto, ta] *adj* unwell
**individual** [indiβiðu'al] *adj* **1.** *(del individuo)* individual **2.** *(cama, habitación)* single ● **individuales** *DEP* singles
**individuo** [indi'βiðu̯o] *m* individual
**índole** ['indole] *f (tipo)* type
**Indonesia** [indo'nesi̯a] *s* Indonesia
**indudablemente** [indu͵ðaβle'mente] *adv* undoubtedly
**indumentaria** [indumen'tari̯a] *f* clothes *pl*

**ndustria** [in'dustria] *f* 1. *(actividad)* ndustry 2. *(fábrica)* factory
**ndustrial** [indus'trial] ◇ *adj* industrial ◇ *nf* industrialist
**ndustrializado, da** [industriali'θaðo, ð ] *adj* industrialized
**nédito, ta** [i'neðito, ta] *adj (desconocido)* nprecedented
**nepto, ta** [i'nepto, ta] *adj* inept
**nequívoco, ca** [ine'kiβoko, ka] *adj* 1. *clarísimo)* unequivocal 2. *(inconfundible)* nmistakable
**nesperado, da** [inespe'raðo, ða] *adj* nexpected
**nestable** [ines'taβle] *adj* unstable
**nevitable** [ineβi'taβle] *adj* inevitable
**nexperto, ta** [ineks'perto, ta] *adj (sin xperiencia)* inexperienced
**nfalible** [infa'liβle] *adj* infallible
**nfancia** [in'fanθia] *f* childhood
**nfanta** [in'fanta] *f* princess
**nfantería** [infante'ria] *f* infantry
**nfantil** [infan'til] *adj* 1. *(para niños)* hildren's 2. *(despec) (inmaduro)* chil-ish
**nfarto** [in'farto] *m* heart attack
**nfección** [infek'θion] *f* infection
**nfeccioso, sa** [infek'θioso, sa] *adj* in-ectious
**nfectar** [infek'tar] *vt* to infect ◆ **infec-arse** *vp* to become infected
**nfelicidad** [infeliθi'ðað] *f* unhappiness
**nfeliz** [infe'liθ, θes] (*pl* **-ces**) ◇ *adj* nhappy ◇ *mf* 1. *(desgraciado)* wretch . *(fam) (ingenuo)* naive person
**nferior** [infe'rior] ◇ *adj* 1. *(de abajo, nenos importante, cantidad)* lower 2. *(de nenos calidad)* inferior ◇ *mf* inferior
**inferioridad** [inferiori'ðað] *f* inferiority
**infidelidad** [infiðeli'ðað] *f* infidelity
**infiel** [in'fiel] ◇ *adj (a la pareja)* unfaith-ful ◇ *mf (no cristiano)* infidel
**infierno** [in'fierno] *m* hell
**ínfimo, ma** ['infimo, ma] *adj* very low
**infinito, ta** [infi'nito, ta] ◇ *adj* infinite ◇ *m* infinity
**inflación** [infla'θion] *f* inflation
**inflar** [in'flar] *vt* 1. *(de aire)* to inflate 2. *(globo)* to blow up ◆ **inflarse de** *v + prep (comer, beber)* to stuff o.s. with
**inflexible** [inflek'siβle] *adj* inflexible
**influencia** [influ'enθia] *f* influence ◆ **tener influencia** to have influence
**influenciar** [influen'θiar] *vt* to influen-ce
**influir** [influ'ir] ◆ **influir en** *v + prep* to influence
**influjo** [in'fluxo] *m* influence
**influyente** [influ'jente] *adj* influential
**información** [informa'θion] *f* 1. *(datos)* information 2. *(noticias)* news 3. *(oficina)* information office 4. *(mostrador)* information desk 5. *(de teléfono)* directory enquiries *pl* (*UK*), directory assistance (*US*)
**informal** [infor'mal] *adj* 1. *(persona)* unreliable 2. *(lenguaje, traje)* informal
**informalidad** [informali'ðað] *f (irresponsabilidad)* unreliability
**informar** [infor'mar] *vt* to tell ◆ **informarse** *vp* to find out
**informática** [infor'matika] *f* information technology, computing ➤ **informático**
**informático, ca** [infor'matiko, ka] *m,f* computer expert

**informativo** [informa'tiβo] *m* news bulletin
**informe** [in'forme] *m* report ◆ **informes** *mpl (referencias)* references
**infracción** [infrak'θi̯on] *f (delito)* offence
**infundir** [infun'dir] *vt* to inspire
**infusión** [infu'si̯on] *f* infusion ◆ **infusión de manzanilla** camomile tea ◆ **infusión de tila** lime blossom tea
**ingeniería** [inxeni̯e'ria] *f* engineering
**ingeniero, ra** [inxe'ni̯ero, ra] *m,f* engineer
**ingenio** [in'xeni̯o] *m* **1.** *(agudeza)* wit **2.** *(inteligencia)* ingenuity **3.** *(máquina)* device
**ingenioso, sa** [inxe'ni̯oso, sa] *adj* **1.** *(agudo)* witty **2.** *(inteligente)* ingenious
**ingenuidad** [inxenu̯i'ðað] *f* naivety
**ingenuo, nua** [in'xenu̯o, nu̯a] *adj* naive
**Inglaterra** [ingla'tera] *s* England
**ingle** ['ingle] *f* groin
**inglés, esa** [in'gles, esa] ◇ *adj* & *m* English ◇ *m,f* Englishman (*f* Englishwoman) ◆ **los ingleses** the English
**ingrato, ta** [in'grato, ta] *adj* **1.** *(trabajo)* thankless **2.** *(persona)* ungrateful
**ingrediente** [ingre'ði̯ente] *m* ingredient
**ingresar** [ingre'sar] ◇ *vt (dinero)* to deposit ◇ *vi* **1.** *(en hospital)* to be admitted **2.** *(en sociedad)* to join **3.** *(en universidad)* to enter (*UK*), to enroll (*US*)
**ingreso** [in'greso] *m* **1.** *(entrada, en universidad)* entry (*UK*), enrollment (*US*) **2.** *(de dinero)* deposit **3.** *(en hospital)* admission **4.** *(en sociedad)* joining ◆ **ingresos** *mpl (sueldo)* income *sg*
**inhabitable** [inaβi'taβle] *adj* uninhabitable
**inhalar** [ina'lar] *vt* to inhale
**inhibición** [iniβi'θi̯on] *f* inhibition
**inhumano, na** [inu'mano, na] *adj* inhumane
**iniciación** [iniθi̯a'θi̯on] *f (comienzo)* beginning
**inicial** [ini'θi̯al] *adj* & *f* initial
**iniciar** [ini'θi̯ar] *vt (empezar)* to begin, to start ◆ **iniciarse en** *v + prep (conocimiento, práctica)* to learn
**iniciativa** [iniθi̯a'tiβa] *f* initiative ◆ **tener iniciativa** to have initiative
**inicio** [i'niθi̯o] *m* beginning, start
**inimaginable** [inimaxi'naβle] *adj* unimaginable
**injerto** [in'xerto] *m* graft
**injusticia** [inxus'tiθi̯a] *f* injustice
**injusto, ta** [in'xusto, ta] *adj* unfair
**inmaduro, ra** [imma'ðuro, ra] *adj* **1** *(persona)* immature **2.** *(fruta)* unripe
**inmediatamente** [imme,ði̯ata'mente] *adv* immediately
**inmediato, ta** [imme'ði̯ato, ta] *adj* **1** *(tiempo)* immediate **2.** *(contiguo)* next ◆ **de inmediato** immediately
**inmejorable** [immexo'raβle] *adj* unbeatable
**inmenso, sa** [im'menso, sa] *adj* immense
**inmigración** [immiɣra'θi̯on] *f* immigration
**inmigrante** [immi'ɣrante] *mf* immigrant
**inmigrar** [immi'ɣrar] *vi* to immigrate
**inmobiliaria** [immoβi'li̯ari̯a] *f* estate agency (*UK*), real-estate office (*US*)
**inmoral** [immo'ral] *adj* immoral
**inmortal** [immor'tal] *adj* immortal
**inmóvil** [im'moβil] *adj* **1.** *(persona)* mo-

ɔnless **2.** *(coche, tren)* stationary
**movilizar** [immoβili'θar] *vt* to immobilize
**mueble** [im'mueβle] *m* building
**mune** [im'mune] *adj* immune
**munidad** [immuni'ðað] *f* immunity
**nato, ta** [in'nato, ta] *adj* innate
**necesario, ria** [inneθe'sario, ria] *adj* ınnecessary
**novación** [innoβa'θion] *f* innovation
**ocencia** [ino'θenθia] *f* innocence
**ocentada** [inoθen'taða] *f* **2.** *(broma)* 'actical joke
**ocente** [ino'θente] *adj* innocent
**ofensivo, va** [inofen'siβo, βa] *adj* ırmless
**olvidable** [inolβi'ðaβle] *adj* unforgettable
**oportuno, na** [inopor'tuno, na] *adj* **1.** *adecuado)* inappropriate **2.** *(molesto)* convenient **3.** *(en mal momento)* untimely
**oxidable** [inoksi'ðaβle] *adj* **1.** *(material)* ıstproof **2.** *(acero)* stainless
**quietarse** [inkie'tarse] *vp* to worry
**quieto, ta** [inki'eto, ta] *adj* **1.** *(preocudo)* worried **2.** *(aventurero)* restless
**quietud** [inkie'tuð] *f* worry
**quilino, na** [inki'lino, na] *m,f* tenant
**quisición** [inkisi'θion] *f* ◆ **la Inquisición** the (Spanish) Inquisition
**saciable** [insa'θiaβle] *adj* insatiable
**salubre** [insa'luβre] *adj* unhealthy
**satisfacción** [insatisfak'θion] *f* dissatisfaction
**satisfecho, cha** [insatis'fetʒo, tʒa] *adj* ssatisfied
**scribir** [inskri'βirse] ◆ **inscribirse en** *v* + *prep* to enrol on
**inscripción** [inskrip'θion] *f* **1.** *(de moneda, piedra, etc)* inscription **2.** *(en registro)* enrolment
**insecticida** [insekti'θiða] *m* insecticide
**insecto** [in'sekto] *m* insect
**inseguridad** [inseɣuri'ðað] *f* **1.** *(falta de confianza)* insecurity **2.** *(peligro)* lack of safety
**inseguro, ra** [inse'ɣuro, ra] *adj* **1.** *(sin confianza)* insecure **2.** *(peligroso)* unsafe
**insensato, ta** [insen'sato, ta] *adj* foolish
**insensible** [insen'siβle] *adj* **1.** *(persona)* insensitive **2.** *(aumento, subida, bajada)* imperceptible
**inseparable** [insepa'raβle] *adj* inseparable
**insertar** [inser'tar] *vt* to insert ◆ **insertar algo en** to insert sthg into
**inservible** [inser'βiβle] *adj* useless
**insignia** [in'siɣnia] *f* **1.** *(distintivo)* badge **2.** *(de militar)* insignia **3.** *(estandarte)* flag
**insignificante** [insiɣnifi'kante] *adj* insignificant
**insinuar** [insinu'ar] *vt* to hint at ◆ **insinuarse** *vp* to make advances
**insípido, da** [in'sipiðo, ða] *adj* insipid
**insistencia** [insis'tenθia] *f* insistence
**insistir** [insis'tir] *vi* ◆ **insistir (en)** to insist (on)
**insolación** [insola'θion] *f* *(indisposición)* sunstroke
**insolencia** [inso'lenθia] *f* *(dicho, hecho)* insolent thing
**insolente** [inso'lente] *adj* **1.** *(desconsiderado)* insolent **2.** *(orgulloso)* haughty
**insólito, ta** [in'solito, ta] *adj* unusual
**insolvente** [insol'βente] *adj* insolvent

**insomnio** [in'somnio] *m* insomnia

**insonorización** [insonoriθa'θion] *f* soundproofing

**insoportable** [insopor'taβle] *adj* unbearable

**inspeccionar** [inspekθio'nar] *vt* to inspect

**inspector, ra** [inspek'tor, ra] *m,f* inspector ● **inspector de aduanas** customs official ● **inspector de Hacienda** tax inspector

**inspiración** [inspira'θion] *f* **1.** *(de aire)* inhalation **2.** *(de un artista)* inspiration

**inspirar** [inspi'rar] *vt* **1.** *(aire)* to inhale **2.** *(ideas)* to inspire ◆ **inspirarse en** *v + prep* to be inspired by

**instalación** [instala'θion] *f* **1.** *(acto)* installation **2.** *(equipo)* installations *pl* ● **instalación eléctrica** wiring ◆ **instalaciones** *fpl (edificios)* facilities ● **instalaciones deportivas** sports facilities

**instalar** [insta'lar] *vt* **1.** *(teléfono, antena, etc)* to install **2.** *(gimnasio, biblioteca, etc)* to set up **3.** *(alojar)* to settle ◆ **instalarse** *vp (en nueva casa)* to move in

**instancia** [ins'tanθia] *f (solicitud)* application

**instantánea** [instan'tanea] *f* snapshot

**instantáneo, a** [instan'taneo, a] *adj* instantaneous

**instante** [ins'tante] *m* instant ● **al instante** straight away

**instintivo, va** [instin'tiβo, βa] *adj* instinctive

**instinto** [ins'tinto] *m* instinct

**institución** [institu'θion] *f* institution ◆ **instituciones** *fpl* institutions

**institucional** [instituθio'nal] *adj* institutional

**instituir** [institu'ir] *vt* to set up

**instituto** [insti'tuto] *m* **1.** institute ; *(centro de enseñanza)* state secondar school, ≃ high school *(US)*

**institutriz** [institu'triθ, θes] *(pl* **-ces***)* governess

**instrucción** [instruk'θion] *f (formación* education ◆ **instrucciones** *fpl (indica-ciones)* instructions

**instruir** [instru'ir] *vt* **1.** *(enseñar)* to teac **2.** *(enjuiciar)* to prepare

**instrumental** [instrumen'tal] *m* instruments *pl*

**instrumento** [instru'mento] *m* instrument

**insuficiente** [insufi'θiente] ◇ *adj* insuficient ◇ *m* fail

**insufrible** [insu'friβle] *adj* insufferable

**insultante** [insul'tante] *adj* insulting

**insultar** [insul'tar] *vt* to insult ◆ **insultarse** *vp* to insult each other

**insulto** [in'sulto] *m* insult

**insuperable** [insupe'raβle] *adj* **1.** *(inmejorable)* unsurpassable **2.** *(problema* insurmountable

**intacto, ta** [in'takto, ta] *adj* intact

**integración** [inteɣra'θion] *f* integratio

**integrarse** [inte'ɣrarse] ◆ **integrarse e** *v + prep* to become integrated in

**íntegro, gra** ['inteɣro, ɣra] *adj* **1.** *(cosa* whole **2.** *(persona)* honourable

**intelectual** [intelektu'al] *mf* intellectua

**inteligencia** [inteli'xenθia] *f* intelligence

**inteligente** [inteli'xente] *adj* intelligen

**intemperie** [intem'perie] *f* ● **a l intemperie** in the open air

**intención** [inten'θion] *f* intention

**on la intención de** with the intention
: ◆ **tener la intención de** to intend to
**itencionado, da** [intenθi̯o'naðo, ða]
*dj* deliberate ◆ **bien intencionado**
ell-meaning ◆ **mal intencionado** ill-
itentioned
**itensivo, va** [inten'siβo, βa] *adj* inten-
ve
**itenso, sa** [in'tenso, sa] *adj* **1.** intense
*(luz)* bright **3.** *(lluvia)* heavy
**itentar** [inten'tar] *vt* to try ◆ **intentar**
**acer algo** to try to do sthg
**itento** [in'tento] *m* **1.** *(propósito)* inten-
on **2.** *(tentativa)* try
**itercalar** [interka'lar] *vt* to insert
**itercambio** [inter'kambi̯o] *m* ex-
iange
**iterceder** [interθe'ðer] ◆ **interceder**
**or** *v + prep* to intercede on behalf of
**iterceptar** [interθep'tar] *vt* to intercept
**iterés** [inte'res] *m* **1.** interest **2.** *(prove-*
*io)* self-interest ◆ **intereses** *mpl* **1.**
*linero)* interest *sg* **2.** *(fortuna, aspiracio-*
*es)* interests
**iteresado, da** [intere'saðo, ða] *adj* **1.**
*ue tiene interés)* interested **2.** *(egoísta)*
elf-interested
**iteresante** [intere'sante] *adj* interest-
ig
**iteresar** [intere'sar] *vi* to be of interest
◆ **¿te interesa la música?** are you
iterested in music? ◆ **interesarse en**
*+ prep* to be interested in ◆ **intere-**
**arse por** *v + prep* to take an interest in
**iterferencia** [interfe'renθi̯a] *f* interfe-
ence
**iterina** [inte'rina] *f (criada)* cleaning
idy

**interino, na** [inte'rino, na] *adj (trabaja-*
*dor)* temporary
**interior** [inte'ri̯or] ◇ *adj* **1.** inner **2.**
*(mercado, política)* domestic ◇ *m* **1.** *(parte*
*de dentro)* inside **2.** *(fig) (mente)* inner
self **3.** *(en deporte)* inside forward ◆ **el**
**interior de España** inland Spain
**interlocutor, ra** [interloku'tor, ra] *m,f*
speaker
**intermediario, ria** [interme'ði̯ari̯o, ri̯a]
*m,f* middleman
**intermedio, dia** [inter'meði̯o, ði̯a] ◇ *adj*
intermediate ◇ *m* interval
**interminable** [intermi'naβle] *adj* end-
less
**intermitente** [intermi'tente] *m* indicator
**internacional** [internaθi̯o'nal] *adj* inter-
national
**internacionalmente** [internaθi̯o,nal-
'mente] *adv* internationally
**internado** [inter'naðo] *m* boarding
school
**Internet** [inter'net] *m* Internet ◆ **en**
**Internet** on the Internet
**interno, na** [in'terno, na] ◇ *adj* internal
◇ *m,f* **1.** *(en colegio)* boarder **2.** *(en*
*hospital)* intern
**interponerse** [interpo'nerse] *vp* to in-
tervene
**interpretación** [interpreta'θi̯on] *f* **1.** *(en*
*teatro, cine, etc)* performance **2.** *(traduc-*
*ción)* interpreting
**interpretar** [interpre'tar] *vt* **1.** *(en teatro,*
*cine, etc)* to perform **2.** *(traducir)* to
interpret
**intérprete** [in'terprete] *mf* **1.** *(en teatro,*
*cine, etc)* performer **2.** *(traductor)* inter-
preter

**interrogación** [interoɣa'θi̯on] *f* **1.** *(pregunta)* question **2.** *(signo)* question mark
**interrogante** [intero'ɣante] *m o f* question mark
**interrogar** [intero'ɣar] *vt* to question
**interrogatorio** [interoɣa'tori̯o] *m* questioning
**interrumpir** [interum'pir] *vt* to interrupt
**interrupción** [interup'θi̯on] *f* interruption
**interruptor** [interup'tor] *m* switch
**interurbano, na** [interur'βano, na] *adj* long-distance
**intervalo** [inter'βalo] *m* **1.** *(tiempo)* interval **2.** *(espacio)* gap
**intervención** [interβen'θi̯on] *f (discurso)* speech • **intervención quirúrgica** operation
**intervenir** [interβe'nir] ◇ *vt* **1.** *(en medicina)* to operate on **2.** *(confiscar)* to seize ◇ *vi (tomar parte)* to participate
**interviú** [inter'βi̯u] *f* interview
**intestino** [intes'tino] *m* intestine
**intimidad** [intimi'ðað] *f (vida privada)* private life
**íntimo, ma** ['intimo, ma] *adj* **1.** *(cena, pensamiento, etc)* private **2.** *(amistad, relación)* close **3.** *(ambiente, restaurante)* intimate
**intocable** [into'kaβle] *adj* untouchable
**intolerable** [intole'raβle] *adj* intolerable
**intolerante** [intole'rante] *adj* intolerant
**intoxicación** [intoksika'θi̯on] *f* poisoning • **intoxicación alimenticia** food poisoning
**intoxicarse** [intoksi'karse] *vp* to b[e] poisoned
**intranet** *f* intranet
**intranquilo, la** [intran'kilo, la] *adj* *(nervioso)* restless **2.** *(preocupado)* wo[r]ried
**intransigente** [intransi'xente] *adj* in[t]ransigent
**intransitable** [intransi'taβle] *adj* im[]passable
**intrépido, da** [in'trepiðo, ða] *adj* intre[]pid
**intriga** [in'triɣa] *f* **1.** *(maquinación)* in[]trigue **2.** *(trama)* plot
**intrigar** [intri'ɣar] *vt & vi* to intrigue
**introducción** [introðuk'θi̯on] *f* intro[]duction
**introducir** [introðu'θir] *vt* **1.** to introdu[]ce **2.** *(meter)* to put in ▼ **introduc[ir] monedas** insert coins
**introvertido, da** [introβer'tiðo, ða] *a[dj]* introverted
**intruso, sa** [in'truso, sa] *m,f* intruder
**intuición** [intu̯i'θi̯on] *f* intuition
**inundación** [inunda'θi̯on] *f* flood
**inundar** [inun'dar] *vt* to flood
**inusual** [inusu'al] *adj* unusual
**inútil** [i'nutil] *adj* **1.** useless **2.** *(i[m]provechoso)* unsuccessful **3.** *(inválido)* disabled
**invadir** [imba'ðir] *vt* **1.** *(país, territorio)* t[o] invade **2.** *(suj: alegría, tristeza)* to over[]whelm
**inválido, da** [im'baliðo, ða] *m,f* disable[d] person
**invasión** [imba'si̯on] *f* invasion
**invasor, ra** [imba'sor, ra] *m,f* invader
**invención** [imben'θi̯on] *f* invention

**nventar** [imben'tar] *vt* to invent
**nventario** [imben'tar̠io] *m* inventory
**nvento** [im'bento] *m* invention
**nvernadero** [imberna'ðero] *m* green-
ıouse
**nversión** [imber'si̠on] *f* **1.** *(de dinero)* nvestment **2.** *(de orden)* reversal
**nverso, sa** [im'berso, sa] *adj* opposite ◆ **a la inversa** the other way round
**nvertir** [imber'tir] *vt* **1.** *(dinero, tiempo)* o invest **2.** *(orden)* to reverse
**nvestigación** [imbestiɣa'θi̠on] *f* **1.** *(de 'elito, crimen)* investigation **2.** *(en cienia)* research
**nvestigador, ra** [imbestiɣa'ðor, ra] *m,f* 'esearcher
**nvestigar** [imbesti'ɣar] *vt* **1.** *(delito, rimen)* to investigate **2.** *(en ciencia)* to esearch
**nvidente** [imbi'ðente] *mf* blind person
**nvierno** [im'bi̠erno] *m* winter ◆ **en nvierno** in (the) winter
**nvisible** [imbi'siβle] *adj* invisible
**nvitación** [imbita'θi̠on] *f* invitation ◆ **s invitación de la casa** it's on the ıouse
**nvitado, da** [imbi'taðo, ða] *m,f* guest
**nvitar** [imbi'tar] *vt (a fiesta, boda, etc)* to nvite ◆ **os invito** *(a café, copa, etc)* it's ny treat ◆ **te invito a cenar fuera** I'll ake you out for dinner
**nvolucrar** [imbolu'krar] *vt* to involve ◆ **nvolucrarse en** *v + prep* to get involved n
**nvulnerable** [imbulne'raβle] *adj* invulıerable
**nyección** [inɟek'θi̠on] *f* injection
**r** ['ir] *vi* **1.** *(desplazarse)* to go ◆ **fuimos andando** we went on foot ◆ **iremos en coche** we'll go by car ◆ **¡vamos!** let's go! **2.** *(asistir)* to go ◆ **nunca va a las reuniones** he never goes to meetings **3.** *(extenderse)* to go ◆ **la carretera va hasta Valencia** the road goes as far as Valencia **4.** *(funcionar)* to work ◆ **la televisión no va** the television's not working **5.** *(desenvolverse)* to go ◆ **le va bien en su trabajo** things are going well (for him) in his job ◆ **los negocios van mal** business is bad ◆ **¿cómo te va?** how are you doing? **6.** *(vestir)* ◆ **ir en** o **con** to wear ◆ **ir de azul/de uniforme** to wear blue/a uniform **7.** *(tener aspecto físico)* to look like ◆ **tal como voy no puedo entrar** I can't go in looking like this **8.** *(valer)* to be ◆ **¿a cuánto va el pollo?** how much is the chicken? **9.** *(expresa duración gradual)* ◆ **ir haciendo algo** to be doing sthg ◆ **voy mejorando mi estilo** I'm working on improving my style **10.** *(sentar)* ◆ **le va fatal el color negro** black doesn't suit him at all ◆ **le irían bien unas vacaciones** she could do with a holiday **11.** *(referirse)* ◆ **ir por** o **con alguien** to go for sb **12.** *(en locuciones)* ◆ **ni me va ni me viene** *(fam)* I'm not bothered ◆ **¡qué va!** you must be joking! ◆ **vamos, no te preocupes** come on, don't worry ◆ **¿vamos bien a Madrid?** is this the right way to Madrid?
◆ **ir a** *v + prep (expresa intención)* to be going to
◆ **ir de** *v + prep (película, libro)* to be about
◆ **ir por** *v + prep (buscar)* to go and fetch

• **voy por la mitad del libro** I'm halfway through the book
• **irse** *vp* to go • **irse abajo** *(edificio)* to fall down; *(negocio)* to collapse; *(proyecto)* to fall through
**ira** ['ira] *f* fury, rage
**Irak** [i'rak] *m* • **(el) Iraq** Iraq
**Irán** [i'ran] *m* • **(el) Irán** Iran
**Irlanda** [ir'landa] *s* Ireland • **Irlanda del Norte** Northern Ireland
**irlandés, esa** [irlan'des, esa] ◇ *adj* Irish ◇ *m,f* Irishman (*f* Irishwoman) • **los irlandeses** the Irish
**ironía** [iro'nia] *f* irony
**irónico, ca** [i'roniko, ka] *adj* ironic
**IRPF** [i,erepe'efe] *m* (*abr de* **Impuesto sobre la Renta de las Personas Físicas**) *Spanish income tax*
**irracional** [iraθio'nal] *adj* irrational
**irrecuperable** [irekupe'raβle] *adj* irretrievable
**irregular** [ireɣu'lar] *adj* **1.** irregular **2.** *(objeto, superficie)* uneven
**irregularidad** [ireɣulari'ðað] *f* **1.** irregularity **2.** *(de superficie, contorno)* unevenness
**irresistible** [iresis'tiβle] *adj* **1.** *(inaguantable)* unbearable **2.** *(apetecible)* irresistible
**irresponsable** [irespon'saβle] *adj* irresponsible
**irreversible** [ireβer'siβle] *adj* irreversible
**irrigar** [iri'ɣar] *vt* to irrigate
**irritable** [iri'taβle] *adj* **1.** *(persona)* irritable **2.** *(piel, ojos)* itchy
**irritación** [irita'θion] *f* irritation
**irritante** [iri'tante] *adj* irritating
**irritar** [iri'tar] *vt* to irritate • **irritarse** *vp* to get irritated
**isla** ['izla] *f* island
**islam** [iz'lam] *m* Islam
**islandés, esa** [izlan'des, esa] ◇ *adj* Icelandic ◇ *m,f* Icelander
**Islandia** [iz'landia] *s* Iceland
**islote** [iz'lote] *m* islet
**Israel** [izra'el] *s* Israel
**istmo** ['izðmo] *m* isthmus
**Italia** [i'talia] *s* Italy
**italiano, na** [ita'liano, na] *adj, m & f* Italian
**itinerario** [itine'rario] *m* itinerary
**IVA** ['iβa] *m* **1.** (*abr de* **impuesto sobre el valor añadido**) VAT *(Value Added Tax)* **2.** (*Amér*) (*abr de* **impuesto sobre el valor agregado**) VAT *(Value Added Tax)*
**izda** (*abr de* **izquierda**) left
**izquierda** [iθ'kierða] *f* • **la izquierda** *(lado izquierdo)* the left; *(mano izquierda)* one's left hand • **a la izquierda** on the left • **girar a la izquierda** to turn left • **ser de izquierdas** to be left-wing
**izquierdo, da** [iθ'kierðo, ða] *adj* left

# j J

**jabalí** [xaβa'li] *m* wild boar
**jabalina** [xaβa'lina] *f* javelin
**jabón** [xa'βon] *m* soap
**jabonera** [xaβo'nera] *f* soap dish
**jacuzzi** ® [ʝa'kusi] *m* Jacuzzi ®
**jade** ['xaðe] *m* jade

**ıguar** [xa'ɣuar] *m* jaguar
**ılar** [xa'lar] *vt* (*Andes, CAm, Carib & 1éx*) (*tirar hacia sí*) to pull
**ılea** [xa'lea] *f* jelly • **jalea real** royal ·lly
**ıleo** [xa'leo] *m* **1.** (*barullo*) row (*UK*), ıcket **2.** (*lío*) mess
**ımaica** [xa'maika] *s* Jamaica
**ımás** [xa'mas] *adv* never • **lo mejor ue he visto jamás** the best I've ever ·en • **nunca jamás** never ever
**ımón** [xa'mon] *m* ham • **jamón de ellota** *cured ham from pigs fed on corns* • **jamón de Jabugo** *type of top-uality cured ham from Jabugo* • **ımón serrano** cured ham, Parma ham • **jamón (de) York** boiled ham
**ıpón** [xa'pon] *m* • **(el) Japón** Japan
**ıponés, esa** [xapo'nes, esa] *adj, m & f* ıpanese
**ırabe** [xa'raβe] *m* syrup • **jarabe para ı tos** cough mixture (*UK*) o syrup *JS*)
**ırdín** [xar'ðin] *m* garden • **jardín otánico** botanical gardens *pl* • **jardín e infancia** nursery school • **jardín úblico** park
**ırdinera** [xarði'nera] *f* (*recipiente*) plant ot holder (*UK*), cachepot (*US*) ➢ **ırdinero**
**ırdinero, ra** [xarði'nero, ra] *m,f* gar-ener • **a la jardinera** garnished with egetables
**ırra** ['xara] *f* jug (*UK*), pitcher (*US*) • **n jarras** (*posición*) hands on hips
**ırro** ['xaro] *m* jug (*UK*), pitcher (*US*)
**ırrón** [xa'ron] *m* vase
**ıula** ['xaula] *f* cage

**jazmín** [xaθ'min] *m* jasmine
**jazz** ['ɟas] *m* jazz
**jefatura** [xefa'tura] *f* **1.** (*lugar*) headquarters *pl* **2.** (*cargo*) leadership • **jefatura de policía** police headquarters
**jefe, fa** ['xefe, fa] *m,f* **1.** (*de trabajador*) boss **2.** (*de empresa*) manager **3.** (*de partido, asociación*) leader **4.** (*de departamento*) head • **jefe de gobierno** head of state
**jerez** [xe'reθ] *m* sherry

## jerez

Sherry is perhaps one of Spain's best-known exports to Britain, and many sherry companies were founded by British families. The drink originates from the town of Jerez de la Frontera in Andalusia and comes in various varieties, from the pale and dry *fino* and *amontillado* to the darker and more fragrant *oloroso*.

**jerga** ['xerɣa] *f* **1.** (*argot*) slang **2.** (*lenguaje difícil*) jargon
**jeringuilla** [xerin'giʎa] *f* syringe
**jeroglífico** [xero'ɣlifiko] *m* **1.** (*escritura*) hieroglyphic **2.** (*pasatiempo*) rebus
**jersey** [xer'sei] *m* sweater • **jersey de cuello alto** polo neck (*UK*), turtle neck (*US*)
**Jesucristo** [xesu'kristo] *s* Jesus Christ
**jesús** [xe'sus] *interj* **1.** (*después de estornudo*) bless you! **2.** (*de asombro*) good heavens!
**jinete** [xi'nete] *m* rider

**jirafa** [xi'rafa] *f* giraffe
**jirón** [xi'ron] *m* (*Perú*) avenue
**jitomate** [xito'mate] *m* (*CAm & Méx*) tomato
**joder** [xo'ðer] ◇ *vt* (*vulg*) (*fastidiar*) to fuck up ◇ *vi* (*vulg*) (*copular*) to fuck ◇ *interj* (*vulg*) fucking hell!
**Jordania** [xor'ðania] *s* Jordan
**jornada** [xor'naða] *f* **1.** (*de trabajo*) working day **2.** (*de viaje, trayecto*) day's journey
**jornal** [xor'nal] *m* day's wage
**jornalero, ra** [xorna'lero, ra] *m,f* day labourer
**jota** ['xota] *f* (*baile*) *popular dance of Aragon and Galicia*
**joven** ['xoβen] ◇ *adj* young ◇ *mf* young man (*f* young woman) ◆ **jóvenes** *mpl* (*juventud*) ● **los jóvenes** young people
**joya** ['xoja] *f* **1.** jewel **2.** (*fig*) (*persona*) gem
**joyería** [xoje'ria] *f* jeweller's (shop)
**joyero, ra** [xo'jero, ra] ◇ *m,f* jeweller ◇ *m* jewellery box
**joystick** ['joistik] *m* joystick
**jubilación** [xuβila'θion] *f* **1.** (*retiro*) retirement **2.** (*pensión*) pension
**jubilado, da** [xuβi'laðo, ða] *m,f* pensioner (*UK*), retiree (*US*)
**jubilarse** [xuβi'larse] *vp* to retire
**judaísmo** [xuða'izmo] *m* Judaism
**judía** [xu'ðia] *f* bean ● **judía tierna** young, stringless bean ● **judías blancas** haricot beans (*UK*), navy beans (*US*) ● **judías pintas** kidney beans ● **judías verdes** green beans ➤ **judío**
**judío, a** [xu'ðio, a] ◇ *adj* Jewish ◇ *m,f* Jew
**judo** ['xuðo] *m* judo
**juego** ['xueɣo] *m* **1.** (*entretenimiento, e* *tenis*) game **2.** (*acción*) play **3.** (*con dinerc*) gambling **4.** (*conjunto de objetos*) set **hacer juego (con algo)** to match (sthg ● **juego de azar** game of chance **juego de manos** (conjuring) trick **juegos de sociedad** parlour games **juegos olímpicos** Olympic Games
**juerga** ['xuerɣa] *f* party ● **irse de juerg** to go out on the town
**jueves** ['xueβes] *m inv* Thursday **Jueves Santo** Maundy Thursday ➤ **sábado**
**juez** ['xueθ, θes] (*pl* **-ces**) *mf* judge **juez de línea** (*en fútbol*) linesman
**jugador, ra** [xuɣa'ðor, ra] *m,f* **1.** (*partici* *pante*) player **2.** (*de dinero*) gambler
**jugar** [xu'ɣar] ◇ *vi* **1.** (*entretenerse*) t play **2.** (*con dinero*) to gamble ◇ *vt* t play ◆ **jugar a** *v + prep* (*fútbol, parchí* *etc*) to play ◆ **jugar con** *v + prep* (*n* *tomar en serio*) to play with ◆ **jugarse** *v* **1.** (*arriesgar*) to risk **2.** (*apostar*) to bet
**jugo** ['xuɣo] *m* **1.** (*líquido*) juice **2** (*interés*) substance
**jugoso, sa** [xu'ɣoso, sa] *adj* juicy
**juguete** [xu'ɣete] *m* toy
**juguetería** [xuɣete'ria] *f* toy shop
**juguetón, ona** [xuɣe'ton, ona] *adj* playful
**juicio** ['xuiθio] *m* **1.** (*sensatez*) judgmen **2.** (*cordura*) sanity **3.** (*ante juez, tribuna* trial **4.** (*opinión*) opinion ● **a mi juici** in my opinion
**julio** ['xulio] *m* July ➤ **setiembre**
**junco** ['xunko] *m* reed
**jungla** ['xungla] *f* jungle

**nio** ['xunio] *m* June ➢ **setiembre**
**nta** ['xunta] *f* **1.** committee **2.** *(sesión)* eeting
**ntar** [xun'tar] *vt* **1.** *(dos cosas)* to put gether **2.** *(personas)* to bring together *(fondos, provisiones)* to get together ◆ **ntarse** *vp* **1.** *(ríos, caminos)* to meet **2.** ersonas) to get together **3.** *(pareja)* to e together
**nto, ta** ['xunto, ta] ◇ *adj (unido)* gether ◇ *adv* at the same time ◆ **nto a** *(al lado de)* next to; *(cerca de)* ar ◆ **todo junto** all together
**rado** [xu'raðo] *m* **1.** *(de juicio)* jury **2.** *concurso, oposición)* panel of judges
**rar** [xu'rar] *vt & vi* to swear
**rídico, ca** [xu'riðiko, ka] *adj* legal
**sticia** [xus'tiθia] *f* **1.** justice **2.** *(orga-mo)* law
**stificación** [xustifika'θion] *f* justifica-n
**stificar** [xustifi'kar] *vt* **1.** to justify **2.** ersona) to make excuses for **3.** *(de-strar)* to prove ◆ **justificarse** *vp* *cusarse)* to excuse o.s.
**sto, ta** ['xusto, ta] ◇ *adj* **1.** *(equitativo)* r **2.** *(exacto)* exact **3.** *(adecuado)* right *(apretado)* tight ◇ *adv* just ◆ **justo en** **edio** right in the middle
**venil** [xuβe'nil] *adj (persona)* youthful
**ventud** [xuβen'tuð] *f* **1.** *(etapa de la* a) youth **2.** *(jóvenes)* young people *pl*
**zgado** [xuθ'ɣaðo] *m* **1.** court **2.** *(te-orio)* jurisdiction
**zgar** [xuθ'ɣar] *vt* **1.** *(procesar)* to try **2.** *nsiderar, opinar)* to judge

# kK

**karaoke** [kara'oke] *m* **1.** *(juego)* karaoke **2.** *(lugar)* karaoke bar
**kárate** ['karate] *m* karate
**Kb** *(abr escrita de* **kilobyte)** *m* Kb, KB *(kilobyte)*
**kg** *(abr de* **kilogramo)** kg *(kilogram)*
**kilo** ['kilo] *m (fam)* kilo ◆ **un cuarto de kilo de ...** a quarter of a kilo of ...
**kilobyte** [kilo'βait] *m* kilobyte
**kilogramo** [kilo'ɣramo] *m* kilogram
**kilómetro** [ki'lometro] *m* kilometre ◆ **kilómetros por hora** kilometres per hour
**kimono** [ki'mono] *m* kimono
**kiwi** ['kiwi] *m* kiwi fruit
**kleenex**® ['klineks] *m inv* tissue
**km** *(abr de* **kilómetro)** km *(kilometre)*
**KO** ['kao] *m (abr de* **knock-out)** KO *(knock-out)*

# lL

**l** *(abr de* **litro)** l *(litre)*
**la** [la] ➢ **el, lo**
**laberinto** [laβe'rinto] *m* labyrinth
**labio** ['laβio] *m* lip

**labor** [la'βor] *f* **1.** *(trabajo)* work **2.** *(tarea)* task **3.** *(en agricultura)* farmwork **4.** *(de costura)* needlework
**laborable** [laβo'raβle] ◇ *adj (día)* working ◇ *m* ▼ **sólo laborables** working days only
**laboral** [laβo'ral] *adj* labour *(antes de s)*
**laboratorio** [laβora'torio] *m* laboratory ● **laboratorio fotográfico** developer's (shop)
**laborioso, sa** [laβo'rioso, sa] *adj* **1.** *(trabajador)* hard-working **2.** *(complicado, difícil)* laborious
**labrador, ra** [laβra'ðor, ra] *m,f (agricultor)* farmer
**labrar** [la'βrar] *vt* **1.** *(tierra)* to farm **2.** *(madera, piedra, etc)* to carve
**laca** ['laka] *f* **1.** *(de cabello)* hairspray **2.** *(barniz)* lacquer
**lacio, cia** ['laθio, θia] *adj (cabello)* straight
**lacón** [la'kon] *m* shoulder of pork ● **lacón con grelos** *Galician dish of shoulder of pork with turnip tops*
**lácteo, a** ['lakteo, a] *adj* **1.** *(de leche)* milk *(antes de s)* **2.** *(producto)* dairy *(antes de s)*
**ladera** [la'ðera] *f* **1.** *(de cerro)* slope **2.** *(de montaña)* mountainside
**lado** ['laðo] *m* **1.** side **2.** *(sitio)* place ● **al lado** *(cerca)* nearby ● **al lado de** beside ● **al otro lado de** on the other side of ● **de lado** to one side ● **en otro lado** somewhere else ● **la casa de al lado** the house next door
**ladrar** [la'ðrar] *vi* to bark
**ladrido** [la'ðriðo] *m* bark
**ladrillo** [la'ðriʎo] *m* brick
**ladrón, ona** [la'ðron, ona] ◇ *m,f* **1.** *(de coches)* thief **2.** *(de casas)* burglar **3.** *(de bancos)* robber ◇ *m (enchufe)* adapter
**lagartija** [laɣar'tixa] *f* (small) lizard
**lagarto** [la'ɣarto] *m* lizard
**lago** ['laɣo] *m* lake
**lágrima** ['laɣrima] *f* tear
**laguna** [la'ɣuna] *f* **1.** *(de agua)* lagoon *(de ley)* loophole **3.** *(de memoria)* gap
**lamentable** [lamen'taβle] *adj* pitiful
**lamentar** [lamen'tar] *vt* to be sor[ry] about ◆ **lamentarse** *vp* ● **lamentar[se] (de)** to complain (about)
**lamer** [la'mer] *vt* to lick
**lámina** ['lamina] *f* **1.** *(de papel, metal, et[c])* sheet **2.** *(estampa)* plate
**lámpara** ['lampara] *f* lamp
**lampista** [lam'pista] *m* plumber
**lana** ['lana] *f* **1.** wool **2.** *(Amér) (fam) (dinero)* dough
**lancha** ['lantʒa] *f* boat ● **lancha moto[ra]** motorboat
**langosta** [lan'gosta] *f* **1.** *(crustáceo)* lob[s]ter **2.** *(insecto)* locust
**langostino** [langos'tino] *m* king praw[n] ● **langostinos al ajillo** *king praw[ns] cooked in an earthenware dish in gar[lic] and chilli sauce* ● **langostinos a [la] plancha** grilled king prawns
**lanza** ['lanθa] *f (arma)* spear
**lanzar** [lan'θar] *vt* **1.** *(pelota, dardo, et[c])* to throw **2.** *(producto, novedad)* launch ◆ **lanzarse** *vp* **1.** *(al mar, piscin[a], etc)* to dive **2.** *(precipitarse)* to rush in[to] it
**lapa** ['lapa] *f* limpet
**lapicera** [lapi'θera] *f (CSur)* pen
**lapicero** [lapi'θero] *m* **1.** *(lápiz)* pencil

*Am & Perú)* *(de tinta)* pen
**pida** ['lapiða] *f* memorial stone
**piz** ['lapiθ, θes] *(pl* **-ces**) *m* pencil • **iz de labios** lipstick • **lápiz de ojos** eliner
**rgavistas** [larɣa'bistas] *m inv* *(CSur)* noculars
**rgo, ga** ['larɣo, ɣa] ◇ *adj* long ◇ *m* ngth • **tiene 15 metros de largo** it's metres long • **a la larga** in the long n • **a lo largo de** *(playa, carretera, etc)* ong; *(en el transcurso de)* throughout **de largo recorrido** long-distance
**rgometraje** [larɣome'traxe] *m* feature m
**ringe** [la'rinxe] *f* larynx
**stima** ['lastima] *f* **1.** *(compasión)* pity **2.** *sgusto, pena)* shame • **¡qué lástima!** hat a pity!
**ta** ['lata] *f* **1.** *(envase, lámina)* tin *(UK)*, n **2.** *(de bebidas)* can • **ser una lata** *m)* to be a pain
**tido** [la'tiðo] *m* beat
**tigo** ['latiɣo] *m* whip
**tín** [la'tin] *m* Latin
**tinoamérica** [latinoa'merika] *s* Latin nerica
**tinoamericano, na** [la,tinoameri'ka-, na] *adj* & *m,f* Latin American
**tir** [la'tir] *vi* to beat
**urel** [lau'rel] *m* **1.** *(hoja)* bay leaf **2.** *bol)* laurel
**va** ['laβa] *f* lava
**vabo** [la'βaβo] *m* **1.** *(cuarto de baño)* ilet *(UK)*, bathroom *(US)* **2.** *(pila)* ashbasin *(UK)*, sink *(US)*
**vadero** [laβa'ðero] *m* *(de coches)* car-ash
**lavado** [la'βaðo] *m* wash • **lavado automático** automatic wash
**lavadora** [laβa'ðora] *f* washing machine
**lavanda** [la'βanda] *f* lavender
**lavandería** [laβande'ria] *f* **1.** *(establecimiento)* launderette *(UK)*, laundromat *(US)* **2.** *(de hotel, residencia)* laundry
**lavaplatos** [laβa'platos] ◇ *m inv* *(máquina)* dishwasher ◇ *mf inv* *(persona)* dishwasher
**lavar** [la'βar] *vt* **1.** to wash **2.** • **lavar la ropa** to do the washing o laundry *(US)* **3.** • **lavar los platos** to do the dishes o washing-up ◆ **lavarse** *vp* to wash • **lavarse las manos** to wash one's hands • **lavarse los dientes** to brush one's teeth
**lavavajillas** [,laβaβa'xiʎas] *m inv* **1.** *(máquina)* dishwasher **2.** *(detergente)* washing-up liquid *(UK)*, dish-washing detergent *(US)*
**laxante** [lak'sante] *m* laxative
**lazo** ['laθo] *m* **1.** *(nudo)* bow **2.** *(para animales)* lasso **3.** *(vínculo)* tie, link
**le** [le] *pron* **1.** *(a él)* him **2.** *(a ella)* her **3.** *(a usted)* you
**leal** [le'al] *adj* loyal
**lealtad** [leal'tað] *f* loyalty
**lección** [lek'θion] *f* lesson
**lechal** [le'tʒal] *adj* • **cordero lechal** baby lamb
**leche** ['letʒe] ◇ *f* **1.** milk **2.** *(vulg)* *(golpe)* whack ◇ *interj* shit! • **leche condensada** condensed milk • **leche desnatada** o **descremada** skimmed milk • **leche semidesnatada** semiskimmed milk *(UK)*, low-fat milk *(US)* • **leche entera**

full-cream milk (*UK*), whole milk • **leche frita** *sweet made from fried milk, cornflour and lemon rind* • **leche limpiadora** cleansing milk (*UK*), cleansing cream (*US*)
**lechera** [le'tʒera] *f (jarra)* milk jug ➢ lechero
**lechería** [letʒe'ria] *f* dairy
**lechero, ra** [le'tʒero, ra] *m,f* milkman (*f* milkwoman)
**lecho** ['letʒo] *m* bed
**lechuga** [le'tʒuɣa] *f* lettuce
**lechuza** [le'tʒuθa] *f* owl
**lector, ra** [lek'tor, ra] ◇ *m,f* **1.** *(persona)* reader **2.** *(profesor)* language assistant ◇ *m (aparato)* reader • **lector de DVD** DVD player
**lectura** [lek'tura] *f* reading
**leer** [le'er] *vt & vi* to read
**legal** [le'ɣal] *adj* legal
**legalidad** [leɣali'ðað] *f* **1.** *(cualidad)* legality **2.** *(conjunto de leyes)* law
**legible** [le'xiβle] *adj* legible
**legislación** [lexizla'θi̯on] *f* legislation
**legislatura** [lexizla'tura] *f* term (of office)
**legítimo, ma** [le'xitimo, ma] *adj* **1.** *(legal)* legitimate **2.** *(auténtico)* genuine
**legumbre** [le'ɣumbre] *f* pulse, legume
**lejano, na** [le'xano, na] *adj* distant
**lejía** [le'xia] *f* bleach
**lejos** ['lexos] *adv* **1.** *(en el espacio)* far (away) **2.** *(en el pasado)* long ago **3.** *(en el futuro)* far away • **lejos de** far from • **a lo lejos** in the distance
**lencería** [lenθe'ria] *f* **1.** *(ropa interior)* lingerie **2.** *(tienda)* draper's (shop) (*UK*), dry goods store (*US*)
**lengua** ['lengu̯a] *f* **1.** *(órgano)* tongue *(idioma)* language • **lengua de gato** chocolate finger (biscuit) • **leng[ua] materna** mother tongue • **leng[ua] oficial** official language

## lenguas amerindias

Although Spanish is the offici[al] language of all the Spanish-speak[ing] countries of Latin America, th[e] indigenous communities in man[y] rural areas continue to speak pre[-]Columbian languages. The mos[t] widespread include *Náhuatl* (spo[ken] in Mexico and El Salvador) *Aymara* (Bolivia and Peru) an[d] *Quechua* (Bolivia, Peru and Ecua[dor]).

## lenguas oficiales

Although Spanish is the officia[l] language of the whole of Spai[n,] some autonomous communitie[s] have a second official languag[e] (Catalan in Catalonia, the Balearic and Valencia, Galician in Galicia and Basque in the Basque Coun[try]). These are often the languag[e] of choice for inhabitants of thes[e] regions and are also used in officia[l] settings. Spanish is the officia[l] language in most of Latin America.

**lenguado** [len'gu̯aðo] *m* sole • **lengu[a]do menier** sole meunière
**lenguaje** [len'gu̯axe] *m* language

**engüeta** [len'gueta] *f* tongue
**entamente** [,lenta'mente] *adv* slowly
**ente** ['lente] *m o f* lens ◆ **lentes de contacto** contact lenses ◆ **lentes** *mpl* *(formal)* *(gafas)* spectacles
**enteja** [len'texa] *f* lentil ◆ **lentejas estofadas** *lentil stew with wine*
**entitud** [lenti'tuð] *f* slowness
**ento, ta** ['lento, ta] ◇ *adj* slow ◇ *adv* slowly
**eña** ['leɲa] *f* firewood
**eñador, ra** [leɲa'ðor, ra] *m,f* woodcutter
**eño** ['leɲo] *m* log
**eo** ['leo] *m* Leo
**eón, ona** [le'on, 'ona] *m,f* lion (*f* lioness)
**eopardo** [leo'parðo] *m* **1.** *(animal)* leopard **2.** *(piel)* leopard skin
**eotardos** [leo'tarðos] *mpl* thick tights
**esbiana** [lez'βiana] *f* lesbian
**esión** [le'sion] *f (herida)* injury
**etal** [le'tal] *adj* lethal
**etra** ['letra] *f* **1.** *(signo)* letter **2.** *(de persona)* handwriting **3.** *(de canción)* lyrics *pl* **4.** *(de una compra)* bill of exchange ◆ **letra de cambio** bill of exchange ◆ **letras** *fpl (en enseñanza)* arts
**etrero** [le'trero] *m* sign
**evantamiento** [leβanta'miento] *m (sublevación)* uprising ◆ **levantamiento de pesos** weightlifting
**evantar** [leβan'tar] *vt* **1.** to raise **2.** *(caja, peso, prohibición)* to lift **3.** *(edificio)* to build ◆ **levantarse** *vp* **1.** *(de la cama)* to get up **2.** *(ponerse de pie)* to stand up **3.** *(sublevarse)* to rise up
**evante** [le'βante] *m* **1.** *(este)* east **2.** *(viento)* east wind ◆ **Levante** *m the east coast of Spain between Castellón and Cartagena*
**léxico** ['leksiko] *m* vocabulary
**ley** ['lei] *f* **1.** law **2.** *(parlamentaria)* act
**leyenda** [le'jenda] *f* legend
**liar** [li'ar] *vt* **1.** *(atar)* to tie up **2.** *(envolver)* to roll up **3.** *(fam)* *(complicar)* to muddle up ◆ **liarse** *vp (enredarse)* to get muddled up ◆ **liarse a** *(comenzar a)* to start to
**Líbano** ['liβano] *m* ◆ **(el) Líbano** Lebanon
**libélula** [li'βelula] *f* dragonfly
**liberal** [liβe'ral] *adj* liberal
**liberar** [liβe'rar] *vt* to free
**libertad** [liβer'tað] *f* freedom ◆ **libertades** *fpl (atrevimiento)* liberties
**libertador, ra** [liβerta'ðor, ra] *m,f* liberator
**Libia** ['liβia] *s* Libya
**libra** ['liβra] *f (moneda, unidad de peso)* pound ◆ **libra esterlina** pound (sterling)
**librar** [li'βrar] ◇ *vt* **1.** *(de trabajo)* to free **2.** *(de peligro)* to save **3.** *(letra, orden de pago)* to make out ◇ *vi (tener fiesta)* to be off work ◆ **librarse de** *v + prep (peligro, obligación)* to escape from
**libre** ['liβre] *adj* **1.** free **2.** *(no ocupado)* vacant **3.** *(soltero)* available ◆ **libre de** free from ◆ **libre de impuestos** tax-free ▼ **libre** *(taxi)* for hire
**librería** [liβre'ria] *f* **1.** *(establecimiento)* bookshop **2.** *(mueble)* bookcase
**librero** [li'βrero] *m* *(Chile & Méx)* bookshelf
**libreta** [li'βreta] *f* **1.** *(cuaderno)* note-

book **2.** *(de ahorros)* savings book
**libro** ['liβro] *m* book • **libro de bolsillo** paperback • **libro de cheques** cheque book • **libro de reclamaciones** complaints book • **libro de texto** textbook
**licencia** [li'θenθi̯a] *f* licence • **licencia de conducir** o **manejar** (*Amér*) driving licence (*UK*), driver's license (*US*)
**licenciado, da** [liθen'θi̯aðo, ða] *m,f* graduate
**licenciarse** [liθen'θi̯arse] *vp* **1.** *(en universidad)* to graduate **2.** *(de servicio militar)* to be discharged
**licenciatura** [liθenθi̯a'tura] *f* degree
**liceo** [li'θeo] *m* (*CSur & Ven*) secondary school (*UK*), high school (*US*)
**licor** [li'kor] *m* liquor
**licorería** [likore'ria] *f* *(tienda)* ≃ off-licence (*UK*), ≃ liquor store (*US*)
**licuadora** [liku̯a'ðora] *f* liquidizer (*UK*), blender (*US*)
**líder** ['liðer] *mf* leader
**lidia** ['liði̯a] *f* *(corrida)* bullfight • **la lidia** bullfighting
**liebre** ['li̯eβre] *f* hare
**lienzo** ['li̯enθo] *m* **1.** *(tela)* canvas **2.** *(pintura)* painting
**liga** ['liɣa] *f* **1.** league **2.** *(para medias)* suspender (*UK*), garter (*US*)
**ligar** [li'ɣar] ◇ *vt* **1.** *(atar)* to tie **2.** *(relacionar)* to link ◇ *vi* • **ligar con** (*fam*) to get off with (*UK*), to hook up with (*US*)
**ligeramente** [li,xera'mente] *adv* *(poco)* slightly
**ligero, ra** [li'xero, ra] *adj* **1.** light **2.** *(rápido)* quick **3.** *(ágil)* agile **4.** *(leve)* slight **5.** *(vestido, tela)* thin • **a la ligera** lightly
**light** ['lai̯t] *adj inv* **1.** *(comida)* low-calorie, light **2.** *(bebida)* diet *(antes de s)* **3.** *(cigarrillo)* light
**ligue** ['liɣe] *m* (*fam*) *(relación)* fling • **de ligue** to go out on the pull (*UK*), to go out on the make (*US*)
**liguero** [li'ɣero] *m* suspender belt (*UK*), garter belt (*US*)
**lija** ['lixa] *f* *(papel)* sandpaper
**lijar** [li'xar] *vt* to sandpaper
**lila** ['lila] *adj inv* & *f* lilac
**lima** ['lima] *f* **1.** *(herramienta)* file **2.** *(fruto)* lime • **lima para uñas** nail file
**límite** ['limite] *m* **1.** limit **2.** *(línea de separación)* boundary • **límite de velocidad** speed limit
**limón** [li'mon] *m* lemon
**limonada** [limo'naða] *f* lemonade
**limonero** [limo'nero] *m* lemon tree
**limosna** [li'mozna] *f* alms *pl* • **dar limosna** to give money • **pedir limosna** to beg
**limpiabotas** [limpi̯a'βotas] *m inv* shoeshine (*UK*), boot black (*US*)
**limpiacristales** [,limpi̯akris'tales] ◇ *m inv* *(detergente)* window-cleaning fluid ◇ *mf inv* *(persona)* window cleaner
**limpiador, ra** [limpi̯a'ðor, ra] *m,f* cleaner
**limpiaparabrisas** [,limpi̯apara'βrisas] *m inv* *(de automóvil)* windscreen wiper (*UK*), windshield wiper (*US*) ◇ *mf inv* *(persona)* windscreen cleaner (*UK*), windshield cleaner (*US*)
**limpiar** [lim'pi̯ar] *vt* **1.** *(quitar suciedad)* to clean **2.** *(zapatos)* to polish **3.** *(con trapo)*

wipe **4.** *(mancha)* to wipe away **5.**
*ɪm) (robar)* to pinch • **limpiar la casa**
do the housework
**npieza** [lim'pieθa] *f* **1.** *(cualidad)* clean-
ɪess **2.** *(acción)* cleaning **3.** *(destreza)*
ill **4.** *(honradez)* honesty • **hacer la**
**npieza** to do the cleaning
**npio, pia** ['limpio, pia] *adj* **1.** *(sin*
*ciedad)* clean **2.** *(pulcro)* neat **3.** *(puro)*
ɪre **4.** *(correcto)* honest **5.** *(dinero)* net
**en limpio** *(escrito)* fair
**aje** [li'naxe] *m* lineage
**ice** ['linθe] *m* lynx
**ndo, da** ['lindo, da] *adj* **1.** pretty **2.**
*mér)* *(agradable)* lovely **3.** • **de lo**
do a great deal
**nea** ['linea] *f* **1.** line **2.** *(pauta)* course **3.**
*pecto)* shape • **línea aérea** airline •
**ea telefónica** (telephone) line
**gote** [lin'gote] *m* ingot • **lingote de**
o gold ingot
**ngüística** [lin'guistika] *f* linguistics *sg*
**ngüístico, ca** [lin'guistiko, ka] *adj*
guistic
**io** ['lino] *m* **1.** *(tejido)* linen **2.** *(planta)*
x
**terna** [lin'terna] *f* *(utensilio)* torch
*K)*, flashlight *(US)*
**o** ['lio] *m* **1.** *(paquete)* bundle **2.** *(fam)*
*esorden, embrollo)* mess **3.** *(fam)* *(rela-*
*n amorosa)* affair • **hacerse un lío** to
t muddled up
**quidación** [likiða'θion] *f* **1.** *(de cuenta)*
ttlement **2.** *(de mercancías, género)*
earance sale • **liquidación total**
osing down sale
**quidar** [liki'ðar] *vt* **1.** *(cuenta)* to settle
*(mercancías, existencias)* to sell off **3.**
*(fam)* *(matar)* to bump off
**líquido** ['likiðo] *m* liquid
**lira** ['lira] *f* *(instrumento)* lyre
**lirio** ['lirio] *m* iris
**liso, sa** ['liso, sa] ◇ *adj* **1.** *(llano)* flat **2.**
*(sin asperezas)* smooth **3.** *(vestido, color)*
plain **4.** *(pelo)* straight ◇ *m,f* *(Amér)*
rude person
**lista** ['lista] *f* **1.** *(enumeración)* list **2.** *(de*
*tela)* strip • **lista de boda** wedding list
• **lista de correos** poste restante •
**lista de espera** waiting list • **lista de**
**precios** price list • **lista de vinos** wine
list
**listín** [lis'tin] *m* directory • **listín tele-**
**fónico** telephone directory
**listo, ta** ['listo, ta] ◇ *adj* **1.** *(inteligente,*
*astuto)* clever **2.** *(preparado)* ready ◇
*interj* I'm/we're/it's ready!
**listón** [lis'ton] *m* **1.** *(de madera)* lath **2.**
*(en deporte)* bar
**lisura** [li'sura] *f* *(Amér)* swearword
**litera** [li'tera] *f* **1.** *(de tren)* couchette **2.**
*(de barco)* berth **3.** *(mueble)* bunk (bed)
**literal** [lite'ral] *adj* literal
**literario, ria** [lite'rario, ria] *adj* literary
**literatura** [litera'tura] *f* literature
**litro** ['litro] *m* litre
**llaga** ['ʎaɣa] *f* wound
**llama** ['ʎama] *f* **1.** *(de fuego)* flame **2.**
*(animal)* llama
**llamada** [ʎa'maða] *f* call • **hacer una**
**llamada a cobro revertido** to reverse
the charges *(UK)*, to call collect *(US)* •
**llamada en espera** call waiting •
**llamada interprovincial** national call •
**llamada interurbana** long-distance call
• **llamada local** local call • **llamada**

**metropolitana** local call ● **llamada provincial** ≃ local area call (*UK*), ≃ regional toll call (*US*) ● **llamada telefónica** telephone call

## llamada telefónica

Al responder al teléfono, lo normal es decir *hello*. Algunas personas dicen también su número de teléfono: *Hello. 842157*. En un ambiente de trabajo, lo normal es decir *hello* y el nombre de la persona que ha respondido la llamada. Si la persona que llama dice *can I speak to...?* y esa persona eres tú, respondes diciendo *speaking* en inglés británico y *this is she/he* en inglés americano. La persona que ha recibido la llamada dice *thanks for calling*. Para terminar una llamada de una forma más informal se puede decir *speak to you soon*, y cuando hablas con amigos o familiares, *lots of love*.

**llamar** [ʎa'mar] ◇ *vt* to call ◇ *vi* **1.** *(a la puerta)* to knock **2.** *(al timbre)* to ring ● **llamar por teléfono** to phone ◆ **llamarse** *vp* to be called ● **¿cómo te llamas?** what's your name?

**llano, na** ['ʎano, na] ◇ *adj* **1.** *(superficie, terreno)* flat **2.** *(amable)* straightforward ◇ *m* plain

**llanta** ['ʎanta] *f* **1.** *(de rueda)* rim **2.** *(Amér) (rueda de coche, camión)* wheel, tyre

**llanura** [ʎa'nura] *f* plain

**llave** ['ʎaβe] *f* **1.** key **2.** *(para tuercas)* spanner (*UK*), wrench (*US*) **3.** *(sig ortográfico)* curly bracket ● **echar llave** to lock up ● **llave de contac** ignition key ● **llave inglesa** monk wrench ● **llave maestra** master key **llave de paso** mains tap

**llegada** [ʎe'ɣaða] *f* **1.** *(de viaje, trayec etc)* arrival **2.** *(en deporte)* finish **llegadas** *fpl (de tren, avión, etc)* arriv ▼ **llegadas internacionales** internati nal arrivals

**llegar** [ʎe'ɣar] *vi* **1.** *(a un lugar)* to arri **2.** *(fecha, momento)* to come **3.** *( suficiente)* to be enough ● **llegar a hasta** *(extenderse)* to reach ● **no lleg a verla** I didn't manage to see her

**llegar a** *v + prep* **1.** *(presidente, director)* become **2.** *(edad, altura, temperatura)* reach ● **llegar a conocer** to get know ● **llegar a ser** to become

**llenar** [ʎe'nar] *vt* **1.** *(recipiente, espacio)* fill **2.** *(impreso)* to fill out ◆ **llenarse** **1.** *(lugar)* to fill up **2.** *(hartarse)* to be f ◆ **llenarse de** *v + prep (cubrirse)* to g covered with

**lleno, na** ['ʎeno, na] ◇ *adj* **1.** *(ocupad* full **2.** *(espectáculo, cine)* sold out ◇ *m ( espectáculo)* full house ● **de lle** *(totalmente)* completely

**llevar** [ʎe'βar]

◇ *vt* **1.** *(transportar)* to carry ● **el bar lleva carga y pasajeros** the boat carri cargo and passengers **2.** *(acompañar)* take ● **llevó al niño a casa** she to the child home ● **me llevaron coche** they drove me there **3.** *(prend objeto personal)* to wear ● **lleva gaf** he wears glasses ● **no llevamos dine**

: don't have any money on us **4.** *oche, caballo)* to handle **5.** *(conducir)* ◆ **var a alguien a** to lead sb to **6.** *:uparse, dirigir)* to be in charge of ◆ **va muy bien sus estudios** he's doing ry well in his studies **7.** *(tener)* to ve ◆ **llevar el pelo largo** to have ıg hair ◆ **llevas las manos sucias** ur hands are dirty **8.** *(soportar)* to al with **9.** *(con tiempo)* ◆ **lleva tres nanas de viaje** he's been travelling : three weeks ◆ **me llevó mucho mpo hacer el trabajo** I took a long ne to get the work done **10.** *(sobre-sar)* ◆ **te llevo seis puntos** I'm six ints ahead of you ◆ **le lleva seis os** she's six years older than him *ʼi* **1.** *(dirigirse)* to lead ◆ **este camino va a Madrid** this road leads to adrid **2.** *(haber)* ◆ **llevo leída media vela** I'm halfway through the novel *(estar)* ◆ **lleva viniendo cada día** she's en coming every day **.levarse** *vp (coger)* to take; *(conseguir, ibir)* to get; *(estar de moda)* to be in shion) ◆ **llevarse bien/mal (con)** to t on well/badly (with)

**rar** [ʎo'rar] ◇ *vi* to cry ◇ *vt* to mourn

**rón, ona** [ʎo'ron, ona] *m,f* crybaby

**ver** [ʎo'βer] ◇ *vi* ◆ **está lloviendo** it's ning ◇ *vi (ser abundante)* to rain wn ◆ **llover a cántaros** to rain cats d dogs

**vizna** [ʎo'βiθna] *f* drizzle

**viznar** [ʎoβiθ'nar] *vi* ◆ **está lloviz-ndo** it's drizzling

**via** ['ʎuβja] *f* **1.** rain **2.** *(fig) (de guntas)* barrage

**lluvioso, sa** [ʎu'βjoso, sa] *adj* rainy

**lo, la** [lo, la] ◇ *pron* **1.** *(cosa)* it, them *pl* **2.** *(persona)* him *(f* her), them *pl* **3.** *(usted, ustedes)* you ◇ *pron neutro* it ◇ *art* ◆ **lo mejor** the best ◆ **lo bueno del asunto** the good thing about it ◆ **ella es guapa, él no lo es** she's good-looking, he isn't ◆ **siento lo de tu padre** I'm sorry about your father ◆ **lo que** what

**lobo, ba** ['loβo, βa] *m,f* wolf

**local** [lo'kal] ◇ *adj* local ◇ *m (lugar)* premises *pl*

**localidad** [lokali'ðað] *f* **1.** *(población)* town **2.** *(asiento)* seat **3.** *(entrada)* ticket

**localización** [lokaliθa'θjon] *f* location

**localizar** [lokali'θar] *vt* **1.** *(encontrar)* to locate **2.** *(limitar)* to localize ◆ **locali-zarse** *vp (situarse)* to be located

**loción** [lo'θjon] *f* lotion ◆ **loción bronceadora** suntan lotion

**loco, ca** ['loko, ka] ◇ *adj* mad ◇ *m,f* madman *(f* madwoman) ◆ **loco por** *(aficionado)* mad *(UK)* o crazy *(US)* about ◆ **a lo loco** *(sin pensar)* hastily ◆ **volver loco a alguien** to drive sb crazy

**locomotora** [lokomo'tora] *f* engine, locomotive

**locura** [lo'kura] *f* **1.** *(falta de juicio)* madness **2.** *(acción insensata)* folly

**locutor, ra** [loku'tor, ra] *m,f* presenter

**locutorio** [loku'torjo] *m* **1.** *(de emisora)* studio **2.** *(de convento)* visiting room

**lodo** ['loðo] *m* mud

**lógica** ['loxika] *f* logic

**lógico, ca** ['loxiko, ka] *adj* logical

**logrado, da** [lo'ɣraðo, ða] *adj (bien hecho)* accomplished

**lograr** [lo'ɣrar] *vt* **1.** *(resultado, objetivo)* to achieve **2.** *(beca, puesto)* to obtain • **lograr hacer algo** to manage to do sthg • **lograr que alguien haga algo** to manage to get sb to do sthg
**logro** ['loɣro] *m* achievement
**lombriz** [lom'briθ, θes] (*pl* **-ces**) *f* earthworm
**lomo** ['lomo] *m* **1.** *(de animal)* back **2.** *(carne)* loin **3.** *(de libro)* spine • **lomo de cerdo** pork loin • **lomo embuchado** *pork loin stuffed with seasoned mince* • **lomo ibérico** *cold, cured pork sausage* • **lomos de merluza** hake steak *sg*
**lona** ['lona] *f* canvas
**loncha** ['lontʒa] *f* slice
**lonche** ['lontʒe] *m* (*Amér*) lunch
**Londres** ['londres] *s* London
**longaniza** [longa'niθa] *f type of spicy, cold pork sausage*
**longitud** [lonxi'tuð] *f* length
**lonja** ['lonxa] *f* **1.** *(edificio)* exchange **2.** *(loncha)* slice
**loro** ['loro] *m* parrot
**lote** ['lote] *m* *(porción)* share
**lotería** [lote'ria] *f* lottery • **lotería primitiva** *twice-weekly state-run lottery*
**lotero, ra** [lo'tero, ra] *m.f* lottery ticket seller
**loza** ['loθa] *f* **1.** *(material)* earthenware **2.** *(porcelana)* china **3.** *(vajilla)* crockery
**Ltda.** (*abr de* **limitada**) Ltd. *(limited)*
**lubina** [lu'βina] *f* sea bass
**lubricante** [luβri'kante] *m* lubricant
**lucha** ['lutʒa] *f* **1.** *(pelea)* fight **2.** *(oposición)* struggle • **lucha libre** all-in wrestling
**luchador, ra** [lutʒa'ðor, ra] *m.f* fighter
**luchar** [lu'tʒar] *vi* **1.** *(pelear)* to fight **2.** *(esforzarse)* to struggle
**luciérnaga** [lu'θjernaɣa] *f* glow-worm
**lucir** [lu'θir] ◇ *vt (llevar puesto)* to we ◇ *vi* **1.** to shine **2.** (*Amér*) *(verse bi* to look good ◆ **lucirse** *vp* **1.** *(quedar bi* to shine **2.** *(exhibirse)* to be seen (*fam*) *(hacer el ridículo)* to mess thir up
**lucro** ['lukro] *m* profit
**lúdico, ca** ['luðiko, ka] *adj* • **activida lúdicas** fun and games
**luego** ['lueɣo] ◇ *adv* **1.** *(justo despu* then **2.** *(más tarde)* later **3.** (*Am* *(pronto)* soon ◇ *conj* so • **desde lue** *(sin duda)* of course; *(para reprochar)* heaven's sake • **luego luego** (*Chile Méx*) straight away
**lugar** [lu'ɣar] *m* place • **tener lugar** take place • **en lugar de** instead of
**lujo** ['luxo] *m* **1.** luxury **2.** *(abundanc* profusion • **de lujo** luxury *(antes de*
**lujoso, sa** [lu'xoso, sa] *adj* luxurious
**lujuria** [lu'xuria] *f* lust
**lumbago** [lum'baɣo] *m* lumbago
**luminoso, sa** [lumi'noso, sa] *adj* brig
**luna** ['luna] *f* **1.** *(astro)* moon **2.** *(de vidr* window (pane)
**lunar** [lu'nar] *m* *(de la piel)* mole **lunares** *mpl* *(estampado)* spots (*U* polka dots (*US*)
**lunes** ['lunes] *m inv* Monday ➢ **sába**
**luneta** [lu'neta] *f (de coche)* windscre (*UK*), windshield (*US*) • **luneta térr ca** demister (*UK*), defogger (*US*)
**lupa** ['lupa] *f* magnifying glass
**lustrabotas** [lustra'βotas] *m inv* (*And & RP*) bootblack

**trador** [lustra'ðor] *m* (*Andes & RP*)
›tblack
**o** ['luto] *m* mourning
['luθ, θes] (*pl* **-ces**) *f* **1.** light **2.**
›ctricidad) electricity • **luz solar**
ılight • **dar a luz** to give birth •
**es** *fpl (de coche)* lights
**ra** ® ['likra] *f* Lycra ®

# mM

(*abr de* **metro**) m (*metre*)
**canudo** [maka'nuðo] *adj* (*CSur & ú*) (*fam*) great
**carrones** [maka'rones] *mpl* macaroni

**cedonia** [maθe'ðonia] *f* • **macedo- (de frutas)** fruit salad
**ceta** [ma'θeta] *f* flowerpot
**chacar** [matʒa'kar] *vt* to crush
**chismo** [ma'tʒizmo] *m* machismo
**chista** [ma'tʒista] *mf* male chauvi-
t
**cho** ['matʒo] ◇ *adj* **1.** (*animal, pieza*) le **2.** (*hombre*) macho ◇ *m* **1.** (*animal*) le **2.** (*de enchufe*) male plug
**cizo, za** [ma'θiθo, θa] ◇ *adj* solid ◇ *m* (*de montañas*) massif **2.** (*de flores*) verbed
**cramé** [makra'me] *m* macramé
**cuto** [ma'kuto] *m* backpack
**deja** [ma'ðexa] *f* hank
**dera** [ma'ðera] *f* **1.** wood **2.** (*pieza*) ce of wood • **de madera** wooden

**madrastra** [ma'ðrastra] *f* stepmother
**madre** ['maðre] *f* mother • **madre política** mother-in-law • **madre soltera** single mother • **¡madre mía!** Jesus!
**madreselva** [maðre'selβa] *f* honeysuckle
**Madrid** [ma'ðrið] *s* Madrid
**madriguera** [maðri'γera] *f* **1.** (*de tejón*) den **2.** (*de conejo*) burrow
**madrileño, ña** [maðri'leɲo, ɲa] ◇ *adj* of/ relating to Madrid ◇ *m,f* native/inhabitant of Madrid
**madrina** [ma'ðrina] *f* **1.** (*de bautizo*) godmother **2.** (*de boda*) bridesmaid **3.** (*de fiesta, acto*) patroness
**madrugada** [maðru'γaða] *f* **1.** (*noche*) early morning **2.** (*amanecer*) dawn
**madrugador, ra** [maðruγa'ðor, ra] *adj* early-rising
**madrugar** [maðru'γar] *vi* to get up early
**madurar** [maðu'rar] ◇ *vt* (*proyecto, plan, idea*) to think through ◇ *vi* **1.** (*fruto*) to ripen **2.** (*persona*) to mature
**madurez** [maðu'reθ] *f* **1.** (*sensatez*) maturity **2.** (*edad adulta*) adulthood **3.** (*de fruto*) ripeness
**maduro, ra** [ma'ðuro, ra] *adj* **1.** (*fruto, grano*) ripe **2.** (*sensato, mayor*) mature **3.** (*proyecto, plan, idea*) well thought-out
**maestría** [maes'tria] *f* (*habilidad*) mastery
**maestro, tra** [ma'estro, tra] *m,f* **1.** (*de escuela*) teacher **2.** (*de arte, oficio*) master **3.** (*músico*) maestro
**mafia** ['mafia] *f* mafia
**magdalena** [maγða'lena] *f* fairy cake (*UK*), cupcake (*US*)

**magia** ['maxi̯a] *f* magic
**mágico, ca** ['maxiko, ka] *adj* **1.** *(maravilloso)* magical **2.** *(de la magia)* magic
**magistrado, da** [maxis'traðo, ða] *m,f* *(de justicia)* judge
**magistratura** [maxistra'tura] *f* **1.** *(tribunal)* tribunal **2.** *(cargo)* judgeship
**magnate** [maɣ'nate] *m* magnate
**magnesio** [maɣ'nesi̯o] *m* magnesium
**magnético, ca** [maɣ'netiko, ka] *adj* magnetic
**magnetófono** [maɣne'tofono] *m* tape recorder
**magnífico, ca** [maɣ'nifiko, ka] *adj* magnificent
**magnitud** [maɣni'tuð] *f* magnitude
**magnolia** [maɣ'noli̯a] *f* magnolia
**mago, ga** ['maɣo, ɣa] *m,f* **1.** *(en espectáculo)* magician **2.** *(personaje fantástico)* wizard
**magro, gra** ['maɣro, ɣra] *adj* *(carne)* lean
**maicena** [mai̯'θena] *f* cornflour *(UK)*, cornstarch *(US)*
**maillot** [ma'ʎot] *m* **1.** *(de ballet, deporte)* maillot **2.** *(de ciclista)* jersey
**maíz** [ma'iθ] *m* maize *(UK)*, corn *(US)*
**majestuoso, sa** [maxes'tu̯oso, sa] *adj* majestic
**majo, ja** ['maxo, xa] *adj* **1.** *(agradable)* nice **2.** *(bonito)* pretty
**mal** ['mal] ◇ *m* **1.** *(daño)* harm **2.** *(enfermedad)* illness ◇ *adv* **1.** *(incorrectamente)* wrong **2.** *(inadecuadamente)* badly ◇ *adj* ➢ **malo** • **el mal** evil • **encontrarse mal** to feel ill • **oír/ver mal** to have poor hearing/eyesight • **oler mal** to smell bad • **saber mal** to taste bad • **sentar mal a alguien** *(ro*… not to suit sb; *(comida)* to disagree w… sb; *(comentario)* to upset sb • **ir de m**… **en peor** to go from bad to worse
**Malasia** [ma'lasi̯a] *s* Malaysia
**malcriar** [malkri̯'ar] *vt* to spoil
**maldad** [mal'dað] *f* **1.** *(cualidad)* evil *(acción)* evil thing
**maldición** [maldi'θi̯on] *f* curse
**maldito, ta** [mal'dito, ta] *adj* damned
**¡maldita sea!** damn it!
**maleable** [male'aβle] *adj* malleable
**malecón** [male'kon] *m* **1.** *(atracade*… jetty **2.** *(rompeolas)* breakwater *(Amér)* *(passeo marítimo)* seafront p… menade
**maleducado, da** [maleðu'kaðo, ða] rude
**malentendido** [ˌmalenten'diðo] *m* m… understanding
**malestar** [males'tar] *m* **1.** *(inquiet*… uneasiness **2.** *(dolor)* discomfort
**maleta** [ma'leta] *f* suitcase • **hacer maletas** to pack (one's bags)
**maletero** [male'tero] *m* boot *(U*… trunk *(US)*
**maletín** [male'tin] *m* briefcase
**malformación** [ˌmalforma'θi̯on] *f* m… formation
**malgastar** [malɣas'tar] *vt* *(dinero, esfu*… *zo, tiempo)* to waste
**malhablado, da** [mala'βlaðo, ða] foul-mouthed
**malhechor, ra** [male'tʒor, ra] *adj* … minal
**malhumorado, da** [ˌmalumo'raðo, … *adj* bad-tempered
**malicia** [ma'liθi̯a] *f* **1.** *(maldad)* wick…

...s **2.** *(mala intención)* malice **3.** *(astucia)* ...rpness
...**lintencionado, da** [ˌmalintenθjo-ðo, ða] *adj* malicious
...**lla** [ˈmaʎa] *f* **1.** *(tejido)* mesh **2.** *(traje)* ...tard ◆ **mallas** *fpl* *(pantalones)* leg-...gs
...**llorca** [maˈʎorka] *s* Majorca
...**lo, la** [ˈmalo, la] *(peor es el compa-...vo y el superlativo de* **malo***)* *adj* **1.** bad ...*travieso)* naughty ● **estar malo** *(enfer-...)* to be ill ● **estar de malas** to be in a ...l mood ● **por las malas** by force
...**lograr** [maloˈɣrar] *vt* *(Amér)* to ...ste ◆ **malograrse** *vp* *(Amér)* to fail
...**lpensado, da** [malpenˈsaðo, ða] *m,f* ...licious person
...**ltratador, ra** *m,f* domestic abuser
...**ltratar** [maltraˈtar] *vt* **1.** *(persona)* to ...treat **2.** *(objeto)* to damage
...**má** [maˈma] *f* *(fam)* mum *(UK)*, ...m *(US)* ● **mamá grande** *(Amér)* ...ndma
...**madera** [mamaˈðera] *f* **1.** *(CSur & ...ú)* *(biberón)* (baby's) bottle **2.** *(tetilla)* ...t *(UK)*, nipple *(US)*
...**mar** [maˈmar] *vt & vi* to suckle
...**mífero** [maˈmifero] *m* mammal
...**mila** [maˈmila] *f* *(Cuba, Méx & Ven)* ...y bottle
...**mpara** [mamˈpara] *f* screen
...**nada** [maˈnaða] *f* *(de vacas)* herd
...**nager** [ˈmanajer] *m* manager
...**nantial** [mananˈtjal] *m* spring
...**ncha** [ˈmantʒa] *f* stain
...**nchar** [manˈtʒar] *vt* **1.** *(ensuciar)* to ...ke dirty **2.** *(con manchas)* to stain ◆
...**ncharse** *vp* to get dirty

**manco, ca** [ˈmanko, ka] *adj* one-handed
**mancuerna** [manˈkuerna] *f* *(Amér)* cufflink
**mandar** [manˈdar] *vt* **1.** *(suj: ley, orden)* to decree **2.** *(ordenar)* to order **3.** *(dirigir)* to be in charge of **4.** *(enviar)* to send ● **mandar hacer algo** to have sthg done ● **¿mande?** *(Amér)* eh? *(UK)*, excuse me? *(US)*
**mandarina** [mandaˈrina] *f* mandarin, tangerine
**mandíbula** [manˈdiβula] *f* jaw
**mando** [ˈmando] *m* **1.** *(autoridad)* command **2.** *(jefe)* leader **3.** *(instrumento)* control ● **mando a distancia** remote control
**manecilla** [maneˈθiʎa] *f* hand *(of clock)*
**manejable** [maneˈxaβle] *adj* manageable
**manejar** [maneˈxar] *vt* **1.** *(herramienta, persona)* to handle **2.** *(aparato)* to operate **3.** *(dinero)* to manage **4.** *(Amér)* *(conducir)* to drive
**manejo** [maˈnexo] *m* **1.** *(de instrumento)* handling **2.** *(de aparato)* operation **3.** *(de dinero)* management **4.** *(engaño, astucia)* intrigue
**manera** [maˈnera] *f* way ● **lo hizo de cualquier manera** he did it any old how ● **de cualquier manera, no me queda dinero** anyway, I don't have any money left ● **de esta manera** *(así)* this way ● **de ninguna manera** certainly not ● **de manera que** *(así que)* so (that) ◆ **maneras** *fpl* *(comportamiento)* manners
**manga** [ˈmanga] *f* **1.** *(de vestido)* sleeve **2.**

*(tubo flexible)* hosepipe (*UK*), hose (*US*) **3.** *(de campeonato)* round
**mango** ['mango] *m* **1.** *(asa)* handle **2.** *(fruto)* mango
**manguera** [man'gera] *f* hosepipe (*UK*), hose (*US*)
**maní** [ma'ni] *m* (*Andes, CAm & RP*) peanut
**manía** [ma'nia] *f* **1.** *(obsesión)* obsession **2.** *(afición exagerada)* craze **3.** *(antipatía)* dislike
**maniático, ca** [mani'atiko, ka] ◇ *adj* *(tiquismiquis)* fussy ◇ *m,f* • **es un maniático del fútbol** he's football crazy
**manicomio** [mani'komio] *m* mental hospital
**manicura** [mani'kuɾa] *f* manicure • **hacerse la manicura** to have a manicure
**manifestación** [manifesta'θion] *f* **1.** *(de personas)* demonstration **2.** *(muestra)* display **3.** *(declaración)* expression
**manifestante** [manifes'tante] *mf* demonstrator
**manifestar** [manifes'taɾ] *vt* **1.** *(declarar)* to express **2.** *(mostrar)* to show ◆ **manifestarse** *vp* to demonstrate
**manifiesto, ta** [mani'fiesto, ta] ◇ *adj* clear ◇ *m* manifesto
**manillar** [mani'ʎaɾ] *m* handlebars *pl*
**maniobra** [ma'nioβɾa] *f* **1.** *(de coche, barco, tren)* manoeuvre **2.** *(astucia)* trick
**manipular** [manipu'laɾ] *vt* **1.** *(con las manos)* to handle **2.** *(persona, información)* to manipulate
**maniquí** [mani'ki] ◇ *m (muñeco)* dummy ◇ *mf (persona)* model
**manito** [ma'nito] *m* (*Amér*) (*fam*) pal
**manivela** [mani'βela] *f* crank
**mano** ['mano] ◇ *f* **1.** hand **2.** *(capa)* c[oat] ◇ *m* (*CAm & Méx*) pal • **tuve q[ue] escribirlo a mano** I had to write it [by] hand • **¿tienes una calculadora [a] mano?** do you have a calculator [to] hand? • **a mano derecha** on the rig[ht] • **de segunda mano** second-hand • **dar la mano a alguien** to shake han[ds] with sb • **echar una mano a alguien** [to] lend sb a hand • **mano de ob[ra]** *(trabajadores)* workforce
**manoletina** [manole'tina] *f (zapato)* *ty[pe] of open, low-heeled shoe, often with [a] bow*
**manopla** [ma'nopla] *f* mitten
**manosear** [manose'aɾ] *vt* to han[dle] roughly
**mansión** [man'sion] *f* mansion
**manso, sa** ['manso, sa] *adj* **1.** *(anim[al])* tame **2.** *(persona)* gentle
**manta** ['manta] *f* blanket
**manteca** [man'teka] *f* **1.** *(de animal)* fa[t] **2.** *(de cerdo)* lard **3.** *(de cacao, leche)* but[ter]
**mantecado** [mante'kaðo] *m* **1.** *(dul[ce])* shortcake **2.** *(sorbete)* *ice-cream made [with] milk, eggs and sugar*
**mantel** [man'tel] *m* tablecloth
**mantelería** [mantele'ria] *f* table line[n]
**mantener** [mante'ner] *vt* **1.** to keep **2.** *(sujetar)* to support **3.** *(defender)* maintain **4.** *(relación, correspondencia)* have ◆ **mantenerse** *vp* **1.** *(edificio)* to [be] standing **2.** *(alimentarse)* to support o[neself]
**mantenimiento** [manteni'miento] *m* **1.** *(de persona)* sustenance **2.** *(de edifi[cio,] coche)* maintenance
**mantequería** [manteke'ria] *f* dairy

**tequilla** [mante'kiʎa] *f* butter
**tero, ra** *m,f (fam) (vendedor calle-* person who sells bootleg CDs *ayed on a cloth on the pavement*
**tilla** [man'tiʎa] *f (de mujer)* mantilla
**tón** [man'ton] *m* shawl
**ual** [ma'nual] *adj* & *m* manual
**uscrito** [manus'krito] *m* manu-t
**zana** [man'θana] *f* **1.** *(fruto)* apple **2.** *:asas)* block ◈ **manzana al horno** d apple
**zanilla** [manθa'niʎa] *f* **1.** *(infusión)* omile tea **2.** *(vino)* manzanilla rry)
**zano** [man'θano] *m* apple tree
**ana** [ma'ɲana] ◇ *f* morning ◇ *adv* & morrow ◈ **las dos de la mañana** o'clock in the morning ◈ **mañana la mañana** tomorrow morning ◈ **a mañana** in the morning
**a** ['mapa] *m* map
**ueta** [ma'keta] *f* model
**uillaje** [maki'ʎaxe] *m* **1.** *(producto)* e-up **2.** *(acción)* making-up
**uillar** [maki'ʎar] *vt* to make up ◆ **uillarse** *vp* to put on one's make
**uina** ['makina] *f* **1.** *(aparato)* ma-e **2.** *(locomotora)* engine **3.** *(Amér) e)* car ◈ **a máquina** by machine ◈ **uina de afeitar** electric razor ◈ **uina de coser** sewing machine ◈ **uina de escribir** typewriter ◈ **uina fotográfica** camera ◈ **máqui-agaperras** slot machine
**uinaria** [maki'naria] *f (conjunto de inas)* machinery
**maquinilla** [maki'niʎa] *f* razor
**maquinista** [maki'nista] *mf (de metro, tren)* engine driver *(UK)*, engineer *(US)*
**mar** ['mar] *m o f* sea ◆ **Mar** *m* ◈ **el Mar del Norte** the North Sea
**maracas** [ma'rakas] *fpl* maracas
**maratón** [mara'ton] *m* **1.** marathon
**maravilla** [mara'βiʎa] *f* **1.** *(cosa extraordinaria)* marvel **2.** *(impresión)* wonder
**maravilloso, sa** [maraβi'ʎoso, sa] *adj* marvellous
**marca** ['marka] *f* **1.** *(señal, huella)* mark **2.** *(nombre)* brand **3.** *(en deporte)* record ◈ **de marca** *(ropa, producto)* designer *(antes de s)* ◈ **marca registrada** registered trademark
**marcado, da** [mar'kaðo, ða] *adj* marked
**marcador** [marka'ðor] *m* **1.** *(panel)* scoreboard **2.** *(rotulador)* marker (pen)
**marcapasos** [marka'pasos] *m inv* pacemaker
**marcar** [mar'kar] *vt* **1.** *(poner señal)* to mark **2.** *(anotar)* to note down **3.** *(un tanto)* to score **4.** *(suj: termómetro, contador)* to read **5.** *(suj: reloj)* to say **6.** *(número de teléfono)* to dial **7.** *(pelo)* to set **8.** *(con el precio)* to price ◈ **marcar un gol** to score a goal ◈ **marcar un número** to dial a number
**marcha** ['martʒa] *f* **1.** *(partida)* departure **2.** *(de vehículo)* gear **3.** *(desarrollo)* progress **4.** *(fam) (animación)* life **5.** *(pieza musical)* march ◈ **dar marcha atrás** to reverse ◈ **en marcha** *(motor)* running ◈ **poner en marcha** to start
**marchar** [mar'tʒar] *vi* **1.** *(aparato, mecanismo)* to work **2.** *(asunto, negocio)* to go

well **3.** *(soldado)* to march ◆ **marcharse** *vp* **1.** *(irse)* to go **2.** *(partir)* to leave
**marchitarse** [martʒi'tarse] *vp* to wither
**marchoso, sa** [mar'tʒoso, sa] *adj (fam)* lively
**marciano, na** [mar'θi̯ano, na] *m,f* **1.** *(de Marte)* Martian **2.** *(extraterrestre)* alien
**marco** ['marko] *m* **1.** frame **2.** *(límite)* framework
**marea** [ma'rea] *f* tide ● **marea negra** oil slick
**mareado, da** [mare'aðo, ða] *adj* **1.** *(con náuseas)* sick **2.** *(en coche)* carsick **3.** *(en barco)* seasick **4.** *(en avión)* airsick **5.** *(aturdido)* dizzy
**marearse** [mare'arse] *vp* **1.** *(en coche)* to be carsick **2.** *(en barco)* to be seasick **3.** *(en avión)* to be airsick **4.** *(aturdirse)* to get dizzy
**marejada** [mare'xaða] *f* heavy sea
**marejadilla** [marexa'ðiʎa] *f* slight swell
**maremoto** [mare'moto] *m* tidal wave
**mareo** [ma'reo] *m* **1.** *(náuseas)* sickness **2.** *(aturdimiento)* dizziness
**marfil** [mar'fil] *m* ivory
**margarina** [marɣa'rina] *f* margarine
**margarita** [marɣa'rita] *f* daisy
**margen** ['marxen] ◇ *m* **1.** *(de página, beneficio)* margin **2.** *(de camino)* side **3.** *(tiempo, de actuar)* leeway ◇ *f (de río)* bank
**marginación** [marxina'θi̯on] *f* exclusion
**marginado, da** [marxi'naðo, ða] *m,f* outcast
**mariachi** [ma'ri̯atʒi] *m (Méx) (orquesta)* mariachi band

## mariachi

Mariachi bands are now a ster
typical image of Mexico. Eas
recognized by their black trouse
tight-fitting bolero jackets a
broad-brimmed *sombreros*, they p
their music at festivals, in
streets and in restaurants, and
sometimes also hired to entertair
birthdays and weddings.

**maricón** [mari'kon] *m (vulg)* poof
**marido** [ma'riðo] *m* husband
**marihuana** [mari'wana] *f* marijuan
**marina** [ma'rina] *f* **1.** *(armada)* nav
*(cuadro)* seascape
**marinero, ra** [mari'nero, ra] *adj (r*
sailor *(antes de s)* ● **a la mari**
*cooked in a white wine and garlic s*
**marino** [ma'rino] *m* sailor
**marioneta** [mari̯o'neta] *f (muñeco)* p
pet ◆ **marionetas** *fpl (teatro)* pu
show *sg*
**mariposa** [mari'posa] *f* butterfly
**mariquita** [mari'kita] *f* ladybird (
ladybug *(US)*
**mariscada** [maris'kaða] *f* seafood d
**marisco** [ma'risko] *m* seafood
**marisma** [ma'rizma] *f* salt marsh
**marítimo, ma** [ma'ritimo, ma] *a*
*(paseo)* seaside *(antes de s)* **2.** *(b*
seagoing
**mármol** ['marmol] *m* marble
**marqués, esa** [mar'kes, sa] *m,f* mar
*(f* marchioness)
**marquesina** [marke'sina] *f* **1.** *(de pu*
*andén)* glass canopy **2.** *(parada de*

bus shelter
**rrano, na** [ma'rano, na] ◇ *adj* **1.** *io)* filthy **2.** *(innoble)* contemptible *f (cerdo)* pig
**rrón** [ma'ron] *adj inv* brown
**rroquí** [maro'ki] *adj & mf* Moroccan
**rruecos** [ma'ruekos] *s* Morocco
**rtes** ['martes] *m inv* Tuesday ➢ **ado**
**rtillo** [mar'tiʎo] *m* hammer
**rtir** ['martir] *mf* martyr
**rzo** ['marθo] *m* March ➢ **setiembre**
**s** ['mas]
*dv* **1.** *(comparativo)* more ● **Pepe es s ambicioso** Pepe is more ambitious **tengo más hambre** I'm hungrier ● **de/que** more than ● **más ... que ...** re ... than ... ● **de más** *(de sobra)* over **2.** *(superlativo)* ● **el/la más ...** most ... ● **el más listo** the verest **3.** *(en frases negativas)* any re ● **no necesitas más trabajo** you 't need any more work **4.** *(con pron rogativo o indefinido)* else ● **¿quién/ más?** who/what else? ● **nadie s** no one else **5.** *(indica intensidad)* ● **é día más bonito!** what a lovely day! **¡es más tonto!** he's so stupid! **6.** *ica suma)* plus ● **dos más dos igual a tro** two plus two is four **7.** *(indica erencia)* ● **más vale que te quedes casa** it would be better for you to at home **8.** *(en locuciones)* ● **es más** at is more ● **más bien** rather ● **s o menos** more or less ● **poco más** e more ● **por más que** however ch ● **por más que lo intente** wever hard she tries ● **¿qué más da?** what difference does it make? ◇ *m inv* ● **tiene sus más y sus menos** it has its good points and its bad points
**masa** ['masa] *f* **1.** mass **2.** *(de pan, bizcocho)* dough **3.** *(Amér) (dulce) small cake*
**masaje** [ma'saxe] *m* massage
**masajista** [masa'xista] *mf* masseur (*f* masseuse)
**mascar** [mas'kar] *vt* to chew
**máscara** ['maskara] *f* mask
**mascarilla** [maska'riʎa] *f* **1.** *(crema, loción)* face pack *(UK)* o mask *(US)* **2.** *(para nariz y boca)* mask
**mascota** [mas'kota] *f* mascot
**masculino, na** [masku'lino, na] *adj* **1.** *(sexo)* male **2.** *(viril)* manly **3.** *(en gramática)* masculine
**masía** [ma'sia] *f* farm *(in Aragon or Catalonia)*
**masticar** [masti'kar] *vt* to chew
**mástil** ['mastil] *m (de barco)* mast
**matadero** [mata'ðero] *m* slaughterhouse
**matador** [mata'ðor] *m* matador
**matamoscas** [mata'moskas] *m inv* **1.** *(palo)* flyswatter **2.** *(espray)* flyspray
**matanza** [ma'tanθa] *f* **1.** *(de personas, animales)* slaughter **2.** *(de cerdo)* pig-killing
**matar** [ma'tar] *vt* **1.** to kill **2.** *(hacer sufrir)* to drive mad **3.** *(brillo, color)* to tone down **4.** *(en cartas)* to beat **5.** *(en ajedrez)* to take ◆ **matarse** *vp (tomarse interés, trabajo)* to go to great lengths
**matarratas** [mata'ratas] *m inv* **1.** *(insecticida)* rat poison **2.** *(bebida mala)* rotgut
**matasellos** [mata'seʎos] *m inv* postmark

**mate** ['mate] ◇ *adj* matt ◇ *m* **1.** *(en ajedrez)* mate **2.** *(planta, infusión)* maté

## mate

*Mate* is a herbal tea popular across much of Latin America and especially in Argentina. The term *mate* actually refers to the plant used to make the infusion and the hollowed-out gourd from which it is drunk as well as to the tea itself. It is drunk with sugar through a kind of metal straw.

**matemáticas** [mate'matikas] *fpl* mathematics

**matemático, ca** [mate'matiko, ka] *adj* mathematical

**materia** [ma'teria] *f* **1.** *(sustancia, tema)* matter **2.** *(material)* material **3.** *(asignatura)* subject ◆ **materia prima** raw material

**material** [mate'rial] ◇ *adj* **1.** *(de materia)* material **2.** *(físico)* physical ◇ *m* **1.** *(componente)* material **2.** *(instrumento)* equipment

**maternidad** [materni'ðað] *f* **1.** *(cualidad)* motherhood **2.** *(clínica)* maternity hospital

**materno, na** [ma'terno, na] *adj* **1.** *(de madre)* maternal **2.** *(lengua)* mother *(antes de s)*

**matinal** [mati'nal] *adj* morning *(antes de s)*

**matiz** [ma'tiθ, θes] (*pl* **-ces**) *m* **1.** *(de color)* shade **2.** *(leve diferencia)* nuance

**matizar** [mati'θar] *vt* **1.** *(colores)* to tinge **2.** *(concepto, idea, proyecto)* to explain detail

**matón** [ma'ton] *m* **1.** *(guardaespalc* bodyguard **2.** *(asesino)* hired assassi

**matorral** [mato'ral] *m* thicket

**matrícula** [ma'trikula] *f* **1.** *(de coleg* registration **2.** *(de universidad)* matri lation (*UK*), enrollment (*US*) **3.** *vehículo)* numberplate (*UK*), lice plate (*US*) ◆ **matrícula de honor** marks *pl* (*UK*), honor roll (*US*)

**matricular** [matriku'lar] *vt* to registe

**matricularse** *vp* to register

**matrimonio** [matri'monio] *m* **1.** *(ce monia)* marriage **2.** *(pareja)* marr couple

**matutino, na** [matu'tino, na] *adj* m ning *(antes de s)*

**maullar** [mau'ʎar] *vi* to miaow

**maullido** [mau'ʎiðo] *m* miaow

**máxima** ['maksima] *f* **1.** *(temperatu* highest temperature **2.** *(frase)* maxi

**máximo, ma** ['maksimo, ma] ◇ *adj* *(triunfo, pena, frecuencia)* greatest *(temperatura, puntuación, galardón)* hi est ◇ *m* maximum ◆ **como máximo** the most

**maya** ['maja] ◇ *adj* Mayan ◇ *mf* Ma Indian ◇ *m (lengua)* Maya

**mayo** ['majo] *m* May ➤ **setiembre**

**mayonesa** [majo'nesa] *f* mayonnais

**mayor** [ma'jor] ◇ *adj* **1.** *(en tama* bigger **2.** *(en número)* higher **3.** *(en ed* older **4.** *(en importancia)* greater *(adulto)* grown-up **6.** *(anciano)* elde ◇ *m (en el ejército)* major ◆ **el/la ma** *(en tamaño)* the biggest; *(en número)* highest; *(en edad)* the oldest; *(en imp* *cia)* the greatest • **al por mayor** holesale • **la mayor parte (de)** most f) • **ser mayor de edad** to be an ult • **mayores** *mpl* • **los mayores** *dultos)* grown-ups; *(ancianos)* the el-rly

**ayoreo** [majo'reo] *m* *(Amér)* whole-le

**ayoría** [majo'ria] *f* majority • **la ayoría de** most of

**ayúscula** [ma'juskula] *f* capital letter **en mayúsculas** in capitals

**azapán** [maθa'pan] *m* marzipan

**azo** ['maθo] *m* **1.** *(de madera)* mallet **2.** *mér)* *(baraja)* pack of cards

**e** [me] *pron* **1.** *(complemento directo)* me *(complemento indirecto)* (to) me **3.** *flexivo)* myself

**ear** [me'ar] *vi* *(fam)* to piss

**ecánica** [me'kanika] *f* *(mecanismo)* echanics *pl*

**ecánico, ca** [me'kaniko, ka] ◇ *adj* echanical ◇ *m* mechanic

**ecanismo** [meka'nizmo] *m* **1.** *(funcio-miento)* procedure **2.** *(piezas)* mecha-sm

**ecanografía** [mekanoɣra'fia] *f* typing

**ecanógrafo, fa** [meka'noɣrafo, fa] *m,f* pist

**ecedora** [meθe'ðora] *f* rocking chair

**ecer** [me'θer] *vt* to rock

**echa** ['metʒa] *f* **1.** *(de vela)* wick **2.** *(de plosivo)* fuse **3.** *(de pelo)* highlight **4.** *e tocino)* *strip of meat used as stuffing r chicken etc*

**echero** [me'tʒero] *m* (cigarette) light-

**echón** [me'tʒon] *m* *(de pelo)* lock

**medalla** [me'ðaʎa] *f* medal

**medallón** [meða'ʎon] *m* medallion • **medallones de rape** medallions of monkfish • **medallones de solomillo** medallions of sirloin steak

**media** ['meðia] *f* **1.** *(calcetín)* stocking **2.** *(punto)* average • **medias** *fpl* tights, panty hose *(US)*

**mediado, da** [me'ðiaðo, ða] *adj* • **a mediados de** in the middle of

**mediana** [me'ðiana] *f* *(de autopista)* central reservation *(UK)*, median *(US)*

**mediano, na** [me'ðiano, na] *adj* **1.** *(en tamaño)* medium **2.** *(en calidad)* average

**medianoche** [meðia'notʒe] *f* midnight

**mediante** [me'ðiante] *prep* by means of

**mediar** [me'ðiar] *vi* **1.** *(llegar a la mitad)* to be halfway through **2.** *(transcurrir)* to pass **3.** *(interceder)* to intercede • **mediar entre** to be between

**medicamento** [meðika'mento] *m* medicine

**medicina** [meði'θina] *f* medicine

**medicinal** [meðiθi'nal] *adj* medicinal

**médico, ca** ['meðiko, ka] *m,f* doctor • **médico de familia** GP • **médico de guardia** duty doctor

**medida** [me'ðiða] *f* **1.** *(dimensión)* measurement **2.** *(cantidad, disposición)* measure **3.** *(intensidad)* extent • **tomar medidas** to take measures • **medidas de seguridad** safety measures • **a la medida** *(ropa)* made-to-measure • **a medida que** as • **en cierta medida** to some extent

**medieval** [meðie'βal] *adj* medieval

**medio, dia** ['meðio, ðia] ◇ *adj* **1.** half **2.** *(tamaño, estatura)* medium **3.** *(posición,* *punto, clase)* middle **4.** *(de promedio)* average ◇ *m* **1.** *(centro)* middle **2.** *(entorno, ambiente)* environment **3.** *(manera, medida, de transporte)* means **4.** *(en matemáticas)* average ◇ *adv* half • **en medio de** *(entre dos)* between; *(entre varios, en mitad de)* in the middle of • **a medias** *(partido entre dos)* half each • **hacer algo a medias** to half-do something • **medio ambiente** environment • **media hora** half an hour • **medio kilo (de)** half a kilo (of) • **media docena/libra (de)** half a dozen/pound (of) • **un vaso y medio** a glass and a half • **media pensión** half board ♦ **medios** *mpl (económicos)* resources • **los medios de comunicación** the media

**mediocre** [me'ðiokre] *adj* mediocre

**mediocridad** [meðiokri'ðað] *f* mediocrity

**mediodía** [meðio'ðia] *m* midday

**mediopensionista** [ˌmeðiopensio'nista] *mf child who has lunch at school*

**medir** [me'ðir] *vt* **1.** *(dimensión, intensidad)* to measure **2.** *(comparar)* to weigh up **3.** *(fuerzas)* to compare **4.** *(palabras, acciones)* to weigh • **¿cuánto mides?** how tall are you?

**meditar** [meði'tar] ◇ *vt* to ponder ◇ *vi* to meditate

**mediterráneo, a** [meðite'raneo, a] *adj* Mediterranean ♦ **Mediterráneo** *m* • **el (mar) Mediterráneo** the Mediterranean (Sea)

**médium** ['meðium] *mf inv* medium

**medusa** [me'ðusa] *f* jellyfish

**megáfono** [me'ɣafono] *m* megaphone

**mejilla** [me'xiʎa] *f* cheek

**mejillón** [mexi'ʎon] *m* mussel • **mejillones a la marinera** moules marinièr[e]

**mejor** [me'xor] *adj & adv* better • **el mejor** the best • **a lo mejor** maybe

**mejora** [me'xora] *f* improvement

**mejorar** [mexo'rar] ◇ *vt* **1.** to improve [**2.**] *(superar)* to be better than **3.** *(enferm[o])* to make better ◇ *vi* **1.** *(enfermo)* to g[et] better **2.** *(tiempo, clima)* to improve

**mejorarse** *vp* **1.** *(persona)* to get bett[er] **2.** *(tiempo, clima)* to improve

**mejoría** [mexo'ria] *f* improvement

**melancolía** [melanko'lia] *f* melanchol[y]

**melancólico, ca** [melan'koliko, ka] *a[dj]* melancholic

**melena** [me'lena] *f* **1.** *(de persona)* lo[ng] hair **2.** *(de león)* mane

**mella** ['meʎa] *f* **1.** *(en metal)* nick **2.** *([en] diente)* chip • **hacer mella** *(caus[ar] impresión)* to make an impression

**mellizo, za** [me'ʎiθo, θa] *adj* twin *(an[imal]... de s)* ♦ **mellizos** *mpl* twins

**melocotón** [meloko'ton] *m* peach • **melocotón en almíbar** peaches *pl* [in] syrup

**melocotonero** [melokoto'nero] *m* pea[ch] tree

**melodía** [melo'ðia] *f* tune

**melodrama** [melo'ðrama] *m* melodr[a]ma

**melodramático, ca** [meloðra'matik[o], ka] *adj* melodramatic

**melón** [me'lon] *m* melon • **melón c[on] jamón** *melon with serrano ham*

**membrillo** [mem'briʎo] *m* **1.** *(frut[o])* quince **2.** *(dulce)* quince jelly

**memorable** [memo'raβle] *adj* memor[a]ble

**emoria** [me'moria] *f* **1.** memory **2.** *tudio)* paper **3.** *(informe)* report ◆ **de emoria** by heart ◆ **memorias** *fpl (de sona)* memoirs
**emorizar** [memori'θar] *vt* to memoe
**enaje** [me'naxe] *m (de cocina)* kitchenare
**ención** [men'θion] *f* mention
**encionar** [menθio'nar] *vt* to mention
**endigo, ga** [men'diɣo, ɣa] *m,f* beggar
**enestra** [me'nestra] *f* ◆ **menestra (de rduras)** vegetable stew
**enor** [me'nor] ◇ *adj* **1.** *(en edad)* unger **2.** *(en tamaño)* smaller **3.** *(en mero)* lower **4.** *(en calidad)* lesser ◇ *m ersona)* minor ◆ **el/la menor** *(en maño)* the smallest; *(en edad)* the ungest; *(en número)* the lowest ◆ **enor de edad** under age
**enorca** [me'norka] *s* Minorca
**enos** ['menos]
*dv* **1.** *(comparativo)* less ◆ **está menos rdo** he's not as fat ◆ **tengo menos mbre** I'm not as hungry ◆ **menos he** less milk ◆ **menos manzanas** wer apples ◆ **menos de/que** fewer/ss than ◆ **menos ... que ...** fewer/less than ... ◆ **me han dado 2 euros de enos** they've given me 2 euros too tle **2.** *(superlativo)* ◆ **el/la menos ...** e least ... ◆ **lo menos que puedes cer** the least you can do **3.** *(indica ta)* minus ◆ **tres menos dos igual a o** three minus two is one **4.** *(con las ras)* ◆ **son las cuatro menos diez** it is n to four **5.** *(en locuciones)* ◆ **a menos e** unless ◆ **poco menos de** just under ◆ **¡menos mal!** thank God! ◆ **eso es lo de menos** that's the least of it
◇ *prep (excepto)* except (for) ◆ **acudieron todos menos él** everyone came except him ◆ **todo menos eso** anything but that
◇ *m inv* ◆ **al** o **por lo menos** at least
**menospreciar** [menospre'θiar] *vt* **1.** *(despreciar)* to despise **2.** *(apreciar poco)* to undervalue
**menosprecio** [menos'preθio] *m* **1.** *(desprecio)* scorn **2.** *(poco aprecio)* undervaluing
**mensaje** [men'saxe] *m* message
**mensajero, ra** [mensa'xero, ra] *m,f* **1.** *(de paquetes, cartas)* courier **2.** *(de comunicados)* messenger
**menstruación** [menstrua'θion] *f* menstruation
**mensual** [men'sual] *adj* monthly
**menta** ['menta] *f* mint ◆ **a la menta** with mint
**mental** [men'tal] *adj* mental
**mente** ['mente] *f* **1.** *(inteligencia)* mind **2.** *(forma de pensar)* mentality
**mentir** [men'tir] *vi* to lie
**mentira** [men'tira] *f* lie
**mentiroso, sa** [menti'roso, sa] *m,f* liar
**mentón** [men'ton] *m* chin
**menú** [me'nu] *m* **1.** menu **2.** *(de precio reducido)* set menu ◆ **menú de degustación** *meal consisting of several small portions of different dishes* ◆ **menú (del día)** set meal
**menudeo** [menu'ðeo] *m (Amér)* retail
**menudo, da** [me'nuðo, ða] *adj* small ◆ **a menudo** often ◆ **¡menudo gol!** what a goal!

**meñique** [me'ɲike] *m* little finger
**mercadillo** [merka'ðiʎo] *m* flea market
**mercado** [mer'kaðo] *m* market
**mercancía** [merkan'θia] *f* merchandise
**mercantil** [merkan'til] *adj* commercial
**mercería** [merθe'ria] *f* haberdasher's (shop) (*UK*), notions store (*US*)
**mercurio** [mer'kurjo] *m* mercury
**merecer** [mere'θer] *vt* to deserve ◆ **merecerse** *vp* to deserve
**merendar** [meren'dar] ◇ *vt* ≃ to have for tea (*UK*) o supper ◇ *vi* ≃ to have tea (*UK*) o supper
**merendero** [meren'dero] *m open air café or bar in the country or on the beach*
**merengue** [me'renge] *m* meringue
**meridiano, na** [meri'ðjano, na] ◇ *adj* **1.** (*evidente*) crystal-clear **2.** (*del mediodía*) midday *(antes de s)* ◇ *m* meridian
**meridional** [meriðjo'nal] *adj* southern
**merienda** [me'rjenda] *f* **1.** (*de media tarde*) tea (*UK*) *(light afternoon meal)* **2.** (*para excursión*) picnic
**mérito** ['merito] *m* merit
**merluza** [mer'luθa] *f* hake ● **merluza a la plancha** grilled hake ● **merluza a la romana** hake fried in batter
**mermelada** [merme'laða] *f* jam
**mero** ['mero] *m* grouper ● **mero a la plancha** grilled grouper
**mes** ['mes] *m* **1.** month **2.** (*salario mensual*) monthly salary ● **en el mes de** in (the month of)
**mesa** ['mesa] *f* **1.** table **2.** (*escritorio*) desk **3.** (*de personas*) committee ● **poner la mesa** to lay the table ● **quitar la mesa** to clear the table
**mesero, ra** [me'sero, ra] *m,f* (*Am*... waiter (*f* waitress)
**meseta** [me'seta] *f* plateau
**mesilla** [me'siʎa] *f* ● **mesilla de noc**... bedside table
**mesón** [me'son] *m* (*restaurante*) o... *country-style restaurant and bar*
**mestizo, za** [mes'tiθo, θa] *m,f* person ... mixed race
**meta** ['meta] *f* **1.** goal **2.** (*de carre*... finishing line
**metáfora** [me'tafora] *f* metaphor
**metal** [me'tal] *m* metal
**metálico, ca** [me'taliko, ka] ◇ *adj* (... *metal*) metal ◇ *m* cash ● **en metálico** cash
**meteorito** [meteo'rito] *m* meteorite
**meteorología** [meteorolo'xia] *f* mete... rology
**meter** [me'ter] *vt* **1.** (*introducir, ingres*... *invertir*) to put in ● **meter algo en al**... to put sthg in sthg ● **lo han metido** ... **la cárcel** they've put him in prison ... (*hacer partícipe*) ● **meter a alguien** ... **algo** to get sb into sthg **3.** (*fam*) (*ha*... *soportar*) ● **nos meterá su discur**... she'll make us listen to her speech ... (*fam*) (*imponer, echar*) to give ● **me h**... **metido una multa** they've given me... fine ● **le metieron una bronca** th... told him off **5.** (*causar*) ● **meter mied**... **prisa a alguien** to scare/rush sb
◆ **meterse** *vp* (*entrar*) to get in; (*estar*) get to; (*entrometerse*) to meddle ... **meterse a** (*dedicarse a*) to becom... (*empezar*) to start ● **meterse en** (*m*... *clarse con*) to get involved in
◆ **meterse con** *v + prep* (*molestar*)

ole; *(atacar)* to go for
**todo** ['metoðo] *m* **1.** *(modo ordenado)* hod **2.** *(de enseñanza)* course
**tralla** [me'traʎa] *f* **1.** *(munición)* apnel
**tro** ['metro] *m* **1.** *(unidad de longitud)* re **2.** *(transporte)* underground ), subway *(US)* **3.** *(instrumento)* tape asure
**trópoli** [me'tropoli] *f* metropolis
**xicano, na** [mexi'kano, na] *adj & m,f* xican
**xico** ['mexiko] *s* Mexico
**zcla** ['meθkla] *f* mixture
**zclar** [meθ'klar] *vt* **1.** to mix **2.** *fundir, involucrar)* to mix up ◆ **zclarse en** *v + prep* to get mixed n
**zquino, na** [meθ'kino, na] *adj* mean
**zquita** [meθ'kita] *f* mosque
(*abr de* **miligramo**) mg *(milligram)*
mi, mis] (*pl* **mis**) *adj* my
'mi] *pron* **1.** *(después de preposición)* **2.** *(reflexivo)* myself ● **¡a mí qué!** so at! ● **por mí ...** as far as I'm cerned ...
**o** ['miko] *m* monkey
**robio** [mi'kroβio] *m* germ
**rófono** [mi'krofono] *m* microphone
**roondas** [mikro'ondas] *m inv* micro-e (oven)
**roscopio** [mikros'kopio] *m* micro-pe
**do** ['mieðo] *m* fear ● **tener miedo** o be afraid of
**doso, sa** [mie'ðoso, sa] *adj* fearful
**l** ['miel] *f* honey
**mbro** ['miembro] *m* **1.** *(de grupo, asociación)* member **2.** *(extremidad)* limb
**mientras** ['mientras] *conj (a la vez)* while ● **mientras no se apruebe** until it has been approved ● **mientras (que)** whilst ● **mientras (tanto)** in the meantime
**miércoles** ['mierkoles] *m inv* Wednesday ➣ **sábado**
**mierda** ['mierða] ◇ *f (vulg)* shit ◇ *interj (vulg)* shit!
**miga** ['miɣa] *f* **1.** crumb **2.** *(parte sustanciosa)* substance ◆ **migas** *fpl (guiso)* fried breadcrumbs
**migaja** [mi'ɣaxa] *f* crumb
**migra** *f (Amér) (fam)* ● **la migra** *the US immigration police on the Mexican border*
**mil** ['mil] *núm* a thousand ● **dos mil** two thousand ➣ **seis**
**milagro** [mi'laɣro] *m* miracle ● **de milagro** miraculously
**milenario, ria** [mile'nario, ria] ◇ *adj* ancient ◇ *m* millennium
**milenio** [mi'lenio] *m* millennium
**milésimo, ma** [mi'lesimo, ma] *adj* thousandth
**mili** ['mili] *f (fam)* military service ● **hacer la mili** *(fam)* to do one's military service
**miligramo** [mili'ɣramo] *m* milligram
**mililitro** [mili'litro] *m* millilitre
**milímetro** [mi'limetro] *m* millimetre
**militante** [mili'tante] *mf* militant
**militar** [mili'tar] ◇ *adj* military ◇ *m* soldier
**milla** ['miʎa] *f* **1.** *(en tierra)* mile **2.** *(en mar)* nautical mile
**millar** [mi'ʎar] *m* thousand

**millón** [mi'ʎon] *núm* million • **dos millones** two million, seis
**millonario, ria** [miʎo'nari̯o, ri̯a] *m,f* millionaire (*f* millionairess)
**mimado, da** [mi'maðo, ða] *adj* spoilt (*UK*), spoiled (*US*)
**mimar** [mi'mar] *vt* to spoil
**mímica** ['mimika] *f* mime
**mimosa** [mi'mosa] *f* mimosa
**min** (*abr de* **minuto**) min (*minute*)
**mina** ['mina] *f* **1.** mine **2.** (*de lápiz*) lead
**mineral** [mine'ral] *adj* & *m* mineral
**minero, ra** [mi'nero, ra] *m,f* miner
**miniatura** [mini̯a'tura] *f* miniature
**minifalda** [mini'falda] *f* mini skirt
**mínimo, ma** ['minimo, ma] *adj* & *m* minimum • **como mínimo** at the very least
**ministerio** [minis'teri̯o] *m* ministry
**ministro, tra** [mi'nistro, tra] *m,f* minister
**minoría** [mino'ria] *f* minority
**minoritario, ria** [minori'tari̯o, ri̯a] *adj* minority (*antes de s*)
**minucioso, sa** [minu'θi̯oso, sa] *adj* **1.** (*persona*) meticulous **2.** (*trabajo*) very detailed
**minúscula** [mi'nuskula] *f* small letter • **en minúscula** in lower-case letters
**minúsculo, la** [mi'nuskulo, la] *adj* (*muy pequeño*) minute
**minusválido, da** [minuz'βaliðo, ða] *m,f* disabled person
**minutero** [minu'tero] *m* minute hand
**minuto** [mi'nuto] *m* minute
**mío, mía** ['mio, 'mia] ◇ *adj* mine ◇ *pron* • **el mío, la mía** mine • **lo mío** (*lo que me gusta*) my thing • **un amigo mío** a friend of mine
**miope** [mi'ope] *adj* shortsighted
**miopía** [mio'pia] *f* shortsightedness
**mirada** [mi'raða] *f* **1.** look **2.** (*ráp*... glance • **echar una mirada a** to ha... quick look at
**mirador** [mira'ðor] *m* **1.** (*lugar*) vi... point **2.** (*balcón cerrado*) enclosed ... cony
**mirar** [mi'rar] ◇ *vt* **1.** (*ver*) to look a... (*observar, vigilar*) to watch **3.** (*conside*... to consider ◇ *vi* (*buscar*) to look... **mirar a** (*estar orientado*) to face • **es**... **mirando** (*en tienda*) I'm just lookin...
**mirarse** *vp* to look at o.s.
**mirilla** [mi'riʎa] *f* spyhole
**mirlo** ['mirlo] *m* blackbird
**mirón, ona** [mi'ron, ona] *m,f* (*es*... *tador*) onlooker
**misa** ['misa] *f* mass • **misa del g**... midnight mass
**miserable** [mise'raβle] *adj* **1.** (*muy po*... poor **2.** (*desgraciado, lastimoso*) wretc... **3.** (*mezquino*) mean
**miseria** [mi'seri̯a] *f* **1.** (*pobreza*) pov... **2.** (*poca cantidad*) pittance
**misericordia** [miseri'korði̯a] *f* comp... sion
**misil** [mi'sil] *m* missile
**misión** [mi'si̯on] *f* **1.** mission **2.** (*ta*... task
**misionero, ra** [misi̯o'nero, ra] *m,f* m... sionary
**mismo, ma** ['mizmo, ma] ◇ *adj* (*ig*... same ◇ *pron* • **el mismo, la misma** same • **el mismo que vi ayer** the sa... one I saw yesterday • **ahora mis**... right now • **lo mismo (que)** the sa...

ng (as) • **da lo mismo** it doesn't
tter • **en este mismo cuarto** in this
y room • **yo mismo** I myself
**sterio** [mis'terio] *m* **1.** *(secreto)*
stery **2.** *(sigilo)* secrecy
**sterioso, sa** [miste'rioso, sa] *adj*
sterious
**tad** [mi'tað] *f* **1.** *(parte)* half **2.** *(centro,*
*dio)* middle • **a mitad de camino**
fway there • **a mitad de precio** half-
ce • **en mitad de** in the middle of
**tin** ['mitin] *m* rally
**to** ['mito] *m* myth
**tología** [mitolo'xia] *f* mythology
**xto, ta** ['miksto, ta] ◇ *adj* **1.** *(colegio,*
*tuario)* mixed **2.** *(comisión, agrupación)*
nt ◇ *m ham and cheese toasted*
*dwich*
. (*abr de* **mililitro**) ml *(millilitre)*
n (*abr de* **milímetro**) mm *(millime-*
*)*
**obiliario** [moβi'liario] *m* furniture
**ocasín** [moka'sin] *m* moccasin
**ochila** [mo'tʒila] *f* backpack
**ocho** ['motʒo] *m* *(fregona)* mop
**ochuelo** [mo'tʒuelo] *m* little owl
**oco** ['moko] *m* mucus • **tener mocos**
have a runny nose
**oda** ['moða] *f* fashion • **a la moda**
hionable • **estar de moda** to be
hionable • **pasado de moda** unfas-
onable
**odalidad** [moðali'ðað] *f* **1.** *(variante)*
pe **2.** *(en deporte)* discipline
**odelo** [mo'ðelo] ◇ *m* **1.** model **2.**
*stido)* number ◇ *mf* model
**ódem** ['moðem] (*pl* **modems**) *m*
odem

**moderno, na** [mo'ðerno, na] *adj* modern
**modestia** [mo'ðestia] *f* modesty
**modesto, ta** [mo'ðesto, ta] *adj* modest
**modificación** [moðifika'θion] *f* alteration
**modificar** [moðifi'kar] *vt* to alter
**modisto, ta** [mo'ðisto, ta] *m,f* *(sastre)* tailor (*f* dressmaker)
**modo** ['moðo] *m* **1.** *(manera)* way **2.** *(en gramática)* mood • **de modo que** *(de manera que)* in such a way that • **de ningún modo** in no way • **de todos modos** in any case • **en cierto modo** in some ways • **modo de empleo** instructions *pl*
**moflete** [mo'flete] *m* chubby cheek
**mogollón** [moɣo'ʎon] *m* (*fam*) *(cantidad)* loads *pl*
**moho** ['moo] *m* *(hongo)* mould
**mojado, da** [mo'xaðo, ða] *adj* **1.** *(empapado)* wet **2.** *(húmedo)* damp
**mojar** [mo'xar] *vt* **1.** *(empapar)* to wet **2.** *(humedecer)* to dampen **3.** *(pan)* to dunk
• **mojarse** *vp* to get wet
**molde** ['molde] *m* mould
**moldeado** [molde'aðo] *m* *(en peluquería)* soft perm
**moldear** [molde'ar] *vt* **1.** *(dar forma)* to mould **2.** *(en peluquería)* to give a soft perm to
**mole** ['mole] *m* (*Méx*) *dish featuring a spicy sauce made from ground chillies, spices, nuts and sometimes chocolate.*
**molestar** [moles'tar] *vt* **1.** *(incordiar)* to annoy **2.** *(disgustar)* to bother **3.** *(doler)* to hurt • **molestarse** *vp* **1.** *(enfadarse, ofenderse)* to take offence **2.** *(darse trabajo)* to bother

**molestia** [mo'lestia] *f* **1.** *(fastidio)* nuisance **2.** *(dolor)* discomfort
**molesto, ta** [mo'lesto, ta] *adj (fastidioso)* annoying • **estar molesto** *(enfadado)* to be annoyed
**molino** [mo'lino] *m* mill • **molino de viento** windmill
**molusco** [mo'lusko] *m* mollusc
**momento** [mo'mento] *m* **1.** moment **2.** *(época)* time • **hace un momento** a moment ago • **por el momento** for the moment • **al momento** straightaway • **de un momento a otro** any minute now • **¡un momento!** just a moment!
**momia** ['momia] *f* mummy
**monada** [mo'naða] *f* **1.** *(fam) (cosa)* lovely thing **2.** *(niño)* little darling
**monaguillo** [mona'ɣiʎo] *m* altar boy
**monarca** [mo'narka] *m* monarch
**monarquía** [monar'kia] *f* monarchy
**monasterio** [monas'terio] *m* monastery
**Moncloa** [mon'kloa] *f* • **la Moncloa** the Moncloa palace

## Palacio de la Moncloa

The Moncloa Palace is the official residence of the Spanish premier and the seat of the country's government. The term *la Moncloa* also refers to the Spanish government. Situated in a complex of government buildings in the northwest of Madrid, a series of important social and economic agreements known as the *pactos de la Moncloa* were signed at the palace in 1977-78.

**moneda** [mo'neða] *f* **1.** *(pieza)* coin *(divisa)* currency
**monedero** [mone'ðero] *m* purse
**monitor, ra** [moni'tor, ra] ◇ *m,f (per na)* instructor ◇ *m* monitor
**monja** ['monxa] *f* nun
**monje** ['monxe] *m* monk
**mono, na** ['mono, na] ◇ *adj* lovely ◇ *(animal)* monkey ◇ *m* **1.** *(con pe* dungarees *pl (UK)*, overalls *pl (US) (con mangas)* overalls *pl (UK)*, covera *pl (US)* • **¡qué mono!** how lovely!
**monólogo** [mo'noloɣo] *m* monologu
**monopatín** [,monopa'tin] *m* skateboa
**monopolio** [mono'polio] *m* monopol
**monótono, na** [mo'notono, na] monotonous
**monovolumen** [,monoβo'lumen] *m* pe ple carrier
**monstruo** ['monstruo] *m* monster
**montacargas** [monta'karɣas] *m* goods lift *(UK)*, freight elevator *(US*
**montaje** [mon'taxe] *m* **1.** *(de una máq na)* assembly **2.** *(de espectáculo)* stagi **3.** *(de película)* editing **4.** *(estafa)* put-job *(UK)*, con job *(US)*
**montaña** [mon'taɲa] *f* mountain
**montaña rusa** roller coaster
**montañismo** [monta'ɲizmo] *m* mou taineering
**montañoso, sa** [monta'ɲoso, sa] mountainous
**montar** [mon'tar] ◇ *vt* **1.** *(caballo, bur* to ride **2.** *(tienda de campaña)* to put **3.** *(máquina, instalación)* to assemble *(negocio, tienda)* to set up **5.** *(clara huevo)* to beat **6.** *(nata)* to whip *(película)* to edit ◇ *vi (subir)* • **mon**

n *(animal, bicicleta)* to get on; *(coche)* to
et into • **montar en bicicleta** to ride a
icycle • **montar a caballo** to ride a horse
**nonte** ['monte] *m* **1.** *(montaña)* moun-
ain **2.** *(bosque)* woodland
**nontera** [mon'tera] *f* bullfighter's cap
**nontón** [mon'ton] *m* heap • **un mon-
ón de** *(fam)* loads of
**nontura** [mon'tura] *f* **1.** *(de gafas)* frame
. *(caballo, burro, etc)* mount
**nonumental** [monumen'tal] *adj* **1.** *(lu-
ar, ciudad)* famous for its monuments
. *(enorme)* monumental
**nonumento** [monu'mento] *m* monu-
nent
**noño** ['moɲo] *m* bun
**noqueta** [mo'keta] *f* (fitted) carpet
UK), wall-to-wall carpet *(US)*
**nora** ['mora] *f* blackberry ➤ **moro**
**norado, da** [mo'raðo, ða] ◇ *adj* purple
◇ *m* **1.** *(color)* purple **2.** *(herida)* bruise
**noral** [mo'ral] ◇ *adj* moral ◇ *f* **1.**
norality **2.** *(ánimo)* morale
**noraleja** [mora'lexa] *f* moral
**noralista** [mora'lista] *mf* moralist
**norcilla** [mor'θiʎa] *f* ≃ black pud-
ing *(UK)*, ≃ blood sausage *(US)*
**nordaza** [mor'ðaθa] *f* gag
**nordedura** [morðe'ðura] *f* bite
**norder** [mor'ðer] *vt* to bite
**nordida** [mor'ðiða] *f* *(Méx)* *(fam)* bribe
**nordisco** [mor'ðisko] *m* bite
**noreno, na** [mo'reno, na] *adj* **1.** *(por el
ol)* tanned **2.** *(piel, pelo)* dark
**noribundo, da** [mori'βundo, da] *adj*
lying
**norir** [mo'rir] *vi* to die ◆ **morirse** *vp* **1.**
fallecer) to die **2.** *(fig)* *(tener deseo fuerte)*
to be dying
**moro, ra** ['moro, ra] ◇ *adj* Moorish ◇ *m, f* Moor
**morocho, cha** [mo'rotʒo, tʒa] *adj* **1.** *(Amér)* *(fam)* *(robusto)* tough **2.** *(moreno)* dark
**moroso, sa** [mo'roso, sa] *m,f* defaulter
**morralla** [mo'raʎa] *f* *(Amér)* change
**morro** ['moro] *m* **1.** *(de animal)* snout **2.** *(vulg)* *(de persona)* thick lips *pl* • **por el morro** *(fam)* without asking • **qué morro!** what a cheek! *(UK)*, what a nerve! *(US)*
**morsa** ['morsa] *f* walrus
**mortadela** [morta'ðela] *f* Mortadella, *type of cold pork sausage*
**mortal** [mor'tal] *adj* **1.** *(vida)* mortal **2.** *(herida, accidente)* fatal **3.** *(fig)* *(aburrido)* deadly
**mortero** [mor'tero] *m* mortar
**mosaico** [mo'saiko] *m* mosaic
**mosca** ['moska] *f* fly • **por si las moscas** just in case
**moscatel** [moska'tel] *m* Muscatel
**mosquito** [mos'kito] *m* mosquito
**mostaza** [mos'taθa] *f* mustard
**mostrador** [mostra'ðor] *m* **1.** *(en tienda)* counter **2.** *(en bar)* bar ▼ **mostrador de facturación** check-in desk
**mostrar** [mos'trar] *vt* to show ◆ **mostrarse** *vp* • **se mostró muy interesado** he expressed great interest
**motel** [mo'tel] *m* motel
**motivación** [motiβa'θion] *f* *(motivo)* motive
**motivar** [moti'βar] *vt* *(causar)* to cause
**motivo** [mo'tiβo] *m* **1.** *(causa, razón)* reason **2.** *(en música, pintura)* motif •

**con motivo de** *(a causa de)* because of; *(con ocasión de)* on the occasion of
**moto** ['moto] *f* motorbike, motorcycle ● **moto acuática** jet-ski
**motocicleta** [motoθi'kleta] *f* motorbike, motorcycle
**motociclismo** [ˌmotoθi'klizmo] *m* motorcycling
**motociclista** [ˌmotoθi'klista] *mf* motorcyclist
**motocross** [moto'kros] *m inv* motocross
**motoneta** [moto'neta] *f* *(Amér)* moped
**motor** [mo'tor] *m* engine, motor ● **motor de arranque** starter
**motora** [mo'tora] *f* motorboat
**motorista** [moto'rista] *mf* motorcyclist
**mountain bike** ['mou̯ntai̯m'bai̯k] *f* mountain biking
**mousse** ['mus] *f* mousse ● **mousse de chocolate/limón** chocolate/lemon mousse ● **mousse de limón** lemon mousse
**mover** [mo'βer] *vt* **1.** to move **2.** *(hacer funcionar)* to drive ◆ **moverse** *vp* *(fam)* *(realizar gestiones)* to make an effort
**movida** [mo'βiða] *f* *(fam)* scene

## movida madrileña

The *movida madrileña* was a cultural and artistic movement born in Madrid in the 1980s as a reaction to the repression of the Franco years. The movement was spearheaded by provocative, liberal artists such as the film director Pedro Almodóvar, the singer and actor Miguel Bosé and bands such as Alaska and Mecano.

**movido, da** [mo'βiðo, ða] *adj* *(person…)* restless
**móvil** ['moβil] ◇ *adj* mobile ◇ *m* *(motivo)* motive **2.** *(teléfono)* mobi… *(UK)*, cell phone *(US)*
**movimiento** [moβi'mi̯ento] *m* **1.** move… ment **2.** *(circulación)* activity **3.** *(de cuen… corriente)* transactions *pl*
**mozo, za** ['moθo, θa] ◇ *m,f* young boy… young girl) ◇ *m* **1.** *(de hotel, estació…* porter **2.** *(recluta)* conscript **3.** *(Andes… RP)* *(camarero)* waiter
**MP3** *m* **1.** *(formato)* MP3 **2.** *(archiv…* MP3 (file)
**mucamo, ma** [mu'kamo, ma] *m…* *(Amér)* servant
**muchacha** [mu'tʒatʒa] *f* *(fam)* *(criad…* maid ➤ **muchacho**
**muchachada** [mutʒa'tʒaða] *f* *(Amé…* crowd of young people
**muchacho, cha** [mu'tʒatʒo, tʒa] *m,f* bo… *(f girl)*
**muchedumbre** [mutʒe'ðumbre] *f* crow…
**mucho, cha** ['mutʒo, tʒa] ◇ *adj* a lot… ◇ *pron* a lot ◇ *adv* **1.** a lot **2.** *(indi… comparación)* much ● **tengo much… sueño** I'm very sleepy ● **mucho ant…** long before ● **mucho gusto** *(salud…* pleased to meet you ● **como mucho…** most ● **¡con mucho gusto!** *(encantad…* with pleasure! ● **vinieron muchos a l…** of people came ● **ni mucho menos** b… no means ● **por mucho que** no matt… how much
**mudanza** [mu'ðanθa] *f* *(de casa)* move
**mudar** [mu'ðar] *vt* *(piel, plumas)* to mou… ◆ **mudarse** *vp* *(de ropa)* to change **mudarse (de casa)** to move (house)

**ıudo, da** ['muðo, ða] ◇ *adj* **1.** *(que no ɪbla)* dumb **2.** *(película, letra)* silent ◇ *m*, mute

**ıueble** ['mueβle] *m* piece of furniture **los muebles** the furniture

**ıueca** ['mueka] *f* **1.** *(gesto)* face **2.** *(de ɔlor)* grimace

**ıuela** ['muela] *f (diente)* tooth

**ıuelle** ['muеʎe] *m* **1.** *(de colchón)* spring *(de puerto)* dock

**ıuerte** ['muerte] *f* **1.** *(fallecimiento)* eath **2.** *(homicidio)* murder

**ıuerto, ta** ['muerto, ta] ◇ *pp* » **morir** *adj* dead ◇ *m,f* dead person • **muerto ɛ frío** freezing • **muerto de hambre** arving

**ıuestra** ['muestra] *f* **1.** *(de mercancía)* ımple **2.** *(señal)* sign **3.** *(demostración)* emonstration **4.** *(exposición)* show **5.** *ɔrueba)* proof

**ıugido** [mu'xiðo] *m* moo

**ıugir** [mu'xir] *vi* to moo

**ıujer** [mu'xer] *f* **1.** woman **2.** *(esposa)* wife

**ıulato, ta** [mu'lato, ta] *m,f* mulatto

**ıuleta** [mu'leta] *f* **1.** *(bastón)* crutch **2.** *le torero)* muleta, *red cape hanging 'om a stick used to tease the bull*

**ıulo, la** ['mulo, la] *m,f* mule

**ıulta** ['multa] *f* fine

**ıultar** [mul'tar] *vt* to fine

**ıulticine** [multi'θine] *m* multiscreen ːnema (*UK*), multiplex (*US*)

**ıultinacional** [ˌmultinaθio'nal] *f* multi-ational

**ıúltiple** ['multiple] *adj* multiple • **ıúltiples** *adj pl (numerosos)* numerous

**ıultiplicación** [multiplika'θion] *f* multi-plication

**multiplicar** [multipli'kar] *vt* to multiply • **multiplicarse** *vp (persona)* to do lots of things at the same time

**múltiplo** ['multiplo] *m* multiple

**multitud** [multi'tuð] *f (de personas)* crowd

**mundial** [mundi'al] *adj* world *(antes de s)*

**mundo** ['mundo] *m* world • **un hombre de mundo** a man of the world • **el mundo es un pañuelo** it's a small world • **todo el mundo** everyone

**munición** [muni'θion] *f* ammunition

**municipal** [muniθi'pal] ◇ *adj* municipal ◇ *m,f local police officer who deals mainly with traffic offences*

**municipio** [muni'θipio] *m* **1.** *(territorio)* town **2.** *(organismo)* town council (*UK*), city hall (*US*)

**muñeca** [mu'ɲeka] *f (de la mano)* wrist » **muñeco**

**muñeco, ca** [mu'ɲeko, ka] *m,f* doll

**muñeira** [mu'ɲeira] *f type of music and dance from Galicia*

**muñequera** [muɲe'kera] *f* wristband

**mural** [mu'ral] *m* mural

**muralla** [mu'raʎa] *f* wall

**murciélago** [mur'θielaɣo] *m* bat

**muro** ['muro] *m* wall

**musa** ['musa] *f* muse

**músculo** ['muskulo] *m* muscle

**museo** [mu'seo] *m* museum • **museo de arte** art gallery

**musgo** ['muzɣo] *m* moss

**música** ['musika] *f* music • **música ambiental** background music • **música clásica** classical music • **música pop** pop music » **músico**

**musical** [musi'kal] *adj* musical
**musicalmente** [musi,kal'mente] *adv* musically
**músico, ca** ['musiko, ka] *m,f* musician
**muslo** ['muzlo] *m* thigh • **muslo de pollo** chicken thigh
**musulmán, ana** [musul'man, ana] *adj & m,f* Muslim
**mutilado, da** [muti'laðo, ða] *m,f* cripple
**mutua** ['mutu̯a] *f* mutual benefit society
**muy** ['mui̯] *adv* very

# N

**N** (*abr de* **Norte**) N *(North)*
**nabo** ['naβo] *m* turnip
**nacer** [na'θer] *vi* **1.** *(persona, animal)* to be born **2.** *(vegetal)* to sprout **3.** *(arroyo, río)* to rise
**nacimiento** [naθi'mi̯ento] *m* **1.** *(de persona, animal)* birth **2.** *(de vegetal)* sprouting **3.** *(de río, arroyo)* source **4.** *(belén)* Nativity scene
**nación** [na'θi̯on] *f* nation
**nacional** [naθi̯o'nal] *adj* **1.** national **2.** *(vuelo, mercado)* domestic
**nacionalidad** [naθi̯onali'ðað] *f* nationality
**nada** ['naða] ◇ *pron* **1.** *(ninguna cosa)* nothing **2.** *(en negativas)* anything ◇ *adv* • **no me gustó nada** I didn't like it at all • **de nada** *(respuesta a "gracias")* you're welcome • **nada más** nothing else • **nada más llegar** as soon as I arrived
**nadador, ra** [naða'ðor, ra] *m,f* swimmer
**nadar** [na'ðar] *vi* to swim
**nadie** ['naði̯e] *pron* nobody • **no se lo dije a nadie** I didn't tell anybody
**nailon** ® ['nai̯lon] *m* nylon
**naipe** ['nai̯pe] *m* (playing) card
**nalga** ['nalɣa] *f* buttock • **nalgas** *f* backside *sg*
**nana** ['nana] *f* **1.** lullaby **2.** *(Amér) (pa niño)* nanny
**naranja** [na'ranxa] *adj inv, m & f* orang • **naranja exprimida** freshly-squeeze orange juice
**naranjada** [naran'xaða] *f* orangeade
**naranjo** [na'ranxo] *m* orange tree
**narco** *mf* drug trafficker • **una red** de **narcos** a drug trafficking ring
**narcotraficante** [,narkotrafi'kante] *m* drug trafficker
**narcotráfico** [narko'trafiko] *m* drug trafficking
**nariz** [na'riθ, θes] (*pl* **-ces**) *f* nose
**narración** [nara'θi̯on] *f (relato)* story
**narrador, ra** [nara'ðor, ra] *m,f* narrat
**narrar** [na'rar] *vt* to tell
**narrativa** [nara'tiβa] *f* narrative
**nata** ['nata] *f* cream • **nata monta** whipped cream
**natación** [nata'θi̯on] *f* swimming
**natillas** [na'tiʎas] *fpl* custard *sg*
**nativo, va** [na'tiβo, βa] *m,f* native
**natural** [natu'ral] *adj* **1.** natural *(alimento)* fresh • **ser natural de** come from • **al natural** *(fruta)* in i own juice

**turaleza** [natura'leθa] *f* nature ◆ **por**
**:uraleza** by nature
**ufragar** [nau̯fra'ɣar] *vi* to be wrecked
**ufragio** [nau̯'fraxi̯o] *m* shipwreck
**useas** ['nau̯seas] *fpl* nausea *sg* ◆
**ıer náuseas** to feel sick
**utico, ca** ['nau̯tiko, ka] *adj* **1.** *(de*
*egación)* nautical **2.** *DEP* water *(antes*
*s)*
**vaja** [na'βaxa] *f* **1.** *(pequeña)* penknife
*(más grande)* jackknife **3.** *(de afeitar)*
:or **4.** *(molusco)* razor clam
**val** [na'βal] *adj* naval
**ve** ['naβe] *f* **1.** *(barco)* ship **2.** *(de*
*sia)* nave **3.** *(en una fábrica)* plant ◆
**ve espacial** spaceship
**vegable** [naβe'ɣaβle] *adj* navigable
**vegador** [naβeɣa'ðor] *m* *INFORM*
ɔwser
**vegar** [naβe'ɣar] *vi (en barco)* to sail ◆
**vegar por Internet** to surf the Net
**ıvidad** [naβi'ðað] *f* Christmas (Day) ◆
**vidades** *fpl* Christmas *sg*
**zareno** [naθa'reno] *m man dressed in*
*ɔd and tunic who takes part in Holy*
*'ek processions*
**3** *(abr de* **nota bene)** N.B. *(nota bene)*
**blina** [ne'βlina] *f* mist
**cedad** [neθe'ðað] *f* **1.** *(cualidad)* stupi-
y **2.** *(dicho)* stupid thing
**cesario, ria** [neθe'sari̯o, ri̯a] *adj* ne-
ssary
**ceser** [neθe'ser] *m* toilet bag
**cesidad** [neθesi'ðað] *f* need ◆ **de**
**mera necesidad** essential ◆ **necesi-**
**des** *fpl* ◆ **hacer sus necesidades** to
swer the call of nature
**cesitar** [neθesi'tar] *vt* to need ▼ **se**
**necesita ...** ... wanted
**necio, cia** ['neθi̯o, θi̯a] *adj* foolish
**nécora** ['nekora] *f* fiddler crab
**necrológicas** [nekro'loxikas] *fpl* obitua-
ries
**negación** [neɣa'θi̯on] *f* **1.** *(desmentido)*
denial **2.** *(negativa)* refusal
**negado, da** [ne'ɣaðo, ða] *adj* useless
**negar** [ne'ɣar] *vt* to deny ◆ **negarse** *vp*
◆ **negarse (a)** to refuse (to)
**negativa** [neɣa'tiβa] *f* **1.** *(negativa)* refu-
sal **2.** *(desmentido)* denial
**negativo, va** [neɣa'tiβo, βa] *adj* & *m*
negative
**negociable** [neɣo'θi̯aβle] *adj* negotiable
**negociación** [neɣoθi̯a'θi̯on] *f* negotia-
tion
**negociador, ra** [neɣoθi̯a'ðor, ra] *m,f*
negotiator
**negociar** [neɣo'θi̯ar] ◇ *vt* to negotiate ◇
*vi (comerciar)* to do business ◆ **negociar**
**en** to deal in
**negocio** [ne'ɣoθi̯o] *m* **1.** business **2.**
*(transacción)* deal **3.** *(beneficio)* good deal
◆ **hacer negocios** to do business
**negro, gra** ['neɣro, ɣra] ◇ *adj* & *m* black
◇ *m,f (persona)* black man *(f* black
woman)
**nene, na** ['nene, na] *m,f (fam)* baby
**nenúfar** [ne'nufar] *m* water lily
**nervio** ['nerβi̯o] *m* **1.** *(de persona)* nerve
**2.** *(de planta)* vein **3.** *(de carne)* sinew **4.**
*(vigor)* energy ◆ **nervios** *mpl (estado*
*mental)* nerves
**nerviosismo** [nerβi̯o'sizmo] *m* nerves *pl*
**nervioso, sa** [ner'βi̯oso, sa] *adj* **1.**
nervous **2.** *(irritado)* worked-up
**neto, ta** ['neto, ta] *adj* **1.** *(peso, precio)*

net **2.** *(contorno, línea)* clean
**neumático** ['neu̯matiko] *m* tyre
**neura** *(fam)* *m* **1.** *(obsesión)* obsession **2.** *(depresión)* • **estar con la neura** to be on a real downer
**neurosis** [neu̯'rosis] *f inv* neurosis
**neutral** [neu̯'tral] *adj* neutral
**neutro, tra** ['neu̯tro, tra] *adj* neutral
**nevada** [ne'βaða] *f* snowfall
**nevado, da** [ne'βaðo, ða] *adj* snowy
**nevar** [ne'βar] *vi* • **está nevando** it's snowing
**nevera** [ne'βera] *f* fridge *(UK)*
**ni** [ni] ◇ *conj* • **no ... ni ...** neither ... nor ... • **no es alto ni bajo** he's neither tall nor short • **ni mañana ni pasado** neither tomorrow nor the day after • **ni un/una ...** not a single ... • **ni siquiera lo ha probado** she hasn't even tried it • **ni que** as if ◇ *adv* not even • **está tan atareado que ni come** he's so busy he doesn't even eat
**Nicaragua** [nika'raɣu̯a] *s* Nicaragua
**nicaragüense** [nikara'ɣu̯ense] *adj* & *mf* Nicaraguan
**nicho** ['nitʒo] *m* niche
**nido** ['niðo] *m* nest
**niebla** ['ni̯eβla] *f* **1.** *(densa)* fog **2.** *(neblina)* mist • **hay niebla** it's foggy
**nieto, ta** ['ni̯eto, ta] *m,f* grandson *(f* granddaughter)
**nieve** ['ni̯eβe] *f* snow
**NIF** ['nif] *m* **(***abr de* **número de identificación fiscal)** tax reference number *(UK)*, TIN *(US)*
**ningún** [nin'gun] *adj* ➢ **ninguno**
**ninguno, na** [nin'guno, na] ◇ *adj* no ◇ *pron* **1.** *(ni uno)* none **2.** *(nadie)* nobody • **no tengo ningún abrigo** I don't h… a coat • **ninguno me gusta** I don't l… any of them • **ninguno de los** … neither of them
**niña** ['niɲa] *f (del ojo)* pupil ➢ **niño**
**niñera** [ni'ɲera] *f* nanny
**niñez** [ni'ɲeθ] *f* childhood
**niño, ña** ['niɲo, ɲa] *m,f* **1.** *(crío)* ch… boy *(f* girl) **2.** *(bebé)* baby • **los ni**… the children
**níquel** ['nikel] *m* nickel
**níspero** ['nispero] *m* medlar
**nítido, da** ['nitiðo, ða] *adj* clear
**nitrógeno** [ni'troxeno] *m* nitrogen
**nivel** [ni'βel] *m* level • **al nivel de** le… with • **nivel de vida** standard of liv…
**no** ['no] *adv* **1.** *(de negación)* not **2.** *respuestas)* no • **¿no vienes?** aren't y… coming? • **estamos de acuerdo ¿**… so, we're agreed then, are we? • … **sé** I don't know • **no veo nada** I ca… see anything • **¿cómo no?** of cou… • **eso sí que no** certainly not • **¡**… no! I said no!
**nº** **(***abr de* **número)** no. *(number)*
**noble** ['noβle] ◇ *adj* **1.** *(metal)* preci… **2.** *(honrado)* noble ◇ *mf* noble
**nobleza** [no'βleθa] *f* nobility
**noche** ['notʒe] *f* **1.** *(más tarde)* nigh… *(atardecer)* evening • **ayer por la no**… last night • **esta noche** tonight • … **la noche** at night • **las diez de la no**… ten o'clock at night
**Nochebuena** [notʒe'βu̯ena] *f* Christm… Eve
**Nochevieja** [notʒe'βi̯exa] *f* New Yea… Eve

**Jochevieja**

Jn New Year's Eve in Spain it is raditional to eat twelve grapes, one or each of the chimes of midnight. t is thought that this brings good uck for the coming year. The himes are broadcast live from the lock at the Puerta del Sol in Madrid, where huge crowds ongregate to see in the New 'ear.

**ɔción** [no'θion] *f* notion ◆ **nociones** *fpl* **tener nociones de** to have a smatte-ng of

**ɔcivo, va** [no'θiβo, βa] *adj* harmful

**ɔctámbulo, la** [nok'tambulo, la] *m,f* ght owl

**ɔcturno, na** [nok'turno, na] *adj* **1.** *en, vuelo, club)* night *(antes de s)* **2.** *lase)* evening *(antes de s)*

**ɔgal** [no'ɣal] *m* walnut

**ómada** ['nomaða] *mf* nomad

**ɔmbrar** [nom'brar] *vt* **1.** *(mencionar)* to ention **2.** *(para un cargo)* to appoint

**ɔmbre** ['nombre] *m* **1.** name **2.** *(en amática)* noun ● **a nombre de** *(che-e)* on behalf of; *(carta)* addressed to **nombre de pila** first name ● **ɔmbre y apellidos** full name

**ɔmeolvides** [ˌnomeol'βiðes] *m inv* for-t-me-not

**ómina** ['nomina] *f* **1.** *(lista de empleados)* ayroll **2.** *(sueldo)* wages *pl*

**órdico, ca** ['norðiko, ka] *adj* **1.** *(del rte)* northern

**oreste** [no'reste] *m* north-east

**noria** ['noria] *f* *(de feria)* Ferris wheel, big wheel (*UK*)

**norma** ['norma] *f* **1.** *(principio)* standard **2.** *(regla)* rule

**normal** [nor'mal] *adj* normal

**normalmente** [norˌmal'mente] *adv* normally

**noroeste** [noro'este] *m* north-west

**norte** ['norte] *m* north

**Norteamérica** [ˌnortea'merika] *s* North America

**norteamericano, na** [ˌnorteameri'kano, na] *adj & m,f* (North) American

**Noruega** [no'rueɣa] *s* Norway

**noruego, ga** [no'rueɣo, ɣa] *adj, m & f* Norwegian

**nos** [nos] *pron* **1.** *(complemento directo)* us **2.** *(complemento indirecto)* (to) us **3.** *(reflexivo)* ourselves **4.** *(recíproco)* each other ● **nos vamos** we're going

**nosotros, tras** [no'sotros, tras] *pron* **1.** *(sujeto)* we **2.** *(complemento)* us

**nostalgia** [nos'talxia] *f* *(de país, casa)* homesickness

**nostálgico, ca** [nos'talxiko, ka] *adj* *(de país, casa)* homesick

**nota** ['nota] *f* **1.** note **2.** *(en educación)* mark, grade (*US*) **3.** *(cuenta)* bill (*UK*), check (*US*) ● **tomar nota de** to note down

**notable** [no'taβle] *adj* remarkable

**notar** [no'tar] *vt* **1.** *(darse cuenta de)* to notice **2.** *(sentir)* to feel

**notario, ria** [no'tario, ria] *m,f* notary

**noticia** [no'tiθia] *f* piece of news ◆ **noticias** *fpl* *(telediario)* news *sg*

**novatada** [noβa'taða] *f* *(broma)* joke *(played on new arrivals)*

**novato, ta** [no'βato, ta] *m,f* beginner
**novecientos, tas** [noβe'θi̯entos, tas] *núm* nine hundred ➢ **seis**
**novedad** [noβe'ðað] *f* **1.** *(cualidad)* newness **2.** *(suceso)* new development **3.** *(cosa)* new thing ▼ **novedades** *(discos)* new releases; *(ropa)* latest fashion *sg*
**novela** [no'βela] *f* novel ● **novela de aventuras** adventure story ● **novela policíaca** detective story ● **novela rosa** romantic novel
**novelesco, ca** [noβe'lesko, ka] *adj* fictional
**novelista** [noβe'lista] *mf* novelist
**noveno, na** [no'βeno, na] *núm* ninth ➢ **sexto**
**noventa** [no'βenta] *núm* ninety ➢ **seis**
**noviazgo** [no'βi̯aθγo] *m* engagement
**noviembre** [no'βi̯embre] *m* November ➢ **setiembre**
**novillada** [noβi'ʎaða] *f bullfight with young bulls*
**novillero** [noβi'ʎero] *m* apprentice bullfighter
**novillo, lla** [no'βiʎo, ʎa] *m,f* young bull (*f* young cow) *(2-3 years old)*
**novio, via** ['noβi̯o, βi̯a] *m,f* **1.** *(prometido)* fiancé (*f* fiancée) **2.** *(amigo)* boyfriend (*f* girlfriend) ◆ **novios** *mpl (recién casados)* newlyweds ● **¡vivan los novios!** to the bride and groom!
**nubarrón** [nuβa'ron] *m* storm cloud
**nube** ['nuβe] *f* cloud
**nublado, da** [nu'βlaðo, ða] *adj* cloudy
**nublarse** [nu'βlarse] *vi* ● **se está nublando** it's clouding over
**nubosidad** [nuβosi'ðað] *f* cloudiness
**nuboso, sa** [nu'βoso, sa] *adj* cloudy
**nuca** ['nuka] *f* nape
**nuclear** [nukle'ar] *adj* nuclear
**núcleo** ['nukleo] *m (parte central)* cent
**nudillos** [nu'ðiʎos] *mpl* knuckles
**nudismo** [nu'ðizmo] *m* nudism
**nudista** [nu'ðista] *mf* nudist
**nudo** ['nuðo] *m* **1.** *(de cuerda, hilo)* knot *(de comunicaciones)* major junction *(en argumento)* crux
**nuera** ['nu̯era] *f* daughter-in-law
**nuestro, tra** ['nu̯estro, tra] ◇ *adj* our *pron* ● **el nuestro, la nuestra** ours ● **nuestro** *(lo que nos gusta)* our thing **un amigo nuestro** a friend of ours
**nuevamente** [ˌnu̯eβa'mente] *adv* agair
**Nueva Zelanda** ['nu̯eβaθe'landa] *s* Ne Zealand
**nueve** ['nu̯eβe] *núm* nine ➢ **seis**
**nuevo, va** ['nu̯eβo, βa] *adj* new ● **nuevo** again
**nuez** ['nu̯eθ, θes] (*pl* **-ces**) *f* **1.** *(fruto se en general)* nut **2.** *(de nogal)* walnut *(del cuello)* Adam's apple
**nulidad** [nuli'ðað] *f* **1.** *(anulación)* nulli **2.** *(persona)* useless idiot
**nulo, la** ['nulo, la] *adj* **1.** *(sin valor lega* null and void **2.** *(inepto)* useless
**núm.** (*abr de* **número**) no. *(number)*
**numerado, da** [nume'raðo, ða] *a* numbered
**número** ['numero] *m* **1.** number **2.** *( lotería)* ticket **3.** *(de una publicación)* issu **4.** *(talla)* size ● **¿qué número calza** what size shoe are you? ● **número teléfono** telephone number
**numeroso, sa** [nume'roso, sa] *adj* n merous

**umismática** [numiz'matika] *f* coin-
ɔllecting
**unca** ['nunka] *adv* **1.** never **2.** *(en
egativas)* ever
**upcial** [nup'θi̯al] *adj* wedding *(antes de*
**upcias** ['nupθi̯as] *fpl* wedding *sg*
**utria** ['nutri̯a] *f* otter
**utrición** [nutri'θi̯on] *f* nutrition
**utritivo, va** [nutri'tiβo, βa] *adj* nutri-
ous

# ñÑ

**andú** [ɲan'du] *m* rhea
**ato, ta** ['ɲato, ta] *adj (Andes & RP)*
ɲub
**oñería** [ɲoɲe'ria] *f* insipidness
**oño, ña** ['ɲoɲo, ɲa] *adj* **1.** *(remilgado)*
queamish **2.** *(quejica)* whining **3.** *(soso)*
ull
**oqui** ['ɲoki] *m* gnocchi *pl*

# oO

[o] *conj* or ◆ **o sea** in other words
**(abr de oeste)** W *(west)*
**asis** [o'asis] *m inv* oasis
**bedecer** [oβeðe'θer] *vt* to obey ◆
**bedecer a** *v + prep (ser motivado por)*
ɔ be due to

**obediencia** [oβe'ði̯enθi̯a] *f* obedience
**obediente** [oβe'ði̯ente] *adj* obedient
**obesidad** [oβesi'ðað] *f* obesity
**obeso, sa** [o'βeso, sa] *adj* obese
**obispo** [o'βispo] *m* bishop
**objeción** [oβxe'θi̯on] *f* objection
**objetividad** [oβxetiβi'ðað] *f* objectivity
**objetivo, va** [oβxe'tiβo, βa] ◇ *adj* objective ◇ *m* **1.** *(finalidad)* objective **2.** *(blanco)* target **3.** *(lente)* lens
**objeto** [oβ'xeto] *m* **1.** object **2.** *(finalidad)* purpose ◆ **con el objeto de** with the aim of ◆ **objetos perdidos** lost property
**obligación** [oβliɣa'θi̯on] *f* **1.** *(deber)* obligation **2.** *(de una empresa)* bond
**obligar** [oβli'ɣar] *vt* to force ◆ **obligarse a** *v + prep (comprometerse a)* to undertake to
**obligatorio, ria** [oβliɣa'tori̯o, ri̯a] *adj* compulsory
**obra** ['oβra] *f* **1.** *(realización)* work **2.** *(en literatura)* book **3.** *(en teatro)* play **4.** *(en música)* opus **5.** *(edificio en construcción)* building site ◆ **obra de caridad** charity ◆ **obra (de teatro)** play ◆ **obras** *fpl (reformas)* alterations ◆ **obras** *(en carretera)* roadworks
**obrador** [oβra'ðor] *m* workshop
**obrero, ra** [o'βrero, ra] *m,f* worker
**obsequiar** [oβse'ki̯ar] *vt* ◆ **obsequiar a alguien con algo** to present sb with sthg
**obsequio** [oβ'seki̯o] *m* gift
**observación** [oβserβa'θi̯on] *f* observation
**observador, ra** [oβserβa'ðor, ra] *adj* observant
**observar** [oβser'βar] *vt* **1.** to observe **2.**

*(darse cuenta de)* to notice

**observatorio** [oβserβa'tori̯o] *m* observatory

**obsesión** [oβse'si̯on] *f* obsession

**obsesionar** [oβsesi̯o'nar] *vt* to obsess ◆ **obsesionarse** *vp* to be obsessed

**obstáculo** [oβs'takulo] *m* obstacle

**obstante** [oβs'tante] ◆ **no obstante** *conj* nevertheless

**obstinado, da** [oβsti'naðo, ða] *adj* **1.** *(persistente)* persistent **2.** *(terco)* obstinate

**obstruir** [oβs'trui̯r] *vt* to obstruct ◆ **obstruirse** *vp (agujero, cañería)* to get blocked (up)

**obtener** [oβte'ner] *vt* to get

**obvio, via** ['oββi̯o, βi̯a] *adj* obvious

**oca** ['oka] *f* **1.** *(ave)* goose **2.** *(juego)* *board game similar to snakes and ladders*

**ocasión** [oka'si̯on] *f* **1.** *(momento determinado)* moment **2.** *(vez)* occasion **3.** *(oportunidad)* chance ● **de ocasión** *(rebajado)* bargain *(antes de s)*

**ocasional** [okasi̯o'nal] *adj* **1.** *(eventual)* occasional **2.** *(casual)* accidental

**ocaso** [o'kaso] *m* **1.** *(de sol)* sunset **2.** *(fig) (decadencia)* decline

**occidental** [okθiðen'tal] *adj* western

**occidente** [okθi'ðente] *m* west ◆ **Occidente** *m* the West

**océano** [o'θeano] *m* ocean

**ochenta** [o'tʒenta] *núm* eighty ➢ **seis**

**ocho** ['otʒo] *núm* eight ➢ **seis**

**ochocientos, tas** [otʒo'θi̯entos, tas] *núm* eight hundred ➢ **seis**

**ocio** ['oθi̯o] *m* leisure

**ocioso, sa** [o'θi̯oso, sa] *adj (inactivo)* idle

**ocre** ['okre] *adj inv* ochre

**octavo, va** [ok'taβo, βa] *núm* eighth ➢ **sexto**

**octubre** [ok'tuβre] *m* October ➢ **setiembre**

**oculista** [oku'lista] *mf* ophthalmologist

**ocultar** [okul'tar] *vt* **1.** *(esconder)* to hide **2.** *(callar)* to cover up

**oculto, ta** [o'kulto, ta] *adj* hidden

**ocupación** [okupa'θi̯on] *f* **1.** occupation **2.** *(oficio)* job

**ocupado, da** [oku'paðo, ða] *adj* **1.** *(plaza, asiento)* taken **2.** *(aparcamiento)* full *(lavabo)* engaged *(UK)*, occupied *(US)* **4.** *(atareado)* busy **5.** *(invadido)* occupied ▼ **ocupado** *(taxi)* *sign indicating that taxi is not for hire*

**ocupar** [oku'par] *vt* **1.** to occupy *(habitar)* to live in **3.** *(mesa)* to sit at *(en tiempo)* to take up **5.** *(cargo, posición, etc)* to hold **6.** *(dar empleo)* to provide work for ◆ **ocuparse de** *v + prep (encargarse de)* to deal with **2.** *(persona)* to look after

**ocurrir** [oku'rir] *vi* to happen ◆ **ocurrirse** *vp* ● **no se me ocurre la respuesta** I can't think of the answer

**odiar** [o'ði̯ar] *vt* to hate

**odio** ['oði̯o] *m* hatred

**oeste** [o'este] *m* west

**ofensiva** [ofen'siβa] *f* offensive

**oferta** [o'ferta] *f* **1.** *(propuesta)* offer *(en precio)* bargain **3.** *(surtido)* range

**oficial** [ofi'θi̯al] ◇ *adj* official ◇ *m (militar)* officer

**oficina** [ofi'θina] *f* office ● **oficina de cambio** bureau de change ● **oficina de correos** post office ● **oficina de objetos**

**erdidos** lost property office ◈ **oficina e turismo** tourist office
**ficinista** [ofiθi'nista] *mf* office worker
**ficio** [o'fiθjo] *m* **1.** *(profesión)* trade **2.** *empleo)* job **3.** *(misa)* service
**frecer** [ofre'θer] *vt* **1.** to offer **2.** *mostrar)* to present ◆ **ofrecerse** *vp (ser oluntario)* to volunteer
**ftalmología** [oftalmolo'xia] *f* ophthalmology
**OGM** *m* (*abr de* **organismo genéticamente modificado**) GMO *(genetically modified organism)*
**ogro** ['oɣro] *m* ogre
**oído** [o'iðo] *m* **1.** *(sentido)* hearing **2.** *órgano)* ear ◈ **hablar al oído a alguien** o have a word in sb's ear
**oír** [o'ir] *vt* **1.** *(ruido, música, etc)* to hear **2.** *(atender)* to listen to ◈ **¡oiga, por favor!** excuse me!
**ojal** [o'xal] *m* buttonhole
**ojalá** [oxa'la] *interj* if only!
**ojeras** [o'xeras] *fpl* bags under the eyes
**ojo** ['oxo] ◇ *m* **1.** eye **2.** *(de cerradura)* keyhole ◇ *interj* watch out! ◈ **ojo de buey** porthole ◈ **a ojo** (*fig*) roughly
**OK** [o'kei] *interj* OK
**okupa** [o'kupa] *mf* (*fam*) squatter
**ola** ['ola] *f* wave ◈ **ola de calor** heatwave ◈ **ola de frío** cold spell
**ole** ['ole] *interj* bravo!
**oleaje** [ole'axe] *m* swell
**óleo** ['oleo] *m* oil (painting)
**oler** [o'ler] *vt* & *vi* to smell ◈ **oler bien** to smell good ◈ **oler mal** to smell bad ◆ **olerse** *vp* to sense
**olfato** [ol'fato] *m* **1.** *(sentido)* sense of smell **2.** *(astucia)* nose
**olimpiadas** [olim'pjaðas] *fpl* Olympics
**olímpico, ca** [o'limpiko, ka] *adj* Olympic
**oliva** [o'liβa] *f* olive
**olivo** [o'liβo] *m* olive tree
**olla** ['oʎa] *f* pot ◈ **olla a presión** pressure cooker
**olmo** ['olmo] *m* elm (tree)
**olor** [o'lor] *m* smell
**olvidar** [olβi'ðar] *vt* **1.** to forget **2.** *(dejarse)* to leave ◆ **olvidarse de** *v + prep (dejarse)* to leave
**olvido** [ol'βiðo] *m* **1.** *(en memoria)* forgetting **2.** *(descuido)* oversight
**ombligo** [om'bliɣo] *m* **1.** *(de vientre)* navel **2.** (*fig*) *(centro)* heart
**omitir** [omi'tir] *vt* to omit
**once** ['onθe] *núm* eleven ➤ **seis**
**ONCE** ['onθe] *f Spanish association for the blind*

**ONCE**

This independent organization was originally founded to help the blind but now also covers other disabled people. Its members have the opportunity to work selling tickets for its daily national lottery, the proceeds of which are used to fund the organization's other activities. Friday's winning ticket, the *cuponazo*, gets an especially large prize.

**onda** ['onda] *f* wave
**ondulado, da** [ondu'laðo, ða] *adj* wavy
**ONU** ['onu] *f* (*abr de* **Organización de las Naciones Unidas**) UN *(United Nations)*

**opaco, ca** [o'pako, ka] *adj* opaque
**opción** [op'θi̯on] *f* option ◆ **tener opción a** to be eligible for
**ópera** ['opera] *f* opera
**operación** [opera'θi̯on] *f* **1.** operation **2.** *(negocio)* transaction ◆ **operación retorno/salida** *police operation to assist travel of holidaymakers to/from city homes, minimizing congestion and maximizing road safety*
**operadora** [opera'ðora] *f* *(de teléfonos)* operator
**operar** [ope'rar] *vt* **1.** *(enfermo)* to operate on **2.** *(realizar)* to bring about ◆ **operarse** *vp (del hígado, etc)* to have an operation
**operario, ria** [ope'rari̯o, ri̯a] *m,f* worker
**opinar** [opi'nar] ◇ *vt* to think ◇ *vi* to give one's opinion
**opinión** [opi'ni̯on] *f* opinion ◆ **la opinión pública** public opinion
**oponer** [opo'ner] *vt* **1.** *(obstáculo, resistencia)* to use against **2.** *(razón, argumento, etc)* to put forward ◆ **oponerse** *vp (contrarios, fuerzas)* to be opposed ◆ **oponerse a** *v + prep* **1.** *(ser contrario a)* to oppose **2.** *(negarse a)* to refuse to
**oportunidad** [oportuni'ðað] *f* opportunity ▼ **oportunidades** bargains
**oportuno, na** [opor'tuno, na] *adj* **1.** *(adecuado)* appropriate **2.** *(propicio)* timely **3.** *(momento)* right
**oposición** [oposi'θi̯on] *f* **1.** *(impedimento)* opposition **2.** *(resistencia)* resistance ◆ **la oposición** the opposition ◆ **oposiciones** *fpl (para empleo)* public entrance examinations
**oprimir** [opri'mir] *vt* **1.** *(botón)* to press **2.** *(reprimir)* to oppress
**optar** [op'tar] ◆ **optar a** *v + prep (aspirar a)* to go for ◆ **optar por** *v + prep* **optar por algo** to choose sthg ◆ **optar por hacer algo** to choose to do sthg
**optativo, va** [opta'tiβo, βa] *adj* optional
**óptica** ['optika] *f* **1.** *(ciencia)* optics **2.** *(establecimiento)* optician's (shop)
**optimismo** [opti'mizmo] *m* optimism
**optimista** [opti'mista] *adj* optimistic
**opuesto, ta** [o'pu̯esto, ta] ◇ *pp* ➢ **oponer** ◇ *adj (contrario)* conflicting ◆ **opuesto a** contrary to
**oración** [ora'θi̯on] *f* **1.** *(rezo)* prayer **2.** *(frase)* sentence
**orador, ra** [ora'ðor, ra] *m,f* speaker
**oral** [o'ral] *adj* oral
**órale** ['orale] *interj (Méx)* that's right!
**orangután** [orangu'tan] *m* orangutang
**oratoria** [ora'tori̯a] *f* oratory
**órbita** ['orβita] *f* **1.** *(de astro)* orbit **2.** *(de ojo)* eye socket **3.** *(ámbito)* sphere
**orca** ['orka] *f* killer whale
**orden**[1] ['orðen] *m* order ◆ **en orden** *(bien colocado)* tidy *(UK)*, neat *(US)*; *(en regla)* in order
**orden**[2] ['orðen] *f* order
**ordenación** [orðena'θi̯on] *f* **1.** *(colocación)* arrangement **2.** *(de sacerdote)* ordination
**ordenado, da** [orðe'naðo, ða] *adj (en orden)* tidy *(UK)*, neat *(US)*
**ordenador** [orðena'ðor] *m* computer ◆ **ordenador portátil** laptop computer
**ordenar** [orðe'nar] *vt* **1.** *(colocar)* to arrange **2.** *(armario, habitación)* to tidy up *(UK)*, to clean up *(US)* **3.** *(mandar)* to order **4.** *(sacerdote)* to ordain

**deñar** [orðe'ɲar] *vt* to milk
**dinario, ria** [orði'nario, ria] *adj* **1.** *bitual)* ordinary **2.** *(basto, grosero)* ırse
**égano** [o'reɣano] *m* oregano
**eja** [o'rexa] *f* **1.** ear **2.** *(de sillón)* wing
**gánico, ca** [or'ɣaniko, ka] *adj* organic
**ganillo** [orɣa'niʎo] *m* barrel organ
**ganismo** [orɣa'nizmo] *m* **1.** *(de ser* ›) body **2.** *(institución)* organization
**ganización** [orɣaniθa'θion] *f* organiion
**ganizador, ra** [orɣaniθa'ðor, ra] *m,f* ganizer
**ganizar** [orɣani'θar] *vt* **1.** to organize *(negocio, empresa, etc)* to set up
**gano** ['orɣano] *m* organ
**gullo** [or'ɣuʎo] *m* pride
**gulloso, sa** [orɣu'ʎoso, sa] *adj* proud **orgulloso de** proud of
**iental** [orien'tal] ◇ *adj* **1.** *(del este)* stern **2.** *(del Lejano Oriente)* oriental ◇ oriental
**ientar** [orien'tar] *vt (guiar)* to direct ◈ **entar algo hacia algo** to place sthg ing sthg
**ientativo, va** *adj* guideline *(antes de* ◈ **precio orientativo** recommended ice ◈ **ser puramente orientativo** only be intended as a guideline
**iente** [o'riente] *m* **1.** *(punto cardinal)* st **2.** *(viento)* east wind ◆ **Oriente** *m* ◈ **Oriente** the East
**ificio** [ori'fiθio] *m* hole
**igen** [o'rixen] *m* **1.** origin **2.** *(motivo)* use **3.** *(ascendencia)* birth
**iginal** [orixi'nal] *adj* **1.** original **2.** *trańo)* eccentric

**originario, ria** [orixi'nario, ria] *adj* **1.** *(país, ciudad)* native **2.** *(inicial)* original ◈ **ser originario de** to come from
**orilla** [o'riʎa] *f* **1.** *(de mar, lago)* shore **2.** *(de río)* bank **3.** *(borde)* edge
**orillarse** [ori'ʎarse] *vp* *(Col & Ven)* to move to one side
**orina** [o'rina] *f* urine
**orinal** [ori'nal] *m* chamberpot
**orinar** [ori'nar] *vi* to urinate
**oro** ['oro] *m* **1.** *(metal)* gold **2.** *(riqueza)* riches *pl* ◆ **oros** *mpl (de la baraja) suit of Spanish cards bearing gold coins*
**orquesta** [or'kesta] *f* **1.** *(de música)* orchestra **2.** *(lugar)* orchestra pit
**orquestar** [orkes'tar] *vt* to orchestrate
**orquídea** [or'kiðea] *f* orchid
**ortiga** [or'tiɣa] *f* (stinging) nettle
**ortodoxo, xa** [orto'ðokso, sa] *adj* orthodox
**oruga** [o'ruɣa] *f* caterpillar
**os** [os] *pron* **1.** *(complemento directo)* you **2.** *(complemento indirecto)* (to) you **3.** *(reflexivo)* yourselves **4.** *(recíproco)* each other
**oscilar** [osθi'lar] *vi (moverse)* to swing ◈ **oscilar (entre)** *(variar)* to fluctuate (between)
**oscuridad** [oskuri'ðað] *f* **1.** *(falta de luz)* darkness **2.** *(confusión)* obscurity
**oscuro, ra** [os'kuro, ra] *adj* **1.** dark **2.** *(confuso)* obscure **3.** *(nublado)* overcast ◈ **a oscuras** in the dark
**oso, osa** ['oso, 'osa] *m,f* bear ◈ **oso hormiguero** anteater
**osobuco** [oso'βuko] *m* osso bucco
**ostra** ['ostra] *f* oyster ◆ **ostras** *interj* *(fam)* wow!

**OTAN** ['otan] *f* NATO
**otoño** [o'toɲo] *m* autumn, fall *(US)*
**otorrino, na** [oto'rino, na] *m,f* *(fam)* ear, nose and throat specialist
**otorrinolaringólogo, ga** [oto,rinola-rin'goloɣo, ɣa] *m,f* ear, nose and throat specialist
**otro, otra** ['otro, 'otra] ◇ *adj* another *sg*, other *pl* ◇ *pron* **1.** *(otra cosa)* another *sg*, others *pl* **2.** *(otra persona)* someone else • **el otro** the other one • **los otros** the others • **otro vaso** another glass • **otros dos vasos** another two glasses • **el otro día** the other day • **la otra tarde** the other evening
**ovalado, da** [oβa'laðo, ða] *adj* oval
**ovario** [o'βari̯o] *m* ovary
**oveja** [o'βexa] *f* sheep
**ovni** ['oβni] *m* UFO
**óxido** ['oksiðo] *m* *(herrumbre)* rust
**oxígeno** [ok'sixeno] *m* oxygen
**oyente** [o'jente] *mf* listener
**ozono** [o'θono] *m* ozone

# pP

**p.** (*abr de* **paseo**) Ave *(Avenue)*
**pabellón** [paβe'ʎon] *m* **1.** *(edificio)* pavilion **2.** *(de hospital)* block **3.** *(tienda de campaña)* bell tent **4.** *(de oreja)* outer ear
**pacer** [pa'θer] *vi* to graze
**pacharán** [patʒa'ran] *m* *liqueur made from brandy and sloes*
**paciencia** [pa'θi̯enθi̯a] *f* patience • **perder la paciencia** to lose one's patience • **tener paciencia** to be pati
**paciente** [pa'θi̯ente] *adj* & *mf* patient
**pacificación** [paθifika'θi̯on] *f* pacification
**pacífico, ca** [pa'θifiko, ka] *adj* peace
• **Pacífico** *m* • **el Pacífico** the Pacifi
**pacifismo** [paθi'fizmo] *m* pacifism
**pacifista** [paθi'fista] *mf* pacifist
**pack** ['pak] *m* pack
**pacto** ['pakto] *m* *(entre personas)* agreement
**padecer** [paðe'θer] ◇ *vt* **1.** *(enfermed* to suffer from **2.** *(soportar)* to endur *vi* to suffer • **padece del hígado** has liver trouble
**padrastro** [pa'ðrastro] *m* **1.** *(parien* stepfather **2.** *(pellejo)* hangnail
**padre** ['paðre] ◇ *m* father ◇ *adj* *(M* *(fam)* *(estupendo)* brilliant • **padres** *(de familia)* parents
**padrino** [pa'ðrino] *m* **1.** *(de boda)* b man **2.** *(de bautizo)* godfather • **pad nos** *mpl* godparents
**padrísimo** [pa'ðrisimo] *adj* *(Am* *(fam)* brilliant
**paella** [pa'eʎa] *f* paella
**pág.** (*abr de* **página**) p. *(page)*
**paga** ['paɣa] *f* *(sueldo)* wages *pl*

## paga extraordinaria

In Spain, permanent employee annual salaries are usually com posed of 14 equal payments. Th means that they receive doub their standard monthly salary twic a year, in June and December. Th extra cash is intended to help pay for summer holidays and Christmas presents.

**agadero, ra** [paɣa'ðero, ra] *adj*
**agado, da** [pa'ɣaðo, ða] *adj (deuda, uenta, etc)* paid
**agano, na** [pa'ɣano, na] *m,f* pagan
**agar** [pa'ɣar] ◇ *vt* **1.** *(cuenta, deuda, etc)* o pay **2.** *(estudios, gastos, error)* to pay or **3.** *(corresponder)* to repay ◇ *vi* to pay **pague en caja antes de retirar su ehículo** please pay before leaving
**ágina** ['paxina] *f* page
**ago** ['paɣo] *m* **1.** payment **2.** *(recompensa)* reward
**aís** [pa'is] *m* country
**aisaje** [pai̯'saxe] *m* **1.** landscape **2.** *vista panorámica)* view
**aisano, na** [pai̯'sano, na] *m,f* **1.** *(persona o militar)* civilian **2.** *(de país)* compatriot . *(de ciudad)* person from the same city
**aíses Bajos** [pa'isez'βaxos] *mpl* ● **los aíses Bajos** the Netherlands
**aís Vasco** [pa'iz'βasko] *m* ● **el País Vasco** the Basque country
**aja** ['paxa] *f* **1.** straw **2.** *(parte desechable)* padding
**ajarita** [paxa'rita] *f (corbata)* bow tie ● **ajarita de papel** paper bird
**ájaro** ['paxaro] *m* bird
**aje** ['paxe] *m* page
**ala** ['pala] *f* **1.** *(herramienta)* spade **2.** *(de ing-pong)* bat *(UK)*, paddle *(US)* **3.** *(de ocina)* slice *(UK)*, spatula *(US)* **4.** *(de emo, hacha)* blade
**alabra** [pa'laβra] *f* word ● **dar la alabra a alguien** to give sb the floor ● **de palabra** *(hablando)* by word of mouth ◆ **palabras** *fpl (discurso)* words
**palacio** [pa'laθi̯o] *m* palace ● **palacio municipal** *(Amér)* town hall

## Palacio de la Moneda

This neoclassical building is the official residence of the Chilean president and the seat of the country's government. It also houses various other government departments. Its name comes from the fact that until 1929 it served as the national Mint.

## Palacio de la Zarzuela

The Zarzuela palace is the current residence of the King of Spain and is situated in the el Pardo hills to the northwest of Madrid. Built in the neoclassical style between 1634 and 1638, it was renovated in the rococo style in the 18th century.

**paladar** [pala'ðar] *m* palate
**paladear** [palaðe'ar] *vt* to savour
**palanca** [pa'lanka] *f* lever ● **palanca de cambio** gear lever *(UK)*, gearshift *(US)*
**palangana** [palan'gana] *f* **1.** *(para fregar)* washing-up bowl *(UK)* **2.** *(para lavarse)* wash bowl
**palco** ['palko] *m* box *(at theatre)*
**paletilla** [pale'tiʎa] *f* shoulder blade ● **paletilla de cordero** shoulder of lamb
**pálido, da** ['paliðo, ða] *adj* pale
**palillo** [pa'liʎo] *m* **1.** *(para dientes)* tooth-

pick **2.** *(para tambor)* drumstick
**paliza** [pa'liθa] *f* **1.** *(zurra, derrota)* beating **2.** *(esfuerzo)* hard grind
**palma** ['palma] *f* **1.** *(de mano, palmera)* palm **2.** *(hoja de palmera)* palm leaf ◆ **palmas** *fpl* applause *sg* ● **dar palmas** to applaud
**palmada** [pal'maða] *f* **1.** *(golpe)* pat **2.** *(ruido)* clap
**palmera** [pal'mera] *f (árbol)* palm (tree)
**palmitos** [pal'mitos] *mpl (de cangrejo)* crab sticks ● **palmitos a la vinagreta** *crab sticks in vinegar*
**palo** ['palo] *m* **1.** *(de madera)* stick **2.** *(de golf)* club **3.** *(de portería)* post **4.** *(de tienda de campaña)* pole **5.** *(golpe)* blow *(with a stick)* **6.** *(de barco)* mast **7.** *(en naipes)* suit
**paloma** [pa'loma] *f* dove, pigeon
**palomar** [palo'mar] *m* dovecote
**palomitas** [palo'mitas] *fpl* popcorn *sg*
**palpitar** [palpi'tar] *vi* **1.** *(corazón)* to beat **2.** *(sentimiento)* to shine through
**palta** ['palta] *f (Andes & RP)* avocado
**pamela** [pa'mela] *f* sun hat
**pampa** ['pampa] *f* pampas *pl*
**pan** ['pan] *m* **1.** *(alimento)* bread **2.** *(hogaza)* loaf ● **pan dulce** *(Amér)* (sweet) pastry ● **pan integral** wholemeal bread ● **pan de molde** sliced bread ● **pan de muerto** *(Méx) sweet pastry eaten on All Saints' Day* ● **pan rallado** breadcrumbs *pl* ● **pan con tomate** *bread rubbed with tomato and oil* ● **pan tostado** toast
**panadería** [panaðe'ria] *f* bakery
**panadero, ra** [pana'ðero, ra] *m,f* baker
**panal** [pa'nal] *m* honeycomb
**Panamá** [pana'ma] *s* Panama
**panameño, ña** [pana'meɲo, ɲa] *adj* & *f* Panamanian
**pancarta** [pan'karta] *f* banner
**pandereta** [pande'reta] *f* tambourine
**pandilla** [pan'diʎa] *f* gang
**panecillo** [pane'θiʎo] *m* (bread) roll
**panel** [pa'nel] *m* panel
**panera** [pa'nera] *f* **1.** *(cesta)* brea basket **2.** *(caja)* bread bin *(UK)*, brea box *(US)*
**pánico** ['paniko] *m* panic
**panorama** [pano'rama] *m* **1.** *(paisaj* panorama **2.** *(situación)* overall state
**panorámica** [pano'ramika] *f* panoram
**panorámico, ca** [pano'ramiko, ka] *a* panoramic
**pantaletas** [panta'letas] *fpl (CAm Ven)* knickers *(UK)*, panties *(US)*
**pantalla** [pan'taʎa] *f* **1.** *(de cine, tel visión)* screen **2.** *(de lámpara)* lampshac
**pantalones** [panta'lones] *mpl* trouse *(UK)*, pants *(US)* ● **pantalones cort** shorts ● **pantalones vaqueros** jeans
**pantano** [pan'tano] *m* **1.** *(embalse)* re servoir **2.** *(ciénaga)* marsh
**pantanoso, sa** [panta'noso, sa] *a* marshy
**pantera** [pan'tera] *f* panther
**pantimedias** [panti'meðjas] *fpl (Méx* tights *(UK)*, pantyhose *(US)*
**pantorrilla** [panto'riʎa] *f* calf
**pantys** ['pantis] *mpl* tights *(UK)*, panty hose *(US)*
**pañal** [pa'ɲal] *m* nappy *(UK)*, diap *(US)* ● **pañales higiénicos** disposab nappies
**paño** ['paɲo] *m* cloth ● **paño de cocin** tea towel *(UK)*, dishcloth

**pañuelo** [pa'ɲuelo] *m* **1.** *(para limpiarse)* handkerchief **2.** *(de adorno)* scarf
**Papa** ['papa] *m* • **el Papa** the Pope
**papa** ['papa] *f* *(Amér)* potato • **papas fritas** *(de cocina)* chips *(UK)*, French fries *(US)*; *(de paquete)* crisps *(UK)*, chips *(US)*
**papá** [pa'pa] *m* *(fam)* dad • **papá grande** *(Amér)* grandad ◆ **papás** *mpl* *(fam)* *(padres)* parents
**papachador, ra** [papatʒa'ðor, ra] *adj* *(Amér)* pampering
**papachar** [papa'tʒar] *vt* *(Amér)* to spoil
**papagayo** [papa'ɣajo] *m* parrot
**papel** [pa'pel] *m* **1.** paper **2.** *(hoja)* sheet of paper **3.** *(función, de actor)* role • **papel higiénico** toilet paper • **papel pintado** wallpaper ◆ **papeles** *mpl* *(documentos)* papers
**papeleo** [pape'leo] *m* red tape
**papelera** [pape'lera] *f* wastepaper basket
**papelería** [papele'ria] *f* stationer's (shop)
**papeleta** [pape'leta] *f* **1.** *(de votación)* ballot paper **2.** *(de examen)* *slip of paper with university exam results* **3.** *(fig)* *(asunto difícil)* tricky thing
**paperas** [pa'peras] *fpl* mumps
**papilla** [pa'piʎa] *f* *(alimento)* baby food
**paquete** [pa'kete] *m* **1.** *(postal)* parcel **2.** *(de cigarrillos, klínex, etc)* pack • **paquete turístico** package tour
**Paquistán** [pakis'tan] *m* • **(el) Paquistán** Pakistan
**paquistaní** [pakista'ni] *adj* & *mf* Pakistani
**par** ['par] ◇ *adj* *(número)* even ◇ *m* **1.** *(de zapatos, guantes, etc)* pair **2.** *(de veces)* couple • **abierto de par en par** wide open • **sin par** matchless • **un par de ...** a couple of ...
**para** [para] *prep* **1.** *(finalidad)* for • **esta agua no es buena para beber** this water isn't fit for drinking • **lo he comprado para ti** I bought it for you • **te lo repetiré para que te enteres** I'll repeat it so you understand **2.** *(motivación)* (in order) to • **lo he hecho para agradarte** I did it to please you **3.** *(dirección)* towards • **ir para casa** to head (for) home • **salir para el aeropuerto** to leave for the airport **4.** *(tiempo)* for • **lo tendré acabado para mañana** I'll have it finished for tomorrow **5.** *(comparación)* considering • **está muy delgado para lo que come** he's very thin considering how much he eats **6.** *(inminencia, propósito)* • **la comida está lista para servir** the meal is ready to be served
**parabólica** [para'βolika] *f* satellite dish
**parabrisas** [para'βrisas] *m inv* windscreen *(UK)*, windshield *(US)*
**paracaídas** [paraka'iðas] *m inv* parachute
**parachoques** [para'tʒokes] *m inv* bumper *(UK)*, fender *(US)*
**parada** [pa'raða] *f* stop • **parada de autobús** bus stop • **parada de taxis** taxi rank ➤ **parado**
**paradero** [para'ðero] *m* *(Andes)* bus stop
**parado, da** [pa'raðo, ða] ◇ *adj* **1.** *(coche, máquina, etc)* stationary **2.** *(desempleado)* unemployed **3.** *(sin iniciativa)* unenter-

prising **4.** (*Amér*) (*de pie*) standing up ◇ *m,f* unemployed person
**paradoja** [para'ðoxa] *f* paradox
**paradójico, ca** [para'ðoxiko, ka] *adj* paradoxical
**parador** [para'ðor] *m* (*mesón*) roadside inn • **parador nacional** *state-owned luxury hotel*

## parador nacional

*Paradors* are surprisingly affordable luxury hotels run by the Spanish State. They are usually converted buildings of artistic or historic interest such as castles and palaces, and tend to be situated in areas of outstanding natural beauty. Their restaurants specialize in local or regional cuisine.

**paraguas** [pa'raγuas] *m inv* umbrella
**Paraguay** [para'γuai] *m* • **(el) Paraquay** Paraguay
**paraguayo, ya** [para'γuajo, ja] *adj* & *m,f* Paraguayan
**paraíso** [para'iso] *m* paradise
**paraje** [pa'raxe] *m* spot
**paralelas** [para'lelas] *fpl* parallel bars
**paralelo, la** [para'lelo, la] *adj* & *m* parallel
**parálisis** [pa'ralisis] *f inv* paralysis
**paralítico, ca** [para'litiko, ka] *m,f* paralytic
**paralizar** [parali'θar] *vt* to paralyse
**parapente** [para'pente] *m* paraskiing
**parar** [pa'rar] ◇ *vt* **1.** to stop **2.** (*Amér*) (*levantar*) to lift ◇ *vi* **1.** (*detenerse*) to stop **2.** (*hacer huelga*) to go on strike • **sin parar** non-stop • **para en todas las estaciones** stopping at all stations
**pararse** *vp* **1.** (*detenerse*) to stop **2** (*Amér*) (*ponerse de pie*) to stand up
**pararrayos** [para'rajos] *m inv* lightning conductor
**parasol** [para'sol] *m* parasol
**parchís** [par'tʒis] *m inv* ludo (*UK*), Parcheesi ® (*US*)
**parcial** [par'θial] ◇ *adj* **1.** partial **2** (*injusto*) biased ◇ *m* (*examen*) *end-of-term examination*
**pardo, da** ['parðo, ða] *adj* dun-coloured
**parecer** [pare'θer] ◇ *m* (*opinión*) opinion ◇ *v cop* to look, to seem ◇ *vi* • **me parece que ...** I think (that) ... • **parece que va a llover** it looks like it's going to rain • **¿qué te parece?** what do you think? • **de buen parecer** good-looking • **parecerse** *vp* to look alike • **parecerse a** to resemble
**parecido, da** [pare'θiðo, ða] ◇ *adj* similar ◇ *m* resemblance
**pared** [pa'reð] *f* (*muro*) wall
**pareja** [pa'rexa] *f* **1.** (*conjunto de dos*) pair **2.** (*de casados, novios*) couple **3.** (*compañero*) partner
**parentesco** [paren'tesko] *m* relationship
**paréntesis** [pa'rentesis] *m inv* **1.** (*signo de puntuación*) bracket (*UK*), parenthesis (*US*) **2.** (*interrupción*) break • **entre paréntesis** in brackets
**pareo** [pa'reo] *m* wraparound skirt
**pariente, ta** [pa'riente, ta] *m,f* relative
**parking** ['parkin] *m* car park (*UK*), parking lot (*US*)

**parlamentario, ria** [parlamen'tario, ria] *m,f* member of parliament

**parlamento** [parla'mento] *m* **1.** *(asamblea legislativa)* parliament **2.** *(discurso)* speech

**parlanchín, ina** [parlan'tʒin, ina] *adj* talkative

**paro** ['paro] *m* **1.** *(desempleo)* unemployment **2.** *(parada)* stoppage **3.** *(huelga)* strike • **estar en paro** to be unemployed

**parpadear** [parpaðe'ar] *vi (ojos)* to blink

**párpado** ['parpaðo] *m* eyelid

**parque** ['parke] *m* **1.** *(jardín)* park **2.** *(de niños)* playpen **3.** *(de automóviles)* fleet • **parque acuático** waterpark • **parque de atracciones** amusement park • **parque de bomberos** fire station • **parque eólico** wind farm • **parque infantil** children's playground • **parque nacional** national park • **parque zoológico** zoo

## parque nacional

While access to national parks is free, there are strict rules governing the behaviour of visitors, in order to ensure adequate protection for these areas of outstanding natural beauty. The main national parks in Spain are the *Coto de Doñana* (Huelva), *Ordesa* (Huesca) and *Teide* (Santa Cruz de Tenerife), while Latin America boasts *los Glaciares* (Argentina), *Isla Cocos* (Costa Rica), *Darién* (Panama) and *Canaima* (Venezuela).

**parqué** [par'ke] *m* parquet

**parquear** [parke'ar] *vt (Col)* to park

**parquímetro** [par'kimetro] *m* parking meter

**parra** ['para] *f* vine

**párrafo** ['parafo] *m* paragraph

**parrilla** [pa'riʎa] *f* **1.** *(para cocinar)* grill **2.** *(Amér) (de coche)* roof rack • **a la parrilla** grilled

**parrillada** [pari'ʎaða] *f* mixed grill • **parrillada de carne** selection of grilled meats • **parrillada de pescado** selection of grilled fish

**parroquia** [pa'rokia] *f* **1.** *(iglesia)* parish church **2.** *(conjunto de fieles)* parish **3.** *(fig) (clientela)* clientele

**parte** ['parte] ◇ *f* **1.** part **2.** *(bando, lado, cara)* side ◇ *m* report • **dar parte de algo** to report sthg • **de parte de** *(en nombre de)* on behalf of • **¿de parte de quién?** *(en el teléfono)* who's calling? • **en alguna parte** somewhere • **en otra parte** somewhere else • **en parte** partly • **en** o **por todas partes** everywhere • **parte meteorológico** weather forecast • **por otra parte** *(además)* what is more

**participación** [partiθipa'θion] *f* **1.** *(colaboración)* participation **2.** *(de boda, bautizo)* notice **3.** *(en lotería)* share

**participar** [partiθi'par] *vi* • **participar (en)** to participate (in) • **participar algo a alguien** to notify sb of sthg

**partícula** [par'tikula] *f* particle

**particular** [partiku'lar] *adj* **1.** *(privado)* private **2.** *(propio)* particular **3.** *(especial)* unusual • **en particular** in particular

**partida** [par'tiða] *f* **1.** *(marcha)* departure

**2.** *(en el juego)* game **3.** *(certificado)* certificate **4.** *(de género, mercancías)* consignment

**partidario, ria** [parti'ðar̯io, r̯ia] *m,f* supporter • **ser partidario de** to be in favour of

**partidista** [parti'ðista] *adj* partisan

**partido** [par'tiðo] *m* **1.** *(en política)* party **2.** *(en deporte)* game • **sacar partido de** to make the most of • **partido de ida** away leg • **partido de vuelta** home leg

**partir** [par'tir] ◇ *vt* **1.** *(dividir)* to divide **2.** *(romper)* to break **3.** *(nuez)* to crack **4.** *(repartir)* to share ◇ *vi (ponerse en camino)* to set off • **a partir de** from • **partir de** *v + prep (tomar como base)* to start from

**partitura** [parti'tura] *f* score

**parto** ['parto] *m* birth

**parvulario** [parβu'lar̯io] *m* nursery school

**pasa** ['pasa] *f* raisin

**pasable** [pa'saβle] *adj* passable

**pasada** [pa'saða] *f* **1.** *(con trapo)* wipe **2.** *(de pintura, barniz)* coat **3.** *(en labores de punto)* row • **de pasada** in passing

**pasado, da** [pa'saðo, ða] ◇ *adj* **1.** *(semana, mes, etc)* last **2.** *(viejo)* old **3.** *(costumbre)* old-fashioned **4.** *(alimento)* off *(UK)*, bad ◇ *m* past • **el año pasado** last year • **bien pasado** *(carne)* well-done • **pasado de moda** old-fashioned • **pasado mañana** the day after tomorrow

**pasaje** [pa'saxe] *m* **1.** *(de avión, barco)* ticket **2.** *(calle)* alley **3.** *(conjunto de pasajeros)* passengers *pl* **4.** *(de novela, ópera)* passage

**pasajero, ra** [pasa'xero, ra] ◇ *adj* passing ◇ *m,f* passenger ▼ **pasajeros sin equipaje** passengers with hand luggage only

**pasamanos** [pasa'manos] *m inv (barandilla)* handrail

**pasaporte** [pasa'porte] *m* passport

**pasar** [pa'sar]

◇ *vt* **1.** *(deslizar, filtrar)* to pass • **me pasó la mano por el pelo** she ran her hand through my hair • **pasar algo por** to pass sthg through **2.** *(cruzar)* to cross • **pasar la calle** to cross the road **3.** *(acercar, hacer llegar)* to pass • **¿me pasas la sal?** would you pass me the salt? **4.** *(contagiar)* • **me has pasado la tos** you've given me your cough **5.** *(trasladar)* • **pasar algo a** to move sthg to **6.** *(llevar adentro)* to show in • **nos pasó al salón** he showed us into the living room **7.** *(admitir)* to accept **8.** *(rebasar)* to go through • **no pases el semáforo en rojo** don't go through a red light **9.** *(sobrepasar)* • **ya ha pasado los veinticinco** he's over twenty-five now **10.** *(tiempo)* to spend • **pasó dos años en Roma** she spent two years in Rome **11.** *(padecer)* to suffer **12.** *(adelantar)* to overtake **13.** *(aprobar)* to pass **14.** *(revisar)* to go over **15.** *(en cine)* to show **16.** *(en locuciones)* • **pasarlo bien/mal** to have a good/bad time • **pasar lista** to call the register • **pasar visita** to see one's patients

◇ *vi* **1.** *(ir, circular)* to go • **el autobús pasa por mi casa** the bus goes past my house • **el Manzanares pasa por Madrid** the Manzanares goes through Madrid • **pasar de largo** to go by **2.**

*entrar)* to go in ▼ **no pasar** no entry ● **pase!** come in! ▼ **pasen por caja** please pay at the till **3.** *(poder entrar)* to get through ● **déjame más sitio, que no paso** move up, I can't get through **4.** *(ir un momento)* to pop in ● **pasaré por tu casa** I'll drop by (your place) **5.** *(suceder)* to happen ● **¿qué (te) pasa?** what's the matter (with you)? ● **¿qué pasa aquí?** what's going on here? ● **pase lo que pase** whatever happens **6.** *(terminarse)* to be over ● **cuando pase el verano** when the summer's over **7.** *(transcurrir)* to go by ● **el tiempo pasa muy deprisa** time passes very quickly **8.** *(cambiar de acción, tema)* ● **pasar a** to move on to **9.** *(servir)* to be all right ● **puede pasar** it'll do **10.** *(fam) (prescindir)* ● **paso de política** I'm not into politics ◆ **pasarse** *vp (acabarse)* to pass; *(comida)* to go off *(UK)*, to go bad; *(flores)* to fade; *(fam) (propasarse)* to go over the top; *(tiempo)* to spend; *(omitir)* to miss out ● **se me pasó decírtelo** I forgot to mention it to you ● **no se le pasa nada** she doesn't miss a thing

**pasarela** [pasa'rela] *f* **1.** *(de barco)* gangway **2.** *(para modelos)* catwalk *(UK)*, runway *(US)*

**pasatiempo** [pasa'ti̯empo] *m* pastime

**Pascua** ['paskua] *f (en primavera)* Easter ◆ **Pascuas** *fpl (Navidad)* Christmas *sg*

**pase** ['pase] *m* pass

**pasear** [pase'ar] ◇ *vt* to take for a walk ◇ *vi* to go for a walk ◆ **pasearse** *vp* to walk

**paseíllo** [pase'iʎo] *m opening procession of bullfighters*

**paseo** [pa'seo] *m* **1.** *(caminata)* walk **2.** *(calle ancha)* avenue **3.** *(distancia corta)* short walk ● **dar un paseo** to go for a walk ● **ir de paseo** to go for a walk ● **paseo marítimo** promenade

**pasillo** [pa'siʎo] *m* corridor, hall *(US)*

**pasión** [pa'si̯on] *f* passion

**pasiva** [pa'siβa] *f (en gramática)* passive voice

**pasividad** [pasiβi'ðað] *f* passivity

**pasivo, va** [pa'siβo, βa] ◇ *adj* passive ◇ *m (deudas)* debts *pl*

**paso** ['paso] *m* **1.** step **2.** *(acción de pasar)* passing **3.** *(manera de andar)* walk **4.** *(ritmo)* pace **5.** *(en montaña)* pass ● **de paso** in passing ● **estar de paso** to be passing through ● **a dos pasos** *(muy cerca)* round the corner ● **paso de cebra** zebra crossing *(UK)*, crosswalk *(US)* ● **paso a nivel** level *(UK)* o grade *(US)* crossing ● **paso de peatones** pedestrian crossing ● **paso subterráneo** subway *(UK)*, underpass *(US)*

**pasodoble** [paso'ðoβle] *m* paso doble

**pasta** ['pasta] *f* **1.** *(macarrones, espagueti, etc)* pasta **2.** *(para pastelería)* pastry **3.** *(pastelillo)* cake **4.** *(fam) (dinero)* dough ● **pasta de dientes** toothpaste

**pastel** [pas'tel] *m* **1.** *(tarta)* cake **2.** *(salado)* pie **3.** *(en pintura)* pastel

**pastelería** [pastele'ria] *f* **1.** *(establecimiento)* cake shop *(UK)*, bakery *(US)* **2.** *(bollos)* pastries *pl*

**pastelero, ra** [paste'lero, ra] *m,f* cake shop owner *(UK)*, baker *(US)*

**pastilla** [pas'tiʎa] *f* **1.** *(medicamento)* pill **2.** *(de chocolate)* bar

**pastor, ra** [pas'tor, ra] ◇ *m,f (de ganado)*

shepherd (*f* shepherdess) ◇ *m* (*sacerdote*) minister
**pastoreo** [pasto'reo] *m* shepherding
**pata** ['pata] ◇ *f* **1.** (*pierna, de mueble*) leg **2.** (*pie*) foot **3.** (*de perro, gato*) paw ◇ *m* (*Perú*) mate (*UK*), buddy (*US*) • **pata negra** *type of top-quality cured ham* • **estar patas arriba** (*fig*) to be upside-down • **meter la pata** to put one's foot in it • **tener mala pata** (*fig*) to be unlucky ➤ **pato**
**patada** [pa'taða] *f* kick
**patata** [pa'tata] *f* potato • **patatas fritas** (*de sartén*) chips (*UK*), French fries (*US*); (*de bolsa*) crisps (*UK*), chips (*US*)
**paté** [pa'te] *m* paté
**patente** [pa'tente] ◇ *adj* obvious ◇ *f* **1.** patent **2.** (*CSur*) (*de coche*) number plate (*UK*), license plate (*US*)
**paterno, na** [pa'terno, na] *adj* paternal
**patilla** [pa'tiʎa] *f* **1.** (*de barba*) sideboard (*UK*), sideburn (*US*) **2.** (*de gafas*) arm
**patín** [pa'tin] *m* **1.** (*de ruedas*) roller skate **2.** (*de ruedas en línea*) rollerblade **3.** (*de hielo*) ice skate • **patín (de pedales)** pedal boat
**patinaje** [pati'naxe] *m* skating • **patinaje sobre hielo** ice skating
**patinar** [pati'naɾ] *vi* **1.** (*con patines*) to skate **2.** (*resbalar*) to skid **3.** (*fam*) (*equivocarse*) to put one's foot in it
**patinazo** [pati'naθo] *m* **1.** (*resbalón*) skid **2.** (*fam*) (*equivocación*) blunder
**patineta** [pati'neta] *f* (*CSur, Méx & Ven*) skateboard
**patinete** [pati'nete] *m* scooter
**patio** ['pati̯o] *m* **1.** (*de casa*) patio **2.** (*de escuela*) playground • **patio de butacas** stalls *pl* (*UK*), orchestra (*US*) • **patio interior** courtyard
**pato, ta** ['pato, ta] *m,f* duck • **pato a la naranja** duck à l'orange
**patoso, sa** [pa'toso, sa] *adj* clumsy
**patria** ['patri̯a] *f* native country
**patriota** [pa'tri̯ota] *mf* patriot
**patriótico, ca** [pa'tri̯otiko, ka] *adj* patriotic
**patrocinador, ra** [patroθina'ðoɾ, ɾa] *m,f* sponsor
**patrón, ona** [pa'tron, ona] ◇ *m,f* **1.** (*de pensión*) landlord (*f* landlady) **2.** (*jefe*) boss **3.** (*santo*) patron saint ◇ *m* **1.** (*de barco*) skipper **2.** (*en costura*) pattern **3.** (*fig*) (*modelo*) standard
**patronal** [patro'nal] *f* (*de empresa*) management
**patrono, na** [pa'trono, na] *m,f* **1.** (*jefe*) boss **2.** (*protector*) patron (*f* patroness)
**patrulla** [pa'truʎa] *f* patrol • **patrulla urbana** vigilante group
**pausa** ['pau̯sa] *f* break
**pauta** ['pau̯ta] *f* guideline
**pavada** [pa'βaða] *f* (*Perú & RP*) stupid thing
**pavimento** [paβi'mento] *m* road surface, pavement (*US*)
**pavo, va** ['paβo, βa] *m,f* turkey • **pavo real** peacock
**payaso, sa** [pa'jaso, sa] *m,f* clown
**paz** ['paθ, θes] (*pl* **-ces**) *f* peace • **dejar en paz** to leave alone • **hacer las paces** to make it up • **que en paz descanse** may he/she rest in peace
**pazo** ['paθo] *m* *Galician country house*
**PC** ['pe'θe] *m* (*abr de* **personal computer**) PC (*personal computer*)

**PD** (*abr de* **posdata**) PS (*postscript*)
**peaje** [pe'axe] *m* toll
**peatón** [pea'ton] *m* pedestrian
**peatonal** [peato'nal] *adj* pedestrian (*antes de s*)
**peca** ['peka] *f* freckle
**pecado** [pe'kaðo] *m* sin
**pecador, ra** [peka'ðor, ra] *m,f* sinner
**pecar** [pe'kar] *vi* to sin
**pecera** [pe'θera] *f* (*acuario*) fish tank
**pecho** ['petʒo] *m* **1.** (*en anatomía*) chest **2.** (*de la mujer*) breast
**pechuga** [pe'tʒuɣa] *f* breast (*meat*)
**pecoso, sa** [pe'koso, sa] *adj* freckly
**peculiar** [peku'liar] *adj* **1.** (*propio*) typical **2.** (*extraño*) peculiar
**pedagogía** [peðaɣo'xia] *f* education
**pedagogo, ga** [peða'ɣoɣo, ɣa] *m,f* (*profesor*) teacher
**pedal** [pe'ðal] *m* pedal
**pedalear** [peðale'ar] *vi* to pedal
**pedante** [pe'ðante] *adj* pedantic
**pedazo** [pe'ðaθo] *m* piece ◆ **hacer pedazos** to break to pieces
**pedestal** [peðes'tal] *m* pedestal
**pediatra** [pe'ðiatra] *mf* pediatrician
**pedido** [pe'ðiðo] *m* order
**pedir** [pe'ðir] ◇ *vt* **1.** (*rogar*) to ask for **2.** (*poner precio*) to ask **3.** (*en restaurante, bar*) to order **4.** (*exigir*) to demand ◇ *vi* (*mendigar*) to beg ◆ **pedir a alguien que haga algo** to ask sb to do sthg ◆ **pedir disculpas** to apologize ◆ **pedir un crédito** to ask for a loan ◆ **pedir prestado algo** to borrow sthg
**pedo** ['peðo] *m* (*vulg*) (*ventosidad*) fart
**pedófilo, la** *m,f* paedophile
**pedregoso, sa** [peðre'ɣoso, sa] *adj* stony
**pedrisco** [pe'ðrisko] *m* hail
**pega** ['peɣa] *f* **1.** (*pegamento*) glue **2.** (*fam*) (*inconveniente*) hitch ◆ **poner pegas** to find problems
**pegajoso, sa** [peɣa'xoso, sa] *adj* **1.** (*cosa*) sticky **2.** (*fig*) (*persona*) clinging
**pegamento** [peɣa'mento] *m* glue
**pegar** [pe'ɣar] ◇ *vi* **1.** (*sol*) to beat down **2.** (*armonizar*) to go (together) ◇ *vt* **1.** (*adherir, unir*) to stick **2.** (*cartel*) to put up **3.** (*golpear*) to hit **4.** (*contagiar*) to give, to pass on **5.** (*grito, salto*) to give ◆ **pegar la silla a la pared** to put the chair up against the wall ◆ **pegarse** *vp* **1.** (*chocar*) to hit o.s. **2.** (*adherirse*) to stick **3.** (*a una persona*) to attach o.s.
**pegatina** [peɣa'tina] *f* sticker
**peinado** [pei'naðo] *m* hairstyle
**peinador, dora** [peina'ðor, ðora] *m,f* (*Méx & RP*) hairdresser
**peinar** [pei'nar] *vt* to comb ◆ **peinarse** *vp* to comb one's hair
**peine** ['peine] *m* comb
**peineta** [pei'neta] *f* ornamental comb
**p.ej.** (*abr de* **por ejemplo**) e.g. (*exempli gratia*)
**peladilla** [pela'ðiʎa] *f* sugared almond
**pelar** [pe'lar] *vt* **1.** (*patatas, fruta*) to peel **2.** (*ave*) to pluck ◆ **pelarse** *vp* ◆ **pelarse de frío** to be freezing cold
**peldaño** [pel'daɲo] *m* step
**pelea** [pe'lea] *f* fight
**pelear** [pele'ar] *vi* to fight ◆ **pelearse** *vp* to fight
**peletería** [pelete'ria] *f* (*tienda*) furrier's (shop)
**peli** *f* (*fam*) movie
**pelícano** [pe'likano] *m* pelican

**película** [pe'likula] *f* film, movie (*US*)
**peligro** [pe'liɣro] *m* **1.** *(riesgo)* risk **2.** *(amenaza)* danger • **correr peligro** to be in danger
**peligroso, sa** [peli'ɣroso, sa] *adj* dangerous
**pelirrojo, ja** [peli'roxo, xa] *adj* red-haired
**pellejo** [pe'ʎexo] *m* skin
**pellizcar** [peʎiθ'kar] *vt* to pinch
**pellizco** [pe'ʎiθko] *m* pinch
**pelma** ['pelma] *mf* (*fam*) pain
**pelo** ['pelo] *m* **1.** hair **2.** *(de animal)* coat **3.** (*fig*) *(muy poco)* tiny bit • **con pelos y señales** in minute detail • **por un pelo** by the skin of one's teeth • **tomar el pelo a alguien** to pull sb's leg • **pelo rizado** curly hair
**pelota** [pe'lota] ◇ *f* ball ◇ *mf* (*fam*) crawler (*UK*), brown-nose (*US*) • **jugar a la pelota** to play ball • **hacer la pelota** to suck up • **pelota (vasca)** *(juego)* pelota, jai alai
**pelotari** [pelo'tari] *mf* pelota o jai alai player
**pelotón** [pelo'ton] *m* **1.** *(de gente)* crowd **2.** *(de soldados)* squad
**pelotudo, da** [pelo'tuðo, ða] *adj* (*RP*) (*fam*) thick (*UK*), dense (*US*)
**peluca** [pe'luka] *f* wig
**peludo, da** [pe'luðo, ða] *adj* hairy
**peluquería** [peluke'ria] *f* **1.** *(local)* hairdresser's (salon) **2.** *(oficio)* hairdressing ▼ **peluquería-estética** beauty salon
**peluquero, ra** [pelu'kero, ra] *m,f* hairdresser
**pelvis** ['pelβis] *f inv* pelvis
**pena** ['pena] *f* **1.** *(lástima)* pity **2.** *(tristeza)* sadness **3.** *(desgracia)* problem **4.** *(castigo)* punishment **5.** *(condena)* sentence **6.** (*CAm, Carib, Col, Méx & Ven*) *(vergüenza)* embarrassment • **me da pena** *(lástima)* I feel sorry for him *(vergüenza)* I'm embarrassed about it • **a duras penas** with great difficulty • **vale la pena** it's worth it • **¡qué pena!** what a pity!
**penalti** [pe'nalti] *m* penalty
**pendiente** [pen'diente] ◇ *adj* *(por hacer)* pending ◇ *m* earring ◇ *f* slope
**péndulo** ['pendulo] *m* pendulum
**pene** ['pene] *m* penis
**penetrar** [pene'trar] • **penetrar en** *v prep* **1.** *(filtrarse por)* to penetrate **2.** *(entrar en)* to go into **3.** *(perforar)* to pierce
**penicilina** [peniθi'lina] *f* penicillin
**península** [pe'ninsula] *f* peninsula
**peninsular** [peninsu'lar] *adj* *(de la península española)* of/relating to mainland Spain
**penitencia** [peni'tenθia] *f* penance • **hacer penitencia** to do penance
**penitente** [peni'tente] *m* *(en procesión)* *person in Holy Week procession wearing penitent's clothing*
**penoso, sa** [pe'noso, sa] *adj* **1.** *(lamentable)* distressing **2.** *(dificultoso)* laborious **3.** (*CAm, Carib, Col, Méx & Ven*) *(vergonzoso)* shy
**pensador, ra** [pensa'ðor, ra] *m,f* thinker
**pensamiento** [pensa'miento] *m* thought
**pensar** [pen'sar] ◇ *vi* to think ◇ *vt* **1.**

meditar) to think about **2.** *(opinar)* to think **3.** *(idear)* to think up ◆ **pensar hacer algo** to intend to do sthg ◆ **pensar en algo** to think about sthg ◆ **pensar en un número** to think of a number

**pensativo, va** [pensa'tiβo, βa] *adj* pensive

**pensión** [pen'si̯on] *f* **1.** *(casa de huéspedes)* ≃ guesthouse **2.** *(paga)* pension ◆ **media pensión** half board ◆ **pensión completa** full board

**peña** ['peɲa] *f* **1.** *(piedra)* rock **2.** *(acantilado)* cliff **3.** *(de amigos)* group

**peñasco** [pe'ɲasko] *m* large rock

**peón** [pe'on] *m* **1.** *(obrero)* labourer **2.** *(en ajedrez)* pawn

**peonza** [pe'onθa] *f* (spinning) top

**peor** [pe'or] ◇ *adj* & *adv* worse ◇ *interj* too bad! ◆ **el/la peor** the worst ◆ **el que lo hizo peor** the one who did it worst

**pepino** [pe'pino] *m* cucumber

**pepita** [pe'pita] *f* **1.** *(de fruta)* pip (*UK*), seed (*US*) **2.** *(de metal)* nugget

**pequeño, ña** [pe'keɲo, ɲa] *adj* **1.** small, little **2.** *(cantidad)* low **3.** *(más joven)* little

**pera** ['pera] *f* pear

**peral** [pe'ral] *m* pear tree

**percebe** [per'θeβe] *m* barnacle

**percha** ['pertʒa] *f* (coat) hanger

**perchero** [per'tʒero] *m* **1.** *(de pared)* clothes' rail **2.** *(de pie)* coat stand

**percibir** [perθi'βir] *vt* **1.** *(sentir, notar)* to notice **2.** *(cobrar)* to receive

**perdedor, ra** [perðe'ðor, ra] *m,f* loser

**perder** [per'ðer] ◇ *vt* **1.** to lose **2.** *(tiempo)* to waste **3.** *(tren, oportunidad)* to miss ◇ *vi* **1.** *(en competición)* to lose **2.** *(empeorar)* to get worse ◆ **echar a perder** *(fam)* to spoil ◆ **perderse** *vp* *(extraviarse)* to get lost

**pérdida** ['perðiða] *f* loss

**perdigón** [perði'ɣon] *m* pellet

**perdiz** [per'ðiθ, θes] (*pl* **-ces**) *f* partridge

**perdón** [per'ðon] ◇ *m* forgiveness ◇ *interj* sorry! ◆ **perdón, ¿me deja entrar?** excuse me, can I come in?

**perdonar** [perðo'nar] *vt* *(persona)* to forgive ◆ **perdonar algo a alguien** *(obligación, castigo, deuda)* to let sb off sthg; *(ofensa)* to forgive sb for sthg

**peregrinación** [pereɣrina'θi̯on] *f* *(romería)* pilgrimage

**peregrino, na** [pere'ɣrino, na] *m,f* pilgrim

**perejil** [pere'xil] *m* parsley

**pereza** [pe'reθa] *f* **1.** *(gandulería)* laziness **2.** *(lentitud)* sluggishness

**perezoso, sa** [pere'θoso, sa] *adj* lazy

**perfección** [perfek'θi̯on] *f* perfection

**perfeccionista** [perfekθi̯o'nista] *mf* perfectionist

**perfectamente** [per͵fekta'mente] *adv* **1.** *(sobradamente)* perfectly **2.** *(muy bien)* fine

**perfecto, ta** [per'fekto, ta] *adj* perfect

**perfil** [per'fil] *m* **1.** *(contorno)* outline **2.** *(de cara)* profile ◆ **de perfil** in profile

**perforación** [perfora'θi̯on] *f* *MED* puncture

**perforar** [perfo'rar] *vt* to make a hole in

**perfumar** [perfu'mar] *vt* to perfume ◆ **perfumarse** *vp* to put on perfume

**perfume** [per'fume] *m* perfume
**perfumería** [perfume'ria] *f* perfumery
**pergamino** [perɣa'mino] *m* parchment
**pérgola** ['perɣola] *f* pergola
**periferia** [peri'feria] *f (de ciudad)* outskirts *pl*
**periódico, ca** [pe'rioðiko, ka] ◇ *adj* periodic ◇ *m* newspaper
**periodismo** [perio'ðizmo] *m* journalism
**periodista** [perio'ðista] *mf* journalist
**período** [pe'rioðo] *m* period
**periquito** [peri'kito] *m* parakeet
**peritaje** [peri'taxe] *m* expert's report
**perito, ta** [pe'rito, ta] *m,f* **1.** *(experto)* expert **2.** *(ingeniero técnico)* technician
**perjudicar** [perxuði'kar] *vt* to harm
**perjuicio** [per'xuiθio] *m* harm
**perla** ['perla] *f* pearl • **me va de perlas** it's just what I need
**permanecer** [permane'θer] *vi (seguir)* to remain • **permanecer (en)** *(quedarse en)* to stay (in)
**permanencia** [perma'nenθia] *f* continued stay
**permanente** [perma'nente] ◇ *adj* permanent ◇ *f* perm
**permiso** [per'miso] *m* **1.** *(autorización)* permission **2.** *(documento)* permit **3.** *(de soldado)* leave • **permiso de conducir** driving licence *(UK)*, driver's license *(US)*
**permitir** [permi'tir] *vt* to allow
**pernoctar** [pernok'tar] *vi* to spend the night
**pero** [pero] *conj* but • **pero ¿no lo has visto?** you mean you haven't seen it?
**perpendicular** [perpendiku'lar] ◇ *adj* perpendicular ◇ *f* perpendicular lin[e] • **perpendicular a** at right angles to
**perpetuo, tua** [per'petuo, tua] *adj* perpetual
**perplejo, ja** [per'plexo, xa] *adj* bewildered
**perra** ['pera] *f* **1.** *(rabieta)* tantrum **2** *(dinero)* penny ➢ **perro**
**perrito** [pe'rito] *m* • **perrito calient[e]** hot dog
**perro, rra** ['pero, ra] *m,f* dog (*f* bitch)
**persecución** [perseku'θion] *f (seguimiento)* pursuit
**perseguir** [perse'ɣir] *vt* to pursue
**persiana** [per'siana] *f* blind
**persona** [per'sona] *f* person • **cuatr[o] personas** four people • **en persona** in person • **las personas adultas** adults • **ser buena persona** to be nice
**personaje** [perso'naxe] *m* **1.** *(celebridad)* celebrity **2.** *(en cine, teatro)* character
**personal** [perso'nal] ◇ *adj* personal ◇ *m* **1.** *(empleados)* staff **2.** *(fam) (gente)* people *pl* ▼ **sólo personal autorizad[o]** staff only
**personalidad** [personali'ðað] *f* personality
**perspectiva** [perspek'tiβa] *f* **1.** *(vista panorama)* view **2.** *(aspecto)* perspective **3.** *(esperanzas, porvenir)* prospect
**persuadir** [persua'ðir] *vt* to persuade
**persuasión** [persua'sion] *f* persuasion
**pertenecer** [pertene'θer] *vi* • **pertenecer a** to belong to; *(corresponder a)* to belong in
**perteneciente** [pertene'θiente] *adj* • **perteneciente a** belonging to
**pertenencias** [perte'nenθias] *fpl (objeto[s]*

*personales)* belongings
**Perú** [pe'ru] *m* ◈ **(el) Perú** Peru
**peruano, na** [pe'ruano, na] *adj & m,f* Peruvian
**pesa** ['pesa] *f* weight ◈ **pesas** *fpl (en gimnasia)* weights
**pesadez** [pesa'ðeθ] *f* **1.** *(molestia)* drag **2.** *(sensación)* heaviness
**pesadilla** [pesa'ðiʎa] *f* nightmare
**pesado, da** [pe'saðo, ða] *adj* **1.** *(carga, sueño)* heavy **2.** *(broma)* bad **3.** *(agotador)* tiring **4.** *(aburrido)* boring **5.** *(persona)* annoying
**pesadumbre** [pesa'ðumbre] *f* sorrow
**pésame** ['pesame] *m* ◈ **dar el pésame** to offer one's condolences
**pesar** [pe'sar] ◇ *m (pena)* grief ◇ *vt* to weigh ◇ *vi* **1.** *(tener peso)* to weigh **2.** *(ser pesado)* to be heavy **3.** *(influir)* to carry weight ◈ **me pesa tener que hacerlo** it grieves me to have to do it ◈ **a pesar de** in spite of
**pesca** ['peska] *f* **1.** *(actividad)* fishing **2.** *(captura)* catch
**pescadería** [peskaðe'ria] *f* fishmonger's (shop)
**pescadero, ra** [peska'ðero, ra] *m,f* fishmonger
**pescadilla** [peska'ðiʎa] *f* whiting
**pescado** [pes'kaðo] *m* fish
**pescador, ra** [peska'ðor, ra] *m,f* fisherman (*f* fisherwoman)
**pescar** [pes'kar] *vt* **1.** *(peces)* to fish for **2.** *(fam) (pillar)* to catch
**pesebre** [pe'seβre] *m* **1.** *(establo)* manger **2.** *(belén)* crib
**pesero** [pe'sero] *m (CAm & Méx) small bus used in towns*
**peseta** [pe'seta] *f* peseta
**pesimismo** [pesi'mizmo] *m* pessimism
**pesimista** [pesi'mista] *adj* pessimistic
**pésimo, ma** ['pesimo, ma] *adj* awful
**peso** ['peso] *m* **1.** weight **2.** *(moneda)* peso
**pesquero, ra** [pes'kero, ra] ◇ *adj* fishing ◇ *m (barco)* fishing boat
**pestañas** [pes'taɲas] *fpl* eyelashes
**peste** ['peste] *f* **1.** *(mal olor)* stink **2.** *(enfermedad)* plague
**pesticida** [pesti'θiða] *m* pesticide
**pestillo** [pes'tiʎo] *m* **1.** *(cerrojo)* bolt **2.** *(en verjas)* latch
**pétalo** ['petalo] *m* petal
**petanca** [pe'tanka] *f* boules *form of bowls using metal balls, played in public areas*
**petardo** [pe'tarðo] *m* firecracker
**petición** [peti'θion] *f (solicitud)* request
**peto** ['peto] *m (vestidura)* bib
**petróleo** [pe'troleo] *m* oil
**petrolero, ra** [petro'lero, ra] ◇ *adj* oil *(antes de s)* ◇ *m (barco)* oil tanker
**petrolífero, ra** [petro'lifero, ra] *adj* oil *(antes de s)*
**petulancia** [petu'lanθia] *f (comentario)* opinionated remark
**petulante** [petu'lante] *adj* opinionated
**petunia** [pe'tunia] *f* petunia
**pez** ['peθ, θes] (*pl* **-ces**) *m* fish ◈ **pez espada** swordfish
**pezón** [pe'θon] *m (de mujer)* nipple
**pezuña** [pe'θuɲa] *f* hoof
**pianista** [pia'nista] *mf* pianist
**piano** ['piano] *m* piano ◈ **piano bar** piano bar ◈ **piano de cola** grand piano
**piar** [pi'ar] *vi* to tweet

**pibe, ba** ['piβe, βa] *m,f (RP) (fam)* boy *(f* girl)
**picador, ra** [pika'ðor, ra] *m,f (torero)* picador
**picadora** [pika'ðora] *f* mincer ➤ picador
**picadura** [pika'ðura] *f* **1.** *(de mosquito, serpiente)* bite **2.** *(de avispa, ortiga)* sting **3.** *(tabaco picado)* (loose) tobacco
**picante** [pi'kante] *adj* **1.** *(comida)* spicy **2.** *(broma, chiste)* saucy
**picar** [pi'kar] ◇ *vt* **1.** *(suj: mosquito, serpiente, pez)* to bite **2.** *(suj: avispa, ortiga)* to sting **3.** *(al toro)* to goad **4.** *(piedra)* to hack at **5.** *(carne)* to mince *(UK)*, to grind *(US)* **6.** *(verdura)* to chop **7.** *(billete)* to clip ◇ *vi* **1.** *(comer un poco)* to nibble **2.** *(sal, pimienta, pimiento)* to be hot **3.** *(la piel)* to itch **4.** *(sol)* to burn • **picarse** *vp* **1.** *(vino)* to go sour **2.** *(muela)* to decay **3.** *(fam) (enfadarse)* to get upset
**pícaro, ra** ['pikaro, ra] *adj (astuto)* crafty
**picas** ['pikas] *fpl (palo de la baraja)* spades
**pichón** [pi'tʒon] *m* (young) pigeon
**picnic** ['piɣnik] *m* picnic
**pico** ['piko] *m* **1.** *(de ave)* beak **2.** *(de montaña)* peak **3.** *(herramienta)* pickaxe • **cincuenta y pico** fifty-odd • **a las tres y pico** just after three o'clock
**picor** [pi'kor] *m* itch
**picoso, sa** [pi'koso, sa] *adj (Méx)* spicy
**pie** ['pie] *m* **1.** foot **2.** *(apoyo)* stand • **a pie** on foot • **en pie** *(válido)* valid • **estar de pie** to be standing up • **no hacer pie** *(en el agua)* to be out of one's depth • **pies de cerdo** (pig's) trotters
**piedad** [pie'ðað] *f* pity
**piedra** ['pieðra] *f* **1.** stone **2.** *(granizo)* hailstone • **piedra preciosa** precious stone
**piel** ['piel] *f* **1.** *(de persona, animal, fruta)* skin **2.** *(cuero)* leather **3.** *(pelo)* fur
**pierna** ['pierna] *f* leg • **estirar las piernas** to stretch one's legs • **pierna de cordero** leg of lamb
**pieza** ['pieθa] *f* **1.** piece **2.** *(en mecánica)* part **3.** *(en pesca, caza)* specimen • **pieza de recambio** spare part
**pijama** [pi'xama] *m* pyjamas *pl*
**pila** ['pila] *f* **1.** *(de casete, radio, etc)* battery **2.** *(montón)* pile **3.** *(fregadero)* sink • **pila alcalina** alkaline battery • **pila recargable** rechargeable battery
**pilar** [pi'lar] *m* pillar
**píldora** ['pildora] *f* pill
**pillar** [pi'ʎar] *vt* **1.** *(agarrar)* to grab hold of **2.** *(atropellar)* to hit **3.** *(dedos, ropa, delincuente)* to catch • **pillar una insolación** *(fam)* to get sunstroke • **pillar un resfriado** *(fam)* to catch a cold
**pilotar** [pilo'tar] *vt* **1.** *(avión)* to pilot **2.** *(barco)* to steer
**piloto** [pi'loto] ◇ *mf* **1.** *(de avión)* pilot **2.** *(de barco)* navigator ◇ *m* **1.** *(luz de coche)* tail light **2.** *(llama)* pilot light • **piloto automático** automatic pilot
**pimentón** [pimen'ton] *m* paprika
**pimienta** [pi'mienta] *f* pepper *(for seasoning)* • **a la pimienta verde** *in a green peppercorn sauce*
**pimiento** [pi'miento] *m (fruto)* pepper *(vegetable)* • **pimientos del piquillo** *type of hot red pepper eaten baked*
**pin** ['pin] *m* pin *(badge)*
**pincel** [pin'θel] *m* paintbrush

**incha** *mf* (*fam*) DJ
**inchar** [pin'tʒar] *vt* **1.** (*con aguja, pin-*
*os*) to prick **2.** (*rueda*) to puncture **3.**
(*lobo, balón*) to burst **4.** (*provocar*) to
nnoy **5.** (*fam*) (*con inyección*) to jab ◆
**incharse** *vp* (*fam*) (*drogarse*) to shoot
p
**inchazo** [pin'tʒaθo] *m* **1.** (*de rueda*)
uncture (*UK*), flat (*US*) **2.** (*en la piel*)
rick
**inche** ['pintʒe] *adj* (*Amér*) (*fam*)
amned
**incho** ['pintʒo] *m* **1.** (*punta*) point **2.**
*apa) aperitif on a stick, or a small*
*andwich* ● **pincho moruno** shish
ebab
**ing-pong**® ['pim'pon] *m* table tennis,
ing-pong (*US*)
**ingüino** [pin'guino] *m* penguin
**ino** ['pino] *m* pine tree ● **los Pinos**
*fficial residence of the Mexican presi-*
*ent*

## Los Pinos

This has been the official residence of the Mexican president and the seat of the country's government since 1935. In 1934, President Cárdenas refused to take up residence in Chapultepec Castle, choosing instead to live to the south of Chapultepec Forest in the *Rancho La Hormiga* which was later renamed *Los Pinos*.

**intada** [pin'taða] *f* graffiti
**intado, da** [pin'taðo, ða] *adj* **1.** (*colo-*
*reado*) coloured **2.** (*maquillado*) made-up
▼ **recién pintado** wet paint
**pintalabios** [pinta'laβios] *m inv* lipstick
**pintar** [pin'tar] *vt* to paint ◆ **pintarse** *vp*
to make o.s. up
**pintor, ra** [pin'tor, ra] *m,f* painter
**pintoresco, ca** [pinto'resko, ka] *adj*
picturesque
**pintura** [pin'tura] *f* **1.** (*arte, cuadro*)
painting **2.** (*sustancia*) paint
**piña** ['piɲa] *f* **1.** (*ananás*) pineapple **2.**
(*del pino*) pine cone **3.** (*fam*) (*de gente*)
close-knit group ● **piña en almíbar**
pineapple in syrup ● **piña natural**
fresh pineapple
**piñata** [pi'ɲata] *f pot of sweets*
**piñón** [pi'ɲon] *m* (*semilla*) pine nut
**piojo** ['pioxo] *m* louse
**pipa** ['pipa] *f* **1.** (*de fumar*) pipe **2.**
(*semilla*) seed ◆ **pipas** *fpl* (*de girasol*)
*salted sunflower seeds*
**pipí** [pi'pi] *m* (*fam*) wee, pee ● **hacer**
**pipí** to have a wee-wee
**pipiolo, la** *m,f* (*fam & despec*) kiddie
**pique** ['pike] *m* (*fam*) (*enfado*) bad
feeling ● **irse a pique** (*barco*) to sink
**piragua** [pi'raγua] *f* canoe
**piragüismo** [pira'γuizmo] *m* canoeing
**pirámide** [pi'ramiðe] *f* pyramid
**piraña** [pi'raɲa] *f* piranha
**pirata** [pi'rata] *adj & m* pirate
**piratear** [pirate'ar] *vt* (*programa informá-*
*tico*) to hack
**Pirineos** [piri'neos] *mpl* ● **los Pirineos**
the Pyrenees
**pirómano, na** [pi'romano, na] *m,f* pyro-
maniac
**piropo** [pi'ropo] *m* flirtatious comment

**pirueta** [pi'rueta] *f* pirouette
**pisada** [pi'saða] *f* **1.** *(huella)* footprint **2.** *(ruido)* footstep
**pisar** [pi'sar] *vt* to step on
**piscina** [pis'θina] *f* swimming pool
**Piscis** ['pisθis] *m* Pisces
**pisco** ['pisko] *m* *(Amér)* *strong liquor made from grapes, popular in Chile and Peru* • **pisco sour** *(Amér)* *cocktail with pisco*
**piso** ['piso] *m* **1.** *(vivienda)* flat *(UK)*, apartment *(US)* **2.** *(suelo, planta)* floor **3.** *(Amér)* *(fig)* *(influencia)* influence • **piso bajo** ground floor
**pisotón** [piso'ton] *m* stamp *(on sb's foot)*
**pista** ['pista] *f* **1.** track **2.** *(indicio)* clue • **pista de aterrizaje** runway • **pista de baile** dance floor • **pista de despegue** runway • **pista de esquí** ski slope • **pista de tenis** tennis court
**pistacho** [pis'tatʒo] *m* pistachio
**pistola** [pis'tola] *f* pistol
**pistolero** [pisto'lero] *m* gunman
**pitar** [pi'tar] *vi* **1.** *(tocar el pito)* to blow a whistle **2.** *(tocar la bocina)* to toot o honk *(US)* one's horn • **salir pitando** *(fig)* to leave in a hurry
**pitillera** [piti'ʎera] *f* cigarette case
**pitillo** [pi'tiʎo] *m* cigarette
**pito** ['pito] *m* whistle
**pitón** [pi'ton] *m* **1.** *(del toro)* tip of the horn **2.** *(de botijo, jarra)* spout **3.** *(serpiente)* python
**pizarra** [pi'θara] *f* **1.** *(encerado)* blackboard **2.** *(roca)* slate
**pizarrón** [piθa'ron] *m* *(Amér)* blackboard
**pizza** ['piðsa] *f* pizza
**pizzería** [piðse'ria] *f* pizzeria
**pizzero, ra** *m,f* **1.** *(repartidor)* pizza delivery boy *(f* girl) **2.** *(cocinero)* pizza chef
**placa** ['plaka] *f* **1.** *(lámina)* plate *(inscripción)* plaque **3.** *(insignia)* badge
**placer** [pla'θer] *m* pleasure • **es un placer** it's a pleasure
**plan** ['plan] *m* **1.** *(proyecto, intención)* plan **2.** *(programa)* programme • **hacer planes** to make plans • **plan de estudios** syllabus
**plancha** ['plantʒa] *f* **1.** *(para planchar)* iron **2.** *(para cocinar)* grill **3.** *(de metal)* sheet **4.** *(fam)* *(error)* boob *(UK)* blunder • **a la plancha** grilled
**planchar** [plan'tʒar] *vt* to iron
**planeta** [pla'neta] *m* planet
**plano, na** ['plano, na] ◇ *adj* flat ◇ *m* *(mapa)* plan **2.** *(nivel)* level **3.** *(en cine, fotografía)* shot **4.** *(superficie)* plane
**planta** ['planta] *f* **1.** *(vegetal, fábrica)* plant **2.** *(del pie)* sole **3.** *(piso)* floor • **planta baja** ground floor *(UK)*, first floor *(US)* • **segunda planta** second floor *(UK)*, third floor *(US)*
**plantar** [plan'tar] *vt* **1.** *(planta, terreno)* to plant **2.** *(poste)* to put in **3.** *(tienda de campaña)* to pitch **4.** *(persona)* to stand up ◆ **plantarse** *vp* **1.** *(ponerse)* to plant o.s. **2.** *(en naipes)* to stick
**planteamiento** [plantea'miento] *m* *(exposición)* raising **2.** *(perspectiva)* approach
**plantear** [plante'ar] *vt* **1.** *(plan, proyecto)* to set out **2.** *(problema, cuestión)* to raise ◆ **plantearse** *vp* to think about

**antilla** [plan'tiʎa] *f* **1.** *(personal)* staff **2.** *e zapato)* insole **3.** *(patrón)* template
**ástico, ca** ['plastiko] *adj & m* plastic ◈ **plástico** plastic
**astificar** [plastifi'kar] *vt* to plasticize
**astilina**® [plasti'lina] *f* Plasticine®, odeling clay *(US)*
**ata** ['plata] *f* **1.** silver **2.** *(Andes & RP)* *am) (dinero)* money **3.** ◈ **de plata** ver
**ataforma** [plata'forma] *f* **1.** *(tarima)* atform **2.** *(del tren, autobús, etc)* stanng room
**átano** ['platano] *m* **1.** *(fruta)* banana **2.** *rbol)* plane tree
**atea** [pla'tea] *f* stalls *pl* *(UK)*, orchesa *(US)*
**ateresco, ca** [plate'resko, ka] *adj* ateresque
**ática** ['platika] *f* *(Amér)* chat
**aticar** [plati'kar] *vi* *(Amér)* to have a at
**atillo** [pla'tiʎo] *m* **1.** *(plato pequeño)* nall plate **2.** *(de taza)* saucer **3.** *(de lanza)* pan ◆ **platillos** *mpl (en música)* mbals
**ato** ['plato] *m* **1.** *(recipiente)* plate **2.** *omida)* dish **3.** *(parte de una comida)* ourse ◈ **plato combinado** *singleurse meal usually of meat or fish with ips and vegetables* ◈ **plato del día** day's special ◈ **plato principal** main ourse ◈ **platos caseros** home-made od *sg* ◈ **primer plato** starter
**atudo, da** [pla'tuðo, ða] *adj* *(Andes & P) (fam)* loaded
**aya** ['plaja] *f* beach ◈ **ir a la playa de acaciones** to go on holiday to the seaside ◈ **playa de estacionamiento** *(CSur & Perú)* car park *(UK)*, parking lot *(US)*
**play-back** ['pleiβak] *m* ◈ **hacer play-back** to mime (the lyrics)
**playeras** [pla'jeras] *fpl* **1.** *(de deporte)* tennis shoes **2.** *(para la playa)* canvas shoes
**plaza** ['plaθa] *f* **1.** *(en una población)* square **2.** *(sitio, espacio)* space **3.** *(puesto, vacante)* job **4.** *(asiento)* seat **5.** *(mercado)* market ◈ **plaza de toros** bullring
**plazo** ['plaθo] *m* **1.** *(de tiempo)* period **2.** *(pago)* instalment ◈ **hay 20 días de plazo** the deadline is in 20 days ◈ **a corto plazo** in the short term ◈ **a largo plazo** in the long term ◈ **a plazos** in instalments
**plegable** [ple'ɣaβle] *adj (silla)* folding
**pleito** ['pleito] *m (en un juicio)* lawsuit
**plenamente** [ˌplena'mente] *adv* completely
**plenitud** [pleni'tuð] *f (apogeo)* peak
**pleno, na** ['pleno, na] ◇ *adj* complete ◇ *m* plenary (session) ◈ **en pleno día** in broad daylight ◈ **en pleno invierno** in the middle of the winter
**pliegue** ['plieɣe] *m (en tela)* pleat
**plomería** [plome'ria] *f* *(Amér)* plumbing
**plomero** [plo'mero] *m* *(Amér)* plumber
**plomo** ['plomo] *m* **1.** *(metal)* lead **2.** *(bala)* bullet **3.** *(fam) (persona pesada)* pain **4.** *(fusible)* fuse
**pluma** ['pluma] *f* **1.** *(de ave)* feather **2.** *(para escribir)* pen ◈ **pluma estilográfica** fountain pen ◈ **pluma fuente** *(Amér)* fountain pen

**plumaje** [plu'maxe] *m* **1.** *(de ave)* plumage **2.** *(adorno)* plume
**plumero** [plu'mero] *m* **1.** *(para el polvo)* feather duster **2.** *(estuche)* pencil case **3.** *(adorno)* plume
**plumier** [plu'mi̯er, plu'mi̯ers] (*pl* **plumiers**) *m* pencil case
**plumilla** [plu'miʎa] *f* nib
**plumón** [plu'mon] *m* down
**plural** [plu'ral] *adj & m* plural
**pluralidad** [plurali'ðað] *f* *(diversidad)* diversity
**plusmarca** [pluz'marka] *f* record
**plusmarquista** [pluzmar'kista] *mf* record holder
**p.m.** ['pe'eme] (*abr de* **post meridiem**) p. m. *(post meridiem)*
**PM** (*abr de* **policía militar**) MP *(Military Police)*
**p.n.** (*abr de* **peso neto**) nt. wt. *(net weight)*
**p.o.** (*abr de* **por orden**) *by order*
**población** [poβla'θi̯on] *f* **1.** *(habitantes)* population **2.** *(ciudad)* town **3.** *(más grande)* city **4.** *(pueblo)* village
**poblado, da** [po'βlaðo, ða] ◇ *adj* populated ◇ *m* **1.** *(ciudad)* town **2.** *(pueblo)* village
**poblar** [po'βlar] *vt* *(establecerse en)* to settle
**pobre** ['poβre] ◇ *adj* poor ◇ *mf* *(mendigo)* beggar
**pobreza** [po'βreθa] *f* **1.** *(miseria)* poverty **2.** *(escasez)* scarcity
**pocilga** [po'θilɣa] *f* pigsty
**pocillo** [po'θiʎo] *m* (*Amér*) small coffee cup
**poco, ca** ['poko, ka] ◇ *adj & pron* **1.** *(en singular)* little, not much **2.** *(en plur…)* few, not many ◇ *adv* **1.** *(con escasez)* n… much **2.** *(tiempo corto)* not long • **tengo poco dinero** I don't have mu… money • **unos pocos días** a few da… • **tengo pocos** I don't have many • **come poco** he doesn't eat much • **dentro de poco** shortly • **hace po…** not long ago • **poco a poco** bit by b… • **por poco** almost • **un poco (de)** a l… (of)
**poda** ['poða] *f* *(acto)* pruning
**podar** [po'ðar] *vt* to prune
**poder** [po'ðer]
◇ *m* **1.** *(facultad, gobierno)* power • **poder adquisitivo** purchasing power • **estar en el poder** to be in power • *(posesión)* • **estar en poder de algui…** to be in sb's hands
◇ *v aux* **1.** *(tener facultad para)* can, to b… able to • **puedo hacerlo** I can do it • *(tener permiso para)* can, to be allow… to • **¿se puede fumar aquí?** can … smoke here? • **no puedo salir por noche** I'm not allowed to go out … night **3.** *(ser capaz moralmente de)* can • **no podemos abandonarle** we car… abandon him **4.** *(tener posibilidad)* ma… can • **puedo ir en barco o en avión** … can go by boat or by plane • **podí… haber cogido el tren** you could ha… caught the train **5.** *(expresa queja, repr…che)* • **¡podría habernos invitado!** s… could have invited us! **6.** *(en locucione…)* • **es tonto a** o **hasta más no poder** h… as stupid as can be • **no poder m…** *(estar lleno)* to be full (up); *(est… enfadado)* to have had enough; *(est…*

*nsado)* to be too tired to carry on • **se puede?** may I come in?
◇ *vi (ser posible)* may • **puede ser que ueva** it may rain • **no puede ser erdad** it can't be true • **¿vendrás nañana? - puede** will you come omorrow? - I may do
◇ *vt (tener más fuerza que)* to be stronger han
**poder con** *v + prep (enfermedad, rival)* o be able to overcome; *(tarea, problema)* to be able to cope with • **no uedo con tanto trabajo** I can't cope with all this work
**oderoso, sa** [poðe'roso, sa] *adj* powerful
**odio** ['poðjo] *m* podium
**odrido, da** [po'ðriðo, ða] ◇ *pp* ➤ **udrir** ◇ *adj* rotten
**oema** [po'ema] *m* poem
**oesía** [poe'sia] *f* **1.** *(poema)* poem **2.** *arte)* poetry
**oeta** [po'eta] *mf* poet
**oético, ca** [po'etiko, ka] *adj* poetic
**olar** [po'lar] *adj* polar
**olaroid** ® [pola'roið] *f* Polaroid ®
**olea** [po'lea] *f* pulley
**olémica** [po'lemika] *f* controversy
**olémico, ca** [po'lemiko, ka] *adj* controversial
**olen** ['polen] *m* pollen
**olichinela** [politʒi'nela] *m (títere)* marionette
**olicía** [poli'θia] ◇ *f (cuerpo)* police ◇ *mf* oliceman (*f* policewoman) • **policía nunicipal** o **urbana** *local police who deal nainly with traffic offences and administrative matters* • **policía nacional** national police
**policíaco, ca** [poli'θiako, ka] *adj* police *(antes de s)*
**polideportivo** [poliðepor'tiβo] *m* sports centre
**poliéster** [po'ljester] *m* polyester
**políglota** [po'liɣlota] *mf* polyglot
**polígono** [po'liɣono] *m* • **polígono industrial** industrial estate (*UK*) o park (*US*)
**politécnica** [poli'teɣnika] *f university faculty devoted to technical subjects*
**política** [po'litika] *f* **1.** *(arte de gobernar)* politics **2.** *(modo de gobernar)* policy ➤ **político**
**político, ca** [po'litiko, ka] ◇ *m,f* politician ◇ *adj* political • **hermano político** brother-in-law
**póliza** ['poliθa] *f* **1.** *(de seguros)* policy **2.** *(sello) stamp on a document proving payment of tax*
**pollito** [po'ʎito] *m* chick
**pollo** ['poʎo] *m* chicken • **pollo al ajillo** *chicken pieces fried in garlic until crunchy* • **pollo asado** roast chicken • **pollo a l'ast** chicken roasted on a spit • **pollo al curry** chicken curry • **pollo a la plancha** grilled chicken
**polluelo** [po'ʎuelo] *m* chick
**polo** ['polo] *m* **1.** *(helado)* ice lolly (*UK*), Popsicle ® (*US*) **2.** *(de una pila)* pole **3.** *(jersey)* polo shirt **4.** *(juego)* polo
**Polonia** [po'lonja] *s* Poland
**Polo Norte** ['polo'norte] *m* • **el Polo Norte** the North Pole
**Polo Sur** ['polo'sur] *m* • **el Polo Sur** the South Pole
**polución** [polu'θjon] *f* pollution
**polvera** [pol'βera] *f* powder compact

**polvo** ['polβo] *m* dust ◆ **polvos** *mpl (en cosmética, medicina)* powder *sg* ◆ **polvos de talco** talcum powder *sg*
**pólvora** ['polβora] *f* gunpowder
**polvoriento, ta** [polβo'riento, ta] *adj* dusty
**polvorón** [polβo'c] *m powdery sweet made of flour, sugar and butter*
**pomada** [po'maða] *f* ointment
**pomelo** [po'melo] *m* grapefruit
**pomo** ['pomo] *m* knob
**pómulo** ['pomulo] *m* cheekbone
**ponchar** [pon'tʒar] *vt (CAm & Méx)* to puncture ◆ **poncharse** *vp (CAm & Méx)* to get a puncture (*UK*), flat (*US*)
**poner** [po'ner]
◇ *vt* **1.** *(colocar, añadir)* to put ◆ **pon el libro en el estante** put the book on the shelf ◆ **pon más azúcar al café** put some more sugar in the coffee **2.** *(vestir)* ◆ **poner algo a alguien** to put sthg on sb **3.** *(contribuir, invertir)* to put in ◆ **puso su capital en el negocio** he put his capital into the business **4.** *(hacer estar de cierta manera)* ◆ **me has puesto colorado** you've made me blush ◆ **lo puso de mal humor** it put him in a bad mood **5.** *(radio, televisión, luz, etc)* to switch on; *(gas, instalación)* to put in **6.** *(oponer)* ◆ **poner inconvenientes** to raise objections **7.** *(telegrama, fax)* to send; *(conferencia)* to make ◆ **¿me pones con Juan?** can you put me through to Juan? **8.** *(asignar, imponer)* to fix ◆ **le han puesto una multa** they've fined him ◆ **¿qué nombre le han puesto?** what have they called her? **9.** *(aplicar facultad)* to put ◆ **no pone ningún interés** he shows n[o] interest **10.** *(montar)* to set up; *(casa)* to do up; *(tienda de campaña)* to pitch ◆ **han puesto una tienda nueva** they'v[e] opened a new shop **11.** *(en cine, teatro, televisión)* to show ◆ **¿qué ponen en l[a] tele?** what's on (the) telly? **12.** *(escribi[r], decir)* to say ◆ **no sé qué pone ahí** [I] don't know what that says **13.** *(supo[-]ner)* to suppose ◆ **pongamos qu[e] sucedió así** (let's) suppose that's wha[t] happened **14.** *(en locuciones)* ◆ **pone[r] en marcha** *(iniciar)* to start
◇ *vi (ave)* to lay *(eggs)*
◆ **ponerse** *vp (ropa, gafas, maquillaje)* t[o] put on; *(estar de cierta manera)* t[o] become; *(astro)* to set ◆ **ponte aqu[í]** stand here ◆ **se puso rojo** he went re[d] ◆ **ponerse bien** *(de salud)* to get bette[r] ◆ **ponerse malo** to fall ill
**poniente** [po'niente] *m (oeste)* west
**popa** ['popa] *f* stern
**popote** [po'pote] *m (Méx)* straw
**popular** [popu'lar] *adj* **1.** *(del pueblo)* o[f] the people **2.** *(arte, música)* folk **3** *(famoso)* popular
**popularidad** [populari'ðað] *f* popularit[y]
**póquer** ['poker] *m* poker
**por** [por] *prep* **1.** *(causa)* because of ◆ **s[e] enfadó por tu comportamiento** she go[t] angry because of your behaviour **2** *(finalidad)* (in order) to ◆ **lo hizo po[r] complacerte** he did it to please you **lo compré por ti** I bought it for you **luchar por algo** to fight for sthg **3** *(medio, modo, agente)* by ◆ **por mensa[-]jero/fax** by courier/fax ◆ **por escrit[o]** in writing ◆ **el récord fue batido por e[l]**

**atleta** the record was broken by the athlete **4.** *(tiempo)* • **por la mañana/tarde** in the morning/afternoon • **por la noche** at night • **por unos días** for a few days • **creo que la boda será por abril** I think the wedding will be some time in April **5.** *(aproximadamente en)* • **está por ahí** it's round there somewhere • **¿por dónde vive?** whereabouts does she live? **6.** *(a través de)* through • **pasar por la aduana** to go through customs • **entramos en Francia por Irún** we entered France via Irún **7.** *(a cambio, en lugar de)* for • **cambió el coche por una moto** he exchanged his car for a motorbike **8.** *(distribución)* per • **cinco euros por unidad** five euros each • **20 km por hora** 20 km an hour **9.** *(en matemáticas)* times • **dos por dos igual a cuatro** two times two is four

**porcelana** [porθe'lana] *f* **1.** *(material)* porcelain **2.** *(vasija)* piece of porcelain

**porcentaje** [porθen'taxe] *m* percentage

**porche** ['portʒe] *m* porch

**porción** [por'θi̯on] *f* **1.** *(cantidad)* portion **2.** *(parte)* share

**porno** ['porno] *adj (fam)* porno, porn

**pornografía** [pornoɣra'fia] *f* pornography

**pornográfico, ca** [porno'ɣrafiko, ka] *adj* pornographic

**porque** ['porke] *conj* because

**porqué** [por'ke] *m* reason • **el porqué de algo** the reason for sthg

**porrón** [po'ron] *m wine jar with a long spout for drinking*

**portaaviones** [portaaβi'ones] *m inv* aircraft carrier

**portada** [por'taða] *f* **1.** *(de libro)* title page **2.** *(de revista)* cover

**portador, ra** [porta'ðor, ra] *m,f* carrier • **al portador** *(cheque)* to the bearer

**portaequipajes** [ˌportaeki'paxes] *m inv* boot (*UK*), trunk (*US*)

**portafolios** [porta'foli̯os] *m inv (carpeta)* file

**portal** [por'tal] *m* **1.** *(vestíbulo)* hallway **2.** *(entrada)* main entrance **3.** *(de Internet)* portal

**portalámparas** [porta'lamparas] *m inv* socket

**portarse** [por'tarse] *vp* to behave • **portarse bien/mal** to behave well/badly

**portátil** [por'tatil] *adj* portable

**portavoz** [porta'βoθ, θes] (*pl* **-ces**) *mf* spokesman (*f* spokeswoman)

**portazo** [por'taθo] *m* slam • **dar un portazo** to slam the door

**portería** [porte'ria] *f* **1.** *(conserjería)* porter's office (*UK*), ≃ doorman's desk (*US*) **2.** *(en deporte)* goal

**portero, ra** [r'rpoteo, ra] *m,f* **1.** *(conserje)* porter, ≃ doorman (*US*) **2.** *(en deporte)* goalkeeper • **portero electrónico** entryphone

**Portugal** [portu'ɣal] *s* Portugal

**portugués, esa** [portu'ɣes, esa] *adj & m, f* Portuguese

**porvenir** [porβe'nir] *m* future

**posada** [po'saða] *f* **1.** *(alojamiento)* accommodation **2.** *(hostal)* guesthouse

**posarse** [po'sarse] *vp* **1.** *(ave)* to perch **2.** *(insecto)* to settle

**posavasos** [posa'βasos] *m inv* coaster

**posdata** [poz'ðata] *f* postscript

**pose** ['pose] *f* pose
**poseedor, ra** [posee'ðor, ra] *m,f* **1.** *(dueño)* owner **2.** *(de cargo, récord)* holder
**poseer** [pose'er] *vt* **1.** *(ser dueño de)* to own **2.** *(tener)* to have, to possess
**posesión** [pose'si̯on] *f* possession
**posesivo, va** [pose'siβo, βa] *adj & m* possessive
**posgrado** *m* postgraduate course • **estudios de posgrado** postgraduate studies
**posibilidad** [posiβili'ðað] *f* possibility
**posible** [po'siβle] *adj* possible
**posición** [posi'θi̯on] *f* **1.** position **2.** *(social)* status **3.** *(económica)* situation
**positivamente** [posi,tiβa'mente] *adv* positively
**positivo, va** [posi'tiβo, βa] ◇ *adj* positive ◇ *m (en fotografía)* print
**posmoderno, na** [pozmo'ðerno, na] *adj* postmodern
**poso** ['poso] *m* sediment
**postal** [pos'tal] *f* postcard
**poste** ['poste] *m* post
**póster** ['poster] *m* poster
**posterior** [poste'ri̯or] *adj* **1.** *(en tiempo, orden)* subsequent **2.** *(en espacio)* back • **posterior a** after
**postre** ['postre] *m* dessert • **¿qué hay de postre?** what's for dessert? • **postre de la casa** chef's special dessert
**póstumo, ma** ['postumo, ma] *adj* posthumous
**postura** [pos'tura] *f* position
**potable** [po'taβle] *adj* **1.** *(agua)* drinkable **2.** *(fam) (aceptable)* palatable
**potaje** [po'taxe] *m* stew • **potaje de garbanzos** chickpea stew
**potencia** [po'tenθi̯a] *f* power
**potenciar** [poten'θi̯ar] *vt* to foster
**potro** ['potro] *m* **1.** *(caballo)* colt **2.** *(en gimnasia)* vaulting horse
**pozo** ['poθo] *m (de agua)* well
**p.p.** *(abr de* **por poder)** p.p. *(per procurationem)*
**práctica** ['praktika] *f* **1.** practice **2.** *(de un deporte)* playing • **prácticas** *fpl (de conducir)* lessons
**practicante** [prakti'kante] *mf (en religión)* practising member • **practicante (ambulatorio)** medical assistant
**practicar** [prakti'kar] ◇ *vt* **1.** *(ejercer)* to practise **2.** *(deporte)* to play ◇ *vi* to practise
**práctico, ca** ['praktiko, ka] *adj* practical
**pradera** [pra'ðera] *f* large meadow, prairie
**prado** ['praðo] *m* meadow
**pral.** *abrev* = **principal**
**precario, ria** [pre'kari̯o, ri̯a] *adj* precarious
**precaución** [prekau̯'θi̯on] *f* **1.** *(medida)* precaution **2.** *(prudencia)* care
**precintado, da** [preθin'taðo, ða] *adj* sealed
**precio** ['preθi̯o] *m* price • **¿qué precio tiene?** how much is it? • **precio fijo** fixed price • **precio de venta al público** retail price • **precios de coste** warehouse prices
**preciosidad** [preθi̯osi'ðað] *f (cosa preciosa)* beautiful thing
**precioso, sa** [pre'θi̯oso, sa] *adj* **1.** *(bonito)* lovely **2.** *(valioso)* precious
**precipicio** [preθi'piθi̯o] *m* precipice

**ecipitación** [preθipita'θi̯on] *f* **1.** *(im-udencia, prisa)* haste **2.** *(lluvia)* rainfall
**ecipitado, da** [preθipi'taðo, ða] *adj* asty
**ecipitarse** [preθipi'tarse] *vp (actuar sin nsar)* to act rashly
**ecisamente** [pre,θisa'mente] *adv* pre-sely
**ecisar** [preθi'sar] *vt* **1.** *(especificar)* to ecify **2.** *(necesitar)* to need
**eciso, sa** [pre'θiso, sa] *adj* **1.** *(detallado, acto)* precise **2.** *(imprescindible)* neces-ry
**ecoz** [pre'koθ] *adj (persona)* precocious
**edicar** [preði'kar] *vt* to preach
**edilecto, ta** [preði'lekto, ta] *adj* fa-urite
**edominar** [preðomi'nar] *vi* to prevail
**eescolar** [preesko'lar] *adj* pre-school
**eferencia** [prefe'renθi̯a] *f* **1.** prefer-ice **2.** *(en carretera)* right of way
**eferible** [prefe'riβle] *adj* preferable
**eferir** [prefe'rir] *vt* to prefer
**efijo** [pre'fixo] *m* **1.** *(en gramática)* efix **2.** *(de teléfono)* dialling code *K)*, area code *(US)*
**egón** [pre'ɣon] *m (de fiesta)* opening eech
**egonar** [preɣo'nar] *vt* **1.** *(noticia)* to nounce **2.** *(secreto)* to spread about
**egonero** [preɣo'nero] *m* town crier
**egunta** [pre'ɣunta] *f* question ◈ **cer una pregunta** to ask a question
**eguntar** [preɣun'tar] *vt* to ask ◆ **eguntar por** *v + prep* to ask after ◆ **eguntarse** *vp* to wonder
**ehistórico, ca** [prei̯s'toriko, ka] *adj* ehistoric

**prejuicio** [pre'xui̯θi̯o] *m* prejudice
**premamá** *adj inv* maternity *(antes de s)*
**prematuro, ra** [prema'turo, ra] *adj* premature
**premeditación** [premeðita'θi̯on] *f* pre-meditation
**premiar** [pre'mi̯ar] *vt* to award a prize to
**premio** ['premi̯o] *m* **1.** prize **2.** *(recom-pensa)* reward ◈ **premio gordo** first prize
**prenatal** [prena'tal] *adj* antenatal *(UK)*, prenatal *(US)*
**prenda** ['prenda] *f* **1.** *(vestido)* item of clothing **2.** *(garantía)* pledge
**prensa** ['prensa] *f* press ◈ **la prensa** the press
**preocupación** [preokupa'θi̯on] *f* worry
**preocupado, da** [preoku'paðo, ða] *adj* worried
**preocupar** [preoku'par] *vt* to worry ◆ **preocuparse de** *v + prep (encargarse de)* to take care of ◆ **preocuparse por** *v + prep* to worry about
**prepago** *m* pre-payment ◈ **tarjeta de prepago** pre-paid card
**preparación** [prepara'θi̯on] *f* **1.** *(arreglo, disposición)* preparation **2.** *(formación)* training
**preparar** [prepa'rar] *vt* **1.** *(disponer)* to prepare **2.** *(maletas)* to pack **3.** *(estudiar)* to study for ◆ **prepararse** *vp (arreglarse)* to get ready
**preparativos** [prepara'tiβos] *mpl* prepa-rations
**preparatoria** [prepara'tori̯a] *f (Méx)* *pre-university course in Mexico*

## preparatoria

The *preparatoria*, or *prepa* as it is colloquially known, is the name given to the three years of pre-university education undertaken by students in Mexico between the ages of 16 and 19.

**preponderante** [preponde'rante] *adj* prevailing
**preposición** [preposi'θi̯on] *f* preposition
**prepotente** [prepo'tente] *adj* dominant
**presa** ['presa] *f* **1.** *(de un animal)* prey **2.** *(embalse)* dam ➤ **preso**
**presbiterio** [prezβi'teri̯o] *m* chancel
**prescindir** [presθin'dir] ◆ **prescindir de** *v + prep (renunciar a)* to do without; *(omitir)* to dispense with
**presencia** [pre'senθi̯a] *f* presence
**presenciar** [presen'θi̯ar] *vt* to attend
**presentable** [presen'taβle] *adj* presentable
**presentación** [presenta'θi̯on] *f* **1.** presentation **2.** *(entre personas)* introduction
**presentador, ra** [presenta'ðor, ra] *m,f* presenter
**presentar** [presen'tar] *vt* **1.** to present **2.** *(queja)* to lodge **3.** *(a dos personas)* to introduce **4.** *(excusas, respetos)* to offer **5.** *(aspecto, apariencia)* to have ◆ **presentarse** *vp* **1.** *(comparecer)* to turn up **2.** *(como candidato, voluntario)* to put o.s. forward ◆ **presentarse a** *(examen)* to sit; *(elección)* to stand for
**presente** [pre'sente] *adj & m* present ◆ **tener presente** to remember
**presentimiento** [presenti'mi̯ento] feeling, hunch
**preservar** [preser'βar] *vt* to protect
**preservativo** [preserβa'tiβo] *m* condo[m]
**presidencia** [presi'ðenθi̯a] *f* **1.** *(carg[o])* presidency **2.** *(lugar)* president's offi[ce] **3.** *(grupo de personas)* board
**presidencial** [presiðen'θi̯al] *adj* presidential
**presidente, ta** [presi'ðente, ta] *m,f* **1.** *([de] nación)* president **2.** *(de asamblea)* chai[r]person
**presidiario, ria** [presi'ði̯ari̯o, ri̯a] *m[,f]* convict
**presidir** [presi'ðir] *vt* **1.** *(ser presidente d[e])* to preside over **2.** *(reunión)* to chair *(predominar)* to dominate
**presión** [pre'si̯on] *f* pressure ◆ **presi[ón] sanguínea** blood pressure
**preso, sa** ['preso, sa] *m,f* prisoner
**préstamo** ['prestamo] *m* loan
**prestar** [pres'tar] *vt* **1.** *(dinero)* to lend *(colaboración, ayuda)* to give **3.** *(declar[a]ción)* to make **4.** *(atención)* to pay
**prestarse a** *v + prep* **1.** *(ofrecerse a)* offer to **2.** *(dar motivo a)* to be open t[o]
**prestigio** [pres'tixi̯o] *m* prestige
**presumido, da** [presu'miðo, ða] *a[dj]* conceited
**presumir** [presu'mir] ◇ *vt* to presume *vi* to show off ◆ **presumir de guapo** think o.s. good-looking
**presunción** [presun'θi̯on] *f* **1.** *(suposició[n])* assumption **2.** *(vanidad)* conceit
**presunto, ta** [pre'sunto, ta] *adj (deli[n]cuente, etc)* alleged
**presuntuoso, sa** [presuntu'oso, sa] *a[dj]* conceited

**esupuesto** [presu'puesto] *m* **1.** *(cálcu-* budget **2.** *(de costo)* estimate
**etencioso, sa** [preten'θioso, sa] *adj* :tentious
**etender** [preten'der] *vt* **1.** *(aspirar a)* to n at **2.** *(afirmar)* to claim ◆ **pretender** :er algo to try to do sthg
**etendiente** [preten'diente] *mf* **1.** *(al* no*)* pretender **2.** *(a una mujer)* suitor
**etensión** [preten'sion] *f* **1.** *(intención)* n **2.** *(aspiración)* aspiration
**etexto** [pre'teksto] *m* pretext
**ever** [pre'βer] *vt* **1.** *(presagiar)* to 'esee **2.** *(prevenir)* to plan
**evio, via** ['preβio, βia] *adj* prior
**evisor, ra** [preβi'sor, ra] *adj* farsight-
**evisto, ta** [pre'βisto, ta] *adj (planeado)* ticipated
**imaria** [pri'maria] *f (enseñanza)* pri- ary school
**imario, ria** [pri'mario, ria] *adj* **1.** *imordial)* primary **2.** *(elemental)* pri- tive
**imavera** [prima'βera] *f* spring
**imer** [pri'mer] *núm* ➤ **primero**
**imera** [pri'mera] *f* **1.** *(velocidad)* first ar **2.** *(clase)* first class ◆ **de primera** st-class ➤ **primero**
**imero, ra** [pri'mero, ra] ◇ *núm* & *adv* st ◇ *m,f* ◆ **el primero de la clase** top the class ◆ **a primeros de** at the ginning of ◆ **lo primero** the main ng ◆ **primera clase** first class ◆ **meros auxilios** first aid *sg* ➤ **sexto**
**imo, ma** ['primo, ma] *m,f* **1.** *(familiar)* usin **2.** *(fam) (bobo)* sucker
**imogénito, ta** [primo'xenito, ta] *m,f* firstborn (child)
**princesa** [prin'θesa] *f* princess
**principado** [prinθi'paðo] *m* principality
**principal** [prinθi'pal] ◇ *adj* main ◇ *m* first floor
**príncipe** ['prinθipe] *m* prince
**principiante** [prinθi'piante] *m* beginner
**principio** [prin'θipio] *m* **1.** *(inicio)* beginning **2.** *(causa, origen)* origin **3.** *(norma)* principle ◆ **a principios de** at the beginning of ◆ **al principio** at the beginning ◆ **en principio** in principle ◆ **por principios** on principle
**pringoso, sa** [prin'goso, sa] *adj (pegajoso)* sticky
**prioridad** [priori'ðað] *f* priority
**prisa** ['prisa] *f* **1.** *(rapidez)* speed **2.** *(urgencia)* urgency ◆ **darse prisa** to hurry up ◆ **tener prisa** to be in a hurry
**prisión** [pri'sion] *f (cárcel)* prison
**prisionero, ra** [prisio'nero, ra] *m,f* prisoner
**prisma** ['prizma] *m* prism
**prismáticos** [priz'matikos] *mpl* binoculars
**privado, da** [pri'βaðo, ða] *adj* private
**privar** [pri'βar] *vt* to deprive ◆ **privarse de** *v + prep* to go without
**privilegiado, da** [priβile'xiaðo, ða] *adj* privileged
**privilegio** [priβi'lexio] *m* privilege
**proa** ['proa] *f* bows *pl*
**probabilidad** [proβaβili'ðað] *f* **1.** *(cualidad)* probability **2.** *(oportunidad)* chance
**probable** [pro'βaβle] *adj* probable
**probador** [proβa'ðor] *m* changing room (*UK*), fitting room (*US*)

**probar** [pro'βar] ◇ *vt* **1.** *(demostrar)* to prove **2.** *(examinar)* to check **3.** *(comida, bebida)* to taste ◇ *vi* to try ◆ **probarse** *vp (ropa, zapato)* to try on

**probeta** [pro'βeta] *f* test tube

**problema** [pro'βlema] *m* problem

**problemático, ca** [proβle'matiko, ka] *adj* problematic

**procedencia** [proθe'ðenθi̯a] *f (origen, fuente)* origin ● **con procedencia de** (arriving) from

**procedente** [proθe'ðente] *adj (oportuno)* appropriate ● **procedente de** from

**proceder** [proθe'ðer] ◇ *m* behaviour ◇ *vi* **1.** *(actuar)* to act **2.** *(ser oportuno)* to be appropriate ◆ **proceder de** *v + prep* to come from

**procedimiento** [proθeði'mi̯ento] *m (método)* procedure

**procesado, da** [proθe'saðo, ða] *m,f* accused

**procesar** [proθe'sar] *vt (enjuiciar)* to try

**procesión** [proθe'si̯on] *f* procession

**proceso** [pro'θeso] *m* **1.** process **2.** *(transcurso, evolución)* course **3.** *(juicio)* trial

**proclamación** [proklama'θi̯on] *f* proclamation

**proclamar** [prokla'mar] *vt* **1.** to proclaim **2.** *(aclamar)* to acclaim ◆ **proclamarse** *vp* to proclaim o.s.

**procurar** [proku'rar] *vt* ● **procurar hacer algo** to try to do sthg

**prodigarse** [proði'ɣarse] *vp (esforzarse)* to put o.s. out ● **prodigarse en algo** to overdo sthg

**producción** [proðuk'θi̯on] *f* **1.** production **2.** *(producto)* products *pl*

**producir** [proðu'θir] *vt* **1.** to produce *(provocar)* to cause ◆ **producirse** *(ocurrir)* to take place

**productividad** [proðuktiβi'ðað] *f* pr ductivity

**productivo, va** [proðuk'tiβo, βa] *adj* *(que produce)* productive **2.** *(que beneficio)* profitable

**producto** [pro'ðukto] *m* **1.** product *(de la tierra)* produce **3.** *(beneficios)* pro

**productor, ra** [proðuk'tor, ra] *m,f* pr ducer

**productora** [proðuk'tora] *f (en cir* production company ➤ **productor**

**profecía** [profe'θia] *f* prophecy

**profesión** [profe'si̯on] *f* profession

**profesional** [profesi̯o'nal] *adj* & professional

**profesionista** [profesi̯o'nista] *mf (Am* professional

**profesor, ra** [profe'sor, ra] *m,f* teach

**profeta** [pro'feta] *m* prophet

**profiteroles** [profite'roles] *mpl* profi roles

**profundidad** [profundi'ðað] *f* depth **tiene dos metros de profundidad** i two metres deep

**profundo, da** [pro'fundo, da] *adj* deep **2.** *(notable)* profound

**programa** [pro'ɣrama] *m* **1.** programr **2.** *(de estudios)* syllabus **3.** *(plan)* sch dule **4.** *(en informática)* program

**programación** [proɣrama'θi̯on] *f* **1.** *televisión, radio)* programmes *pl* **2.** *informática)* programming

**programador, ra** [proɣrama'ðor, ra] programmer

**programar** [proɣra'mar] *vt* **1.** *(plane*

plan **2.** *(en televisión, radio)* to put on *(en informática)* to program
**ogresar** [proγre'sar] *vi* to (make) ogress
**ogresivo, va** [proγre'siβo, βa] *adj* ogressive
**ogreso** [pro'γreso] *m* progress
**ohibición** [proiβi'θi̯on] *f* ban
**ohibido, da** [proi'βiðo, ða] *adj* prohibited ▼ **prohibido aparcar** no parking **prohibido el paso** no entry ▼ **ohibido el paso a personas ajenas a obra** no entry for unauthorised ersonnel ▼ **prohibido fijar carteles** llposters will be prosecuted ▼ **prohido fumar** no smoking ▼ **prohibida la trada** no entry ▼ **prohibida la enada a menores** adults only
**ohibir** [proi'βir] *vt* **1.** *(vedar)* to forbid *(por ley)* to prohibit **3.** *(práctica istente)* to ban
**ójimo** ['proximo] *m* fellow human ing
**oliferación** [prolifera'θi̯on] *f* prolifetion
**ólogo** ['proloγo] *m* *(en libro, revista)* troduction
**olongar** [prolon'gar] *vt* **1.** *(alargar)* to tend **2.** *(hacer durar más)* to prolong ◆ **olongarse** *vp* to go on
**omedio** [pro'meði̯o] *m* average
**omesa** [pro'mesa] *f* promise
**ometer** [prome'ter] ◇ *vt* to promise ◇ to show promise ◆ **prometerse** *vp* to t engaged
**ometido, da** [prome'tiðo, ða] *m,f* ncé (*f* fiancée)
**omoción** [promo'θi̯on] *f* **1.** *(ascenso)* promotion **2.** *(curso)* class
**promocionar** [promoθi̯o'nar] *vt* to promote ◆ **promocionarse** *vp* to promote o.s.
**promotor, ra** [promo'tor, ra] *m,f* promoter
**pronóstico** [pro'nostiko] *m* **1.** *(predicción)* forecast **2.** *(en medicina)* prognosis ● **pronóstico del tiempo** weather forecast
**pronto** ['pronto] *adv* **1.** *(temprano)* early **2.** *(dentro de poco)* soon **3.** *(rápidamente)* quickly ● **de pronto** suddenly ● **¡hasta pronto!** see you soon! ● **tan pronto como** as soon as
**pronunciación** [pronunθi̯a'θi̯on] *f* pronunciation
**pronunciar** [pronun'θi̯ar] *vt* **1.** to pronounce **2.** *(discurso)* to make
**propaganda** [propa'γanda] *f* advertising
**propensión** [propen'si̯on] *f* ● **propensión a** tendency towards
**propenso, sa** [pro'penso, sa] *adj* ● **ser propenso a** to have a tendency to
**propicio, cia** [pro'piθi̯o, θi̯a] *adj* favourable
**propiedad** [propi̯e'ðað] *f* **1.** property **2.** *(posesión)* ownership
**propietario, ria** [propi̯e'tari̯o, ri̯a] *m,f* owner
**propina** [pro'pina] *f* tip

**propina**

A service charge is included in the bill in Spain, so people are not expected to leave a tip in bars and restaurants, although people do sometimes leave part or all of their change. It is also not customary to tip taxi drivers or hairdressers.

**propio, pia** ['propio, pia] *adj* **1.** *(de propiedad)* own **2.** *(peculiar)* characteristic **3.** *(apropiado)* appropriate **4.** *(natural)* natural ■ **el propio presidente** the president himself
**proponer** [propo'ner] *vt* to propose ◆ **proponerse** *vp* to intend
**proporcionado, da** [proporθio'naðo, ða] *adj* proportionate
**proporcionar** [proporθio'nar] *vt* **1.** *(facilitar)* to give, to provide **2.** *(ser causa de)* to add
**proposición** [proposi'θion] *f (propuesta)* proposal
**propósito** [pro'posito] *m* **1.** *(intención)* intention **2.** *(objetivo)* purpose ■ **a propósito** *(adrede)* on purpose; *(por cierto)* by the way ■ **a propósito de** with regard to
**propuesta** [pro'puesta] *f* proposal
**prórroga** ['proroγa] *f* **1.** *(aplazamiento)* extension **2.** *(en deporte)* extra time *(UK)*, overtime *(US)*
**prorrogar** [proro'γar] *vt* to extend
**prosa** ['prosa] *f* prose
**proscrito, ta** [pros'krito, ta] *m,f* exile
**prospecto** [pros'pekto] *m* **1.** *(folleto)* leaflet **2.** *(de medicamento)* instructions leaflet
**próspero, ra** ['prospero, ra] *adj* prosperous
**prostíbulo** [pros'tiβulo] *m* brothel
**prostitución** [prostitu'θion] *f* prostitution
**prostituta** [prosti'tuta] *f* prostitute
**prota** *mf (fam) (en cine, teatro)* lead
**protagonista** [protaγo'nista] *mf* **1.** *(d... libro)* main character **2.** *(en cine, teatr...)* lead
**protección** [protek'θion] *f* protection
**proteger** [prote'xer] *vt* to protect
**protegerse** *vp (resguardarse)* to shelter
**protegido, da** [prote'xiðo, ða] *m,f* pro... tegé *(f* protegée)
**proteína** [prote'ina] *f* protein
**protesta** [pro'testa] *f* protest
**protestante** [protes'tante] *mf* Protestant
**protestar** [protes'tar] *vi* to protest
**protocolo** [proto'kolo] *m* protocol
**provecho** [pro'βetʒo] *m* benefit
**¡buen provecho!** enjoy your meal! **sacar provecho de** to make the most ...
**provechoso, sa** [proβe'tʒoso, sa] *a...* advantageous
**provenir** [proβe'nir] ◆ **provenir de** *v prep* to come from
**proverbio** [pro'βerβio] *m* proverb
**provincia** [pro'βinθia] *f* province
**provisional** [proβisio'nal] *adj* provisional
**provocación** [proβoka'θion] *f* provocation
**provocar** [proβo'kar] *vt* **1.** *(incitar, enoja...)* to provoke **2.** *(excitar sexualmente)* t... arouse **3.** *(causar)* to cause **4.** *(incendi...)* to start ■ **¿te provoca hacerlo?** *(Ande...)* do you feel like doing it?
**provocativo, va** [proβoka'tiβo, βa] *a...* provocative
**próximo, ma** ['proksimo, ma] *adj* ... *(cercano)* near **2.** *(ciudad, casa)* nearb...

. *(siguiente)* next ▾ **próximas llegadas** rriving next
**royección** [projek'θi̯on] *f (de película)* howing
**royectar** [projek'tar] *vt* **1.** *(película)* to how **2.** *(luz)* to shine **3.** *(sombra, figura)* ɔ cast **4.** *(idear)* to plan
**royecto** [pro'jekto] *m* **1.** *(plan)* plan **2.** ɔropósito) project **3.** *(de ley)* bill
**royector** [projek'tor] *m (de cine, diapotivas)* projector
**rudencia** [pru'ðenθia] *f* **1.** *(cautela)* aution **2.** *(moderación)* moderation
**rudente** [pru'ðente] *adj* **1.** *(cauteloso)* autious **2.** *(sensato)* sensible
**rueba** ['prueβa] *f* **1.** *(testimonio)* proof **2.** ensayo, examen) test **3.** *(competición)* vent
**sicoanálisis** [sikoa'nalisis] *m inv* sychoanalysis
**sicología** [sikolo'xia] *f* psychology
**sicológico, ca** [siko'loxiko, ka] *adj* sychological
**sicólogo, ga** [si'koloɣo, ɣa] *m,f* sychologist
**sicópata** [si'kopata] *mf* psychopath
**siquiatra** [si'ki̯atra] *mf* psychiatrist
**siquiátrico** [si'ki̯atriko] *m* psychiatric ɩospital
**síquico, ca** ['sikiko, ka] *adj* psychic
**ta.** (*abr de* **peseta**) pta. *(peseta)*
**úa** ['pua] *f* **1.** *(de planta)* thorn **2.** *(de eine)* tooth
**ub** ['puβ] *m upmarket pub*
**ubertad** [puβer'tað] *f* puberty
**ubis** ['puβis] *m inv* pubis
**ublicación** [puβlika'θi̯on] *f* publicaɩon
**públicamente** [,puβlika'mente] *adv* publicly
**publicar** [puβli'kar] *vt* **1.** to publish **2.** *(noticia)* to make public
**publicidad** [puβliθi'ðað] *f* **1.** *(propaganda)* advertising **2.** *(en televisión)* adverts *pl* (*UK*), commercials *pl* (*US*)
**publicitario, ria** [puβliθi'tari̯o, ri̯a] *adj* advertising *(antes de s)*
**público, ca** ['puβliko, ka] ◇ *adj* **1.** public **2.** *(colegio)* state (*UK*), public (*US*) ◇ *m* **1.** *(en cine, teatro, televisión)* audience **2.** *(en partido)* crowd ✱ **en público** in public
**pucha** ['putʒa] *interj* (*Andes & RP*) good heavens!
**pudding** ['puðin] *m* pudding
**pudor** [pu'ðor] *m* **1.** *(recato)* modesty **2.** *(timidez)* shyness
**pudrir** [pu'ðrir] *vt* to rot ◆ **pudrirse** *vp* to rot
**pueblo** ['pueβlo] *m* **1.** people **2.** *(localidad pequeña)* village **3.** *(más grande)* town
**puente** ['puente] *m* bridge ✱ **hacer puente** *to take a day off between two public holidays* ✱ **puente aéreo** shuttle
**puerco, ca** ['puerko, ka] ◇ *adj* filthy ◇ *m, f* pig
**puerro** ['puero] *m* leek
**puerta** ['puerta] *f* **1.** door **2.** *(de jardín, ciudad)* gate **3.** *(en deporte)* goal ✱ **puerta de embarque** boarding gate ✱ **puerta principal** front door
**puerto** ['puerto] *m* **1.** *(de mar)* port **2.** *(de montaña)* pass ✱ **puerto deportivo** marina
**Puerto Rico** ['puerto'riko] *s* Puerto Rico
**pues** ['pues] *conj* **1.** *(ya que)* since **2.** *(así*

*que)* so **3.** *(uso enfático)* well
**puesta** ['pu̯esta] *f* • **puesta de sol** sunset
**puesto, ta** ['pu̯esto, ta] ◇ *pp* ≫ **poner** ◇ *adj (elegante)* smart ◇ *m* **1.** *(lugar)* place **2.** *(cargo)* job **3.** *(tienda pequeña)* stall *(UK)*, stand *(US)* **4.** *(de la Guardia Civil)* station
**pulga** ['pulɣa] *f* flea
**pulgar** [pul'ɣar] *m* thumb
**pulidora** [puli'ðora] *f* polisher
**pulir** [pu'lir] *vt* to polish
**pulmón** [pul'mon] *m* lung
**pulmonía** [pulmo'nia] *f* pneumonia
**pulpa** ['pulpa] *f* flesh
**pulpo** ['pulpo] *m* octopus • **pulpo a la gallega** *octopus cooked with red pepper and spices*
**pulsar** [pul'sar] *vt* **1.** *(timbre, botón)* to press **2.** *(cuerdas de un instrumento)* to play
**pulsera** [pul'sera] *f* bracelet
**pulso** ['pulso] *m* **1.** *(latido)* pulse **2.** *(firmeza)* steady hand
**puma** ['puma] *m* puma
**puna** ['puna] *f (Andes & Arg) altitude sickness*
**punk** ['pank] *mf* punk
**punta** ['punta] *f* **1.** *(extremo agudo)* point **2.** *(extremo)* end **3.** *(de dedo)* tip **4.** *(de tierra)* point • **en la punta de la lengua** on the tip of one's tongue
**puntapié** [punta'pi̯e] *m* kick
**puntera** [pun'tera] *f* toecap
**puntería** [punte'ria] *f (habilidad)* marksmanship
**puntiagudo, da** [punti̯a'ɣuðo, ða] *adj* pointed
**puntilla** [pun'tiʎa] *f* point lace
**punto** ['punto] *m* **1.** point **2.** *(marca)* do[t] **3.** *(signo ortográfico)* full stop *(UK)* period *(US)* **4.** *(lugar)* spot, place **5** *(momento)* moment **6.** *(grado, intensidad)* level **7.** *(en cirugía, costura)* stitch • **estar a punto de** to be about to • **en punto** on the dot • **hacer punto** to knit • **dos puntos** colon *sg* • **punto de encuentro** meeting point • **punto muerto** neutral • **punto de vista** point of view • **punto y aparte** new paragraph • **punto y coma** semi-colon • **punto y seguido** full-stop • **puntos suspensivos** suspension points
**puntuación** [puntu̯a'θi̯on] *f* **1.** *(en gramática)* punctuation **2.** *(en competición)* score **3.** *(en examen)* mark, grade *(US)*
**puntual** [puntu'al] *adj* **1.** *(persona)* punctual **2.** *(detallado)* detailed
**puntualidad** [puntu̯ali'ðað] *f (de persona)* punctuality
**puntualización** [puntu̯aliθa'θi̯on] *f* detailed explanation
**puntualizar** [puntu̯ali'θar] *vt* to explain in detail
**puntuar** [puntu'ar] *vt* **1.** *(texto)* to punctuate **2.** *(examen)* to mark, to grade *(US)*
**punzón** [pun'θon] *m* punch
**puñado** [pu'ɲaðo] *m* handful
**puñal** [pu'ɲal] *m* dagger
**puñalada** [puɲa'laða] *f* **1.** *(golpe)* stab **2** *(herida)* stabwound
**puñeta** [pu'ɲeta] *interj* damn!
**puñetazo** [puɲe'taθo] *m* punch
**puñetero, ra** [puɲe'tero, ra] *adj (fam)* damn

**ño** ['puɲo] *m* **1.** *(mano cerrada)* fist **2.** *arma)* hilt **3.** *(de camisa)* cuff **4.** *(de* *tón, paraguas)* handle

**pa** ['pupa] *f* **1.** *(en el labio)* blister **2.** • *erse pupa* (*fam*) *(daño)* to hurt o.s.

**pitre** [pu'pitre] *m* desk

**:é** [pu're] *m* **1.** *(concentrado)* purée **2.** *ɔa)* thick soup • **puré de patatas** o **as** (*Amér*) mashed potatoes *pl*

**ritano, na** [puri'tano, na] *adj* puritaal

**ro, ra** ['puro, ra] ◇ *adj* **1.** pure **2.** *lo)* clear **3.** *(verdad)* simple ◇ *m* cigar

**ta** ['puta] *f* (*vulg*) whore

**zzle** ['puθle] *m* jigsaw puzzle

**P** *abrev* = **precio de venta al público**

**.** (*abr de* **plaza**) Sq. *(square)*

# qQ

**e** [ke]

*ron* **1.** *(cosa)* that, which • **la moto** **me gusta** the motorbike (that) I • **el libro que le regalé** the book at) I gave her • **la playa a la que fui** beach I went to • **el día en que me** the day I left **2.** *(persona: sujeto)* who, t • **el hombre que corre** the man o's running **3.** *(persona: complemen-* whom, that • **el hombre que** **ociste** the man you met • **la chica** **que se lo presté** the girl to whom I t it • **la mujer con la que hablas** the man you are talking to

◇ *conj* **1.** *(con oraciones de sujeto)* that • **es importante que me escuches** it's important that you listen to me **2.** *(con oraciones de complemento directo)* that • **me ha confesado que me quiere** he has told me that he loves me **3.** *(comparativo)* than • **es más rápido que tú** he's quicker than you • **antes morir que vivir la guerra** I'd rather die than live through a war **4.** *(expresa causa)* • **hemos de esperar, que todavía no es la hora** we'll have to wait, as it isn't time yet **5.** *(expresa consecuencia)* that • **tanto me lo pidió que se lo di** she asked for it so persistently that I gave it to her **6.** *(expresa finalidad)* so (that) • **ven aquí que te vea** come here so (that) I can see you **7.** *(expresa deseo)* that • **espero que te diviertas** I hope (that) you enjoy yourself • **quiero que lo hagas** I want you to do it **8.** *(expresa disyunción)* or • **quieras que no** whether you want to or not **9.** *(en oraciones exclamativas)* • **¡que te diviertas!** have fun! • **¡que sí/no!** I said yes/no!

**qué** ['ke] ◇ *adj* **1.** *(interrogativo)* what **2.** *(al elegir, concretar)* which ◇ *pron* what ◇ *adv* how • **¿qué?** *(¿cómo?)* sorry?, excuse me? (*US*) • **¿por qué (...)?** why (...)? • **¿y qué?** so what?

**quebrado** [ke'βraðo] *m* fraction

**quebrar** [ke'βrar] ◇ *vt* to break ◇ *vi* to go bankrupt

**quedar** [ke'ðar] *vi* **1.** *(permanecer)* to remain, to stay **2.** *(haber suficiente, faltar)* to be left **3.** *(llegar a ser, resultar)* to turn out **4.** *(sentar)* to look **5.** *(estar situado)* to be • **quedar en ridículo** to make a fool of o.s. • **quedar por hacer** to remain to be done • **quedar bien/mal con alguien** to make a good/bad impression on sb • **quedar en nada** to come to nothing ◆ **quedar con** *v + prep (citarse)* to arrange to meet ◆ **quedar en** *v + prep (acordar)* to agree to ◆ **quedarse** *vp* **1.** *(permanecer)* to stay **2.** *(cambio)* to keep **3.** *(comprar)* to take • **se quedó ciego** he went blind ◆ **quedarse con** *v + prep* **1.** *(preferir)* to go for **2.** *(fam) (burlarse de)* to take the mickey out of (*UK*), to make fun of

**quehacer** [kea'θer] *m* task

**quejarse** [ke'xarse] *vp* **1.** *(protestar)* to complain **2.** *(lamentarse)* to cry out • **quejarse de/por** to complain about

**quejido** [ke'xiðo] *m* cry

**quemadura** [kema'ðura] *f* burn

**quemar** [ke'mar] ◇ *vt* to burn ◇ *vi* to be (scalding) hot ◆ **quemarse** *vp* **1.** *(casa, bosque, etc)* to burn down **2.** *(persona)* to get burnt

**querer** [ke'rer]
◇ *vt* **1.** *(desear)* to want **2.** *(amar)* to love **3.** *(en preguntas formales)* • **¿quiere pasar?** would you like to come in? **4.** *(precio)* to want **5.** *(requerir)* to need ◇ *vi* **1.** *(apetecer)* to want **2.** *(en locuciones)* • **queriendo** *(con intención)* on purpose • **querer decir** to mean • **sin querer** accidentally
◇ *vi* • **parece que quiere llover** it looks like rain • **quiere una bicicleta** she wants a bicycle • **queremos que las cosas vayan bien** we want things to go well • **quiero que vengas** I want you to come • **quisiera hacerlo** I wou[ld] like to do it • **tal vez él quie[ra] acompañarte** maybe he'll go wi[th] you • **quiere mucho a su hijo** he lov[es] his son very much • **¿cuánto quie[re] por el coche?** how much does he wa[nt] for the car? • **esta habitación quie[re] más luz** this room needs more light • **ven cuando quieras** come whenev[er] you like o want • **estoy aquí porq[ue] quiero** I'm here because I want to [be] ◆ **quererse** *vp* to love each other

**querido, da** [ke'riðo, ða] *adj* dear

**queso** ['keso] *m* cheese • **queso bola** Gouda • **queso manchego** *ha[rd] mild yellow cheese made in La Manc[ha]* • **queso parmesano** Parmesan • **queso rallado** grated cheese

**quiebra** ['ki̯eβra] *f (de empresa)* ban[k]ruptcy

**quien** [ki̯en] *pron* **1.** *(relativo sujeto)* w[ho] **2.** *(relativo complemento)* whom **3.** *(in[de]finido)* whoever

**quién** ['ki̯en] *pron* who • **¡quién pudi[era] verlo!** if only I could have seen it! • **¿quién es?** *(en la puerta)* who is it?; *[(al] teléfono)* who's speaking?

**quieto, ta** ['ki̯eto, ta] *adj* **1.** *(inmóvil)* s[till] **2.** *(inactivo)* at a standstill **3.** *(de caráct[er])* quiet

**quilla** ['kiʎa] *f* keel

**quilo** ['kilo] *m* = **kilo**

**química** ['kimika] *f* chemistry ➤ **q[uí]mico**

**químico, ca** ['kimiko, ka] *m,f* chemis[t]

**quince** ['kinθe] *núm* fifteen ➤ **seis** • **quince días** fortnight (*UK*), two wee[ks] (*US*)

**ncena** [kin'θena] *f* fortnight (*UK*),
› weeks (*US*)
**niela** [ki'niela] *f* (*juego*) (football)
›ls *pl* (*UK*), ≃ sweepstakes *pl*
**nientos, tas** [ki'nientos, tas] *núm*
: hundred ➢ **seis**
**nqué** [kin'ke] *m* oil lamp
**nteto** [kin'teto] *m* quintet
**nto, ta** ['kinto, ta] ◇ *núm* fifth ◇ *m*
*luta)* recruit ➢ **sexto**
**osco** [ki'osko] *m* **1.** (*puesto*) kiosk **2.**
*periódicos)* newspaper stand
**rófano** [ki'rofano] *m* operating
atre (*UK*), operating room (*US*)
**squilla** [kis'kiʎa] *f* shrimp
**squilloso, sa** [kiski'ʎoso, sa] *adj* **1.**
*:allista)* pernickety **2.** (*susceptible*)
chy
**tamanchas** [kita'mantʒas] *m inv*
n remover
**tar** [ki'tar] *vt* **1.** (*robar*) to take **2.**
*arar, retirar, suprimir)* to remove **3.**
*a, zapatos)* to take off ● **quitarle**
› **a alguien** to take sthg away from
› **quitarse** *vp* (*apartarse*) to get out of
way ● **quitarse la ropa** to take off
:'s clothes
**zá(s)** [ki'θa(s)] *adv* perhaps

# R

**ano** ['raβano] *m* radish
**ia** ['raβia] *f* **1.** (*ira*) rage **2.** (*enferme-*
*)* rabies

**rabieta** [ra'βieta] *f* tantrum
**rabioso, sa** [ra'βioso, sa] *adj* **1.** (*enfermo*) rabid **2.** (*violento*) furious
**rabo** ['raβo] *m* tail
**racha** ['ratʒa] *f* **1.** (*de viento, aire*) gust **2.** (*fam*) (*época*) spell ● **buena/mala racha** good/bad patch
**racial** [ra'θial] *adj* racial
**racimo** [ra'θimo] *m* bunch
**ración** [ra'θion] *f* **1.** portion **2.** (*en un bar*) *large portion of a particular dish, served as a snack*
**racismo** [ra'θizmo] *m* racism
**racista** [ra'θista] *mf* racist
**radar** [ra'ðar] *m* radar
**radiación** [raðia'θion] *f* radiation
**radiador** [raðia'ðor] *m* radiator
**radiante** [ra'ðiante] *adj* radiant
**radiar** [ra'ðiar] *vt* **1.** (*irradiar*) to radiate **2.** (*en la radio*) to broadcast **3.** (*en medicina*) to give X-ray treatment to
**radical** [raði'kal] *adj* radical
**radio** ['raðio] ◇ *f* radio ◇ *m* **1.** radius **2.** (*de una rueda*) spoke
**radioaficionado, da** [ˌraðioafiθio'naðo, ða] *m,f* radio ham
**radiocasete** [ˌraðioka'sete] *m o f* radio cassette (player)
**radiodespertador** [ˌraðioðesperta'ðor] *m* clock radio (*with alarm*)
**radiodifusión** [ˌraðioðifu'sion] *f* broadcasting
**radiodifusora** [ˌraðioðifu'sora] *f* (*Amér*) radiostation
**radiografía** [raðioɣra'fia] *f* (*fotografía*) X-ray
**radiólogo, ga** [ra'ðioloɣo, ɣa] *m,f* radiologist

**radionovela** [ˌraði̯onoˈβela] *f* radio soap opera
**radiorreloj** [ˌraði̯oreˈlox] *m* clock radio
**radioyente** [raði̯oˈjente] *mf* listener
**ráfaga** [ˈrafaɣa] *f* **1.** *(de viento, aire)* gust **2.** *(de luz)* flash **3.** *(de disparos)* burst
**rafia** [ˈrafi̯a] *f* raffia
**rafting** [ˈraftin] *m* white-water rafting
**raíl** [raˈil] *m* rail
**raíz** [raˈiθ] *f* root
**raja** [ˈraxa] *f* **1.** *(grieta)* crack **2.** *(porción)* slice
**rajatabla** [raxaˈtaβla] ◆ **a rajatabla** *adv* to the letter
**rallador** [raʎaˈðor] *m* grater
**rallar** [raˈʎar] *vt* to grate
**rally** [ˈrali, ˈralis] (*pl* **rallys**) *m* rally
**rama** [ˈrama] *f* branch
**rambla** [ˈrambla] *f* avenue
**ramo** [ˈramo] *m* **1.** *(de flores)* bunch **2.** *(de actividad)* branch
**rampa** [ˈrampa] *f* **1.** *(pendiente)* steep incline **2.** *(para ayudar el acceso)* ramp
**rana** [ˈrana] *f* frog
**ranchera** [ranˈtʒera] *f* *(Méx)* *popular Mexican song and dance*
**rancho** [ˈrantʒo] *m* **1.** *(granja)* ranch **2.** *(comida)* mess
**rancio, cia** [ˈranθi̯o, θi̯a] *adj* **1.** *(vino)* mellow **2.** *(pasado)* rancid
**rango** [ˈrango] *m* **1.** *(categoría social)* standing **2.** *(en una jerarquía)* rank
**ranura** [raˈnura] *f* **1.** *(surco)* groove **2.** *(para monedas)* slot
**rape** [ˈrape] *m* monkfish ◆ **rape a la marinera** *monkfish cooked in a white wine and garlic sauce* ◆ **rape a la plancha** *grilled monkfish*
**rápidamente** [ˌrapiðaˈmente] *adv* quickly
**rapidez** [rapiˈðeθ] *f* speed
**rápido, da** [ˈrapiðo, ða] ◇ *adj* **1.** *(ve*[…] fast **2.** *(que dura poco)* quick ◇ […] quickly ◇ *m* *(tren)* express train
**rápidos** *mpl* rapids
**raptar** [rapˈtar] *vt* to abduct
**raqueta** [raˈketa] *f* **1.** *(de tenis)* racque[…] *(para la nieve)* snowshoe
**raramente** [ˌraraˈmente] *adv* rarely
**raro, ra** [ˈraro, ra] *adj* **1.** *(poco frecuen*[…] unusual **2.** *(extraño)* strange **3.** *(esca*[…] rare **4.** *(extravagante)* odd
**rascacielos** [raskaˈθi̯elos] *m inv* skysc[…]per
**rascador** [raskaˈðor] *m* scraper
**rascar** [rasˈkar] *vt* **1.** *(con las uñas)* scratch **2.** *(limpiar)* to scrub **3.** *(pint*[…] to scrape (off)
**rasgar** [razˈɣar] *vt* to tear
**rasgo** [ˈrazɣo] *m* **1.** *(de rostro)* feature **2.** *(característica)* characteristic **3.** *(tra*[…] stroke
**raso, sa** [ˈraso, sa] ◇ *adj* **1.** *(superficie)* […] **2.** *(cucharada, etc)* level ◇ *m* satin ◆ […] **raso** in the open (air)
**rastrillo** [rasˈtriʎo] *m* **1.** rake **2.** *(M*[…] *(para barbear)* razor
**rastro** [ˈrastro] *m* **1.** *(huella)* trace […] *(mercadillo)* flea market

### rastro

Street markets with stalls selling […] variety of antique, second-har[…] and new goods are found in th[…] majority of Spanish towns. Th[…]

›st famous, however, is *El Rastro* Madrid. It is situated near the *ıza Mayor* and is usually particu-›ly busy on Sunday mornings.

**a** ['rata] *f* rat

**ero, ra** [ra'tero, ra] *m,f* petty thief

**o** ['rato] *m* while • **a ratos** from e to time • **pasar un buen rato** to e a good time • **pasar un mal rato** ıave a hard time of it • **ratos libres** re time *sg*

**ón** [ra'ton] *m* mouse

**tán** [ra'tan] *m* *(Amér)* wicker

**a** ['raja] *f* **1.** *(línea)* line **2.** *(estampado)* pe **3.** *(del pelo)* parting **4.** *(de panta-* crease **5.** *(arañazo)* scratch **6.** *(pez)* • **a** o **de rayas** stripy

**o** ['rajo] *m* **1.** ray **2.** *(de tormenta)* bolt ıghtning • **rayos** lightning *sg* • **os-X** X-rays

**a** ['raθa] *f* **1.** *(de personas)* race **2.** *(de* ıales)* breed • **de raza** pedigree

**ón** [ra'θon] *f* reason • **dar la razón a** **ien** to say that sb is right • **entrar** **razón** to see reason • **tener razón** be right ▾ **se vende piso: razón** **tería** flat for sale: enquire at etaker's office

**onable** [raθo'naβle] *adj* reasonable

**onamiento** [raθona'mi̯ento] *m* rea-ing

**onar** [raθo'nar] ◇ *vt* to reason out ◇ ı reason

**cción** [reak'θi̯on] *f* reaction

**ccionar** [reakθi̯o'nar] *vi* **1.** *(responder)* eact **2.** *(a tratamiento)* to respond

**ctor** [reak'tor] *m* **1.** *(avión)* jet (plane) **2.** *(motor)* jet engine

**real** [re'al] *adj* **1.** *(verdadero)* real **2.** *(de rey)* royal

**realeza** [rea'leθa] *f* royalty

**realidad** [reali'ðað] *f* **1.** *(existencia)* reality **2.** *(verdad)* truth • **en realidad** in fact

**realismo** [rea'lizmo] *m* realism

**realización** [realiθa'θi̯on] *f* **1.** *(de tarea, trabajo)* carrying-out **2.** *(de proyecto, plan)* implementation **3.** *(de deseo, sueño)* fulfilment **4.** *(de película)* production

**realizar** [reali'θar] *vt* **1.** *(tarea, trabajo)* to carry out **2.** *(proyecto, plan)* to implement **3.** *(deseo, sueño)* to fulfil **4.** *(película)* to produce

**realmente** [re,al'mente] *adv* **1.** *(en verdad)* actually **2.** *(muy)* really

**realquilado, da** [realki'laðo, ða] *m,f* sub-tenant

**realquilar** [realki'lar] *vt* to sublet

**reanimación** [reanima'θi̯on] *f* **1.** *(de fuerzas, energía)* recovery **2.** *(de enfermo)* revival **3.** *(del ánimo)* cheering-up

**rebaja** [re'βaxa] *f* **1.** *(de precio)* discount **2.** *(de altura, nivel, etc)* reduction • **rebajas** *fpl* sales

**rebajado, da** [reβa'xaðo, ða] *adj* reduced

**rebajar** [reβa'xar] *vt* **1.** *(precio)* to reduce **2.** *(altura, nivel, etc)* to lower **3.** *(humillar)* to humiliate

**rebanada** [reβa'naða] *f* slice

**rebanar** [reβa'nar] *vt* to slice

**rebaño** [re'βaɲo] *m* *(de ovejas)* flock

**rebelarse** [reβe'larse] *vp* to rebel

**rebelde** [re'βelde] ◇ *adj* **1.** rebellious **2.**

*(niño, pelo)* unruly **3.** *(enfermedad)* persistent ◇ *mf* rebel
**rebeldía** [reβel'dia] *f* **1.** *(cualidad)* rebelliousness **2.** *(acción)* rebellion
**rebelión** [reβe'lion] *f* rebellion
**rebozado, da** [reβo'θaðo, ða] *adj coated in batter or fried breadcrumbs*
**rebozo** [re'βoθo] *m (Amér)* shawl
**recado** [re'kaðo] *m (mensaje)* message
**recaer** [reka'er] *vi* **1.** *(en enfermedad)* to have a relapse **2.** *(en vicio, error, etc)* to relapse
**recalcar** [rekal'kar] *vt* to stress
**recalentar** [rekalen'tar] *vt* **1.** *(volver a calentar)* to warm up **2.** *(calentar demasiado)* to overheat ◆ **recalentarse** *vp* to overheat
**recámara** [re'kamara] *f (CAm, Col & Méx)* bedroom
**recamarera** [rekama'rera] *f (Amér)* maid
**recambio** [re'kambio] *m* **1.** *(pieza)* spare (part) **2.** *(de pluma)* refill
**recargar** [rekar'ɣar] *vt* **1.** *(mechero, recipiente)* to refill **2.** *(batería)* to recharge **3.** *(arma)* to reload **4.** *(cargar demasiado)* to overload **5.** *(impuesto)* to increase
**recato** [re'kato] *m* **1.** *(pudor)* modesty **2.** *(prudencia)* caution
**recepción** [reθep'θion] *f* reception

## para presentarse en recepción

Si tienes una cita con alguien en una empresa, te presentas diciendo *hello, I'm Jenny Barton, I have an appointment with Michael Johnson.* Si representas a una empresa, pued decir *hello, I'm Jenny Barton fr Robinson Associates, I have an appoi ment with...* Si se trata de un gru de personas, sólo hace falta decir nombre de la empresa: *hello, we from Robinson Associates and we ha an appointment with...* En un hot sólo hace falta dar el nombre de persona que hizo la reserva: *hel we've booked a room for 2 nights in name of Barker.*

**recepcionista** [reθepθio'nista] *mf* rec tionist
**receptor** [reθep'tor] *m* receiver
**recesión** [reθe'sion] *f* recession
**receta** [re'θeta] *f (de guiso)* recip **receta (médica)** prescription
**recetar** [reθe'tar] *vt* to prescribe
**rechazar** [retʒa'θar] *vt* **1.** to rejec *(físicamente)* to push away **3.** *(dene* to turn down
**rechazo** [re'tʒaθo] *m* rejection
**recibidor** [reθiβi'ðor] *m* entrance h
**recibimiento** [reθiβi'miento] *m* rec tion
**recibir** [reθi'βir] *vt* **1.** to receive **2.** *(d bienvenida a)* to welcome **3.** *(ir a bus* to meet ◆ **recibirse** *vp (Amér)* graduate
**recibo** [re'θiβo] *m* receipt
**reciclado, da** [reθi'klaðo, ða] *adj* re cled
**reciclaje** [reθi'klaxe] *m (de papel, plás etc)* recycling
**reciclar** [reθi'klar] *vt* to recycl
**reciclarse** *vp (persona)* to retrain

**én** [re'θi̯en] *adv* recently ◆ **recién**
**no** fresh ◆ **recién nacido** newborn
y ▼ **recién pintado** wet paint
**ente** [re'θi̯ente] *adj* recent
**entemente** [re͵θi̯ente'mente] *adv* re-
tly
**nto** [re'θinto] *m* area
**piente** [reθi'pi̯ente] *m* container
**tal** [reθi'tal] *m* **1.** *(de música pop)*
cert **2.** *(de música clásica)* recital
**tar** [reθi'tar] *vt* to recite
**amación** [reklama'θi̯on] *f* **1.** *(queja)*
plaint **2.** *(petición)* claim ▼ **recla-**
**iones y quejas** complaints
**amar** [rekla'mar] *vt* to demand
**uir** [reklu'ir] *vt* to shut away
**usión** [reklu'si̯on] *f* **1.** *(encarcelamien-*
imprisonment **2.** *(voluntaria)* seclu-

**obrar** [reko'βrar] *vt* to recover ◆
**obrarse de** *v + prep* to recover from
**ogedor** [rekoxe'ðor] *m* dustpan
**oger** [reko'xer] *vt* **1.** *(coger)* to pick
**2.** *(reunir)* to collect **3.** *(fruta)* to pick
*a buscar)* to meet **5.** *(mesa)* to clear
*coger)* to take in ◆ **recogerse** *vp* **1.**
*rarse)* to withdraw **2.** *(acostarse)* to
re
**ogida** [reko'xiða] *f* **1.** *(de objetos,*
*ra, etc)* collection **2.** *(de frutos)*
vest
**olección** [rekolek'θi̯on] *f* *(de frutos)*
vesting
**omendar** [rekomen'dar] *vt* to recom-
nd
**ompensa** [rekom'pensa] *f* reward
**ompensar** [rekompen'sar] *vt* to re-
d

**reconocer** [rekono'θer] *vt* **1.** to recognize **2.** *(examinar)* to examine **3.** *(terreno)* to survey
**reconocimiento** [rekonoθi'mi̯ento] *m* **1.** recognition **2.** *(agradecimiento)* gratitude **3.** *(en medicina)* examination
**reconquista** [rekon'kista] *f* *(Esp)* ◆ **la Rreconquista** the Reconquest *(of Spain)*
**récord** ['rekor] *m* record
**recordar** [rekor'ðar] *vt* to remember ◆ **me recuerda a mi tía** she reminds me of my aunt
**recorrer** [reko'rer] *vt* **1.** *(país, etc)* to travel across **2.** *(distancia)* to cover
**recorrido** [reko'riðo] *m* **1.** *(trayecto)* route **2.** *(viaje)* journey ◆ **tren de largo recorrido** intercity train
**recortar** [rekor'tar] *vt* **1.** *(pelo)* to trim **2.** *(papel)* to cut out **3.** *(tela, gastos, precio)* to cut
**recostarse** [rekos'tarse] *vp* to lie down
**recreo** [re'kreo] *m* **1.** *(diversión)* recreation **2.** *(de escolares)* break
**recta** ['rekta] *f* straight line
**rectangular** [rektangu'lar] *adj* rectangular
**rectángulo** [rek'tangulo] *m* rectangle
**rectitud** [rekti'tuð] *f* rectitude
**recto, ta** ['rekto, ta] *adj* **1.** *(camino, línea, etc)* straight **2.** *(severo, honesto)* upright ◆ **todo recto** straight on
**rector, ra** [rek'tor, ra] *m,f* vice chancellor *(UK)*, president *(US)*
**recuerdo** [re'ku̯erðo] *m* **1.** *(del pasado)* memory **2.** *(de viaje)* souvenir ◆ **recuerdos** *mpl* *(saludos)* regards ◆ **dar recuerdos a** to give one's regards to

**recuperación** [rekupera'θi̯on] *f* recovery
**recuperar** [rekupe'rar] *vt* **1.** to recover **2.** *(tiempo)* to make up ◆ **recuperarse** *vp (volver en sí)* to come to ◆ **recuperarse de** *v + prep* to recover from
**recurrir** [reku'rir] *vi (en juicio)* to appeal ● **recurrir a** *(pedir ayuda)* to turn to
**recurso** [re'kurso] *m* **1.** *(medio)* resort **2.** *(reclamación)* appeal ◆ **recursos** *mpl* resources ● **recursos humanos** human resources
**red** ['reð] *f* **1.** *(malla, en deporte)* net **2.** *(de pelo)* hairnet **3.** *(de carreteras, conductos, etc)* network **4.** *(de tiendas, empresas, etc)* chain
**redacción** [reðak'θi̯on] *f* **1.** *(de texto, periódico)* editing **2.** *(en escuela)* essay **3.** *(estilo)* wording **4.** *(conjunto de personas)* editorial team **5.** *(oficina)* editorial office
**redactar** [reðak'tar] *vt* to write
**redactor, ra** [reðak'tor, ra] *m,f* **1.** *(escritor)* writer **2.** *(editor)* editor
**redil** [re'ðil] *m (sheep)* pen
**redondeado, da** [reðonde'aðo, ða] *adj* **1.** *(material, forma, etc)* rounded **2.** *(precio, cantidad, etc)* rounded up/down
**redondel** [reðon'del] *m* ring
**redondo, da** [re'ðondo, da] *adj* **1.** round **2.** *(perfecto)* excellent
**reducción** [reðuk'θi̯on] *f* reduction
**reducir** [reðu'θir] *vt* **1.** to reduce **2.** *(someter)* to suppress ◆ **reducirse a** *v + prep* to be reduced to
**reembolsar** [reembol'sar] *vt* **1.** *(gastos)* to reimburse **2.** *(dinero)* to refund **3.** *(deuda)* to repay
**reembolso** [reem'bolso] *m* **1.** *(de ga*
reimbursement **2.** *(de dinero)* refun
*(de deuda)* repayment ● **contra re**
**bolso** cash on delivery
**reemplazar** [reempla'θar] *vt* to repl
**reestrenar** [reestre'nar] *vt* to re-rel
**reestreno** [rees'treno] *m* re-release
**reestructurar** [reestruktu'rar] *vt* to
structure
**refacción** [refak'θi̯on] *f* **1.** *(Chile & M*
spare (part) **2.** *(Andes & RP) (en edif*
renovation
**refaccionar** [refakθi̯o'nar] *vt (Amér*
repair
**referencia** [refe'renθi̯a] *f* referen
**referencias** *fpl* references
**referéndum** [refe'rendum] *m* refe
dum
**referente** [refe'rente] *adj* ● **referen**
concerning
**referirse** [refe'rirse] ◆ **referirse a**
*prep* to refer to
**refinería** [refine'ria] *f* refinery
**reflector** [reflek'tor] *m* spotlight
**reflejar** [refle'xar] *vt* to reflect ◆ **re**
**jarse** *vp* to be reflected
**reflejo, ja** [re'flexo, xa] ◇ *adj (movin*
*to)* reflex ◇ *m* **1.** *(luz)* gleam **2.** *(ima*
reflection ◆**reflejos** *mpl (reacción rá*
reflexes ● **hacerse reflejos** to h
highlights put in
**reflexión** [reflek'si̯on] *f* reflection
**reflexionar** [refleksi̯o'nar] *vi* to refl
**reforma** [re'forma] *f* **1.** reform **2.**
*casa, edificio)* alteration **3.** *(de idea, p*
change
**reformar** [refor'mar] *vt* **1.** to refor
*(casa, edificio)* to do up **3.** *(idea, plar*

ter ◆ **reformarse** *vp* to mend one's ays

**:forzar** [refoɾ'θaɾ] *vt* to reinforce

**:frán** [re'fran] *m* proverb

**:frescante** [refres'kante] *adj* refresh-ıg

**:fresco** [re'fresko] *m* soft drink

**:frigerado, da** [refrixe'raðo, ða] *adj* *on aire acondicionado)* air-conditioned

**:frigerador** [refrixera'ðoɾ] *m* refrige-ıtor

**:fugiado, da** [refu'xi̯aðo, ða] *m,f* refu-ee

**:fugiar** [refu'xi̯aɾ] *vt* to give refuge to ◆ **:fugiarse** *vp* to take refuge

**:fugio** [re'fuxi̯o] *m* **1.** refuge **2.** *(de ierra)* shelter

**:gadera** [reɣa'ðera] *f* **1.** *(para plantas)* atering can **2.** *(Col, Méx & Ven)* *'ucha)* shower head

**:galar** [reɣa'laɾ] *vt* **1.** *(obsequiar)* to give ıs a present) **2.** *(dar gratis)* to give way

**:galiz** [reɣa'liθ] *m* liquorice

**:galo** [re'ɣalo] *m* present, gift

**:gañar** [reɣa'ɲaɾ] ◇ *vt* to tell off ◇ *vi* *elearse)* to argue

**:gar** [re'ɣaɾ] *vt* **1.** *(campos, plantas)* to ater **2.** *(suj: río)* to flow through

**:gata** [re'ɣata] *f* **1.** *(competición)* regatta *(canal)* irrigation channel

**:gatear** [reɣate'aɾ] *vt* **1.** *(precio)* to aggle over **2.** *(esfuerzos, ayuda)* to be aring with **3.** *(en deporte)* to beat, to ribble past

**:gazo** [re'ɣaθo] *m* lap

**:generar** [rexene'raɾ] *vt* **1.** *(cosa)* to :generate **2.** *(persona)* to reform ◆ **regenerarse** *vp* *(persona)* to mend one's ways

**régimen** ['reximen] *m* **1.** *(de alimentación)* diet **2.** *(conjunto de normas)* rules *pl* **3.** *(forma de gobierno)* regime

**región** [re'xi̯on] *f* region

**regional** [rexi̯o'nal] *adj* regional

**regir** [re'xiɾ] ◇ *vt* *(dirigir)* to run ◇ *vi* to apply

**registrar** [rexis'traɾ] *vt* **1.** *(inspeccionar)* to search **2.** *(cachear)* to frisk **3.** *(en lista, registro, cinta)* to record ◆ **registrarse** *vp* *(ocurrir)* to occur

**registro** [re'xistro] *m* **1.** *(libro)* register **2.** *(inspección)* search **3.** *(de luz, agua, etc)* *cupboard containing electricity/water meter* ● **registro (civil)** registry office

**regla** ['reɣla] *f* **1.** *(norma)* rule **2.** *(instrumento)* ruler **3.** *(menstruación)* period ● **en regla** in order ● **por regla general** as a rule ● **tener la regla** to have one's period

**reglamento** [reɣla'mento] *m* regulations *pl*

**regrabadora** *f* rewriter

**regresar** [reɣre'saɾ] ◇ *vt* *(Amér)* to return ◇ *vi* to return ◆ **regresarse** *vp* *(Amér)* to return

**regreso** [re'ɣreso] *m* return

**regular** [reɣu'laɾ] ◇ *adj* **1.** *(uniforme)* regular **2.** *(de tamaño)* medium **3.** *(vuelo)* scheduled **4.** *(habitual)* normal **5.** *(mediocre)* average ◇ *vt* **1.** *(reglamentar)* to regulate **2.** *(mecanismo)* to adjust ◇ *adv* all right

**regularidad** [reɣulari'ðað] *f* regularity

**rehabilitar** [reaβili'taɾ] *vt* **1.** *(local, casa, etc)* to restore **2.** *(persona)* to rehabilitate

**rehén** [re'en] *mf* hostage
**rehogar** [reo'ɣar] *vt* to fry over a low heat
**reina** ['rei̯na] *f* queen
**reinado** [rei̯'naðo] *m* reign
**reinar** [rei̯'nar] *vi* to reign
**reincorporar** [rei̯nkorpo'rar] *vt* to reincorporate ◆ **reincorporarse a** *v + prep* to go back to
**reino** ['rei̯no] *m* kingdom
**Reino Unido** ['rei̯nou̯'niðo] *m* ◆ **el Reino Unido** the United Kingdom
**reintegro** [rei̯n'teɣro] *m* **1.** *(pago)* reimbursement **2.** *(en banco)* withdrawal **3.** *(en lotería)* return of one's stake
**reír** [re'ir] ◇ *vi* to laugh ◇ *vt* to laugh at ◆ **reírse de** *v + prep* to laugh at
**reivindicación** [rei̯βindika'θi̯on] *f* claim
**reivindicar** [rei̯βindi'kar] *vt* to claim
**reja** ['rexa] *f (de puerta, ventana)* bars *pl*
**rejilla** [re'xiʎa] *f* **1.** *(para abertura)* grid **2.** *(de ventana)* grille **3.** *(de horno)* gridiron (*UK*), rack (*US*) **4.** *(de silla)* wickerwork **5.** *(para equipaje)* luggage rack
**rejuvenecer** [rexuβene'θer] *vt & vi* to rejuvenate
**relación** [rela'θi̯on] *f* **1.** *(nexo)* relation **2.** *(trato)* relationship **3.** *(enumeración)* list **4.** *(narración)* account ◆ **relaciones** *fpl* **1.** *(amistades)* relations **2.** *(influencias)* connections **3.** *(noviazgo)* relationship *sg*
**relacionar** [relaθi̯o'nar] *vt* to relate ◆ **relacionarse** *vp* **1.** *(ideas, objetos, etc)* to be related **2.** *(personas)* to mix
**relajación** [relaxa'θi̯on] *f* relaxation
**relajar** [rela'xar] *vt* to relax ◆ **relajarse** *vp* to relax
**relajo** [re'laxo] *m* (*Amér*) commotion
**relámpago** [re'lampaɣo] *m* flash of lightning
**relampaguear** [relampaɣe'ar] *vi* ◆ relampagueó lightning flashed
**relatar** [rela'tar] *vt* to relate
**relativo, va** [rela'tiβo, βa] *adj* **1.** *(no absoluto)* relative **2.** *(escaso)* limited ◆ relativo a concerning
**relato** [re'lato] *m* **1.** *(cuento)* tale **2.** *(exposición)* account
**relevo** [re'leβo] *m* **1.** *(sustitución)* relief **2.** *(en deporte)* relay ◆ **relevos** *mpl* relay (race) *sg*
**relieve** [re'li̯eβe] *m* **1.** relief **2.** *(importancia)* importance
**religión** [reli'xi̯on] *f* religion
**religioso, sa** [reli'xi̯oso, sa] ◇ *adj* religious ◇ *m,f (monje)* monk (*f* nun)
**relinchar** [relin'tʒar] *vi* to neigh
**relincho** [re'lintʒo] *m* neigh
**rellano** [re'ʎano] *m* landing
**rellenar** [reʎe'nar] *vt* **1.** *(volver a llenar)* to refill **2.** *(pastel)* to fill **3.** *(pollo, almohada)* to stuff **4.** *(formulario, documento)* to fill in
**relleno, na** [re'ʎeno, na] ◇ *adj* stuffed ◇ *m* **1.** stuffing **2.** *(de pastel)* filling
**reloj** [re'lox] *m* clock ◆ **reloj de arena** hourglass ◆ **reloj (de pared)** clock ◆ **reloj (de pulsera)** watch
**relojería** [reloxe'ria] *f* **1.** *(tienda)* watchmaker's (shop) **2.** *(taller)* watchmaker's workshop
**relojero, ra** [relo'xero, ra] *m,f* watchmaker
**remar** [re'mar] *vi* to row
**remediar** [reme'ði̯ar] *vt* **1.** *(solucionar)* to put right **2.** *(problema)* to solve

**nedio** [re'meðjo] *m* **1.** *(solución)* solu-
n **2.** *(auxilio)* help **3.** *(para enfermedad)*
nedy ◆ **no queda más remedio**
ere's nothing for it ◆ **no tener más**
**nedio** to have no choice ◆ **sin**
**nedio** hopeless
**nendar** [remen'dar] *vt* to mend
**nite** [re'mite] *m* sender's name and
dress *(UK)*, return address *(US)*
**nitente** [remi'tente] *mf* sender
**nitir** [remi'tir] *vt* to send ◆ **remitir a**
*prep* to refer to
**no** ['remo] *m* oar
**nojar** [remo'xar] *vt* to soak
**nojo** [re'moxo] *m* ◆ **poner en remojo**
leave to soak
**nolacha** [remo'latʒa] *f* beetroot *(UK)*,
et *(US)*
**nolcador** [remolka'ðor] *m* **1.** *(embar-*
*ión)* tugboat **2.** *(camión)* breakdown
ry *(UK)*, tow truck *(US)*
**nolcar** [remol'kar] *vt* to tow
**nolque** [re'molke] *m* *(vehículo)* trailer
**nontar** [remon'tar] *vt* to go up ◆
**nontarse a** *v + prep* to date back to
**nordimiento** [remorði'mjento] *m* re-
rse
**noto, ta** [re'moto, ta] *adj* remote
**nover** [remo'βer] *vt* **1.** *(café, sopa)* to
**2.** *(tierra)* to dig up **3.** *(recuerdos)* to
ke up
**nuneración** [remunera'θjon] *f* remu-
ration
**nacuajo** [rena'kwaxo] *m* tadpole
**ncor** [ren'kor] *m* resentment
**ndición** [rendi'θjon] *f* surrender
**ndimiento** [rendi'mjento] *m* *(de motor)*
formance

**rendir** [ren'dir] ◇ *vt* *(homenaje)* to pay ◇
*vi* **1.** *(máquina)* to perform well **2.**
*(persona)* to be productive **3.** *(negocio,*
*dinero)* to be profitable ◆ **rendirse** *vp*
*(someterse)* to surrender
**RENFE** ['renfe] *f* *Spanish state railway*
*company*
**reno** ['reno] *m* reindeer
**renovación** [renoβa'θjon] *f* **1.** *(de deco-*
*ración, local)* renovation **2.** *(de contrato,*
*carné)* renewal
**renovar** [reno'βar] *vt* **1.** *(decoración, local)*
to renovate **2.** *(contrato, carné, relación)*
to renew **3.** *(vestuario)* to clear out
**renta** ['renta] *f* **1.** *(ingresos)* income **2.**
*(beneficio)* return **3.** *(alquiler)* rent
**rentable** [ren'taβle] *adj* profitable
**rentar** [ren'tar] *vt* *(Amér)* to rent
**renunciar** [renun'θjar] ◆ **renunciar a** *v +*
*prep* **1.** *(prescindir de)* to give up **2.**
*(declinar)* to refuse to
**reñir** [re'ɲir] ◇ *vt* *(reprender)* to tell off ◇
*vi* **1.** *(pelearse)* to argue **2.** *(romper*
*relaciones)* to fall out
**reo, a** ['reo, a] *m,f* offender
**reparación** [repara'θjon] *f* **1.** *(de coche,*
*avería, etc)* repair **2.** *(de daño, ofensa, etc)*
reparation
**reparar** [repa'rar] *vt* **1.** *(coche, máquina,*
*etc)* to repair **2.** *(equivocación, ofensa, etc)*
to make amends for ◆ **reparar en** *v +*
*prep* to notice
**repartidor, ra** [reparti'ðor, ra] *m,f* deli-
veryman *(f* deliverywoman)
**repartir** [repar'tir] *vt* **1.** *(dividir)* to share
out **2.** *(distribuir)* to deliver
**reparto** [re'parto] *m* **1.** *(de bienes, dinero,*
*etc)* division **2.** *(de mercancías, periódicos,*

etc) delivery **3.** *(de actores)* cast
**repasar** [repa'sar] *vt* **1.** to go over **2.** *(trabajo, lección)* to revise *(UK)*, to review *(US)* **3.** *(releer)* to go over **4.** *(remendar)* to mend ◆ **repasar apuntes** to go over one's notes
**repaso** [re'paso] *m* **1.** revision *(UK)*, review *(US)* **2.** *(fam) (reprensión)* telling off
**repelente** [repe'lente] *adj* repulsive
**repente** [re'pente] ◆ **de repente** *adv* suddenly
**repentino, na** [repen'tino, na] *adj* sudden
**repercusión** [reperku'si̯on] *f* repercussion
**repertorio** [reper'tori̯o] *m* **1.** *(catálogo)* list **2.** *(de actor, compañía, etc)* repertoire
**repetición** [repeti'θi̯on] *f* repetition
**repetidor, ra** [repeti'ðor, ra] ◇ *m,f* *(alumno)* student repeating a year ◇ *m* *(en telecomunicaciones)* repeater
**repetir** [repe'tir] ◇ *vt* **1.** to repeat **2.** *(comida, bebida)* to have seconds of ◇ *vi* *(sabor)* to repeat
**réplica** ['replika] *f* **1.** *(copia)* replica **2.** *(contestación)* reply
**replicar** [repli'kar] *vt* & *vi* to answer back
**repoblación** [repoβla'θi̯on] *f* **1.** *(de ciudad, región, etc)* repopulation **2.** *(de bosque, campos)* replanting ◆ **repoblación forestal** reafforestation
**repoblar** [repo'βlar] *vt* **1.** *(ciudad, región, etc)* to repopulate **2.** *(bosque, campos, etc)* to replant
**reponer** [repo'ner] *vt* **1.** to replace **2.** *(película, obra de teatro)* to re-run ◆ **reponerse** *vp* to recover
**reportaje** [repor'taxe] *m* **1.** *(en radio, televisión)* report **2.** *(en periódico, revista)* article
**reportar** [repor'tar] *vt* *(Méx)* to report
**reportarse** *vp* *(Andes, CAm & Méx)* report
**reporte** [re'porte] *m* *(Méx)* report
**reportero, ra** [repor'tero, ra] *m,f* reporter
**reposo** [re'poso] *m* **1.** *(descanso)* rest **2.** *(quietud)* calm
**repostería** [reposte'ria] *f* confectionery
**representación** [representa'θi̯on] *f* **1.** representation **2.** *(de obra de teatro)* performance ◆ **en representación de** on behalf of
**representante** [represen'tante] *mf* **1.** *(de actor, cantante, etc)* agent **2.** *(vendedor)* representative
**representar** [represen'tar] *vt* **1.** to represent **2.** *(obra de teatro)* to perform **3.** *(edad)* to look **4.** *(importar)* to mean
**representativo, va** [representa'tiβo, va] *adj* representative
**represión** [repre'si̯on] *f* suppression
**reprimir** [repri'mir] *vt* to suppress
**reprimirse** *vp* to restrain o.s.
**reprochar** [repro'tʒar] *vt* to reproach
**reproche** [re'protʒe] *m* reproach
**reproducción** [reproðuk'θi̯on] *f* reproduction
**reproducir** [reproðu'θir] *vt* to reproduce ◆ **reproducirse** *vp* *(seres vivos)* reproduce
**reptar** [rep'tar] *vi* to crawl
**reptil** [rep'til] *m* reptile
**república** [re'puβlika] *f* republic

**pública Dominicana** [re'puβlikaðni'kana] *f* ◆ **la República Dominica-** the Dominican Republic
**ublicano, na** [repuβli'kano, na] *adj* ublican
**uesto, ta** [re'puesto] ◇ *pp* ➤ **reponer** *m (recambio)* spare (part) ◆ **de** uesto spare
**ugnar** [repuɣ'nar] *vt* ◆ **me repugna** **olor** I find that smell disgusting
**utación** [reputa'θjon] *f* reputation
**uerir** [reke'rir] *vt* to require
**uesón** [reke'son] *m* cottage cheese
['res] *f* **1.** *(animal)* cow **2.** *(Col, Méx &* ) *(carne)* beef
**aca** [re'saka] *f* **1.** *(de borrachera)* ngover **2.** *(del mar)* undertow
**balada** [rezβa'laða] *f (Amér)* slip
**baladizo, za** [rezβala'ðiθo, θa] *adj* pery
**balar** [rezβa'lar] *vi* **1.** *(deslizarse)* to le **2.** *(caer)* to slip **3.** *(equivocarse)* to up ◆ **resbalarse** *vp* to slip
**catar** [reska'tar] *vt* to rescue
**cate** [res'kate] *m (dinero)* ransom
**entimiento** [resenti'mjento] *m* re-tment
**erva**[1] [re'serβa] *f* **1.** *(de habitación,* *nto, comedimiento)* reservation **2.** *utela)* discretion **3.** *(de alimentos,* *visiones, etc)* reserves *pl* **4.** *(de* *males)* reserve ◆ **reserva natural** ure reserve ◆ **reservas hoteles y** **siones** hotel and guest house re-vations
**erva**[2] [re'serβa] *m (vino)* vintage
**ervación** [reserβa'θjon] *f (Amér)* ervation

**reservado, da** [reser'βaðo, ða] ◇ *adj* reserved ◇ *m (compartimento)* reserved compartment
**reservar** [reser'βar] *vt* **1.** *(asiento, billete, etc)* to reserve, to book **2.** *(callar)* to reserve **3.** *(noticia, datos)* to keep to o.s. **4.** *(guardar)* to set aside
**resfriado, da** [res'frjaðo, ða] ◇ *m* cold ◇ *adj* ◆ **estar resfriado** to have a cold
**resfriarse** [res'frjarse] *vp* to catch a cold
**resfrío** [res'frio] *m (Amér)* cold
**resguardar** [rezɣuar'ðar] *vt* to protect ◆ **resguardarse de** *v + prep* to shelter from
**resguardo** [rez'ɣuarðo] *m (documento)* receipt
**residencia** [resi'ðenθja] *f* **1.** *(estancia)* stay **2.** *(casa)* residence **3.** *(de estudiantes)* hall of residence *(UK)*, dormitory *(US)* **4.** *(de ancianos)* old people's home *(UK)*, retirement home *(US)* **5.** *(pensión)* guest house
**residuo** [re'siðuo] *m* residue ◆ **residuos** *mpl* waste *sg*
**resignarse** [resiɣ'narse] *vp* to resign o.s.
**resistencia** [resis'tenθja] *f* **1.** resistance **2.** *(para correr, etc)* stamina **3.** *(de pared, material, etc)* strength
**resistente** [resis'tente] *adj* tough
**resistir** [resis'tir] ◇ *vt* **1.** *(carga, dolor, enfermedad)* to withstand **2.** *(tentación, deseo, ataque)* to resist **3.** *(tolerar)* to stand ◇ *vi (durar)* to keep going ◆ **resistirse a** *v + prep* to refuse to
**resolver** [resol'βer] *vt* **1.** *(duda, crisis)* to resolve **2.** *(problema, caso)* to solve
**resonancia** [reso'nanθja] *f* **1.** *(de sonido)*

resonance **2.** *(repercusión)* repercussions *pl*
**resorte** [re'sorte] *m* spring
**respaldo** [res'paldo] *m (de asiento)* back
**respectivo, va** [respek'tiβo, βa] *adj* respective
**respecto** [res'pekto] *m* ◆ **al respecto** in this respect ◆ **(con) respecto a** regarding
**respetable** [respe'taβle] *adj* **1.** *(digno de respeto)* respectable **2.** *(considerable)* considerable
**respetar** [respe'tar] *vt* to respect
**respeto** [res'peto] *m* respect
**respiración** [respira'θi̯on] *f* breathing
**respirar** [respi'rar] *vi* **1.** to breathe **2.** *(sentir alivio)* to breathe again
**respiro** [res'piro] *m (alivio)* relief ◆ **darse un respiro** to have a breather
**resplandor** [resplan'dor] *m* brightness
**responder** [respon'der] ◇ *vt* to answer ◇ *vi* **1.** *(contestar)* to answer **2.** *(replicar)* to answer back **3.** *(reaccionar)* to respond ◆ **responder a algo** to reply to sthg ◆ **responder a** *v + prep (deberse a)* to be due to ◆ **responder de** *v + prep* to answer for ◆ **responder por** *v + prep* to answer for
**responsabilidad** [responsaβili'ðað] *f* responsibility
**responsable** [respon'saβle] *adj* responsible ◆ **responsable de** responsible for
**respuesta** [res'pu̯esta] *f* **1.** *(contestación)* answer **2.** *(reacción)* response
**resta** ['resta] *f* subtraction
**restar** [res'tar] *vt* **1.** *(quitar)* to take away **2.** *(en matemáticas)* to subtract
**restauración** [restau̯ra'θi̯on] *f* **1.** restoration **2.** *(en hostelería)* restaurant tra
**restaurado, da** [restau̯'raðo, ða] restored
**restaurador, ra** [restau̯ra'ðor, ra] *m,* *(de pintura, escultura, etc)* restorer **2.** *hostelería)* restaurateur
**restaurante** [restau̯'rante] *m* restaura
**restaurar** [restau̯'rar] *vt* to restore
**resto** ['resto] *m* rest ◆ **restos** *mpl* remains **2.** *(de comida)* leftovers
**restricción** [restrik'θi̯on] *f* restriction
**resucitar** [resuθi'tar] ◇ *vt (persona)* bring back to life ◇ *vi* to rise from dead
**resuelto, ta** [re'su̯elto, ta] ◇ *pp* resolver ◇ *adj (decidido)* determined
**resultado** [resul'taðo] *m* result
**resultar** [resul'tar] *vi* **1.** *(acabar en)* turn out to be **2.** *(tener éxito)* to wo out **3.** *(ser)* to be ◆ **resultar de** *v + p* to result from
**resumen** [re'sumen] *m* summary
**resumir** [resu'mir] *vt* to summarize
**retablo** [re'taβlo] *m* altarpiece
**retal** [re'tal] *m* remnant
**retención** [reten'θi̯on] *f* **1.** *(de tráfi* hold-up **2.** *(de líquidos, grasas)* retenti
**retirado, da** [reti'raðo, ða] *adj* **1.** *(ap tado)* secluded **2.** *(jubilado)* retired
**retirar** [reti'rar] *vt* **1.** *(quitar, recoger)* remove **2.** *(carné, permiso, dinero, afir ción)* to withdraw ◆ **retirarse** *vp* to re
**reto** ['reto] *m* challenge
**retocar** [reto'kar] *vt* **1.** *(fotografía, pintu* to touch up **2.** *(trabajo)* to put finishing touches to
**retorcer** [retor'θer] *vt* **1.** *(brazo)* to tw **2.** *(ropa)* to wring ◆ **retorcerse de**

*p* 1. *(dolor)* to writhe in 2. *(risa)* to
ıble up with
**:órica** [re'torika] *f* rhetoric
**:ornable** [retor'naβle] *adj* returnable
**:orno** [re'torno] *m* return
**:ransmisión** [retranzmi'si̯on] *f* 1.
ıadcast 2. *(repetición)* repeat
**:ransmitir** [retranzmi'tir] *vt* 1. to
ıadcast 2. *(repetir)* to repeat
**:rasado, da** [retra'saðo, ða] *adj* 1.
*n)* delayed 2. *(trabajo)* behind 3.
*oj)* slow 4. *(no actual)* old-fashioned
*(persona)* backward *(UK)*, mentally
ndicapped
**:rasar** [retra'sar] *vt* 1. *(aplazar)* to
stpone 2. *(reloj)* to put back 3. *(hacer*
*; lento)* to hold up ◆ **retrasarse** *vp* 1.
*'dar)* to be late 2. *(reloj)* to lose time
*'en el pago)* to be behind
**:raso** [re'traso] *m* 1. *(de persona, tren,*
*)* delay 2. *(de reloj)* slowness 3. *(de*
*'blo, cultura, etc)* backwardness 4.
*uda)* arrears *pl* ◆ **con retraso** late ◆
*'ar* **retraso** to be late
**:ratar** [retra'tar] *vt* 1. *(fotografiar)* to
otograph 2. *(dibujar, pintar)* to do a
:trait of 3. *(describir)* to portray
**:rato** [re'trato] *m* 1. *(fotografía)* photo-
ıph 2. *(dibujo, pintura)* portrait 3.
*scripción)* portrayal 4. *(imagen pareci-*
spitting image
**:rete** [re'trete] *m* toilet *(UK)*, bath-
ım *(US)*
**:roceder** [retroθe'ðer] *vi* to go back
**:rospectivo, va** [retrospek'tiβo, βa]
retrospective
**:rovisor** [retroβi'sor] *m* rear-view
rror

**reuma** ['reu̯ma] *m o f* rheumatism
**reunión** [reu̯'ni̯on] *f* meeting
**reunir** [reu̯'nir] *vt* 1. *(personas)* to bring together 2. *(dinero, fondos)* to raise 3. *(condiciones)* to meet ◆ **reunirse** *vp* to meet
**revancha** [re'βantʒa] *f* revenge
**revelado** [reβe'laðo] *m* developing ◆ **revelado en color/blanco y negro** colour/black and white developing
**revelar** [reβe'lar] *vt* 1. *(secreto, noticia, etc)* to reveal 2. *(fotografía)* to develop
**reventar** [reβen'tar] ◇ *vt* 1. *(romper)* to burst 2. *(fam)* *(fastidiar)* to bug ◇ *vi* 1. *(cansar)* to get exhausted 2. *(bomba)* to explode 3. *(globo)* to burst 4. *(fam)* *(morir)* to kick the bucket ◆ **reventarse** *vp* *(romperse)* to burst
**reventón** [reβen'ton] *m* puncture
**reverencia** [reβe'renθi̯a] *f* *(inclinación)* bow
**reversa** [re'βersa] *f* *(Col & Méx)* reverse
**reversible** [reβer'siβle] *adj* reversible
**reverso** [re'βerso] *m* back
**revés** [re'βes] *m* 1. *(de moneda, folio, etc)* back 2. *(con raqueta)* backhand 3. *(con mano)* slap 4. *(desgracia)* setback ◆ **al revés** *(en orden contrario)* the other way round; *(en mal orden)* the wrong way round; *(al contrario)* on the contrary
**revestimiento** [reβesti'mi̯ento] *m* *(de pintura)* coat
**revisar** [reβi'sar] *vt* 1. *(corregir)* to revise 2. *(coche)* to service 3. *(Amér)* *(paciente)* to examine
**revisión** [reβi'si̯on] *f* 1. *(repaso)* revision 2. *(arreglo)* amendment
**revisor, ra** [reβi'sor, ra] *m,f* 1. *(en tren)*

ticket inspector **2.** *(en autobús)* conductor

**revista** [re'βista] *f* **1.** *(publicación)* magazine **2.** *(espectáculo)* revue **3.** *(inspección)* inspection

**revistero** [reβis'tero] *m* magazine rack

**revolcarse** [reβol'karse] *vp* to roll about

**revoltillo** [reβol'tiʎo] *m* **1.** *(confusión)* jumble **2.** *(guiso) scrambled egg, usually with fried prawns and mushrooms*

**revoltoso, sa** [reβol'toso, sa] *adj* **1.** *(travieso)* naughty **2.** *(rebelde)* rebellious

**revolución** [reβolu'θi̯on] *f* revolution

**revolucionario, ria** [reβoluθi̯o'nari̯o, ri̯a] *m,f* revolutionary

**revolver** [reβol'βer] *vt* **1.** *(mezclar)* to mix **2.** *(desordenar)* to mess up **3.** *(líquido)* to stir

**revólver** [re'βolβer] *m* revolver

**revuelta** [re'βu̯elta] *f (rebelión)* revolt

**revuelto, ta** [re'βu̯elto, ta] ◇ *pp* ➤ **revolver** ◇ *adj* **1.** *(desordenado)* in a mess **2.** *(turbio)* cloudy **3.** *(tiempo)* unsettled **4.** *(mar)* choppy **5.** *(alborotado)* turbulent ◇ *m* scrambled eggs *pl*

**rey** ['rei̯] *m* king ● **los Reyes Magos** the Three Wise Men ◆ **Reyes** *m (fiesta)* Epiphany *6 January when Spanish children traditionally receive presents*

## Reyes

In Spain, children receive presents on 6 January rather than 25 December, and the gifts are supposedly brought by the Three Kings rather than Father Christmas. The *cabalgata de los Reyes Magos* is a procession on the night of 5 January, where the Three Kings arrive in the town mounted on camels. Good children find presents in their shoes the following morning, but if they have been bad all they get is a lump of coal.

**rezar** [re'θar] ◇ *vt* to say ◇ *vi* to pray

**rezo** ['reθo] *m* prayer

**ría** ['ria] *f* estuary

**riachuelo** [ria'tʒu̯elo] *m* stream

**riada** [ri'aða] *f* flood

**ribera** [ri'βera] *f* **1.** *(del río)* bank **2.** *(del mar)* shore **3.** *(terreno)* plain *(irrigated by a river)*

**ribete** [ri'βete] *m* **1.** *(de vestido, zapato etc)* edging **2.** *(añadido)* touch

**rico, ca** ['riko, ka] *adj* **1.** rich **2.** *(sabroso)* tasty **3.** *(fam) (simpático)* cute **4.** *(Am) (día, casa, danza, etc)* wonderful

**ridículo, la** [ri'ðikulo, la] ◇ *adj* *(cómico)* ridiculous **2.** *(escaso)* laughable ◇ *m* ● **hacer el ridículo** to make a fool of o.s.

**riego** ['ri̯eɣo] *m* irrigation

**rienda** ['ri̯enda] *f* rein

**riesgo** ['ri̯ezɣo] *m* risk ● **a todo riesgo** comprehensive

**riesgoso, sa** ['ri̯ezɣoso, sa] *adj (Am)* risky

**rifar** [ri'far] *vt* to raffle

**rigidez** [rixi'ðeθ] *f* **1.** *(de palo, tela, etc)* stiffness **2.** *(de carácter)* inflexibility *(de norma, regla)* strictness

**rígido, da** ['rixiðo, ða] *adj* **1.** *(palo, tela, etc)* stiff **2.** *(carácter, persona)* inflexible **3.** *(norma, regla)* strict

**igor** [ri'ɣor] *m* **1.** *(exactitud)* accuracy **2.** *(severidad)* strictness **3.** *(del clima)* harshness ◆ **de rigor** essential
**iguroso, sa** [riɣu'roso, sa] *adj* **1.** *(exacto)* rigorous **2.** *(severo, normas, leyes, etc)* strict **3.** *(frío, calor)* harsh
**ima** ['rima] *f* rhyme
**imel** ['rimel] *m* mascara
**incón** [rin'kon] *m* corner
**ing** ['rin] *m* (boxing) ring
**inoceronte** [rinoθe'ronte] *m* rhinoceros
**iña** ['riɲa] *f* **1.** *(discusión)* fight **2.** *(pelea)* fight
**iñón** [ri'ɲon] *m* kidney ◆ **riñones** *mpl* *(parte del cuerpo)* lower back *sg* ◆ **riñones al jerez** *kidneys cooked in sherry*
**iñonera** [riɲo'nera] *f* bum bag *(UK)*, fanny pack *(US)*
**io** ['rio] *m* river
**ioja** [ri'oxa] *m* Rioja (wine)
**IP** ['rip] *(abrev of requiescat in pace)* RIP
**iqueza** [ri'keθa] *f* **1.** *(fortuna)* wealth **2.** *(cualidad)* richness
**isa** ['risa] *f* laughter
**istra** ['ristra] *f* string
**itmo** ['riðmo] *m* **1.** *(armonía)* rhythm **2.** *(velocidad)* pace
**ito** ['rito] *m* **1.** rite **2.** *(costumbre)* ritual
**itual** [ritu'al] *m* ritual
**ival** [ri'βal] *mf* rival
**izado, da** [ri'θaðo, ða] *adj* **1.** *(pelo)* curly **2.** *(papel, tela, etc)* curly **3.** *(mar)* choppy
**izo** ['riθo] *m* *(de pelo)* curl
**NE** *(abr de* **Radio Nacional de España)** *Spanish national radio station*
**obar** [ro'βar] *vt* **1.** *(quitar)* to steal **2.** *(casa)* to burgle **3.** *(cobrar demasiado)* to rob **4.** *(en naipes, dominó)* to draw
**roble** ['roβle] *m* oak
**robo** ['roβo] *m* **1.** robbery **2.** *(en casa)* burglary **3.** *(estafa)* ◆ **es un robo** it's daylight robbery
**robot** [ro'βot] *m* *(de cocina)* food processor
**robusto, ta** [ro'βusto, ta] *adj* robust
**roca** ['roka] *f* rock
**roce** ['roθe] *m* **1.** *(acción)* rub **2.** *(más suave)* brush **3.** *(desgaste)* wear **4.** *(trato)* close contact **5.** *(desavenencia)* brush
**rociar** [roθi'ar] *vt* **1.** *(mojar)* to sprinkle **2.** *(con spray)* to spray
**rocío** [ro'θio] *m* dew
**rock** ['rok] *m* rock
**rocoso, sa** [ro'koso, sa] *adj* rocky
**rodaballo** [roða'βaʎo] *m* turbot
**rodaje** [ro'ðaxe] *m* **1.** *(de película)* shooting **2.** *(de vehículo)* running-in
**rodar** [ro'ðar] ◇ *vt* **1.** *(película)* to shoot **2.** *(vehículo)* to run in ◇ *vi* **1.** *(bola, pelota, etc)* to roll **2.** *(coche)* to go, to travel **3.** *(caerse)* to tumble **4.** *(deambular)* to wander
**rodeado, da** [roðe'aðo, ða] *adj* surrounded ◆ **rodeado de** surrounded by
**rodear** [roðe'ar] *vt* **1.** *(cercar)* to surround **2.** *(dar la vuelta a)* to go around ◆ **rodearse de** *v + prep* to surround o.s. with
**rodeo** [ro'ðeo] *m* **1.** *(camino largo, vuelta)* detour **2.** *(al hablar)* evasiveness **3.** *(espectáculo)* rodeo ◆ **dar rodeos** to beat about the bush
**rodilla** [ro'ðiʎa] *f* knee ◆ **de rodillas** on one's knees

**rodillo** [ro'ðiʎo] *m* **1.** *(de máquina)* roller **2.** *(utensilio)* rolling pin
**roedor** [roe'ðor] *m* rodent
**roer** [ro'er] *vt* **1.** *(raspar, atormentar)* to gnaw (at) **2.** *(desgastar)* to eat away (at)
**rogar** [ro'ɣar] *vt (pedir)* to ask
**rojo, ja** ['roxo, xa] *adj, m & f* red
**rollito** [ro'ʎito] *m* • **rollito de primavera** spring roll
**rollo** ['roʎo] *m* **1.** *(cilindro)* roll **2.** *(película fotográfica)* (roll of) film **3.** *(fam) (persona, cosa, actividad aburrida)* bore
**romana** [ro'mana] *f* • **a la romana** fried in batter
**románico, ca** [ro'maniko, ka] ◇ *adj* **1.** *(lengua)* Romance **2.** *(en arte)* Romanesque ◇ *m* Romanesque
**romano, na** [ro'mano, na] *adj* Roman
**romántico, ca** [ro'mantiko, ka] *adj* **1.** *(sentimental)* romantic **2.** *(en arte)* Romantic
**rombo** ['rombo] *m (símbolo)* lozenge (*UK*), rhombus
**romería** [rome'ria] *f (fiesta) popular religious festival combining a religious ceremony and dancing, eating etc*
**romero** [ro'mero] *m (planta)* rosemary
**romo, ma** ['romo, ma] *adj* blunt
**rompecabezas** [ˌrompeka'βeθas] *m inv* **1.** *(juego)* jigsaw **2.** *(asunto complicado)* puzzle
**rompedor, ra** *adj* groundbreaking
**rompeolas** [rompe'olas] *m inv* breakwater
**romper** [rom'per] ◇ *vt* **1.** to break **2.** *(rasgar)* to tear **3.** *(hacer añicos)* to smash **4.** *(terminar)* to break off ◇ *vi (olas, día)* to break • **romper con alguien** to split up with sb • **romper a hacer algo** t suddenly start doing sthg • **romper**s *vp* **1.** *(partirse)* to break **2.** *(desgarrarse)* t tear
**ron** ['ron] *m* rum
**roncar** [ron'kar] *vi* **1.** *(persona)* to snor
**ronco, ca** ['ronko, ka] *adj* hoarse
**ronda** ['ronda] *f* **3.** *(vigilancia)* rounds **4.** *(fam) (de copas, tapas)* round **5.** *(c circunvalación)* ring road
**ronquido** [ron'kiðo] *m* **1.** *(de persona* snore
**ronronear** [ronrone'ar] *vi* to purr
**ronroneo** [ronro'neo] *m* purr
**ropa** ['ropa] *f* clothes *pl* • **ropa interic** underwear • **ropa íntima** underwea
**roquefort** [roke'for] *m* Roquefort • roquefort in a Roquefort sauce
**rosa** ['rosa] ◇ *f* rose ◇ *adj inv* pink **rosa de los vientos** compass
**rosado, da** [ro'saðo, ða] ◇ *adj* pink ◇ rosé
**rosal** [ro'sal] *m* rose(bush)
**rosario** [ro'sario] *m* rosary
**roscón** [ros'kon] *m* • **roscón (de reye** *ring-shaped cake eaten on 6 January*
**rosetón** [rose'ton] *m* rose window
**rosquilla** [ros'kiʎa] *f round biscuit wit a hole in the middle*
**rostro** ['rostro] *m* face
**roto, ta** ['roto, ta] ◇ *pp* ➢ **romper** ◇ *a* broken ◇ *m (en ropa)* tear
**rotonda** [ro'tonda] *f* **1.** *(en carretera* roundabout (*UK*), traffic circle (*US*) *(plaza)* circus **3.** *(edificio)* rotunda
**rotulador** [rotula'ðor] *m* **1.** *(para dibuja* felt-tip pen **2.** *(para marcar)* marke (pen)

**tulo** ['rotulo] *m (letrero)* sign
**tundo, da** [ro'tundo, da] *adj (respuesta, ɟación)* emphatic
**zar** [ro'θar] *vt* **1.** *(frotar)* to rub **2.** *ɪcar)* to brush (against) ◆ **rozarse** *vp ɛsgastarse)* to get worn
**ɔ.m.** (*abr de* **revoluciones por minuto**) m *(revolutions per minute)*
**:e.** *abrev* = **remitente**
**TVE** ['ere'te'uβe'e] *f Spanish state oadcasting company*
**bí** [ru'βi] *m* ruby
**bio, bia** ['ruβio, βia] *adj* blond (*f* ɔnde)
**bor** [ru'βor] *m* **1.** *(enrojecimiento)* blush *(vergüenza)* embarrassment
**borizarse** [ruβori'θarse] *vp* to blush
**ıdimentario, ria** [ruðimen'tario, ria] *j* rudimentary
**do, da** ['ruðo, ða] *adj* **1.** rough **2.** *ɛscortés)* rude
**ıeda** ['rueða] *f* **1.** *(pieza)* wheel **2.** *(corro)* rcle ◆ **rueda de prensa** press confe-nce ◆ **rueda de repuesto** o **de** **cambio** spare wheel
**ıedo** ['rueðo] *m* **1.** *(plaza de toros)* ıllring **2.** *(de falda)* hem
**ego** ['rueɣo] *m* request
**gby** ['ruɣβi] *m* rugby
**gido** [ru'xiðo] *m* roar
**gir** [ru'xir] *vi* to roar
**goso, sa** [ru'ɣoso, sa] *adj* **1.** *(áspero)* ugh **2.** *(con arrugas)* wrinkled
**ido** ['ruiðo] *m* **1.** *(sonido desagradable)* ɔise **2.** *(sonido cualquiera)* sound
**idoso, sa** [rui'ðoso, sa] *adj* noisy
**in** ['ruin] *adj* mean
**ina** ['ruina] *f* ruin ◆ **ruinas** *fpl* ruins
**ruinoso, sa** [rui'noso, sa] *adj* **1.** *(edificio, puente)* tumbledown **2.** *(negocio, trabajo)* ruinous
**ruiseñor** [ruise'ɲor] *m* nightingale
**ruleta** [ru'leta] *f* roulette
**rulo** ['rulo] *m* **1.** *(rizo)* curl **2.** *(objeto)* curler
**ruma** ['ruma] *f (Andes)* pile
**rumba** ['rumba] *f* rumba
**rumbo** ['rumbo] *m (dirección)* direction ◆ **(con) rumbo a** heading for
**rumiante** [ru'miante] *m* ruminant
**rumiar** [ru'miar] *vt* **1.** *(masticar)* to chew **2.** *(fig) (reflexionar)* to chew over
**rumor** [ru'mor] *m* **1.** *(chisme)* rumour **2.** *(ruido)* murmur
**ruptura** [rup'tura] *f (de relaciones)* break-ing-off
**rural** [ru'ral] *adj* rural
**Rusia** ['rusia] *s* Russia
**ruso, sa** ['ruso, sa] *adj, m* & *f* Russian
**ruta** ['ruta] *f* route
**rutina** [ru'tina] *f* routine

# S

**s** [se'ɣundo] (*abr de* **segundo**) sec. *(second)*
**S** (*abr de* **San**) St. *(Saint)* (*abr de* **Sur**) S *(South)*
**SA** ['ese'a] *f* (*abr de* **sociedad anónima**) ≃ Ltd (*UK*) *(Limited)*, ≃ PLC (*UK*) *(Public Limited Company)*, ≃ Inc (*US*) *(Incorporated)*

**sábado** ['saβaðo] *m* Saturday • **cada sábado, todos los sábados** every Saturday • **caer en sábado** to be on a Saturday • **el próximo sábado, el sábado que viene** next Saturday • **viene el sábado** she's coming on Saturday • **el sábado pasado** last Saturday • **el sábado por la mañana/tarde/noche** (on) Saturday morning/afternoon/night • **este sábado** *(pasado)* last Saturday; *(próximo)* this (coming) Saturday • **los sábados** (on) Saturdays

**sábana** ['saβana] *f* sheet

**sabañón** [saβa'ɲon] *m* chilblain

**saber** [sa'βer] ◇ *m* knowledge ◇ *vt* **1.** *(conocer)* to know **2.** *(entender de)* to know about **3.** *(poder hablar)* to speak ◇ *vi* • **saber hacer algo** *(ser capaz de)* to know how to do sthg, to be able to do sthg; *(Amér) (soler)* to usually do sthg • **¿sabes algo de él?** have you heard from him? • **saber bien/mal** *(alimento, bebida)* to taste good/bad • **saber mal a alguien** to upset sb • **saber a** *v + prep* to taste of

**sabiduría** [saβiðu'ria] *f* **1.** *(prudencia)* wisdom **2.** *(conocimiento profundo)* knowledge

**sabio, bia** ['saβi̯o, βi̯a] ◇ *adj* **1.** *(prudente)* wise **2.** *(con conocimientos profundos)* knowledgeable ◇ *m,f* **1.** *(persona prudente)* wise person **2.** *(persona sabia)* knowledgeable person

**sable** ['saβle] *m* sabre

**sabor** [sa'βor] *m* **1.** *(gusto)* taste **2.** *(variedad)* flavour • **tener sabor a** to taste of • **helado con sabor a fresa** strawberry-flavoured ice cream

**saborear** [saβore'ar] *vt* to savour

**sabotaje** [saβo'taxe] *m* sabotage

**sabroso, sa** [sa'βroso, sa] *adj* **1.** *(comic...* tasty **2.** *(comentario, noticia, etc)* juicy *(cantidad)* substantial

**sacacorchos** [saka'kortʒos] *m inv* cor... screw

**sacapuntas** [saka'puntas] *m inv* pen... sharpener

**sacar** [sa'kar] ◇ *vt* **1.** *(extraer, llevar)* take out **2.** *(quitar)* to remove **3.** *(salv... información)* to get out **4.** *(consegu... obtener)* to get **5.** *(en el juego)* to play... *(ensanchar)* to let out **7.** *(pecho, barrig...* to stick out **8.** *(crear, fabricar)* to bri... out **9.** *(copia)* to make ◇ *vi (en tenis)* serve • **sacar billetes** o **entradas** to g... tickets • **sacar brillo** to polish • **sac... dinero** to withdraw money • **sac... fotos** to take photos • **sacar la leng...** to stick one's tongue out • **sacar no...** to get a good mark • **sacar buena... malas notas** to get good/bad marks **sacan tres puntos a sus rivales** they a... three points ahead of their rivals

**sacarse** *vp (carné, permiso)* to get

**sacarina** [saka'rina] *f* saccharine

**sacerdote** [saθer'ðote] *m* priest

**saciar** [sa'θi̯ar] *vt* **1.** to satisfy **2.** *(sed)* quench

**saco** ['sako] *m* **1.** sack, bag **2.** *(Am... (chaqueta)* jacket • **saco de dorm...** sleeping bag

**sacramento** [sakra'mento] *m* sacr... ment

**sacrificar** [sakrifi'kar] *vt* **1.** *(renunciar* to sacrifice **2.** *(animal)* to slaughte...

**crificarse** *vp* ● **sacrificarse por** to ake sacrifices for
**crificio** [sakri'fiθio] *m* **1.** sacrifice **2.** *e animal)* slaughter
**cristán** [sakris'tan] *m* sacristan
**cudida** [saku'ðiða] *f* **1.** *(movimiento ısco)* shake **2.** *(de vehículo)* bump **3.** *rremoto)* tremor
**cudir** [saku'ðir] ◇ *vt* **1.** *(agitar)* to ake **2.** *(alfombra, sábana)* to shake ıt **3.** *(pegar)* to hit ◇ *vi (CSur & Méx) mpiar)* to dust
**fari** [sa'fari] *m* **1.** *(expedición)* safari **2.** *arque zoológico)* safari park
**gitario** [saxi'tario] *m* Sagittarius
**grado, da** [sa'ɣraðo, ða] *adj* sacred
**l** ['sal] *f* **1.** *(condimento)* salt **2.** *(fig) racia)* wit ◆ **sales** *fpl* **1.** *(de baño)* bath lts **2.** *(para reanimar)* smelling salts
**la** ['sala] *f* **1.** *(habitación)* room **2.** *(de spital)* ward **3.** *(de cine)* screen, nema *(UK)* **4.** *(tribunal)* court ● **sala embarque** departure lounge ● **sala espera** waiting room ● **sala de estar** ing room ● **sala de fiestas** discoèque ● **sala de juegos** casino
**lado, da** [sa'laðo, ða] *adj* **1.** *(comida)* lty **2.** *(persona)* funny **3.** *(Amér) essoa)* jinxed
**lamandra** [sala'mandra] *f* salamanr
**lar** [sa'lar] *vt* **1.** *(comida)* to add salt to *(para conservar)* to salt
**lario** [sa'lario] *m* salary
**lchicha** [sal'tʒitʒa] *f* sausage
**lchichón** [saltʒi'tʒon] *m* ≃ salami
**ldo** ['saldo] *m* **1.** *(de cuenta)* balance **2.** *ago)* payment **3.** *(mercancía)* remnant

**salero** [sa'lero] *m* **1.** *(recipiente)* salt cellar *(UK)*, salt shaker *(US)* **2.** *(gracia)* wit
**salida** [sa'liða] *f* **1.** *(de lugar)* exit **2.** *(de tren, avión, autobús)* departure **3.** *(excursión)* outing **4.** *(ocurrencia)* witty remark **5.** *(recurso)* way out **6.** *(de productos)* market ● **salida de incendios** fire escape ● **salida de socorro** o **emergencia** emergency exit ● **salidas internacionales** international departures ▼ **salida sin compra** *sign in supermarkets etc indicating exit for people who have not bought anything*
**salina** [sa'lina] *f* saltmine ◆ **salinas** *fpl* saltworks *sg*
**salir** [sa'lir] *vi* **1.** *(ir fuera)* to go out; *(venir fuera)* to come out ● **salió a la calle** he went outside ● **¡sal aquí fuera!** come out here! ● **salir de** to leave **2.** *(marcharse)* to leave ● **el tren sale muy temprano** the train leaves very early ● **él ha salido para Madrid** he's left for Madrid **3.** *(ser novios)* to go out ● **Juan y María salen juntos** Juan and María are going out together **4.** *(separarse)* to come off ● **el anillo no le sale del dedo** the ring won't come off her finger **5.** *(resultar)* to turn out ● **ha salido muy estudioso** he has turned out to be very studious ● **ha salido perjudicado** he came off badly ● **salir bien/mal** to turn out well/badly ● **mi número ha salido premiado** my ticket won a prize **6.** *(resolverse)* ● **este problema no me sale** I can't solve this problem **7.** *(proceder)* ● **salir de** to come from **8.** *(surgir)* to come out ● **ha**

**salido el sol** *(al amanecer)* the sun has come up **9.** *(aparecer)* to appear; *(publicación, producto, disco)* to come out • **¡qué bien sales en la foto!** you look great in the photo! • **en la película sale tu actor favorito** your favourite actor is in the film **10.** *(costar)* • **la comida le ha salido por sesenta euros** the meal worked out at sixty euros **11.** *(sobresalir)* to stick out **12.** *(librarse)* • **salir de** to get out of **13.** *(en locuciones)* • **salir adelante** *(persona, empresa)* to get by; *(proyecto, propuesta)* to be successful ◆ **salirse** *vp (marcharse)* to leave; *(rebosar)* to overflow • **salirse de** *(desviarse)* to come off; *(fig) (escaparse)* to deviate from

**saliva** [sa'liβa] *f* saliva

**salmón** [sal'mon] *m* salmon • **salmón ahumado** smoked salmon • **salmón fresco** fresh salmon

**salmonete** [salmo'nete] *m* red mullet

**salón** [sa'lon] *m* **1.** *(de casa)* living room **2.** *(de edificio público)* hall **3.** *(muebles)* lounge suite **4.** *(exposición)* show • **salón del automóvil** motor show • **salón de belleza** beauty parlour • **salón recreativo** arcade

**salpicadera** [salpika'ðera] *f (Méx)* mudguard *(UK)*, fender *(US)*

**salpicadero** [salpika'ðero] *m* dashboard

**salpicar** [salpi'kar] ◇ *vt* to splash ◇ *vi (aceite)* to spit

**salpicón** [salpi'kon] *m* • **salpicón de marisco** *cold dish of chopped seafood with pepper, salt, oil, vinegar and onion*

**salpimentar** [salpimen'tar] *vt* to season

**salsa** ['salsa] *f* **1.** *(para comidas)* sauce **2.** *(de carne)* gravy **3.** *(gracia)* spice **4.** *(bai... música)* salsa • **salsa bechamel** bech... mel sauce • **salsa rosa** thousar... island dressing • **salsa de toma...** tomato sauce • **salsa verde** *sau... made with mayonnaise, parsley, cape... and gherkins*

**salsera** [sal'sera] *f* gravy boat

**saltamontes** [salta'montes] *m inv* gras... hopper

**saltar** [sal'tar] ◇ *vi* **1.** to jump **2.** *(tapó... corcho)* to pop out **3.** *(levantarse)* jump (up) **4.** *(botón, pintura)* to come c... **5.** *(enfadarse)* to flare up **6.** *(explotar)* explode ◇ *vt* to jump over ◆ **saltarse** **1.** *(omitir)* to miss out **2.** *(cola, semáfor...)* to jump **3.** *(ley, norma)* to break

**salteado, da** [salte'aðo, ða] *adj* **1.** *(d... continuo)* unevenly spaced **2.** *(frit...)* sautéed

**saltear** [salte'ar] *vt (freír)* to sauté

**salto** ['salto] *m* **1.** jump **2.** *(en el tiemp... omisión)* gap • **salto de agua** waterfa... • **salto de altura** high jump • **sal... de cama** negligée • **salto de longitu...** long jump

**salud** [sa'luð] *f* health • **tener buen... mala salud** to be healthy/in po... health • **estar bien/mal de salud** ... be healthy/in poor health • **¡(a s... salud!** cheers!

**saludable** [salu'ðaβle] *adj* **1.** healthy *(provechoso)* beneficial

**saludar** [salu'ðar] *vt* to greet ◆ **saluda... se** *vp* to greet each other

**saludo** [sa'luðo] *m* greeting ◆ **salud... mpl** *(recuerdos)* regards

**salvación** [salβa'θi̯on] *f (rescate)* rescu...

**lvador** [salβa'ðor] *m* ◆ **El Salvador** El lvador

**lvadoreño, ña** [salβaðo'reɲo, ɲa] *adj m,f* Salvadoran

**lvaje** [sal'βaxe] *adj* wild

**lvamanteles** [ˌsalβaman'teles] *m inv* ɔlemat

**lvar** [sal'βar] *vt* **1.** to save **2.** *(rescatar)* rescue **3.** *(obstáculo)* to go round **4.** *eligro, dificultad)* to get through **5.** *stancia, espacio)* to cover ◆ **salvarse** *(escapar)* to escape

**lvaslip** [salβaz'lip] *m* *(Esp)* panty ˌer

**lvavidas** [salβa'βiðas] *m inv* **1.** *(chale-* ) lifejacket *(UK)*, lifesaver *(US)* **2.** *nturón)* lifebelt

**lvo** ['salβo] *adv* except ◆ **a salvo** safe

**n** [san] *adj* ➤ **santo**

**natorio** [sana'torio] *m* sanatorium

**nción** [san'θion] *f* *(castigo)* punish-ent

**ncochar** [sanko'tʒar] *vt* *(Amér)* to ɛw

**ndalia** [san'dalia] *f* sandal

**ndía** [san'dia] *f* watermelon

**ndwich** ['sanwitʒ] *m* toasted *(UK)* o illed *(US)* sandwich

**nfermines** [sanfer'mines] *mpl* *Pam-ɔna bullfighting festival*

## anfermines

'amplona is famous for its *sanfer-nines* festival, held between 6 and 4 July in honour of the town's atron saint. The daily bullfights re preceded by the running of the bulls, where six bulls are released from the bullpen and members of the public run in front of them through the streets for about three minutes over an 800-metre course. Injuries are common and fatalities by no means unknown.

**sangrar** [san'grar] ◇ *vi* to bleed ◇ *vt* *(línea, párrafo)* to indent

**sangre** ['sangre] *f* *(líquido)* blood ◆ **sangre azul** blue blood ◆ **sangre fría** sangfroid

**sangría** [san'gria] *f* sangria

**sangriento, ta** [san'griento, ta] *adj* bloody

**sanidad** [sani'ðað] *f* **1.** *(servicios de salud)* (public) health **2.** *(higiene)* health

**sanitario, ria** [sani'tario, ria] ◇ *adj* health *(antes de s)* ◇ *m,f* health worker ◆ **sanitarios** *mpl* *(instalaciones)* bathroom fittings

**sano, na** ['sano, na] *adj* **1.** healthy **2.** *(sin daño)* undamaged ◆ **sano y salvo** safe and sound

**santiguarse** [santi'ɣuarse] *vp* to make the sign of the Cross

**santo, ta** ['santo, ta] ◇ *adj* holy ◇ *m,f* saint ◇ *m* *(festividad)* saint's day

## santo

In Spain, each day in the year commemorates a particular saint. People with the same name as the saint, especially the more common ones such as Juan, José, Pedro, Jorge and María, celebrate their saint's day by buying drinks for their friends and family. In return, they receive small gifts.

**santuario** [santu'ario] *m* shrine
**sapo** ['sapo] *m* toad
**saque** ['sake] *m (en tenis)* serve
**saquear** [sake'ar] *vt* **1.** *(tienda)* to loot **2.** *(vaciar)* to ransack
**sarampión** [sarampi'on] *m* measles
**sarcástico, ca** [sar'kastiko, ka] *adj* sarcastic
**sardana** [sar'ðana] *f popular Catalan dance*
**sardina** [sar'ðina] *f* sardine • **sardinas a la plancha** grilled sardines
**sargento** [sar'xento] *m* sergeant
**sarna** ['sarna] *f (de persona)* scabies
**sarpullido** [sarpu'ʎiðo] *m* rash
**sarro** ['saro] *m (de dientes)* tartar
**sartén** [sar'ten] *f* frying pan
**sastre** ['sastre] *m* tailor
**sastrería** [sastre'ria] *f* **1.** *(tienda)* tailor's (shop) **2.** *(oficio)* tailoring
**satélite** [sa'telite] *m* satellite
**sátira** ['satira] *f* satire
**satírico, ca** [sa'tiriko, ka] *adj* satirical
**satisfacción** [satisfak'θion] *f* satisfaction
**satisfacer** [satisfa'θer] *vt* **1.** to satisfy **2.** *(deuda)* to pay **3.** *(duda, pregunta, dificultad)* to deal with
**satisfecho, cha** [satis'fetʒo, tʒa] ◇ *pp* ➤ **satisfacer** ◇ *adj* satisfied
**sauce** ['sauθe] *m* willow
**sauna** ['sauna] *f* sauna
**saxofón** [sakso'fon] *m* saxophone
**sazonar** [saθo'nar] *vt* to season
**se** [se] *pron* **1.** *(reflexivo)* himself (*f* herself), themselves *pl*; *(usted mism*[…]*)* yourself, yourselves *pl*; *(de cos*[…] *animales)* itself, themselves *pl* • [**se**] **lavó los dientes** she cleaned her tee[th] **2.** *(recíproco)* each other • **se am**[**an**] they love each other • **se escrib**[**en**] they write to each other **3.** *(en co*[*ns*]*trucción pasiva)* • **se ha suspendido** [**la**] **reunión** the meeting has been ca[n]celled **4.** *(en construcción impersonal)* • [**se**] **habla inglés** English spoken • [**se**] **prohíbe fumar** no smoking • **se di**[**ce**] **que** it is said that **5.** *(complemen*[*to*] *indirecto)* to him (*f* to her), to them [*pl*;] *(usted, ustedes)* to you; *(de cosa, anima*[*l*]*)* to it, to them *pl* • **yo se lo daré** I [will] give it to him/her/*etc*
**secador** [seka'ðor] *m* dryer • **secad**[**or**] **de pelo** hairdryer
**secadora** [seka'ðora] *f* (tumble) drye[r]
**secano** [se'kano] *m* dry land
**secar** [se'kar] *vt* **1.** to dry **2.** *(sud*[*or,*] *sangre)* to wipe away ◆ **secarse** *vp* *(río, fuente)* to dry up **2.** *(planta, árbol)* wilt **3.** *(ropa, cabello, superficie)* to dry
**sección** [sek'θion] *f* **1.** section **2.** *(*[*de*] *empresa, oficina)* department
**seco, ca** ['seko, ka] *adj* **1.** dry **2.** *(plan*[*ta,*] *árbol)* wilted **3.** *(delgado)* lean **4.** *(ruid*[*o,*] *sonido)* dull **5.** *(brusco)* brusque • [**a**] **secas** just, simply • **parar en seco** stop dead
**secretaría** [sekreta'ria] *f* **1.** *(oficin*[*a*]*)* secretary's office **2.** *(cargo)* post [of] secretary
**secretariado** [sekreta'riaðo] *m* **1.** *(est*[*u*]*dios)* secretarial studies *pl* **2.** *(profesió*[*n*]*)* secretaries *pl*

**secretario, ria** [sekre'tario, ria] *m,f* **1.** secretary **2.** *(de ministerio)* Secretary of State
**secreto, ta** [se'kreto, ta] ◇ *adj* secret ◇ *m* **1.** secret **2.** *(reserva)* secrecy ● **en secreto** in secret
**secta** ['sekta] *f* sect
**sector** [sek'tor] *m* sector
**secuestrador, ra** [sekuestra'ðor, ra] *m,f* **1.** *(de persona)* kidnapper **2.** *(de avión)* hijacker
**secuestrar** [sekues'trar] *vt* **1.** *(persona)* to kidnap **2.** *(avión)* to hijack
**secuestro** [se'kuestro] *m* **1.** *(de persona)* kidnap **2.** *(de avión)* hijacking
**secundario, ria** [sekun'dario, ria] *adj* secondary
**sed** ['seð] ◇ *v* ➢ **ser** ◇ *f* thirst ● **correr me da sed** running makes me thirsty ● **tener sed** to be thirsty
**seda** ['seða] *f* silk
**sedante** [se'ðante] *m* sedative
**sede** ['seðe] *f* headquarters *pl*
**sedentario, ria** [seðen'tario, ria] *adj* sedentary
**sediento, ta** [se'ðiento, ta] *adj* thirsty
**seductor, ra** [seðuk'tor, ra] *adj* **1.** *(persona)* seductive **2.** *(oferta, libro)* enticing
**segador, ra** [seγa'ðor, ra] *m,f* harvester
**segadora** [seγa'ðora] *f (máquina)* reaping machine ➢ **segador**
**segar** [se'γar] *vt* **1.** *(hierba)* to mow **2.** *(cereal)* to reap
**segmento** [seγ'mento] *m* segment
**seguido, da** [se'γiðo, ða] ◇ *adj* **1.** *(continuo)* continuous **2.** *(consecutivo)* consecutive ◇ *adv* **1.** *(en línea recta)* straight on **2.** *(Amér) (muitas vezes)* often **3.** ● **dos años seguidos** two years in a row ● **en seguida** straight away ● **todo seguido** straight ahead
**seguir** [se'γir] ◇ *vt* **1.** to follow **2.** *(perseguir)* to chase **3.** *(reanudar)* to continue ◇ *vi* to continue ● **seguir a algo** to follow sthg ● **sigue nevando** it's still snowing
**según** [se'γun] ◇ *prep* **1.** *(de acuerdo con)* according to **2.** *(dependiendo de)* depending on ◇ *adv* as ● **según yo/tú** in my/your opinion
**segunda** [se'γunda] *f (velocidad)* second (gear) ➢ **segundo**
**segundero** [seγun'dero] *m* second hand
**segundo, da** [se'γundo, da] ◇ *núm* second ◇ *m,f* second-in-command ◇ *m (de tiempo)* second ➢ **sexto**
**seguramente** [se,γu'armente] *adv* **1.** *(con seguridad)* for certain **2.** *(probablemente)* probably
**seguridad** [seγuri'ðað] *f* **1.** *(falta de peligro)* safety **2.** *(protección)* security **3.** *(certidumbre)* certainty **4.** *(confianza)* confidence ● **Seguridad Social** *f* Social Security
**seguro, ra** [se'γuro, ra] ◇ *adj* **1.** *(sin riesgo, peligro)* safe **2.** *(confiado)* sure **3.** *(infalible)* reliable **4.** *(amigo)* firm ◇ *adv* definitely ◇ *m* **1.** *(de coche, vida, casa)* insurance **2.** *(de arma, máquina)* safety catch **3.** *(CAm & Méx) (para ropa)* safety pin **4.** ● **estar seguro** *(sin temor)* to be safe; *(cierto, confiado)* to be sure ● **seguro Social** *(Amér)* Social Security
**seis** ['seis] ◇ *adj inv* six ◇ *m* **1.** six **2.** *(día)* sixth ◇ *mpl* **1.** six **2.** *(temperatura)* six

(degrees) ◇ *fpl* • **(son) las seis** (it's) six o'clock • **el seis de agosto** the sixth of August • **doscientos seis** two hundred and six • **treinta y seis** thirty-six • **de seis en seis** in sixes • **los seis** the six of them • **empataron a seis** they drew six-all • **seis a cero** six-nil
**seiscientos** [sei̯s'θi̯entos] *núm* six hundred ➤ **seis**
**selección** [selek'θi̯on] *f* **1.** selection **2.** *(equipo nacional)* team
**seleccionador, ra** [selekθi̯ona'ðor, ra] *m,f* ≃ manager
**seleccionar** [selekθi̯o'nar] *vt* to pick
**selectividad** [selektiβi'ðað] *f (examen) Spanish university entrance examination*
**selecto, ta** [se'lekto, ta] *adj* fine, choice
**selector** [selek'tor] *m* selector
**self-service** [self'serβis] *m* self-service restaurant
**sello** ['seʎo] *m* **1.** *(de correos)* stamp **2.** *(tampón)* rubber stamp
**selva** ['selβa] *f* **1.** *(jungla)* jungle **2.** *(bosque)* forest
**semáforo** [se'maforo] *m* traffic lights *pl*
**semana** [se'mana] *f* week ◆ **Semana Santa** *f* **1.** Easter **2.** *RELIG* Holy Week

**Semana Santa**

Easter week in Spain and Latin America is marked by processions in which statues depicting scenes from the Passion of Christ are borne through the streets on people's shoulders. The processions are accompanied by penitents wearing long tunics and pointed hoods with cut-out holes for their eyes. The most famous processions are in Seville, Taxco (Mexico) and Lima (Peru).

**semanal** [sema'nal] *adj* **1.** *(que sucede cada semana)* weekly **2.** *(que dura una semana)* week-long
**semanario** [sema'nari̯o] *m* weekly (newspaper)
**sembrar** [sem'brar] *vt* to sow
**semejante** [seme'xante] ◇ *adj* **1.** *(parecido)* similar **2.** *(tal, uso despectivo)* such ◇ *m* fellow human being • **semejante cosa** such a thing
**semejanza** [seme'xanθa] *f* similarity
**semen** ['semen] *m* semen
**semestre** [se'mestre] *m* six-month period
**semidesnatado, da** [semiðezna'taðo, ða] *adj* semi-skimmed *(UK)*, low-fat *(US)*
**semidirecto, ta** [semiði'rekto, ta] *adj* • **tren semidirecto** *through train, a section of which becomes a stopping train*
**semifinal** [semifi'nal] *f* semifinal
**semilla** [se'miʎa] *f* seed
**sémola** ['semola] *f* semolina
**Senado** [se'naðo] *m* • **el Senado** the Senate
**senador, ra** [sena'ðor, ra] *m,f* senator
**sencillo, lla** [sen'θiʎo, ʎa] *adj* **1.** simple **2.** *(espontáneo)* unaffected **3.** *(Amér) (monedas)* small change
**sendero** [sen'dero] *m* track
**seno** ['seno] *m* **1.** *(pecho)* breast **2.** *(interior)* heart

**ensación** [sensa'θi̯on] *f* **1.** sensation **2.** *(premonición)* feeling
**sensacional** [sensaθi̯o'nal] *adj* sensational
**sensacionalismo** [sensaθi̯ona'lizmo] *m* sensationalism
**sensacionalista** [sensaθi̯ona'lista] *adj* sensationalist
**sensato, ta** [sen'sato, ta] *adj* sensible
**sensibilidad** [sensiβili'ðað] *f* **1.** *(don)* feel *(sentimentalismo, de aparato)* sensitivity *(de los sentidos)* feeling
**sensible** [sen'siβle] *adj* sensitive
**sensual** [sen'su̯al] *adj* sensual
**sentado, da** [sen'taðo, ða] *adj (persona)* sensible ◆ **dar por sentado** to take for granted
**sentar** [sen'tar] ◇ *vt (basar)* to base ◇ *vi* ◆ **sentar bien/mal a alguien** *(comida, bebida)* to agree/disagree with sb; *(ropa, zapatos, joyas)* to suit/not to suit sb; *(dicho, hecho, broma)* to go down well/badly with sb ◆ **sentarse** *vp* to sit down
**sentencia** [sen'tenθi̯a] *f* **1.** *(de juez, tribunal)* sentence **2.** *(frase corta)* saying
**sentenciar** [senten'θi̯ar] *vt* to sentence
**sentido** [sen'tiðo] *m* **1.** sense **2.** *(dirección)* direction **3.** *(conocimiento)* consciousness ◆ **sentido común** common sense
**sentimental** [sentimen'tal] *adj* sentimental
**sentimiento** [senti'mi̯ento] *m* feeling ◆ **acompaño en el sentimiento** my deepest sympathy
**sentir** [sen'tir] ◇ *m* feeling ◇ *vt* **1.** to feel *(lamentar)* to be sorry about, to regret ◆ **lo siento** I'm sorry ◆ **sentirse** *vp* to feel ◆ **sentirse bien/mal** *(de salud)* to feel well/ill; *(de ánimo)* to feel good/bad
**seña** ['seɲa] *f* **1.** *(gesto)* sign **2.** *(marca)* mark ◆ **señas** *fpl (domicilio)* address *sg* ◆ **señas personales** description *sg*
**señal** [se'ɲal] *f* **1.** sign **2.** *(aviso, orden)* signal **3.** *(fianza)* deposit **4.** *(cicatriz)* mark **5.** *(de teléfono)* tone ◆ **señal de tráfico** road sign
**señalado, da** [seɲa'laðo, ða] *adj* **1.** *(fecha, día)* special **2.** *(persona)* distinguished
**señalar** [seɲa'lar] *vt* **1.** *(poner marca, herir)* to mark **2.** *(con la mano, dedo)* to point out **3.** *(lugar, precio, fecha)* to fix **4.** *(nombrar)* to pick **5.** *(ser indicio de)* to indicate
**señor, ra** [se'ɲor, ra] ◇ *adj (gran)* big ◇ *m* **1.** *(hombre)* man **2.** *(antes de nombre)* Mr **3.** *(al dirigir la palabra)* Sir **4.** *(dueño)* owner **5.** *(caballero)* gentleman ◆ **muy señor mío** Dear Sir
**señora** [se'ɲora] *f* **1.** *(mujer, dama)* lady **2.** *(antes de nombre)* Mrs **3.** *(al dirigir la palabra)* Madam *(UK)*, Ma'am *(US)* **4.** *(esposa)* wife **5.** *(dueña)* owner ◆ **muy señora mía** Dear Madam
**señorita** [seɲo'rita] *f* **1.** *(maestra)* teacher **2.** *(mujer joven)* young woman **3.** *(mujer soltera)* Miss
**señorito, ta** [seɲo'rito, ta] ◇ *adj (despec)* lordly ◇ *m* master
**separación** [separa'θi̯on] *f* **1.** separation **2.** *(espacio, distancia)* space
**separado, da** [sepa'raðo, ða] *adj (persona, matrimonio)* separated

**separar** [sepa'rar] *vt* **1.** to separate **2.** *(silla, etc)* to move away **3.** *(reservar)* to put aside ◆ **separarse** *vp* **1.** *(persona)* to leave **2.** *(pareja)* to separate
**sepia** ['sepia] *f* cuttlefish • **sepia a la plancha** grilled cuttlefish
**septentrional** [septentrio'nal] *adj* northern
**septiembre** [sep'tiembre] *m* = **setiembre**
**séptimo, ma** ['septimo, ma] *núm* seventh ➢ **sexto**
**sepulcro** [se'pulkro] *m* tomb
**sequía** [se'kia] *f* drought
**ser** ['ser]
◇ *m* being
◇ *v aux (forma la voz pasiva)* to be
◇ *v cop* **1.** *(descripción)* to be **2.** *(empleo, dedicación)* to be **3.** • **ser de** *(materia)* to be made of; *(origen)* to be from; *(posesión)* to belong to; *(pertenencia)* to be a member of
◇ *vi* **1.** *(suceder, ocurrir)* to be **2.** *(haber, existir)* to be **3.** *(valer)* to be **4.** *(día, fecha, hora)* to be **5.** *(en locuciones)* • **a no ser que** unless • **como sea** somehow or other • **o sea** I mean
◇ *vi (expresión de tiempo)* to be • **ser humano** human being • **el atracador fue visto** the robber was seen • **mi abrigo es lila** my coat is lilac • **este señor es alto/gracioso** this man is tall/funny • **ser como** to be like • **su mujer es abogada** his wife is a lawyer • **la final fue ayer** the final was yesterday • **¿cuánto es? - son cinco euros** how much is it? - five euros, please • **hoy es martes** it's Tuesday today • **¿qué hora es?** what time is it? • **son las tr[es] (de la tarde)** it's three o'clock (in th[e] afternoon) • **es de día/de noche** i[t's] daytime/night • **es muy tarde** it is ve[ry] late
◆ **ser para** *v + prep (servir para, adecuarse a)* [to] be for
**serenar** [sere'nar] *vt* to calm ◆ **serenarse** *vp* **1.** *(persona, ánimo)* to cal[m] down **2.** *(mar)* to become calm *(tiempo)* to clear up
**serenidad** [sereni'ðað] *f* calm
**sereno, na** [se'reno, na] *adj* **1.** calm *(tiempo)* fine
**serie** ['serie] *f* **1.** series **2.** *(en deporte)* heat
**seriedad** [serie'ðað] *f* **1.** seriousness *(formalidad)* responsible nature
**serio, ria** ['serio, ria] *adj* **1.** serious *(responsable)* responsible **3.** *(sin adorno)* sober • **en serio** seriously • **ir en ser[io]** to be serious • **tomar en serio** to tak[e] seriously
**sermón** [ser'mon] *m* sermon
**serpentina** [serpen'tina] *f* streamer
**serpiente** [ser'piente] *f* snake
**serrar** [se'rar] *vt* to sow
**serrín** [se'rin] *m* sawdust
**serrucho** [se'rutʒo] *m* handsaw
**servicio** [ser'βiθio] *m* **1.** service *(retrete)* toilet (*UK*), bathroom (*US*) • **estar de servicio** to be on duty • **servicio militar** military service • **servicio público** public service • **serv[i]cio de revelado rápido** ≃ developin[g] in one hour • **servicio urgente** expre[ss] service • **servicios mínimos** skeleto[n] services *pl* ◆ **servicios** *mpl (baño)* toile[t]

JK), restrooms (*US*)
**ervidumbre** [serβi'ðumbre] *f* **1.** *(cria-s)* servants *pl* **2.** *(dependencia)* servi-ude
**ervilleta** [serβi'ʎeta] *f* serviette (*UK*), apkin (*US*)
**ervir** [ser'βir] ◇ *vt* **1.** *(bebida, comida)* to rve **2.** *(mercancía)* to supply **3.** *(ayudar)* help ◇ *vi* **1.** to serve **2.** *(ser útil)* to be seful • **no sirven** *(ropa, zapatos)* ey're no good • **servir de algo** to rve as sthg • **¿en qué le puedo ervir?** what can I do for you? ♦ **ervirse** *vp (bebida, comida)* to help o.s. ▾ **sírvase usted mismo** please help ourself ♦ **servirse de** *v + prep* to make se of
**esenta** [se'senta] *núm* sixty ➢ **seis**
**esión** [se'sion] *f* **1.** session **2.** *(de cine)* owing **3.** *(de teatro)* performance • **sión continua** continuous showing • **sión golfa** late-night showing • **sión matinal** matinée • **sesión de oche** evening showing • **sesión de rde** afternoon matinée
**esos** ['sesos] *mpl* brains
**eta** ['seta] *f* mushroom • **setas al illo** garlic mushrooms • **setas con mbas** *mushrooms filled with prawns nd egg*
**etecientos, tas** [sete'θientos, tas] *núm* even hundred ➢ **seis**
**etenta** [se'tenta] *núm* seventy ➢ **seis**
**etiembre** [se'tiembre] *m* September • **principios/mediados/finales de se-embre** at the beginning/in the mid-e/at the end of September • **el ueve de setiembre** the ninth of September • **el pasado/próximo (mes de) setiembre** last/next September • **en setiembre** in September • **este (mes de) setiembre** *(pasado)* last September; *(próximo)* this (coming) September • **para setiembre** by September
**seto** ['seto] *m* hedge
**severidad** [seβeri'ðað] *f* severity
**severo, ra** [se'βero, ra] *adj* **1.** severe **2.** *(estricto)* strict
**Sevilla** [se'βiʎa] *s* Seville
**sevillanas** [seβi'ʎanas] *fpl* **1.** *(baile) dance from Andalusia* **2.** *(música) music of the sevillanas*
**sexismo** [sek'sizmo] *m* sexism
**sexista** [sek'sista] *mf* sexist
**sexo** ['sekso] *m* **1.** sex **2.** *(órganos sexuales)* genitals *pl*
**sexto, ta** ['seksto, ta] ◇ *adj* sixth ◇ *m,f* • **el sexto, la sexta** *(persona, cosa)* the sixth; *(piso, planta)* the sixth floor • **llegar el sexto** to come sixth • **capítulo sexto** chapter six • **el sexto día** the sixth day • **en sexto lugar, en sexta posición** in sixth place • **la sexta parte** a sixth
**sexual** [sek'sual] *adj* sexual
**sexualidad** [seksuali'ðað] *f* sexuality
**shorts** ['tʒors] *mpl* shorts
**show** ['tʒow] *m* show
**si** [si] *conj* if
**sí** ['si, 'sies] (*pl* **síes**) ◇ *adv* yes ◇ *pron* **1.** *(de personas)* himself (*f* herself), themselves *pl* **2.** *(usted)* yourself, yourselves *pl* **3.** *(de cosas, animales)* itself, themselves *pl* **4.** *(impersonal)* oneself ◇ *m* consent • **creo que sí** I think so • **creo**

que no I don't think so
**sida** ['siða] *m* AIDS
**sidecar** [siðe'kar] *m* sidecar
**sidra** ['siðra] *f* cider
**siega** ['sieɣa] *f* **1.** *(acción)* harvesting **2.** *(temporada)* harvest
**siembra** ['siembra] *f* **1.** *(acción)* sowing **2.** *(temporada)* sowing time
**siempre** ['siempre] *adv* **1.** always **2.** *(Amér) (con toda seguridad)* definitely • **desde siempre** always
**sien** ['sien] *f* temple
**sierra** ['siera] *f* **1.** *(herramienta)* saw **2.** *(de montañas)* mountain range
**siesta** ['siesta] *f* afternoon nap • **echar una siesta** to have an afternoon nap
**siete** ['siete] ◇ *núm* seven ➢ **seis** ◇ *f* • **¡la gran siete!** *(Amér) (fam)* Jesus!
**sifón** [si'fon] *m* **1.** *(botella)* siphon **2.** *(agua con gas)* soda water
**siglas** ['siɣlas] *fpl* acronym *sg*
**siglo** ['siɣlo] *m* **1.** century **2.** *(fam) (periodo muy largo)* ages *pl*

## El siglo de oro

This term refers to Spain's Golden Age in the 16th and 17th centuries when the country was Europe's foremost political and economic power thanks to the discovery of the Americas. Some of Spain's greatest literature was written during this period, including the works of authors such as Quevedo, Lope de Vega and Calderón de la Barca.

**significado** [siɣnifi'kaðo] *m* meaning
**significar** [siɣnifi'kar] *vt* to mean
**significativo, va** [siɣnifika'tiβo, βa] *adj* significant
**signo** ['siɣno] *m* sign • **signo de admiración** exclamation mark • **signo de interrogación** question mark
**siguiente** [si'ɣiente] ◇ *adj* **1.** *(en el tiempo, espacio)* next **2.** *(a continuación)* following ◇ *mf* • **el/la siguiente** the next one
**sílaba** ['silaβa] *f* syllable
**silbar** [sil'βar] ◇ *vi* to whistle ◇ *(abuchear)* to boo
**silbato** [sil'βato] *m* whistle
**silbido** [sil'βiðo] *m* whistle
**silenciador** [silenθia'ðor] *m* silencer
**silencio** [si'lenθio] *m* silence
**silenciosamente** [silen,θiosa'mente] *adv* silently
**silencioso, sa** [silen'θioso, sa] *adj* silent, quiet
**silicona** [sili'kona] *f* silicone
**silla** ['siʎa] *f* chair • **silla de montar** saddle • **silla de ruedas** wheelchair
**sillín** [si'ʎin] *m* saddle
**sillón** [si'ʎon] *m* armchair
**silueta** [si'lueta] *f* **1.** figure **2.** *(contorno)* outline
**silvestre** [sil'βestre] *adj* wild
**símbolo** ['simbolo] *m* symbol
**simétrico, ca** [si'metriko, ka] *adj* symmetrical
**similar** [simi'lar] *adj* similar
**similitud** [simili'tuð] *f* similarity
**simpatía** [simpa'tia] *f* **1.** *(cariño)* affection **2.** *(cordialidad)* friendliness
**simpático, ca** [sim'patiko, ka] *adj* **1.** *(amable)* nice **2.** *(amigable)* friendly

**mpatizante** [simpati'θante] *mf* mpathizer

**mpatizar** [simpati'θaɾ] *vi* • **simpatizar on)** *(persona)* to get on/along (with); *osa)* to sympathize (with)

**mple** ['simple] ◇ *adj* **1.** simple **2.** *(sin portancia)* mere

**mplicidad** [simpliθi'ðað] *f* **1.** *(sencillez)* mplicity **2.** *(ingenuidad)* simpleness

**mular** [simu'laɾ] *vt* to feign

**multáneo, a** [simul'taneo, a] *adj* si-ultaneous

**n** [sin] *prep* without • **está sin hacer** hasn't been done before • **estamos ı vino** we're out of wine • **sin nbargo** however

**nagoga** [sina'ɣoɣa] *f* synagogue

**nceridad** [sinθeri'ðað] *f* sincerity

**ncero, ra** [sin'θero, ra] *adj* sincere

**ncronizar** [sinkɾoni'θaɾ] *vt* to nchronize

**ndicato** [sindi'kato] *m* (trade) union

**nfonía** [sinfo'nia] *f* symphony

**nfónico, ca** [sin'foniko, ka] *adj* mphonic

**ngular** [singu'laɾ] ◇ *adj* **1.** *(único)* ıique **2.** *(extraordinario)* strange **3.** *(en amática)* singular ◇ *m* singular

**niestro, tra** [si'ni̯estro, tra] ◇ *adj* nister ◇ *m* **1.** *(accidente, desgracia)* saster **2.** *(de coche, avión)* crash

**nnúmero** [sin'numero] *m* • **un sinnú-ero de** countless

**no** [sino] *conj* **1.** *(para contraponer)* but *(excepto)* except

**nónimo** [si'nonimo] *m* synonym

**ntesis** ['sintesis] *f inv* *(resumen)* sum-ary

**sintético, ca** [sin'tetiko, ka] *adj* synthetic

**sintetizador** [sintetiθa'ðor] *m* synthesizer

**síntoma** ['sintoma] *m* symptom

**sintonía** [sinto'nia] *f* **1.** *(música, canción)* signature tune **2.** *(de televisión, radio)* tuning

**sintonizar** [sintoni'θaɾ] *vt* to tune in to

**sinvergüenza** [simber'ɣu̯enθa] *mf* **1.** *(descarado)* cheeky *(UK)* o shameless *(US)* person **2.** *(estafador)* scoundrel

**siquiera** [siki'era] *adv* at least • **ni siquiera** not even

**sirena** [si'rena] *f* **1.** *(sonido)* siren **2.** *(en mitología)* mermaid

**sirviente, ta** [siɾ'βi̯ente, ta] *m,f* servant

**sisa** ['sisa] *f* **1.** *(robo)* pilfering **2.** *(de vestido)* armhole

**sistema** [sis'tema] *m* **1.** system **2.** *(medio, método)* method • **por sistema** systematically

## sistema educativo

In Spain, children begin primary school at the age of 6 after attending kindergarten for the previous 3 years. Compulsory secondary education is known as *educación secundaria obligatoria (ESO)* and lasts from the age of 12 to 16, when students choose between a broad-based academically-oriented course *(bachillerato)* and a vocational course *(formación profesional)* both of which last two years. In order to get into university you have to pass the *selectividad*, a two-day diet of exams.

**sitiar** [si'ti̯ar] *vt* to besiege
**sitio** ['siti̯o] *m* **1.** *(lugar)* place **2.** *(espacio)* space, room **3.** *(de ciudad, pueblo)* siege **4.** *(Amér) (de taxis)* rank *(UK)*, stand *(US)* • **en otro sitio** somewhere else • **hacer sitio** to make room
**situación** [situ̯a'θi̯on] *f* **1.** *(estado, condición, localización)* position **2.** *(circunstancias)* situation
**situar** [situ'ar] *vt* **1.** *(colocar)* to put **2.** *(localizar)* to locate ♦ **situarse** *vp (establecerse)* to get established
**skin head** [es'kin'xeð] *mf* skinhead
**SL** ['ese'ele] *f* (*abr de* **sociedad limitada**) ≃ Ltd *(UK) (Limited)*, ≃ Inc *(US) (Incorporated)*
**SM** (*abr de* **Su Majestad**) HM *(His (or Her) Majesty)*
**SMS** ['ese'eme'ese] (*abr de* **Short Message System**) *m (mensaje)* text message, SMS • **enviar un SMS** to send a text message • **enviar un SMS a alguien** to text sb
**s/n** *abrev* = **sin número**
**sobaco** [so'βako] *m* armpit
**sobado, da** [so'βaðo, ða] *adj* **1.** *(vestido)* shabby **2.** *(libro)* dog-eared **3.** *(chiste, broma)* old
**soberbia** [so'βerβi̯a] *f* arrogance
**soberbio, bia** [so'βerβi̯o, βi̯a] *adj* **1.** *(orgulloso)* arrogant **2.** *(magnífico)* magnificent
**soborno** [so'βorno] *m* bribe
**sobrar** [so'βrar] *vi* **1.** *(haber demasiado)* to be more than enough **2.** *(estar de más)* to be superfluous **3.** *(quedar)* to be left (over)
**sobras** ['soβras] *fpl (de comida)* leftovers
**sobrasada** [soβra'saða] *f spicy Mallorcan sausage*
**sobre**[1] [soβre] *prep* **1.** *(encima de)* on (top of) **2.** *(por encima de)* over, above **3.** *(acerca de)* about **4.** *(alrededor)* about **5.** *(en locuciones)* • **sobre todo** above all • **el libro estaba sobre la mesa** the book was on the table • **el pato vuela sobre el lago** the duck is flying over the lake • **un libro sobre el amor** a book about love • **llegaron sobre las diez** they arrived at about ten o'clock
**sobre**[2] [soβre] *m* envelope

## El sobre

Lo normal es no colocar ninguna puntuación separando las líneas. En cartas formales, el nombre del destinatario lleva un título delante (*Mr, Mrs, Ms, Dr, Professor*): *Ms Amanda Sutton, Dr James Parker*. El nombre de la empresa se coloca sin abreviarlo. El número del piso y de la calle va delante del nombre de la calle: *Flat 4, 23 Hereford Road*. Se suelen usar bastantes abreviaturas, como *Rd* (Road), *St* (Street), *Ave* (Avenue), *Tce* (Terrace), *Gdns* (Gardens) o *Sq* (Square). En la línea siguiente se coloca el nombre de la población, y en la que sigue el de la región o el estado. Muchas regiones británicas tienen formas abreviadas, como *N Yorks* (*North Yorkshire*) o *Hants* (*Hampshire*). El código postal se coloca después del nombre de la región o del estado: *Burke Virginia 22051 USA*

**sobreático** [soβre'atiko] *m* penthouse
**sobrecarga** [soβre'karɣa] *f* excess weight
**sobredosis** [soβre'ðosis] *f inv* overdose
**sobrehumano, na** [soβreu̯'mano, na] *adj* superhuman
**sobremesa** [soβre'mesa] *f period of time sitting around the table after lunch* • **hacer la sobremesa** to have a chat after lunch
**sobrenombre** [soβre'nombre] *m* nickname
**sobrepasar** [soβrepa'sar] *vt* **1.** *(exceder)* to exceed **2.** *(aventajar)* to overtake
**sobreponer** [soβrepo'ner] *vt (poner delante)* to put first • **sobreponerse a** *v + prep* to overcome
**sobrepuesto, ta** [soβre'pu̯esto, ta] *adj* superimposed
**sobresaliente** [soβresa'li̯ente] ◇ *adj* outstanding ◇ *m (nota)* excellent
**sobresalir** [soβresa'lir] *vi* **1.** *(en altura)* to jut out **2.** *(en importancia)* to stand out
**sobresalto** [soβre'salto] *m* fright
**sobrevivir** [soβreβi'βir] *vi* to survive
**sobrevolar** [soβreβo'lar] *vt* to fly over
**sobrino, na** [so'βrino, na] *m,f* nephew (*f* niece)
**sobrio, bria** ['soβri̯o, βri̯a] *adj* **1.** sober **2.** *(moderado)* restrained
**sociable** [so'θi̯aβle] *adj* sociable
**social** [so'θi̯al] *adj* **1.** *(de la sociedad)* social **2.** *(de los socios)* company *(antes de s)*
**socialista** [soθi̯a'lista] *mf* socialist
**sociedad** [soθi̯e'ðað] *f* **1.** society **2.** *(empresa)* company
**socio, cia** ['soθi̯o, θi̯a] *m,f* **1.** *(de club, asociación)* member **2.** *(de negocio)* partner
**sociología** [soθi̯olo'xia] *f* sociology
**sociólogo, ga** [so'θi̯oloɣo, ɣa] *m,f* sociologist
**socorrer** [soko'rer] *vt* to help
**socorrismo** [soko'rizmo] *m* **1.** *(primeros auxilios)* first aid **2.** *(en la playa)* lifesaving
**socorrista** [soko'rista] *mf* **1.** *(primeros auxilios)* first aid worker **2.** *(en la playa)* lifeguard
**socorro** [so'koro] ◇ *m* help ◇ *interj* help!
**soda** ['soða] *f* soda water
**sofá** [so'fa] *m* sofa, couch
**sofisticado, da** [sofisti'kaðo, ða] *adj* sophisticated
**sofocante** [sofo'kante] *adj* stifling
**sofoco** [so'foko] *m* **1.** *(ahogo)* breathlessness **2.** *(disgusto)* fit (of anger) **3.** *(vergüenza)* embarrassment
**sofrito** [so'frito] *m tomato and onion sauce*
**software** ['sofwar] *m* software
**sol** ['sol] *m* **1.** sun • **hace sol** it's sunny • **tomar el sol** to sunbathe
**solamente** [ˌsola'mente] *adv* only
**solapa** [so'lapa] *f* **1.** *(de vestido, chaqueta)* lapel **2.** *(de libro)* flap
**solar** [so'lar] ◇ *adj* solar ◇ *m* (undeveloped) plot
**solárium** [so'lari̯um] *m* solarium
**soldado** [sol'daðo] *m* soldier • **soldado raso** private
**soldador** [solda'ðor, ra] *m* soldering iron

**soldar** [sol'dar] *vt* to weld, to solder
**soleado, da** [sole'aðo, ða] *adj* sunny
**soledad** [sole'ðað] *f* **1.** *(falta de compañía)* solitude **2.** *(tristeza)* loneliness
**solemne** [so'lemne] *adj* **1.** solemn **2.** *(grande)* utter
**solemnidad** [solemni'ðað] *f* ceremony
**soler** [so'ler] *vi* • **soler hacer algo** to do sthg usually • **solíamos hacerlo** we used to do it
**solicitar** [soliθi'tar] *vt* **1.** *(pedir)* to request **2.** *(puesto)* to apply for
**solicitud** [soliθi'tuð] *f* **1.** *(petición)* request **2.** *(de puesto)* application **3.** *(impreso)* application form
**solidaridad** [soliðari'ðað] *f* solidarity
**sólido, da** ['soliðo, ða] ◇ *adj* **1.** *(cimientos, casa, muro)* solid **2.** *(argumento, conocimiento)* sound ◇ *m* solid
**solista** [so'lista] *mf* soloist
**solitario, ria** [soli'tario, ria] ◇ *adj* **1.** *(sin compañía)* solitary **2.** *(lugar)* lonely ◇ *m,f* loner ◇ *m* **1.** *(juego)* patience **2.** *(joya)* solitaire
**sollozar** [soʎo'θar] *vi* to sob
**sollozo** [so'ʎoθo] *m* sob
**solo, la** ['solo, la] *adj* **1.** *(sin compañía, familia)* alone **2.** *(único)* single **3.** *(sin añadidos)* on its own **4.** *(café)* black **5.** *(whisky)* neat, straight **6.** *(solitario)* lonely • **a solas** on one's own
**sólo** ['solo] *adv* only
**solomillo** [solo'miʎo] *m* sirloin • **solomillo a la parrilla** grilled sirloin steak • **solomillo de ternera** veal sirloin
**soltar** [sol'tar] *vt* **1.** *(de la mano)* to let go of **2.** *(desatar)* to undo **3.** *(dejar libre)* to set free **4.** *(desenrollar)* to pay out **5.** *(decir)* to come out with **6.** *(lanzar)* to let out
**soltero, ra** [sol'tero, ra] ◇ *adj* single ◇ *m,f* bachelor (*f* single woman)
**solterón, ona** [solte'ron, ona] *m,f* old bachelor (*f* old maid)
**soltura** [sol'tura] *f* fluency • **con soltura** fluently
**solución** [solu'θion] *f* solution
**solucionar** [soluθio'nar] *vt* to solve
**solvente** [sol'βente] *adj* solvent
**sombra** ['sombra] *f* **1.** *(oscuridad)* shade **2.** *(de un cuerpo)* shadow • **a la sombra** in the shade • **el árbol da sombra** the tree is shady
**sombrero** [som'brero] *m* hat
**sombrilla** [som'briʎa] *f* sunshade
**someter** [some'ter] *vt* **1.** *(dominar)* to subdue **2.** *(mostrar)* to submit • **someter a alguien a algo** to subject sb to sthg ◆ **someterse** *vp* *(rendirse)* to surrender
**somier** [so'mier] *m* *(de muelles)* divan
**somnífero** [som'nifero] *m* sleeping pill
**sonajero** [sona'xero] *m* rattle
**sonar** [so'nar] ◇ *vi* **1.** to sound **2.** *(teléfono, timbre)* to ring **3.** *(ser conocido)* to be familiar **4.** *(letra)* to be pronounced ◇ *vt* *(nariz)* to blow • **suena a verdad** it sounds true ◆ **sonarse** *vp* to blow one's nose
**sonido** [so'niðo] *m* sound
**sonoro, ra** [so'noro, ra] *adj* **1.** resonant **2.** *(banda)* sound *(antes de s)* **3.** *(consonante, vocal)* voiced
**sonreír** [sonre'ir] *vi* to smile ◆ **sonreírse** *vp* to smile
**sonriente** [sonri'ente] *adj* smiling
**sonrisa** [son'risa] *f* smile

**onrojarse** [sonro'xarse] *vp* to blush
**onso, sa** ['sonso, sa] *adj* (*Amér*) (*fam*) ummy
**oñar** [so'ɲar] ◇ *vi* to dream ◇ *vt* to ream about ◈ **soñar con** to dream of
**opa** ['sopa] *f* soup ◈ **sopa de ajo** garlic oup ◈ **sopa de marisco** seafood isque ◈ **sopa de pescado** fish soup
**opera** [so'pera] *f* soup tureen
**oplar** [so'plar] ◇ *vi* to blow ◇ *vt* **1.** *olvo, migas*) to blow away **2.** (*respues-*) to whisper
**oplete** [so'plete] *m* blowtorch
**oplido** [so'pliðo] *m* puff
**oplo** ['soplo] *m* **1.** (*soplido*) puff **2.** (*del razón*) murmur **3.** (*fam*) (*chivatazo*) p-off
**oportales** [sopor'tales] *mpl* arcade *sg*
**oportar** [sopor'tar] *vt* **1.** (*carga, peso*) to ipport **2.** (*persona*) to stand **3.** (*dolor, olestia*) to bear
**oporte** [so'porte] *m* support
**oprano** [so'prano] *f* soprano
**orber** [sor'βer] *vt* **1.** (*beber*) to sip **2.** *aciendo ruido*) to slurp **3.** (*absorber*) to oak up
**orbete** [sor'βete] *m* sorbet ◈ **sorbete e frambuesa** raspberry sorbet ◈ **orbete de limón** lemon sorbet
**ordo, da** ['sorðo, ða] ◇ *adj* **1.** deaf **2.** *uido, sentimiento*) dull ◇ *m,f* deaf erson
**ordomudo, da** [sorðo'muðo, ða] *m,f* eaf-mute
**oroche** [so'rotʒe] *m* (*Andes*) altitude ckness
**orprendente** [sorpren'dente] *adj* surrising
**sorprender** [sorpren'der] *vt* to surprise ◈ **sorprenderse** *vp* to be surprised
**sorpresa** [sor'presa] *f* surprise ◈ **por sorpresa** by surprise
**sorpresivo, va** [sorpre'siβo, βa] *adj* (*Amér*) unexpected
**sortear** [sorte'ar] *vt* **1.** (*rifar*) to raffle **2.** (*evitar*) to dodge
**sorteo** [sor'teo] *m* **1.** (*lotería*) draw **2.** (*rifa*) raffle
**sortija** [sor'tixa] *f* ring
**SOS** [,eseo'ese] *m* (**abr de save our souls**) SOS (*save our souls*)
**sosiego** [so'sieγo] *m* peace, calm
**soso, sa** ['soso, sa] *adj* bland
**sospechar** [sospe'tʒar] *vt* to suspect ◈ **sospechar de** *v + prep* to suspect
**sospechoso, sa** [sospe'tʒoso, sa] ◇ *adj* suspicious ◇ *m,f* suspect
**sostén** [sos'ten] *m* **1.** (*apoyo*) support **2.** (*prenda femenina*) bra
**sostener** [soste'ner] *vt* **1.** to support **2.** (*defender, afirmar*) to defend ◈ **sostenerse** *vp* **1.** (*sujetarse*) to stay fixed **2.** (*tenerse en pie*) to stand up
**sostenible** *adj* **1.** (*crecimiento, desarrollo*) sustainable ◈ **el desarrollo sostenible** sustainable development **2.** (*teoría, razonamiento*) sound
**sota** ['sota] *f* (*baraja*) ≃ jack
**sotana** [so'tana] *f* cassock
**sótano** ['sotano] *m* basement
**squash** [es'kuaʃ] *m* squash
**Sr.** (**abr de señor**) Mr
**Sra.** (**abr de señora**) Mrs
**Sres.** (**abr de señores**) Messrs (*Messieurs*)
**Srta.** *abrev* = **señorita**

**SSMM** *abrev* = **Sus Majestades**
**Sta.** (*abr de* **santa**) St. *(Saint)*
**Sto.** (*abr de* **santo**) St. *(Saint)*
**stock** [es'tok] *m* stock
**stop** [es'top] *m* stop sign
**su** [su, sus] (*pl* **sus**) *adj* **1.** *(de él)* his **2.** *(de ella)* her **3.** *(de cosa, animal)* its **4.** *(de ellos, ellas)* their **5.** *(de usted, ustedes)* your
**suave** ['su̯aβe] *adj* **1.** *(agradable al tacto)* soft **2.** *(liso)* smooth **3.** *(cuesta, brisa)* gentle **4.** *(clima, temperatura)* mild
**suavidad** [su̯aβi'ðað] *f* **1.** *(al tacto)* softness **2.** *(de cuesta, brisa)* gentleness **3.** *(de clima, temperatura)* mildness
**suavizante** [su̯aβi'θante] *m* conditioner
**subasta** [su'βasta] *f* auction
**subcampeón, ona** [suβkampe'on, 'ona] *m,f* runner-up
**subconsciente** [suβkons'θi̯ente] *m* subconscious
**subdesarrollado, da** [suβðesaro'ʎaðo, ða] *adj* underdeveloped
**subdesarrollo** [suβðesa'roʎo] *m* underdevelopment
**subdirector, ra** [suβðirek'tor, ra] *m,f* assistant manager *(f assistant manageress)*
**subdirectorio** [suβðirek'tori̯o] *m* subdirectory
**súbdito, ta** ['suβðito, ta] *m,f* *(de país)* citizen
**subida** [su'βiða] *f* **1.** *(de precios, temperatura)* increase **2.** *(pendiente, cuesta)* hill
**subir** [su'βir] ◇ *vt* **1.** *(escaleras, calle, pendiente)* to go up **2.** *(montaña)* to climb **3.** *(llevar arriba)* to take up **4.** *(brazo, precio, volumen, persiana)* to raise **5.** *(ventanilla)* to close ◇ *vi* to rise ◆ **subir a** *(piso, desván)* to go up to; *(montaña, torre)* to go up; *(coche)* to get into; *(avión, barco, tren, bicicleta)* to get onto; *(cuenta, factura)* to come to ◆ **subir de** *(categoría)* to be promoted from
**súbito, ta** ['suβito, ta] *adj* sudden
**subjetivo, va** [suβxe'tiβo, βa] *adj* subjective
**subjuntivo** [suβxun'tiβo] *m* subjunctive
**sublevar** [suβle'βar] *vt* *(indignar)* to infuriate ◆ **sublevarse** *vp* to rebel
**sublime** [su'βlime] *adj* sublime
**submarinismo** [suβmari'nizmo] *m* scuba diving
**submarinista** [suβmari'nista] *mf* scuba diver
**submarino** [suβma'rino] *m* submarine
**subrayar** [suβra'jar] *vt* to underline
**subsidio** [suβ'siði̯o] *m* benefit
**subsistencia** [suβsis'tenθi̯a] *f* subsistence
**subsuelo** [suβ'su̯elo] *f* **1.** *(terreno)* subsoil **2.** (*Andes & RP*) *(sótano)* basement
**subterráneo, a** [suβte'raneo, a] ◇ *adj* underground ◇ *m* underground tunnel (*UK*), subway tunnel (*US*)
**subtitulado, da** [suβtitu'laðo, ða] *adj* with subtitles
**subtítulo** [suβ'titulo] *m* subtitle
**suburbio** [su'βurβi̯o] *m* poor suburb
**subvención** [suββen'θi̯on] *f* subsidy
**sucedáneo** [suθe'ðaneo] *m* substitute
**suceder** [suθe'ðer] *vi* to happen
**suceder a** *v + prep* **1.** *(en un cargo, trono)* to succeed **2.** *(venir después de)* to follow
**sucesión** [suθe'si̯on] *f* **1.** succession **2.** *(descendencia)* heirs *pl*

**ucesivo, va** [suθe'siβo, βa] *adj (consecutivo)* successive ◈ **en días sucesivos** over the next few days
**uceso** [su'θeso] *m* event
**ucesor, ra** [suθe'sor, ra] *m,f* **1.** *(en un cargo, trono)* successor **2.** *(heredero)* heir *f* heiress)
**uciedad** [suθie'ðað] *f* **1.** *(cualidad)* dirtiness **2.** *(porquería)* dirt
**ucio, cia** ['suθio, θia] ◇ *adj* **1.** dirty **2.** *(al comer, trabajar)* messy ◇ *adv (en juego)* dirty
**uculento, ta** [suku'lento, ta] *adj* tasty
**ucumbir** [sukum'bir] *vi* **1.** *(rendirse)* to succumb **2.** *(morir)* to die
**ucursal** [sukur'sal] *f* branch
**udadera** [suða'ðera] *f* sweatshirt
**udáfrica** [su'ðafrika] *s* South Africa
**udamérica** [suða'merika] *s* South America
**udamericano, na** [suðameri'kano, na] *adj & m,f* South American
**udar** [su'ðar] *vi* to sweat
**udeste** [su'ðeste] *m* southeast
**udoeste** [suðo'este] *m* southwest
**udor** [su'ðor] *m* sweat
**uecia** ['sueθia] *s* Sweden
**ueco, ca** ['sueko, ka] ◇ *adj & m* Swedish ◇ *m,f* Swede
**uegro, gra** ['sueγro, γra] *m,f* father-in-law (*f* mother-in-law)
**uela** ['suela] *f* sole
**ueldo** ['sueldo] *m* salary, wages *pl*
**uelo** ['suelo] *m* **1.** *(piso)* floor **2.** *(superficie terrestre)* ground **3.** *(terreno)* soil **4.** *(para edificar)* land ◈ **en el suelo** on the ground/floor
**uelto, ta** ['suelto, ta] ◇ *adj* **1.** loose **2.** *(separado)* separate **3.** *(calcetín, guante)* odd **4.** *(arroz)* fluffy ◇ *m (dinero)* change
**sueño** ['sueɲo] *m* **1.** *(acto de dormir)* sleep **2.** *(ganas de dormir)* drowsiness **3.** *(imagen mental, deseo)* dream ◈ **coger el sueño** to get to sleep ◈ **tener sueño** to be sleepy
**suero** ['suero] *m (en medicina)* serum
**suerte** ['suerte] ◇ *f* **1.** *(azar)* chance **2.** *(fortuna, casualidad)* luck **3.** *(futuro)* fate **4.** *(en el toreo) each of the three parts of a bullfight* ◇ *interj* good luck! ◈ **por suerte** luckily ◈ **tener suerte** to be lucky
**suéter** ['sueter] *m* sweater
**suficiente** [sufi'θiente] ◇ *adj* enough ◇ *m (nota)* pass
**sufragio** [su'fraxio] *m* suffrage
**sufrido, da** [su'friðo, ða] *adj* **1.** *(persona)* uncomplaining **2.** *(color)* that does not show the dirt
**sufrimiento** [sufri'miento] *m* suffering
**sufrir** [su'frir] ◇ *vt* **1.** *(accidente, caída)* to have **2.** *(persona)* to bear ◇ *vi* to suffer ◈ **sufrir de** to suffer from ◈ **sufrir del estómago** to have a stomach complaint
**sugerencia** [suxe'renθia] *f* suggestion
**sugerir** [suxe'rir] *vt* **1.** to suggest **2.** *(evocar)* to evoke
**suicidio** [sui'θiðio] *m* suicide
**suite** ['suit] *f* suite
**Suiza** ['suiθa] *s* Switzerland
**suizo, za** ['suiθo, θa] ◇ *adj & m,f* Swiss
**sujetador** [suxeta'ðor] *m* bra
**sujetar** [suxe'tar] *vt* **1.** *(agarrar)* to hold down **2.** *(asegurar, aguantar)* to fasten ◈
**sujetarse** *vp (agarrarse)* to hold on

**sujeto, ta** [su'xeto, ta] ◇ *adj* fastened ◇ *m* **1.** subject **2.** *(despec)* *(individuo)* individual
**suma** ['suma] *f* **1.** *(operación)* addition **2.** *(resultado)* total **3.** *(conjunto de cosas, dinero)* sum
**sumar** [su'mar] *vt* to add together
**sumario** [su'mario] *m* **1.** *(resumen)* summary **2.** *(de juicio)* indictment
**sumergible** [sumer'xiβle] *adj* waterproof
**sumergirse** [sumer'xirse] *vp* to plunge
**suministrar** [suminis'trar] *vt* to supply
**suministro** [sumi'nistro] *m* **1.** *(acción)* supplying **2.** *(abasto, víveres)* supply
**sumiso, sa** [su'miso, sa] *adj* submissive
**súper** ['super] ◇ *adj* *(fam)* great ◇ *m* *(fam)* supermarket ◇ *f* *(gasolina)* ≃ four-star *(UK)*, ≃ premium *(US)*
**superación** [supera'θion] *f* overcoming
**superar** [supe'rar] *vt* **1.** *(prueba, obstáculo)* to overcome **2.** *(persona)* to beat
◆ **superarse** *vp* *(mejorar)* to better o.s.
**superficial** [superfi'θial] *adj* superficial
**superficie** [super'fiθie] *f* **1.** surface **2.** *(área)* area
**superfluo, flua** [su'perfluo, flua] *adj* superfluous
**superior** [supe'rior] *adj* **1.** *(de arriba)* top **2.** *(excepcional)* excellent ◆ **superior a** *(mejor)* superior to; *(en cantidad, importancia)* greater than, superior
**supermercado** [supermer'kaðo] *m* supermarket
**superstición** [supersti'θion] *f* superstition
**supersticioso, sa** [supersti'θioso, sa] *adj* superstitious
**superviviente** [superβi'βiente] *mf* survivor
**suplemento** [suple'mento] *m* supplement
**suplente** [su'plente] *adj* **1.** *(médico)* locum *(UK)*, *doctor who temporarily fills in for another* **2.** *(jugador)* substitute
**supletorio** [suple'torio] *m* *(teléfono)* extension
**súplica** ['suplika] *f* plea
**suplir** [su'plir] *vt* **1.** *(falta, carencia)* to compensate for **2.** *(persona)* to replace
**suponer** [supo'ner] *vt* **1.** *(creer)* to suppose **2.** *(representar, implicar)* to involve **3.** *(imaginar)* to imagine
**suposición** [suposi'θion] *f* assumption
**supositorio** [suposi'torio] *m* suppository
**suprimir** [supri'mir] *vt* **1.** *(proyecto, puesto)* to axe **2.** *(anular)* to abolish **3.** *(borrar)* to delete
**supuesto, ta** [su'puesto, ta] ◇ *pp* ➢ **suponer** ◇ *adj* **1.** *(presunto)* supposed **2.** *(delincuente)* alleged **3.** *(falso)* false ◇ *m* assumption ◆ **por supuesto** of course
**sur** ['sur] *m* **1.** south **2.** *(viento)* south wind
**surco** ['surko] *m* **1.** *(en la tierra)* furrow **2.** *(de disco)* groove **3.** *(de piel)* line
**sureño, ña** [su'reɲo, ɲa] *adj* southern
**surf** ['surf] *m* surfing
**surfista** [sur'fista] *mf* surfer
**surgir** [sur'xir] *vi* **1.** *(brotar)* to spring forth **2.** *(destacar)* to rise up **3.** *(producirse)* to arise
**surtido, da** [sur'tiðo, ða] ◇ *adj* assorted ◇ *m* range
**surtidor** [surti'ðor] *m* **1.** *(de agua)* spout

*de gasolina)* pump
**ceptible** [susθep'tiβle] *adj (sensible)* ·rsensitive ◆ **susceptible de** liable

**cribir** [suskri'βir] *vt* **1.** *(escrito)* to ı **2.** *(opinión)* to subscribe to ◆ **cribirse a** *v + prep* to subscribe to
**cripción** [suskrip'θjon] *f* subscrip-ı
**pender** [suspen'der] ◇ *vt* **1.** *(interrum-* to adjourn **2.** *(anular)* to postpone **3.** *men)* to fail **4.** *(de empleo, sueldo)* to pend **5.** *(colgar)* to hang (up) ◇ *vi (en examen)* to fail
**pense** [sus'pense] *m* suspense
**penso** [sus'penso] *m* fail
**pirar** [suspi'rar] *vi* to sigh ◆ **suspirar** *v + prep* to long for
**piro** [sus'piro] *m* to sigh
**tancia** [sus'tanθja] *f* **1.** substance **2.** *ncia)* essence **3.** *(de alimento)* nutri-ıal value
**tancial** [sustan'θjal] *adj* substantial
**tantivo** [sustan'tiβo] *m* noun
**tituir** [sustitu'ir] *vt* to replace ◆ **tituir algo por** to replace sthg with
**to** ['susto] *m* fright ◆ **¡qué susto!** at a fright!
**tracción** [sustrak'θjon] *f* **1.** *(robo)* ft **2.** *(resta)* subtraction
**traer** [sustra'er] *vt* **1.** *(robar)* to steal *restar)* to subtract
**urrar** [susu'rar] *vt & vi* to whisper
**yo, ya** ['sujo, ja] ◇ *adj* **1.** *(de él)* his **2.** *ella)* hers **3.** *(de usted, ustedes)* yours *(de ellos, de ellas)* theirs ◇ *pron* ◆ **el o, la suya** *(de él)* his; *(de ella)* hers; *usted, ustedes)* yours; *(de ellos, de ellas)* theirs ◆ **lo suyo** his/her *etc* thing ◆ **un amigo suyo** a friend of his/hers *etc*

# T

**tabaco** [ta'βako] *m* **1.** tobacco **2.** *(cigarrillos)* cigarettes *pl*
**tábano** ['taβano] *m* horsefly
**tabasco**® [ta'βasko] *m* tabasco sauce
**taberna** [ta'βerna] *f country-style bar, usually cheap*
**tabique** [ta'βike] *m* partition (wall)
**tabla** ['taβla] *f* **1.** *(de madera)* plank **2.** *(lista, de multiplicar)* table **3.** *(de navegar, surf)* board **4.** *(en arte)* panel ◆ **tablas** *fpl* **1.** *(en juego)* stalemate *sg* **2.** *(escenario)* stage *sg*
**tablao** [ta'βlao] *m* ◆ **tablao flamenco** flamenco show
**tablero** [ta'βlero] *m* board
**tableta** [ta'βleta] *f* **1.** *(de chocolate)* bar **2.** *(medicamento)* tablet
**tablón** [ta'βlon] *m* plank ◆ **tablón de anuncios** notice (*UK*) o bulletin (*US*) board
**tabú** [ta'βu] *m* taboo
**taburete** [taβu'rete] *m* stool
**tacaño, ña** [ta'kaɲo, ɲa] *adj* mean
**tachar** [ta'tʒar] *vt* to cross out
**tacho** ['tatʒo] *m (CSur)* bin (*UK*), trash can (*US*)
**tácito, ta** ['taθito, ta] *adj (acuerdo, trato)* unwritten
**taco** ['tako] *m* **1.** *(para pared)* plug **2.** *(de*

*billar)* cue **3.** *(de jamón, queso)* hunk **4.** *(de papel)* wad **5.** *(fam) (palabrota)* swearword **6.** *(fam) (lío)* muddle **7.** *(CAm & Méx) (tortilla)* taco
**tacón** [ta'kon] *m* heel
**tacto** ['takto] *m* **1.** *(sentido)* sense of touch **2.** *(textura)* feel **3.** *(en el trato)* tact
**taekwondo** [tae'kuondo] *m* tae kwon do
**Taiwán** [tai'wan] *s* Taiwan
**tajada** [ta'xaða] *f* slice • **agarrarse una tajada** *(fam)* to get sloshed
**tal** ['tal] ◇ *adj* such ◇ *pron* such a thing • **tal cosa** such a thing • **¿qué tal?** how are you doing? • **tal vez** perhaps
**taladradora** [talaðra'ðora] *f* drill
**taladrar** [tala'ðrar] *vt* to drill
**taladro** [ta'laðro] *m* drill
**talco** ['talko] *m* talc
**talento** [ta'lento] *m* **1.** *(aptitud)* talent **2.** *(inteligencia)* intelligence
**talgo** ['talɣo] *m* *Spanish intercity high-speed train*
**talla** ['taʎa] *f* **1.** *(de vestido, calzado)* size **2.** *(estatura)* height **3.** *(de piedra preciosa)* cutting **4.** *(escultura)* sculpture
**tallarines** [taʎa'rines] *mpl* tagliatelle *sg*
**taller** [ta'ʎer] *m* **1.** *(de coches)* garage **2.** *(de trabajo manual)* workshop
**tallo** ['taʎo] *m* stem
**talón** [ta'lon] *m* **1.** heel **2.** *(cheque)* cheque **3.** *(resguardo)* stub
**talonario** [talo'nario] *m* cheque book
**tamaño** [ta'maɲo] *m* size
**también** [tam'bien] *adv* also • **también dijo que...** she also said that ... • **yo también** me too
**tambor** [tam'bor] *m* drum
**tampoco** [tam'poko] *adv* neither • **tampoco** me neither • **si a ti no gusta a mí tampoco** if you don't like then neither do I
**tampón** [tam'pon] *m* **1.** *(sello)* stamp *(para la menstruación)* tampon
**tan** [tan] *adv* ➤ **tanto**
**tanda** ['tanda] *f* **1.** *(turno)* shift **2.** *(se* series
**tándem** ['tandem] *m* **1.** *(bicicleta)* tandem **2.** *(dúo)* duo
**tanga** ['tanga] *m* tanga
**tango** ['tango] *m* tango
**tanque** ['tanke] *m* **1.** *(vehículo cister* tanker **2.** *(de guerra)* tank
**tanto, ta** ['tanto, ta]
◇ *adj* **1.** *(gran cantidad)* so much, many *pl* **2.** *(cantidad indeterminada)* much, so many *pl* **3.** *(en comparacion* • **tanto... como** as much ... as, many ... as *pl* • **tiene tanta sue como tú** she's as lucky as you
◇ *adv* **1.** *(gran cantidad)* so much **2.** *comparaciones)* • **tanto ... como** as mu ... as • **sabe tanto como yo** she kno as much as I do **3.** *(en locuciones)* • **(lo) tanto** so, therefore • **tanto (es a que** so much so that
◇ *pron* **1.** *(gran cantidad)* so much, many *pl* **2.** *(igual cantidad)* as much, many *pl* **3.** *(cantidad indeterminada)* much, so many *pl* **4.** *(en locuciones)* **eran las tantas** it was very late
◇ *m* **1.** *(punto)* point **2.** *(gol)* goal *(cantidad indeterminada)* • **un tanto** much • **un tanto por ciento** a perce tage • **tiene tanto dinero** he's got much money • **tanta gente** so ma

eople ◆ **tanto ... que** so much ... that ◆ **tantos euros al día** so many euros a ay ◆ **cincuenta y tantos** fifty-something, fifty-odd ◆ **no merece la pena** isgustarse tanto it's not worth getting ) upset ◆ **tanto que** so much that ◆ **no tiene tantos** he doesn't have so any ◆ **había mucha gente allí, aquí no** nta there were a lot of people there, ut not as many here ◆ **supongamos** ue **vengan tantos** let's suppose so any come ◆ **a tantos de agosto** on ıch-and-such a date in August ◆ arcar **un tanto** to score

**anto** ['tanto, ta] *m* **1.** *(punto)* point **2.** *ol)* goal ◆ **un tanto** so much ◆ **nto por ciento** percentage

**apa** ['tapa] *f* **1.** *(de recipiente)* lid **2.** *(de* ro*)* cover **3.** *(de comida)* tapa **4.** *(de* pato*)* heel plate ▼ **tapas variadas** election of tapas

## apas

*Tapas* (or *botanas* in Latin America) are small portions of food such as olives, cold meats, seafood or omelette served in bars as an aperitif or instead of a main meal. The north of Spain and Andalusia are particularly famous for their tapas bars, where you can go from one bar to another (known as *ir de tapas*) trying out their different specialities accompanied by a small glass of red wine.

**apadera** [tapa'ðera] *f* **1.** *(de recipiente)* d **2.** *(para encubrir)* front

**tapar** [ta'par] *vt* **1.** *(cofre, caja, botella)* to close **2.** *(olla)* to put the lid on **3.** *(encubrir)* to cover up **4.** *(en la cama)* to tuck in **5.** *(con ropa)* to wrap up ◆ **taparse** *vp* **1.** *(en la cama)* to tuck o.s. in **2.** *(con ropa)* to wrap up

**tapete** [ta'pete] *m* runner

**tapia** ['tapia] *f* (stone) wall

**tapicería** [tapiθe'ria] *f* **1.** *(tela)* upholstery **2.** *(tienda)* upholsterer's (shop)

**tapiz** [ta'piθ, θes] *(pl* **-ces***)* *m* tapestry

**tapizado** [tapi'θaðo] *m* upholstery

**tapizar** [tapi'θar] *vt* to upholster

**tapón** [ta'pon] *m* **1.** *(de botella)* stopper **2.** *(de rosca)* top **3.** *(de bañera, fregadero)* plug **4.** *(para el oído)* earplug

**taquería** [take'ria] *f* *(Méx)* taco restaurant

## taquería

In Mexico, *taquerías* are cafés that serve traditional Mexican fare, especially *tacos*. Since the 1980s, taco bars have become very popular outside Mexico, particularly in Europe and the United States, although they are often a pale imitation of the real thing.

**taquigrafía** [takiɣra'fia] *f* shorthand

**taquilla** [ta'kiʎa] *f* **1.** *(de cine, teatro)* box office **2.** *(de tren)* ticket office **3.** *(armario)* locker **4.** *(recaudación)* takings *pl*

**taquillero, ra** [taki'ʎero, ra] ◇ *adj* who/that pulls in the crowds ◇ *m,f* ticket clerk

**tara** ['tara] *f* **1.** *(defecto)* defect **2.** *(peso)* tare

**tardar** [tar'ðar] ◇ *vt (tiempo)* to take ◇ *vi (retrasarse)* to be late • **el comienzo tardará aún dos horas** it doesn't start for another two hours
**tarde** ['tarðe] ◇ *f* **1.** *(hasta las cinco)* afternoon **2.** *(después de las cinco)* evening ◇ *adv* late • **las cuatro de la tarde** four o'clock in the afternoon • **por la tarde** in the afternoon/evening • **buenas tardes** good afternoon/evening
**tarea** [ta'rea] *f* **1.** *(trabajo)* task **2.** *(deberes escolares)* homework
**tarifa** [ta'rifa] *f* **1.** *(de electricidad, etc)* charge **2.** *(en transportes)* fare **3.** *(lista de precios)* price list ▼ **tarifas del metro** underground fares
**tarima** [ta'rima] *f* platform
**tarjeta** [tar'xeta] *f* card • **tarjeta de crédito** credit card • **tarjeta de débito** debit card • **tarjeta de embarque** boarding pass • **tarjeta postal** postcard • **tarjeta 10 viajes** *(en metro) underground travelcard valid for ten journeys* ▼ **tarjetas admitidas** credit cards accepted
**tarro** ['taro] *m* jar
**tarta** ['tarta] *f* **1.** cake **2.** *(plana, con base de pasta dura)* tart • **tarta de la casa** chef's special cake • **tarta de chocolate** chocolate cake • **tarta helada** ice cream gâteau • **tarta de Santiago** *sponge cake filled with almond paste* • **tarta al whisky** *whisky-flavoured ice-cream gâteau*
**tartamudo, da** [tarta'muðo, ða] *m,f* stammerer
**tasa** ['tasa] *f* rate
**tasca** ['taska] *f* ≃ pub
**tatuaje** [tatu'axe] *m* tattoo
**taurino, na** [tau̯'rino, na] *adj* bullfighting *(antes de s)*
**Tauro** ['tau̯ro] *m* Taurus
**tauromaquia** [tau̯ro'maki̯a] *f* bullfighting
**taxi** ['taksi] *m* taxi
**taxímetro** [tak'simetro] *m* taximeter
**taxista** [tak'sista] *mf* taxi driver
**taza** ['taθa] *f* **1.** cup **2.** *(de retrete)* bowl
**tazón** [ta'θon] *m* bowl
**te** [te] *pron* **1.** *(complemento directo)* you **2.** *(complemento indirecto)* (to) you **3.** *(reflexivo)* yourself
**té** ['te] *m* tea
**teatral** [tea'tral] *adj* **1.** *(de teatro)* theatre *(antes de s)* **2.** *(afectado)* theatrical
**teatro** [te'atro] *m* theatre
**tebeo** ® [te'βeo] *m* (children's) comic book
**techo** ['tetʒo] *m* **1.** *(de habitación, persona, avión)* ceiling **2.** *(tejado)* roof
**tecla** ['tekla] *f* key
**teclado** [te'klaðo] *m* keyboard
**teclear** [tekle'ar] *vi* *(en ordenador)* to type
**técnica** ['teɣnika] *f* **1.** technique **2.** *(de ciencia)* technology
**técnico, ca** ['teɣniko, ka] *adj* technical
**tecnología** [teɣnolo'xia] *f* technology
**tecnológico, ca** [teɣno'loxiko, ka] *adj* technological
**teja** ['texa] *f* tile
**tejado** [te'xaðo] *m* roof
**tejanos** [te'xanos] *mpl* jeans
**tejer** [te'xer] *vt* **1.** *(jersey, labor)* to knit **2.** *(tela)* to weave

**jido** [te'xiðo] *m* **1.** *(tela)* fabric **2.** *(del*
*erpo humano)* tissue
**jo** ['texo] *m (juego)* hopscotch
**l.** *(abr de* **teléfono***)* tel. *(telephone)*
**la** ['tela] *f* **1.** *(tejido)* material, cloth **2.**
*enzo)* canvas **3.** *(fam) (dinero)* dough
**laraña** [tela'raɲa] *f* spider's web
**le** ['tele] *f (fam)* telly *(UK)*, TV
**learrastre** [telea'rastre] *m* ski-tow
**lebanca** [tele'banka] *f* telebanking
**lebasura** *f* junk TV
**lecabina** [teleka'βina] *f* cable-car
**lecomunicación** [telekomunika'θi̯on]
**1.** *(medio)* telecommunication **2.** *(es-*
*dios)* telecommunications
**leconferencia** [telekonfe'renθi̯a] *f*
nference call
**lediario** [tele'ði̯ari̯o] *m* television
ews
**ledirigido, da** [teleðiri'xiðo, ða] *adj*
mote-controlled
**lefax** [tele'faks] *m inv* fax
**leférico** [tele'feriko] *m* cable-car
**lefonazo** [telefo'naθo] *m (fam)* phone
ll
**lefonear** [telefone'ar] *vt* to phone
**lefónico, ca** [tele'foniko, ka] *adj* tele-
ione *(antes de s)*
**lefonillo** *m (fam)* entryphone
**lefonista** [telefo'nista] *mf* telephonist
**léfono** [te'lefono] *m* telephone ◈
**léfono móvil** mobile telephone *(UK)*,
ll telephone *(US)*
**légrafo** [te'leɣrafo] *m* telegraph
**legrama** [tele'ɣrama] *m* telegram ◈
**oner un telegrama** to send a telegram
**lenovela** [teleno'βela] *f* television
ap opera

**teleobjetivo** [teleoβxe'tiβo] *m* telepho-
to lens
**telepatía** [telepa'tia] *f* telepathy
**telerrealidad** *f TV* reality TV
**telescopio** [teles'kopi̯o] *m* telescope
**telesilla** [tele'siʎa] *f* chair lift
**telespectador, ra** [telespekta'ðor, ra] *m,*
*f* viewer
**telesquí** [teles'ki] *m* ski lift
**teletaquilla** *f* pay TV, pay-per-view
**teletexto** [tele'teksto] *m* Teletext ®
**teletienda** *f* home shopping
**teletipo** [tele'tipo] *m* teleprinter
**televidente** [teleβi'ðente] *mf* viewer
**televisado, da** [teleβi'saðo, ða] *adj* tele-
vised
**televisión** [teleβi'si̯on] *f* television
**televisor** [teleβi'sor] *m* television (set)
**télex** ['teleks] *m inv* telex
**telón** [te'lon] *m* curtain
**tema** ['tema] *m* **1.** subject **2.** *(melodía)*
theme **3.** *(lección)* topic
**temática** [te'matika] *f* subject matter
**temático, ca** [te'matiko, ka] *adj* thema-
tic
**temblar** [tem'blar] *vi* **1.** to tremble **2.**
*(de frío)* to shiver
**temblor** [tem'blor] *m* **1.** *(de persona)*
trembling **2.** *(de suelo)* earthquake
**temer** [te'mer] *vt* to fear ◈ **temer por**
to fear for ◆ **temerse** *vp* to fear
**temor** [te'mor] *m* fear
**temperamento** [tempera'mento] *m*
temperament
**temperatura** [tempera'tura] *f* tempera-
ture
**tempestad** [tempes'tað] *f* storm
**templado, da** [tem'plaðo, ða] *adj* **1.**

*(líquido, comida)* lukewarm **2.** *(clima)* temperate
**templo** ['templo] *m* **1.** *(pagano)* temple **2.** *(iglesia)* church
**temporada** [tempo'raða] *f* **1.** *(periodo concreto)* season **2.** *(periodo indefinido)* time **3.** *(de una actividad)* period • **de temporada** seasonal
**temporal** [tempo'ral] ◇ *adj* temporary ◇ *m* storm
**temprano, na** [tem'prano, na] *adj & adv* early
**tenazas** [te'naθas] *fpl* pliers
**tendedero** [tende'ðero] *m* clothes line
**tendencia** [ten'denθja] *f* tendency
**tender** [ten'der] *vt* **1.** *(colgar)* to hang out **2.** *(extender)* to spread **3.** *(tumbar)* to lay (out) **4.** *(cable)* to lay **5.** *(cuerda)* to stretch (out) **6.** *(entregar)* to hand **7.** • **tender la cama** *(Amér)* to make the bed ◆ **tender a** *v + prep* to tend to ◆ **tenderse** *vp* to lie down
**tenderete** [tende'rete] *m* stall *(UK)*, stand *(US)*
**tendero, ra** [ten'dero, ra] *m,f* shopkeeper *(UK)*, storekeeper *(US)*
**tendón** [ten'don] *m* tendon
**tenedor** [tene'ðor] *m* fork
**tener** [te'ner]
◇ *vt* **1.** *(poseer, contener)* to have • **tiene mucho dinero** she has a lot of money • **tengo dos hijos** I have two children • **tener un niño** *(parir)* to have a baby • **la casa tiene cuatro habitaciones** the house has four bedrooms • **tiene los ojos azules** she has blue eyes **2.** *(medidas, edad)* to be • **la sala tiene cuatro metros de largo** the room is four metres long • **¿cuántos años tiene**[s] how old are you? • **tiene diez añ**[os] he's ten (years old) **3.** *(padecer, sufrir)* [to] have • **tener dolor de muelas/fiebre** [to] have toothache/a temperature **4.** *(su*[jetar, coger)* to hold • **tiene la olla p**[or] **las asas** she's holding the pot by [the] handles • **¡ten!** here you are! [5.] *(sentir)* to be • **tener frío/calor** to b[e] cold/hot • **tener hambre/sed** to b[e] hungry/thirsty **6.** *(sentimiento)* • **n**[os] **tiene cariño** he's fond of us **7.** *(mante*[ner])* to have • **hemos tenido u**[na] **discusión** we've had an argument [•] *(para desear)* to have • **que tengan un**[as] **felices fiestas** have a good holiday [•] *(deber asistir a)* to have • **hoy teng**[o] **clase** I have to go to school today • [el] **médico no tiene consulta hoy** th[e] doctor is not seeing patients toda[y] **10.** *(valorar, considerar)* • **tener algo/alguien por algo** to think sthg/sb is sth • **ten por seguro que lloverá** you ca[n] be sure it will rain **11.** *(haber de)* [•] **tengo mucho que contaros** I have a l[ot] to tell you **12.** *(Amér)* *(llevar)* • **teng**[o] **tres años aquí** I've been here thre[e] years
◇ *v aux* **1.** *(haber)* • **tiene alquilada un**[a] **casa en la costa** she has a rented hous[e] on the coast **2.** *(hacer estar)* • **me tiene loca** you're driving me mad **3.** *(obliga*[ción])* • **tener que hacer algo** to have t[o] do sthg • **tenemos que estar a las och**[o] we have to be there at eight
**teniente** [te'ni̯ente] *m* lieutenant
**tenis** ['tenis] *m* tennis • **jugar al ten**[is] to play tennis • **tenis de mesa** tabl[e]

nnis, ping-pong
**nista** [te'nista] *mf* tennis player
**nor** [te'nor] *m* tenor
**nsión** [ten'sion] *f* **1.** tension **2.** *(de la ngre)* blood pressure **3.** *(fuerza)* stress *(voltaje)* voltage
**nso, sa** ['tenso, sa] *adj* **1.** *(persona)* nse **2.** *(objeto, cuerda)* taut
**ntación** [tenta'θion] *f* temptation
**ntáculo** [ten'takulo] *m* tentacle
**ntempié** [tentem'pie] *m* *(bebida, comi-)* snack
**nue** ['tenue] *adj* **1.** *(color, luz)* faint **2.** *ela, cortina)* fine
**ñir** [te'ɲir] *vt* to dye
**ología** [teolo'xia] *f* theology
**oría** [teo'ria] *f* theory ◆ **en teoría** in eory
**rapeuta** [tera'peuta] *mf* therapist
**rcermundista** [ter,θermun'dista] *adj* ird-world *(antes de s)*
**rcero, ra** [ter'θero, ra] ◇ *núm* third ◇ **1.** *(persona)* third party **2.** *(piso)* third oor ➢ **sexto**
**rcio** ['terθio] *m* **1.** *(tercera parte)* third
**rciopelo** [terθio'pelo] *m* velvet
**rco, ca** ['terko, ka] *adj* stubborn
**rmas** ['termas] *fpl* hot baths, spa *sg*
**rminado, da** [termi'naðo, ða] *adj* nished
**rminal** [termi'nal] ◇ *adj* **1.** *(enfermo)* rminal **2.** *(estación)* final ◇ *m* terminal *f* **1.** *(de aeropuerto)* terminal **2.** *(de itobús)* terminus
**rminar** [termi'nar] ◇ *vt* to finish ◇ *vi* to end **2.** *(tren)* to terminate ◆ **rminar en** to end in ◆ **termina en** **inta** it ends in a point ◆ **terminar por** **hacer algo** to end up doing sthg
**término** ['termino] *m* **1.** end **2.** *(plazo)* period **3.** *(palabra)* term **4.** *(Col, Méx & Ven)* *(de carne)* level of cooking (of meat) ◆ **término municipal** district ◆ **términos** *mpl* terms
**terminología** [terminolo'xia] *f* terminology
**termita** [ter'mita] *f* termite
**termo** ['termo] *m* Thermos®(flask)
**termómetro** [ter'mometro] *m* thermometer
**termostato** [termos'tato] *m* thermostat
**ternera** [ter'nera] *f* veal ◆ **ternera asada** roast veal
**ternero, ra** [ter'nero, ra] *m,f* calf
**terno** ['terno] *m* *(Andes, RP & Ven)* suit
**ternura** [ter'nura] *f* tenderness
**terraplén** [tera'plen] *m* embankment
**terrateniente** [terate'niente] *mf* landowner
**terraza** [te'raθa] *f* **1.** *(balcón)* balcony **2.** *(techo)* terrace roof **3.** *(de bar, restaurante, cultivo)* terrace
**terremoto** [tere'moto] *m* earthquake
**terreno** [te'reno] *m* **1.** *(suelo)* land **2.** *(parcela)* plot (of land) **3.** *(fig)* *(ámbito)* field
**terrestre** [te'restre] *adj* terrestrial
**terrible** [te'riβle] *adj* **1.** *(que causa terror)* terrifying **2.** *(horrible)* terrible
**territorio** [teri'torio] *m* territory
**terrón** [te'ron] *m* *(de azúcar)* lump
**terror** [te'ror] *m* terror
**terrorismo** [tero'rizmo] *m* terrorism
**terrorista** [tero'rista] *mf* terrorist
**tertulia** [ter'tulia] *f* **1.** *(personas)* *regular meeting of people for informal discussion*

*of a particular issue of common interest*
**tesis** ['tesis] *f inv* thesis
**tesoro** [te'soro] *m* **1.** *(botín)* treasure **2.** *(hacienda pública)* treasury
**test** ['tes] *m* test
**testamento** [testa'mento] *m* will
**testarudo, da** [testa'ruðo, ða] *adj* stubborn
**testículo** [tes'tikulo] *m* testicle
**testigo** [tes'tiɣo] *m* witness
**testimonio** [testi'monjo] *m* **1.** *(prueba)* proof **2.** *(declaración)* testimony
**teta** ['teta] *f (fam)* tit
**tetera** [te'tera] *f* teapot
**tetrabrick** [tetra'βrik] *m* tetrabrick
**textil** [teks'til] *adj* textile
**texto** ['teksto] *m* **1.** text **2.** *(pasaje, fragmento)* passage
**textura** [teks'tura] *f* texture
**ti** [ti] *pron* **1.** *(después de preposición)* you **2.** *(reflexivo)* yourself
**tianguis** ['tjangis] *m inv (Amér)* (open-air) market
**tibia** ['tiβja] *f* shinbone
**tibio, bia** ['tiβjo, βja] *adj* **1.** *(cálido)* warm **2.** *(falto de calor)* lukewarm
**tiburón** [tiβu'ron] *m* shark
**ticket** ['tiket] *m* **1.** *(billete)* ticket **2.** *(recibo)* receipt
**tiempo** ['tjempo] *m* **1.** time **2.** *(en meteorología)* weather **3.** *(edad)* age **4.** *(en deporte)* half **5.** *(en gramática)* tense • **a tiempo** on time • **al mismo tiempo que** at the same time as • **con tiempo** in good time • **del tiempo** *(bebida)* at room temperature • **en otros tiempos** in a different age • **hace tiempo** a long time ago • **hace tiempo que no te veo** it's a long time since I saw you • **tener tiempo** to have time • **todo el tiempo** *(todo el rato)* all the time *(siempre)* always • **tiempo libre** spare time
**tienda** ['tjenda] *f* **1.** shop **2.** *(para acampar)* tent • **ir de tiendas** to go shopping • **tienda de campaña** tent • **tienda de comestibles** grocery (shop) • **tienda de confecciones** clothes shop
**tierno, na** ['tjerno, na] *adj* **1.** tender **2.** *(pan)* fresh
**tierra** ['tjera] *f* **1.** land **2.** *(materia)* soil **3.** *(suelo)* ground **4.** *(patria)* homeland • **tierra adentro** inland • **tomar tierra** to touch down ◆ **Tierra** *f* • **la Tierra** the Earth
**tieso, sa** ['tjeso, sa] *adj* **1.** *(rígido)* stiff **2.** *(erguido)* erect **3.** *(antipático)* haughty
**tiesto** ['tjesto] *m* flowerpot
**tigre, esa** ['tiɣre, esa] *m,f* tiger (*f* tigress)
**tijeras** [ti'xeras] *fpl* scissors
**tila** ['tila] *f* lime blossom tea
**tilde** ['tilde] *f* **1.** *(acento)* accent **2.** *(de ñ)* tilde
**timbal** [tim'bal] *m* kettledrum
**timbre** ['timbre] *m* **1.** *(aparato)* bell **2.** *(de voz, sonido)* tone **3.** *(sello)* stamp
**tímido, da** ['timiðo, ða] *adj* shy
**timo** ['timo] *m* swindle
**timón** [ti'mon] *m* **1.** rudder **2.** *(Andes) (de carro)* steering wheel
**tímpano** ['timpano] *m (del oído)* eardrum
**tina** ['tina] *f* **1.** *(vasija)* pitcher **2.** *(bañera)* bathtub
**tino** ['tino] *m* **1.** *(juicio)* good judgment **2.** *(moderación)* moderation

**ta** ['tinta] *f* ink ◆ **en su tinta** cooked 'ts ink
**tero** [tin'tero] *m* *(en pupitre)* inkwell
**to** ['tinto] *m* red wine
**torería** [tintore'ria] *f* dry cleaner's
, **a** ['tio, a] *m,f* **1.** *(pariente)* uncle *(f* ıt) **2.** *(fam)* *(compañero, amigo)* mate ;), buddy *(US)* **3.** *(fam)* *(persona)* guy irl)
**vivo** [,tio'βiβo] *m* merry-go-round
**co, ca** ['tipiko, ka] *adj* **1.** typical **2.** *je, restaurante)* traditional
**o** ['tipo] *m* **1.** *(clase)* type **2.** *(figura de er)* figure **3.** *(figura de hombre)* build *(fam)* *(individuo)* guy **5.** *(modelo)* del ◆ **tipo de cambio** exchange
**ografía** [tipoɣra'fia] *f* *(arte)* printing
**a** ['tira] *f* strip
**abuzón** [tiraβu'θon] *m* ringlet
**ada** [ti'raða] *f* **1.** *(número de ventas)* :ulation **2.** *(en juegos)* throw **3.** *tancia grande)* long way
**adero** [tira'ðero] *m* *(Amér)* dump
**ador** [tira'ðor] *m* *(de puerta, cajón)* ndle
**anía** [tira'nia] *f* tyranny
**ano, na** [ti'rano, na] *m,f* tyrant
**ante** [ti'rante] *adj* **1.** *(estirado)* taut **2.** *ación, situación)* tense ◆ **tirantes** *mpl* ces *(UK)*, suspenders *(US)*
**ar** [ti'rar] ◇ *vt* **1.** *(arrojar, lanzar)* to ow **2.** *(desechar, malgastar)* to throw ay **3.** *(derribar)* to knock down **4.** *ar caer)* to drop **5.** *(volcar)* to knock r **6.** *(derramar)* to spill **7.** *(disparar)* to ◇ *vi* **1.** *(atraer)* to be attractive **2.** *sviarse)* to head **3.** *(fam)* *(durar)* to keep going **4.** *(en juegos)* to have one's go ◆ **tirar de** to pull ◆ **voy tirando** I'm O.K., I suppose ▼ **tirar** pull ◆ **tirar a** *v + prep* *(parecerse a)* to take after ◆ **tirar a gris** to be greyish ◆ **tirarse** *vp* **1.** to throw o.s. **2.** *(tiempo)* to spend
**tirita**® [ti'rita] *f* (sticking) plaster *(UK)*, Band-Aid® *(US)*
**tiritar** [tiri'tar] *vi* to shiver
**tiro** ['tiro] *m* **1.** shot **2.** *(actividad)* shooting **3.** *(herida)* gunshot wound **4.** *(de chimenea)* draw **5.** *(de carruaje)* team
**tirón** [ti'ron] *m* **1.** *(estirón)* pull **2.** *(robo)* bagsnatching
**tisú** [ti'su] *m* lamé
**títere** ['titere] *m* puppet ◆ **títeres** *mpl* *(espectáculo)* puppet show *sg*
**titular** [titu'lar] ◇ *adj* official ◇ *m* headline ◇ *vt* to title ◆ **titularse** *vp* **1.** *(llamarse)* to be called **2.** *(en estudios)* to graduate
**título** ['titulo] *m* **1.** title **2.** *(diploma)* qualification **3.** *(licenciatura)* degree
**tiza** ['tiθa] *f* chalk
**tlapalería** [tlapale'ria] *f* *(Amér)* hardware shop
**toalla** [to'aʎa] *f* towel ◆ **toalla de ducha** bath towel ◆ **toalla de manos** hand towel
**tobillo** [to'βiʎo] *m* ankle
**tobogán** [toβo'ɣan] *m* **1.** *(en parque de atracciones)* helter-skelter *(UK)*, slide **2.** *(rampa)* slide **3.** *(en piscina)* flume *(UK)*, waterslide **4.** *(trineo)* toboggan
**tocadiscos** [toka'ðiskos] *m inv* record player
**tocador** [toka'ðor] *m* **1.** *(mueble)* dressing table **2.** *(habitación)* powder room

**tocar** [to'kar] ◇ *vt* **1.** to touch **2.** *(palpar)* to feel **3.** *(instrumento musical)* to play **4.** *(alarma)* to sound **5.** *(timbre, campana)* to ring **6.** *(tratar)* to touch on ◇ *vi* **1.** *(a la puerta)* to knock **2.** *(al timbre)* to ring **3.** *(estar próximo)* to border ● **te toca a ti** *(es tu turno)* it's your turn; *(es tu responsabilidad)* it's up to you ● **le tocó la mitad** he got half of it ● **le tocó el gordo** she won first prize ▼ **no tocar el género** do not touch

**tocino** [to'θino] *m* bacon fat ● **tocino de cielo** *dessert made of sugar and eggs*

**todavía** [toða'βia] *adv* still ● **todavía no** not yet

**todo, da** ['toðo, ða] ◇ *adj* **1.** all **2.** *(cada, cualquier)* every ◇ *pron* **1.** *(para cosas)* everything, all of them *pl* **2.** *(para personas)* everybody ◇ *m* whole ● **todo el libro** all (of) the book ● **todos los lunes** every Monday ● **tenemos de todo** we've got all sorts of things ● **ante todo** first of all ● **sobre todo** above all

**toga** ['toɣa] *f (de abogado, juez)* gown

**toldo** ['toldo] *m* **1.** *(de tienda)* awning **2.** *(de playa)* sunshade

**tolerado, da** [tole'raðo, ða] *adj (Esp) (película, espectáculo)* ≃ PG

**tolerancia** [tole'ranθja] *f* tolerance

**tolerante** [tole'rante] *adj* tolerant

**tolerar** [tole'rar] *vt* **1.** to tolerate **2.** *(sufrir)* to stand

**toma** ['toma] *f* **1.** *(de leche)* feed **2.** *(de agua, gas)* inlet **3.** *(de luz)* socket

**tomar** [to'mar] *vt* **1.** to take **2.** *(contratar)* to take on **3.** *(comida, bebida, baño, ducha)* to have **4.** *(sentir)* to acquire ● **tomar a alguien por** to take sb fo[r] ● **tomar algo a mal** to take sthg [the] wrong way ● **¿quieres tomar al[go]?** *(comer, beber)* do you want anything [to] eat/drink? ● **tomar el fresco** to ge[t a] breath of fresh air ● **tomar el sol** [to] sunbathe ● **tomar prestado** to borr[ow]

**tomate** [to'mate] *m* tomato

**tómbola** ['tombola] *f* tombola

**tomillo** [to'miʎo] *m* thyme

**tomo** ['tomo] *m* volume

**tonel** [to'nel] *m* barrel

**tonelada** [tone'laða] *f* tonne

**tónica** ['tonika] *f (bebida)* tonic wate[r]

**tónico, ca** ['toniko, ka] ◇ *adj* **1.** *(vig[ori]zante)* revitalizing **2.** *(con acento)* toni[c] ◇ *m (cosmético)* skin toner

**tono** ['tono] *m* **1.** tone **2.** *(de color)* sha[de]

**tontería** [tonte'ria] *f* **1.** *(cualidad)* stu[pi]dity **2.** *(indiscreción)* stupid thing **3.** *(c[osa] sin valor)* trifle

**tonto, ta** ['tonto, ta] *adj* **1.** stupid [**2.**] *(ingenuo)* innocent

**tope** ['tope] *m* **1.** *(punto máximo)* limi[t **2.**] *(pieza)* block

**tópico, ca** ['topiko, ka] ◇ *adj (medi[ca]mento)* topical ◇ *m* **1.** *(tema recurren[te])* recurring theme **2.** *(frase muy repet[ida])* cliché

**topo** ['topo] *m* mole

**tórax** ['toraks] *m inv* thorax

**torbellino** [torβe'ʎino] *m* **1.** *(de vien[to])* whirlwind **2.** *(de sucesos, preguntas, e[tc])* spate

**torcer** [tor'θer] ◇ *vt* **1.** *(retorcer)* to tw[ist] **2.** *(doblar)* to bend **3.** *(girar)* to turn [**4.**] *(inclinar)* to tilt ◇ *vi* to turn ● **torce[rse]** *vp* **1.** *(fracasar)* to go wrong **2.**

*mplirse)* to be frustrated • **torcerse el** *-azo* to twist one's arm • **torcerse el** **-billo** to sprain one's ankle
**-rcido, da** [tor'θiðo, ða] *adj* **1.** *(retorci-)* twisted **2.** *(doblado)* bent **3.** *(incli-ado)* crooked
**-rdo** ['torðo] *m* thrush
**-rear** [tore'ar] ◇ *vt* **1.** *(toro, vaquilla)* to -ght **2.** *(fig) (evitar)* to dodge **3.** *(fig) (-urlarse de)* to mess about ◇ *vi* to fight -ulls
**-rera** [to'rera] *f* bolero (jacket)
**-rero, ra** [to'rero, ra] *m,f* bullfighter
**-rmenta** [tor'menta] *f* storm
**-rmentoso, sa** [tormen'toso, sa] *adj* -ormy
**-rneo** [tor'neo] *m* tournament
**-rnillo** [tor'niʎo] *m* screw
**-rniquete** [torni'kete] *m (para hemorra-a)* tourniquet
**-ro** ['toro] *m* bull • **toros** *mpl* **1.** *-orrida)* bullfight *sg* **2.** *(fiesta)* bullfight-*-g sg*

## -os toros

-Bullfighting remains popular in -Spain and Latin America, although -t is becoming increasingly contro-versial. Bullfights begin with the -participants parading across the -bullring in traditional costume. -The fight has three parts: first of -all, the mounted picador goads the -bull with a lance; then the *bande-rillero* sticks barbed darts into it; -inally, the *matador* performs a -eries of passes with his cape before killing the bull with his sword. A bullfighter who has performed well receives the ears and tail of the bull.

**torpe** ['torpe] *adj* **1.** *(poco ágil)* clumsy **2.** *(poco inteligente, lento)* slow
**torpedo** [tor'peðo] *m* torpedo
**torpeza** [tor'peθa] *f* **1.** *(falta de agilidad)* clumsiness **2.** *(falta de inteligencia, lentitud)* slowness
**torre** ['tore] *f* **1.** tower **2.** *(de oficinas, etc)* tower block *(UK)*, high-rise *(US)* **3.** *(en ajedrez)* castle, rook
**torrente** [to'rente] *m* torrent
**torrija** [to'rixa] *f* French toast
**torta** ['torta] *f* **1.** *(fam) (bofetada)* thump **2.** *(fam) (accidente)* bump **3.** *(Amér) (de verduras, de carne)* pie **4.** *(CSur & Ven) (dulce)* cake **5.** *(Méx) (de pan)* sandwich **6.** • **ni torta** *(fam)* not a thing
**tortazo** [tor'taθo] *m* **1.** *(fam) (bofetada)* thump **2.** *(golpe fuerte)* bump
**tortilla** [tor'tiʎa] *f* **1.** omelette **2.** *(Méx) (de harina)* tortilla • **tortilla de atún** tuna omelette • **tortilla de champiñón** mushroom omelette • **tortilla (a la) francesa** plain omelette • **tortilla de gambas** prawn omelette • **tortilla de jamón** ham omelette • **tortilla de patatas** Spanish omelette
**tórtola** ['tortola] *f* turtledove
**tortuga** [tor'tuɣa] *f* **1.** *(terrestre)* tortoise **2.** *(marina)* turtle
**torturar** [tortu'rar] *vt* to torture
**tos** ['tos] *f* cough
**toser** [to'ser] *vi* to cough
**tosta** ['tosta] *f piece of toast with a topping*

**tostada** [tos'taða] *f* piece of toast
**tostador** [tosta'ðor] *m* toaster
**tostar** [tos'tar] *vt* to toast ◆ **tostarse** *vp* *(broncearse)* to get brown
**total** [to'tal] ◇ *adj* & *m* total ◇ *adv* so, anyway
**totalidad** [totali'ðað] *f* ● **la totalidad de** all of
**tóxico, ca** ['toksiko, ka] *adj* poisonous
**toxicomanía** [toksikoma'nia] *f* drug addiction
**toxicómano, na** [toksi'komano, na] *m,f* drug addict
**trabajador, ra** [traβaxa'ðor, ra] ◇ *adj* hard-working ◇ *m,f* worker
**trabajar** [traβa'xar] *vt* & *vi* to work ● **trabajar de** to work as ● **trabajar de canguro** to babysit
**trabajo** [tra'βaxo] *m* **1.** work **2.** *(empleo)* job **3.** *(esfuerzo)* effort **4.** *(en el colegio)* essay ● **trabajos manuales** arts and crafts
**trabalenguas** [traβa'lenguas] *m inv* tongue-twister
**traca** ['traka] *f* string of firecrackers
**tractor** [trak'tor] *m* tractor
**tradición** [traði'θion] *f* tradition
**tradicional** [traðiθio'nal] *adj* traditional
**tradicionalmente** [traðiθio,nal'mente] *adv* traditionally
**traducción** [traðuk'θion] *f* translation
**traducir** [traðu'θir] *vt* to translate
**traductor, ra** [traðuk'tor, ra] *m,f* translator
**traer** [tra'er] *vt* **1.** *(trasladar)* to bring; *(llevar)* to carry ● **me trajo un regalo** she brought me a present ● **¿qué traes ahí?** what have you got there? **2.** *(provocar, ocasionar)* to bring ● **le tra[e] graves consecuencias** it had serio[us] consequences for him **3.** *(contener)* [to] have ● **el periódico trae una gra[n] noticia** the newspaper has an impor[tant] piece of news in it **4.** *(llevar puesto)* to wear
◆ **traerse** *vp* ● **se las trae** *(fam)* it's g[ot] a lot to it
**traficante** [trafi'kante] *mf* trafficker
**traficar** [trafi'kar] *vi* to traffic
**tráfico** ['trafiko] *m* **1.** *(de vehículo[s])* traffic **2.** *(de drogas)* trafficking
**tragar** [tra'γar] ◇ *vt* **1.** *(ingerir)* t[o] swallow **2.** *(fam)* *(devorar, consumir)* [to] guzzle **3.** *(soportar)* to put up with ◇ [vi] to swallow ● **no tragar a alguien** *(fam)* not to be able to stand sb ◆ **tragarse** [vp] *(fam)* to swallow
**tragedia** [tra'xeðia] *f* tragedy
**trágico, ca** ['traxiko, ka] *adj* tragic
**tragicomedia** [traxiko'meðia] *f* trag[i]comedy
**trago** ['traγo] *m* **1.** *(de líquido)* mouthf[ul] **2.** *(fam)* *(copa)* drink **3.** *(disgusto)* difficult situation
**traición** [trai'θion] *f* **1.** *(infidelidad)* be[]trayal **2.** *(delito)* treason
**traje** ['traxe] *m* **1.** *(vestido)* dress **2.** *(c[de] hombre)* suit **3.** *(de chaqueta)* two-piec[e] suit **4.** *(de región, época, etc)* costume ● **traje de baño** swimsuit ● **traje (de** **chaqueta** woman's two-piece suit ● **traje de luces** matador's outfit
**trama** ['trama] *f* **1.** *(de novela, histori[a])* plot **2.** *(maquinación)* intrigue
**tramar** [tra'mar] *vt* to weave
**tramitar** [trami'tar] *vt* **1.** *(suj: autorid[ad])*

s) to process *(document)* **2.** *(suj: icitante)* to obtain

**amo** ['tramo] *m* **1.** *(de camino, calle)* 'etch **2.** *(de escalera)* flight (of stairs)

**amontana** [tramon'tana] *f* north nd

**amoya** [tra'moja] *f (en teatro)* stage achinery

**amoyista** [tramo'jista] *mf* stage hand

**ampa** ['trampa] *f* **1.** *(para cazar)* trap **2.** *ıgaño)* trick **3.** *(en juego)* cheating **4.** *uerta)* trapdoor ● **hacer trampa** to eat

**ampolín** [trampo'lin] *m* **1.** *(en piscina)* ving board **2.** *(en esquí)* ski jump **3.** *ı gimnasia)* springboard

**ance** ['tranθe] *m* **1.** *(momento difícil)* fficult situation **2.** *(estado hipnótico)* ınce

**anquilidad** [trankili'ðað] *f* **1.** *(de lugar)* acefulness **2.** *(de carácter)* calmness **3.** *espreocupación)* peace of mind

**anquilo, la** [tran'kilo, la] *adj* **1.** *(lugar)* aceful **2.** *(de carácter, mar, tiempo)* lm **3.** *(libre de preocupaciones)* unwor-ːd

**ansbordador** [tranzβorða'ðor] *m* rry

**ansbordar** [tranzβor'ðar] *vt* to trans-r

**ansbordo** [tranz'βorðo] *m* change *(of ain etc)* ● **hacer transbordo** to ange

**anscurrir** [transku'rir] *vi* to take place

**anseúnte** [transe'unte] *mf* passer-by

**ansferencia** [transfe'renθia] *f* transfer

**ansformación** [transforma'θion] *f* ansformation

**transformador** [transforma'ðor] *m* transformer

**transformar** [transfor'mar] *vt* to transform ● **transformar algo en** to turn sthg into ◆ **transformarse** *vp (cambiar)* to be transformed ● **transformarse en** to be converted into

**transfusión** [transfu'sion] *f* transfusion

**transición** [transi'θion] *f* transition

**transigir** [transi'xir] *vi* **1.** *(ceder)* to compromise **2.** *(ser tolerante)* to be tolerant

**transistor** [transis'tor] *m* transistor

**tránsito** ['transito] *m (de vehículos)* traffic

**translúcido, da** [tranz'luθiðo, ða] *adj* translucent

**transmitir** [tranzmi'tir] *vt* **1.** *(difundir)* to broadcast **2.** *(comunicar)* to pass on **3.** *(contagiar)* to transmit

**transparente** [transpa'rente] *adj* transparent

**transportar** [transpor'tar] *vt* to transport

**transporte** [trans'porte] *m* transport (*UK*), transportation (*US*) ● **transporte público** public transport (*UK*), transportation (*US*)

**transversal** [tranzβer'sal] *adj* **1.** *(atravesado)* transverse **2.** *(perpendicular)* cross *(antes de s)*

**tranvía** [tram'bia] *m* tram

**trapear** [trape'ar] *vt* (*Amér*) to mop

**trapecio** [tra'peθio] *m* trapeze

**trapecista** [trape'θista] *mf* trapeze artist

**trapo** ['trapo] *m* **1.** *(trozo de tela)* rag **2.** *(para limpiar)* cloth

**tráquea** ['trakea] *f* windpipe
**tras** [tras] *prep* **1.** *(detrás de)* behind **2.** *(después de)* after
**trasero, ra** [tra'sero, ra] ◇ *adj* back *(antes de s)* ◇ *m (fam)* backside
**trasladar** [trazla'ðar] *vt* **1.** *(mudar)* to move **2.** *(empleado, trabajador)* to transfer **3.** *(aplazar)* to postpone ◆ **trasladarse** *vp* **1.** *(desplazarse)* to go **2.** *(mudarse)* to move
**traslado** [traz'laðo] *m* **1.** *(de muebles, libros, etc)* moving **2.** *(de puesto, cargo, etc)* transfer
**traspasar** [traspa'sar] *vt* **1.** *(cruzar)* to cross (over) **2.** *(atravesar)* to go through **3.** *(suj: líquido)* to soak through **4.** *(negocio)* to sell (as a going concern)
**traspiés** [tras'pies] *m inv* **1.** *(tropezón)* trip **2.** *(equivocación)* slip
**trasplantar** [trasplan'tar] *vt* to transplant
**trasplante** [tras'plante] *m* transplant
**traste** ['traste] *m (CSur) (trasero)* backside ◆ **trastes** *mpl (Andes, CAm & Méx)* things ● **lavar los traste** to do the dishes
**trasto** ['trasto] *m* **1.** *(objeto inútil)* piece of junk **2.** *(fig) (persona)* nuisance ◆ **trastos** *mpl (equipo)* things
**tratado** [tra'taðo] *m* **1.** *(acuerdo)* treaty **2.** *(escrito)* treatise
**tratamiento** [trata'miento] *m* **1.** treatment **2.** *(título)* title
**tratar** [tra'tar] *vt* **1.** to treat **2.** *(discutir)* to discuss **3.** *(conocer)* to come into contact with ◆ **tratar de** *v + prep* **1.** *(hablar sobre)* to be about **2.** *(intentar)* to try to
**tratativas** [trata'tiβas] *fpl (CSur)* negtiations
**trato** ['trato] *m* **1.** *(de persona)* treatme **2.** *(acuerdo)* deal **3.** *(tratamiento)* dealin *pl*
**trauma** ['trauma] *m* trauma
**través** [tra'βez] ◆ **a través de** *prep* **1.** *( espacio)* across **2.** *(en tiempo)* through
**travesaño** [traβe'saɲo] *m (de porter* crossbar
**travesía** [traβe'sia] *f* **1.** *(calle)* cros street **2.** *(por mar)* crossing **3.** *(por air* flight
**travesti** [tra'βesti] *m* transvestite
**travieso, sa** [tra'βieso, sa] *adj* mischi vous
**trayecto** [tra'jekto] *m* **1.** *(camino, dista cia)* distance **2.** *(viaje)* journey **3.** *(rut* route
**trayectoria** [trajek'toria] *f* **1.** *(recorrid* trajectory **2.** *(desarrollo)* path
**trazado** [tra'θaðo] *m* **1.** *(de carrete canal)* course **2.** *(de edificio)* design
**trazar** [tra'θar] *vt* **1.** *(línea, dibujo)* draw **2.** *(proyecto, plan)* to draw up
**trazo** ['traθo] *m* **1.** line **2.** *(de escritur* stroke
**trébol** ['treβol] *m* **1.** *(planta)* clover **2.** *( naipes)* club
**trece** ['treθe] *núm* thirteen ➤ **seis**
**tregua** ['treɣua] *f* **1.** *(en conflicto)* truce *(en trabajo, estudios)* break
**treinta** ['treinta] *núm* thirty ➤ **seis**
**tremendo, da** [tre'mendo, da] *adj* *(temible)* terrible **2.** *(muy grande)* enc mous **3.** *(travieso)* mischievous
**tren** ['tren] *m* train ● **tren de al velocidad** high-speed train ● **tren**

**errizaje** landing gear • **tren de rcanías** local train • **tren de lavado** r wash
**enza** ['trenθa] *f* plait (*UK*), braid (*US*)
**epar** [tre'paɾ] *vt* to climb
**es** ['tres] *núm* three ➤ **seis**
**esillo** [tre'siʎo] *m* **1.** *(sofá)* three-piece ite **2.** *(juego)* ombre *card game for ree players*
**ial** [tri'al] *m* trial
**iangular** [triangu'laɾ] *adj* triangular
**iángulo** [tri'angulo] *m* triangle
**ibu** ['triβu] *f* tribe
**ibuna** [tri'βuna] *f* **1.** *(para orador)* strum **2.** *(para espectadores)* stand
**ibunal** [triβu'nal] *m* **1.** court **2.** *(en amen, oposición)* board of examiners
**iciclo** [tri'θiklo] *m* tricycle
**igo** ['triɣo] *m* wheat
**illadora** [triʎa'ðora] *f* threshing ma- ine
**illar** [tri'ʎaɾ] *vt* to thresh
**illizos, zas** [tri'ʎiθos, θas] *m,f pl* plets
**imestral** [trimes'tral] *adj* **1.** *(cada tres eses)* quarterly **2.** *(de tres meses)* three- onth
**imestre** [tri'mestre] *m* **1.** *(periodo)* arter, three months *pl* **2.** *(en escuela)* rm (*UK*), quarter (*US*)
**inchante** [trin'tʒante] *m* **1.** *(cuchillo)* rving knife **2.** *(tenedor)* meat fork
**ineo** [tri'neo] *m* sledge
**io** ['trio] *m* trio
**ipa** ['tripa] *f* **1.** *(barriga)* belly **2.** *testino)* gut • **tripas** *fpl* *(interior)* sides
**iple** ['triple] ◇ *adj* triple ◇ *m* *(en baloncesto)* three-pointer • **el triple de** three times as much as
**trípode** ['tripoðe] *m* tripod
**tripulación** [tripula'θion] *f* crew
**tripulante** [tripu'lante] *mf* crew member
**triste** ['triste] *adj* **1.** sad **2.** *(color, luz)* pale **3.** *(insuficiente)* miserable
**tristeza** [tris'teθa] *f* sadness
**triturar** [tritu'raɾ] *vt* **1.** *(desmenuzar)* to grind **2.** *(mascar)* to chew
**triunfal** [triun'fal] *adj* triumphant
**triunfar** [triun'faɾ] *vi* **1.** *(vencer)* to win **2.** *(tener éxito)* to succeed
**triunfo** [tri'unfo] *m* **1.** *(victoria)* triumph **2.** *(en encuentro)* victory, win
**trivial** [tri'βial] *adj* trivial
**trizas** ['triθas] *fpl* bits • **hacer trizas** *(hacer añicos)* to smash to pieces; *(desgarrar)* to tear to shreds
**trofeo** [tro'feo] *m* trophy
**trombón** [trom'bon] *m* trombone
**trompa** ['trompa] *f* **1.** *(de elefante)* trunk **2.** *(instrumento)* horn • **coger una trompa** (*fam*) to get sloshed
**trompazo** [trom'paθo] *m* bump
**trompeta** [trom'peta] *f* trumpet
**tronar** [tro'naɾ] *vi* • **tronaba** it was thundering
**tronco** ['tronko] *m* trunk • **tronco de merluza** *thick hake steak taken from the back of the fish*
**trono** ['trono] *m* throne
**tropa** ['tropa] *f* **1.** *(de soldados)* troops *pl* **2.** *(de personas)* crowd • **tropas** *fpl* troops
**tropezar** [trope'θaɾ] *vi* to trip • **tropezar con** to walk into

**tropezón** [trope'θon] *m* **1.** *(tropiezo)* trip **2.** *(de jamón, pan)* small chunk **3.** *(equivocación)* slip
**tropical** [tropi'kal] *adj* tropical
**trópico** ['tropiko] *m* tropic
**tropiezo** [tro'pi̯eθo] *m* **1.** *(tropezón)* trip **2.** *(dificultad)* obstacle **3.** *(equivocación)* slip
**trotar** [tro'tar] *vi* **1.** *(caballo)* to trot **2.** *(persona)* to dash around
**trote** ['trote] *m* **1.** *(de caballo)* trot **2.** *(trabajo, esfuerzo)* dashing around
**trozo** ['troθo] *m* piece • **a trozos** in patches • **un trozo de** a piece of
**trucaje** [tru'kaxe] *m* *(en cine)* trick photography
**trucha** ['trutʒa] *f* trout
**truco** ['truko] *m* **1.** *(trampa, engaño)* trick **2.** *(en cine)* special effect
**trueno** ['tru̯eno] *m* **1.** *(durante tormenta)* (roll of) thunder **2.** *(de arma)* boom
**trufa** ['trufa] *f* truffle • **trufas heladas** frozen chocolate truffles
**tu** [tu] *(pl* **tus***)* *adj* your
**tú** [tu] *pron* you • **hablar** o **tratar de tú a alguien** to address sb as tú
**tuberculosis** [tuβerku'losis] *f inv* tuberculosis
**tubería** [tuβe'ria] *f* pipe
**tubo** ['tuβo] *m* **1.** *(de agua, gas)* pipe **2.** *(recipiente)* tube • **tubo de escape** exhaust pipe
**tuerca** ['tu̯erka] *f* nut
**tuerto, ta** ['tu̯erto, ta] *adj (sin un ojo)* one-eyed
**tul** ['tul] *m* tulle
**tulipán** [tuli'pan] *m* tulip
**tullido, da** [tu'ʎiðo, ða] *adj* paralysed
**tumba** ['tumba] *f* grave
**tumbar** [tum'bar] *vt* **1.** *(derribar)* knock down **2.** *(fam) (suspender)* to fa
◆ **tumbarse** *vp* to lie down
**tumbona** [tum'bona] *f* **1.** *(en la play* deck chair **2.** *(en el jardín)* sun lounge
**tumor** [tu'mor] *m* tumour
**tumulto** [tu'multo] *m* **1.** *(disturbio)* riot **2.** *(confusión)* uproar
**tuna** ['tuna] *f group of student minstre*

## tuna

*Tunas* (also called *estudiantinas* in some parts of Latin America) are musical groups made up of students wearing the traditional dress of black capes and coloured ribbons. They wander the streets playing folk songs on traditional instruments, either for fun or to make a bit of money.

**túnel** ['tunel] *m* tunnel
**Túnez** ['tuneθ] *s (país)* Tunisia
**túnica** ['tunika] *f* tunic
**tupido, da** [tu'piðo, ða] *adj* thick
**turbina** [tur'βina] *f* turbine
**turbio, bia** ['turβi̯o, βi̯a] *adj* **1.** *(líquic agua)* cloudy **2.** *(asunto)* shady
**turbulencia** [turβu'lenθi̯a] *f* turbulen
**turco, ca** ['turko, ka] ◇ *adj* Turkish ◇ *f* Turk
**turismo** [tu'rizmo] *m* **1.** tourism *(coche)* private car
**turista** [tu'rista] *mf* tourist
**turistear** [turiste'ar] *vi (Andes & Mé* to go sightseeing

ístico, ca [tu'ristiko, ka] *adj* tourist
*tes de s)*
mix ® ['turmiks] *f inv* blender
no ['turno] *m* 1. *(momento)* turn 2. *(en trabajo)* shift ▼ su turno next
tomer, please
'quía [tur'kia] *s* Turkey
rón [tu'ron] *m sweet eaten at Christ-*
*s, made with almonds and honey*
ear [tute'ar] *vt to address as tú* ◆
earse *vp to address one another as tú*

**teo**

owadays, it is much more common to use the *tu* form of address in ain, even when talking to people u don't know. The formal *usted* is ed much less frequently than in e past, and is confined to certain rmal occasions or sometimes used a mark of respect in professional uations.

or, ra [tu'tor, ra] *m,f* 1. *(de bienes,*
*or)* guardian 2. *(de curso)* class
cher
o, ya ['tujo, ja] ◇ *adj* yours ◇ *pron* ●
uyo, la tuya yours ● lo tuyo your
ng ● un amigo tuyo a friend of
rs
['te'uβe] *(abr de* televisión) TV *(tele-*
*on)*

# *u*U

**UCI** ['uθi̯] *f (abr de* **unidad de cuidados intensivos)** ICU *(Intensive Care Unit)*
**Ud.** *abrev* = **usted**
**Uds.** *abrev* = **ustedes**
**UE** *f (abr de* **Unión Europea)** EU *(European Union)*
**úlcera** ['ulθera] *f* ulcer
**último, ma** ['ultimo, ma] *adj* **1.** last **2.** *(más reciente)* latest **3.** *(más bajo)* bottom **4.** *(más alto)* top ● **a últimos de** at the end of ● **por último** finally ● **última llamada** last call
**ultramarinos** [ultrama'rinos] *m inv (tienda)* grocer's (shop) *(UK)*, grocery store *(US)*
**ultravioleta** [ultraβi̯o'leta] *adj* ultraviolet
**umbral** [um'bral] *m* threshold
**un, una** [un, 'una] ◇ *art* a, an *(antes de sonido vocálico)* ◇ *adj* ➤ **uno** ● **un hombre** a man ● **una mujer** a woman ● **un águila** an eagle
**unánime** [u'nanime] *adj* unanimous
**UNED** [u'neð] *f Spanish open university*
**únicamente** [ˌunika'mente] *adv* only
**único, ca** ['uniko, ka] *adj* **1.** *(solo)* only **2.** *(extraordinario)* unique **3.** *(precio)* single ● **lo único que quiero** all I want
**unidad** [uni'ðað] *f* **1.** unit **2.** *(unión, acuerdo)* unity
**unido, da** [u'niðo, ða] *adj* **1.** *(cariñosamente)* close **2.** *(físicamente)* joined

**unifamiliar** [unifami'liar] *adj* detached
**unificación** [unifika'θion] *f* unification
**uniforme** [uni'forme] ◇ *m* uniform ◇ *adj* even
**unión** [u'nion] *f* **1.** union **2.** *(coordinación, acuerdo)* unity **3.** *(cariño)* closeness
**unir** [u'nir] *vt* **1.** *(juntar)* to join **2.** *(mezclar)* to mix **3.** *(personas)* to unite **4.** *(comunicar)* to link ◆ **unirse** *vp* to join together
**unisex** [uni'seks] *adj inv* unisex
**universal** [uniβer'sal] *adj* universal
**universidad** [uniβersi'ðað] *f* university
**universitario, ria** [uniβersi'tario, ria] *m, f* **1.** *(estudiante)* student **2.** *(licenciado)* graduate
**universo** [uni'βerso] *m* universe
**uno, una** ['uno, na]
◇ *adj* **1.** *(indefinido)* one, some *pl* • **un día volveré** one day I will return • **unos coches** some cars **2.** *(para expresar cantidades)* one • **treinta y un días** thirty-one days **3.** *(aproximadamente)* around, about • **había unas doce personas** there were around twelve people
◇ *pron* **1.** *(indefinido)* one, some *pl* • **coge uno** take one • **dame unas** give me some • **uno de ellos** one of them • **uno ... otro** one ... another, some ... others *pl* **2.** (*fam*) *(referido a personas)* someone • **ayer hablé con uno que te conoce** I spoke to someone who knows you yesterday **3.** *(yo)* one **4.** *(en locuciones)* • **de uno en uno** one by one • **uno a** o **por uno** one by one • **más de uno** many people, seis
**untar** [un'tar] *vt* **1.** *(pan, tostada)* to spread **2.** *(manchar)* to smear ◆ **unta**[...] *vp* to smear o.s.
**uña** ['uɲa] *f* **1.** *(de persona)* nail **2.** [...] *animal)* claw • **hacerse las uñas** to [...] one's nails
**uralita** ® [ura'lita] *f corrugated mate*[...] *made from cement and asbestos, used* [...] *roofing*
**uranio** [u'ranio] *m* uranium
**urbanización** [urβaniθa'θion] *f* hous[...] development
**urbano, na** [ur'βano, na] ◇ *adj* urba[...] *m,f local police officer who deals mai*[...] *with traffic offences*
**urgencia** [ur'xenθia] *f* emergenc[...]
**Urgencias** *fpl* casualty (departme[...] *sg* (*UK*), emergency room *sg* (*US*)
**urgente** [ur'xente] *adj* urgent ▼ **urge**[...] *(en cartas)* express
**urgentemente** [ur,xente'mente] *adv* gently
**urinario** [uri'nario] *m* urinal
**urna** ['urna] *f* **1.** *(de votación)* (bal[...] box **2.** *(para restos mortales)* urn **3.** [...] *exposición)* glass case
**urraca** [u'raka] *f* magpie
**urticaria** [urti'karia] *f* nettle rash
**Uruguay** [uru'ɣuai] *m* • **(el) Urug**[...] Uruguay
**uruguayo, ya** [uru'ɣuajo, ja] *adj* & [...] Uruguayan
**usado, da** [u'saðo, ða] *adj* *(gasta*[...] worn
**usar** [u'sar] *vt* **1.** to use **2.** *(llevar)* wear • **¿qué talla usa?** what size you take?
**uso** ['uso] *m* **1.** use **2.** *(costumbre)* cust[...]
**usted** [us'teð, ðes] (*pl* **-des**) *pron* yo[...]

**sual** [u'sual] *adj* usual
**suario, ria** [u'suario, ria] *m,f* user
**tensilio** [uten'silio] *m* **1.** *(herramienta)* ol **2.** *(de cocina)* utensil
**tero** ['utero] *m* womb
**til** ['util] ◇ *adj* useful ◇ *m* tool
**tilidad** [utili'ðað] *f* **1.** *(cualidad)* usefulıss **2.** *(provecho)* use
**tilitario** [utili'tario] *m* small car
**tilizar** [utili'θar] *vt* to use
**va** ['uβa] *f* grape • **uvas de la suerte** *elve grapes eaten for luck as midnight imes on New Year's Eve in Spain*
**VA** (*abr de* **ultravioleta**) UV *(ultraolet)*

# V

**ıca** ['baka] *f* **1.** *(animal)* cow **2.** *(carne)* eef
**ıcaciones** [baka'θiones] *fpl* holidays *IK)*, vacation *(US)* • **estar de vacaones** to be on holiday • **ir de caciones** to go on holiday
**ıcante** [ba'kante] *f* vacancy
**ıciar** [baθi'ar] *vt* **1.** to empty **2.** *(hacer eco)* to hollow out
**ıcilar** [baθi'lar] *vi* **1.** *(dudar)* to hesitate *(tambalearse)* to wobble
**ıcío, a** [ba'θio, a] ◇ *adj* empty ◇ *m* **1.** *spacio)* void **2.** *(hueco)* gap • **envasado vacío** vacuum-packed
**ıcuna** [ba'kuna] *f* vaccine
**ıcunación** [bakuna'θion] *f* vaccination

**vacunar** [baku'nar] *vt* to vaccinate
**vado** ['baðo] *m* **1.** *(en la calle)* lowered kerb *(UK)*, entrance **2.** *(de río)* ford ▼ **vado permanente** keep clear
**vagabundo, da** [baɣa'βundo, da] *m,f* tramp
**vagamente** [ˌbaɣa'mente] *adv* vaguely
**vagina** [ba'xina] *f* vagina
**vago, ga** ['baɣo, ɣa] *adj* **1.** *(perezoso)* lazy **2.** *(impreciso)* vague
**vagón** [ba'ɣon] *m* *(de pasajeros)* carriage *(UK)*, car *(US)*
**vagoneta** [baɣo'neta] *f* cart
**vaho** ['bao] *m* **1.** *(vapor)* steam **2.** *(aliento)* breath ◆ **vahos** *mpl* inhalation *sg*
**vaina** ['baina] *f* *(de guisantes, habas)* pod
**vainilla** [bai'niʎa] *f* vanilla
**vajilla** [ba'xiʎa] *f* dishes
**vale** ['bale] ◇ *m* **1.** *(papel)* voucher **2.** *(Ven)* *(amigo)* mate *(UK)*, buddy *(US)* ◇ *interj* OK!
**valentía** [balen'tia] *f* bravery
**valer** [ba'ler] ◇ *vt* **1.** *(costar)* to cost **2.** *(tener un valor de)* to be worth **3.** *(originar)* to earn ◇ *vi* **1.** *(ser eficaz, servir)* to be of use **2.** *(persona)* to be good **3.** *(ser válido)* to be valid **4.** *(estar permitido)* to be allowed • **¿cuánto vale?** how much is it? • **¿vale?** OK? • **vale la pena** it's worth it ◆ **valerse de** *v + prep* to make use of
**valeriana** [bale'riana] *f* *(infusión)* valerian tea
**validez** [bali'ðeθ] *f* validity
**válido, da** ['baliðo, ða] *adj* *(documento, ley)* valid
**valiente** [ba'liente] *adj* **1.** *(persona)* brave **2.** *(actitud, respuesta)* fine

**valioso, sa** [ba'li̯oso, sa] *adj* valuable
**valla** ['baʎa] *f* **1.** *(cercado)* fence **2.** *(muro)* barrier **3.** *(de publicidad)* billboard **4.** *(en deporte)* hurdle
**valle** ['baʎe] *m* valley
**valor** [ba'lor] *m* **1.** value **2.** *(valentía)* bravery
**valoración** [balora'θi̯on] *f* *(de precio)* valuation
**valorar** [balo'rar] *vt* **1.** *(tasar)* to value **2.** *(evaluar)* to evaluate
**vals** ['bals] *m* waltz
**válvula** ['balβula] *f* valve
**vanguardista** [banguar'ðista] *adj* avant-garde
**vanidad** [bani'ðað] *f* vanity
**vanidoso, sa** [bani'ðoso, sa] *adj* vain
**vapor** [ba'por] *m* **1.** vapour **2.** *(de agua)* steam **3.** *(barco)* steamship ◆ **al vapor** steamed
**vaporizador** [baporiθa'ðor] *m* spray
**vaquero, ra** [ba'kero, ra] *adj* *(ropa)* denim ◆ **vaqueros** *mpl* *(pantalones)* jeans
**vara** ['bara] *f* **1.** *(de árbol)* stick **2.** *(de metal)* rod **3.** *(de mando)* staff
**variable** [bari'aβle] *adj* changeable
**variado, da** [bari'aðo, ða] *adj* **1.** *(que varía)* varied **2.** *(bombones, dulces)* assorted
**variar** [bari'ar] ◇ *vt* **1.** *(cambiar)* to change **2.** *(dar variedad)* to vary ◇ *vi* ◆ **variar de** *(cambiar)* to change; *(ser diferente)* to be different from
**varicela** [bari'θela] *f* chickenpox
**varices** [ba'riθes] *fpl* varicose veins
**variedad** [bari̯e'ðað] *f* variety ◆ **variedades** *fpl* *(espectáculo)* variety *sg*
**varios, rias** ['bari̯os, ri̯as] *adj pl* *(algunos)* several **2.** *(diversos)* various
**varón** [ba'ron] *m* male
**varonil** [baro'nil] *adj* **1.** *(de varón)* ma[...] **2.** *(valiente, fuerte)* manly
**vasallo, lla** [ba'saʎo, ʎa] *m,f* subject
**vasco, ca** ['basko, ka] *adj, m* & *f* Basq[...]
**vascohablante** [baskoa'βlante], **vasc[...] parlante** [baskopar'lante] ◇ *adj* Basqu[...] speaking, bascophone ◇ *mf* Basq[...] speaker
**vasija** [ba'sixa] *f* container *(earthe[n]ware)*
**vaso** ['baso] *m* **1.** glass **2.** *(de plástico)* c[...]
**vasto, ta** ['basto, ta] *adj* vast
**Vaticano** [bati'kano] *m* ◆ **El Vatica[no]** the Vatican
**vaya** ['baja] ◇ *v* ➤ **ir** ◇ *interj* well!
**Vda.** *abrev* = **viuda**
**Vdo.** (*abr de* **viudo**) widower
**vecindad** [beθin'dað] *f* **1.** *(vecindari[o])* community **2.** *(alrededores)* neighbou[r]hood
**vecindario** [beθin'dari̯o] *m* communi[ty]
**vecino, na** [be'θino, na] ◇ *adj* neig[h]bouring ◇ *m,f* **1.** *(de una casa)* neighbo[ur] **2.** *(de barrio)* resident **3.** *(de puebl[o])* inhabitant
**vegetación** [bexeta'θi̯on] *f* vegetation
**vegetal** [bexe'tal] ◇ *adj* **1.** *(planta)* pla[nt] *(antes de s)* **2.** *(sandwich)* salad *(antes [de] s)* ◇ *m* vegetable
**vegetariano, na** [bexeta'ri̯ano, na] *m*[,f] vegetarian
**vehículo** [be'ikulo] *m* **1.** vehicle **2.** *(infección)* carrier
**veinte** ['bei̯nte] *núm* twenty ➤ **seis**
**vejez** [be'xeθ] *f* old age

**jiga** [be'xiɣa] *f* bladder
**la** ['bela] *f* **1.** *(cirio)* candle **2.** *(de barco)* il **3.** *(vigilia)* vigil ◆ **pasar la noche en la** not to sleep all night
**lcro** ® ['belkro] *m* velcro ®
**lero** [be'lero] *m* **1.** *(más pequeño)* iling boat **2.** *(más grande)* sailing ship
**leta** [be'leta] *f* weather vane
**llo** ['beʎo] *m* down
**lo** ['belo] *m* **1.** *(prenda)* veil **2.** *(tela)* ver
**locidad** [beloθi'ðað] *f* **1.** *(rapidez)* eed **2.** *(marcha)* gear ▼ **velocidad ntrolada por radar** speed cameras in eration
**lódromo** [be'loðromo] *m* cycle track
**lomotor** [belomo'tor] *m* moped
**lorio** [be'lorio] *m* wake
**loz** [be'loθ] *adj* fast
**na** ['bena] *f* vein
**nado** [be'naðo] *m (carne)* venison
**ncedor, ra** [benθe'ðor, ra] *m,f* winner
**ncejo** [ben'θexo] *m* swift
**ncer** [ben'θer] ◇ *vt* **1.** *(rival, enemigo)* to at **2.** *(dificultad, suj: sueño)* to overme ◇ *vi* **1.** *(ganar)* to win **2.** *(plazo, rantía)* to expire **3.** *(pago)* to be due
**ncido, da** [ben'θiðo, ða] *adj* beaten ◆ **rse por vencido** to give in
**ncimiento** [benθi'miento] *m* **1.** *(de zo, garantía)* expiry *(UK)*, expiration *S)* **2.** *(de pago)* due date
**nda** ['benda] *f* bandage
**ndaje** [ben'daxe] *m* bandaging
**ndar** [ben'dar] *vt* to bandage
**ndaval** [benda'βal] *m* gale
**ndedor, ra** [bende'ðor, ra] *m,f* seller
**nder** [ben'der] *vt* to sell

**vendimia** [ben'dimia] *f* grape harvest
**vendimiador, ra** [bendimia'ðor, ra] *m,f* grape picker
**vendimiar** [bendi'miar] *vt* to pick *(grapes)*
**veneno** [be'neno] *m* poison
**venenoso, sa** [bene'noso, sa] *adj* poisonous
**venezolano, na** [beneθo'lano, na] *adj* & *m,f* Venezuelan
**Venezuela** [bene'θuela] *s* Venezuela
**venganza** [ben'ganθa] *f* revenge
**vengarse** [ben'garse] *vp* to take revenge
**venida** [be'niða] *f* **1.** *(llegada)* arrival **2.** *(regreso)* return
**venir** [be'nir] *vi* **1.** *(presentarse)* to come ◆ **vino a verme** he came to see me **2.** *(llegar)* to arrive ◆ **vino a las doce** he arrived at twelve o'clock **3.** *(seguir en el tiempo)* to come ◆ **el año que viene** next year ◆ **ahora viene la escena más divertida** the funniest scene comes next **4.** *(suceder)* ◆ **le vino una desgracia inesperada** she suffered an unexpected misfortune ◆ **vino la guerra** the war came **5.** *(proceder)* ◆ **venir de** to come from **6.** *(hallarse, estar)* to be ◆ **el texto viene en inglés** the text is in English **7.** *(ropa, zapatos)* ◆ **el abrigo le viene pequeño** the coat is too small for her ◆ **tus zapatos no me vienen** your shoes don't fit me **8.** *(en locuciones)* ◆ **¿a qué viene esto?** what do you mean by that?
◆ **venirse** *vp (llegar)* to come back ◆ **venirse abajo** *(edificio, persona)* to collapse; *(proyecto)* to fall through

**venta** ['benta] *f* **1.** sale **2.** *(hostal)* country inn ◆ **venta anticipada** advance sale ◆ **venta al detalle** retail ◆ **venta al mayor** wholesale ▼ **venta de billetes** tickets on sale here ▼ **en venta** for sale
**ventaja** [ben'taxa] *f* advantage
**ventana** [ben'tana] *f* window
**ventanilla** [benta'niʎa] *f* **1.** *(de oficina, banco)* counter **2.** *(de cine, etc)* ticket office **3.** *(de coche)* window
**ventilación** [bentila'θi̯on] *f* ventilation
**ventilador** [bentila'ðor] *m* ventilator, fan
**ventisca** [ben'tiska] *f* blizzard
**ventosa** [ben'tosa] *f* sucker
**ventoso, sa** [ben'toso, sa] *adj* windy
**ventrílocuo, cua** [ben'triloku̯o, ku̯a] *m,f* ventriloquist
**ver** [ber]
◇ *vt* **1.** *(percibir)* to see; *(mirar)* to look at; *(televisión, partido)* to watch ◆ **desde casa vemos el mar** we can see the sea from our house ◆ **he estado viendo tu trabajo** I've been looking at your work ◆ **ver la televisión** to watch television **2.** *(visitar, encontrar)* to see ◆ **fui a ver a unos amigos** I went to see some friends **3.** *(darse cuenta de, entender)* to see ◆ **ya veo que estás de mal humor** I see you're in a bad mood ◆ **ya veo lo que pretendes** now I see what you're trying to do **4.** *(investigar)* to see ◆ **voy a ver si han venido** I'm going to see whether they've arrived **5.** *(juzgar)* ◆ **yo no lo veo tan mal** I don't think it's that bad **6.** *(en locuciones)* ◆ **hay que ver qué lista es** you wouldn't believe how clever she is ◆ **por lo visto** o **que se** apparently ◆ **ver mundo** to see the world
◇ *vi* to see ◆ **a ver** let's see
◆ **verse** *vp (mirarse)* to see o.s.; *(encontrarse)* to meet, to see each other ◆ **desde aquí se ve el mar** you can see the sea from here
**veraneante** [berane'ante] *mf* holidaymaker *(UK)*, vacationer *(US)*
**veranear** [berane'ar] *vi* to have one's summer holiday *(UK)*, to go on summer vacation *(US)*
**veraneo** [bera'neo] *m* summer holidays *pl (UK)* o vacation *(US)*
**veraniego, ga** [bera'ni̯eɣo, ɣa] *adj* summer *(antes de s)*
**verano** [be'rano] *m* summer ◆ **en verano** in summer
**veras** ['βeras] ◆ **de veras** *adv* really
**verbena** [ber'βena] *f* **1.** *(fiesta)* street party *(on the eve of certain saints' days)* **2.** *(planta)* verbena
**verbo** ['berβo] *m* verb ◆ **verbo auxiliar** auxiliary verb
**verdad** [ber'ðað] *f* truth ◆ **es verdad** it's true ◆ **de verdad** *(en serio)* really; *(auténtico)* real
**verdadero, ra** [berða'ðero, ra] *adj (cierto, real)* real **2.** *(no falso)* true
**verde** ['berðe] ◇ *adj inv* **1.** green *(obsceno)* blue, dirty ◇ *m* green
**verdulería** [berðule'ria] *f* greengrocer's (shop)
**verdulero, ra** [berðu'lero, ra] *m,f* greengrocer
**verdura** [ber'ðura] *f* vegetables *pl*, greens *pl* ◆ **verdura con patatas** star

boiled potatoes and vegetables, ually cabbage and green beans
**reda** [be'reða] *f (CSur & Perú)* pavent *(UK)*, sidewalk *(US)*
**redicto** [bere'ðikto] *m* verdict
**rgonzoso, sa** [beryon'θoso, sa] *adj* **1.** *rsona)* bashful **2.** *(acción)* shameful
**rgüenza** [ber'yuenθa] *f* **1.** *(timidez)* shfulness **2.** *(sofoco)* embarrassment *(dignidad)* pride **4.** *(pudor)* shame **5.** *cándalo)* disgrace • **me dio vergüen-** I was embarrassed
**rificar** [berifi'kar] *vt* **1.** *(comprobar)* to eck, to verify **2.** *(confirmar)* to conm
**rja** ['berxa] *f (puerta)* iron gate
**rmut** [ber'mut] *m* vermouth
**rosímil** [bero'simil] *adj* probable
**rruga** [be'ruya] *f* wart
**rsión** [ber'sion] *f* version • **versión ginal subtitulada** original language rsion with subtitles
**rso** ['berso] *m* **1.** *(unidad)* line **2.** *oema)* poem
**rtedero** [berte'ðero] *m (de basuras)* ıbbish) dump
**rter** [ber'ter] *vt* **1.** *(contenido, líquido)* pour out **2.** *(recipiente)* to empty **3.** *rramar)* to spill
**rtical** [berti'kal] *adj* vertical
**rtice** ['bertiθe] *m* vertex, apex
**rtido** [ber'tiðo] *m (residuo)* waste
**rtiente** [ber'tiente] *f* slope
**rtigo** ['bertiyo] *m* **1.** *(mareo)* dizziness *(fobia)* vertigo
**stíbulo** [bes'tiβulo] *m* **1.** *(de casa)* hall *(de hotel)* foyer, lobby *(US)*
**stido** [bes'tiðo] *m* **1.** *(ropa)* clothes *pl* **2.** *(prenda de mujer)* dress
**vestimenta** [besti'menta] *f* clothes *pl*
**vestir** [bes'tir] ◇ *vt* **1.** *(con ropa)* to dress **2.** *(llevar puesto)* to wear **3.** *(mantener)* to clothe ◇ *vi* to dress • **vestirse** *vp* to get dressed
**vestuario** [bestu'ario] *m* **1.** *(ropa)* wardrobe **2.** *(de gimnasio, etc)* changing room *(UK)*, locker room *(US)* **3.** *(de teatro)* dressing room
**veterano, na** [bete'rano, na] *m,f* veteran
**veterinario, ria** [beteri'nario, ria] *m,f* vet
**vez** ['beθ, θes] *(pl* **-ces***)* *f* **1.** time **2.** *(turno)* turn • **a veces** sometimes • **¿lo has hecho alguna vez?** have you ever done it? • **cada vez más** more and more • **de vez en cuando** from time to time • **dos veces** twice • **en vez de** instead of • **muchas veces** a lot, often • **otra vez** again • **pocas veces** hardly ever • **tres veces por día** three times a day • **una vez** once • **unas veces** sometimes
**VHS** ['uβe'atʒe'ese] *m* VHS
**vía** ['bia] *f* **1.** *(raíl)* track *(UK)* **2.** *(andén)* platform, track *(US)* **3.** *(medio de transporte)* route **4.** *(calzada, calle)* road **5.** *(medio)* channel • **en vías de** in the process of • **por vía aérea/marítima** by air/sea • **por vía oral** orally
**viaducto** [bia'ðukto] *m* viaduct
**viajar** [bia'xar] *vi* to travel
**viaje** ['biaxe] *m* **1.** *(trayecto)* journey **2.** *(excursión)* trip **3.** *(en barco)* voyage • **ir de viaje** to go away • **¡buen viaje!** have a good trip! • **viaje de novios** honeymoon

**viajero, ra** [bi̯a'xero, ra] *m,f* **1.** *(persona que viaja)* traveller **2.** *(pasajero)* passenger
**víbora** ['biβora] *f* viper
**vibrar** [bi'βrar] *vi* to vibrate
**vicepresidente, ta** [,biθepresi'ðente, ta] *m,f* vicepresident
**vichysoisse** [bitʒi'sw̯as] *f* vichysoisse
**viciarse** [bi'θi̯arse] *vp* to get corrupted
**vicio** ['biθi̯o] *m* **1.** *(mala costumbre)* bad habit **2.** *(inmoralidad)* vice
**vicioso, sa** [bi'θi̯oso, sa] *adj* depraved
**víctima** ['biktima] *f* **1.** victim **2.** *(muerto)* casualty • **ser víctima de** to be the victim of
**victoria** [bik'tori̯a] *f* victory
**vid** ['bið] *f* vine
**vida** ['biða] *f* **1.** life **2.** *(medios de subsistencia)* living • **de toda la vida** *(amigo, etc)* lifelong • **buena vida** good life • **mala vida** vice • **vida familiar** family life
**vidente** [bi'ðente] *mf* clairvoyant
**video** ['biðeo] *m (Amér)* video
**vídeo** ['biðeo] *m* video
**videocámara** [,biðeo'kamara] *f* camcorder
**videocasete** [,biðeoka'sete] *m* video (tape)
**videojuego** [,biðeo'xu̯eγo] *m* video game
**videovigilancia** *f* video surveillance
**vidriera** [bi'ðri̯era] *f (de iglesia)* stained glass window
**vidrio** ['biðri̯o] *m* glass
**vieira** ['bi̯ei̯ra] *f* scallop
**viejo, ja** ['bi̯exo, xa] ◇ *adj* old ◇ *m,f* **1.** *(anciano)* old man (*f* old woman) **2.** *(RP & Ven) (amigo)* mate *(UK)*, buddy (*U*
**viento** ['bi̯ento] *m* wind • **hace vien**
it's windy
**vientre** ['bi̯entre] *m* stomach
**viernes** ['bi̯ernes] *m inv* Friday
sábado • **Viernes Santo** *m* Good Frid
**Vietnam** [bi̯eð'nam] *s* Vietnam
**viga** ['biγa] *f* **1.** *(de madera)* beam **2.**
*hierro)* girder
**vigencia** [bi'xenθi̯a] *f* **1.** *(de ley, docume*
*to)* validity **2.** *(de costumbre)* use
**vigente** [bi'xente] *adj* **1.** *(ley, documen*
in force **2.** *(costumbre)* in use
**vigilante** [bixi'lante] *mf* guard
**vigilar** [bixi'lar] *vt* **1.** *(niños, bolso)*
keep an eye on **2.** *(presos, banco)*
guard
**vigor** [bi'γor] *m* vigour • **en vigor**
force
**vigoroso, sa** [biγo'roso, sa] *adj* vig
rous
**vil** ['bil] *adj* despicable
**villancico** [biʎan'θiko] *m* Christm
carol
**vinagre** [bi'naγre] *m* vinegar
**vinagreras** [bina'γreras] *fpl* cruet set
**vinagreta** [bina'γreta] *f* • **(salsa) vir**
**greta** vinaigrette • **a la vinagreta** w
vinaigrette
**vinculación** [binkula'θi̯on] *f* link
**vincular** [binku'lar] *vt* to link
**vino** ['bino] ◇ *v* ➢ **venir** ◇ *m* wine
**vino blanco** white wine • **vino de**
**casa** house wine • **vino corrier**
cheap wine • **vino de mesa** tal
wine • **vino de Oporto** port • **vi**
**rosado** rosé • **vino tinto** red wine
**viña** ['biɲa] *f* vineyard

**ación** [biola'θion] *f (de persona)* rape
**ador, ra** [biola'ðor, ra] *m,f* rapist
**ar** [bio'lar] *vt* **1.** *(ley, acuerdo)* to
ak **2.** *(mujer)* to rape **3.** *(territorio)* to
ate
**encia** [bio'lenθia] *f* **1.** *(agresividad)*
ence **2.** *(fuerza)* force **3.** *(incomodi-*
embarrassment
**ento, ta** [bio'lento, ta] *adj* **1.** violent
*ncómodo)* awkward
**eta** [bio'leta] *f* violet
**ín** [bio'lin] *m* violin
**inista** [bioli'nista] *mf* violinist
**oncelo** [biolon'tʒelo] *m* cello
['bip] *m* VIP
**en** ['birxen] *adj* **1.** *(mujer)* virgin **2.**
*a)* blank **3.** *(película)* new ◆ **Virgen** *f*
**a Virgen** the Virgin Mary
**go** ['biryo] *s* Virgo
**ud** [bir'tuð] *f* virtue ◆ **en virtud de**
virtue of
**ela** [bi'ruela] *f* smallpox
**s** ['birus] *m inv* virus
**ta** [bi'ruta] *f* shaving ◆ **virutas de**
**ón** small flakes of serrano ham
**do** [bi'saðo] *m* visa
**era** ['bisθera] *f* internal organ
**osa** [bis'kosa] *f* viscose
**ra** [bi'sera] *f* **1.** *(en gorra)* peak **2.**
*ta)* visor
**ble** [bi'siβle] *adj* visible
**los** [bi'siʎos] *mpl* net *(UK)* o lace
) curtains
**ta** [bi'sita] *f* **1.** visit **2.** *(persona)*
or ◆ **hacer una visita a** to visit
**tante** [bisi'tante] *mf* visitor
**tar** [bisi'tar] *vt* to visit
**umbrar** [bizlum'brar] *vt* **1.** *(entrever)*
to make out **2.** *(adivinar)* to get an idea of
**víspera** ['bispera] *f* eve
**vista** ['bista] *f* **1.** *(sentido)* sight **2.** *(ojos)* eyes *pl* **3.** *(panorama)* view **4.** *(perspicacia)* foresight **5.** *(juicio)* hearing ◆ **a primera vista** at first sight ◆ **a simple vista** at first sight ◆ **¡hasta la vista!** see you!
**vistazo** [bis'taθo] *m* glance ◆ **echar un vistazo a** to have a quick look at
**visto, ta** ['bisto, ta] ◇ *pp* ➤ **ver** ◇ *adj (pasado de moda)* old-fashioned ◆ **estar bien/mal visto** to be approved of/frowned on ◆ **por lo visto** apparently
**vistoso, sa** [bis'toso, sa] *adj* eye-catching
**vital** [bi'tal] *adj* **1.** *(de la vida)* life *(antes de s)* **2.** *(fundamental)* vital **3.** *(con vitalidad)* lively
**vitalidad** [bitali'ðað] *f* vitality
**vitamina** [bita'mina] *f* vitamin
**vitrina** [bi'trina] *f* **1.** glass cabinet **2.** *(Amér) (de tienda)* (shop) window
**viudo, da** ['biuðo, ða] *m,f* widower *(f* widow)
**viva** ['biβa] *interj* hurray!
**víveres** ['biβeres] *mpl* supplies
**vivienda** [bi'βienda] *f (casa)* dwelling
**vivir** [bi'βir] ◇ *vi* to live ◇ *vt* to experience ◆ **vivir de** to live on
**vivo, va** ['biβo, βa] *adj* **1.** alive **2.** *(dolor, ingenio)* sharp **3.** *(detallado)* vivid **4.** *(ágil, enérgico)* lively **5.** *(color)* bright
**vizcaíno, na** [biθka'ino, na] *adj* ◆ **a la vizcaína** *in a thick sauce of olive oil, onion, tomato, herbs and red peppers*
**vocabulario** [bokaβu'lario] *m* vocabulary

**vocación** [boka'θi̯on] *f* vocation
**vocal** [bo'kal] *f* vowel
**vodka** ['boðka] *m* vodka
**vol.** (*abr de* **volumen**) vol. (*volume*)
**volador, ra** [bola'ðor, ra] *adj* flying
**volante** [bo'lante] ◇ *adj* flying ◇ *m* **1.** (*de coche*) steering wheel **2.** (*adorno*) frill
**volar** [bo'lar] ◇ *vi* **1.** to fly **2.** (*desaparecer*) to vanish ◇ *vt* to blow up
**volcán** [bol'kan] *m* volcano
**volcánico, ca** [bol'kaniko, ka] *adj* volcanic
**volcar** [bol'kar] ◇ *vt* **1.** (*sin querer*) to knock over **2.** (*vaciar*) to empty out ◇ *vi* **1.** (*recipiente*) to tip over **2.** (*camión, coche*) to overturn **3.** (*barco*) to capsize
**voleibol** [bolei̯'βol] *m* volleyball
**voley** *m* (*fam*) volleyball • **voley-playa** beach volleyball
**volquete** [bol'kete] *m* dumper truck
**voltaje** [bol'taxe] *m* voltage
**voltear** [bolte'ar] *vt* **1.** (*Andes, CAm, Méx & Ven*) (*cuadro*) to turn **2.** (*Amér*) (*derramar*) to knock over ◆ **voltearse** *vp* (*Andes, CAm, Carib & Méx*) (*dar la vuelta*) to turn over
**voltereta** [bolte'reta] *f* **1.** (*en el aire*) somersault **2.** (*en el suelo*) handspring
**volumen** [bo'lumen] *m* volume
**voluntad** [bolun'tað] *f* **1.** (*facultad, deseo*) will **2.** (*resolución*) willpower
**voluntario, ria** [bolun'tari̯o, ri̯a] ◇ *adj* voluntary ◇ *m,f* volunteer
**voluntarioso, sa** [bolunta'ri̯oso, sa] *adj* willing
**volver** [bol'βer]
◇ *vt* **1.** (*cabeza, ojos, vista*) to turn • **volver la mirada** to look round **2.** (*lo de arriba abajo*) to turn over; (*boca abajo*) turn upside down; (*lo de dentro fuera*) turn inside out • **he vuelto el ab**[...] I've turned the coat inside ou[...] (*convertir*) • **lo volvió un delincuen**[...] turned him into a criminal • [...] **vuelve loco** it makes me mad
◇ *vi* to return • **volver a** (*tema,* [...] return to • **volver a hacer algo** to [...] sthg again
◆ **volverse** *vp* (*darse la vuelta*) to [...] round; (*ir de vuelta*) to return; (*con*[...]*tirse*) to become • **volverse loco** to [...] mad • **volverse atrás** (*de decisión,* [...] back out; (*de afirmación*) to go back [...] one's word
**vomitar** [bomi'tar] *vt* to vomit
**vos** ['bos] *pron* (*Andes, CAm, Carib,* *RP*) you
**VOSE** *f* (*abr de* **versión original su**[...]**tulada en español**) *original langu*[...] *version with Spanish subtitles*
**vosotros, tras** [bo'sotros, tras] [...] you
**votación** [bota'θi̯on] *f* vote
**votante** [bo'tante] *mf* voter
**votar** [bo'tar] ◇ *vt* to vote for ◇ [...] vote
**voto** ['boto] *m* **1.** (*en elecciones*) vot[...] (*en religión*) vow
**voz** ['boθ, θes] (*pl* **-ces**) *f* **1.** voic[...] (*grito*) shout **3.** (*palabra*) word **4.** (*ru*[...] rumour • **en voz alta** aloud • **en** [...] **baja** softly
**VPO** (*abr de* **vivienda de protec**[...] **oficial**) *f cheap flat or house subsid*[...] *by the State,* ≃ council house (*U*[...]
**vuelo** ['bu̯elo] *m* **1.** flight **2.** (*de un ves*[...]

llness • **vuelo chárter** charter flight **vuelo regular** scheduled flight ▾ **elos nacionales** domestic flights
**ıelta** ['buelta] *f* **1.** *(movimiento, de llave)* ırn **2.** *(acción)* turning **3.** *(regreso)* turn **4.** *(monedas)* change **5.** *(paseo)* alk **6.** *(en coche)* drive **7.** *(cambio)* twist **dar la vuelta a algo** *(rodear)* to go ound sthg • **dar una vuelta** to go for walk/drive • **dar vueltas** to spin • **ırse la vuelta** to turn round • **estar vuelta** to be back • **a la vuelta** *olviendo)* on the way back • **a la elta de la esquina** round the corner **a vuelta de correo** by return (of ost) ▾ **vuelta al colegio** back to school
**ıelto, ta** ['buelto] ◇ *pp* ≻ **volver** ◇ *m mér)* change
**ıestro, tra** ['buestro, tra] ◇ *adj* your ◇ *on* • **el vuestro, la vuestra** yours • **lo estro** your thing • **un amigo vuestro** friend of yours
**ılgar** [bul'ɣar] *adj* **1.** *(popular)* ordinary *(no técnico)* lay **3.** *(grosero)* vulgar

# W

**alkman**® ['walman] *m* Walkman®
**áter** ['bater] *m* toilet *(UK)*, bathroom *'S)*
**aterpolo** [bater'polo] *m* water polo
**'C** *m* WC
**eb** ['weβ] *f* • **la web** the Web • **una ágina) web** a web site
**webmaster** [weβ'master] *mf* webmaster
**whisky** ['wiski] *m* whisky
**windsurf** ['winsurf] *m* windsurfing • **hacer windsurf** to windsurf
**WWW** *m* *(abr de* **World Wide Web)** WWW *(World Wide Web)*

# X

**xenofobia** [seno'foβia] *f* xenophobia
**xenófobo, ba** [se'nofoβo, βa] *adj* xenophobic
**xilófono** [si'lofono] *m* xylophone

# Y

**y** [i] *conj* **1.** and **2.** *(pero)* and yet **3.** *(en preguntas)* what about
**ya** ['ɟa] ◇ *adv* **1.** *(ahora, refuerza al verbo)* now **2.** *(ahora mismo)* at once **3.** *(denota pasado)* already **4.** *(denota futuro)* some time soon ◇ *interj* **1.** *(expresa asentimiento)* that's it! **2.** *(expresa comprensión)* yes! ◇ *conj* • **ya ... ya ...** whether ... or ... • **ya que** since
**yacimiento** [ɟaθi'miento] *m* deposit
**yanqui** ['ɟanki] *mf (despec)* Yank
**yate** ['ɟate] *m* yacht
**yegua** ['ɟeɣua] *f* mare
**yema** ['ɟema] *f* **1.** *(de huevo)* yolk **2.** *(de

*dedo)* fingertip **3.** *(de planta)* bud **4.** *(dulce) sweet made of sugar and egg yolk, similar to marzipan*
**yen** ['ɟen] *m* yen
**yerbatero** [ɟerβa'tero] *m* (*Andes*) herbalist
**yerno** ['ɟerno] *m* son-in-law
**yeso** ['ɟeso] *m* plaster
**yo** ['ɟo] *pron* I • **soy yo** it's me • **yo que tú/él/***etc* if I were you/him/*etc*
**yodo** ['ɟoðo] *m* iodine
**yoga** ['ɟoɣa] *m* yoga
**yogur** [ɟo'ɣur] *m* yoghurt
**Yugoslavia** [ɟuɣoz'laβja] *s* Yugoslavia
**yunque** ['ɟunke] *m* anvil

# Z

**zafiro** [θa'firo] *m* sapphire
**zaguán** [θa'ɣuan] *m* entrance hall
**zambullida** [θambu'ʎiða] *f* dive
**zambullirse** [θambu'ʎirse] *vp* to dive
**zanahoria** [θana'oria] *f* carrot
**zancadilla** [θanka'ðiʎa] *f* trip
**zanco** ['θanko] *m* stilt
**zancudo** [θan'kuðo] *m* (*Amér*) mosquito
**zanja** ['θanxa] *f* ditch
**zapateado** [θapate'aðo] *m type of flamenco foot-stamping dance*
**zapatería** [θapate'ria] *f* **1.** *(tienda)* shoe shop (*UK*) ○ store (*US*) **2.** *(taller)* shoemaker's (shop)
**zapatero, ra** [θapa'tero, ra] ◇ *m,f* cobbler ◇ *m (mueble)* shoe cupboard
**zapatilla** [θapa'tiʎa] *f* slipper • **zapatilla de deporte** trainer (*UK*), tennis sh
(*US*)
**zapato** [θa'pato] *m* shoe • **zapatos caballero/señora** men's/womer shoes
**zapeo** [θa'peo] *m* channel-hoppi (*UK*), channel-surfing (*US*)
**zapping** ['θapin] *m* channel-hoppi (*UK*), channel-surfing (*US*)
**zarandear** [θarande'ar] *vt* to shake
**zarpar** [θar'par] *vi* to set sail
**zarpazo** [θar'paθo] *m* clawing
**zarza** ['θarθa] *f* bramble
**zarzuela** [θar'θuela] *f* **1.** *(obra music* light opera **2.** *(guiso) spicy fish stew*

**Zarzuela**

*Zarzuela* is a Spanish form of ligh opera in which singing and dancin alternate with spoken dialogue. I dates back to the 17th century an takes its name from the Zarzuel palace where it was initially per formed for the Spanish court.

**zinc** ['θink] *m* zinc
**zíper** ['θiper] *m* (*CAm, Carib & Méx*) z (*UK*), zipper (*US*)
**zipizape** [ˌθipi'θape] *m* (*fam*) squabbl
**zócalo** ['θokalo] *m* **1.** *(del edificio)* plin **2.** *(de muro, pared)* skirting board (*UK* baseboard (*US*)
**zodíaco** [θo'ðiako] *m* zodiac
**zona** ['θona] *f* **1.** area, zone **2.** *(par* part • **zona centro** city centre ▾ **zo de estacionamiento limitado y vigila**

stricted parking • **zona peatonal** destrian precinct

## ona azul/zona verde

n Spain, blue lines on the road ndicate an area where parking neters are in operation during ertain hours. Green lines indicate arking spaces that are only free for esidents. Anyone else wishing to ark there pays a higher rate than or *zonas azules*, although people ving within 500 to 1,000 metres et a reduced rate.

**nzo, za** ['θonθo, θa] *adj* (*Amér*) stupid **hacerse el zonzo** to act dumb

**o** ['θoo] *m* zoo

**ología** [θoolo'xia] *f* zoology

**zoológico, ca** [θoo'loxiko, ka] ◇ *adj* zoological ◇ *m* zoo

**zopenco, ca** [θo'penko, ka] *adj* stupid

**zorra** ['θora] *f* (*vulg*) (*prostituta*) whore ➤ **zorro**

**zorro, rra** ['θoro, ra] ◇ *m,f* fox ◇ *m* (*piel*) fox(fur)

**zueco** ['θu̯eko] *m* clog

**zumbar** [θum'bar] ◇ *vt* (*fam*) to thump ◇ *vi* to buzz

**zumbido** [θum'biðo] *m* buzzing

**zumo** ['θumo] *m* juice • **zumo de fruta** fruit juice • **zumo de naranja** orange juice

**zurcir** [θur'θir] *vt* to darn

**zurdo, da** ['θurðo, ða] *adj* **1.** (*izquierdo*) left **2.** (*que usa la mano izquierda*) left-handed

**zurrar** [θu'rar] *vt* to hit